U0922501

2016年1月11日，市委副书记、市长杨雄会见国际展览业协会主席阿莱克谢耶夫

2016年4月6日，杨雄市长(右四)会见德国默克集团执行董事会主席柯禄唯

2016年5月19日，商务部原部长、现任海协会会长的陈德铭参加外资研发企业座谈会

2016年4月14日，市委常委、副市长屠光绍出席“澳大利亚周午宴”活动

2016年10月20日，市人大常委会副主任郑惠强在第十四届上海软件贸易发展论坛上为莫元武颁发“2016上海软件和信息技术贸易年度人物”奖状

2016年3月2日，周波副市长在上海商务情况通报会上致辞

2016年10月17日，周波副市长(左二)巡视第120届广交会上海参展企业并看望团部工作人员

2016年1月11日，徐逸波副秘书长在第四届国际会展业CEO峰会上致辞

2016年12月23日，上海市迎接全国打击侵权假冒绩效考核工作圆满收官，市政府副秘书长金兴明在会上讲话

2016年12月7日，尚玉英主任主持第二十六批跨国企业地区总部颁证仪式

盖国平副主任(左二)参加综合处党支部“两学一做”组织生活会

2016年11月3日，“上海艺术商圈——艺蕴黄浦”系列活动顺利启动，吴星宝副主任到会讲话

2016年5月19日下午，钟晓敏副主任在上海国际技术进出口交易中心会议室会见了拉脱维亚议会议员、议会拉中友好小组主席谢尔盖•波塔普金斯

2016年9月27日，第十五届跨采大会开幕，申卫华副主任(右一)巡馆

市商务委机关各支部开展“两学一做”主题活动并和结对支部签约共铸诚信。刘敏副主任(后排左四)出席会议

2016年8月17日，市纪委驻市商务委纪检组组长姜方平在中央纪委驻商务部纪检组来上海调研考察工作会议上

杨朝副主任(左二)赴跨国公司地区总部调研

2016年11月30日，上海市商务委总经济师张国华(左一)在市商务系统新闻宣传和信息报送培训班上讲话

2016年6月8日，举行市商务委和东方网战略合作签约仪式。顾嘉禾巡视员(左一)在签约。尚玉英主任(后排左三)、吴星宝副主任(后排左一)出席仪式

上海与美国加州省州合作及经贸研讨会在上海成功举办，桑琦副巡视员(右五)参加研讨会

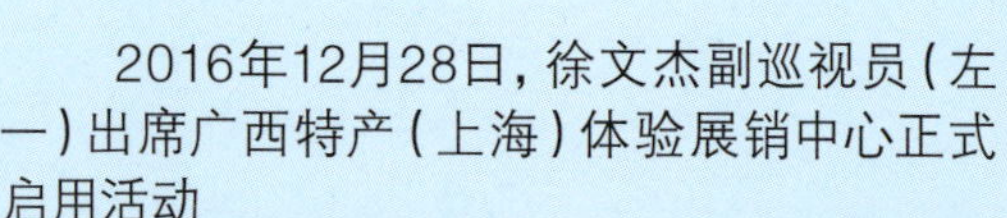

2016年12月28日，徐文杰副巡视员(左一)出席广西特产(上海)体验展销中心正式启用活动

2016年3月30日，中共上海市商务委员会直属机关委员会党员代表大会胜利召开

在“两学一做”活动中，中共上海市商务委员会直属机关委员会组织机关党员到中共二大会址参观学习时合影

2016年12月6日，市商务委与商务部贸研院签署合作备忘录

2016年1月21日，市商务委举行兼职法律顾问颁证仪式

2016年12月16日，市商务委举办“‘一带一路’走出去发展经验分享与交流”活动

2016年10月14日，市商务委举行第四季度工作会议

2016年12月15日，尚玉英主任出席2016女性驻沪总领事交流活动

2016年10月28日，尚玉英主任出席外经论道暨中阿企业协同发展论坛

鼓励具有国际国内资源配置能力的企业在沪设立贸易型总部，充分发挥“服务全国、链接全球、上拓资源、下控渠道”的供应链整合能力，进一步助推上海国际贸易中心建设

2016年6月21日，市商务委举办上海自贸试验区落实《商务部等8部门关于促进汽车平行进口试点的若干意见》暨CCC首证颁发仪式

市商务委召开“应对严寒天气，保障市民平安”家电维修服务行业动员会议

2016年3月9日，市商务委召开上海市商务诚信公众服务平台建设推进会

2016年9月27日，第十五届跨采大会开幕，申卫华副主任巡馆

2016年10月13日，家政服务持证上岗工作初见成效，市商务委举行总结大会并颁发证书

2016年5月23日，在上海国际经济技术合作协会的安排下，由阿富汗财政部、中央银行等官员组成的“2016年阿富汗财经管理研修班”一行20余人赴苏黎世财产保险(中国)有限公司上海分公司学习参观

2016年8月25日，中国进出口银行上海分行与上海市商务委员会、上海市金融服务办公室联合举办外贸政策及金融业务宣介会和外贸企业座谈会

2016年7月26日—8月2日，举办发展中国家药品质量管理研讨班

2016年9月27日，市商务委和罗马尼亚工商会在罗马尼亚首都布加勒斯特联合举办“上海–罗马尼亚经贸说明会”为主题的论坛

2016年8月30日，中国服务外包产业发展十周年（长三角）调研座谈会在上海召开，商务部原副部长马秀红出席会议

2016年10月20日，第十四届上海软件贸易发展论坛开幕

O'MALL华侨城商业中心，是华侨城集团在前滩核心辐射区浦江板块率先发展的拥有约8.6万平方米建筑面积的购物中心项目

百联世纪购物中心地处陆家嘴地区新商圈，占地1万平方米，建筑面积近8万平方米，商业面积为6.4万平方米；并有0.3万平方米为顾客提供休闲空间的屋顶花园

百盛优客城市广场是百盛商业集团与韩国衣恋集团联手打造的首个City Mall城市广场，地处上海天山商业带，经营面积达到4.5万平方米

缤谷文化休闲广场融合文化与商业元素于一身，着力打造集餐饮、零售、休闲娱乐于一体的一站式品质生活广场，地处上海长宁区天山路沿线与威宁路交叉口东南角

汇京国际广场坐落于虹桥路淮海西路，是一个集办公楼、时尚商业、高端住宅和商业会馆于一体的综合体项目

上海嘉定大融城位于宝安公路沪宜公路交界口，由光大安石与嘉宝集团联合打造。是所处区域内体量最大、业态最全、格局最新的一站式购物中心

控江旭辉MALL位于杨浦区控江路近打虎山路，建筑面积2.7万平方米，定位社区商业。商场各种生活配套类业态一应俱全

浦江城市生活广场，北临北江州路、南临江月路、东临浦晓南路、西临浦申路，共用地6.29万平方米，建筑面积18万平方米

七宝万科广场位于上海闵行区七莘路漕宝路口，总建筑面积24万平方米，其中商业面积9万平方米，属纯购物中心项目

瑞虹天地系瑞虹新城内55万平方米的商业综合体，是瑞安房地产继上海新天地之后，在上海内环内打造的“第二座新天地”

奕欧来上海购物村临近上海迪士尼乐园，总建筑面积达到5万平方米，是亚洲各奥特莱斯中商品数量最多的一座购物村

上海合生国际广场是合生创展集团商业地产总部的扛鼎力作，位于五角场，项目总建筑面积36万多平方米，是一个大规模、现代化、高品质的城市综合体

上海徐汇绿地缤纷城位于东安路562号，总建筑面积约8.69万平方米，被平分为开放式街区和盒子状封闭购物中心两部分，两者将通过连廊互通

亚繁集团斥资7亿元打造的体验式社区综合商业中心。亚繁亚乐城购物中心位于上海莘闵板块，总建筑面积逾8万平方米，其中商业面积达5.5万平方米

上海悠方位于上海杨浦区新江湾核心地块，坐拥上海市中心城区唯一自然生态绿地，其总建筑面积达7万平方米，与新江湾城的原生态景观融合，创造公园般的休闲购物氛围

2016年12月18日，绿地集团——周浦绿地缤纷广场盛大开业。周浦绿地缤纷广场建筑面积为6.5万平方米，坐落于年家浜路和周园路交界处

尚玉英
市商务委党组书记
主任

盖国平
市商务委党组成员、副主任
直属机关党委书记
市粮食局党组书记、局长

吴星宝
市商务委党组成员
副主任

钟晓敏
市商务委党组成员
副主任

申卫华
市商务委党组成员
副主任

刘　敏
市商务委党组成员
副主任

姜方平
市纪委驻市商务委
纪检组组长
市商务委党组成员

杨　朝
市商务委党组成员
副主任

张国华
市商务委
总经济师

顾嘉禾
市商务委党组成员
巡视员

桑　琦
市商务委
副巡视员

徐文杰
市商务委
副巡视员

SHANGHAI COMMERCE 2017 YEARBOOK

上海商务年鉴

上海市商务委员会 编

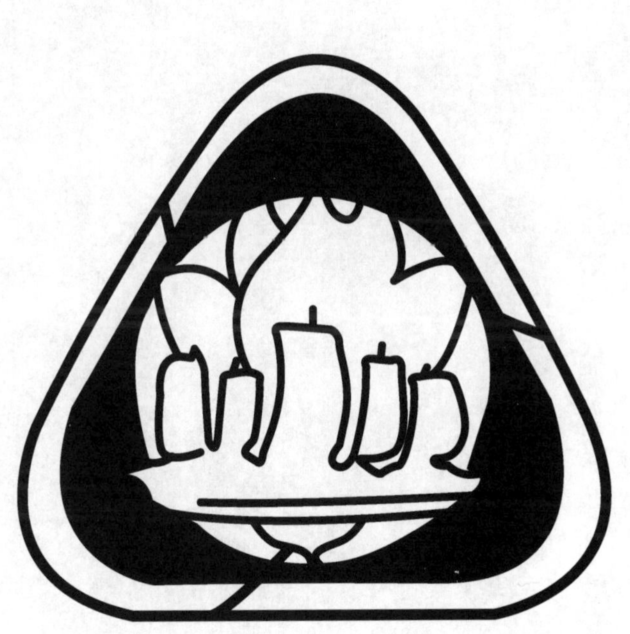

東華大學出版社
·上海·

SHANGHAI
COMMERCE
2017
YEARBOOK

上海市商务委员会 编

上海大学出版社
·上海·

目 录

第一编 综 合

第二编 商 业

第三编　服务业

第四编　对外贸易

第五编　利用外资

第六编　对外经济合作

第七编　区域经济和企业

第八编　要闻大事

第九编　服务便览

第十编　统计资料

《上海商务年鉴》编纂委员会

《上海商务年鉴》编辑部

前　言

一、《上海商务年鉴》(以下简称《年鉴》)是一部大型的上海商务专业工具书，由上海市商务委员会负责组织编纂。其主要任务是全面收集上海每一年的商务发展情况及资料信息，并编辑整理，汇集成册。

二、《年鉴》的前身为《上海对外经济贸易年鉴》，创刊于1995年，每年编纂出版1卷。由于机构调整、内外贸合一需要，2009年起更名为《上海商务年鉴》。《上海商务年鉴(2017)》主要采用记叙文体及图表并茂形式，全面、客观地记录2016年全市商务部门在市委、市政府的坚强领导下，认真落实新发展理念，主动适应经济发展新常态，扎实推进商务领域供给侧结构性改革，全面完成年初确定的各项目标任务，实现"十三五"良好开局，为全市经济社会平稳健康发展做出新的贡献的历程。

三、《年鉴》设置的编目，随着上海每一年商务的发展有增有减。本卷年鉴设综合、商业、服务业、对外贸易、利用外资、对外经济合作、区域经济和企业、要闻大事、服务便览、统计资料10大部分。

四、本卷年鉴有关编目中的数据，由于统计口径不同、方法不一，如有差异，均以统计资料编中的数据为准。

五、本年鉴2016年重新改版，编辑部也进行重组。《上海商务年鉴(2017)》进一步进行调整、改进。限于我们的水平，欢迎读者对年鉴的不足之处给予批评指正，帮助我们进一步改进年鉴的编辑工作，以便更好地为广大读者服务。

《上海商务年鉴》编辑部

2017年7月

第一编　综合

要 闻

韩正书记赴张江调研外资企业

2016年6月2日，中共中央政治局委员、上海市委书记韩正和市领导沈晓明、尹弘、周波以及市商务委主任尚玉英等一行来到瑞士诺华集团位于上海浦东张江的全球第三大研发中心，听取诺华集团全球董事长林浩德博士的介绍，了解这家国际著名医药企业在沪研发进展情况。继瑞士巴塞尔、美国剑桥之外的诺华集团全球第三大研发中心，汇集了来自处方药、非处方药、眼科保健产品和全球研发等部门的1 300名员工，其中有600名科研人员。韩正书记实地察看了该公司计算机辅助药物设计3D演示以及高通量化合物筛选机器人运行情况，听取中国高发肿瘤创新药物的研究成果。

随后韩正主持召开外资企业座谈会，听取来自先进制造业、高端服务业领域外资企业代表的意见建议，市商务委等相关部门参加座谈会。座谈会上，通用电气全球副总裁、中国研发中心总裁陈向力等8家外资企业代表先后发言，围绕高端研发人才的引进和服务保障、降低外资企业研发成本、简化行政审批、降低市场准入门槛等方面提出了中肯的意见建议。

韩正书记认真听取发言，不时与大家讨论交流。他说，开放是我们的国家战略，开放也是上海的最大优势。长期以来，外资企业在上海经济社会发展中发挥了重要作用，在推动经济结构调整、提升城市功能、集聚各类人才、增加就业岗位等方面作出了积极贡献。上海只有坚定不移实施开放战略，才能实现面向未来的更好发展。

韩正书记说，服务好包括外资企业在内的各类企业，既要有政策引导、也要有良好环境。下一步，上海将在五个方面为各类企业营造更好的发展环境。一是营造更加开放的符合国际通行规则的投资环境。新技术、信息化和网络世界正在迅速改变甚至颠覆传统的生活方式和生产方式，面对新技术、新产业、新业态、新模式带来的机遇和挑战，政府管理方式、监管模式必须革新，通过制度创新加快政府职能转变，为所有企业营造良好的制度环境。“证照分离”改革试点，就是今年上海自贸试验区改革的重点之一。二是营造更加便利化的贸易环境。上海正在形成对标国际通行规则的贸易便利化制度，加快实现营商环境的便利化，关键是提高企业的运行效率。三是营造更加完善的法治环境。使市场在资源配置中真正起决定性作用的关键是法治，加快完善中国特色社会主义市场经济体制，必须进一步完善法治。只有牢固树立法治意识、不断强化契约精神，才能更好地优化市场环境。四是营造更加良好的生产生活环境。政府要为各类企业在沪发展提供更周到的服务，让各类企业家、各类人才近悦远来。五是营造更加宽松的人才发展环境。上海已经出台科创中心建设“22条意见”和配套的人才政策，当前要认真贯彻全国科技创新大会精神，进一步研究更为宽松的人才政策，针对短板问题，抓紧研究、改进和突破。要积极借鉴国际经验，吸引创新人才来沪发展，择天下英才而用之。（市商务委外国投资管理处）

重要讲话

稳中求进　开拓创新　着力增强商务发展新动能

——在2017年全市商务工作会议上的报告

上海市商务委党组书记、主任　尚玉英

同志们：

这次全市商务工作会议的主要任务是，全面贯彻落实全国商务工作会议和十届市委十四次全会精神，总结2016年工作，深入分析面临的形势，研究部署2017年重点任务。市委、市政府对商务工作高度重视，刚刚市委常委、常务副市长周波同志召开了区商务主管部门负责同志座谈会，对做好今年的商务工作提出了明确要求，希望大家认真学习领会，深入贯彻落实。

下面，我代表市商务委向大会作工作报告。

一、攻坚克难、改革创新，2016年全市商务发展实现“十三五”良好开局

刚刚过去的一年，全市商务部门在市委、市政府的坚强领导下，认真落实新发展理念，主动适应经济发展新常态，扎实推进商务领域供给侧结构性改革，全面完成了年初确定的各项目标任务，实现了“十三五”良好开局，为全市经济社会平稳健康发展做出了新的贡献。

市场销售稳中趋快，现代化水平持续提高。商品销售总额突破10万亿元，比上年增长7.9%。电子商务交易额超过2万亿元，增长了21.9%，其中，B2B交易额和网络购物交易额分别增长了17.3%和35.4%。

消费实现平稳增长，新消费引领态势凸显。社会消费品零售总额再次超过1万亿元，比上年增长8%。“商品+服务”“线上+线下”“零售+体验”等各类融合业态发展迅猛，人均消费支出中，服务性消费占比超过50%。消费成为上海经济增长的稳定器和压舱石，对经济增长的贡献率接近65%，最终消费支出占GDP比重接近60%。

对外贸易回稳向好，贸易结构进一步优化。货物进出口2.86万亿元，比上年增长2.7%，增速领先全国3.6个百分点，在全国的占比从11.4%提高到11.8%。服务进出口突破1万亿元，继续位居全国首位。

利用外资保持稳定，质量和效益明显提高。新增合同外资再次超过500亿美元，实际使用外资185亿美元，实现连续17年的增长。新增跨国公司地区总部45家，亚太区总部15家，累计分别达580家和56家；新增外资研发中心15家，累计达411家。

对外投资快中趋稳，“一带一路”成为热点。实际对外直接投资251亿美元，比上年增长

51%，规模居全国各省市第一。新签对外承包工程合同119亿美元，增长6.7%，连续9年超过百亿美元，其中，在“一带一路”沿线国家新签承包工程合同89亿美元，增长66.5%。

展览面积稳步扩大，规模水平持续提升。全年举办各类展会880个，展览面积1 605万平方米，分别比上年增长3.4%和6.2%。其中，10万平方米以上展会38个，展览面积678万平方米，增长23.6%，占全部展览面积的42.2%，较上年提高6个百分点。

一年来，重点推进了6方面工作。

第一，着力推进贸易自由化、投资便利化，营商环境进一步优化。自贸试验区商务领域制度创新取得新突破。推进大宗商品、消费品、跨境电商等平台建设，开展“仓单、提单、订单”交易试点，建成有色金属、棉花等6家面向国际的大宗商品交易中心。新加坡国际仲裁中心、国际商会仲裁院等国际商事争议解决机构在区内设立办事处。融资租赁企业准入实现了内外资一致。平行汽车进口试点解决了3C强制认证、落地保税等问题，全年有1 550辆平行进口车辆实现报关。建成国际贸易“单一窗口”，实现口岸通关的申报、查验、支付、放行、提离、运抵等业务环节全覆盖，出口退税和商务、环保等贸易许可办理，船舶申报达到99%，口岸货物申报超过80%。亚太示范电子口岸网络已有9个APEC成员经济体的12个口岸加入，推动“电子原产地证互认”“海运物流可视化”等试点项目。浦东新区构建开放型经济新体制综合试点取得阶段性成果。投资管理制度改革持续深化。外商投资企业设立及变更全面实行备案管理，新设企业办理时间缩减至3个工作日。探索重点领域事中事后监管，建立融资租赁企业报送信息异常名录和黑名单制度。公平贸易工作机制更加完善。率先开展产业安全预警试点，构建产业安全信息平台，实现12个产业安全动态与国际竞争力即时跟踪与分析。公平贸易公共服务网络覆盖全市40多个重点产业，涉及出口金额4 750亿元，贸易摩擦案件胜诉率达71%。编制发布《“十三五”时期上海国际贸易中心建设规划》。聚焦优化贸易环境、提高贸易竞争力、扩大贸易规模、增强贸易功能等目标，提出6大任务举措和8个行动计划，明确了到2020年上海基本建成国际贸易中心的路线图和任务表。圆满完成G20贸易部长会议各项保障任务。

第二，聚焦流通治理模式创新，现代市场体系建设日趋完善。国家内贸流通体制改革发展综合试点形成一批可复制可推广成果。围绕“流通创新、市场规则、市场治理”三大领域，完成全部12个方面37项试点任务，内贸流通领域负面清单管理模式、以商务信用为核心的现代流通治理模式等9项试点成果被纳入全国可复制推广经验清单，得到国务院领导的充分肯定。平台经济发展持续加快。在金属、化工等领域建成5家千亿级、21家百亿级的功能性平台，平台经济交易额1.84万亿元，比上年增长14.1%，上海钢联“中国大宗商品价格指数”“中国铁矿石价格指数”已成为国内外市场风向标。认定首批94家贸易型总部，营业收入(交易额)4.3万亿元，占全市内外贸总额的三分之一。系统构建标准化城市物流服务体系，在快消品、农产品、医药等行业开展全链条、跨区域试点，试点企业供应链效率提升35%，人工成本降低15%。电子商务保持快速发展。开展“互联网+”商务创新实践区建设，在平台服务、产业服务、科技服务等领域实施重点项目100多个，培育市级电子商务示范企业55家。推进社区电子示范点建设，累计建成400余个电商快递配送综合服务点、40余个农村电商服务站。主副食品市场保供稳价基础更加夯实。加强产销对接，建立上海市“菜篮子”与外省市“菜园子”产销对接机制，在江苏、山东等地首批设立6个外延蔬菜基地。全面完成市政府实事项目，新建改建标准化菜市场102家；大力推动传统菜市场转型升级，建成以上蔬、永辉为代表的新模式菜市场26家和以自助售菜机为代表的智慧微菜场1 064家。夯实重要产品追溯体系建设，肉菜流通追溯运行考核得分居全国前列。商务诚信建设取得突破。开通商务诚信公众服务平台，在全国率先打通公共信息和市场信用数据壁垒，信用信息覆盖近6万家企业，月均访问量达 1.7 万余次。建立政府间“事前告知承诺、事中分类评估、事后联动奖惩”的信用监管模式,形成了“政府监管、行业自律、企业自治、社会监督”四位一体的现代共治模式。牵头开展打击侵权假冒工作,加强互联网领域侵权假冒行为治理。单用途商业预付卡专项治理成效显著。

第三,积极挖掘消费增长潜力,商业转型升级取得明显成效。国际消费城市建设卓有成效。在黄浦、静安设立国际消费城市示范区,聚焦制度创新、功能拓展、服务提升、品牌集聚等重点,创造新供给、释放新需求。上海零售商集聚度居全球第三,国际知名高端品牌入驻率达 90%,全国 180 个设计师和 80 个买手店品牌入驻上海,成为国际高端品牌、国内知名品牌聚集地和全国最大进口消费品集散地。健全会商旅文体联动合作机制。上海旅游节等 22 个示范项目年吸引客流逾 4 000 万人次。2016 上海购物节举办主题活动 100 余场,覆盖 2 万余家门店,销售同比增长 10.2%,“双十二”线下促销活动有 5 万商家、300 多万市民参与。推出 50 种“上海优选伴手礼”,“魔都消费卡”注册用户突破 10 万人。上海时装周国际影响力不断提升。深入实施国家境外旅客购物离境退税政策,235 家退税商店开具退税单 1.6 万单,退税物品销售额 2.4 亿元,业务规模居全国第一。重点商圈、重点商业项目建设和改造升级加快。开展智慧商圈建设试点,三年滚动实施 90 项商业转型升级重点项目,涉及总投资 793 亿元。商圈改造升级成效显著,升级 67 条特色商业街区,建立特色商业街区发展联盟,打造多业态多功能融合的新型立体商业模式,上海大悦城、七宝万科广场等成为消费新地标。生活性服务业提质发展加速。启动实施家政、餐饮、美丽时尚、幸福婚庆、家电维修五大生活性服务业提质计划,长宁“互联网+生活性服业”创新试验区“一照多址”等政策创新试点取得重要进展。开展家政持证上门服务试点,50 家服务机构 1.4 万名从业人员获得家政上门服务证。创建“绿色餐厅”1 400 多家,新建早餐示范门店 31 家,早餐工程企业已占全市正规早餐网点供应量的 70%左右。

第四,全力促进外贸稳增长、调结构,贸易增值能力加快提高。认真落实稳外贸各项举措。制定实施促进外贸回稳向好、加工贸易创新发展等一系列政策措施,推动落实出口退税企业分类管理,加大财税和金融支持力度。深化进出口环节收费清理,全年免除企业相关费用近 2 亿元。引导出口示范基地吸引具有自主品牌、核心技术的企业,新设东盟、墨西哥、智利等一批国别商品中心。外贸新业态发展持续发力。启动跨境电子商务综合试验区建设,完善跨境电商公共服务平台功能,新设 5 个跨境电商示范园区,试点模式进口额大幅增长 6 倍。推进外贸综合服务企业发展,协调监管部门给予通关、退税等便利化措施。服务贸易发展力度加大。开展国家服务贸易创新发展试点,实施加快促进服务贸易发展三年行动计划,培育形成文化、中医药服务贸易等新增长点。简化技术进出口合同登记申报流程,推动技术贸易发展。运用大数据、云计算和物联网等新技术促进服务外包发展,全年离岸服务外包合同金额达 92 亿美元,比上年增长 17.2%。展览业创新发展成效初显。出台展览业改革发展实施意见,成功举办第四届上交会和首次上交会海外展。引进中国国际电梯展等国际知名的展会,推动国际展览协会在上海设立常驻机构。

第五,推动双向投资提质增效,开放型经济发展水平持续提升。总部经济持续深化发展。修订完善跨国公司地区总部政策。推动微软、通用电气等在上海设立云计算创新中心、创投加速器、数字创新坊等一批创新平台,保险经纪、医疗、认证机构、游戏游艺设备生产销售等领域对外开放取得突破。双向投资促进和服务力度加强。建立“重点企业首问联络员”制度,完善市、区、开发区以及境外投资促进工作网络建设,启动“一区一业”招商计划。构建信息、金融、投资的促进、人才和风险防范“五位一体”对外投资服务体系,开展跨国经营人才培训 5 000 人次,为企业提供 30 个国别和 11 个行业领域境外投资指南。企业走出去能级提升。在信息技术、生物医药、互联网、文化娱乐等领域实施一批重大并购项目，汽车、纺织、装备制造等行业国际产能合作加快推进，全年实际对外直接投资额超过1亿美元的境外并购项目达到21个，科技服务业、信息服务业、制造业实际对外投资分别比上年增长40.9%、63.1%和59%。“一带一路”经贸合作成果丰硕。与新加坡、捷克、土耳其等14个沿线国家经贸部门和重要节点城市建立经贸合作伙伴关系，为沿线27个国家提供援外培训。在贸易、金融、能源、制造业等领域实施一批重点项目，上海企业投资开发的印尼青山产业园成功纳入国家级境外经贸合作区。

第六，全面落实“从严从实”要求，党对商务工作的领导不断加强。加强政治学习，提高思想认识。坚持把思想建党放在首位，教育引导党员、干部补足精神之“钙”，筑牢思想之“魂”。深入开展“两学一做”学习教育，坚定正确的政治方向，坚决维护党中央权威，不断深化对以习近平同志为核心的党中央治国理政新理念新思想新战略的把握认识。大兴调查研究之风，广泛开展走基层活动，持续推进主动服务破解难题的“三服务”工作机制。加强制度建设，织密管权治吏的制度。坚持把制度创新贯穿全面从严治党全过程，扎紧管权治吏的制度笼子，形成可监督检查、可追究问责的制度规范。编制《2016年上海商务廉政风险清单》，梳理了7大类96项112个风险点，让权力在阳光下运行。修订完善公务礼品管理办法，明确专项资金管理的“十不准”，堵塞了漏洞，增强了自觉。加强巡视问责，净化政治生态。充分利用和发挥巡视的利剑作用，率先建立内部巡查制度，以党建工作、财务管理、干部选拔使用等为重点持续开展内部巡查。2016年除上级巡视组巡视发现的6个方面16个具体问题外，内部巡查又发现了15类问题，并提出29项整改措施，从严管党治党的氛围和态势、风清气正的良好政治生态明显形成。政府职能转变进一步深化。全面落实政府目标管理要求，全年落实市委、市政府专项督查和市领导批示件督查77件，做到“件件有着落、事事有结果、项项有回声”。大力推进放管服改革，完全取消行政审批事项3项，部分取消行政审批事项6项，将技术进出口合同登记等6项行政审批事项下放浦东新区，商务行政事务服务标准化综合试点（国家级）通过中期评估，全年公开公文类政府信息2 700余件。受理“12345”市民热线工单1 181件，办结率100%。

二、强化担当、真抓实干，全力做好2017年各项商务工作

2017年是实施“十三五”规划的重要一年和推进供给侧结构性改革的深化之年，做好商务工作意义重大。从全球看，虽然世界经济处于缓慢复苏中，但“逆全球化”趋势明显抬头，贸易保护主义不断加码，全球贸易投资形势不容乐观。从国内看，虽然经济平稳向好的态势没有改变，但产能过剩和需求结构升级之间矛盾仍有待化解，新旧动能转换衔接也尚需时日。从上海看，虽然消费升级等支撑经济增长的积极因素在不断增加，但外贸出口短期内难以明显改善，利用外资面临的竞争加剧，对外投资风险有所上升。综合分析，商务发展面临的形势依然复杂严峻，机遇和挑战并存，需要我们坚定信心，保持定力，不断巩固和提升竞争优势，继续当好全国商务领域改革开放的排头兵和创新发展的先行者，为长远发展积蓄新动能。

2017年全市商务工作的总体要求是：深入贯彻落实党的十八大和十八届三中、四中、五中、六中全会，以及中央经济工作会议精神，按照市委、市政府的决策部署，坚持稳中求进工作总基调，贯彻落实新发展理念，主动适应经济发展新常态，深化商务领域供给侧结构性改革，服务好自贸试验区和建设具有全球影响力的科技创新中心两大国家战略，着力提能级、强功能、补短板，夯实统一开放竞争有序的现代市场体系、高标准的贸易投资制度环境体系两大支撑，加快推动上海国际贸易中心建设向纵深发展，加快推动商务发展的质量和效益迈上新台阶，更好地服务全市经济社会发展大局，以优异成绩迎接党的十九大和市第十一次党代会胜利召开。

主要预期指标是：商品销售总额增长7%左

右,社会消费品零售总额增长7%以上,电子商务交易额增长20%左右;货物进出口力争实现增长,服务进出口增长10%左右,在全国的贸易份额稳中有升;实际使用外资、对外直接投资保持平稳、质量提升,新增跨国公司地区总部45家;展览面积突破1 700万平方米。

为落实好上述要求,2017年全市商务工作要坚持一个总基调、把握三个关键、做好六方面重点工作。坚持一个总基调:就是要坚持稳中求进的工作总基调,"稳"是要确保商务领域各项指标继续在合理区间运行;"进"是要在把握好度的前提下,推动商务发展结构更优、质量更高、效益更好,推动国际贸易中心建设和商务发展的质量效益再上新台阶。把握三个关键:一是提能级。核心是强化改革创新系统集成,深入推进自贸试验区建设和商务领域供给侧结构性改革。要加快构建开放型经济新体制,促进双向投资能级提升,激发市场活力。要打造亚太供应链中心城市政策体系,促进贸易价值链能级提升,增强贸易竞争力。要从供需两端发力,促进国际消费城市能级提升,释放消费潜力。二是强功能。重点是强化贸易集聚、资源配置和贸易创新等国际贸易中心核心功能。要以总部经济、平台经济、会展经济为重点,提升上海城市功能,不断扩大总部经济的集群效应、平台经济的国际影响力和会展之都的辐射力。三是补短板。主要是坚持问题导向,补齐软硬短板。深化内贸流通体制机制创新,增加有效制度供给,补好制度创新的短板;推进开放制度创新,营造法治化、国际化、便利化环境,补好营商环境的短板。

要做好以下6方面重点工作。

第一,着力服务国家战略,进一步打造对内对外开放新高地。以自贸试验区制度创新为示范引领,融入服务"一带一路"倡议和长江经济带建设等,不断丰富创新内容,打造更高标准的投资贸易制度环境体系。

深化自贸试验区投资贸易制度创新。坚持先行先试,对照最高标准,对接世界最高水平的投资贸易便利化规则体系,加强改革系统集成。推进投资管理体制改革,完善准入前国民待遇加负面清单管理模式,推进专业服务、文化、教育、增值电信、先进制造业等领域有序开放。推进更高水平的贸易便利化环境建设,率先实施高标准贸易便利化协定内容,全面实施货物预报关和预报检制度,探索开展预裁定制度。推进跨境服务贸易制度体系改革,探索建立跨境服务贸易"负面清单"管理模式,推进跨境交付、境外消费、自然人移动等服务贸易便利化。

深化"一带一路"投资贸易合作。以建设"一带一路"市场要素资源配置的功能枢纽为目标,推进"一带一路"双向投资、互联互通、产能合作等一批重点项目取得实质进展,全力挖掘"一带一路"贸易投资增长点。继续深化与"一带一路"沿线国家的经贸部门和重要节点城市的合作机制,与"一带一路"沿线国家地区互办展会,新建一批"一带一路"国别商品中心,设立"一带一路"服务贸易海外促进中心,支持企业承接"一带一路"沿线国家的基础设施和互联互通建设项目,探索与"一带一路"相关国家建立贸易救济对话机制。

深化落实长江经济带商务引领工程。探索完善长三角市场一体化机制,建立长江经济带物流标准化托盘循环共用体系和农产品流通体系,推进区域信用体系建设一体化。加强与长江经济带省、市及国家级经开区跨区域合作,推动开发区品牌输出、人才交流、项目转移等一批实质性合作项目。

深化亚太示范电子口岸网络建设。研究落实WTO贸易便利化协定,建立全供应链数据互联互通互用机制,推进亚太示范电子口岸网络能力建设,形成更多的试点项目,吸引更多经济体加入。

第二,着力推进内贸流通领域供给侧结构性改革,进一步实现流通降本增效。深化内贸流通发展体制机制创新,大力提升内贸流通信息化标准化集约化水平。

全面推进内贸流通创新发展。巩固拓展9项内贸流通体制改革试点成果,更好地发挥内贸流通基础性、先导性作用。实施市场流通创新专项行动计划,启动智慧供应链示范城市建设。发展平台经济推动传统市场转型升级，建设6个千亿级交易市场(平台)，新增20家左右贸易型总部企业。推动大宗商品期货和现货市场联动发展，复制推广自贸试验区大宗商品现货市场试点经验，出台加强大宗商品现货市场管理的相关规定，支持宝玉石交易中心能级提升。推广标准化托盘及其循环共用，促进流通业降本增效。

促进电子商务服务实体经济。加强电子商务市场主体培育和载体建设，支持电子商务经营模式融入实体经济，促进线上线下融合发展。深入推进"互联网＋商务创新"实践区建设，加强电子商务支撑服务体系建设，实施"物联网＋流通"行动计划。继续创建一批电子商务示范园区、示范社区和示范企业，培育一批钢铁、化工品、农产品等行业领域电子商务平台，打造若干电子商务创新创业孵化器，新设一批电子商务末端配送综合服务点和农村电商服务站。

着力构建现代流通治理模式。探索推进以商务信用为核心的流通治理模式，营造良好的市场流通秩序。深化商务诚信体系建设，推出一批商务信用评价企业、团体等标准和若干行业商务信用评价标准草案。推进一批市场信用子平台对接上海商务诚信公共服务平台。加大对互联网、知识产权、城郊结合部市场、食品药品领域等打击侵权假冒力度。完成单用途商业预付卡立法。推进药品流通追溯体系示范项目建设。

第三，着力推进流通供需衔接，进一步发挥消费对经济增长的促进作用。顺应消费结构升级和需求变化趋势，形成"国内国际，双管齐下"的消费发展格局，满足群众日益增长的消费需求。

引导提升商业消费供给品质。以建设国际消费城市为抓手，着力提升品牌集聚度、消费贡献度、消费创新度、时尚引领度和消费便利度。实施新消费引领专项行动计划，合理调控商业增量和存量，推进一批商业转型升级重点项目，大力发展个性化、体验式消费。支持上海国际时装周增强辐射力和影响力，扩大时尚消费。深化国际消费城市示范区建设，培育一批特色商街、商圈、商店，增加优质进口商品直销渠道，扩大离境退税商店规模和布局，支持社区商业精细化、集成化、平台化发展，放大会商旅文体联动示范项目效应。引导企业调整业态结构、加快跨界融合，促进零售业创新转型，推动老字号改革提升发展，吸引国内外品牌集聚。

引导生活性服务业精细化、高品质发展。以家政服务、餐饮服务、居民生活服务为重点，增加优质服务供给，着力扩大服务消费。实施生活性服务业提质专项行动计划，深化长宁"互联网＋生活性服务业"创新试验区建设，推进生活服务业领域市场准入改革、监管模式创新。实施"服务到家"计划，支持杨浦等区率先建设一批社区便民服务到家示范点。推进家政服务体系建设，推广家政服务人员持证上门服务，培训3万名家政服务人员。推进建设早餐示范门店实事工程，创建500家"绿色餐厅"。倡导家电维修标准化服务。支持宝山"幸福产业示范园区"建设。

创新食用农产品市场供需模式。完善大市场、大流通、公益性农副产品市场体系建设，落实保供稳价"区长负责制"，"五管齐下"抓好"菜篮子"工程。加大组织供应，建立30家控成本、可追溯、稳供应的紧密型规模化外延蔬菜基地。提高产销对接效率，改革蔬菜供应体系，推动西郊国际等批发市场转型升级，支持农产品"批零联盟"模式发展。推动菜市场规划落地，新建30家新型示范性标准化菜市场，落实新上农批规划选址。加快发展产供销一体化食用农产品流通模式，推广新模式应用，建设300家基地直采、冷链配送、自助售菜为一体的社区智慧微菜场。

第四，着力推进外贸回稳向好，进一步提升上海贸易综合竞争力。落实国务院促进外贸稳增长调结构政策措施，以"四个100"行动为抓手，重点支持出口贡献大的100家重点企业、支持100个自主品牌、支持100家外贸新业态企业、解决100个重点难点问题，加快形成以结构调整带动外贸稳增长的新格局。

促进外贸调结构、转动力。以优化结构和创新驱动引领外贸发展，狠抓外贸政策落地生效。实施优进优出战略引领专项行动计划，提升出口附加值，加大高档次、高附加值产品出口，鼓励企业探索产品、技术、服务全产业链出口，力争自主品牌产品出口占一般贸易出口的比重达到40%。优化进口结构，推动外高桥“保税展示+交易”功能建设，引导企业进口先进技术、关键零部件、重要装备等。支持闵行、松江加快外贸转型升级，积极推动出口加工区转型为综合保税区。实施贸易便利化提速专项行动计划，包括监管服务制度、政府行政效能、执法互助协同、降低企业经营成本、促进资源高效配置、参与国际规则制定六个方面提速，支持浦东新区深化国际贸易“单一窗口”建设，推动商务部许可证系统与“单一窗口”对接。

大力发展外贸新业态、新模式。加快建设中国(上海)跨境电子商务综合试验区，认定一批市级跨境电商示范区，支持企业建设出口商品“海外仓”和海外运营中心。在自贸试验区建设亚太零部件备品备件中心，探索将分送集报制度推广至转口贸易。建设亚太高端设备再制造基地，在风险可控前提下推进高端设备再制造业务。鼓励高附加值产品生产企业开展保税维修业务，试点建立电子账册管理的保税维修模式。扩大外贸综合服务企业业务规模和功能作用。

促进服务贸易创新发展。加快推进国家服务贸易创新发展试点，探索适应服务贸易发展的管理体制、促进机制、政策体系和监管模式。实施服务贸易创新专项行动计划，研究设立上海市服务贸易创新发展引导基金，继续认定一批服务贸易示范基地、示范项目。推动文化贸易、技术贸易、专业服务等资本技术密集型服务领域发展，培育数字贸易、金融保险、医疗健康等有潜力的新增长点，深化中医药服务贸易发展。在浦东、嘉定等区推广试点技术进出口合同登记业务，支持宝山、虹口开展邮轮融资租赁、邮轮保险等邮轮经济模式创新。

深化会展促进贸易功能。着力优化会展业发展环境，推动展览规模和质量同步提升，形成会展之都集聚效应。继续引进一批国际知名度高、行业引领性强的展会，力争全年举办40个10万平方米以上的大型展会。办好第五届中国国际技术进出口交易会及海外展、上海车展等品牌展会。推进会展业立法，提升会展业公共服务平台功能。推进国家会展中心(上海)配套设施建设。

营造公平安全的贸易环境。健全集安全预警、调整援助、竞争力提升三位一体的产业安全保障与促进机制，形成产业国际竞争力评价的“上海标准”。打造覆盖上下游产业链的技术性贸易措施示范基地，设立与国际贸易相关的知识产权纠纷调解机构。

第五，着力优化全球价值链布局，进一步推进引进来和走出去提质增效。坚持利用外资政策不会变、对外商投资企业合法权益的保障不会变，为各国企业在华投资兴业提供更好服务的方向不会变，营造更加开放透明、更具国际竞争力的投资环境，促进引进来和走出去协同发展，更好发挥双向投资促进实体经济发展的重要作用。

切实加大招商引资力度。贯彻国务院《关于扩大开放积极利用外资若干措施的通知》精神，继续把外资作为上海经济的重要组成部分，坚持扩大开放方向不动摇，紧抓招商引资工作不放松，营造良好环境力度不减弱。实施“外资促进十大计划”、制造业招商引资三年行动计划和“一区一业”招商计划，在杨浦、松江等区跟踪推进一批科技服务、智能制造重点外资项目。完善市、区、开发区三级投资促进工作网络和全流程服务机制，加强与在沪投资促进机构、驻沪领馆等合作，探索共建海外办事处机制，搭建投资促进项目合作平台。支持各类开发区创新发展，打造招商引资重要载体平台。

提高利用外资质量和水平。实施总部经济提质专项行动计划，落实跨国公司地区总部的支持政策，引导跨国公司拓展贸易、研发、物流和结算等全球营运功能，鼓励一批跨国公司地区总部升级为亚太区或更大区域的总部，支持徐汇、杨浦等探索创新总部经济政策，放大形成与科创中心建设的联动效应，全年新引进外资研发中心12家。全面实施外商投资管理备案制，建立外商投资备案企业事中事后监管新模式。

促进对外投资合作健康有序发展。坚持支

持"走出去"发展与规范并举。支持企业在高新技术、高端制造、营销网络等领域开展跨国投资并购。鼓励对外承包工程模式创新。完善"五位一体"走出去公共服务体系,加强"走出去"风险防范。实施装备走出去提速专项行动计划,支持临港新城打造装备"走出去"示范基地,推动具备条件的装备企业抱团"走出去"。

第六,着力推进商务系统自身建设,进一步提升服务全市经济发展大局能力。把加强党的领导贯穿于商务工作的全过程,牢固树立"四个意识",推进商务事业实现新跨越。

强化全面从严治党要求。学习贯彻党的十八届六中全会精神和下半年召开的党的十九大精神,坚持"提振精气神,弘扬正能量",激发商务改革攻坚和创新发展的动力。全面落实从严治党要求,落实"一岗双责"。继续坚持商务廉政风险清单制度,守牢纪律规矩底线,加强对贯彻落实中央"八项"规定精神的监督检查。

着力提高商务行政效能。强化现代政府理念,按照"两高两少两尊重"的要求,持续推进简政放权、放管结合、优化服务,构建与扩大开放、深化改革相适应的事中事后监管机制。持续推进"三服务"工作,不断推动政府职能和政风行风转变。加强"互联网+政务服务",深化商务行政事务标准化建设,逐级落实商务领域安全责任制。加强专项资金全过程管理,提高专项资金使用绩效。借助高层领导重要外事和政府经贸团组互访,提升商务外事服务经贸水平。

推动商务人才队伍集聚壮大。按照总书记对"培养造就一支具有铁一般信仰、铁一般信念、铁一般纪律、铁一般担当的干部队伍"的要求,建设一支忠诚干净担当的商务"铁军"。以开放的视野选好用好干部,着力培养具有国际视野、通晓国际规则、掌握国际先进理念的商务干部。坚持全市商务人才"一盘棋"思维,加大高层次商务人才开发、培养和引进力度,落实上海千人计划、领军人才计划等高层次人才开发政策,以商务人才的集聚推动全市商务事业发展。

同志们,2017年的商务工作任务艰巨,责任重大。让我们坚定信心,迎难而上,狠抓落实,努力完成各项任务,以优异成绩迎接党的十九大和市第十一次党代会胜利召开!

综 述

上海市人民政府文件
沪府发(2016) 60号

上海市人民政府关于印发《“十三五”时期上海国际贸易中心建设规划》的通知

各区、县人民政府,市政府各委、办、局:

现将《“”十三五“时期上海国际贸易中心建设规划》印发给你们,请认真按照执行。

上海市人民政府(盖章)
2016年8月5日

“十三五”时期上海国际贸易中心建设规划

“十三五”时期是上海基本建成具有国际国内两个市场资源配置功能,与我国经济贸易地位相匹配的国际贸易中心的决定性阶段。为全面推进“十三五”时期上海国际贸易中心建设,依据《中华人民共和国国民经济和社会发展第十三个五年规划纲要》和《上海市国民经济和社会发展第十三个五年规划纲要》,编制本规划。

一、“十三五”时期上海国际贸易中心建设的基础和环境

1. “十二五”时期的主要进展

过去五年,上海国际贸易中心建设在服务国家和上海市经济社会发展过程中取得了重要进展,国际贸易中心核心功能已经基本形成。

(1) 贸易规模稳步扩大,贸易结构进一步优化。大市场、大流通格局加快形成。2015年,商品销售总额、电子商务交易额分别达93 407亿元和16 452亿元,年均增长13.9%和31.1%。口岸货物进出口保持领先,从2010年的9 083亿美元,扩大到2015年的10 921亿美元,占全国的27.6%和全球的3.4%,超越香港、新加坡等国际贸易中心城市。贸易结构持续优化,2015年,附加值较高的一般贸易进出口占比达47.4%,比2010年提高7.2个百分点;新兴市场开拓初见成效,对美国、欧盟、日本三大传统市场依赖度降

低;进口增速持续快于出口,成为全国最大的进口消费品集散地;跨境电子商务试点深入推进,开辟了国际贸易新渠道。服务贸易加快发展,进出口额从2010年的1 047亿美元扩大到2015年的1 967亿美元,占全国的27.6%和全球的2.1%;技术进出口合同额、国际服务外包执行额分别是2010年的2.9倍和3.4倍。服务贸易在对外贸易中的比重由2010年的22.1%提升至2015年的30.3%,比全国高14.9个百分点。

(2)“互联网+消费”蓬勃发展,消费拉动作用进一步突显。消费规模不断扩大,社会消费品零售总额从2010年的6 187亿元扩大到2015年的10 132亿元,年均增长10.2%,商贸业增加值占全市GDP的比重提升至16.8%,消费对经济增长的贡献率达到70%左右。消费新业态新模式不断涌现,网络购物交易额从2010年的345亿元扩大至2015年的4 356亿元,年均增长66.1%。以精细化、集成化、平台化为特征的社区商业零售规模已占全市的50%以上。商业国际化程度显著提高,53.4%的国际知名零售商已进驻上海,购物节、时装周等在国内外的影响力持续提升,成为城市消费和时尚新名片。率先实施境外旅客购物离境退税政策。结构合理、功能健全、配套完善的现代商业网点体系基本形成。全市购物中心达到163家。

(3)贸易功能持续完善,资源配置能力进一步提升。以平台经济为代表的流通和交易模式创新发展,2015年实现交易额16 125亿元,亿元级以上平台32个,平台交易撮合、金融服务、价格发现等功能持续增强。大宗商品“上海价格”基本形成,钢铁价格指数、有色金属现货价格指数等被国际市场采纳,石油天然气、矿产、棉花等大宗商品国际交易中心相继成立,上海期货交易所成交量占全国期货市场1/3以上。农产品流通市场体系更趋完善优化,已与全国1 000多个生产基地建立了新型产销合作关系,形成了总部在上海、基地和网络在全国的新格局。现代物流对贸易流通的支撑作用进一步显现,全社会物流总费用相当于全市生产总值的比重降到15%左右,低于全国平均水平。区域辐射带动效应进一步增强,率先启动长江经济带区域通关一体化改革,正式建立区域市场一体化发展合作机制,外省市进出口约占上海口岸贸易额的三分之二。亚太示范电子口岸网络运营中心落户上海。

(4)贸易主体不断集聚,市场竞争力进一步增强。贸易流通企业集聚效应明显,至2015年底,全市批发和零售业企业逾14万家,年销售额超过百亿元的商业企业80余家;有进出口业绩企业39 009家,年进出口规模10亿美元以上企业51家,分别比2010年增加10 309家和8家;融资租赁企业1 600多家。资产总额约1.3万亿元,均占全国的1/3左右。统筹利用国际国内两个市场、两种资源能力提升,5年新引进外商投资企业22 918家,占全国的18.2%;新增跨国公司地区总部230家、投资性公司99家、研发中心77家,累计分别达535家、312家和396家,成为中国内地跨国公司地区总部最多的城市。上海企业在境外投资设立企业超过3 000家,是“十一五”时期的5.8倍,走出去网络覆盖178个国家和地区;总部在上海的财富世界500强企业已达8家,比2010年增加6家。美中贸易全国委员会、德国工商大会、瑞士世界黄金协会等90余家国际贸易投资促进机构在沪设立了常驻代表机构。

(5)贸易载体加快建设,重点区域和重要平台支撑作用进一步彰显。贸易核心功能区建设取得重大突破,中国(上海)自由贸易试验区(以下简称“自贸试验区”)建立,2015年,区内货物进出口、吸收外商投资和对外直接投资分别占全市的26.4%、60%和57.4%,引领带动作用明显;虹桥商务区核心区建设基本完成,成为国际贸易中心建设新承载区。服务全国的贸易投资促进平台建设成效显著。国家会展中心(上海)全面建成,室内外展览面积50万平方米,2015年展出面积390万平方米,分别占全市的50%和25.8%,上海可供展览面积和展出总面积均居世界城市前列。国内第一个专为技术贸易设立的国家级、综合性展会中国(上海)国际技术进出口交易会永久落户,有效促进了我国与各国间的技术转移与创新合作。25 个现代服务业集聚区成为各类贸易总部和机构的重要集聚地,年度税收亿元以上楼宇近 130 栋。成功创建国家电子商务示范城市,建成 4 个国家级示范基地和 7 个市级示范园区。新增服装服饰、船舶等 4 个国家级进出口基地和 3 个市外贸转型升级示范基地。上海化工区、松江工业园区升级为国家级经济技术开发区。贸易信息服务平台的辐射力、影响力不断扩大,中国(上海)网上国际贸易中心、上海 WTO 事务咨询中心及新华 08、第一财经等经贸信息平台功能持续完善。

(6) 贸易环境持续改善,便利化水平讲一步提高。贸易发展法治环境不断优化,《上海市推进国际贸易中心建设条例》《中国(上海)自由贸易试验区条例》颁布实施。上海知识产权法院成立,跨部门打击侵犯知识产权和制售假冒伪劣商品的长效机制基本形成。陆海空口岸全面开放格局基本形成,关检合作"一次申报、一次查验、一次放行"试点稳步推进,国际贸易"单一窗口"上线运行,进出口环节收费清理取得积极成效,跨境人民币业务规模持续扩大,世界贸易组织《贸易便利化协议》中的基本措施大部分已经在自贸试验区实施并取得阶段性成果。市场开放度、透明度进一步提高,外资企业设立及变更审批施行"告知承诺十格式审批"的管理新模式,金融、教育、医疗、养老、电子商务和一般制造业等领域对外开放稳步扩大;企业对外直接投资全面实行备案为主、核准为辅的新模式;全市 75%左右的审批事项可以网上办理。自贸试验区成为贸易投资制度创新高地,以负面清单管理为核心的投资管理制度建立,企业注册时间由 29 天减少为 4 天;实施 100 多项贸易监管创新举措,货物平均通关时间缩短 40%;金融创新、事中事后监管领域制度创新持续深化,一批创新成果已在全国复制推广。

2. "十三五"时期的发展环境

"十三五"时期,上海国际贸易中心建设的外部环境和自身条件都将发生深刻而复杂的变化,总体上仍然处于大有作为的重要战略机遇期,但也存在严峻的风险挑战。

(1) 国际经贸格局和规则体系深刻调整,上海国际贸易中心建设面临经济全球化的新趋势。世界经济在深度调整中曲折复苏,全球贸易持续低迷,贸易保护主义强化。国际贸易投资规则体系加快重构,多边贸易体制受到区域性高标准自由贸易体制挑战,全球经济发展相应出现了一些新的趋势。投资带动贸易增长的趋势更为明显,国际产业转移和贸易投资将深度融合,投资在经济全球化中的地位进一步上升;市场驱动投资流向的趋势更为明显,投资重心、研发布局、决策指挥、共享服务等将持续向以中国为代表的全球主要市场转移;跨国公司主导全球供应链、价值链的趋势更为明显,其作为全球贸易投资最主要参与者和组织者的地位和影响力将更加突出;贸易和产业数字化转型的趋势更为明显,以互联网、物联网等驱动的新技术、新产业、新业态、新模式等推动传统贸易进入数字贸易时代。上海国际贸易中心建设需要主动顺应国际经贸格局和规则体系的新变化,更好把握全球经济一体化的新趋势。

(2) 我国对外开放和区域发展战略深入推进,上海国际贸易中心建设进入"升级版"重要窗口期。我国实施自由贸易区、"一带一路"等新一轮更高水平的对外开放战略,将显著提高我国国际国内两个市场资源配置功能、参与国际竞争合作和经贸规则制定的能力和水平,有利于上海立足亚太、面向全球,提高服务辐射功能,加快形成与高标准国际贸易投资规则衔接的制度体系,构建链接全球的贸易投资网络。国家推进长江经济带等区域协同发展,有利于上海更好发挥在长江经济带和长三角城市群建设中的带动引领作用,加快推进区域市场一体化,协调优化区域产业布局和贸易分工,进一步增强上海国际贸易中心的服务辐射功能,实现国际贸易中心由单一城市向城市群延伸。

(3) 上海进入基本建成"四个中心"和社会主义现代化国际大都市的关键阶段,对上海加快国际贸易中心建设提出了新要求。上海国际贸易中心建设是"四个中心"的重要组成部分,上海与成熟的国际贸易中心城市相比，贸易能级还有待提高，仍存在不少短板和问题，突出表现在：市场体系能级不够高，对国际市场价格等的影响力总体较弱；高品质商品和服务供给不足，对国内外消费吸引力有待增强；贸易规模扩大和转型升级面临挑战增多，产能转移等导致产业对贸易的支撑后继乏力，口岸传统优势功能面临日益加剧的竞争；贸易投资促进体系不够完善，各类贸易主体整合全球供应链能力偏弱；贸易载体空间布局需要进一步优化，服务辐射能力仍待提高；贸易环境仍需改善，在管制、税制、法制等方面与国际高标准的贸易便利化要求还有明显差距。面对短板和问题，上海国际贸易中心建设需要紧紧抓住自贸试验区、国内贸易流通体制改革发展综合试点、跨境电子商务综合试验区、服务贸易创新发展试点、构建开放型经济新体制综合试点试验等一系列先行先试的机遇，进一步提升国际贸易中心建设的能级和水平，为全市发展做出更大贡献。

二、“十三五”时期上海国际贸易中心建设指导思想和发展目标

1. 指导思想

全面贯彻党的十八大和十八届三中、四中、五中全会精神，深入贯彻习近平总书记系列重要讲话精神，贯彻“五位一体”总体布局和“四个全面“战略布局，“树立创新、协调、绿色、开放、共享”的发展理念。以供给侧结构性改革为主线，以自贸试验区制度创新为示范引领，积极融入和主动服务自由贸易区、“一带一路”和长江经济带等国家战略，着力提能级、强功能、补短板，深入推进以优进优出为核心的贸易转型升级，进一步向全球价值链高端跃升，深入构建与国际高标准贸易投资规则相适应的贸易制度体系，进一步营造法治化、国际化、便利化的营商环境，深入构建统一开放、竞争有序的现代市场体系，进一步促进国际国内要素有序自由流动，着力提升上海国际贸易中心的竞争力和辐射力，助推我国从贸易大国向贸易强国迈进。

2. 发展目标

到2020年，基本建成具有国际国内两个市场资源配置功能、与我国经济贸易地位相匹配的国际贸易中心，基本形成与高标准国际投资和贸易规则衔接的制度体系，基本形成商品和要素自由流动、平等交换的现代市场体系。具体目标如下：

（1）贸易环境进一步优化。将自贸试验区建成开放度更高、便利化更优的自由贸易园区；全面建成国际贸易“单一窗口”，加快形成集约高效、协调统一的口岸管理格局，通关效率持续提高，进出口环节收费继续降低；事中事后监管制度创新深入推进，商业诚信度明显提高，与高标准国际贸易投资规则相衔接的制度环境更加完善。

（2）贸易竞争力进一步提高。出口附加值水平稳步提升，自主品牌出口、高新技术产品出口占比明显提高；上海企业跨国经营能力明显增强，实际对外直接投资存量显著扩大；跨国公司地区总部、贸易型总部、中小贸易企业等各类市场主体，以及具有影响力的贸易投资促进机构、贸易信息咨询机构、贸易纠纷解决机构和国际组织加快集聚。

（3）贸易规模进一步扩大。市场流通和消费规模稳步扩大，电子商务交易额力争在2015年的基础上翻一番，商贸业增加值占全市生产总值（GDP）的比重保持在17%左右；打造世界级口岸，口岸货物进出口规模保持全球城市前列；服务进出口规模继续保持全国领先，在全市对外贸易总额中的比重超过30%。

（4）贸易功能进一步增强。建成一批面向国内、国际两个市场的千亿、万亿级交易市场（平台），部分大宗商品价格和价格指数成为重要国际风向标；扩大对国内外消费吸引力，建设商业集聚度、繁荣度、便利度高的国际消费城市和国际时尚之都；会展业国际化程度持续提高，国际展展览面积提高到80%左右，与商业、旅游、文化、体育等产业联动发展更加紧密，基本建成国际会展之都；离岸贸易和中转贸易力争有新突破，口岸货物国际中转比率达到15%，跨境电子商务交易额在全市货物进出口中的比重显著提高，规模位居全国前列。

专栏 1

表1 “十三五”时期上海国际贸易中心建设主要预期指标

	指标	2015 年	2020 年	备注
贸易环境	贸易便利化	国内领先	国际贸易“单一窗口”全面建成,通关效率持续提高,进出口环节收费持续降低	
	治理水平	国内领先	事中事后监管制度创新深入推进,商业诚信度明显提高,与高标准国际贸易投资规则相衔接的制度环境更加完善	
贸易竞争力	自主品牌产品、高新技术产品出口占全市货物出口总额的比重	50%左右	60%以上	
	实际对外直接投资额	166 亿美元		每年保持 180 亿美元
	规模以上本土跨国公司	38 家	突破 100 家	年均增加 13 家左右
	跨国公司地区总部	累计 535 家	累计超过 735 家	年均增加 40 家左右
	贸易型总部	100 家左右	200 家	年均增加 20 家左右
贸易规模	商品销售总额	93 407 亿元	超过 13 万亿元	年均增长 7%以上
	社会消费品零售总额增速	10 132 亿元	超过 1.4 万亿元	年均增长 7%以上
	电子商务交易额	16 452 亿元	3.5 万亿元左右	平均增长 16%左右
	商贸业增加值占全市 GDP 的比重	16.8%	17%左右	
	口岸货物进出口额占全国比重	27.6%	30%左右	
	服务贸易进出口额占全国的比重	27.6%	30%左右	
	服务进出口额占全市对外贸易的比重	30.3%	30%左右	
贸易功能	千亿、万亿级交易市场(平台)	4 个	10 个左右	
	展览面积	1 513 万平方米	2 000 万平方米	
	口岸货物国际中转比率	7%～8%	15%左右	

三、“十三五”时期上海国际贸易中心建设主要任务措施

1. 推进自贸试验区制度创新,打造贸易制度环境新高地

(1) 加快建设开放度更高、便利化更优的自贸试验区。深化投资管理制度创新,完善准入前国民待遇加负面清单管理模式,进一步扩大服务业和先进制造业领域对外开放,推进外商投资和境外投资管理制度改革,深化商事登记制度改革,完善企业准入的“单一窗口”制度,提高市场准入的透明度和可预期性。推进贸易监管制度创新、深化“一线放开、二线安全高效管住”监管服务改革,全面建成国际贸易“单一窗口”,完善货物状态分类监管模式,探索形成一套具有国际竞争力、与开放型经济体制相适应的贸易监管服务制度。完善事中事后监管制度创新,加强社会

信用体系、信息共享和服务平台应用,推进监管标准规范制度建设,加快形成"行政监管、行业自律、社会监督、公众参与"的综合监管体系,提升监管效能。对接国际投资贸易规则新变化。加强信息公开、公平竞争、权益保护等制度创新,探索先行先试中美双边投资协定(BIT)谈判等框架下的环境保护、政府采购、竞争中立、知识产权管理、争端解决等制度条款,为国家探索最佳开放模式。加快系统集成制度创新,推动自贸试验区、张江国家自主创新示范区和全面创新改革试验区形成联动叠加效应,促进科技、金融、贸易、产业多维度融合,为我国推进自由贸易区战略、参与全球经济治理积累新经验,探索新路径。

(2) 营造透明、规范、高效的贸易便利化环境。对标世界贸易组织《贸易便利化协定》和国际通行惯例,推动货物、资金、信息、服务等各类要素更加便利高效流动。率先启动全国通关一体化改革试点。建立货物通关"一次申报、分步处置",实施税收征管方式改革,建立协同监管机制"三项制度",降低进出口环节收费,提高通关效率。优化口岸监管模式,建立适应离岸贸易、中转集拼、保税维修、跨境电子商务发展的口岸监管制度,实现口岸各相关部门信息互换、监管互认、执法互助,形成集约高效、协调统一的口岸管理格局,加强口岸信用信息共享。深化亚太示范电子口岸网络建设,加快开展上海电子口岸与亚太经合组织(APEC)成员间开展示范项目合作,推进全供应链数据互联互通互用解决方案研究、应用和推广。

专栏 2

贸易便利化提速工程

加快与国际通行的贸易监管制度相衔接,依托全市贸易便利化联席会议机制,推进通关一体化建设,营造便利化的通关环境。

① 创新监管服务制度。推进自贸试验区监管制度创新,探索货物状态分类监管等一批创新制度,力争形成一整套具有国际竞争力、与开放型经济新体制相适应的海关、检验检疫、外汇和税收监管制度框架。按照"成熟一批、推广一批"的原则,因地制宜做好复制推广工作。

② 加强部门协同力度。不断完善"单一窗口"功能,继续推动向口岸监管前置和后续相关管理环节延伸,探索建立长三角区域国际贸易单一窗口。强化大通关协作机制,推进口岸查验单位"信息互换、监管互认,执法互助",优化作业流程,推行"联合查验,一次放行"的一站式作业等通关新模式,推动一体化通关管理。

③ 提升政府行政效能。推进各监管单位审批制度改革,完善企业信用管理,加强事中事后监管,降低进出口货物抽检率。加强电子政务建设,探索建设"互联网十自助海关",扩大检验检疫全程无纸化试点,深化出口退税无纸化管理。

④ 降低企业经营成本,推进退税标准化建设,优化完善出口退税分类管理办法,提高分类分级管理质效。进一步减少和规范口岸通关环节费用,争取扩大由政府承担查验作业服务费试点范围,降低企业成本。加大流通环节收费秩序整顿力度.加强事中事后监管,推动外贸企业及相关服务企业落实收费公示制度。

(3) 完善国际贸易中心建设法治环境。形成与高标准贸易投资规则相衔接的国际贸易中心法制框架,推动商品流通、电子商务、会展业、家政服务业、融资租赁等重点领域或行业立法进程,完善商务执法与刑事司法衔接机制。形成与贸易中心相匹配的知识产权保护和促进体系,加强知识产权海外援助机制建设,完善与贸易有关的知识产权保护公共服务平台功能,建立知识产权侵权查处快速反应机制。发挥上海知识产权法院作用,健全司法保护、行政监管、仲裁、调解等知识产权纠纷多元解决机制,深化跨区域、跨部门打击侵权假冒规则机制,落实知识产权保护相关规定。建立健全风险预警和防控机制,完善贸易摩擦、贸易救济和技术型贸易措施等公共服务建设。结合国家新的开放发展战略,建立与开放市场环境相匹配的产业安全预警体系。发挥贸易安全与产业发展的联动效应，进一步提高发展质量和效益，提升重点产业国际竞争力。完善外商投资全生命周期服务与监管体系建设，加强境外投资风险防控体系和权益保障机制建设。打造亚太国际商事争议解决中心，加大对上海市商事仲裁、调解机构的培育，提升其专业服务能力和国际影响力，吸引和集聚国际知名商事争议解决机构。构建面向国际的商事争议解决平台。

(4) 营造更加宽松的贸易人才发展环境。强化贸易中心建设人才培养和引进，增加人才总量，盘活人才存量，提升人才质量。集聚国内外高层次人才，充分发挥居住证积分、居转户和直接落户等户籍政策在国内人才引进中的激励和导向作用，吸引电子商务、会展、融资租赁、物流等重点领域优秀人才。落实上海“千人计划”“领军人才计划”“青年拔尖人才计划”，推动跨国经营管理、国际投资管理、国际商务营销、国际经济法律等高端人才来上海发展。完善人才培训，引导行业协会和中介组织等建立市场化、社会化的商务才培养体系，提升商务人才的综合分析、组织协调和开拓创新能力，探索建立上海国际贸易中心建设研究智库。

2. 促进对外贸易优进优出，培育外贸竞争新优势

(1) 推动出口迈向中高端。主动对接国家自由贸易区战略，推动出口市场结构和布局从传统市场为主向多元化市场发展转变。促进战略性新兴产业和高技术产品出口，提高中高端、高附加值商品出口比重，打造新的出口主导产业，推动出口由消费品为主向消费品和资本品并重转变。拓展服装、汽车、船舶、生物医药等出口示范基地功能，支持企业设立海外营销网络。扩大短期和中长期出口信用保险规模，进一步扩大出口信用保险保单融资和出口退税账户质押融资规模。支持关键零部件和系统集成制造等先进加工贸易发展，鼓励加工贸易企业向研发设计、检测维修、高端设备再制造等领域拓展。支持重点企业建设汽车、机床、工程机械、航空、船舶和海洋工程等境外售后维修服务中心和备件生产基地。支持企业建设国际营销体系和培育自主品牌，建立境外展示中心、分拨中心和零售网点，鼓励企业在境外注册商标和申请专利，培育一批具有全球影响力的自主品牌。

(2) 提升进口综合效益。充分发挥口岸集散优势，实行积极的进口政策，不断扩大进口规模，优化进口商品结构。发挥专业展示交易平台作用，支持酒类、机床、医疗器械、汽车等平台完善功能，建设上海宝玉石交易所，支持上海虹桥进口商品直销中心等一批国别商品中心发展。扩大大型装备、先进技术设备、关键零部件进口。支持融资租赁企业开展进口设备融资租赁业务，扩大飞机、船舶、工程机械及高端装备领域融资租赁规模。支持先进设备、先进技术进口，推进汽车平行进口做大规模。合理增加优质消费品进口，鼓励贸易企业经营代理国外品牌，引导境外消费回流。稳定大宗商品进口。

专栏3

优进优出引领工程

适应外贸创新转型发展的需要，推动进出口从“大进大出”转向“优进优出”，从一般商品向“商品＋品牌、专利、技术、服务”等转变。

① 实施“自主品牌出口增长计划”。出台外贸品牌扶持政策，鼓励企业开展自主研发和品牌培育，建立品牌设计、营销、推广中心，支持企业在境外注册商标和申请专利。培育一批具有全球影响力的自主品牌。

② 促进外贸企业转型升级。支持外贸企业进入关键零部件和系统集成制造领域，提升电子信息、汽车及零部件、医疗设备、航空航天等辐射和技术溢出能力强的产业出口能力，推动货物贸易与服务贸易深度融合，鼓励加工贸易企业承接研发设计、检测维修、高端设备再制作、物流配送、财务结算、分销仓储等业务。

③ 推进“国际营销网络覆盖行动”。加大政策扶持力度，支持企业在境外建设一批推广效果

好的展示中心、集散配送功能强的分拨中心、区域辐射半径大的批发市场、市场渗透能力强的零售网点、服务能力强的售后服务网点和备件基地。

④ 扩大先进技术装备和优质消费品进口。重点支持先进设备、先进技术进口，鼓励企业引进消化吸收再创新。放大平行进口汽车试点效应，扩大平行汽车进口规模。扩大大型机械设备、飞机、船舶、海工设备及零部件进口。鼓励企业完善营销渠道，扩大进口优质消费品。

⑤ 深化进出口平台建设。抓好外贸转型升级示范基地、科技兴贸创新基地、跨境电子商务园区、专业进口展示交易平台、国别商品中心和进口商品直销中心等外贸平台建设，拓展技术研发、信息服务、产品认证、检验检测等公共服务功能。

(3) 推进服务贸易创新发展。稳步实施国家服务贸易创新发展试点，加快服务贸易促进机制、管理机制、监管模式等先行先试。促进服务贸易规模持续增长，继续巩固旅游、运输等传统服务领域的规模优势；推动文化贸易、技术贸易、离岸服务外包、专业服务等资本技术密集型服务领域发展，提升其在服务进出口中的占比；积极培育数字贸易、金融保险、医疗健康等潜力型服务产业发展；不断加强中医药、体育、教育等特色服务领域的国际交流合作，培育服务贸易新增长点。做大做强服务贸易主体，促进在岸与离岸业务融合发展，培育全球资源整合型服务供应商，集聚一批创新能力强、集成服务水平高、具有国际竞争力的服务贸易总部型企业，打造若干具有较强国际影响力的“上海服务”品牌企业，培育100家离岸业务额超千万美元的服务外包骨干型企业。加快服务贸易平台载体建设，建设国际服务贸易创新发展功能区，培育一批国际服务贸易总部示范基地，提升上海服务外包交易促进中心、上海文化贸易语言服务基地、上海中医药国际服务贸易促进平台的功能，构建适应服务贸易发展特点的海外市场拓展、技术共享、宣传交流等促进机制。

专栏 4

服务贸易创新工程

发挥服务贸易创新发展试点先行先试的优势，探索优化服务贸易支持政策，促进新兴服务贸易领域加快发展，将上海打造成为服务贸易创新高地。

① 鼓励服务贸易领域的新模式和新业态发展。鼓励依托云计算、大数据、移动互联网等新技术开展服务贸易模式创新，大力发展数字贸易、技术贸易、文化贸易、专业服务、中医药、金融服务。鼓励企业承接高端服务外包业务，特别是医药研发、商务管理、工业设计和动漫网游等知识流程服务外包业务。推动邮轮经济发展。

② 打造一批具有特色的服务贸易创新发展功能区。加快建设特色服务出口基地，培育3～5家“上海国际服务贸易总部示范基地”，认定一批上海市服务贸易示范基地和示范项目，形成点(企业)、线(行业)、面(区域)立体发展格局。

③ 打造一批具有影响力的服务贸易公共服务平台。提升文化贸易、服务外包和中医药服务等平台功能，推进国际教育、医疗旅游、邮轮综合服务等领域的公共服务平台建设，开展形式多样的服务贸易促进活动，提升“上海软件贸易发展论坛”影响力。

(4) 促进外贸新业态、新模式发展。支持发展跨境电子商务。建设好中国(上海)跨境电子商务综合试验区，在全市设立一批跨境电子商务示范园区，支持企业建设出口商品“海外仓”和海外运营中心加快融入境外零售体系，支持企业通过发展保税展示销售、增设口岸进境免税店，建立全球商品进口网络和资源渠道。突破发展离岸贸易，深化新型国际贸易结算中心试点，推进以人民币离岸业务为重点的离岸金融业务发展，加快吸引和集聚离岸贸易主体，研究支持离岸贸易发展的税收政策。推动发展转口贸易，促进洋山港、外高桥“两港”功能和航线布局优化,提高货物流转的通畅度和自由度,完善国际中转集拼和国际转口贸易枢纽功能。加快发展外贸综合服务企业,培育一批运行规范有序的外贸综合服务企业,加强其通关、物流、退税、金融、保险等服务能力。

(5) 充分发挥会展对贸易的促进功能。提高上海市会展业的辐射力和影响力。加快建设国际会展之都。做大做强会展业规模和能级,引进若干个行业影响力强、带动效应显著的国际知名品牌展会,提升在沪举办的国家级展会能级,打造一批具有国际影响力的上海自主品牌展会。培育一批有潜力、有特色的中小展会。积极培育境外展览项目,提升华交会海外展、上交会海外展等境外展会的响力。集聚培育具有国际竞争力和市场活力的会展业主体,吸引国际会展相关组织在沪设立机构,增加上海市经国际组织认证的机构和展会数量,推进国际知名会展企业落户,鼓励其与国内会展业开展合作经营,打造有实力的展览集团和专业组展企业。推进会展业载体布局优化,支持浦东、青浦等区域推进展馆配套建设和产业集聚,打造会展业重点发展区。发挥大型品牌展馆行业引领作用,支持中等规模展馆专业化发展,引导小型展馆特色经营。支持会展业与相关产业联动发展,建成一批会展与商业、旅游、文化、体育等产业联动发展的示范平台与示范项目,促进大型展会与大型活动、国际会议、专业论坛、节庆赛事的互动融合。

3. 推动投资贸易深度融合,激发贸易增长新动能

(1) 提高吸引外资的质量和水平。把利用外资作为主动参与全球价值链的有效途径,破除制约全球价值链发展的投资障碍或瓶颈,优化外商投资政策,发挥外资企业对贸易发展的重要作用。进一步放宽外资准入限制,以产业投资的增长带动贸易增长,扩大金融、航运、文化、医疗、体育、养老和专业服务等服务业领域开放,有序放宽汽车、化工、运输设备等制造业领域的外资股份比例限制,引进一批智能制造、新材料、节能环保等重点外资制造业项目。提升总部经济发展能级,促进地区总部增强在跨国公司全球经营网络中的话语权,完善跨国公司总部经济支持政策,实施亚太运营商计划,鼓励跨国公司地区总部、投资性公司等功能性机构集聚,推进已有跨国公司地区总部拓展贸易、研发、物流和结算等全球营运功能,打造亚太区订单中心、供应链管理中心和资金结算中心。加强与港澳台经贸投资合作,深化内地与香港地区建立更紧密经贸关系安排(CEPA)、海峡两岸经济合作框架合作协议(ECFA),继续扩大对港澳台服务业开放,促进沪港、沪澳及沪台经贸深度融合。

专栏 5

总部经济提质工程

顺应全球贸易投资发展新趋势,着力引进和培育一批高能级市场主体,鼓励在沪跨国公司向研发、设计、物流、结算、销售等功能拓展,提高本土企业跨国经营能力,进一步促进投资带动贸易。

① 实施亚太运营商计划。建设跨国公司亚太地区总部集聚地,推动形成亚太区的订单中心、供应链管理中心和资金结算中心。鼓励在沪跨国公司地区总部提升能级、拓展功能,力争至“十三五”末,落户上海的亚太区或更大区域地区总部超过 100 家。

② 引进外资研发中心。落实外资研发中心发展的相关政策,年均增加 10 家左右外资研发中心。支持外资研发中心转型升级为全球性研发中心和开放式创新平台。

③ 认定培育一批贸易型总部。鼓励具有国际国内资源配置能力的企业在沪设立贸易型总部,认定一批贸易型总部企业。做好投资贸易类国际组织和机构的引进工作,推动国际展览协会、全球企业不动产协会等落户。

④ 培育一批具有国际知名度和影响力的本土跨国公司。鼓励企业以股权投资、战略联盟、技术许可、基金投资等方式创新对外投资。支持

和引导企业投资并购境外高新技术企业，设立境外研发和孵化基地，支持和引导企业扩大营销平台、知名品牌和优质消费品的投资与并购，在上海自贸试验区探索建设跨境股权投资中心。

(2) 推动更高水平的走出去。把对外投资作为主动布局全球价值链的关键举措，推动产品输出、产业输出与资本输出相结合，促进国内产品、设备、技术、标准和服务等一体化走出去。积极开展国际产能和装备制造合作，推动钢铁、电力、化工、轻纺、汽车、工程机械等优势制造企业加快国际布局，开展境外技术、资源、能源，投资合作，鼓励境外工程承包加快模式创新，推动投资带动成套设备等出口。充分发挥跨境投资并购的积极作用，有效利用国际国内两个市场、两种资源，构建全球分销平台和网络，收购境外知名品牌，充分发挥协同效应，促进国内消费升级和消费回流。提升本土跨国公司的能级和水平，鼓励金融资本和产业资本联合走出去，发展跨国并购基金和跨境股权投资，主动布局全球价值链、产业链，发挥投资对贸易的带动作用。

专栏 6

装备走出去提速工程

主动参与布局全球产业链，有序推动国际产能和装备制造合作，带动产品、技术、标准和服务一体化走出去。

① 优化境外产业布局。支持上海市装备制造企业参与“一带一路”沿线国家互联互通项目建设。推动上海市优势产能向东南亚、中亚、西亚、北非等地区有序转移。鼓励上海市装备制造企业通过并购、参股、合作等方式，获取境外知名品牌、营销网络和先进技术。

② 鼓励境外承包工程模式创新。支持企业探索以项目管理总承包、建设—经营—转让、公私合营等方式承接境外工程项目，带动装备和大型成套设备出口。

③ 加快装备走出去基地建设。提升临港地区“上海市装备走出去和国际产能合作示范基地”能级，推动知名装备制造业企业拓展国际市场，形成装备制造业规模和品牌效应。

④ 完善装备走出去投融资服务。优化调整相关财政支持政策，推动政策性金融机构、私募资本等与企业有效对接，助推上海市装备制造业走出去。

⑤ 强化走出去公共服务供给。打造信息服务、融资服务、投资促进、人才培训、风险防范等“五位一体”的公共服务体系。

(3) 完善贸易投资促进服务体系。加强对跨太平洋伙伴关系协定(TPP)、跨大西洋贸易与伙伴协定(TTIP)的研究，主动适应全球贸易投资规则新变化，更加注重中高端人力资源供给、知识产权保护、技术产业化的便捷程度，制定出台相关便利化举措。加强和友好城市、姐妹城市等经贸合作，与驻沪领事机构、投资和贸易促进机构建立经贸合作对话机制。完善信息共享、咨询服务、投资合作等贸易投资促进平台建设，充分发挥商协会、驻外机构、海外企业和“走出去”服务联盟等民间组织的桥梁纽带作用，强化贸易促进、投资咨询、会议展览、法律仲裁、信息交流等领域的国际合作。推进国际经贸组织或分支机构、国际贸易投资服务机构等集聚，引进一批与贸易有关的国际货代、商业保理、法律服务、会计审计、典当拍卖、信用服务等专业服务机构。

(4) 推进贸易中心载体建设和布局优化。持续发挥国家级经济技术开发区对外开放的窗口示范和辐射带动作用，完善考核评价和动态管理体系，推动国家级经开区与自贸试验区开放联动，培育产贸联动的先进制造业、现代服务业发展基地。支持海关特殊监管区域整合优化，推动出口加工区向综合保税区转型，打造一批贸易中心优质载体。建设现代服务业集聚区和商贸功能区，大力吸引各类总部企业入驻，形成总部经济发展新高地。支持虹桥商务区建设服务长三角、面向全国和全球的一流商务区，促进高端商务、会展和交通功能融合发展，加快建设贸易中心重要承载区。推动临港等国家新型工业化示范产业基地形成装备走出去示范效,促进产业带动贸易。充分发挥世博园区、黄浦江两岸、国际旅游度假区、上海中国邮轮发展实验区等重点功能区域建设对商业、贸易、投资的带动作用。支持区县结合自身区位优势、产业基础,打造各具特色、功能互补的贸易中心重点区域。

4. 提升内需市场能级,促进新消费创造贸易新供给

(1) 增强对国内外消费吸引力。实施“国内国际、双管齐下”的大消费策略。进一步提高上海商业的集聚度、繁荣度、便利度,提升上海消费市场的国际竞争力、吸引力和辐射力,加快建设国际消费城市。优化商业网点布局,以传承城市商业文化、保持城市整体风貌为核心,加快商圈功能优化、业态调整和形态改造,推进大型娱乐设施和商业综合体等有序发展,建设一批具有国际影响力和美誉度的商圈和特色商业街区。支持存量商业设施转型调整、有机更新,提高新增商业用地供给的有效性和精准度。促进优质商品和服务集聚,更加突出丰富市场层次和提升消费能级,进一步汇聚国内外知名消费品牌,培育和引进一批本土品牌商品和具有高品牌价值的商业企业,增加优质进口商品直销渠道,逐步扩大退税商店规模,探索开设市内免税店,实现在上海买全国、买全球,扩大外来消费吸纳力。提高商业核心竞争力,鼓励企业加强商品设计开发,建立高素质的买手队伍,发展自有品牌,实行买断经营,开发定牌商品。支持企业跨界跨业融合,发展高科技、定制化、体验式的新业态新模式,为消费者提供更多个性化商品和服务。打造国际时尚之都,集聚全球顶尖时尚设计和品牌创新资源,引导培育时尚,消费热点,深化上海时装周与伦敦、米兰、巴黎时装周合作机制,提升上海时装周国际影响力。

(2) 培育和挖掘新消费增长点。以扩大服务消费作为消费结构升级的重点,大力发展文化、旅游、健康、信息、绿色等新兴消费热点,推进会商旅文体联动,打造多点支撑的消费增长格局。大力发展文化消费,丰富上海购物节、上海旅游节、上海电影节等大型活动的内涵,鼓励举办各类特色鲜明的文化活动,加强文化创意产品设计和开发。培育都市旅游消费,加强重点旅游区域商业等设施配套,建设和开放更多旅游休闲活动区,加强邮轮母港建设,鼓励发展特色餐饮、主题酒店,增加品质化、多样化的旅游产品供给。提升健康消费品质,鼓励健康管理、体育健身、中医保健、高端医疗等健康产业发展,满足个性化、多层次的健康服务需求。积极扩大信息消费,促进数字内容、动漫游戏、新媒体等发展,加快智能家居、可穿戴设备、虚拟现实技术等领域的研发和应用。倡导绿色循环消费,大力推广使用绿色低碳节能产品和绿色包装、绿色物流,深化再生资源回收与生活垃圾清运体系网络“两网协同”试点,探索各具特色的资源回收与垃圾清运新模式。推进高品质、便利化生活性服务消费,建设“互联网+生活性服务业”创新试验区,实施“服务到家”计划,布局一批集聚养老、家政、餐饮、家电维修等社区便民生活服务示范区,落实新建社区商业和综合服务设施面积占社区总建筑面积比例不低于10%的政策。

专栏 7

新消费引领工程

以新消费引领消费结构升级,进一步拓展丰富消费内涵,打造特色消费载体,培育新兴热点消费,优化消费综合环境。力争“十三五”期间市场消费总额增长显著快于同期经济增速,最终消费对经济增长的贡献率达到70%左右。

① 扩大消费有效供给,进一步释放消费潜力。丰富市场层次、提高品牌聚集度,实现买全国、买全球。实施“上海优礼”计划,培育一批优礼品牌产品和品牌商店,打造一批“伴手礼”拳头产品。加快培育一批本土品牌商品和具有高品牌价值的商业企业,扩大上海商业在全球的影响力。顺应生活消费方式向发展型、现代型、服务

型转变的趋势，促进服务消费、品质消费、时尚消费等新消费领域发展。

② 增强消费集聚能力，打造有国际影响力的商街商圈和品牌。加快功能优化、业态调整和形态改造，加大商业领域新技术的开发和应用力度，发展具有国际影响力和美誉度的世界级商圈和商业街。深化会商旅文体联动发展，建设一批会商旅文体联动发展示范平台与示范项目。增强对境内外消费者的吸引力，扩大综合消费规模。

③ 优化消费综合环境，进一步提升上海消费和创业创新吸引力。优化各类商业服务设施布局、完善新消费相关领域基础公共服务，提高消费的可达性和便利性。弘扬诚信商业文化，规范市场秩序，降低流通成本，提升消费体验。推动离境退税商店备案机制便利化。加强消费需求和趋势分析，构建覆盖商品、服务等在内的消费统计体系。

(3) 促进“互联网＋商业”模式创新。以加快电子商务与传统贸融合创新为核心，增强消费新动能，拓展消费新领域。推动线上线下融合发展，引导传统商业企业发展线上业务，网络零售企业拓展线下功能，实现线上线下资源整合，提高全渠道营销能力。加快推进体验式智慧商圈建设，促进商圈内各种商业模式和业态优势互补、信息互联互通、市场资源要素共享。深化电子商务创新应用，推动农业农村、旅游、教育、医药等领域电子商务发展，深化电子商务在智能消费等新兴领域应用，探索“电子商务平台＋社区智能便利＋集成网络终端”等社区商业新模式。鼓励电子商务创新创业，发挥电子商务领军企业等作用，建设一批国际先进水平的创新孵化器，培育一批模式创新、业态创新的电子商务企业，激发创新创业活力。深化电子商务国际交流合作，吸引国内外知名电子商务企业总部、功能总部和区域总部集聚。打造一批线上线下融合、商品服务融合、内贸外贸融合、具有国际影响力的电子商务平台，建设全球电子商务中心城市。

专栏 8

生活性服务业提质工程

推进生活性服务业便利化、精细化、品质化发展，全面提升服务能级和行业规范化水平。

① 聚焦重点行业，实施五大领域提质计划。实施家政服务业、餐饮服务业、美丽时尚服务业、幸福婚庆服务业、家电维修服务业生活性服务业提质工程。到“十三五”末实现家政持证上门服务覆盖率达 80%以上，创建 5 000 家绿色餐厅，推进黄浦美博佳汇、奉贤东方美谷等美容健康产业基地建设，打造中国(上海)现代婚博会、全国婚礼时尚周等婚庆品牌活动，打造一批家电维修品牌企业。

② 聚焦重点区域，建设“互联网＋生活性服务业“创新试验区。在长宁区等开展“互联网＋生活性服务业”创新试验区试点，实施放宽外资准入、开展登记改革、创新监管方式等，推进技术和业态创新，形成一批可复制可推广的创新成果，并逐步将试点成果复制推广到全市。

③ 聚焦重点项目，实施“服务到家”计划。支持东方网等品牌企业开展智慧社区服务到家项目建设，成立上海“服务到家”合作联盟。形成线上线下融合的社区服务消费新业态。整合社区服务网点资源，布局 100 家左右集养老、家政、洗衣、餐饮、维修、理发、生鲜、寄存、快递等为一体的社区便民生活服务示范区，解决“最后一公里”服务难题。

5. 完善现代市场体系，推动贸易流通能级迈上新台阶

(1) 建设面向国际、服务全国的大市场。大力发展平台经济，实施“互联网＋流通”行动计划，推动传统商品交易市场转型升级，支持市场功能向集成交易、物流、金融、数据等服务拓展，努力实现全要素、全天候交易和全过程、全方位服务。聚焦有色金属、钢铁、化工、医药、汽车等传统领域，以及数据服务和专业服务等新兴领域，打造一批百亿、千亿、万亿级强辐射、高能级的市场和平台。建设对接国际的大宗商品交易规则制度,以有色金属市场建设为突破口,在自贸试验区内推动期货市场和现货市场、保税交易和非保税交易、一般贸易和转口贸易联动发展,持续提升“上海价格”和“上海指数”影响力,进一步增强市场的资源配置功能。建立适应内外贸一体化发展的市场规则,着力消除行政壁垒、打破地区封锁,促进国内外市场要素自由流动,推动“规则体系共建、创新模式共推、市场监管共治、流通设施互联、市场信息互通、信用体系互认”,提升上海在国际国内两个市场的辐射力和影响力。

(2) 培育具有高端要素配置能力的市场主体。大力发展贸易型总部企业,充分发挥批发业“服务全国、链接全球、上拓资源、下控渠道”的供应链整合能力,集聚一批具有采购、分拨、营销、结算、物流等单一或综合贸易功能的总部机构。大力拓展流通企业国际分销渠道,支持有条件的流通企业走出去,在全球范围内整合产业链,建设境外营销、支付结算和物流服务网络。促进流通业先进技术应用创新,布局一批物联网和供应链管理技术应用重大战略项目,实施流通业流程再造。重点推进基于大数据的精准信息服务、基于第三方支付及互联网金融的支付服务、基于城市智慧物流配送服务等技术的示范应用。实施流通品牌战略,推进商贸流通企业品牌和商品品牌的名牌化,鼓励老字号品牌创新发展。建设包括政府公共服务、市场专业服务和行业协会自律服务的中小商贸企业综合服务体系,培育一批“名、特、优、新、惠”中小流通企业。

(3) 健全立体化网络式流通基础设施。建设联接国内外的现代物流大通道,完善重点物流园区、专业物流基地网络,加强海空港枢纽物流设施和多式联运能力建设,进一步完善重点物流园区分拨中心、公共及专业配送中心、城市末端配送节点三级城市配送物流网络,形成东西联动、辐射内外、层级合理、有机衔接的物流业空间新格局。大力发展高端物流服务功能,推动第三方物流及平台型物流加速发展,深化以托盘和物流包装及其循环共用为重点的物流标准化建设,提升流通效率,降低社会物流成本,充分发挥物流对国际贸易中心建设的支撑功能。加强农产品流通体系建设,建立农产品市场公益性实现机制,构建布局合理、流转顺畅、安全高效的农产品流通骨干网。支持西郊国际农产品市场在实现上海市农产品一级批发全覆盖基础上,主动对接服务长三角,成为长三角乃至全国农产品流通体系的重要枢纽和国际一流农产品交易市场。健全农产品产销衔接体系,完善重要商品追溯体系、市场应急调控和储备机制。加大流通基础设施信息化建设力度,加快推进商圈、社区等流通网络和节点的互联网、物联网、移动通信等信息化基础设施建设。

(4) 建立以信用为核心的新型流通治理模式。深化国内贸易流通体制改革和发展综合试点,按照“市场决定、政府有为、社会协同”三位一体原则,构建市场主体自治、行业自律、社会监督、政府监管的社会共治格局。着力清除市场壁垒,在内贸流通领域推进市场准入负面清单管理模式,建立企业经营行政管理目录。促进企业自主决策、平等竞争。加强事前事中事后监管,推广“事前告知承诺、事中分类评估、事后联动奖惩”的信用监管模式,建立信用公示预警制度。构建商务信用体系,强化上海商务诚信公众服务平台功能,完善商务信用征信、评信和用信机制,形成公共信用信息与市场信用信息之间的交互共享机制。建立市场化综合信用评价机制和第三方专业评价机制,形成多方参与、业界共治的治理新模式。大力倡导诚信商业文化,发布行业和区域商务诚信指数。

专栏 9

市场流通创新工程

以流通技术为引擎,以制度创新为支撑,创新流通发展模式,建立适应大流通、大市场发展需要的新型流通管理体制,积极发挥供给侧结构性改革中流通新引擎作用,突出“创新发展、市场规则、市场治理”三大领域“系统集成”，着力构建以商务信用为核心的新型流通治理模式。

① 大力发展平台经济，增强国际贸易中心大市场的资源配置功能。制定出台加快推进平台经济发展的支持政策。在浦东新区、普陀区、长宁区、宝山区等区域，建设平台经济创新发展示范区，推动企业运用互联网、物联网技术集群式发展。在上海自贸试验区内，继续推进金属、矿产、能源、化工、农产品等领域大宗商品保税交易平台建设，发展红酒、咖啡、茶叶等消费类进口商品交易平台。探索商品交易市场制度创新。

② 实施“互联网＋流通”计划，打造国际贸易中心大众创业万众创新的新引擎。推动互联网技术在商业领域的创新应用，认定一批物联网和供应链技术应用示范企业。加强对电子商务示范园区的分类指导，鼓励工业开发区等各类园区向新型电子商务园区、孵化创业园区转型。在普陀、金山、长宁等区建设“互联网＋”创新实践区。实施电子商务末端配送行动计划，支持大型电商企业在物流园区建设枢纽型配送仓库和仓储物流基地，发展第三方仓库仓储模式。

③ 围绕降本增效，建设国际贸易中心现代物流服务体系。在快速消费品、农产品、医药行业等领域率先使用推广新型标准化物流器具，实施农产品物流包装标准化。成立全国城市标准化创新联盟，率先在物流设施设备等领域出台一系列标准。建设长三角物流标准化的公共信息服务平台。

④ 诚信为本，完善国际贸易中心的新型流通治理模式。稳步推进商务诚信体系建设试点，深化商务诚信公众服务平台功能，在大宗商品、家居流通、网络零售等领域试点建设一批市场信用信息子平台，推动商务信用征信、评信和用信标准规范率先在内贸流通领域全覆盖。

6. 增强服务辐射功能，拓展贸易发展新空间

(1) 建设支撑国家自由贸易区和“一带一路”倡议的重要枢纽城市。落实国家自由贸易区战略，全方位参与自由贸易区等各种区域贸易安排合作，深度服务参与国际规则制定，构建互利共赢的自由贸易区网络。构筑“一带一路”贸易投资网络，加快与沿线国家部门和重要经贸节点城市等签署经贸合作协议和备忘录，积极争取亚投行、丝路基金等加大对上海“一带一路”重大项目的支持。鼓励企业到沿线国家开展国际产能和装备制造合作，通过投资、承建等方式合作建设境外经贸合作区和产业园区。发掘“一带一路”贸易增长点，充分利用本土和沿线国家的品牌展会等平台扩大进出口规模，支持沿线国家在沪建立进口商品直销网点，合作建立营销网络、仓储物流基地、分拨中心等，推进与沿线国家实现贸易稳步增长。壮大“一带一路”贸易商联盟。

(2) 增强服务辐射长江经济带的贸易功能。构建跨区域贸易投资网络，推动符合产业导向的企业在长江经济带合理布局，实现长江经济带特色优势产业集群发展，深化产业转移促进中心(商务部上海基地)平台功能，建设服务长三角、服务长江经济带、服务全国的贸易投资和产业合作平台，与长江经济带沿线国家级经济技术开发区共建跨区合作园区和合作联盟。深化长江经济带大通关协作机制，加快长三角和长江经济带地方电子口岸信息联网，探索建立长三角区域国际贸易单一窗口的途径和方式。推进长江经济带区域市场一体化建设，深入实施“长江经济带商务引领工程”，将长三角区域市场一体化发展合作机制放大到长江经济带，建立长江经济带物流标准化托盘循环共用体系，建立高效畅通、全程冷链、安全规范的区域农产品流通体系，推进区域信用体系建设一体化。

(3) 推进贸易中心与国际经济、金融、航运中心建设联动。发挥贸易与经济、金融、航运互为支撑、互相促进的作用。推进产业转型升级与贸易协同发展，不断完善现代服务业为主体、战略性新兴产业为引领、先进制造业为支撑的新型产业体系，提升上海贸易发展的质量和水平。强化金融对贸易发展的支撑作用，大力发展贸易金融,创新贸易金融产品和服务模式,鼓励金融机构为贸易企业提供融资和信贷支持。拓展自由贸易(FT)账户功能,推进国际贸易、对外投资以人民币计价,发展离岸金融促进离岸贸易发展。进一步完善贸易企业融资信用担保体系建设。深化航运对贸易发展的助推作用,加强集疏运体系和航运服务体系建设,推进航空和水运口岸复合型枢纽建设,延伸航空服务价值链,提高货物贸易通行能力。加快航运服务业扩大开放和口岸服务环境优化,提高对航贸要素市场的吸引力。

(4) 服务具有全球影响力的科技创新中心建设。构建面向国际的创新合作平台和机制,更有效地统筹利用国际国内创新资源,促进技术贸易加快发展。构建辐射全球技术贸易网络,用好中国(上海)国际技术进出口交易会等国家级创新交流平台,以技术贸易市场吸引全球企业在上海发布最新创新成果。加快建设国家技术转移东部中心、上海市国际技术进出口促进中心、南南全球技术产权交易所等技术转移交易机构,鼓励发展行业性、区域性知识产权和技术转移战略联盟。发挥外资研发溢出效应,到"十三五"末,累计引进的外资研发中心超过450家,支持外资企业在沪设立全球研发中心和实验室。鼓励外资研发中心转型升级为全球性研发中心和开放式创新平台,鼓励外资研发中心与上海市高校、科研院所、企业共建实验室和人才培养基地,支持外资研发中心的新技术、新产品等进入市场。支持本土跨国企业加快布局全球创新网络,通过境外投资高科技企业、并购或新设研发机构、在境外产业园区建设研发基地等方式获取海外创新资源。营造更加适于创新要素跨境流动的便利环境,简化各类企业研发用途设备和样本样品进出口、研发及管理人员出入境等手续,优化非贸付汇的办理流程。

为确保圆满完成"十三五"时期上海国际贸易中心建设的各项发展任务.要强化规划实施保障,开展规划实施情况动态监测和评估工作。要与国家有关部门加强沟通协调,围绕服务国家战略承担更多贸易、流通和投资领域的改革试点。完善以国际贸易中心建设工作推进小组为主的多层次合作共建机制,广泛动员全社会力量,充分调动各区县、开发区、重要功能区的积极性,提高社会组织、高等院校、研究机构、新闻媒体等参与度。完善规划实施的配套政策和措施,聚集国际贸易中心发展重点领域和重大项目,优化财政资金的支持内容和方式。

附件:1. 名词解释

2. 指标解释

附件 1

名词解释

① 优进优出。实施优进优出战略是"十三五"期间我国加快对外贸易优化升级、建设贸易强国的重要举措。"优进",是指从我国长远和根本利益出发,根据国情有选择地进口紧缺先进技术、关键设备和重要零部件;"优出",就是既要出口高档次、高附加值产品,也要推动产品、技术、服务的"全产业链出口"。

② 企业准入"单一窗口"制度。是指投资者或申请人通过政府统一的平台一次性提交企业设立、运营所需材料,并通过该平台取得相关证照的制度安排。2013年10月起,自贸试验区在全国率先探索实施一口受理、综合审批和高效运作的企业设立"单一窗口"制度。目前,通过自贸试验区企业准入"单一窗口",新设外资企业备案、"三证合一、一证一码",以及对外贸易经营者备案、报关单位注册登记、自理报检企业备案登记、印铸刻字准许证、法人一证通等行政审批(备案)事项实现了一次申报、一口受理、多证(照)联办,办事流程大为简化,办事时限大幅缩短。

③ 国际贸易"单一窗口"。指国际贸易企业通过统一的平台一次性向贸易管理部门提交相应的信息和单证,相关管理部门对企业提交的信

息数据进行集中处理。

④“一线放开、二线安全高效管住”的贸易监管制度。是指自贸试验区在贸易便利化方面的重要制度创新,包括“先进区、后报关”“区内自行运输”“批次进出、集中申报”等通关便利化的改革举措,并在一线出境、二线入区环节实现通关单无纸化。

⑤货物状态分类监管。是指根据海关特殊监管区域的管理特点,将货物状态分为保税货物、口岸货物、非保税货物三种不同状态。海关通过实施“分类监管、分账管理、标识区务、联网监管、实货管控、风险可控、信息共享”的监管模式,实现对不同状态货物的有效监控,方便对各类状态货物统一开展物流配送和加工贸易,推动内外贸一体化发展。

⑥亚太示范电子口岸网络。指覆盖亚太乃至全球主要口岸的国际贸易通关信息网络。其运营主体亚太电子网络运营中心,是服务亚太地区供应链互联互通和贸易便利化的重要信息交换枢纽,通过引入国际贸易适用的数据标准,将国际贸易数据简化和标准化,实现APEC各经济体间数据互联、互通、互用。亚太电子示范口岸网络是上海主动对接高标准国际贸易投资规则,推进贸易监管制度创新的有益探索,也是实现APEC各经济体间示范电子口岸最佳案例推广的重要路径。

⑦国别商品中心。是指通过搭建各个国家的商品贸易展示平台,增进与各国的经贸合作,并通过拓展保税展示交易功能等方式促进一般消费品进口。国别商品中心需各国驻沪总领馆认可。

⑧汽车平行进口。是指贸易商未经品牌厂商授权,从海外市场购买汽车,并引入中国市场进行销售。

⑨出口商品“海外仓”。是指出口企业(主要指跨境电子商务企业,在除本国以外的其他国家或地区建立的商品仓库,货物从本国出口后储存到该国或地区的仓库,再根据卖家指令将商品送达境外的消费者。“海外仓”一般分为自建或租用两种方式。

⑩离岸贸易。是指中国的商业机构提供的货物直接由关境外的生产地付运到客户而不经过中国海关,中国的商业机构从中赚取差价或佣金。

⑪转口贸易。是指中国的商业机构提供的货物从关境外的生产地运往中国,在中国不经过加工再销往消费国,中国的商业机构从中赚取差价或佣金。

⑫外贸综合服务企业。是指为中小微企业进出口提供物流、通关、收汇、退税、信保、融资等服务的外贸企业。

⑬新型国际贸易结算中心试点。是指在整合此前已开展的跨国公司总部外汇资金集中运营管理、境内外币资金池和国际贸易结算中心外汇管理等试点基础上,将三类账户合并为国内和国际外汇资金主账户。通过外汇资金集中管理,降低跨国公司财务成本、提高资金使用效率、盘活境内外资金。跨国公司可同时或单独设立国内、国际外汇资金主账户。集中管理境内外成员企业外汇资金,开展资金集中收付汇,轧差净额计算。

⑭亚太营运商计划。是自贸试验区总体方案中的一个功能性项目,是指通过跨国企业以自贸试验区为枢纽的贸易订单、物流分拨、资金结算在亚太区乃至全球范围内的流动和管理,促进其区域订单中心、供应链管理中心和资金结算中心在亚太区形成,完成统筹国内、国际市场,统筹在岸、离岸业务,统筹贸易、物流和结算环节的运作模式的建立。亚太营运商计划是上海发展总部经济的一个组成部分,也是一项长期和动态的企业发展培育计划。

⑮“一带一路”贸易商联盟。是指是由上海进出口商会联合外经贸企业协会、中国国际贸易学会、中国机电商会、中国五矿商会、中国轻工商会、中国纺织商会、中国食土进出口商会和江苏、浙江、安徽、南京、宁波等长三角省市外贸商协会,以及新疆华和集团等多家单位共同发起筹建的非盈利性机构,旨在促进“一带一路”贸易畅通。联盟采取开放合作模式,邀请“一带一路”沿线国家

和地区的商(协)会和企业加入,目前已有近百家商协会和企业自愿成为联盟的共同发起人单位。

⑯ 平台经济。是指基于互联网、云计算等现代信息技术,以多元化需求为核心,全面整合产业链、融合价值链、提高市场配置资源效率的一种新型经济形态。

⑰ 长江经济带商务引领工程。是指商务部在全国商务领域部署落实长江经济带战略的重要举措,重点是推动东部地区外向型产业有序向中西部地区转移,形成梯次布局、海陆统筹、东西互动的沿江开放型经济体系。同时,建设长江经济带一体化流通体系,促进沿江省市的市场融合。

⑱ "两网协同"试点。全称是再生资源回收与生活垃圾清运体系"两网协同"试点,是指以资源整合、优势互补为出发点,围绕统筹规划网络布局、统筹共享设施设备、统筹协作回收服务、统筹叠加激励机制、统筹策划宣传活动,开展协同合作,探索体制机制突破,共同促进城市垃圾减量与资源增量。

附件 2

指标解释

① 规模以上本土跨国公司。是指总部设在上海,在全球范围内进行经营活动,其投资、生产、经营分布在两个及以上国家,年度境外销售收入规模1亿美元及以上的企业。

② 贸易型总部。是指境内外企业在上海设立的,具有采购、分拨、营销、结算、物流等单一或综合贸易功能的总部机构,既包含传统贸易企业,也包含基于互联网等信息技术从事撮合交易或提供配套服务的平台型贸易企业。

③ 口岸货物进出口额占全国的比重。是指在上海口岸进出口的货物(可以是通过上海海关报关,也可以是异地海关报关的全国所有企业)进出口额在全国货物贸易总额中的比重。

④ 服务贸易进出口额占全市对外贸易的比重。是指上海服务贸易进出口额在全市货物和服务进出口总额中的比重。

⑤ 口岸货物国际中转比率。是指出境外启运,经上海港换装国际航线运输工具后继续运往第三国或地区指定口岸的货物量,在上海口岸货物总吞吐量中的比重。

抄送:市委各部门,市人大常委会办公厅,市政协办公厅,市高法院,市检察院。

上海市人民政府办公厅　　2016年8月8日印发

加快国际贸易中心建设　迈向贸易强国

"十三五"期间,上海已经明确,要"基本建成具有国际国内两个市场资源配置功能、与我国经济贸易地位相匹配的国际贸易中心"。2016年是"十三五"开局之年,在各项经济指标已经处于全国领先的"高位运行"态势之下,上海的商务工作如何更"看高一线"?上海市商务委党组又将如何把好方向、建好机制、管好队伍、担起责任,践行"五大发展理念",寻找新优势、形成新突破,从而进一步推升上海国际贸易中心的竞争力和辐射力,助推我国从贸易大国向贸易强国迈进?《解放日报》上海观察记者日前专访了上海市商务委员会党组书记、主任尚玉英。

记者:"贸易和投资应继续成为经济增长和发展的重要引擎,有助于创造就业、鼓励创新、增进福利并促进包容性增长”，这是最近在沪落下帷幕的G20贸易部长会议所发表的G20史上首份贸易部长声明中的关键语句，与上海市“加快国际贸易中心建设”的“十三五”规划形成了最好的呼应。我们也知道市商务委党组最近一直在深深思考如何破解发展难题、厚植发展优势，是否能请您谈谈体会?

尚玉英:党的十八届五中全会提出的“五大发展理念”，为上海“十三五”期间加快建设国际贸易中心放了秤砣，定了准星。我们必须深入领会，才能让规划蓝图照进现实。

2016年3月5日，习近平总书记在参加上海代表团审议时强调，在“五大发展理念”中，创新发展居于首要位置，是引领发展的第一动力。因此，我们必须把创新摆在上海国际贸易中心建设的核心位置。坚持创新发展，打造贸易制度环境新高地。要进一步深化推进自贸试验区系统集成创新，进一步与国际高标准的投资贸易通行规则相衔接，加快建设开放度更高、便利化更优的自贸试验区;以建立完善外商投资负面清单和市场准入负面清单为核心，推动投资便利化和扩大市场准入为重点的投资管理制度创新;深化国际贸易“单一窗口”2.0版建设，完善扩大货物状态分类监管试点范围，推进以贸易便利化为重点的贸易监管制度创新。

上海市各项商务工作还要服务好具有全球影响力的科创中心建设。要有效统筹利用国际国内创新资源，营造更加适于创新要素跨境流动的便利环境，推动技术创新和商业模式创新的融合;用好中国(上海)国际技术进出口交易会等国家级创新交流平台，构建辐射全球的技术贸易网络;发挥外资研发溢出效应，鼓励外资研发中心转型升级为全球性研发中心和开放式创新平台;支持本土跨国企业加快布局全球创新网络，鼓励支持企业通过收购拥有国际先进核心技术的企业、设立海外研发中心、与国外企业合作开展协同创新。

坚持协调发展的理念，上海市各项商务工作就要顺应投资和贸易深度融合的趋势，推进“引进来”和“走出去”协调发展，从而激发贸易增长的新动能。我们要坚持把吸引外资作为主动参与全球价值链的有效途径。优化外商投资政策，发挥外资企业对贸易发展的重要作用;加快推进教育、文化、医疗、育幼养老等生活性服务业领域有序开放，放开建筑设计、会计审计等生产性服务业外资准入限制;鼓励跨国公司地区总部拓展贸易、结算等功能，向亚太总部、事业部全球总部升级;深化上海自贸区与上海张江国家自主创新示范区“双自”联动，重点引进高技术、具有研发能力的先进制造业;坚持把对外投资作为主动布局全球价值链的关键举措。着力构筑“走出去”公共服务体系，积极培育本土跨国公司，推动各类主体以自贸区为“桥头堡”，加快全球产业布局步伐，聚焦“一带一路”、装备制造和国际产能合作。

记者:21世纪是绿色的世纪，开放又是上海最大的优势，请您再谈谈“五大发展理念”当中，市商务委是如何理解绿色发展、开放发展和共享发展等理念的?

尚玉英:坚持绿色发展，我们具体落实在着力创造消费新供给。我们要围绕“十三五”期间上海建设国际消费城市的目标，推进消费领域的供给侧结构性改革，促进服务消费、品质消费、时尚消费等新消费领域发展;打造高端消费地标，支持存量商业设施转型调整、有机更新，发展具有国际影响力和美誉度的世界级商圈和商业街，建设一批会商旅文体联动发展示范平台与示范项目，建设品牌消费集聚区，引导培育国际时尚消费热点;增加优质消费供给，突出丰富市场层次和提升消费能级，构筑以传播品牌文化、创新品牌营销、促进品牌消费为一体的促消费平台，实施“上海优礼”计划，增加优质进口商品直销渠道，实现在上海“买全国、买全球”;扩大服务消费供给，加快实施生活性服务业提质工程，在全市创建一批“绿色餐厅”，加快推进早餐工程和标准化菜市场新建改建。

开放是上海最大的优势，我们要主动服务国家对外开放战略，发展更高层次的开放型经济，力争成为支撑国家自由贸易区和“一带一路”倡议的重要枢纽城市，不断拓展全球贸易新空间。我们要全方位参与国家自由贸易区等各种区域贸易安排合作，构筑“一带一路”贸易投资网络，加快与沿线国家部门和重要经贸节点城市等建立经贸合作伙伴关系。鼓励企业到沿线国家开展国际产能和装备制造合作，利用互办展会、合作建立营销网络、仓储物流基地、分拨中心等，发掘“一带一路”贸易增长点；同时，也要做好对内开放，发挥长江经济带龙头城市的贸易服务辐射功能。协调优化区域产业布局和贸易分工，推动符合产业导向的企业在长江经济带合理布局，建设服务长三角、服务长江经济带、服务全国的贸易投资和产业合作平台。深化长江经济带大通关协作机制，探索建立长三角区域国际贸易单一窗口的途径和方式，将长三角区域市场一体化发展合作机制放大到长江经济带。

围绕坚持共享发展理念，我们则要聚焦“十三五”基本形成商品和要素自由流动、平等交换的现代市场体系的目标，推进内外贸一体化发展，建设面向国际、服务全国的大市场，不断提升市场辐射的新能级。探索在自贸试验区内推动期货市场和现货市场、保税交易和非保税交易，一般贸易和转口贸易联动发展，实施“互联网+流通”行动计划，支持市场功能向集成交易、物流、金融、数据等服务拓展，聚焦有色金属、钢铁、化工、医药、汽车、数据服务和专业服务等领域，建成一批面向国内、国际两个市场的千亿、万亿级交易市场(平台)；健全立体化网络式流通基础设施。加快推进商圈、社区等流通网络和节点的信息基础设施建设，建设联接国内外的现代物流大通道，大力发展第三方物流、平台型物流等高端物流服务功能，深化以托盘和物流包装及其循环共用为重点的物流标准化建设，形成东西联动、辐射内外、层级合理、有机衔接的物流业空间新格局；建立农产品市场公益性实现机制。健全农产品产销衔接体系，完善重要商品追溯体系、市场应急调控和储备机制，构建布局合理、流转顺畅、安全高效的农产品流通骨干网。

记者:2016 年是“十三五”的开局之年，也是加快国际贸易中心建设的起步之年，市商务委党组在坚持党建工作和中心工作一起谋划、一起部署、一起考核，充分发挥党组织在推进商务改革发展中的领导核心作用，实现“抓最大政绩”与“抓第一要务”的有机统一也有不少好的经验，请问这对于上海加快国际贸易中心建设有哪些积极的意义？

尚玉英：自市商务委成立以来，特别是近 4 年，市商务委党组牢固树立“围绕中心抓党建、抓好党建促发展”的工作理念，坚持一手抓党建、一手抓业务，围绕上海国际贸易中心建设、自贸试验区制度创新、“一带一路”建设等国家战略、“十二五”及每年的重大目标任务，实行党组统一领导、集体决策，发挥了政治核心作用。结合中心工作、目标任务，确定党建工作的内容和形式，以党建工作为轴，统筹推进各项工作和目标任务。并结合商务实际，建立了服务基层、服务企业、服务民生的“三服务”工作机制，委党组率先垂范，各党支部主动跟进，党员干部积极参与，共梳理问题清单 3 批 592 项，解决 503 项，以“问题清单”和“销号”解决制度倒逼全委上下抓落实、抓推进。通过全市上下共同努力，“十二五”商务事业发展取得了可圈可点的成绩。

我们还深深意识到，发挥党的领导核心作用，关键靠干部。按照习近平总书记提出的 20 字好干部标准，委党组牢牢把好识人、选人、用人关口。把握识人察人规律，创新识人察人方法，在谈心交流中了解党员干部的思想动态和精神境界，在实践锻炼中考察党员干部的能力潜力和作风作为，把关键时刻靠得住、信得过、能放心的干部识别出来、培养出来。再从中择优，严格按照选人用人规范程序，牢牢把握动议、民主推荐、考察等关键环节，选拔任用政治坚定、视野开阔、改革创新、实绩突出、廉洁公正的干部，并严格实行干部选拔任用全程纪实，确保想干事、敢干事、能干事的党员干部有奔头、有舞台，为商务事业健康发展提供组织队伍保障。目前，市商务委已经初步形成了一支知识化、专业化程度较高的干部队伍，具有硕士、博士学位的干部有 125 人，占比 60%，比 2011 年底提高了 15%；具有经济相关专业背景的干部 87 人，占比 42%，比 2011 年底增长 10%。优良的结构增强了干部队伍干事创业的战斗力，提高干部队伍对商务领域新理念、新技术、新模式的适应性。

来源：上海观察

2016年上海商务经济运行报告

2016年，面对国内外复杂多变的外部环境，全市商务部门坚持创新驱动发展、经济转型升级，扎实推进商务领域改革创新，商务运行总体平稳、稳中有进，为全市经济社会发展做出了积极贡献，实现了"十三五"的良好开局。

一、市场销售稳中趋快，现代化水平持续提高

全年商品销售总额首次突破10万亿元，达100 793亿元，比上年增长7.9%，增速较上年加快1.5个百分点(图1)。

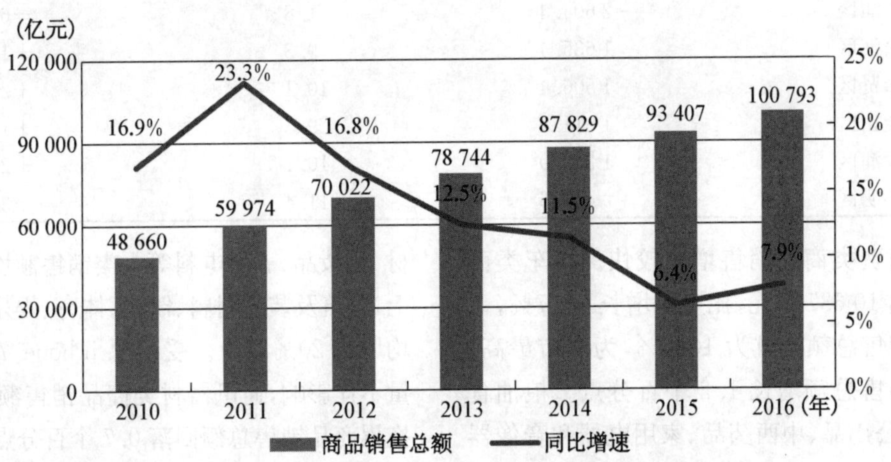

图1 2010年以来上海市商品销售总额增长情况

商品销售总额增速稳步回升。分季度看，一至四季度商品销售总额分别为23 119亿元、25 488亿元、24 129亿元和28 058亿元，增速分别为8.4%、7.1%、6.2%和9.8%，特别是12月当月增速回升至11.8%，回升态势明显。分构成看，生产资料、工业消费品平稳增长，销售额分别为53 424亿元和35 986亿元，分别比上年增长7.8%和7.9%，占比达53.0%和35.7%；主副食品类销售额增长最快，达13.2%(表1、表2)。

表1 2016年上海市商品销售总额构成情况

指标	金额(亿元)	比上年增长(%)	比重(%)	拉动商品销售总额增长百分点(个)
商品销售总额	100 792.8	7.9	100.0	
#生产资料	53 423.5	7.8	53.0	4.1
工业消费品	35 985.5	7.9	35.7	2.8
其他类	6 221.5	4.8	6.2	0.3
主副食品	5 162.4	13.2	5.1	0.6

注："#"表示其中的主要项；"空白"表示该项统计数据不详或无该数据；全书同

表2　2016年各区商品销售总额情况

各区	商品销售总额 (亿元)	比上年增长 (%)	与全市增速比较 (百分点)
浦东新区	32 360.6	8.5	+0.6
普陀区	9 928.5	3.0	−4.9
长宁区	6 513.5	15.8	+7.9
黄浦区	5 739.4	1.6	−6.3
嘉定区	5 394.8	16.9	+9.0
静安区	4 895.9	5.9	−2.0
虹口区	4 587.1	25.1	+17.2
徐汇区	4 473.8	5.5	−2.4
宝山区	3 643.6	10.3	+2.4
闵行区	3 157.0	3.0	−4.9
杨浦区	2 604.4	1.8	−6.1
松江区	1 635.4	9.3	+1.4
奉贤区	1 506.4	10.1	+2.2
金山区	1 311.9	9.3	+1.4
青浦区	1 282.9	10.1	+2.2
崇明区	450.6	11.4	+3.5

居民消费类商品销售增长较快。汽车类商品销售额达10 637亿元，比上年增长11.7%，占全市商品销售总额比重为10.6%，为全市最高，拉动商品销售总额增长1.2个百分点。粮油食品、文化办公用品、中西药品、家用电器和音像器材、化妆品、五金电料等大类销售额均增长10%以上，建筑及装潢材料、饮料、体育、娱乐用品等大类均增长20%以上。受苹果iPhone 7手机在华销量不佳影响，通讯器材类商品销售额下降13.4%，拖累商品销售总额回落0.7个百分点(表3)。

表3　2016年居民消费类商品销售情况

商品类别	销售额 (亿元)	比上年增长 (%)	比重 (%)	拉动商品销售总额 增长百分点(个)
汽车类	10 637.1	11.7	10.6	1.2
服装、鞋帽、针纺织品类	5 404.4	9.2	5.4	0.5
粮油、食品类	5 162.4	13.2	5.1	0.6
通讯器材类	4 183.9	−13.4	4.2	−0.7
文化办公用品类	3 009.9	12.7	3.0	0.4
日用品类	2 456.5	8.8	2.4	0.2
中西药品类	2 362.7	18.2	2.3	0.4
烟酒类	1 653.5	3.5	1.6	0.1
家用电器和音像器材类	1 342.9	11.6	1.3	0.1
化妆品类	1 317.8	12.8	1.3	0.2
金银珠宝类	1 001.0	2.8	1.0	0.0
五金、电料类	993.7	16.3	1.0	0.1
建筑及装潢材料类	667.1	29.4	0.7	0.2
饮料类	412.7	21.9	0.4	0.1
体育、娱乐用品类	257.3	22.6	0.3	0.1
家具类	209.6	13.8	0.2	0.0
书报杂志类	72.2	0.1	0.1	0.0
电子出版物及音像制品类	3.1	−48.1	0.0	0.0

生产资料类商品销售涨多跌少。受大宗商品价格回暖等影响，多数生产资料类商品销售额均实现增长，且增速明显快于上年。金属材料类比上年增长7.8%，拉动商品销售总额增长2.4个百分点；石油及制品类增长6.0%，拉动增长0.4个百分点；化工材料及制品类增长7.6%，增速比上半年提高2.7个百分点，拉动增长0.5个百分点；机电产品及设备类增速最高，达16.3%，拉动增长0.9个百分点；煤炭及制品类下降9.5%，但降幅比上半年收窄21.4个百分点(表4)。

表4 2016年生产资料类商品销售情况

商品类别	销售额(亿元)	比上年(%)	比重(%)	拉动商品销售总额增长百分点(个)
金属材料类	31 417.1	7.8	31.2	2.4
石油及制品类	7 311.2	6.0	7.3	0.4
化工材料及制品类	6 736.8	7.6	6.7	0.5
机电产品及设备类	5 880.5	16.3	5.8	0.9
煤炭及制品类	1 442.6	−9.5	1.4	−0.2
木材及制品类	307.6	20.4	0.3	0.1
种子饲料类	267.7	−4.6	0.3	0.0
棉麻类	60.1	10.1	0.1	0.0

电子商务快速增长，"互联网＋"引领作用进一步增强。全年电子商务交易额首次突破2万亿元，达到20 049亿元，比上年增长21.9%(图2)。

B2B交易额增长平稳。全年B2B交易额14 456亿元，比上年增长17.3%，增速比上半年加快5.5个百分点，在电子商务交易总额中的占比从上半年的70.1%上升至72.1%。从前50强企业来看，合计交易额达10 333亿元，占全部B2B交易额71.5%。其中，钢铁类交易额4 863亿元，增长17.6%，石油化工类交易额3 278亿元，增长20.7%(图3)。

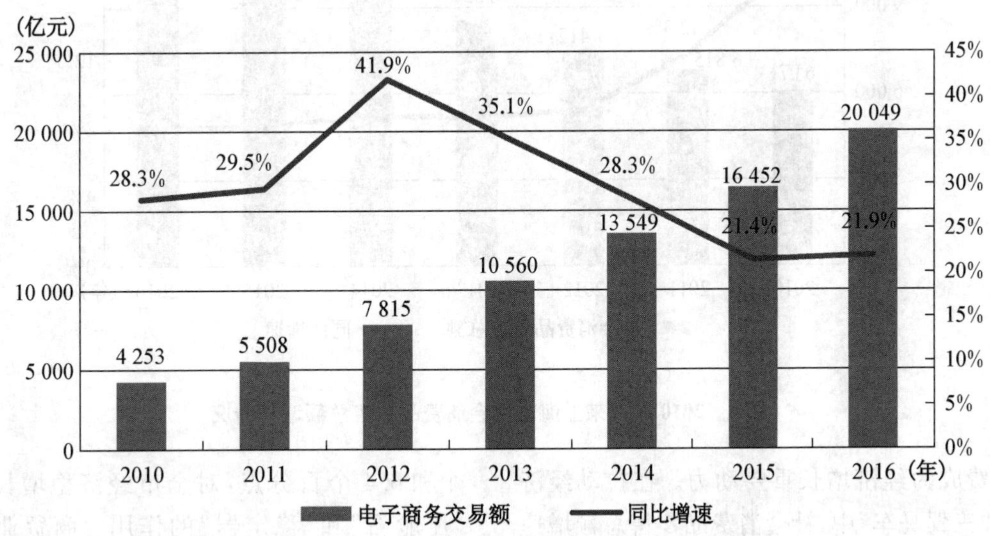

图2 2010年以来上海市电子商务交易额增长情况

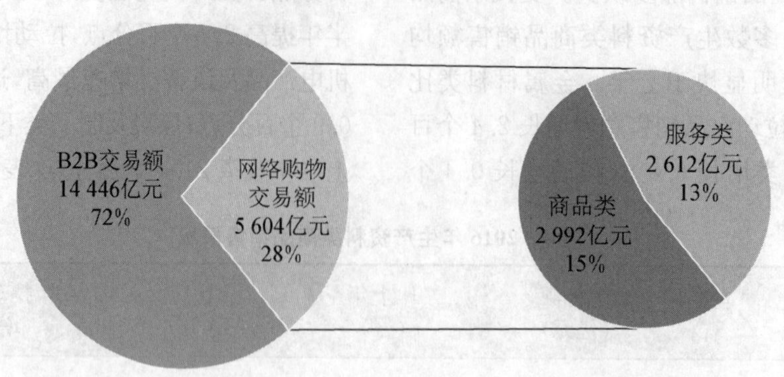

图3　2016年电子商务交易结构及占比情况

网络购物交易额继续快速增长。全年网络购物交易额5 604亿元,比上年增长35.4%,在电子商务交易总额中的占比从上半年的29.9%下降至27.9%,其中,商品类交易额2 992亿元,增长32.9%;服务类交易额2 612亿元,增长38.3%。商品类网络购物交易额中,综合百货类、建材家居类规模较大,交易额分别为1 385亿元和640亿元,分别增长32.4%和15.0%;生鲜农产品类增速最高,达61.4%。服务类网络购物交易额中,住宿旅游类交易额1 414亿元,增长39.7%。

二、消费继续平稳增长,新消费引领态势凸显

全年社会消费品零售总额再次超过1万亿元,达到10 947亿元,比上年增长8.0%。其中,批发零售业零售额9 874亿元,增长8.4%;住宿餐饮业零售额1 072亿元,增长4.7%(图4)。

图4　2010年以来上海市社会消费品零售总额增长情况

消费成为经济增长重要动力。在拉动经济增长的“三驾马车”中,社会消费品零售总额增速分别超过全市固定资产投资总额和货物出口1.7个和8.4个百分点,对全市经济稳增长起到了“压舱石”和“稳定器”的作用。商贸业增加值4 420亿元,分别占全市生产总值和第三产业增

加值的16.1%和22.8%。商贸业税收1 763亿元，分别占全市税收总额和第三产业税收的15.3%和21.2%。商业固定资产投资完成投资额577亿元，比上年增长8.7%。

重点商品拉动消费升级。从商品大类看，穿的商品、用的商品引领增长，分别实现零售额1 777亿元和6 205亿元，分别比上年增长11.0%和9.9%；吃的商品实现零售额2 399亿元，增长4.0%；烧的商品略有下降，实现零售额565亿元，下降1.5%。从具体商品看，服装鞋帽针纺织品、汽车、家用电器和音像器材、中西药品类零售额引领增长，分别增长11.7%、13.2%、11.9%和20.9%，合计拉动社会消费品零售总额增长6.1个百分点（表5）。

表5　2016年重点商品零售情况

类别	零售额（亿元）	比上年增长（%）	比重（%）	拉动社会消费品零售总额增长百分点（个）
服装、鞋帽、针纺织品类	2 016.4	11.7	20.4	2.1
汽车类	1 829.6	13.2	18.5	2.1
粮油、食品类	1 062.1	5.6	10.8	0.6
家用电器和音像器材类	793.7	11.9	8.0	0.8
中西药品类	664.4	20.9	6.7	1.1
日用品类	596.9	3.7	6.0	0.2
化妆品类	471.8	6.4	4.8	0.3
文化办公用品类	427.8	9.8	4.3	0.4
石油及制品类	411.5	−0.9	4.2	0.0
通讯器材类	371.9	5.3	3.8	0.2
烟酒类	349.0	4.0	3.5	0.1
金银珠宝类	320.7	−1.8	3.2	−0.1
其他类	128.3	−26.2	1.3	−0.4
家具类	111.4	15.0	1.1	0.1
建筑及装潢材料类	103.8	23.0	1.1	0.2
饮料类	91.5	−3.3	0.9	0.0

新兴业态引领消费增长。以网上商店为主的无店铺继续领先增长，达1 584亿元，比上年增长13.8%，其中网上商店零售额1 250亿元，增长15.8%。传统零售业态涨跌各半，便利店、购物中心继续保持增长，增速分别为10.5%和7.5%；大卖场、百货店、标准超市零售额依然处于下降状态，降幅分别为4.9%、12.3%和1.2%。主要餐饮业态增长低迷，快餐增长1.2%，中式餐饮、宾馆餐饮零售额分别下降4.3%和1.1%（表6）。

表 6　2016 年主要业态增速变动情况

零售业态	比上年增长(%)	餐饮业态	比上年增长(%)
无店铺	18.4	快餐	1.2
便利店	10.5	宾馆餐饮	−1.1
购物中心	7.5	中式餐饮	−4.3
专业专卖店	持平		
标准超市	−1.2		
大卖场	−4.9		
百货店	−12.3		

郊区零售快速增长。从各区看,郊区消费增速普遍快于中心城区,嘉定、金山、奉贤、青浦、崇明 5 个区社会消费品零售总额增速均在 10%以上,成为拉动全市消费增长的重要动力;中心城区除黄浦、普陀和虹口以外,其余区增速也在 5%以上;浦东新区社会消费品零售总额增长 8.2%。从商圈看,城区、郊区商圈增速快于市级商圈,8 个城区商圈零售额平均增长 31.7%,增速比上年加快 16.8 个百分点;9 个郊区商圈零售额平均增长 7.0%;12 个市级商圈零售额平均增长 4.0%(表 7、表 8)。

表 7　2016 年各区社会消费品零售总额情况

各区	社零总额(亿元)	比上年增长(%)	与全市增速比较(百分点)
浦东新区	2 037.3	8.2	+0.2
嘉定区	985.9	13.4	+5.4
闵行区	892.4	8.3	+0.3
黄浦区	799.2	1.0	−7.0
宝山区	642.5	8.1	+0.1
徐汇区	634.9	5.8	−2.2
静安区	623.2	7.1	−0.9
普陀区	585.2	3.3	−4.7
青浦区	538.7	10.0	+2.0
松江区	538.5	8.5	+0.5
奉贤区	490.3	10.0	+2.0
杨浦区	468.6	6.9	−1.1
金山区	414.0	11.3	+3.3
虹口区	296.7	3.2	−4.8
长宁区	295.4	7.9	−0.1
崇明区	107.2	10.3	+2.3

表 8　2016 年主要商圈零售情况

商圈	比上年增长(%)	增速与上年变动百分点(个)
市级商圈平均增速	4.0	1.5
南京东路商圈	2.3	1.5
南京西路商圈	13.5	5.9
淮海中路商圈	25.1	8.2
四川北路商圈	13.3	4.6
徐家汇商圈	0.9	−4.5
小陆家嘴-张扬路商圈	−11.9	−7.9
豫园商城商圈	3.7	−5.8
五角场商圈	13.3	11.7
中山公园商圈	1.5	−1.2
中环真北商圈	31.4	17.6
新虹桥-天山商圈	18.5	11.5
大宁商圈	−0.5	−5.9
城区商圈平均增速	31.7	16.8
打浦桥商圈	−4.5	4.5
南方商城商圈	13.1	−4.2
长寿商圈	3.2	0.3
曹家渡商圈	29.8	0.9
长风商圈	2.1	14.4
御桥商圈	52.3	34.5
北中环商圈	41.9	39.9
世博商圈	18.9	16.2
郊区商圈平均增速	7.0	5.1
嘉定老城商圈	−1.7	−6.9
松江新城北区商圈	−1.8	6.7
松江新城南区商圈	13.6	27.0
莘庄商圈	16.7	2.0
七宝商圈	−13.4	−8.2
金山新城商圈	−12.7	10.4
南桥商圈	32.2	13.2
青浦老城商圈	20.7	3.2
赵巷商圈	5.6	4.5

三、对外贸易回稳向好,贸易结构进一步优化

全年货物进出口28 654亿元,比上年增长2.7%,好于全国3.6个百分点,在全国的占比由上年的11.4%提升至11.8%,规模居全国各城市首位。服务进出口2 019亿美元,增长2.6%,在全市对外贸易总额中的比重较上年提高1.5个百分点,达31.8%。

货物出口降幅收窄。出口12 118亿元,比上年下降0.4%,好于全国1.6个百分点,降幅比上半年缩小1.6个百分点。从商品看,前10大类出口商品"六升四降",机械提升搬运装卸设备及零件增长最快,达22.3%,拉动增长0.4个百分点;汽车零件和通断保护电路装置及零件出口实现较快增长,增速分别达13.4%和11.5%,合计拉动出口增长0.5个百分点;自动数据处理设备及其部件下降10.8%。从市场看,四大出口市场升降各半,对美国、东盟出口分别增长6.0%和6.5%,对欧盟、日本出口分别下降10.7%和3.4%;对"一带一路"沿线国家出口增长2.9%(表9)。

表9　2016年前10位出口商品情况

类别	出口额(亿元)	比上年增长(%)	占全市出口比重(%)	拉动出口增长百分点(个)
自动数据处理设备及其部件	1 532.8	−10.8	12.6	−1.5
集成电路	1 093.1	4.9	9.0	0.4
电话机	915.9	−5.0	7.6	−0.4
服装及衣着附件	732.0	−7.8	6.0	−0.5
纺织纱线、织物及制品	430.5	4.1	3.6	0.1
汽车零件	294.0	13.4	2.4	0.3
船舶	268.9	−9.4	2.2	−0.2
机械提升搬运装卸设备及零件	268.7	22.3	2.2	0.4
通断保护电路装置及零件	234.2	11.5	1.9	0.2
自动数据处理设备的零件	216.9	−7.7	1.8	−0.1

货物进口持续增长。进口16 536亿元,比上年增长5.0%,好于全国4.4个百分点。从商品看,医药品进口增长最快,达20.7%,拉动进口增长0.6个百分点;大宗商品和原材料进口增长较快,铜及铜材、铁矿砂及精矿、初级塑料进口额分别增长10.3%、13.7%和2.6%,合计拉动增长0.7个百分点;集成电路进口2 127亿元,下降4.1%。从市场看,前四大进口市场欧盟、东盟、日本和美国均实现增长,分别增长6.5%、4.9%、9.7%和2.1%;对瑞士、香港进口增长较快,分别为31.7%和1.0倍;对"一带一路"沿线国家进口增长2.4%(表10)。

表10　2016年主要货物进出口市场情况

出口			进口		
国家或地区	金额(亿元)	比上年增长(%)	国家或地区	金额(亿元)	比上年增长(%)
美国	2 976.5	6.0	欧盟	3 737.2	6.5
欧盟	1 995.7	−10.7	东盟	2 047.1	4.9
东盟	1 449.8	6.5	日本	1 941.8	9.7

续表

出口			进口		
日本	1 268.5	－3.4	美国	1 788.1	2.1
中国香港	1 196.4	－0.2	韩国	1 063.8	－15.3
拉美	492.4	－4.3	中国台湾	1 047.1	8.5
韩国	481.6	－8.6	瑞士	1 202.8	31.7
中国台湾	407.9	7.5	拉丁美洲	797.1	－1.9
中东	405.6	－4.6	澳大利亚	667.8	－5.0
澳大利亚	323.9	4.8	中国香港	268.6	101.6

贸易结构持续优化。从贸易方式看，一般贸易进出口增速好于加工贸易 12.6 个百分点，一般贸易在进出口总额中的占比达到 49.4%，比上年提高 2 个百分点。从企业主体看，民营企业进出口比上年增长 9%，分别好于国有企业、外资企业 16.3 个和 7.3 个百分点，在进出口总额中的占比达到 17.4%(表 11)。

表 11　2016 年货物进出口结构情况

类别	进出口(亿元)	增速(%)	出口(亿元)	增速(%)	进口(亿元)	增速(%)
总额	28 654.3	2.7	12 118.2	－0.4	16 536.1	5.0
按企业性质分						
国有企业	3 279.6	－7.3	1 475.9	－5.8	1 803.7	－8.5
民营企业	4 986.8	9.0	2 404.6	3.0	2 582.2	15.3
外商投资企业	18 457.3	1.7	8 122.7	－0.2	10 334.6	3.2
按贸易方式分						
一般贸易	14 152.2	6.4	5 283.1	1.6	8 869.1	9.5
加工贸易	6 883.2	－6.2	4 849.1	－6.3	2 034.1	－5.8
其他贸易	7 618.9	4.8	1 986.1	11.2	5 632.8	2.7
按主要商品分						
机电产品	16 591.9	－0.1	8 484.3	－0.3	8 107.6	0.1
高新技术产品	10 283.5	－1.9	5 185.4	－2.1	5 098.1	－1.8
纺织服装	1 576.8	－1.4	1 162.5	－3.8	414.3	5.8
农产品	1 162.0	13.0	122.3	5.6	1 039.7	13.9

重点区域对进出口的支撑作用增强。从各区看，16 个区进出口"10 涨 6 跌"，占比最大的浦东新区比上年增长 4.9%，出口和进口分别比上年增长 4.5%和 5.2%；青浦、虹口、黄浦和长宁区进出口增长较快，增速分别达到 12.7%、8.6%、8.0%和 7.7%。从重点区域看，自贸试验区改革红利进一步释放，保税片区进出口增长 5.3%，其中出口大幅增长 13.7%；各出口加工区和国家级经济技术开发区中，金桥和青浦出口加工区进出口实现较快增长，增速分别达到 6.4%和 6.2%(表 12～表 15)。

表 12　2016 年各区货物进出口情况

各区	进出口总额（亿元）	比上年增长（%）	与全市增速比较（百分点）
浦东新区	17 298.7	4.9	+2.2
松江区	2 691.4	−8.1	−10.8
闵行区	1 814.2	3.6	+0.9
嘉定区	1 223.1	4.6	+1.9
青浦区	721.1	12.7	+10.0
徐汇区	717.7	−9.8	−12.5
长宁区	680.8	7.7	+5.0
黄浦区	651.6	8.0	+5.3
奉贤区	644.2	−3.1	−5.8
金山区	535.8	6.0	+3.3
静安区	523.5	−6.8	−9.5
宝山区	516.3	6.6	+3.9
普陀区	240.5	−22.0	−24.7
虹口区	239.5	8.6	+5.9
杨浦区	119.3	0.9	−1.8
崇明区	36.7	−9.0	−11.7

表 13　2016 年各区货物出口情况

各区	出口总额（亿元）	比上年增长（%）	与全市增速比较（百分点）
浦东新区	6 158.8	4.5	+4.9
松江区	1 899.4	−11.8	−11.4
闵行区	968.9	2.8	+3.2
嘉定区	600.8	2.5	+2.9
青浦区	407.7	−13.5	−13.1
奉贤区	399.0	−3.1	−2.7
金山区	288.2	8.3	+8.7
徐汇区	255.6	1.3	+1.7
长宁区	226.2	3.1	+3.5
宝山区	220.7	−11.8	−11.4
黄浦区	212.3	−1.4	−1.0
静安区	167.0	−6.0	−5.6
普陀区	121.0	−0.2	+0.2
虹口区	100.9	−13.5	−13.1
杨浦区	66.0	1.0	+1.4
崇明区	25.5	13.9	14.3

表14 2016年各区货物进口情况

各区	进口总额 (亿元)	比上年增长 (%)	与全市增速比较 (百分点)
浦东新区	11 139.9	5.2	+0.2
闵行区	845.3	4.5	−0.5
松江区	792.0	2.4	−2.6
嘉定区	622.3	6.8	+1.8
长宁区	465.5	20.1	+15.1
徐汇区	454.7	10.1	+5.1
黄浦区	439.3	13.3	+8.3
静安区	349.2	13.8	+8.8
青浦区	310.0	−4.4	−9.4
宝山区	302.7	−2.8	−7.8
奉贤区	247.6	3.4	−1.6
金山区	245.1	−2.9	−7.9
虹口区	139.6	−27.2	−32.2
普陀区	118.5	19.2	+14.2
杨浦区	53.2	0.8	−4.2
崇明区	11.2	−37.6	−42.6

表15 2016年部分特殊监管区域和经济区域进出口情况

区域	进出口(亿元)	增速(%)	出口(亿元)	增速(%)	进口(亿元)	增速(%)
自贸试验区保税片区	7 794.3	5.3	2 300.5	13.7	5 493.8	22.2
松江出口加工区	1 851.6	−9.9	1 365.1	−14.0	486.5	3.9
金桥经济技术开发区	556.9	6.4	243.4	0.8	313.5	11.2
漕河泾出口加工区	360.6	4.5	231.8	3.7	128.8	6.1
漕河泾新兴技术开发区	149.3	1.5	76.7	−2.1	72.7	5.5
闵行经济技术开发区	138.6	0.5	75.9	−5.5	62.7	8.8
闵行出口加工区	61.6	−22.8	42.8	−30.1	18.7	1.5
青浦出口加工区	57.7	6.2	25.1	0.9	32.6	10.8
嘉定出口加工区	45.8	34.4	14.3	16.2	31.5	44.7

服务进出口规模持续扩大。从主要类别看，传统服务领域中，旅行服务进出口比上年增长5.5%，运输服务下降10.2%；新兴服务领域进出口增长较快，其中，电信、计算机和信息服务增长11.6%，文化和娱乐服务增长11.4%。从主要市场看，美国和香港地区仍是上海市服务出口最主要的地区，出口额分别为113.9亿美元和111.4亿美元，分别下降16.7%和8.5%；香港仍是上海市服务进口最主要来源地，进口额达493亿美元，占全市的32.4%。全年国际服务外包执行金额67亿美元，增长12.4%；全年登记技术进出口合同金额99亿美元，微降0.9%(表16、表17,图5)。

表 16　2016 年服务进出口分行业情况

类别	进出口(亿元)			出口(亿元)		进口(亿元)	
	金额	增速(%)	比重(%)	金额	增速(%)	金额	增速(%)
总额	2 018.8	2.6	100.0	499.1	−5.0	1 519.7	5.4
旅行	1 154.8	5.5	57.2	17.3	5.5	1 137.4	5.5
运输服务	253.8	−10.2	12.6	99.1	−20.6	154.7	−2.1
专业管理和咨询服务	237.9	1.9	11.8	180.2	1.6	57.7	3.2
电信、计算机和信息服务	102.5	11.6	5.1	73.4	12.3	29.1	9.8
其他服务	90.2	11.6	4.5	62.7	5.3	27.5	29.3
技术服务	77.5	−6.0	3.8	47.4	−5.7	30.1	−6.6
知识产权使用费	62.1	8.4	3.1	1.1	−64.4	61.0	12.5
保险和养老金服务	20.6	−7.2	1.0	8.4	−43.8	12.2	69.1
建筑服务	10.4	−22.4	0.5	5.6	−40.5	4.8	20.5
文化和娱乐服务	7.4	11.4	0.4	3.5	1.1	3.9	22.5
金融服务	1.7	29.5	0.1	0.4	−27.0	1.3	64.4

表 17　2016 年服务进出口主要国家/地区分布

出口(亿元)				进口(亿元)			
国家(地区)	金额	增速(%)	比重(%)	国别/地区	金额	增速(%)	比重(%)
美国	113.9	−16.7	22.8	中国香港	492.8	14.2	32.4
中国香港	111.4	−8.5	22.3	中国澳门	166.5	7.7	11.0
日本	40.7	−3.0	8.2	美国	147.6	3.6	9.7
新加坡	40.6	7.0	8.1	日本	121.3	−0.9	8.0
德国	31.1	22.8	4.6	台湾	56.7	−24.6	3.7
韩国	15.4	−2.0	3.1	德国	55.7	12.0	3.7

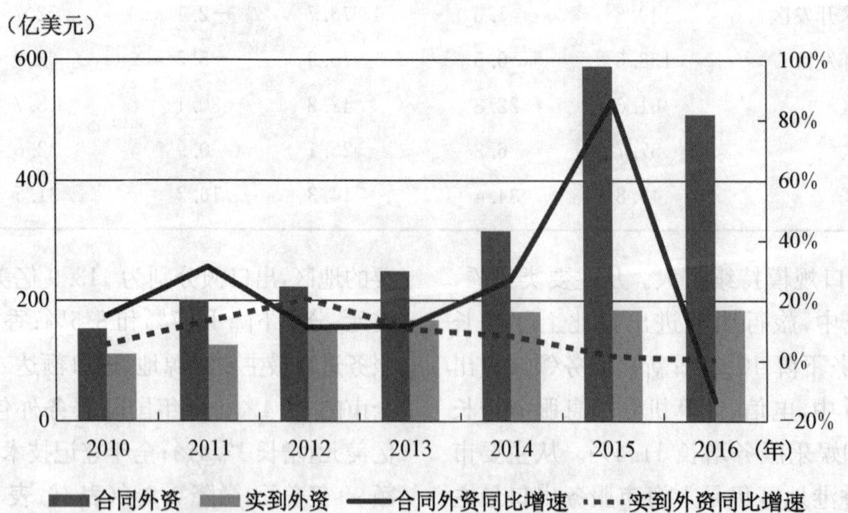

图 5　2010 年以来上海市利用外资情况

四、利用外资保持稳定，质量和效益明显提高

全年新设外资项目 5 153 个，合同外资达到 510 亿美元。实到外资 185 亿美元，比上年微增 0.3%，连续 17 年实现增长。截至 2016 年底，上海累计引进外资项目 8.8 万个，合同外资 3 840 亿美元，实际利用外资 2 061 亿美元。

服务业引进外资保持增长，结构优化升级加快。全年服务业实际利用外资达 163 亿美元，比上年增长 2.5%，占全市实到外资的 88.3%。从产业及行业看，以总部项目为主的租赁和商务服务业实际利用外资 48 亿美元，增长 68.6%，成为上海市利用外资第一大领域；金融服务、信息服务业实到外资快速增长，分别达到 27 亿美元和 15 亿美元，分别增长 27.8%和 95.7%。主要下降领域在房地产业和商贸业，实到外资分别为 38 亿美元、20 亿美元，分别下降 32.6%、23.5%。从国别及地区看，截至 2016 年底，在上海投资的国家和地区增至 168 个，其中前十位国家/地区合计实到外资 165 亿美元，占全市 89.2%。欧洲对沪投资 19 亿美元，增长 42.4%。日本对沪投资呈恢复态势，实到外资 4.9 亿美元，微降 0.9%(表 18、表 19)。

表 18 2016 年各区实到外资情况

各区	实到外资（亿美元）	比上年（%）	与全市增速比较（百分点）
浦东新区	78.0	18.8	+18.5
＃临港新城	1.0	10.0	+9.7
徐汇区	21.9	131.4	+131.1
静安区	16.4	19.6	+19.3
黄浦区	10.0	−56.8	−57.1
普陀区	8.4	12.2	+11.9
闵行区	8.0	−41.3	−41.6
虹口区	7.9	17.0	+16.7
长宁区	5.6	−57.3	−57.6
嘉定区	5.0	−20.9	−21.2
青浦区	3.7	−10.1	−10.4
奉贤区	2.7	−53.5	−53.8
杨浦区	2.3	26.8	+26.5
金山区	2.2	1.6	+1.3
松江区	1.7	−40.5	−40.8
宝山区	1.2	−42.8	−43.1
崇明区	0.3	62.6	+62.3
漕河泾开发区	7.3	714.2	+713.9
上海化工区	2.3	−35.4	−35.7
虹桥开发区	0.2	−69.6	−69.9
闵行开发区	0.1	−87.0	−87.3

表19　2016年实到外资结构情况

指标	金额(亿美元)	比上年增长(%)	比重(%)
按产业分			
第二产业	21.6	−13.8	11.7
＃制造业	21.4	−14.0	11.6
第三产业	163.4	2.5	88.3
＃金融服务业	27.0	27.8	14.6
租赁和商务服务业	47.5	68.6	25.7
商贸业	20.3	−23.5	11.0
信息服务业	15.3	95.7	8.3
房地产业	37.8	−32.6	20.4
按国别地区分			
中国香港	107.4	−5.0	58.0
新加坡	15.2	−30.1	8.2
美国	5.1	−48.8	2.8
日本	4.9	−0.9	2.6
法国	2.4	87.6	1.3
韩国	2.1	31.0	1.1
德国	2.0	−53.1	1.1
英国	2.0	305.2	1.1
瑞士	1.6	94.6	0.0

地区总部、研发项目持续增长,投资不断增加。跨国公司地区总部数量稳定增长,全年新设跨国公司地区总部45家,累计达580家,其中亚太区总部56家,上海作为内地跨国公司地区总部最集中的城市地位继续巩固。新增投资性公司18家,累计达到330家。新增研发中心15家,累计达到411家,其中全球研发中心40余家,外资成为吸引和培育全球高端创新要素的重要载体。

五、对外投资快中趋稳,"一带一路"成为热点

全年共备案对外直接投资项目1425个,中方投资额达366.5亿美元,实际对外直接投资额251亿美元,比上年增长51%,规模居全国各省市第一。新签对外承包工程合同额119亿美元,增长6.7%。

民营企业、并购增资成为对外投资主力。从投资主体看,民营企业对外投资积极性依然高涨,中方投资额279亿美元,占全市76%。从投资方式看,并购和增资成为对外投资的主要方式,其中,并购项目中方投资额213亿美元,占全市58.1%,且以大项目居多,单个项目平均投资额是新设项目的近4倍;增资项目中方投资额81亿美元,占全市22.2%。

对外承包工程主要集中在优势领域,并以大项目为主。新签合同额超5 000万美元的大中型项目33个,合同总额93亿美元,占全市总额

78.7%。其中，新签电力工程建设合同额40亿美元，占全市新签对外承包工程合同额34%，其中上海电气集团承接的埃及燃煤电站项目合同额超过26亿美元，是近年来全国最大的对外承包工程项目之一。

"一带一路"投资合作好于预期。上海企业在"一带一路"沿线国家新签工程承包合同额89亿美元，比上年增长66.5%，占全市总额72.3%；完成营业额40亿美元，占全市总额60%。国际产能合作和装备制造走出去重点项目取得成果，上汽集团在泰国的整车制造新工厂启动，华谊集团投资泰国的橡胶轮胎制造项目顺利签约，纺控集团在孟加拉国的纺织产业合作项目持续推进。基础设施、互联互通等项目加快推进，斯里兰卡外环高速公路项目、东帝汶一号公路项目、蒙古巴彦洪格尔巴依扎格公路项目等项目成功签约（表20、表21）。

表20 2016年新签对外承包工程合同额构成情况

类别	金额（亿美元）	比上年增长（%）	比重（%）
新签对外承包工程合同额	118.5	6.7	100.0
按企业性质分			
国有企业	101.5	2.0	85.7
民营及外资企业	17.0	47.2	14.4
按业务地区分			
非洲	63.9	12.6	54.0
亚洲	31.2	−12.8	26.4
欧洲	3.1	−70.5	2.6
拉丁美洲	13.9	176.1	11.8
北美洲	5.7	120.7	4.8
按分布行业分			
电力工程建设	40.3	−19.7	34.0
制造及加工建设	13.7	−22.1	11.6
房屋建筑	18.7	139.7	15.8
工业建设	8.7	−37.5	7.3
交通运输	15.6	82.8	13.1
通讯工程	5.7	−27.7	4.8
石油化工	9.4	302.7	7.9
其他	6.2	133.7	5.3

表21 2016年与上海"一带一路"投资合作情况

指标	金额（亿美元）	占全市比重（%）	指标	金额（亿美元）	占全市比重（%）
对外直接投资中方投资额	36.8	10.0	新签对外承包工程合同额	89.2	75.3
＃印度	13.0	3.5	＃埃及	26.7	22.6
新加坡	10.0	2.7	印度尼西亚	11.1	9.3
捷克	6.2	1.7	菲律宾	10.2	8.6

六、展出规模稳步扩大,国际化水平持续提升

全年举办各类展会880个,比上年增长3.4%;展览总面积1 605万平方米,增长6.2%。举办国际展会287个,展览面积1 178万平方米,增长4.8%,占全市展览总面积的73.4%。举办国内展会593个,展览面积428万平方米,增长10.5%,占全市展览总面积的26.6%。

展览业规模化走势日趋强劲。全年举办展出面积20万平方米以上巨型展览会项目为10个,总计286万平方米;5万~20万平方米大型展览会54个,总计570万平方米。中国(上海)国际家具博览会等特大型展会在业内的引领作用和影响力进一步增强(图6、图7,表22、表23)。

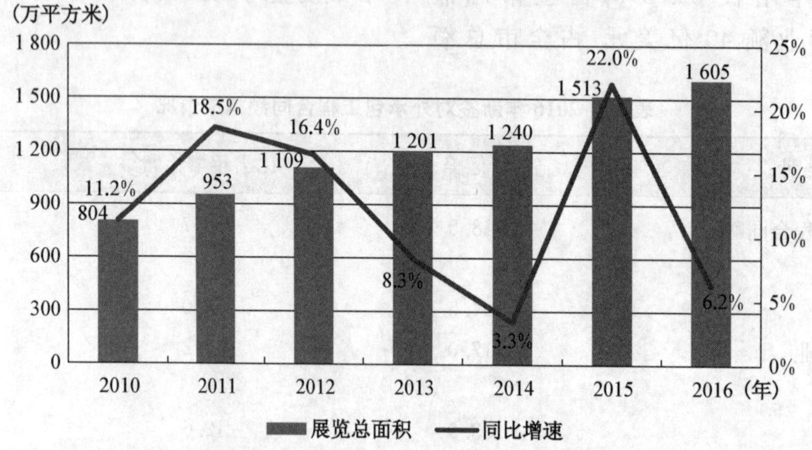

图6 2010年以来上海市展览业情况

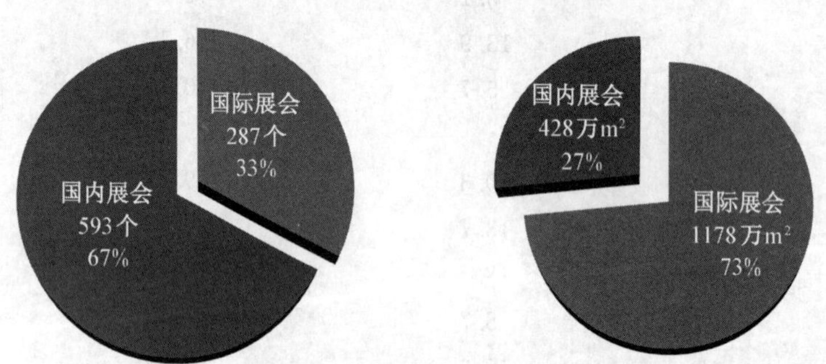

图7 2016年上海市国内、国际展会占比情况

表22 2016年20万平方米以上的展会概览

展会名称	展出面积(平方米)
第十八届中国(上海)国际医疗器械展览会	346 932
中国国际家具博览会	342 475
Bauma工程机械展	313 030
上海国际汽车零配件、维修检测诊断设备及服务用品展览会	309 755
中国国际纺织面料及辅料(春夏)博览会	308 294
中国国际纺织面料及辅料(秋冬)博览会	294 575
上海国际工业博览会	280 246
上海国际家具展览会	235 160
上海国际时尚育儿产业博览会	223 190
上海国际酒店用品建筑装饰展览会	212 942

表 23 2016 年部分重点区域展览会举办情况

指标	浦东新区	浦西地区
展览项目数(个)	215	665
展出面积(万平方米)	796.5	810.6
国际展览项目数(个)	178	109
国际展览面积(万平方米)	722.0	455.5

(综合处)

上海全面推进国内贸易流通体制改革发展综合试点

根据党中央、国务院部署，2015 年 10 月，上海等 9 城市启动国内贸易流通体制改革发展综合试点。一年以来，上海坚持部门联动、市区联手，围绕试点方案中“流通创新发展、市场规则体系、市场治理体系”三大领域，主动借鉴自贸试验区可复制推广经验，围绕加快信息化时代国际贸易中心建设这一主题，积极发挥供给侧结构性改革中流通新引擎作用，着力推动内贸流通制度创新，建设法治化营商环境，构建以商务信用为核心的新型流通治理模式。全面推进完成 12 个方面 37 项内贸改革试点任务，形成 9 项可复制推广的试点成果。其间，商务部在上海召开全国试点中期现场会，充分肯定上海内贸改革试点成效。上海内贸改革试点取得的主要成果如下：

一、内外联动、区域协作，形成开放创新的流通发展体系

1. 创新培育网络化、平台化商品交易市场

适应“互联网＋”时代商品市场与要素、服务市场日益融合的趋势，一是率先发布《关于上海加快推动平台经济发展的指导意见》，出台扶持平台经济发展政策措施，支持平台型企业纳入贸易型总部和高新技术企业认定；二是率先发展平台经济推动商品市场转型升级，全面整合产业链、融合价值链，在大宗商品、消费品及生活服务、专业配套服务、跨境电商四大领域，打造一批集交易、物流、金融、资讯等功能，技术新、辐射强的高能级市场；三是率先创立《上海平台统计报表制度》，对全市 100 多家平台型企业开展统计，实现线上与线下、国内与国际、商品与服务全口径统计。2016 年实现平台经济交易额 1.84 万亿元，保持两位数增长，特别是消费品及生活服务类平台交易额增长 36.8%，其中千亿级平台有 5 家，外省市买家、卖家均达 50%。有色、石化、钢铁行业贸易额分别占全国市场的 60%、20%和 15%。

2. 转型提升实体商业新消费供给能力

适应消费需求升级新要求，推动商品和服务实现“买全球、卖全球”，一是转变商业业态模式，出台《关于加快上海商业转型升级提高商业综合竞争力的若干意见》，发展智慧商圈、体验式购物中心、众创空间及跨境电商、保税展示销售、进口商品直销、市内免税店等新型商业形态；二是转变消费促进方式，实施“新消费引领”、“品牌引领”和“服务到家”计划，建立会商旅文体跨部门联动机制，及国际商业街区交流合作机制，推广移动支付、物联网、大数据等技术；三是转变国有商业企业激励机制，出台《关于鼓励和支持上海市国有企业科技创新的若干措施》，建立以创新为导向的考核评价体系，对商业企业研发投入、创新转型等研发费用视同于考核利润。2015 年上海迈入万亿级消费城市行列，2016 年社会消费品零售总额再次超过

1万亿元。网络购物增速超过35%。大悦城、百盛优客等新型购物中心大力发展体验式消费,着力打造融文化艺术、餐饮、娱乐、社交、生活服务等于一体的综合性商业地标。社区商业持续向精细化、集成化、平台化发展,社区商业零售规模已占全市商业零售50%以上,社区智慧微菜场已达1 064家。上海零售商集聚度居全球第三,国际知名高端品牌入驻率达90%,全国180个设计师和80个买手店品牌入驻上海,成为国际高端品牌、国内知名品牌聚集地和全国最大进口消费品集散地。深入实施国家境外旅客购物离境退税政策,235家退税商店开具退税单1.6万单,退税物品销售额2.4亿元,业务规模居全国第一。

3. 先行建立形成全国统一市场的区域合作机制

根据全国统一大市场建设要求,上海率先提出构建长三角区域市场一体化发展合作机制,一是建立"三共三互"区域合作机制,共同推动"规则体系共建、创新模式共推、市场监管共治、流通设施互联、市场信息互通、信用体系互认";二是项目化推进专题合作,聚焦物流标准化、农产品流通、商品市场转型、打击侵权假冒、生活必需品市场应急保供等重点专题推进落实;三是扩大农产品流通合作范围,浦东新区率先牵头建立长江经济带9城市农产品流通联动发展机制。长三角区域市场一体化已形成以"示范项目带动、产业链条联动、政府管理互动"为特色的合作模式,商务部认为这是全国统一大市场建设的"重要制度创新和实践创新",已列入《国内贸易流通"十三五"发展规划》,将在全国进行推广。

二、对标国际、标准先行,形成公开透明的市场规则体系

1. 复制引入内贸流通领域的负面清单管理模式

发挥自贸试验区改革溢出效应,建立与国际通行规则接轨的现代市场体系,一是根据全市市场准入负面清单制度试点工作要求,全面梳理内贸流通领域市场准入事项,涉及20个行业小类、共55项审批事项,涵盖106部法律、法规、规章及规范性文件;二是围绕事中事后监管,梳理企业准入后经营过程中涉及的相关资质、范围、行为等限制性和禁止性规定,涉及62个行业小类,共计各类限制性、禁止性行政管理事项357项,涵盖586部法律、法规、规章及规范性文件,形成《上海市内贸流通领域行业准入后行政管理目录》,并在上海商务诚信公众服务平台上发布。实施负面清单管理模式,进一步厘清政府与市场的关系,提高事中事后监管透明度,促进市场公平竞争。

2. 系统构建标准化城市物流服务体系

针对流通领域长期存在的物流成本高、效率低、服务不规范等问题,以国家物流标准化试点为契机,一是围绕城市物流托盘、周转筐、车辆、服务平台,开展标准化建设,在快消品领域推广全链条、跨区域托盘循环共用模式,在农产品领域推广"田头到灶头"不倒筐全程冷链配送模式;二是建立《上海城市物流标准体系》,形成一套城市物流服务区域联盟标准、团体标准、企业标准;三是建立与欧洲托盘协会、长江经济带主要城市、全国内贸改革发展试点9城市的多层次物流标准推广合作机制。试点以来,全市新增标准化托盘351万块,较试点前翻番,在长三角9城市建立一批标准化托盘公共营运中心;试点企业实施带托运输,供应链效率提升35%,装卸效率提升2~3倍,人工成本降低15%,商品破损率降低50%。

3. 率先实行城市商业用地与设施调控管理制度

针对商业网点规划难以落地、商办用地开发需加强全市统筹等问题,一是发布《关于进一步优化上海市土地和住房供应结构的实施意见》和《上海市商业网点布局规划(2014—2020年)》,明确市商务、发改、规土等部门会商商业、办公用地的供应规模、结构和节奏,加强统筹引导,有效提高商业、办公用地供应的有效性和精准度;二是在土地出让条件中,明确一般地区和近阶段商

业办公楼宇供应量较大区域的商业、办公物业的持有比例和持有年限的要求，实现商业、办公项目全过程系统化、精细化、动态化监管；三是国内首发《上海市15分钟社区生活圈规划导则（居住社区）》，打造社区生活基本单元，完善生活必备服务功能。

三、多方协同、信用支撑，形成高效统一的市场治理体系

1. 协同创建以商务信用为核心的现代流通治理模式

针对"互联网+"流通发展下综合监管体系亟待健全等问题，一是出台《上海市公共信用信息归集和使用管理办法》，制定数据清单、行为清单和应用清单（简称"三清单"）地方标准，实现政府部门基于"三清单"的公共信用信息共享，为商务信用体系建设奠定基础；二是制定《上海市商务诚信公众服务平台管理办法》、《商务诚信公众服务平台标准体系》及20个市场信用子平台"商务信用评价导则"企业标准，依托市公共信用信息服务平台，搭建商务诚信公众服务平台，实现公共信用信息与市场信用信息交互共享；三是推动政府监管和企业经营用信，如酒类监管在许可证审批、事中事后监管中增加诚信承诺、诚信核查、信用奖惩等措施，实现对名白酒、进口红酒和散装酒"信用+追溯"全过程管理；1号店对供应商，从质量、价格、客户评价等6个方面270多个指标，建立商户信用奖惩机制，投诉率从40%降低至不足2%；红星美凯龙对平台上5万多家经营商户进行信用分类管理，连续3年销售收入年复合增长率超过17%。上海商务诚信公众服务平台已正式开通，归集近6万家企业信息，推出国内第一份在线"企业商务诚信查询报告"、第一张商务信用电子地图、第一批商务诚信标准、第一个商务诚信指数。

2. 创新构建多方共治的大宗商品现货市场监管体系

针对大宗商品现货市场相关法律法规缺乏、管理规范滞后于市场发展的现状，一是发布《中国（上海）自由贸易试验区大宗商品现货市场交易管理规定》及《中国（上海）自由贸易试验区大宗商品现货市场交易管理规则（试行）》，试点开展"仓单、提单、订单"三单交易，发展面向国际的大宗商品现货保税交易，打通国际国内市场；二是市场准入环节引入社会化评审机制，建立大宗商品现货市场评审委员会，对市场的行业背景、交易规则等进行综合评估，对未达标的市场实行退出机制；三是建立"交易、托管、清算、仓储"四分开的市场监管制度和"3+1"（第三方仓单公示平台、第三方资金清算平台、交易市场与海关）信息比对模式，实施跨部门协同监管。自贸试验区已有10家市场建设方案通过专家评审，涵盖有色金属、铁矿石、棉花、液体化工等品类，其中，7家市场已通过验收，6家已正式上线，另有3家引导退出。上海自贸试验区大宗商品现货市场专业化监管制度得到国家清整联办肯定，并向全国推广。另外，大宗商品电子仓单已获得国内外金融机构的认可。

3. 建立"政府引导、市场运营、社会参与"的重要产品追溯体系

着力强化产品全过程质量管理，打造放心消费的产品供给主渠道，一是出台全国首部地方政府规章《上海市食品安全信息追溯管理办法》，明确企业追溯主体责任，强化相关部门联合监督管理和行政执法职责；二是建设"信息公司+行业协会+会员单位"第三方追溯管理平台，培育形成一批品牌追溯应用企业；三是推广二维码技术手段，方便消费者查询。从源头到终端的重要产品追溯体系的建立，实现了食品来源可追溯、去向可查证、责任可追究，食品供应链安全性有效提升。2016年上半年在商务部肉类蔬菜流通追溯运行考核中保持全国领先。"食安先""追溯云"等第三方追溯管理平台运行良好，目前已有食用农产品、食品追溯信息数据200万余条，销售带有追溯二维码的包装类商品8万余个，消费者扫描50万余次。

（朱冰心）

上海加快建设国际消费城市

《商务发展“十三五”规划纲要》和《国内贸易流通“十三五”发展规划》明确提出，在上海等城市开展国际消费中心城市建设试点，“建设国际消费城市”已写入《上海市国民经济和社会发展“十三五”规划纲要》。总的来看，上海国际消费城市建设具有充分的条件和基础。

一、上海建设国际消费城市的基础和优势

近年来，上海按照当好全国改革开放排头兵、创新发展先行者的要求，着力加强供给侧结构性改革，着力推进创新驱动发展、经济转型升级。国民经济保持平稳增长，人民生活水平进一步提升，对外开放交流规模不断扩大，为上海建设国际消费城市奠定了坚实的经济和社会基础。

1. 经济平稳增长，第三产业比重继续提高

初步核算，2016 年，上海全市生产总值完成 27 466.15 亿元，位居全国各大城市首位，比上年可比增长 6.8%，增速高于全国平均水平 0.1 个百分点，为 2010 年以来的首次。第三产业增加值19 362.34亿元，占全市生产总值的比重达到 70.5%，比上年提高 2.7 个百分点。住宿和餐饮业增加值 388 亿元，可比增长 0.6%。

2. 消费增长总体平稳，网上商店增长较快

2016 年，全市商品销售总额 100 792.84 亿元，比上年增长 7.9%，增速同比提高 1.5 个百分点；社会消费品零售总额 10 946.57 亿元，增长 8.0%，增速同比回落 0.1 个百分点。全年无店铺零售业态零售额 1 584 亿元，增长 13.8%。其中网上商店零售额 1 249.77 亿元，增长15.8%，占社会消费品零售总额的比重为 11.4%，比上年提高 0.5 个百分点。

3. 对外货物贸易和利用外资金额略有增长

2016 年，上海市货物进出口总额 28 664.37 亿元，比上年增长 2.7%，扭转了上年下降局面。其中，进口 16 558.92 亿元，增长 5.2%；出口 12 105.45亿元，下降 0.5%。全年全市外商直接投资实际到位金额 185.14 亿美元，增长 0.3%。其中第三产业实际到位金额 163.35 亿美元，增长 2.5%。

4. 居民消费价格涨幅可控

2016 年，全市居民消费价格比上年上涨 3.2%，涨幅同比提高 0.8 个百分点。服务价格上涨4.5%，涨幅同比提高 1.3 个百分点；消费品价格上涨 2.2%，涨幅提高 0.2 个百分点。

5. 公共财力进一步增强，货币信贷运行平稳

2016 年，全市地方一般公共预算收入 6 406.13亿元，比上年增长 16.1%。全市地方一般公共预算支出 6 918.94 亿元，增长 11.7%。全年社会保障和就业支出 988.81 亿元，增长 82.0%；公共安全支出 336.92 亿元，增长 22.3%；医疗卫生与计划生育支出 383.10 亿元，增长 21.8%。年末全市中外资金融机构本外币存款余额 110 510.96 亿元，新增本外币各项存款 6 750.32 亿元。

6. 城乡居民收入就业形势稳定

据抽样调查，2016 年，全市居民人均可支配收入 54 305 元，比上年增长 8.9%，增速同比提高 0.4 个百分点。全年城镇常住居民人均可支配收入 57 692 元，增长 8.9%；农村常住居民人均可支配收入 25 520 元，增长 10.0%。

7. 推动上海国际消费城市建设的有利因素

国际航运中心建设成效显著。2016 年，上海两大机场旅客总吞吐量首次突破 1 亿人次，成为全球第 5 个航空旅客跨入亿级“俱乐部”的城市。上海宝山吴淞口国际邮轮港靠泊量达 509 艘次，占中国邮轮港口靠泊总量 51%。全年接

待出入境旅客147万人次，占全国总数65%。

上海成为国际商务、旅游首要入境地。2016年，上海接待国际旅游入境者854.37万人次。其中入境外国人659.83万人次，分别比上年增长6.8%、7.4%，超过世博会2010年的国际旅游入境人数规模，创下历史新高。

旅游对经济贡献提升。2016年，上海入境旅游外汇收入65.30亿美元，比上年增长9.6%；国内旅游收入3 443.93亿元，比上年增长14.6%。全年实现旅游产业增加值1 689.70亿元，增长6.9%，旅游产业增加值占GDP比重达到6.2%。

旅游设施进一步完善。至2016年末，全市已有星级宾馆238家，比上年下降3.6%；旅行社1 276家，增长19%；A级旅游景区(点)97个，红色旅游基地34个，旅游咨询服务中心48个，旅游集散中心4个。

市内交通更加便利。上海轨道交通全网运营线路总长已达617公里，工作日上海地铁日均客流量已经突破1 000万人次。根据规划，到2020年底，上海轨道交通总里程有望超过800公里。

二、上海国际消费城市建设有序推进、进展良好

近两年来，上海主动顺应消费结构升级的大趋势，结合“十三五”末基本建成上海国际贸易中心的目标，着力推动上海率先建设国际消费城市。

1. 消费贡献度不断提升

消费市场规模稳步扩大。在上海常住人口规模2015年首次出现负增长的背景下，上海消费规模仍然保持较快的增速。2016年，社会消费品零售总额10 946.57亿元，增速达8%，位居全国主要城市前列，并已超过香港、新加坡等邻近的国际知名城市。消费对经济结构调整和动力转换的推动作用突出，2016年，上海地区生产总值中最终消费支出所占比重超过60%，高于全国8个百分点，超过投资率22个百分点，消费对GDP的贡献率接近70%，发挥了经济增长“稳定器”和“压舱石”作用。

消费升级明显加快。上海着力提升生活性服务业品质，加快现代服务业发展，促进消费转型升级，上海商业呈现出“商品＋服务、线上＋线下、零售＋体验”等融合发展的迅猛势头。旅游、文化、健康等为重点的服务消费规模迅速扩大，2016年，上海居民人均消费支出中服务性消费占比已超过50%，增速明显快于商品消费。形成会展、商务、旅游、文化、体育联动促消费格局，确定上海旅游节、电影节、购物节、F1大奖赛、ATP1000网球大师赛等首批22个“会商旅文体”联动示范项目，全年吸引客流将超过4 000万人次。国家会展中心(上海)、迪士尼度假区等重大会展和文化娱乐设施成为引领消费的标杆。“魔都消费卡”一年来为上海100多个国际化展会展商提供一站式消费信息服务，注册用户数已突破10万人。2016年，上海国际邮轮港靠泊大型邮轮509艘次，出入境旅客达到289.38万人次，分别比上年增长49.3%、76.2%，超越新加坡成为亚洲第一。

吸引国际消费和境外消费成效明显。上海境内外旅客众多，消费潜能巨大。2016年，上海共接待国内外旅客突破3亿人次，其中境外商旅人士854.37万人次，其中外国人659.83万人次，分别占全国国际旅游入境人数、外国人数的6.2%、23.5%；入境旅游外汇收入65.30亿美元，占全国的5.4%。稳步推进境外旅客购物离境退税试点，2016年，全市235家退税商店开具退税单1.6万单，退税物品销售额达2.4亿元，业务量居全国16个退税省市之首。着力吸引国人境外消费回流，2016年8月开业的中出服市内免税店经营面积全国第二，仅次于海南三亚中免离岛免税店，每月购物1万人次以上，销售额已破亿元。位于上海机场内的日上免税店以其优质低价的商品，吸引境外消费回流，2016年销售额保持17%的快速增长。

2. 品牌集聚度日益提高

上海已成为国际高端品牌集聚高地。根据世邦威理仕最新公布的全球城市国际零售品牌进驻率排名，上海成为吸引全球零售商进驻的领

先目的地，在全球城市排名中紧随伦敦和迪拜位列第3,2016年全球零售商聚集度达54.4%，超过纽约、新加坡、莫斯科、香港、巴黎和东京。62%的美洲品牌、52%的中东、非洲和欧洲品牌已进驻上海零售市场。从仲量联行发布的“全球跨境奢侈品零售商吸引力指数”来看，上海是全球奢侈品零售商最青睐的城市，排名伦敦、香港、巴黎、东京、纽约之后，位列全球第6位。国际知名高端品牌已有90%进驻上海，路易威登、香奈儿、爱马仕、古驰、蒂芙尼、雅诗兰黛等众多国际高端品牌纷纷选择上海作为其中国地区总部、亚太地区总部的所在地。上海市进口消费品快速增长，2016年，上海市进口的手表、服装及衣着附件、美容化妆品及护肤品、钻石、酒类、汽车六大类商品的进口额分别为88.02亿元、254.35亿元、133.62亿元、172.94亿元、76.44亿元、686.68亿元，占到全国同类商品进口额的72%、59.7%、50.5%、34%、26.6%和23.3%，重要食品进口额超过720亿元。

国内知名品牌、中华老字号品牌高度集聚。上海拥有老字号企业达到220多家，居全国首位。自2008年起，上海加大对富有上海特色的老字号品牌振兴的支持力度，既有永久自行车、双妹化妆品、回力球鞋等老品牌，也有围巾品牌WOO妩、骨瓷品牌玛戈隆特、化妆品品牌佰草集等依托创意设计塑造的新品牌。大力实施上海优礼行动计划，挖掘一批“有优良品质、有创新设计、能传承文化”的上海优选伴手礼产品，在大型展会期间设置展示体验区汇集23个伴手礼品牌46种产品，既有第一食品、冠生园、英雄等一批承载上海记忆的老字号，也有来伊份等来自民企的新字号。

国际时尚之都建设有效聚合时尚消费。上海依托国际时尚之都建设，着力打造全球时尚品牌的集散之城、顶级时尚创意的策源之城和时尚消费潮流的引领之城。在最新的世界时尚城市榜单中，上海力压东京、香港等城市，成为“亚洲最时尚城市”，名列世界时尚城市第10位。上海国际时装周成为国际时尚消费平台。2016上海时装周共举办159场时装作品发布，联动黄浦、静安、浦东、徐汇和杨浦等各大中心城区，串联起世界顶级时尚音乐盛典 Fashion Rocks、时装周“潮”论坛等特色活动，已成为集发布流行趋势、推广原创设计、贸易展示、文化交流于一体的国际时尚消费平台。买手式消费方兴未艾。全国180个设计师和买手店品牌中，已有80个入驻上海，位居全国第一。MODE上海服装服饰展吸引到来自世界各地的渠道买家和业界知名人士。助推本土时尚自主品牌走向全球。上海新天地等区域形成本土时尚设计产业集聚效应，2016年培育本土设计师近150位，吸引50余位海外重量级大买手来沪采购本土品牌。

3. 消费创新度显著提升

实体商业加快创新转型。2016年底，上海已开业城市综合体数量达到185家，商业综合体面积达到1 877万平方米，近三年每年新增面积均在200万平米以上。南京西路、淮海中路、徐家汇等重点商圈和商街通过调整业态结构和品牌结构、实施跨界经营和营销创新，提升商圈消费便利化和舒适度，成为集聚新品牌、新消费的重要场所，2016年10月南京西路、淮海中路等知名商圈社零增速分别达到12.7%、11.0%。在7个市级商圈推进智慧商圈试点，商圈在线化、数据化、透明化程度持续提高，为传统商业线上线下融合提供支撑，2016年“双十一”期间徐家汇商圈实现线下引流40%，新世界开展双十一内购会，实现单日销量6 000万元，较平日销量增长15倍。

网络消费规模持续扩大。新型网络技术、数字技术、智能技术和平台模式、O2O模式等加快创新，以最大程度降低消费成本，促进消费便利。2016年电子商务交易额突破2万亿元，比上年增长21.9%；网络购物交易额为5 603.70亿元，比上年增长35.4%。据上海电子商务促进中心监测，2016年“双十一”期间上海重点电商企业全线飘红，国美在线、美囤妈妈、宝尊同比分别增长2.7倍、2倍、1.3倍。上海市民网络消费领跑全国，天猫、苏宁、国美等主流电商销售额中城市消费排名第一均为上海。

大力发展个性化、体验式消费。以实体商业

经营和消费者需求为出发点，区别于传统商业的以零售为主的业态，强调个性化的同时更注重消费者的参与、体验和感受，避免“千店一面”的同质化竞争。购物中心在增加餐饮、娱乐等体验类商业业态比重，提供更优质的购物环境、更完备的服务水准，打造多业态、多功能特点的可持续增长的新型立体商业模式。K11、大丸百货等与上海京剧院、余德耀美术馆等各类文化主体携手，打造“艺蕴黄浦”等艺术商圈品牌。上海大悦城打造融文化艺术、餐饮、娱乐、社交、生活服务等于一体的综合性、体验式消费商业地标。支持商业企业发展自有品牌、直接采购、自营购销等经营方式，加强商品设计开发能力，发展订单制造和个性化经营。

4. 消费便利度持续提高

商业网点布局合理，商业业态丰富齐全。《上海市商业网点布局规划(2014—2020)》提出按总量控制、存量优化的原则，构建市级商业中心、地区级商业中心、社区级商业中心和特色商业街区的“3＋1”布局体系。目前上海已有市级商业中心 15 个、超过 30 个地区级商业中心，并打造了 67 个特色商业街区。商业布局注重功能定位、业态配比、品牌引进，实施差异化发展，避免无序竞争和重复建设。2015 年末，上海商业网点总建筑面积达 6 700 万平方米，人均商业建筑面积为 2.77 平方米，约为香港和东京都的两倍多。其中大型商业网点设施总量约 1 280 万平方米，约占全市商业建筑面积的 19%。业态发展呈现出现代、时尚、多元的发展趋势。连锁经营模式在商贸领域广泛应用，早在 20 世纪 90 年代大型综合超市、便利店就已普及，进入 21 世纪购物中心、大型专业店、outlets、网络零售和服务等业态更是快速发展，丰富了上海商业业态供给结构。

社区商业精细化、集成化、平台化发展。着力解决“最后一公里”服务难题。在国内首发《上海市 15 分钟社区生活圈规划导则(居住社区)》，打造 15 分钟社区便民生活圈。上海社区商业零售规模已占全市商业零售 50%以上，拥有 17 个国家级社区商业示范社区，累计超市和便利店 7 177 个，平均约 3 300 人拥有一家便利店或超市，标准化菜市场 960 余个，社区智慧微菜场已超过 1 000 家。大力实施“服务到家”计划，筹备成立上海“服务到家”合作联盟，以“互联网＋”凝聚生活性服务业品牌企业开展智慧社区服务到家项目建设，形成线上线下互动融合的社区服务消费新模式、新业态。紧密围绕居民生活需求，整合社区、物业等公共服务存量资源，布局一批集养老、家政、洗衣、餐饮、维修、理发、生鲜、寄存、快递等为一体的社区便民生活服务示范区，建立居民家门口的综合性服务网点。

智慧物流配送服务网络完善，消费支付方式便捷。支持 28 个现代化的区域分拨中心建设，百联集团 20 万平方米全温带配送中心和京东、顺丰等的电商区域分拨中心满足华东地区配送需求，食品冷链、医药、化工、汽车等行业建成一批具有引领示范性的专业化配送中心。打通电子商务、末端连锁商业网点和城市共同配送平台的信息链，确保了社区共同配送的质量稳定性和可控性。推广“网订店取(送)”服务模式，开展配送储物柜设立试点，实现城市末端配送社会化。从早期支付宝网购便捷支付到如今的“当面付”服务，从手机刷卡器支付再到微信 O2O 闭环支付，各类第三方支付渠道层出不穷。支付方式的革新也为商家提供大数据分析，利于商家根据不同人群的行为偏好、消费偏好、信用等级等情况，进行精准营销。移动端网络交易额超过 PC 端，移动端的随时随地、碎片化高、互动等特征使移动端成为纽带，消费者在移动端网购已由目的性购物向逛商场式体验消费转型。

稳步推进商务诚信体系建设，着力营造诚信安全的消费环境。以推进国家内贸流通体制改革试点为契机，建立了商务信用为基础的现代流通治理模式。正式开通上海商务诚信公众服务平台，归集 5.8 万家企业信息，推出国内第一份在线“企业商务诚信查询报告”、第一张商务信用电子地图、第一批商务诚信标准、第一个商务诚信指数；1 号店对供应商，从质量、价格、客户评价等 6 个方面 270 多个指标，建立商户信用奖惩机制，投诉率从 40%降低至不足 2%；红星美凯龙对平台上5万多家经营商户进行信用分类管理,连续三年销售收入年复合增长率超过17%。建立酒类、食品等追溯体系,对酒类流通监管实现对名白酒、进口红酒和散装酒“信用+追溯”全过程管理。“食安先”“追溯云”等第三方追溯管理平台已有食用农产品、食品追溯信息数据150万余条,消费者扫描30万余次。

三、上海推进国际消费中心城市建设的思路和举措

在上海建设卓越的全球城市愿景下,上海建设国际消费城市的主要目标是:未来3~5年,加快形成“国内国际、双管齐下”的消费发展格局,进一步提升上海消费发展能级,将上海打造和建设成为我国国际化程度最高、消费市场规模最大、消费环境最好、引导创新能力最强的综合性国际消费城市;未来5~7年,成为全球知名、亚洲领先、位居全球前列的国际消费城市,成为全球消费资源进入中国乃至亚洲市场的首要门户,成为中国品牌集聚并走向全球的窗口和高地。

上海建设国际消费城市的主要思路是:以对接国际规则、赶超国际水平为导向,以完善消费环境、制度、政策和生态为重点,坚持点线面结合、高中低兼顾、内外贸并重,围绕“增供给、补短板、优环境、强政策、有示范”,推进供给侧结构性改革步伐,使国际消费城市建设成为上海积极扩大和引领消费、全面提升对内对外开放水平、促进产业结构优化升级的新引擎和新载体,成为建设上海国际贸易中心的新支撑和新途径,成为我国新时期扩大消费和城市转型升级的新标杆和首善区。主要有五方面举措:

1. 增加优质消费供给

大力发展国际都市高品质服务消费。以餐饮、娱乐、文化、休闲、社交、健康等为重点,积极开发白领消费群体主题项目和消费载体,打造上海情调消费、上海品质生活、上海水准服务。扩大本土品牌消费和创新提升服务。打造上海品牌及中国品牌,促进设计师品牌店和买手店发展;增加可离境退税商店数量,简化退税手续,带动和扩大境外人群消费规模。扩大进口商品消费。通过建立进口商品、跨境商品展示销售设施,提高跨境电商通关便利化水平,完善跨境电商物流政策等,提高上海进口商品消费规模,提升辐射能力。扩大邮轮旅游消费。推进上海中国邮轮旅游发展实验区与中国(上海)自由贸易实验区联动发展,放宽业务准入范围,探索游轮游客免签政策,推进无目的地邮轮航线项目,进一步扩大游轮入境游市场。扩大文化消费。进一步增加公益性演出投入,通过设立基金、推广文化消费卡等方式,对剧场和演艺团体进行适当补贴,降低广大市民文化消费的门槛。在前期试点基础上,2017年将全面推进艺术商圈建设。

2. 补好供需错配短板

加快传统商圈升级改造。促进传统商圈改造升级和建设“智慧商圈”,强化商圈区域的主题感、时尚感,实现差异化、特色化发展,营造国际水准购物体验。围绕消费新增长点,加快引入新业态、新品牌、新商业模式,培育新型消费发展载体。促进传统商业主体转型。引导传统商业企业、业态发挥线下优势和会员优势,拓展和创新场景服务模式、发展多元化的商业业态,引入时尚购物和时尚品牌,推动大型百货实现购物中心化,中型百货实现主题化和专业化。加强交通、物流、金融、信用、跨境电商等设施或平台等建设。加强城际间的高铁及轨道交通,打造与消费规模和辐射范围相适应的城市商圈或服务业集聚区,加强城市互联网建设和消费金融创新发展。

3. 优化完善消费环境

形成国际接轨的监管理念及模式。探索建立综合性执法机构,依法严厉打击制假、售假行为,全面推进商务诚信体系建设。整合法定检验检疫出口货物电子报检、化妆品标签申报、进出口企业备案登记、检测申请等,缩短进口消费品流转周期。形成会商旅文体联动促消费氛围。继续打造和提升上海节庆展会,引进全球顶级博览会及国际赛事,做深做透上海国际电影节、时装周、爵士音乐节等特色展会,针对国际时尚与节庆活动中小规模、多品类进口商品提供便利监

管措施。形成共建国际消费城市的合力。建立相关部门共同参与的协调推进机制，将建设国际消费城市纳入城市转型升级的大战略、大布局。在扩大消费、促进服务业、产业升级、创新创业、对外开放、城市群或都市圈建设等规划中统筹推进。

4. 强化消费促进政策

2016 年，上海市政府出台《上海市促进新消费发展发挥新消费引领作用的行动计划（2016—2018）》，旨在以新消费引领消费结构升级，为国际消费城市建设提供持久动力。深化消费领域商事制度改革。对于健康医疗、整容美容、文化创意、休闲娱乐、教育培训等新兴服务消费，在优化监管前提下，探索进一步放宽准入和资质审批条件，营造有利于新型消费集聚集群发展的氛围环境。研究优化消费领域税制改革。在深入推进财税体制改革的框架下，探索适度放开免税店特许经营政策，简化退税程序。研究解决购物中心等“营改增”后面临的税收问题。加强城市商圈改造和建设用地保障。探索利用工业设施、拆搬迁及集体土地，以入股、租赁等方式，将商圈打造、商业设施建设与城市功能调整、产业转移升级及城市更新统筹推进。推动消费品有关的便利化监管制度。简化人员和货物出入境管理手续，探索对游学、医疗、美容、游轮等出入境签证管理实施便利化制度。探索进口检验检疫制度创新，为上海化妆品等商品进口以及国际买手店等发展提供保障。完善消费运行监测体系。建立适应居民消费模式变化的消费统计指标体系，优化商品消费和服务消费等指标体系。

5. 打造消费示范载体

统筹推进上海国际消费城市的总体规划布局，实现合理发展、适度发展和梯次发展。推动静安、黄浦区率先建设国际消费城市示范区，在政府职能转变、示范性项目、提升商业服务品质和品牌集聚等方面先行先试，再选择有条件和基础的城区复制推广。初期以南京路、淮海路等优势商圈为核心区或先导区，以徐家汇、外滩、迪士尼等商业区或商圈为拓展区，探索在税收、金融、投资、土地等方面提供政策支持和示范。积极推进试点区域与国际著名商圈实现互动或结成联盟，争取建成 1～2 个在全球具有影响力和美誉度的国际级商圈。

四、上海建设国际消费城市的主要问题与障碍

上海推进国际消费城市的建设过程中，在商品和服务供给、设施和平台支撑以及消费政策及环境等方面，仍然面临诸多问题，特别是存在一些体制机制障碍，影响甚至制约上海进一步提升供给品质、拓展国内外消费领域和促进消费创新。这些问题或障碍，既有国家层面整体存在的体制机制因素，也有上海自身发展水平和打造竞争优势等方面的不足。

1. 商品和服务有效供给不足、质量不高

与消费者不断升级的消费需求相比，现阶段改善型商品和服务的有效供给明显不足，上海作为发达城市，供需不匹配的情况也较为突出。由于国内商品和服务供给方面存在品质不高、售价偏贵等问题，导致上海市居民消费外流，境外游客购买意愿不强。

与国际知名消费中心相比，上海还属于成长中的零售市场，在零售品牌知名度、商业氛围、商圈影响力方面，与伦敦、香港、纽约等全球性零售市场以及其他成熟的消费市场还存在一定差距。同时，上海还缺乏有较高国际知名度的本土品牌。全球性零售市场普遍具有较强的自有品牌和强大的本地消费能力，相比较而言，上海缺少知名的本土流行性零售品牌或零售商品牌，这也是当前限制形成全球性零售市场的重要因素。

2. 实现和集聚消费的设施、平台存在“短板”

尽管上海传统商业设施规模在国内乃至全球居于前列，但质量仍有待提高，特别是重点核心商圈的集聚和辐射能力与巴黎、东京、纽约等国际知名消费城市相比仍有较大差距。服务消费特别是新型服务消费的基础设施和配套体系发展仍需加强。

金融、信用等消费支撑体系发展相对滞后。

网络诈骗、假冒伪劣、虚假宣传等问题依然存在,消费信息安全、金融支付安全、消费者权益保障等风险依然偏高。上海市商品市场监管力度和效果虽整体好于全国,但旅游产品质量和市场秩序仍然有待提升。

与纽约、巴黎、东京等国际消费城市相比,上海各种消费行业之间、基础设施和商业之间的融合互动和对接不足。例如,城市主题商务休闲区域、旅游景点、交通枢纽,与主要消费群体相适应的商业网点和商圈建设之间相对脱节。

3. 扩大和提升消费在环境和政策方面存在突出障碍

随着服务业新业态、新模式的不断涌现,一些法律法规或者不适应行业发展的需要,或者在执行过程中还存在配套法规不完善、与其他法律缺乏协调等问题,导致其未能发挥应有效果。以上海近年来发展较快的民宿业为例,市场规模快速扩张,业态不断创新。但因为现行法律法规建设滞后,政府对民宿一直没有明确的定位和政策,导致其成为一个灰色产业。

标准体系建设滞后。与近年来服务业快速发展要求相比,无论从数量上还是质量上,我国相关标准体系特别是新兴服务业的标准体系建设,都明显滞后。同时,现行服务标准和规范整体水平不高、可操作性不强、宣传力度不够等,也导致一些标准在实施和监督过程中效果不明显。

行业准入有待进一步改善。部分服务行业依然面临行政审批过多、相关限制性条件过严等问题,特别是民营资本进入文化、教育、医疗等新兴服务消费领域仍受到一定限制。例如,我国现行医疗美容机构临床科室设置规定要求,必须设立4个二级科目,门槛明显严于韩国等医疗美容大国。此外,部分服务行业还存在垄断问题,很大程度上影响服务行业供给、结构和质量的提升。

部分监管理念和监管制度不适应发展要求,不能与国际规则接轨。在“互联网+”下,很多服务行业的边界日渐模糊,服务业发展对监管也提出扁平、高效、专业等新要求。但在监管上,重审批、轻监管的情况依然存在,有的部门或地方虽然加强事中事后监管,但基于大数据的监管、社会共治的理念尚未建立。特别是在监管制度的创新上,难以与国际通行惯例或规则接轨,导致消费扩张和提升受阻。以医疗旅游为例,目前国际趋势是从发达国家或地区向发展中国家或地区转移,泰国、马拉西亚、印度、中国台湾等,在发展医疗旅游等方面都得到快速的发展,有效拉动餐饮、住宿、旅游等消费市场的扩张。上海在国内外旅游医疗有很大的市场需求,但由于缺乏与国际接轨的技术和服务规范,国际医疗保险、医院国际认证、医师职业资质等不能与国际接轨,医疗相关签证制度存在空白,不仅医疗旅游市场难以发展,而且导致大量内部医疗旅游消费严重外流。

对外开放水平有待进一步提高。近年来,我国服务业开放的重点大多在生产性服务行业,与消费直接相关的服务行业,如健康医疗、教育文化、休闲娱乐等新兴服务行业的对外开放步伐滞后。在实际操作和政策落实过程中,一些准入和投资的审批限制依然存在,制约了打造高水平和开放型的消费新领域、新平台。以美国高考(SAT和ACT)为例,SAT考试所在城市会集聚大量高端消费资源,随着近年来中国赴美留学需求激增,由于没有开放SAT,我国每年有大量关联消费外流到周边国家。再如游轮旅游,由于在货物通关和游客签证等便利化水平不高,货物检验检疫周期长,出入境手续繁琐,维修保养能力跟不上,免税退税设施匮乏,导致近年来尽管需求增长较快,但上海的邮轮旅游市场扩张受到影响,本可在上海实现和聚集的相关服务需求,大量转移到新加坡等周边国家。同时,由于我国对免签国家扩围速度较慢,而且13个城市之间无法互联互通,特别是出入境和边检信息不互通,导致72小时免签政策无法在扩大国际消费方面发挥更大作用。即使是江浙沪对51个国家施行的144小时过境免签政策取得一定成效,但自2016年1月30日实施起至9月20日,上海口岸也仅为33 000多名外籍旅客办理过境免签手续,日均仅125人次。此外,我国免税业务主要实行国家专营管理,不允许外资经营。这一政策规定将外资开展免税业务排除在外，虽然保护了国内的免税市场，但不利于市场竞争和服务优化，更不利于国内的免税集团提升自身运营水平等。

现行税收政策方面也在一定程度上影响消费扩大和提升。一是长期以来难以实现所得税合并纳税，导致行业发展和企业培育期税收负担较重，难以跨区域整合商业资源。根据上海市相关协会调研，上海连锁商业企业实际税负超过40%。二是预付费卡增值税上尚未明确。在税率上，税改前预付费卡实行营业税，税率为零，而没有明确税率，商品类别只有服务费或者预付费两项，发票获取人无法抵扣。三是免税业态发展缺乏税收政策支撑，在特许经营、免税对象、免税限额、提货方式、相关政府部门协调等多方面存在限制。特别是出境游客消费额度少、次数限制大，也是导致国内消费外流的重要原因。

相较于全球性零售市场，上海的整体国际化水平仍然相对较低，在外籍人口数量、入境旅游人数占常住人口的比重以及英语的普及和运用水平等方面，上海也与其他国际消费城市有一定差距。（仲国栋）

2016年上海市外贸进出口情况综述

2016年，受国际市场需求疲弱、贸易保护主义抬头等因素影响，上海市外贸形势十分严峻。党中央、国务院对此高度重视，在市委、市政府的坚强领导下，上海出台促进外贸回稳向好等一系列支持政策，为外贸企业减负助力，支持企业加快转型升级，全力实现对外贸易回稳向好，贸易结构进一步优化。据上海海关统计，上海市全年进出口2.87万亿元人民币（下同），比上年增长2.7%。其中，出口1.21万亿元，下降0.5%；进口1.65万亿元，增长5.2%。进出口额占全国份额由去年的11.4%提升为11.8%。

一、总体情况

1. 进出口增速由负转正，回稳向好态势明显

上海市进出口累计增速已由负转正，从1月份下降6.1%，至增长2.7%。其中累计出口增速，从1月份的下降5.7%，收窄至0.5%。累计进口增速，从1月份下降6.5%，反弹至增长5.2%。

2. 上海市进出口增速好于全国平均水平

全年，上海市进出口增速高于全国平均水平3.6个百分点。其中进口增速高4.6个百分点，出口增速高1.4个百分点。进口额列全国省市第二位、城市第一位。出口额列全国城市第二位、省市第四位。

二、结构分析

1. 出口结构

从企业主体看，外资企业、民营企业出口增长，国有企业下降。民营企业出口占上海市外贸出口的19.4%，比上年增长0.8%，增加18亿元。国有企业出口占12.2%，下降5.8%，减少91.5亿元；外资企业出口占67.4%，增长0.3%，增加22亿元。

从贸易方式看，特殊监管区物流货物出口增幅较大。全年，其出口占上海市14.4%，比上年增长12.9%，增加198.3亿元。一般贸易出口占43.4%，增长1.1%，增加54.8亿元；加工贸易出口占40.0%，下降6.4%，减少329.9亿元。

从国际市场看，美国、东盟出口保持增长，对“一带一路”沿线国家出口增幅高于全市平均水平。全年，出口前5大市场分别为美国、欧盟、东盟、日本和中国香港，分别占上海市出口24.5%、16.4%、12.0%、10.5%、9.9%。出口同比增长“2升3降”，出口增量分别为

1 573.6亿元、−243.3亿元、85.1亿元、−46.1亿元和−1.5亿元。对"一带一路"沿线64个国家出口2 638.7亿元,占全市出口21.8%,增长2.4%,高于全市2.9个百分点。出口正增长有37个,其中增量较大的有:越南、泰国、马来西亚、印度尼西亚、阿联酋,分别增加21.1、20.3、12.8、10.1、9.4亿元。

从商品结构看,"优出"逐步显现。机电产品出口8 506.8亿元,占上海市70.3%,比上年下降0.1%。其中电器及电子产品出口占机电产品43.2%,增长3.4%。高新技术产品出口5 221.2亿元,下降1.4%。其中电子技术产品占高新技术产品占28.6%,增长8.4%。

前10大类出口主要商品出口增长的有5个,同比增量211.24亿元。出口下降的有5个,同比减少344.74亿元(表1)。

表1 2016年出口前10类商品分类情况

品名	出口金额(亿元人民币)	比上年增长(%)	占比(%)	占比变化(百分点)
合计	6 019.54	−2.2	49.7	↓0.9
自动数据处理设备及其部件	1532.76	−10.78	12.7	↓1.5
集成电路	1 130.72	8.48	9.3	↑0.8
电话机	915.86	−4.98	7.6	↓0.4
服装及衣着附件	730.11	−8.07	6.0	↓0.5
纺织纱线、织物及制品	429.21	3.76	3.5	↑0.1
汽车零件	293.76	13.34	2.4	↑0.3
船舶	267.71	−9.85	2.2	↓0.2
机械提升搬运装卸设备及零件	268.59	22.22	2.2	↑0.4
通断保护电路装置及零件	233.98	11.37	1.9	↑0.2
自动数据处理设备的零件	216.84	−7.74	1.8	↓0.1

从经济区域看,上海自贸区引领全市出口。全年,中国(上海)自由贸易试验区出口占上海市19.1%,比上年增长14.5%,增加293.2亿元。6个出口加工区同比增长"3升3降"。其中,漕河泾出口加工区出口增长3.7%,增加8.2亿元;嘉定出口加工区出口增长16.2%,增加1.99亿元;青浦出口加工区出口增长0.9%,增加0.22亿元。3个出口下降的加工区共减少出口242.6亿元。浦东新区出口占上海市50.8%,增长4.4%,增速高于上海市4.9个百分点。

2. 进口结构

从企业主体看,外资企业、民营企业进口增幅较大。全年,民营企业进口占上海市外贸进口的15.3%,比上年增长13.2%,增加294.5亿元。国有企业进口占10.9%,下降8.3%,减少163.5亿元。外资企业进口占62.7%,增长3.8%,增加378.8亿元。

从贸易方式看,一般贸易进口增幅较大。全年,其进口占上海市53.6%,比上年增长9.5%,增加770.7亿元。加工贸易进口占12.3%,下降5.8%,减少125.9亿元。保税监管场所进出境货物进口占8.0%,增长31.5%,增加316.3亿元。

从国际市场看,主要市场进口多数增长,从"一带一路"沿线国家进口占全市17.6%。全年进口前5大市场分别为欧盟、东盟、日本、美国和韩国，分别占上海市进口22.5%、12.5%、11.7%、10.8%和6.2%。进口分别比上年增长6.2%、6.1%、9.7%、2.4和－14.1%，进口增量分别为218.4亿元、119.4亿元、172.3亿元、42.2亿元和－176.4亿元。从“一带一路”沿线64个国家进口2910.1亿元，占全市进口17.6%，增长3.3%。进口正增长有35个，其中增量较大的有：印度尼西亚、越南、新加坡、泰国、以色列，分别增加72.4亿元、37.1亿元、27.4亿元、22亿元、7.7亿元。

从商品结构看，“优进”趋势明显。机电产品进口8141.4亿元，占上海市49.2%，比上年增长0.5%。高新技术产品进口55 136.0亿元，下降1.0%。其中生命科学技术产品占高新技术产品14.5%，增长14.5%。与日常生活密切相关的消费品进口占全市17.2%，增长10.7%。其中肉类、水产品、水果及坚果、箱包、化妆品、游艺运动设备等进口分别增长53.6%、24.3%、28.2%、10.9%、39.2%、31.0%。

前10大类进口主要商品进口增长的有5个，同比增量228.38亿元。进口下降的有5个，同比减少279.08亿元(表2)。

从经济区域看，浦东新区占全市进口2/3以上。全年，中国(上海)自由贸易试验区进口占上海市33.3%，比上年增长2.7%，增加145.4亿元。6个出口加工区进口同比增长“4升2降”。闵行、青浦、漕河泾和嘉定等4个出口加工区进口增长，增加20.69亿元，金桥南区和松江出口加工区减少进口15.4亿元。浦东新区进口占上海市67.6%，增长5.6%，增速高于上海市0.4个百分点。(市商务委外贸发展处)

表2　2016年进口前10类商品分类情况表

品名	进口金额(亿元人民币)	比上年增长(%)	占比(%)	占比变化(百分点)
合计	6 166.54	－1.2	37.2	↓2.4
集成电路	2 169.95	－2.2	13.1	↓1.0
汽车(包括整套散件)	687.15	－0.1	4.1	↓0.2
医药品	579.91	21.0	3.5	↑0.5
初级形状的塑料	542.93	2.7	3.3	↓0.1
计量检测分析自控仪器及器具	456.63	10.3	2.8	↑0.1
未锻造的铜及铜材	450.87	－23.2	2.7	↓1.0
铁矿砂及其精矿	357.99	13.7	2.2	↑0.2
通断保护电路装置及零件	320.90	10.2	1.9	↑0.1
飞机	293.36	－15.0	1.8	↓0.4
自动数据处理设备及其部件	305.38	－19.3	1.8	↓0.6

2016年上海商务领域合作交流工作取得新进展

2016年，按照市委、市政府的决策部署，在市政府合作交流办统一协调下，市商务委做好新形势下的商务领域合作交流工作，明确一个分管处室，其他处室共同配合，全委积极参与，形成共同关注合作交流，精准扶贫、对口支援的工作局面，在新疆、云南、宁夏等地得到较好反响，得到市政府领导的肯定。更多的外省市纷纷提出交流合作的意愿和想法。各地特色优质农产品纷至沓来，极大丰富上海市农产品市场供应和市民的餐桌，为区域间农产品产销对接提供广阔的平台。同时，繁荣活跃各地商务部门的合作交流与往来，加强商务信息沟通，共同服务上海与兄弟省市间的经济发展和市场供应。

一、加大与对口支援地区的商务合作

(1) 新疆。2016年，根据市委、市政府援疆工作的总体要求，全市商务系统紧紧围绕“民生为本、产业为重、规划为先、人才为要”的精神，以项目建设为抓手，在资金投入、产业发展、产销合作、人才培训等方面持续加大投入力度。4月，市委副书记、市长杨雄率上海市代表团赴新疆喀什学习考察，市商务委尚玉英主任全程参加考察。代表团深入叶城、泽普、莎车三县企业、学校、工地和农业园区，察看上海援疆项目推进落实情况，慰问上海援疆干部人才，并与新疆基层干部群众深入交流。考察期间，市商委委积极落实上海·喀什商务人才培训平台、农产品电子商务平台、农产品产加销一体化平台、上海国际棉花交易中心设立喀什分部等4个签约项目，产业援疆促进就业工作取得良好开端。市商务委吴星宝副主任带领蔬菜集团及其下属西郊国际、江杨等批发市场，上海农产品批发市场、上蔬永辉、城市超市、闽龙达、强丰、食行生鲜等企业组成的上海商务代表团，发挥上海市商业行业优势，采取精准施策，突出成效，积极推动上海与喀什当地搭建商务合作交流平台。

(2) 云南。根据两省市座谈交流会精神和《关于加强沪滇对口帮扶与重点领域合作框架协议》，通过“政府推进、企业互动、市场运作、项目引领”的方式，着力抓好“三个对接”，即信息对接、商品对接、机制对接，构建沪滇两地企业互助互补、合作共赢的长效机制，使“云品入沪”、“品牌推广”和“科技进云”项目有序开展、取得实效。

扎实推进“云品入沪”项目建设。

完善“云品中心”(以下简称“中心”)功能。在2015年落成的“中心”基础上，结合2016年工作要求和实际现状，加以调整、充实、提高。调整原有平台架构和运营模式，以市场为导向，逐步建立两地农商和企业合作为主体的运行机制；充实“中心”内涵，凸显“信息汇集、集聚商品、服务企业，孵化产品”功能，提升“云品”品牌运作能力，逐步增强市场化运作手段，走长效化发展之路。云品中心有会员430位，2016年组织云南特色产品的品鉴、评审、基地考察、推荐入市等活动23场。组织上海企业云南大理、香格里拉考察2次。举办州市巡展陈列活动共计6场，展品总计超过845个。

扩大“云品入沪”销售渠道。提高沪滇两地农商对接实效，搞活产销机制，扩大云品的市场占有率。主要做法：一是拓展云品入沪市场渠道，探索以“云品中心”常年展示展销联动其他展会为起点、试点零售批发试销推介专柜(厅)及“互联网”专卖等多种形式营销，形成紧密层、松散型、指导式等多模式多市场渠道网络，扩大市场份额、提增云品价值效益。二是聚焦重点商品开发为引领，以水果、蔬菜为重点，咖啡、茶叶等为拓展点，特色山货为开发点，探索重点商品的商业运作模式和市场效应，开拓有优势特色云品在沪市场影响力和占有率，带动云南产地的品牌化、规模化和组织化程度。三是依托市场与企业，形成以沪滇两地龙头企业为骨干、批发市场及零售连锁专卖＋电商为网络、行业协会及社会资源多渠道共同参与的格局，扎实、长效开展云品入沪活动。上农批（入驻产品 300 个）、食行生鲜（入驻产品 203 个）、城市超市（入驻商品 198 个）。

夯实沪滇两地产销对接基础。以信息带动、用订单促动、靠组织互动，鼓励上海商家利用互联网、物联网和社区结合的新模式，直接连通生产基地与社区居民，与云南产地（产商）建立订单型、基地型等多种形式的合作紧密，着眼长效，注重常态，关注重点，突出实绩。建立云品入沪大数据平台，包含 7 大品类，462 家云南企业的 3 536 个产品，孵化比例比上年增长 77％。

树立品牌带动市场。推进品牌建设引领产业发展。以云南特有的咖啡为切入口，通过展示展销、专卖营销、品牌宣传等途径的商业深度开发，贯通产销通路，提振产业基地，带动其他云南地产特色农产品和食品，达到以品牌引领产业、丰产丰收增收的效果。

创新项目援云途径。一是鼓励上海科技企业项目入滇。针对云南实际，将上海有科技技术含量、适合当地需求、解决实际困难项目，以农民实际得益为目标，通过项目试点推进、当地绩效评估加以确立。二是鼓励上海企业基地入滇。在云南建立上海市蔬菜、农副产品基地、采购物流中心等形式，带动当地商品出滇入沪、增加农民就业和收入、促进两地企业互惠互动。三是积极探索资本合作入滇。鼓励社会合伙人投资云南有市场潜力的商品，共同开发市场，多形式、多方位、多渠道注入云南农业产业的建设开发。

（3）遵义。根据市委、市政府关于对口支援遵义市的有关要求，为进一步落实上海市商务委与遵义市政府签定的《关于推进商务领域战略合作框架协议》合作事项，2016 年 9 月 12 日上午，“第二届遵义生态农特产品上海行”活动开幕式在农工商 118 广场举行。市商务委吴星宝副主任出席开幕式并致辞。遵义市委常委、市政府副市长李忠兴、副市长李莲娜及上海市人民政府合作交流办公室、贵州省政府驻上海办事处、上海市普陀区政府有关领导出席开幕式及开馆仪式活动，上海市贵州商会代表、上海市农工商超市（集团）有限公司以及上海市、遵义市 100 多家农特产品采购企业代表（电商企业）等应邀出席开幕式及推介洽谈会，会上两地参展企业就农特产品产销合作进行了交流互动、商谈合作等事宜。

本次遵义农特产品展销会设置展位 100 个，展位面积达到 1 000 多平方米，主要设置茶叶、酒类、粮油米蛋类、辣椒制品、肉制品、养生食品、美食七个展区进行展示展销。遵义市组织具有代表性的特色农产品生产、加工企业 90 多家，征集系列特色产品 2 000 余种，约 150 吨，其产品已于 2016 年 9 月 7 日从遵义集中启运上海。这次集中展销产品内容丰富，品种繁多，主要汇集具有代表遵义的茅台酒、董酒、习酒、珍酒等酒类、红绿白茶叶类、辣椒以及有代表性的特色小吃遵义羊肉粉、刘二妈米皮等，共计派出 7 辆物流专车为活动进行物流配送服务，向上海人民展示和推广遵义生态农产品。通过举办本次活动，有力推动沪遵两地商务交流合作进一步深化、融合、拓展，共同谱写沪遵人民“山海情谊，心手相牵”的情感画卷，搭建革命老区“黔货出山·遵义先行”合作平台。

二、探索建立上海市外延蔬菜生产基地

依托上海市蔬菜集团、西郊国际、上农批等骨干企业，建立“上海市外延蔬菜生产基地”，与产地形成紧密型合作关系，提高上海市蔬菜流通供应稳定性、标准化程度和应对极端天气的调控能力。2016 年，在山东、江苏、云南、海南等 4 个省先行试点 10 个规模化蔬菜基地（每个基地 500 亩以上），包括大白菜、卷心菜、番茄、辣椒、茄子、黄瓜、冬瓜、土豆、长萝卜、胡萝卜等十多个上海市市民日常消费

的蔬菜品种。

三、拓展外省市生猪产品产销对接规模

为丰富市民菜篮子,按照"大市场、大流通、大基地、保供应"的思路建设外省市产销对接机制。通过外省市相关主管部门择优推荐,经实地考察、网上公示,与来自20个省市的184家屠宰加工企业开展生猪产品产销对接。

四、开展国内合作交流与对口支援工作

一是依照"大市场、大流通"发展思路,服务全国,为全国优质特色农产品入沪流通提供服务。帮助对接宁夏、新疆、山西、贵州、云南、山东、江苏等省份入沪展示展销当地优质特色农产品。组织上海市企业赴新疆、江西、山东等地参加相关展会,加强企业交流、促进产销对接。二是通过上海·喀什商务人才培训平台、农产品电子商务平台、农产品产加销一体化平台、上海国际棉花交易中心设立喀什分部等项目,推进落实产业援疆促进就业工作。进一步完善"云品中心"平台建设,深化落实沪滇对口支援工作;三是与宁夏自治区商务厅、遵义市政府签署商务合作框架协议,明确合作机制,推动优势互补,提升合作交流工作实效。

(市商务委市场运行与调控处 陶文卿)

大力推进中国(上海)自由贸易试验区建设创新发展

中国(上海)自由贸易试验区挂牌以来,市商务委在市委、市政府的领导下,在商务部的指导和支持下,根据自贸试验区推进工作领导小组的分工安排,认真落实《中国(上海)自由贸易试验区总体方案》《进一步深化中国(上海)自由贸易试验区改革开放方案》,在自贸试验区投资贸易领域和试点复制推广等方面加大改革创新力度,自贸试验区外商投资企业和扩大开放措施项目落地踊跃,境外投资成倍增长,新型贸易模式和贸易功能不断拓展,事中事后监管制度逐步建立,试点经验复制推广取得成效,各项工作有序推进,取得实效。

一、以负面清单为核心的外商投资管理制度基本建成

对标国际投资规则,探索实施外商投资准入前国民待遇加负面清单管理制度,减少和取消对外商投资准入限制,简化准入管理,不断提高开放度和透明度,把自贸试验区打造成为对外开放的试验田。

1. 对标国际高标准投资规则,制定出台全国首份外商投资负面清单

在商务部、发展改革委等国家部委的指导和支持下,市商务委、市发展改革委会同相关部门开展负面清单的研究、制定及修订完善工作。2013年9月,市政府公布《中国(上海)自由贸易试验区外商投资准入特别管理措施(负面清单)(2013年)》。2013年负面清单列明190条外商投资特别管理措施,负面清单以外的外商投资实行国民待遇。2014年6月,发布《中国(上海)自由贸易试验区外商投资准入特别管理措施(负面清单)(2014年修订)》,特别管理措施调整为139条,调整率达26.8%。2015年,围绕进一步减少和取消外商投资准入限制,提出2015年负面清单建议稿,其中大部分建议得到国家部委的采纳,2015年国务院办公厅发布的负面清单特别管理措施缩减至122条。

2. 创新外商投资管理模式,备案成为外资准入管理的主要方式

2013年9月,市政府出台《中国(上海)自由

贸易试验区外商投资企业备案管理办法》，在28.78平方公里范围内实现对负面清单外的外商投资实行备案管理，采取告知承诺制和全程网上办理，投资者需提交的材料由十几份减少至3份，办理时间由8个工作日缩减至1个工作日，大幅提高投资便利化水平。2015年5月8日起在自贸试验区扩展区域对负面清单以外领域的外商投资实施备案管理。3年来累计新设外资企业7 321家，接近区内挂牌前20年外资企业的总数，超过90%通过备案方式设立。

3. 率先放宽市场准入，扩大外商投资领域

在国家相关部委的支持下，上海市分两批提出54条服务业和制造业领域的扩大开放措施，均获得国务院批准。市商务委通过外国投资促进中心及其海外办事处、驻沪领事机构、贸易投资促进机构、外国商会、访沪的外国政要及经贸团组等多种渠道宣传自贸试验区扩大开放措施，在境内外多个城市举行60多场专题推介会，积极支持帮助自贸试验区管委会做好政策宣传。两批扩大开放措施共有超过1 800个项目落户自贸试验区。融资租赁、商贸、摄影、建筑设计施工、演出经纪、国际船舶管理、增值电信、旅行社等行业的开放措施取得明显成效；在保险经纪、专业健康保险、外资医院、认证机构、游艇设计、游戏游艺设备生产销售等领域对外资都有较大突破，涌现出我国首家再保险经纪公司、首家独资游艇设计公司等一批首创性项目。

二、以备案管理为主的境外投资管理制度形成

对境外投资项目和境外投资开办企业实行以备案制为主的管理方式，建立完善境外投资服务促进平台，加强境外投资的风险防控和事中事后监管，努力把自贸试验区打造成为行政效率最高、专业服务能力最高的中国企业出海门户。

1. 改革境外投资管理体制，建立投资直通车

2013年9月，市政府出台《中国(上海)自由贸易试验区境外投资开办企业备案管理办法》等一系列文件。通过设立网上政务和现场政务办事大厅，开通线上线下无缝对接的“投资办事直通车”，实现“一表填报、一口受理、一口发证”，改革以往商务部门和发展改革部门分别核准的做法，除特定国家地区和特定行业外，企业境外投资实行以备案制为主的管理模式，提升企业参与境外并购项目的竞争力。

2. 构筑走出去促进服务体系，加强事中事后监管

自贸试验区开设了境外投资服务平台，同时组建上海市对外投资合作专业服务联盟，集聚法律、会计、评估、税务、融资、管理咨询、保险、经纪等多种国际化专业服务资源，提供资源对接服务。通过政府购买公共服务的方式，为企业提供信息服务、融资对接、投资促进、人才培训和风险防范等公共服务，构筑良性互动的“走出去”生态圈。在境外投资备案过程中，自贸试验区加强风险防控和事中事后监管，特别注重审核境外投资交易的真实性，防范个别企业利用虚假交易换汇出逃的风险。积极配合外汇管理部门指导银行按照“展业三原则”，做到了解客户、了解业务、尽职调查，审核资金来源和资金用途等，防范利用虚假交易换汇套利和资本外逃的风险。

3. 改革成效明显，境外投资成倍增长

上海和其他各省市的企业积极从自贸试验区走出去开展跨国投资并购，境外投资成倍增长。3年来累计投资境外项目1 450个，中方投资总额490.37亿美元。一批企业通过自贸试验区实现了对高新技术和价值链高端的境外企业的投资并购，投资领域包括移动互联网、生物医药、医疗器械、信息技术、物联网、高端制造等战略性新兴产业领域。区内企业开展股权投资基金对外投资取得显著进展，其中以赛领资本、力宏投资、渤海华美、权坤投资等为代表的区内私募资本积极联手产业资本走出去的创新形式，体现出专业化、市场化和集约化等特点。

三、新型贸易模式和贸易功能拓展取得进展,贸易便利化水平持续提升

积极培育贸易新型业态和功能,形成以技术、品牌、质量、服务为核心的外贸竞争新优势,推动贸易发展方式转变和转型升级,加快提升我国在全球贸易价值链中的地位。

1. 推进自贸试验区大宗商品现货市场建设,提升我国大宗商品国际竞争力和话语权

明确市场定位。上海自贸试验区大宗商品现货市场的发展坚持现货交易定位、保税交易起步定位与国际市场定位原则。通过建立统一的市场筹建标准和交易管理规则,指导不同领域的大宗商品现货市场在区内合规运营。交易面向国际投资者,交易标的为保税实物以及仓单、提单等货权凭证,交易品种为进出口规模大的保税大宗商品,采用国际通行的不含关税和增值税的“净价”作为定价方式开展现货交易,服务实体经济。

规范市场准入。引入社会化评审委员会机制,由相关政府部门代表和行业专家共同组成大宗商品现货市场评审委员会,保证评审的专业性、公开性和透明性。自2015年1月自贸区大宗商品现货市场建设正式启动以来,经过评审委员会专家的集中评议,10家发起人提交的市场建设方案通过专家评审,交易品种覆盖有色金属、黑色金属、稀贵金属、农产品、能源化工、矿产品等主要大宗商品类别,其中4家市场已正式上线运营,已开展业务的大宗商品现货市场共实现各类大宗商品交易量650万吨,累计交易额500亿元。

创新市场规则。会同自贸区管委会、市金融办发布《中国(上海)自由贸易试验区大宗商品现货市场交易管理规定》以及《中国(上海)自由贸易试验区大宗商品现货市场交易管理规则(试行)》,明确市场建设的条件、设立方式,以及政府各部门的相应职责,并对交易规则的关键内容做出规定,确定“交易、托管、清算、仓储”四分开交易规则、人民币计价、市场风险准备金、仓库风险保证金等一系列市场经营制度内容。同时,对已经上线企业进行跟踪研究,不断完善自贸试验区大宗商品现货市场管理体系,在风险管控的前提下,争取保税仓单质押融资、海关异地监管、信用证与跨境电票结算、订单与提单交易、境内外一体化交易等方面的政策突破,形成大宗商品现货市场管理制度,为市场创新发展打下基础。

2. 打破传统进口销售模式,汽车平行进口试点取得突破

会同有关单位发布《关于在中国(上海)自由贸易试验区开展平行进口汽车试点的通知》和《中国(上海)自由贸易试验区开展平行进口汽车试点工作的实施意见》。搭建公共服务平台,建立联席会议制度,认定17家试点企业,推动平行进口汽车3C认证改革措施的落地,争取平行进口汽车享受保税政策,解决试点企业面临的3C认证、辅助性整改、落地征税等问题,国内首张平行进口汽车CCC认证证书落地上海。

3. 深化跨境电子商务试点,提升跨境电商发展水平

初步打造市场主体集聚、产业优势突出、平台有序发展、综合配套基础扎实、管理服务不断创新的格局。建设上海跨境电商公共服务平台,完善运营机制,公开数据接口和标准,建设公共监管场所,提升公共服务能力。聚焦保税进口、直邮进口、直邮出口等业务模式,创新碎片化贸易模式的监管方案。认定自贸试验区保税区域为上海跨境电商示范园区,以工作小组的模式为跨境通、一号店、见见面、京东等企业服务,培育重点企业,集聚高能级主体。保税区域已成为上海市开展跨境电子商务模式最为齐全、业务规模最大的区域。

4. 开展保税维修业务,推动企业向价值链高端攀升

提出《关于上海市推进中国(上海)自由贸易试验区保税维修业务试点的意见》,在国家有关部门颁布相应的配套管理办法之前,从市场准入、海关监管、检验检疫等方面提出推进试点建议。目前有从事飞机维修的上海波音航空改装维修工程公司、从事电脑主板维修的伟创力(上海)金属件公司等企业通过资质评估,可以开展相关业务。

5. 推进服务贸易转型升级

技术贸易方面，实施技术贸易管理创新试点，2015年探索率先将技术进出口合同登记事项下放自贸试验区，截至2016年5月，共完成技术进出口合同登记378件，合同总金额18.09亿美元，占全市比例上升至44.10%。启动自贸试验区技术贸易公共服务平台建设，推动上海服务外包交易促进中心转型升级，以信息服务为突破口，开展技术贸易公共服务，实现项目对接金额18.5亿元，并通过编撰《服务外包信息企业信用评价体系》、发布"服务外包交易指数"等方式，加快推进外包交易制度创新。

文化贸易方面，国家对外文化贸易基地（上海）作为华东地区唯一一家国家级文化贸易公共服务平台，截止2016年5月，入驻企业370余家，累计注册资本超100亿元。索尼PS4、微软XBOX、百老汇倪德伦、韩国CJ和乱打秀公司、日本太田游艺和台湾表坊文化等一大批文化领域扩大开放措施重点项目相继落户。上海自贸试验区艺术品交易中心积极与佳士得、邦瀚斯、苏富比等国际知名拍卖行开展合作，通过实物、电子盘、衍生品等交易方式，不断做大艺术品交易规模。

6. 推进融资租赁业集聚和功能发展

推进《商务部关于支持自由贸易试验区创新发展的意见》和自贸区服务业扩大开放措施，以及《商务部、税务总局关于天津等四个自由贸易试验区内资租赁企业从事融资租赁业务有关问题的通知》落实，市商务委会同市国税局制定操作细则，推进内外资融资租赁企业准入标准、审批流程和事中事后监管制度的统一，进一步促进融资租赁业在自贸试验区集聚发展。研究制订《关于加快上海市融资租赁业发展的实施意见（送审稿）》，进一步推进融资租赁业在制度创新和业务发展上的规范发展。同时，探索融资租赁物登记制度，加快研究完善融资租赁资产交易平台建设方案，促进融资租赁业功能发展。

7. 落实国家战略，建设亚太示范电子口岸网络（APMEN）运营中心

以自贸试验区为依托，建设互联互通网上枢纽，使APMEN成为我国主要口岸城市与亚太各相关国家通关信息交汇的的重要窗口，助推上海成为亚太贸易区域真正意义上的国际贸易中心。积极落实APEC北京领导人会议成果，制定APMEN战略框架和工作机制获得APEC贸易部长会议通过，召开APEC亚太示范电子口岸网络联合运营委员会第一次全体会议和公私对话会，支持发展中成员经济体提供能力建设，提出电子口岸案例实践分享、能力建设和贸易数据互联互通等试点示范项目。

8. 提升贸易便利化水平，提高贸易许可服务能力

推进许可证工作电子化、便利化，提升贸易许可工作无纸化水平。将对外贸易经营者备案系统和进口许可证件申领系统以链接的方式接入上海国际贸易"单一窗口"。协调商务部，研究许可证系统与"单一窗口"数据对接的具体方案。启动自贸试验区自动进口许可证通关作业无纸化试点电子许可证签发试点，实现九成以上的非机电类自动进口许可证申请、许可、通关全程无纸化，重塑了许可证通关流程，免予企业往返申领之劳。

四、创新事中事后监管制度，提升政府治理水平

加快转变政府职能，改革创新政府管理方式，按照国际化、法治化的要求，积极探索建立与国际高标准投资和贸易规则体系相适应的行政管理体系，推进政府管理由注重事先审批转为注重事中、事后监管。

1. 推进商务系统"证照分离"改革

根据《上海市开展"证照分离"改革试点总体方案》，涉及商务领域的改革事项共5项均已顺利实施。5项改革事项分别是：取消设立旧机动车鉴定评估机构审批，加工贸易合同审批改为备案，提高拍卖业务许可的透明度和可预期性、强化设立典当行及其分支机构审核、直销企业及其分支机构的设立和变更审批的准入监管。2016年4月起，浦东新区加工贸易合同审批改备案正

式试行,《上海浦东新区加工贸易合同备案管理办法》同时施行。改革后,加工贸易管理部门不再审核企业的备案申请,现场即可办理。

2. 建立健全反垄断协助工作机制,维护公平竞争秩序

会同市发改委、市工商局和自贸试验区管委会制定自贸试验区《反垄断工作联席会议制度方案》,制定自贸试验区《经营者集中反垄断审查工作办法》,连同市发改委、市工商局分别出台的各自领域反垄断工作办法,形成自贸试验区反垄断“1＋3”工作机制。通过建立成员单位间信息抄告机制,实现信息资源共享,形成监管合力,提高监管的效能。2015 年以来,结合自贸试验区扩区,市商务委进一步深化经营者集中反垄断审查配合机制,形成以事前识别、审查配合和事后监管三位一体的协助工作体系。通过三年来的创新实践,自贸试验区企业维护公平竞争营商环境的意识进一步提高。2015 年商务部共审查通过涉及自贸试验区企业的经营者集中案件达 10 起,初步发挥地方在申报预警、信息共享、协同研判上的配合监管作用。

3. 推动产业预警机制创新,保障产业安全

市商务委制定《中国(上海)自由贸易试验区产业预警体系建设方案》,建立中央与地方、政府与协会、研究机构与企业纵横联动的产业安全预警合作模式。形成包括 9 个制造业领域与 3 个服务业领域在内的 12 大重点产业目录,在高端装备制造、精细化工 2 个试点领域形成产业安全预警简报及产业国际竞争力分析报告,并发布试点产业国际竞争力指数。发挥贸易安全与产业发展的联动效应,在减少政策扭曲、规范产业支持政策的基础上,启动贸易调整援助机制试点研究。

4. 完善商事争议解决环境,实现仲裁机构引进零的突破

积极探索构建面向国际的商事争议解决平台,推动境外商事争议解决机构入驻自贸试验区。2015 年,香港国际仲裁中心在上海设立代表处,成为首个在我国境内的境外知名商事仲裁机构,在经贸和法律实务界及学术界内产生广泛影响,对营造公平竞争的贸易投资环境发挥积极作用。2016 年,新加坡国际仲裁中心、国际商会仲裁院等也先后入驻,自贸试验区对国际商事争议解决机构的集聚效应已初步显现。

5. 建立跨部门监督机制,引入第三方监管平台

建立以市商务委、市金融办、自贸试验区管委会为主导的自贸试验区大宗商品市场监督体制,成立自贸试验区大宗商品现货市场联席会商机制,通过召开专题会议,沟通市场建设过程中的情况,协调解决重大问题。引入上海清算所等第三方清算机构进行交易资金的清算,满足自贸区大宗商品现货市场“交易、托管、清算、仓储”相分离的要求,有效规避资金风险。培育第三方仓单公示平台,通过多系统数据比对与仓单信息公示,确保大宗商品交易的真实性和交收安全。依托仓单公示平台,提供大宗商品动产质押融资服务,共同构建大宗商品现货市场风险管控的新模式。两个第三方机构与交易市场以及海关共同形成“3＋1”信息比对模式,通过将“来源于仓库的仓储信息、来源于交易市场的交易信息、来源于第三方清算机构的资金信息”以及“海关保税货物的监管信息”进行比对,保障资金、货物信息一致,防范大宗商品现货市场最核心的资金风险和货权风险发生。

6. 以扩大开放措施落地项目为重点,加强风险防范和事中事后监管

针对外资融资租赁企业呈爆发式增长、行业自身存在风险等情况,市商务委会同自贸试验区管委会、浦东新区商务委,加强融资租赁公司信息报送管理,督促融资租赁公司通过全国融资租赁企业管理信息系统及时、准确报送信息;按照商务部要求,开展融资租赁行业风险排查,对融资租赁企业采取抽查、回访、座谈会等方式,核查投资者情况、企业经营情况及违规经营等潜在风险;商务部门加强与金融办、上海银监局、工商局、统计局等部门的联动,建立部门间工作沟通协调机制,加强信息共享与监管协作,规范融资租赁行业发展。加强电信、文化等敏感行业的管理，外资备案企业申请增值电信业务许可时，需向通信管理部门提供诚信经营的证明材料；外资企业实施文化开放举措的记录，均纳入文化市场经营主体的诚信管理。以信息公开促进诚信自律，如对融资租赁兼营商业保理，要求企业及时在人民银行征信中心的应收账款质押登记系统上注册登记，发生的业务必须及时在融资租赁监管平台和保理业务监管平台上登记。

五、推进自贸试验区改革措施向全市复制推广

及时总结自贸试验区试点实施效果，形成可复制可推广的改革经验，更好地发挥示范引领、服务全市以及全国的积极作用。

1. 推进外商投资管理制度改革

借鉴自贸试验区负面清单管理模式，市商务委在静安等区试点经验基础上，在全市推进外商投资管理"告知承诺＋格式审批"改革，进一步优化审批流程，压缩审批时间，提高审批透明度，使外商投资便利化程度向自贸试验区看齐。2016年10月8日起，市商务委会同市有关部门，认真贯彻《全国人民代表大会常务委员会关于修改〈中华人民共和国外资企业法〉等四部法律的决定》、商务部《外商投资企业设立及变更备案管理暂行办法》及国家发展改革委、商务部2016年22号公告，扎实稳妥地推进外商投资企业设立及变更备案工作。

2. 推进扩大开放措施复制推广

自贸试验区54条扩大开放措施中有22条开放措施被《外商投资产业指导目录(2015年修订)》采纳；允许融资租赁公司兼营与主营业务有关的商业保理业务等5条服务业开放措施由国务院发文(国发〔2014〕65号)明确在全国复制推广。市商务委加大政策宣传力度，加强人员培训，推进项目落地。网上销售、房地产中介、摄影服务、进出口商品认证服务、融资租赁兼营保理业务、生产销售游艺机等开放措施的外资项目纷纷在全市落地，取得积极成效。

3. 推进内贸流通领域探索负面清单管理模式

借鉴自贸试验区负面清单管理模式，上海市内贸流通体制改革发展综合试点在全国率先提出在国内贸易领域探索负面清单管理模式，把转变政府职能与创新事中事后管理方式结合起来，把行业自律与市场监管统筹起来，着力构建政府权责清晰、依法行政的管理体制。2015年10月，国务院印发《关于实行市场准入负面清单制度的意见》。市商务委积极配合市发展改革委，按照全市统一部署，做好与国家层面推行市场准入负面清单管理工作衔接，并率先对上海市内贸流通领域行政审批事项及法律法规规定的市场准入事项开展梳理，初步形成内贸流通领域市场准入负面清单基础材料。同时，围绕事中事后监管，针对企业准入后经营过程中涉及的相关资质、范围、行为等限制性和禁止性规定开展梳理，涉及60个行业小类，共有各类限制性、禁止性行政管理事项354项，经专家论证并征求相关部门意见，形成企业经营行政管理目录初稿。管理目录将适时向社会发布，成为流通领域企业守法经营的行为指南。

4. 全国复制推广境外投资备案管理模式

在总结上海自贸试验区境外投资试点经验基础上，商务部发布《境外投资管理办法》，自2014年10月6日起在全国实施境外投资备案管理制度，全国统一实现以备案为主、核准为辅，除涉及敏感国别、敏感行业外的境外投资项目，全部实现备案。

5. 推进贸易便利化措施复制推广

市商务委会同上海海关印发《关于复制推广中国(上海)自由贸易试验区海关监管服务创新制度的实施意见》，推进自贸试验区贸易便利化措施向全市复制推广。会同上海海关、上海检验检疫对接上海市各区县，因地制宜地复制推广"14＋7"向海关创新制度和8项检验检疫创新制度，较为显著地提高全市贸易便利化水平。(市商务委外国投资管理处)

上海商务外事部门协调、服务和保障能力增强

2016年,市商务委外事部门按照国家对外开放新战略、全市外事工作总体要求和部署,利用商务外事渠道和辐射全市的优势,发挥内外协调和服务保障能力,配合落实商务重点工作,实现了配合上海市友好交往工作、服务全市商务大局的预期目标。

一、强化外事安排保障职能,提升上海市经济对外开放能级

1. 圆满完成G20贸易部长会议外事接待保障工作

作为2016年G20领导人杭州峰会的主要前奏,G20贸易部长会议7月在沪成功举办。这是2016年市商务委全力完成的一项光荣的国家任务。作为两个主要承办处室之一,外事部门积极落实商务部工作部署和委领导工作要求,全面负责此次会议与会外宾的接待保障工作。外事部门通过与外资处密切沟通协同,沿用G20国际会议惯例,建立并完善协调员、联络官、机场工作组等会议保障机制。会议期间,外事部门时刻保持对内对外顺畅沟通,通过热情周到的工作,圆满完成来自34个国家(包括19个G20成员国、9个嘉宾国)和6个国际组织政府高层代表团抵离沪接待、三次大会、一档领导人合影、20档部领导双边会见、汪洋副总理和高虎城部长两档宴请活动和浦江游览、国展中心参观活动等与代表团有关的协调保障工作。此次贸易部长会发布G20历史上首份贸易部长声明,批准“三份文件”,达成“两项共识”,取得重要历史性成果,助力2016年中国最重要的主场外交—G20杭州峰会最终获得圆满成功。

2. 发挥高级别经贸团组出访的带动效应

借助上海市领导高访契机,精心配合并积极落实高层领导出访的外交意图和相关方案,深化上海与周边及“一带一路”沿线重要国家和城市政府及其商务主管部门、贸易投资促进机构的交流与合作,加强与各部门沟通协调,合理统筹商务系统因公出国资源,提升上海对外经贸合作能级和紧密度。2016年5月,中共中央政治局委员、上海市委书记韩正率领中国共产党代表团访问印度、泰国、越南。外事部门通过积极配合中联部、市委,密切联络市外办,协调沟通各处室,精心准备出访材料,随委领导工作组现场配合并落实好领导出访的外交意图和相关方案,提升上海对外经贸合作能级和密度,为上海市相关对外友好工作奠定良好基础,切实对接国家“一带一路”战略。因公出国(境)审批方面,全年共报(审)批本委机关党政人员出访团组实际成行共51批次119人次(含事业单位人员),其中党政人员实际出国(境)42批次91人次,基本控制在年初上报计划之内。

3. 发挥外国(地区)到访经贸团组的溢出效应

利用各国(地区)政府高级别经贸团组到访契机,与业务处室密切合作,组织高层会见、团组互访、合作举办贸易投资研讨会,借助高层影响力,配合做好相关经贸备忘录签署前期沟通和翻译工作,推动重要贸易、重大外资、外经项目尽快落地。已上报并实际安排市领导出席商务外事活动共62批67人次,其中,书记、市长出席商务外事活动共计21批次;上报并实际安排委领导出席外事活动278批333人。助推美国联合技术公司高速电梯研发中心、德国默克集团OLED中国应用中心等项目落地。全年共接待24批近200人次的外国政府商务代表团。接待由商务部邀请的卢森堡大公储及副首相(双副总理级)、波黑部长会议副主席兼外经贸部长(副总理级)、罗马尼亚副总理、赞比亚西方省省长(正部级)等

23个高级别政府经贸团组。

二、发挥外事服务配合职能，营造良好开放的市场营商环境

1. 积极推动涉外商务数据库设计方案落地

2016年，外事部门完成涉外商务数据库设计方案，继续多渠道丰富扩充"一网一库"，争取有关处室支持，建立可供全委使用、查询的接口，对内为上海市四套班子领导和本委领导的外事会见、出席外方活动并致辞、因公出访、接待外国政府经贸团组等工作提供基础的背景参考和信息支撑；对外，基本满足各国驻沪总领馆及其商务处、外资企业对相关经贸信息和问题解决的诉求。

2. 拓宽与重点外资企业交流互动通道

2016年，一方面高度重视各国驻沪总领馆及其商务处反馈的外企在沪发展的问题和诉求，另一方面以问题为导向，以服务为宗旨，继续完善企业问题和意见建议反馈的涉外沟通协调渠道，通过外事会见、现场调研、座谈会、函件往来等多种形式积极服务在沪中外企业，全年处理四套班子领导、驻沪总领事馆等提出的涉及累计推送超200批次涉外商务函件到相关领导、单位和部门，依托业务处室的支持，跟踪并推动直至企业需求得到切实解决。推动营造上海市多方参与、良性互动的国际化、法制化营商环境。

3. 大力支持引进国际组织入驻

围绕全市商务重点工作，外事部门从审批角度大力支持引进国际组织入驻。2016年批准大韩商事仲裁院在沪设立代表处，推动上海市构建国际化商事争议解决平台，完善国际贸易中心功能，培育国际化、法治化营商环境。上海对国际商事争议解决机构的集聚效应初步显现，进一步提高上海市商事争议解决法治化、国际化水平。推动国际展览业协会11月9日在上海举办国际展览业第83届年会。突破现有法规无此类机构可在国内设立非赢利代表处的限制，创新批准国际展览业协会(UFI)在上海设立代表处。该代表处成为国际展览业协会首次在单个国家设立的分支机构，将有力地促进上海展览业的发展和国际化水平。

三、强化外事统筹协调职能，完善涉外经贸合作交流机制

1. 通过品牌活动拓宽有效沟通交流渠道

2016年3月，上海商务情况通报会在沪成功举办，来自50个国家驻沪总领馆官员(含20位总领事)、外商机构和企业代表和中央和上海主要媒体记者等400多人出席。通报会聚焦全市重点商务工作，充分发挥上海经济开放度和国际化程度高的优势，为上述机构及企业及时掌握上海经贸工作重点及方向，了解贸易投资领域信息和政策，畅通双向沟通、加强合作提供了有效渠道。

2. 圆满完成第四届上交会接待保障工作

外事部门从国际合作和涉外接待角度，"全流程"保障上交会各项工作精彩、圆满的开展。在第四届上交会召开之前，请周波副市长于2015年11月会见意大利教育、大学和科研部贾尼尼部长，并积极推动报请杨雄市长代表上海市政府向贾尼尼部长正式发出邀请函；2016年2月意大利正式回复接受邀请担任第四届上交会主宾国之后，安排顾军副主任出访意大利，推动落实有关细节；外事部门随后和技促中心一起与意大利总领馆密切磋商主宾国工作细节。2016年4月，第四届上交会正式召开，外事部门积极上报并组织安排市、委领导出席会议主要活动，安排并保障杨雄市长专门设宴款待贾尼尼部长一行；配合组织好第四届上交会开幕式等重要活动，圆满完成贾尼尼部长率领的意大企业家和科研院校一百余人参展团组的接待和其它重要外事礼宾保障工作；推动双方在上交会开幕式签署合作协议，举行商务洽谈会，确保主宾国机制取得良好效果，促进双方科技、经贸工作的交流与合作。

四、强化外事服务支持职能，配合国家和上海市对外友好经贸交往

1. 积极落实"一带一路"倡议

外事部门从上海市高层领导出访、领导外事会见、外国政要团组接待和重大国际活动、因公

出国境等各方面,积极落实“一带一路”倡议。在全年组织并保障市、委两级领导外事会见和出席涉外经贸活动中,涉及“一带一路”沿线国家及重要节点城市国家达 18 个,共计 49 批次,覆盖三分之一的沿线国家。在报(审)批本委机关党政人员出访团组中,有 17 批次团组出访阿联酋、印度、匈牙利、泰国、印尼、以色列、捷克、新加坡等 14 个“一带一路”沿线国家,占出国团组总数的三分之一。其中,上交会海外展 10 月在捷克成功举办,首次尝试“引进来”和“走出去”相结合的新模式,更好助力有技术输出能力的中国企业和技术项目走向海外,塑造“上海智造”的优质形象,提升上海创新的国际影响力。上交会逐渐发展成为上海与各国间(尤其是“一带一路”国家和重要节点城市)、友好城市间经贸交流与技术合作的创新平台。

2. 继续探索新型经贸合作伙伴关系

聚焦全球重要经济城市和口岸中心城市,落实市党组关于涉外经贸工作精神,发挥配合联动职能,与相关业务处室一起,努力探索定期或不定期专题互动活动(如上门拜访、调研、座谈会、年度答谢活动)的新形式和新内容,深化市商务委与上海市 75 家领事机构、89 家投促机构的沟通联系,推动与相关国家和重要城市建立分层次、多形式、重实效的涉外经贸合作机制,推动开展城市间经贸促进活动,提升经贸合作交流能级和水平。(黄莎莎)

G20 贸易部长会议上海外事接待保障工作圆满完成

2016 年二十国集团(G20)贸易部长会议于 2016 年 7 月 10 日在沪圆满闭幕。此次会议由中国商务部牵头,在与会各方共同努力下,发布 G20 历史上首份贸易部长声明,批准“三份文件”,达成“两项共识”,取得重要历史性成果,为今年中国最重要的主场外交——9 月杭州 G20 领导人峰会取得最终成功奠定坚实基础。

一、会议筹备篇:完善制度,精心部署

从接到这项任务伊始,市商务委外事部门就积极落实商务部工作部署和委领导的工作要求。

2015 年 10 月,应商务部国际司要求,外事处专程派出人员会同外国投资管理处处长刘朝晖组团,携外事处在极短时间内受命协调制作的上海 2016 年 G20 贸易部长会宣传片,赴土耳其伊斯坦布尔参加 G20 贸易部长会议。团组通过与商务部办公厅、国际司、外事司、新华社驻土耳其记者、土耳其经济部负责 G20 贸易部长会议会务活动的官员、G20 贸易部长会议中国代表团联络官对接,现场观摩并总结土耳其在会议组织及安排方面的做法和经验,为上海筹备举办 2016 年 G20 贸易部长会议“做足功课”。

按照商务部和委内工作部署,外事处全面负责此次会议与会外宾的接待保障工作。在筹备过程中,外事处与外资处中间密切沟通协同,沿用 G20 国际会议惯例,建立并完善了会议保障机制。

1. 协调员负责机制

本次 G20 贸易部长会议在上海召开,是近几年在沪召开的重要国际性会议之一,也是市商务委承担的重大国际活动,就市商务委人才储备和培养而言,是锻炼队伍,提高水平的好机会。具体工作中,外事处敢于让年轻同志“挑担子”,按大洲划分,把来沪参会的外国政要团组分为欧洲、亚大、非洲及中东、美洲和国际组织 5 个小组,处内的年轻同志分别担任各组协调员。5 位

协调员每人接待一个代表团,同时还牵头小组内各代表团之间的协调、消息传达、问题解决等工作,充分发挥外事工作者外语过硬、处置得当的职业素养,表现出色。

6月开始,外事处还建立由商务部国际司、外事司及外事处骨干参加的微信群。每天定时、不定时协调通报最新信息。随着会议临近,该群又根据工作需要,逐步加入所有代表团联络官,便于第一时间沟通协调。

2. 联络官机制

按照商务部要求,外事处与人事处、外资处、团委密切合作,在全市商务系统对联络官进行遴选。联络官人选除外事处和各处室抽调的优秀机关干部外,还特别从市商务委下属事业单位和各区县商务部门抽调一批优秀干部。确保每个代表团配备1名中方联络官,与外方联络官进行"点对点"对接联系,另配1名优秀大学生志愿者担任联络官助理。

3. 机场工作组

为确保在团组数量众多的情况之下代表团迎送礼遇的顺利安排,外事处指派处内2位熟悉外宾团组接待工作的同志作为浦东、虹桥机场工作组组长,负责协调沟通上海边检、海关、检验检疫和外办等相关单位。虹桥组由8人组成,浦东组由25人组成。实行组长负责制,组长带领组员对航班起降进行实时信息核准,承担代表团接送机保障工作。

4. 动员与培训

6月,商务部副部长王受文一行专程来沪考察会议筹备情况并给予充分肯定。周波副市长也在随后的座谈会上提出服从大局、确保安全、做好预案的要求。

保障机制建立以后,市商务委副主任顾军多次召开动员会,提出联络官要当好"服务员"、"推销员"和"宣传员"。借全委开展"两学一做"专题学习的机会,顾军副主任还与外事处全体党员同志进行专题学习交流,号召党员同志增强政治、大局、责任和看齐意识,在G20贸易部长会议接待保障工作中发挥先锋模范作用。会议召开前夕,尚玉英主任专程召开全员大会,再次对所有工作人员提出要求,要增强政治意识、严格组织纪律、树立大局观念、增强荣誉感,以及守好"责任田"的高度责任心与使命感。从政治上、思想上和组织上确保接待保障工作的顺利实施。会前,商务部外事司大型活动处领导也就会议背景、外事礼仪、外事着装、外事纪律等内容为联络官及志愿者进行集中培训。

二、会议召开篇:密切配合,周到细致

经过前期精心筹备,来自34个国家(包括19个G20成员国、9个嘉宾国)和6个国际组织逾500人次的代表团陆续抵沪。

1. 沟通顺畅

面对密集的会议议程,接待保障组时刻保持对内对外顺畅沟通:对内,要随时与会议的注册组、会场组就最新情况沟通、确认,确保系统注册与真实参会人员相符,场地证件、大会证件等无障碍使用;对外,小到住宿安排、饮食禁忌、宗教信仰等细节,大到中外方领导双边会见时间、会场座次、合影站位等重要安排及其最新调整信息,每位联络官都要及时告知外方,并将外方意愿、诉求第一时间向上级汇报,使用的邮件、手机、微信等各类即时通讯工具不一而足。

为认真落实汪洋副总理的招待午宴,以及高虎城部长和杨雄市长的欢迎晚宴,在顾军副主任和市外办巡视员邵慧翔指导和指挥下,外事处密切配合商务部,设计制作精美的宴会菜单和曲目单,并与市文广局、上海民族乐团及会务公司紧密沟通,确保活动圆满成功。

为组织落实好代表团浦江游览和国展中心参观活动,与东方明珠集团就船只、餐饮反复沟通,频繁上船踩点,确认船上座位安排、餐饮保障,同时设计好台风天气变化应急预案。两项活动最终如期举行,外宾亲身感受到上海经济社会发展的新面貌。

2. 时间把控

除代表团抵离沪的接待任务外,外事处承担

着3次大会、1档合影、20档部领导双边会见、2档领导人宴请和2档会后参观活动与代表团有关的协调保障工作。重中之重就是要确保各国部长能准点到达每档活动现场。外事处同志每天定点定时开会讨论,将确定的对外口径分发到各协调官手中,再由各组中方联络官沟通传达出去。面对几百人次的代表团,加之各国代表团团长均为部级官员兼主要贸易谈判代表,在出席排序十分敏感的情况下,如何巧妙地赢取外方的理解,既不提早,又不延误,礼貌地将外宾在恰当的时间引导到现场,成了一门艺术。

3. 权衡周到

面对复杂多变的国际形势,各代表团出席会议座次、参加中方领导人宴请排序等细节就尤其需要反复权衡。在汪洋副总理会见等重要活动中,外方提出不同诉求:作为下届主席国的德国团长因为"三驾马车"(即上届、本届和下届主席国)的原因对座次安排提出疑问;法国认为G20成员国家应该得到更多的重视;美国提出座位要紧靠中方首要领导;印度代表团会前发现未带会场证;俄罗斯代表团临时更换团长但又未带俄语翻译等。虽值深夜,中方联络官按照部里确定的口径认真与外方解释,反复沟通,并及时向部里汇报情况进展。问题最终都得到成功解决,外方纷纷打消顾虑,活动顺利举行。

4. 克服困难

由于外宾抵离沪国际航班大多在半夜或凌晨,各代表团联络官们服从大局,忘我工作,密切配合。从接到外宾伊始,便耐心沟通,细心解决外宾在工作、生活、活动中遇到的各类问题。经过几天工作接触,接待保障组的细心周到给外宾留下深刻印象,团长们在离沪时主动与联络官合影留念,表达对上海接待的感谢之情。

会议期间,机场组远离"高大上"的会议现场,一直默默克服各种困难,做好"幕后工作"。此次会议恰逢浦东机场安检提升,加之2016年一号台风"尼伯特"过境,大部分代表团临时更改抵离沪航班,使得原本就不轻松的保障工作更加困难。机场组与市外办、边检、海关、检验检疫等相关部门密切协同,针对不同情况制定相应应急预案,保证各代表团的相应礼遇。

三、会议后续篇:重视后续,认真总结

1. 重视后续收尾

为配合此次G20贸易部长会议,市商务委各处室、商务系统下属单位、区县商务部门和上海市相关单位部门、大学都派出最得力的人手。每位工作人员都任劳任怨,发挥"螺丝钉"精神,通过自己"点对点"的辛勤工作,配合和支持会议的顺利召开。在分管委领导带领下,外事处积极落实后续感谢和表彰工作,专程向参与工作的每一家单位、部门和机构发出感谢信,确保"一单位一信函",进一步深化市商务委与上述单位的友好合作关系。

2. 认真总结研究

此次G20贸易部长会议为市商务委锻炼一批涉外经贸工作年轻骨干提供契机,同时也给担负协调员和联络官工作的年轻干部们上了"大国外交"的重要一课,让他们对"外交外事无小事"有更深层次的体会。探索如何跨越各国(地区)文化差异,将国家外交新战略融入大型国际性活动,争取中国的话语权;如何通过涉外经贸工作为世界打开一扇了解上海的窗口,更好助力国际贸易中心建设;作为参与其中的个人,如何在做好"联络员""服务员"的同时,还能做好"外事安全员"和"形象宣传员"等,这些都将成为未来涉外经贸工作需要深入思考的课题。(市商务委外事处)

开启商务领域公平贸易新征程

一、以“新”求变，探索自贸区公平贸易创新实践

1. 建立上海市重点产业安全预警监测体系，率先在全国开展产业国际竞争力评价体系设计

上海市商务部门积极推动与开放性市场环境相匹配的产业安全预警试点，构建上海市、商务部共同推进的工作机制，以上海社会科学院为基地设立“新经济与产业国际竞争力研究中心”。初步形成包括产业安全预警与产业国际竞争力的复合工作框架；产业国际竞争力与安全指南网正式上线，通过信息化手段实现政府、企业和第三方机构资源整合，与市场开放环境相匹配的产业安全预警系统启动运作；实现对 9 个制造业和 3 个服务业的产业安全及发展趋势的即时跟踪，并在此基础上定期形成《上海产业安全预警简报》；构建包括上海全口径产业和重点产业国际竞争力指数模型的上海综合产业国际竞争力研究框架；完成高端装备和精细化工 2 个产业《2015 年产业国际竞争力报告》。

2. 探索符合上海实际需求的贸易调整援助试点实施方案，推动贸易产业融合发展

以自贸试验区深化改革为契机，会同浦东新区、上海社会科学院等开展贸易调整援助试点课题研究，形成《中国（上海）自由贸易试验区贸易调整援助试点实施办法（送审稿）》，在借鉴国际经验的同时，以符合上海市产业发展导向为原则，将援助范围从受进口冲击企业，扩充至出口受贸易摩擦影响导致生产经营困难的企业，并在符合世贸组织规范的基础上，将企业技术援助作为主要援助方式，开展更加切合我国产业贸易实际和需求的制度探索。

3. 加快仲裁机构引进，初步实现国际化争议解决中心的集聚效应

加快推动境外商事争议解决机构入驻自贸试验区，在香港国际仲裁中心驻上海办事处落户基础上，2016 年又引进新加坡国际仲裁中心、大韩商事仲裁院、国际商会仲裁院在沪设立代表处，国际商事争议解决中心的集聚效应已初步显现。

二、以“实”促建，发挥法治引领与保障作用

1. 推动重点立法实践，完善商务法制体系

推动会展业和单用途商业预付卡 2 项立法工作，《上海市会展业条例》和《上海市单用途商业预付卡管理条例》两个项目已分别被列为 2017 年度市人大立法预备项目。另外，牵头对《上海市社会信用条例（草案）》《上海市行政机关政策文件解读实施办法（征求意见稿）》《上海市行政规范性文件制定和备案规定》等 20 多部法律、法规或规章草案进行审核，并反馈市商务委法律审核意见。

2. 加强规范性文件管理，提升行政案件应对能力

落实国务院以及商务部有关决定，对由市商务委起草的政府规章、规范性文件及由市商务委制定发布的规范性文件和涉及我委的有关规章、规范性文件开展梳理清理工作，并对市商务委新制定规范性文件及对外发文、重要协议等出具法制审核意见。2016 年，涉及市商务委的行政诉讼、复议案件数量创历史新高，经全委共同努力，当年审结案件胜诉率达 100%。同时协调处理外商融资租赁、内贸领域商业特许经营、单用途预付卡、商品现货交易市场等方面投诉举报，较好地化解了矛盾。

3. 助推机关法制建设，提升依法行政效能

积极推动市商务委兼职法律顾问队伍建设完善，为市商务委依法行政和法治政府建设提供有效保障。2016 年，兼职法律顾问全面参与市商务委商务领域改革、制定重大行政决策、重要法律事务处理等工作，提供各类政策咨询，同时

为委党组中心组开展法治系列培训讲座，普及商务工作中涉及的竞争政策等法律热点与难点问题，并就涉商务行政典型案件、信息公开答复、举报投诉处理等重点行政行为中实体与程序方面的涉案风险点予以深入阐释。

三、以“质”提效，打造更为良好的公平竞争贸易环境

1. 深度参与公平贸易案件应对

2016年，共应对涉及上海市的贸易摩擦新立案件55起，涉案企业760余家。在案件应对上，主动加强服务，前移预警关口，案件应诉率整体较高，应诉结果较为理想，有效防止案件连锁扩展效应。在美对我出口的碳钢与合金产品发起的337调查中，上海宝钢集体、宝山钢铁股份有限公司等33家企业列入被诉名单，由于该案影响大，为更好地帮助企业有效应对，市商务委主动开展现场调研，陪同企业赴商务部进行情况汇报沟通，并多次就该案件进行协调磋商，组织各方为企业出谋划策，最终在多方努力下，2017年2月美国国际贸易委员会行政法官裁定，终止关于宝钢商业秘密诉点的调查，同时这也是美国337调查历史上，中国企业首次获得商业秘密类案件的胜诉。

2. 拓展技术性贸易措施应对服务广度和深度

在深化化工行业技术性贸易措施服务示范点功能的同时，选择生物医药、农食2个上海市遭受技术性贸易措施影响巨大且与上海市重点或与民生紧密连接的产业，分别设立生物技术性贸易措施服务示范点、农食技术性贸易措施服务示范点，覆盖全市近7成的生物医药出口企业和农食出口企业。通过充分发挥3个示范点作用，引导出口企业积极参加国际通行的行业高标准认证项目，提升产品质量。

3. 深化知识产权海外维权基地服务功能

2016年，涉及上海337调查的涉案产品包括医疗器械、电子产品及不锈钢产品等类别。基地针对多起案件开展案件协调咨询服务，其中“美钢企向对上海宝钢集团337调查案”经多次协调，已取得阶段性重大胜利，其他多起案件中，企业都在专业律师帮助下，通过调整出口产品特征，有效规避保护措施影响，保护在美销售市场。同时，基地以需求为导向，加强对上海市企业对美、德等主要出口地区实务操作培训，打通线上线下咨询渠道，共有100多家企业的近400人接受培训和咨询服务。

4. 扩展中小企业经贸摩擦平台服务范围

打破行业界限，深化中小企业经贸摩擦服务平台功能。除了提供临战培训、应诉咨询、个案辅导、集体应诉，并先后召开钢铁类、铝制品等重点涉案产品的中小企业培训和集体应诉服务外，加强海外市场开拓中贸易投资政策内容辅导，进一步提升中小企业国际市场拓展中的被动应对和主动预防能力。

5. 做好反垄断审查，提升企业经营者集中申报意识

配合商务部开展经营者集中反垄断审查工作，就涉及上海市的经营者集中反垄断案件，在征求各有关单位意见的基础上出具地方意见或协助开展执法监督，商务部共无条件批准涉及上海市的反垄断案件申报27起，变更附加限制性条件1起。结合上海市产业和行业分布特点，开展集成电路行业和电子商务领域经营者集中反垄断审查实践指引编制，开展重点行业反垄断培训宣传，取得较好效果。

6. 推动贸易政策与规则实践和研究，服务地方国家决策

全年牵头梳理地方政府政策44项，反馈地方意见2次。进一步落实国务院办公厅《关于进一步加强贸易政策合规工作的通知》要求，对上海市新制定的涉及贸易政策的法规、规章或规范性文件，在实践中形成由起草单位会同市商务委审查办理的工作机制，并结合政协提案办理，加强政策合规工作宣传培训。同时密切跟踪国际贸易投资最新发展最新趋势，开展专题调研，形成多份专报与专项课题研究，服务上海贸易投资政策制定与决策。(丁秀峰)

队伍建设

市商务委开展“学党章党规、学系列讲话，做合格党员”学习教育

根据《中共上海市委办公厅印发〈关于在上海市全体党员中开展“学党章党规、学系列讲话，做合格党员”学习教育的实施方案〉的通知》(沪委办发〔2016〕11号文)和市委关于“联系上海最大实际开展‘两学一做’学习教育”的要求，2016年市商务委在全体党员中开展“两学一做”学习教育。

一、总体要求

各级党组织要充分认识开展“两学一做”学习教育的重大意义，把“两学一做”学习教育作为全年党建工作的重要政治任务，推动管党治党向基层延伸，进一步巩固拓展党的群众路线教育实践活动和“三严三实”专题教育成果，进一步解决党员队伍在思想、组织、作风、纪律等方面存在的问题，保持和发展党的先进性和纯洁性。做到“四个进一步”：进一步坚定理想信念，提高党性觉悟；进一步增强政治意识、大局意识、核心意识、看齐意识，坚定正确政治方向；进一步树立清风正气，严守政治纪律政治规矩；进一步强化宗旨观念，勇于担当作为，在生产、工作、学习和社会生活中起先锋模范作用，始终保持锐意创新的勇气、敢为人先的锐气、蓬勃向上的朝气，为党在思想上、政治上、行动上的团结统一夯实基础，为推进商务事业健康发展和上海国际贸易中心建设提供坚强保证，为上海继续当好全国改革开放排头兵、创新发展先行者，加快向具有全球影响力的科技创新中心进军贡献力量。

二、重点内容

“两学一做”，基础在学，关键在做。要把学党章党规与学系列讲话统一起来，把增强政治意识、大局意识、核心意识、看齐意识作为学习教育的根本要求，以学促做，知行合一。

1. 学党章党规，明确基本标准、树立行为规范

全体党员要把《中国共产党章程》《中国共产党廉洁自律准则》《中国共产党纪律处分条例》《中国共产党党员权利保障条例》作为重点，逐条逐句学习，全面深刻理解。党员领导干部在此基础上，还要深入学习《中国共产党地方委员会工作条例》《中国共产党党组工作条例(试行)》《党政领导干部选拔任用工作条例》等党内重要法规制度。通过学习，引导广大党员全面理解党的纲领，牢记党的宗旨，践行入党誓词，履行党员义务和权利，自觉尊崇党章、遵守党章、维护党章，坚定理想信念，对党绝对忠诚；牢记党规党纪，弘扬党的优良传统和作风，树立崇高道德追求，养成纪律自觉，守住为人、做事的基准和底线。

2. 学系列讲话，加强理论武装、统一思想行动

全体党员要认真学习《习近平总书记系列重要讲话读本(2016年版)》，理解把握习近平总书

记关于改革发展稳定、内政外交国防、治党治国治军的重要思想,学深学透习近平总书记指导上海工作的重要讲话和指示精神。要把学习习近平总书记系列重要讲话同学习马克思列宁主义、毛泽东思想、邓小平理论、“三个代表”重要思想、科学发展观结合起来,深刻理解党的科学理论既一脉相承又与时俱进的内在联系,坚定中国特色社会主义道路自信、理论自信、制度自信、文化自信。

3. 做合格党员,践行“四讲四有”,发挥先锋模范作用

着眼党和国家事业的新发展对党员的新要求和上海全面深化改革面临的新形势、新任务,坚持以知促行,做讲政治、有信念,讲规矩、有纪律,讲道德、有品行,讲奉献、有作为(以下简称“四讲四有”)的合格党员。引导党员强化政治意识,保持政治本色,把理想信念时时处处体现为行动的力量;坚定自觉地在思想上、政治上、行动上同以习近平同志为总书记的党中央保持高度一致,经常主动向党中央看齐,向党的理论和路线方针政策看齐,做政治上的明白人;践行党的宗旨,保持公仆情怀,牢记共产党员永远是劳动人民的普通一员,密切联系群众,全心全意为人民服务;加强党性锻炼和道德修养,心存敬畏、手握戒尺,廉洁从政、从严治家,筑牢拒腐防变的防线;始终保持干事创业、开拓进取的精气神,平常时候看得出来,关键时刻冲得上去,在全市“十三五”规划开局起步、补短板抓落实中奋发有为、建功立业,在推进商务事业发展和商务领域改革重大任务中主动作为,发挥先锋模范作用。

三、方法措施

1. 突出思想建设,抓好学习研讨

(1) 深化学习理解。做到“三坚持一突出”:坚持党员自学,坚持领导带学,坚持组织导学,突出专题研讨。看自己在新任务、新考验面前,能否坚守共产党人信仰信念宗旨,能否正确处理公与私、义与利、个人与组织、个人与群众的关系,能否努力追求高尚道德、带头践行社会主义核心价值观、保持积极健康生活方式,能否自觉做到党规党纪面前知敬畏守规矩,能否保持良好精神状态、积极为党的事业担当作为,真正提高认识、找到差距、明确努力方向。

(2) 抓好党课教育。党员领导干部要带头在所在党支部、分管或联系党支部讲党课;鼓励基层党组织书记、先进典型、普通党员联系实际讲党课。积极创新党课方式,充分运用现代信息技术手段,开展微党课互动交流、网上征集评选活动,扩大党课的影响力和传播面。“七一”前后,各党支部结合纪念建党 95 周年活动,集中安排一次党课。

2. 突出问题导向,切实补齐短板

努力做到“五个着力解决”。着力解决政治理论学习系统性、针对性、有效性不够,理想信念模糊动摇,党性修养锤炼不到位的问题。着力解决对党内法规知之不深、知之不详,看齐意识不强,严明政治纪律、严守政治规矩不够的问题。着力解决宗旨观念不够牢固,调查研究不深不透,抓推进抓落实不够有力的问题。着力解决对全面深化改革、创新驱动发展的思想认识不足,攻坚克难、开拓创新意识不强,本领恐慌等问题,使广大党员具有强烈的大局意识、责任意识和机遇意识,勇于创新。着力解决道德涵养不够深厚,价值取向具有实用主义、功利化倾向的问题。

3. 突出经常性教育,严格党内生活

(1) 召开专题组织生活会。要对照职责,认真开展党性分析,深入查摆在思想、组织、作风、纪律等方面以及落实“三会一课”等党内生活制度和强化党员日常教育管理等方面存在的问题,接受全体党员就支委班子工作、作风等内容进行评议。

(2) 开展民主评议党员。对照党员标准,按照个人自评、党员互评、民主测评、组织评定等程序,对党员进行评议。要引导党员按照实事求是的原则,开展自评和互评,组织好民主测评,党支部书记要逐一对党员进行点评。会后要及时综合民主测评情况,结合党员日常表现,确定评议等次,形成组织评议意见;党支部书记或委员要与每名党员进行谈心谈话,反馈评议情况,对优秀党员予以表扬,对有不合格表现的党员进行帮教。

（3）严肃组织生活纪律。每名党员都必须编入一个党支部，参加“两学一做”学习教育。对于因各种原因，未能及时参加相关学习或民主评议的党员，要列出名单，报上级党组织备案，及时进行“补课”。对于离退休党员、年老体弱党员及部分在国外挂职的党员，既要体现从严要求，又要考虑实际情况，以适当方式组织他们参加学习教育。

4. 突出学用结合，注重以上率下

（1）坚持边学边改，切实抓好整改。从学习教育一开始就要找准问题、解决问题，坚持边学边改、即知即改，从细小事情做起、从具体问题改起，不等不靠不拖，持之以恒、持续深入地抓好整改。要对党的群众路线教育实践活动和“三严三实”专题教育中梳理出来的问题进行“回头看”，推动新老问题一起解决。

（2）开展“改革先锋 岗位建功”主题实践活动。引导广大党员聚焦国家战略、上海重大改革试点任务，深化服务型党组织建设，广泛开展“践行新理念、聚力十三五”主题宣讲，“服务十三五”实事项目竞赛，党员示范岗、党员责任区创建和窗口行业承诺践诺等活动，进一步激发岗位建功的责任感和使命感，在上海“十三五”规划开局起步，在转方式、调结构、补短板、抓落实中攻坚克难、勇于担当，充分发挥党支部战斗堡垒作用和党员先锋模范作用。

（3）深化志愿服务行动。继续落实党员直接联系服务群众制度，深入推进“双报到”“双报告”工作，继续开展结对帮扶、“善E行”等活动，充分发挥市级机关党员在社会建设和社会治理中的示范引领作用。

（4）开展向优秀党员、先进党支部看齐活动。认真开展优秀共产党员、优秀党务干部和先进基层党组织评选表彰工作，继续推广“时代楷模”汤庆福、“凡星点点”等品牌项目，积极培树和宣传身边典型，引导党员干部和党支部既与身边优秀党员、先进党支部对标找差距，更向各领域、各行业涌现出的先进典型看齐，努力打造符合排头兵、先行者要求的市级机关形象。“七一”前，集中开展纪念建党95周年暨“两优一先”表彰活动。

四、加强组织领导

1. 层层落实压紧责任

委党组要切实履行主体责任，紧密结合实际，制订具体实施方案，安排专门工作力量，加强督促指导把关。各基层党委（党总支）要对所辖党支部进行全覆盖、全过程的现场指导，帮助指导党支部制订学习教育计划，派员参加党支部各项活动。各党支部要结合实际，确保组织到位、措施到位、落实到位。各级党组织书记要承担起主体责任，亲自审定工作方案，亲自部署重要任务，不仅要管好干部、带好班子，还要管好党员、带好队伍，层层传导压力，从严从实抓好学习教育。并作为今年基层党建工作述职评议考核的首要内容，并纳入领导班子和领导干部年度考核、基层评议市级机关、基层党建工作责任制检查的内容。

2. 强化组织基础保障

配齐配强班子特别是带头人，健全工作制度，确保“两学一做”学习教育有人抓、有人管。开展党员组织关系集中排查，摸清“口袋”党员、长期与党组织失去联系党员情况，理顺党员组织关系，努力使每名党员都纳入党组织有效管理，参加学习教育。开展党员思想状况分析，了解掌握党员思想动态、解决思想困惑，为学习教育打下良好的思想基础。对基层党组织书记、组织委员、组织员等党务骨干普遍进行培训，帮助他们掌握工作方法，明确工作要求。

3. 加强督促检查指导

各基层党委（党总支）要采用听取汇报、走访调研、明察暗访、现场观摩、随机抽查、专项督查、参加学习讨论、列席专题组织生活会等方式，加强工作指导和督促检查。特别要把督促指导的重点放到基层、放到支部，深入了解“两学一做”学习教育开展情况和实际效果，及时发现和解决苗头性倾向性问题，有效传导工作压力，防止形式化、空泛化、走过场，确保工作层层落实、层层压紧，确保学习教育取得实效。

4. 发挥宣传引导作用

充分运用上海市各类媒体和微信、微博、网站等媒介,广泛宣传"两学一做"学习教育中的好做法、好经验和取得的成效。通过《党的诞生地——榜样力量》报道、《我是党员》专题片和"两优一先"典型事迹的宣传等,加强舆论引导,为"两学一做"学习教育营造良好氛围。

五、学习教育成效显著

市商务委严组织、见实效,扎实推进"两学一做",党建工作辐射作用、服务能力进一步增强。

1. 精心筹划,强势推进

结合商务实际,创设了"4＋1＋X"(学、研、讲、访＋主题活动＋其他)的系列活动,以"一张大表、统揽全年"的形式,对全委学习教育作出部署安排。督促指导各支部结合自身实际制定实施方案和计划安排表,确保内容、标准和时间"三明确",推动支部书记自觉站好位、不缺位。9月底,结合市级机关工委督察党建工作,全面梳理"两学一做"开展情况,对各处室和委属事业单位进行讲评,保持了强力推进态势。

2. 知行合一,深学实做

坚持在边学边做、学做互促上下功夫、求实效。以中心组带学、支部导学、党员自学、联建互学等形式,围绕"两学"内容,开展常态化学习教育。提炼"走心、信仰、合格、觉悟"四个关键词,组织"怎样做"系列学习交流,促进学习教育向"学做结合""以做为重"递进深化。把"四讲四有"具体化、操作化,把合格标准落实到岗位职责上,进一步明确怎么样"做合格党员""做优秀商务干部"。

3. 围绕中心,深化服务

结合"两学一做"学习教育,广泛开展走基层送服务活动,"三服务"(服务基层、服务企业、服务民生)工作质量进一步提升,具体分三步走落实。一是问需求。各处室党支部坚持"问题导向"思想方法,把找差距、补短板作为走基层送服务的切入点,发动党员干部深入一线走访,问难点、问期盼、问需求,形成"领导带头问、支部共建问、联络员专线问、结合工作多方问"的基本模式。二是送服务。利用与机关企事业单位共建联建、开展党团活动时机"送点子",利用调查研讨、会展论坛、专家讲座"送观念",利用形势宣讲、政策咨询、网络和微信平台"送信息",并对"优秀经典案例推送""商务政策目录公示"等长效机制不断完善。三是解难题。各支部不定期分析走基层情况,研究重难点工作,全心倾注、全力以赴,多角度整合政策,多渠道挖掘资源,坚持"三'联'发力"破解难题(委内联合、市区联动、委办联手)。(钱丽文)

上海商务领域干部人事工作体系健康发展

2016年,上海市商务委干部人事部门认真贯彻落实全市组织部长会议、全市公务员管理工作会议和全市商务工作会议精神,牢固树立五大发展理念,紧扣上海国际贸易中心建设,以从严从实为主线,坚持补齐短板,抓住影响和制约干部人事工作科学发展的突出问题,精准施策、立规立矩,持续推动以干部队伍建设为核心,政府简政放权、事业单位管理、商务人才开发为重点,人事基础工作为支撑的"1＋3＋X"的干部人事工作体系健康发展,为上海商务事业"十三五"发展开好局提供坚强组织保证和人才支撑。

一、干部队伍建设取得新成效

1. 做好选人用人巡视整改工作

2016年3月至5月,市委第二巡视组进驻市商务委开展专项巡视工作，干部人事处积极配合，根据巡视组反馈意见，逐项研究、边整边改。做到“两加强三落实”：一是加强干部队伍建设的研究谋划，加大处级领导干部的选拔力度。严格按计划落实好超职数配备干部整改消化工作，年底完成整改消化目标。二是加强对组工干部的工作指导和业务培训，严格落实干部选拔任用工作复核机制，避免工作疏漏。健全提任干部文书档案，提高干部工作规范化水平。三是严格落实干部选拔任用全程纪实，认真做好干部人事档案专项审核工作，不断夯实干部人事工作基础。

2. 选优配强干部队伍

树立正确用人导向，配齐配强机关和委属事业单位领导干部，认真贯彻习总书记好干部标准，严格遵循《党政领导干部选拔任用工作条例》及《市商务委处级领导干部选拔任用工作实施意见》选任干部，严把选人用人政治关、作风关、能力关、廉政关，注重选任符合工作精准、务实肯干、担当尽责、清正廉洁、善于合作的“准、干、责、廉、合”五字要求的干部。优化机关处室干部资源配置，灵活运用公务员招录、商调、军转安置等方式引进外部优秀人才，发挥不同引才方式的特点；着力盘活内部人才，有计划地安排干部轮岗交流，提高人岗相适度，促进内外贸干部交流融合，多岗位培养干部。

3. 加大干部教育培训力度

贯彻落实新版《干部教育培训工作条例》，继续完善分类分级的教育培训模式，突出思想教育，抓好专业培训，加大干部教育培训力度。提高教育培训工作的计划性和针对性，组织申报商务部 2016 年商务领域人才培训班计划、市公务员局 2016 年度“2＋X”专题研讨班计划，组织申报上海市专业技术人才知识更新工程高级研修、急需紧缺人才培训培养等项目。积极为干部争取优质培训资源，组织开展商务部 2016 年中欧同传培训项目选拔考试的报名推荐工作，开展商务部、市委组织部、自贸试验区管委会等组织举办的 5 个境外培训项目的报名推荐工作。做好对外培训服务工作，组织举办新疆喀什地区农村电商及电商创业专题培训班，组织举办云南地区电子商务专题培训班。组织干部参加市委党校等单位举办的各类培训活动，参加各类专业讲座、“双休日讲座”等。同时，积极对接商务部、市委组织部等部门海外培训渠道，选派干部赴美国、爱尔兰、法国、比利时等国家学习培训。

4. 提高干部实践锻炼实效

注重在岗位实践中锻炼培养干部，引导干部在落实商务部重大任务、承担市委市政府重点工作、国际贸易中心建设重要项目中成长成才。强化实践锻炼工作制度建设，制定《上海市商务委员会干部挂职管理办法》《上海市商务委员会外来挂职干部管理办法》《上海市商务委员会驻外人员管理办法》。加大挂职锻炼力度，制定《2016—2017 年市商务委干部挂职计划》，拓宽挂职渠道，侧重基层一线，择优选派干部赴矛盾多、挑战大的岗位强作风、学本领、提能力，真正做到让干部挂实职、干实事。拓展海外锻炼，完成新一届香港贸易发展局中国商务顾问的选拔和轮换工作，开展市外国投资促进中心驻英国伦敦等海外办事处首席代表的选拔工作，让干部赴海外拓宽国际视野、熟悉国际规则、学习国际经验。

二、政府简政放权取得新进展

1. 加大力度削减行政审批事项

2016 年，市商务委又取消行政审批事项 3 项，部分取消行政审批事项 6 项，其中包括含金量较高的“国际展览项目的审批”“设立二手车鉴定评估机构审批”等社会关切度高、含金量较高的审批事项。同时，认真做好取消和调整行政审批事项的落实和衔接工作，对于取消的行政审批事项，不再继续实施或变相实施，不以“备案”“确认”等名义搞变相审批和权力上收的行为，杜绝“明放暗不放，下放不到位”和“变相审批”。推动行政审批事项下放到区，将技术进出口合同登记、境外投资企业备案等 6 项行政审批事项下放浦东新区，明确行政审批事项的下放内容、权限、方式和要求，积极对接、主动指导浦东新区商务委，规范浦东新区审批业务专用章的使用，确保下放落地。

2. 推动"证照分离"改革试点

2016年初，认真贯彻落实改革管理举措，根据上海市证照分离改革方案，涉及商务领域的改革事项共5项，会同相关处室，对二手车鉴定评估机构审批拟定了取消后的监管举措，对加工贸易合同审批拟定《上海浦东新区加工贸易合同备案管理办法》，对提高透明度和可预期性的事项修订新的业务手册和办事指南，对直销企业及其分支机构的设立和变更拟定强化监管的具体措施。年中，积极探索行业监管方式措施，会同相关处室，逐项探索各改革事项创新加强事中事后监管所涉及的管理办法、工作机制、改革举措、行业自律等内容，初步成果和内容已得到市审改办基本认可。创新试点事中事后监管方案，会同相关处室在二手车流通行业制订风险防空权益保护的工作方案，在拍卖典当行业研究制订以实施诚信管理、分类监管、风险监管、联合惩戒、社会监督"五位一体"为基础的事中事后监管方案。

3. 推进行政审批标准化建设

制定《市商务委行政审批申请接收管理办法实施细则(试行)》，进一步规范行政审批申请接收行为，统一接收行政审批申请，统一颁发、送达行政审批书面决定或行政审批证件，逐步实现"一个窗口对外"。修订市商务委行政审批事项办事指南和业务手册，并指导相关区完成行政审批事项办事指南和业务手册主体部分的编制。制定行政审批评估评审、行政审批实施监督检查工作计划。加强商务行政事务服务标准化建设，推进"商务行政事务服务标准化试点项目"，建设形成服务通用基础标准、服务提供标准体系和服务保障标准体系，编制完成96项工作标准。将21项行政审批事项、行政许可项目授权市商务行政事务中心，集中进驻市商务委办事大厅进行统一办理。推动市商务行政事务中心通过市质量技术监督局对服务综合标准化试点(国家级)进行的中期评估。

4. 全面推进行政审批制度改革各项基础工作

推行综合行政执法改革，研究制定商务领域行政执法职责划转方案，将单用途商业预付卡备案、发行与服务、资金管理的违法行为的行政处罚权移交市工商局和各区市场监管局相对集中行使，在浦东新区试点将单用途商业预付卡、美容美发、再生资源回收、餐饮、食品流通、酒类等六项商务领域行政执法纳入市场监管行政执法改革试点。提前完成脱钩改制要求，市商务委涉及的上海美容美发行业协会、上海沐浴行业协会和上海市鞭炮流通协会已基本完成"五分离、五规范"的脱钩要求。推广"双随机、一公开"机制，经反复研究评估后上报"二手车交易市场监督检查"、"报废汽车回收企业监督检查"等2项抽查事项。

5. 做好行政权力和行政责任清单工作

做好市商务委《行政权力事项基本情况梳理登记表》和《行政责任事项基本情况梳理登记表》的填报工作，目前，市审改办已审核通过市商务委《行政权力事项基本情况梳理登记表》，《行政责任事项基本情况梳理登记表》正在审核中。根据市审改办要求，全面审核清理各区行政权力和行政责任清单，结合各区商务部门提供的行政权力清单进行梳理，行政责任清单参照市商务委已确认的标准执行，并报市审改办确认。

6. 推动政府效能建设

落实《关于上海市进一步推进政府效能建设的意见》(沪府发〔2015〕39号)，转变政府职能，降低管理成本，提高政府办事效率和服务质量，增强政府管理的能力和水平，推动建立市商务委政府效能建设工作领导小组并下设办公室，加强组织领导，形成工作合力，编制《关于市商务委进一步推进政府效能建设的实施意见》，为商务事业改革创新发展创造良好环境。

三、事业单位管理取得新提升

1. 加强委属事业单位干部队伍建设

推动委属事业单位通过人才交流、社会招录等多种方式吸纳优秀人才。指导委属事业单位开展应届大学生选调工作，会同市委党校测评中心等第三方考试机构，指导市外国投资促进中心、市电子商务促进中心做好面试工作。做好2016年委属事业单位社会公开招聘准备工作，组织市商务发展研究中心、市电子商务促进中心等单位相关工作人员参加市人社局组织的面试考官培训。组织、指导委属事业单位向市编办报送2017年人员编制使用计划，组织委属事业单位人事干部参加市人社局组织的业务培训。

2. 推进委属事业单位改革

根据市编办要求，组织开展委属事业单位“三定”工作。按照市编办批复精神，做好市商务发展研究中心划归公益一类事业单位相关工作，组织市商务发展研究中心向市人社局报送事业单位岗位设置方案，目前已得到批复同意。推动市商务教育培训中心整建制划转上海商学院，做好与市编办、市教委、市财政局等单位的沟通协调工作，重点组织做好人员划转相关事宜。

3. 开展委属事业单位巡查工作

会同财务处、直属机关党委做好委属事业单位巡查工作，围绕委属事业单位选人用人问题整改情况、近一年度选人用人工作情况、选人用人基础工作情况以及干部监督工作情况进行巡查，边巡查、边分析、边解决，及时发现委属事业单位在选人用人上存在的问题，巡查的同时提出整改建议，并撰写选人用人巡查情况报告、整改意见书、各委属事业单位巡查单篇报告等材料，推动委属事业单位进一步规范选人用人工作。

4. 做好委属事业单位基础管理工作

根据市编办统一部署，组织委属事业单位完成域名申请和统一社会信用代码申请工作。向市委组织部报送委属事业单位领导干部统计表。向市人社局报送2015年度委属事业单位（含市粮食局）人才年报。向市人社局报送事业单位岗位聘用统计表。协调和指导市酒类专卖管理局办理法人变更手续。

四、商务人才开发取得新突破

1. 推动高层次商务人才开发

落实上海千人计划、领军人才计划、青年拔尖人才计划等高层次人才开发政策。广泛宣传、拓宽渠道，积极发现和推荐商务领域千人计划人选，向市委组织部、市委统战部推荐2016年上海千人计划候选人2名，经全市比选，最终有1名人才成功入选2016年上海千人计划（实现零的突破）。积极开展外资企业创新领军人才暨创新青年拔尖人才选拔推荐工作，完善选拔推荐平台功能，经过申报受理、资格审核、专家遴选，向市人社局推荐2016年上海外资企业领军人才候选人5名，向市委组织部推荐2016年上海外资企业青年拔尖人才候选人8名，经全市比选，最终有3名人才成功入选2016年上海领军人才计划，1名人才成功入选2016年上海青年拔尖人才计划。扩大高层次人才影响，组织举办上海外资企业领军人才暨青年拔尖人才颁证仪式和培训讲座，为入选2015年上海领军人才计划和上海青年拔尖人才计划的4名外资企业人才颁发证书，并邀请领军人才之一，普华永道上海首席合伙人黄佳及其团队为市商务委系统干部进行了题为“2016年经济趋势观察——企业转型与政府相关性”的专题讲座，加强机关干部与领军人才之间的交流。

2. 充分发挥户籍政策对引进国内优秀商务人才的重要作用

更新优化引进人才落户贸易重点机构名单，会同电子商务处、外国投资管理处、服务业发展处，根据新形势、新要求、新标准，将电子商务重点机构、融资租赁重点机构进行更新，并报送市人社局，为商务领域引进国内优秀人才提供政策支持。用好上海市有关政策，积极争取商务领域企业纳入2016年引进非上海生源应届高校毕业生落户加分重点用人单位的范围，为商务领域企业引进优秀应届高校毕业生提供了有利条件。

3. 加强商务人才工作基础研究

补齐上海国际贸易中心人才资源数据缺乏这一短板，加强人才工作基础研究，提高人才工作科学性，开展上海国际贸易中心人才资源统计体系研究，界定上海国际贸易中心人才标准，研究形成人才统计指标体系、评价体系、应用体系和保障体系四大统计子体系，形成贸易中心人才统计相关指标体系、数据来源、权重设计、指数计算、评价方法等成果，为今后上海国际贸易中心人才数据建设奠定基础。

五、人事基础工作取得新巩固

1. 做好劳资、津补贴、社保等基础工作

2016 年是工资和养老金改革大年,各项基础工作任务非常繁重。我们对机关全部在职公务员参加工作时间、进委时间、历年任职情况,军转干部入伍时间、部队任职情况、学历学位取得时间等各项工资档案基础信息进行全面比对,运用电算化软件全面完成自 2006 年工资改革以来的工资档案复核工作,同时引导委属事业单位推进完成工资档案电算化工作。做好机关退休人员养老金清算返还工作等。做好借聘人员的管理,认真办理机关在职及离退休人员的各类社保手续。

2. 落实领导干部个人有关事项报告制度

做好领导干部个人有关事项申报、信息录入、随机抽查和比对核查等工作。根据市委组织部统一部署,做好处级(含副调研员)以上领导干部个人有关事项报告工作。完成对机关和委属事业单位处级(含副调研员,或相当职务)领导干部个人有关事项报告内容信息录入工作,并按照10%的比例随机抽查处级干部个人有关事项报告。根据中组部、市委组织部对拟提拔为副处级以上干部人选个人有关事项报告进行核查的要求,对 2016 年提任干部进行个人有关事项核查比对,提任干部均如实申报。

3. 进一步加强机关考勤管理工作

从制度和管理两方面进一步加强对机关干部的日常管理工作,加强对各处室请假审批制度执行情况的督办力度,要求并督促干部认真履行请假审批制度,并自 2016 年 1 季度起,建立涵盖机关全体干部请假情况的电子档案。

4. 加强干部人事档案管理

继续做好以"三龄两历一身份"为核查重点的干部人事档案专项审核工作,在 2015 年已基本完成的初审及复审基础上,做好调查核实、组织认定、问题处理、材料归档和总结报告等工作。参加上海市干部人事档案审核交流,到市司法局、市统计局、市委党校、市档案局交流互查。对干部出生年龄不一致的情况开展外调,分别赴江苏南通、浙江海盐、江西高安、山东泰安、安徽阜阳等地调取相关干部的户籍材料。(市商务委干部人事处)

加强财务管理健全风险管控机制

2016 年,市商务委财务部门以积极进取精神,努力做好"三个加强":

(1) 加强专项资金管理,提升管理平台运行效率。一是加大专项资金整合力度,会同市财政局等相关部门,将外贸、公贸、外经等 3 项资金整合为外经贸发展专项资金,以聚焦外经贸发展重点领域,统筹发挥财政资金效益。二是通过"科技+制度"手段,进一步完善市商务委财政专项资金支持项目管理平台,并制定出台配套的《专项资金管理平台使用和管理办法》。通过外贸、外经、服贸、公贸、茧丝绸、商务诚信等 8 项专项资金的上线试运行,管理平台逐步完善功能,提升运行效率。三是严格按资金管理办法和规定程序执行专项资金,全年 20 项专项资金按照有关规定,通过项目申报、评审、主任办公会议审议、公示等程序,完成资金核拨,确保专项资金管理全流程规范有序,透明高效。四是制订《上海市商务委员会关于机关干部在专项资金管理中的"十不准"》等有关制度,夯实专项资金巡视整改成果。

(2) 加强部门预算管理,加快预算执行进度。一是按照市财政统一部署,按时高质做好 2017 年部门预算、"三公经费"预决算编制工作,按时报送市人大审议,并在上海门户网站和市商务委网站高质量完成部门预决算信息公开,主动接受社会监督。在全市 129 家市级预算单位部门决算工作考评中,获得一等奖。二是积极配合国家审计署开展杨雄市长经济责任审计、2016年3季度国家重大政策措施落实情况跟踪审计等,及时提供财务资料,解释疑点问题,确保沟通顺畅。三是不断完善预算管理,按规定实行政府采购的项目达3 500万元,开展绩效管理涉及预算金额2.1亿元。四是采取有力措施,推动相关处室加快预算执行进度。

(3) 严格执行财经纪律,加强风险防控机制建设。一是认真落实中央"八项规定",严格执行各项财务管理规定,强调厉行节约和严控"三公经费"。2016年市商务委"三公经费"支出824万元,比预算节约368万元,节约31%。二是会同相关处室对委属行政事业单位开展巡查,重点对财经纪律执行等进行全面检查,进一步巩固巡视整改成果。三是开展对委属行政事业单位进行资产清查,清查的资产达9.48亿元。四是推动委属事业单位执行《行政事业单位内部控制规范》,提高行政事业单位内部管理水平,加强风险防控机制建设。(濮磊华)

上海市总工会关于表彰上海市五一劳动奖状(章)、上海市工人先锋号的决定

沪工总基〔2017〕143号

2016年,在市委、市政府的坚强领导下,全市各行各业广大职工深入贯彻习近平总书记系列重要讲话精神和治国理政新理念新思想新战略,按照当好全国改革开放排头兵、创新发展先行者的要求,主动适应经济发展新常态,坚持新发展理念,着力加强供给侧结构性改革,着力推进创新驱动发展、经济转型升级,为实现"十三五"发展的良好开局做出了重要贡献,涌现出一批先进集体和个人。为表彰先进,树立榜样,上海市总工会决定,授予上海浦东新区工惠职工培训中心等176家单位上海市五一劳动奖状称号;授予高建等598名同志上海市五一劳动奖章称号;授予上海市公安局自由贸易试验区分局出入境管理支队等300个班组(团队)上海市工人先锋号称号。

希望受到表彰的先进集体和个人,珍惜荣誉、再接再厉,大力弘扬中国工人阶级伟大品格和劳模精神、劳动精神、工匠精神,保持锐意创新的勇气、敢为人先的锐气、蓬勃向上的朝气,不忘初心,继续前行,用模范行动引导和鼓舞广大劳动群众,在新的起点上创造更大的业绩。上海市广大职工要以受到表彰的先进集体和先进个人为榜样,牢固树立"四个意识",爱岗敬业、勤奋工作,齐心协力,攻坚克难,为加快建设上海"四个中心"和社会主义现代化国际大都市,为实"两个一百年"奋斗目标和中华民族伟大复兴的中国梦继续努力奋斗!

附件: 1. 2017年上海市五一劳动奖状名单
2. 2017年上海市五一劳动奖章名单
3. 2017年上海市工人先锋号名单

上海市总工会
2017年4月24日

附件1

2017年上海市五一劳动奖状名单(商务领域13个)

上海烟草集团虹口烟草糖酒有限公司
上海全国土特产食品有限公司

上海蔡同德堂药号有限公司
上海豫园商城房地产发展有限公司
上海新镇江酒家经营总公司
农工商房地产集团万阳(上海)置业有限公司
上海和平饭店有限公司
上海锦江外事汽车公司
上海国际贵都大饭店有限公司
上海新华联大厦有限公司
上海世纪联华超市长宁有限公司
上海水产集团龙门食品有限公司
上海东浩兰生赛事管理有限公司

附件 2

2017 年上海市五一劳动奖章名单(商务领域 40 个)

何中强　上海帆顺餐饮有限公司行政总厨
强　强　西藏大厦股份有限公司上海西藏大厦万怡酒店防损部总监
顾志君　上海美天副食品有限公司副总经理
刘　丹(女)　上海香雪海国际贸易有限公司财务
惠光杰　上海月星控股集团有限公司保安队长
杨　可　上海苏宁云商销售有限公司运营总监
孙　宏　上海卧室用品有限公司办公室主任
朱冬亮　老凤祥股份有限公司技术创意管理中心副主任,东莞公司副总经理
王雪梅(女)　丰收日(集团)股份有限公司店长
赵毓萍(女)　上海药房股份有限公司淮海店副经理
游玉敏(女)　上海豫园南翔馒头店有限公司豫园店技术总监兼副经理
徐定良　上海绿凯商场有限公司党支部书记,工会主席
陈凤平　上海凯司令食品股份有限公司技术总监
吴晓清　上海七宝商城农副产品综合交易市场经营管理有限公司班长
蒋仲德　上海凤庆菜市场经营管理有限公司总经理,党支部书记
陈　忠　上海神仙酒厂高级酿酒师
曹　枫　上海古华药业有限公司销售经理
李跃雄　上海雷允上药业有限公司神象参茸分公司副总经理
强　益　欧冶云商股份有限公司欧冶材料北方分公司副总经理
陈　意　上海外经集团控股有限公司项目经理
杨春平　上海商业会计学校教师
袁婷婷(女)　中国石油天然气份有限公司上海销售分公司嘉定第四加油站站经理
赵来芳(女)　光明食品集团上海五四有限公司信访办主任,工会副主席,人事部副经理
谢朋军　上海乳品四厂有限公司工厂厂长
张水涛　上海光明长江现代农业有限公司副队长
夏永兴　上海海博星辉出租汽车有限公司驾驶员
马　店　上海益民食品一厂有限公司生产值班长
俞　瑾(女)　上海市食品进出口有限公司业务员
施建中　上海虹桥宾馆有限公司董事长、党委书记、总经理
陈建国　上海锦江旅游控股有限公司综合管理部副总监
朱　虔　锦江国际(集团)有限公司投资发展部部门经理
黄　维(女)　上海西郊宾馆餐饮部经理助理
俞秀芳(女)　上海联华快客便利有限公司店长
张　航　上海奥特莱斯品牌直销广场有限公司党总支书记,总经理
盛春英(女)　上海百联西郊购物中心有限公司顾客服务中心领班
卢海军　上海百联物业管理有限公司保安主管
朱　佳(女)　上海百联汽车服务贸易有限公司党委办公室主任
何宇峰　上海宝诚汽车销售服务有限公司技术总监、诊断技师
王　建　上海兰生轻工业品进出口有限公司分公司总经理助理

肖小苹(女) 上海外服(集团)有限公司业务中心总经理

附件 3

2017 年上海市工人先锋号名单(商务领域 19 个)

上海耶里夏丽实业有限公司徐家汇店服务组
上海老同盛有限公司电商团队
上海豫园商贸发展有限公司梨膏糖商店
上海大宁商业投资有限公司大宁广场音乐部
上海山崎面包有限公司静安久光店班组
国药控股国大药房上海连锁有限公司希望路店
光明渔业有限公司养殖部
上海西郊国际农产品交易有限公司蔬菜部
新锦江大酒店宴会班组
上海锦江商旅汽车服务股份有限公司迪士尼班组
上海兴国宾馆管家部
上海衡山国际发展有限公司前厅 PA 班组
上海市商务委员会市场运行调控处(市副食品管理办公室)
上海百联物业管理有限公司中科院上海浦东科技园物业服务中心客服班组
上海黄浦华联吉买盛购物中心有限公司管理班组
上海又一城购物中心有限公司会计信息部总收银班组
百联全渠道电子商务有限公司百联到家班组
上海开创远洋渔业有限公司 LOJET 轮
东方国际创业股份有限公司贸易事业部第五业务部

上海市商业联合会 2016 年光荣册

2016 年上海商业十大杰出人物

姓名	单位职务
沈建华	上海清美绿色食品有限公司董事长
顾正斌	上海市江桥批发市场经营管理有限公司党委副书记、总经理
邓华金	齐家网董事长、CEO
苏俊英	上海上药信谊药厂有限公司副总经理 上海信谊天一药业有限公司、上海信谊医药有限公司总经理
孙徐海	永乐(中国)电器销售有限公司总经理
惠忠明	百联武汉奥特莱斯总经理
卢旭晖	大宁国际商业广场总经理
李 昀	上海苏浙汇投资咨询管理公司 CEO
吴 军	上海新跃物流企业管理有限公司总经理
吴恩福	上海九星控股(集团)有限公司董事长

2016 上海商业服务品牌(柜组)(共 31 个)

上海九洲黄金有限公司足金柜组
上海雷允上药业西区有限公司天益国药房成药柜组
上海三联(集团)有限公司验光技能传承及新品研发工作室
上海海烟物流发展有限公司卷烟营销部客户服务第二小组
上海烟草集团奉贤烟草糖酒有限公司名烟名酒 10 店
上海烟草集团嘉定烟草糖酒有限公司海烟烟行安亭 007 店
上海酒总酒店设备大卖场耗品店清洁组
上海曼都美容美发有限公司万体店
上海雷允上药业有限公司神象参茸分公司八佰伴专柜组
上海交运起恒汽车销售服务有限公司上汽交运

机动车物损交通事故保险理赔分中心
上海邵万生食品公司邵万生南货店腌腊柜
上海立丰食品有限公司久光百货专柜
上海正章实业有限公司陈爱华技能大师工作室团队
上海古今内衣集团有限公司市百一店古今专柜
上海全国土特产食品有限公司淮海商城酱菜柜
上海王子百货有限公司烟酒专柜
上海铂利德钻石有限公司钻石小鸟上海旗舰体验中心
上海闸北华联吉买盛购物中心有限公司服务台
上海夏利文物业管理有限公司礼宾部
上海港汇房地产开发有限公司港汇恒隆广场商场客户服务中心
上海美罗城商业管理有限公司市场营销部柜组
上海徐汇副食品有限公司古美菜市场
上海汇金百货虹桥有限公司二楼柜组
上海东华美钻股份有限公司百联南郊专柜
上海又一城购物中心有限公司五星客服组
上海百联南桥购物中心客诉中心
东方商厦有限公司绅士收银组
上海今亚珠宝有限公司何玲玲劳模工作室
上海爱森食品销售有限公司爱森优选大木桥路店
上海中鑫物业管理有限公司裕鸿佳苑统计班组
上海新世界股份有限公司四楼商场1号收银柜

2016 上海商业服务品牌(个人)(共 14 名)

姓名	单位
周伟浩	上海大厦
蒋　燊	上海华氏大药房有限公司雷允上总店
曾茯林	上海哈尔滨食品厂有限公司
黄春明	上海捷强烟草糖酒(集团)连锁有限公司
张群勇	上海烟草集团卢湾烟草糖酒有限公司美臣大酒店
姚　萍(女)	上海童涵春堂药业连锁经营有限公司老城隍庙童涵春堂国药店
朱银根	上海长银物业发展有限公司
许　萍(女)	上海新御农农产品有限公司
曾德雄	上海清美绿色食品有限公司
毛伟玲(女)	上海欧尚超市有限公司中原店
牛敬虎	上海美特斯邦威服饰销售有限公司
傅　励	东方商厦有限公司
徐懿敏	上海世纪联华超市宝山罗店有限公司
黄平萍	上海良友军粮供应站

2016 上海商业技术能手(共 28 名)

姓名	单位
丁玲华	上海老凤祥银楼有限公司
徐　俊	上海和记餐饮管理有限公司
王　骏	上海三联(集团)有限公司
孙　敏(女)	上海捷强烟草糖酒(集团)连锁有限公司
张东东	上海中财典当行有限公司
刘　勇	上海米洛护肤造型沙龙
施佳莺(女)	上海蔡同德堂药号有限公司
陈一峰	上海黄山茶叶有限公司
赵鹏飞	上海偲伽酒吧
夏宏祥	上海清美绿色食品有限公司
张　祺	上海欧尚超市有限公司中原店
包振宇	上海大师玉雕有限公司
石国庆	上海益民酒店管理有限公司金辰大酒店
汪桂权	上海万有全豆制品有限公司
阮晓燕(女)	上海黄浦豫园小额贷款股份有限公司
游玉敏(女)	上海豫园南翔馒头店有限公司豫园店
陈　健	上海鸿翔制衣有限公司
高善昌	上海芳庭酒家
蔡丹萍(女)	百联南桥购物中心
殷纪红(女)	上海世纪联华西部商业有限公司中环路店
陆金花(女)	上海今亚珠宝有限公司
胡明龙	上海泰昌西饼有限公司
胡成发	上海新长发栗子食品有限公司
王永芳	上海玉友轩玉雕工作室
陈翠华(女)	上海新世界股份有限公司

刘昭融　　上海城市超市经营管理有限公司
徐　婷(女) 银联企业服务(上海)有限公司
殷　琳(女) 上海世博百联商业有限公司

2016 上海商业销售能手(共 19 名)

姓名	单位
董金玲(女)	上海老凤祥银楼有限公司
蔡晓敏	上海老凤祥银楼旗舰店
陈　海	上海医药分销控股有限公司特殊药品部
郭小丽(女)	上海小林眼镜有限公司
孔令敏	上海第一食品连锁发展有限公司第一食品商店
刁盛坤	上海捷强烟草糖酒(集团)连锁有限公司
柯秀花(女)	上海三大祥纺织品有限公司
吴小林	清洋进口海产品(上海)有限公司
吴勇勤	上海翌思市场营销策划服务部
杜友丽(女)	上海立丰食品有限公司食品一店南京东路专柜
王郴菲(女)	上海市浦东商场股份有限公司
朱　群(女)	亚一淞沪
邱庆华(女)	上海市豫园黄金珠宝集团
任培霞(女)	太平洋百货不夜城店欧蒂芙专柜
钱连英(女)	上海东华美钻股份有限公司
陆春花(女)	百联南桥购物中心有限公司
谈海萍(女)	东方商厦有限公司
秦秀红(女)	上海联华超市南汇有限公司
杨　烨(女)	上海新世界股份有限公司

2015—2016 年上海商业优质服务先进集体(共 140 个)

上海长江口股份百货分公司黄金广场一楼
上海麦盛莉餐饮管理有限公司阳曲店
上海外高桥医药分销中心有限公司
国药控股国大药房上海连锁有限公司庆荣店
上海华氏大药房有限公司芷江分店
上海龙威大药房有限公司
上海雷允上北区药品零售有限公司四川药店
国药控股国大药房上海连锁有限公司张杨店
上海得一大药房连锁有限公司长新药房
上海北翼国大药材医药有限公司菊盛店
上海双箭纺织品有限公司
上海第一食品连锁发展有限公司第一食品商店
上海烟草集团卢湾烟草糖酒有限公司美臣大酒店
上海捷强烟草糖酒(集团)连锁有限公司 73 分店
上海烟草集团徐汇烟草糖酒有限公司高安店
上海烟草集团静安烟草糖酒有限公司和丰烟店
上海烟草集团闵行烟草糖酒有限公司春申二店
上海哈尔滨食品厂有限公司
上海烟草集团浦东烟草糖酒有限公司川沙专卖管理署专卖班组
上海第一食品连锁发展有限公司壹食壹品
上海市泰康食品有限公司真老大房食品分公司鲜肉月饼柜
上海泰优汇典当有限公司七宝分公司
捷强连锁一分店
上海家豪食品有限公司
上海雷允上药业有限公司神象参茸分公司终端管理部
上海童涵春堂药业连锁经营有限公司
上海荣庆堂实业发展有限公司杨树浦路药店
上海龙威大药房有限公司
上海到喜啦信息技术有限公司
上海彩妆秀摄影设计有限公司
上海维多利亚一站式婚礼会所
上海罗曼园高级婚礼会馆
上海醇情百年文化创意产业股份有限公司
上海交运起元汽车销售有限公司
上海交运起成汽车销售服务有限公司销售部
上海交运起申汽车销售服务有限公司
上海冠松之星汽车销售服务有限公司
上海冠松汽车普陀销售服务有限公司
上海浦东冠松汽车销售服务有限公司
上海东昌汽车服务有限公司
上海东昌凌志汽车销售服务有限公司
上海黄山茶叶有限公司
上海牛奶棚食品有限公司江宁店

上海市泰康食品有限公司泰康分公司
上海邵万生食品公司邵万生南货店烟酒柜
上海前线捷捷文化发展有限公司
百安居(中国)投资有限公司
紫阳富豪大酒楼
上海市浦东商场股份有限公司
上海文峰金亿家居用品有限公司现场管理部
上海文峰金亿家居用品有限公司员工餐厅
上海市易初莲花连锁超市有限公司杨高北路店
上海阳普菜市场经营管理有限公司
上海一心斋清真饭店有限公司厨房班组
上海苏宁云商销售有限公司五角场店
上海万达广场商业管理有限公司营运部
上海杨浦宝大祥青少年儿童购物有限公司管理部
上海阳普菜市场经营管理有限公司国和菜市场
上海阳普菜市场经营管理有限公司靖宇菜市场
上海阳普菜市场经营管理有限公司鞍山菜市场
上海阳普菜市场经营管理有限公司国定菜市场
上海阳普菜市场经营管理有限公司殷行菜市场
上海阳普菜市场经营管理有限公司阜新菜市场
上海阳普菜市场经营管理有限公司渭南菜市场
上海国际时尚中心园区管理有限公司
上海万达广场商业管理有限公司悦诗风吟
上海烟草集团杨浦烟草糖酒有限公司杨002店
上海欧尚有限公司中原店肉科部门
上海第一食品杨浦销售有限公司礼品柜
中原城市广场上海格莱特商业经营管理有限公司工程应急抢险组
上海巨鹿副食品市场经营管理有限公司
上海光明村实业总公司光明村大酒家
巴黎春天中山公园店张铁军专柜
上海淮海商业集团机场商业经营管理有限公司浦东机场现场管理组
张铁军翡翠第一八佰伴专柜
上海药房连锁有限公司淮海店
上海床上用品有限公司
上海张铁军翡翠股份有限公司青浦区成泰百货专柜
上海天宝龙凤金银珠宝有限公司总店
上海国泰拍卖行有限责任公司
上海淮海商业集团置业发展有限公司复旦软件园管理处
上海星光照相器材批发市场经营管理有限公司
老庙黄金福佑店
上海老庙黄金南东店
上海豫园旅游商城股份有限公司绿波廊酒楼
上海豫园商贸发展有限公司永青假发商店
上海万有全集团富南商厦有限公司富南超市门店
上海南市机电物资有限公司业务部
上海益民酒店管理有限公司(金辰大酒店)房务部前厅
老庙黄金福佑店儿童饰品柜
亚一福佑店钻石镶嵌柜
上海美特斯邦威服饰销售有限公司 ME&CITY
上海童涵春堂药业连锁经营有限公司昌里店
上海大悦城
芮欧百货(上海)有限公司
上海梅龙镇广场有限公司
上海福乐思特房地产发展有限公司
上海夏利文物业管理有限公司
上海铂利德钻石有限公司
上海金贸实业有限公司菜市场管理部
上海武定菜市场经营管理有限公司
上海洛平菜市场经营管理有限公司
港汇恒隆广场
上海好饰家建材园艺超市有限公司服务总台
上海徐家汇商城股份有限公司六百分公司
上海太平洋百货有限公司徐汇店营业部
上海文定生活企业管理有限公司
上海徐家汇商城集团置业发展有限公司工程部
上海书城长宁店班组
上海东华美钻金饰广场有限公司
上海老外街商业投资管理有限公司
上海大臻莉农贸市场管理有限公司
上海平阳农贸市场经营管理有限公司
上海金锦弘食品有限公司
上海奉贤大润发商贸有限公司
上海市奉贤区交通实业有限公司

上海绿叶农副产品市场经营管理有限公司盘古店
宝钢集团宝山宾馆
上海北翼国大药材医药有限公司菊盛店
上海北翼大酒店(维也纳吴淞店)
上海金山医药药材有限公司
第一八佰伴营运管理部
百联中环购物广场行政保障部
东方商厦有限公司礼品工艺商场营业一部
联华超市股份有限公司南丹路店
上海世纪联华超市闵行颛桥有限公司
食品二店淮海店腌腊柜
晶通化轻电商物流部
外轮供应公司供船部邮轮组
上海海丰米业有限公司盐城市大丰区海丰农场
上海小木屋会务中心客房部
上海西郊国际农产品交易有限公司蔬菜部
上海滨江欣景大酒店
苏宁金融服务(上海)有限公司
上海长宁苏宁云商销售有限公司浦东第一店
上海苏宁云商销售有限公司闵行第一店
上海百乐门大酒店有限公司百乐门精品酒店餐饮部服务班组
上海三阳盛食品有限公司
上海新世界股份有限公司三楼商场服务部
上海新世界股份有限公司总服务台

2015—2016 年上海商业优质服务先进个人(共 119 名)

姓名	单位
颜海燕(女)	上海老庙南东店
孔令惠子(女)	上海锦江都城酒店管理有限公司
张倩倩(女)	上海锦江饭店
刘圣洁(女)	国药控股国大药房上海连锁有限公司民京路店
黄林娣(女)	上海北翼国大药材医药有限公司陆翔店
陆蓉雅(女)	上海华氏大药房有限公司芳华分店
周爱萍(女)	上海复美兴绿大药房有限公司
何　斌	上海小林眼镜有限公司
谢　群(女)	上海小林眼镜有限公司
沈　双(女)	上海市眼镜行业协会
彭文飞	上海小林眼镜有限公司
贝　奕	上海德奕纺织品有限公司
陈彦杰	上海烟草集团徐汇烟草糖酒有限公司
黄宇峰	上海烟草集团崇明烟草糖酒有限公司
薛　嵩	上海烟草集团闸北烟草糖酒有限公司
何根洪	上海烟草集团浦东烟草糖酒有限公司
李艳兰(女)	上海捷强烟草糖酒(集团)连锁有限公司
施洪祥	上海烟草集团长宁烟草糖酒有限公司
马　君	上海烟草集团黄浦烟草糖酒有限公司
沈伟杰	上海烟草集团浦东烟草糖酒有限公司
吴桂荣	上海烟草集团虹口烟草糖酒有限公司
吴　斌	上海烟草集团闵行烟草糖酒有限公司
李　嵘	上海烟草集团闵行烟草糖酒有限公司
沈燕青(女)	上海景德镇艺术瓷器有限公司
郑贵淼	上海苏蟹阁实业有限公司
章　玲(女)	上海雷允上药业西区有限公司
张　露(女)	上海诵芬堂药店
陈卫兵	上海童涵春堂药业连锁经营有限公司文庙店
张晓妹(女)	上海龙威大药房有限公司浦建路店
张延军	上海天挚元商务服务有限公司
张　宇(女)	维多利亚婚庆会所
辛丹华(女)	上海彩妆秀摄影设计有限公司
余鸣华	上海邵万生食品公司邵万生南货店

吴　波　上海极佳酒吧有限公司
朱亚平(女)　紫阳富豪大酒楼
唐佳月(女)　上海市浦东商场股份有限公司
唐韵玮(女)　上海市浦东商场股份有限公司
黄承勇　永乐(中国)电器销售有限公司
张婷婷(女)　上海文峰千家惠购物中心有限公司
朱　静(女)　上海文峰千家惠购物中心有限公司
黎　隆　上海文峰千家惠购物中心有限公司
周　云(女)　上海白玉兰宾馆有限公司
陈晓丹(女)　上海一心斋清真饭店有限公司
周士青　上海环球超市管理发展有限公司鞍山分公司
焦小翠(女)　上海第一食品杨浦销售有限公司
朱佳丽(女)　上海万达广场商业管理有限公司
高　翔　上海华氏余天成大药房有限公司
赵珊珊(女)　上海华氏余天成大药房有限公司
胡　玲(女)　上海第一食品杨浦销售有限公司
杨庆柱　上海巨鹿集团江南菜场蔬菜柜
丁小倩(女)　上海巨鹿集团海上梦苑菜场鳝丝柜
刘永民　上海东方自选公司
何一峰　上海东方自选公司
韩月敏(女)　上海淮海商业集团机场商业经营管理有限公司
李　伟　上海淮海商业集团置业发展有限公司
张冠峰　上海张铁军翡翠股份有限公司
游碧双(女)　上海张铁军翡翠股份有限公司
戴国芳(女)　上海大富贵酒楼有限公司
周禄丹(女)　上海张铁军翡翠股份有限公司
黄沫华　上海新人民摄影有限公司
徐晓青(女)　上海置地广场商厦有限公司
居明霞(女)　万有全集团富南商厦有限公司
程细华(女)　上海古今内衣集团有限公司
王　岚(女)　上海黄金珠宝藏品交易中心
傅君妹(女)　亚一珠宝旗舰店
夏希雄　上海光明村实业总公司光明村大酒家
张小清(女)　上海正章实业有限公司
何晓岚(女)　上海古今内衣集团有限公司
张维忠　上海淮海商业集团置业发展有限公司
易　琳(女)　上海古今内衣集团有限公司
周文芳(女)　上海置地广场商厦有限公司
唐有盛　上海万有全豆制品有限公司
范晴音(女)　上海奇美鞋业有限公司
周艳霞(女)　上海全国土特产食品有限公司
张永祥　上海新人民摄影有限公司
龚祖兴　上海大富贵酒楼有限公司
徐引之　老庙黄金福佑店
丁　波(女)　上海童涵春堂药业连锁经营有限公司批发部
黄　芸(女)　上海夏利文物业管理有限公司
袁　俊　优衣库商贸有限公司上海南京西路店
徐　琳(女)　海梅龙镇广场有限公司
卢志莲(女)　上海城市国际企业有限公司
归　芸(女)　盖璞(上海)商业有限公司南京西路旗舰店
周德兴　上海通旭贸易经营有限公司
孙松竹(女)　中信泰富广场侨盛鞋业
刘剑华　上海金贸实业有限公司
王敏丽(女)　太平洋百货不夜城店 NIKE 专柜
徐克豹　上海龙群农贸市场经营管理有限公司
彭照月　上海申林企业管理有限公司(平顺菜场)
徐长鸣　上海新镇江酒家经营总公司
王立峰　上海好饰家建材园艺超市有限公司
夏　炯(女)　上海太平洋百货有限公司
李　晓(女)　上海徐家汇商城集团电子商务有限公司
金玲娜(女)　上海斯波特大酒店
王晨昊　上海徐家汇商城股份有限公司六百分公司
张　伟　上海宏图三胞电脑发展有限公司

陈志伟　上海宏图三胞电脑发展有限公司
叶树松　上海长宁唐宫海鲜舫有限公司
毕　晶(女)　上海东华美钻股份有限公司
林　致　锦上海金锦弘食品有限公司
李立坤　百联南桥购物中心
姜焕钦　百联西郊购物中心
周　强　东方商厦有限公司
谢天龙　百联中环购物广场
殷小嘉　上海世纪联华御桥购物广场有限公司
陆智威　上海世纪联华超市南汇有限公司
林育勤(女)　上海联华超市发展有限公司
陈红星(女)　上海联华超市发展有限公司
张　锋　上海良友(集团)有限公司
唐康燕(女)　上海滨海古园
方伟龙　上海西郊国际农产品交易有限公司
黄　磊　上海百乐门大酒店有限公司百乐门精品酒店分公司
魏菁华(女)　上海新世界股份有限公司
章　婵(女)　上海新世界股份有限公司
顾海平(女)　上海新世界股份有限公司
赵雪芬(女)　上海新世界股份有限公司
陈翠华(女)　上海新世界股份有限公司
刘　波　上海新世界股份有限公司
朱金华　上海新世界股份有限公司

2015—2016 年度上海商业行业协会、区商联会先进集体(共 30 个)

上海百货商业行业协会
上海黄金饰品行业协会
上海市食品协会
上海服装鞋帽商业行业协会
上海医药商业行业协会
上海市眼镜行业协会
上海市副食品行业协会
上海中药行业协会
上海糖烟酒茶商业行业协会
上海市豆制品行业协会
上海日用品行业协会
上海典当行业协会
上海婚庆行业协会
上海市再生资源回收利用行业协会
上海连锁经营协会
上海水产行业协会
上海市汽车配件用品行业协会
上海市茶叶行业协会
上海市糖制食品协会
上海市酿酒专业协会
上海电子产品维修服务协会
上海市饲料兽药行业协会
浦东新区商业联合会
杨浦区商业联合会
黄浦区商业联合会
静安区商业联合会
徐汇区商业联合会
虹口区商业联合会
闵行区商业联合会
奉贤区商业联合会

2015—2016 年度上海商业行业协会、区商联会优秀工作者(共 40 名)

陈建平　陈　翾　周泽业　张　葵　杨媛媛
高克敏　谢伟忠　余嘉媛　茅明舫　魏　钰
吴树珍　朱守惠　徐建华　严家浩　胡东芳
倪琼雯　徐菲芸　张明文　潘美芬　王兆文
张建秋　王　海　胡建宏　王尧亭　陈晔晶
胡　颖　吴建华　邹勇光　陈敏章　赵建忠
曹　燕　安　静　陆善明　李玉华　李尚华
崔庆海　张仁林　姚燕萍　王　晨　胡雅萍

第二编　商业

专 文

商贸行业管理重点工作取得新进展和新突破

一、打造示范区，破题国际消费城市建设

2016年，市商务委在广泛听取有关区、权威市场咨询机构和商业领域专业人士的政策建议基础上，按照有条件、有基础、有意愿的原则，积极支持黄浦区和静安区启动国际消费城市示范区建设。指导黄浦区和静安区结合各自的战略定位、历史传承和资源区位综合优势，分别形成建设国际消费城市示范区的总体方案，已报请市政府批复同意，黄浦、静安两区正式成为上海国际消费城市示范区。实现"四个聚焦"：聚焦政府职能转变，进一步深化商事制度改革，推进投资贸易便利化。聚焦示范性项目建设，改造提升重点商圈和商业街区，打造会商旅文体联动示范项目。聚焦提升商业服务品质和水平，推进商业服务标准和品牌建设，建立完善服务奖惩机制。聚焦推动品牌集聚与创新，创建全球品牌高地，支持推广国货精品和引导培育时尚消费。目前，围绕建立"大消费"指标体系、商圈转型示范性项目、提升消费综合环境和加强品牌建设的国际消费城市示范区建设正全面展开。

二、实施"新消费引领工程"，引领新消费发展

1. 完善顶层设计

2016年，市商务委会同20个部门共同研究促进新消费发展、培育新消费热点的具体措施。出台了《上海市促进新消费发展，发挥新消费引领作用的行动计划（2016—2018）》（沪府办发〔2016〕40号），提出四个方面共19条具体措施，促进品质消费、时尚消费、文化消费、体育消费、服务消费、信息消费等新消费发展。

2. 实施退免税政策

积极实施国家境外旅客购物离境退税政策，至2016年底，已备案退税商店共235家，商店为超过1.2万名境外旅客开具1.6万张退税单，退税商品销售额2.4亿元，居全国首位。已为8 100名境外旅客办理退税手续，退税额2 000万元，办理退税率77%。支持中国出国人员服务总公司上海免税新店迁址开业，经营面积从500平方米扩大到4 400平方米，是目前上海唯一的市内免税店，自2016年8月开业以来，平均每月持护照购物1万人次以上，4个月免税商品累计销售额超过5 000万元。

3. 成立上海特色商业街区发展联盟

2016年，市商务委升级全市67条特色商业街区，建立特色商业街区发展联盟。形成市区联动、企业参与的发展合力，共同解决制约街区发展的"瓶颈"问题，为特色商业街区发展营造有序、健康、和谐的环境。为上海市特色商业街区搭建合作交流平台，加强资源共享，促进联合宣传和对外交流。加强相关标准和规范制定，促进行业自律，打造出"历史有根、文化有脉、商业有

魂、经营有道、品牌有名”的上海特色商业街区群体。

4. 持续推进上海商业转型升级

2016 年,上海市共确定商业转型升级重点项目 29 个,投资额逾 493 亿元。至 2016 年底,可投入运营项目 17 项,占项目总数的 59%,合计投资额 221.30 亿元,占总投资额的 44.9%。一批重点区域地标性项目陆续投入使用,推动上海市商业布局体系不断完善,能级继续提升。组织开展上海商业转型升级示范项目推选工作。全市各级商务主管部门和商业企业积极响应,共评出商业转型升级示范项目 31 项,涵盖了大型商业网点、社区商业和生活服务业等领域。圆满完成市人大常委会重点督办商业转型升级全部工作,起草对审议意见复函并经市政府办公厅报市人大审议通过。

5. 深化会商旅文体联动

联合相关部门推进“商业+艺术”、“商业+公益”、“商业+会展”等 20 个联动项目,与市文广局合作,在新天地、田子坊、香港广场、K11 等城市重点商业设施内引入一批艺术欣赏、文化展览、艺术节庆等活动;与市民政局合作,在豫园、衡山坊、大学路等 16 个商业设施内引入一批公益组织及公益市集。丰富魔都消费卡资源,与上交会、华交会、广印展、宠博会等 40 场展会以及国家会展中心、新国际博览中心、世博展览馆等场馆方实现深入联动。

6. 实施上海优礼行动计划

为促进本土消费品牌发展,制定《上海优礼行动计划(2016—2018)》(沪商商贸〔2016〕153 号),联合食品、轻工、老字号、餐饮等行业协会,挖掘 50 种本土品牌的上海优礼产品,依托上海购物节、上交会、老字号博览会、光明食品节等平台扩大上海优礼影响力,举办品牌商与渠道商对接会,扩大本土品牌销售渠道。

7. 成功举办第十届上海购物节

召开购物节组委会全体会议,在奕欧来上海购物村举行上海购物节开幕活动。搭建宣传推广平台,营造安全消费、便利消费的消费环境;通过商圈互动,会商旅文体结合,挖掘引导消费、创造消费的消费潜力。组织区县、行业协会、企业举办 100 余场购物节主题活动,98 场重点活动,覆盖 2 万余家门店,销售比 2015 年增长 10.2%。

三、有保有控,优化商业网点规划建设管理

1. 全面完成上海市新一轮城市总体规划商业和商务专项规划研究工作

广泛听取上海市相关部门和区县对两个专项规划报告的意见和建议,根据全市经济社会发展指标对商业办公设施发展规模进行测算,进一步完善相关发展目标预测和布局体系研究。目前,两个专项规划研究工作已完成,相关成果已被吸收进入《上海市城市总体规划(2016—2040)》和《专项规划大纲》,明确到 2040 年全市商务办公楼宇总量和商务设施集聚度的引导性指标。

2. 健全商业办公用地出让管理制度

2016 年,市商务委会同市规划国土资源局、市建管委和市发展改革委形成了促进商业地产市场健康有序发展的政策措施,市府办转发了四部门联合制定的《关于进一步优化上海市土地和住房供应结构的实施意见》(沪府办〔2016〕10 号)。商务部门在商业商务用地管理中的话语权获得提升,由市商务委等部门对区县商业、办公用地年度供应计划进行综合评估,明确新增商业、办公用地的出让进度和规模、建筑品质、功能业态、运营管理等要求。

3. 推动商业地产市场健康有序发展

建立与市规划国土资源局联动会审全市商业办公用地出让计划和条件的工作机制。经委局会商,将 218 幅土地列入出让计划,可建建筑面积约 1 400 万平方米,其中商业用地约 400 万平方米,办公用地约 1 000 万平方米,占区域总计划出让数量的 77.8%,总建筑面积的 70.8%,初步遏制了商业办公用地迅速增长的势头。商业地产开发企业的短期行为受到限制,有实力有经验的商业地产开发企业投资上海商业地产市场意愿增强,有力促进商业地产项目的运营品质

和上海商业的整体水平。

4. 支持重点区域商业发展

签署《上海市商务委员会　上海市临港地区开发建设管理委员会　商业发展战略合作框架协议》，组织开展临港主城区商业发展规划的研究编制工作。初步形成临港主城商业1+3发展思路。参与组织国家会展中心与东浩兰生集团开展中国博览会会展综合体的商业发展规划研究，提出其业态布局、招商管理和周边配套方面的有关发展思路，并对一期打造进口商品展示、体验和交易中心进行了重点研究，提出了进一步的发展思路。

四、多措并举，加强商业市场运行监测

1. 优化监测样本结构

2016年末，商务部城乡市场监测体系上海样本企业总数已近700家，商贸流通业行业统计典型企业2 249家，涉及批发、零售、餐饮、服务等25个流通行业及超市、百货店、专业店、网络购物、城市商业综合体（购物中心）等10种零售业态，监测地域覆盖上海16个行政区。重点零售及餐饮样本企业销售额占上海市社会消费品零售总额的比重达30%，重点批发企业销售额占全市商品销售总额的比重达35%。

2. 提高监测数据质量

按照商务部市场监测和行业统计报表制度要求，进一步加强数据催报和审核，完善考核办法，开展监测培训，优化工作流程，建立了"信息统计工作管理系统（CCRM）"和相关考核制度以及"信息统计人员监测采集费的支出管理办法"等。数据报送的及时性和准确性稳步提升，全年上海市生活必需品、生产资料、重点流通企业三大商务部直报系统数据报送率保持在100%。

3. 扩大监测业态范围

会同上海市统计局有关处室建立《上海市城市商业综合体企业统计报表制度》，监测范围涵盖全行业。目前全市报送企业已超过150家，2016年上海城市商业综合体销售规模已达到1 172亿元，比上年增长10.7%，占全市社会消费品零售总额的比重达到11.7%。全市已开业综合体总建筑面积达到1 605.8万平方米，共有1.66万家商户入驻，从业人数达22.5万人。通过定期发布统计数据，对政府决策、行业发展起到良好指导作用。

4. 丰富培训交流形式

组织企业统计人员开展"大数据研究分析"等专家授课培训活动，召开"城市商业综合体新企业动员会"、"行业统计专项工作会议"、"区县市场运行监测工作会议"及各类市场形势座谈会和行业信息例会10余次，并深入各类业态、商圈、交易市场等开展调研。通过培训交流、考察学习等多种形式，了解情况，报送报告，得到了商务委领导肯定。

5. 提升公共服务水平

2016年，上海市各级商务部门依托商务预报平台，发布各类市场信息和分析报告1 810篇，被商务部商务预报主站采用了81篇，占上报总量的4.4%。积极与媒体合作，拓宽信息发布渠道，扩大社会影响力，开通多版本的商务预报，形成了多层次、立体化的信息发布网络。

6. 加强节假日市场运行监测

坚持做好元旦、春节、"五一"节和国庆节等重要节日的市场运行监测，做到调查户数多、调查区域广、调查业态全、调查涉及金额大、汇总速度快。此外，2016年的节假日市场运行监测还着重加强对节日市场运行特点及商业新业态、新模式的分析。会同市商业信息中心，做好第十届购物节的监测评估，对全市重点商业企业进行抽样监测，全面反映购物节的销售规模、营销方式、消费人气、服务方式等。

五、改进工作，优化商贸流通行业管理

1. 商业特许经营备案

一是履行备案职能。落实实施国务院《商业特许经营管理条例》，全年完成约80家特许企业备案手续，其中，67家申请备案，21家变更备案，1家撤销备案。二是规范申请流程。将材料受理窗口由行业协会转到市商务委办事大厅31号

窗口,由专职人员负责接收材料和解答政策咨询,是目前内贸处室中唯一在办事大厅设立服务窗口的工作事项。

2. 外资开店审核

一是按照商务部2004年8号令完成外资开店商业规划审核,共完成商贸企业备案259家,接收外资处、各区商务委部门间商业会签备案192家,合计451家门店。二是主动提前取消审批,实施准入前国民待遇。坚决落实国家和上海市进一步取消和简化行政审批事项的部署,会同市工商部门,自8月起取消了该审批事项,比全市10月起废止8号令后实施外商投资准入前国民待遇加负面清单模式提前2个月。

3. 落实商业节能工作

编制上海市"十三五"商业节能专门规划,反复征求意见,形成最终定稿,并对社会公开发布。开展《大型商业建筑合理用能指南》修订。对2011年发布的原指南进行修订,使其更加科学合理地反映新业态、新模式下,商业企业用能的结构和特点。做好商业建筑能源审计工作。开展百联、光明、家乐福旗下部分门店的能源审计。帮助被审计单位挖掘节能潜力,寻找节能方向。(仲国栋)

改革发展双轮驱动　提升现代流通功能和能级

2016年,市商务委市场体系建设部门根据市委市政府提出"创新驱动发展、经济转型升级"的要求,以内贸流通体制改革为主线,积极发挥供给侧结构性改革中流通新引擎作用,着力推动市场流通创新发展,加快构建统一开放、竞争有序的市场体系。

一、顺利完成内贸改革试点任务,打造国家全面深化改革的行业样板

试点一年以来,坚持部门联动、市区联手,从"流通创新、市场规则、市场治理"三大领域系统集成,全面推进完成12个方面37项内贸改革试点任务。先后制定发布各类促进流通业发展的制度40余项,其中50%以上为国内首发。依托长三角区域市场一体化发展合作机制,放大改革效应,被商务部评价为全国统一大市场建设的"重要制度创新和实践创新"。上海试点工作得到商务部和上海市政府领导的高度肯定,商务部在上海召开全国试点中期现场会,充分肯定上海内贸改革试点成效,并将上海形成的8项试点成果纳入全国可复制推广经验清单。商务部研究院、上海社科院等国家级智库在对上海试点的综合评估中也给予高度评价,认为内贸改革与自贸试验区建设是上海国际贸易中心建设的"鸟之两翼、车之双轮"。

二、内外联动,完善大宗商品市场创新发展制度和监管制度

自贸试验区内10家市场建设方案通过专家评审,其中7家市场通过验收,5家正式上线。修订"自贸试验区大宗商品现货市场交易管理规定"与"自贸试验区大宗商品现货市场交易管理规则"。引入"第三方清算"与"第三方仓单公示",建立大宗商品市场专业化监管模式,得到国家清整联办肯定,并向全国推广。大宗商品电子仓单已获得国内外金融机构的认可,初步形成面向国际的大宗商品交易政策和服务支撑体系。区外已建设钢铁、化工、有色、能源、农产品等领域23家大宗商品交易市场,且市场转型升级步伐加快,如欧冶云商建立以钢材为核心的全产业链生态型服务体系,拥有电商、物流、金融、数据等11个

子平台，并整合全国逾千家社会仓库，布局线下178个服务站点，2016年以来实现交易量同比增长30%。找钢网围绕“一带一路”布局，在韩国、越南、泰国、阿联酋的四家海外分公司已投入运营。

三、国内首推贸易型总部企业，打造国际贸易中心高能级新主体

围绕国内批发零售类、国际货物贸易类、物流仓储和国际服务贸易及平台交易业务四大类别，认定全市首批94家贸易型总部企业，鼓励区县出台配套政策。94家贸易总部共实现交易额4.3万亿元，占全市内外贸易总额的1/3，其中，11家总部企业销售规模超过1 000亿元，20家为上海市第三产业税收排名前100位企业，23家为上海市国内商品销售总额排名前50位企业。

四、创新培育网络化、平台化商品交易市场，交易规模不断扩大

建立市、区联动的平台经济推进机制。依托上海市电子商务促进中心，完善平台企业统计制度，平台统计名录库新增36家企业，实现线上与线下、国内与国际、商品与服务全口径统计。全年重点监测平台企业实现交易额1.4万亿元，增长10%，百亿级平台16家，千亿级平台4家，平台辐射影响力持续提高。12家平台企业被认定为高新技术企业。

五、全面完成物流标准化试点，服务供给侧结构性改革降本增效成果显著

围绕城市物流托盘、周转筐、车辆、服务平台，系统开展标准化建设。在快消品领域推广全链条、跨区域托盘循环共用模式，在农产品领域推广“田头到灶头”不倒筐全程冷链配送模式。坚持软硬结合，构建上海城市物流服务标准体系，支持26家试点企业建立企业标准体系，推进试点企业联合供应链上下游，制定了《医药物流标准作业工时测定和统计标准》《豆制品冷链运输过程中周转筐的管理使用规范》《托盘标准转移模式商业规则》三项团体标准。建立与欧洲托盘协会、长江经济带主要城市、全国内贸改革发展试点9城市的物流标准多层次合作推广机制，发布《长三角物流标准化建设指引》。试点以来，全市新增标准化托盘308万个，较试点前翻番；试点企业实施带托运输，供应链效率提升35%，装卸效率提升2～3倍，人工成本降低15%，商品破损率降低50%。

六、现代服务业综合试点绩效评价成绩优秀，示范引领成效显著

实施科学管理，严把项目和资金审核关，制定试点专项资金使用和管理办法及项目验收管理办法，委托第三方评审机构对项目进行申报预审、评审、资金拨付评审及验收，试点企业实施责任承诺，委办协同强化项目跟踪问效。115个试点项目验收工作基本完成，累计拨付中央财政资金7.51亿元。一批平台型企业、城市共同配送项目以及二三产融合等新业态、新模式项目不断涌现，推动上海市加快形成开放式、综合型、强辐射的商品市场体系。

七、完善汽车全生命周期管理，激发行业发展活力

建立新车零售统计抽样统计制度，发布《汽车销售管理服务规范》。发布《上海市二手车便利交易实施方案》，根据国务院“证照分离”改革试点要求，编制《关于上海市取消二手车鉴定评估机构核准后行业事中事后监管方案》。会同市公安局、市工商局、市税务局等部门共同编制《上海市二手车行业“十三五”规划》。支持行业协会发布《上海市二手车交易市场管理规范》《上海市二手车交易规范》。开展上海市报废机动车行业改革工作，构建“回拆合一”的报废车流通体系，建成“上海市报废机动车回收拆解服务监管平台”，实施全过程即时监控。上海市年内共淘汰高污染机动车5万辆（含强制注销车辆），超额完

成国家下达的全年淘汰4万辆/年度工作目标。积极开展上海市老旧汽车、黄标车报废淘汰拆解补贴受理工作。编制完成《上海市报废机动车回收拆解行业"十三五"规划》。

八、深入推进"两网协同"试点,完成市委改革督察任务

以上海市委改革督察和中央环保督察为契机,2015年在浦东、长宁、松江三区"两网协同"试点的基础上,发布《关于深入推进再生资源回收与生活垃圾清运体系"两网协同"试点的实施方案》,在全市全面推广"两网协同"试点工作,争取每个区有1~2个街道实现重点突破。2016年末,全市100%的区已建立"两网协同"试点推进机制,75%的区县已试点运营,60%的区县已形成可复制推广经验。已形成垃圾厢房网点改造、回收人员规范管理和回收运输车辆等三项标准。研究低价值可回收物的补贴政策,已纳入市绿化市容局垃圾综合治理"十三五"规划(建议稿)中。

九、加强商务领域品牌建设,打造具有国际影响力的上海时装周

成功举办2016秋冬和2017春夏上海时装周,打造"时装周末"概念,串联起世界顶级时尚音乐盛典、影像艺术展、RewardStyle博主论坛、"中华杯"等特色活动。深化与伦敦、米兰、巴黎时装周合作机制,初步构筑以展示、发布、贸易为核心的时尚产业生态圈,上海时装周作为全球第五大时装周的国际影响力逐步提升。顺利举办2016上海中华老字号博览会。组织老字号企业赴外省市推广。开展上海名牌推荐活动,启动现代物流、汽车销售两个行业的评选工作。

十、积极开展重要商品储备和应急调控工作,全力保障市场供应

贯彻商务部防汛抗洪保障市场供应及市防汛工作会议精神,召开物资储备工作会议,研判2016年防汛形势和重点工作,部署防汛抗洪保障市场供应工作,保证防汛防台工作落实到位,确保安全度汛。更新上海市12家重要商品储备企业、6家防汛物资承储企业信息库,并建立物资储备工作微信群。及时拨付重要商品储备企业补贴资金,认真开展承储企业检查,确保物资储备到位,关键时刻"供得出"。

十一、扎实推进"两学一做"学习教育活动,强化处室能力建设

创设"1+4+4"的方法措施体系,围绕"深入推进内贸流通体制改革"主线,积极向委办、向区县、向企业、向外省市四个层面学习典型示范和工作经验,灵活应用于处室牵头推进的再生资源回收、大宗贸易、现代物流、平台经济等四个行业管理工作中,开创市场体系建设的新局面。积极与市场秩序处、市电子商务促进中心、上海国际棉花交易中心等党支部开展联学联建活动。进一步提升"三服务"工作水平,2015年"三服务问题清单"销号解决率达100%,增强了服务意识和服务能力。近年来处室人员流动大、人手紧缺,仅7名在编正式人员在岗,年轻同志成为中坚力量,积极开拓,勇于担当,承担了重要的改革发展任务,全年接待国家和外省市近20个调研团组。内贸改革、长三角区域市场一体化、物流标准化、"两网协同"试点等多篇专题报道被《每日动态》采用。市场体系建设处党支部被评为上海市市级机关系统先进基层党组织,《凝心聚力促改革》被上海市市级机关工委评为优秀工作法。(朱冰心)

着力构建以商务信用为核心的新型流通治理模式

2016年，上海市商务委市场秩序管理部门高度聚焦内贸流通体制改革发展综合试点，着眼事前、事中、事后全链条管理，从商务信用建设破题，探索构建以商务信用为核心的新型流通治理模式，取得重大突破。同时，着力放大“信用治理模式”的社会效应，为简政放权、加强监管、服务发展创造有利条件，为营造法治化、国际化、便利化营商环境作出贡献。

一、以商务信用为核心的新型流通治理模式取得新突破

在市场跨区域、跨行业融合发展趋势下，充分发挥信用机制在市场治理中的关键作用，推动信用管理向数据化、指标化、精准化目标发展。

1. 开通上海商务诚信公众服务平台

依托市公共信用信息服务平台，通过跨部门合作，搭建上海商务诚信公众服务平台，开发全国第一套商务诚信在线公众服务系统，建立公共与市场信用信息交互共享机制，打破政府公共与市场信用数据壁垒。开通“上海商务诚信网”，发布企业商务信用查询、行业信用指数、黑名单公示、企业信用导航等内容。配套推出相应的APP应用软件和微信公众服务号，推出第一份在线企业商务诚信查询报告，第一张商务信用电子地图，第一批商务诚信标准，第一个商务诚信指数，第一本内贸流通领域行业准入后行政管理目录。

2. 形成商务信用标准体系

制订《上海市商务诚信公众服务平台管理办法》，明确平台征信、评信、用信标准规范；会同上海市质量技术标准研究院共同研制《商务诚信公众服务平台标准体系》，从基础层、通用层、专用层和应用层进行系统规划，目前已完成14个行业商务信用评价企业标准；与市人大和市经信委积极沟通，组织专题调研，上海市社会信用立法已初步纳入商务信用信息的征集与应用相关内容。

3. 开展重点领域信用子平台试点

在家居流通、网络零售、大宗交易、出口贸易等20个领域试点培育市场信用子平台，信用信息覆盖5.2万多家企业。指导子平台建立商务信用信息征集、评价与应用的制度和标准，开展信用分类管理，实施信用评级和公示预警，推进市场信用信息在消费引导、政府监管中发挥作用。

4. 商务信用应用效果初步显现

有效整合利用共享信息，服务政府管理，增强事中事后监管的针对性、协同性和有效性；服务行业发展，提升市场主体运用商务信用自我治理能级和发展商务信用经济的创新能级；服务市场交易与消费，辅助经营管理或消费决策，降低交易成本，防范潜在风险。酒类监管在许可审批、事中事后监管中增加诚信承诺、诚信核查、信用奖惩等措施，实现对白酒、进口红酒和散装酒“信用+追溯”全过程管理；红星美凯龙通过对信用良好的商户的宣传公示，为商户直接带来平均20%的客流增量，红星美凯龙自身保持销售收入年复合增长率17%以上，利润年复合增长率16%以上。1号店通过对不同商户的信用分类管理，直接将平台的投诉率从40%降低至不足2%，有效净化了电商环境。

二、牵头深入开展全市打击侵权假冒工作

截至2016年10月底，上海市全年共立案查处打击侵权假冒案件2 866件，结案2 319件，罚没金额6 779.23万余元，捣毁窝点53个，两法衔接移送司法机关73件，打击侵权假冒行政处罚

信息公开 2 226 条。

1. 持续抓好重点领域专项整治

细化互联网侵权假冒监管措施，研究出台《上海市关于加强互联网领域侵权假冒行为治理意见》；继续深入开展中国制造海外形象维护“清风”行动；巩固小商品市场综合整治成果；积极部署“迪士尼”注册商标保护、城乡结合部打击侵权假冒等重点工作。

2. 推进区域协作和两法衔接

完善长三角打击侵权假冒区域合作机制，加强对区县打击侵权假冒工作的督导检查，推进落实行政处罚案件信息公开、两法衔接、信息报送等日常工作制度。推进两法衔接信息共享平台升级，完善两法衔接标准、移送流程。

3. 完善长效监管机制建设

加强执法联动和信息共享，建立健全与权利人企业、电商平台、行业组织等的交流合作，完善侵权假冒预警防范机制。积极参与中欧、中美等知识产权国际合作，提升参与知识产权保护国际事务的能力。

三、加强单用途商业预付卡规范管理

截至 2016 年 9 月底，全市备案发卡企业累计 370 家，其中，集团发卡企业 25 家(占发卡企业总数的 6.7%)；品牌发卡企业 68 家(占 18.4%)；规模发卡企业 277 家(占 74.9%)。按行业类型划分，零售业 203 家(占发卡企业总数的 55%)，餐饮业 83 家(占 22.4%)，住宿业 28 家(占 7.6%)，美容行业 36 家(占 9.7%)，其他居民服务业 20 家(占 5.4%)。

1. 专项治理行动有成效

上海市政府办公厅转发《上海市单用途商业预付卡专项治理行动工作方案》(沪府办〔2016〕61 号)，周波副市长召开两次专题会议部署任务，相关部门密切配合，各区积极响应。截至 2016 年 9 月底，各区对美容美发、沐浴(含足浴)行业排摸的市场主体(门店)累计 17 375 家，确认发卡市场主体(门店)共 7 004 家，占总量的 40.3%，发卡比例较高。围绕应备案未备案和发卡超过限额两类较为突出的违规行为，各区共梳理出 109 家发卡主体可疑名单作为重点集中治理对象。专项治理期间，市单用途卡协会公布的咨询热线累计受理咨询电话 281 件，同比增加 56.8%，市民的风险防范意识显著提升。

2. 行政执法移交有突破

根据陈寅副市长专题会议精神和上海市编委《关于调整上海市单用途商业预付卡行政处罚职责的通知》(沪编〔2016〕390 号)要求，与市编办、市政府法制办和市工商局达成共识，市工商局和各区市场监管局承担单用途商业预付卡行政处罚权，包括责令改正和行政处罚等。在此基础上，市工商局及各区市场监管局对前期专项治理行动中黑名单发卡主体开展调查核实，对确实存在违规行为的发卡主体实施行政处罚。以此为契机，市商务委将会同市工商局、市政府法制办进一步细化工作流程，加强工作衔接，健全部门协同监管机制。

3. 人大地方立法有共识

在上海市政府法制办的支持下，市商务委向市人大提交“上海市单用途商业预付卡管理条例”立法建议，得到市人大的积极回应。2016 年 11 月 21 日市人大组织立法论证会，对单用途商业预付卡立法的紧迫性、必要性和可行性达成共识，已初步确定为市人大“重点立法调研项目”。同时，有关商业保险机构、发卡系统服务商也积极研究制定工作方案，配合有关管理措施落地。

4. 协同监管平台已立项

上海市单用途商业预付卡协同监管平台已正式立项。协同监管平台将实现与发卡主体的发卡系统的对接，采集发卡主体发卡信息，并实现部门间的信息互联互通，在企业信息统计、案件线索移送、黑名单警示等方面实现共享。协同监管平台将与市商务诚信公众服务平台实现对接，将商务信用嵌入单用途商业预付卡事中事后监管中，发挥信用治理的积极作用。同时，协同监管平台还将与全市综合监管信息平台实现有效衔接。

5. 妥善应对投诉突发事件

应对处理因发卡企业关门跑路致使无法使用单用途商业预付卡引发的消费者投诉累计526件。会同上海市单用途商业预付卡履约保证保险共同体妥善处理代官山关门跑路致使持卡人无法继续使用预付卡引发的突发事件。指导黄浦等区协调处理年代秀、美味七七等发卡企业关门歇业致使持卡人无法使用预付卡引发的突发事件。

四、推进负面清单管理试点

针对内贸流通领域存在的企业知晓和熟悉相关准入制度及准入后经营规范的便利性不足问题，立足发挥自贸试验区改革溢出效应，主动探索负面清单管理模式。

1. 厘清政府与市场关系，进一步激活市场活力

在国内率先完成内贸流通领域行业行政审批事项的全面梳理，涉及20个行业小类、共55项审批事项，涵盖106部法律、法规、规章及规范性文件。积极配合市发展改革委，按照全市统一部署，建立上海市市场准入负面清单制度改革试点推进工作机制，做好与国家战略衔接。

2. 提高事中事后监管透明度，促进市场公平竞争

完成对行业准入后行政管理措施的全面梳理，涉及62个行业小类，共计各类限制性、禁止性行政管理事项357项，涵盖586部法律、法规、规章及规范性文件。

3. 全面向社会公布，为企业经营提供便利指导

依托中国上海、上海商务诚信公众服务平台以及市商务委门户网站、微博、微信等渠道，全面向社会公布准入后行政管理，并加强宣传和引导，为企业经营提供便利指导，减少企业因不知晓、不熟悉政策法规而发生“被动”违法违规情形。

五、深入推进商业保理试点工作

1. 完成年度合规考核

根据《上海市商业保理试点暂行管理办法》，浦东、黄浦、嘉定等7个试点区完成2015年度保理行业合规考核。截至2015年年底，各试点区完成工商注册的商业保理企业累计达275家（含自贸区144家），其中正常经营的商业保理企业近70家，累计帮助近100万家中小企业实现应收账款融资超过1 030亿元，比2014年增长超过3.5倍。合规考核中，28家企业考核结果为“优秀”，占考核企业总数的44.4%。

2. 建设协同监管平台

为进一步发挥上海市商业保理行业协同监管机制作用，牵头建立商业保理行业协同监管平台，应用信息化手段加强事中事后监管。协同监管平台初步建成企业业务报送、政府协同监管、信息数据统计、行业信息发布等多功能于一体，并与上海商务诚信公众服务平台进行对接，发挥商务信用在行业事中事后监管中的重要作用。

3. 推动行业组织建设

全年新增金山、闵行、普陀等试点区以及逾百家商业保理企业的背景下，积极推动成立上海市商业保理同业公会，在法律纠纷研讨、会计制度建立、行业信用建设等方面开展了多项工作，为加强行业自律、促进行业发展发挥积极作用。

4. 开展管理制度评估

鉴于《上海市商业保理试点暂行管理办法》已于2016年7月底到期，且管理办法相关制度设计与当前全国及上海市改革工作不相适应。经与市工商局和市政府法制办等部门会商后，委托第三方专业机构对管理办法进行全面评估，并提出针对性的修改建议，为进一步制订上海市商业保理行业管理措施奠定基础。（邓金兵）

补短板 促提升 确保主副食品市场量足价稳

2016 年,市商务委上海市场运行与调控部门以深化农产品供应链建设为工作主线,补短板、促提升,为确保上海市主副食品市场供应充足、价格稳定和食品安全,扎实推进了以下几方面工作。

一、大力推动上海市农产品交易市场规划建设和发展

1. 推进公益性批发市场和菜市场建设

根据《上海市食用农产品批发和零售市场发展规划(2013—2020 年)》的有关要求,全力推进以西郊国际农产品主中心批发市场为主的公益性批发市场建设和发展,发展配送集约化经营,切实保障市场供应,稳定市场供应价格。推进以上海永昌菜市场为代表的专业菜市场经营管理公司建设公益性菜市场试点。

2. 探索农产品"批零联盟"试点

压缩流通环节加价,促进批零直接对接。推进西郊国际、蔬菜集团联合第一食品商店打造"光明·纬度生鲜"品牌,专卖店通过网上平台向西郊国际下单,平台负责调配商品,并安排配送到店;推进上农批探索"线下加盟、会员注册、线上下单、批零直供"的供应体系。加盟菜市场经营户通过"上农鲜品"APP 网上向批发市场订货,解决单打独斗、采购量少导致价格高的问题。2016 年底"上农鲜品"APP 可与浦东新区 6 个街镇 30 家菜市场实现对接。经测算,此举可使蔬菜零售均价降低约 10%。

3. 推动上海市农产品交易市场规划落地

为优化上海市"中心批发市场一区域批发市场(专业批发市场)一标准化菜市场"的三级农产品市场体系,加强资源整合,确保批发市场健康有序规范发展,关闭调整铜川、嫩原、利民、大场、五洲等蔬菜批发市场。

4. 拓展国际农产品市场资源

契合"走出去"和"一带一路"倡议,拓展农产品国际项目交流合作,借鉴国外农产品流通体系建设经验。与捷克、克罗地亚、德国等地政府机构、协会及相关企业对接,开拓国外优质农产品资源和供应渠道,利用国际国内两种资源、两个市场丰富上海市市场供应。

二、积极推进标准化菜市场建设提升

1. 提前超额完成市政府实事项目

2016 年,将"新建改建 100 家标准化菜市场"列为年度上海市政府实事项目,全力推进大型居住社区、老的薄弱区域标准化菜市场建设,改善菜市场环境。体现确保大型居民区供应、注重社区建设、重点突出新业态、新模式的建设原则。上海市已完成上海市政府实事项目新建改建标准化菜市场 102 家,提前超额完成任务。

2. 大力推动传统菜市场转型升级

鼓励标准化菜市场向公司化、集团化转型,引进信息化管理系统,强化硬件设施建设。从传统市场收租经营模式向自营、连锁经营、基地直采、集中配送、价格可控的供应链管理模式转型。上海市已建成 15 家上蔬永辉、8 家康品汇、3 家美天等代表性新模式菜市场。

3. 加强菜市场规划建设和规范管理研究

委托第三方研究机构,开展标准化菜市场转型升级课题调研。从推进供给侧改革角度入手,梳理近十年上海市标准化菜市场建设发展现状,提出系统性解决上海市菜市场现存问题的工作思路和重点任务。启动《菜市场设置与管理规范(2005)》修订工作,结合近年上海市菜市场软硬件转型升级实际情况,拟更新和新增菜市场的建筑、设施要求和农产品流通安全信息追溯系统的建立和使用等方面的相关标准。

三、创新发展社区智慧微菜场

1. 探索生鲜订购新模式,形成智慧微菜场优秀品牌

社区智慧微菜场通过建立恒温无人售菜终端为居民提供24小时全智能自动售菜服务,亦可通过官网、手机APP、微信等多种途径以网订柜取方式提供生鲜订购服务,目前食行生鲜、厨易时代、强丰等著名品牌社区智慧微菜场已遍及机关、学校、社区和商务楼宇。智慧微菜场2016年销售额近2亿元。

2. 加强规划布点,保障居民基本生活需求

在不具备建设菜市场条件的大型居住社区、老的薄弱区域、菜价普遍反映较高的社区,以及考虑到满足特定人群购买需求,开展社区智慧微菜场建设,补"短板"。上海市已在15个区建设1 064家社区智慧微菜场。宝山区政府将100家社区智慧微菜场列为2016年区政府实事项目。

3. 优化流通环节,提升社区精准营销水平

通过农产品大规模基地直采、自行运作的配送中心,缩短流通环节,降低流通成本;通过大数据分析销售情况,做到以销定采,解决"适销不对路、采销环节不对称"的难题,让生鲜农产品回归合理价格。

4. 强化流通管理,保障食品安全

推进社区智慧微菜场应用二维码追溯技术,建立食品流通信息追溯系统,配套集约化冷链物流,达到生鲜农产品包装化、冷链化、可追溯标准化,为消费者提供了便捷、安全、价格合理的生鲜食品,获得市民广泛好评。

四、立足国内市场,加强外省市交流合作

1. 探索建立上海市外延蔬菜生产基地

依托上海市蔬菜集团、西郊国际、上农批等骨干企业,建立"上海市外延蔬菜生产基地",与产地形成紧密型合作关系,提高上海市蔬菜流通供应稳定性、标准化程度和应对极端天气的调控能力。2016年,在山东、江苏、云南、海南等4个省先行试点10个规模化蔬菜基地(每个基地500亩以上),品种包括绿叶菜、大白菜、卷心菜、番茄、辣椒、茄子、黄瓜、冬瓜、土豆、长萝卜、胡萝卜等10个上海市市民日常消费的蔬菜品种。

2. 拓展外省市生猪产品产销对接规模

为丰富市民菜篮子,按照"大市场、大流通、大基地、保供应"的思路建设外省市产销对接机制。通过外省市相关主管部门择优推荐,经实地考察、网上公示,与来自20个省市的184家屠宰加工企业开展生猪产品产销对接。

3. 开展国内合作交流与对口支援工作

一是依照"大市场、大流通"发展思路,服务全国,为全国优质特色农产品入沪流通提供服务。帮助对接宁夏、新疆、山西、贵州、云南、山东、江苏等省份入沪展示展销当地优质特色农产品。组织上海市企业赴新疆、江西、山东等地参加相关展会,加强企业交流、促进产销对接;二是通过上海·喀什商务人才培训平台、农产品电子商务平台、农产品产加销一体化平台、上海国际棉花交易中心设立喀什分部等项目,推进落实产业援疆促进就业工作。进一步完善"云品中心"平台建设,深化落实沪滇对口支援工作;三是与宁夏自治区商务厅、遵义市政府签署商务合作框架协议,明确合作机制,推动优势互补,提升合作交流工作实效。

五、加强追溯体系建设和运维管理

1. 加强顶层设计,稳步推进重要产品追溯体系建设

上海市政府办公厅出台《关于上海市加快推进重要产品追溯体系建设的实施意见》(沪府办发〔2016〕44号),明确上海市推进重要产品追溯体系建设的9大任务。市商务委制定《上海市开展重要产品追溯体系建设示范项目实施方案》(沪商运行〔2016〕297号),重点从平台、肉类蔬菜、特色产品、乳制品等8个方面开展上海市重要产品追溯体系建设。

2. 聚焦重点企业,开展追溯体系示范项目建设工作

以二维码等追溯新技术为手段,以大数据、云平台、物联网等创新应用为方向,培育一批追溯示

范品牌企业。指导并支持欧尚、上蔬永辉、康品汇等企业针对食用农产品和食品流通环节,开展二维码追溯新技术应用试点,并取得一定成效。

3. 坚持法规引领,提高肉类蔬菜流通追溯运行效率

按照《上海市食品安全信息追溯管理办法》有关要求,大力推进肉菜流通追溯运行考核工作,2016年前三季度上海肉菜流通追溯运行考核得分均位于全国前列,分别有6家、4家、7家批发市场得分进入全国前10名;分别有39家、26家、39家标准化菜市场得分进入全国前50名。

4. 培育第三方平台,建立追溯信息交互共享机制

重点培育"食安先"、"追溯云"等第三方追溯管理平台,并实现与上海食用农产品流通安全信息追溯管理平台的有效对接,形成互联互通机制,提高企业运行效率。已有食用农产品及食品追溯信息数据150万余条,销售带有追溯二维码的包装类商品约6万余个,被消费者扫描次数共约30万余次。

5. 建立认证规范,提供追溯信息公信力保证

积极推进上海英格尔建立追溯认证技术标准和实施规范,为第三方追溯服务平台建设的合理性、安全性、持续性及诚信度提供保障,已为首批3家第三方平台实施认证。同时带动平台内生产经营企业通过认证手段提升产品追溯管理水平。

6. 开展宣传培训,提升追溯系统感知度

充分利用6月食品安全宣传周、9月质量月活动,开设二维码食品流通安全信息追溯宣传专场,运用微信公众号等新媒介及时发布流通追溯信息,提高市民对追溯系统认知度、感知度。为保障追溯运行质量,组织上海市区县商务主管部门、行业协会、企业开展5次400人次的培训会,以提升从业人员技能和水平。

六、做好市场供应和价格监测基础性工作

1. 加强主副食品价格监测

完善上海市主副食品价格监测网络,重点抓好100家主副食品监测网点(包括屠宰场、批发市场、超市卖场、标准化菜市场等),帮助监测点软件更新及人员培训,确保主副食品价格信息日报制度的落实。

2. 做好淡季蔬菜应急保障工作

在淡季会同上海市农委加强田间绿叶菜管理,及时疏通绿叶菜上市瓶颈。遭遇极端天气情况时,会同上海市财政等相关部门根据监测数据状况及时启动蔬菜供应应急预案,协调各区落实措施,确保绿叶菜市场供应和价格基本稳定。

3. 落实重要节庆期间市场保供工作

落实主副食品市场供应主渠道单位,通过采购、委托加工、订单合同等方式稳定主副食品市场供应,落实节日保供数量。要求各区商务主管部门对重要时段的主副食品市场价格开展巡查,对于囤积居奇、短斤缺两、哄抬物价等违法行为会同有关部门予以严厉打击。

4. 做好主副食品流通信息发布工作

通过市商务委微博、官网以及微信等渠道按时发布主副食品市场信息,并做好每周《主副食品市场动态》、《上海主副食品流通信息报告》、《肉菜市场信息周报》的编制和发布工作。2016年度共发布周报47期,为上海市主副食品流通市场分析、趋势预测,做好市场保供稳价工作提供了基础性支撑。

七、以"四个清单"推动政务水平提升

1. 清理"权力清单"及对应"责任清单"

梳理填报我委涉及本处室职能的相关行政审批事项及其他权力事项,并明确对应的责任事项。帮助区级商务主管部门对照审核相应权利清单及责任清单。在明确权责的基础上,按季度报送《行政权力办理情况统计表》,进一步规范行政权力行使。探索证照分离试点工作,提出开展事中事后监管的有效方式和措施探索创新建议。

2. 梳理重点民生工程"项目清单"

聚焦符合上海市实际和发展重点、有利于促进食用农产品流通领域转型升级、具有较大基础保障作用和改善民生作用的项目,形成总投资额

39.6亿元、涉及9大项目的2016年商务领域重点民生工程"项目清单",建设内容涵盖农产品零售网络、产业园区和农产品供应链及物流配送体系建设等方面,年内项目完成率达90%。该批项目的建成和投入使用,进一步夯实了全市农产品流通基础设施,有助于增强农产品供给,保持农产品价格基本稳定,保障食品安全。

3. 搜集"问题清单"做好三服务

根据三服务工作推进过程中暴露出的上海市部分区域居民日常生鲜消费供应存在"短板"、农产品批零环节信息不对称、流通效率不高、新模式新业态与当前政策环境下的要求不完全相符等5个问题,着眼解决问题、创新工作措施,逐个跟踪破解。通过单个问题的记录和总结,梳理提炼可供复制推广的问题解决方案,达到以"三服务"为抓手,促进处室重点工作目标更明确、方向更集聚。(帘园)

全力构建"信用+追溯"新型酒类流通治理模式

2016年,上海市酒类专卖管理局(以下简称市酒专局)以国内贸易流通体制改革发展综合试点要求为指引,加强酒类监管,在全国率先推行酒类"信用+追溯"创新治理机制,积极建设酒类法治化营商环境,推动上海市酒类市场持续健康发展。

一、聚焦创新,重点工作亮点纷呈

1. 聚焦"制度创新",聚力"标准化"建设

在公共信用信息地方标准方面,围绕服务自贸试验区制度创新和政府职能转变需求,市酒专局通过实践应用,配合市质监局编制完成全国首个"三清单(数据/行为/应用)"《全过程信用管理要求编制指南》并于2016年上半年对外发布和实施。该系列标准良好的适用性和可操作性,为市酒专局等单位和部门清单编制提供了方法指导和管理依据。

在社会管理和公共服务方面,结合上海科创中心建设需要,贯彻落实沪质技监标[2015]291号文,《酒类专卖市场监管标准化试点》项目在市酒专局与市质标院的合作推动下已进入实施运行(持续改进)阶段。该项目将充分发挥标准化在酒类市场发展中的支撑、引领作用,为信用体系建设提供基准。

在商家信用评价标准制定方面,与宝山酒专局共同推动《酒类经营企业信用评价方法》作为上海地方标准立项申报并于2016年年中通过专家评审,今后以此为依托可对酒类经营门店经营行为的标准化开展实时评价以推动"放心示范店"建设,同时推动宝山酒专局建设"酒类网格化移动巡查系统项目"("酒业诚信通"APP手持端应用),逐步将"网格化巡查"与创建"放心示范店"评价联接。

在行政审批标准化建设方面。根据市编办、市审改办相关文件要求,完成"酒类商品行政审批标准化管理"制度汇编,贯彻落实"行政服务中心视觉识别规范"等三项地方标准,建立《业务手册》和《办事指南》社会公开评价及动态完善机制,规范并提升行政服务水平,逐步优化信用管理事前阶段相关工作。

2. 聚焦"管理创新",聚力"信用+追溯"建设

贯彻落实"放管服"。随着工商部门"三证合一"登记制度改革,市酒专局优化服务,在行政许可告知承诺制中实施"三证合一,一照一码"社会信用统一代码信息的登记(采集)工作,为进一步推动政府职能转变,提升行政管理和服务效能,营造国际化、市场化、法治化的营商环境助力。

在此基础上,上海市酒专局于2016年11月成为上海市首批加入"诚信上海"APP信用地图的6家政府部门之一。

加强事中事后监管。2016年底,上海的酒类经营企业为49 376家,比上年底增长17.4%,其中,批发商9367家、零售商40 009家,分别增长31.9%、14.5%。面对庞大的酒类市场,市酒专局一方面加强对酒类商家的执法检查,截至2016年12月底,全市共出动检查人员8 557人次,巡查酒类经营者共7 565家(包括广电、电商等业态和迪士尼等重点区域),立案处理501起,收缴罚没款616 474元(截至2016年11月底),没收假冒伪劣酒16 664瓶,移交(送)相关部门处理案件近32起,另一方面加强对酒类质量的抽样检查,截至2016年12月底,全市共抽检酒类商品1 683批次(预包装酒1 491批次、散装酒192批次),涉及批发、零售企业(超市、卖场、电商等)216家。检测结果显示,合格1 328批次、不合格355批次(多为标签不合格),合格率为78.9%,上海市酒类商品质量总体可控。从结果上来看,执法取得较好的成效;但从过程上来看,传统的监管方式难以常态化,便捷和高效难以兼顾,亟需在机制上予以突破和创新。为此,借助"上海市酒类流通企业信用信息子平台"、"上海市酒类流通安全信息追溯管理系统(平台)",市酒专局以"信用+追溯"为核心要素注入监管节点,特别在名优白酒和散装酒方面进行试点,成效显著:

(1) 市、区合作。一是与青浦酒专局共同推动其区域内上海市散装酒龙头批发商(羽众酒业)及其旗下10家散装酒零售门店开展全国首例以监管软件和密封酒缸为软硬件载体的溯源建设,并逐步将其纳入诚信放心店建设,获得国家商务部、市商务委等部门的高度评价;二是与宝山酒专局根据信用征信结果共同推动其区域内51家酒类零售经销商获得"酒类诚信经营放心企业(店)"授牌,成为2016年报上海市政府重点工作顺利完成的重要标志;三是推动松江酒专局开展酒类行业诚信建设,已有10家批发零售商被评为"松江区放心酒示范店",同时推进百茸商贸、隆城名酒坊等开展追溯平台建设;四是推动其他各区酒专局在做好日常监管工作的基础上,结合区内实际情况不同程度和范围地开展信用和追溯建设,形成各自的工作特色和亮点。

(2) 政企合作。为了推动酒类食品实行全产业链可追溯管理,构建上下一体、协同运作、信息互通的管理体制,2016年9月份市酒专局协助市商务委与贵州茅台集团签署《关于建立双方合作机制共同促进酒类流通发展框架协议》,在此框架下上海市酒专局已与茅台集团建立相关酒类商品的数据对接机制。此外,开展与洋河酒厂产销溯源的合作,自2016年6月份起洋河酒厂已逐步将发往上海市场的有关酒类商品数据接入市追溯系统(平台)。

(3) 政银合作。根据《上海市国内贸易流通体制改革发展综合试点方案》中关于"建立健全市场信用体系"的要求,2016年9月份市酒专局与广发银行上海分行签署《银政战略合作框架协议》,双方将在共建"诚信售酒示范企业""散装酒等酒类商品销售追溯系统"等方面开展差异化合作,通过大数据的资源互补和信息互联,推动开展"事后联动奖惩"的实际应用。

(4) 联动合作。依照《上海市事中事后综合监管平台建设工作方案》(沪府办发〔2016〕29号)的要求,从"双随机、双告知、双公示"等制度创新出发,2016年8月份市酒专局与市工商局信息中心在联合惩戒及预警监测等方面达成相关监管合作意向,市酒专局已对5 215户酒类经营企业进行监管并归集与分类评估相关的信息数据。

(5) 专业合作。为了数据采集后的高效评估和有效分析,并对酒类监管提供建设性的意见,2016年8月份上海市酒专局与提供技术支持的专业第三方资信评估公司(正信方晟)签定《战略合作协议》,在酒类经营企业评估分析模型定制版建设等方面开展合作。

3. 聚焦"行为创新",聚力"市场应用"建设

统计数据显示,2016年前三季度,上海海关关区进口葡萄酒1.2亿升,比上年同期增长7.5%。另据对上海市具备一定规模的样本酒类经营者销售数据统计显示,前三季度,上海市酒类商品销售额为370.09亿元,增速略有放缓,但零售额同比增速11%,为73.85亿元。面对上海"大流通、大消费"的酒类市场格局,市酒专局注重对经营和消费理念的引导,不仅在"上海酒节""3.15"国际消费者权益日"全国食品安全宣传周""酒类诚信活动周""理性饮酒宣传周"等重要活动中开展酒类法规、鉴别检测、消费安全、未成年人保护等宣传,更着重加强对诚信、溯源理念的指引和宣传,在上海经营的多家酒类流通龙头商家均已在信用建设和溯源管理上进行有益尝试和不同程度的应用,为企业发展注入新的活力。

怡亚通,中国第一家上市供应链企业,其建立的O2O网络金融服务平台,通过引入上海资信等专业第三方征信机构,为中小零售商贷款提供担保并解决其资金问题。怡亚通龙川的飞天茅台、张裕解百纳等酒品的追溯信息已逐步接入上海市追溯系统(平台)。酒老板,拥有强大的上游产业链资源,通过建设酒类经营"放心示范店",已可对约300种酒类商品实现追溯。其经营的进口红酒及锐澳预调鸡尾酒等酒品的追溯信息已逐步接入上海市追溯系统(平台)。捷强连锁,借助在上海200多家直营网点的优势,借道O2O发挥品牌优势,将在门店终端追加建设追溯子系统,逐步上线茅台酒溯源功能,并将逐步开通各类酒类商品的消费者自助追溯功能,实现追溯信息的向下延伸。百川名品,搭建百川名品终端供应与推广平台,百川名品连锁(上海)经营中心建设于2016年8月份启动,将在上海分区域规模化、专业化来统一规划及运营百川名品连锁店(如松江百茸、青浦谷品等),为上海整体运营系统(含分销批发体系)安装使用追溯系统、提升管理效率及为线下线上消费者提供品质保证。此外,百川浩泽的五粮液、五粮醇等酒品的追溯信息已逐步接入上海市追溯系统(平台)。

在上述大量的工作成效下,通过一年的艰苦努力,我们全面完成2016年报市政府重点工作任务(推进酒类流通全过程信用管理等相关建设工作),且"酒类监管实现对名白酒、进口红酒和散装酒'信用+追溯'全过程管理"被商务部选为内贸流通体制改革发展综合试点成果纳入全国可复制推广经验清单中,同时作为上海商务诚信建设中的典型案例完成内贸流通体制重要改革任务,相关示范成效经中央媒体、主流杂志采访报道和转载后产生了良好的社会反响。

二、夯实基础,常态工作成效显著

1. 扎实开展"两学一做"学习教育

一是积极开展宣传教育,支部邀请上海市委党校教授举办辅导讲座,从理论高度、实践深度讲授学习教育的目的、方式、方法等,深入解读党章党规和习近平总书记系列讲话和重要思想,并发放和发布(微信群)学习辅导材料,进一步提高党员同志的思想认识,学习笔记中写出的学习体会有40余篇,已顺利完成前三阶段的专题教育活动。二是积极开展共建联建,一方面"走出去",支部与其他3家行政工作有互通的委属事业单位党组织共同开展教育活动3次,既共享资源,又节省经费,且加强党组织和党员之间的交流;另一方面"请进来",通过协同市公安局经侦总队打击仿冒官方五粮液专卖店售卖假冒酒案件,支部在委秩序处的牵头下与市公安经侦二支队开展共建活动,将业务工作很好地互通到支部工作中。三是加强支部建设,与各科室签订《党风廉政建设责任书》以进一步加强对重点岗位和高风险岗位的防控,完成支部的换届选举,做好党员发展工作(预备党员转正1名、发展对象1名),做好市委巡视组巡查迎检工作,做好中层干部选拔任用工作。

2. 着力推动酒类法制建设

一是进一步梳理市局行政权力和行政责任事项,补充完善相关清单;二是审核梳理区酒专局行政权力和行政责任情况,提出取消、调整、保留等建议;三是梳理规范市局行政协助需求,为局各项工作开展提供帮助;四是开展对各区酒专局法律文书评查,提升执法人员法律素养;五是做好相关案件行政诉讼应诉工作,指引类似执法案件的相关处理。

3. 认真做好投诉举报接办

一是落实接办要求,2016年,市局共受理转办投诉举报案件765件(比上年增长86%,职业索赔案件居多),其中"12345"市民服务热线转办件250件(增长1倍),实现"双百双零"(即办结率、满意率100%,零复议和零诉讼);二是完善接办机制,由专人严格按流程进行登记、转办、督办、答复等,确保投诉举报件的高效办结;三是制定管理制度,2016年6月份市局制定实施《上海市酒类专卖管理局酒类商品投诉举报管理制度》,进一步优化工作流程和提升接办效能。

4. 积极开展业务技能培训

一是开展法制培训,邀请专家授课,组织开展"行政处罚听证程序""行政执法调查取证""案卷评查问题评析""行政投诉举报案件处理"等行政执法实务专题培训,从程序和实体上较大提升全系统人员的办案能力,保障案件的正确办理;二是开展品鉴培训,邀请专家授课,组织开展"香槟酒鉴别知识""法国波尔多葡萄酒地区真伪鉴别及知识产权保护""进口烈酒真伪鉴别知识"等专业培训,较好提升局工作人员对相关酒品的认知能力。

5. 全力做好"上海酒节"协办工作

展现国内酒类市场发展最前沿的年末重头戏——2016第十二届上海酒节,于12月18日在虹口区瑞虹天地月亮湾广场隆重揭幕。作为协办单位,市酒专局协助市商务委成功组织"酒类交易专业展"与"酒类时尚嘉年华"共6天的活动,其中特别邀请的罗马尼亚、格鲁吉亚和国内宁夏等首次参加的国家和地区,以及设立的"上海市酒类流通安全信息追溯管理平台"展示专区等亮点工作,为合作探索开创"一带一路"国家酒类产品追溯示范模式提供契机,体现上海市酒专局在保障上海酒类质量安全方面所付出的努力以及取得的阶段性成果,整个活动获得委领导的一致好评。(陈齐中)

重创新　促应用　推动上海市电子商务创新发展

上海市电子商务促进中心(联合国贸易网络上海中心)(以下简称"中心")是为了配合上海市经济结构的战略性调整,经上海市人民政府批准,在原上海对外经济贸易计算中心、联合国贸易网络上海中心基础上组建而成立的上海市人民政府商务委员会直属事业单位。

2016年,在上海消费流通市场保持稳定增长,"一带一路"、自由贸易区、长江经济带等国家战略的加快实施,以及开放型经济新体制加快构建的外部带动下,上海电子商务交易额持续增长。全年电子商务交易额超过2万亿元,比上年增长21.9%。其中作为主要增长力量的网络购物交易额增幅达35.4%。

2016年,作为上海市电子商务行业发展的推动者、促导者和服务者,上海市电子商务促进中心不断利用自身在信息和技术方面的优势,紧紧围绕"打造数据中心、服务中心、合作中心、孵化中心、研究中心"的建设目标,进一步整合商务领域数据资源,拓宽合作与交流,引导中小企业健康茁壮成长,推动促进电子商务同经济社会各领域更广泛更深度融合,逐步凸显电子商务在推进供给侧结构性改革中的独特作用。

一年来,"中心"重点从以下五方面推进工作:

一、夯实基础,推进商务领域行业数据资源整合利用

1. 扎实推进对电商行业数据的采集汇总及分析

2016年是"中心"承担全市电子商务统计工作的第五年,依照《上海电子商务统计报表制度》(2015—2017年)要求,"中心"对上海市电子商务行业的统计样本涵盖企业扩大至784家,发布各类分析报告56篇,全年向商务部、市商务委、

区县、行业协会等相关机构报送、提供各类数据及材料 126 次。

2. 持续推进商务领域政府信息资源整合利用

“中心”对上海市商务委及下属事业单位商贸流通、投资促进、双向贸易、食品安全等商务领域方方面面 36 个信息系统的目录完成编制，并发布目录资源 256 个、信息字段项近万个。定期对已向公众开放的 52 项数据产品（数据包、接口或应用）进行更新发布，平均每月更新的信息资源占资源总数 60%以上。

二、创新服务手段，信息与技术服务能力不断提高

1. 创新服务手段，形成技术服务与支撑全流程

一是完成上海市商务委网上政务大厅项目承建工作，2016 年完成 2 项共计 20 个审批事项正式接入市级平台的承建工作，以及 8 个服务事项与市级平台的对接工作。提前完成网上政务大厅项目全部计划目标。二是坚持做好对上海市商务委外资统计、会展管理等业务工作平台，以及“上海商务”微信公众平台的技术服务支撑与升级改造工作。此外，“中心”还持续派驻技术人员常驻商务委，进行网络和设备的日常维护，全力保障上海市商务委业务工作正常开展。

2. 引导信息归流并集，公共信息服务能力显著增强

“中心”负责建设运营“中国（上海）国际贸易中心平台”“上海外国投资促进平台”“上海‘一带一路’国家经贸合作信息服务平台”“上海市中小商贸流通企业公共服务平台”等多个政府公共信息服务平台及微信公众号。2016 年，在上海市人民政府颁布的《“十三五”期间上海建设国际贸易中心规划》中，“中国（上海）国际贸易中心平台”作为对上海国际贸易中心建设虚拟支撑的服务能力得到充分肯定。“上海外国投资促进平台”访问量稳中有进，已基本成为宣传上海外商投资环境的主要网络媒体和外资工作网上办事的主渠道。“上海‘一带一路’国家经贸合作信息服务平台”英文版和进口商品展示中心顺利完成建设并上线，为中国及上海企业走出国门提供服务支撑，更为外国机构及个人了解接触“一带一路”经贸领域合作理念提供渠道。“上海市中小商贸流通企业公共服务平台”在市商委机关党委的指导下，全年累计完成“三服务”相关工作应询 137 次，成为市商务委“三服务”工作重要窗口和抓手（图 1）。

图 1 2016 年 10 月 13 日，盖国平副主任为市商务委“三服务”窗口授牌

三、提质提速，促进研究分析综合水平提升

1. 开展电子商务及跨境电子商务试点企业调研和课题研究

“中心”会同跨境电子商务协会，配合市发改委经贸流通处、市统计局社会与科技处、贸易外经处，以及市商务委贸发处、电子商务处，走访调研上海市重点企业，为出台跨境电子商务综合试验区实施方案提供了强有力依据。同时，“中心”还承担上海市发改委的“新政策环境下上海市跨境电子商务发展趋势及对策研究”课题、“闵行区电子商务发展现状及规划”等课题研究工作。

2. 探索平台经济规范发展

配合上海市商务委市场体系建设处，加快构建现代流通治理模式。开展调查研究，起草上海市促进平台经济发展的实施意见，协助落实国内贸易流通体制改革发展综合试点任务。

3. 为上海市业务部门制定发展战略、发展规划、政策措施提供辅助服务

2016 年，“中心”主持撰写《2015 年上海市电子

商务报告》,并完成对上海市电子商务行业多类报表的统计汇总,向市、区、行业协会三级层面提供电子商务、平台经济专业数据及行业分析报告126个。完成“平台企业景气指数”编制及试测试点工作。编辑出版内部刊物《经贸决策参考》50期、《电子商务动态》22期、《外国投资促进平台快讯》22期。

四、精心培育,引导中小企业健康成长

“中心”依托“上海市中小商贸流通企业公共服务平台”及“上海市中小商贸服务港”,以工商联手、市区联动、政策保障为支撑,通过线上线下相结合的运作模式,为中小商贸流通企业提供信息咨询、管理提升、电子商务、市场开拓、融资对接、创业辅导、集采分销、商业特许经营、品牌建设、商务诚信、会议会展等方面的服务。已储备备案服务机构107家、中小商贸企业1 356家,在线提供服务产品219项。2016年,“中心”与市场活跃度高、影响力大的平台型企业、社会组织等合作,共同搭建以中小微企业创新创业为主题的“上海华讯科技创业中心”孵化基地、华创电商分会等社会组织,为中小企业网购领域创新创业提供了全新的渠道与服务体系(图2)。

图2 2016年4月13日,“中心”举办“如何与德国企业开展贸易合作”主题交流活动,联合国贸易网络柏林网点主席向与会企业介绍如何在德国开展贸易活动

五、扩大影响,产生合作交流溢出效应

2016年,“中心”积极组织参与各类活动,以扩大影响、广交朋友并及时了解行业动态。“中心”主办、协办或者参与的大型政策宣讲、论坛、展会及活动达十几场,向行业协会、企业及各类服务机构开展了形式多样的政策宣推活动,日常还开展现场一对一政策咨询辅导。通过上述活动向企业、个人及区县、外省市有关单位直接提供的咨询、对接、帮扶等服务共计多达上万人次。“中心”还组派代表团参加第十七届世界贸易网点联盟成员年会和第十五届世界贸易组织公共论坛,进一步保持与世界各国贸易网点的沟通交流,促进中小企业融入全球在线贸易促进服务体系(图3)。

图3 2016年9月25日,“中心”组派代表团参加联合国“第十七届世界贸易网点联盟成员年会”

(王颖)

贯彻落实国家粮食安全战略 为粮食安全提供有力保障

一、上海粮食产购销总体情况

2016年,上海市全年粮食播种面积14.01万公顷,比上年减少2.18万公顷,降幅13.5%;粮食总产量99.5万吨,比上年下降11.2%;单产为每公顷7102公斤,比上年增加2.6%。夏粮播种面积3.96万公顷,比上年减少1.73万公顷,降幅30.4%;总产14.84万吨,比上年减少9.81万吨,降幅39.8%,其中小麦播种面积3.26万公顷,比上年减少1.29万公顷,降幅28.4%;产量12.09万吨,比上年减少7.81万吨,降幅39.2%。秋粮播种面积10.03万公顷,比上年减少0.48万公顷,降幅4.6%;总产84.7万吨,比上年减少2.8万吨,降幅3.2%,其中水稻播种面积9.51万公顷,比上年减少0.27万公顷,降幅2.8%;产量81.8万吨,比上年减少2.3万吨,降幅2.7%。

上海市年粮食需求量622.9万吨左右,其中,口粮426.5万吨,饲料用粮124万吨,工业用粮70.6万吨,种子1.8万吨;上海市食用油年消费量在49.8万吨左右。上海市郊区提供粮源约16%,80%以上粮源需从国内采购和国外进口。上海市累计收购小麦7.6万吨,比上年下降55.3%,其中国有购销企业收购3.37万吨,比上年下降55.2%;收购粳稻62.5万吨,比上年增长6.6%,其中国有购销企业收购40.7万吨,比上年下降6%。9个大中型粮食批发市场全年粮食交易总量75.6万吨,其中粳米41.6万吨、食用油2.6万吨,上海粮食交易中心批发市场网上交易粮食102万吨,发挥了吸纳粮源、活跃流通、保障供应的重要作用。

二、2016年上海粮食工作

2016年,上海市各级粮食部门认真贯彻国家粮食安全战略,积极落实市委、市政府工作要求和国家粮食局工作部署,着力推进粮食流通各项工作,为上海市粮食安全提供了有力保障,实现了上海粮食流通规划顺利进行。

1. 贯彻落实粮食安全省长责任制

2016年是粮食安全省长责任制的首考之年,市政府高度重视,周波副市长组织召开上海市粮食安全工作联席扩大会议,全面部署落实相关工作。在各方的共同努力下,按计划按步骤地推进,有效发挥责任制在保障上海市粮食安全方面的抓手作用。在市级层面建章立制抓推进。会同有关部门制定实施上海市考核办法、考核工作方案、2016年度考核评分细则和针对市属政策性企业的考核评估办法,建立联席会议各成员单位工作协调机制、联络机制和“申城粮安”工作微信群,在此基础上,通过研究验证材料、开展考核培训、对口联系指导、梳理补齐短板等工作,确保工作推进有序有效。在各区和企业层面,积极对标抓落实。各区和有关企业对标国家及上海市的工作要求,抓早启动,建立相应的联席会议制度或成立专门的考核工作小组,协调推进工作;逐条对照考核要求,采取有力措施争取补短板;骨干粮食企业结合粮食政策性业务和企业日常经营活动,推进贯彻落实(图1)。

图1 2016年8月22日,上海市召开2016年度上海市粮食安全工作联席扩大会议,部署落实粮食安全省长责任制和考核相关工作,副市长周波(左)出席会议并作重要讲话,市政府副秘书长金兴明(右)主持会议

2. 不断提升粮食供应保障能力

着眼于全面提升今后上海市粮食流通工作水平和特大型城市粮食供应保障能力,编制发布上海粮食流通发展"十三五"规划,并着力提升供应保障能力。2016 年,在供应保障方面重点推进了以下几项工作。

粮食收储机制进一步完善。在粮源组织方面,针对近年来粮食市场出现的收储矛盾,与上海市财政、上海市农委等部门积极沟通协调,研究制定了《上海市小麦、稻谷最低收购价执行预案》(简称《预案》),经市政府同意,在秋粮收购期间启动实施。有关区和粮食企业认真贯彻执行《预案》,积极采取措施,确保敞开收购,切实保护种粮农民利益,2016 年全市各类粮食企业共计收购粮食 71.4 万吨。在储备粮管理方面,有序组织地方储备粮油轮换,推进轮换市场化运作,全年轮换市级储备粮 70.12 万吨,网上政策性粮食竞价交易 77 万吨,较上年增加 12 万吨,增幅 18%。同时,进一步规范推进市级储备粮"藏粮于企"管理,加强地方储备粮轮换出入库质量抽检,确保了粮食储存质量安全。

图 2　2016 年 10 月 16 日,上海市商务委副主任、市粮食局局长盖国平(右一)一行视察崇明粮食生产基地收割现场、大米加工车间及丰收日活动开展情况

粮食市场能级逐步提升。上海国家粮食交易中心全年交易量超 100 万吨,区政策性粮食进场交易覆盖率达到 89%。在粮食批发市场建设方面,开展粮油批发市场专题调研,加强市场发展规划。各区也积极加强市场供应网络建设,设立粮油供应网点,收到较好成效。此外,还制定上海市军粮资格认定实施细则,推进上海市军粮粮源采购通过竞价模式进行,健全军粮筹措机制,确保军粮供应质量稳定(图 2)。

3. 有序推进"粮安工程"建设

在国家粮食局的统一部署下,经过认真调研和沟通协商,研究编制上海市"粮安工程"建设实施方案,并经上海市政府同意后发布实施。

粮食仓储设施建设取得新进展。35 万吨增储建库项目已基本完成建设任务,已发挥预期作用。全面启动现有"危仓老库"维修改造工作,全市完成维修改造仓容 6.2 万吨。

粮情监测和应急保障进一步加强。通过深化粮食流通统计制度改革,制定实施《上海粮食市场监测管理暂行办法》,优化监测网点布局,运用信息化手段加强监测数据统计分析,调整市级应急加工、运输企业等,进一步提升粮情监测分析和应急保障工作水平。全市设立零售监测点 232 家,市级直报点 34 家,粮食应急加工企业 16 家,其中市级 11 家,市区两级应急加工能力较 2015 年增加了 2 700 吨。

4. 加强粮食依法行政

粮食行政审批制度改革不断深化。按照国务院批复精神和上海市委、市政府的统一部署,积极推动在浦东新区开展粮食收购资格认定"证照分离"改革试点工作,并逐步在全市推广,提高审批透明度和可预期性。

粮食法治工作更加规范。积极开展权力清单和责任清单清理,形成上海市粮食系统统一版本的行政权力清单和行政责任清单。推进"双随机、一公开"监管工作,形成市、区两级粮食行业抽查事项目录,研究制定随机抽查工作细则,建立检查对象名录库和执法检查人员名录库。

粮食流通监管不断夯实。依法加强粮食收购、储存和政策性用粮等的监督检查和质量卫生监管,并重点推进粮油库存检查、行业安全储粮和安全生产工作,确保粮食存储安全。协同市场监管部门部署做好针对小麦粉加工及深加工和超标粮食处置等工作,进一步夯实上海市粮食流通联合监管和案件查处通报工作机制。加大监管资金投入,2016 年共投入粮食质量检查经费

259.9万元，比上年增长8.4%，为提升监管效能提供了有力保障。

一年来，粮食局还在加强信息化建设和应用、开展“两学一做”学习教育、加强干部队伍、党风廉政和作风建设、提高履职能力等方面都取得了新的成绩，为做好粮食流通工作提供了坚强保障。（上海市粮食局）

上海国际贸易中心建设实现“十三五”良好开局

2016年初，上海国际贸易中心建设被纳入全国《商务发展第十三个五年规划纲要》的区域协同开放重点工程项目。2016年8月5日，上海市政府印发《“十三五”时期上海国际贸易中心建设规划》，提出“1＋4＋6＋8”的总体框架，明确到2020年上海基本建成国际贸易中心的目标。

2016年，面对严峻复杂的外部经济环境，上海主动顺应经济全球化新趋势，聚焦发展新理念，夯实现代市场体系和贸易投资制度环境体系两大支撑，积极采取一系列政策措施，既突出稳增长又注重调结构，以贸易集聚、资源配置和贸易创新为核心的上海国际贸易中心功能得到进一步深化，上海国际贸易中心建设实现“十三五”良好开局。预计全年商品销售总额突破10万亿元，比上年增长7.5%；社会消费品零售总额增长8%，规模再次跃居全国中心城市首位；电子商务交易额增长20%；货物进出口实现正增长，服务进出口突破2 000亿美元；实到外资与上年基本持平，对外直接投资增长40%左右；展览业展出面积居全球城市前列。

1. 聚焦自贸试验区制度创新贸易制度环境建设实现新突破

自贸试验区商务领域制度创新取得新进展。平行汽车进口试点解决了3C强制认证、海关归类、检验和落地征税等问题，截至目前已有近1 400辆平行进口车辆实现报关。金属、化工、棉花等6家大宗商品交易中心上线运行，市场准入、市场监管等制度逐步健全。新加坡国际仲裁中心、国际商会仲裁院等国际商事争议解决机构在区内设立办事处，提升了上海经贸法律服务的国际化水平。内资融资租赁试点企业实现内外资准入的公平统一。助推国际贸易“单一窗口”建设提速。国际贸易“单一窗口”2.0版上线运行，汇集整合贸易监管和通关作业全流程。亚太示范电子口岸网络首个试点项目启动建设。投资管理制度改革持续深化。外商投资企业设立及变更全面实行备案管理，新设企业所需提交的材料大幅减少，办理时间缩减至3个工作日，大大提升外商投资便利化程度。探索重点领域事中事后监管，建立融资租赁企业报送信息异常名录和黑名单制度。建立“重点企业首问联络员”制度，确定首批190家提供“一对一”重点服务的外资企业。公平贸易工作机制更加完善。率先开展产业安全预警监测分析和贸易调整援助试点，初步形成涵盖9个制造业和3个服务业的产业安全预警体系。积极组织、帮助企业妥善应对贸易摩擦案件50余起，服务企业800余家。

2. 聚焦对外贸易优进优出，上海外贸竞争取得新优势

认真落实稳外贸各项举措。制定实施促进外贸回稳向好、加工贸易创新发展等一系列政策措施，深化进出口环节收费清理，推动落实出口退税分类管理，加大财税和金融支持力度，切实减轻企业负担。引导各类出口示范基地吸引具有自主品牌、核心技术的企业，新设墨西哥、智利等一批国别商品中心，累计已超过10家。外贸新业态发展持续发力。出台上海跨境电商综合试区实施方案，建立跨境电商公共服务平台，新设4个跨境电商示范园区，进口额增长了8倍。完善外贸综合服务企业管理办法，认定一批外贸综合服务试点企业，协调监管部门给予通关、退税等便利化措施。制定邮轮船供贸易监管方案，加快邮轮船供贸易发展。服务贸易发展力度加大。成功获批国家服务贸易创新发展试点，出台上海市实施方案。缩短技术进出口合同登记办理周期，简化申报流程，促进技术贸易发展。实施加快促进服务贸易发展三年行动计划，推进服务贸易、服务外包示范基地示范项目建设，培育形成文化、中医药等新增长点。展览业创新发展成效初显。出台展览业改革发展实施意见，建立促进展览业改革发展联席会议组织框架和工作制度。成功举办第四届上交会和首次上交会海外展，成为国家级科技创新交流和国际技术贸易合作平台。引进中国国际电梯展等国际知名、国内领先的展会，第83届国际展览协会(UFI)会员大会在沪举行，推动国际展览协会在上海设立常驻机构。

3. 聚焦投资贸易深度融合，高能级贸易主体呈现新活力

外商投资企业继续在全市外贸中占60%以上的比重，2016年认定的94家首批贸易型总部共实现营业收入与交易额占全市对内对外贸易总量1/3。总部经济持续深化发展。2016年新认定跨国公司地区总部41家，其中亚太区总部15家，累计分别达576家和54家。新增外资研发中心14家，累计达410家，其中全球研发中心40余家，已成为吸引和培育全球高端创新要素的重要载体。加强双向投资促进助推企业全球布局。完善市、区、开发区三级投资促进工作网络，强化引进来、走出去各类信息平台建设。启动“一区一业”招商计划，编制完成《先进制造业招商手册》，引进一批先进制造业和现代服务业企业。加强境外投资促进工作网络建设，为企业提供30个国别和11个行业领域投资指南，发布境外安全风险防范指南和跨国经营行为指引，支持企业走出去参与全球布局。

4. 聚焦内需市场能级新消费创造贸易新供给

国际消费城市建设加快推进。在黄浦、静安设立国际消费城市示范区，聚焦政府职能转变、商业服务水平提升、品牌集聚与创新等重点，引领国际消费城市建设。健全会商旅文体联动合作机制，22个会商旅文体联动重点项目年吸引客流逾4 000万人次。成功举办以“女人的上海——新消费、新体验、新联动”为主题的第十届上海购物节，推出上海伴手礼和魔都消费卡。上海时装周作为全球第五大时装周的国际影响力逐步提升。重点商圈、重点商业项目建设和改造升级加快。积极开展智慧商圈建设试点，连续三年滚动实施90项商业转型升级重点项目建设，涉及总投资793亿元，商圈商街商店等消费载体调整转型成效明显，南京西路等知名商圈零售额增速重回两位数。境外旅客购物离境退税政策深入实施，2016年截至11月底，全市235家退税商店退税物品销售额达2.36亿元，业务量居全国之首。新消费引领工程启动实施。出台促进新消费发展三年行动计划，大力培育品质消费、时尚消费、信息消费、服务消费、文化消费、体育消费等新兴消费热点，消费升级势头明显加快，商品＋服务、线上＋线下、零售＋体验等各类融合业态发展迅猛。生活性服务业提质发展加速。启动家政服务、餐饮服务、美丽时尚服务、幸福婚庆服务、家电维修服务等五大生活性服务业提质计划。在长宁区设立“互联网＋生活性服务业”创新试验区，“一照多址”等政策创新试点取得重要进展。开展家政持证上门服务试点，推动从业人员职业化、服务机构规范化，已有50家服务机构13 576名从业人员经培训获得家政上门服务证。在薄弱社区和大型居住区新建改建标准化菜市场102家，建成早餐示范门店32家。

5. 聚焦现代市场体系，贸易流通能级迈上新台阶

国家内贸流通体制改革发展综合试点形成一批可复制可推广成果。围绕“流通创新、市场规则、市场治理”三大领域，完成全部12个方面37项内贸改革试点任务，形成以商务信用为核心的现代流通治理模式等9项可复制推广成果。平台经济发展持续加快。积极推动商品交易市场转型升级，在金属、石化等领域建成了4家千亿级、16家百亿级的功能性平台，认定首批94

家贸易型总部。2016 年前三季度平台经济交易额增长 10%，外省市买家和卖家交易额占比接近一半。系统构建城市物流服务标准体系，降本增效成果显著，供应链效率提升 35%，综合物流成本平均降低 15%。全球电子商务城市建设稳步推进。出台大力发展电子商务加快培育经济新动力的实施方案，推进"互联网＋商务创新实践区"建设，与东方网合作开展社区电子示范点建设。深化中美"互联网＋"协同创新联盟机制，中美"互联网＋"商务网站正式上线。主副食品市场供应和零售体系建设加快推进。上海在江苏、山东等地建立首批 6 个蔬菜生产外延基地，推动西郊国际等建立"批零联盟"的主副食品流通新模式，实现主批发市场直接集散、配送到零售终端。大力发展自助售菜机、网订柜取等农产品零售新业态，累计在社区、商务楼宇等建成智慧微菜场 1 064家。商务诚信建设取得新进展。开通商务诚信公众服务平台，在全国率先打通公共和市场信用数据壁垒，为构建政府监管、行业自律、企业自治和社会监督的新型流通治理模式奠定基础。开展单用途商业预付卡专项治理，排摸企业近 2 万家，对 118 家涉嫌违规企业进行集中整治，市民投诉明显减少。

6. 聚焦服务辐射功能贸易发展拓展新空间

全球投资贸易网络加快拓展。积极向国家争取将 G20 贸易部长会议机制化后的首次会议放在上海举办，圆满完成会议各项协调保障任务。上海已与新加坡、捷克、土耳其等 14 个"一带一路"沿线国家经贸部门和重要节点城市建立经贸合作伙伴关系，在贸易、金融、能源、装备制造等领域累计推动一批重点项目。吉布提港口、东帝汶一号公路等互联互通和基础设施建设项目进展良好，上海企业投资开发的印尼青山产业园成功纳入国家级境外经贸合作区。深入推进长江经济带和长三角区域市场一体化建设。建立长三角区域物流标准化托盘循环共用体系，推动区域农产品市场管理制度、发展规划、行业标准的衔接，促进产销对接，建立安全、高效、畅通的区域农产品流通体系。依托长三角区域市场一体化发展合作机制，牵头开展打击侵权假冒工作，互联网领域整顿市场秩序力度进一步加大，长三角跨部门、跨区域执法协作取得积极进展。在商务部支持下，上海与江苏、重庆、四川等长江经济带沿线省市建立了国家级经开区合作机制，支持长江经济带沿线开发区在上海举办招商会、推介会等活动，共同加强人才、产业、园区等领域的交流合作。

7. 提能级强功能补短板加快实施 8 个专项行动计划

2017 年是推动"十三五"规划实施的关键一年。上海将全面深刻理解和把握稳中求进的总基调，积极融入和主动服务国家战略，以提能级、强功能、补短板为主线，夯实统一开放竞争有序的现代市场体系、高标准的贸易投资制度环境体系两大支撑，聚焦引领、创新、提质、提速，加快实施 8 个专项行动计划，推动国际贸易中心建设上新台阶。

实施新消费引领专项行动计划，加快培育形成经济发展新供给新动力。实施"上海优礼"计划，培育一批优礼品牌产品和品牌商店。加快培育一批本土品牌商品和具有高品牌价值的商业企业，扩大上海商业在全球影响力。加快功能优化、业态调整和形态改造，发展具有国际影响力和美誉度的世界级商圈和商业街。深化会商旅文体联动发展，建设一批会商旅文体联动发展示范平台与示范项目。优化消费综合环境，增强对境内外消费者的吸引力。弘扬诚信商业文化，规范市场秩序，降低流通成本，提升消费体验。推动离境退税商店备案机制便利化。

实施优进优出引领专项行动计划，加快提升上海产业在全球价值链中的地位。开展"自主品牌出口增长计划"，培育一批具有全球影响力的自主品牌。推进"国际营销网络覆盖行动"，培育一批国际知名度高、影响力大的国际会展平台。巩固美、欧、日等传统市场，支持企业走出去开拓中东、拉美、非洲、中亚等新兴市场。促进加工贸易创新发展，推动加工贸易与服务贸易深度融合。扩大先进技术设备和关键零部件等进口，服务"四个中心"和具有全球影响力的科技创新中心建设。积极扩大消费品进口，稳定大宗商品进口规模。

实施市场流通创新专项行动计划，加快构建统一开放、竞争有序的现代市场体系。大力发展平台经济，深入推进自贸试验区内金属、矿产、能源、化工、农产品等大宗商品保税交易平台建设。实施“互联网＋流通”计划，推动互联网技术在商业领域的创新应用。建设国际贸易中心现代物流服务体系，建设长三角物流标准化的公共信息服务平台。完善国际贸易中心的新型流通治理模式，建设商务诚信公众服务平台，在大宗商品、家居流通、网络零售等领域试点建设一批市场信用信息子平台。

实施服务贸易创新专项行动计划，加快建设全球服务贸易中心城市。创新服务贸易发展模式，加快服务外包业务转型升级。打造一批具有较强国际竞争力的大型跨国服务业企业和服务品牌，引导中小服务企业融入全球价值链。创新服务贸易促进体系，培育3～5家“上海国际服务贸易总部示范基地”，认定一批上海市服务贸易示范基地(区)和示范项目，推进国际教育、医疗旅游等领域的公共服务平台建设。创新制度设计，逐步放宽服务贸易各领域商业存在注册资本、股权比例、经营范围等方面准入限制，推进金融、教育、文化、医疗、育幼养老、建筑设计、会计审计、商贸物流等服务领域对外开放。

实施生活性服务业提质专项行动计划，加快推进生活性服务业便利化、精细化、品质化发展。在家政服务业、餐饮服务业、美丽时尚服务业、幸福婚庆服务业、家电维修服务业五大生活性服务业领域提升服务品质，到“十三五”末实现家政持证上门服务覆盖率80%以上，创建5 000家绿色餐厅，推进美容健康产业基地建设，打造中国(上海)现代婚博会、全国婚礼时尚周等婚庆品牌活动，打造一批家电维修品牌企业。推进“互联网＋生活性服务业”创新试验区建设，推进技术和业态创新。实施“服务到家”计划。布局100家左右集养老、家政、洗衣、餐饮、维修、理发、生鲜、寄存、快递等为一体的社区便民生活服务示范区，解决“最后一公里”服务难题。

实施总部经济提质专项行动计划，加快提升上海在国际经济竞争中的地位和影响力。推进亚太运营商计划，推动形成亚太区的订单中心、供应链管理中心和资金结算中心。加快引进外资研发中心，鼓励具有国际国内资源配置能力的企业在沪设立贸易型总部。培育一批具有国际知名度和影响力的本土跨国公司，支持和引导企业投资并购境外高新技术企业，设立境外研发和孵化基地，支持和引导企业扩大营销平台、知名品牌和优质消费品的投资与并购，在上海自贸试验区探索建设跨境股权投资中心。

实施贸易便利化提速专项行动计划，加快对接国际高标准贸易规则体系。推进自贸试验区贸易监管制度创新，力争形成一整套具有国际竞争力、与开放型经济新体制相适应的海关、检验检疫、外汇和税收监管制度框架。开展跨境电商综合试验区建设，营造有利于跨境电子商务发展的制度环境。加快提升政府行政效能，加强部门协同，深化国际贸易“单一窗口”建设，强化大通关协作机制。建立对接国际贸易通行规则、适应新型贸易业态发展的管理体制，推进APMEN亚太示范电子口岸能力建设，在相关电子口岸之间开展商品供应链数据互通、原产地证书无纸化等试点项目。

实施装备走出去提速专项行动计划，加快参与布局全球产业链、价值链、供应链和创新链。支持上海装备制造企业参与“一带一路”沿线国家互联互通项目建设，鼓励装备制造企业通过并购、参股、合作等方式，获取境外知名品牌、营销网络和先进技术。鼓励境外承包工程模式创新，支持企业探索以项目管理总承包、建设—经营—转让、公私合营等方式承接境外工程项目。加快装备走出去基地建设，建设“上海市装备走出去和国际产能合作示范基地”，形成装备制造业规模和品牌效应。优化调整相关财政支持政策，推动政策性金融机构、私募资本等与企业有效对接，助推上海市装备制造业走出去。强化走出去公共服务供给，打造信息服务、融资服务、投资促进、人才培训、风险防范等“五位一体”的公共服务体系。

(国际商报)

2016年市商业联合会各项工作稳中求进

2016年，上海市商业联合会围绕国际贸易中心建设的目标，认真贯彻全市商务重点工作，坚持“联合、服务、自律、创新”的宗旨，聚焦创新转型、市场繁荣、诚信兴商、品牌建设、自身建设，稳中求进地推动各项工作。

一、搭好平台、建好渠道，助推创新转型

面对中国（上海）自由贸易试验区先行先试和“新技术、新产业、新模式、新业态”的蓬勃发展，我会牢牢把握“创新”这条主线，助推商业健康发展。

1. 发挥创新引领平台作用

在经济新常态、市场新环境下，我会适时抓住上海商业的发展重点、转型难点和消费热点问题，通过多平台、多渠道、多形式与会员单位进行讨论和研究。一是在第四届十次会长会议上，特邀上海市商务委刘敏副主任作“推进上海国内贸易流通体制改革”的主题演讲。二是在2016年企业家沙龙上，邀请上海市政协经济委员会张新生住任作“供给侧结构性改革与创造消费”的主题报告。三是在区联络委员会第十次全体会议上，围绕“引领新消费、培育新供给、增添新动力”的主题组织各区商联会开展工作大讨论。四是在食品药品行业联络委员会第六次活动上，围绕“食品行业与供给侧结构改革”的主题展开座谈。通过对新现象、新要求、新趋势的深入讨论和交流，发挥引领前瞻作用，为会员单位借鉴先进经验，开拓创新视野起到推动作用。

2. 开展质量提升专题调研

根据《上海市质量发展规划（2011—2020年）》和市政府“2015上海市质量创新工作”专题会议的要求，我会牵头10家行业协会和区商联会、89家企业集团围绕商业系统“准入制度如何进一步改进、市场监管如何进一步优化、服务措施如何进一步完善”等质量提升工作进行专题调研。递交《关于质量创新工作的调研报告》，切实反映企业质量管理的成功经验、迫切需要解决的问题和提升质量工作的诉求，为上海市质量工作创新献计献策。同时，我会还完成《2015年度上海商业质量分析报告》、赴松江区对区域商业发展和区商联会工作进行调研。

二、促进消费、扩大内需，助推市场繁荣

为了推进上海商业全面发展，配合“国际贸易中心”建设的目标，我会紧跟商业发展步伐，体现行业联合优势，积极整合会员单位和社会商业资源，促消费、扩内需、惠民生，发挥新消费引领作用。

1. 做好购物节组织发动

2016年是上海购物节十周年，本届购物节紧扣“新消费、新体验、新联动”的主题，从9月9日至10月9日历时一个月，推出主题活动500项，其中重点活动100项。2016上海购物节进一步创新办节思路，深化“互联网＋”概念。在开幕当晚推出了全城大屏秀、同步“摇一摇”等互动环节，策划了贯穿全程的“玩转购物地”活动，帮助线上企业推广、帮助线下商户引流，体现上海商业打造“开放创新的新消费引领平台、面向全球旅游者的新消费吸引平台、会商旅文体联动的新消费融合平台”的美好愿景。作为承办单位，我会积极配合市商务委做好组织发动、充实工作力量，承担十周年评选表彰活动的组织评审工作，为购物节的成功举办发挥了积极作用。

2. 打造行业品牌活动

我会与上海连锁经营协会积极推进连锁加盟产业发展，在上海世博展览馆举办第24、25届上海国际连锁加盟展览会。云集餐饮、零售、

服务等30多个行业的海内外优质连锁品牌，参展规模、品牌数量等都再创新高。同时，我会还支持会员单位打造一批品牌活动来扩大自身影响。如国际黄金珠宝节、国际茶叶博览会、国际美容美发节、海派美食联展联销活动、汽车销售服务节、百家药店进社区、金品迎金秋·购物乐分享等，都取得良好的市场效果，为"更好发挥新消费引领，加快培育形成经济发展新供给新动力"起到推动作用。

3. 加强国内合作交流

为了推进长三角流通一体化进程，我会在2016江苏省太仓(上海)招商投资说明会上与太仓市商务委签署《战略合作协议》，双方共同搭建沪太两地商贸流通业交流合作平台，促进商贸业规划体系、市场监管、市场信息和信用体系的互联互通，积极融入上海国际贸易中心建设。在青岛召开的2016全国部分经济中心城市商业联合会(总会)联席会议上，我会与兄弟城市商联会(总会)代表就商协会改革和脱钩背景下的经验做法等进行交流讨论。

三、加强引导、强化自律，助推诚信兴商

商业诚信是上海市信用体系建设的重要组成部分。为了加快商业"软环境"建设，夯实商业可持续发展的基础，我会积极强化行业自律、规范经营行为，营造健康有序的市场环境。

1. 开展诚信兴商活动

根据《商务部关于加快推进商务诚信建设工作的实施意见》，商务部、中央宣传部等18部门《关于开展2016年"诚信兴商宣传月"活动的通知》要求，我会积极动员会员单位开展"诚信兴商"活动，助推社会诚信建设。一是通过多种平台、多种形式、多种手段参与到现代社会治理体系建设。医药商业协会发出"履行守法承诺，规范经营行为，保障药品安全"倡议；单用途预付卡协会、企竞中心营造"预付卡放心消费"的良好环境；餐饮烹饪协会开展创建绿色餐厅活动；眼镜、服装鞋帽等协会研究质量工作政策，推进上海名牌战略，协同应对突发事件；食品协会、虹口区商联会推进质量诚信进社区，向广大市民宣传食品安全知识；糖烟酒茶协会动员会员企业开展"诚信、共赢、负责任"等活动。二是召开专题会议加强"诚信兴商"宣传力度。在市商务委的支持下，我会主办2016年"诚信兴商"暨"创先争优"总结宣传推广会议。介绍上海市商务诚信平台建设情况，表彰食品协会等10家"商务诚信建设重点推进行动计划"示范单位。同时，我会还积极参与到市商务委对各区"打击侵犯知识产权和制售假冒伪劣商品工作"绩效考核，指派专人配合做好组织工作。

2. 组织国际消费者权益日活动

消费维权是社会关心的热点问题，由我会与静安区消保委、区市场监管局联合主办，区商务委、区商联会及23家行业协会共同协办的"新消费，我做主——2016年3·15国际消费者权益日"大型宣传咨询服务活动在静安公园、大宁国际广场分两个会场举行。这是市区联手、联动、联合，共同营造良好消费环境和市场环境的又一次尝试，也是集各方力量为倡导诚信经营、宣传商品知识、解答消费咨询，解决消费纠纷的生动实践。据不完全统计，本次活动共接受咨询、服务5 022件，发放宣传资料5 170份，发布公益短信874条。市消保委主任杨定华等深入现场考察指导。解放日报、新民晚报等多家主流媒体对本次活动进行了报道。

3. 加强知识产权保护工作

面向建设亚太知识产权中心城市的长远目标，我会继续通过"双真"承诺活动推进商业领域知识产权保护工作。2016年，全市的承诺单位达到277家。我会配合市知识产权局通过座谈交流、中期调查、案例征集、人员培训等形式，加强了承诺单位的知识产权保护力度。同时，我会还配合市知识产权局推进了第一批规范化市场的认定，指导市场做好验收材料的准备工作。经过国家知识产权局专家评审，并结合委托社会第三方机构开展的规范化市场知识产权保护满意度调查结果计算测评总分，雷允上药业西区有限公司等6家市场被认定为第一批国家级知识产

权保护规范化市场，占全国30家的20%，名列全国第一。

4. 推进企业诚信创建活动

在由市企业诚信创建活动组委会与市文明办、市经信委、市商务委等共同主办的“2016上海企业诚信建设宣传教育巡展活动”启动仪式上，我会代表活动组委会进行巡展活动介绍。在市人大财经委、市文明办、市经信委等部门主办的上海社会信用立法系列宣传活动启动仪式上，我会代表创建活动主办单位对7家首批上海企业诚信建设宣传教育巡展基地授牌。

四、夯实基础、树立典型，助推品牌建设

品牌是市场竞争的核心价值。我会坚持把推进商业品牌建设作为重点工作，不断夯实基础、提升品质，培育典型、树立标杆，为商业健康发展注入正能量。

1. 做好质量促进会工作

2016年是我会接任市行业质量工作促进会秘书长单位的第三年，我会坚持把促进会工作抓好抓实。先后以“回眸2015重质量，展望2016创新篇”“提高服务质量，优化市场环境”“科技创新促进品牌建设，质量创新助推行业发展”为主题，推进成员单位的品牌建设、标准制定、质量监管、风险防范意识，为形成行业协会与市质量技术监督局等市场监管部门在参与质量整治、监督、提升中的互补机制发挥了积极作用。按照促进会章程，我会7月份已将轮值秘书长单位移交给现代服务业联合会，并就我会担任促进会轮值秘书长单位期间的工作进行总结。

2. 推进上海名牌工作

按照《上海名牌（服务）评价通则》，我会牵头百货、连锁、中药等协会起草完成了《上海名牌（服务）评价细则：第2部分 零售业服务（草案）》制定，并就相关标准征求相关行业和企业意见后已报送市质量技术监督局。同时，我会还配合市名推委、市商务委做好2016年度商业零售类行业33家申报单位的上海名牌（服务）材料初审，并形成书面报告。

3. 开展创先争优活动

根据商务部开展“商贸服务业优质服务活动”的要求，我会把树典型、立标杆，培育行业正能量作为展示窗口形象、推进诚信经商、积累发展后劲的重要抓手。一是树立典型。经各会员单位推荐、专家评审，我会评选命名了沈建华等2016年上海商业十大杰出人物，以及31个商业服务品牌（柜组）、14位商业服务品牌（个人）、28位技术能手，19位销售能手、140个优质服务先进集体、119位优质服务先进个人。同时评选出30个行业协会/区商联会先进集体、42位行业协会、区商联会优秀工作者。二是扩大宣传。这项获得表彰的先进中，既有勇于创新的杰出人物，也有兢兢业业的一线员工；既有企业转型升级的事例，又有新兴业态发展的代表；既有学习新技术、钻研新技能的能手，又有弘扬真善美、传播正能量的标兵。通过梳理他们的先进经验和事迹，我会编印成《人物·品牌·能手》第六册，供全市商业单位和职工学习、宣传。

4. 参与全国先进推荐

在中商联开展的“2015年全国诚信兴商双优示范企业”和“2015年全国商业诚实守信道德模范”评选活动中，我会精心组织、广泛宣传、积极推荐，第一医药股份有限公司等9家单位荣获“2015年全国诚信兴商双优示范单位”称号；东方电视购物李岷纲等12位个人荣获“2015年全国商业诚实守信道德模范”称号。在全国商业企业信用等级评价中，由我会推荐的新世界股份有限公司等11家单位获商业企业信用评价3A级信用企业称号。

五、提升能力、做好服务，推进自身建设

面对双脱钩这一形势，我会积极思考行业协会“脱钩转型和工作机制转换”，探索行业协会完善功能定位、创新服务模式、自主独立发展的新途径，不断提升服务能力，做好服务工作。

1. 开展收银员职业技能竞赛

根据中商联、中国银联、全国妇联等《关于举办第七届“银联杯”全国商业服务业收银员职业技能竞赛的通知》精神，我会与银联上海分公司、市妇联、市商业行业工会，经过广泛发动和海选，共有400余名收银员参加初赛，覆盖全市主要大中型商户。经过初试、复试、操作考等激烈角逐，选出上海地区赛一二三等奖选手共3名，7家单位获优秀组织奖。

2. 做好人才培训和等级评估

针对商业从业人员流动性大的特点，为了满足会员企业对培训的需求，减轻企业负担，我会积极发挥培训中心作用，明确培训工作要与专业协会有错位、有补充。目前，已经组织开展商铺作业专项职业能力、收银员(五级)、食品安全管控专项职业能力培训，并纳入政府补贴培训项目，促进商业单位干部职工职业技能水平的提升。同时，会同商业法制专委会配合市商务委组织召开商贸流通企业法制培训会，推进企业法律风险防控，构建上海市商贸流通新格局。同时，我会还继续推进商业行业协会评估工作，完成对酒吧、文化用品行业协会3A级的等级评估工作，以及对典当行业协会4A级的评估初审工作。

3. 有序开展各类学习活动

为了加强会员单位的凝聚力，我会组织各类学习考察活动加强沟通、联系。在“三八”国际劳动妇女节到来之际，我会与市劳防用品协会、市餐饮烹饪协会联合组织女会长、秘书长、支部书记赴浙江海宁参观考察。组织部分会员企业赴崇明岛考察长江口中华鲟自然保护区、考察张铁军珠宝集团投资兴建的“上海国际品牌珠宝中心”项目。组织部分协会秘书长考察苏宁物流中心等。

4. 增强商联会信息的交流

全年编辑发行《上海商联》(双月刊)杂志6期，刊物固定栏目稳定在15个左右，每期文字量在7万字以上，全年累计刊载246篇稿件，总印量达到4 800册。《上海商联》刊物的发行，体现上海商业特色特色，贴近会员、贴近行业、贴近形势，成为对外交流和行业形象宣传的新媒介和新窗口，也为会员单位提供一个信息互动、动态交流、决策服务、理论探索与反映呼声的新平台。刊物发行后受到行业内外、市内外读者的好评，稿件多次被多家内刊引用。

5. 继续推进慈善义卖工作

我会与市慈善基金会、市文明办、市商务委、市老年基金会联合开展“蓝天下的至爱——2016年千店义卖”活动。在为期一周的活动期间，全市共有超过千家的爱心企业、商家共同亮出活动标识，积极参加本次“千店义卖”活动。活动所募集的善款用于为上海市失智失明老人、高龄独居老人和贫困老年人提供救助，送上一份温暖和慈善关爱。(王晨)

2016年上海商务发展研究与市场监测实现“双丰收”

2016年，上海商务发展研究中心围绕上海商务发展工作重点和热点，密切联系上海商务经济发展实际情况，以商业流通和开放经济领域为主，为商务部、上海市商务委和商务行业提供了具有较高质量的决策咨询研究报告和内参专报数十项，主要专报质量有所提高，多次受到各级领导好评。

一、积极为领导决策服务，持续提高业务工作质量

1. 积极开展决策咨询课题研究

一是为政府决策咨询建言献策，完成商务部

国家层面重点课题并受到好评。2016 年，完成商务部委托课题世界经济形势研究报告，形成《2016 年一季度世界经济形势分析报告》《2016 年上半年世界经济形势分析报告》《2016 年第三季度世界经济形势分析报告》，被商务部政研室内刊《调研与参考》采纳形成内参上报中央办公厅、国务院办公厅。在商务部的大力支持和帮助下完成了《2016 中国技术贸易发展报告》，并在第四届中国（上海）国际进出口交易会开幕式上正式发布。

二是服务委领导，提升内刊专报质量，多次得到各级领导批示和好评。刊登在《国际经贸研究》内参上的《关于自贸区外资医疗服务业开放问题的调研报告》《近期国际大宗商品市场走势分析报告》《日本开启负利率影响简要分析》等多篇报告，经由商务部内参《调研与参考》转载，上报中央办公厅、国务院办公厅等；专报《外资融入上海自贸试验区及上海科创中心建设面临的问题及对策》由上海市副市长周波作了批示；专报《落实推进供给侧改革，积极引导消费回流》由上海市商务委尚主任批示作为商贸处重点工作之一，《经济新常态与上海加快构建开放型经济体制》等专报得到委领导好评。

三是聚焦商务领域战略性、前瞻性、全局性思考，积极完成重点课题研究。在商业流通领域，完成上海市商务委重点课题，围绕加强大型商业网点设置审批工作的规范化和技术化管理，促进上海市商业网点建设健康持续发展，完成了《上海商业网点设施规划、建设、管理模式研究》；根据国家现代流通体制改革发展试点和市场体系建设的新要求，依托多年研究基础，完成《上海二手车流通综合平台项目建设方案》研究；与市统计局合作完成《上海市场消费总规模的指标体系》研究；根据上海新一轮总体规划专项规划要求，完善 2040 年专项规划《上海市商业发展规划》和《上海市商务集聚区发展规划》；完成市商务委年度报告《2015 上海服务业发展报告》。在开放经济领域，完成上海市商务委年度重点决策咨询课题《探索深化开放创新的有效模式研究——上海推进服务贸易创新发展试点研究》《促进外资融入和服务上海自贸试验区建设、科技创新中心建设的对策研究》。完成上海市商务委年度报告《2015 上海国际经济贸易发展报告》和《2015 商务发展研究报告》。

四是开展调研，服务各区，完成多项社会课题研究。商业流通研究结合相关专题报告和课题工作需求，与上海市商务委商贸处共同组织召开了多次内贸流通改革试点专家座谈会、上海商业地产系列座谈会等。开放型经济研究方面联合上海市世界经济学会主办“对外开放新形势和政府监管创新研讨会”并形成专报。开展自贸区企业“走出去”调研、上海跨境电子商务企业情况调研等专题调研。同时，以为上海各区服务为主，深入调研，及时准确了解掌握区域行业具体情况，更好地为市商务委决策服务，承接并完成了虹口区、闵行区、松江区等区政府委托的研究项目。

二、深入推进市场监测与信息服务工作

2016 年，“中心”在市、区商务主管部门的支持和本部门信息工作人员、广大商业企业、行业协会等共同努力下，信息工作稳步推进，工作质量大幅提升。

1. 按时保质完成监测任务

“中心”认真完成商务部和市商务委的信息监测和行业统计工作，不断拓宽专业服务领域。开展商务部“商务部商贸流通行业典型企业调查统计”工作，共计完成 14 个行业 1 800 多张统计报表的报送，25 个行业统计总表的推算，以及 25 个行业发展报告的组织撰写，并以此为基础建立行业监测统计交流平台。开展市统计局和市商务委委托的“城市商业综合体统计工作”，建立《上海市城市商业综合体统计报表制度》，建立企业发展指标数据库，已上报 140 家企业，完整、全面地掌握和了解全市综合体的发展现状，为领导决策和行业发展提供重要依据。

2. 加强信息分析研究

加大信息统计数据的挖掘力度，进一步延伸信息研究分析的深度和广度。全年完成《全国城

市商业发展报告》《长三角城市商业发展报告》等专题报告。以数据监测为基础，研究完成《上海城市商业综合体发展情况报告》《区域发展研究》等系列报告，在全市范围内第一次系统完整地反映综合体的发展规模、平均水平、分布情况和效率水平等；分季度撰写《上海消费市场运行情况分析》等系列分析报告，分析消费市场运行特点和趋势。全面总结2016年上海购物节的新特点、新成效等，撰写《上海购物节总结分析报告》和得到市商务委领导好评。完成《2016年年度上海商业营销报告》《上海商业闭店销售调查报告》《上海中高端餐厨具市场消费行为调查报告》和《上海体育消费意向调查报告》等专题调研报告。

3. 完善信息管理工作

一是推动信息网络建设。做好中国城市商网和城市商业数据库的维护和报送工作，向合作城市及时推送信息动态。举办全国城市商业信息网络第二十七次年会和长三角市场信息协作网第十六次联席会议等活动。聘请市场研究和咨询专家进行“大数据时代的商业信息统计分析”专题培训。二是加强平台和队伍建设。召开“区县消费市场运行监测专题工作会议”“百货及相关零售业发展情况座谈会”“2016年商贸运行分析及2017年走势预判座谈会”等专题座谈会，搭建企业信息平台，拓宽信息采集渠道。三是加强信息合作与交流。参与组织2016年上海购物节活动，主办“上海购物达人赛”“上海商业品牌体验月”活动，协助开展“上海优礼”评定、推广等工作。协助开展2016年华交会境外商品推介会；参与组织2016年中国国际时尚家居用品展览会、2016年上海国际赛事文化及体育用品博览会等活动。四是提升网站信息、刊物质量。“中心”继续提升微信、网站的信息编辑工作，不断提高编撰行业发展报告和刊物质量。今年通过积极运行网络数据库和网站，每月编发《全国城市商业快讯》，每季编发《全国重点商业城市商务关注》，上传信息1 000余条。《上海商业网》《国际市场微信版》的平台信息推送工作得到领导肯定。内参《国际经贸研究》2016年度共完成12期，内参的专报质量得到领导肯定。“中心”通过《上海商业网》、《国际市场微信版》、《国际经贸研究》、《每周商业观察》、《上海消费市场监测月报》和《商业经济运行月报》等专业网站和内刊，及时发布上海、长三角及全国中心城市市场情况、国际经贸政策和动态，为领导决策和企业发展提供了大量信息和有效服务。(俞玮)

运行分析

2016年全国直辖市商业增加值上海保持领先

据全国各直辖市统计局核算结果，2016年，全国4个直辖市共实现国内生产总值87 809.60亿元，按可比价格计算(下同)，比上年增长8%，增幅比上年回落0.2个百分点。其中，第三产业增加值实现57 519.30亿元，增长9%，增幅提升1个百分点；商业增加值(包括批发零售业、住宿餐饮业，下同)完成11 495.47亿元，可比增长4.4%，增幅提升0.6个百分点。

上海市全年实现国内生产总值27 466.15亿元，比上年可比增长6.8%，增幅比上年回落0.1个百分点；占全国直辖市国内生产总值的31.3%，占比比上年提升0.2个百分点。其中，实现第三产业增加值19 362.34亿元，可比增长9.5%，增幅比上年回落1.1个百分点；占全国直辖市第三产业增加值的33.7%，占比比上年提升0.2个百分点。上海商业增加值与全国其他直辖市相比，实现了领先增长。表现为：

一、上海商业增加值规模、占比、净增额、贡献率领先

1. 上海商业增加值规模领先

2016年，上海商业增加值完成4 420.43亿元，比上年增长4.2%，占全国直辖市商业增加值11 495.47亿元的38.5%，占比比上年提升0.4个百分点，凸显出上海积极推进国际贸易中心和国际消费城市建设的成果。上海商业增加值的规模分别超过北京、天津、重庆市1 655.73亿元、1 972.13亿元、2 558.39亿元，上海商业增加值的规模分别高出北京、天津、重庆市59.9%、80.6%、137.4%，保持直辖市领先地位(表1)。

表1　2016年全国直辖市商业增加值规模、净增额

单位：亿元

指标	上海市		北京市		天津市		重庆市	
	总额	新增额	总额	新增额	总额	新增额	总额	新增额
生产总值	27 466.15	1 748.78	24 899.30	1 563.50	17 885.39	1 476.78	17 558.76	1 697.19
第一产业	109.47	−7.74	129.60	−12.51	220.22	6.41	1 303.24	57.31
第二产业	7 994.34	94.79	4 774.40	253.20	8 003.87	592.88	7 755.16	717.99
# 工业	7 145.02	70.74	3 884.90	185.00	7 238.70	554.77	6 040.53	559.11
第三产业	19 362.34	1 679.84	19 995.30	1 325.55	9 661.30	878.30	8 500.36	852.52
#商业小计	4 420.43	179.64	2 764.70	49.81	2 448.30	118.80	1 862.04	143.02
批发零售业	4 032.43	177.33	2 352.90	46.14	2 185.72	106.30	1 470.85	113.35
住宿餐饮业	388.00	2.31	411.80	3.67	262.58	12.50	391.19	29.67

资料来源：全国各直辖市统计局

2. 上海商业增加值占比领先

2016年,上海商业增加值占全市和第三产业生产总值的比重为16.1%、22.8%,高于北京市商业所占比重(11.1%、13.8%)、重庆市商业所占比重(10.6%、21.9%),高于天津市商业增加值所占全市生产总值比重(13.7%),但低于天津市商业增加值所占第三产业增加值比重(25.3%),总体在全国直辖市商业增加值占比中领先。

3. 上海商业增加值净增额领先

2016年,上海商业增加值净增额为179.64亿元,在全国直辖市中保持规模领先地位。上海商业增加值净增额分别高于北京市129.83亿元、天津市60.84亿元、重庆市36.62亿元;上海商业增加值净增额分别高出北京、天津、重庆市260.7%、51.2%、25.6%。

4. 上海商业增加值贡献率领先

2016年,上海商业增加值对全市生产总值增长的贡献率为10.3%,比上年提升0.7个百分点,在全国各直辖市商业增加值对全市生产总值增长的贡献率中保持领先地位。上海商业增加值贡献率分别超过北京(3.2%)、天津(8%)、重庆市(8%)(见表2)。

表2 2016年全国直辖市商业增加值增速、占比、贡献率 单位:%

指标	上海市			北京市			天津市			重庆市		
	增速	占比	贡献率	增速	占比	贡献率	增速	占比	贡献率	增速	占比	贡献率
地区生产总值	6.8	100	100	6.7	100	100	9.0	100	100	10.7	100	100
第一产业	−6.6	0.4		−8.8	0.5		3.0	1.2	0.4	4.6	7.4	3.4
第二产业	1.2	29.1	5.4	5.6	19.2	16.2	8.0	44.8	40.1	11.3	44.2	46.4
# 工业	1.0	26.0	4.0	5.0	15.6	11.8	8.3	40.5	37.6	10.2	34.4	32.9
第三产业	9.5	70.5	96.1	7.1	80.3	84.8	10.0	54.0	59.5	11.0	48.4	50.2
# 商业小计	4.2	16.1	10.3	1.8	11.1	3.2	5.1	13.7	8.0	7.9	10.6	8.0
批发零售业	4.6	14.7	10.2	2.0	9.4	3.0	5.1	12.2	7.7	7.9	8.4	6.4
住宿餐饮业	0.6	1.4	0.13	0.9	1.7	0.2	5.0	1.5	0.3	7.7	2.2	1.6

二、上海商业增加值拉动力、增速总体居前

1. 上海商业增加值拉动力居前

上海商业增加值分别拉动全市和第三产业生产总值增长2.9个、4个百分点,拉动力好于北京市商业(1.2个、1.3个百分点)、重庆市商业(0.7个、0.8个百分点)、天津市商业(0.9个、0.8个百分点)。

2. 上海商业增加值增幅高于北京,但低于重庆、天津市

上海商业增加值比上年增长4.2%,增幅高于北京市商业增加值(1.8%)、但低于重庆市(7.9%)、天津市(5.1%)的商业增加值增速。

三、上海两大行业增加值规模、增速各具特点

1. 上海批发零售业增加值规模第一

2016年,上海批发零售业增加值首次突破4 000亿元,比上年可比增长4.6%,增幅比上年提升0.3个百分点。上海批发零售业增加值的规模分别超过北京、天津、重庆市1 679.53亿元、1 846.71亿元、2 561.58亿元,上海批发零售业增加值的规模分别高出北京、天津、重庆市71.4%、84.5%、174.2%,保持行业领先地位。从全国直辖市批发零售业增加值的增幅看,增幅排名分别是重庆市(7.9%)、天津市(5.1%)、上海市(4.6%)、北京市(2%)。

2. 上海住宿餐饮业增加值规模低于北京、重庆,增幅最低

2016年,上海住宿餐饮业增加值完成388亿元,比上年增长0.6%,增幅比上年回升1.2个百分点。上海住宿餐饮业增加值的规模分别低于北京23.80亿元、重庆市3.19亿元,高于天津市125.42亿元。全国直辖市住宿餐饮业增加值的增速排名为重庆市(7.7%)、天津市(5%)、北京市(0.9%)、上海市(0.6%)。随着上海迪士尼

乐园开园和国内外会展增加，上海国内外游客将保持在每年3亿人次规模以上，住宿餐饮业发展潜力明显。（陈宇先）

2016年上海商业引进合同外资金额逆势增长

2016年，在国内外严峻、复杂的经济环境下，上海商业（包括批发零售业、住宿餐饮业，下同）引进外资保持全市行业领先，在全市引进外资合同项目、金额双双回落的情况下，商业引进外资合同金额实现了两位数增长，促进了上海国际贸易中心和国际消费城市建设。

一、商业引进外资三项指标“一增长两回落”

1. 商业引进外资合同项目数量保持全市行业第一

全年商业引进外资合同项目完成2 290项，比上年减少28.4%，与上年增速(14.8%)反差明显；商业项目分别占全市和第三产业引进外资合同项目的44.4%、45.3%，牢牢保持全市引进外资合同项目数量行业第一地位。

2. 商业引进合同外资金额近100亿美元，保持两位数增长

全年商业引进合同外资97.08亿美元，比上年净增11.24亿美元，增长13.1%，增速超过全市和第三产业引进外资合同金额增速(－13.5%、－13.1%)，呈现逆势增长。全年商业引进合同外资占全市和第三产业引进合同外资金额的19%、20.5%，均高于上年占比(13.6%、14.7%)。

3. 批发零售业外资实际到位金额回落

全年批发零售业外资实际到位金额20.34亿美元，比上年下降23.5%，低于上年增速(41.7%)。全年批发零售业实到外资占全市和第三产业的11%、12.5%(表1)。

二、批发零售业依然是全市引进外资主力行业

1. 引进外资合同项目数量全市领先

全年批发零售业项目分别占全市和第三产业引进合同外资项目42.3%、43.1%，项目数量远远超过第二产业(95个)。

表1　2016年上海商业引进外资合同项目、金额和实到外资情况

行业名称	合同项目(个)	比上年增长(%)	占比(%)	合同金额(亿美元)	比上年增长(%)	占比(%)	实到外资(亿美元)	比上年增长(%)	占比(%)
全市引进外资	5 153	－14.2	100.0	509.78	－13.5	100.0	185.14	0.3	100.0
第三产业	5 058	－14.5	98.2	473.72	－13.1	92.9	163.35	2.5	88.2
＃商业	2 290	－28.4	44.4	97.08	13.1	19.0			
＃批发零售业	2 181	－18.8	42.3	94.70	22.6	18.6	20.34	－23.5	11.0
住宿餐饮业	109	－78.8	1.7	2.38	－72.4	0.4			

资料来源：上海市统计局

2. 引进外资合同金额净增额全市领先

全年批发零售业引进外资合同金额完成94.70亿美元,净增20.46亿美元,创下历史新高。

3. 引进外资合同金额增速全市领先

全年批发零售业引进外资合同金额比上年增长22.6%,为第二产业引进外资合同金额(36.10亿美元)的2.6倍;批发零售业引进外资合同金额增速超过了全市和第二、三产业引进外资合同金额增速(−13.5%、6.7%、−13.1%),对全市合同外资增长的贡献率创下历史新高。(陈宇先)

2016年上海商业投资规模突破570亿元

2016年,上海以房地产投资和城市基础设施投资为主的全社会固定资产投资规模持续扩大,增速比上年回落;迪士尼乐园及小镇建成开放;一批商务楼宇和大型购物中心建成开业;商品房和二手房交易面积持续升温,销售面积分别增长31.5%、28.3%。外商、港澳台商和股份制经济的商业投资依然看好上海。主要特点:

一、商业固定资产投资总体保持增长

1. 商业投资突破570亿元,增速呈现"三高于"

2016年,上海商业固定资产投资总额完成577.19亿元,比上年增长8.7%,扭转了连续两年增速低于全市固定资产投资增速的局面,呈现"三高于":一是高于全市全社会固定资产投资增速(6.3%),二是高于上年商业固定资产投资增速(1.5%);三是高于全市房地产开发投资增速(6.7%)(见表1)。

2. 商业分行业投资规模高于金融业

2016年,从行业看,上海批发零售业、住宿餐饮业的固定资产投资总额规模均高于金融业(18.49亿元),但低于房地产业(3 720.67亿元),信息服务业(136.86亿元),交通运输、仓储和邮政业(944.86亿元)。

3. 批发零售业投资增速高于房地产业

2016年,上海批发零售业固定资产投资增速(6.8%),高于房地产业(6.7%)、金融业(−24.5%),但低于交通运输、仓储和邮政业(18.9%),信息服务业(7.5%)。住宿餐饮业投资增速呈现持续下降态势,比上年下滑1,2个百分点。

表1 2016年上海商业固定资产投资分类对比表

指标	固定资产投资总额(亿元)	比上年增长(%)		2016年投资占比(%)
		2016年	2015年	
全社会固定资产投资总额	6 755.88	6.3	5.6	100.0
房地产开发投资额	3 720.67	6.7	8.2	55.1
城市基础设施建设投资	1 551.87	8.9	34.8	23.0
商业固定资产投资额	577.19	8.7	1.5	8.5
按经济类型分				占商业比重(%)
# 国有经济商业	3.55	−58.8	−18.8	0.6
私营经济商业	7.85	−36.1	−3.9	1.4
股份制经济商业	23.22	68.1	−32.9	4.0

续表

指标	固定资产投资总额(亿元)	比上年增长(%)		2016年投资占比(%)
		2016年	2015年	
外商、港澳台经济商业	22.87	0.8	39.1	4.0
按行业投资分				
#批发零售业	37.15	6.8	9.2	6.4
住宿餐饮业	20.63	−27.1	−15.1	3.6
商业营业用房投资额	519.41	11.1	2.1	90.0

资料来源:上海市统计局

4. 商业固定资产投资走出低谷

由于商业设施保有量进入阶段性饱和状态,上海商业固定资产投资从快速增长逐步转为低速平稳增长,随着"十三五"规划实施,商业投资进入新一轮增长周期。2013年、2014年、2015年、2016年的商业固定资产投资分别比上年增长16.1%、14.7%、1.5%、8.7%。

二、商业投资类型与施工建设特点

1. 各类经济投资"两增三降"

2016年,上海商业固定资产投资总额中,股份制经济投资,外商、港澳台商投资分别比上年增长68.1%、0.8%。国有、私营经济、其他经济投资分别下降58.8%、36.1%、94.7%。

2. 商业施工项目数量减少,大型设施建设增多

一是全年商业施工项目45个,比上年下降19.6%;其中新开工项目18个,批发业、零售业、住宿业分别有7个、9个、2个大型项目新开工。二是全年商业施工面积2 049万平方米,比上年下降1.3%。其中:批发业、房地产商业设施投资的施工面积分别增长92.6%、2.4%。三是全年商业新开工面积为418.41万平方米,比上年增长31%,主要是批发业、房地产商业设施新开工面积分别增长2.5倍、30.6%,股份制、私营经济投资项目的新开工面积分别增长16.2倍、61.8%。

3. 商业竣工面积下降

全年商业竣工面积为270.52万平方米,比上年下降11.8%。其中房地产商业设施投资的竣工面积比上年下降13.2%。

三、商业行业投资建设各具特点

1. 行业投资"一增三降"

全年上海房地产商业设施投资占90%,比上年增长11.1%,增幅比上年(2.1%)回升9个百分点。从行业看,批发业投资增长81.8%;零售业、餐饮业、住宿业投资分别下降33.9%、30%、26.9%。

2. 行业投资各有特点

一是批发业投资"双增长":施工面积比上年增长92.6%,新开工面积比上年增长2.5倍。二是零售业投资"一多四降":行业施工项目数量多(9个),但行业投资额、施工项目、施工面积、新开工面积分别比上年下降33.9%、30.8%、52.3%、74.5%。三是餐饮业投资"三降":行业投资额、施工项目、施工面积比上年分别下降30%、60%、80.2%。四是住宿业投资"双降",行业投资额、施工面积分别比上年下降26.9%、89.8%。

四、上海批发零售业投资建设增幅超过北京

1. 上海投资增速"三超"北京

全年上海全社会固定资产投资、房地产开发投资和批发零售业固定资产投资增速分别超过北京0.4个、11个、57.5个百分点。

2. 上海批发零售业固定资产投资规模超过北京

全年上海批发零售业固定资产投资规模超

过北京7.15亿元、23.8%。但上海全社会固定资产投资、房地产开发投资和商业行业固定资产投资规模分别是北京的20.2%、8%、24%,体现了首都功能的持续效应(见表2)。

表2　2016年上海与北京商业固定资产投资分类对比

指标	上海市固定资产投资额(亿元)	比上年增长(%)	北京市固定资产投资额(亿元)	比上年增长(%)	上海占北京(%)
全社会固定资产投资总额	6 755.88	6.3	8 461.70	5.9	79.8
房地产开发投资额	3 720.67	6.7	4 045.45	−4.3	92.0
行业固定资产投资额	57.70	−8.5	75.90	−25.4	76.0
＃批发零售业	37.15	6.8	30.00	−50.7	123.8
住宿餐饮业	20.63	−27.1	45.90	12.1	44.9

(陈宇先)

2016年上海零售业电子商务发展情况

一、发展现状

1. 上海迈入万亿级消费城市,零售业电子商务交易额在全国直辖市保持领先

据国家统计局和各直辖市统计局发布,2016年,全国实现网上零售额41 944亿元,比上年增长33.3%,占全国社会消费品零售总额(300 931亿元)的比重为(12.9%)(表1)。

上海网上商店零售额快速增长,助推全市社会消费品零售总额迈入万亿级消费城市行列。自2015年上海、北京两个城市的社会消费品零售总额双双突破万亿元,率先进入万亿级消费城市以来,2016年上海网上商店零售额继续保持快速增长势头,在商业各项销售指标中增速领先,占比提升,有力地推动全市社会消费品零售额规模扩大。

表1　2016年全国和各直辖市网上商店零售额完成情况

序号	地区	社会消费品零售总额(亿元)	＃网上商店零售额(亿元)	2016年新增零售额(亿元)		比上年增长(%)		网购占比(%)	网购贡献率(%)	拉动增长百分点(个)
				零售总额	网购额	零售额	网购额			
	全国	332 316	41 944	31 305	8 549	10.4	25.6	12.6	27.3	2.8
1	北京	11 005.10	2 049.00	671.67	341.50	6.5	20.0	18.6	50.8	3.3
2	上海	10 946.57	1 249.77	810.86	170.52	8.0	15.8	11.4	21.0	1.7
3	天津	5 635.81	383.14	378.52	118.17	7.2	44.6	6.8	31.2	2.2
4	重庆	7 271.35	245.99	847.90	76.69	13.2	45.3	3.4	9.0	1.2

注:1. 全国实现网上零售额是指限额以上商业企业通过公共网络实现的零售额。与上海市电子商务统计制度的统计范围有所不同
2. 2016年新增零售额是指2016年与2015年绝对值相减的新增部分
3. 网购额即网上商店零售额
4. 网购占比即网上商店零售额占社会消费品零售总额的比重
5. 网购贡献率是指2016年新增网上商店零售额占当年新增社会消费品零售总额的比重
6. 拉动增长百分点是指网上商店零售额拉动社会消费品零售总额增长的百分点(个)
7. 资料来源:国家统计局和各直辖市统计局

从规模上看，各直辖市网上商店零售额仍然呈现“两大两小”。由于北京占有小米手机等总部经济统计优势，因此，网上商店零售额居全国直辖市首位，北京、上海两个城市的网购零售规模领先，分别占全国的4.9%、3%。北京的网购零售规模占全国的比重比上年(5.2%)回落0.3个百分点，上海的网上商店零售规模占全国的比重比上年(2.8%)提升0.2个百分点。天津、重庆两个城市的网上商店零售规模较小，仅占全国网上商店零售额的0.9%、0.6%。2016年，上海的网上商店零售规模为北京的61%，两个城市相差799.23亿元；上海分别是天津、重庆两个城市网上商店零售规模的3.3倍、5.1倍。

从增速看，各直辖市网上商店零售额继续呈现“两快”。重庆、天津两市以比上年增长45.3%、44.6%实现增速领先，超过全国网上商店零售额平均增速(25.6%)。其中，天津市增速比上年(95.2%)回落50.6个百分点，重庆市增速比上年(40.2%)提升5.1个百分点。北京、上海网上商店零售额分别以比上年增长20%、15.8%，分别比上年增速(40.2%、31.6%)回落20.2个、15.8个百分点。

从占比看，各直辖市网上商店零售额占城市社会消费品零售总额比重呈现“两高两低”。北京、上海占比保持在11%以上，北京以占比18.6%实现直辖市占比领先，超过全国网上商店零售额占社会消费品零售总额比重平均水平(12.6%)；上海占比比上年(10.9%)提升了0.5个百分点；天津、重庆两个城市网上商店零售额占全市社会消费品零售额的比重仅有6.8%、3.4%，但与上年占比(4.7%、2.8%)相比，分别提升了2.1个、0.6个百分点。

从贡献率看，各直辖市网上商店新增零售额对社会消费品零售总额增长的贡献率呈现“梯度排列”。分别为北京、天津、上海、重庆，其中，北京、天津两个城市的网上商店新增零售额对社会消费品零售总额增长的贡献率均超过全国平均水平(27.3%)。

北京以网上商店零售额贡献率50.8%名列第一，比上年贡献率(82.2%)回落31.4个百分点，同时反映出实体商业经营比较艰难，全年社会消费品零售总额平均增速为6.5%，比上年增速(7.3%)回落0.8个百分点，为直辖市中零售额增速第四位。上海网上商店对社会消费品零售总额增长的贡献率比较适中，为21%，还有79%为实体商业贡献。天津、重庆也是反映出实体商业贡献为主，贡献率分别为31.2%、9%，与上年占比(23.5%、10.9%)相比，分别提升了7.7个、回落1.9个百分点。

从拉动增长看，2016年，全国网上商店新增零售额对社会消费品零售总额增长的拉动力为2.8个百分点。与全国平均水平相比，各直辖市网上商店新增零售额对社会消费品零售总额增长的拉动力呈现“两高两低”。分别为北京(3.3个百分点)、天津(2.2个百分点)两市高于全国平均水平，上海(1.7个百分点)、重庆(1.2个百分点)低于全国平均水平。2016年，全国网上商店拉动力占社会消费品零售总额增长率的比重为26.9%。按照拉动增长百分点在所在城市社会消费品零售总额增长率中所占比重看，北京、天津两个城市为50.8%、30.6%，均超过全国平均水平。上海、重庆两个城市为21.3%、9.1%，均低于全国平均水平。

2. 上海零售业电子商务交易额保持快速增长

据上海市电子商务促进中心监测，2016年，上海市零售业电子商务交易额实现2 992亿元，比上年增长32.9%(见表2)。

2016年，上海市零售业电子商务交易额受到生产资料交易回升、服务消费发展、商品消费基数扩大等三方面因素影响，增长速度比上年(36%)回落3.1个百分点。

从规模看，零售业电子商务交易额实现2 992亿元，呈现“一超两低”。超过服务类电子商务交易额(2 612亿元)，低于B2B电子商务交易额(14 446亿元)和上海市社会消费品零售总额(10 946.57亿元)，创下2012年建立专项统计制度以来零售业电子商务交易额历史新高。

表 2　2012—2016 年上海市零售业电子商务交易额完成情况

年份	电子商务交易总额(亿元)	#零售业电商交易额(亿元)	比上年增长(%)		零售业占比(%)
			电商交易总额	零售业交易额	
2012 年	7 815	596	41.9	116.7	7.6
2013 年	10 560	1 083	35.1	81.7	10.3
2014 年	13 549	1 655	28.3	52.8	12.2
2016 年	16 452	2 251	21.4	36.0	13.7
2016 年	20 049	2 992	21.9	32.9	14.9

注:1. 零售业电子商务交易额即网购交易额中的商品类交易额,不包括服务类,下同。
2. 零售业占比是指零售业电子商务交易额占全市电子商务交易总额的比重。

从增速看,2016 年上海零售业电子商务交易额比上年增长 32.9%,呈现“双高双低”:高于 B2B 电子商务交易额增速(17.3%)和社会消费品零售总额增速(8%),低于服务类电子商务交易额增速(38.3%),低于历年零售业电子商务交易额增速。

从占比看,零售业电子商务交易额呈现“一升一降”。在全市电子商务交易额中的占比为 14.9%,比上年(13.7%)提高 1.2 个百分点,呈现 2012 年以来占比逐年上升态势;由于服务类交易额快速增长,零售业在网络购物中占比为 53.4%,比 2015 年占比(54.4%)下降了 1 个百分点。

3. 上海零售业电子商务月度交易额波动上升

据上海市电子商务促进中心监测,2016 年,受各种因素影响,上海市零售业电子商务月度交易额继续呈现“前低后高”发展态势(表 3)。

表 3　2016 年上海市零售业电子商务交易额月度完成情况

月份	零售业电商交易额(亿元)		比上年增长(%)		月份	零售业电商交易额(亿元)		比上年增长(%)	
	2016 年	2015 年	2016 年	2015 年		2016 年	2015 年	2016 年	2015 年
1 月	163.0	119	37.0	41.7	7 月	284.3	208	36.7	36.8
2 月	130.0	97	34.0	27.6	8 月	258.7	191	35.4	36.4
3 月	256.9	199	29.1	60.5	9 月	262.2	196	33.8	37.1
4 月	236.5	180	31.4	60.7	10 月	236.5	157	50.6	36.5
5 月	246.8	182	35.6	54.2	11 月	348.3	277	25.7	41.3
6 月	265.4	195	36.1	61.2	12 月	318.0	250	27.2	30.2

从规模看,月度零售额呈现“一低三高”。春节期间,市民外出旅游,外来人口回乡探亲,快递公司人手不足,网购商品销售减少,2 月份电商商品类交易额仅 130 亿元,为全年月度消费低谷期,月度交易额全年最低。7 月份高温季节,市民外出购物减少,中青年顾客在家网购增多,当月交易额突破 284 亿元;11、12 月份电商开展网络购物节,市民集中消费,形成年末网购消费高潮。“双十一”“双十二”“黑色星期五”等网购节庆推动零售业交易额突破 348 亿元,创下历史新高。

从增速看,月度零售额呈现“回升慢、总体缓”。一是春节效应减弱。在春节过后的 3、4 月份和 6 月份,属于传统实体商业销售淡季,而网购销售受总体销售增速放缓等影响,与上年相比,恢复正常销售增速恢复缓慢,分别比上年同期增速(60.5%、60.7%、61.2%)回落31.4个、29.3个和25.1个百分点。二是2016上海购物节和中秋、国庆期间,网购营销高潮迭起。10月份零售业网购销售比上年增长50.6%,比上年增速(36.5%)提高14.1%。三是每年举办的"双十一""双十二"网络购物节推动网购消费高速增长。由于逐年销售基数抬高,形成了网购商品交易额"水涨船高",但是比上年增长速度有逐年减缓的发展态势。11、12月份零售业网购交易额比上年分别增长25.7%、27.2%,比上年增速(41.3%、30.2%)回落15.6个、3个百分点。

从占比看,月度交易额呈现"前低后高"发展态势。上下半年交易额占全年上海市零售业电子商务交易额比重呈现"上半年低、下半年高"。上半年实现零售业电子商务交易额1 297.90亿元,比上年增长33.5%,占比为43.4%,比上年(占比43.2%)略增0.2个百分点。下半年实现零售业电子商务交易额1 694亿元,比上年增长32.4%,占比为56.6%,下半年占比超过上半年13.2个百分点,下半年零售业电子商务交易额超过上半年396.10亿元,增速低于上半年1.1个百分点。

4. 零售业网络购物保持持续稳定增长

2016年,从网络购物前50位企业看,4类商品实现电子商务交易额2 060.40亿元,比上年增长26.6%,增速高于上年(21.5%)5.1个百分点;占零售业电子商务交易额2 992亿元的68.9%。

综合百货类贡献最大,实现电子商务交易额1 385.30亿元,比上年增长32.4%,高于上年增速(24.1%)8.3个百分点;占比达67.2%,贡献率为78.2%,拉动企业电子商务交易额增长20.8个百分点。其次是建材家居类,实现电子商务交易额639.60亿元,比上年增长15%,略低于上年增速(15.4%);占比达31%,贡献率为19.3%,拉动企业电子商务交易额增长5.1个百分点。第三是生鲜农产品类,实现电子商务交易额20.50亿元,比上年增长61.4%,但远低于上年增速(148.3%);占比为1%,贡献率为0.7%,拉动企业电子商务交易额增长0.2个百分点。第四是服装类,实现电子商务交易额15亿元,比上年增长26.1%,远高于上年增速(9.1%);占比为0.8%,贡献率为1.8%,拉动企业电子商务交易额增长0.5个百分点(表4)。

表4 2016年上海市零售业前50位企业电子商务交易额完成情况

商品类别	电子商务交易总额(亿元)	新增电子商务交易额(亿元)	比上年增长(%)		2016年占比(%)	新增贡献率(%)	拉动增长(百分点)
			2016年	2015年			
4类合计	2 060.40	433.33	26.6	21.5	100.0	100.0	26.6
#综合百货	1 385.30	339.00	32.4	24.1	67.2	78.2	20.8
建材家居	639.60	83.43	15.0	15.4	31.0	19.3	5.1
生鲜农产品	20.50	3.10	61.4	148.3	1.0	0.7	0.2
服装	15.00	7.80	26.1	9.1	0.8	1.8	0.5

5. 支撑零售业网络购物快速增长的有利因素

2016年,上海零售业网络购物实现电子商务交易额2 992亿元,比上年增长32.9%,支撑零售业网络购物每年保持两位数的快速增长的有利因素主要有(表5):

表5　2016年上海市支撑零售业网络购物快速增长的有利因素(主要指标)

指标	单位	绝对值		比上年增长(%)	
		2016年	2015年	2016年	2015年
居民人均可支配收入	元	54 305	49 867	8.9	8.5
♯城镇居民	元	57 692	52 962	8.9	8.4
农村居民	元	25 520	23 205	10.0	9.5
居民人均消费支出	元	37 458	34 784	7.7	5.2
♯城镇居民	元	39 857	36 946	7.9	5.0
农村居民	元	17 071	16 152	5.7	9.0
每百户居民拥有手机	部	228	217	5.1	无数据
每百户居民拥有电脑	台	131	117	12.0	无数据
移动电话用户	万户	3 156	3 260	−3.2	−1.0
移动电话普及率	%	130.7	134.4	−3.7个百分点	−1.3个百分点
快递业务量	亿件	26.03	17.08	52.4	33.0
快递业务收入	亿元	709.51	455.11	55.9	26.0
互联网上网人数	万人	1 791	1 773	1.0	3.3
互联网上网人数普及率	%	74.1	73.1	1.0个百分点	2.4个百分点
互联网宽带接入用户	万户	804.12	684.82	17.4	28.7
高技术服务业总产出	亿元	7 583.01	6 969.68	8.8	9.5
♯信息服务	亿元	4 680.62	4 142.14	13.0	15.5
电子商务服务	亿元	42.97	37.99	13.1	9.5
信息产业增加值	亿元	2 994.33	2 747.64	8.5	9.8
♯信息产品制造业	亿元	866.73	841.12	1.4	0.6
信息产品销售业	亿元	163.81	153.03	6.2	40.8
信息服务业	亿元	1 963.79	1 753.49	11.9	12.0
上海消费品零售类值	亿元	9 874.15	9 107.53	8.4	8.2
♯通过互联网实现销售	亿元	1 468.69	1 238.60	18.6	28.7

资料来源:上海市统计局

一是全市居民人均可支配收入连续增加。2016年,上海市居民人均可支配收入实现5.43万元,比上年增长8.9%,高于上年增速(8.5%)0.3个百分点;其中:农村居民收入增长10%,城镇居民收入增长8.9%,均高于上年增速。居民收入增加拉动居民消费支出增长。2016年,上海市居民人均消费支出3.75万元,比上年增长7.7%,高于上年增速(5.2%)2.5个百分点;其中:城镇居民消费支出增长7.9%,农村居民消费支出增长5.7%,城镇居民消费支出增速高于上年(5%)。

二是电脑、手机的高拥有量和高普及率。2016年,每百户居民拥有手机228部,比上年增长5.1%;每百户居民拥有电脑131台,比上年增长12%。全市移动电话用户达到3 156万户,由于双卡手机占比增加,移动电话用户比上年减少3.2%。移动电话用户普及率达到130.7%,比上年减少3.7个百分点。互联网上网人数1 791万人,比上年增长1%,2016年末全市常住人口为2 419.70万人,互联网上网人数普及率达到

74.1%，高于上年占比(73.1%)。互联网宽带接入用户达到804.12万户，是户籍人口总户数541.62万户的1.5倍。

三是信息产业蓬勃发展。2016年，上海市信息产业增加值实现2 994.33亿元，比上年可比增长8.5%，在经过每年快速发展，基数扩大的基础上，全年增速低于上年(9.8%)；占全市生产总值比重为10.9%。其中：信息服务业增加值达到1 963.79亿元，比上年可比增长11.9%，占全市信息产业增加值的65.6%；信息服务业增加值规模和增速均领先于信息产品制造业、信息产品销售业。从高技术服务业总产出看，全年完成7 583.01亿元，比上年增长8.8%，其中：信息服务、电子商务服务分别完成4 680.62亿元、42.97亿元，比上年增长13%、13.1%，信息服务产出低于上年增速(15.5%)，电子商务服务产出高于上年增速(9.5%)，分别占高技术服务业总产出的61.7%、0.6%。

四是零售企业应用信息化销售比重增加。2016年，上海消费品零售类值实现9 874.15亿元，比上年增长8.4%，高于上年增速(8.4%)。其中：通过互联网实现销售1 468.69亿元，比上年增长18.6%，占全市消费品零售类值比重为14.9%，高于上年占比(13.6%)，表明零售企业应用信息化手段，开展商业营销促销，加快线上线下融合，提升了零售经济效益。

二、发展特点

1. 政府顶层设计，规划统筹引导，零售业电子商务发展进入规范化轨道

(1) 商务部出台《国内贸易流通"十三五"发展规划》。2016年，上海商务部门积极贯彻实施商务部《国内贸易流通"十三五"发展规划》。"发展规划"针对现代流通发展呈现线上线下从竞争走向合作、产业跨界融合发展、流通智能化水平等趋势，提出消费促进、流通现代化、智慧供应链三大行动，即从流通业自身发展角度，实施流通业现代化行动，提高流通现代化、国际化、智能化水平；从流通引导生产的角度，实施智慧供应链行动，推动供给侧改革；从流通促进消费的角度，实施消费促进行动，服务稳增长大局。

(2) 商务部出台《关于推进商品交易市场转型升级的指导意见》。2016年，上海商务部门努力贯彻实施商务部提出的三大市场转型升级重点方向。信息化应用、定制化服务、平台化发展，推进完成六大主要任务：加强市场规划引导、全面推进信息化建设、大力发展智慧物流、加快提升综合服务能力、积极推行定制化服务、实施平台经济发展战略。

(3) 上海推进实施"服务到家"计划。2016年，上海商务部门全面推进实施"服务到家"计划。指导成立"服务到家"合作联盟，推进"东方网"上线智橙生活暨上海服务到家网络平台，瑞金二路街道等8个街镇首批入驻平台。推动杨浦、徐汇等区建设首批社区便民服务示范点。指导召开上海市"服务到家"拓展研讨会。

(4) 上海首创全国第一个"互联网+生活性服务业"创新试验区。2016年，报经上海市政府批准，上海市商务部门在长宁区设立"互联网+生活性服务业"创新试验区，并会同长宁区政府建立试验区建设推进机制，明确五个方面24项工作任务；制定出支持长宁区加快推进"互联网+生活性服务业"创新试验区建设的若干意见。启动企业工商登记"一照多址"试点，全市首批三家试点企业在长宁区诞生。同时，扩大"一照多址"适用范围，2016年度已经取得阶段性成果，"互联网+生活性服务业"企业活力增强，集聚效应逐步显现，至年末，长宁区"互联网+生活性服务业"企业已突破3 100家。

2. 以联席会议综合协调机制为依托，加快上海电子商务规范发展

2016年，上海召开全市电子商务发展联席会议，形成2016年工作要点；由上海市政府办公厅正式印发《关于上海市大力发展电子商务加快培育经济新动力的实施方案》(沪府办发〔2016〕10号)，形成了102项具体工作。开展上海市"十三五"电子商务规划编制工作。坚持以问题为导向，进一步完善问题清单工作机制，年初梳理形成40项问题清单，至年末，解决及基本解决问题共计40余项,同时根据工作开展情况,积极协调解决新增8项问题。

3. 以"互联网+流通"实施计划,促进线上线下融合

2016年,上海商务部门积极推动平台经济发展。在金属、化工等领域建成5家千亿级、21家百亿级的功能性平台,平台经济交易额1.84万亿元,增长14.1%,上海钢联"中国大宗商品价格指数""中国铁矿石价格指数"已成为国内外市场风向标。认定首批94家贸易型总部,营业收入(交易额)4.3万亿元,占全市内外贸总额的三分之一。推动东方网等开展社区电子商务试点。启动第二批智慧商圈试点创建,编制完成第一批智慧商圈试点建设评估标准,三年滚动实施90项商业转型升级重点项目,涉及总投资793亿元。联合上海市邮政局开展电商快递配送综合服务试点工作,推动智能快递柜、综合配送服务点、合作共建末端门店等建设,至2016年末,零公里、物联驿站、顺丰、菜鸟、苏宁等企业在社区、高校、商务楼宇、街镇等累积建成400余个电商快递配送综合服务点,设置快递柜2 000多组、40余个农村电商服务站,研究制定了快递末端配送综合服务站建设标准。大力推动传统菜市场转型升级,建成以上蔬永辉为代表的新模式菜市场26家和以自助售菜机为代表的智慧微菜场1 064家。2016年,商务部部长助理王炳南在上海市主持召开了全国"互联网+流通"工作会议,对上海市线上线下深度融合发展给予了高度肯定。

4. 以"互联网+"创新实践区为抓手,拓展电子商务发展空间

2016年上半年,上海市商务委尚玉英主任在环球港主持召开了上海市"'互联网+'商务创新实践区"建设现场会,推广在委区合作机制下开展"互联网+"商务创新实践区建设工作成果和经验。结合区位优势特色产业,推动了金山区"互联网+"产业服务、宝山区"互联网+"平台服务、杨浦"互联网+"科技商务的创新实践区建设,坚持以项目为驱动,共梳理"互联网+"商务各个领域创新实践100多项重点项目。举办中美"互联网+商务"创新发展高峰论坛和中美"互联网+"商务大数据专题研讨会,启动中美"互联网+"高端人才库建设等。

5. 以创建电子商务示范园区为引领,集聚优秀电商示范企业

2016年,上海市商务委采取三项措施推动电子商务示范园区发展。一是制定发布《上海市电子商务示范园区创建指导意见》,指导园区提升工商服务、人才培训、技术研发、金融咨询等公共服务功能。二是促进电子商务园区服务区域经济的快速发展。嘉定区电子商务产业园2015年的税收额为11.1亿元,2016年达到13亿元,浦东新区唐镇电子商务创新港2015年的税收额为2.3亿元,2016年完成税收突破5亿元。三是开展电子商务示范企业的创建工作。携程、1药网、洋码头、飞牛网等55家公司成为2016—2017年度上海市级电子商务示范企业。四是引领上海市电子商务高速发展。圆迈(京东华东总部)2016年交易额达到500亿元,税收达5亿元,"爱回收"公司落户宝山,当年税收额达到2 000万元,"小红书"公司全年营业收入实现超过上年300%的增长。

6. 以上规模、补短板、树样板为举措,推动跨境电子商务做大做强

2016年,上海建成自贸区国际贸易"单一窗口",实现口岸通关的申报、查验、支付、放行、提离、运抵等业务环节全覆盖,出口退税和商务、环保等贸易许可办理,船舶申报达到99%,口岸货物申报超过80%。亚太示范电子口岸网络已有9个APEC成员经济体的12个口岸加入,推动"电子原产地证互认""海运物流可视化"等试点项目。

推动上海跨境电商公共服务平台、信息服务的特易信息、交易服务的西域机电、物流服务的东航物流等10多家外贸和跨境电商综合服务提供商做大做强。一是加强跨境电商与传统商贸业态交融创新发展,推进外高桥"前店后库"模式与日韩国别商业馆联动运营。二是推动百联集团、绿地集团、城市超市、经纬集团等各类型传统商业主体探索跨境电商实体店,社区店和O2O

联动模式发展。三是启动跨境电子商务综合试验区建设，完善跨境电商公共服务平台功能，新设5个跨境电商示范园区，试点模式进口额增长了6倍。四是开展外贸和跨境电子商务统计课题研究，并纳入电子商务统计制度，进一步丰富主体样本，扩大统计覆盖面，优化统计指标和计算方法。五是"双十一"电商节庆期间，开展了跨境电商交易数据实时监测报送和大数据分析工作。

7. 以建标准、讲规范、抓诚信为方向，实现电子商务有序发展

加大电商地方标准应用水平，联合浦东新区、普陀区开展《电子商务服务平台入驻商户管理规范》《电子商务服务平台售后服务规范》地方标准宣贯活动；支持鼓励上海市电商企业开展企业标准体系建设，推动找钢网获批国家级服务标准示范，东方网、天天果园获批市级服务标准示范；指导百联电商、齐家网深化服务标准示范建设。开通商务诚信公众服务平台，在全国率先打通公共信息和市场信用数据壁垒，信用信息覆盖近6万家企业，月均访问量达1.7万余次。建立政府间"事前告知承诺、事中分类评估、事后联动奖惩"的信用监管模式，形成了"政府监管、行业自律、企业自治、社会监督"四位一体的现代共治模式。开展打击侵权假冒工作，加强对互联网领域侵权假冒行为的治理。

8. 以会展、服务、培训为契机，扩大开放与交流合作

积极培育和引进电子商务总部企业，推动领英中国落户徐汇，积极服务蚂蚁金服、新飞凡等电子商务功能总部的建设；支持2016 IEBE国际电子商务博览会暨"互联网＋"科创应用展、2016中国(上海)国际网络购物交易会及中国(上海)全球电商互联网大会、浦东新区第二节互联网大会及中国电子商务年会顺利举办。在新疆、云南开展了县域电子商务园区建设运营发展、电商销售渠道建立、公共服务平台建设的培训，共计22个县的200余人参加；对接甘肃镇宁的苹果通过上农批生鲜电商基地进入上海市场。

9. 以电商重大节庆为动力，推动上海网络购物快速增长

一是总体发展态势良好。据上海市电子商务促进中心监测，2016年"双十一"节庆期间，上海主要电商企业全线飘红，其中国美在线比上年增长268%、美囤妈妈比上年增长200%、宝尊比上年增长125%、波奇网比上年增长25%、易果网比上年增长20%；上海市民消费领跑全国，天猫、苏宁、国美等主流电商城市消费排名第一均为上海；仓储配送行业领军，圆迈(京东)"亚洲一号"仓库、宝尊全自动物流配送一体化仓傲视群雄。

二是服务电商异军突起。专注于代运营的新型商贸企业宝尊，实现比上年增长125%、交易额25亿元、订单650万，一举拿下天猫运动品牌销售前三甲，自营仓库满足自身需求外还与顺风签订长期战略协议成为顺风华东区最大仓库合作方；宝宝树集团美囤妈妈，专注孕产期妈妈全方位服务，成立时间仅两年，2016年8月实现盈利，"双十一"比上年增长200%，交易额近6 000万，根据独立的数据分析创造了独立品牌妈妈漱口水，发展潜力巨大，无不得益于其多年来为妈妈们开展的全方位服务。

三是实体电商发力效果显著。马云口中的"新零售"在2016年"双十一"期间表现出众。国美比上年增长268%、苏宁比上年增长193%(上海五角场云店、上海浦东第一店表现出众)，2016年5月份刚刚上线的百联电商"双十一"也交出了9 236万元的好业绩。同样在探索传统商业转型线上线下融合的徐家汇商圈，实现了线下引流40%，新世界及时开展"双十一"内购会，实现单日销量6 000万，较平日销量增长15倍。

四是"双十一"网络购物呈现四大特点。第一是技术流。VR＋电商悄悄在行业蔓延，阿里巴巴的VR购物服务"Buy＋"计划、1号店全场景购物、徐家汇商城VR导购，用户可以在虚拟场景中体验现实世界无法拥有的效果，通过虚拟空间实现穿越获得更加丰富、逼真的购物体验，迎合新生代的未来购物感。仓储物流方面，"双十一"前预热曝光的各类自动化仓库、送货机器人等成为"双十一"期间媒体人竞相报道的焦点。第二是娱乐化。"直播+电商"俨然已成2016年"双十一"主流营销模式。京东"霸道总裁+下厨"直播秀收看人数累计2 100万人次,截止晚上8点,全网在线总人次6 620万。苏宁易购为"双十一"打造的"笑倾城"全面开张,3天累计吸引10多万游客入城体验。上海的徐家汇商圈"当爱情撞上双十一"带领沪上青年体验不一样的娱乐购物节。国美、宝尊、绿盒子的"双十一"直播营销也为平台贡献了不少的流量。第三是跨平台。全渠道销售成为2016年"双十一"秘而不宣的特色。苏宁天猫旗舰店荣登旗舰店销售榜首;宝尊天猫业务占其业务量的7成,自营占2成,其他平台占一成;上海的爱尚鲜花、绿盒子、国美纷纷在自营的基础上增加了天猫店铺、京东店铺。第四是跨领域。市电子商务促进中心调查数据显示,对大多天猫商家而言,"双十一"交易额约占其全年交易额的40%,即便平时促销活动作的很好的商家如宝尊,"双十一"交易额也占了全年的20%,如此重要的购物节备战必然是涉及产业链的各个环节。自动化仓库带来的自动化设备生产商的高速发展;物流领域,航空、铁路、陆运、海运,特别值得一提的是高铁也参与到"双十一"活动中来;传媒领域报纸、广播、杂志、电视、网络借势"双十一"大赚一笔;金融行业上海市单季度互联网金融经营收入均突破百亿元人民币,京东金融新增用户比上年增长超600%;苏宁消费金融、"支付宝"品牌总部均战绩不凡;跨境交易没有如预期的火爆,也交出了进口通关申请超过151万单,比上年增长约10倍的成绩。

三、发展趋势

上海市将深入贯彻国家关于电子商务发展的一系列政策措施和"培育壮大新动能,加快发展新经济"的要求,强功能、提能级、补短板,立足国际国内两个市场,围绕"大平台、大企业、大活动",不断完善电子商务产业生态体系,集聚国内外总部,加快与国际接轨,进一步激发电子商务创新创业的动力和活力,促进电子商务与经济社会各领域更广泛更深度的融合,提升城市综合服务能力,推动国际贸易中心及国际消费城市建设。

2017年发展目标是:电子商务交易总额保持20%增长,突破2.4万亿元;进一步推动各具特色的"互联网+"商务创新实践区建设,提升智慧商圈发展能级加快推动传统商业转型;建设国家电子商务示范社区,电商快递配送综合服务点覆盖不断扩大,新增一批农村电商服务站,内外贸电子商务联动加速,电子商务对国际贸易中心建设的支撑进一步增强。

1. 坚持环境优化建设,加快培育创新主体

一是推进电子商务企业平台集聚。聚焦钢铁、化工、有色金属等上海市优势领域,进一步推动找钢网、钢联、钢铁交易中心、金山化工品交易中心、化塑汇等平台做大做强,支持其拓展交易、结算、信息、物流和融资等服务于一体,增强上海对国际国内两个市场两种资源的配置能力。在生鲜、农产品、汽车、医药、生活服务等领域扶持一批市场覆盖面广、特色鲜明的专业垂直电子商务平台,支持盒马鲜生、天天果园、易果、车享网、1药网等快速发展。加快推进传统商业企业转型,支持百联、红星美凯龙、苏宁、大润发等电子商务总部提升服务功能,引进国内外知名电子商务企业总部、功能总部落户上海。

二是深入推进"互联网+"商务创新实践。继续发挥委、区合作优势,开展第二批"互联网+"商务创新实践区建设工作,编制上海市"互联网+"创新实践优秀案例集。推动电子商务创新创业,支持上海嘉定亚马逊AWS联合孵化器、杨浦区蚂蚁创客空间等建设,建设一批电子商务创新创业孵化器。推动微软创投加速器在徐汇、谷歌体验中心在普陀、阿里巴巴创新中心在张江、甲骨文数据中心在徐汇的建设并积极发挥对电子商务创新创业的推动作用。

三是完善电子商务服务支撑体系。依托商派、珍岛、艾瑞、发网、众安在线等上海市企业在电子商务技术服务、营销推广、仓配一体化、保险等服务全国领先的优势,积极打造电子商务支撑服务体系，形成电子商务服务产业链，提升上海服务全国的电子商务专业服务能力。编制上海市电子商务专业服务业指导目录和案例，研究制定上海市推动电子商务专业服务业发展指导意见，推动成立电子商务专业服务联盟。

2. 加快线上线下融合发展，提升电子商务创新发展水平

一是推进信息技术在流通领域的创新应用。推动供应链管理创新发展，开展智能供应链服务试点，形成一批智慧供应链应用和服务标准，推动建设一批供应链创新公共服务平台。推动"物联网＋流通"应用，总结豫园商城 WIFI 探针客流动向，大华虎城增强现实购物体验，徐家汇商圈大数据可视化及联机分析处理等线上线下互动应用的经验，研究编制流通领域新技术应用案例；推进商务大数据应用，成立商务大数据研究院；研究区块链技术在商务领域应用，促进"互联网＋"产业与商业的融合创新，发展基于智能制造的 C2B 定制商业新模式。

二是提升智慧商圈建设能级。加快推进第一批智慧商圈试点建设工作，进一步推动南京西路、金虹桥、中环商贸区等加快信息系统整合力度，积极引导五角场等商圈集合大数据进一步优化空间布局和业态调整；召开智慧商圈建设研讨工作会议，推广徐家汇商城、淮海中路商圈结合线上线下融合开展体验消费、场景消费等消费模式创新。推进上海市第二批智慧商圈试点建设，积极引导豫园、大华虎城、金山嘴老街等商圈利用信息技术整合文化创意、教育、社区生活等服务业态联动。指导成立智慧商圈服务联盟，编制智慧商圈建设指南和智慧商圈建设案例集，开展智慧商圈试点建设评估和智慧商圈体验活动。

三是大力推进电子商务进社区。按照商务部、民政部等《关于推进电子商务进社区促进居民便利消费的意见》(商建发〔2016〕255 号)的要求，开展上海市社区电子商务示范社区的评选，争创国家级示范社区。推动自动售菜机、生鲜提货柜、智能快递柜的建设。依托物业、便利店、快递网点等资源加快推动电子商务末端配送综合服务点建设，提升全市电商末端配送服务点覆盖率。探索将社区商业与生活服务、物业管理、错时停车、共享单车、快递代收发等有效整合，打造"一刻钟"社区生活圈。

3. 统筹全市电子商务发展，探索创新服务方式

一是加强统筹协调。制定发布《上海市电子商务发展"十三五"规划》，指导上海电子商务完善产业生态体系、提升开放发展水平、服务产业转型升级和社会民生需求，打造全球电子商务中心城市，努力提升城市综合竞争力。继续发挥电子商务发展联席会议工作机制，加快贯彻落实《上海市大力发展电子商务加快培育经济新动力实施方案》，继续坚持问题清单工作机制，梳理当前电子商务发展问题清单。

二是加快政策法规建设。紧密跟踪国家电子商务立法进程，研究电子商务地方立法建设，推动电子合同、电子发票的应用。加强电子商务建设，推进电商企业对接政府部门人口、法人、商标和产品质量等公共信息资源。会同有关部门开展电子商务信息安全管理及相关标准规则研究制定。

三是完善电子商务统计与运行监测。积极研究运用大数据提升电子商务统计监测水平，加强与电子商务平台企业合作和数据共享。扩大电子商务统计覆盖面，加强分类统计，积极研究适应制造业、商贸业、服务业、外贸跨境等线上线下融合的综合统计方法。进一步联合区县、园区提升电子商务统计数据质量，更加准确、全面反映电子商务发展的规模、结构、趋势、水平和发展变化。

四是完善电子商务标准体系建设。编制电子商务诚信示范和服务质量提升三年行动计划；启动电子商务园区服务等地方标准编制；继续开展市级服务标准示范创建，推动电子商务龙头企业建立产品质量和服务管理标准，积极争取向国家级服务标准示范提升。

4. 进一步扩大开放水平，加强交流合作

一是进一步加强电子商务区交流合作。依托中美"互联网＋"商务平台等载体，进一步提高开放条件下上海市电子商务发展的国际竞争力和影响力。完善中美"互联网＋"商务协同创新开放共享平台功能，建立中美"互联网＋"商务人才库。支持全球电商互联网大会、国际电子商务博览会等具有国际影响力的电子商务会展及论坛的举办。加快推动德必"互联网＋"文化创业园区落户美国硅谷、意大利。结合对口援疆、沪滇合作等工作机制，开展电商培训、农产品电商合作、平台服务等区域合作。

二是参与推动国际电商贸易规则体系建设。发挥上海国际贸易中心的优势，积极参与 eWTP 等全球跨境电商贸易规则体系研究，加强与跨境电商贸易领域国际组织交流合作，引进和培育上海市专业机构。推动电子商务民间智库建设，开展国际电子商务贸易规则研究工作。

三是提升跨境电商企业发展能级。加强外贸电商平台建设，培育一批符合上海国际贸易中心定位的海外营销、数据分析、融资保理、物流仓储等领域的外贸服务电子商务企业。推进电子商务内外贸联动发展，结合跨境领域电商示范基地、前店后库融合智慧商圈、"互联网＋"外贸创新实践建设等主线，应用电子商务方式深入推进内外贸一体化进程，研究启动上海市跨境和外贸电子商务统计，探索利用市信用信息平台和商务诚信平台等推动跨境电商企业信用评价，开展跨境电子商务标准研究。(陈宇先)

2016 年上海消费市场运行情况

2016 年，国际国内经济形势错综复杂，不可测、不可控因素趋多，全市商业发展直面紧缩环境和下行压力，持续加大转型升级力度，出台改革创新举措，消费市场稳中求进，紧中增效，实现平稳有序发展。

一、消费市场总体运行情况

1. 全年消费市场增幅水平总体呈现上升趋势

2016 年，全市实现社会消费品零售总额 10 946.57亿元，比上年增长 8%，增速比上年同期(8.1%)减缓 0.1 个百分点。从增长走势上看，一季度增长 7.5%，二季度增长 8%，三季度增长 8.4%，四季度增长 8.3%，增幅水平总体呈现缓慢上升趋势。

2. 商业经济增速继续保持全市领先优势

整体上看，商品销售总额、社会消费品零售总额比上年分别增长 7.9%和 8%，好于包括生产总值、工业产值、进出口总额在内的众多国民经济指标的增长水平。商业在上海经济发展中继续保持了领先和优势地位(表 1)。

表 1　上海市国民经济主要指标比较(2016 年)

	全市生产总值	规模以上工业总产值	全市用电量	固定资产投资总额	商品销售额	社会消费品零售额	上海市进出口总额	外商直接投资实际到位金额	全市税收收入
数值(亿元)	27 466.15	31 082.72	1 486.02	6 755.88	100 792.84	10 946.57	28 664.37	185.14	14 666.62
增幅(%)	6.8	0.8	5.7	6.3	7.9	8.0	2.7	0.3	4.8

数据来源：上海市统计局

3. 上海零售额增速超过京津两市

2016年全国社会消费品零售总额比上年增长10.4%，三个直辖市：北京、重庆、天津分别比上年增长6.5%、13.2%、7.2%，上海零售额增速超过北京和天津1.5个和0.8个百分点，低于全国和重庆2.4个和5.2个百分点，占全国社会消费品零售总额的比重和北京基本相当(表2)。

表2　2016年上海社会消费品零售额与全国、名直辖市比较

规模排名	地区	2016年消费品零售额（亿元）	比上年增长（%）	占比（%）
	全国	332 316.00	10.4	100
1	北京市	11 005.08	6.5	3.3
2	上海市	10 946.57	8.0	3.3
3	重庆市	7 271.35	13.2	2.2
4	天津市	5 635.81	7.2	1.7

数据来源：上海市统计局

4. 郊区零售增速继续超过中心城区

郊区共计实现社会消费品零售总额4 613.15亿元，比上年增长10.1%，其中嘉定区、金山区、崇明区、青浦区、奉贤区增速达到两位数，分别增长13.4%、11.3%、10.3%、10.1%和10%。浦东新区、中心城区分别实现社会消费品零售总额2 037.30亿元、3 703.03亿元，比上年增长8.2%、4.7%，其中长宁区、静安区、杨浦区和徐汇区增速超过5%，分别增长7.9%、7.1%、6.9%和5.8%。

5. 居民消费价格稳中略升

2016年，居民消费价格总水平比上年同期上涨3.2%，涨幅比去年提高0.8个百分点。从两大分类看，服务价格上涨4.5%；消费品价格上涨2.2%。八大类别价格比上年“七升一降”。食品烟酒类价格上涨3.7%，衣着类价格上涨0.8%，居住类价格上涨5.1%，生活用品及服务类价格上涨1.2%，教育文化和娱乐类价格上涨2.7%，医疗保健类价格上涨9%，其他用品和服务价格上涨3.3%，交通和通信类价格下降3%。

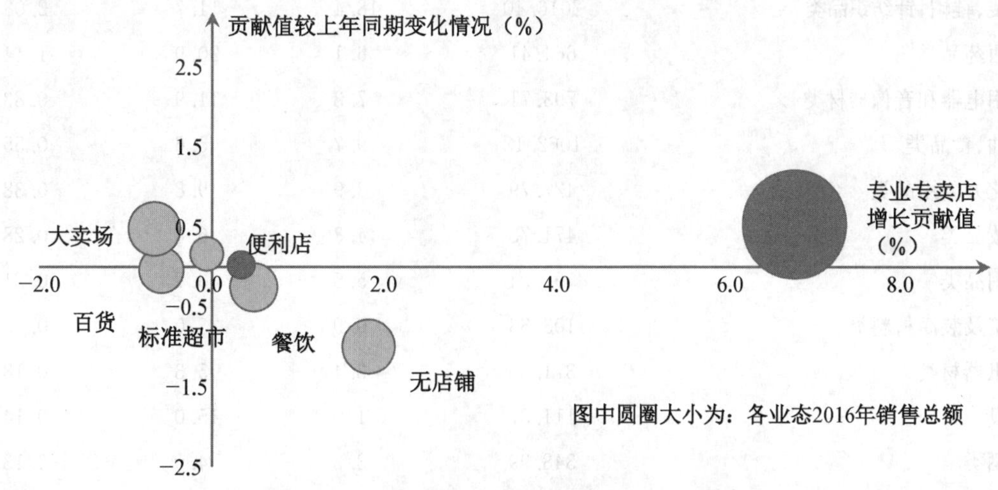

图1　2016年业态对社会消费品零售总额增长贡献情况

二、消费市场运行结构

1. 业态:网购销售拉动作用下降

2016年,全市批发和零售业实现销售额9 874.2亿元,比上年同期增长8.4%,拉动社会消费品零售总额增速7.5个百分点;住宿和餐饮业零售额1 072.4亿元,比上年同期增长4.7%,拉动零售额增速0.5个百分点。

在零售业的六大业态中,无店铺、专业专卖店、便利店实现正向增长。其中,网络购物等无店铺业态在经历了连续多年的爆发式增长后,2016年增速大幅下调,比上年增长15.8%(去年增速为26.9%),对零售额的拉动作用比去年降低了1.0个百分点,拉动效应明显减弱;专业专卖店增速为14.5%,对零售的拉动作用最为显著,拉动零售额增长6.2个百分点;便利店业态比上年增长9.7%,由于占零售额比重较低,拉动零售额增长0.3个百分点。大卖场、百货店和标准超市对整体增速起到负向作用,三业态零售额比上年分别下降8.1%、5.4%和4.2%,拖累零售额增速1.1个、0.5个和0.2个百分点。

2. 商品:汽车销售是拉动销售增长的主力

从上海市主要商品大类零售数据情况看,"汽车类"商品是拉动消费的主力军,"汽车类"商品零售额比上年增长13.2%,拉动零售额增长2.1个百分点,是所有商品大类中拉动零售额增幅最高的品类。其中,新能源汽车比上年增幅达到50.9%。"服装、鞋帽、针纺织品类""中西药品类""家用电器和音像器材类"对整体增速也起到了明显的正向拉动作用,零售额比上年分别增长11.7%、20.9%和11.9%,分别拉动零售额增长2.1个、1.1个和0.8个百分点。

"金银珠宝类"和"石油及制品类"商品对零售额增速的负向拉动最为明显,零售额比上年分别下降了1.8%和0.9%,分别拖累零售额增速0.06和0.04个百分点。

另外,"化妆品类"和"日用品类"商品虽然对总体增速仍有正向拉动作用,但效果较去年有明显减弱,2016年"化妆品类"和"日用品类"商品分别拉动零售额增长0.3和0.2个百分点,但分别较去年减少了0.8和0.4个百分点(表3)。

表3 2016年上海消费市场主要商品大类零售情况表

类别名称	零售总额(亿元)	占比(%)	增速(%)	贡献值(%)
社会消费品零售额	10 946.57		8.0	
其中:汽车类	1829.61	16.7	13.2	2.10
服装、鞋帽、针纺织品类	2016.40	18.4	11.7	2.08
中西药品类	664.41	6.1	20.9	1.14
家用电器和音像器材类	793.71	7.3	11.9	0.83
粮油、食品类	1062.13	9.7	5.6	0.55
文化办公用品类	427.79	3.9	9.8	0.38
化妆品类	471.78	4.3	6.4	0.28
日用品类	596.94	5.5	3.7	0.21
建筑及装潢材料类	103.83	0.9	23.0	0.19
通讯器材类	371.88	3.4	5.3	0.18
家具类	111.37	1.0	15.0	0.14
烟酒类	348.99	3.2	4.0	0.13
石油及制品类	411.52	3.8	−0.9	−0.04
金银珠宝类	320.69	2.9	−1.8	−0.06

注:1. 数据来源:上海市统计局
2. 本表按"贡献值"指标降序排序

3. **商圈:重点商圈增幅呈现明显上升趋势**

2016年,全市重点商圈比上年增长3.7%,增速比去年提高了2.8个百分点。分商圈地域来看,市级商圈比上年增长2.3%,比去年增幅提高了0.3个百分点。其中部分重点商圈增幅较去年有明显提高,中环真北商圈、五角场商圈、淮海中路商圈和南京西路商圈比上年分别增长17.6%、11.7%、8.2%和5.9%,增幅分别较去年提高了17.7、7.1、5.3和4.8个百分点。淮海中路商圈和南京西路商圈下半年增幅均达到两位数,分别为13.7%和12.6%,较上半年分别提高了11.6和13.1个百分点。区级商圈比上年增长8.8%,比上年增幅提高了3.5个百分点。其中:世博商圈、长风商圈、南桥商圈、金山新城商圈等增幅均超过10%(表4)。

表4 2016年全市重点商圈比上年增长情况

商圈名称	年累计比上年增长(%)	商圈名称	年累计比上年增长(%)
市级商圈合计	2.3	区级商圈合计	8.8
中环真北	17.6	世博	16.2
五角场	11.7	长风	14.4
新虹桥-天山	11.5	南桥	13.2
淮海中路	8.2	金山新城	10.7
南京西路	5.9	打浦桥	4.5
四川北路	4.6	赵巷	4.5
南京东路	1.5	青浦老城	3.2
中山公园	−1.2	莘庄	2.0
徐家汇	−4.5	曹家渡	0.9
豫园商城	−5.8	长寿	0.3
大宁	−5.9	南方商城	−4.2
小陆家嘴-张杨路	−7.9	嘉定老城	−6.9

三、消费市场运行特点

1. **消费结构升级,商品性消费向服务性消费的迁移程度持续扩大**

受消费升级及消费意愿变化等需求端因素的影响,同时也因受商贸行业转型发展与业态调整等供给侧因素的影响,上海市商品性消费向服务性消费的迁移程度持续扩大。服务性消费已经逐步替代实物消费,在社会总消费中逐步占据主导地位。据上海市统计局初步测算,2015年上海市社会消费总规模约为2.54万亿元,比上年增长9.3%。其中,社会消费品零售总额为1.01万亿元,比上年增长8.1%;服务性消费总额为1.53万亿元,占社会消费总规模的比重达到60.4%,比上年增长10.2%,增速快于商品性消费零售总额2.1个百分点。2016年以来,上海市服务性消费继续保持快速增长势头。

随着服务性消费的持续升温,实体商业服务化已经成为商业转型升级的重要趋势。数据监测显示:上海城市商业综合体内零售营业面积占比逐年减少,由三年前占比65.6%降至55.9%,下降9.7个百分点;而餐饮和服务业面积占比分别上升3.5个、6.2个百分点。

2. **体验式消费引领消费新模式,商业企业调整转型红利显现**

近两年来,上海市商务委努力推进商业转型升级,扩大体验式消费业态,提高体验消费比重已经成为上海重点商圈和商业街区转型发展的重要抓手和途径。据不完全统计,上海主要的市级商圈(商街)和城市商业综合体,体验式消费业态发展迅猛,从经营面积和销售收入来看,在部分城市商业综合体和转型或新建的百货店内体验式消费比重已经达到20%～30%。主题展览引流助销实体商业、场景营销引发消费共鸣、明星开店发酵粉丝经济、"咖啡馆＋"跨界商业混搭等新业态、新模式开启商业的新格局。在业态和品类的组合上，更加注重多元化发展，商业与文化、艺术元素加速融合，实现关联消费、交叉互补。

3. 迪士尼乐园开园后显现积极效应

2016年6月16日，上海迪士尼乐园正式开园，至2016年年底的半年间共吸引游客560万人次，乐园的开业对全市商业消费都呈现出了一定的积极作用。一是位于迪士尼国际旅游度假区商圈内的奕欧来购物村和迪士尼小镇形成消费增量；二是迪士尼乐园周边的热门商圈张江商圈、世博商圈等客流增多；三是市级地标型商圈南京路商圈、淮海中路商圈等都广为受益，商圈中的来福士广场、恒隆广场、新天地等综合体下半年销售比上年增幅都较上半年明显提高。

4. 热度房市对建材、家电、家居等消费品市场拉动作用明显

2016年年初，上海市房产市场暴热，尤其是改善型、大户型商品房的交易比重增大，对建材、家电、家居、家纺等消费品市场形成较大的增量需求。上海市统计局统计数据显示，2016年建筑装潢材料类零售额比上年增长23%，增幅位居各大类商品之首。

5. 健康绿色消费等引发消费市场提质升级

随着市民生活水平提高，消费理念转变，绿色健康的消费观逐渐深入人心，成为一种新时尚。欧洲杯、奥运会更是为近两年来的体育消费热增加了新的热度。巴西奥运会期间，特色餐饮企业、酒吧等营业额明显上升，而相关的食品消费、家庭影音以及健身器材的需求进一步扩大，中国女排夺冠的消息更使得全国上下为之一振；诸如全马、半马这样的体育赛事也俨然成为市民生活的重要组成部分，2016年体育用品类商品比上年增幅达12.8%，上海的体育用品专卖店迪卡侬销售额增幅达到112.6%。

6. 国际消费吸引力彰显，外来消费逐步扩大

来上海的境内外旅客众多，消费潜能巨大。2016年境外旅客购物离境退税业务规模稳居全国第一，国际入境旅游人数创新高，达854.37万人次，实现旅游外汇收入65.30亿美元，分别比上年增长6.8%、9.6%。2016年8月份全国第二大市内免税店中服免税店开业，达每月1万人次以上购物，销售额已破亿元。同时机场口岸免税店业务保持快速增长，上海机场内的日上免税店2016年销售额保持18%的高速增长。截至2016年11月底，全市235家退税商店开具退税单16 638单，退税物品销售额达2.36亿元，业务量稳居全国16个退税省市之首。

7. 人民币贬值对消费回流的影响开始显现

受国内外政治、经济、环境的综合因素影响，人民币2016年以来贬值压力加大，兑美元汇率持续走高，比年初低位水平上涨了7%以上，比上年低位水平上涨了近13%。人民币贬值直接增加境外消费和海外代购的成本，有利于缓解消费外流势头，刺激消费回流。去年以来，沪上一些奢侈品巨头已纷纷调低了产品在中国的售价，国内产品与国外的售价差距已大大缩小，2016年沪上不少高端商场都已经呈现出销售回暖的趋势，销售比上年增幅达到了2位数。

8. 城市商业综合体集中开业促进消费释放

调查数据显示：2016年上海新开业的城市商业综合体项目达40个，新增的商业面积达290.8万平方米，2016年新增销售规模超过40亿元。商业综合体的开业对消费产生显著的拉动作用。

9. "二孩"等一系列积极生育政策拉动，促发婴童消费上升

上海自2016年3月1日起全面实施二孩政策后，预计在未来的三年内，平均每年新增出生人口约6万人，年均可创造近10亿元的市场需求。

10. 城乡居民收入平稳增长，消费者信心逐渐增强

据抽样调查，城乡居民收入平稳增长，全市居民人均可支配收入54 305元，比上年同期增长8.9%。

民调数据显示，2016年2季度，全市消费者信心指数为 111.5 点，比去年四季度回落 4.8 个百分点，处于近年来的低位。但进入三季度后上海市消费者信心指数大幅回升，环比上涨 7.2 点，比上年增加 0.4 个百分点，对消费拉动作用明显。

三、需要关注的不利因素

然而，消费市场仍然面临人口红利衰退、品质消费外流、零售企业转型阵痛、商业网点建设过度等不确定因素。

1. 常住人口数量下降，人口红利开始衰退

2015 年末全市常住人口为 2 415.27 万人，比上年减少 0.4%。这是上海市常住人口首次出现负增长，零售商业仰赖的人口红利开始衰退。

2. 商品有效供给不足，品质消费外流持续发酵

居民生活水平日益提高，对各种消费品特别是日用消费品的品质要求也逐步提高。当前，国内消费品市场上国产优质优价商品还比较缺乏，进口商品的品类、价格和服务也难以满足居民消费需求。

近年来，伴随出境旅游的平民化，城市居民接触国外市场的机会随之增加，对国外品牌、商品的认知度、认同度和喜好度迅速攀升。境外消费的重点正逐渐由炫耀型的奢侈品消费向品质型的日用品、食品、药品等消费转移，涉及人群更多，消费外流规模可观。统计数据显示，2016 年全市仅旅行社组织的出境游人数就达到 565.47 万人次，比上年增幅高达 43.6%。根据以往统计资料预计另有相同规模的人数采用自由行方式出境。上海市消保委发布，上海消费者出境旅游时人均购物消费接近 1.5 万元，推算出 2016 年外流消费的规模可达 800 亿元以上，相当于同期全市社会消费品零售额的 7.3%。

3. 零售企业处于调整转型阵痛期

2016 年以来，沪上的百货店、大型综合超市等实体商业纷纷谋求转型，如第一八佰伴、徐家汇东方商厦等在内的 10 家左右百货店正在进行部分楼面或整体闭店改造。其中，第一八佰伴商厦的改造期长达半年。虽然从长远来看，改造升级将对行业整体销售水平和赢利水平带来积极影响，但改造期间的负面影响不可避免。

4. 大型商业网点设施建设过度

大量社会资本进入商业地产开发建设领域，但其管理和运营能力十分缺乏，低水平重复建设比较普遍，既冲击了已有商业设施，又无法满足消费者对消费品质和消费体验的需求。

2016 年，上海消费市场经历了商业环境的下行压力和商业转型升级的欣喜和阵痛，存在着传统消费升级、新消费涌现、人口红利衰退等诸多的有利和不利的因素，总体实现了稳步的增长，2017 年上海零售市场有望继续保持增长势头。（郝杰）

2016 年上海平台经济运行情况

适应“互联网＋”时代商品市场与服务市场日益融合的趋势，以信息技术和智慧供应链为依托，上海市已形成一批集交易、物流、金融、资讯等功能为一体的技术新、辐射强的高能级平台，努力加快了建设大平台、大市场、大流通的现代商品市场体系。

一、平台经济发展总体情况

2016 年，上海市平台经济交易总额达 1.84 万亿元，同比增长 14.1%。平台整体规模持续扩大，增速比去年提高了 2.7 个百分点，平台经济保持稳步发展。通过互联网实现交易额 1.04 万亿元，占平台交易总额的 57%，实现了平台经济的线上线下进一步融合（见表 1）。

表 1　2016 年上海市平台经济交易情况

平台名称	平台交易额(亿元)		同比增长(%)	占比(%)	增长贡献率(%)
	2016 年	2015 年			
平台交易总计	18 397.56	16 124.94	14.1	100	100
大宗商品交易平台	14 377.45	13 019.67	10.4	78.1	60
消费品、服务平台	3 136.55	2 293.24	36.8	17	37
专业配套服务平台	606.44	564.05	7.5	3.3	2
跨境电子商务平台	277.12	247.98	11.8	1.5	1

资料来源:上海市电子商务促进中心

从交易规模上看,上千亿级交易平台有 5 家,交易额占平台交易总额的 58%,百亿级交易平台有 21 家,交易额占平台交易总额的 96%(图 1)。

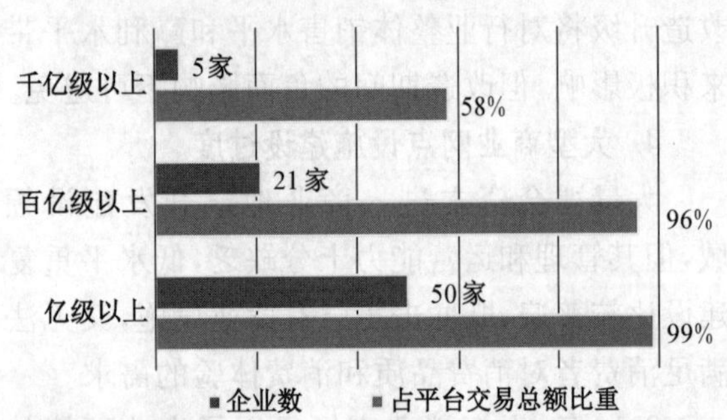

图 1　2016 年上海市平台经济交易规模占比情况

从平台分类上看,大宗商品交易平台交易额达 1.44 万亿元,占平台交易总额的 78%,增长贡献率达 60%,大宗商品交易仍占绝对优势(图 2)。

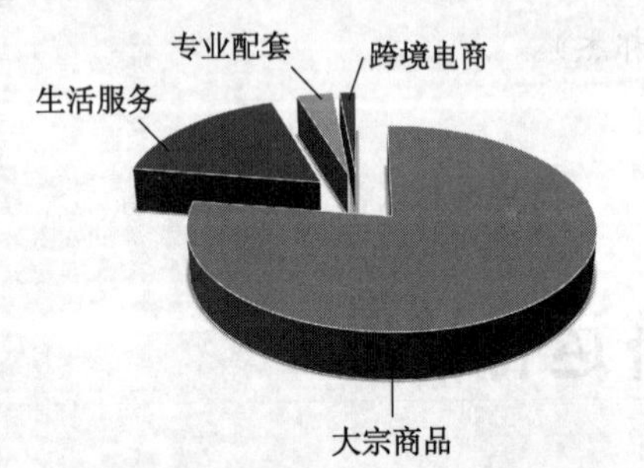

图 2　2016 年上海市平台经济平台分类占比情况

从增长速度上看,消费品生活服务平台交易额同比增速达 37%,领先其他商品增长。

二、平台经济发展主要特点

1. 大宗商品交易维稳回暖

大宗商品交易仍是上海市平台经济发展的主要支柱,5 家千亿级平台中大宗商品交易平台占 4 家。平台化发展成为上海市传统产业转型升级的重要方式。欧冶云商是宝钢集团旗下以钢材为核心的全产业链生态型服务体系,拥有电商、物流、金融、材料、数据、采购、资源、国际、化工、资讯等 11 个子平台,2016 年交易额达 225.58亿元,同比上年增长 20.9%。新型钢铁电商平台发展良好,上海钢联、找钢网年交易额均近千亿元,分别实现与上年同比增长了 58.2%、31.1%。石化领域,上海石油化工交易额比上年翻番,上海化交与上年同比增长 18.8%,石化交易形势看好。大宗商品市场今年持续火爆,商品期货市场成交量不断放大。本轮供给侧改革较以往政策更加坚定,包括有色金属、煤炭等价格大幅回升,激发整个大宗商品交易市场的活力(图 3)。

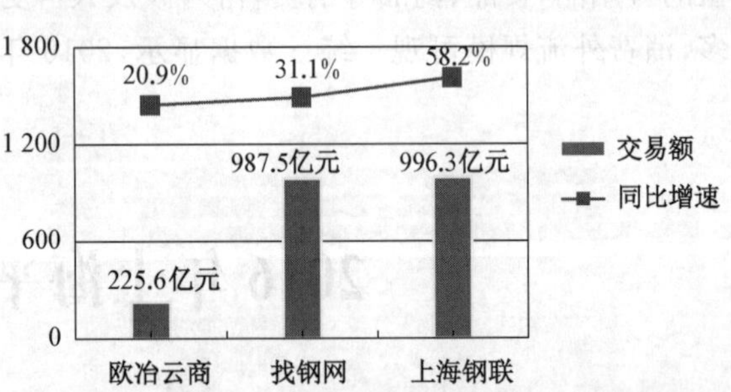

图 3　2016 年上海市大宗商品交易平台交易情况

大宗商品交易行业迎来大发展时代,形成了大数据、大金融、大物流、大产业、大生态的态势。学者普遍认为,大宗商品交易行业将再迎春天。一是近五年萧条后,2016 年大宗商品市场大牛市再起,大宗商品再度成为全球关注焦点;二是经过清理整顿,平台发展的基调已基本明确,秩序较为稳定;三是“互联网+”加速明显,产业与平台的融合势不可挡，产业参与大宗商品交易平台的主动性、积极性持续提高。

2. 居民消费激活，服务经济进一步转型升级

消费品生活服务平台是除大宗商品平台以外交易量最高的平台类别，也是目前增长最为活跃、与人民群众日常生活最为贴近的平台。2016年实物商品B2C交易额1 176.68亿元，同比增长14%，居民消费进一步扩大。服务B2C交易额1 629.99亿元，近实物商品交易额的1.5倍，在线服务保持快速发展。

消费品服务类平台合纵连横、业务整合、谋求共赢的势头不减。京东与沃尔玛达成深度战略合作，收购其旗下1号店，通过沃尔玛在零售方面的资源优势强化京东在O2O领域的业务布局，借助1号店弥补京东在华东地区的市场短板。大润发飞牛网也与国美在线达成战略合作，宣布商品相互入驻对方平台，会员数据打通，联动促销活动，共享在线流量。上海市最大旅游服务平台携程旅行网宣布收购英国的全球领先旅行搜索平台天巡和美国两家大型旅行社。携程最新财报显示，2016年三季度，携程(含去哪儿)净收入56亿元，同比增长75%，营业利润率8%。

3. 配套服务平台稳步发展，跨境电商方兴未艾

专业配套服务平台交易额虽仅占平台交易额的3.3%，但所涉及的金融、物流等服务是平台企业线上线下发展不可或缺的关键点。跨境电商平台异军突起，保持高速发展。洋码头“黑色星期五”全球购10分钟交易额突破6 000万，达去年同期的6倍。《2016上半年中国海淘消费报告》中指出，中国海外购物市场呈普及化的特点，消费人群由一线向二三线城市延伸，跨境电商发展空间较大。

三、平台经济发展环境及趋势分析

1. 平台经济写入国家、地方发展指导文件

(1) 鼓励培育线上线下融合发展的新型市场主体。国务院办公厅出台《关于推动实体零售创新转型的意见》，提出为适应经济发展新常态，引导实体零售企业逐步提高信息化水平，培育线上线下融合发展的新型市场主体。平台经济模式不仅在资源整合、降低流通成本等方面有着显著优势，随着经济转型的不断深入，平台经济覆盖行业范围将继续扩展。

(2) 平台化发展成商品交易市场转型升级重要方向。商务部等五部门出台《关于推进商品交易市场转型升级的指导意见》，指出加强供应链管理与服务，推动商品市场平台化发展，促进资源集聚和优化配置。加快以商品市场为核心的平台经济发展。到2020年形成一批转型升级绩效较好的百亿级专业市场和千亿级综合市场，建设一批平台化示范市场。

(3) 平台经济发展列入《“十三五”时期上海国际贸易中心建设规划》。《规划》中提出，到2020年，上海市将建成10个千亿、万亿级交易市场(平台)。要求大力发展平台经济，增强国际贸易中心大市场的资源配置功能。制定出台加快推进平台经济发展的支持政策。在浦东新区、普陀区、长宁区、宝山区等区域，建设平台经济创新发展示范区，推动企业运用互联网、物联网技术集群式发展。在上海自贸试验区内，继续推进金属、矿产、能源、化工、农产品等领域大宗商品保税交易平台建设，发展红酒、咖啡、茶叶等消费类进口商品交易平台。

2. 平台经济发展支持政策不断完善

上海市出台《上海市鼓励企业设立服务全国面向世界的贸易型总部若干意见》，鼓励具有国际国内资源配置能力的企业在沪设立贸易型总部，提高贸易集聚度和辐射力。贸易型总部既包含传统贸易企业，也包含基于互联网等信息技术从事撮合交易或提供配套服务的平台型贸易企业。上海市首批认定的94家贸易型总部中，平台企业占15家。上海市积极支持平台企业申报认定为高新技术企业。随着平台经济模式优势的不断凸显，支持平台经济发展的相关配套政策也将不断完善。

3. 平台经济发展良好环境逐渐形成

资上海市场青睐，大宗商品B2B平台充分

发挥互联网高效连接的特点，实现上下游供需的高效对接，帮助化解产能过剩、流通成本高等问题，资本对商品市场的配置需求井喷。找钢网累计融资金额超过 20 亿元。配套服务完善，在强化各类平台有效配置资源、满足社会需求的基础上，低成本的运输、仓储、加工、配送等物流服务，高效率的供应链融资、贸易融资、仓单质押等金融服务，以完善的大数据采集、开发、分析、利用为基础的信息咨询服务三大产业将不断融合。诚信环境形成，上海市商务诚信公众服务平台正式上线，形成涵盖政府部门、市场化平台和第三方专业机构的信用信息，覆盖线上线下企业的综合性信用评价体系，包括 1 号店、找钢网、车享网、欧冶云商等共 12 家市场信用子平台已与商务诚信公众服务平台实现对接。

4. 开展国际交流合作"走出去"成必然

国际平台经济的发展一方面可以形成战略联盟，产生集聚优势和溢出效应，另一方面可以发挥国际标准的引领作用。因此，"走出去"成为必然选择，越来越多平台企业开始在境外实施兼并重组、设点布网、建设海外仓等发展举措。（马郭骋）

2016 年上海市电子商务运行情况

2016 年，上海市电子商务营商环境进一步规范完善，对国内外电商企业的吸引力进一步增强。电子商务交易额继续保持较快增长，首次突破 2 万亿元大关，对国民经济的贡献显著提升。电子商务活动在推动全市社会发展、提升居民生活质量方面的效应也得到进一步凸显。

一、2016 年上海市电子商务总体运行情况良好

从总量上看，2016 年上海市电子商务交易额达 20 049. 3 亿元，相当于全市商品销售总额的 20%以上。电子商务对传统商业模式的替代作用不断深入。

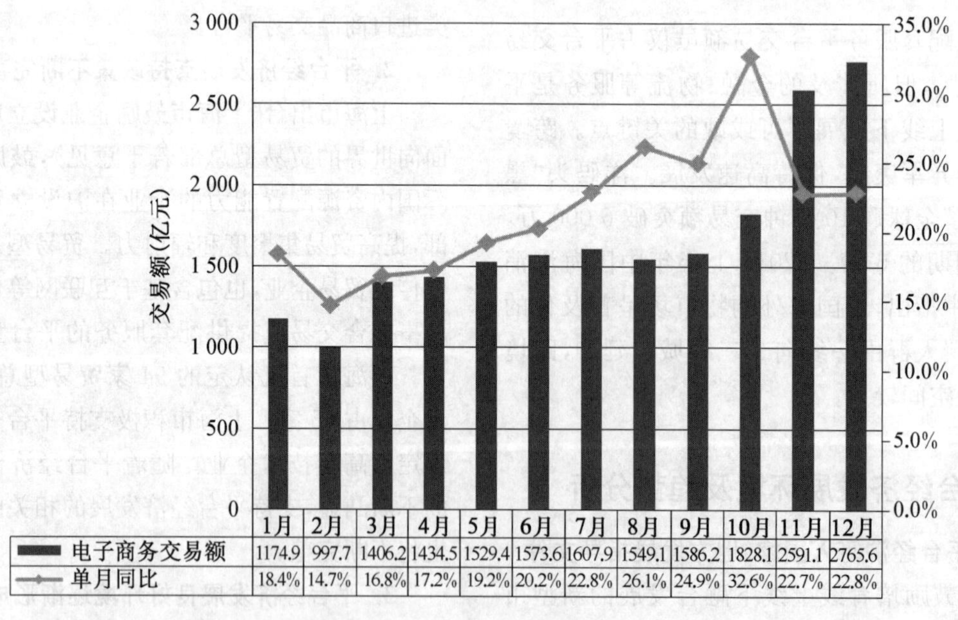

图 1　2016 年上海市电子商务交易额同比增长情况(月度)

从增速上看，2016 年电子商务交易额与上年相比增长 21.9%，比上年同期增速提高 0.5 个百分点。预计高于同期 GDP 增速 15 个百分点，高于同期全市商品销售总额及社会消费品零售总额 14 个百分点左右。电子商务企业无论在数量还是规模上都得到进一步增长(图 1)。

从结构上看，B2B 大宗商品交易继续保持主体地位，全年完成交易额 14 445.6 亿元，占电子商务交易总额的 72%。B2C 网络购物发展迅速，交易额增速达到 35.4%，高于 B2B 增速 18.1 个百分点，在电子商务交易总额中的占比继续提升(图 2)。

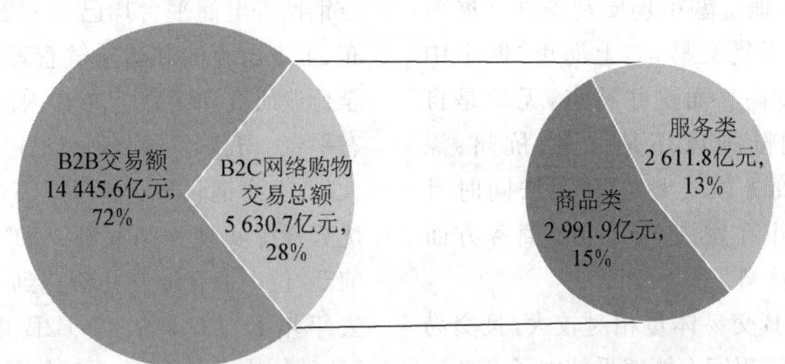

图 2　2016 年上海市电子商务 B2B、B2C 以及商品和服务类交易额占比情况

从社会效益上看，依托电子商务手段，新业态、新商业模式不断涌现。大型 B2B 企业借助电子商务交易平台整合优化供应链，体现创新、协调、绿色、开放、共享发展理念。网络购物渠道继续拓展，网购群体不断壮大，带动上下游金融服务、快递物流服务较快增长，其中快递服务营业收入同比增长 68.4%，增速位居上海市国民经济行业前列。网络订餐服务、共享单车服务等服务类电商活动成为 2016 年上海市电子商务发展亮点。

二、B2B 大宗商品交易是上海市电子商务重心

尽管 B2C 网络购物交易额增速连续多年领先于 B2B 交易额增速，B2B 交易额占比呈逐年下降趋势，但这一过程十分缓慢，B2B 交易仍将长期保持主体地位，这既是上海市电子商务的结构特点，也是优势所在(图 3)。

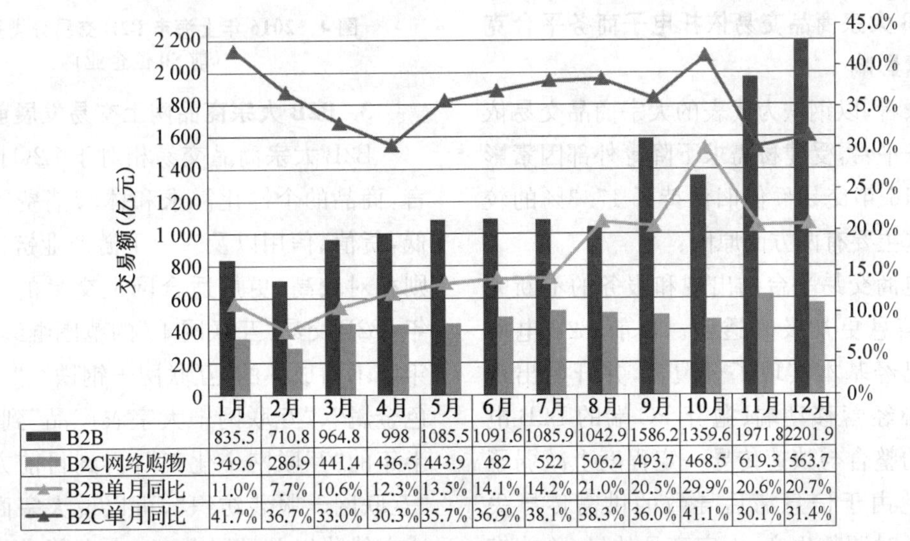

	1月	2月	3月	4月	5月	6月	7月	8月	9月	10月	11月	12月
B2B	835.5	710.8	964.8	998	1085.5	1091.6	1085.9	1042.9	1586.2	1359.6	1971.8	2201.9
B2C网络购物	349.6	286.9	441.4	436.5	443.9	482	522	506.2	493.7	468.5	619.3	563.7
B2B单月同比	11.0%	7.7%	10.6%	12.3%	13.5%	14.1%	14.2%	21.0%	20.5%	29.9%	20.6%	20.7%
B2C单月同比	41.7%	36.7%	33.0%	30.3%	35.7%	36.9%	38.1%	38.3%	36.0%	41.1%	30.1%	31.4%

图 3　2016 年上海市电子商务 B2B、B2C 交易额同比上年增长情况(月度)

1. B2B 大宗商品电子商务发展独具优势

与内陆地区以本地自然资源为基础发展B2B电子商务不同,上海自然资源相对匮乏,在B2B电子商务发展中更注重发挥对自身优势的挖掘和整合能力。一方面,B2B交易能够有效发挥上海市雄厚的工业基础和交通区位优势,充分利用本地金融市场便利条件开展多种形式的期货和现货交易,与上海市“四个中心”建设的契合度高。而这些特点,无论是自然资源丰富的内陆地区还是北京、杭州、深圳、广州等电子商务发达地区都无法同时具备。可以说上海市在发展B2B电子商务方面具有不可替代的优势。

另一方面,B2B交易体量相对较大,且交易对象相对集中,一定程度上能够平抑电子商务发展过程中出现的波动,便于跟踪监测和管理服务,为上海市在全国率先建立和规范电商法制体系、信用体系、服务体系提供了有利条件。同时,大型B2B企业也更容易掌握国际话语权,钢联、有色金属等多家B2B电商平台都制定发布了相关市场的发展指数,并定期对外公布。其中钢联的myBCIC指数领先于PPI指数,已经成为各品类市场交易定价的权威。有色金属交易中心发布的上海有色金属现货交易价格指数(SMEI)已经被包括伦敦金属交易所(LME)在内的世界主要金属交易所列为重点关注指数。

2. B2B 大宗商品交易依托电子商务平台克服不利因素影响

总体来看,以钢铁为代表的大宗商品交易依托电子商务平台,受建材需求下降等外部因素影响有限,2016年交易额仍旧保持了17.3%的较高增速。这主要有两方面原因:

一是电商交易平台的出现和服务的不断完善使市场信息更加及时透明。目前B2B电商在移动端已经基本实现了全覆盖,并开始出现百布等专心经营移动端、抛弃PC端的B2B电商。信息的整合与快速传导一定程度上减弱了传统市场上由于信息滞后导致的供需传导失衡。通过及时调整生产,大宗商品的量、价能够做到有机平衡,对企业盈利水平起到一定保护作用,没有造成基本面紊乱。市场由过热回归理性的过程恰恰为加速大宗商品交易的电子化进程提供了契机,有利于行业的整合与集约化发展。

二是依托网络电商平台,行业内的整合协调越来越深入。目前有色金属交易中心、钢联、东方钢铁等电商平台均已经发展为集信息采集发布、上下游仓储和运输链管理、金融产品服务甚至行业研究和指数发布在内的全产业链产业生态平台。五矿发展与阿里巴巴、欧冶云商与天物大宗、上海钢联与欧浦智网等企业纷纷通过整合优势资源实现强强互补。2016年,上海市B2B前50位电商企业交易额达到10 333亿元,同比去年增长32.5%,占B2B电商交易总额的71.5%,比上年提高8.1个百分点,企业资源整合集中的趋势加强(图4)。

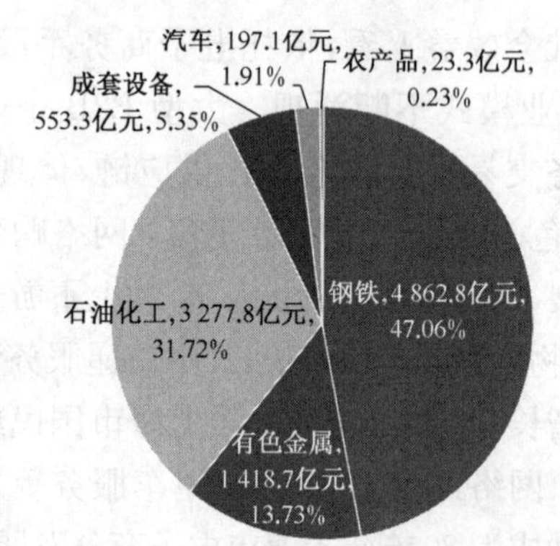

图4 2016年上海市B2B交易分类别情况(前50位企业)

3. B2B 大宗商品网上交易发展前景广阔

B2B大宗商品交易相对于B2C网络购物而言,商品的个性化需求和体验消费需求相对较低,货值、信用以及对上下游产业链衔接的需求则相对较高,更加适合网上交易的模式。2016年,B2B交易“互联网+”的范围继续扩展,从近年来不断成熟的“互联网+钢铁”、“互联网+有色金属”、“互联网+大宗农产品”到2016年上半年的“互联网+化工”,再到目前方兴未艾的“互联网+服装纺织”,可以说大宗商品交易模式在线化以及扩展电商交易品类范围方面一直不缺乏热点。从微观来看,市场处处是竞争激烈的“红海”。以尚处于萌芽阶段的服装纺织电商平台为例，目前上海市活跃的服装纺织类平台主要有链尚网、优料宝，国内其他省市类似电商平台有搜布、搜芽、棉庄、找纱网、布码头、皮皮哥等，也不乏网上轻纺城等有地方政府背景的平台，新领域新市场的竞争从未停止。但从宏观来看，现阶段大宗商品专业网上交易平台的品类覆盖面仍然较小，还存在大片未开发的“蓝海”，市场前景广阔。

三、B2C 网络购物是上海市电子商务发展主战场

B2C 网络购物包括网购商品和网购服务两个方面。2016 年，上海市 B2C 网络购物实现交易额 5 603.7 亿元，同比上年增长 35.4%，成为新常态下拉动国民经济发展的一抹亮色。其中商品类网络购物交易额 2 991.9 亿元，服务类 2 611.8亿元，同比分别增长 32.9%和 38.3%，商品与服务网购规模趋于平衡(图 5)。

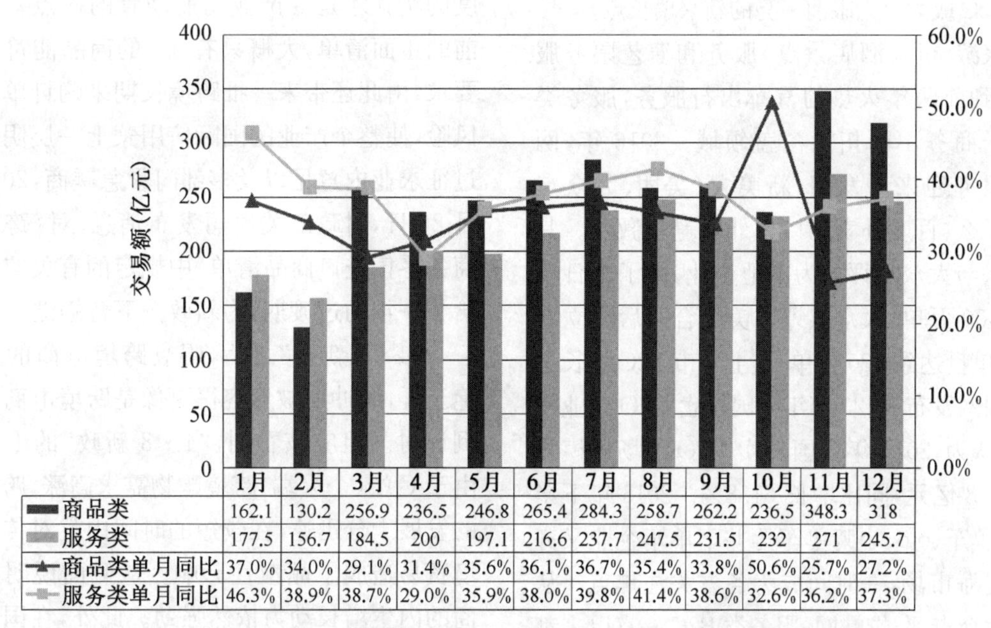

	1月	2月	3月	4月	5月	6月	7月	8月	9月	10月	11月	12月
商品类	162.1	130.2	256.9	236.5	246.8	265.4	284.3	258.7	262.2	236.5	348.3	318
服务类	177.5	156.7	184.5	200	197.1	216.6	237.7	247.5	231.5	232	271	245.7
商品类单月同比	37.0%	34.0%	29.1%	31.4%	35.6%	36.1%	36.7%	35.4%	33.8%	50.6%	25.7%	27.2%
服务类单月同比	46.3%	38.9%	38.7%	29.0%	35.9%	38.0%	39.8%	41.4%	38.6%	32.6%	36.2%	37.3%

图 5　2016 年上海市电子商务 B2C 网购交易额同比上年增长情况(月度)

1. 商品类 B2C 是必须打赢的攻坚战

B2C 网络购物的交易参与对象以自然人为主，需求更加多样化，是目前增长最快也是竞争最为激烈的电子商务领域。其中商品类交易规模较大。根据国家统计局汇总的数据，从全国范围来看，B2C 商品类交易额约是服务类的 7.5 倍。从上海市前 50 位商品类 B2C 电商企业行业分布情况来看，综合百货和建材家居牢牢占据前两位(图 6、图 7)。

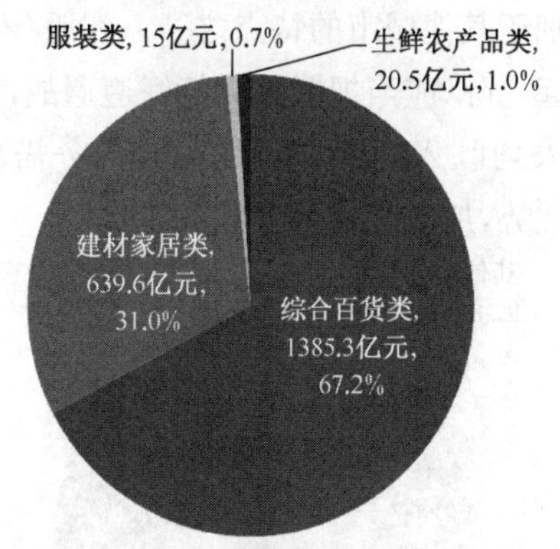

图 6　2016 年上海市商品类网络购物交易分类情况(前 50 位企业)

依托良好的经济基础和旺盛的消费需求，目前上海市已经拥有国美、1 号店、易果网等一大批行业翘楚，B2C 商品类电子商务整体发展水平位居全国前列。但同时也存在明显的短板，缺少像阿里巴巴这样对网络购物行业具有绝对控制力的企业。B2C 网络购物与传统购物模式相比，一大特点就是突破了地域的限制。行业竞争不再局限于一时一地，而是全国乃至全球范围内的

直接竞争,且业务拓展门槛较低,市场巨头可以轻易介入新兴B2C网购领域,容易形成赢者通吃的局面。目前上海市主要B2C电商企业背后均有BAT资本背景。从这个意义上讲,上海市B2C网络购物发展仍面临严峻的攻坚战。

2. 服务类B2C是需要把握战机的遭遇战

当网购商品的购物模式已经被越来越多的人所熟悉,“6·18”“双十一”“双十二”等网络购物节消费已经成为常态的情况下,2016年红黄蓝各种颜色的外卖电动车和共享单车牢牢占据了我们的视线,服务类B2C成为令人眼前一亮的新兴增长点。

从旅游(机票酒店景点)服务和演艺票务服务开始,到前两年火热的汽车出行服务,服务类B2C电子商务不断拓宽覆盖领域。2016年,网上订餐服务迎来爆发期,新美大(美团、大众点评)、饿了么、百度外卖和口碑外卖竞争激烈。其中饿了么与大众点评均为本地企业,饿了么日单量突破500万单、大众点评与美团合并后成立新美大,日单量达到430万单,是上海市B2C增长亮点。艾瑞网发布的《2016年中国外卖O2O行业发展报告》认为,2016年全国外卖O2O市场规模将达到715.8亿元,同比增长61.8%。2016年下半年,摩拜单车、ofo、小鸣单车等共享单车企业又齐齐发力上海市场,一时间成为各方关注焦点。从携程到大众点评、蜘蛛网,服务类B2C一直以来都是上海市的强项,较高的服务类B2C占比也是上海市区别于其他城市的特点之一。在服务类B2C热潮兴起之际,应当把握时机打好遭遇战,发挥本地居民人均收入高、消费层次高、服务需求高的“三高”优势,加快服务类B2C发展。

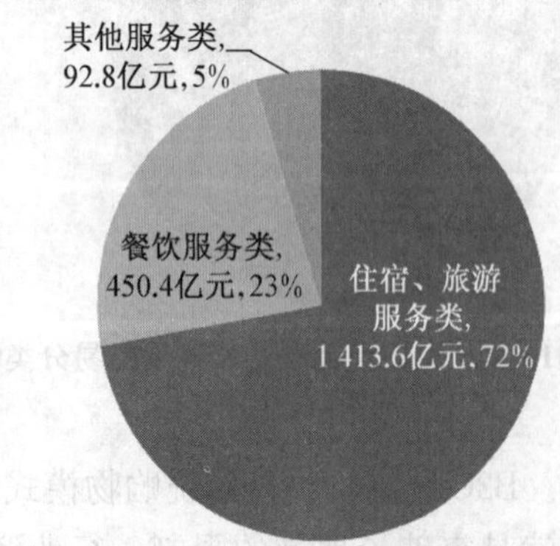

图7 2016年上海市服务类网络购物交易分类情况(前50位企业)

3. 跨境电子商务是大有可为的持久战

谈到2016年的电商行业,一个无法绕过的话题就是针对跨境电商的“4·8新政”,即2016年4月8日发布的《财政部、海关总署、税务总局关于跨境电子商务零售进口税收政策的通知》以及配套的《跨境电子商务零售进口商品清单》。通知和清单参照一般跨境贸易税收和监管政策,对跨境电商税收监管政策进行收紧。消费者比较关注由“行邮税”改征“跨境电商综合税”后带来的税赋改变,跨境电商企业则认为“白名单”制度的实施才是令产业伤筋动骨的痛点。根据目前的正面清单,大概只有5%的商品能符合通关要求,由此还带来一批跨境长期采购订单的违约风险,使整个产业的国际信用蒙上一层阴影。通过征求业内意见以及多部门紧急磋商,2016年5月26日,财政部关税司发布消息,对《跨境电子商务零售进口商品清单》中规定的有关监管要求给予一年的过渡期,为新政按下暂停键。

“4·8新政”之后,唱衰跨境电商的声音不绝于耳,缓冲期被形容得更像是跨境电商的死亡倒计时。但应该看到,“4·8新政”的出台正是由于C端(个人端)跨境购物需求高涨,跨境电商的发展十分迅速,在较短的时间内就对传统的跨境贸易造成了颠覆性影响。从侧面说明跨境电商的内生增长动力依然强劲。此外,在国务院的大力支持下,跨境电商的外部政策环境有望不断好转。2016年4月20日,李克强总理主持召开国务院常务会议,提出要扩大跨境电子商务、市场采购贸易方式和外贸综合服务企业试点,支持企业建设境外营销和服务体系。国务院副总理汪洋在2016年4月21日召开的全国外贸工作电视电话会议上也强调,支持企业培育品牌和营销网络,鼓励跨境电子商务等新业态发展,促进外贸提质增效。

上海一直是我国对外改革开放的桥头堡,具有良好的跨境贸易基础。作为跨境电商首批“6+1”试点城市之一,上海市已经吸引到亚马逊、ebay等国际知名跨境电商企业入驻,培育起洋码头、小红书等一批迅速成长的本土企业,并通过“跨境通”等平台逐渐规范完善跨境电商行业发展。从短期来看，规范的监管环境会影响通关效率，商品可能会选择其他关口入境。但从长期来看，企业发展成熟后，对规范环境特别是信用体系的需求会摆在首位，上海市优势将会得到体现，跨境电子商务发展大有可为。

四、上海市电子商务发展面临的困难

尽管上海市电子商务产业在2016年取得较快发展，但无论从宏观环境还是微观企业层面仍存在明显不足，为促进电子商务持续健康发展，需要解决好以下几类问题：

1. 区位优势减弱，人才技术优势难以发挥

随着"一带一路"倡议的深入实施，西部开发取得明显成效，内陆地区特别是重庆、贵州等西部地区通过发展电子商务，GDP增速保持在10%以上，一定程度上缩小了与上海等经济发达地区的差距。一方面，电子商务依托互联网打破空间限制，使上海市的区位优势难以发挥。另一方面，大部分处于创业初期的电商企业面临的技术门槛并不高，上海市的人才技术优势难以形成吸引力。成本还是大部分创业者考量的首要因素。位于重庆的猪八戒和秒赚等电商企业便是凭借重庆"地票"制度，大大缩减运营成本，成功度过所在行业"烧钱取暖"的寒冬期，成为活下来的成功者。四川省"菁蓉小镇"则是利用空置楼宇，降低创业企业房租和人才安置成本，吸引创业者形成"创客小镇"。由于上海市较高的生活成本，类似政策在沪实施取得效果相对较弱。

2. 缺少龙头企业，核心竞争力不足

电子商务企业间的交叉投资及兼并整合活动频繁。在规模较大的业内并购事件中，无论是此前京东与易迅合并，还是近期的美团与大众点评合并、京东与1号店合并，被整合吸收的对象往往都是上海本地企业。目前易迅网已经被京东整合完毕，网购业务全部转入京东。1号店的品牌、网站和APP的所有权也已经由沃尔玛转入京东。大众点评与美团合并后，网上订餐业务整体转入美团，创始人业已离职。

其原因在于上海市缺少BAT这样的龙头企业，无法打破行业龙头对流量入口等电商关键资源的垄断。要保持竞争力必须通过接受注资和业务合作的形式取长补短，在交叉投资过程中往往成为被收购和交易的对象，也为上海市电子商务的发展带来诸多不稳定因素。

3. 跨境电商新政重启之后短期内面临"劣币驱除良币"窘境

跨境电商新政重启之后，随着政策收紧对清关效率和品类准入的影响，跨境电商转走其他监管宽松地区入境的倾向增强，甚至有业内分析担忧"灰色清关"等非正规渠道兴起。短期内上海市面临"劣币驱逐良币"的窘境。为减轻新政对上海市跨境电商的负面影响，一方面应当充分利用目前的政策缓冲期，加强对上海市跨境企业的政策宣传引导，使企业未雨绸缪，及时完善自身运行体制，达成合规经营；另一方面，应当用好用足上海市自贸区和电子商务试点城市红利，强化自身竞争优势，增强城市吸引力。

五、上海市电子商务发展对策建议

基于上述对2016年上海市电子商务发展情况特点以及短板问题的分析，建议从以下几个方面提升电子商务发展动力：

1. 打造良好环境，吸引成功企业

海纳百川、开明睿智是上海的城市名片，凭借规范的政治法治环境、完善的市场配套环境、旺盛的消费需求环境、雄厚的人才技术环境以及良好的信用融资环境，上海对已经站稳脚跟，希望在国内外市场上取得更大发展的成功电商企业有较强吸引力。电子商务企业打破空间限制，一定程度上削弱了上海市的区位优势，但换一个角度来看，这也意味着吸引成功电商企业来沪的门槛较低。与工业企业相比，电子商务企业转换业务重心区域甚至迁址都相对容易。阿里巴巴旗下支付宝运营方蚂蚁金服2015年迁址来沪，增强了上海市电商金融综合配套服务能力。摩拜单车注册在北京，却选择从上海起步，创始人在接受京媒采访时透露，选择在上海开始运营是因为几年前上海市政府为了世博会，在街边画上了很多白线区域作为自行车建议停车点。这让他们觉得在用户教育方面不会那么困难。上海应该更多地展现自己的长处,将大力吸引高层次电商企业入驻作为发展上海市电商产业的重点之一。

2. 发挥自身优势,培育特色企业

由于当前大部分电子商务企业创业技术门槛较低,导致上海市人才技术优势无法充分发挥。投资界将估值达到10亿美元的新兴企业称为独角兽,在过去几年里,电商产业独角兽呈井喷之势,但其中不乏昙花一现的企业,多是技术门槛较低,容易被模仿超越的企业,使投资界对电商独角兽开始出现审美疲劳。有鉴于此,上海市在吸引成功电商企业的"拿来主义"之外,也应当有针对性地培育一批技术含量较高、人才门槛较高的创业企业。在虚拟现实、人工智能、生物技术等未来发展方向上布局核心竞争力较强的特色创业企业。

3. 充分利用政策,精准帮扶企业

依托自贸区和电子商务试点城市有利地位,上海市应当充分听取各方意见,从企业的需要出发,大胆先行先试,打造适合电子商务企业发展的政策环境。在投融资市场日益成熟的今天,政府对企业的直接资金支持已经不是电商企业关心的重点。多家企业在调研中表示,比起资金支持,更希望得到政府有关部门的荣誉奖励以及协调解除限制市场发展的政策瓶颈。有企业直言,通过政府部门的荣誉称号认定,企业可以得到政府的信用背书,在资上海市场中更容易得到投资方关注。为避免直接的信用背书对政府信用带来的潜在风险,上海市应当综合各部门和各大企业平台的信用数据,进一步完善企业信用体系,形成信用评价长效机制。对于政策瓶颈问题,在保持公平公正公开的前提下,可以大胆先行先试,着力解决真正困扰企业的现实问题,做到精准帮扶。(马郭骋)

2016年上海商业转型升级十大新变化

一、"新零售"——开创商业经济新时代

受成本上涨、互联网高速发展、自身发展缓慢等内外因素的困扰,实体零售业主流仍延续着增速放缓、销售遇挫、关店潮频现的情势,但或许是已经到了"不转型只能等死"的关口,实体零售中迈出转型步伐,探索生存出路的商家愈来愈多,愈来愈坚定。与此同时,电子商务在迅猛增长过后红利不在,流量的获取更加困难、成本更高,纯电商平台增速放缓,触及平台式发展的天花板。曾经势头不可抵挡的电子商务如今归为平静,而节节败退的实体零售也在迷茫中探索方向,线上线下经历了对立、割裂之后,同时遭遇增速压力,如何创造新的增长动力、寻求新的发展方向,"新零售"呼之欲出。

2016年,马云在杭州·云栖大会上首次提出"新零售"概念,意指传统实体商业和电商单一的经济形态将被打破,实体商业和电商不再是互相博弈的关系,相反它们将在未来深度融合,并成为中国经济发展的新趋势和新方向。而2016年"双十一"当天,国务院印发《推动实体零售创新转型的意见》,从政府角度,对实体零售的发展、变革给出了明确的指导,从调整商业结构、创新发展方式、促进跨界融合三个方面明确了实体零售企业创新转型的9项主要任务,定调实体零售转型,并鼓励线上线下向融合、协同方向发展同样传达出今后零售业发展的方向。

1. 竞合关系变革——从封闭竞争转向开放融合

新零售时代,线上线下渠道的边界日益模糊,线上和线下商业实体均纷纷打造开放融合的全渠道体验。一方面,从体系内角度看,线上互联网电商平台开始向线下渠道渗透,诸如阿里打造"盒马鲜生",当当网、亚马逊、服装品牌茵曼等

也在积极布局线下；而大型线下商业实体也纷纷自建线上平台，以图实现线上引流和全渠道会员打通。如苏宁、国美发力电商多年，已在B2C的版图谋取一席之地；万达重磅推出飞凡，现已整合3 000多家线下商业实体；大润发推出飞牛网，百联集团推出i百联全渠道电商平台，凯德推出购物星2.0的O2O平台，大悦城、天虹商场、九龙港也纷纷打造O2O智慧商城。

而从体系外角度看，不同商业实体纷纷从封闭式竞争走向跨界融合。通过战略合作、资本合作或业务合作，实现资源互补，利益共享。诸如阿里投资银泰打造喵街、战略入股苏宁，京东投资永辉等；又诸如上海K11购物中心牵手文化艺术、优衣库联合星巴克、沃尔玛与中青旅等。

以往的竞争、敌对、犹豫正在过去，以实体门店、电子商务、移动互联网为核心，融合线上与线下、零售与体验、商品与服务，实现商品、会员、交易、营销等数据的共融互通，给消费者提供跨渠道、无缝化体验、极致化服务，满足消费者需求，才是零售商业发展的关键。

2. 营销方式变革——从商家中心到用户中心

在互联网、社交网络和大数据为消费者日益赋能的情况下，中国零售业的主导权发生了重大变化，真正进入到消费者主权时代，传统的以商家为中心，依靠地理位置垄断商业的时代已经过去。新一代的数字消费者不仅大量向线上迁移，而且被新技术高度“赋能”，消费行为和消费理念发展了根本性转变，由“孤陋寡闻”变为“见多识广”；由“分散孤立”变为“相互连接”；由“消极被动”变为“积极参与”。

传统零售业以商家为中心的营销方式逐步在褪色，转而取代的是以消费者为中心的营销方式，如何提供便捷的购物方式、舒适的购物体验是商家将要努力的经营方向，围绕消费者购物体验为中心的营销模式需要重新塑造。

2016年，我们也欣喜看到零售商们正朝着这一共识投入并努力，购物中心纷纷向体验、创新发展；微信、直播等消费者更愿意接受的新媒体更广泛应用于零售营销当中；借助大数据更精准触达用户以满足其个性化和定制化需求；更多黑科技探索式运用到零售当中以打造各类崭新的消费体验；零售商更尝试架起生产商与消费者桥梁，联合推出消费者极致体验的产品与服务等。

琢磨研究消费者，和消费者随时灵活沟通，以消费者为中心开展产品设计与制造，以及带给消费者至上的服务体验等，零售的思维方式和营销方式都在发生彻底的变化。

3. 运营技术变革——从粗放经营转向智能驱动

如《推动实体零售创新转型的意见》指出的，零售业长期存在的发展方式粗放、有效供给不足、运行效率不高等突出问题，随着消费渠道日渐碎片化、消费习惯走向个性化、消费需求多元化、消费态度理性化，过去我们零售业依靠规模驱动将逐渐走向标准化、个性化、灵活和定制驱动，快速地获得商品、销售、顾客数据，合理安排采购、库存甚至是研发、制造，高效的组织物流、配送方案，精准地提供消费者满足的货物及服务，将成为新零售时代必须解决的课题。

2016年，京东以大数据和人工智能技术平台为基础，构建面向全渠道的智慧供应链生态；国美以供应链为核心竞争力的集互联网、物联网、务联网于一体的新零售生态体；苏宁云商与美的、海尔等构建“极效协同”模式等，以及在上海，洋码头整合优化国际物流资源和全球零售供应链，促进在线零售的全球化，让中国消费者足不出户，轻松、便捷地享受一站式全球购物等。

要精准找到消费者、要既高效又成本最优的为消费者提供服务，传统零售方式显然太落后，依靠互联网、大数据、云计算等技术数字化整合多维数据，全线贯通、升级优化各个经营环节，达成基于数据全流程分享的供应链协同将是当前，以及未来零售业努力的方向。

2016年，中国的零售业正在向“新零售”转型路上进行着积极的探索，上海商业也是如此，寻找探索的步伐不曾停留，创新突破的举措不断涌现，在新常态经济发展增速放缓的大背景下，2016年上海社会消费品零售总额达到1.09万亿元,增速8%,位居全国主要城市前列,服务式营销、线上线下联动发展、体验式营销、混搭营销正在成为上海商业发展的新特点,也正在打造着这个时代上海城市商业的新格局。

二、国际风范——多项目助力上海打造国际消费城市

以打造“国际消费城市”为目标,在消费需求变化的推动下,上海的商业格局在转型和升级中,围绕着新业态、新模式、新产品、新服务,正展现其“国际范”的面貌。2016年上海社会消费品零售总额近1.1万亿元,增速8%,位居全国主要城市前列,已超过中国香港等地。根据世邦魏理仕的最新报告表明显示,在全球城市国际零售商出现率的排名表上,上海紧随伦敦和迪拜之后,已位居第三,成为了世界上拥有超多国际零售商的城市。

2016年,市内免税店开设、跨境电商政策优化,为实现在上海“买全国”和“买全球”加重筹码;迪士尼国际游乐项目的落成,进一步增强上海对境内外消费者的吸引力,扩大综合消费规模;商街商圈建设更富有声色,国内外影响力进一步扩大。

1. 上海市中心最大免税店开出

2016年8月8日,位于曹家渡悦达889广场的上海市中心最大免税店——中服免税店开业。中服免税店开业首日,即现火爆排队现象,经营首月单日平均营业额达100万元。悦达889的中服免税店面积达3 300平方米,商品100余种,共万余件。市内免税店较机场免税店更方便,价格比专柜便宜,体验和信任感上好于电商。

近年来中国消费者每年有1万亿元花在了境外消费上,这些消费本来有相当一部分可以在中国境内市场实现。市内免税店的开设,进一步丰富了上海的国际性品牌及商品,实现了消费者足不出“沪”就能以合适的价格和优质的品质“买全球”,为上海形成国际消费气候增添了一抹亮色。

2. 跨境电商监管平台与通关服务进一步优化

据有关数据研究显示,内地消费者通过跨境电子商务平台来购买海外商品的比例要远远高于通过海外平台或实地旅行的购买情况。早在2012年12月,上海就和重庆、杭州、宁波、郑州4个城市成为首批全国跨境贸易电子商务试点城市。上海共选择了3方面的试点内容,分别是网上直购进口模式、网购保税进口模式、一般出口模式。到2013年底,国内首个跨境电商服务平台——“跨境通”在沪上线后,不仅为各家跨境电商提供了集中的保税仓储和海关监管等服务,也为普通消费者提供了“足不出沪买全球”的跨境购新平台。

随着近年跨境电商的迅速发展,上海政府又在酝酿发布新的促进措施。据悉,上海将允许各大跨境电商建设单独的保税仓库。为方便海关监管,上海将由财政出资,建设统一的、完全第三方的跨境电商监管平台,为各大电商提供公益性服务,在规范行业之余也确保各家电商的数据安全。预计平台建成后,将推动上海的跨境电商发展进入一个新的快车道。

与此同时,为提高跨境电商包裹的通关速度,上海海关推出“行邮税担保实时验放”模式,通过电子计征、担保验放、汇总征税,将跨境电商订单进口通关时间整体提速至“读秒”时代。上海海关还推出“货到即时备案”模式,支持跨境电商订购商品到港后集中批量备案,贴合线上消费习惯。同时,海关还创新“负面清单关键字商品备案审核”模式,对高、低风险商品自动筛选分流,分别实施人工审核备案和系统自动备案,大幅提升整体备案时效。

3. 迪士尼乐园填补上海国际性旅游资源空白

中国内地首座迪士尼乐园——上海迪士尼乐园于2016年6月16日顺利开园。这使得上海成为是继美国加利福尼亚州、佛罗里达州,法国巴黎,日本东京,中国香港之后,全球第6个建有迪士尼乐园的地方。

据华特迪士尼2016年财年全年及第四季度报告,2016财年华特迪士尼公司营收为556.32亿美元,较去年上涨6%,净利润为93.91亿美元,同比上涨12%,连续第6年创下业绩新高,而董事长兼首席执行官罗伯特·艾格专门提到上

海迪士尼乐园的开幕对此贡献良多。在上海运营的首季度包括暑期高峰，上海迪士尼乐园共接待了400万游客，有超过半数的游客来自上海以外。根据国内一家旅游机构发布的《上海迪士尼旅游报告》，全国游客游上海迪士尼人均消费2219元，如果按照年接待1 500万游客算，迪士尼将创造330亿元旅游收入。

纵观世界各地运营的迪士尼主题乐园，无不集休闲娱乐、影视媒体、商务会展等多功能为一体，是国际知名旅游休闲度假的标志性区域，集聚的国内国外客流带动当地旅游业、现代商贸业、文化产业、航运物流业等产业发展。对于上海而言，迪士尼乐园填补了上海国际性旅游资源、国际大型娱乐休闲主题公园的空白，有助于上海进一步提升旅游产业以及相关产业的现代化和国际化水平，为上海新型服务业发展拓展了新的战略空间。

4. 静安、黄浦打造国际消费城市示范区

2016年，静安和黄浦荣获市政府授予的“国际消费城市示范区”称号，以表彰两区在推动上海商业发展国际化进程中的示范作用。

静安定位建成精品云集享誉世界、服务创新引领全球、消费环境优质舒适、管理模式接轨国际的国际消费城市示范区。在业态创新方面，静安正争取引进保税直销中心；在自主品牌方面，静安区目前已推动九百旗下的立丰等老字号先后入驻大润发、飞牛网和东方购物等平台，接下来将力推更多老字号与电商牵手，抢占网购市场；在商圈管理方面，静安与大数据交易中心展开合作，在静安南京路商圈正式启动了智慧商圈项目。在商业环境氛围方面，静安在继续开展上海时装周、设计之都、现代戏剧谷等国内外知名活动之外，还计划举办国际化妆节盛会。同时，还将开展地下连通改造、智能停车系统的导入等项目，优化商圈环境。

黄浦以建设优秀品牌集聚区、品质消费示范区、“最上海”商旅文体验区和智慧商圈实践区为抓手，打造上海国际消费城市示范区。2016年后的2～3年，黄浦三大市级商圈将进入新一轮商业结构调整期，合计21个项目，调整面积78万平方米，项目直接投资超100亿。积极实施上海优礼行动计划，选取南京东路步行街、豫园等区域，布局一批“品牌集成、形式多样”的上海优礼网点。开展服务质量年活动，建立完善服务提质机制、先行赔付机制和服务奖惩机制。强化商业街区文化特色，实施公共空间焕新工程，打造上海时装周、上海购物节等一批品牌活动。深化数字应用，逐步提升智慧商圈对实体商圈的服务功能。

5. 融合式发展丰富上海商业多元形态

上海大悦城创新应用差异化、场景化、智慧化的新商业模式，打造极致体验的商业标杆；佛罗伦萨小镇甄选的全球160家知名奢侈及时尚品牌的高性价比产品，将奥特莱斯功能从单一的商品提供转向由电子商务革命和数字技术革命所支持的体验式消费；洋码头通过整合优化国际物流资源和全球零售供应链，促进在线零售的全球化，改造传统代理制跨国零售模式，让中国消费者足不出户，轻松、便捷地享受一站式全球购物；新天地时尚购物中心通过与上海时装周长期的战略合作，为设计师作品发布与买手采购订单提供全方位服务，协力促进“产销结合”的时尚产业一体化进程，推动原创时尚设计的商业落地；厨易时代通过网上订购，集约化配送小区居民和饭店餐饮两大目标客户，形成线上线下互动融合的社区服务消费新模式……服务式营销、线上线下联动发展、体验式营销和混搭营销等融合式发展正在成为上海商业发展的新特点，让上海商业变得更加丰富、多元、富有生机。

三、供给改革——零售业寻求方法与途径的突破

中国贸促会研究院国际贸易研究部主任赵萍指出，在我国消费结构升级的过程中，消费者对品质商品的需求逐渐旺盛，消费呈现出“一数四品”五大特征：一是增速将继续放缓，但消费量级持续上升；二是炫耀型消费淡出，品质消费特征凸出；三是品牌认知走过符号阶段，回归消费属性，真正的品牌消费开始崛起；四是品位消费潜力巨大，互联网消费与服务消费高增长；五是品格消费方兴

未艾,可持续消费将逐步进入消费者视野。

消费者对品质的选择与追求决定了供给侧对质量的追求。随着消费需求的不断升级,供给侧改革迫在眉睫。应对消费者的品质需求,需要生产端专注了解消费者的需求,坚持人性化的品牌沟通,一丝不苟地提高产品品质,提高制造供给能力与水平,从2016年《政府工作报告》中首提"工匠精神",到5月11日国务院常务会议,政府全面部署和促进消费品工业增品种、提品质、创品牌,更好满足群众消费需求升级的工作。与此同时,零售业作为连接生产和消费的重要一环,也将是宏观经济供给侧改革的重要环节和主要角色。

但当前零售业发展面临着流通环节多、时间长、成本高,渠道急剧扩张,以及外部线上分流加剧等重重压力,在面对消费需求不断升级、消费习惯发生巨大改变、消费群体更新换代时力不从心。从供给短缺到供给过剩,从高速增长到逐步放缓,如何改变零售业的现状,突出重围,零售业不断在探索。在这个艰难调整的过程中,零售业逐步认识到商业的基本逻辑仍然没有改变,即以客户为中心来创新产品和服务,再配合以拉动式的供应链,加速价值流动,这才是零售业的核心要义。以促进商业回归本质,为消费者提供更准确、更心动、更满意的商品为核心,以供给侧改革号角吹响为引领,零售业围绕商品供应在供应关系上、在供应链管理上、在渠道布设上尝试各种突破。

1. 建立新型零供关系

传统的零供关系是,零售商有品牌商关系,产品供应链环节主要由品牌制造商掌控,零售商普遍还是走代销及向经销过渡为主模式。代销模式商品的所有权未发生转移,商品可退换货,库存压力转嫁给品牌商。整个供应链成本高昂、效益低下。供给侧改革中,零售商要改变在供应链环节中的被动地位,主动为品牌商服务,共享数据,提高商品管理能力。双方不再是对立的关系,而是应该共同面对消费者,这种理念才是合作的基础。双方共同参与到供应链和制造环节,按消费者需求来设计和生产产品,不断满足消费者在功能、心理、价格上的需求,建立起与消费者长期稳定的关系。例如,2015年来自华润万家、宝洁、步步高、家乐福、大润发、永辉、可口可乐、中粮食品、伊利、立白、脱普等11家企业高层在深圳共同探讨并达成零供合作纲领性文件"深圳湾共识"。

2. 强化供应链管理能力

新零售时代,更透明的价格、更个性化的产品需求、更挑剔的购物体验,都需要强大的供应链能力来保证。缺乏供应链能力,则无法获得同品质下更合适的价格、无法引入更丰富的产品品类、无法给消费者提供更快速准确的产品库存及物流信息,消极影响还会被成倍放大。此外,供应链还面临新的课题:消费者需求的提前洞察及消费者行为的预判。从源头的生产到终端的消费,都需要基于消费者需求分析的准确供货量。供应链建设与管理能力将是关乎零售业生死的任务,而走在前沿的零售商们也正致力于精准化、高效化供应链的建设。

近年,永辉除了和武汉中百、上海联华和香港牛奶国际等组成了一个超过1 000亿规模的联合采购组织,最令人印象深刻的是其垂直供应链打造动作,从生鲜供应链到百货供应链,永辉不断加码供应链的整合重构。2016年,为整合酒类供应链,永辉更是推出了专业酒类机构平台"咏悦汇",打破传统酒水供应经由层层经销商的固定模式,全面整合全球名酒品牌,垂直采购,建立优质的名酒供应体系。

洋码头通过整合优化国际物流资源和全球零售供应链,促进在线零售的全球化,改造传统代理制跨国零售模式,让中国消费者足不出户,轻松便捷地享受一站式全球购物。

京东也一直致力于通过互联网电商建立需求侧与供给侧的精准、高效匹配。2016年,京东集团先后成立X、Y事业部,代表着京东智慧供应链和智慧物流两个战略方向。京东正在努力成为供应链的整合者,以选择品质商品、降低存货成本、提升零售管理效率为己任,以京东大数据和人工智能技术平台为基础,构建面向全渠道的智慧供应链生态,携手供应商为消费者提供最完美的购物体验,实现多方共赢的零售智能化商业模式。通过使用京东提供的供应链解决方案,合作伙伴的运营效率和成本普遍得到了优化。以某服饰家居品牌商为例，和京东合作后，该品牌商日均单量提升51%、销售额增长26%，仓库存储效率提升2倍、作业量提升14%。

3. 加强渠道建设，增强服务性

当下，零售业的主导权发生了重大变化，真正进入到消费者主权时代，传统的以商家为中心，依靠地理位置垄断商业的时代已经过去。新一代消费者消费行为和消费理念发展了根本性转变。其次，零售业"联营扣点"等商业模式本身的缺陷导致进销存积压多重瓶颈。此外，近年零售渠道快速扩张，导致过剩严重，以及同质化加剧，这一系列问题都亟待加快零售渠道建设，实现供给结构优化。

从当前发展阶段来看，便利店本着空间、时间和服务的便利性，以及贴近消费者的特性，或将成为零售行业的新增长点，电商、零售商、品牌商与便利店将有望达成深度合作。与此同时，购物中心顺应了消费者娱乐、健身、就餐等多元化消费需求日益增加的趋势，也符合未来发展方向。此外，以"互联网+"为基点，零售业正加速由实体、电商等不同类别的业态转变成全渠道发展新业态。从商品销售向用户服务演进，其核心由销售转变为用户体验，需要通过电商渠道与承载大数据云计算的大平台融合支撑实现，这是未来零售渠道升级的发展方向。如万达转型的飞凡网、阿里推出的阿里喵街、以及苏宁云商等，都在致力于实体商业智能化尝试，通过平台将商户与消费者连接，在提升消费者体验的同时增加销售机会，进而最终形成销售的管理与增长。

四、格局重塑——新商圈崛起，商业中心呈现多极化、外围化

2016年上海新开业（包括试营业以及改造重开）的各类商业体多达近百家，据赢商网统计获悉，共有29个购物中心项目（小型群楼、街区、园区等配套商业不在统计范围内）开业，新增商业项目体量达到了203.6万平方米。

由于2016年多数商业选择延迟开业，到2017年上海商业项目将面临新一轮井喷，长宁来福士广场、兴业太古汇、华润万象城、龙湖北城天街等大中型商业体将一一亮相。据赢商网不完全统计，预计将有58个商业项目开业，总面积约为567万平方米。

从近年来商业项目发展情况来看，上海商业原有格局正在被逐渐打破。

外围化趋势愈加明显。2016年上海新入市的商业项目中，61.5%的项目位于外环外，38.5的项目位于外环内。浦东新区是开业数量最多的区域，其次是闵行与嘉定。根据RET睿翼德中国商业地产研究中心的数据显示，2017年预计开业的商业项目中，位于内环项目有所增多，但总体上还是以外环居多。且从开出来的商业项目表现来看，2016年上海客流量最高的15个商业项目中，有三分之一位于城市远郊区域。

城市商业的发展是与城市经济社会发展协同共进的，随着上海城市化进程以及交通网络的加速，城市外扩加速，城市人口也逐渐向外分散流动，跟随消费趋势的步伐，城市商业项目外围化趋势也愈来愈明显。

表1 2016、2017年预计新开商业项目

所属区域	2016年新开商业项目名	2017年预计新开商业项目名
浦东新区	迪士尼小镇、奕欧来上海精品购物村、富荟广场、苏航生活广场、久金广场、上海禹州商业广场、金桥太茂、百联世纪购物中心、绿地缤纷广场（周浦）	世纪汇、尚悦湾、上海永乐广场、天歌星尚汇、百联川沙购物中心、唐镇阳光天地、和平莱茵广场、临港百润时代广场、张江绿地缤纷广场
黄浦区	无限极荟	BFC、LuOne凯德晶萃广场、淮海南丰荟
徐汇区	绿地徐汇缤纷城	徐汇日月光、徐汇滨江时光里
静安区	大宁音乐广场	静安大融城、兴业太古汇、佳程广场、协和城、凯德星贸中心

续表

所属区域	2016 年新开商业项目名	2017 年预计新开商业项目名
长宁区	缤谷广场二期、金廷 88、百盛优客城市广场	
普陀区	乐坊大华店、上海西康 189 弄商业中心	天汇广场、真如星光耀
虹口区	瑞红天地月亮湾	上海星荟中心
杨浦区	合生汇、新江湾悠方购物公园、控江旭辉 MALL	东方渔人码头、保利绿地广场
闵行区	浦江城市生活广场、七宝宝龙城、华漕生活馆、七宝万科广场、新华联购物中心、龙湖虹桥天地	新华・红星国际广场、上海华润万象城、城开中心、怡丰城、颛桥万达广场、彩生活时代广场、吴泾宝龙广场
松江区	亚繁亚乐城、飞航广场、亚繁亚乐城、东鼎购物中心、九亭 U 天地	保利悦活荟、松江云间新天地、纳米魔幻城、乐都里、上海乐尚天地、上海五龙广场
宝山区	宝乐汇	北城天街、上大经纬汇、上坤上街生活广场
嘉定区	百联嘉定购物中心、嘉定大融城、台北时尚风情街、南翔太茂、嘉定宝龙城市广场	上海华泰中心、上海佳兆业城市广场、上海嘉定明发商业广场、华府国际广场、西云楼、嘉定日月光中心
青浦区		夏都小镇、青浦卓越世纪中心、吉富绅时代广场、怀盛商业广场
奉贤区		佳源梦想广场、五象城 Xcity
崇明区		百联崇明商业广场

数据来源:赢商网、上海市商务发展研究中心

1. 新兴商圈不断崛起

从规划上来看,上海加快在各区域布点新商圈及商业中心,《上海市商业网点布局规划(2014—2020 年)》指出,上海要构建完善形成"市级商业中心、地区级商业中心、社区级商业中心、特色商业街区"为核心的"3+1"商业格局,具体形成 15 个市级商圈、19 个外环线以内的地区级商业中心、37 个外环线以外的地区级商业中心。

2016 年以来,全市商圈升级改造加快,南京西路和淮海中路商圈销售额重回两位数增长。北中环、中环真北、长风、五角场等重点商圈都实现两位数增长。

同时新兴商圈正在不断崛起,大虹桥、迪士尼等规划中的市级商圈随着商业项目陆续开工和投入运营,已经逐步形成商业气候与规模。与此同时,规划中的地区级商业中心徐汇滨江、杨浦滨江、苏河湾、世博、前滩、莘庄、七宝、吴中路、南桥、北外滩凭借地段、人口及开发商优势正快速发展。

2. 多中心格局正在形成

《上海市城市总体规划(2016—2040)》指出,将来城市发展不是"摊大饼"式,而是形成"网络化、多中心、组团式、集约型"空间布局,未来全市将形成一张共生、互赢的大网络,中心区、副中心、新城、城镇将演变成一个个"圈",圈内在资源、功能、交通等方面共享协作,将更加注重每个"圈"独立功能的发展,实现自给自足,不过分依托中心城的资源和服务。

对照城市发展规划,上海商业布点呈现散点状、多中心、网络化的趋势。传统的以市中心商圈为核心,周围商业成环状分布的格局正在被打破,而是在各个区域形成相匹配的商业中心和商品流通中心。在"大圈"(市中心商圈)周边形成"中圈"(区域性商圈),在"中圈"内形成"小圈"(社区商业中心),而每个"圈"又能够独立发展,

有着自己的供需平衡关系。此外，传统集中分布的商业格局，无形中增加了消费者成本。随着消费者就近购物、便利化购物需求的增强，对于地区级商业中心、社区级商业中心的需求逐渐增强；同样，商业新中心形成之后，也催生并强化了消费者就近购物的需求。

在规划引导下，以及在消费趋势与商业项目的互动发展下，上海商业正呈现出多维度、多元化发展趋势，商业多中心格局正在形成。

五、转型升级——顺势而为，商业变革正当时

2016 年，是推进上海国际消费城市建设的开局之年。上海商业坚持顺势而为、主动作为，多措并举加快推动商业转型升级，新业态、新模式、新产品、新服务层出不穷。

1. 以体验型为标志的新业态蓬勃发展

据市商业信息中心对全市 148 个购物中心的监测，2016 年购物中心餐饮和服务业的销售额占比首次超过 30%，经营面积占比已接近 50%。广大商业企业不断优化全方位消费环境，打造声光色独特的建筑形态、商场环境、商品陈列和服务体验，为顾客营造舒适愉悦的消费氛围。上海大悦城创新应用差异化、场景化、智慧化的新商业模式，通过打“情感体验”牌与消费者建立联接，以“魔都爱情地标”的理念创新商业体验，打造极致体验的商业标杆。K11 购物艺术中心把艺术·人文·自然三大核心元素与商业有机融合，糅合多维的艺术欣赏与体验经济，实现文化与商业的跨界融合，艺术引领消费的全新商业艺术体模式。淮海 755 通过富有创造力和创新性的商品内容组合，着力于打造中产消费者生活形态标杆的领衔主力店，营造精致小型购物中心的格局，塑造具有美感与愉悦感的商业新地标。

2. 以线上线下融合为方向的新模式创新发展

传统商业与网络零售相得益彰，相互渗透，线下网点渠道资源、商品品牌和服务优势与互联网、大数据等电商新技术新应用相结合，全渠道融合发展新零售。

全球品牌云集上海，足不出沪“购全球”。佛罗伦萨小镇甄选的全球 160 家知名奢侈及时尚品牌高性价比产品，将奥特莱斯功能从单一的商品提供转向由电子商务革命和数字技术革命所支持的体验式消费。洋码头通过整合优化国际物流资源和全球零售供应链，促进在线零售的全球化，改造传统代理制跨国零售模式，让中国消费者足不出户，轻松、便捷地享受一站式全球购物。苏宁云商向集成电商、店商的零售服务平台转型，成功运用互联网技术围绕“互联网＋渠道”“互联网＋商品”“互联网＋服务”打造出“一体、两翼、三云、四端”的 O2O 互联网商业零售模式。

3. 社区商业方便快捷，真正实现“服务到家”

厨易时代通过网上订购，集约化配送小区居民和饭店餐饮两大目标客户。居民通过网上订购和现场购买相结合的方式，到设置在小区内的“全智能无人售菜与网订提货一体机——厨易站”，提取由厨易时代定点定时配送的，小至一日三餐大到聚餐宴请所需的食品食材。悦管家作为互联网垂直上门生活服务平台，有效解决了市民家政服务的安全、放心、省心生活痛点，较好解决了家政服务员（悦姐）订单不稳定、缺乏工作技能提升渠道、没有尊重感和保障的痛点。大富贵建设集半成品加工、仓储、冷链配送一体化的富豫食品配送中心。门店成品全部现场制作，对加工流程各环节进行实时监控。强化追溯，商品进货全部索源、索证、索票，为社区居民提供富有上海地方特色、价廉物美、安全放心的大众化早点。

4. 以凸显品牌品质建设为核心的新产品锐意发展

商业企业加大自主经营力度，发展自有品牌、直接采购、自营购销等经营方式，加强商品设计开发能力，发展订单制造和个性化经营。新天地时尚购物中心通过与上海时装周长期的战略合作，为设计师作品发布与买手采购订单提供全方位服务，协力促进“产销结合”的时尚产业一体化进程，推动原创时尚设计的商业落地。钻石小

鸟秉承工匠精神，细细雕琢产品和服务，为消费者提供一对一专属珠宝顾问式服务，携手国内外知名设计师共同演绎绝美奢华，也成为众多明星偶像青睐的钻饰佩戴品牌。清美绿色食品大手笔投入科技创新和技术研发，现已获得5项国家发明专利，9项实用新型专利，88项外观设计专利，通过精准定位、市场细分和多品牌策略，加速建立“清美全球生鲜领先品牌”，向城市食品综合服务商转型。

5. 以智慧化、便利化、人文化为导向的新服务精致发展

政府、商圈、商业企业围绕消费者需求与体验，以商业基础设施建设、商业活动打造、商业氛围营造、消费服务改善等为抓手，提升商业服务功能，带给消费者智能、便利、人文舒适的消费体验。打造魔都消费卡，为国内外游客提供会商旅文体综合信息资讯及消费服务。依托中英高级别人文交流机制，引导时尚产业转型，打造具有全球影响力的上海时装周。积极发展面向长三角城市群的共同配送，建设以“重点物流园区分拨中心、公共及专业配送中心、城市末端配送网点”为架构的城市配送物流三级服务网络，提高服务效能。不断完善商圈基础设施建设，打造更具休闲观赏性、交通便捷性、消费舒适性的商业生态。南京西路大手笔挖掘厚重历史人文资源，打造集历史传承、旅游休闲、消费体验、创意时尚于一体的文化新地标；徐家汇商圈打造智慧商圈，并将建造空中连廊，并将徐家汇中心、港汇广场等周边商场互相串联，增添娱乐休闲设施，形成可供行人漫步的“空中花园”。

六、业态创新——跨界、创意、精细、个性创造新体验

经济新常态、市场新变化、消费新变局、科技新革命等环境重塑下，依靠传统的业态模式已无法吸引消费者，零售业业态发展走向融合、转型、创新道路。

1. 业态“跨界混搭风”风生水起

艺术成上海K11购物中心的“背景山林”，摩天轮成为上海大悦城的标志和名片，阿玛尼、宝格丽、兰博基尼、范思哲以自身品牌命名开起了定制酒店，GUCCI、CHANEL、HERMES开设咖啡店，优衣库与星巴克、沃尔玛与中青旅，跨界混搭之风刮得正劲，从餐饮、影院、冰场等少数“标配”，“吹”向海洋馆、医疗中心等更大范围，日渐模糊了零售业与艺术、娱乐、社交、文化、健康等行业的边界，它使得百货店越来越不像百货店，购物中心越来越不像购物中心。

跨界混搭，有利于整合资源，形成合力，放大优势；同时还有利于破解同质化，形成差异化，增强竞争力；此外，还有利于扩充消费功能，强化体验色彩，增强商场魅力。从跨界混搭的方向来看，主要有几种：一是基于顾客体验的丰富及提升，如实体零售店融入服务休闲业态，品牌店融入咖啡店、书店等业态；二是基于“既有流量”的循环变现，如腾讯基于庞大的用户群进入游戏领域，顺丰进入电商领域，大卖场融入生活服务业态，咖啡厅展示和销售时尚产品；三是以核心产品为中心，向周边产品的跨界发展，如小米进军电视、智能家居等广义数码产品；四是产业上下游的整合，纵向深入扩展，如特斯拉进军锂电池领域，京东做强物流板块。

2. 小业态势如破竹发展正旺

面对日益攀升的成本压力，保持增长性和盈利性对于大型业态来说变得越来越困难，更多商超百货向小业态转型，同时，小业态的专业化、精细化、差异化和便捷性也更好的迎合了当前消费者的需求，使得小业态近年以迅猛的速度发展着，并实现了较好的增长。据商务部重点监测企业数据显示，2016年1—6月，便利店实现7.3%的增速，高于百货店、大型超市等大业态增速。但小业态不限于便利店、标超、专卖店等形式，主要包括几种形式：生鲜专卖店，聚焦厨房品类，以直采、自营模式专门经营平价生鲜的创新业态。2015年，永辉超市在上海推出YH会员店，主打生鲜食品，到2016年，YH会员店已经开出14家。精品超市，主打进口商品、有机商品，融入轻餐饮、体验区，是以品质服务吸引高端客群的高端超市。据不完全统计，以永辉精品超市、blt精

品超市、Ole'精品超市、城市超市等为主，国内约有20多个品牌，门店总量也达到100家左右，覆盖了一二线城市，乃至三线城市。在大卖场被看衰的背景下，已不是新鲜事物的便利店这两年迎来较快发展。自2014年开始，家乐福在上海陆续开出"easy 家乐福"便利店，截至到2016年11月，已在上海开出17家，计划到2016年年底在上海要开到40家，并进入其他城市。此外，一向坚持批发、会员制的麦德龙也推出了旗下的"合麦家"便利店。

瞄准小业态的，不仅仅是商超巨头们，一些非商超类企业也开始跨界出手。早前，快递起家的顺丰在主要城市的社区或商业中心附近开设了顺丰的"嘿客"店，主打在可视化空间内部展示有支付二维码绑定的具体商品。互联网转型初见成效的苏宁也在2014年初成立了苏宁超市，经营休闲食品、粮油生鲜、酒水饮料、生活日杂等商品。2016年1月15日，由阿里集团投资的互联网思维的主打生鲜的精品超市——盒马鲜生在上海金桥国际商业广场获得高人气，并计划2016年在上海布局10家门店。

3. 新业态、新店铺风靡流行

当传统零售业态和店铺越来越难以吸引消费者，一批新业态、新店铺正以或清新、或时尚、或健康的画风出现，开始在购物中心、百货店、商业区安营扎寨。

快闪店大受追捧。"快闪店"又称"游击店"，通常在商业发达地区设置临时性的铺位，供商家在比较短的时间内(几天到几个月)推销品牌、与粉丝互动，抓住一些季节性的消费者。据搜铺网数据，上海新天地、IAPM、梅龙镇广场、大宁国际商业广场、月星环球港、K11等都曾经引入过快闪店。快闪店涵盖的业态也从最初的设计师品牌服饰、奢侈品服饰扩展到快时尚服饰、买手集合店、家居生活用品店、超市、便利店，进而衍生到游乐场和餐厅。

创意市集聚拢人气。早已被人们淡忘的市集又回来了，新形态的市集给商场带来新气象。一类是短期的市集活动，如上海环球港、晶品购物中心、芮欧百货等牵手鹦鹉螺市集；还有一类是长期的市集，在购物中心打造创意主题空间，如上海大悦城摩坊166屋顶艺术街区、上海合生汇的城市市集"CITY MART"主打餐饮中的小吃类。

新兴集合类店铺倡导生活美学。顺应中国消费者生活美学意识逐渐被唤醒的趋势，各类文创零售、生活集合店越来越受到消费者欢迎。这类集合店打破传统零售的陈列方式，更加注重体验感，提供给消费者不一样的文化与艺术空间。代表案例如HI百货、方所书店、诚品书店，还有很多创意杂货融合店，品牌如The green party、潮品挚尚、I'm心悦生活馆藏等。

社交互动店铺。2016年，购物中心的社交化属性将被进一步强化。围绕地域范围的亲子社交、社交厨房、跑步俱乐部、工艺作坊、设计师社交圈等平台店铺，越来越成为一种时尚店铺。这些店铺里，提供了培训、社团、商品销售、沙龙剧场等多样化的服务和活动设施，从而将人气通过强有力的社群组织紧密串联，构成了一个城市的社交平台。如朝阳大悦城的"悦界"、上海大宁商圈的HiORYX羚跑俱乐部概念店。

七、科技助力——"黑科技"涌现，加速商业创新

过去讲"黑科技"往往是那些哗众取宠、吸引眼球但不实用的科技技术，而现在这些黑科技已经逐渐走进零售业。

1. VR/AR技术掀起零售新玩法

VR与AR是目前技术领域最热的两个词，一个将你完全代入虚拟世界，一个将虚拟世界代入现实。VR/AR技术运用到零售业这种趋势在现实生活中早已有了苗头，而在2016年"双十一"期间显得尤为明显。"双十一"期间，阿里巴巴将通过Buy+首次实现从全球逛店、选购到支付的完整VR购物体验，VR虚拟购物Buy+将登陆手机淘宝APP，戴上VR眼镜就能在虚拟世界体验购物乐趣。

与此同时，为线下购物带来全新场景的飞凡"全民AR寻宝"活动，已在飞凡商业联盟全国

400多家购物中心火爆开启，成为AR技术首次大规模应用在实体消费市场的大事件。

此外，京东的“无人仓”物流系统正式落地，运用机器人、生物识别、大数据应用等，使存储效率达到传统人工的5～6倍。京东还准备成立VR/AR产业联盟，布局相关产业，增强用户逛街的体验感。

正在改变零售规则各类“黑科技”。不仅是AR/VR，物联网、大数据应用、生物识别、人工智能、云服务等高新前沿科技业正在紧锣密鼓登场，并以几种新技术和现有技术以创新方式结合起来应用。商业零售领域正在打开一个新的思路和发展的大门。

2. 物联网技术

如今，零售商正在部署低成本的微器件和传感器在零售环境中连接数以百万计的触点，这种联网设备的集合就是物联网。它可通过将现有供应链、库存、物流和车队管理系统进行联网和自动化，提高运营效率，节约成本，也有助于零售商在新产品和服务上带来收入流。代表案例如Hogg Boss使用热传感器追踪服装店的顾客流量；高端巧克力品牌歌帝梵在其店内安装智能仪表来记录顾客人数；亿滋国际与食品零售商联手打造“智能货架”。

3. 可穿戴技术

运用可穿戴设备，可以使员工与客户交流时实时查询产品信息，而更有效地工作，从而提高运营效率。同时，为快速消费品公司展现了另一个机遇，使之得以与消费者直接互动，减少其对零售商的依赖。代表案例，迪士尼斥资10亿美元研发“MyMagic＋服务系统”，这个可穿戴技术的服务系统可以用来收集顾客数据，同时对人流进行监控，依次在主题乐园的体验上带来颠覆性的变革。

4. 认知计算与机器学习

随着大数据浪潮来袭，以及处理能力、数据科学和认识技术的进步，智能软件将可以分析大量结构化和非结构化数据，更准确地预测需求，帮助零售商做出更好的销售决策，建立更有效、管理更严格的供应网络。代表案例，如京东的人工智能客服机器人、智能补货系统；天猫的个性化广告推荐、降到最优惠时的价格推送信息等。

5. 未来的零售业将是“黑科技”武装起来的零售业

从最初的PC电脑、手机等硬件设备，到Wi-Fi、iBeacon，再到如今的AR、大数据应用、生物识别、人工智能的应用，以及智慧化场景的打造，科学技术推陈出新，成为创新实体驱动发展的先导力量。纵观2016年“双十一”战场，无人车送货、智能物流、VR购物体验等黑科技初露端倪，大数据和人工智能俨然成为电商的安身立命之本。然而，当前中国零售业尤其是传统零售业对智慧化的应用还处于探索阶段。仅仅局限于将互联网与商场的技术革新、渠道建设联系起来，并没有与购物环境与场景进行更深度的整合，在改造消费体验上做的并不够好，同时消费者对实体互联网技术的运用上提出了更高的要求，消费市场在实时性、场景性、智能性、灵活性、体验性等方面都有新的要求，等待新一代技术去解决。

上一次零售业的变革是连锁及超市以其更高效的渠道模式，成为零售业的主导势力，而此次变革并非只是模式或渠道上的革新，而是由互联网、移动互联网、云计算、大数据技术、数据分析与应用等推动的全方位的零售业革命。未来考验零售企业是要看挖掘消费者需求，以及高效整合供应链满足其需求的能力，因此信息科技技术水平的高低成为获得竞争优势的关键要素。

在商业领域的一个基本流程是，诞生产品→获取用户→研究用户→服务用户。在互联网的影响下，基于市场的发展以及用户不断增加的需求，产品的设计会日益走向个性化，获取和研究用户的行为需要更加注重细节打磨。基于大数据的开店选址、供应链协同、精准营销，基于移动互联网的消费者识别、互动、虚拟货架展示、交易支付等技术的应用与实现能深层次知晓用户的实际需求特点，技术带来的科技体验可以更好地服务用户。在智慧化科技的打造下，商业流程各项环节相互促进，更加具有张力。

不论是国际零售巨头，还是本土零售品牌，亦或是步入“新零售”时代的互联网零售品牌，要想顶住日渐微薄的利润率带来的压力，在这片红海中立于不败之地，就必须思考如何拥抱新科技，如何实现线上、线下、物流、数据、技术的完美结合，为顾客们带来更好的消费体验。未来，“黑科技”与零售业的深度融合将是大势所趋。

八、多元营销——奇招新招，聚集人气、拉动消费

零售业营销手段从传统媒体到微博、微信公众号；从紧跟热点事件做营销到主动策划事件做营销；从撒网式、大众化营销到会员式、精准化营销；从产品营销到客户营销；从优惠式营销到体验式营销……移动化、数字化阅读方式、新媒体时代到来，以及消费者需求的更加多元化、复合化，也使得零售业营销方式发生了翻天覆地的变化。

无节造节，商业造节活动迭起。线上“11·11”“6·18狂欢节”“12·12”节日热火朝天，在线下，“逢节必促，无节造节”也逐渐成为商业竞争强有力的营销手段。“8·3”男人节、七夕情人节、东方爵士音乐节等，上海各大商场在年复一年的春节、情人节、五一、国庆、光棍节、圣诞节营销之余，借用自己的口碑和营销资源，打造出别具特色的新节日。传统的、硬性的促销越来越令人麻木和反感，而商业造节活动，通过优惠产品的聚集效应、极具吸引力的价格、商场环境氛围的营造、充满乐趣的活动、热点话题的传播等，能够给消费者带来更加丰富的购物体验，并对商场形成更强烈的品牌关注和认知，显示出独特的优势。同时，商场选择相对淡季的时间开展造节活动，为淡季的商场销售增色不少，还更好地避开了传统节日同质化促销的问题。

1. 主题体验营销成为实体商业引流助销方式

线下消费者的购物体验，是电子商务无法比拟的优势。当电商在线上肆意啃食商品销售份额时，线下的主题式、体验化营销纷纷亮剑。线下商业通过看、听、用、参与等多种手段，引入卡通、动漫、影视作品、大师名家等各式展览，举办家庭、亲子、手作、寻宝等主题活动，开设美妆、搭配等各色讲座，充分刺激和调动消费者的感官、情感、思想、行动等感性和理性因素，实现在商场内客流的聚集、人气的涌动、粉丝的拉动。主题体验式营销通过交互式、体验式的方式，让消费者在商场收获一份物质的满足之余也收获一份精神上的盛宴。

2. 线下商业开启“直播＋购物”全新营销模式

2016年，直播是令各互联网大佬疯狂激动的互联网服务。2016年4月，小米直播、腾讯直播悄然上线；5月，手机淘宝也推出淘宝直播平台。不同于单纯的文字、图片、视频，直播拥有更深入的交互体验和在场参与感。直播的兴起也引起了线下商业的关注，上海新世界城、万达广场、友谊阿波罗等线下商场紧跟移动互联网趋势，开启了“直播＋购物”的全新营销模式。“直播＋购物”将商圈、商家和消费者三位一体之间的互动性和黏合度变得更为紧密，也让购物体验变得更为智能、有趣，让传统商圈找到了新活力，在深挖用户并引导用户消费的过程中，直接击中消费者的痛点。

3. 实体商业“闭店销售”聚焦精准营销

在百货店销售日益下滑之际，一种“闭店销售”的营销模式在上海商界风生水起，从百货店到专业专卖店，越来越多的商场都相继试水。“闭店营销”是在限定的时间仅面向VIP会员和持有邀请函的顾客推出大力度的折扣和优惠，定时定向促进消费欲和购买力集中释放，有效提振商场销售。“闭店销售”源于国外奢侈品行业的特殊营销模式，闭店销售是一种极致营销，针对特定客群，围绕商品、价格、服务等横向、纵向切面做精做专，形成差异化优势，成为戳中消费者需求“痛点”的有效营销手段。

4. 快闪店亮相各大商场、购物中心

快闪店是指品牌在热门商业区域开设临时性店铺，在限定的时间段内，进行限量销售与系列品牌展示宣传，为消费者营造独享而特别的购物体验的游击式商业模式。这种只开张数天就消失的新兴业态成了诸多品牌的营销利器，产品体验、市场试水、塑造品牌形象、拉近与消费者的

距离,而更重要的是由于营业或持续的时间很短,消费者购物欲往往会被这种"噱头"所刺激,因而快闪店能够极大程度的刺激消费。对于消费者而言,占有某种限时限量的产品,或者享受一些限时限量的体验能带给他们心理上的满足感,这也是快闪店常常会大排长龙的秘密所在,快闪店营销的功力所在。2016 年,上海商场或热门街区时不时出现一些设计前卫、博人眼球门店,快闪店逐步遍布街头,成为零售业最新时尚。

九、网红经济——新媒体时代粉丝经济的新发展

2016 年,"网红"这个词很火。虽然网红早就存在互联网中,在淘宝、在微博、在各种社交平台活跃,伴随着 2016 年直播的火爆,"网红"更加热了。从首富之子王思聪,到一个广告拍出 2 200万的 Papi 酱,到穿梭于各个直播平台、社交平台的网络红人,"网红"成为 2016 年互联网领域大热的商业存在。

随着"网红"及"网红经济"带来的话题性和商业效益,零售企业也将网红思维带到了产品经营上。2016 年清明节,沪上一款青团——杏花楼新推出的咸蛋黄肉松青团迅速走红,日销量破万,排队少则 2 小时,多则 8 小时。原价 48 元一盒 6 个的青团甚至被黄牛炒到了 250 元一盒;之后雁荡路腌笃鲜粽、网红小龙虾"包脚布"、网红冰激凌、阿大葱油饼加入网红美食接力棒,引起上海市民排队抢购,成为微信朋友圈"网红"。

什么是网红和网红经济?狭义上理解的"网红经济"是以一个年轻漂亮的时尚达人为 KOL(关键意见领袖),以她的眼光品位进行审美输出,在社交媒体上聚集粉丝后,向店铺引流。随着"网红经济"的迅速崛起,越来越多的年轻女孩、时尚达人纷纷加入这一群体,通常这些网红的商业模式差不多,有做主播的,有做主持人的,有做广告模特儿的,等等。但其实,"网红经济"远不止于此。从广义上来说,"网红经济"是将产品或网红 IP(知识产权)进行人格化、达人化塑造,依托互联网传播及其社交平台推广,形成庞大的粉丝定向营销市场,进而将粉丝流量变现的经济发展模式。比如自媒体圈"第一网红"罗振宇从 2014 年开始通过微店出售各种产品,包括 4 万盒"真爱特供"月饼(据说秒杀了星巴克月饼的网上销量)、75 吨大米和 2 000 多个跳蛋。

网红经济是粉丝经济在新媒体时代的新发展。网红带来关注和流量,网红自制话题,产生忠实的粉丝群体,这些粉丝群体有着共同的兴趣爱好,有共同的追求目标,有黏性非常高的用户属性,因此,从本质上看,网红经济是粉丝经济的一种表现形式。只不过步入新媒体时代,粉丝经济发生了变化。因为在这个时代,每个人都可以阅读更多元的内容,每个人都可以开展自己的社交方式,每个人都可以开通自己的微信公众号,每个人都可以做直播,新媒体时代去中心化、去权威化的特征,使得大众不再过分追逐镁光灯下的明星、高不可攀的高端产品,而是开始纷纷寻找可以代表自己观点的意见领袖、个性产品,网红成为了小众化、特色化的关注中心。因此,网红只要抓住了自身的目标受众,通过培养忠实的粉丝用户,然后对用户的二三级人脉进行渗透吸引,达到品牌产品宣传推广的一系列目的,塑造更多忠诚用户,就能够拥有变现的基础和延伸的价值。

善用"网红思维"经营现代商业。网红经济为现代商业提供了很多品牌塑造、运营推广等方面的新思路。在新媒体时代,面向新兴消费群体,企业要善用"网红思维"经营产品、经营服务。网红思维经营产品其实就是在传统的互联网流量思维的基础上,给流量找原点,原点所爆发的量主要靠内容的制造,而内容的传播主要依赖移动互联网的"分享功能"。如何用"网红思维"打造"网红"呢?第一,要找准定位。对品牌或产品要进行人格化塑造,这个塑造可以是多方面的、涉及各个领域的。要强化某一款产品的形象和定位,向消费者沟通各自的卖点,避免过于复杂的商品信息干扰消费者选择,让产品定位更聚焦,让营销内容更精准,打造出产品知名度。第二,要抓住痛点。"网红"之所以能够在短时间内吸引众多用户的眼球,一定是用

户感兴趣的，能够引发用户的疯狂转载的，一定是真正击中消费者需求痛点的。因此，抓住用户眼球、满足用户需求，是打造“网红”产品的基础。第三，要持续输出有价值的内容。在信息爆炸时代，受众的兴趣点分布广、迁移快，粉丝的忠诚度也不是持久保鲜的。持续输出有价值的内容，和粉丝谈一场持久的精神恋爱是非常重要的。第四，要注重粉丝经营。网红通过社交媒体与粉丝互动从而建立起信任感、亲切感，除了能不断提升客户黏性，还能在互动过程中更清楚地明白客户需要什么，进而能够优化产品、服务。因此要通过连接和互动，增加客户的购买频次；通过信任和加强关系，可以使客单价不断提升；通过推出符合客户需求的新产品和服务，可以延长客户的生命周期。

十、消费政策——供需两端，提振消费

2015 年，国务院及各级政府围绕消费出台了一系列政策，如降低部分消费品消费税率、调整免税购物政策、推动新能源汽车普及等，一定程度上促进了消费潜力的释放。2016 年顺应消费升级大趋势，从进一步释放需求端能量，到深入延伸到消费品供给端的管理，消费政策进一步发力，以不断优化国内消费品质量和消费环境。

调整化妆品、汽车产品消费税政策。长期以来，国内销售的化妆品要被征收 30%税率的消费税，这使得化妆品价格总体偏高。随着人民生活水平的日益提高，老百姓的消费水平也随之升级，过去曾被视为奢侈品的化妆品正逐渐显现出生活必需品的特征。因此，对化妆品过度征税，在某种程度上意味着与我国扩大内需、扩大消费的政策存在差距。2016 年，财政部发布《关于调整化妆品消费税政策的通知》，规定从 2016 年 10 月 1 日起，对普通美容、修饰类化妆品取消征收消费税，进口环节消费税税率由原先的 30%也同时下调为 15%。此外，高档美容、修饰类化妆品、高档护肤类化妆品和成套化妆品等“高档化妆品”根据规定，消费税下调至 15%。

汽车方面，2016 年 12 月 15 日，中华人民共和国财政部税务司发布公告，1.6 L 及以下的乘用车将依照新的出台政策所执行。这次的优惠政策从 2017 年 1 月 1 日起到 12 月 31 日止，对购置 1.6 L 及以下排量的乘用车按 7.5%的税率征收车辆购置税。到 2018 年元旦起，恢复按 10%的法定税率征收车辆购置税。2016 年小排量乘用车购置税减半优惠政策鼓舞了中国汽车市场，据中国汽车工业协会数据显示，2016 年汽车产销分别完成 2 811.88 万辆和 2 802.82 万辆，比上年同期分别增长 14.46%和 13.65%。2017 年汽车购置税政策的延续虽有些折扣，预计仍将进一步推动汽车消费的较快增长。

此外，为引导合理消费，促进节能减排，财政部、国家税务总局发布《关于对超豪华小汽车加征消费税有关事项的通知》，2016 年 12 月 1 日起，将对超豪华小汽车在零售环节加征消费税，税率为 10%。

消费金融获得系列政策背书。2016 年 3 月 5 日，李克强总理在《2016 年政府工作报告》中提到，“在全国开展消费金融公司试点，鼓励金融机构创新消费信贷产品”。从国家层面看，国家意在鼓励消费金融领域的创新发展，适应消费升级趋势，增强消费拉动经济增长的基础作用。

消费金融是指向各阶层消费者提供消费贷款的现代金融服务方式，无论从金融产品创新还是扩大内需角度看，消费金融试点都具有积极意义。从 2009 年中国银监会发布《消费金融公司试点管理办法》到 2016 年明确写进政府工作报告，消费金融公司从最初的 4 家增长到目前的 15 家，整个消费金融产业正在经历“政策试点期→政策修订期→政策全国推广期”的典型产业演变历程。

同时，2016 年 3 月 30 日，中国人民银行、银监会联合印发《关于加大对新消费领域金融支持的指导意见》，从积极培育发展消费金融组织体系、加快推进消费信贷管理模式和产品创新、加大对新消费重点领域金融支持、改善优化消费金融发展环境等方面提出了一系列细化政策措施，并明确加大对包括养老家政健康消费、信息和网络消费、绿色消费、旅游休闲消费、教育文化体育消费、农村消费等 6 个新消费重点领域的金融支持

力度。

经过6年多的发展，消费金融有望在整体消费升级中迎来新的发展契机，而促进消费金融的发展也有望对于提升消费结构，推动产业升级产生巨大的社会价值和经济价值。

2016年，国务院颁布实施了《消费品标准和质量提升规划(2016—2020年)》。习近平总书记指出，日用品消费受产品质量和性价比的影响明显增大，要通过改善供给质量来激活消费需求，要推动中国制造向中国创造转变，中国速度向中国质量转变，中国产品向中国品牌转变。李克强总理多次强调消费品标准和质量的重要性，要求瞄准国际先进标准，加快质量安全标准与国际接轨，全面提高标准化水平，促进消费品质量提升，培育精益求精的工匠精神，不断增强大众对国产消费品的品质信任度和品牌认可度，提振消费者对"中国制造"的信心。

按照2016年4月6日国务院第128次常务会议要求和国家、国务院领导同志重要指示精神，质检总局会同工业和信息化部等有关部门起草了《消费品标准和质量提升规划(2016—2020年)》，2016年8月24日国务院常务会议审议通过。《规划》以5年为周期，提出到2020年实现定性和定量两类目标。定性目标是消费品标准供给基本满足日益增长的消费需求，重点领域消费品质量达到或接近国际先进水平，企业质量发展内生动力持续增强，知名消费品品牌价值大幅提升。定量目标主要有3个。一是重点领域主要消费品国际标准一致性程度提升到95%以上;二是消费品质量国家监督抽查合格率稳定在90%以上;三是消费品质量竞争力指数稳定在84以上。

从近年不断井喷的境外消费情况来看，我国消费品标准和质量还有待提升，消费品供给结构不尽合理，品牌市场竞争力不够强，消费环境有待改善，国内消费信心有待进一步增强，此次《规划》的颁布旨在以先进标准引领消费品质量提升，倒逼装备制造业转型升级，推动中国制造迈向中高端，扩大有效供给满足新需求，改善消费环境释放新动能，创新体制机制激发新活力，不断满足人民群众日益增长的消费需求。(上海市商务发展研究中心)

2016年上海城市商业综合体发展情况

2016年，上海城市商业综合体在数量上快速扩张，在地域上全面铺开，在销售上保持增长，在经营上不断优化，在全市大型综合零售业态中继续保持"一枝独秀"的高调发展。虽然也正在面临着结构性过剩、同质化蔓延、竞争性加剧、常态化减速等难点和痛点，但总体仍表现为消费市场中最活跃、最朝气的行业。

一、行业格局:开业速度不断加快，业内竞争持续加剧

1. 数量:新项目开业速度逐年递增

截至2016年底，全市已开业城市商业综合体数量达到189家，其中2016年新开业39家。从5年趋势来看，2012-2016年城市商业综合体总数量分别比上年增长11.6%、14.6%、15.5%、17.3%和26.2%，新项目开业速度逐年递增。抽样调查结果显示，近八成的城市商业综合体企业表示周边5公里内2016年将有新项目开业，更有超过五成的企业表示商场已经开始出现招商困难的情况，行业竞争渐趋白热化(图1)。

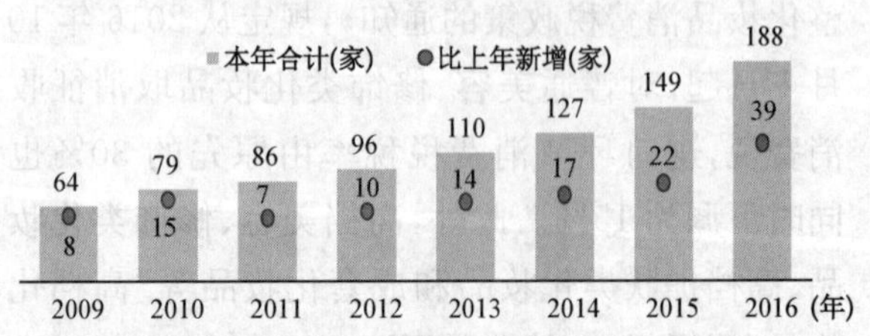

图1 2009—2016年全市城市商业综合体数量和增长情况

2. 面积:近2年增速连创新高

从建筑面积看,2016年城市商业综合体新增商业建筑面积271万平方米,比上年增长24.6%,居于历年来增幅第一。

二、区域分布:新综合体以郊区居多,全市分布向均衡化发展

1. 数量:市区综合体约占6成,新开业以郊区为主

2016年底,市区城市商业综合体为117个,郊区为71个,占比分别为62.2%和37.8%(图2)。从2016年新开业的39家综合体中,24家位于郊区,数量为市区的1.6倍,其中,浦东新区最多,达到9家;闵行区和嘉定区分别为6家和5家(图3)。

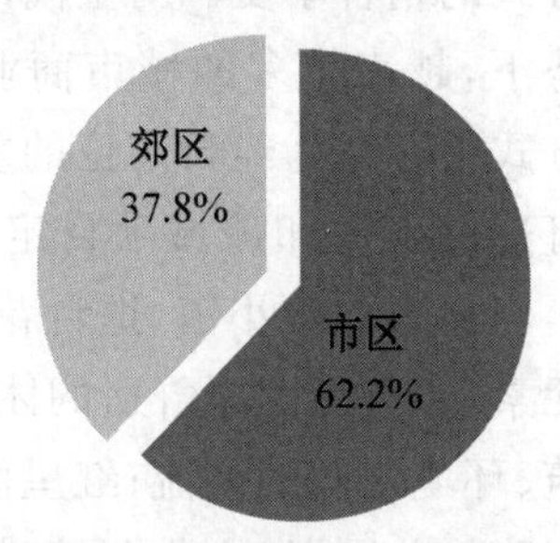

图2 全市综合体数量结构

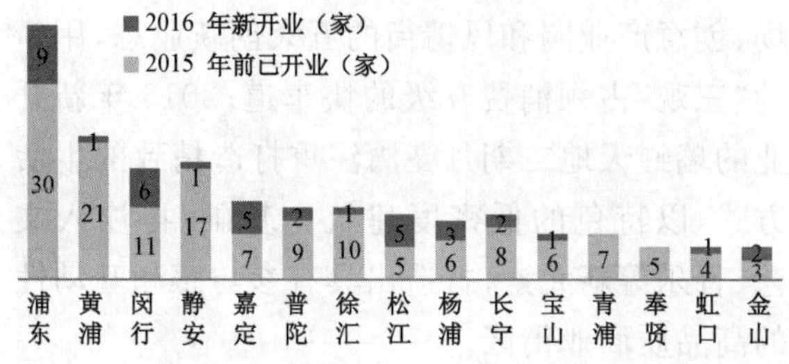

图3 全市各区城市商业综合体数量

2. 面积:浦东、嘉定、闵行新开业综合体面积最大

2016年底,市区和郊区城市商业综合体建筑面积分别为1 135.4万平方米和755.6万平方米,占比分别为60.0%和40.0%。从新开业情况看,浦东新区、嘉定区和闵行区新开业综合体面积较大,均达到40万平方米以上。

三、销售情况:行业总体快速增长,同店增速趋于平缓

1. 销售情况:增速由5年前的两位数稳定至8%左右

2016年,全市已开业城市商业综合体总销售额达1 360亿元,比上年增长16.9%;剔除新增因素,销售额同比增长8.7%(图4)。

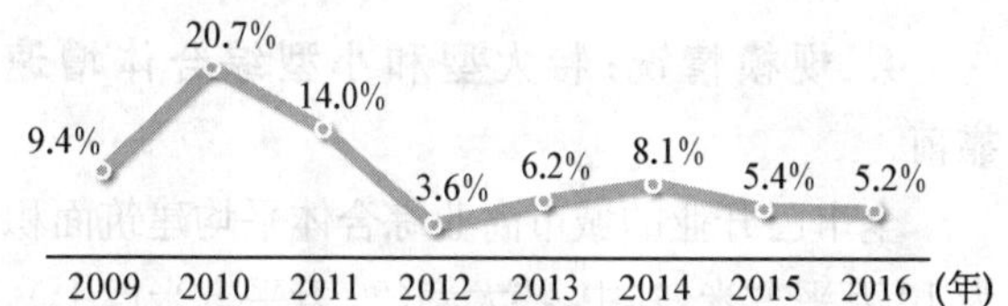

图4 2009—2016年全市城市商业综合体销售额增长情况(同口径)

2. 各区情况:静安、浦东、宝山三区领涨

同口径数据显示,2016年,静安、浦东、宝山、长宁、松江区城市商业综合体销售额同比增幅高于全市平均水平。静安区受益于部分高端商场销售回暖,同比增幅达到11.4%;浦东新区凭借张江、世博、联洋等多个板块快速增长优势,增幅达到9.8%;宝山区增长9.1%;闵行区由于2016年新开项目较多,对原有综合体销售额形成挤压,下降1.1%(图5)。

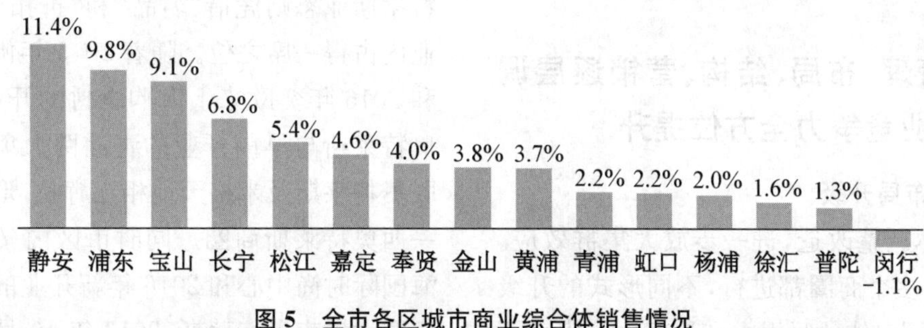

图5 全市各区城市商业综合体销售情况

3. 商圈情况：区级商圈综合体增速最高

分商圈来看，2016 年，区级商圈中的城市商业综合体同店销售额增速最快，比上年增长 6.9%，其中世博商圈、长风商圈、曹家渡商圈等增速都超过 10%；社区级商圈综合体销售额增长 5.7%；市级商圈综合体销售额增长 4.2%，其中，新虹桥天山商圈增速近 30%，淮海中路商圈、南京东路商圈、南京西路商圈增速都接近 10%(图 6)。

图 6　全市各级商圈城市商业综合体销售情况

4. 规模情况：特大型和小型综合体增速靠前

全市已开业的城市商业综合体平均建筑面积为 10 万平方米，其中，特大型(20 万平方米以上)、大型(10 万～20 万平方米)、中型(5 万～10 万平方米)、小型(5 万平方米以下)综合体分别占总量的9.5%、26.5%、31.2%和 32.8%。同口径比较，特大型综合体销售额增长速度最快，同比增速为 6.0%；小型综合体次之，增速5.7%；大型和中型综合体分别增长 5.5%和 4.2%(图 7)。

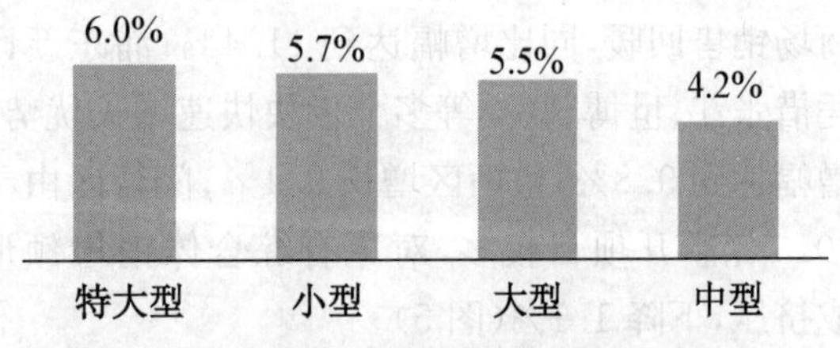

图 7　全市各规模城市商业综合体销售情况

四、经营管理：布局、结构、营销逐层调整，行业竞争力全方位提升

1. 整体布局升级

商圈集体调整改造，进一步放大集群效应。2016 年，全市多个商圈都进行，不同形式的升级改造，提升商圈整体的吸引力和聚客力。南京西路商圈集体向个性化转型，争取形成错位竞争，商圈中的中信泰富广场转型女性购物中心，恒隆广场负一层全层改造，梅龙镇广场提升餐饮比例，越洋广场引入书店和设计师品牌；徐家汇商圈业态调整，同时拟建空中连廊，商圈中的太平洋数码二期拆除重建，美罗城清退数码业态，港汇广场拆除标志性 39 级台阶改造艺术空间；五角场商圈融入“交通场”、“展示场”和“孵化场”新内涵，新增客流量预警系统、智能交通触摸屏、自助公用事业缴费平台等功能，广场中央更是变身为“不打烊的公共客厅”。

着力“生活至上”打造新型城市商业综合体。消费模式正从大众消费向充满审美和文化意义的消费过渡，消费者不再满足于简单地将多种业态堆集在一起的商业综合体，而是更注重对生活方式的精神享受和对空间的追求。在这样的趋势下，越来越多的城市商业综合体开始将生活方式中心作为经营定位的重心。印象集团即将打造的上海印象城项目定位于“会呼吸的 Mall”，将通过屋顶小镇、退台花园、慢跑花径等设计元素，营造更健康舒适的体验空间，推动人与建筑、环境之间的交流；红星商业打造的上海爱琴海购物公园以“文化”“情感”“生态”为切入口，融入艺术空间、冰雪主题乐园、有机农场、创意产业园和风情街的五大创新业态，用新的“三观”占领消费升级的快车道；2016 年新开业的瑞虹天地二期月亮湾注重打造精致的生活方式，以特色的低密度建筑为基础，再注入文艺、音乐等新元素，打造出具有参与感和互动性的高品质商业街区。

奥特莱斯模式向全城化布局。近些年，国际著名品牌越来越受到国内消费者认同和追求，奥特莱斯业态则凭借“名品”和“折扣”的优势在行业内占得一席之位。随着 2015 年佛罗伦萨小镇和 2016 年奕欧来上海购物村的开业，浦东两大奥特莱斯与早前开业的青浦两大奥特莱斯—百联奥特莱斯及米格天地相互辉映，形成上海一东一西奥特莱斯商圈。同时市区内又有杨浦的上海国际时尚中心和 2016 年新开业的长宁百盛优客两大城市奥特莱斯，2016 年 10 月正大广场还试水“快闪店”形式的奥特莱斯，销售十分火爆，奥特莱斯模式已呈现出全城化布局。

2. 经营结构优化

服务业和餐饮业在综合体中的地位不断提高。从销售额占比看，服务业和餐饮业均呈现递增趋势，零售业呈现下降趋势。2016 年，零售业、餐饮业、服务业占比分别为 69.4%、24.2%和 6.4%。从销售额增速看，服务业增长最快，2016 年增速达到 15.9%，且呈逐年递增的走势；餐饮业次之，为 9.6%，增速较上年略有放缓；零售业最低，为 1.6%，且呈逐年下降的走势(图 8、图 9)。

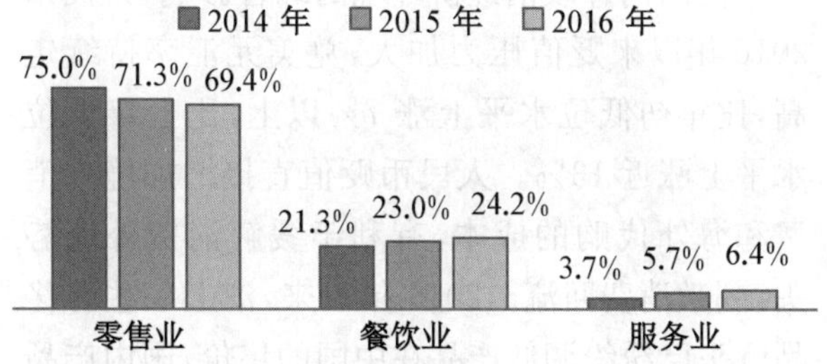

图 8 综合体中的各业态销售额占比情况

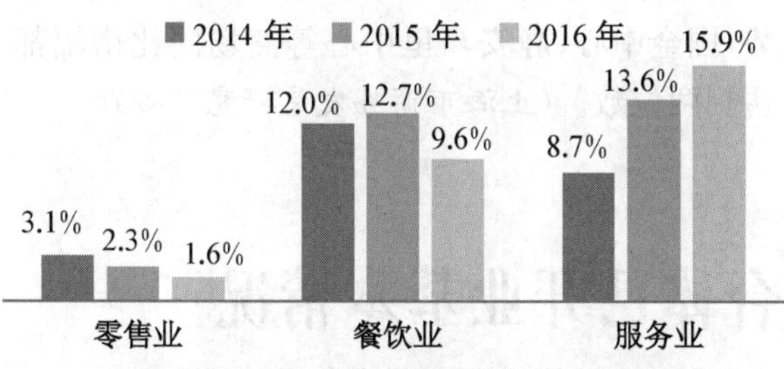

图 9 综合体中各业态销售额增长情况

儿童业态和体验业态成为新的掘金点。随着二孩政策的全面放开加之家长对儿童成长的重视度提升，儿童消费市场的活力已经被激发出来，在聚集儿童消费的同时家庭消费也会被带动，为此，各大商场都积极调整布局儿童业态，增加儿童娱乐区、儿童教育、儿童摄影等。抽样调查结果显示，超过 6 成的商场 2016 年已经增加或 2017 年将要增加儿童业态。此外，体验类业态也是近两年城市商业综合体着重调整增加的业态。调查显示，超过 5 成的商场 2016 年已经增加或 2017 年将要增加体验类业态，AR、VR 体验区、手工 DIY 体验坊等都成为时下新热。

3. 营销方式翻新

主题互动活动方式升级，与商业零售融合升华。近两年，城市商业综合体中举办文艺活动、主题展览等互动体验活动已经不是新鲜事，成为商场日常营销的常规手段。根据调查，超过 4 成的商场每隔一至两周就会举办一次此类活动，而“吸睛难吸金”一直是困扰经营者的一个难题。2016 年，有超过半数的商场在开展此类营销时升级，活动方式，将互动展览与商场零售结合在一起，达成聚客和盈利的双重效果。如 K11 2016 年举办的“BAGIS 包 · 当代”展，除了艺术家作品展览外，还通过在整个商场中融入包袋装饰元素、开展展览衍生品销售、集结商户展出主题包袋等多种形式推动商场业绩，成效非常明显。

全渠道营销趋势持续蔓延。在电子商务企业井喷式发展的环境下，实体商业企业开展全渠道营销已经成为必然趋势。随着近两年的发展，实体企业参与全渠道营销的范围越来广，形式越来越丰富。根据调查，近 9 成的商业已经有官网、自营 app、微信微博公众号、与第三方电商平台合作等形式的线上营销，其中微信微博公众号营销成为最为普遍的形式之一，开展此类营销的企业达到近 7 成。同时，也有一部分企业已经有更进一步的切入，约 4 成企业已经拥有自营官网或自营 app。2016 年 5 月，百联集团历时 2 年多打造的 i 百联全渠道正式上线，依托 BL.com 网站、手机 app、微信公众号矩阵为线上平台，线下 4 800 家门店为支撑，将门店、社区、商圈与统一会员体系串联，形成全渠道商业生态圈，在行业内起到标杆作用。

五、行业机遇：内外部形势多重利好，进一步推动行业发展

1. 居民可支配收入稳步提高，消费信心逐渐增强

据抽样调查，2016 年前三季度，城乡居民收入平稳增长，全市居民人均可支配收入 40 888 元，比上年同期增长 8.8%。民调数据显示，

2016年二季度,全市消费者信息指数为111.5点,比上年四季度回落4.8个百分点,处于近年来的低位。但进入三季度后,上海市消费者信息指数大幅回升,环比上涨7.2点,同比增加0.4点,对全市商业消费尤其是承载城市商业服务功能的城市商业综合体行业的拉动作用明显。同时,根据对业内人士的抽样调查,有66.7%的企业表示对行业未来发展趋势表示看好。

2. 商品性消费向服务性消费的迁移不断扩大

受消费升级及消费意愿变化等需求端因素的影响,近两年,商品性消费向服务性消费的迁移程度持续扩大。据市统计局统计,2015年,本市社会消费总规模约为2.54万亿元,比上年增长9.3%。其中,社会消费品零售总额为1.01万亿元,增长8.1%;服务性消费总额为1.53万亿元,占社会消费总规模的比重达到60.4%,增长10.2%,增速快于社会消费品零售总额2.1个百分点。对于城市商业综合体来说,这既是行业发展的重要契机也是企业营运的重要导向。

3. 迪士尼乐园开园呈现积极效应

2016年6月16日,上海迪士尼乐园正式开园,至2016年底,半年共吸引游客560万人次,乐园的开业对全市商业消费都呈现出一定的积极作用。一是位于迪士尼国际旅游度假区商圈内的奕欧来购物村和迪士尼小镇形成消费增量;二是迪士尼乐园周边的热门商圈张江商圈、世博商圈等客流增多;三是市级地标型商圈南京路商圈、淮海中路商圈等都广为收益,商圈中的来福士广场、恒隆广场、新天地等综合体下半年销售同比增幅都较上半年明显提高。

4. 人民币贬值对高端商场销售回暖作用初显

受国内外政治经济环境的综合影响,人民币2016年以来贬值压力加大,兑美元汇率持续走高,比年初低位水平上涨7%以上,比上年低位水平上涨近13%。人民币贬值直接增加境外消费和海外代购的成本,有利于缓解消费外流势头,刺激消费回流。2015年以来,沪上一些奢侈品巨头已纷纷调低产品在中国的售价,国内产品与国外的售价差距已大大缩小。2016年以来,沪上不少高端商场都已经呈现出销售回暖的趋势,国金中心、静安嘉里中心等商场同比增幅都达到两位数。(上海市商务发展研究中心)

附表 上海城市商业综合体已开业基本情况

区属	城市商业综合体	地理位置	商业建筑面积(万平方米)	开业时间
浦东新区	96广场	东方路796号	6.6	2008年
浦东新区	百联社区购物中心	临沂路140号	2.3	2002年
浦东新区	大华锦绣嘉年华	锦尊路499弄	14.6	2010年
浦东新区	第一八佰伴	张杨路501号	10.8	1995年
浦东新区	华润时代广场	张杨路500号	9.7	1996年
浦东新区	金桥国际商业广场	张杨路3611弄	16.4	2009年
浦东新区	联洋广场	芳甸路300号	6.8	2008年
浦东新区	上海国金中心商场	世纪大道8号	11.0	2010年
浦东新区	上海湾	浦东南路1118号	4.0	2008年
浦东新区	百联东郊购物中心	沪南公路2420号	4.8	2006年
浦东新区	文峰广场	张杨北路801号	8.4	2003年

续表

区属	城市商业综合体	地理位置	商业建筑面积（万平方米）	开业时间
浦东新区	现代商业广场	东川沙路4825号	4.2	2005年
浦东新区	正大广场	陆家嘴西路168号	24.1	2002年
浦东新区	证大大拇指广场	芳甸路199弄28号	11.3	2005年
浦东新区	周浦万达广场	沪南公路年家浜路437号	13.0	2009年
浦东新区	嘉里城	芳甸路1155号	4.5	2011年
浦东新区	新梅联合广场	浦东南路999号	10.4	2011年
浦东新区	中房金谊广场	上南路4467弄	8.7	2012年
浦东新区	证大喜马拉雅	樱花路869号	4.8	2013年
浦东新区	百联世博源	世博大道1368号	10.8	2013年
浦东新区	曹路宝龙城市广场	金海路2505弄	5.0	2013年
浦东新区	金茂大厦时尚生活中心	世纪大道88号金茂大厦裙房	2.2	2013年
浦东新区	长泰广场	金科路2889弄	14.0	2014年
浦东新区	汇智国际商业中心	金科路3057号	11.0	2014年
浦东新区	绿地施湾新都会	机场镇施镇路396弄	6.6	2014年
浦东新区	森兰商都	张扬北路2988号	8.3	2014年
浦东新区	金豫百货	秀川路5558弄	10.0	2015年
浦东新区	佛罗伦萨小镇	卓耀路58弄1-365号	8.2	2015年
浦东新区	1088广场	浦东南路1088号	4.0	2015年
浦东新区	外高桥阳光天地	张杨北路3181号	2.0	2015年
浦东新区	百联世纪购物中心	浦东世纪大道1217号	6.4	2016年
浦东新区	金桥太茂商业广场	浦东金高路1882号	7.7	2016年
浦东新区	上海奕欧来购物村	浦东申迪东路88号	5.0	2016年
浦东新区	惠南禹州商业广场	浦东惠南镇沪南公路9868号	6.5	2016年
浦东新区	周浦绿地缤纷广场	浦东周浦年家浜东路238号	6.6	2016年
浦东新区	金桥大拇指广场	浦东金桥平度路258号	3.5	2016年
浦东新区	百联川沙购物中心	浦东新区艳阳路	9.3	2016年
黄浦区	悦荟广场(353广场)	南京东路353号	4.0	2008年
黄浦区	百联世茂国际广场	南京东路829号	4.3	2004年
黄浦区	宏伊国际广场	南京东路299号	2.6	2007年
黄浦区	来福士广场	西藏中路268号	4.0	2003年
黄浦区	香港名都	复兴东路733号	6.9	2010年
黄浦区	新世界城	南京西路2-88号	7.4	2005年
黄浦区	豫园商城	方浜中路269号	13.0	1994年

续表

区属	城市商业综合体	地理位置	商业建筑面积（万平方米）	开业时间
黄浦区	名人购物中心	天津路155号	4.0	2011年
黄浦区	香港名店街	人民大道9-99号	10.0	2011年
黄浦区	百盛购物中心	淮海中路918号	2.8	1996年
黄浦区	大上海时代广场	淮海中路93号	4.0	2000年
黄浦区	阳光527(锦江国际)	淮海中路527号	4.0	1994年
黄浦区	上海广场(无限度)	淮海中路183号	4.0	1998年
黄浦区	香港广场	淮海中路282号	3.8	1997年
黄浦区	新天地广场	太仓路181路	14.1	2000年
黄浦区	新天地时尚	淮海中路333号	3.0	2011年
黄浦区	日月光中心	瑞金二路411号	14.0	2011年
黄浦区	雅居乐广场	西藏中路525号	2.1	2012年
黄浦区	K11购物艺术中心	淮海中路300号	3.6	2013年
黄浦区	SOHO复兴广场	马当路388号	2.2	2015年
黄浦区	汇暻生活广场	瞿溪路988号	3.5	2015年
黄浦区	新邻生活站	陆家浜路1100号	2.3	2015年
黄浦区	淮海755	淮海中路755号	2.3	2015年
徐汇区	飞洲国际广场	零陵路899号	3.0	2005年
徐汇区	港汇广场	虹桥路1号	7.5	1999年
徐汇区	腾飞大厦	天钥桥路333号	1.5	2005年
徐汇区	美罗城	肇家浜路1111号	6.7	2011年
徐汇区	百联徐汇商业广场	华山路2038号	2.0	2012年
徐汇区	光启城	宜山路455号	12.0	2012年
徐汇区	正大乐城	中山南二路699号	5.5	2013年
徐汇区	环贸iapm商场	淮海中路999号	12.0	2013年
徐汇区	中星城	浦北路7号	3.1	2014年
徐汇区	汇京国际广场	徐汇区虹桥路777号	1.8	2016年
徐汇区	徐汇绿地缤纷城	东安路562号(近龙华中路)	8.7	2016年
长宁区	百联西郊购物中心	仙霞西路88号	10.9	2004年
长宁区	虹桥南丰城(虹桥上海城)	遵义路100号	8.0	2002年
长宁区	龙之梦购物中心	长宁路汇川路口	22.0	2005年
长宁区	尚嘉中心	仙霞路99号	4.9	2013年
长宁区	金光绿庭广场(金虹桥商场)	茅台路179号	8.5	2014年
长宁区	玫瑰坊	长宁路890号	1.7	2015年

续表

区属	城市商业综合体	地理位置	商业建筑面积（万平方米）	开业时间
长宁区	巴黎春天天山路店	天山路 762 号	4.3	2015 年
长宁区	百盛优客城市广场	天山路 789 号	4.5	2016 年
长宁区	缤谷广场	长宁区天山路 345 号	3.2	2016 年
长宁区	龙湖虹桥天街	申滨南路 1130 号	21.0	2016 年
静安区	818 广场	南京西路 818 号	2.1	2009 年
静安区	889 广场	万航渡路 889 号	4.7	2010 年
静安区	恒隆广场	南京西路 1266 号	5.5	2001 年
静安区	久百城市广场	南京西路 1618 号	9.7	2004 年
静安区	梅龙镇广场	南京西路 1038 号	7.0	1997 年
静安区	金鹰国际购物中心	陕西北路 278 号	3.8	2011 年
静安区	中信泰富广场	南京西路 1168 号	3.5	2000 年
静安区	芮欧百货	南京西路 1601 号	4.0	2012 年
静安区	静安嘉里中心	南京西路 1515 号	8.6	2013 年
静安区	晶品购物中心	愚园路 68 号	7.3	2014 年
静安区	1788 中心	南京西路 1788 号	2.3	2015 年
静安区	大宁国际商业广场	共和新路 1868-2008 号	9.5	2006 年
静安区	大悦城	西藏北路 166 号	16.3	2010 年
静安区	五月花城市生活广场	芷江西路 488 号	3.2	2012 年
静安区	盛源生活广场	柳营路 777 号	3.9	2015 年
静安区	大宁音乐广场	静安万荣路 777 号	6.0	2016 年
静安区	协信星光广场	静安江场路 1228 弄（江场路寿阳路路口）	9.0	2016 年
普陀区	百联中环购物广场	真光路 1326 号	25.0	2006 年
普陀区	巴黎春天普陀店（峻领德高）	长寿路 155 号	5.0	2009 年
普陀区	芳汇广场	长寿路 1118 号	3.6	2006 年
普陀区	我格广场	武宁路 101 号	4.8	2010 年
普陀区	亚新生活广场	长寿路 401 号	4.5	1996 年
普陀区	长风景畔广场	大渡河路 196 号	12.6	2011 年
普陀区	月星环球港	中山北路 3300 号	32.0	2013 年
普陀区	近铁城市广场	金沙江路 1518 弄 2 号	9.7	2014 年
虹口区	嘉杰国际商业广场	四川北路 1689 号	2.3	2009 年
虹口区	上海商务中心	曲阳路 800 号	2.0	1995 年
虹口区	虹口龙之梦	西江湾路 388 号	17.3	2011 年
虹口区	壹丰广场	四川北路 1363 号	2.8	2012 年

续表

区属	城市商业综合体	地理位置	商业建筑面积（万平方米）	开业时间
虹口区	利通广场	四川北路1350号	5.6	2012年
虹口区	瑞虹坊/星星堂	临平路123号	3.5	2015年
虹口区	瑞虹天地月亮湾	瑞虹路188号（近天虹路）	6.4	2016年
杨浦区	百联又一城购物中心	淞沪路8号	12.6	2007年
杨浦区	万达商业广场	国宾路58号	25.3	2006年
杨浦区	百联滨江购物中心	平凉路1399号	8.5	2014年
杨浦区	国际时尚中心	杨树浦路2866号	13.0	2015年
杨浦区	紫荆广场	控江路1628	5.5	2015年
杨浦区	五角场合生汇	杨浦区五角场翔殷路1099号	14.0	2016年
杨浦区	悠方购物公园	淞沪路与殷行路交叉口	5.5	2016年
杨浦区	控江旭辉MALL	杨浦区控江路2068号	2.7	2016年
闵行区	百联南方购物中心	沪闵路7388号	10.0	1999年
闵行区	汇宝购物中心（汇恒大厦）	漕宝路3457号	3.0	2007年
闵行区	凯德七宝广场	七莘路3655号	5.0	2007年
闵行区	七宝商城	七莘路3055号	10.0	2003年
闵行区	凯德莘庄广场	沪闵路6088号	5.8	2011年
闵行区	置业广场	东川路2088-2092-2098号	6.1	2004年
闵行区	仲盛世界商城	都市路5001号	28.5	2009年
闵行区	莲花国际广场	沪闵路7866弄1-12号	6.7	2011年
闵行区	华侨城	浦江镇浦星路800号	5.8	2014年
闵行区	良华购物广场	申滨路宁虹路交口	10.6	2014年
闵行区	碧江广场	鹤庆路900号	5.1	2014年
闵行区	虹桥天地	申长路900号	11.0	2015年
闵行区	龙盛国际商业广场	都市路3975号	6.0	2015年
闵行区	丰尚国际时尚中心	运乐路569弄	3.5	2016年
闵行区	浦江城市生活广场	闵行区浦江镇江月路1850号	10.0	2016年
闵行区	七宝宝龙城市广场	闵行区漕宝路新镇路口	10.2	2016年
闵行区	O'MALL华侨城商业中心	8号线浦江镇站	10.6	2016年
闵行区	七宝万科广场	闵行区漕宝路3366号	9.0	2016年
闵行区	国洲新荟城	闵行区莲花南路与银都路	4.3	2016年
嘉定区	江桥万达广场	鹤旋路26弄18号	25.0	2011年
嘉定区	罗宾森广场	嘉定区城中路138号	6.0	2007年
嘉定区	嘉亭荟	墨玉南路1033号	6.5	2012年

续表

区属	城市商业综合体	地理位置	商业建筑面积（万平方米）	开业时间
嘉定区	中冶祥腾城市广场	真南路4368弄	5.0	2013年
嘉定区	华润五彩城	南翔镇宝翔路801号	4.0	2014年
嘉定区	安亭财富广场	曹安公路5598号	2.5	2015年
嘉定区	百联嘉定购物中心	澄浏中路3172号	13.8	2016年
嘉定区	嘉定大融城	嘉定区宝安公路3386号	10.8	2016年
嘉定区	嘉定保利台北时尚风情街	嘉定区白银路288号	10.5	2016年
嘉定区	嘉定宝龙城市商业广场	嘉定区嘉定新城宝塔路德富路交叉口	7.3	2016年
嘉定区	南翔太茂商业广场	嘉定南翔丰翔路3168号	5.0	2016年
金山区	百联金山购物中心	金山区卫清西路188号	8.5	2010年
金山区	金山万达广场	龙浩路1088号	16.0	2015年
金山区	易家中心	城河路330号	16.0	2015年
松江区	开元地中海广场	新松江路926弄	8.6	2006年
松江区	鹿都国际广场	松汇中路568号	7.7	2012年
松江区	贝尚坊	九亭镇沪亭北路350弄	4.0	2013年
松江区	松江万达广场	广富林路658号	18.7	2014年
松江区	新理想广场	荣乐西路786、860号	11.0	2015年
松江区	亚繁亚乐城	松江区莘松路1266号	5.5	2016年
松江区	松江东鼎购物中心	松江新城区新松江路1455号	6.4	2016年
青浦区	百联奥特莱斯品牌直销广场	沪青平公路2888号	11.0	2006年
青浦区	上海桥梓湾购物中心	公园路666号	6.2	2006年
青浦区	永业购物中心	沪青平公路1821号	6.0	2008年
青浦区	米格天地	嘉松中路5999弄	14.0	2013年
青浦区	吾悦广场	淀山湖大道218号	10.0	2014年
青浦区	尚都里休闲广场	朱家角镇新风路	4.5	2015年
青浦区	富绅中心	公园东路1289弄	4.0	2015年
青浦区	青浦宝龙城市广场	青浦区新府中路1560弄	6.0	2017年
奉贤区	百联南桥购物中心	南桥镇百齐路588号	4.9	2009年
奉贤区	南方国际购物中心	南桥镇南奉公路8588号	6.0	2009年
奉贤区	连城商业广场	沪杭公路228弄	3.4	2015年
奉贤区	南桥新都汇	环城东路681号	3.8	2013年
奉贤区	奉贤宝龙广场	航南公路5639、5699号	5.3	2015年
宝山区	宝山万达广场	一二八纪念路878弄	11.0	2012年
宝山区	绿地正大缤纷城	陆翔路111号	3.1	2014年

续表

区属	城市商业综合体	地理位置	商业建筑面积(万平方米)	开业时间
宝山区	宝山正大乐城	陆翔路111号B1楼	3.0	2015年
宝山区	诺亚新天地	牡丹江路318号	4.5	2015年
宝山区	宝山宝龙广场	杨南路2211号	2.8	2015年
宝山区	宝乐汇生活时尚中心	宝山区牡丹江路1569号	8.0	2016年

注:本表格数据截至2016年12月底

(上海购物中心协会　李跃芳)

2016年上海主副食品市场运行情况

2016年,上海市商务流通部门高度重视主副食品市场供应和安全工作,落实货源和安全生产运输措施,加强主副食品市场和价格监管,发挥主副食品主销区的特点吸引外省市食用农产品推广展销,开展有针对性的产销对接,不断提升主副食品产品质量和市场供应量。总体上,全市主副食品供应充足,价格基本稳定,食品和生产安全可控。

一、蔬菜批发价春节期间为全年高位,下半年价格平稳

1. 2016年市场运行情况

据七大农产品批发市场(江桥、江杨、上农批、西郊国际、龙上、七宝商城、中山)的监测数据,2016年,蔬菜批发均价为3.60元/公斤,比上年上涨0.31元/公斤,涨幅9.4%。蔬菜成交总量为295.88万吨,比上年减少8.18万吨,降幅2.7%。蔬菜年零售均价为6.07元/公斤,比上年上涨0.97元/公斤,涨幅19.0%(图1、图2)。

2016年,由于春节期间寒潮袭击,菜价一度走高,直至天气入春回暖才有所回落,价格保持平稳。九月,天气转冷,菜价小幅回升,但仍平稳过渡至年末,价格波动较小。

春节过后,蔬菜价格上涨主要气候因素:

2016年一季度,全国三次大范围、超强度的寒流使上海市当季客菜的主要产地(福建、广东、广西、云南甚至海南等地)的蔬菜生长受到极大

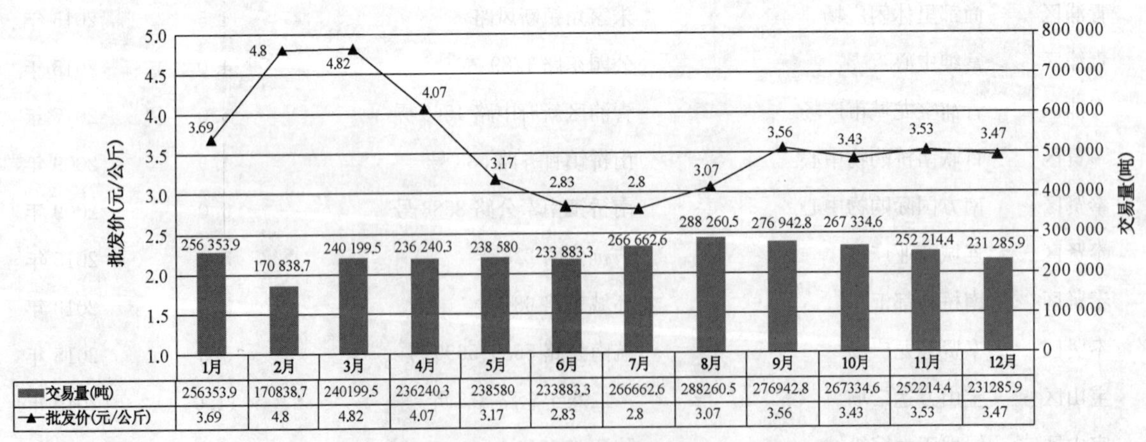

	1月	2月	3月	4月	5月	6月	7月	8月	9月	10月	11月	12月
交易量(吨)	256353.9	170838.7	240199.5	236240.3	238580	233883.3	266662.6	288260.5	276942.8	267334.6	252214.4	231285.9
批发价(元/公斤)	3.69	4.8	4.82	4.07	3.17	2.83	2.8	3.07	3.56	3.43	3.53	3.47

图1　2016年度上海蔬菜批发市场蔬菜批发价、交易量趋势

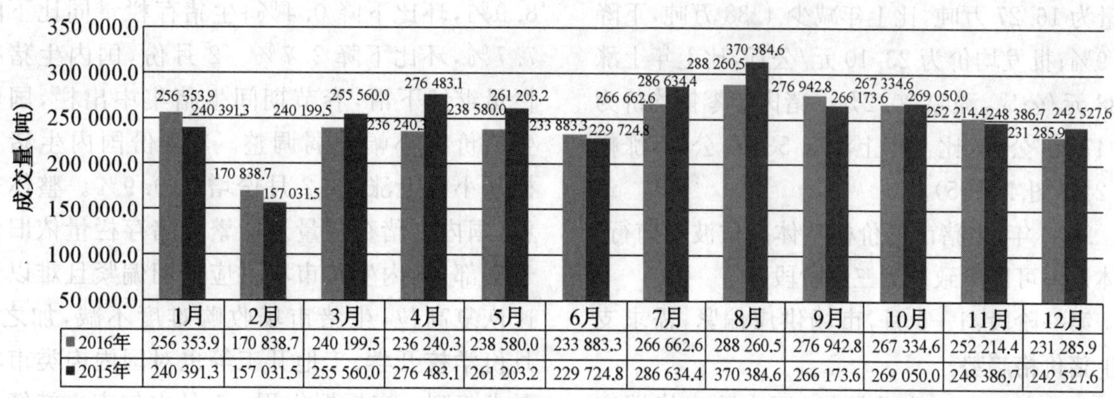

	1月	2月	3月	4月	5月	6月	7月	8月	9月	10月	11月	12月
2016年	256 353.9	170 838.7	240 199.5	236 240.3	238 580.0	233 883.3	266 662.6	288 260.5	276 942.8	267 334.6	252 214.4	231 285.9
2015年	240 391.3	157 031.5	255 560.0	276 483.1	261 203.2	229 724.8	286 634.4	370 384.6	266 173.6	269 050.0	248 386.7	242 527.6

图 2　2015、2016 年度上海蔬菜批发市场成交量对比

影响，造成海南冬瓜、福建土豆和番茄、广东土豆、海南各类豆荚和椒类大幅减产，云南葱头、浙江竹笋推迟上市，这些因素导致从 2016 年 3 月中下旬起，上海市的蔬菜批发价格上浮明显。

2016 年，上海市 7 月持续暴雨天气和 8 月的持续高温，对郊菜生长带来影响，恰逢上海市蔬菜供应进入“夏淡”时节，蔬菜价格有一定程度上浮。9 月份，气温偏高，降雨偏少，又逢农作物的季节交替，产地更换不及时，市场上部分鲜菜货源少，蔬菜价格延续涨势。四季度，10 月降雨量达到历史第四高位，绿叶菜滞销，价格有所回落。年末，全国范围的雾霾给客菜运输带来较大影响，加上天气降温，郊菜价格又略有回升。整体来看，10—12 月菜价呈平稳态势(图 3)。

2. 后期市场趋势预测

郊菜方面，随着 2017 年春节、元宵等传统佳节的来临，蔬菜将进入阶段性的销售高峰，天气回暖后，蔬菜价格出现季节性回落。

客菜方面，2017 年预测为拉尼娜年，是全球变冷的信号，这将在秋冬季给外省市蔬菜入沪带来更大影响，预计 2017 年客菜整体价格会较往年波动加大。

二、猪肉批零价格高位运行，5 月起回落

1. 2016 年市场情况

根据上农批、江杨、西郊国际三大主要猪肉批发交易市场监测数据，2016 年，猪肉批发交易

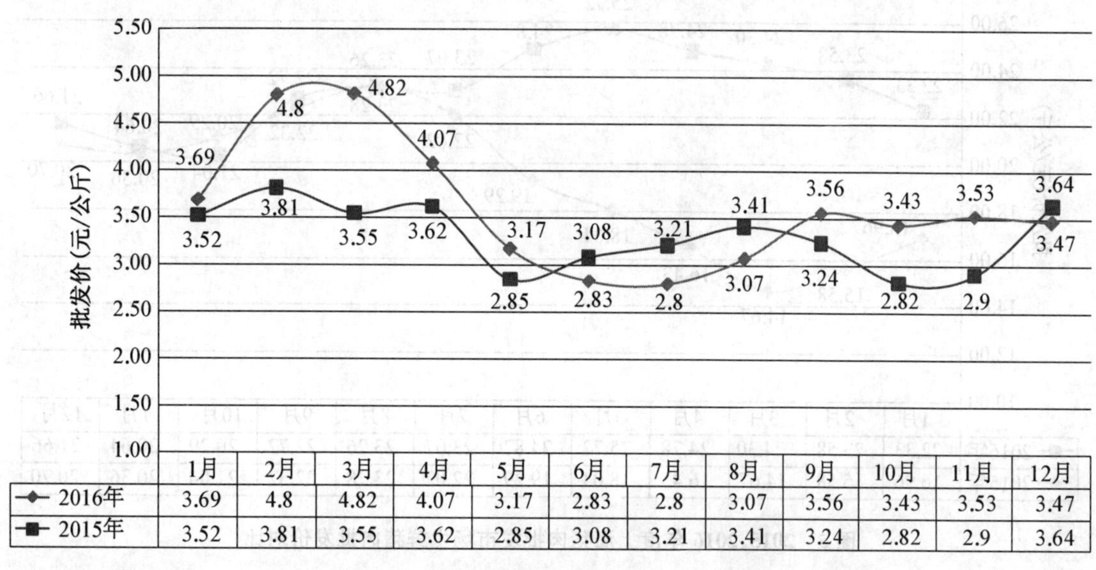

	1月	2月	3月	4月	5月	6月	7月	8月	9月	10月	11月	12月
2016年	3.69	4.8	4.82	4.07	3.17	2.83	2.8	3.07	3.56	3.43	3.53	3.47
2015年	3.52	3.81	3.55	3.62	2.85	3.08	3.21	3.41	3.24	2.82	2.9	3.64

图 3　2015、2016 年度上海蔬菜批发市场平均批发价对比

总量为16.27万吨,比上年减少4.38万吨,下降25.9%;批发均价为23.10元/公斤,比上年上涨3.88元/公斤,涨幅20.2%。猪肉年零售均价为32.47元/公斤,比上年上涨3.53元/公斤,涨幅12.2%(图4、图5)。

2016年,生猪市场价格整体高位波动前行,整体走势可以大致分为三个阶段:

第一阶段:1—5月,市场供应偏紧,需求支撑生猪价格趋势。

2016年元旦、春节期间,国内猪肉终端市场需求小幅增加,生猪价格持续小幅上升,1月份能繁母猪存栏跌至3783万头,同比下降8.9%,环比下降0.4%;生猪存栏量同比下降7.7%,环比下降2.7%。2月份,国内生猪存栏量继续下滑,春节期间生猪集中出栏,国内生猪价格小幅偏弱调整。3月份国内生猪存栏量小幅上涨,较2月份增长0.9%。整体来看,国内生猪存栏量及能繁母猪存栏量依旧位于底部,国内生猪市场供应依旧偏紧且难以迅速恢复高位,生猪市场收购难度不减,加之3月份学校开学、工地开工等也对国内肉类市场需求起到一定提振作用。5月中旬南方持续大幅降雨致使国内生猪市场供应更加紧张,月底端午节假期消费也对终端肉类市场需求起到一

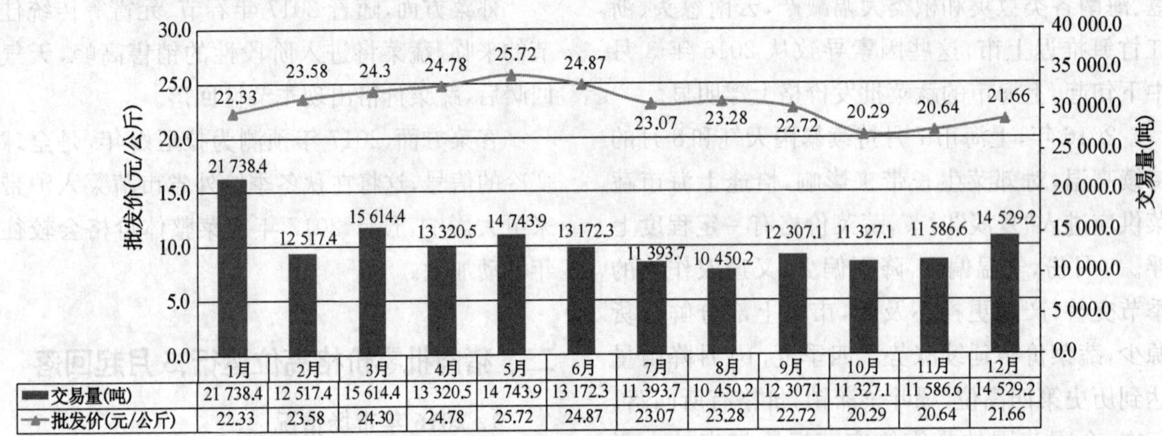

图4　2016年度上海肉类批发市场生鲜猪肉批发价、交易量趋势

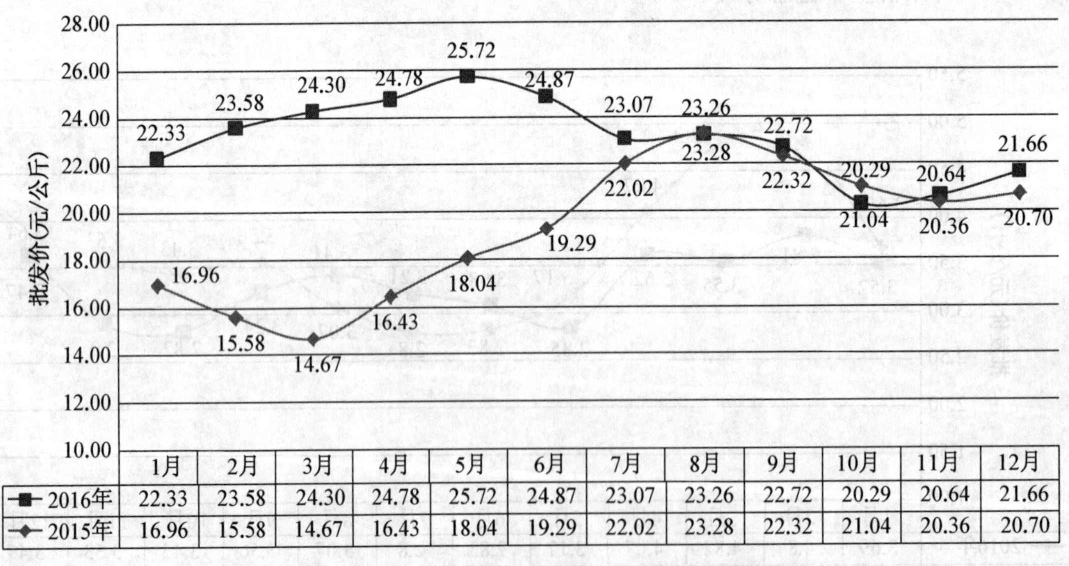

图5　2015、2016年度上海猪肉批发市场生鲜猪肉批发价对比

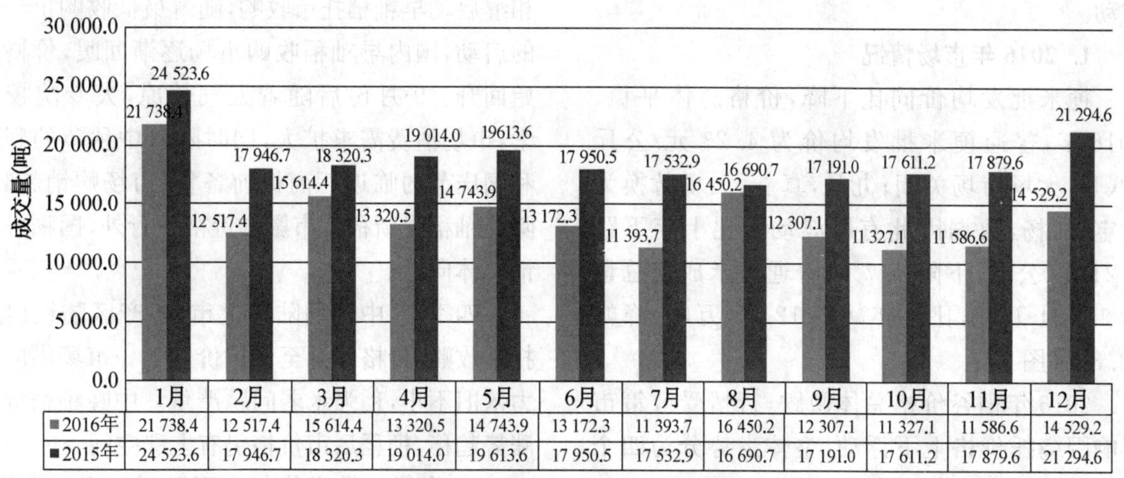

	1月	2月	3月	4月	5月	6月	7月	8月	9月	10月	11月	12月
■2016年	21 738.4	12 517.4	15 614.4	13 320.5	14 743.9	13 172.3	11 393.7	16 450.2	12 307.1	11 327.1	11 586.6	14 529.2
■2015年	24 523.6	17 946.7	18 320.3	19 014.0	19 613.6	17 950.5	17 532.9	16 690.7	17 191.0	17 611.2	17 879.6	21 294.6

图 6 2015、2016 年度上海猪肉批发市场生鲜猪肉成交量对比

定支撑作用,屠宰场为保障节日市场供应维持高价收购。国内生猪价格持续震荡上行,部分省市相继出库冷冻肉平抑生猪价格上涨势头,受国内生猪存栏量整体仍处低位影响,需求提振下,猪肉进口量增加以及出库冷冻肉对国内猪价影响有限。

第二阶段:6—10 月中旬,高肉价抑制消费,压栏生猪大量出栏,猪价冲高震荡回落。

6 月份,天气转热,终端肉类消费转淡,高肉价已经开始限制终端消费,生猪价格冲高回落,养殖户担心生猪价格继续下跌不断出栏此前压栏生猪,生猪市场供应不断增加,国内生猪价格进入阶段性供大于求局面,生猪价格持续弱势。

三季度开始,天气逐渐炎热,终端肉类需求持续萎缩,加之国内生猪市场压栏供应充足,生猪阶段性供大于求,屠宰场不断下调生猪收购价格,同时严格控制生猪收购标准,养殖户大量抛售存栏大猪,国内生猪价格冲高回落。立秋过后,国内生猪市场需求再度减弱,屠宰场收购量小幅下滑。中秋节前后,国内生猪出栏小幅增加,生猪市场供应充足,节日消费提振作用有限,终端市场肉类需求并无明显好转,屠宰场收购依旧顺畅,完成补库任务后持续下调生猪收购价格,国内生猪市场价格整体稳中偏弱运行。

第三阶段:10 月下旬—12 月底,存栏量持续低位,需求小幅回升,生猪价格高位触底回升。

10 月下旬开始,生猪价格持续大幅下跌,促使生养殖户压栏惜售情绪不断增加,基层收购难度小幅增加,部分地区屠宰场小幅上调生猪收购价格,国内生猪价格整体触底小幅反弹。11 月份南方腊肉备货启动,加之极端天气及养殖户压栏惜售支撑下,国内生猪价格持续高位偏强运行,四季度国内终端肉类需求持续回暖,国内生猪存栏量仍处低位,屠宰企业难以继续下压生猪收购价格,节日需求对生猪价格起到一定支撑,国内生猪价格偏强运行(图 6)。

2. 后期市场趋势预测

综合来看,2016 年有大量低价进口肉到港,同时超高肉价使得边境生猪走私猖獗,加上受到国内整体经济走势放缓带来的终端肉类消费疲软对后市生猪价格上涨幅度形成压制,还有年节生猪集中出栏及春节后期肉类消费低谷带来的打压,2017 年上半年生猪价格继续上涨承压,受国内生猪存栏量持续低位支撑,生猪价格整体涨跌幅度有限,呈现先跌后涨走势。

三、粮食价格小幅下跌,油脂价格波动后回复平稳

根据上农批、高湖、七宝、江杨的监测数据,2016 年度上海粮油批发价格以稳为主,小幅

波动。

1. 2016 年市场情况

粳米批发均价同比下降，价格总体平稳。2016 年，普通粳米批发均价为 4.23 元/公斤（八月，大场市场关闭；九月，真新、大场替换为七宝、江杨，数据因此有所波动），比上年下跌 0.21 元/公斤，下降 4.7%；普通粳米成交总量为 16.04 万吨，比上年减少 12.25 万吨，降幅 43.3%（图 7）。

2016 年稻谷价格总体微跌，行情受政策市影响围绕托价格上下浮动，整体走势分为四个阶段。

一季度：年初企业备货春节，稻米价格走高，并且随着市场上粮源的不断减少，稻米价格获得支撑，除早籼稻外，一季度稻谷价格总体稳中上涨。早籼稻方面，2 月初国家公布 2016 年稻谷最低收购价，早稻每斤下调 2 分，此后早籼稻价格一路下滑，3 月末早籼稻均价 2 626.7 元/吨，较 1 月初下滑 0.4%。

二季度：进入稻米消费淡季，企业采购较为谨慎，优质稻谷价格较高，普通稻谷有价无市。4 月份开始，国储开始投放晚临储中晚籼稻和粳稻，市场粮源增加，稻米价格开始下行。5 月份后天气渐热，市场消费清淡，存储难度加大，企业开工率下降，粳稻价格稳中上扬，籼稻价格下行，市场价格在托市价格以下徘徊。

三季度：7 月底江西、湖南、湖北和安徽 4 省相继启动早籼稻托市收购，随着最低收购价预案的启动，国内早籼稻收购市场逐渐回暖，价格开始回升。9 月份后随着天气转凉，大专院校开学，市场消费需求扩大，同时随着中秋节的到来和国庆节的临近厂商提前备货，市场购销趋旺，除晚籼稻受新稻上市影响价格下行外，国稻谷行情总体向好。

四季度：中晚稻陆续上市，各产区陆续启动托市收购，价格回升至保护价上下。市场供应压力依旧不小，稻强米弱问题严重。中晚籼稻价格涨势趋稳，粳稻后市价格仍有上涨空间。

2. 食用油批发价年中下跌后回升，交易量逐月上升

2016 年，5L 桶装豆油批发均价 40.73 元/桶（8 月，大场市场关闭；9 月，真新、大场替换为七宝、江杨，数据因此有所波动），比上年上涨 0.76 元，涨幅 1.9%。

2016 年结合国内市场情况，豆油行情整体大致分为四个阶段：盘整期、一次涨期、振荡期、二次涨期。盘整期：1—2 月价格整体略有上涨，涨幅0.1%。春节前，油厂库存高，约 90 万吨，行情低迷。巴西天气干旱影响，1 月 USDA 报告利好豆类，豆类期价上涨。国内豆油现货价格试探性上涨，行情弱稳为主。春节过后，油厂尚未全面开机，市场购销相对冷清，贸易商挺价为主，报价虚高，主流报价 6 000～6 200 元/吨。临近 2 月末，节日消费需求回落，市场供应恢复，豆油价

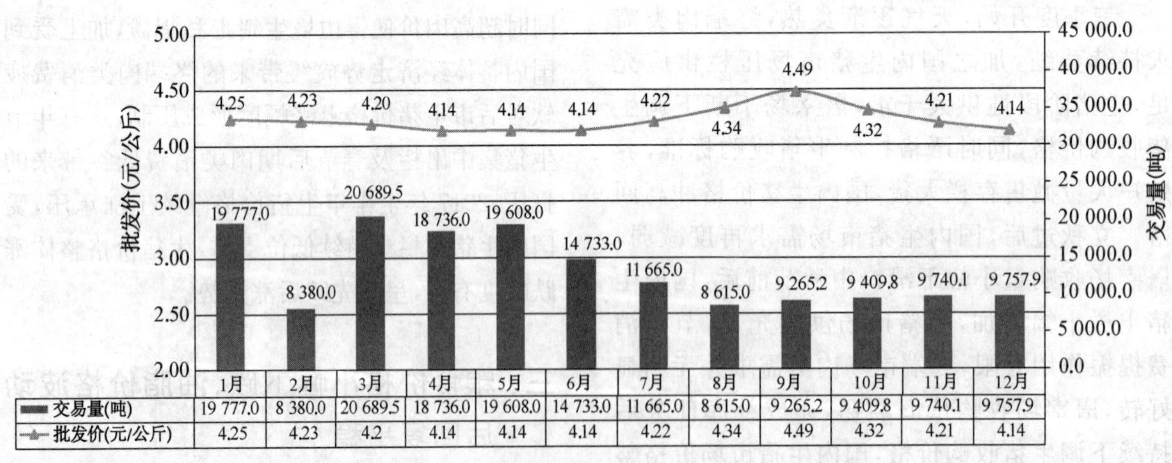

	1月	2月	3月	4月	5月	6月	7月	8月	9月	10月	11月	12月
交易量(吨)	19 777.0	8 380.0	20 689.5	18 736.0	19 608.0	14 733.0	11 665.0	8 615.0	9 265.2	9 409.8	9 740.1	9 757.9
批发价(元/公斤)	4.25	4.23	4.2	4.14	4.14	4.14	4.22	4.34	4.49	4.32	4.21	4.14

图 7　2016 年度粮油批发市场普通粳米批发价、交易量趋势

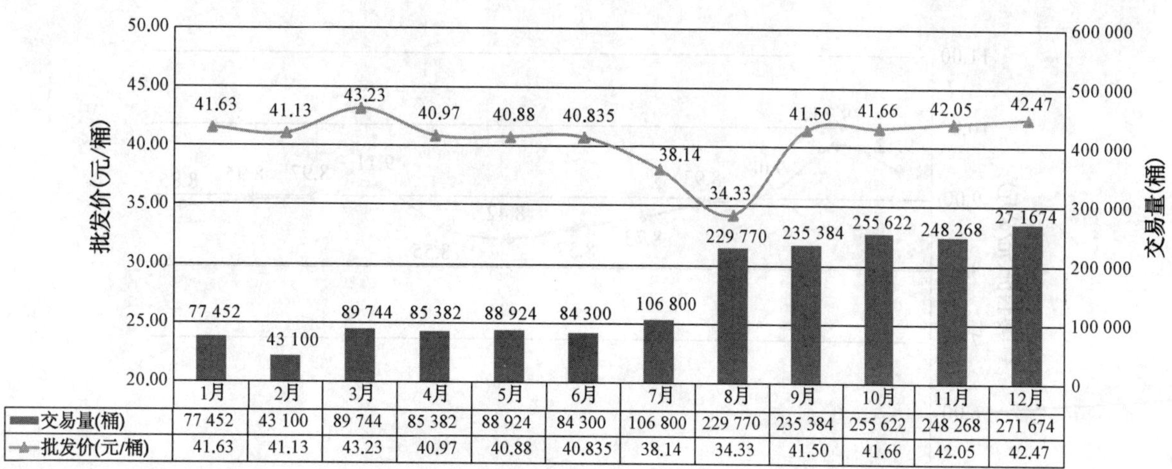

	1月	2月	3月	4月	5月	6月	7月	8月	9月	10月	11月	12月
交易量(桶)	77 452	43 100	89 744	85 382	88 924	84 300	106 800	229 770	235 384	255 622	248 268	271 674
批发价(元/桶)	41.63	41.13	43.23	40.97	40.88	40.835	38.14	34.33	41.50	41.66	42.05	42.47

图 8 2016 年度粮油批发市场桶装豆油 5 L 批发价、交易量趋势

格陆续下滑。

一次涨期：3－4 月价格整体上涨 6.6%。3 月，受豆粕行情的低迷影响，多数油厂停机为主，豆油库存低位，约 60 万吨左右。外盘美豆反弹，豆油期价上扬，现货价格跟涨。厄尔尼诺效应影响，棕榈油价格持续上升，替代品行情提振，豆油价格持续走高。临近 4 月末，由于价格涨幅较大，高价油市场接受度一般，价格出现小幅回调，主流报价 6 300～6 400 元/吨。

振荡期：5－8 月价格整体下跌 1.1%。5 月，终端消费表现不佳，豆油行情弱势盘整，USDA月度报告利多，期货拉涨，豆油现货价格大幅上行。5 月中开始，豆油终端需求疲软，油厂开机率增加，商业库存回升，约 70 万吨左右，豆油现货价格持续下滑。临近 5 月末，受期货价格支撑，豆油现货价格小幅上升持续至 6 月上旬，下旬，受终端需求疲软压制，豆油库存增加至近 80 万吨，豆油价格持续下行。7 月暴雨天气引起洪灾，多地运输受阻，豆油商业库存走高，外盘美豆生长情况较好，多重利空打压，豆油行情持续弱势下行。

二次涨期：9－12 月价格上涨 17.3%。中秋节前，豆油价格涨跌互现。大豆油厂陆续开启停机计划，豆油现货价格上涨。涨价后豆油市场成交量减少，价格略有下跌。国庆节过后，菜籽油成交火爆，棕榈油库存低位。加上 10 月进口大豆大幅减少，11 月开始，原料供应不足，加上豆油处于消费旺季，需求支撑，价格不断走高。12 月环保出手，广东地区油厂整顿，雾霾天气来袭，运输压力增加，供应紧缺，豆油价格再次上涨(图 8)。

3. 后期市场趋势预测

元旦后，稻米市场处于消费旺季，需求扩大，市场行情向好。粳稻方面，在托市收购和需求升温的支撑下粳稻价格稳步上涨，不过在低价进口大米不断到港的背景下，稻强米弱问题仍在。在国家稻谷最低收购价格的支撑下，预计 2017 年稻谷最低收购价格或与 2016 年相差不大，总体会围绕收购价格上下波动。

豆油方面，2016 年，国内豆油在多重突发因素带来的利多因素支撑下，价格重回高位。物流紧张，环保问题仍将在 2017 年影响油脂市场，由于四季度的大涨，进口大豆到港量逐渐增加，预计 2017 年豆油价格整体好于 2016 年，高价有望突破 8 000 元/吨。

四、鸡蛋价格春节后低位运行

1. 市场运行情况分析

根据上海中心城区九个区五十家标准化菜市场零售价数据显示，2016 年，鸡蛋零售均价为 8.94 元/公斤，比上年下跌 0.7 元/公斤，降幅为 7.3%(图 9)。

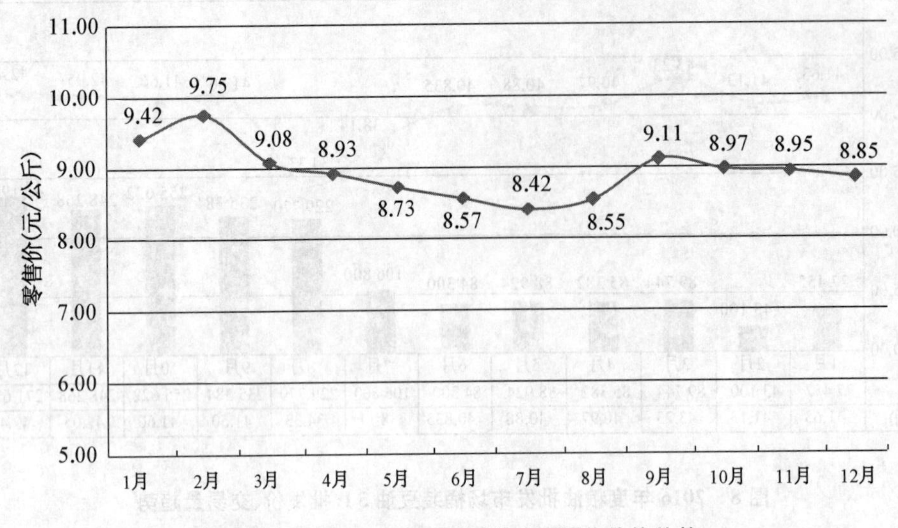

图9 2016年度上海零售渠道鸡蛋零售价格趋势

2016年,蛋鸡存栏量明显高于上年,蛋鸡存栏量涨幅在12%以上,蛋源供应呈现宽松的状态。

一季度:1月份,全国鸡蛋价格强势上行,前三周涨幅达16.8%,最后一周止涨回调。蛋价上涨主要原因是供应紧张,数九寒冬易产生疫病,蛋鸡产蛋量下降。2月份,迎来春节,鸡蛋收购基本停止,年后蛋价出现下跌,跌幅达两成。3月份,弱势震荡,季节性消费淡季。

二季度:三月、四月处于季节性消费淡季,虽有清明端午节日备货刺激,但力度未能持久,端午的备货行情刺激出现短暂冲高。步入6月份,鸡蛋价格下跌明显,从6月1日至24日,蛋价下跌幅度22.0%,蛋价的快速下跌与饲料原料上涨行情出现背离,养殖成本新增压力,蛋价已跌破成本线。

三季度:7月份进入伏天,蛋鸡歇伏,全国大范围的强降雨和高温,对畜禽养殖造成一定损失,也影响终端消费。7月份在产蛋鸡存栏量达12.5亿只,同比增长9%。8月份蛋价上涨季,迎来传统节日中秋,国人饮食习惯带动蛋品的需求,集中大量备货,学生开学学校食堂集中需求恢复,加上节日效应的持续发力,8月份鸡蛋价格上涨。9月份蛋价一路下跌,主要跌幅集中在中下旬。下跌主要原因是秋季温度适宜,蛋鸡产蛋量高,蛋源供应量增加,产区部分地区出现了货源积压的现象。

四季度:蛋价呈现低位震荡。国庆节后,各地库存不高,产蛋鸡存栏量下降,市场集中需求好转,蛋商收货积极,但蛋源供应不十分充足,支撑蛋价上涨。进入11月份以后蛋价震荡走跌,消费淡季暂无节日等,使需求处于疲弱期,终端走货速度减缓,蛋商要货相对谨慎。进入冬季,北方产区雨雪天气影响,气温降低导致产蛋量有所下降,但整体蛋鸡存栏量仍偏高,蛋源供应上稍微宽松。

2. 后期市场趋势预测

2017年,玉米饲料价格将处于低位,蛋价缺少支撑,或将呈现季节性淡季。预计2017年最高蛋价或将出现在9月上旬。随着双节过后消费减弱,蛋价进入下一阶段的季节性消费淡季。(黄伟)

2016年上海商业地产市场有序发展

近年来，上海市商务委围绕加强规划、信息和政策引导，完善部门联动工作机制，认真做好促进上海市商业、商务楼宇市场健康发展工作。

一、上海商业地产市场总体情况

据仲量联行等商业地产咨询机构监测，2016年三季度，上海市中心城区（中环以内以及虹桥商务区）商业地产市场总体运行平稳，租金和空置率水平基本稳定。

1. 三季度写字楼市场情况

随着2016年以来政府逐渐加强对P2P借贷行业的监管，该行业租户普遍出现退租现象，而金融、房地产、IT以及零售行业的租赁需求依然旺盛，国内公司尤为活跃，因此，上海市办公楼市场总体供求平稳。

中央商务区（陆家嘴、人民广场、南京西路、淮海路、徐家汇、竹园、虹桥开发区）甲级写字楼存量约541万平方米，其中，浦东234万平方米，浦西307万平方米；平均空置率7.1%，季度环比上升2.2个百分点，其中，浦东空置率为6.5%，浦西7.6%，季度环比分别上升0.1和3.8个百分点；平均租金10.5元/(平方米×天)，比二季度下降0.4%，浦东和浦西分别为11.5元/(平方米×天)和9.8元/(平方米×天)，季度环比分别为上涨0.3%和下降1.0%。全市中央商务区甲级写字楼市场总体健康。

非中央商务区（除中央商务区以外中心城区其他区域）甲级写字楼存量约377万平方米，其中，浦东约100万平方米，浦西约277万平方米；总体空置率15.8%，季度环比下降1.1个百分点，其中，浦东空置率5.7%，浦西19.5%，季度环比下降1.4和1.1个百分点；全市平均租金6.4元/(平方米×天)，季度环比上涨0.2%，其中，浦东租金7.5元/(平方米×天)，浦西5.8元/(平方米×天)，季度环比均上升0.2%。全市非中央商务区写字楼市场东西分化明显，浦东非中央商务区甲级写字楼市场供求基本平衡，浦西则显著供大于求。

2. 三季度零售物业市场情况

核心商圈（南京路、淮海路、徐家汇、陆家嘴、外滩）零售物业存量约454万平方米；空置率10.3%，季度环比上升0.7个百分点；底层租金52.3元/(平方米×天)，与二季度持平；整栋平均租金14.1元/(平方米×天)，季度环比下降0.5%。

非核心商圈（五角场、四川北路、花木、金桥、大宁、莘庄、七宝等）等零售物业存量约641万平方米；空置率10.1%，季度环比上升0.2个百分点；底层租金20.8元/(平方米×天)，季度环比上涨1.4%；整栋平均租金5.4元/(平方米×天)，季度环比下降1.7%。

3. 趋势预测

主要市场咨询机构根据目前在建项目测算，未来5年中心城区新增优质办公资源约在820万平方米左右，可能会将全市的办公楼空置率从目前10%左右的水平推高至15%左右，中央商务区市场的租金增长幅度将大于非中央商务区，新兴商务区的租金上升趋势将有所减缓。未来5年全市新增商业物业供应520万平方米左右，中产阶级人数的增加、家庭可支配收入的增长，以及其他有利因素将继续推动消费规模扩大；仍有新零售商进入上海市场，核心区域的空置面积能在短时间内被新需求所吸纳，但对于郊区项目来说，需要更长的时间来完成整个项目的招商。餐饮租户继续扩张，休闲娱乐业也保持上升趋势。

根据上海市商务委对2016年度全市16个区和长兴岛、临港新城、世博地区、虹桥商务区上报的商业办公用地出让计划情况统计，拟出让商业办公用地284幅，可建面积1 987万平方米。

按经验数据，约 20% 为零售物业，可建面积约397 万平方米；约 80% 为办公物业，可建面积约1 590万平方米。其中，青浦、松江、闵行、奉贤、嘉定、宝山、临港、金山、长兴岛、崇明等区可建面积高达 1 353 万平方米，超过全市总量的三分之二；传统中央商务区和核心商圈可建面积仅 150 万平方米左右，只占全市总量的 7.5%左右；中心城区非核心商业商务区可建面积约 484 万平方米，占全市总量的 24%左右，主要集中在杨浦、普陀、原闸北、虹桥商务区和浦东内环以外区域。总体来看，传统中央商务区和核心商圈新增商办用地相对稀缺，中心城区非核心商业商务区和郊区商办用地供应规模较大。

由于市场咨询机构的监测仅限于中心城区在建项目，而上海市商务委的统计则覆盖全市所有区域，故这一统计数字远高于市场咨询机构的预测(图 1)。

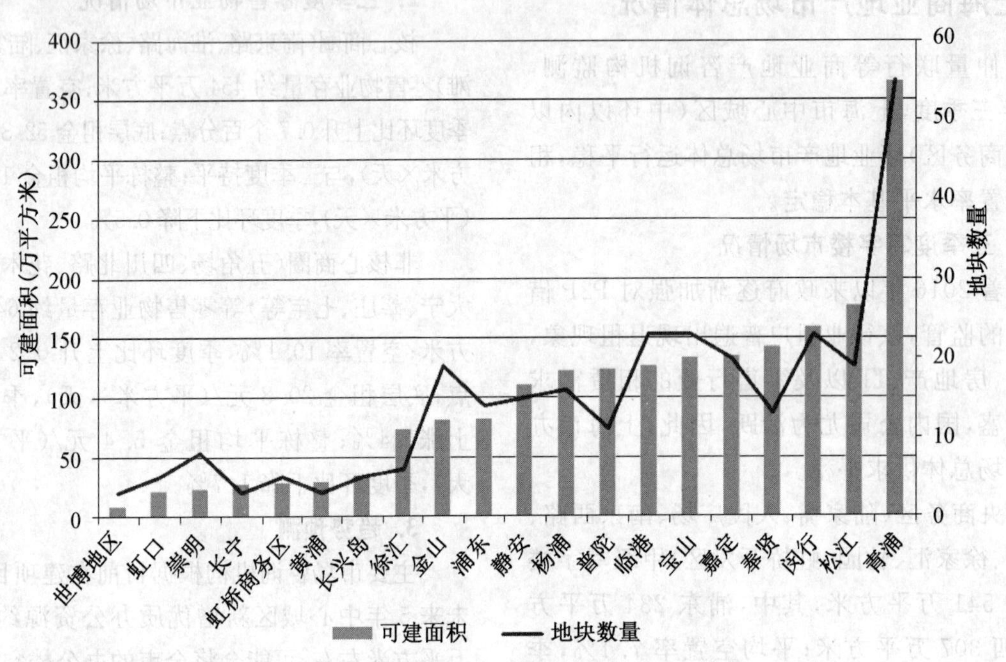

图 1　2016 年各区域商办用地供应计划申报情况

二、主要工作情况

1. 加强规划引导

上海市商务委和上海市规划国土资源局先后组织编制《上海市商业网点布局规划(2014—2020 年)》、上海新一轮城市总体规划的《上海商业发展规划》和《上海商务集聚区发展规划》。加强商业、商务集聚区规划与上海新一轮城市总体规划的衔接，对标全球城市商业、商务发展情况和趋势，根据人口和产业发展规模，科学合理估算商业网点和商务楼宇发展建设规模。促进商业网点和商务楼宇的布局更趋合理，与国际贸易中心城市应有的消费能级和网点层次相匹配，与“四个中心”、科创中心建设需要的优质商务办公需求相衔接，促进存量商业商务资源的改造提升，转型发展。

2. 加强政策引导

2016 年 2 月，上海市政府办公厅转发上海市规划国土资源局、上海市发改委、上海市住建委和上海市商务委联合制定的《关于进一步优化上海市土地和住房供应结构的实施意见》(沪府办〔2016〕10 号)。要求上海市商务委等部门对区县商业、办公用地年度供应计划进行综合评估，合理把握供应规模、结构和节奏。要求新增商业用地出让条件中明确物业持有要求，一般地区商业物业自持比例不低于 80%，供应量较大区域持有比例提高到 100%，持有年限则为不低于 10 年或长期持有。一般地区办公物业自持比例不低于 40%,供应量较大地区则提高至60%~100%。

上海市商务委与上海市规土局就落实文件要求进行沟通,对上海市商业办公用地出让计划制定流程进行调整,增加上海市规划国土资源局将各区县的年度商办用地出让计划送市商务委征求意见环节。经委局会商,截至目前,共将 218 幅土地列入出让计划,可建建筑面积约1 400万平方米,其中商业约 400 万平方米,办公约1 000万平方米。占区县总计划出让数量的 78%,总建筑面积的 71%。

3. 加强信息引导

为全面掌握上海市域范围内商业地产市场情况,弥补市场咨询机构监测范围的空白,上海市商务委制定《上海市商业地产运行监测平台项目建设方案》,建设上海全域内的商业地产运行监测服务平台,重点监测 5 000 平方米以上的商业网点(目前预测不少于 900 个)和 30 000 平方米以上的商务办公楼(目前预测不少于 600 个)的运营情况。该方案已向上海市经济信息化委申报年度信息化建设项目,目前已基本同意立项。上海市商务委还正在会同市统计局制定《上海市商务楼宇统计调查制度》,建立全市统一的数据样本,为上海市商业地产的分析、研判、决策及预警提供有力的数据支撑。

三、下一阶段工作

1. 建成全市统一的商业地产市场运行监测平台

"上海市商业地产运行监测平台项目"正式获批后,上海市商务委将迅速开展项目的软硬件系统建设,完成《上海市商务楼宇统计调查制度》制定工作。会同相关部门组织各区开展数据报送,并同步开展监测数据分析处理和信息发布,引导市场主体科学理性投资商业办公楼宇建设。

2. 完善商业办公用地年度供应计划评估机制

上海市商务委将会商市规土等部门,研究制定以发展规划、产业结构、服务人口、消费水平、辐射范围等要素为依据,合理确定商业办公用地开发规模与节奏的标准体系以及相应的救济机制,作为评估各区县商办用地出让计划的依据,科学评估商办用地供应计划。

3. 引导鼓励存量商业办公楼宇加快改造升级

上海市商务委将会同有关部门支持鼓励存量商业办公楼宇加快业态调整、功能完善,以适应和引领消费结构升级的趋势。促进城市有机更新,服务科技创新中心建设和大众创业万众创新的新需求。(上海市商务委商贸行业管理处)

2016 年上海快速消费品升级及新趋势

随着我国制造业逐渐向越南和孟加拉等低工资的国家进行转移,传统上以蓝领为主要客群的快速消费品品类销售额下滑明显。这群消费者在消费支出上也更为谨慎。曾是一代人记忆的品类,如速溶咖啡、方便面、啤酒、薯片、常温火腿肠、糖果等,销售额增长极其缓慢,甚至有所下降,甚至在消费升级的大趋势中,被蓝领阶层抛弃;而正在崛起的中产阶级青睐的产品,如酸奶和 NFC 果汁,则飞速增长。截止 2016 年底,此趋势并无明显改变,低迷的品类持续走低,而之前坚挺的品类,尤其是个人护理用品,继续保持高速增长。

出于健康的考虑,以及获取现制现售饮料的便利性,饮料销售额增长从 2015 年的 5.6%放缓到 2016 年上半年的 3.2%,并且连续三年在销量上呈现负增长。饮料的平均售价在2016年上半年仅增长了3.3%,而2015年的增长率为6.2%。但包装水品类则例外。一方面是因为包装水价格逐渐被大众所接受,更多是人们对健康的关注。

随着消费者变得更为成熟,他们希望拥有更加现代、健康和平衡的生活方式。收入的增长、消费理念的改变、时代的变迁都推动升级消费成为消费驱动的力量。经过十余年的发展,满足基本生活需求的商品品类已逐步饱和,更多消费者关注高价值的产品,来满足日益提升的升级消费需求,二胎的放开,婴幼儿用品正成为消费新宠,而个人护理的护肤品和美容产品也进入快速增长期。

更重要的是,本次消费升级的主体是所有消费者,而不仅限于中产和富裕人群。而参与的产品则不仅限于国产商品,全世界的进口商品都参与到了中国消费者的购物篮争夺中。

一、曾经的明星品类,如今风光不再

方便面、碳酸饮料、巧克力、饼干、啤酒等曾经被誉为消费者的“心头好”。不过,现在这些“常胜将军”在市场上的日子并不是那么好过。

1. 方便面,国民食品“失宠”

方便面曾经是中国的全民食品,目前在中国却正逐渐失宠。中国方便食品大会的数据显示,2015年国内方便面总产量362.49亿份,较2014年下跌8.5%;销售额490.91亿元,较上年下跌6.8%。此外,2016年上半年康师傅方便面收益为103亿元,同比衰退14%……

七大主要原因。一是观念的排斥——垃圾食品。方便面被很多人认定为“垃圾食品”“不健康”“没营养”等,影响了销量。二是城镇水平的推进——农民工人。方便面最常出现的地方是火车上、工地上和单身务工者宿舍里。目前其销售的下滑,很可能也从一个侧面反映了农民工外出务工的减少。三是创新升级的瓶颈——左右为难。事实上,方便面企业也在努力寻找突围模式。康师傅推出了“黑白胡椒”“汤大师”高端杯面。统一也先后推出了“都会小馆”、“相伴一城”和“满汉宴”三个新品牌,但在市场反馈上均不明显。四是同业模仿的跟风——无差异化。国内方便面行业属于几大巨头开发、其他品牌跟风模仿的局面。高度的同质化竞争使得开发者的市场份额受到一定影响。五是信息时代的冲击——网络外卖。如今,随手一点,网上支付就可以等来一顿美食,这个过程甚至比泡方便面还便捷简单。更关键的是,网络送餐在口味、饭菜量上显然都要远胜过方便面。六是替代产品的兴起——速冻食品。在人们的潜在观念里,相对于方便面,速冻食品同样具备食用方便的特性,更具有安全卫生、营养美味和成本低廉等优势。七是运输速率的提升——快捷交通。随着交通条件的改善,高铁、飞机等高速,快捷的交通工具普及,地域间运输速率大幅度提升,旅途上的乘车时间大量减少,再加上餐饮供给的完善,都会对方便面的销量产生冲击。

2. 碳酸饮料,两乐过上了苦日子

2016年上半年,可口可乐总营收为218.21亿美元,同比下跌4.6%。据金融时报报道,可口可乐首席运营官James Quincey称,中国市场成为拖累可口可乐营收增长的一大原因。7月,百事可乐发布财报显示,第二财季营收下降3.3%至153.95亿美元,净利润20.13亿美元,微增1%。这已经是百事可乐的营业收入连续第七个季度下滑。

2016年11月,可口可乐公司披露,可口可乐在中国的装瓶业务将分别由中粮和太古两家特许经营合作伙伴运营。巧合的是,百事可乐于2011年就将中国瓶装厂业务全部股份出售给了康师傅控股。两大碳酸饮料巨头变相减码中国市场,似乎预示着中国市场已不如刚进入中国市场那些年。

3. 巧克力,市场需求下降

报告显示,在中国经济增速放缓的大背景下,中国人对巧克力的需求正在下降,原因是消费者失去了花大价钱购买这种甜品的欲望。2015年巧克力糖果在中国的销售比前一年下降2.4%,2016年进一步下滑,而就在几年前,还是两位数增长。

美国好时公司2015年的净销售额为73.87

亿美元，稍低于2014年的74.22亿美元；净利润为5.13亿美元，也低于2014年的8.47亿美元。难过的不只是好时。我们所熟悉的那些巧克力品牌，比如玛氏旗下的M&M's、德芙等在美国家庭巧克力消费中的占比也都在下滑，一直在中国占有绝对优势的德芙，在2014年首次丢掉了0.4%的销售量份额。雀巢旗下未进入中国市场的核心巧克力品牌Kitkat在欧洲的表现同样令人沮丧——过去5年失去了将近1%的市场份额。究其原因，中国消费者在饮食方面如今倾向于选择更健康和天然的零食，而非放纵自己尽情享用巧克力，他们已把巧克力视为对自己的一种特殊馈赠或奢侈零食。

4. 啤酒，“满”是渠道的关键词

2016年6月底，《中国购物者报告》指出，啤酒销售下降了3.6%。不仅中国啤酒市场不景气，当前全球的啤酒市场表现都不甚乐观。10月，全球最大啤酒厂商百威英博交出了一份不太靓丽的三季度成绩单，前三季度累计实现归属于母公司股东的净利润为8.42亿美元，同比下降85.9%。业内人士分析，2014年以来啤酒产量不断下降，主要原因是：①传统消费群体人数增速放缓；②其它酒类对啤酒的替代；③啤酒行业内部高端品对低端品的替代。

5. 饼干，两位数增长速度已成历史

饼干市场两位数增长速度已成历史，增速放缓成为整体行业态势。截至2016年6月，饼干行业通过食品生产许可的企业1 699家，与前两年相比，企业数量在逐渐减少(2015年6月1 766家，2014年底1 918家)。不少品牌饼干的收入也出现下滑，三家来自台湾的食品制造巨头业绩说明了这一点。2015年上半年，康师傅、统一、旺旺的销售收入全线下滑；已被雀巢并购的银鹭和徐福记两大公司，均不同程度出现业绩增长疲软状态；拥有奥利奥曲奇、吉百利巧克力和乐之饼干等多类产品的亿滋中国，市场份额也在下滑，从2012年的15.1%下滑至2014年的13.6%。新品再升级情怀与换装成为创新法则。

二、新世代消费者的诞生

80后、90后、00后的占比从2000年的33%上升至2010年的51%，成为消费决策的主力群体。消费者要的是“什么值得买”，而不是“什么更便宜”。这就产生了旧与新消费者的比较。

旧消费者更多地以职业和社会角色确认自己的身份，比如工人、农民、学生、知识分子、父母、兄长，等等。其行为的背后有一个显著的驱动力，即消费者希望通过获取商品来提高自己的社会地位。旧消费者几乎都经历过反复比较、家庭讨论、征询意见、讨价还价等复杂的购买决策过程。而他们大都会认为更好的环境都包含在所购买的花费中，而产生一定的抵触。

新消费者一般并不以年龄和职业为划分标准，而是以消费理念加以区隔。当然，新消费者主要还是新生代年轻人。对新消费者来说，消费只是一种快乐、满足的经历，他们甚至对不得不购买日用消费品感到厌烦。对新消费者来说，购买决策越来越具有个性特点，他们融提议者、影响者、决策者、购买者、使用者等多种角色为一体。因此，新消费者不再关注商品的象征性，品牌意识也趋向淡化。新消费者的购买决策过程简单得多，他们对商品可能还处在认识过程或感觉阶段，就已经把商品从货架上拿到购物篮中了。

新消费者追求的是真实、可信的购物经历，他们对商品所关注的也不再是商品的实体，而是非实体的“真实可靠性与自我体验”。

如今，以95后为代表的新生代消费者获取产品信息不单单通过传统形式上的广告，还通过各种新兴渠道来了解，例如朋友之间互相推荐，“网络红人”使用的同款产品等。在扩展信息面的同时，新生代消费者更加关心产品和消费者本人的契合度，在挑选产品时，会更多的考虑产品概念、成分以及效果。

三、新零售的核心，线上线下融合

马云在云栖大会提出“新零售”的概念，并强调“电子商务”这词很快会被淘汰，并且强调，新零售的核心是线上线下物流结合在一起，实现零库存。

1. 线下的溢价,线上切不走

线上也好,线下也好,电商也好,传统也好,这些都不重要。消费者的体验才是最重要的,作为品牌方,能给消费者带来多少体验上的价值才是重要的。过去十多年是淘宝的红利期,因为国内线下渠道的效率实在太低,特别对于服饰产品,加价率实在高得太离谱。淘宝拉近了生产者和消费者的距离,减少了中间环节,在"价廉物美"里首先实现了"价廉"。

但是电商本身对实现"物美"没太多帮助。商品溢价,来自于体验和精神满足,而电商这种销售形式,在创造体验和精神满足方面相对乏力。时尚的消费群体,在做消费决策的时候,往往带有一定的体验性和冲动性,需要场景和环境的引导,在这方面,线下售卖更有优势。

对于线下购物群体,追求的不仅仅是购买到一件货品本身,而购物过程更像一种体验和娱乐过程,这时候环境、氛围、体验感、服务都变得更加重要,成为商品本身价值的一部分。这部分溢价,电商切不走。

线上和线下的核心问题是,如何接触到更多潜在消费者、提升消费者的购买意愿,或提升"品牌"的溢价能力。

2. 电商下半场

这些年电商们把容易干的都弄的差不多了,眼下面临的都是深水区难题,以及越来越高的物流成本和新客成本。在这些难题面前,线上线下在同一条起跑线上。电商想再进一步通过优化价值链的效率和成本来提升利润,仅仅从消费者末端发力已经不行了,优化整个产业链,才能挤出更多的利润。

3. 真实的商圈+虚拟的商圈

人始终要在物理空间中生存。"线上和线下就像两个规格不同的筛子,都流失了一部分用户",如何让线上客户贡献更大的价值,让线下用户每一个人、每一次购买、每一个产品都成为流量入口,电商和零售商都惦记着这事,整合线上线下是未来十年的主旋律。

4. 纯电商品牌开始走向实体

亚马逊开出实体店。亚马逊(Amazon)将在西雅图西北部一个工业区开设新的食品杂货店。这是亚马逊即将在家乡开设的两家店之一,标志着这家零售商进军食品杂货和日用品实体店的第一步。这家店不同于传统便利店,围绕"免下车"概念打造,以巨大的倾斜雨篷为特色,营造出一种 20 世纪 50 年代汽车餐厅的氛围。来这里的顾客无需在店内逛——他们将提前在网上下单,之后在车里等待他们订购的食品杂货被送到车上。亚马逊进军实体店,标志着它的一个戏剧性转变——告别仅供线上战略。

三只松鼠首谈去电商化。2016 年 12 月,三只松鼠公关经理殷翔首次开谈实体店。2016 年三只松鼠开设实体店,名为"投食店",月坪效是 8 000 元,客流是 120 万人,销售额是1 200万元。未来预计花五年的时间,在全国开设 300~500 家"投食店",地点选择全国的三四线城市。

四、六大食品新趋势*

2017 年或将是古法产品(包括谷物,食谱,传统工艺)结合新技术创新出更好口味且富含植物原料的食品的时代。

同时,2017 年也将会看到更多的产品宣称出现"快"和"慢",以及更多产品将被适用于提高消费者睡眠质量和更好地放松身心,同时从茶类中获取灵感,加入甘菊、薰衣草和其他草本配方的运用也是助眠的一种好方法,当然巧克力或许也可以定位为一种放松紧张一天之后的慰藉品。2017 年及以后,我们也希望可以看到更多惊喜,比如原料为次品蔬果制成的蔬果零食,全素的蛋黄酱等。

1. 信任传统——消费者希望从老配方、老口味和老形式中获得慰藉

消费者寻求所谓安全的产品是认知度高于前卫感。那种对于熟悉印象的信任是品牌厂商们的机会所在,可以回顾并成为可信赖的灵感之源,比如"古"字的产品宣称其实包含了传统谷物,传统食谱。对于创新的潜力则是在传统的基础上做革新。

---

* 摘选自英敏特中国

2. 植物之力——消费者对天然、简单素食的偏爱将进一步推动素食、全素和其他植物型配方的流行

2017年,食品饮料行业会涌现更多产品,并强调其主要的植物成分。更多包装产品和供家用烹饪的食谱会看到更多的优选水果、蔬菜、坚果、籽实、谷物和其他植物成分,这都是为了迎合消费者对于更健康、更清洁生活方式的向往。

3. 不要浪费——消除食物浪费是关注可持续发展的焦点

更多的零售商、餐馆和慈善组织正在解决世界各地存在的食品和饮料浪费问题,这也将会改变消费者的固有观念。2017年,次级生产原料的污名将开始褪色,更多的产品将使用这些原来可能会被浪费丢弃的原料,例如"丑"蔬果会成为零食,食品浪费将被重新定义,例如能源。

4. 时间是关键——产品和餐点所需的时间投入与营养、成分一样重要

时间成为越来越宝贵的资源,我们忙碌的生活同时也推动着消费者对于精简的需求——新鲜的、营养丰富、可定制的,我们已经看到了所谓的"黑客"食品和饮料,提供方便食用的方式及完整的营养。2017年,食物或饮料的产品的耗时及保存将成为一个明确的卖点,所带来的灵感在于,产品生产者可以直接与消费者沟通消费者多久可以收到食品,食品的准备耗时及消费时间。

5. 夜间饮食——夜晚是功能食品和饮料配方发掘的新场合

现代生活的节奏越来越快,带给食品饮料的市场机会或将在那些有助于所有年龄阶段的消费者在睡前平静下来、睡得更好、恢复身心的产品。厂商品牌可以从茶类获取灵感,加入甘菊、薰衣草和其他草本配方,这不失为助眠的一种好方法,当然巧克力或许也可以定位为一种放松紧张一天之后的慰藉品。未来,有更多的产品开发潜力会集中在夜间舒缓放松上,借鉴于美容行业,食品和饮料也或许可以在在消费者睡觉时发挥某些功能,带给消费者福利。

6. 追求平等:人人健康——健康食品和饮料不是"奢侈品"

不平等不仅是一个政治或慈善的问题,它也会引起更多的食品和饮料行业的共鸣。许多低收入的消费者想改善他们的饮食,他们想吃得更健康,但对于他们来说依然有在花费上及渠道上的困难。如果要让低收入群体更容易实现吃得更健康这个理想,那么市场将需要更多的营销活动和创新,包括应用程序来帮助人们了解如何用正在促销的食材做美食,也可以和全球2017大食品和饮料的另一个趋势"不要浪费"融合起来——来一盒"靠不住的"蔬菜。

五、快速消费品部分新产品

1. 针对咖啡爱好者,统一推滤挂式咖啡新品——文艺范

在国际市场,滤挂式咖啡大受欢迎,目前,国内滤挂式咖啡还处在萌芽和培育阶段,在售的产品也多以进口品牌为主,国产品牌相对较少,但却受到了许多咖啡爱好者的欢迎。

就市场规模来说,滤挂式咖啡市场容量远不及速溶咖啡,和即饮咖啡也有很大差距。但由于滤挂式咖啡的生产工艺及其包装特点,在有效保存了咖啡的新鲜及浓郁香气同时,还让咖啡爱好者免去诸多器具和复杂的煮制过程,使新鲜的咖啡随手可得。这类产品在国外深得年轻族群和职场人士的喜爱。

2016年底,统一官方微店发布了一款新产品——朗朵滤挂式咖啡。2015年,统一曾推出朗朵即饮咖啡,定位中高端即饮咖啡,这次将朗朵品牌进行延续推出"朗朵滤挂式咖啡",目光锁定在咖啡爱好者身上。

据了解,这个系列产品目前有科契尔和娜玲珑两种口味。包括有普通装和礼盒装两种包装。最值得一提的是产品包装。统一将朗朵滤挂式咖啡设计成书本的形状,打开扉页,上面还有一段关于咖啡品牌的介绍,整体造型充满浓浓的文艺范。

此外,统一还给出了冲煮指南五部曲,给消

费者以指导。据悉,这款系列产品已在2016年12月23日由统一官方微店陆续发货。

有关报告显示,除了即饮咖啡,值得关注的品类还有滤挂式咖啡,虽然现在滤挂式咖啡在中国占有的市场份额还不大,但它既有速溶咖啡的方便,又有现煮咖啡的风味,价格也比较适中,同时它的饮用方式又和茶叶包相似,更容易培养消费者的消费习惯,是一个比胶囊咖啡更有潜力的品类。

2. 日本推出"饮料瓶装大米",吸引年轻人消费

东京新闻报道,日本青森县一家便利店自去年引进了饮料瓶装大米(Pebora)后,销售量节节攀升,年销售量达50 000多瓶,可谓是当地的人气商品。该大米一瓶约360克,包含全国35个著名品牌。价格在400～900日元(人民币约35～56元)不等,由于无论是购买还是食用都非常方便,很多人甚至买来当作礼物。

企业相关负责人说:"近年来,年轻人的大米消费逐渐减少,让人感到非常担忧,于是就发明了这种饮料瓶装大米,以此来吸引年轻人的注意。"出于此想法,销售企业从大米的外包装开始就下了不少功夫,不仅使用了五颜六色的包装纸,商品名也写得非常显眼。同时为保持大米的新鲜,瓶子使用了特殊材料制成,为了给消费者提供更多的便利,这种瓶装大米都事先清洗干净,买回去可以直接煮饭。

据了解,由于这种大米获得了非常不错的反响,不久后将会在东京市内的百货商店和大型超市中进行销售。

附件

上海商情信息中心简介

上海商情信息中心有限责任公司(以下简称上海商情),成立于1993年,其前身是国内贸易部信息中心上海市商业分中心。专事上海及华东地区商业信息的网络建设、信息搜集、传播和分析上报,以及广泛的市场调查和商业计算机应用。目前,本中心已形成商业计算机应用系统集成,以互联网信息推广等计算机技术与服务为支撑,并以"上海商情"强大的信息网络为基础,形成市场调查、行业展示等衍生服务的业务体系,为消费品咨询行业影响较广、规模较大的地区信息机构之一。

近年来,上海商情坚持运用大数据服务行业,建立了上海商情零售监测、主副食品流通监测等系统加强行业数据采集与分析,为政府职能部门、大型集团企业、行业组织提供品牌竞争力指数、民生商品流通指数、零供关系满意度测评等一系列行业应用数据服务。上海商情连续16年出具的快速消费品金品榜,已成为行业品牌份额的风向标,涉及近200个大类和1 800个品牌。商情还积极组织行业学习,为企业搭建跨业交流和企业合作平台,提供追溯系统咨询服务等。(韩姗月)

2016年上海中小企业市场竞争力调查

为了进一步推动和促进上海市中小企业发展,提升上海市中小企业"创新驱动、转型发展"过程中的市场活力和竞争力,为中小企业把脉市场提供一手资料,为管理部门制定促进中小企业发展政策提供依据,受上海市促进中小企业发展协调办公室委托,在2016一、二、三季度调研基础上,上海企业竞争力研究中心继续开展2016第四季度中小企业市场竞争力调研。

一、调研情况

本次调研从2016年12月15日到2017年1月15日期间进行,由上海企业竞争力研究中心按照中小企业标准,在食品、家居、软件信息、电子商务、居民服务、餐饮、零售商业等7个行业,选取336家样本企业。有效回收291家,有效回收率86.6%,其中,食品46家、家居41家、软件信息40家、电子商务42家、居民服务40家、餐饮40家、传统零售商业42家。总体上,样本企业行业分布、地域分布、规模分布较均衡。

表1 中小企业市场竞争力评价指标体系

中小企业市场竞争力指数100%	市场销售指数50%	产品销售和服务营业收入指数50%
		利润指数50%
	品牌影响力指数25%	品牌行业知晓度指数50%
		品牌行业美誉度指数50%
	企业营运能力指数25%	成本费用与销售收入占比正向指数40%
		市场营销投入与销售收入占比指数30%
		科研投入与销售收入占比指数30%

根据表1指标体系,品牌行业知晓度、美誉度两个指标数据,我们调研所在行业商会、协会、专业组织,以协会商会专业组织出具报告的方式取得;其他数据,由企业调查问卷数据取得。我们以2014年第一季度数据为基础100,依据样本企业数量(50%权数)和平均企业销售额(50%权数)进行加权平均,以保证每次调查的可比性。

二、四季度和全年中小企业市场竞争力总体情况

1. 市场竞争力指数

2016年四季度,上海市中小企业市场竞争力指数为93.81,环比2016年三季度94.46下降0.65,同比2015年四季度下降2.35;2016年全年上海市中小企业市场竞争力指数为94.62,比2015年度下降2.27(由于指标体系调整一、二季度相关数据均进行修正)。

以上数据说明中小企业市场竞争力还在继续下降,中小企业市场经营状况不容乐观。根据调查,上海市中小企业经营困难排前5位的因素包括:资金困难、应收款多、低价竞争、政府帮助少、结构调整和创新困难。与前三季度情况相比,企业家更关注资金情况:一是资金是中小企业生存的命脉,企业更直接关注资金,说明中小企业的市场压力在加大;二是市场收款难、银行融资难、融资贵情况没有改观;三是临近年底,企业资金需求更大。调查发现,有6.8%的样本企业提到从2015年下半年起政府发动的各类环境、高耗、低端技术、违法用地、违章建筑等整治行动对中小企业,特别是低端制造业经营产生一定的影响,主要表现在工厂拆违,设备搬迁、改造成本增加,物流成本增加等。

调查发现,2016年四季度对中小企业经营也有不少积极因素:一是原材料价格有起伏,但总体上还在低位;二是中小企业产销率达到92.3%,环比增加2.1个百分点,库存压力继续下降,说明企业生产和市场间主动调整后有一定成效。

2. 市场销售竞争力指数

2016年四季度中小企业市场销售竞争力指数为89.20,环比2016年三季度下降0.95,继续下降通道。2016年四季度销售或营业收入指数为89.74,环比2016年三季度下降0.86。2016年四季度中小企业利润指数为88.65,环比2016年三季度下降1.06,下降较大。

2016年市场销售竞争力指数为90.70,比2015年市场销售竞争力指数下降1.82;2016年中小企业销售或营业收入指数91.39,比2015下降3.16,下降幅度较大;2016年中小企业利润指数为90.02,比2015利润指数下降1.93。

总体上,中小企业市场销售竞争力继续下降,销售或营业收入指数和利润指数同步下降。这说明市场平淡的大格局没有改变,产品销售困难,利润继续下降。

3. 品牌影响竞争力指数

2016年四季度中小企业品牌影响竞争力指数为103.47,环比2016年三季度上涨0.24,继续保持增长势头。2016年四季度品牌行业知晓度指数为102.92,环比2016年三季度上涨0.27。2016年四季度品牌行业美誉度指数为104.02,环

表 2　上海市中小企业市场竞争力各指标指数分布

指标	2014 年一季度	2016 年一季度	2016 年二季度	2016 年三季度	2016 年四季度	2016 年全年
市场销售竞争力指数	100	92.55	90.90	90.15	89.20	90.7
销售或营业收入指数	100	93.70	91.50	90.60	89.74	91.39
利润指数	100	91.40	90.30	89.71	88.65	90.02
品牌影响竞争力指数	100	102.30	102.95	103.23	103.47	102.99
品牌行业知晓度指数	100	101.70	102.40	102.65	102.92	102.42
品牌行业美誉度指数	100	102.90	103.50	103.80	104.02	103.56
企业营运竞争力指数	100	94.80	93.92	93.37	93.35	93.86
市场营销投入与销售收入占比指数	100	96.70	95.30	94.50	94.92	95.36
科研投入与销售收入占比指数	100	93.30	92.70	91.80	91.32	92.28
成本费用与销售收入占比正向指数	100	94.50	93.80	93.69	93.70	93.92
中小企业市场竞争力综合指数	100	95.56	94.67	94.46	93.81	94.62

比 2016 年三季度 103.80 上涨 0.22。

2016 年中小企业品牌影响竞争力指数为 102.99，比 2015 年增长 1.69。2016 年品牌行业知晓度指数为 102.42，比 2015 年上涨 1.48，保持继续增长。2016 年品牌行业美誉度指数为 103.56，比 2015 年上涨 1.94。

以上数据说明，中小企业在品牌经营方面持续投入和经营，对品牌影响竞争力的提升起到较好的效果。

4. 企业营运竞争力指数

2016 年四季度中小企业营运竞争力指数为 93.35，环比 2016 年三季度 93.37 下降 0.02。市场营销投入与销售收入占比指数 94.92，环比 2016 年三季度上涨 0.42，2016 年第一次呈现拐点上升。科研投入与销售收入占比指数为91.32，环比 2016 年三季度 91.80 下降 0.48。企业成本费用与销售收入占比正向指数为 93.70，环比 2016 年三季度 93.69 上升 0.01，基本持平。

2016 年企业营运竞争力指数为 93.86，比 2015 年下降 3.26。2016 年市场营销投入与销售收入占比指数为 95.36，比 2015 年下降 2.32。2016 年科研投入与销售收入占比指数为 92.28，比 2015 年下降 3.80。2016 年企业成本费用与销售收入占比正向指数为 93.92，比 2015 年下降 3.47。

综观 2016 年四季度和 2016 全年企业营运竞争力指数，尽管企业科研投入继续下降，但四季度市场营销投入与销售收入占比指数拐点上升，成本费用与销售收入占比正向指数止跌持平，说明中小企业临近年底加大市场营销投入，同时抓管理，调结构，控制成本费用，起到很好的效果，减缓 2016 全年的市场营运竞争力营运指数的下跌幅度。

三、四季度各行业中小企业市场竞争力情况

以食品、家居、软件信息、电子商务、居民服务、餐饮、传统零售商业中小企业在上海市统计局企业数据库中的企业数(50%权数)和销售额(营业收入，50%权数)加权平均，在中小企业市场竞争力分析中各行业分别所占权重如下：食品 16%、家居 12%、软件信息 14%、电子商务 15%、居民服务 14%、餐饮 14%、传统零售商业 15%。

纵观各行业中小企业市场竞争力分布，总体上略有下降，但下降幅度不大，同时各行业中小企业市场竞争力指数差别较大。

表3 中小企业市场竞争力各行业指数分布

行业	2014年一季度	2016年一季度	2016年二季度	2016年三季度	2016年四季度	2016年全年
食品	100	102.30	100.80	100.31	100.42	100.96
家居	100	90.60	87.50	86.30	84.45	87.21
软件信息	100	104.30	105.50	107.30	101.64	104.69
电子商务	100	104.70	105.80	107.23	107.40	106.28
居民服务	100	102.20	101.70	101.20	101.30	101.60
餐饮	100	85.50	84.40	82.10	82.30	83.58
传统零售商业	100	78.34	75.60	77.07	77.10	77.03
综合	100	95.56	94.67	94.46	93.81	94.63

食品行业2016年四季度市场竞争力指数为100.42,比三季度回升0.11,结束2016前三季度均下降的格局。这主要是季节原因,四季度应该是食品的旺季。

家居行业2016年四季度市场竞争力指数为84.45,仍旧处下降通道。一方面2016年上海一手房地产回暖,但从一手房销售到装修一般要有半年以上的时间,所以在家居市场还没有体现出来;另一方面总体经济不景气,二手房装修热度一般,装修标准上升乏力。

软件信息行业结束上升通道,2016年四季度指数为101.64,比三季度下降5.7,下降幅度较多。经过调查,主要原因是对外出口(软件服务贸易)有一定下降,国内需求这一块市场也没有兴奋点。

电子商务行业继续增长,2016年四季度市场竞争力指数为107.40,指数绝对值领先于各行业,但同比前三季度增速放缓。

居民服务业2016年四季度指数为101.30,扭转三季度下降的局势,稳定上升,主要是居民服务业市场需求比较稳定,同时相对二季度、三季度,四季度市场转好。

餐饮行业2016年四季度市场竞争力指数环比三季度增加0.20,尽管增长幅度不大,但扭转了前三季度下降的趋势,说明餐饮行业不断转型和调整以适应市场,产生了一定效果;还有在四季度是餐饮行业慢慢进入了旺季。

传统零售商业指数77.10,比二、三季度均有上升。一方面是季节原因,零售业四季度逐渐进入旺季;一方面零售商业特别是传统零售商业自救调整,不断升级,嫁接互联网实施营销,产生一定的效果,说明传统零售商业还是有它的发展优势和潜力。

就2016年全年而言,增长最快的是电子商务,市场竞争力指数为106.28;其次是软件信息行业,指数为104.69。传统零售商业市场竞争力最低,指数为77.03,主要原因是电子商务的崛起,同时市场总体不景气首先影响零售业;其次为餐饮行业,主要原因是国家政策抑制高端餐饮这一块业务。

四、问题

一是2016年四季度中小企业市场竞争力指数93.81,指数偏低,且仍旧处下降通道,说明中小企业的市场竞争力还是在下降,没有得到根本改观。这应该引起政府管理部门和行业同仁关注和重视。

二是根据问卷调查,企业反映市场景气度持续下降,并认为是企业市场竞争力下降的主要原因,而市场景气度取决于投资、消费和出口。目前来看这三块都增长乏力。

三是从企业家经营信心调研,信心指数继续下降,但下降幅度趋缓。企业家反映一方面市场不景气,一方面中小微企业大都为商业、服务业,生产性的也是依附性较强、劳动密集型行业,起点低,创新难,碰到困难束手无策。

四是从各行业分析,四季度软件信息行业下

降,且下降幅度较大,出乎意料;家居行业市场竞争力继续下降。零售商业、餐饮、食品、电子商务市场竞争力指数均有所上升,成为2016四季度市场竞争力的一些亮点。

五、相关建议

1. 努力营造适合中小企业发展的大环境

调查发现中小企业量大面广,势单力薄,在调整和转型方面能力有限。所以,面对市场下行的压力,很多中小企业束手无策。随着市场不景气时间的推移,中小企业逐渐"吃光老本",经营压力越来越大。一是社会舆论的宣传,鼓舞企业家信心,造成全社会支持扶持中小微企业发展的氛围;二是出台支持中小微企业发展的政策。在推出面上的普惠制政策、行业性优惠政策比较困难的情况下,应该对企业家重点关心、培训,鼓励信心,提升能力。

2. 努力促进行业、产业融合发展

我们发现电子商务等行业发展非常快;软件信息行业出现波动;食品、餐饮服务业主要是受季节影响,总体稳定;家居等行业下降幅度较大。除了行业和企业自身的调整和创新,管理部门应努力引导产业链合作、供应链价值发现、线上线下联动等,发挥各自优势,挖掘存量价值,实施产业整体发展和提升。(上海企业竞争力研究中心)

上海商业闭店销售营销新模式调查

近年来,闭店销售的营销模式在上海商界风生水起,从百货店到专业专卖店的越来越多商场都相继试水,通过定时定向地推出大力度的折扣和优惠,刺激消费欲和购买力集中释放,有效提振商场销售。近期,上海市商业信息中心专门开展了一次针对闭店销售的调研,以长期跟踪监测的市场数据为基础,结合消费者意向调查,全面剖析闭店销售的商业内涵和营销启示,具象解读闭店销售在上海的发展现状、特征和趋势。

一、闭店销售的起源

闭店销售,也称为内购会,是指在限定时间内(通常为1天),商场仅接待和服务VIP会员或持有特别邀请函的顾客给予较常规营销活动更大的折扣和优惠,并配套提供一系列周到增值的对客服务,旨在回馈、关怀和凝聚其忠实顾客及目标客群。

多年以前,一些奢侈品和国际大牌开创了"内购会"的先例,这是闭店销售的雏形。这些品牌企业的职员每年都能享受1~2次以员工价购买货品,一般内购价在6折左右,部分奢侈品牌最低可拿到4折的折扣。

起初,内购是奢侈品行业的特殊现象,也是一项很好的福利,本意是犒劳节假日无暇血拼的员工,内购商品通常是生命周期短的季节款,服装类在打折力度和款式数量上都要多于皮具。之后,随着奢侈品折扣季在国外日益流行,"职员内购会"逐渐发展成为"VIP内购会",活动一般只邀请少数高端VIP会员进店消费,并安排专人一对一陪同导购,以创造更私人、更尊贵的购物体验。其后,这种源于奢侈品行业的特殊营销模式开始被引入到国内零售行业,原本纯粹福利性质的促销活动逐渐转变为商家回馈VIP会员、消化库存、扩大销售的有效方式。

二、闭店销售在上海的发展历程

百货店是上海市场最早引入闭店销售概念的零售业态。2011年9月,东方商厦淮海店打响上海商业"闭店销售"第一枪,活动严格限定只对东方商厦连锁VIP会员及持有VIP专享日入场券的消费者开放,于每年9月秋季主题营销活动期间限时举办一次，到2013年为止共举办了三次。第一八佰伴自2013年以来每年4月中旬举办“VIP专场答谢会”，截至2016年4月底，已连续举办四次，实现平均客流8.1万人次，销售年均增长22.4%。此外，百盛在2014年重装开业后举办“黄金时段贵宾专场”；百联集团旗下的相关百货门店也相继举办过“员工内购会”等专场促销活动。上海商业企业开展闭店销售情况，详见表1。

表1 上海重点商业企业开展闭店销售情况不完全统计

商场	主要营销活动	邀请范围	举办年份	举办时间	举办时长
东方商厦淮海店	服饰鞋包家居满480元送300元券；化妆品满980元送400元券；小家电满300元减80元；黄金饰品每克减30元	VIP会员和持邀请函顾客	2011—2013年	每年9月份	16:00～20:00
苏宁易购	员工内购会：享受内部员工待遇，低价抢购，买贵双倍补差	员工亲友及合作伙伴	2012年起	不定期	9:00～23:00
第一八佰伴	专场答谢会：品牌服饰5～6折；黄金珠宝、名品、化妆品、名表7～8折	VIP会员和通过邀请	2013年起	每年4月中旬	10:00～24:00
东方商厦南东店	VIP专享日：全场3折起。化妆品、名表8折起；珠宝镶嵌类3折起	VIP会员	2013年起	每年6月中旬	18:00～22:00
百盛淮海店	贵宾专场：服饰类499元抵1 039元，化妆品、珠宝、小家店799元抵1 039元	VIP会员和持邀请函顾客	2014年	3月21日	18:00～24:00
百联中环购物广场	内购专场答谢会：男、女装1折起；鞋包、运动休闲2折起；黄金饰品每克优惠25～60元；名表7折起	VIP会员和持邀请函顾客	2014年起	每年6—7月份	9:00～23:00
东方商厦徐汇店	VIP节：全场3～5折；提供全程陪同购物、当日免费送货服务	VIP会员和持邀请函顾客	2015年起	5月最后一个周三	9:00～23:00
东方商厦杨浦店	VIP专场答谢会：男女服饰、皮鞋、箱包、床品、针织内衣5折封顶	VIP会员和持邀请函顾客	2015年起	6月12日—13日	10:00～22:00
虹桥友谊商城	VIP专享日：服饰类满1600立减550，珠宝、瓷器、饰品等满330立减100	持邀请函顾客	2015年起	11月19日	10:00～22:00
国美电器	超级福利日：承诺活动当天全场家电低于当日网价，低于节日促销价	员工亲友及合作伙伴	2015年起	不定期	9:00～23:00

近年来，闭店销售的模式逐渐传播至更多业态。家电行业“内购会”频繁举办，日益成为各大家电卖场定期推出的营销手段。无论是国美电器的“超级福利日”，还是苏宁易购的“感恩内购会”，低价是“内购会”不变的主题，“内购”资格也扩大到有意愿购买产品的所有消费者。但不论是从影响力还是销售来看，都难以和活动初期的成效相媲美。

三、闭店销售的营销成效

近两年来，电商的冲击与商业空间格局的演变，百货业绩下滑已然成为常态，闭店销售作为一种行业“自救”的创新营销手段，既体现出了百货业紧抓有效客户、升级消费体验的营销新思路，又实现了大客流的有效聚集和销售的大幅提振。

市商业信息中心的跟踪调查数据显示，2015

年,全市开展闭店销售的百货商场在其闭店销售当日的平均销售额规模为7 393万元,实现了除跨年销售以外单日最高销售额,占当年销售比重的5.1%。闭店当日销售占当月销售比重为50.9%,销售贡献率占了当月的一半以上(图1、图2)。

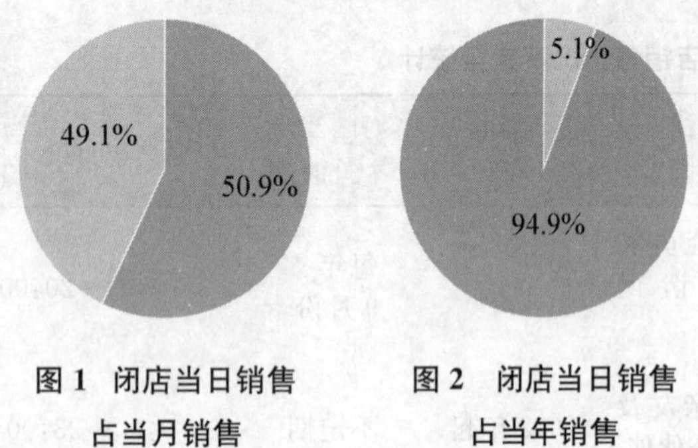

图1 闭店当日销售占当月销售

图2 闭店当日销售占当年销售

从单日销售水平看,剔除双休日、黄金周等节假日销售数据,闭店当日销售远远高于日均销售水平,不失为一种促进短期销售的强效手段。比较不同时间的日均销售规模可以发现,闭店销售额是平常日(剔除双休日、黄金周和相关特殊节假日)的26倍,是双休日平均水平的15倍,是黄金周平均水平的8倍(图3)。

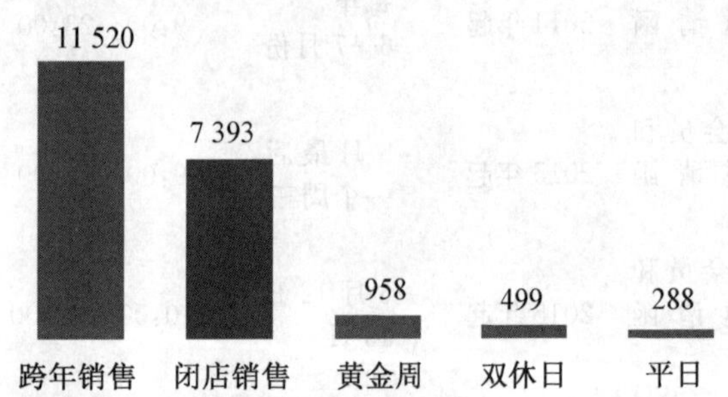

图3 抽样调查商场重要营销时间日均销售额比较

注:样本为开展过闭店销售的商场,跨年销售指12月31日当日的销售额

毋庸置疑,闭店销售对商场营销具有强心针式的瞬时提振作用。但随着商场尤其是百货店促销活动的常态化,闭店销售的边际效用出现逐年递减的趋势。2011—2015年,上海百货店闭店销售平均增幅呈现典型的产品生命周期曲线趋势,即经历了成长—成熟—衰退阶段。2011年,上海百货店首次举办闭店销售,销售额较上年同期增长176.4%,随着市内更多百货商场开始引入这一营销模式,其同比增幅逐年下降,到2014年,闭店销售(行业平均水平)同比增幅虽再次回升至47.8%,但仍比2011年低128.6个百分点。2015年,上海市百货店闭店销售较上年同期仅小幅增长4.9%,下滑趋势明显(表2)。

表2 闭店销售之最

单店单次销售最高	1.9亿元
单店销售同比最高	39倍
单店客流最高	8.3万人次
单店坪效最高	3 067元/平方米
每分钟销售最高	19.9万元
活动时间最长	16小时

四、闭店销售的优势

1. 精准定位目标客群,显著提升提袋率

消费意向调查发现,参加过闭店销售的受访者中有购物的人比例超过九成。精准营销就是找到属于自己的客群对其进行营销。闭店销售一般针对VIP会员或通过内部员工定向邀请,提前寄送入场券,顾客凭邀请函进店消费。邀请函的限量、定向发放,有利于商场准确锁定目标客群,有针对性地推出符合客群需求的促销内容,继而有效提升顾客实际进店率和客户转化率,促进提袋率。

2. 直击主力消费群,中等收入、有孩家庭、女性消费者成关键词

近两年,随着闭店销售模式的发展日渐成熟,其邀请函的发放范围也从原先的仅针对VIP顾客拓展到面向所有会员,并借助微博微信等社交平台进一步挖掘潜在消费力,通过圈内发酵和口碑营销有效抓住主力消费人群。

闭店销售很好地体现了"二八法则"的营销策略,就是抓住核心客群,确定带来80%利润的20%顾客在哪里,吸引她们,留住她们。通过调查分析闭店销售的客群,我们发现,中等收入的已婚有孩女性是闭店销售的主力客群。这部分人群消费观念更加务实、理性,有自己的交际圈子,热衷分享也不吝传播,正是闭店销售着力把握的客群(图4~图7)。

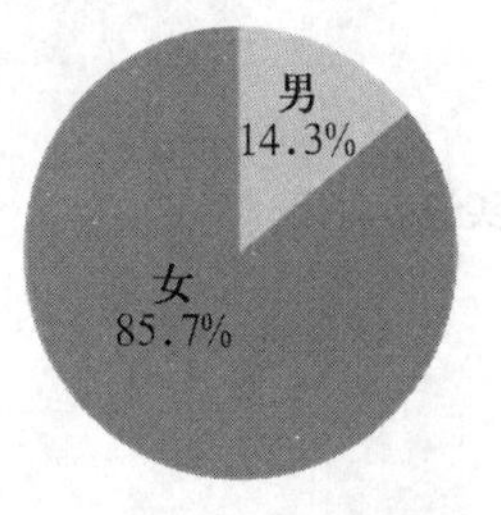

图 4 闭店销售消费者性别结构

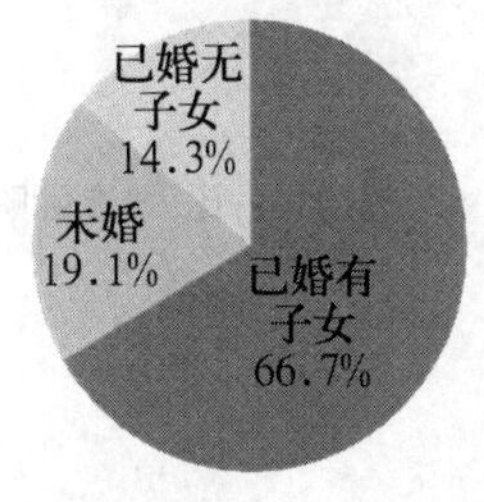

图 5 闭店销售消费者家庭结构

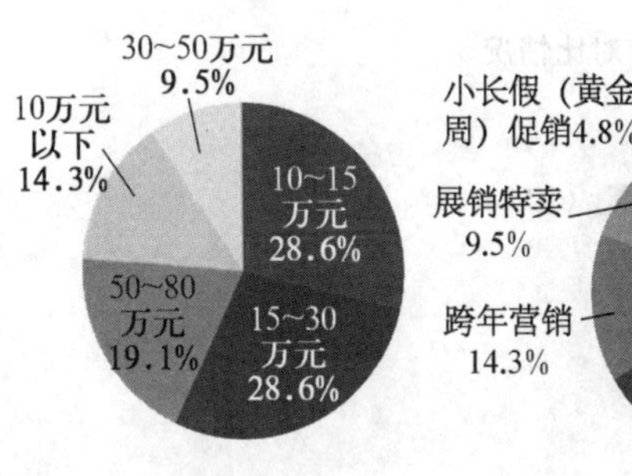

图 6 闭店销售消费者家庭年收入结构

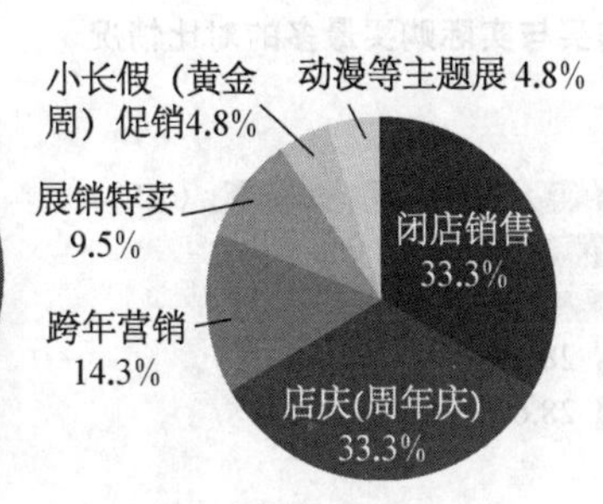

图 7 消费者最满意的商场营销活动

3. “高门槛”和低价格、身份感和平价感叠加刺激消费神经

调查显示：消费者最满意的商场营销活动是闭店销售。其中，消费者对闭店销售最满意的方面是“商品折扣力度大”，占比高达 90.5%，其次，“能够带来身份感和体验感”位居消费者满意度第二位。

首先，闭店销售通常会给出全年最低的商品折扣，同时完善和提升配套特色服务，真正让利于消费者；其次，闭店销售通过限量发放邀请函的方式设置进店门槛，让到店消费者认为自己是“特别的”，低价格和高价值两项叠加刺激有助于消费者形成一种积极的购物态度和当即的消费行为。这种紧抓消费者心理的定向营销，其成效不言而喻。

当下的消费者日益成熟和精明，也越来越“挑剔”，对于产品和服务的要求趋向“极致”。消费者选择到实体商场购物，愿意响应商场的营销诉求，会趋向对产品的合意性、价格的公道性、服务的便捷性、环境的综合体验性提出更高要求。从某种意义上说，闭店销售是一种极致营销，针对特定客群围绕商品、价格、服务等横向纵向切面做精做专，形成差异化优势，成为戳中消费者需求“痛点”的有效营销手段(图 8)。

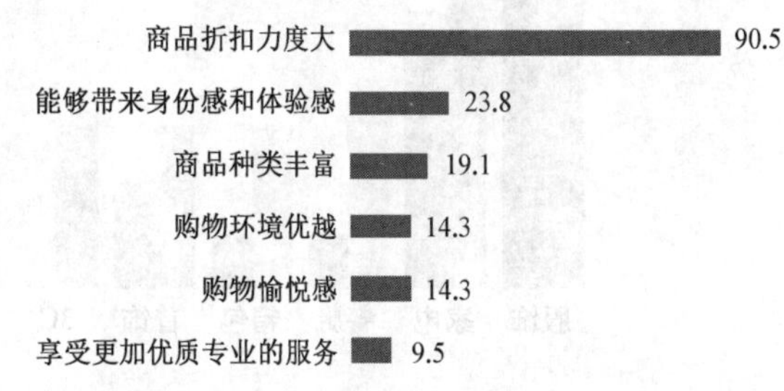

图 8 消费者对闭店销售最满意的方面(单位:%)

五、闭店销售的短板和潜力

1. 消费需求尚未完全释放，有效购买率亟待提升

比较消费者参加闭店销售“最想购买”和“实际购买最多”的商品时，可以发现：无论是商品品类还是商品数量，闭店销售消费者实际购买最多的均明显少于其最想购买的，两者差额平均相差 11.2 个百分点，可见还有相当一部分消费需求在闭店销售中并未得到满足。窥一斑而知全豹，实体商业的消费潜力客观存在，关键还是要增强有效供给能力，满足并引导实体消费。

值得一提的是，实体商业如能转变观念更好洞察消费需求，闭店销售仍有很大发展空间。从细分品类来看，消费者在闭店销售中最想购买与实际最多购买两者差额最高的前五位商品依次是电子产品、餐厨用品、皮具箱包、卫浴家纺和腕表，分别相差 28.6、23.8、19.1、14.3 和 14.3 个百分点。消费预期与实际购买差额越大，说明商品供给与消费需求越不平衡，发展提升空间越大，为实体商业调整优化闭店销售策略和内容提供了方向(图 9)。

2. 大客流降低消费愉悦感，购物环境有待改善

“闭店销售”在适度扩大客流的同时，仍要考虑消费的愉悦感和舒适度。调查发现：受访者对闭店销售最不满意的地方是“人太多”，占比高达 61.9%(图 10)。

闭店销售本质上是面向 VIP 客户的小众营

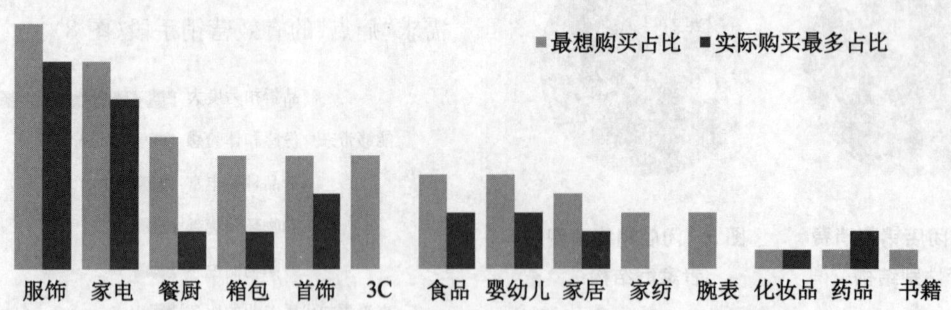

图 9　闭店销售消费者最想购买与实际购买最多的对比情况

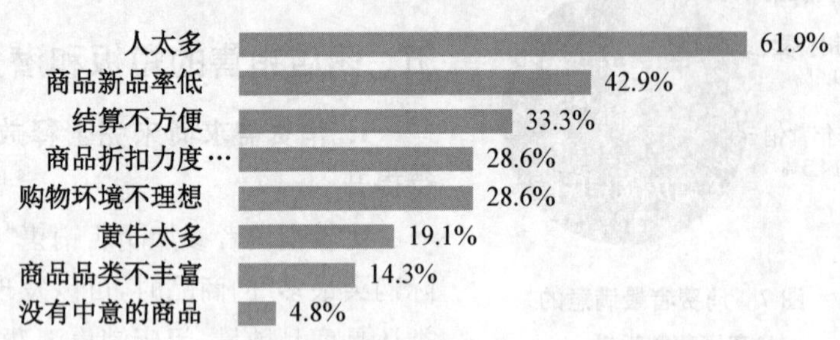

图 10　消费者对闭店销售最不满意的地方

销,既是一种“人无我有”身份的象征,又是一场圈子内部的价值营销,在保证品质的同时,应该控制数量,以凸显 VIP 会员独一无二的尊贵价值,增强会员的优越感和忠诚度。现如今,闭店销售却并没有严格设置“障碍”,门槛、可信度、让利率逐年降低,渐渐沦为商场变相常规促销。诚然,闭店销售扩大邀请函的发放范围在一定程度上能引流扩销,但对购物环境和消费体验都有负面影响,长此以往会流失目标客群,精准营销也继而沦为营销鸡肋。(顾晓煜、姚汐)

大创新时代的商业“6T 营销”情况调查

商业的本质是“以消费者为中心”,营销的本质亦然。移动互联网时代下的城市商业,机遇与挑战并存。一方面实体面临着消费分流、消费转型升级、同质竞争加剧、运营成本高企等一系列从外到内的重重压力;另一方面也得益于科技人文化、消费精致化、业态融合化等变革带来的新观念、新思维和新发展。

回顾 2015、2016 两年上海商业营销的发展,亮点频现。无论是大数据的开发利用,还是全渠道的融合协同,亦或是会商旅文体的联动发展,传统零售企业不再过度依赖“价格战”促销,竭泽而渔,而是沉静下来,更多回归营销本质,与消费者构建持续稳固的共赢关系。在创新时代下,上海商业营销日渐突破 4P、4C 等传统理论,形成以文化、体验、互动为核心的“6T 营销”新模式。这不仅是当下实体商业的新选择,也凸显其未来发展的新趋势。

一、目标营销(TRAGET)

目标即细分和定位,指零售企业对消费者进行细分并确定其目标顾客,以此展开相应的营销计划。现如今,消费需求和消费习惯日益多样化、个性化,讲求面面俱到的传统大众营销模式已然无法适应。大数据理念和技术的普及化帮助实体企业更加充分地挖掘消费数据和相关信息,深度发现目标客户群的消费需求、特征和规律,从而实现能够“精确打击”的 TARGET 目标营销。

1. 闭店销售模式探路精准营销

闭店销售源于国外,通常是零售企业维系 VIP 资源、增强消费黏性的营销方式。近年来,上海越来越多的百货店相继推出“闭店销售”,在规定时间内推出较平常优惠力度更大的促销活动,但只“闭店”接待贵宾(VIP)或持有特别邀请函的限定范围的客群。第一八佰伴是上海最早推出“闭店销售”的百货店之一,自 2013 年以来每年 4 月中旬举办“VIP 专场答谢会”,通过打造有特色的商品和有亮点的体验持续获得消费者认可。监测数据显示:截至 2016 年 4 月底,八佰伴已连续举办四届“VIP 专场答谢会”,实现平均客流 8.1 万人次,销售年均增长 22.4%,创下当年除跨年营销之外单日销售最高纪录。

2. 构建会员体系聚焦价值营销

在商品、环境、服务等高度同质化的情况下,促成消费者做出购买决策的更多是营销手段和价值认同。近年来,沪上实体商业更多地把会员管理纳入营销运营的重要内容,从单一的 VIP 休息室到专门的会员服务团队,从会员专享优惠到 VIP 定制服务,从传统的会员维系到持续创新的引流扩流,从“现有商品卖给顾客”的传统理念转变为“为顾客提供想买的商品和服务”,通过利用消费者线上及线下购买行为的全部历史数据、会员卡及 LBS(定位服务)等方法,在如何创造、吸引、稳定客流等方面做了很多努力和尝试。

二、时点营销(TIME)

消费文化日益多元化的今天,“时点经济”蕴含的巨大商业价值正成为零售企业借势营销的有力法宝。近年来,越来越多的或传统、或小众的中西方节日、时事热点在商业营销活动中被挖掘并重新定义,继而被雕琢、被渲染,不断为零售商业带来新的商机。

1. 造势营销以节兴市

在“消费至上”的商业领域,节日营销早已成为实体商业年度营销计划的重点,数据显示,这种短期内的“强心剂”效应对商场当月销售额的贡献率高达 60%。国定黄金周、购物节等均成为零售商业造势营销的东风。

经上海市政府批准举办的上海购物节于每年9—10月举行,自 2007 年举办以来已成为上海市一项重大商业经济文化节庆活动。购物节加上中秋、十一黄金周的协同效应,带动节日消费持续升温。2016 年上海购物节期间,沪上各大商业企业通过体验互动融合、虚拟实体结合等新营销方式,不断提升消费能级,监测数据商业企业实现销售额同比增长 10.2%,增幅连续 10 年超过上海市同期社会消费品零售总额;实现日均客流量为 4.84 万人次,同比增长 6.0%,与 5 年前的日均客流量水平相比,增幅达到了 34.8%。

2. 借势营销以文兴商

新媒体时代,越来越多的传统零售企业开始转变营销思路和方式,通过借势各类热点事件和热门话题为营销活动注入更多内涵,制造话题,加深互动,集聚人气。

2011 年以来,上海新天地成为上海时装周长期合作伙伴和定点发布基地,自此新天地开始借助时装周在上海的高关注度和热话题度,通过密集的宣传发布活动和各类新媒体运营互动,持续吸引消费者、买手、设计师品牌的关注。作为中国时尚领域标志性活动的上海时装周,与上海最具代表性的时尚地标新天地的组合,相得益彰,互相加冕。2016 上海春夏时装周期间,新天地推出新锐设计师品牌线上营销平台——尚街,发布时装周设计师品牌走秀款,提供在线购买 T 台同款的渠道。值得一提的是,许多在上海时装周走秀的品牌在时装周后相继进驻新天地商圈,通过在时装周期间展秀与商品线上销售的持续发酵,成为新天地一张打造原创文化的"商业标签"。

三、技术营销(TECH)

GPS定位、iBeacon、商业App、移动支付等硬件技术的快速涌现和广泛应用正在为实体商业提供越来越多的"交互面",从进出商场,到公共休闲,再到店铺消费、活动参与,继而延展到跨界合作,更多消费行为的获取和记录提供了更为丰富的信息资源,使商业营销成为一项双向互动的活动,开启了线上线下融合的新营销时代。

1. 联动营销加速全渠道转型

随着"互联网+"模式的深度发展,上海实体商业加速O2O联动,打造线上线下闭环。百联股份创建I'M WIFI商业智能、WLAN管理系统及LOCAS用户前端互动平台组成的大数据无线信息化平台为传统百货零售商弥补大数据收集的空缺提出有效解决方式;阿里携手实体门店打造逛街神器"喵街";万达联袂腾讯、百度推出自有商业地产O2O平台"飞凡";传统百货店通过设立微信公众号、建立网上商城、发放电子红包等方式搭建立体销售网络……新技术的出现不断推动零售商业的转型升级,进一步打通线上线下消费路径,实现虚实融合联动发展。

2016年,无论是阿里入股苏宁,整合线下零售网点,创建菜鸟驿站工程;还是京东入股永辉、一号店、沃尔玛等,实体(线下)与电商(线上)加速融合,新思维、新技术、新业态在商业全渠道转型中不断碰撞出新的活力与价值,新零售模式逐渐成为主流。

2. 终端创新升级互动营销

"摇一摇·周边"是微信自2015年1月起推出的全新功能。在手机蓝牙打开状态下,当用户在微信中打开"摇一摇"时,如果周围有iBeacon设备,则"摇一摇"中会自动出现"周边"入口。有了iBeacon信号,商家能精准定位用户在商店中的位置,并根据适当的时间和地点,向消费者推送基于该位置的所需信息。2015年3月以来,丝芙兰创新性地采用微信摇一摇以获得优惠券的模式,将线下门店与ibeacon技术紧密结合,实现了线上线下双重引流的效果。不难想象,微信作为一个流量入口、甚至支付入口,正为零售商业带来更多更具想象力的玩法与应用。

四、主题营销(THEME)

当电商在线上肆意啃食商品销售份额时,线下的主题化营销通过融入知名动漫、卡通、影视作品等各式人文元素,营造出能触动特定人群情感、情怀的商业氛围和销售环境,从而帮助实体商业挣脱商品层面不利竞争局面,凭借粉丝效应实现客流在线下渠道的回归和重新聚集,正在成为更多商场高频使用的营销利器。

1. 主题展览成引流助销新方式

2015年以来,各类文化、艺术展在上海多家百货店、购物中心百花齐放、竞相争彩,IP主题展等商业与文化的互动正成为实体商业增加客流、促进销售、增强消费黏性的重要利器之一。2016年五一小长假期间,环球港推出首届"喵星人侵占地球——萌猫零距离互动创意嘉年华"活动,吸引了一众文艺达人,节日三天,环球港共接待客流近41万人次,销售额超过4 000万元;大悦城"魔兽"全球主题展,以真人比例模型、免费VR体验,高保真还原电影魔兽世界的场景,人气满满,三天销售额同比超过90%。

2. 主题馆(街区)挖掘消费潜能

随着传统商业的进一步转型升级,主题馆(店)、主题街区等经营模式正成为实体商业跳出同质化、吸引客流、增强客群记忆、引导客群消费的重要手段。

其一,购物中心艺文主题出彩。上海K11致力于打造"艺术·人文·自然"的主题商业,融合艺术、文化、时尚与设计的艺术文化主题馆把购物中心变成了文化和艺术潮流的聚集地;上海大悦城独创沪上首家屋顶轻艺术主题街区——摩坊166,引入文创、手工艺等四十余间创意零售店铺融入屋顶商业空间串联起客流罕至的8F/9F,并采用怀旧的红砖墙,唤醒消费者复古怀旧情怀。其二,品牌主题店吸睛。上海SOHO

复兴广场开出国内首家以海外著名社交软件 Line 为主题的咖啡馆，经营面积达 600 平方米，吸引大批年轻消费者蜂拥驻足；国内首家“KUMA cafe（熊本熊主题咖啡馆）”在上海新天地开业，大批粉丝在店前排起长队；无印良品中国旗舰店（MUJI）在淮海 755（东方商厦淮海店）开幕，各楼层分设 Open MUJI、MUJI to Go、MUJI YOURSELF 等主题商品区，并首次推出 MUJI Café &Meal、MUJI BOOKS、AROMO Labo、IDEE 创意家居等主题馆，2016 年 12 月 12 日开业当天销售额超 215 万元，总计刷卡数约 4 500～4 700 笔。

五、体验营销(TASTE)

2010～2016 年间，城市消费升级变迁的主题始终是“从实物消费转向服务消费、从购买消费转向体验消费”。尤其在近几年，在商业地产和购物中心迅猛扩张的推动下，和精品化、精细化、精准化消费风潮的影响下，体验营销的发展方兴未艾，遍及上海商业的大街小巷。概括起来，体验营销的核心是新奇和独特，体验营销售卖的首先是生活方式、其次是服务、最后是产品（设计），体验营销蕴含着更多的互动、跨界和模式创新。

1. 场景营销引发消费共鸣

所谓场景，即指由特定的时间、地点和人物等要素构成的特定关系。近年来，实体商业不断在店铺设计、橱窗布景、商品陈列等方面注入多元场景概念，通过营造更富情怀的消费环境释放消费者的情感认同和归属，触发消费者长时间停留或沉浸式体验，以此挖掘更多的消费潜能，提升消费服务的附加价值。2015 年以来，诚品书店、无印良品旗舰店，大悦城二期的火爆开业给出启示：消费场景的个性体验已经成为影响人们消费意愿的重要因素。

场景时代构建商业情感联结。上海大悦城二期主打“魔都爱情地标”理念，首度引入国内首个悬臂式屋顶摩天轮 Sky Ring，独创融汇情感的亲密空间，通过摩天轮 SKYRING360°全景视野、千米导引区、告白墙、移动玫瑰花墙，经典爱情电影场景和四面环视高科技魔镜等强弱空间引导和具有科技感的情感互动体验装置，辅以空中下午茶、摩天轮礼品、节日灯光秀等营销方式，打造摩天轮体验无法复制的记忆场景，引发消费者情感共鸣，强力驱动消费，日均接待游客超过 4 000 人，形成“摩天轮经济圈”。

2. 跨界营销诠释品牌精神

新的市场格局唤醒新的商业思维。跨界作为时下一种新的营销思维在商业领域日益普及和兴起，逐渐成为推动消费的新启板块。所谓跨界，就是打破传统商业营销固有的藩篱，挖掘、整合优势资源打造更宽广的营销传播渠道，塑造零售品牌的立体感和纵深感。

“咖啡馆＋”跨界商业模式日益风靡。近两年，众多奢侈品品牌相继跨界开出主题 RESTAURANT，希望在安静如画廊一般的奢侈品消费中加入更多元的消费体验，吸引更精准的客群资源。GUCCI 在上海环贸 iapm 开出全球首家餐厅，Vivienne Westwood 在上海 K11 开出全球第一家 Vivienne Westwood Café，Dunhill 在恒隆广场开出 Alfred Dunhill 概念餐厅，宝珀位于新天地的全球旗舰店内设立了 Lounge Bar 休闲会所……此外，一些知名品牌也纷纷跨界推出主题餐厅，以更好传递品牌精神，增强品牌黏性。如无印良品在其国内最大旗舰店内推出 MUJI Café & Meal；innisfree 在上海宏伊广场全球最大旗舰店内开设 JEJU House 五感体验主题馆；MOUSSY 在上海大悦城首次引入的 SHELTTER 品牌集合店内特别推出 MOUSSY CAFÉ……“零售＋咖啡馆”这一新型商业模式在跨界融合中频频擦出火花，既实现了业态交叉的客流共享，又形成了强度叠加效应和资源整合效应。

六、流量营销

一直以来，市场就是流量。商业营销的本质目的是为了将营销投入转化为柜台前、货架前的有效流量。互联网＋时代，越来越多的零售企业更加深刻认识到“数据重构商业，流量决定销量”的内涵。4G 时代的开启以及各种智能移动设备的涌现,为移动商业的发展注入巨大能量,也使流量营销日益成为零售商业开拓市场、提升营销ROI的重要抓手。简单来说,流量营销就是利用多元的社交平台和门户,通过社交众筹、社群经济等方式突破传统营销方式在时间和空间上的限制,大幅提升营销信息的传播速度;同时利用社交平台的运作机制精确定位目标客群,积极提升销售转化率。

1. 社会化营销提升口碑价值

"互联网+"时代,微博、微信、自媒体等社交平台作为一种集制作、分享、评价、讨论、沟通为一体的媒体传播渠道和营销入口,正强势吸附越来越多的消费者使用和交互,也日渐成为零售商业引导传播、笼络客群、引爆社群经济的"营销磁场"。从纯粹的社交活动到社交平台上的商业广告试水,再到社交电商,以及社交与商业的融合,社交媒体不断裂变、融合和重生,给予社会化营销一个崭新的诠释。

高端花艺借力社群经济持续发酵。起源于互联网微博平台的"野兽派"花艺品牌,自2011年开通微博以来,凭借将故事转化成花束进行在线销售的故事营销方式成功虏获包括众多知名明星在内的近百万粉丝,并借助"社群圈子"的情感植入、口碑宣传不断加速发展。2015年以来,"野兽派"花艺充分利用自己在社交平台上的先天优势,同时凭借担任明星大婚御用花艺品牌引发的粉丝效应,不仅开始大规模布点线下实体店、拓展产品线,还为花艺冠上了奢侈品的名号,"野兽派"花艺位于上海大时代广场、环贸iapm的线下门店,店铺选址均与众多国际一线品牌比邻而居。此外,"野兽派"通过邀请当红明星代言、合作发售限量商品、私人定制个性礼物等方式不断引爆话题热度,成为业内颇具影响力的艺术生活品牌。

2. 泛娱乐营销深耕粉丝经济

在新媒体时代,年轻群体对文化娱乐的热衷,造就了粉丝经济的全面成型,文娱产业的增速已连续六年保持在40%以上,成为万人景从的市场蓝海。随着粉丝文化的发展,粉丝的张力和影响力不断从文娱行业溢出,逐渐渗透至商业领域并催化衍生新的商业营销模式,对传统商业的转型升级带来积极影响。泛娱乐营销推动文娱产业与零售商业的融合共赢发展,成为开启粉丝经济的"金钥匙"。

明星跨界演绎新商业模式。继开设文艺餐厅"很高兴遇见你"、新天地ONE PLUS线下体验店之后,凭借微博人气赢得"国民岳父"称号的作家韩寒携手集原创设计品牌、书店、咖啡和互动艺术课堂于一体的生活方式体验空间"申活馆",首次在上海来福士广场开出"在一起"快闪书店,并请来"虾米音乐"和国内顶尖的数字化制造团队"造物"以及一系列生活方式品牌共同为消费者提供音乐定制、3D打印情侣对戒等视听感兼容的消费体验。仅开业50天的"在一起"书店兼具品味与格调的营销模式吸引大批文艺青年蜂拥前往,一度需要限流节流,更引发书籍多次断货,明星跨界的号召力由此可见一斑。(顾晓煜、姚汐)

上海体育运动消费情况调查

近年来,在全民健身国家战略的实施下,人们参与体育运动的热情持续高涨,体育人群规模逐步扩大。国家体育总局数据显示,我国经常参与体育锻炼的人群规模达4.63亿,上海作为全国市民体质测评最好的城市之一,全市经常参加体育锻炼的人数比例持续增长,2015年比例达到40.8%,高于全国水平。

随着人们生活水平的提高,庞大的体育人群带来体育消费的快速增长。2014年国务院发布《关于加快发展体育产业促进体育消费的若干意见》,将体育产业作为推动经济社会发展的重要力量,开发体育产业巨大的潜在市场空间,利用体育产业扩大内需,促进消费。"十三五"时期党和国家对体育的重视和支持更加有力,为体育繁荣发展提供了重要机遇。国家体育产业发展"十三五"规划提出进一步优化体育服务业、体育用品制造业及相关产业结构,扩大体育产品和服务供给,优化体育产业空间布局,促进体育消费。体育产业作为新兴产业、绿色产业、朝阳产业,完全有条件和潜力成为未来我国经济发展新的增长点,体育消费对经济发展的贡献将不断增强。

体育消费市场正在延伸成长,体育不仅仅是参与运动,与文化、社交、培训等"泛体育"融合发展的新业态正在萌生。此次开展上海体育运动消费情况专题调查研究,涵盖体育运动习惯、体育用品消费、体育服务消费等方面,并形成以下报告。

一、体育运动人群和习惯

1. 体育运动已经成为时尚生活方式和理念的代名词

体育运动现已成为人们普遍认同的生活理念,大部分人经常会在微信微博分享每日步数、跑步成绩、健身成果等,作为一种时尚生活方式,人们在这方面的投入不断增加。调查显示,48.3%的受访者参加体育运动的时间比往年增多,时间的增加与年龄的增长呈正相关。每周运动三次以上的受访者比例达55.8%,更有26.3%的受访者表示每天运动(图1)。

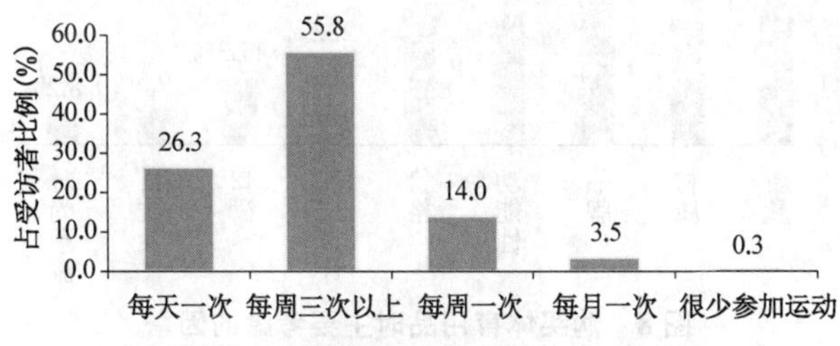

图1　受访者参与体育运动的频率

2. 体育运动人群相对具有高学历、高收入、高职位的特点

随着学历、收入的增加,愿意在运动上投入更多的受访者比例逐渐上升(图2)。调查显示,每周运动三次以上受访者中,59.4%的人持有本科及以上学历;而在公司职级越高、家庭年收入越多,每天运动的人群比例呈递增趋势。

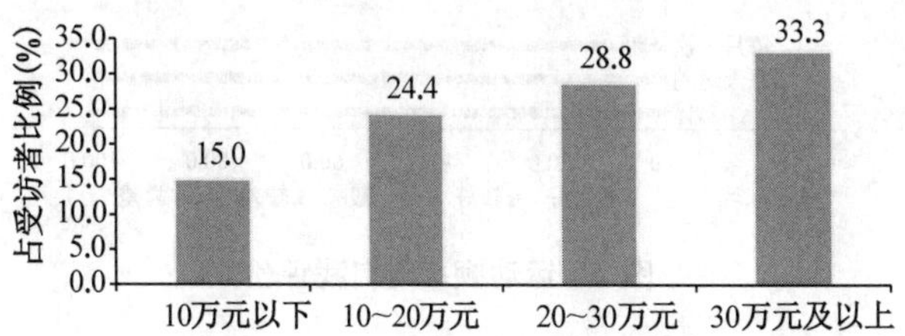

图2　不同家庭收入人群每天运动的比例

3. 当时间充裕时,人们在运动上愿意投入更多

工作作息一定程度上影响了受访者的运动习惯,早晨9点前和晚上5点后是运动的高峰时段,到了周末,时间自主性强,大部分受访者会选择延长运动时间。调查显示,工作日34.8%的人运动时间低于30分钟,周末这一比例仅为7.2%;周末运动30至60分钟的比例是52.3%,运动60分钟及以上的比例比工作日增加了39.2个百分点,更有12.2%的人运动时间超过90分钟(图3)。

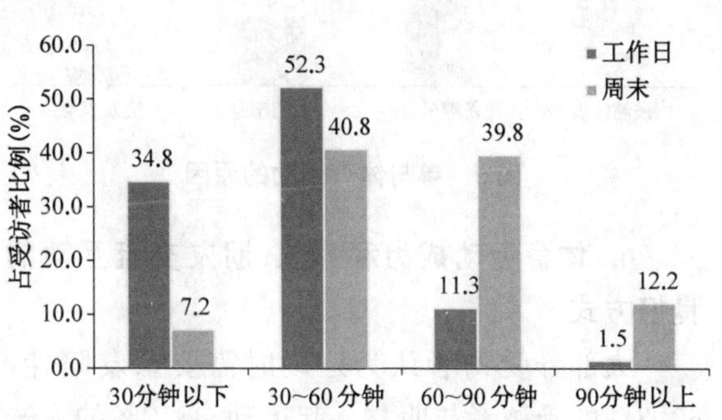

图3　工作日与周末的运动时长

4. 热爱运动的人们表现出更健康、更积极、更自信的生活态度

调查显示,受访者在评价自身健康状况时,热爱运动的受访者满意度更高。整体上看15.5%的受访者认为自己身体状况非常好,这一比例在每天运动的人群中是29.1%,而在每月运动一次的人人群中只占比4.8%;每天运动的受访者中87.3%的人表示满意自己的睡眠状

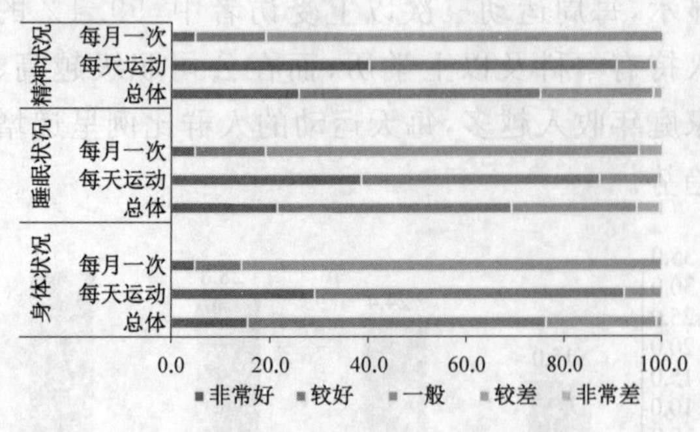

图4　运动频率与自我评价

况,而每月运动一次的受访者中高达76.2%的人认为自己睡眠状况一般;每天运动的受访者中超九成认为自己精神状况很好,这一比例在每月只运动一次的受访者中只有19.1%(图4)。

5. 兴趣爱好和强健体魄是人们体育运动的源动力

兴趣爱好成为受访者参与体育运动的首要原因,对大部分人来说,体育运动不再只是传统观念上的强身健体项目,它更多是一种具有趣味性的新兴娱乐方式(图5)。

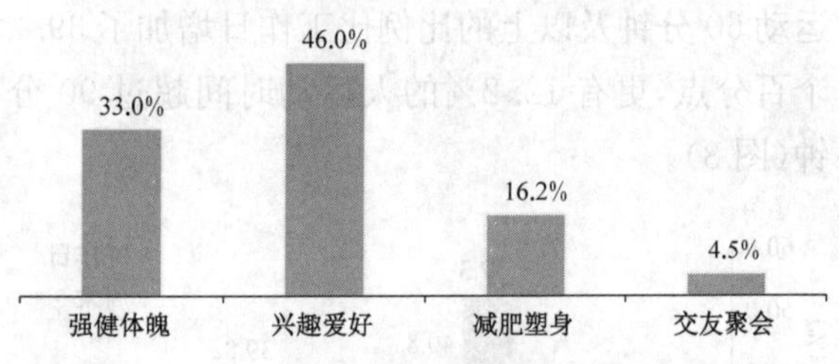

图5　参与体育运动的原因

6. 体育运动成为和家人、朋友交流互动的良好方式

大部分受访者认为运动时需要亲友陪伴,60.3%的受访者与朋友一起运动,48.2%的人选择和家人一起运动。对于已婚、有小孩的受访者来说,运动是一种与家人、与孩子建立起亲密关系的良好方式,选择与家人一起运动的人群中,已婚人群比例达77.2%,有小孩的比例达71.2%(图6)。

二、体育用品消费

1. 体育用品需求更加多元

运动鞋和运动服仍居体育用品消费需求榜首,但随着人们参与的运动项目越来越丰富,基础性的

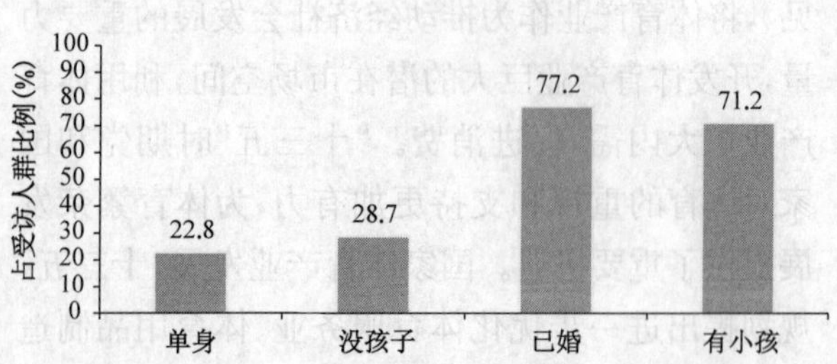

图6　家庭状况与选择与家人运动的关系

鞋服消费已不能满足需求,呈消费升级趋势,体育专用器材、耗材、手环等智能装备的消费需求增加,除体育装备外,运动饮料、健身补剂等出现市场空间,体育用品消费呈现出多样化的特点(图7)。

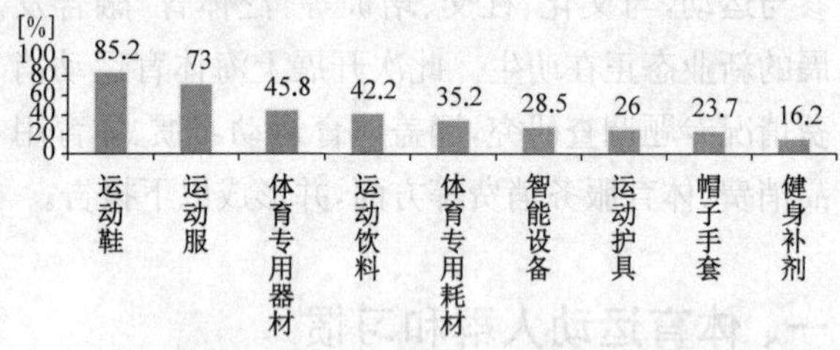

图7　过去6个月的体育用品消费情况

2. 人们更注重消费品质,专业化和品牌化应是未来体育用品发展趋势

随着居民消费水平的提高,体育用品消费呈现高端化的消费趋势,对普通消费者而言,更看重的是品质而不是价格,调查显示,质量、材质和品牌是受访者购买时主要考虑的因素(图8)。

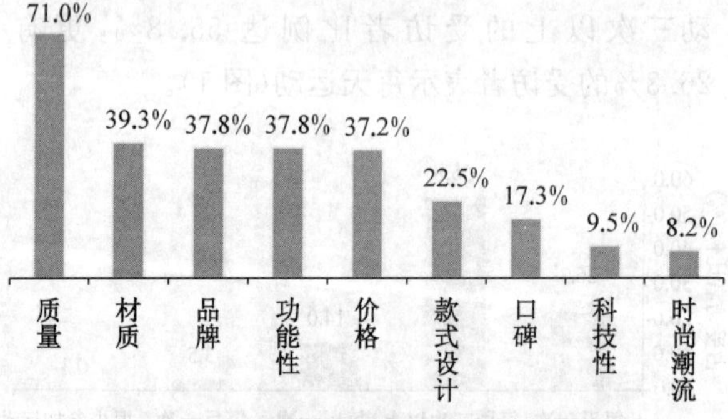

图8　购买体育用品时主要考虑的因素

3. 实体渠道是购买体育用品的首选

在购买渠道上,品牌专卖店/专柜和迪卡侬等体育用品卖场成为受访者首选,商品的丰富性、功能的专业性、品质保证是其得到消费者青睐的主要原因(图9)。

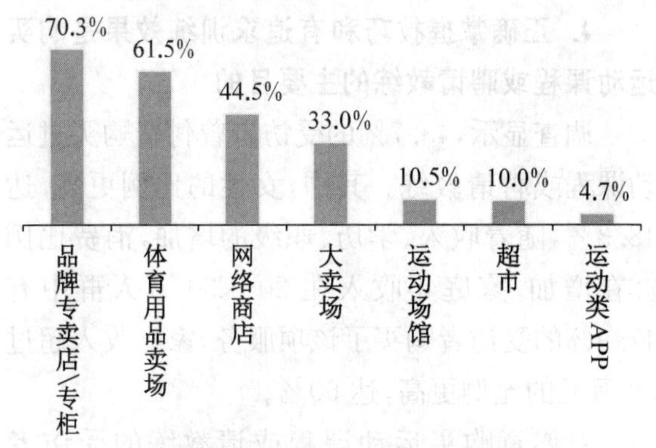

图 9　购买体育用品主要渠道

4. 专业体育网站、论坛和亲友推荐是人们挑选体育用品的重要参考

另一方面，受访者对运动的追求越来越专业，对于不同细分领域的功能性和专业程度要求也相应提高。购买产品前，消费者一般会先通过网络做好功课，专业的体育论坛是消费者获取产品信息的主要渠道之一(图 10)。

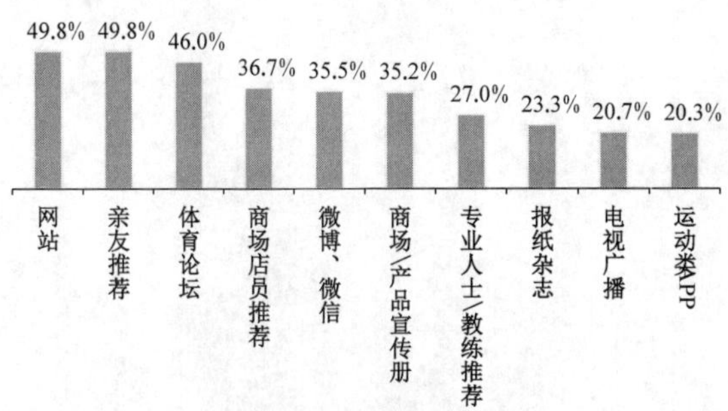

图 10　获取产品信息的主要渠道

未来的体育用品行业应通过把控产品的品质、提升细分产品的专业化水平、塑造品牌文化、注重网络营销来吸引消费者。

5. 20～29 岁及 50 岁以上两个年龄段人群在体育用品方面消费更高

总体上，受访者在体育用品方面消费水平较高(此处仅指体用用品实物消费，聘请教练，参与体育课程、观看体育赛事等服务消费将在后续的段落中讨论)。超四成受访者每年花费在 1 500 元以上，21.3%的受访者每年花费超过2 000 元。

从年龄上看，20～29 岁和 50 岁以上年龄段的受访者在体育用品方面消费更多。20～29 岁年龄段中 56.7%受访者表示每年花费在 1 500 元以上，其中 30%的受访者超过 2 000 元，在 50 岁以上人群中，每年花费 1 500 元以上的受访者占 50%(图 11)。

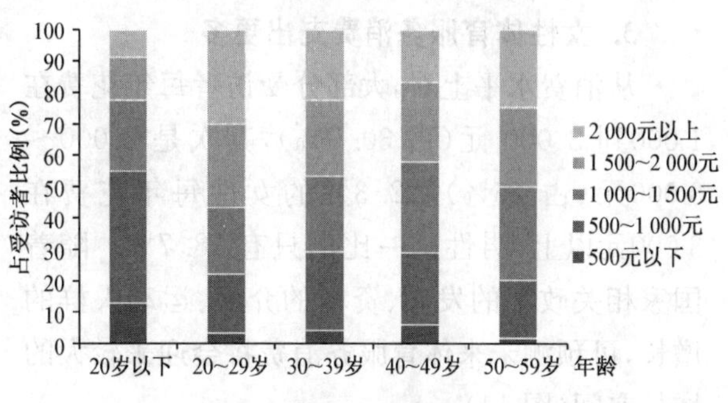

图 11　年龄与体育用品消费水平

三、体育服务消费

1. 场租和会员卡是消费最多的项目，体育服务消费增长空间大

调查显示，过去 6 个月内，超 5 成受访者在运动场地上有消费，另有 49.5%的消费者办理过健身卡、游泳卡等会员卡，其次是报名参与体育活动(图 12)。

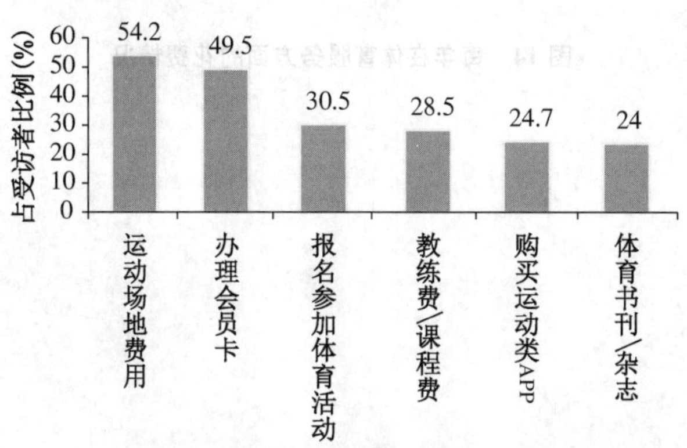

图 12　过去 6 个月的体育服务消费情况

2. 搜索引擎、体育论坛和亲友意见是人们选择体育服务的重要参考

人们获取体育服务信息的方式如图 13 所示。

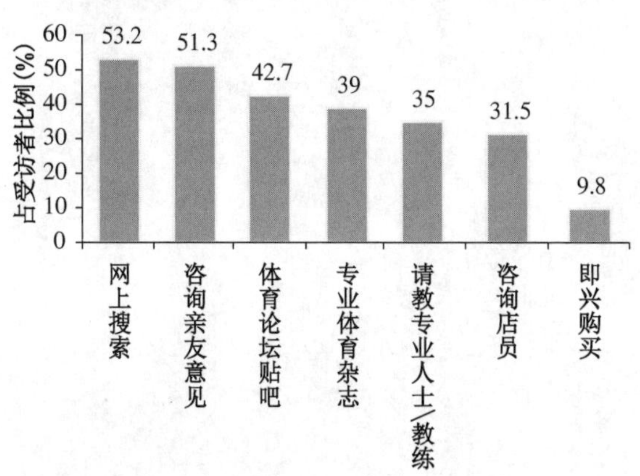

图 13　获取体育服务信息的方式

3. 女性体育服务消费支出更多

从消费水平上看,大部分受访者每年花费在1 000到 2 000 元(占 30.5%),其次是 2 000～3 000元(占 26%),22.3%的女性每年花费在3 000元以上,男性这一比例只有 18.7%。随着国家相关政策的发布、资本的介入、运动人群的增长,可预测未来体育服务消费将会迎来较大的增长空间(图 14)。

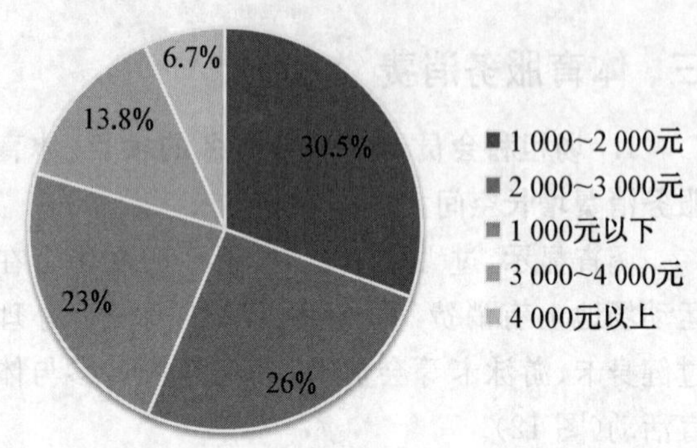

图 14　每年在体育服务方面的花费情况

4. 正确掌握技巧和有追求训练效果是购买运动课程或聘请教练的主要目的

调查显示,43.7%的受访者曾付费购买过运动课程或聘请教练。其中,女性的比例更高,达48.3%,随着收入、学历、职级的增加,消费比例亦在增加,家庭年收入在 20～30 万人群中有47.9%的受访者购买了该项服务,家庭收入超过30 万元的比例更高,达 60%。

对愿意购买运动课程或请教练的受访者来说,正确掌握技巧是他们的主要目的,其次则是更显著的训练效果与更高的安全性。因此,快速入门已无法满足消费者需求,对教练或商家来说,设计出一套专业科学的课程体系、训练方法更容易吸引消费者。(何超、姚汐)

行业报告

2016年上海商贸流通业发展报告

2016年是“十三五”规划的开局之年，上海商务主管部门和商贸流通企业积极应对复杂严峻的国内外经济形势和各种不利因素影响，实现了市场销售回升、引进外资增多，流通规模扩大、商贸流通业投资增加、消费服务便捷、居民就业增加，商贸流通业转型升级，销售规模全国领先的发展态势，超额完成年度零售销售目标，对全市经济增长和国际贸易中心建设的贡献进一步增加。根据市统计局、市商务发展研究中心、市电子商务促进中心等单位的监测数据，主要情况如下：

一、上海商贸流通业发展概况

1. 商品流通规模首次突破10万亿元，保持全国中心城市领先

全年上海完成商品销售总额10.08万亿元，比上年增长7.9%，增速比上年(6.4%)提升1.5个百分点，呈现增速攀升新势头。

商品销售实现“三保一超”。一是保持平稳增长势头，继续成为支撑全市主要产业经济发展的重要指标；二是保持1993年以来流通规模大于工业生产规模之势；三是保持国内商品流通规模大于出口贸易规模之势。“一超”是指上海商品销售总额规模超过北京市。2016年北京市实现商品销售总额6.17万亿元，比上年增长1.7%。其中：批发销售5.19万亿元，比上年增长0.7%，零售额0.98万亿元，比上年增长7.2%。

批发销售呈现“四高一低”。“四高”是指全年上海商品销售总额中，一是批发销售规模高于零售8.3倍；二是批发销售占比为90.3%，高于零售占比80.7个百分点；三是批发销售对商品销售总额增长的贡献率达到90.3%，远高于零售给居民和社会集团的贡献率；四是上海商品批发销售完成9.10万亿元，超过北京3.91万亿元、75.3%。“一低”是指由于大宗商品价格影响、产能受限、市场复苏缓慢等因素，全市批发销售增速低于零售额增速(8.4%)0.5个百分点。

2. 商品销售回升势头明显

大类销售体现“四个增长”。商品销售总额中，食品饮料烟酒、生产资料、日用消费品、其他等四大类商品销售分别比上年增长11.2%、7.8%、8%、4.8%。其中：受出口和工业生产增速减缓影响，原来占比达53%的生产资料销售增速比上年回落6个百分点，拉低了商品销售总额整体增速，食品饮料烟酒保持两位数增长，日用消费品、其他类商品销售增速均高于上年(表1)。

商品销售呈现“两升一减”。一是增长面提升。全年27个商品类别销售中，有23个类别实现增长，增长面为85.2%，比上年(74%)提升11.2个百分点。二是两位数增长的大类占比提升。全年有14个商品大类实现销售两位数增长，占27个商品大类的51.9%，比上年占比(25.9%)提升26个百分点。增速在20%以上的大类主要有：建材及装潢材料、体育及娱乐用品、饮料、木材及制品类,比上年分别增长 29.4%、22.6%、21.9%、20.4%。三是全年销售下降的大类仅 4 类,比上年减少 3 类,呈现销售下降的大类是:电子出版物、通信器材、煤炭及制品、种子饲料类,分别比上年下降 48.1%、13.4%、9.5%、4.6%。

表 1 2016 年上海市商品销售总额完成情况 单位:亿元

指标	金额	比上年增长(%)	占比(%)	新增额	贡献率(%)	拉动百分点
商品销售总额	100 792.84	7.9	100.0	7 386.27	100.0	7.9
按经营行业分						
零售给居民、集团	9 809.02	8.4	9.7	760.78	10.3	0.8
批发销售	90 989.82	7.9	90.3	6 625.49	89.7	7.1
按商品大类分						
食品饮料烟酒类	7 228.64	11.2	7.2	730.81	10.0	0.8
生产资料类	53 423.51	7.8	53.0	3 873.53	52.4	4.1
日用消费品类	33 919.23	8.0	33.6	2 499.65	33.8	2.7
其他类	6 221.46	4.8	6.2	282.28	3.8	0.3

资料来源:上海统计局

3. 各区商品销售额全面增长

全年各区商品销售总额比上年增长 5.2%,其中:浦东新区、中心城区、郊区的商品销售额分别实现 32 360.64 亿元、38 742.64 亿元、18 383.60 亿元,比上年增长 8.5%、7.7%、10.7%,均超过上年增速。其中:中心城区的批发销售依然强劲,吸纳国内外商品和辐射国内市场能力增强,批发销售规模超过郊区,增速比上年提高 6.5 个百分点。

从销售规模看,年销售额超过 3 000 亿元有 10 个区,占 62.5%,比上年占比(47.1%)提升 15.4 个百分点。分别是浦东新区(3.24 万亿元)、普陀区(9 928.52 亿元)、长宁区(6 513.48亿元)、黄浦区(5 739.44 亿元)、嘉定区(5 394.80 亿元)、静安区(4 621.94 亿元)、虹口区(4 587.07 亿元)、徐汇区(4 473.80 亿元)、宝山区(3 643.63 亿元)、闵行区(3 156.95 亿元)。

从销售增速看,16 个区的商品销售总额均实现比上年增长,增长面为 100%。其中:实现两位数增长的有:虹口区(25.1%)、嘉定区(16.9%)、长宁区(15.8%)、崇明区(11.4%)、宝山区(10.3%)、青浦区(10.1%)、奉贤区(10.1%)7 个区(表 2)。

表 2 2016 年上海各区商品销售总额指标完成情况对比表

各区	2016 年	当年增速(%)	上年增速(%)	规模排名	增速排名
全市总计	100 792.84	7.9	6.4		
全市各区合计	89 485.88	7.3	5.2		
浦东新区	32 360.64	8.5	8.0	1	10
中心城区小计	38 742.64	7.7	1.2		
黄浦区	5 739.44	1.6	0.6	4	16

续表

各区	2016年	当年增速(%)	上年增速(%)	规模排名	增速排名
徐汇区	4 473.80	5.5	6.0	8	12
长宁区	6 513.48	15.8	−10.1	3	3
静安区	4 895.90	5.9	5.4	6	11
普陀区	9 928.52	3.1	8.2	2	13
虹口区	4 587.07	25.1	7.7	7	1
杨浦区	2 604.43	1.8	−12.4	11	15
郊区小计	18 382.60	10.4	9.4		
闵行区	3 156.95	3.0	8.9	10	14
宝山区	3 643.63	10.3	10.1	9	5
嘉定区	5 394.80	16.9	7.8	5	2
金山区	1 311.92	9.3	10.7	14	8
松江区	1 635.37	9.3	8.3	12	9
青浦区	1 282.89	10.1	9.1	15	7
奉贤区	1 506.42	10.1	10.1	13	6
崇明区	450.62	11.4	25.6	16	4

资料来源：上海市统计局

4. 新型交易模式促进发展，电子商务交易增长迅速

上海电子商务发展迈上新台阶。从总量上看，2016年上海市电子商务交易额达20 049.3亿元，相当于全市商品销售总额的20%以上。电子商务对传统商贸流通业模式的替代作用不断深入(图1)。

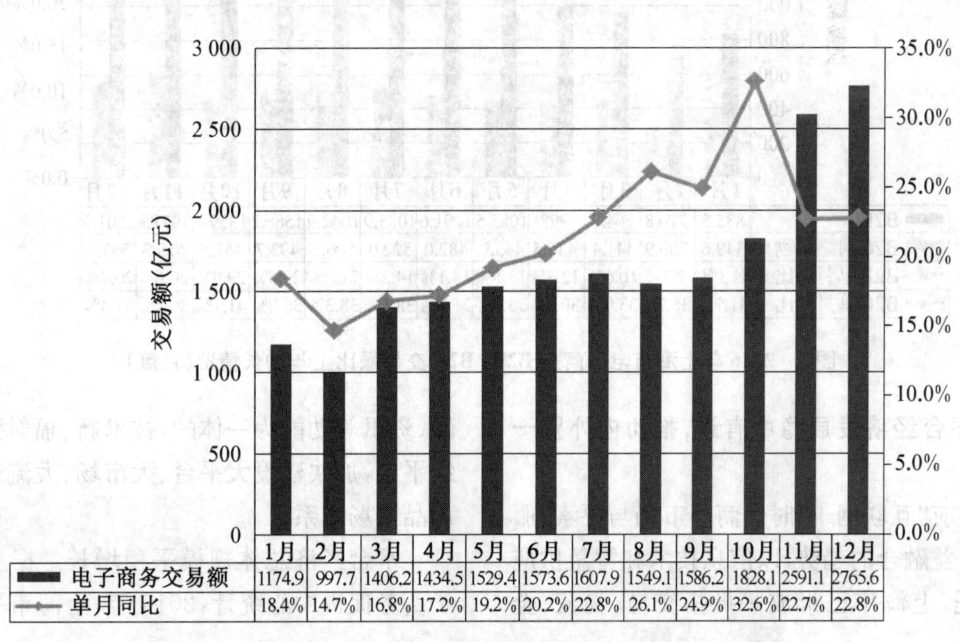

图1　2016年上海市电子商务交易额比上年增长情况(月度)

从增速上看，本年电子商务交易额与上年相比增长21.9%，比上年同期增速提高0.5个百分点。预计高于同期GDP增速15个百分点，高于同期全市商品销售总额及社会消费品零售总额14个百分点左右。电子商务企业无论在数量还是规模上都得到进一步增长。

从结构上看，B2B大宗商品交易继续保持主体地位，全年完成交易额14 445.6亿元，占电子商务交易总额的72%。B2C网络购物发展迅速，交易额增速达到35.4%，高于B2B增速18.1个百分点，在电子商务交易总额中的占比继续提升(图2、图3)。

从社会效益上看，依托电子商务手段，新业态、新商贸流通业模式不断涌现。大型B2B企业借助电子商务交易平台整合优化供应链，体现创新、协调、绿色、开放、共享发展理念。

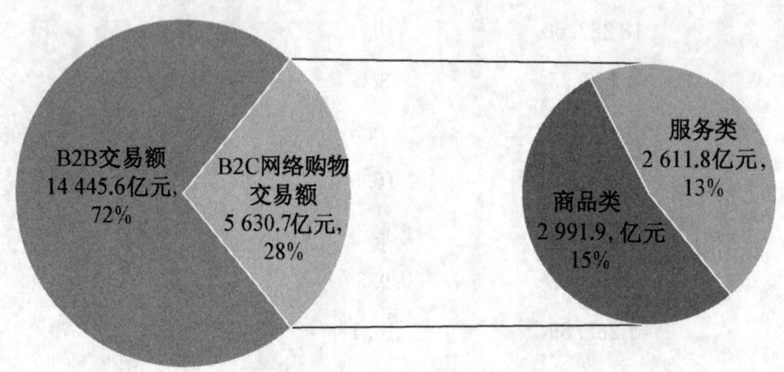

图2　2016年上海市电子商务B2B、B2C以及商品和服务类交易额占比

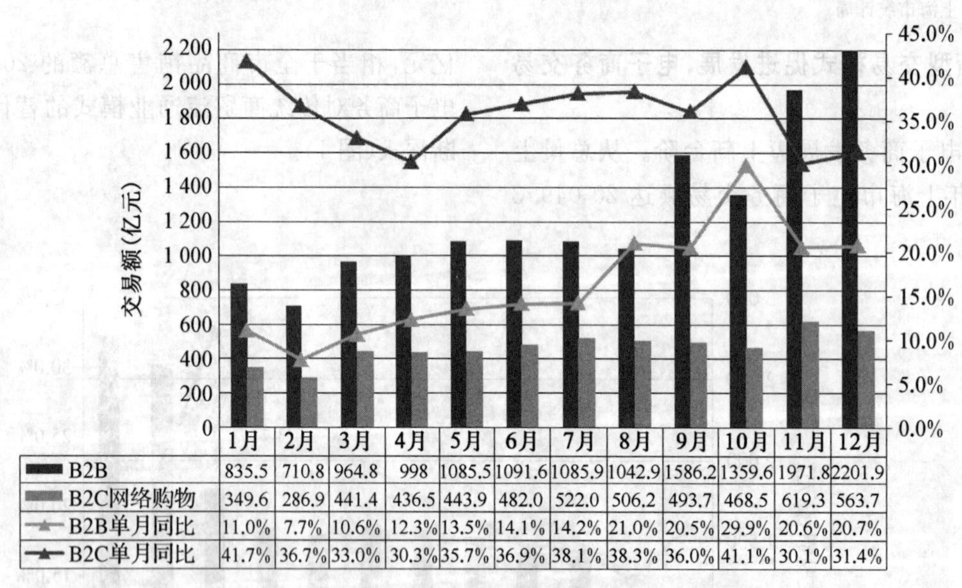

	1月	2月	3月	4月	5月	6月	7月	8月	9月	10月	11月	12月
B2B	835.5	710.8	964.8	998	1085.5	1091.6	1085.9	1042.9	1586.2	1359.6	1971.8	2201.9
B2C网络购物	349.6	286.9	441.4	436.5	443.9	482.0	522.0	506.2	493.7	468.5	619.3	563.7
B2B单月同比	11.0%	7.7%	10.6%	12.3%	13.5%	14.1%	14.2%	21.0%	20.5%	29.9%	20.6%	20.7%
B2C单月同比	41.7%	36.7%	33.0%	30.3%	35.7%	36.9%	38.1%	38.3%	36.0%	41.1%	30.1%	31.4%

图3　2016年上海市电子商务B2B、B2C交易额比上年增长情况(月度)

5. 平台经济发展稳中有进，推动内外贸一体化

为适应“互联网+”时代商品市场与要素、服务市场日益融合的趋势，以信息技术和智慧供应链为依托，上海市已形成一批集交易、物流、金融、资讯等功能为一体的，技术新、辐射强的高能级平台，加快建设大平台、大市场、大流通的现代商品市场体系。

平台经济总体规模平稳增长。据上海市电子商务促进中心统计：2016年，上海市平台经济交易总额达 1.84 万亿元，比上年增长 14.1%。平台整体规模持续扩大，增速比去年提高 2.7 个百分点，平台经济保持稳步发展。通过互联网实现交易额 1.04 万亿元，占平台交易总额的 57%，线上线下进一步融合（表 3）。

表 3　2016 年上海市平台经济交易情况

平台名称	平台交易额（亿元）		比上年增长（%）	占比（%）	增长贡献率（%）
	2016 年	2015 年			
平台交易总计	18 397.56	16 124.94	14.1	100	100
大宗商品交易平台	14 377.45	13 019.67	10.4	78.1	60
消费品、服务平台	3 136.55	2 293.24	36.8	17	37
专业配套服务平台	606.44	564.05	7.5	3.3	2
跨境电子商务平台	277.12	247.98	11.8	1.5	1

资料来源：上海市电子商务促进中心

从交易规模上看，上千亿级交易平台 5 家，交易额占平台交易总额的 58%；百亿级交易平台 21 家，交易额占平台交易总额的 96%（图 4）。

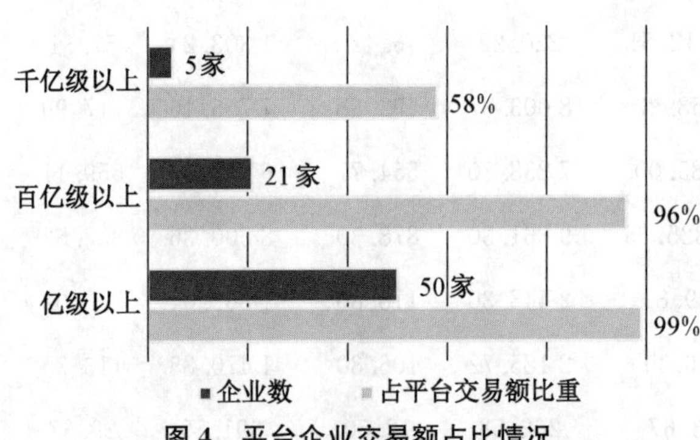

图 4　平台企业交易额占比情况

从平台分类上看，大宗商品交易平台交易额达 1.44 万亿元，占平台交易总额的 78%，增长贡献率达 60%，大宗商品交易仍占绝对优势。

从增长速度上看，消费品生活服务平台交易额比上年增速达 37%，领先增长。

大宗商品交易维稳回暖。大宗商品交易仍是上海市平台经济发展的主要支柱，5 家千亿级平台中大宗商品交易平台占 4 家。平台化发展成为上海市传统产业转型升级的重要方式。欧冶云商是宝钢集团旗下以钢材为核心的全产业链生态型服务体系，拥有电商、物流、金融、材料、数据、采购、资源、国际、化工、资讯等 11 个子平台，2016 年交易额达 225.58 亿元，比上年增长 20.9%。新型钢铁电商平台发展良好，上海钢联、找钢网年交易额均近千亿元，分别实现比上年 58.2%、31.1% 的增长。石化领域中，上海石油化工交易额翻番，上海化交比上年增长 18.8%，石化交易形势看好。大宗商品市场今年持续火爆，商品期货市场成交量不断放大。本轮供给侧改革较以往政策更加坚定，包括有色金属、煤炭等价格大幅回升，激发整个大宗商品交易市场的活力。

大宗商品交易行业迎来大时代、大数据、大金融、大物流、大产业、大生态。学者普遍认为，大宗商品交易行业将再迎春天，一是近 5 年萧条后，2016 年大宗商品市场大牛市再起，大宗商品再度成为全球关注焦点；二是经过清理整顿，平台发展的基调已基本明确，秩序较为稳定；三是互联网＋加速明显，产业与平台的融合势不可挡，产业参与大宗商品交易平台的主动性、积极性持续提高。

二、上海商贸流通业对经济增长贡献突出

据全国各直辖市统计局核算成果显示，2016 年，全国 4 个直辖市共实现国内生产总值 87 809.60 亿元，可比增长 8%，比上年回落 0.2 个百分点。

其中：第三产业增加值实现 57 519.30 亿元，可比增长 9%，比上年提升 1 个百分点；商贸流通业增加值（包括批发零售业、住宿餐饮业，下同）完成 11 495.47 亿元，可比增长 4.4%，比上

年提升 0.6 个百分点。

上海全年实现国内生产总值 27 466.15 亿元,可比增长 6.8%,比上年回落 0.1 个百分点;占全国直辖市国内生产总值的 31.3%,占比比上年提升 0.2 个百分点。其中:实现第三产业增加值 19 362.34 亿元,可比增长 9.5%,增速比上年回落 1.1 个百分点;占全国直辖市第三产业增加值的 33.7%,占比比上年提升 0.2 个百分点。上海商贸流通业增加值与全国其他直辖市相比,实现了“四个领先”。

1. 上海商贸流通业增加值规模、占比、净增额、贡献率领先

上海商贸流通业增加值规模领先。2016 年,上海商贸流通业增加值完成 4 420.43 亿元,可比增长 4.2%,占全国直辖市商贸流通业增加值的 38.5%,占比比上年提升 0.4 个百分点,凸显出上海积极推进国际贸易中心和国际消费城市建设的成果。上海商贸流通业增加值的规模分别超过北京、天津、重庆市 1 655.73 亿元、1 972.13 亿元、2 558.39 亿元,上海商贸流通业增加值的规模分别高出北京、天津、重庆市 59.9%、80.6%、137.4%,保持了直辖市领先地位(表 4)。

表 4 2016 年全国直辖市商贸流通业增加值规模、净增额比较

单位:亿元

指标	上海市		北京市		天津市		重庆市	
	总额	新增额	总额	新增额	总额	新增额	总额	新增额
生产总值	27 466.15	1 748.78	24 899.30	1 563.50	17 885.39	1 476.78	17 558.76	1 697.19
第一产业	109.47	−7.74	129.60	−12.51	220.22	6.41	1 303.24	57.31
第二产业	7 994.34	94.79	4774.40	253.20	8 003.87	592.88	7 755.16	717.99
# 工业	7 145.02	70.74	3 884.90	185.00	7 238.70	554.77	6 040.53	559.11
第三产业	19 362.34	1 679.84	19 995.30	1 325.55	9 661.30	878.30	8 500.36	852.52
商贸流通业小计	4 420.43	179.64	2 764.70	49.81	2 448.30	118.80	1 862.04	143.02
批发零售业	4 032.43	177.33	2 352.90	46.14	2 185.72	106.30	1 470.85	113.35
住宿餐饮业	388.00	2.31	411.80	3.67	262.58	12.50	391.19	29.67

资料来源:上海市统计局

上海商贸流通业增加值占比领先。2016 年,上海商贸流通业增加值占全市和第三产业生产总值的比重为 16.1%、22.8%,高于北京市商贸流通业所占比重(11.1%、13.8%)、重庆市商贸流通业所占比重(10.6%、21.9%),高于天津市商贸流通业增加值所占全市生产总值比重(13.7%)但低于天津市商贸流通业增加值所占第三产业增加值比重(25.3%),总体在全国直辖市商贸流通业增加值占比中领先。

上海商贸流通业增加值净增额领先。2016 年,上海商贸流通业增加值净增额为 179.64 亿元,在全国直辖市中保持规模领先地位。上海商贸流通业增加值净增额分别高于北京市 129.83 亿元、天津市 60.84 亿元、重庆市 36.62 亿元;上海商贸流通业增加值净增额分别高出北京、天津、重庆市 260.7%、51.2%、25.6%。

上海商贸流通业增加值贡献率领先。2016 年,上海商贸流通业增加值对全市生产总值增长的贡献率为 10.3%,比上年提升 0.7 个百分点,在全国各直辖市商贸流通业增加值对全市生产总值增长的贡献率中保持领先地位。上海商贸流通业增加值贡献率分别超过北京(3.2%)、天津(8%)、重庆市(8%)(表 5)。

表 5 2016 年全国直辖市商贸流通业增加值增速、占比、贡献率比较 单位:%

指标	上海市			北京市			天津市			重庆市		
	增速	占比	贡献率	增速	占比	贡献率	增速	占比	贡献率	增速	占比	贡献率
地区生产总值	6.8	100	100	6.7	100	100	9.0	100	100	10.7	100	100.0
第一产业	−6.6	0.4		−8.8	0.5		3.0	1.2	0.4	4.6	7.4	3.4
第二产业	1.2	29.1	5.4	5.6	19.2	16.2	8.0	44.8	40.1	11.3	44.2	46.4
# 工业	1.0	26.0	4.0	5.0	15.6	11.8	8.3	40.5	37.6	10.2	34.4	32.9
第三产业	9.5	70.5	96.1	7.1	80.3	84.8	10.0	54.0	59.5	11.0	48.4	50.2
商贸流通业小计	4.2	16.1	10.3	1.8	11.1	3.2	5.1	13.7	8.0	7.9	10.6	8.0
批发零售业	4.6	14.7	10.2	2.0	9.4	3.0	5.1	12.2	7.7	7.9	8.4	6.4
住宿餐饮业	0.6	1.4	0.13	0.9	1.7	0.2	5.0	1.5	0.3	7.7	2.2	1.6

资料来源:上海市统计局

2. 上海商贸流通业增加值拉动力、增速总体居前

上海商贸流通业增加值拉动力居前。上海商贸流通业增加值分别拉动全市和第三产业生产总值增长 2.9 个、4 个百分点,好于北京市商贸流通业拉动力(1.2 个、1.3 个百分点),好于重庆市商贸流通业拉动力(0.7 个、0.8 个百分点),好于天津市商贸流通业拉动力(0.9 个、0.8 个百分点)。

上海商贸流通业增加值增速低于重庆。上海商贸流通业增加值可比增长 4.2%,高于北京市商贸流通业增加值增速(1.8%)、天津市商贸流通业增加值增速(5.1%),但低于重庆市商贸流通业增加值增速(7.9%)。

3. 上海两大行业增加值规模、增速各具特点

上海批发零售业增加值规模第一。2016 年,上海批发零售业增加值首次突破 4 000 亿元,可比增长 4.6%,比上年增速提升 0.3 个百分点。上海批发零售业增加值的规模分别超过北京、天津、重庆市 1 679.53 亿元、1 846.71 亿元、2 561.58 亿元,上海批发零售业增加值的规模分别高出北京、天津、重庆市 71.4%、84.5%、174.2%,保持了行业领先地位。从全国直辖市批发零售业增加值的增速看:增长速度排名分别是重庆市(7.9%)、天津市(5.1%)、上海市(4.6%)、北京市(2%)。

上海住宿餐饮业增加值规模低于北京、重庆。2016 年,上海住宿餐饮业增加值完成 388 亿元,可比增长 0.6%,比上年增速回升 1.2 个百分点。上海住宿餐饮业增加值的规模分别低于北京市 23.80 亿元、重庆市 3.19 亿元,高于天津市 125.42 亿元。全国直辖市住宿餐饮业增加值的增速排名为重庆市(7.7%)、天津市(5%)、北京市(0.9%)、上海市(0.6%)。随着上海迪士尼乐园开园和国内外会展增加,上海住宿餐饮业发展潜力明显。

三、上海商贸流通业引进合同外资金额逆势增长

2016 年,上海商贸流通业(包括批发零售业、住宿餐饮业,下同)引进外资保持全市行业领先,在全市引进外资合同项目、金额双双回落的情况下,商贸流通业引进外资合同金额实现了两位数增长,促进了上海国际贸易中心和国际消费城市建设。

1. 商贸流通业引进外资三项指标“一增长两回落”

商贸流通业引进外资合同项目数量保持全市行业第一。全年商贸流通业引进外资合同项目完成 2 290 项，比上年减少 28.4%，与上年增速(14.8%)反差明显；商贸流通业项目分别占全市和第三产业引进外资合同项目的 44.4%、45.3%。

商贸流通业引进合同外资金额近 100 亿美元，保持两位数增长。全年商贸流通业引进合同外资 97.08 亿美元，比上年净增 11.24 亿美元，增长 13.1%，增速超过全市和第三产业引进外资合同金额增速(−13.5%、−13.1%)。全年商贸流通业引进合同外资占全市和第三产业引进合同外资金额的 19%、20.5%，均高于上年占比(13.6%、14.7%)。

批发零售业外资实际到位金额回落。全年批发零售业外资实际到位金额 20.34 亿美元，比上年下降 23.5%，低于上年增速(41.7%)。全年批发零售业实到外资占全市和第三产业的 11%、12.5%(表 6)。

表 6 2016 年上海商贸流通业引进外资合同项目、金额和实到外资情况

行业名称	合同项目(个)	比上年增长(%)	占比(%)	合同金额(亿美元)	比上年增长(%)	占比(%)	实到外资(亿美元)	比上年增长(%)	占比(%)
全市引进外资	5 153	−14.2	100.0	509.78	−13.5	100.0	185.14	0.3	100.0
第三产业	5 058	−14.5	98.2	473.72	−13.1	92.9	163.35	2.5	88.2
＃商贸流通业	2 290	−28.4	44.4	97.08	13.1	19.0			
＃批发零售业	2 181	−18.8	42.3	94.70	22.6	18.6	20.34	−23.5	11.0
住宿餐饮业	109	−78.8	1.7	2.38	−72.4	0.4			

资料来源：上海市统计局

2. 批发零售业依然是全市引进外资主力行业

全年批发零售业引进合同外资项目分别占全市和第三产业引进合同外资项目 42.3%、43.1%，项目数量远远超过第二产业(95 个)。

全年批发零售业引进外资合同金额完成 94.70 亿美元，净增 20.46 亿美元，比上年增长 22.6%，超过了全市和第二、三产业引进外资合同金额增速(−13.5%、6.7%、−13.1%)，对全市合同外资增长的贡献率创下历史新高。

四、上海商贸流通业投资规模稳步扩大

2016 年，上海以房地产投资和城市基础设施投资为主的全社会固定资产投资规模持续扩大，增速均比上年回落；迪士尼乐园及小镇建成开放；一批商务楼宇和大型购物中心建成开业；商品房和二手房交易面积持续升温，销售面积分别增长 31.5%、28.3%。外商、港澳台商和股份制经济的商贸流通业投资依然看好上海。主要特点：

1. 商贸流通业固定资产投资总体保持增长

商贸流通业投资突破 570 亿元，增速呈现“三高”。2016 年，上海商贸流通业固定资产投资总额完成 577.19 亿元，比上年增长 8.7%，扭转了连续两年增速低于全市固定资产投资增速的局面，呈现“三高”：一是高于全市全社会固定资产投资增速(6.3%)，二是高于上年同期商贸流通业固定资产投资增速(1.5%)；三是商贸流通业营业用房投资增速高于全市房地产开发投资增速(6.7%)(表 7)。

表7　2016年上海商贸流通业固定资产投资分类对比表

指标	固定资产投资总额(亿元)	比上年增长(%)		2016年投资占比(%)
		2016年	2015年	
全社会固定资产投资总额	6 755.88	6.3	5.6	100.0
(一) 房地产开发投资额	3 720.67	6.7	8.2	55.1
(二) 城市基础设施建设投资	1 551.87	8.9	34.8	23.0
(三) 商业固定资产投资额	577.19	8.7	1.5	8.5
1. 按经济类型分				占商业比重(%)
# 国有经济	3.55	−58.8	−18.8	0.6
私营经济	7.85	−36.1	−3.9	1.4
股份制经济	23.22	68.1	−32.9	4.0
外商、港澳台经济	22.87	0.8	39.1	4.0
2. 按行业投资分				
#批发零售业	37.15	6.8	9.2	6.4
住宿餐饮业	20.63	−27.1	−15.1	3.6
3. 商业营业用房投资额	519.41	11.1	2.1	90.0

资料来源:上海市统计局

商贸流通业分行业投资规模高于金融业。2016年,从行业看,上海批发零售业、住宿餐饮业的固定资产投资总额规模均高于金融业(18.49亿元),但低于房地产业(3 720.67亿元)、信息服务业投资(136.86亿元),低于交通运输、仓储和邮政业(944.86亿元)。

批发零售业投资增速高于房地产业。2016年,上海批发零售业固定资产投资增速(6.8%),高于房地产业(6.7%)、金融业(−24.5%),但低于交通运输、仓储和邮政业(18.9%)、信息服务业(7.5%)。住宿餐饮业投资增速呈现持续下降态势,比上年下滑1.2个百分点。

商贸流通业固定资产投资走出低谷。随着商贸流通业设施保有量进入饱和状态"十三五"规划的实施,上海商贸流通业固定资产投资从快速增长逐步转为低速增长,并进入新一轮增长周期。2013年、2014年、2015年、2016年的商贸流通业固定资产投资分别比上年增长16.1%、14.7%、1.5%、8.7%。

2. 投资类型与施工建设特点

各类经济投资"两增三降"。2016年,上海商贸流通业固定资产投资总额中,股份制经济、外商港澳台商投资分别比上年增长68.1%、0.8%。国有、私营经济、其他经济投资分别比上年下降58.8%、36.1%、94.7%。

商贸流通业施工项目数量减少、大型设施建设增多。一是全年商贸流通业施工项目45个,比上年减少19.6%。其中:新开工项目18个,批发业、零售业、住宿业分别有7个、9个、2个项目。二是全年商贸流通业施工面积2 049万平方米,比上年减少1.3%。批发业、房地产商贸流通业设施投资的施工面积分别比上年增长92.6%、2.4%。三是全年商贸流通业新开工面积为418.41万平方米,比上年增长31%。主要是批发业、房地产商贸流通业设施新开工面积分别比上年增长245.3%、30.6%,股份制、私营经济投资项目的新开工面积分别比上年增长1 619.5%、61.8%。

商贸流通业竣工面积下降。全年商贸流通业竣工面积为270.52万平方米,比上年下降11.8%。其中:房地产商贸流通业设施投资的竣工面积比上年下降13.2%。全年批发业、餐饮业竣工面积为2.54万平方米、1.92万平方米,分别占商贸流通业竣工面积的0.9%、0.7%。

3. 商贸流通业行业投资建设各具特点

行业投资"一增三降":全年上海房地产商贸流通业设施投资占90%,比上年增长11.1%,增速比上年(2.1%)回升9个百分点。从行业看,批发业投资比上年增长81.8%,零售业、餐饮业、住宿业投资比上年分别下降33.9%、30%、26.9%。

行业投资各有特点。一是批发业投资"双增长":施工面积比上年增长(92.6%),新开工面积比上年增长(245.3%)。二是零售业投资"一多三降":行业施工项目数量多(9个),行业投资额、施工项目、施工面积、新开工面积分别比上年下降33.9%、30.8%、52.3%、74.5%。三是餐饮业投资"三降":行业投资额、施工项目、施工面积比上年分别下降30%、60%、80.2%。四是住宿业投资"双降",行业投资额、施工面积分别比上年下降26.9%、89.8%。

4. 上海市投资建设增速超过北京市

2016年北京全社会固定资产投资、房地产开发投资和商贸流通业行业固定资产投资规模均超过上海,体现了首都功能的持续效应。但全年上海全社会固定资产投资、房地产开发投资和批发零售业固定资产投资增速分别超过北京0.4个、11个、57.5个百分点,上海批发零售业固定资产投资规模超过北京23.8%(表8)。

表8 2016年上海市与北京市商贸流通业固定资产投资分类对比表 单位:亿元

指标	上海市	比上年增长(%)	北京市	比上年增长(%)	沪/京(%)
全社会固定资产投资总额	6 755.88	6.3	8 461.70	5.9	79.8
房地产开发投资额	3 720.67	6.7	4 045.45	−4.3	92.0
行业固定资产投资额	57.70	−8.5	75.90	−25.4	76.0
#批发零售业	37.15	6.8	30.00	−50.7	123.8
住宿餐饮业	20.63	−27.1	45.90	12.1	44.9

资料来源:上海市统计局、北京市统计局

五、商贸流通业创新发展与转型探索

1. 2016年主要工作成果

编制发布《"十三五"时期上海国际贸易中心建设规划》。聚焦优化贸易环境、提高贸易竞争力、扩大贸易规模、增强贸易功能等目标,提出6大任务举措和8个行动计划,明确了到2020年上海基本建成国际贸易中心的路线图和任务表。圆满完成G20贸易部长会议各项保障任务。

国家内贸流通体制改革发展综合试点形成一批可复制可推广成果。围绕"流通创新、市场规则、市场治理"三大领域,完成全部12个方面37项试点任务,内贸流通领域负面清单管理模式、以商务信用为核心的现代流通治理模式等9项试点成果纳入全国可复制推广经验清单,得到国务院领导的充分肯定。

平台经济发展持续加快。在金属、化工等领域建成5家千亿级、21家百亿级的功能性平台,平台经济交易额1.84万亿元,增长14.1%,上海钢联"中国大宗商品价格指数""中国铁矿石价格指数"已成为国内外市场风向标。

认定首批94家贸易型总部。营业收入(交易额)4.3万亿元,占全市内外贸总额的三分之一。系统构建标准化城市物流服务体系,在快消品、农产品、医药等行业开展全链条、跨区域试点,试点企业供应链效率提升35%,人工成本降低15%。

电子商务保持快速发展。开展"互联网+"

商务创新实践区建设，在平台服务、产业服务、科技服务等领域实施重点项目100多个，培育市级电子商务示范企业55家。推进社区电子示范点建设，累计建成400余个电商快递配送综合服务点、40余个农村电商服务站。

商务诚信建设取得突破。开通商务诚信公众服务平台，在全国率先打通公共信息和市场信用数据壁垒，信用信息覆盖近6万家企业，月均访问量达1.7万余次。建立政府间“事前告知承诺、事中分类评估、事后联动奖惩”的信用监管模式，形成了“政府监管、行业自律、企业自治、社会监督”四位一体的现代共治模式。牵头开展打击侵权假冒工作，加强互联网领域侵权假冒行为治理。单用途商业预付卡专项治理成效显著。

2. 2017年推进的主要工作

明确发展指标。商品销售总额增长7%左右，社会消费品零售总额增长7%以上，电子商务交易额增长20%左右；货物进出口力争实现增长，服务进出口增长10%左右，在全国的贸易份额稳中有升；实际使用外资、对外直接投资保持平稳、质量提升。

把握三个关键：一是提能级。核心是强化改革创新系统集成，深入推进自贸试验区建设和商务领域供给侧结构性改革。要加快构建开放型经济新体制，促进双向投资能级提升，激发市场活力。要打造亚太供应链中心城市政策体系，促进贸易价值链能级提升，增强贸易竞争力。要从供需两端发力，促进国际消费城市能级提升，释放消费潜力。二是强功能。重点是强化贸易集聚、资源配置和贸易创新等国际贸易中心核心功能。要以总部经济、平台经济、会展经济为重点，提升上海城市功能，不断扩大总部经济的集群效应、平台经济的国际影响力和会展之都的辐射力。三是补短板。主要是坚持问题导向，补齐软硬短板。深化内贸流通体制机制创新，增加有效制度供给，补好制度创新的短板，推进开放制度创新，营造法治化国际化便利化环境，补好营商环境的短板。

做好以下三方面重点工作：

一是着力服务国家战略，进一步打造对内对外开放新高地。以自贸试验区制度创新为示范引领，融入服务“一带一路”和长江经济带等国家战略，不断丰富创新内容，打造更高标准的投资贸易制度环境体系。

深化落实长江经济带商务引领工程。探索完善长三角市场一体化机制，建立长江经济带物流标准化托盘循环共用体系和农产品流通体系，推进区域信用体系建设一体化。加强与长江经济带省、市及国家级经开区跨区域合作，推动开发区品牌输出、人才交流、项目转移等一批实质性合作项目。

深化亚太示范电子口岸网络建设。研究落实WTO贸易便利化协定，建立全供应链数据互联互通互用机制，推进亚太示范电子口岸网络能力建设，形成更多的试点项目，吸引更多经济体加入。

二是着力推进内贸流通领域供给侧结构性改革，进一步实现流通降本增效。深化内贸流通发展体制机制创新，大力提升内贸流通信息化标准化集约化水平。

全面推进内贸流通创新发展。巩固拓展9项内贸流通体制改革试点成果，更好地发挥内贸流通基础性、先导性作用。实施市场流通创新专项行动计划，启动智慧供应链示范城市建设。

发展平台经济推动传统市场转型升级。建设6个千亿级交易市场（平台），新增20家左右贸易型总部企业。推动大宗商品期货和现货市场联动发展，复制推广自贸试验区大宗商品现货市场试点经验，出台加强大宗商品现货市场管理的相关规定，支持宝玉石交易中心能级提升。推广标准化托盘及其循环共用，促进流通业降本增效。

促进电子商务服务实体经济。加强电子商务市场主体培育和载体建设，支持电子商务经营模式融入实体经济，促进线上线下融合发展。深入推进“互联网＋商务创新”实践区建设，加强电子商务支撑服务体系建设，实施“物联网＋流通”行动计划。创建一批电子商务示范园区、示范社区和示范企业，培育一批钢铁、化工品、农产品等行业领域电子商务平台，打造若干电子商务创新创业孵化器,新设一批电子商务末端配送综合服务点和农村电商服务站。

着力构建现代流通治理模式。探索推进以商务信用为核心的流通治理模式,营造良好的市场流通秩序。深化商务诚信体系建设,推出一批商务信用评价企业、团体等标准和若干行业商务信用评价标准草案。推进一批市场信用子平台对接上海商务诚信公共服务平台。加大对互联网、知识产权、城郊结合部市场、食品药品领域等打击侵权假冒力度。完成单用途商业预付卡立法。推进药品流通追溯体系示范项目建设。

深化会展促进贸易功能。着力优化会展业发展环境,推动展览规模和质量同步提升,形成会展之都集聚效应。继续引进一批国际知名度高、行业引领性强的展会,力争全年举办40个10万平米以上的大型展会。办好第五届中国国际技术进出口交易会及海外展、上海车展等品牌展会。推进会展业立法,提升会展业公共服务平台功能。推进国家会展中心(上海)配套设施建设。

营造公平安全的贸易环境。健全集安全预警、调整援助、竞争力提升三位一体的产业安全保障与促进机制,形成产业国际竞争力评价的"上海标准"。打造覆盖上下游产业链的技术性贸易措施示范基地,设立与国际贸易相关的知识产权纠纷调解机构。

三是提高利用外资质量和水平。实施总部经济提质专项行动计划,落实跨国公司地区总部的支持政策,引导跨国公司拓展贸易、研发、物流和结算等全球营运功能,鼓励一批跨国公司地区总部升级为亚太区或更大区域的总部,支持徐汇、杨浦等探索创新总部经济政策,放大形成与科创中心建设的联动效应,全年新引进外资研发中心12家。全面实施外商投资管理备案制,建立外商投资备案企业事中事后监管新模式。(陈宇先)

2016年上海市零售业发展报告

2016年,上海各级商务主管部门和商业企业积极应对严峻复杂的经济形势,采取各种措施,努力促进零售商业健康有序发展。

一、上海零售业发展概况

1. 商品、服务"双轮"驱动,消费规模保持全国城市领先

商品消费实现"三个一"。"一个突破":全年上海社会消费品零售总额连续两年突破1万亿元(实现1.09万亿元),与北京市并肩成为全国首批突破零售额万亿元大关的城市。"一个达到":上海社会消费品零售总额比上年名义增长8%,比上年增速(8.1%)回落0.1个百分点,但增速达到了全市商务工作会议确定的年增长8%目标。"一个高于":上海社会消费品零售总额剔除零售价格指数,实际增长7.2%,高于全市国内生产总值可比增速(6.8%)0.4个百分点。

服务消费呈现"两个超过"。从指标比较看,全年上海实现社会服务业总产出2.47万亿元,比上年增长6.3%,社会服务业总产出增速超过全市工业总产值增速(0.7%);服务消费(社会服务业总产出)规模超过商品消费(社会消费品零售总额)1.38万亿元,为商品消费的2.3倍。

从指标增速看,在服务消费基数扩大的同时,增速逐步放缓,从2013年的9.1%,逐步回落至2014年的8.1%、2015年的6.7%、2016年的6.3%。全年社会服务业总产出增速低于社会消费品零售总额(8%)1.7个百分点。

从行业作用看,全年社会服务业总产出中,超过2 000亿元的行业分别为:租赁和商务服务业(11 322.46亿元,+8.1%)占45.9%,信息传输、软件和信息技术服务业(4 612.09亿元、+13%)占13%、科学研究和技术服务业(2 825.87亿元、+2.1%)占11.4%,三大行业居服务消费规模领先地位,合计占七成。

从紧密作用看,与人民生活密切相关的居民服务、修理和其他服务业,文化、体育和娱乐业两大行业的总产出,分别实现425.66亿元、574.53亿元,比上年增长8.9%、24.2%。

消费规模和增速实现"双超"。在拉动上海经济增长的"三驾马车"中,消费(社会消费品零售总额)领先增长,一是消费规模和增速连续7年超过投资,全年超过全社会固定资产投资总额4190.69亿元,增速超过投资1.7个百分点;二是消费(社会消费品零售总额)增速超过出口总额增速8.5个百分点(表1)。

表1 2016年上海消费、投资、出口指标完成情况

指标	完成情况(亿元)	比上年增长(%)	上年增速(%)
社会消费品零售总额	10 946.57	8.0	8.1
全社会固定资产投资总额	6 755.88	6.3	5.6
上海市出口总额	12 105.45	−0.5	−6.3

资料来源:上海市统计局

上海零售额增速超过北京、天津市,低于全国、重庆市。一是从零售规模看,依次是北京、上海、重庆、天津市。二是从零售增速看,依次是重庆、上海、天津、北京。上海零售额增速分别超过北京、天津市1.5个、0.8个百分点,但上海零售额增速低于全国、重庆2.4个、5.2个百分点,上海零售额的规模和增速排名已高于上年。三是从占全国零售额比重看,依次是北京、上海、重庆、天津市(表2)。

表2 2016年上海社会消费品零售额与全国、直辖市比较

规模排名	地区	社会消费品零售额(亿元)	比上年增长(%)	上年增速(%)	占全国比重(%)
	全国	332 316	10.4	10.7	100.0
1	北京市	11 005.10	6.5	7.3	3.3
2	上海市	10 946.57	8.0	8.1	3.3
3	重庆市	7 271.35	13.2	12.5	2.2
4	天津市	5 635.81	7.2	10.7	1.7

资料来源:各直辖市统计局

上海网上商店零售规模居前,增速低于全国和北京、天津、重庆市。一是从网上商店零售规模看,依次是北京、上海、天津、重庆市。二是从网上商店零售增速看,依次是重庆、天津、北京、上海。三是从占全国网上商店零售额比重看,依次是北京、上海、天津、重庆市。四是从对全市社会消费品零售总额增长的贡献度看,依次是北京、天津、上海、重庆市(表3)。

表3　2016年上海网上商店零售额与全国、直辖市比较

规模排名	地区	社会消费品零售总额(亿元)	＃网上商店				
			零售额(亿元)	比上年增长(%)	新增额(亿元)	对市零售贡献度(%)	占全国比重(%)
	全国	332 316	41 944	25.6	8 549.10	27.3	100.0
1	北京市	11 005.10	2 049.00	20.0	341.50	50.8	4.9
2	上海市	10 946.57	1 091.35	13.8	192.44	23.6	2.6
3	重庆市	7 271.35	245.99	45.3	76.69	9.0	0.6
4	天津市	5 635.81	383.14	44.6	118.17	31.2	0.9

资料来源:各直辖市统计局

2. 各类商品零售总体保持增势

(1) 从商品大类看,全年23个商品类别零售中,14个类别实现增长,增长面为60.9%,低于上年占比(74%)。其中:实现两位数增长的有8类,占34.8%,高于上年占比(26.1%)。从商品类别看:

一是吃的商品"两增一降"。零售额完成2 399.22亿元,占比21.9%,比上年增长4%,增速比上年(4.3%)回落0.3个百分点,其中:水产品、粮油、肉禽蛋、干鲜果品的零售额分别比上年增长18.5%、13.7%、8.5%、5.5%,蔬菜零售额比上年下降17.4%;烟酒、饮料类零售额分别比上年增长4%、下降3.3%。

二是穿的商品全面增长。零售额完成1 776.87亿元,占比16.2%,比上年增长11%,增速比上年(6.6%)提升4.4个百分点。其中:服装、鞋帽类分别比上年增长5.2%、60.8%,针纺织品类零售额比上年增长15%。

三是用、烧的商品升降互见。零售额分别完成6 205.12亿元、565.36亿元,占比56.7%、5.2%,分别比上年增长9.9%,下降1.5%,增速比上年(13.4%、−15.5%)回落3.5个百分点、降幅缩小14个百分点。

用的商品中,实现两位数增长的有:建筑及装潢材料、中西药品、家具、汽车、体育娱乐用品、家电和音像器材、服装鞋帽针纺织品、书报杂志等,比上年分别增长23%、20.9%、15%、13.2%、12.8%、11.9%、11.7%、11%。棉麻、煤炭及制品、机电产品及设备、电子出版物、金银珠宝、石油及其制品、五金电料等7类零售额比上年分别下降88.6%、59.3%、56.9%、22.8%、1.8%、0.9%、0.6%。

(2) 从行业销售看,批发零售业完成9 874.15亿元,比上年增长8.4%,增速比上年(8.2%)提升0.2个百分点;占社会消费品零售总额的90.2%。全年住宿餐饮业积极调整经营,扩大大众消费,零售额完成1 072.42亿元,比上年增长4.7%,但增速比上年(7.3%)回落2.6个百分点。

(3) 从经济类型看,非公混合经济继续"领跑",港澳台商、外商投资商业零售增速领先。全年国有、集体经济商业实现零售额277.69亿元,比上年增长6.3%;非公、混合经济商贸流通业实现零售额10 658.05亿元,比上年增长8.4%,增速比上年(8.1%)提升0.3个百分点,占全市零售总额的97.4%。其中:外商、港澳台商投资商业全年实现零售额3 984.39亿元,比上年增长9.8%,占全市社会消费品零售总额的36.4%;私营经济商业实现零售额2 078.70亿元,比上年增长2.3%,占全市社会消费品零售总额的19%。

3. 无店铺零售保持领先增长

(1) 无店铺零售占比、增速回落明显。据上海市统计局调查,全年上海无店铺零售额实现1 584亿元,占零售总额的14.4%,占比比上年(12.4%)提高2个百分点,比上年增长13.8%,增速比上年(26.9%)回落13.1个百分点。其中:网上商店零售额突破1 200亿元,占零售总

额的11.4%，比上年增长15.8%，增速比上年(31.6%)回落15.8个百分点。全年电视购物实现75.39亿元，比上年下降9.7%。

(2) 有店铺主要业态“升多降少”。全年上海有店铺零售额实现9 362.57亿元，占零售总额的85.5%，占比比上年(87.6%)回落2.1个百分点，比上年增长7.7%，增速比上年(5.9%)提升1.8个百分点。

从零售规模看，依次是专卖店、专业店、百货店、大型综合超市、仓储会员店、便利店、超市。从零售增速看，便利店、超市、专卖店、仓储会员店、专业店的零售额分别比上年增长10.6%、8.3%、4.4%、4.2%、1.9%；百货店、大型综合超市的零售额分别比上年下降2.8%、2%。

从增速提升看，依次是便利店、仓储会员店分别比上年增速提升9.3个、5.3个百分点，百货店、大型综合超市零售降幅有所收窄。从增速回落看，超市、专业店、专卖店，分别比上年增速回落0.2个、1.4个、2.3个百分点(表4)。

表4　2016年上海有店铺与无店铺零售额完成情况比较

规模排名	零售业态	零售额(亿元)	比上年增长(%)	上年增长(%)	占零售总额比重(%)
	社会消费品零售总额	10 946.57	8.0	8.1	100.0
一	有店铺零售	9 362.57	7.1	5.9	87.6
1	专卖店	2 192.29	8.3	10.6	18.5
2	专业店	991.70	1.9	3.3	10.6
3	百货店	592.50	−2.8	−3.5	6.0
4	大型综合超市	549.45	−2.0	−4.5	5.6
5	仓储会员店	223.79	4.2	−1.1	2.1
6	便利店	140.25	10.6	1.3	1.3
7	超市	39.59	4.4	4.6	0.4
二	无店铺零售	1 584.00	13.8	26.9	12.4
1	网上商店	1 249.77	15.8	33.6	7.5
2	电视购物	75.39	−9.7	0.8	0.8

资料来源：上海市统计局

二、上海零售业发展特点

1. 各区零售额全面增长

全年各区社会消费品零售总额比上年增长7.7%，其中：浦东新区、中心城区、郊区的商品销售额分别实现2 037.33亿元、3 703.03亿元、4 613.15亿元，比上年增长8.2%、4.7%、10.1%，均超过上年增速，其中：随着市区人口大规模迁移，郊区大型商业设施建设加快，消费便利化日益突出，郊区的零售增势强劲，零售规模和增速连续三年双双超过中心城区，增速比上年提高0.7个百分点。

(1) 从销售规模看，年零售额超过500亿元有10个区，占总数的62.5%，比上年占比(50%)提升12.5个百分点。分别是浦东新区、嘉定区、闵行区、黄浦区、宝山区、徐汇区、静安区、普陀区、青浦区、松江区。

(2) 从销售增速看，16个区的零售总额均实现比上年增长，增长面为100%。其中：实现两位数增长的有：嘉定区(13.4%)、金山区(11.3%)、崇明区(10.3%)、青浦区(10.1%)、奉贤区(10%)5个区(表5)。

表 5　2016 年上海各区社会消费品零售总额指标完成情况对比表　　单位:亿元

各区	2016 年	当年增速(%)	上年增速(%)	规模排名	增速排名
全市总计	10 946.57	8.0	8.1		
全市各区合计	10 353.51	7.7	7.0		
浦东新区	2 037.33	8.2	8.3	1	8
中心区小计	3 703.03	4.7	4.4		
黄浦区	799.18	1.0	1.7	4	16
徐汇区	634.86	5.8	4.0	6	13
长宁区	295.35	7.9	4.3	15	10
静安区	623.16	7.1	6.1	7	11
普陀区	585.23	3.3	3.0	8	14
虹口区	296.67	3.2	5.2	14	15
杨浦区	468.58	6.9	3.7	12	12
郊区小计	4 613.15	10.1	8.8		
闵行区	892.41	8.3	5.1	3	7
宝山区	642.54	8.1	6.0	5	9
嘉定区	989.49	13.4	10.5	2	1
金山区	413.98	11.3	12.3	13	2
松江区	538.47	8.5	8.6	10	6
青浦区	538.73	10.1	10.2	9	4
奉贤区	490.31	10.0	12.0	11	5
崇明区	107.22	10.3	12.1	16	3

资料来源:上海市统计局

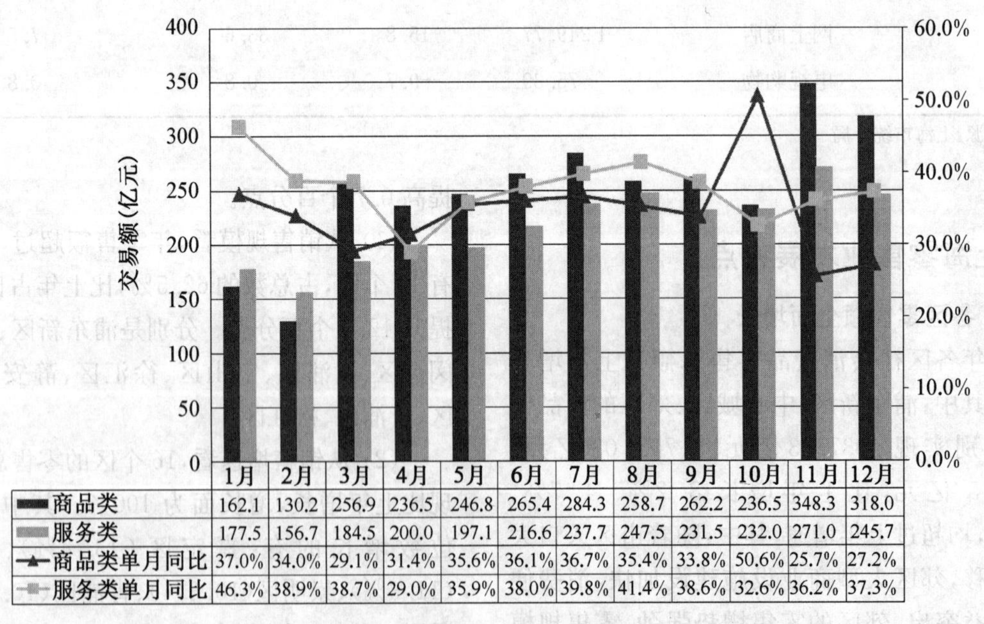

	1月	2月	3月	4月	5月	6月	7月	8月	9月	10月	11月	12月
商品类	162.1	130.2	256.9	236.5	246.8	265.4	284.3	258.7	262.2	236.5	348.3	318.0
服务类	177.5	156.7	184.5	200.0	197.1	216.6	237.7	247.5	231.5	232.0	271.0	245.7
商品类单月同比	37.0%	34.0%	29.1%	31.4%	35.6%	36.1%	36.7%	35.4%	33.8%	50.6%	25.7%	27.2%
服务类单月同比	46.3%	38.9%	38.7%	29.0%	35.9%	38.0%	39.8%	41.4%	38.6%	32.6%	36.2%	37.3%

图 1　2016 年上海市电子商务 B2C 网购交易额同比增长情况(月度)

2. B2C 网络购物发展迅速

B2C 网络购物包括网购商品和网购服务两个方面。2016 年，上海市 B2C 网络购物实现交易额 5 603.7 亿元，比上年增长 35.4%，成为新常态下拉动国民经济发展的一抹亮色。其中：商品类网络购物交易额 2 991.9 亿元，服务类交易额 2 611.8 亿元，分别增长 32.9% 和 38.3%，商品与服务网购规模趋于平衡(图 1)。

商品类 B2C 竞争激烈。B2C 网络购物的交易参与对象以自然人为主，需求更加多样化，是目前增长最快也是竞争最为激烈的电子商务领域。其中，商品类交易规模较大。根据国家统计局汇总的数据，从全国范围来看，B2C 商品类交易额约是服务类的 7.5 倍。从上海市前 50 位商品类 B2C 电商企业行业分布情况来看，综合百货和建材家居牢牢占据前两位(图 2)。

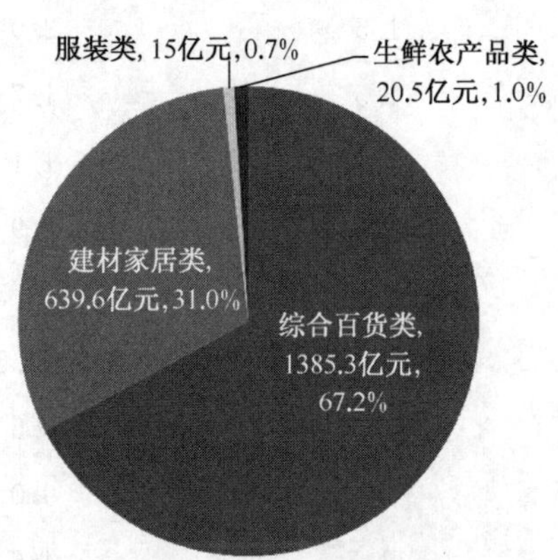

图 2 2016 年上海市商品类网络购物交易分类情况（前 50 位企业）

依托良好的经济基础和旺盛的消费需求，目前上海市已经拥有国美、1 号店、易果网等一大批行业翘楚，B2C 商品类电子商务整体发展水平位居全国前列。但同时也存在明显的短板，缺少像阿里巴巴这样对网络购物行业具有绝对控制力的企业。B2C 网络购物与传统购物模式相比，一大特点就是突破了地域的限制。行业竞争不再局限于一时一地，而是全国乃至全球范围内的直接竞争，且业务拓展门槛较低，市场巨头可以轻易介入新兴 B2C 网购领域，容易形成赢者通吃的局面。目前上海市主要 B2C 电商企业背后均有 BAT 资本背景。从这个意义上讲，上海市 B2C 网络购物发展仍面临严峻的攻坚战。

加快发展服务类 B2C。当网购商品的购物模式已经被越来越多的人所熟悉，“6.18”“双十一”“双十二”等网络购物节消费已经成为常态的情况下，2016 年红黄蓝各种颜色的外卖电动车和共享单车牢牢占据了我们的视线，服务类 B2C 成为令人眼前一亮的新兴增长点。

从旅游(机票酒店景点)服务和演艺票务服务开始，到前两年火热的汽车出行服务，服务类 B2C 电子商务不断拓宽覆盖领域。2016 年，网上订餐服务迎来爆发期，新美大(美团、大众点评)、饿了么、百度外卖和口碑外卖竞争激烈。其中饿了么与大众点评均为本地企业，饿了么日单量突破 500 万单、大众点评与美团合并后成立新美大，日单量达到 430 万单，是上海市 B2C 增长亮点。艾瑞网发布的《2016 年中国外卖 O2O 行业发展报告》认为，2016 年全国外卖 O2O 市场规模将达到 715.8 亿元，同比增长 61.8%。下半年，摩拜单车、ofo、小鸣单车等共享单车企业又齐齐发力上海市场，一时间成为各方关注焦点。从携程到大众点评、蜘蛛网，服务类 B2C 一直都是上海市的强项，较高的服务类 B2C 占比也是上海市区别于其他城市的特点之一(图 3)。

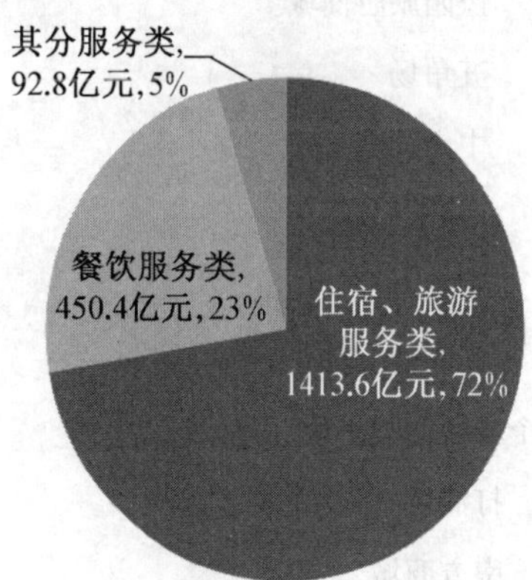

图 3 2016 年上海市服务类网络购物交易分类情况（前 50 位企业）

3. 中心城区商圈销售恢复增长，郊区商圈增速减缓

全市商圈零售平均增长面为 72.4%。据市商务发展研究中心监测,2016年,上海市29个重点商圈中,有21个商圈销售呈现增长,增长面为72.4%,比上年占比(69%)提升3.4个百分点。城区和郊区商圈销售增速分别比上年增长16.8%、5.1%,好于市级商圈增速15.3个、3.6个百分点。

市级商圈零售额增长面为58.3%。12个市级商圈销售额比上年增长1.5%,虽然增速比上年回落了0.5个百分点,但总体扭转了多年来的销售下降局面。销售实现两位数增长领先的是:中环真北、五角场、新虹桥-天山商圈;销售下降的依次是小陆家嘴-张杨路、大宁、徐家汇、豫园商城、中山公园5个商圈。

区级商圈零售额增长面为87.5%。8个区级商圈零售额比上年增长16.8%。增速比上年提升12.6个百分点。除南方商城商圈销售下降外,其他各个商圈销售均保持增长,实现两位数增长的是:北中环、御桥、世博、长风商圈。

郊区商圈零售额增长面为77.8%。9个郊区商圈零售额比上年增长5.1%,增速比上年提升3.7个百分点。除嘉定老城、七宝商圈销售下降外,其他各个商圈销售均保持增长,实现两位数增长的是:松江新城南区、奉贤南桥、金山新城商圈(表6)。

表6 2016年上海重点商圈营业收入增长情况

商圈名称	所在区县	样企业销售增长(%)	
		2016年度	2015年度
12个市级商圈小计		1.5	2.0
南京东路	黄浦区	1.5	1.7
南京西路	静安区	5.9	1.1
淮海中路	黄浦区	8.2	2.9
四川北路	虹口区	4.6	−3.5
徐家汇	徐汇区	−4.5	−1.5
小陆家嘴-张杨路	浦东新区	−7.9	7.6
豫园旅游商城	黄浦区	−5.8	9.0
五角场	杨浦区	11.7	4.6
中山公园	长宁区	−1.2	−0.4
中环真北	普陀区	17.6	−0.1
闸北大宁	闸北区	−5.9	2.9
新虹桥-天山	长宁区	11.5	22.2
8个城区商圈小计		16.8	4.2
打浦桥	黄浦区	4.5	1.3
南方商城	闵行区	−4.2	2.0
长寿路	普陀区	0.3	−4.0
曹家渡	静安区	0.9	−5.5
普陀长风	普陀区	14.4	10.8
浦东御桥	浦东新区	34.5	0.1
北中环	宝山区	39.9	−9.0

续表

商圈名称	所在区县	样企业销售增长(%)	
		2016 年度	2015 年度
世博源	浦东新区	16.2	80.7
9 个郊区商圈小计		5.1	1.4
嘉定老城	嘉定区	－6.9	－4.5
松江新城北区	松江区	6.7	13.6
松江新城南区	松江区	27.0	0.8
莘庄新城	闵行区	2.0	1.4
闵行七宝	闵行区	－8.2	0.6
金山新城	金山区	10.4	0.1
奉贤南桥	奉贤区	13.2	4.7
青浦老城	青浦区	3.2	－7.6
青浦赵巷	青浦区	4.5	22.0

三、上海零售业转型发展加快

1. 2016 年主要工作成果

上海零售业积极挖掘消费增长潜力，商业转型升级取得明显成效。

国际消费城市建设卓有成效。黄浦、静安设立国际消费城市示范区，聚焦制度创新、功能拓展、服务提升、品牌集聚等重点，创造新供给、释放新需求。上海零售商集聚度居全球第三，国际知名高端品牌入驻率达 90%，全国 180 个设计师和 80 个买手店品牌纷纷入驻。上海成为国际高端品牌、国内知名品牌聚集地和全国最大进口消费品集散地。

健全会商旅文体联动合作机制。上海旅游节等 22 个示范项目年吸引客流逾 4 000 万人次。2016 上海购物节举办主题活动 100 余场，覆盖 2 万余家门店，销售比上年增长10.2%，“双十二”线下促销活动有 5 万商家、300 多万市民参与。推出 50 种“上海优选伴手礼”，“魔都消费卡”注册用户突破 10 万人。上海时装周国际影响力不断提升。

深入实施国家境外旅客购物离境退税政策。235 家退税商店共开具退税单 1.6 万单，退税物品销售额 2.4 亿元，业务规模居全国第一。

重点商圈、重点商业项目建设和改造升级加快。开展智慧商圈建设试点，三年滚动实施 90 项商业转型升级重点项目，涉及总投资 793 亿元。商圈改造升级成效显著，升级 67 条特色商业街区，建立特色商业街区发展联盟，打造多业态多功能融合的新型立体商业模式，上海大悦城、七宝万科广场等成为消费新地标。

生活性服务业提质发展加速。启动实施家政、餐饮、美丽时尚、幸福婚庆、家电维修五大生活性服务业提质计划，长宁“互联网＋生活性服业”创新试验区“一照多址”等政策创新试点取得重要进展。开展家政持证上门服务试点，50 家服务机构 1.4 万名从业人员获得家政上门服务证。创建“绿色餐厅”1 400 多家，新建早餐示范门店 31 家，早餐工程企业已占全市正规早餐网点供应量的 70%左右。

主副食品市场保供稳价基础更加夯实。加强产销对接，建立上海市“菜篮子”与外省市“菜园子”产销对接机制，在江苏、山东等地设立首批 6 个外延蔬菜基地。全面完成市政府实事项目，新建改建标准化菜市场 102 家；大力推动传统菜市场转型升级，建成以上蔬永辉为代表的新模式菜市场 26 家和以自助售菜机为代表的智慧微菜场 1 064 家。夯实重要产品追溯体系建设，肉菜流通追溯运行考核得分居全国前列。

2. 2017 年推进工作重点

着力推进流通供需衔接,进一步发挥消费对经济增长的促进作用。顺应消费结构升级和需求变化趋势,形成"国内国际、双管齐下"的消费发展格局,满足群众日益增长的消费需求。

引导提升商业消费供给品质。以建设国际消费城市为抓手,着力提升品牌集聚度、消费贡献度、消费创新度、时尚引领度和消费便利度。

实施新消费引领专项行动计划。合理调控商业增量和存量,推进一批商业转型升级重点项目,大力发展个性化、体验式消费。支持上海国际时装周增强辐射力和影响力,扩大时尚消费。

深化国际消费城市示范区建设。培育一批特色商街、商圈、商店,增加优质进口商品直销渠道,扩大离境退税商店规模和布局,支持社区商业精细化、集成化、平台化发展,放大会商旅文体联动示范项目效应。引导企业调整业态结构、加快跨界融合,促进零售业创新转型,推动老字号改革提升发展,吸引国内外品牌集聚。

引导生活性服务业精细化、高品质发展。以家政服务、餐饮服务、居民生活服务为重点,增加优质服务供给,着力扩大服务消费。实施生活性服务业提质专项行动计划,深化长宁"互联网+生活性服务业"创新试验区建设,推进生活服务业领域市场准入改革、监管模式创新。实施"服务到家"计划,支持杨浦等区率先建设一批社区便民服务到家示范点。推进家政服务体系建设,推广家政服务人员持证上门服务,培训 3 万名家政服务人员。推进建设早餐示范门店实事工程,创建 500 家"绿色餐厅"。倡导家电维修标准化服务。支持宝山"幸福产业示范园区"建设。

创新食用农产品市场供需模式。完善大市场、大流通、公益性农副产品市场体系建设,落实保供稳价"区长负责制","五管齐下"抓好"菜篮子"工程。加大组织供应,建立 30 家控成本、可追溯、稳供应的紧密型规模化外延蔬菜基地。提高产销对接效率,改革蔬菜供应体系,推动西郊国际等批发市场转型升级,支持农产品"批零联盟"模式发展。推动菜市场规划落地,新建 30 家新型示范性标准化菜市场。加快发展产供销一体化食用农产品流通模式,推广新模式应用,建设 300 家基地直采、冷链配送、自助售菜为一体的社区智慧微菜场。(陈宇先)

2016 年上海市水产行业发展报告

2016 年是"十三五"开局之年,上海水产行业深入贯彻落实创新、协调、绿色、开放、共享的新发展理念,紧紧围绕水产发展"十三五"规划和年初确定的工作目标,加快水产转方式、调结构,着力推进水产供给侧结构性改革和补短板,较好地完成预定的各项工作任务,取得较大成效,实现"十三五"上海都市现代水产发展良好开局。

一、行业概况

2016 年全市水产品总产量达 29.73 万吨,比上年下降 8.2%。渔业总产值达 53.15 亿元,比上年下降 5.3%。渔民人均收入达 26 321 元,比上年增长 2.3%。

2016 年,全市主要水产批发市场(铜川、百川、东方国际、恒大、江阳、江杨、上农批、沪太、舜渔、浦南、长兴岛、龙门)水产品交易总量 82.15 万吨,比上年 83.09 万吨减少 9 394 吨,降幅为 1.1%;交易总额 276.99 亿元,比上年 280.33 亿元减少 3.34 亿元,下降 1.2%。

二、工作成效

1. 以科技创新为重点,水产养殖业补短板扎实开展

加快推进种源渔业建设。有序推进水产原(良)种场建设,上海市已建成国家级水产原(良)种场 1 家,市级水产良种场 7 家,区级水产苗种场35家。加大优质苗种供应,“三虾一蟹”的良种覆盖率得到提高。会同市财政局研究出台水产原(良)种保种和亲本更新补贴政策,大大降低良种培育成本,提高苗种场的生产积极性。开展市外种源发展专项调研工作。市水产科研部门攻克刀鲚子二代人工繁育、美洲鲥鱼陆基亲本培育、褐菖鲉人工繁育等技术难关,为养殖业转方式调结构及渔业资源修复打下了良好基础。

加快推进“三虾一蟹”产业技术体系建设。中华绒螯蟹第一轮产业体系选育出的拥有上海完全自主知识产权的河蟹品种“江海21”被农业部公告为国家水产新品种,已在全国14个省市区养殖,年养殖面积超15万亩,年创产值超5亿元。松江区“三泖”牌黄浦江大闸蟹以纯正优良的种质、肉质甜美的口感、规格硕大的体型,独揽2016年“王宝和杯”全国河蟹大赛最佳种质奖、最佳口感奖、金蟹奖三大奖项。第二轮产业体系已完成首席专家遴选,即将进入实施阶段。虾类产业技术体系启动以来进展顺利,尤其在2016年多雨低温的情况下发挥技术支撑关键作用,确保虾农的养殖效益。

水产养殖结构逐步得到优化。松江区以黄浦江大闸蟹为代表的名特优养殖面积规模已超过整个水面积的55%。

积极探索种养结合等水产“生态+”发展新模式。金山区枫泾镇虾稻共作生态养殖、崇明县陈家镇立新村泥鳅蟹种混养、松江区水产良种场五库基地集聚式内循环流水养鱼、嘉定区龙虾稻田生态养殖、光明集团长江总公司稻蟹混养等模式试点取得初步成功。

贯彻落实《上海市养殖业布局规划》。加强相关养殖池塘复垦情况的统计和督查,保证规划内养殖面积稳定。同时积极推进标准化水产养殖场建设,全年完成25个标准化水产养殖场项目验收,总面积为118.28万平方米;新批复22个标准化水产养殖场建设项目,总面积为15.53万平方米。

创新开展淡水养殖保险工作。修订完善保险条款,适应南美白对虾新型养殖模式,2016年,南美白对虾承保面积达15.86万亩,比上年增长18.8%。同时拓展新险种,南美白对虾目标价格保险率先在奉贤试点成功,投保面积达48.67万平方米。

水产养殖发展空间得到进一步拓展。奉贤区不断扩大域外养殖基地面积,在新疆示范推广南美白对虾良种苗和健康养殖技术,全疆南美白对虾年产2 000吨。

水产养殖信息化得到推进。光明食品集团在上海农场和长江总公司进行水产物联网示范推广建设,管理软件已完成开发并进入测试阶段,推广面积超过1 500亩。

2. 以国内渔业油价补贴政策调整为契机,捕捞业转方式调结构加快推进

紧紧抓住国家决定从2015年起对国内渔业捕捞和养殖业油价补贴政策作出调整的重要契机,会同市财政局研究出台上海市2015—2019年国内渔业捕捞和养殖业油价补贴政策调整实施方案,加快推进捕捞业转方式、调结构,下大力气加快推进本地捕捞渔船减船拆解,进一步压减近海捕捞渔船,引导渔民转产转业,保护近海渔业资源和生态环境。同时,规范有序促进远洋渔业发展,进一步延伸和拓展远洋渔业产业链,抓住横沙渔港开港机遇,鼓励和支持远洋渔业企业进一步提高产品回国比例。2016年,上海市远洋渔业企业共回运68 017吨自捕水产品,占远洋捕捞产量的54%。上海水产集团加快以定向增发为核心的发展项目实施,投资6 100万欧元成功收购西班牙ALBO公司100%股权并顺利交割。

3. 以渔业信息化为抓手,助推渔业生产安全形势和秩序平稳向好

在做好常规执法监管工作的同时,加快推进完善上海市渔港渔船监管、内陆渔船“三证合一”管理及横沙一级渔港监管三大信息系统建设,会同相关部门推进水产品质量追溯体系建设,有效提升渔业管理效率、能力和水平。水产品质量安全水平持续稳定向好,2016年,市农委水产办共组织抽检630份水产品,合格率100%。落实安全生产工作责任制,加强督察检查,积极组织做好防汛抗台各项工作。上海地区无重特大渔业安全事故发生,渔业安全生产形势平稳可控。2015年市政府第94次常务会议决定,于2015年10月至2016年年底在全市范围内开展清理取缔涉渔"三无"船舶专项行动,全市共清理取缔各类"三无"船舶6 989艘,陆上共拆除清理违章搭建13 000余平方米。在高压严管态势之下,长江上海段和杭州湾水域"三无"船舶大规模违法捕捞现象基本绝迹,内陆水域及陆上"三无"船舶聚集点违章搭建数量大幅下降,水上及沿岸管理秩序呈现质的飞跃。同时,清理取缔"三无"船舶的各项长效管理机制正不断健全。

4. 以实施水生生物增殖放流为常态,渔业生态资源养护不断加强

上海市共投入各类增殖放流资金1 763.5万元,在重要渔业水域放流各类苗种14 237.8万尾(只),同时有序推进海洋牧场示范区建设等生态修复工作,取得良好的社会和生态效益。特别是农业部和上海市政府于2016年11月18日在长江口共同举办"拯救国宝中华鲟共促长江大保护"增殖放流活动,农业部部长韩长赋、上海市市长杨雄等出席活动并讲话,现场共放流85尾全长在1.6米以上的中华鲟,还有3.9万余尾国家二级保护动物胭脂鱼和2万尾松江鲈鱼。2016年中华鲟保护区崇明基地建设项目基本建成,以中华鲟为代表的水生珍稀野生动物保护得到加强。

5. 发挥行业专业优势,推动水产标准化工作

制定上海现代农业(水产业)标准体系建设三年规划和参与制定市农委"十三五"标准化规划。强化标准制修订项目管理,梳理、分类渔业水产方面的国家、行业、地方标准878项。

水科院东海水产研究所、上海市水产研究所、上海出入境检验检疫局动植物与食品检验检疫技术中心分别完成《虾蟹微孢子虫的分子检测技术规程》《池塘温室南美白对虾、罗氏沼虾三茬轮养技术规程》《主要经济鱼类品种的分子鉴定方法》三项市农委预研制标准项目的编写。市农委批准立项五项标准预研制项目:"无毒菊黄东方鲀养殖生产技术规程""长江刀鲚人工繁育技术规程""养殖河豚增殖放流技术规程""松江鲈鱼规模化人工繁育技术标准""翘嘴鲌增殖放流技术规程"。

6. 坚持引导行业自律,推进诚信水产建设

第十二次开展上海大闸蟹诚信经营活动。经大闸蟹经营企业网上申报,签署《上海大闸蟹诚信经营企业承诺书》,组织有关水产批发市场、专业部门等专家评价,并按规定程序在协会网站公示,听取社会和业界意见,向社会推荐上海大闸蟹诚信经营示范企业18家,诚信经营企业28家。

第十三次开展上海名优食品(水产类)评选活动,经上海名优食品评审委员会审议通过,认定13家企业13个品牌22个产品(系列)为"2016年度上海名优食品(水产类)"。

7. 加强内外交流互动,扩大上海水产影响

2016年8月24日,"2016长三角水产发展论坛"在浦东新区上海凌海国际农产品贸易中心成功举办。浙、苏、皖、沪三省一市水产行业协会同行及企业代表90多人相聚上海,围绕水产批发市场建设,供给侧结构改革的主题,共同研讨水产行业的转型发展,探索进一步加强区域交流与合作,促进长三角水产业可持续发展,共商为长江三角洲城市群发展做贡献的愿景。市社团局、商务委、农委派员出席。论坛编发的《2016长三角水产发展论坛文集》共收入49篇文章。

2016年8月25—27日,2016第十一届上海国际渔业博览会暨2016第十一届上海国际水产养殖展览会在上海新国际博览中心举办。展会与上海国际冷冻冷藏食品博览会暨上海国际餐饮食材展览会、上海国际调味品及食品配料展览会、上海国际餐饮博览会暨餐饮加盟及数字化管理展览会三大主题展会同期联展,展示面积36 000平方米,美国、韩国、厄瓜多尔、加拿大、法国、挪威、越南、马来西亚、冰岛、智利、巴基斯坦、西班牙、阿根廷、泰国、新西兰、荷兰、澳大利亚等多个国际展团集体亮相现场,国内外近800家企业参展,展品包括水产养殖、生产加工、经销、餐饮食材等诸多领域。展会期间观展人数45 786人次,其中前来观摩洽谈的外商观众有5 829位,为水产行业发展、企业招商引资、经贸洽谈带来诸多商机。

2016年10月21日—10月24日，2016第十一届上海国际休闲水族展览会在上海农展馆成功举办。中国渔业协会常务副会长、水族协会会长林毅先生出席启动仪式。期间，市农委邵启良秘书长、水产办陈峥嵘主任莅临展会观展。展会以“缤纷水族、和谐生活”为主题，坚持活体观赏鱼展示、比赛等上海特色，举行“伊罕杯”七彩神仙鱼大赛、“年年有鱼杯”龙鱼大赛、“爱宠杯”锦鲤鱼大赛。展会“龟谷”展区扩大到1 400平方米，参展企业30多家，展示高中低档宠龟、各种龟粮、龟文化图书、龟文化知识讲座，龟义诊服务等活动。据统计，前往观展的人数在7 000人次，其中专业观众约800人次。

全年水产行业还举办了以下活动：1月15日—17日，2016上海西郊国际特色农副产品迎春大联销在上海西郊国际农产品展示直销中心举办。1月22日，2016上海新春农产品大联展在上海农业展览馆举办。3月29日，2016上海高端食品与饮料展在上海新国际博览中心馆举办。5月5日—7日，2016年中国国际食品和饮料展览会（SIAL中食展）在上海新国际博览中心举办。5月9日，2016中国进口食品产业链发展峰会在上海裕景大饭店举行，17个国家与地区的代表250多人参加会议。6月14—15日，2016第二届中国国际食品、肉类及水产展览会在新国际博览中心举办。11月7日—9日，第20届上海国际食品饮料及餐饮设备展览会（简称FHC）在上海新国际展览中心举办，共有来自73个国家和地区的2 350家企业参展。11月12日—13日，第十届世界华人虾蟹养殖研讨会在上海海洋大学隆重召开。11月15日，第十届蟹文化节暨2016“王宝和杯”全国河蟹大赛在王宝和大酒店举行。来自上海、江苏、安徽、浙江、江西、山东、河南等十省市30多个县市近70家养殖单位选送的河蟹参加。上海宝岛蟹业有限公司、上海光明特种水产有限公司、江苏蟹都汇水产有限公司等会员企业获得金蟹奖。

8. 市场布局大力调整，客户转移顺利有序

2016年6月28日，上海最大的淡水鱼市场沪太水产批发市场关闭，原在该市场经营的64家淡水鱼商家全部迁至位于嘉定区安亭镇方泰嘉安公路3333弄的嘉燕商品交易有限公司淡水鱼批发交易区落户。2016年10月31日，上海最大的水产市场铜川路水产批发市场正式关闭，2 000多户水产商户分别入驻江杨、江阳、东方国际、凌海国际、嘉燕等水产市场。（上海市水产行业协会）

2016年上海市石材行业发展报告

据初步统计估算，自1986年华亭宾馆上海第一幢石材幕墙工程竣工以来，上海已建单体超过5 000平方米的石材幕墙工程数量超过5 000幢，面积超过1亿平方米。石材装饰更广泛应用于建筑的墙地面、广场、台面板等，目前几乎所有建筑装饰都或多或少，或主体或点缀要用到石材。20多年来，上海城市已建建筑石材应用沉淀已经超过7.5亿平方米，数量之大，增长之快，在全世界其他城市是绝无仅有。上海是全球石材用量最大增长最快的城市。

石材行业主要以天然装饰石材为主，同时也包括人造石、砂石。天然石材和人造石主要是建筑装饰材料，砂石为建设工程基础材料。本报告以天然石材为主，同时为了照顾行业的覆盖性，也会带到人造石、砂石的行业发展情况。

一、行业现状

1. 市场使用情况

天然石材使用情况。2016年12月底，上海有各类石材企业2 000多家，石材供料备案企业

238家。从业人员15万人。2016年全年上海石材工程应用5 500万平方米,建筑安装工作量350亿元,产业产值550亿元。天然石材又分花岗石、大理石、砂岩、石灰石、板石等。2014—2016年,天然石材使用量分别为5 800万平方米、6 100万平方米、6 200平方米,合计体积分别为:160万立方米、170万立方米、175万立方米,合计重量分别为420万吨、450万吨、460万吨(表1、表2)。

表1　2014—2016年上海市场石材使用情况

年份	天然石材使用面积(万立方米)	天然石材使用体积(万立方米)	天然石材使用重量(万吨)
2014	5 800	160	420
2015	6 100	170	450
2016	6 200	175	460

表2　2014—2016年上海市场天然石材使用情况　单位:万平方米

年份	合计	花岗石	大理石	砂岩	石灰石	板石
2014	5 800	2 900	2 300	350	180	70
2015	6 100	2 970	2 400	360	190	80
2016	6 200	3 100	2 420	400	200	80

人造石使用情况。人造石又分实体面材、艺术石、合成岗石、微晶石、水泥基人造石等。2014—2016年人造石使用量分别为400万平方米、550万平方米、700万平方米,合计重量分别为30万吨、40万吨、50万吨。尽管人造石在石材使用中占比偏低,约为10%,但增长速度较快(表3)。

表3　2014—2016年上海市场人造石材使用情况　单位:万平方米

年份	合计	实体面材	艺术石	合成岗石	微晶石
2014	400	240	80	50	30
2015	550	330	110	70	40
2016	700	420	140	80	60

砂石使用情况。砂石是建设工程基础材料。上海砂石市场需求跟上海地区宏观经济发展和建设工程量成正相关关系,2014年比2013年增长15%,2015年比2014年增长12%,2016年比2015年下降5%(表4)。

表4　2014—2016年上海市场砂石使用情况　单位:万平方米

年份	建筑用石	建筑用砂	砂石总量	同比增长(%)
2014	1.10	0.60	1.70	15
2015	1.23	0.67	1.90	12
2016	1.17	0.64	1.81	−5

2. 行业企业情况

2016年12月底,上海有各类石材企业2 000多家。业态上分为石材进出口、一次加工、批发、二次加工(工程供料)、石材养护、砂石、人造石等细分行业。从规模上分,石材行业以小微企业为主。2016年,产值10亿元以上3家;5亿～10亿元5家;1亿～5亿元17家;2 000万到1亿元187家;其余均为2 000万以下企业。

3. 石材管理和自律现状

一是对石材供料企业实行备案。石材备案企业238家,行业产值覆盖率约为87%。二是使用协会制定的“石材质量保证书”。在市安质总站的支持下,实施第三代电子质保书,工程现场的使用率约在75%。三是由协会对每家石材企业颁发质量诚信手册,进行质量诚信考核,年底公布质量诚信50强。四是由协会和市工商局发布石材供料示范合同文本。2016年使用3 100份,金额235亿元。五是2016年底由协会推荐合格供应商名单280家、优秀供应商名单40家。

4. 砂石管理和自律情况

一是对石子生产企业进行备案。建筑用石备案26家,建筑用砂(协会备案)35家,再生骨料备案6家。行业产值覆盖率达到93%。二是由协会印制质保书。为了建立砂石质量追索,质保书采用定企业抬头、定编号、动态管理的办法。三是由协会根据黄浦江船上交易价每周采集发布上海市场砂石交易价,为外省市砂石生产企业、经销企业、搅拌站提供交易参考,目前已经成为行业交易的权威参考价格。四是由协会和市工商局联合发布《砂石交易示范合同文本》,目前使用率在65%。五是2016年底由协会推荐砂石合格供应商24家。六是由协会给每个砂石企业颁发诚信手册,进行诚信考核,年底公布诚信30强企业。

5. 行业人才情况

人才结构。据协会统计,2016年,协会会员中大专以上人员2.1万人,占全部调查企业员工的24.5%,比上年提高1.5个百分比;初级职称以上1.3万人,占全部调查企业员工的15.2%,提高0.9个百分比。但总体上人才结构比例偏低。

人才培养。由协会与市建交委人才考核中心联合举办的石材施工员、石材施工管理师、石材养护师岗位资格,已累计培训发证2 300余名。由协会开展砂石质量管理员培训。在砂石、混凝土搅拌站市场化推广,656名专业人员经过培训并持证上岗。这些持证上岗人员已经成为石材行业第一线的业务骨干。

二、行业特点

1. 石材企业数量多,规模小,行业品牌企业较少

目前,上海建设工程总量没有减少,但工程数量减少,体量增加,对石材供料和施工的要求在不断提高。尤其需要石材加工、石材工程设计、石材工程施工综合性能力企业。上海纯石材出身的一级幕墙、装饰资质企业只有3家,二级资质企业为22家,石材制作劳务分包企业72家,石材供料备案企业238家,与近2 000家石材企业相比,主动纳入石材工程产业链和具备相应工程能力的企业还偏少。

2. 产业链长,信息不对称,市场较混乱

石材从开采、一次加工、批发、多次加工、供料、施工,链条长,信息不对称,造成名称混乱,国产冒称进口、价格相差大、计量计价标准不统一等问题,严重影响行业发展的良好环境。

3. 缺乏石材专业技术人员

石材应用有石材测量师、石材放样师、石材加工员、石材施工员、石材现场管理员等非常专业的不同岗位。尽管协会已经实施石材岗位资格培训达6年,合计培训专业人员2 300余人,并且已经将石材岗位资格纳入市建管委人才认证考核中心的统一体系,但还是满足不了市场的需求。

三、存在问题

1. 石材工程安全质量隐患较多

目前正规设计院对石材不熟,只出效果图,出不了石材放样图、加工图、施工图的,这些均要石材企业去做;业主总包装饰企业一般将石材分包给石材企业专业做,但石材企业是没有施工资质;监理不熟悉石材,也不研究标准,一般对石材工程很难做到正规严格的监理;由于最低价中标,又缺乏监督,石材工程偷工减料、不符合标准供料和施工现象普遍,石材工程的总安全质量隐患较多。

2. 在石材工程施工领域,没有作为一个独立专业纳入管理

目前涉及石材专业施工的,只有石材制作劳务分包资质;在建筑施工专业承包领域,是纳入建筑幕墙、建筑装饰的,而建筑幕墙一开始就是以玻璃幕墙为主建立一套标准和管理体系,而对石材幕墙、石材装饰工程的标准、专业技术推广、专业管理看似有但不专业、不全面、操作性差,使石材工程施工管理、资质资格管理、专业人员培训等工作长期落后于石材工程发展的实际需要,即建设工程管理与石材工程实际应用是脱节的。

从对30个在建石材工程应用调查暴露出来的问题看,建设单位要用石材,设计单位参照标准设计,施工单位无石材专业管理和施工人员,监理人员不懂石材,材料供料企业因无人监管偷工减料,挂靠资质现象严重。从现实情况来看,上海2 000家石材企业,几乎都在做各种石材工程,但有建筑幕墙、装饰、石制作劳务分包企业资质的在70家左右,这个比例实在悬殊。

3. 多项管理规定执行不到位

协会对30个在建石材分析暴露出来的问题看,问题还是很严重的。有规定而不能执行到位有以下三方面的原因:一是宣传贯彻不到位。设计、监理、建造师、六大员分散在各协会、市区各管理部门的,不但管理分散,而且由于管理层次多,有关新的标准、规定宣传贯彻往往不及时,造成许多专业人员对许多新的领域、新的知识、新的标准、新的管理要求不知道。二是各类专业人员总体上缺乏专业性、总体素质不高。这与这几年建筑业大发展,专业人员急需增加,但培训培养体系没有跟上有极大关系。三是执法力量偏弱。现在建设工程执法管理主要是市区安全质量监督站,人员有限,抽查力度不够,造成每一次抽查总是问题一大堆。

4. 石材工程应用管理上还存在漏洞和不足

如没有石材工程管理和安装专业人员持证上岗的规定,造成专业人员不专业,必然会造成石材工程的安全质量隐患;玻璃幕墙有安全性论证,从而提高设计的可靠性,石材幕墙没有这个要求;石材工程报建、安全施工管理、竣工各个环节管理及信息是隔离的,不公开的,看似人、企业、材料、工程现场都在管,大多是事前管理,没有事中过程管理,结果管理也是以书面资料管理为主,是不深入、不具体、不全面的;石材企业有备案管理、合同管理、交易管理、质保书管理等,但使用环节和检查环节缺失等等。

5. 缺乏大的诚信环境和诚信保障体系

诚信的关键是信息的公开透明,当务之急要打通各管理环节信息并公开。现在的情况是,协会要求诚信,可是因为总体环境只能说好,不敢说坏;政府一方面在建设和推广诚信平台,一方面对黑名单不诚信企业处罚不多力度不够,且变向鼓励最低价中标等做法。

四、建议

1. 扶持行业龙头品牌企业

对达到一定规模、具备上海名牌、著名商标、协会推荐的石材优秀企业,建议管理部门在企业资质、业绩考核、工程招标等方面倾斜,从而以龙头企业快速发展整合并引领石材行业发展。

2. 加强石材行业标准的制定和宣传贯彻

在市建筑建材业市场管理总站的支持下,协会将制定石材加工管理、石材工程管理、石材家装工程管理的管理标准。希望得到管理部门的支持,使石材标准在幕墙、装饰、设计、监理和家装业务中进行重点宣贯。

3. 加强石材工程安全质量的监管

建议整合市、区、协会各方力量,建立石材工程应用信息流向跟踪平台,通过信息监测、行业大检查、重点抽查、例行检查等手段,加大对石材工程安全质量监管力度。石材是建筑工程的最后环节,尤其要求监理在竣工验收环节严把对石材资格和行为的专业要求。

4. 推行石材专业人员持证上岗制度

对石材工程管理、石材施工、石材加工、石材设计放样、石材养护，要实行专业人员经培训持证上岗制度，从而确保石材工程的专业实施和专业质量。（范林根）

2016年上海市报废汽车回收拆解行业发展报告

一、行业发展基本状况

1. 行业规模分析

2016年，上海市出台《上海市报废机动车回收拆解行业改革方案》，对行业运行进行改革试点，开始建立“收拆合一”的行业体系，运行报废汽车回收、拆解功能合一运营模式。通过建立新型报废汽车流通体系，提升行业服务能级，改变由于行业内车源的定向分配造成的企业“坐商”现象，改善行业整体服务态度、业务办理周期长等问题。随着政府发挥行业引导作用，上海市的回收拆解企业也在逐步提高“品牌化、标准化、规范化、信息化”的服务意识，进而提升回收拆解行业整体服务水平。

2016年底，上海市的报废汽车回收拆解企业共有7家，回收网点36个，营业面积约21万平方米，从业人员489人。全年共回收拆解各类报废汽车43 131辆，比上年增长42%，其中：轿车为25 678辆，占60%，比上年增长86%（图1）。

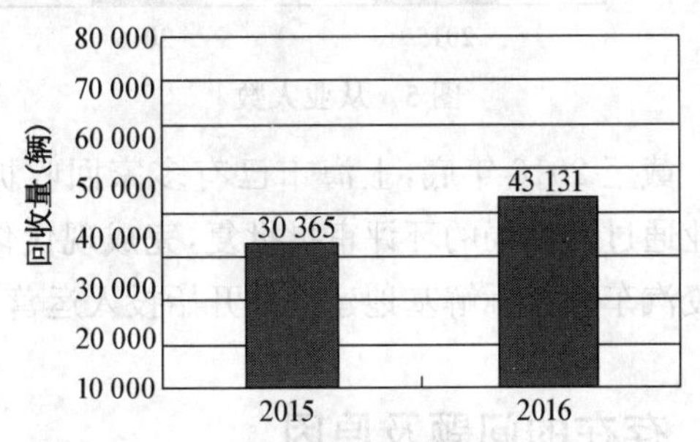

图1 报废汽车回收量

2. 行业结构比较均衡

上海市的报废汽车回收拆解企业主要位于闵行区、宝山区、松江区、奉贤区和嘉定区，回收网点遍布上海各区域，多年的业务开展中都能保证严格执行国家政策法规。

多年来，上海市再生资源回收利用行业协会报废汽车专业委员会立足于为上海市全体回收拆解企业服务，并协助政府部门加强行业管理，在推动行业发展等方面做了不少工作。2016年，作为牵头单位，联系上海交通大学、中国汽车研究中心等国内知名科研院校一起参与完成《上海市“十三五”报废机动车回收拆解行业发展规划》的编制工作。

3. 行业取得一定的经济效益

2016年，上海报废汽车回收拆解行业实现营业收入34 287.9万元，比上年下降2.0%；营业利润1 419.72万元，比上年增长39.6%。回收拆解企业的销售收入比上年下降主要原因是，虽然企业回收拆解的报废车数量比上年有明显增加，但是由于小型车的回收数量占比远大于上年，而回收拆解企业的主要营业收入是来源于废钢废铜废铝等废旧物资的销售收入，小型车辆可实现销售的上述各类废旧物资总量也低（图2、图3）。

但是可喜的是，鑫广再生资源（上海）有限公司作为改革方案实施中新增的试点企业，2016年实现由亏转盈，实现回收数量、营业收入、营业利润、应交税金的大幅增长，因此2016年的行业营业利润也比上年明显增长。

4. 行业现代化程度有显著提高

建成现代化信息管理系统——上海市报废机动车回收拆解服务监管平台。作为服务于上海市报废机动车回收拆解行业的信息化服务监管系统，该系统的上线运行，在保证行业改革稳步推进和行业有序发展的同时，也提升行业整体信息化水平。

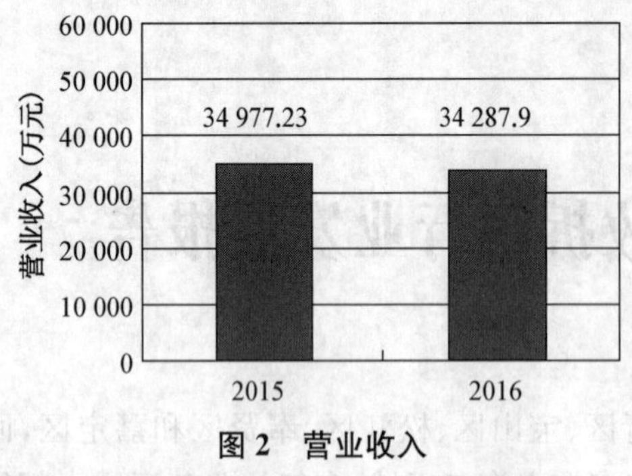

图 2　营业收入

图 3　营业利润

回收拆解企业通过引进现代化技术和设备来提高报废汽车拆解水平，注重环境保护，提高再生资源利用水平。改革方案实施中新增的试点企业——鑫广再生资源(上海)有限公司作为一家集电子废弃物回收、资源再生利用和无害化处置的环保企业，其 2016 年的报废汽车回收拆解量比上年有显著增加。

回收拆解企业积极探索电商服务新模式，在利用现代化信息技术提高企业内部管理水平的同时，尝试开展电商服务平台，努力创建全新的行业生态圈，促进报废汽车回收和再生资源综合利用水平的健康发展。一是各回收拆解企业都在尝试开展企业网站建设和 APP 客户端建设；二是由上海宝钢资源有限公司和上海华东拆车有限公司共同投资的新一代汽车循环绿色产业互联网开放平台——上海全仕宝信息技术有限公司，通过全新的电商服务模式，拓展汽车后市场服务。截至 2016 年底，全仕宝电商平台已经与国内 100 家拆车厂建立合作关系，平台注册用户和交易用户数均达到 6 000 多个，交易量已突破 1 亿元人民币。云拆软件已覆盖上海市宝钢拆车、华东拆车以及周边省市的 9 家区域龙头企业。

5. 行业社会效益明显

报废汽车回收拆解行业工作的有序开展，保证回收的报废车辆充分拆解，从源头上杜绝拼装车辆非法流入市场。在回收拆解过程中逐步添置环保设施，防止二次污染；同时通过“产、学、研”合作探索报废汽车回收拆解技术，提高资源的综合利用水平。

2016 年，共上缴税金 2 310.13 万元，比上年下降 13.7%，但比往年有显著上升，社会贡献效益较明显。2016 年行业从业人数比上年略有增长(图 4、图 5)。

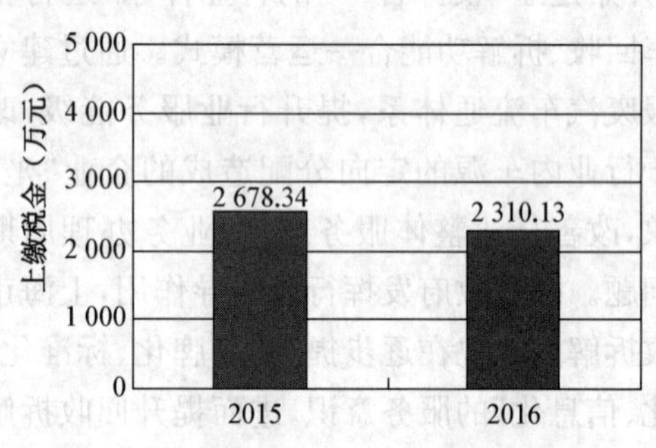

图 4　上缴税金

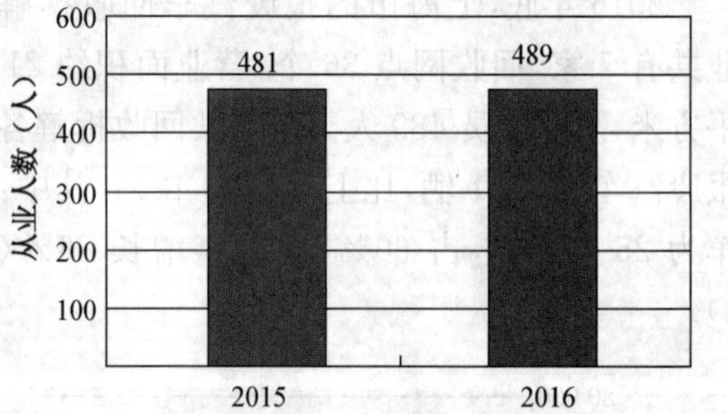

图 5　从业人数

截至 2016 年底，上海市已有多家回收拆解企业通过环保局的环评审批批复，完成现代化的报废汽车回收拆解基地建设并开始投入运营。

二、存在的问题及原因

1. 报废汽车回收拆解市场环境还不够完善

主要原因：前几年，上海市实行对高污染车辆提前淘汰更新补贴政策，补贴力度也较大，因此，为了申请更新补贴，绝大部分报废车辆都进入正规回收渠道。而随着更新补贴政策的终结，报废车辆就又存在部分无资质的企业、个人参与经营活动的情况。这种现象容易导致报废汽车非法拼装，重新上路行驶，扰乱社会交通秩序的现象；同时由于无资质拆解点在私拆乱拼过程中不注重环保，二次污染严重，给社会环境造成极大隐患。

2. 回收拆解企业自身经营还存在一些问题

(1) 原有的回收拆解企业环保设施专业化程度有待进一步提高。根据“改革方案”要求，各回收拆解企业已逐步通过技术升级改造来进一步提高环境保护水平，并提高拆解后产品的资源综合再利用水平，但是由于报废汽车回收拆解企业的技术力量尚比较薄弱，所以引进环保设施的专业化程度还有待进一步加强，在引进环保设备的资金投入上的力度也有待进一步加强。

(2) 社会服务水平有待进一步提高。由于“1＋4＋1”运营体系，要求行业内车源定向分配，造成企业呈现“坐商”现象，社会整体服务水平较差。而且各拆车厂业务工作量差异较大，忙闲不均，且企业普遍缺少竞争意识，对行业发展缺乏前瞻性的长期规划，规模、能级均较小。根据“改革方案”建立的收拆合一的行业体系，实现回收拆解企业回收、拆解功能合一运营模式，提升回收拆解企业提高服务能级，但是离“合理布局、竞争有序、高效环保、做强做大”的要求尚有一定距离。

(3) 资源综合利用水平较低。由于根据《报废汽车回收管理办法》，报废汽车“五大总成”不得利用件必须集中破碎，所以各回收拆解企业拆解下的“五大总成”不得利用件只能交售给钢铁企业作为原料回炉，资源浪费严重。国家正在修订新的《报废机动车回收拆解管理办法》，应更注重于报废汽车回收拆解行业内循环经济发展的建设要求，提高再生资源综合利用水平。各回收拆解企业也可以此为契机，通过提高精细化拆解水平，拓展可利用零部件的销售渠道等来进一步提高资源综合利用水平。

3. 政府政策法规配套支持力度不够

(1)《报废汽车回收管理办法》颁布已十多年，市场环境和经济环境均发生很大变化，其中关于“五大总成”不得利用件，必须集中破碎作为原料回炉的规定，使得报废汽车回收拆解企业只能将这些资源作为原料交售给钢铁企业，造成较大的资源浪费，影响循环经济的发展。业内企业都在迫切期待新的《报废机动车回收拆解管理办法》早日出台。

(2) 国家补贴政策实行不连贯。前几年，国家为了鼓励车主提前报废老旧汽车，实施一些补贴政策。但是这些政策的出台和实行缺乏连贯性，车主对于政策的了解不够全面，很多车主在将车辆报废后才知道这些政策的存在，影响车主对政策的理解和把握。同样，回收拆解企业担心市场在失去政策扶持下报废数量下降，在进行技术升级改造和引进环保设备的资金投入上力度也难以从长计议。

(3) 报废汽车回收拆解企业税收负担过重。原先国家实行报废汽车回收拆解企业按照销售额全额缴纳 17％的增值税，对企业来说负担过重，影响企业中长期发展和规划。虽然国家已经出台新的税收优惠政策，但是要求报废汽车回收拆解企业直接将拆车废钢以冶金炉料形式销售给钢铁企业才能给予 30％增值税优惠。而现实工作中，一般报废汽车回收拆解企业由于废钢量较少而无法直接销售给钢铁企业，只能销售给其他废钢经营公司或者是钢铁企业自己开设的废金属采购公司，难以享受应有的税收优惠。

三、行业趋势预测

1. 车辆报废数量将维持在一个比较稳定的水平，特别是轿车占比将会逐年提高

随着车辆保有量快速上升，报废汽车数量将相应递增；而以轿车为主的私家车保有量上升更快，相应报废数量也会逐年提高。国家鼓励高污染车辆提前淘汰，如果能有相应的更新补贴政策持续出台，将有望促使报废汽车回收量维持在一个较高的水平。

根据国家政策，为方便车主办理报废手续，

车辆可以办理异地报废申请,上海市回收非沪牌车辆也占一定比例。随着上海市报废汽车回收拆解企业服务能级提升,异地报废车辆的接收量将会增多。随着全民收入的普遍提高和车主对车辆使用要求的不断提高,车辆升级换代的周期将会缩短,车辆报废数量也会有所上升。

2. 回收拆解企业将更注重提高再生资源综合利用水平

报废汽车数量的增多,在绝对数上将带来更多的可利用再生资源;而随着人们对汽车使用观念的逐渐变化,汽车的更新换代速度加快。老旧汽车实际使用年限的缩短,将使得可以利用的老旧汽车零部件等再生资源状况相对会更好些,因此,对回收拆解企业提高再生资源综合利用水平提供更好的条件,将有利于再利用、再制造,更符合循环经济的发展。

3. 回收拆解企业将更注重提高环境保护水平

回收拆解企业已在逐渐改善传统的较落后的生产工艺,通过添置汽车拆解机、大型剪切设备、环保设备等,避免对环境造成二次污染;同时,危废固废等将按照要求交由有资质的专业公司处置。未来,随着报废汽车回收拆解企业的生产经营工作将日趋规范,企业的环境保护水平将日益提高。

4. 回收拆解企业将更注重提高社会服务水平

根据改革方案,回收中心、各拆解企业已发展为向回收、拆解功能合一的企业。为了提高社会服务水平,多家企业已在上海市多个区域设立服务网点,为报废汽车车主提供便利条件;同时,通过建立企业网站和APP等来介绍企业信息和报废汽车回收拆解方面的有关政策、法律法规等,切实为社会各界提供良好服务。

5. 回收拆解企业将进一步探索电商服务模式

回收拆解企业将进一步探索电商服务新模式,在利用现代化信息技术提高企业内部管理水平的同时,通过建立电商服务平台,努力创建全新的行业生态圈,促进报废汽车回收和再生资源综合利用水平的健康发展。

四、促进行业发展的主要对策及政策建议

1. 对照行业发展规划优化业内企业空间布局

对照行业十三五发展规划,应对上海市现有报废机动车回收拆解企业的空间布局进行合理优化,进一步形成布局合理、功能完善、服务便捷、环保安全的报废机动车回收拆解网络,为上海报废机动车回收拆解行业做大做强奠定基础。

2. 进一步完善报废汽车回收拆解行业市场环境

一是应加强宣传,增强全民环境保护和循环经济意识,将报废车辆交给有资质的正规企业处置;二是国家应给予车主适当的补贴,能够使其将报废车辆交给正规企业处置;三是应增加力度打击非法经营主体,确保报废汽车按照有关规定要求规范拆解。

3. 进一步提升报废汽车回收拆解企业管理水平

一是回收拆解企业应按照国家相关的报废汽车回收拆解企业技术规范和报废机动车拆解环境保护技术规范等对企业进行升级改造,根据环评要求添置环保设施,改进生产工艺;二是回收拆解企业应积极探索高水准社会服务模式,开展线上网络和线下网点相结合的无缝对接服务,通过有型网点建设和无形网络建设,完善回收服务体系,提高社会服务水平;三是回收拆解企业应吸收国内外先进经验,通过引进先进设备和工艺提升报废机动车回收拆解技术的科技含量,提高再生资源综合利用水平;四是企业应通过"产、学、研"合作探索报废汽车回收拆解技术,促进报废机动车回收拆解行业经济效益、社会效益和环境效益的同步发展。

4. 增加政府政策法规配套支持力度

一是新的《报废机动车回收拆解管理办法》应尽快出台;二是国家应给予车主适当的补贴,能够使其将报废车辆交给正规企业处置;三是考虑到报废汽车回收拆解企业由于规范拆解的高成本导致回收价格市场竞争力低的现状,应给予

报废汽车回收拆解企业适当税收优惠政策，鼓励其严格按照要求规范运作；四是政府应鼓励报废汽车回收拆解企业按照循环经济的要求进行技术升级改造并给予资金上的支持，帮助企业逐步实现设施和管理现代化，作业流程标准化，废弃物处理无害化。

5. 充分发挥行业组织作用

一是应发挥行业协会在推动报废机动车回收拆解行业改革发展中的重要作用，开展行业内部自律管理和协作互动，发现、培育行业新模式、新业态；二是应加强行业人才培训，引领企业规范发展，为企业成长提供有益指导。加强与汽车主机厂、学校、科研院所的合作，提高行业从业人员的整体素质，提升服务质量和水平；三是应推动行业标准制定，根据行业发展情况适时修订并细化有关报废机动车回收拆解流程和标准，对报废机动车回收拆解全过程实施规范化、制度化管理，进一步细化回收拆解流程，严格规范业务环节。（上海市二手车行业协会）

2016年上海市二手车行业发展报告

一、行业发展情况

1. 行业基本情况

经营主体。2016年，上海市正在运行的二手车交易市场有12家，另有1家非独立的分市场。各类型的二手车经营主体，包括进驻交易市场的各二手车经营（经销）公司296家、经纪公司202家，二手车鉴定评估企业10家，二手车拍卖企业4家；游离交易市场的品牌二手车经销商、中小型二手车经营企业、拍卖企业等600余家；二手车电商，主要有开新二手车帮卖、优信拍、瓜子二手车、车享拍、天天拍、人人车等6～7家；各品牌的新车4S店近500余家。还有为二手车交易配套服务的二手车质量认证、二手车鉴定评估、车辆整修、售后质量担保（含保险）等企业数十家。行业从业人员（包括各二手车市场的服务管理人员、各类型二手车经营主体的从业人员，以及与二手车交易相关企业的人员等）总数预计5万余人。

流通模式。近年来，上海市二手车流通模式，主要集中在有形市场交易平台、品牌二手车经销商、二手车电商三大业态，尤其是二手车电商经过数年的培育发展及激烈竞争后的优胜劣汰，呈现出企业和规模不断集聚、交易规模和市场份额持续上升的态势。同时，随着品牌经销商，包括电商连锁经营的不断扩大和互联网＋的全面推进，上海市二手车行业的组织化程度进一步提高。

2. 二手车交易情况

交易规模扩大。2016年，上海市二手车累计交易量为449 990辆，比上年增长14.3%。全市二手车交易成交总额达388.38亿元，比上年330.66亿元增长17.5%（图1）。不仅从事二手车交易的市场、各类型经营企业和相关服务企业，将按不同税种分别缴纳营业税、增值税和企业所得税外，还为行业5万从业人员提供就业和发展的机会，并为维护社会稳定和促进和谐发展做贡献。

交易特点突出。全年各月交易总量比上年增幅持续回落，逐步回归自然增长态势。因受上海市2014年11月出台的限制二手车带额度过户政策影响，2015年交易同比下降8.6%，2016年实现了两位数增长，但与2014年全年交易量相比，增幅仅为4.5%。数据表明，自2014年11月起，经过整整12个月交易量同比增幅持续下降后，2015年11月开始出现较大幅度回升，连续数月同比增长30%～40%，而至2016年4月后，各月累计交易量同比增幅持续回落，一路由一季度的40%以上降低至全年14.3%，逐步回归自然增长态势。

转出交易量,尤其是其占交易总量的比例开始回升,并比上年有明显增长。2010 年以来,随着全国越来越多的省市不断提高对转入车辆排放标准的要求,上海市二手车转出交易受阻,上海市转出绝对量,尤其是其占交易总量之比逐年下滑。2015 年全年占比已由 2010 年的 32.6%下降至 20.6%,至 2016 年 4 月仅为17.5%(历史最低点)。2016 年 3 月国务院办公厅出台关于取消地方性限迁规定的新政后,自 5 月起,上海市转出交易量和占交总量之比逐月上升,12 月份达 29.0%;全年占比回升至 24.8%,比上年增加 4.1 个百分点,充分表明国办新政的效应得到了有效体现(图 2)。

新增沪 C 号牌二手车交易量同比增幅不断减小,年末已出现同比下降的态势。近年来,上海市新增沪 C 号牌二手车交易持续增长,其主要原因,既有上海市受牌照额度总量控制,尤其是受二手车不得带额度过户的政策限制,二手车经销企业在收购车辆时只能以上沪 C 号牌方式作为过渡,确保二手车进销业务顺畅进行。同时还有因外省市逐步实行二手车限迁政策后,不少外地客户以上沪 C 号牌的变通方式购车后在当地行驶。自 5 月份起,随着限迁政策逐步放开,外地客户上沪 C 号牌交易量逐步减少,与之相应的新增沪 C 号牌二手车交易量同比增幅持续下降,至 11 月起开始出现下降状况,12 月比上年同期更是下降 20.3%(图 3)。

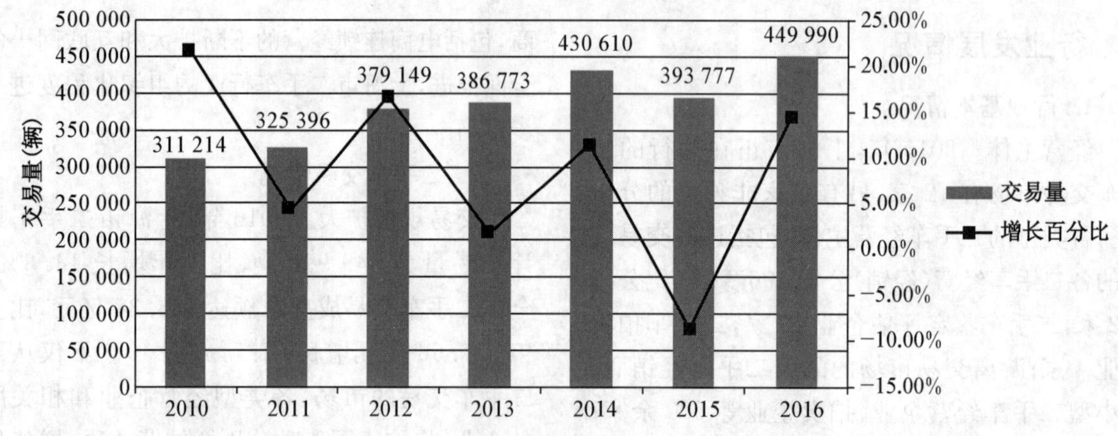

图 1　2010—2016 年上海二手车交易量走势

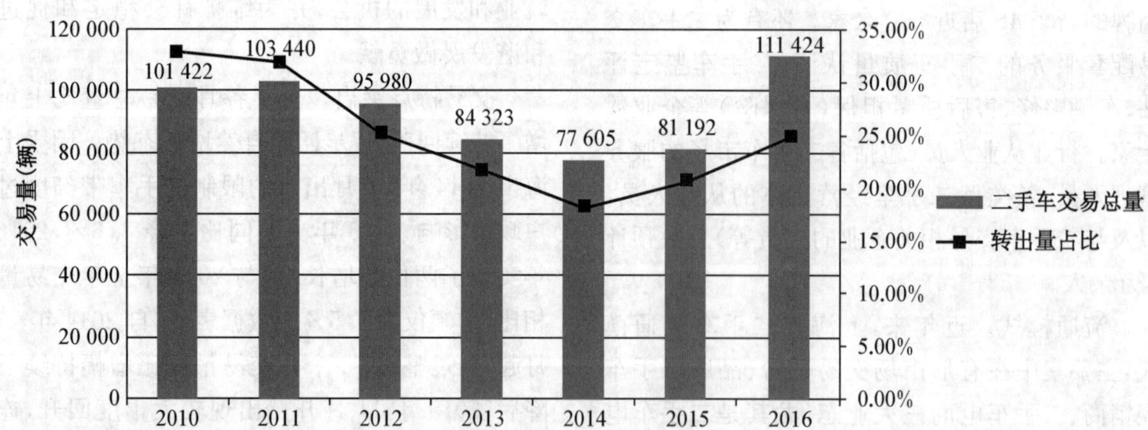

图 2　2010—2016 年上海转出市外二手车交易量走势

近年来，上海市二手车交易总体呈现稳步增长态势，仅2015年因2014年11月起上海市取消了二手车带额度交易，以致当年前10个月上海市二手车交易同比上年大幅下降，全年同比上年下降8.55%。

近年来，随着越来越多省市实行二手车限迁，导致上海市二手车梯度转移愈加困难，转出交易量，尤其是占交易总量比例持续下降，直至2016年3月国办“八条新政”出台，5月起这一状况才开始逐步得到改善。

在上海市对新增机动车实行总量控制、额度拍卖的政策环境下，尤其在取消二手带额度交易后，沪C号牌已成为上海市二手车交易发展的重要支撑。二手车经销企业将此作为车辆收购的周转过渡，以确保二手车经销业务顺畅进行。同时，在限迁政策大背景下，沪C号牌又作为上海市实现二手车向外梯度转移的补充途径（图4～图8）。

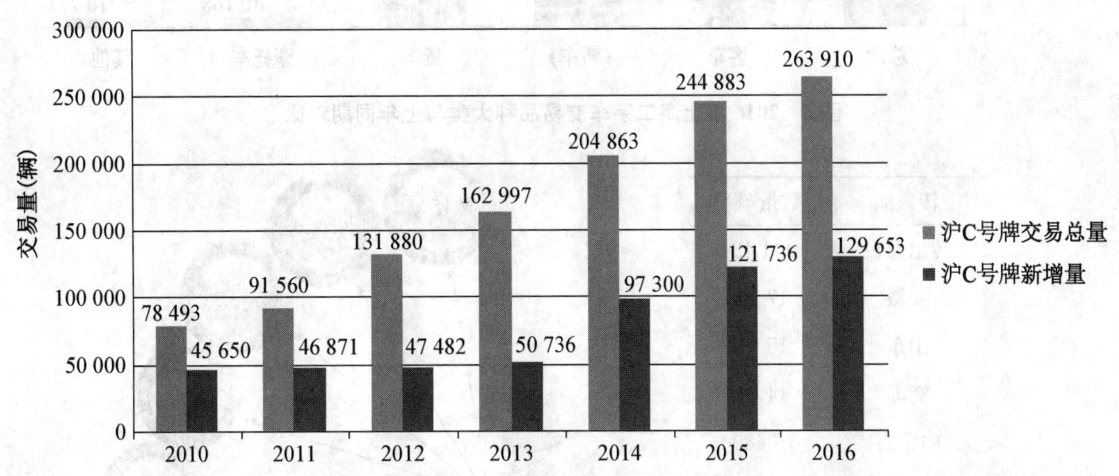

图3 2010—2016年上海沪C号牌二手车交易量走势

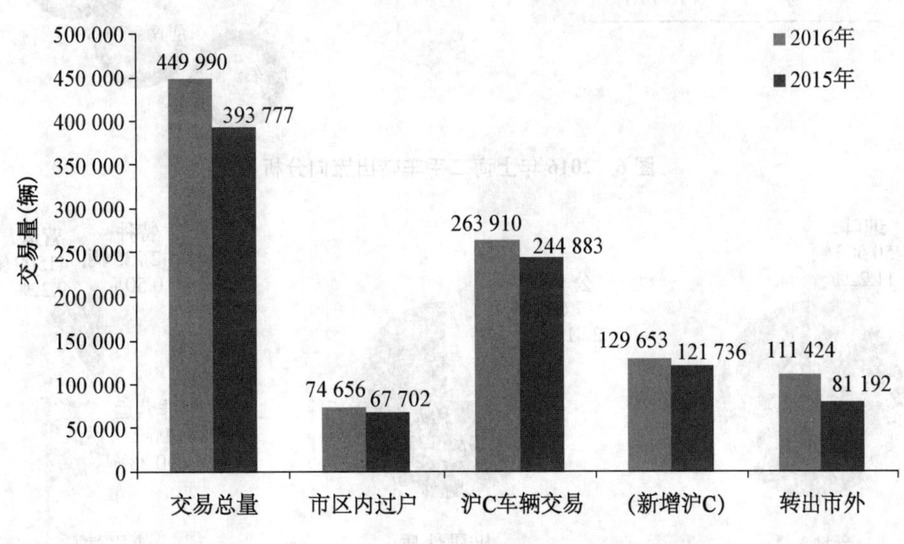

图4 2016年上海二手车交易结构与上年同期对比

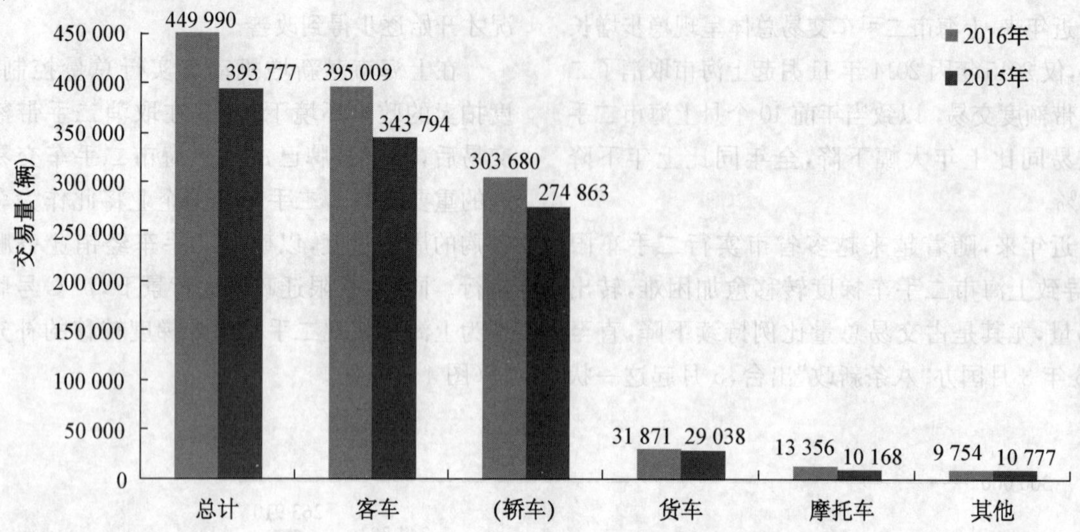

图5　2016 年上海二手车交易品种大类与上年同期对比

转入地	数量(辆)
转出总量	111 424
安徽	17 792
山东	15 618
江苏	14 795
内蒙古	7 480
浙江	6 434
江西	5 992
河南	5 794
广东	5 718

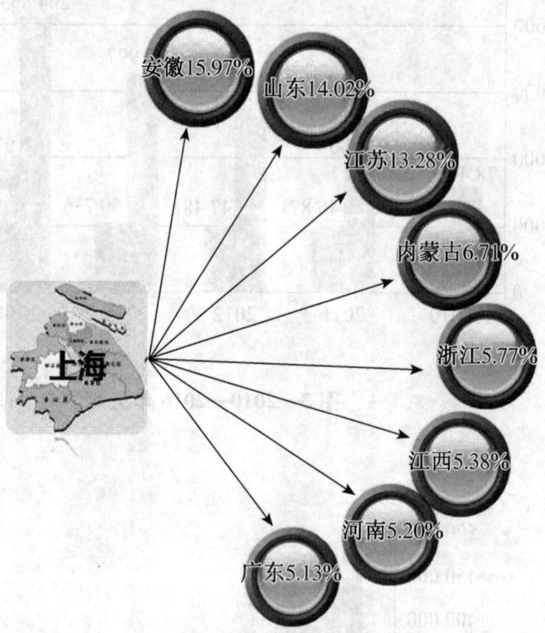

上海　安徽15.97%　山东14.02%　江苏13.28%　内蒙古6.71%　浙江5.77%　江西5.38%　河南5.20%　广东5.13%

图6　2016 年上海二手车转出流向分析

图7　2016 年上海二手车交易来源性质分析

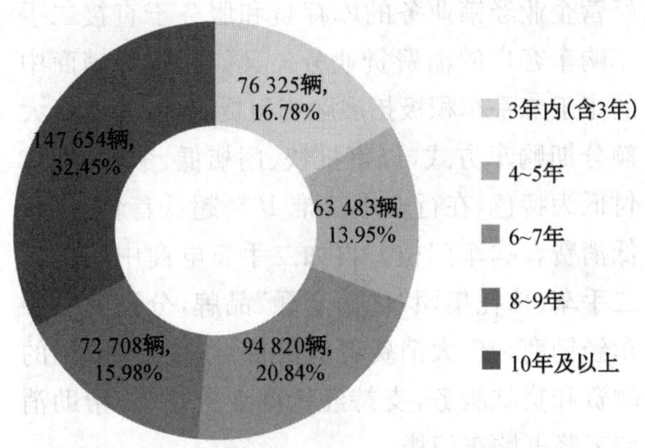

图 8 2016 年上海二手车交易启用年份分析

二、行业发展特点

1. 行业结构分析

交易业态。2016 年,上海市二手车交易业态,包括二手车经销、电子竞价(含 B2B、C2B、B2C、C2C 等各种模式)、经纪、拍卖、置换等。

企业类型和性质。一是进驻二手车有形市场的中小型二手车经营、经纪、拍卖企业等,大多为私人个体资本投入的公司制形式的企业。二是品牌化、连锁型的二手车经销商,既有国内外风险投资介入,又有社会资本参与,还有经营者个人投入的大中型企业。三是网络化、连锁化的二手车电商,基本为国内外风险投资介入、在国内大中型城市开设分公司或经营网点的现代信息服务企业。四是社会上各类中小型二手车经营企业,多以个人合伙组建的企业。五是星罗棋布的以品牌汽车销售为主业,同时从事新旧车置换业务的新车 4S 店,大多为大型汽车经销集团旗下的新车销售商。

区域分布。上海市二手车各类型的经营企业分布全市各区域,包括进驻二手车市场的二手车经营、经纪、拍卖等企业主要集中设立于各交易市场所在的上海市各区(县);开新二手车帮卖等电商遍布上海市各区域的收车、验车连锁门店;吴中路二手车一条街和以经销豪华二手车为主的名车广场;还有开设于浦东新区、长宁、闵行、普陀等各区(县)的 4S 店等。

行业集中度。上海市二手车交易规模和占比较高的依次是传统的二手车有形市场交易平台、近年来迅猛发展的二手车电商,以及品牌二手车经销商。

2. 行业现代化程度

二手车信息化程度有新的提升。一是二手车信息发布平台功能日趋完善,通过电脑和手机 APP 终端,发布二手车信息。二手车有形市场,以上海二手车交易中心为代表的“海车集”网上展厅,集展销车辆检测认证报告、技术参数、登记信息、车位分布、标准照片、出售价格等于一体,全方位展示场内全部车辆基本状况,方便二手车消费者网上浏览和选购;二手车电商,以开新二手车帮卖、优信拍、瓜子、车享拍、天天拍、人人车等为代表,以车辆质量认证为前提,以相关信息数据为基础,以吸引经销商和消费者参与的电子竞拍为目标,向广大二手车经销商及消费者提供二手相关信息数据,方便经销商和消费者有的放矢地参与各类电子竞拍活动;品牌二手车经销商,以车王二手车、冠捷二手车等为代表,坚持以质量认证和售后质保为基础,进一步拓展二手车金融、保险等服务,吸引二手车消费者选车、购车。二是二手车交易后转移登记手续办理的网络化、标准化、便利化程度进一步提升,主要为各二手车有形市场,按照公安车管部推进社会化服务平台专网建设的要求,于 2016 年 11 月起各交易市场全面运用服务平台专网现场办理二手车转移登记手续,确保二手车消费者能当场办结二手车交易后相关手续。同时,在服务平台专网前设置的行业统一运用的二手车交易办证网络服务系统,集二手车交易过程中车辆查验、评估、办证等环节的作业流程于一体,形成覆盖全市各交易市场和交易全过程的标准化、网络化、规范化运行体系。

二手车电子商务得到快速发展。以电子竞价为主导的二手车电子商务,包括 B2B、C2B、B2C、C2C 等各种模式的网上竞拍,正越来越多地吸引着 B 端二手车经销企业和 C 端二手车客户,网上成交规模和市场份额不断增加。上海市二手车电商的代表企业主要为以 C2B 为模式的开新二手车帮卖、天天拍,以 B2B 和 B2C 为模式的优信集团旗下的优信拍和优信二手车，以B2C为主要模式的车享拍，以C2C为模式的瓜子二手车、人人车等。其中开新二手车帮卖、优信拍和优信二手车、瓜子二手车，在市场交易规模、市场占比和社会影响力等方面相对处于领先地位。二手车电商模式以其信息覆盖面广、价格相对透明、成交及时高效、与经销商黏合度高(如涉及B端经销商的，都将经销商作为固定会员，共同参与电子竞拍)等优势，并在国内外风险基金等资本的融资下，通过投入巨资广告，吸引广大二手车消费者和二手车经销商参与。二手车电子竞价模式已成为上海市二手车消费者卖车、经销商收车又一新的渠道。据不完全统计，各类型二手车电商2016年在上海市成交的沪牌二手车总量为6～7万辆，占全市交易总量13%左右。

二手车连锁经营有进一步拓展。如车王二手车品牌经销商，近年来以其质量认证、车辆整修、售后质保等优势，交易规模不断扩大，并积极探索在上海市和国内有关城市连锁经营，除了在上海市的江桥总部及浦东分店，还分别在国内的江苏、江西、安徽、山东、湖北、天津、河南、河北、重庆、四川、海南等省市及所属有关地区开设20多个分店。随着2016年3月国务院办公厅关于进一步活跃二手车流通的出台，尤其是关于取消地方二手车限迁政策效应的逐步显现，车王二手车在全国连锁布点的力度进一步加大。又如二手车电商中的开新二手车帮卖，在上海市已设有14家连锁门店，并在北京、天津、成都、沈阳，以及江苏省的常州、苏州等地，都开设连锁门店。2016年12月，开新二手车帮卖与车来车往战略合并，计划在上海新增10～20家门店，并在北京、天津、成都、苏州、杭州等地新增8家分公司，同时在上海、北京、成都、广州建立4大业务营运中心，逐步完成全国战略布局。此外，还有优信拍和优信二手车、瓜子二手车、车享拍等，均在北京、上海，以及有关大中型城市设有多家连锁门店。

二手车金融服务逐步开始普及。如有形市场中的上海二手车交易中心，不断延伸二手车流通服务链，尤其在金融服务方面，通过与相关银行及非银行金融机构合作，分别开展服务于驻场经营企业经销业务的库存贷和服务于直接二手车购车客户的消费贷业务。又如品牌经销商中的车王二手车积极拓展融资租赁服务，并实行大额分期购车方式，以审批快、门槛低、额度大、首付低为特色，在行业中首推10%超低首付，以降低消费者购车门槛。再如二手车电商中的优信二手车，依托集团“优信金融”品牌，分别为二手车经销商和广大消费者提供首付30%～50%的融资和贷款服务，支持经销商业务拓展，帮助消费者降低购车门槛。

3. 行业贡献度分析

流通支持生产。二手车流通作为汽车生产、流通、消费全产业链中的重要环节，其交易规模的发展和服务能级的提升，对新车生产和流通形成有力支撑。

旧车拉动新车销售。就二手车交易活跃度分析，2016年上海市二手车和新车销售之比为0.85，比全国平均二手车与新车销售之比高出0.48个百分点。上海市二手车交易量占汽车保有量比例为13.7%，比全国同类指标高出7.6个百分点。同时，体现上海市二手车梯度转移状况的转出交易量，近年来在全国各省市愈演愈烈的限迁政策制约下，已持续多年不断下滑，尤其是所占交易总量比例从2010年的32.6%下降至2015年的20.6%。2016年，随着国务院办公厅3月份出台的有关取消各地区二手车限迁等八条新政效应的逐步显现，5月份起上海市二手车转出交易量逐步回升，促使全年转出交易总量首次超过10万辆，达到11.14万辆，所占交易总量之比回升至24.6%。这对作为二手车输出城市的上海而言，将更有利于缩短汽车更新周期，拉动新车消费，促进上海市汽车产业发展。

产业转型升级。随着二手车流通产业的发展，传统的二手车有形市场深入转型升级，新型的二手车交易业态持续不断拓展，各种模式的电子竞拍开始迅猛崛起，为广大二手车消费者买卖二手车提供更多的选择，并能体验更便捷、更具性价比和质量保证的服务。同时，也为二手车经销商开辟更广阔的收车和售车的渠道。

三、存在的问题及原因

1. 行业自身发展问题

行业整体二手车交易诚信度有待进一步提升。主要表现在众多中小二手车经营企业在交易过程中的信息不对称、不透明现象依然较为普遍,同时在车辆质量认证及售后质保服务方面进展缓慢。部分二手车电商因存在网上描述与客观实际不符、对车辆质量管控不严和对交易对象承诺不兑现,以及线下服务体验度相对较差等问题,时遭客户投诉。

有形市场的转型发展并不平衡。一些市场的升级改造仅停留在硬件建设上,而在经营模式转型、交易业态提升、信息建设突破、服务品牌创立等诸多方面缺乏前瞻性思考和系统化规划,难以适应行业发展的新要求和竞争格局的新趋势,其未来发展空间将更趋萎缩。

传统二手车有形市场与新型业态间互补和联动发展不够。包括与品牌二手车经销商、与新型二手车电商等如何实现优势互补、合作共赢方面有待企业间共同探讨,以及行业积极加以推进。

2. 外部政策环境问题

限迁政策尚未全面解禁。虽然在国办八条新政出台后,部分省市有所放宽,但多数省市依然严格控制,而有的已经放宽的省市近期又恢复至原有的限制政策,从而严重制约二手车的自由流通。

二手车临时产权并未得到落实。因上海市实行牌照额度总量控制,且无法带额度转让,同时前些年出台的周转额度又因办理手续复杂、使用限制过多,导致最终无法实施。

增值税制至今仍未调整。业内多年呼吁的调整二手车经销业务增值税制的要求尚未得到落实,不仅严重制约二手车规模化经营,同时也因经销商缺乏车辆进销流水而导致融资贷款存在困难。

信息平台缺乏源头支撑。要加快推进二手车信息平台建设,但由于车辆保养、维修和保险等相关信息分别在各有关部门和机构,二手车流通企业及消费者缺乏获取相关信息的正轨渠道。

异地交易有待加快突破。上海市有相当数量的外牌车辆,但转移登记手续需在车辆原籍办理,不仅车辆往返不便,给消费者带来较多不便,同时导致企业和社会成本大量增加。

3. 自身发展问题原因分析

二手车信息不对称、第三方质量认证和售后质量保证缺乏等诚信建设问题。主要还是有关二手车有形市场和二手车经营主体对企业自身品牌和形象不够重视,有的存在安于现状、不思转型升级的保守思维,而有的则存有小富即安、不愿再度创业的安乐想法。此外,在二手车信息公开透明方面,客观上也存在我国二手车信息资源基本分散于政府有关部门和相关机构及汽车主机厂中,企业如要收齐并运用如此分布面广的信息,一是缺乏正轨渠道,二是需要一定的资金投入。而部分电商存在的问题,则是由于他们过多关注线上流量和市场占有率,而对诚信经营、承诺兑现,以及线下服务缺乏重视。

部分二手车有形市场对转型升级重视程度和投入力度不够。既有经营者主观上的理念问题,即对行业发展新趋势缺乏前瞻思考和研究,对二手车交易新业态、新模式学习、借鉴不够所致;也有客观上资金投入问题,因市场形态布局、设施设备、功能配置等,将涉及场地和资金等的大量投入,而上海市土地资源稀缺,如要对市场整体布局进行大的调整,难度确实不小。

二手车有形市场与新型电商等多种业态的融合对接问题。主要还在于各业态企业过多考虑自身的发展,以及市场份额的拓展,虽然二手车有形市场也在积极探索线上业务,力争线上线下同步发展。而二手车电商也在逐步完善线下配套服务,以进一步增强客户体验度。但总体上看,还是竞争多于合作,有待各自在充分发挥自身独特优势的情况下,实现优势互补,合作共赢。

四、促进行业发展的主要对策及政策建议

1. 主要对策措施

完善公共信息服务平台。以行业协会为主体,以信息服务平台为基础,对接社会诚信公众

服务平台建设,积极整合现有资源,加强互联互通和信息共享,建设覆盖二手车消费全过程的公共信息平台,包括车辆信息服务平台、优化主体信用信息服务、完善交易管理信息平台。

同时,整合二手车车源信息、经营主体信用信息和交易管理信息,建立健全二手车交易大数据库,为政府主管部门行业管理、社会资本投资决策和消费者购买选择提供参考依据。

推动交易市场优化升级。推动引进第三方质量检测认证机构,提供二手车质量检测认证和售后质保服务;通过与金融、保险等机构的合作,为经销企业和消费者提供融资担保、消费贷款等金融服务和多样化的保险服务;完善车辆查验、鉴定评估、车辆展示、信息发布、合同审核、交易办证、售后质保等标准化经营管理模式和流程,优化交易市场整体服务水平。

同时,培育交易市场示范标杆,打造二手车交易市场升级版,发挥示范引领作用,推动形成涵盖场地布局、功能设置、经营模式、业务流程、网络应用、制度建设、内部管理等各环节的二手车交易市场管理标准体系。

促进行业组织化程度提高。加强二手车流通各业态间的合作和行业新技术应用,提升二手车流通的组织化水平。支持二手车经营主体加快供应链创新与应用,通过组织变革和流程再造,实现供给与需求高效匹配,提高流通质量和效益。同时支持有实力的二手车经销商和品牌商加快连锁化发展,拓展全国市场布局,提高流通组织化程度和集约化水平。推动二手车物流的标准化和信息化发展,通过物联网相关信息技术的应用,逐步实现二手车仓储、运输、配送等物流服务的规范化和高效化,提高二手车流通整体效率。

2. 相关政策建议

根据国务院办公厅《关于促进二手车便利交易的若干意见》和商务部等11部门办公厅《关于促进二手车便利交易,加快活跃二手车市场的通知》,以及商务部、公安部、环保部等办公厅致各省市政府办公厅《关于请提供取消二手车限制迁入政策落实情况的函》等文件精神,重点在以下几个方面实现新的突破:

(1) 加快取消不合法理的二手车限迁制度。二手车是在用车,根据国家公安部机动车登记规定,只要经过检验合格,就能进行登记,不应对迁入二手车采取“双重标准”的歧视政策。建议尽快取消各地自行出台的既不合法理、又不合情理的“限迁”政策,只要符合当地在用车辆排放标准,即可允许登记上牌。

(2) 加快出台二手车临时产权制度。由于目前我国机动车登记(含转移登记),实行的是一车一牌制度,而上海市又限制二手车带额度过户(纳入统一拍卖平台拍卖),导致二手车经销业务中收购环节难以顺畅进行。为此建议建立临时产权制度,解决对商品车的收购及整备环节的过渡问题。

(3) 加快调整现行二手车增值税税制。二手车流通税制调整,应适应我国二手车流通客观实际,符合增值税所赋予的商品经销增值后,以增值部分作为税基,相应征收一定税率的税额的定义。为此,建议采取差额税方式,对现行二手车流通税制中(经销业务)增值税进行调整,以促进二手车经销业务开展。

(4) 加快实现二手车信息资源共享。建议由政府主管部门牵头,召集二手车流通信息相关的归口和管理部门及机构,建立二手车流通信息工作机制,积极整合现有相关信息资源,加强互联互同和信息共享。在此基础上,由行业协会组织并委托第三方机构,按照市场化运作模式,组建二手车公共信息服务平台,对涉及二手车流通的非保密、非隐私性的汽车生产、登记、保养、维修、保险等相关信息,全面向社会开放,并方便于广大二手车经销企业和二手车消费者自助查询。

(5) 加快开放二手车异地交易。上海市相对固定的、在上海市行驶的外地牌照车辆已超过100万辆,而这部分车辆交易后的转移登记手续需回原籍办理,给消费者带来极大不便。建议公安部门尽快开放异地交易登记,可先行在长三角地区进行试点,选择符合条件的二手车交易市场,在率先解决车辆异地查验、减少车辆往返的实践探索的基础上,最终实现异地交易登记。

(上海市二手车行业协会)

2016年上海纺织品商业行业发展报告

一、2016年上海纺织品商业行业运行分析

1. 上海纺织品商业行业销售总额大幅度下降

据上海纺织品商业行业协会统计，2016年，纺织品内销总额为6.67亿元，比上年下降61.3%，其中：针纺织品销售总额3.75亿元，下降73.4%。零售总额1.05亿元，下降18.8%，其中：针纺织品零售总额0.65亿元，比上年下降24.6%。批发总额5.63亿元，比上年下降64.7%，其中：针纺织品总额5.21亿元，比上年下降66.4%。

根据统计数据分析，2016年，上海纺织品销售总量比上年下降6.4%；服装销售数量53.98万件，增长7.5%；家纺用品235.83万件，增长56.5%；绸缎31.06万米，下降46.1%；呢绒54.51万米，增长2.4倍；棉布661.87万米，下降0.9%（图1～图3）。

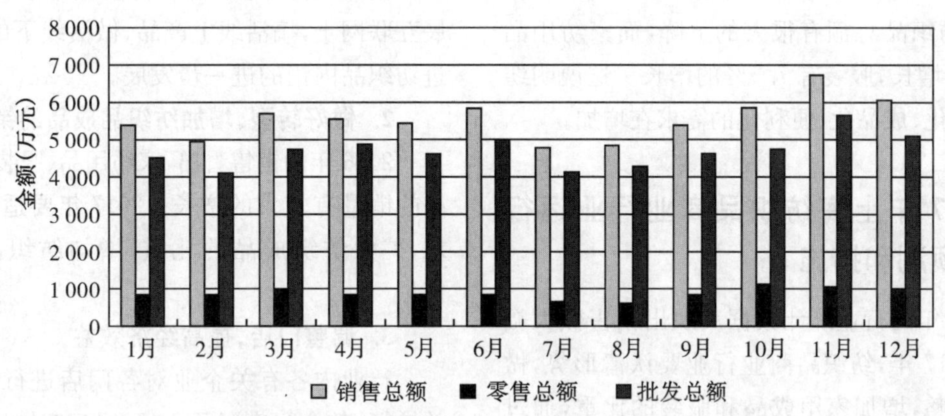

图1 2016年各月上海纺织品商业销售情况

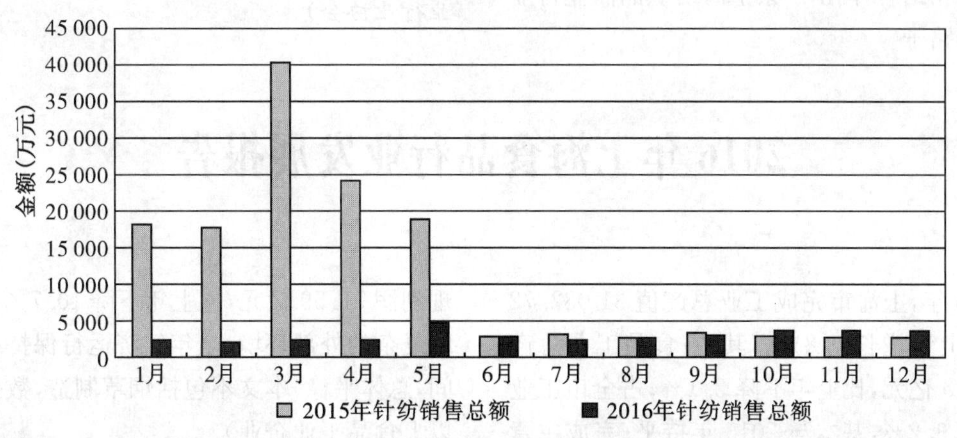

图2 2015、2016年各月上海纺织品商业针纺销售情况比较

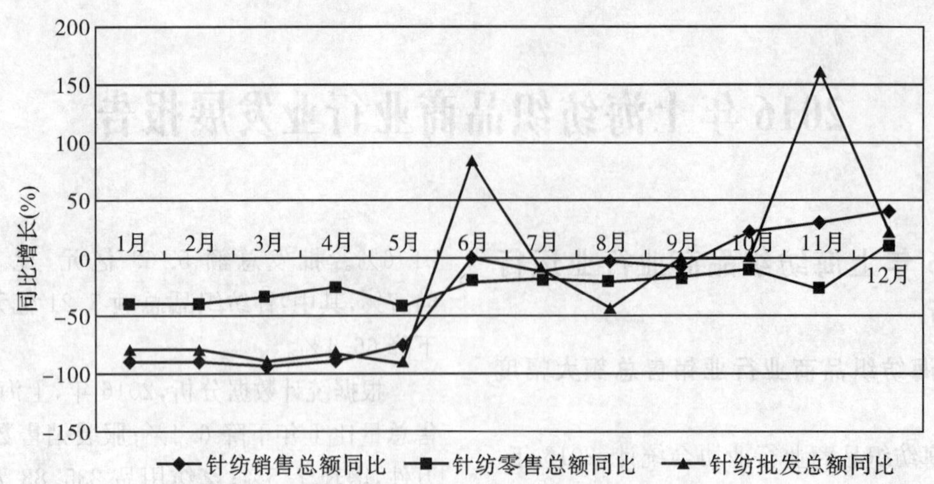

图3 2016年各月上海市纺织品商业针纺销售同比情况

2. 纺织成品、成衣内销总额有一定幅度的增长

从2016年上海纺织品商业行业的统计数据看,销售纺织品总额有很大的下降,而家纺用品有56%的增长,服装有7.5%的增长。这说明纺织品成衣化、成品化、便利化的需求在增加。

二、2017年上海纺织品商业行业运行的预测和措施

2016年的行业统计数据反映出销售额大幅下降。2017年,纺织品商业行业要认清形势,做好产品调整,增加家用成品和服装的比重,通过转型发展,跟上电商发展的节奏,将传统模式和现代销售相结合,闯出一条上海纺织品商业行业发展的新路子。

1. 加快纺织品内销电商的节奏

2017年,行业内不少企业在加快发展纺织品内销的电商节奏,继承传统实体店的优势,发展互联网+,搞活线上产品、做活线下的销售,促进纺织品内销的进一步发展。

2. 做好转型,增加纺织品成品的销量

2016年的销售看出,家纺用品、服装等纺织成品的销量有较大的增长。2017年要适应市场需求,扩大纺织成品的比重,增加纺织品成品的销量。

3. 调整门店,提高经济效益

行业内各有关企业对各门店进行经济效益的核算,整合门店资源,将亏损门店转换,从而提高整个企业的整体经济效益。(上海市纺织品商业行业协会)

2016年上海食品行业发展报告

2016年,上海市完成工业总产值31 082.72亿元,比上年增长0.8%。其中:食品工业总产值1 008.5亿元,比上年下降3.1%;占全市工业总产值的3.2%,基本与2015年持平;完成主营业务收入1 226.20亿元,比上年增长0.3%;实现利润71.59亿元,比上年下降10.7%。面对错综复杂的外部环境,全年经济运行保持在合理区间,总体平稳(本文不包括烟草制造,数据为规模以上食品工业企业)。

一、食品工业经济运行情况

食品工业经济运行主要特点有：

(1) 产值连续小幅下降。2016 年，上海市 385 家规模以上食品工业企业完成工业总产值 1 008.5亿元，比上年下降 3.1%，产值连续第三年下降，但降幅收窄 0.3 个百分点（表 1）。

2016 年，上海市食品工业总体呈现先抑后扬的态势，上半年产值同比下降幅度逐月扩大，至 7 月同比下降 5.5%。下半年开始，降幅逐月收窄，至 12 月同比下降为 3.1%（图 1）。

表 1　2016 年上海市食品工业总产值完成情况

指标	工业总产值（现价）（亿元）		
	2016 年	2015 年	可比增长（%）
上海食品工业合计	1 008.5	1 041.1	−3.1
其中：农副食品加工业	323.9	337.7	−4.1
食品制造业	587.7	605.3	−2.9
饮料、酒和精制茶制造业	97.0	98.1	−1.2

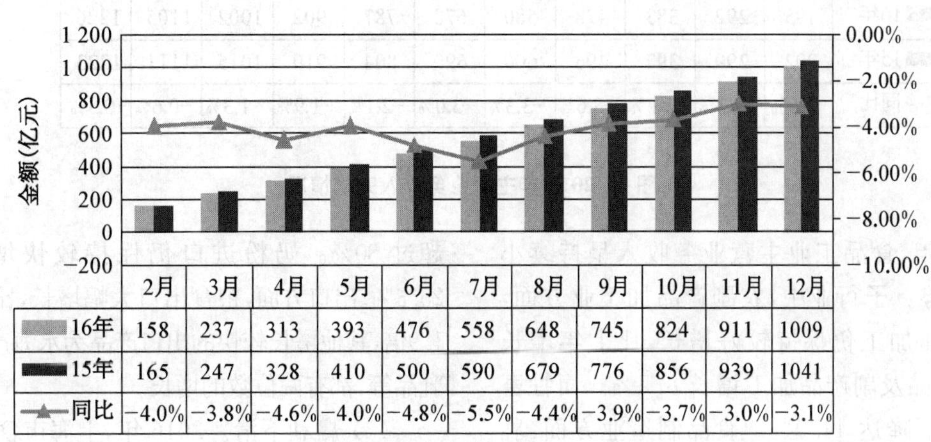

图 1　2016 年食品行业产值月度累计对比

子行业中，农副食品加工业，受进口市场影响，牲畜屠宰业产值跌幅较大，累计产值比上年下降 43.5%；饮料、酒和精制茶制造业整体颓靡，10 个子行业中，有 8 个产值下跌，跌幅最大的其他酒制造业产值下跌 66.5%。2015 年预调鸡尾酒的昙花一现使得其他酒制造业呈现爆发式增长，而随着 2016 年预调鸡尾酒市场的迅速转冷，也使得其他酒制造业产值下滑严重。除此之外，跌幅较大的还有茶饮料及其他饮料制造业，产值下跌 35.7%。

(2) 主营业务收入止跌，进出口增长。2016 年，上海市规模以上食品工业企业完成主营业务收入 1 226.2 亿元，比上年增长 0.3%。下半年开始，上海市食品工业销售情况逐渐好转，从上半年的同比下降 3.3%，至年底已止跌，全年增长 0.3%（表 2）。

表 2 2016 年上海市食品工业主营业务收入、出口完成情况

指标	主营业务收入(亿元)			出口交货值(亿元)		
	2016 年	2015 年	同比(%)	2016 年	2015 年	同比(%)
上海食品工业合计	1 226.2	1 222.9	0.3	48.5	46.0	5.4
其中:农副食品加工业	400.0	381.3	4.9	8.9	7.1	25.4
食品制造业	699.4	706.4	−1.0	32.4	32.2	0.6
饮料、酒和精制茶制造业	126.8	135.2	−6.2	7.1	6.7	6.0

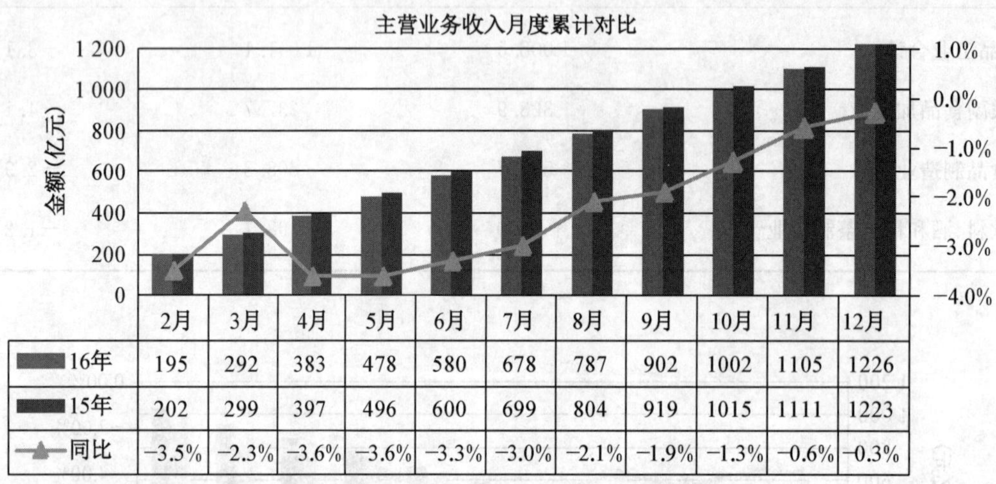

图 2 2016 年主营业务收入完成情况

2016 年,食品工业主营业务收入呈持续小幅上扬态势。子行业中,农副产品加工业方面,食用植物油加工仍保持较好增长,比上年增长 11%;肉制品及副产品加工增长 8.5%。而牲畜屠宰大幅下降达 44.9%。食品制造业方面,乳制品制造业,饼干及其他焙烤食品制造业,其他未列明食品制造业,糖果、巧克力制造业,糕点、面包制造业等主要行业主营业务收入有升有降,波幅较为平稳;而饮料、酒和精致茶制造业方面,其他酒制造业以及茶饮料及其他饮料制造业受市场影响,主营业务收入同比大幅下降(图 2)。

进出口方面,食品类产品出口较快增长。2016 年,食品类产品进出口总额 2 197.4 亿元,比上年增长 14%。其中,进口 1 653.6 亿元,增长 15.1%;出口 543.8 亿元,增长 10.7%。进口方面,肉及杂碎进口大幅增长,其中,猪肉以及冻鸡的进口额成倍增长,分别比上年增长 1.1 倍及 1.7 倍;牛肉进口增长超过 30%。奶粉进口仍保持较快增长,增长 25.3%。出口方面,粮食出口大幅增长,比上年增长 1.9 倍,其他增长较快的出口产品为水海产品、蔬菜、乳品等,都有两位数的增长。

(3) 赢利下滑。2016 年,上海市食品工业实现利润 64.8 亿元,比上年下降 10.7%;企业亏损面为26.2%,比上年进一步扩大 1.8 个百分点(表 3)。

表 3 2016 年上海市食品工业利润完成情况

指标	利润(亿元)		
	2016 年	2015 年	增速(%)
上海食品工业合计	64.8	72.6	−10.7
其中:农副食品加工业	13.2	11.8	12.4
食品制造业	42.0	45.0	−6.7
饮料、酒和精制茶制造业	9.5	15.9	−39.9

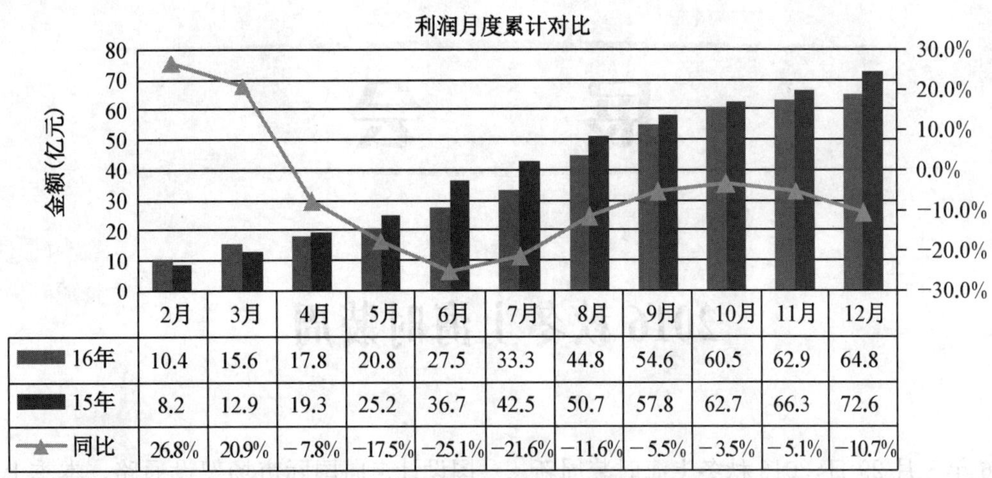

图3 2016年食品行业利润实现情况

2016年,上海市规模以上食品工业企业实现利润64.80亿元,比上年下降10.7%,比上半年降幅收窄近20个百分点。主要受到几方面因素影响,一是农副食品加工业整体较2015年形势好转,保持超过20%的同比增长;另一方面,乳品制造业以及糕点、面包制造业下半年的较快增长,拉动食品制造业的利润增长,其中乳品制造业与上年同比已经扭亏为盈,糕点面包制造业也有超过20%的增长(图3)。

2016年,上海市食品行业主营业务收入利润率为5.3%,比上年下降0.6个百分点,而比上半年,主营业务收入利润率上升0.6个百分点(表4)。

表4 2016年上海市食品工业主营业务收入利润率情况

指标	主营业务收入利润率(%)	
	2016年	2015年
食品工业总计	5.3	5.9
其中:农副食品加工业	3.3	3.1
食品制造业	6.0	6.4
饮料、酒和精制茶制造业	7.5	11.7

二、食品消费市场运行情况

2016年,上海实现社会消费品零售总额10 946.6亿元,比上年增长8.0%,其中:吃的商品零售额2 399.2亿元,增长4%,相比上年增幅减少0.3个百分点。

全年无店铺零售业态零售额1 584.00亿元,比上年增长13.8%。其中,网上商店零售额1 249.77亿元,增长15.8%,占社会消费品零售总额的比重为11.4%,比上年提高0.5个百分点。

2016年,上海市食品工业总体仍处于平稳下降的趋势。食品工业企业仍面临诸多的困难与挑战。内在来说,企业要面对土地、人力、原料成本的不断上升,面临产业结构调整。外在来说,随着人们生活质量不断提高,如何适应市场经济的新常态,满足市场多变化、多样化、品质化的需求,也是食品企业需要考虑的重要问题。(上海市食品协会)

展会

2016秋冬上海时装周

2016年3月29日,2016秋冬上海时装周新闻发布会在新天地朗廷酒店举办。来自上海时装周组委会支持单位及主承办方代表、参秀品牌代表、时装周商业合作伙伴及媒体代表等业界精英齐聚发布会现场。上海市商务委副主任刘敏、上海市经信委都市产业处副处长由文、黄浦区商务委主任陈湧、静安区商务委副主任虞红梅、上海时装周组委会副主任程颖等共同出席本次新闻发布会。

2016秋冬上海时装周呈现出与以往不同的面貌。2016年4月8日—16日,坚持“立足本土兼备国际视野”的发布格局和“原创设计与商业落地并重”的特色定位,以“城中盛事”为主题,开启综合运作模式激发业界各方能量,构筑以发布、展示、贸易为核心的时尚产业生态圈,切实推动原创设计的发展和上海作为国际时尚之都的建设。

上海时装周国际品牌发布项目将持续吸引海外知名品牌前来发布,国际影响力不断增强。此外,本季上海时装周在洛克外滩源打造国内首创时装演示发布平台LABELHOOD,以Presentation(时装演示)形式推广原创先锋设计。MODE上海服装服饰展也在时装周同期梅开三度,助力原创设计实现商业落地,并整合Ontimeshow作为分会场打造原创设计品牌订货季。本季活动吸引了诸多来自国内外的知名设计师、具有影响力的意见领袖、重量级买手等来到上海,亲身参与到时装周各项活动之中,为中国设计走向国际市场架设通路。本季上海时装周再度于活动结束后发布凤凰时尚指数,运用先进科技监测技术,提供时装周期间的消费、客流、舆情等各方面时尚指数,将大数据技术应用到时尚领域。

一、多维发布聚焦细分市场

4月8日—16日,新天地太平湖秀场呈现近50场各具特色的时装作品发布。4月8日,曾享誉巴黎大皇宫和纽约时代广场的中国设计师兰玉将携其个人品牌LANYU担纲2016秋冬上海时装周开幕大秀,发布以“Dream梦”为主题演绎一场浪漫复古的视觉盛宴,秀前的静态展、人才扶植计划以及秀后“即看即买”模式等成为开幕日当天的亮点内容。本季闭幕秀由知名女装品牌JORYA压轴,4月16日,“精致优雅,JORYA”的设计总监Jenny带领时尚达人们穿越到历史悠久的英格兰,进行一场高雅时髦之旅。融汇个性与品质的独立设计师作品,满足了市场的差异化需求,正日益受到消费者青睐。新天地秀场集结国内外充满设计感的时装品牌,为设计师们提供展示才华的天地。近年来人气越来越旺的独立设计师品牌,带来充满诚意的实力之作。在消费趋势转型的带动下,更多商业时尚品牌将提升产品的设计感作为增强品牌竞争力的有效途径,并通过在上海时装周发布新品,传递品牌文化价值。

为全方位实现不同品类的设计品牌推广，建设集聚资源要素的专业发布平台，2016 秋冬上海时装周打造以童装品牌和设计院校作品发布为主的“锋尚新势力”版块。4 月 14 日至16 日期间在 800 秀举办童装展示、设计院校作品展览展示等系列发布。随着“二孩时代”的到来，童装市场面临机会与挑战并存。上海时装周作为汇聚创意设计的时尚秀场，本季将在 800 秀迎来 8 场童装品牌发布，充满设计感又不失童趣的作品将引领童装产业趋势潮流。东华大学新锐设计师作品发布、上海工程技术大学服装学院毕业设计作品发布等为新生代设计师提供展示平台，为上海时装周注入全新活力。

上海时装周国际品牌发布（Shanghai Fashion Week International Fashion Showcase）持续吸引海外知名品牌来沪，本季再度闪耀上海展览中心友谊会堂。著名意大利时装品牌 DIESEL 再度参与上海时装周国际品牌发布项目，携国内外明星和时尚界人士举行盛大的品牌派对活动。著名的“安特卫普六君子”之一比利时设计师 Dirk Bikkembergs，本季携其同名品牌登陆上海，带来充满审美体验的最新作品。

二、LABELHOOD 打造国内首创时装演示发布平台

除传统形式的 T 台秀发布之外，2016 秋冬上海时装周全新推出 LABELHOOD 项目。作为青年设计师及新概念时装品牌的独立时装发布平台，LABELHOOD 通过结合音乐、影像、装置等多种艺术形式，以动静结合的 Presentation（时装演示）发布，为国际时装行业蕴育来自中国的先锋设计力量和新鲜血液。LABELHOOD 的推出是上海时装周在适应市场变革、创新发布模式之路上迈出的实践步伐，在中国时装业内具有里程碑式的首创意义。

三、MODE 上海服装服饰展 3.0 版打造原创设计订货季

4 月 8 日—11 日，MODE 上海服装服饰展举办。本季共计 25 家参展 showroom 带来 500 余个参展品牌，在设计布局、配套服务等各方各面皆力求更加精进，以期为展商和渠道买家搭建更为便捷高效的贸易平台。其中既有为中国原创设计师品牌开疆辟土的本土推广渠道，也有以引入海外品牌为主的专业机构。此前获得业界好评的 Ontimeshow 作为 MODE 上海服装服饰展的分会场于 4 月 9 日至 11 日在西岸艺术中心登场，涵盖时尚、配饰、生活方式、英国制造式体验概念的 Ontimeshow 带来独一无二的设计作品。诸多品牌也将在参展同期于时装周进行作品发布，动静相宜实现“秀”+“展”双核驱动模式。

四、各界携手铸就时尚策源地

本季上海时装周期间还将举行海尚国际论坛、哥本哈根皮草秀、音乐时尚派对等系列特色活动，集聚行业热情实现多元风格融合发展。4 月 9 日将举行新一季上海时装周 · 海尚国际论坛，届时上海、巴黎、米兰三地时装周高层将齐聚一堂，汇集行业顶尖智慧，展开一场关于城市时尚发展理念的对话。4 月 10 日晚，哥本哈根皮草在 1 933 老场坊举办专场发布活动，与丹麦艺术家 JimLyngvild 进行合作，展现皮草高级定制的神奇世界。4 月 15 日于意大利高端艺术时尚殿堂 10 Corso Como 上海，举行一场与上海时装周联名 YYOPresents Fashion & Music 10 Corso Como Night，现场由华人音乐殿堂级明星 DJ Wordy 及中国先锋独立设计师上官喆，碰撞出时尚与音乐的火花。

2016 秋冬上海时装周充分发挥时尚磁场的聚合效力，搭建起展示推广、商贸交流、思想碰撞的多元化平台，吸引海内外优秀的设计师、买手、媒体及业界相关人士汇聚于上海，共同成为时尚之都城中盛事的见证者和缔造者。（市场体系建设处）

2016 上海国际珠宝首饰展览会

2016 上海国际珠宝首饰展览会，于 5 月 5 日—9 日在上海世博展览馆隆重举行，展出面积近 42 000 平方米，展位数近 2 100 个，汇聚来自斯里兰卡、泰国、韩国、俄罗斯、波兰、澳大利亚、印度、伊朗、阿富汗、意大利等 12 个国家和地区的近 1 000 家参展商参展。

本次展会由中国珠宝玉石首饰行业协会、国土资源部珠宝玉石首饰管理中心、上海黄金交易所、上海钻石交易所、上海黄金饰品行业协会、深圳市黄金珠宝首饰行业协会和上海宝玉石行业协会等诸多权威机构联合主办，是上半年中国大陆品牌化、国际化程度最高的国际性珠宝展。

本次珠宝展品牌云集，老凤祥、老庙黄金、亚一金店、金伯利钻石、张铁军翡翠等品牌坐镇主场。在本届展会，“钻石馆”应该可以称之为上海国际珠宝首饰展览会上的一枝独秀，它是中国大陆珠宝展览中唯一的一个钻石馆。该钻石馆由上海钻石交所倾力打造，它集合了具代表性的会员公司，其中不乏在国际钻石贸易中占一席之地的钻石商。(市场体系建设处)

2016 上海购物节

2016 年是上海市第十次举办上海购物节，本届上海购物节由市商务委、市经济和信息化委、市旅游局、市文广影视局共同主办，于 2016 年 9 月 9 日—10 月 9 日举行，为期一个月。

一、本届上海购物节主题

本届购物节将以“新消费、新体验、新联动”为主题，围绕“三个突出”，一是突出增量消费，二是突出国内国际两个市场，三是突出中高收入群体、80、90 后年轻消费群体、网络消费群体等三股消费新势力，将上海购物节与新消费热点相融合，引领消费模式和生活方式提质升级。

二、本届上海购物节开幕活动

1. 开幕选址紧扣迪士尼热点

本届购物节将于奕欧来上海购物村举行开幕活动，该购物村由英国唯泰集团与上海申迪集团合资成立，位于迪士尼度假区心愿湖畔，由精品店、艺廊、餐厅等区域组成，定位年轻时尚人士，共 5.5 万平方米，是 2016 年新增的上海特色商业街区“新地标”。

2. 首次开启全城“摇一摇”

在开幕式当天 8:00—10:00，上海多个电视频道下方将出现“上海购物节十周年摇一摇”标识，消费者足不出户摇一摇手机即可获得购物节活动资讯排片表，并可参与抽奖，吸引全城消费者参与。该活动也在购物节期间其他特定时段举行。

3. 开幕暖场突出“时尚轻奢”

奕欧来上海购物村在上海购物节开幕式现场举办购物节音乐会、创奕中国设计师 T 台秀，中国—意大利中秋千兔望月灯会等暖场活动，邀请各类设计师、时尚潮人参加，提升节庆热度。

4. 同步启动浦江两岸“购物达人赛”

首次推动浦东与黄浦两区联手，在本次购物节开幕式上启动“上海购物达人赛”，公开征集上海购物达人攻略，与时尚博主、网红直播等新模式相结合，引领时尚购物风尚。

5. 开幕式颁奖活动

开幕式上播放上海购物节十周年宣传片，并颁发“上海购物节品牌活动”“上海购物节杰出贡献奖”“先进工作者奖”“上海商业转型创新示范项目”首批“上海优选伴手礼”等奖项。

三、购物节十周年特色活动

1. 举办首届“上海国际消费城市”主题论坛

成立“上海商业发展国际咨询委员会”，集聚麦肯锡、IBM等国际智库，围绕“国际消费城市”“上海购物节”等专题，为上海商业发展建言献策。同时，联合咨询机构、媒体开展调查问卷，从智库、媒体、消费者等不同维度描绘上海国际消费城市建设发展蓝图。

2. 推出首次“上海商业品牌之旅”

在购物节期间免费向公众开放雷允上中医文化馆、玛戈隆特瓷器馆、光明益民食品厂陈列馆等一批具有上海商业文化底蕴的品牌陈列馆、工厂体验店、设计工作室，吸引消费者“走进品牌、感受文化”，传承发扬工匠精神。

3. 举办首届“上海食品伴手礼设计大赛”

与光明集团联合开展食品伴手礼设计大赛，通过设计征集、大众投票、专家点评等形式，帮助上海特色食品焕新产品包装、挖掘品牌内涵，获奖产品在2016中国国际食品博览会上发布和展示，并由光明集团设立专柜推广。

4. 评选首批“商业转型升级示范项目”

在商圈、社区商业、商业企业和商业存量转型等领域，评选一批“上海商业转型升级示范项目”。重点推广智慧商业、内外贸联动、自有品牌、体验式商业、特色商业等新业态新模式。

四、重点营销活动

1. 突出“买全球、卖全球”，引领品质消费

举办“进口商品嘉年华”系列活动。举办中国国际食品博览会、西班牙食品节、“美食国际范”进口食品show等涉及18个食品行业类别的全球食品展销活动，开展“进口食品”消费调查，把握消费热点。举办中山家电节“新奇特”电器展、海外商品嘉年华等活动，通过海外商品原产地直供，推广各类进口日用消费品，以及VR眼镜、无人机、电动折叠车等“新奇特”商品，引领新潮生活方式。

举办“零售自有品牌消费节”。自有品牌商品是商店卖场自产自销商品，因省去中间环节，具有“品质可靠、价格实惠”的特点，在国外具有大批拥护者。举办“上海零售自有品牌消费节”，以“自有品牌，家的味道”为主题，吸引沃尔玛、麦德龙、罗森、7-11等一批零售企业、联动2 000多家门店参与，推广销售商店自有品牌。同时，通过社交网络发起“寻找自有品牌爱用者和最爱自有品牌”评选，提升消费者对“自有品牌”的认知度。

2. 突出“女人的上海”，引领时尚消费

举办“黄浦激情购物夜”“静安购物嘉年华”等品牌活动。黄浦区淮海路、南京路上主要商场在购物节期间营业时间延长至晚上11点。淮海路与韩国首尔清潭洞明星街首次联手举办“上海韩国周”，同时有一批眼镜、服装等时尚品牌店开幕及新品发布。静安区举办“静安购物嘉年华”，恒隆、久光、芮欧、嘉里、818广场等高端购物中心以及10 Corso Como等设计师概念店同期开展新品发布，推出时尚、艺术、购物融合的系列活动。

举办“上海国际黄金珠宝展”“上海国际美发美容节”“上海时装周2017春夏发布会”等主题活动。黄金珠宝展汇集国内外珠宝品牌，搭建精品展示平台、时尚发布平台、采购交易平台，展示上海黄金珠宝企业的精品设计。美发美容节推出以“时尚工匠点亮时代”为主题的流行趋势现场show、美容美发邀请赛等活动。本次上海时装周发布一批新锐设计师、中国本土设计师品牌。

3. 突出“两个热点”，拉动消费增量

突出“汽车消费”热点。以“汇诚至信　畅行天下”为主题，举办上海汽车销售服务节，在普陀、闵行、杨浦举办专场活动，部分经销商将开展热门车型特价销售、新车型发布等活动回馈消费者。同期举办“新消费、我做主”、“新能源行天下”新能源车、“保险为用车保驾护航”等三场论坛活动，进一步拉动汽车消费增量。

突出“网购消费”热点。针对网络消费群体，整合“城色十足 i 百联购物节”“苏宁购物嘉年华”“依恋新品购物节”等一批线上购物活动，涉及化妆品、服装、鞋包、电子产品等多个领域，开展“O2O 购物嘉年华”，进一步促进品牌全渠道营销。(上海购物节组委会)

中华老字号博览会

2016 年 9 月 25—28 日，由商务部支持，上海市商务委员会、上海市经济和信息化委员会、黄浦区人民政府和中国商业联合会中华老字号工作委员会共同主办，上海市人民对外友好协会和上海市非物质文化遗产保护中心等协办，黄浦区商务委员会、静安区商务委员会、上海中华老字号企业协会、上海市商业信息中心、全国城市商业信息网和上海外经贸商务展览有限公司等承办的“2016 中华老字号博览会”在上海展览中心圆满举行。

“中华老字号博览会”自 2012 年起每年被列入商务部引导支持的展会之一，2012 年被列入商务部与上海市政府的部市合作项目之一，迄今已连续成功举办十届，深受市场欢迎。

作为“2016 上海购物节”的重要活动之一，该届博览会主题为“科技创新和老字号”，旨在保护知识产权、挖掘文化内涵、提升品牌价值、传承独特技艺、加强商务合作、促进国际交流、引领市场消费。

此届博览会首次设立“老字号优选伴手礼展示区”，整个展区中央以中国馆的造型为设计主体、四个伴手礼展示区分别采用外滩风景图，城隍庙九曲桥湖心亭，南京路步行街，陆家嘴建筑群等具有上海特色的画面作为背景墙，结合最新多媒体手段，从“衣”、“食”、“用”、“行”四个方面集中展示上海老字号的创新优选伴手礼产品。

这些来自 20 多家老字号企业的 50 多件伴手礼产品给观众带来耳目一新的感觉，受到现场观众的青睐。最具代表性的有雷允上 G20 国礼“香留情驻”香囊红色礼盒、上海牌 T039－2－F3 手表、湖心亭茶楼礼罐、恒源祥中国队里约奥运队服、上工蝴蝶牌缝纫机、龙凤旗袍盘扣、朵云轩文房四宝、苏州沈寿双面绣、来自台湾的糖村，以及老凤祥八骏图、足银壶、金色年华等。

如届博览会展出面积 6 528 平方米，设置展位共计 320 个，比上年增长 31%，参展企业共 201 家，涵盖 141 家中华老字号和上海老字号企业。参展企业、辐射地域均比上届增长。展品包括食品餐饮、轻工百货、纺服鞋帽、珠宝首饰、工美文化、医药保健、现代服务等数千种。除老凤祥、恒源祥、杏花楼、豫园商城、中华药业、新世界、“三大祥”“龙凤”“绿杨村”“王家沙”“古今”“正章”“新长发”“立丰”“回力”“凤凰”中国一铅等知名品牌老字号外，还有百联集团、光明集团、锦江国际集团、龙头集团等率旗下众多老字号品牌参展亮相，包括第一医药、光明乳业、益民食品、梅林正广和、茂昌眼镜、龙头家纺、三枪内衣、和平饭店、国际饭店等。

为期 4 天的博览会，共接纳观众近 3.5 万人次，现场销售额 400 余万元人民币，比上年增长 20%。30 多家新闻媒体和新媒体对展会进行系列报道，形成良好的办展氛围。“中华老字号博览会”已逐渐成为弘扬中华传统文化、促进商务合作交流、拉动内需消费、推动老字号持续发展的桥梁和平台。(中华老字号博览会组委会)

互联网+流通

上海电子商务示范体系创建案例选登

一、电子商务示范基地

1. 嘉定电子商务产业园

嘉定电子商务产业园围绕“提升服务、塑造品牌、创新示范”，发挥“国家级电子商务产业示范基地”的集聚和辐射作用，被中国国际电子商务中心评为“优秀电子商务示范基地(20强)”。截至2016年10月，园区已集聚企业1 500余家，其中主营电子商务企业548家。2016年1—10月，实现税收11.5亿元，上年同期比增长18.6%。

平台服务工作。发挥职能部门作用，工商指导站工作有序开展。2016年，园区围绕电商企业投诉量成倍增长的情况，工商指导站积极开展各类培训，在各大电商企业中建联络点，设联络人制度，对新入驻的大型电商企业上门服务、指导工作，对各类投诉举报的调解率实现59.6%。发挥行业协会优势，电商分会活动多元多样化。2016年，电商分会积极组织参加各类活动与研讨会，先后举办第四届中国电子商务大会、2016上海创梦BIGDAY跨境云计算与物联网高峰论坛及园区电商企业座谈会等活动，并积极参加2016中国(上海)国际网络购物交易大会、2016第三届中国(义乌)世界电子商务大会、APEC以及2016年长春电商峰会等活动。此外，电商分会也联合工会、团委，举办一些文体活动，包括青年员工相亲大会、趣味运动会、羽毛球比赛、乒乓球比赛等，丰富了企业员工的文化生活。发挥专业平台作用，电商培训实践基地初现成效。2016年，依托智炎电商、亚马逊AWS众创空间、育成中心、全通金融众创空间以及上海金融谷等几大专业平台，园区电商培训实践基地累计开展各类创新创业活动56场，培训人数达到8 600人次，孵化创业团队32个，创业项目46个，成功培育明谦咖啡、永璞花茶等优质电商、微商项目，以培训基地为载体营造园区创新创业氛围。

项目推进情况。2016以来，园区对电子商务展示厅进行升级改版，采取互动式的演示方式，以“零展板”形式，宣传展示园区工作以及入驻企业情况。展厅全年吸引来自全国各地69批次的团队考察参观，接待人数超1 418人，增进电子商务示范基地的经验交流，与兄弟省市园区形成良好的互动，促成优质企业的签约意向。“互联网金融产业”与“电子商务人才培训”两大版块服务集聚一批产业链上下游企业。2016年，园区积极推动重点项目建设，主动跟踪协调，各方面工作推进有序，一批龙头项目的实体落地，进一步带动园区电商产业的能级提升。

2. 唐镇电子商务创新港

唐镇电子商务创新港坚持以“基地+基金、众筹+众创、孵化+加速、总部+平台”集成创新为模式，坚持以“创建全程电子商务、创新公共服务平台”为发展目标，利用自身的优势和产业基础，积极顺应电子商务产业发展新形势，主动接受自贸区和周边国家级园区的资源辐射，稳步推动建设国家电子商务示范基地和浦东电子商务集成服务功能区。

专业服务推动企业做大做强。尝试以“基地＋基金、众筹＋众创、孵化＋加速、总部＋平台”的创新模式，以电子商务公共与集成服务平台为核心，加强与产业机构和专业的第三方服务平台的紧密合作，提升创新港的整体招商和服务能力，重点引进电商产业链上的核心企业，让产业生态链更丰满，让平台活跃度更高，平台服务更全面更创新。目前已初步形成一定的产业体系，特别在投融资平台的对接服务和帮助企业协调投诉处理服务上体现出创新港的服务理念、服务水平不断在进步和提升，服务和培育一批 B2B、B2C 垂直行业细分平台迅速发展，交易额已达到几亿和几十亿的规模，缴税额达到上千万的规模，已成为几个行业的代表性平台企业。2016 年，引进企业 120 家，累计企业数为 770 家，其中电子商务企业占比 80%，全年上缴税收 5.6 亿元，6 年累计上缴国家税收 13.21 亿元，间接创造上万个就业岗位，为工业园区转型升级打下较好的基础。

创新合作促进又好又快发展。唐镇电子商务创新港对有限的物理空间进行产业功能性划分，为功能性和战略性项目落地让步，按照以“基地＋基金、众筹＋众创、孵化＋加速、总部＋平台”集成创新的新模式，突破唐镇区域性界限，一园多点的发展，以市场性为主，多元化和各个孵化器合作，2016 年初尝试引进电子商务孵化器、科创孵化器、金融孵化器、智库基地、林业局交易所等五个孵化器，目前正处于培育期。同时为了整合和集聚更多的产业发展资源，主动与其他园区和孵化器进行深入的合作，弥补自身在商业、商务、交通等不足的短板，并率先提出国际化合作的思路，和德国莱法州比肯菲尔德县达成产业发展战略合作协议，从而打开中德地区商务合作的窗口，进行产业资源对接和项目合作，为跨境贸易发展提供新的机遇，同时为整个唐镇未来几年的发展也带来新的机遇。

加大力度推进国家级示范基地的建设。坚守以功能性和服务性为核心，根据国家和上海市有关规定，结合本地实际情况，制定出台一系列有利于电子商务产业快速发展的相关政策，如企业入驻奖励、财力扶持奖、研发补贴、运营补贴、房租补贴、高级人才奖、骨干企业奖等；推进产学研联动合作，协同创新，加强和大专院校、行业研究机构的合作，提升创新港的发展能级；通过论坛、私董会、座谈会、参观调研等方式，详细了解电商企业业务状况、电子商务运行情况和发展需求，深入研究电子商务发展的方向与重点；积极参与组织 2016 中国上海全球电商互联网大会和浦东电商创新互联网大会，并成功举办第一届上海互联网与产业融合高峰论坛，取得很好的宣传和推广效果。通过各项活动，使唐镇电子商务创新港成为行业和企业间的重要纽带。

二、电子商务示范企业

1. 网络零售类

面向境内终端消费者，通过互联网或移动通信网络开展服装、家电、食品、家居建材、日用百货、图书音像、通讯数码、航旅客票等领域零售业务的企业。

案例 1

菜管家——国内优质农产品和生鲜供应服务商

上海菜管家电子商务有限公司运营平台“菜管家”定位为优质农副产品供应及服务商，以管家的视角选择符合有机、绿色、无公害标准的蔬果、自然散养的禽蛋、专业龙头企业的肉类和海鲜产品、粮油副食，并提供管家式的服务，层层检验把关，通过全方位的食材供应，把新鲜、优质、安全、营养的食材通过全程冷链运送到家。同时，菜管家积极完善物流商流信息流，打造一流的供应链体系，不仅成为中国大型农产品及生鲜食品电子商务平台之一，也成为中国生鲜类电子商务的成功范例。

菜管家官网上线时间为 2009 年 12 月 26 日，随着移动购物的兴起，从 2013 年底开始，菜管家陆续上线移动端购物渠道，目前共有移动客户端 3 个：安卓版 APP、IOS 版 APP 和微信商城。

菜管家在农产品电子商务、信息化和现代物流领域作了诸多有益探索，于 2015 年获批商务部"国家级电子商务示范企业"、农业部"全国农业农村信息化示范基地"。菜管家自从事电子商务以来,促进农产品电子商务综合管理平台的完善,并通过先进的供应链管理平台、在线追溯服务平台等创新服务模式进一步促进了农产品电子商务发展。

有利于减少农产品流通中介环节,缩短产品流通链。构建"生产者农户—农村销售合作组织—商务电子批发市场—(网上)零售商—消费者"新型的电子商务流通链,减少农产品流通环节,加速商品和信息的流动。

为农产品电子商务发展提供可靠支撑。菜管家的核心竞争力为信息系统,ERP、CRM、WMS、TMS等系统的建设和维护是菜管家发展好电子商务尤其是农业电子商务的关键。农产品电子商务的建设可以满足物流企业从供应物流、生产物流到销售物流的完整过程的组织和管理应用需求,实现数据的动态共享。

保障农产品质量和安全。农产品电子商务平台的建设加强了政府对农产品冷链物流的监控能力,有利于促进形成冷链物流相关技术标准,规范行业发展,提高物流行业管理水平,实现农产品追溯管理,有效保障农产品的质量和安全。

案例2

天天果园——打造国内生鲜行业标准化的电商平台

上海天天鲜果电子商务有限公司(以下简称为"天天果园")自2009年4月1日成立以来,始终以"让消费者享受到真正健康、美味的全球生鲜和管家式体贴放心的服务"为目标,并通过互联网、手机APP、电视/电话订购等渠道为个人以及企业客户提供高品质的水果、肉类、海鲜及蔬菜等生鲜商品。通过原有资源积累和销售渠道,天天果园精准筛选世界各地优质的鲜果,与世界各地生鲜供应商及相关机构建立合作关系。天天果园凭借"新西兰佳沛奇异果、美国新奇士橙"等进口产品迅速占领国内市场,并持续获得资上海市场的青睐。继2016年2月获得1亿美元D轮融资之后,天天果园于2016年8月宣布再次获得1亿元人民币D+轮融资。

天天果园作为一个生鲜品牌,在自身的成长和发展过程之中,多次获得行业内的认可:2014年,在香港亚洲果蔬展,天天果园荣获亚洲果蔬大奖——"最佳营销策划奖"。同年,美国西北樱桃协会授予天天果园——"美国西北樱桃最佳线上零售商"。2015年,浦东电子商务协会授予天天果园——"上海市浦东新区电子商务创新试点企业"。2016年,"中国APP分类排行榜"评选中,天天果园荣获"生鲜电商领域最具领导力品牌"奖。2016年5月,天天果园凭借"天天果园生鲜电商服务标准化试点"项目,成功获得上海市质监局"上海市标准化推进专项资金"的立项支持。

天天果园通过与上游供应商合作,从供应链源头入手,改变农业生产方式实现品质的把控,从而提升生鲜的附加值。另外,以生鲜电商平台为依托,实现产业链全覆盖,并建立生鲜分级标准,按照标准分级进行梯度定价,从而鼓励上游供应商能产出更多优质产品。天天果园通过完善的生鲜商品供应链体系、冷链仓储物流体系以及生鲜标准化体系,使得生鲜商品始终保持极高品质,并且成为通过NSF(美国国家卫生基金会)认证的生鲜电商企业。

2. 网络批发类

面向企业通过互联网或移动通信网提供农产品、工业品和生产资料等批发服务的企业。

案例3

找钢网——钢铁全产业链电商平台助力中国钢铁行业转型升级

上海找钢网信息科技股份有限公司,于2012年初成立,是国内成立最早的钢铁全产业链电商平台之一,注册地址位于上海市嘉定工业区。经过4年的快速发展,已成为国内产业互联网的领军企业,同时也是全国规模较大的钢铁零售企业。公司已完成五轮融资,投资机构包括经纬中国、IDG资本、华晟资本、雄牛资本、红杉资本、险峰长青、真格基金、京西创投等多家知名基金公司和国有资本投资者,累计融资金额超过20亿元人民币。其中2016年1月获得的第五轮投资高达11亿人民币。

找钢网在4年多时间的发展历程中,迅速成长为国内产业互联网的标志性企业,凭借自身出色的表现,获得社会各界的认可。企业先后获得商务部"2015—2016年度电子商务示范企业"、工信部"2016年中国互联网企业100强"、国家标准委"国家级服务业标准化"试点、上海市"贸易型总部"首批认证企业、中国电子商务协会"中国互联网诚信示范企业"等诸多荣誉。

找钢网在大宗商品领域实现"三方撮合平台+自营商城"的业务模式,经过4年多时间的实践,已经得到市场的充分验证,在行业内被称为"找钢模式"。"找钢模式"在大宗商品电商领域具有一定的可复制、可推广性。

大宗商品行业是一个相对特殊的行业,一方面面临产能过剩的不利局面,另一方面又面临信息不对称、层层加价的流通弊端,找钢网在大宗领域所开创的业务模式,具有较为良好的推广价值。"找钢模式"对于去中间化、提升流通效率、降本增效具有明显的推动作用,随着该模式在众多大宗商品领域的推广与复制,将极大地促进大宗行业转型升级。

案例4

百联电商——推动传统零售线下网点的数字化改造升级

百联电子商务有限公司(以下简称:百联电商)坚持市场导向、消费者需求导向,持续推进创新工作,服务客层不断扩大。公司各项业务稳步发展,经营状况持续表现良好,取得较好的经营业绩。同时,百联电商进一步健全内部组织架构,持续推动组织架构柔性化、扁平化发展,进一步细化各岗位职责,加强优秀人才市场化引入,建立一支专业化运作的业务和技术团队,目前已成长为一家在全国范围内具有领先优势的专业化电子商务支撑型企业。

2015年预付卡业务作为百联电商核心业务,继续保持稳定增长势头,市场地位稳固,位居全国前列。随着电子商务的蓬勃发展和百联集团商务电子化战略的全面实施,公司发挥预付卡的业务优势,不断升级产品创新,互联网支付、移动支付、固定电话支付等创新业务高速发展,业务规模和客户数量快速增长。支付业务的全面良好发展态势也进一步助推百联电商和集团商务电子化的发展,有效推动传统零售线下网点的数字化改造升级。

3. 服务类

面向企业或消费者提供电子商务服务(含跨境电子商务服务)的企业,如提供网络商铺代理运营、营销推广服务、数据服务、信用服务、咨询服务、培训服务、电商物流服务、电商金融服务等,以及通过第三方电子商务平台或自建网站,面向企业或个人消费者提供餐饮、住宿、休闲娱乐、家政服务等业务的商户类企业。

案例5

宝尊电商——为消费品品牌企业提供端到端的全套电商服务

上海宝尊电子商务有限公司(以下简称:宝尊电商)于2007年在上海成立,坐落于静安区市北高新技术园区云立方。宝尊电商专注于为消费品品牌企业提供端到端的全套电商服务,包括IT解决方案、店铺运营服务、数字营销服务、客服服务、仓储物流服务以及全渠道服务。宝尊电商是中国知名品牌电子商务服务商之一,合作品牌已经超过120个,主要覆盖8个垂直行业,包含服饰、3C数码、生活电器、美妆、家居家装、快消、汽车、保险等,合作的知名品牌诸如NIKE、COACH、BURBERRY、ZARA、LEVIS、HIPIPS、PANASONIC、MICROSOFT等,品牌分别来自北美、欧洲、澳洲、日韩、中国。

宝尊电商总部位于上海,在我国吴江、杭州、北京、香港、台湾及日本,韩国分别设有分机构,有超过2 500名中国最资深的电商服务人才,自建仓储超过20万平方米,拥有全球化的电子商务服务能力。

宝尊电商在电子商务发展过程为品牌企业提供一站式的专业服务和保障,除了在我国内地建设有苏州、北京、广州物流中心外,也在香港拥有自建物流体系。为了在电子商务仓储管理上不断的创新升级，宝尊电商已拥有自运用的自动化电子商务仓储中心。宝尊是天猫基于销售额、服务水平、品牌评价等综合评选出的唯一一家六星服务商。2015 年 5 月宝尊电商在美国 Nasdaq 上市。

案例 6

大众点评——深刻理解消费者与商户需求并引领本地生活方式

上海汉海信息咨询有限公司（以下简称：大众点评）于 2003 年 4 月成立大众点评网（www.dianping.com），是中国领先的城市生活消费平台和独立第三方消费点评网站。借助信息技术和线下服务能力，大众点评为消费者提供值得信赖的本地商家和优惠信息，及团购、外送、电子会员卡等 O2O 闭环交易服务，覆盖餐饮、电影、酒店、休闲娱乐、丽人、结婚、亲子、家装等几乎所有本地生活服务行业。大众点评手机客户端是中国极受欢迎的本地生活 APP 之一，已成为广大城市消费者的必备工具。大众点评致力于深刻理解消费者与商户需求，为其创造非凡体验和最大价值，并引领本地生活方式。

截至 2016 年 9 月，大众点评移动客户端的浏览量超过 85%，点评数量超过 1.5 亿条，收录商户数量超过 2 000 万家，覆盖全国 2 500 多个城市及美国、日本、法国、澳大利亚、韩国、新加坡、马尔代夫等全球 200 多个国家和地区的近 1 000座城市。

随着 web 技术的发展，第三方消费点评的模式渐渐兴起。不同于其他第三方点评网，大众点评网的全方位一站式精准营销服务，比较侧重于某个细分领域，通过对某个领域的用户特点采取“分众”特性的营销手段。未来第三方点评网站的商业模式主要会集中在基于其“分众”特性的精准营销、移动增值、会员积分分成、电子商务分成、线下出版等方面。同时，随着上至商家、下至消费者的相关产业链的成熟，尤其是第三代移动通信技术商用，互联网和手机上网进一步结合，第三方点评网站将会在商业模式方面得到更大的扩展。

4. 综合类

面向企业或个人消费者，同时提供上述两种以上服务类型的综合型电子商务企业。

案例 7

携程旅行网——互联网和传统旅游无缝结合的旅行平台

携程旅游网络技术（上海）有限公司（以下简称：携程）创立于 2005 年，为“携程旅行网”旗下子公司，是携程旅行网（香港）有限公司全资子公司，是一家高新技术企业及软件企业，负责“携程旅行网”体系预订平台的所有相关技术研发与信息服务。2015 年年末，拥有员工 1 500 余人，其中科研人员数 800 余人。

作为中国领先的综合性旅行服务公司，“携程旅行网”成功整合高科技产业与传统旅行业，依托完备的酒店及航空等资源网络，为公司客户提供国内国际机票及酒店的查询预订、差旅政策执行及建议、商旅数据分析及报告、供应商管理及增值服务。

2015 年，携程被评为中国著名商标金奖“商标创新奖”、2015 年度“中国最佳在线旅游网站”。携程在中国互联网协会、工业和信息化部信息中心最新发布的中国互联网企业 100 强中排名第 8 位。其在服务和资源规模化、技术领先、体系规范化等方面都起到良好的示范作用。

携程的上游是全国各地的酒店和航空公司；下游是庞大的注册会员，通过给酒店和航空公司做平台销售赚取代理费。携程的价值在于掌握供应商和客户的双边资源，成为消费者和酒店、航空公司的纽带，为酒店、航空公司带去客户，也为消费者提供优惠的折扣和方便的咨询服务，而它自身也可以赚取收入，最终实现三赢。

案例 8

1 号店——满足生活所需的一站式网购平台

纽海电子商务（上海）有限公司（以下简称：1 号店）为每一位顾客提供“满足家庭所需”的一站式网购体验，网站（www.yhd.com）于 2008 年 7 月 11 日正式上线。顾客足不出户即能享受到来自全国及世界各地的商品和服务，省力、省钱、省时间。

2015 年 7 月,沃尔玛收购 1 号店余下股权,实现全资控股。2016 年 6 月 20 日,沃尔玛和京东达成战略合作协议,宣布将在 1 号店现有品牌和市场定位之下,共同发展 1 号店品牌及电商业务。京东拥有 1 号店商城平台资产,包括其品牌、网站及 APP;沃尔玛继续运营 1 号店自营业务,并将此业务推上 1 号店商城平台,发挥其全球供应链的优势,为消费者购买商品提供更多选择。

2016 年 1 月,1 号店母婴频道在摇篮网妈妈圈的在线调研中被评为"2015 年最受信赖母婴品牌"。2016 年 4 月,"第三届中国(国际)绿色仓储与配送大会"上,1 号店获得中国仓储协会的"绿色仓储与配送优秀案例奖"。2016 年 7 月 11 日,1 号店获得上海市商务委员会颁发贸易型总部证书。

作为前沿的电商企业,1 号店不断在质量管理、新技术运用、业务模式、营销推广等不断探索与创新,引领和促进中国电商行业的发展。尤其是"4+1 质量管理模式"、托盘共用体系、无纸化、商务诚信体系等项目得到政府、同行及消费者的认可和肯定。

经过近几年的快速发展,1 号店的知名度、美誉度也得以不断提升,尤其是从产品质量管理到平台商家的规范,从技术创新、业务创新扩展到营销推广创新,从客服投诉管理到企业社会责任,1 号店不断超越自我,引领电商行业的发展。1 号店的努力受到越来越多政府的好评、顾客的肯定及同行的赞誉。

5. 跨境电商类

面向企业或个人消费者经营服装鞋帽、通讯数码、汽车配件等商品零售业务,并能实现跨境在线交易的企业。

案例 9

洋码头——海外买手制购物平台领军者

上海洋码头成立于 2009 年,注册地址位于静安区珠江创意园中,致力于让中国消费者足不出户,轻松、便捷地享受一站式全球血拼,实现引领中国消费全球化。洋码头一直致力于通过整合优化低效率运作的国际物流资源和全球零售供应链来促进在线零售的全球化进程,改造中间环节多,库存过高,市场门槛高的传统代理制跨国零售模式。

经过 7 年的高速发展,洋码头业已成为中国名列前茅的独立跨境进口电商平台,拥有 3 万多个海外买手、4 000 多万用户。消费者可买到来自全球 83 个国家的商品,日均可购买商品超过 30 万款,涉及 2 万余个国际品牌,覆盖服饰、鞋子、包包、美妆、母婴、保健等多个品类。

2015 年 8 月,洋码头获得由工信部、商务部、国资委、发改委联合认证颁发的"中国互联网电子商务商务服务行业诚信龙头单位"荣誉称号。2015 年 9 月,中国独角兽企业排行榜,洋码头以 10 亿美元的估值排第 46 位。2015 年 12 月,清科"中国最具投资价值 50 强企业",洋码头入围前十名。荣获 GMIC"2016 互联网时代年度十大最有价值创新产品"奖。2015 年 11 月,洋码头被评为福布斯中国最快成长科技公司。2016 年 4 月被全球移动互联网大会评为"互联网时代年度十大最有价值创新产品"奖。

洋码头作为独立跨境电商平台,在为电子商务带来产业升级的同时,也将带来云计算服务软件行业经济增长方式的重大改变,推动电子商务行业取得跨越式的发展。平台整合买卖流程的所有环节,打通上下游产业链条,构建一整套的生态环节,为买家提供一站式的服务体验。洋码头平台一直在打造一个生态环境,为整个产业链条上的环节都提供良好服务并进行深度整合,降低卖家的门槛、提升买家购物体验。洋码头跨境电商平台的推广应用,将推动我国电商行业实现产业升级、信息化升级,为我国消费者提供一个良好的跨境购物环境。

案例 10

上海跨境电商公共服务平台——为跨境电子商务发展提供支撑

上海跨境电子商务公共服务有限公司成立于 2016 年 2 月 22 日,注册地为中国(上海)自由贸易区。公司现有员工 30 余人,包括拥有长期从事跨境电商研究的业务专家、从事电子口岸建设十余年工作的技术专家及一支能力较强的开发运营团队。公司成立以来,已建立与上海海关、上海检验检疫、国税、外管等政府管理部门数据交换和互联互通的信息平台。实现与上海海关、国检等相关单位的业务、技术对接,服务包括大型龙头企业、中小型创新型企业在内的1 000余家跨境电商及相关企业。建成并运营跨境直邮进口、保税进口、一般出口等模式的相关系统。

公共服务平台的建设大大提升通关速度,降低跨境电商企业及海关通关成本,使得整个进出口贸易流程更加顺畅。同时,攻克跨境电商企业"进出口售结汇难"和"出口退税难"的难题,实现跨境电商进出口业务网上全程自主申报、自助办理。随着公共平台功能的进一步完善,对接的企业数日益增多,上海口岸跨境电商业务量大大增长。后期公共平台将继续推出全产业链基础增值业务,更加全面高效帮助跨境电商等相关企业实现贸易通路,完善和提升口岸监管与公共服务水平,为上海市跨境电子商务发展提供有力支撑。

公共平台将为上海跨境电商产业打造公平、高效、健康、低成本的市场环境,促使上海相关企业做大做强,同时吸引外地企业进驻上海,促进行业健康、高效、规范化发展,并进一步推动上海"四个中心"建设。(市商务委电子商务处)

平台经济让"上海声音"越来越大

上海,因商而起,商通天下。特殊的区位优势和交通条件使它成为一座闻名世界的商业贸易城市、全球贸易流通网络中的重要节点、连通国内外市场的"大码头",一大批贸易型总部企业应运而生。2016年7月11日,上海市首批贸易型总部颁证仪式在市政府举行。副市长周波为首批贸易型总部代表企业颁发证书,市商务委主任尚玉英出席仪式并致辞。

2015年,上海市根据《上海市推进国际贸易中心建设条例》,制定颁布全国首个《上海市鼓励企业设立服务全国面向世界的贸易型总部若干意见》,并于近期认定首批94家贸易型总部。

2015年,这94家贸易型总部共实现营业收入与交易额4.3万亿元,占全市对内对外贸易总量的三分之一。其中,11家销售规模超过1 000亿元,20家为上海市第三产业税收排名前100位企业,23家为上海市国内商品销售总额排名前50位企业。除了经营规模的当仁不让,这94家贸易型总部企业又有哪些显著特点?

1. 15家为"平台经济"

在首批认定的94家贸易型总部企业中,有15家是平台型企业。"平台经济"代表流通和交易模式创新发展的新方向,借助互联网的广域覆盖、便捷高效等特性,"平台经济"的商业模式,让这些贸易型总部企业在网络、平台、产业等几个维度,均呈现出向"大"处延伸、向纵深跨越、乘数级快速增长的特点。

一是大网络——线上线下深度融合,覆盖范围持续拓展。各平台企业积极推进线上线下一体化,首批认定的"齐家网"通过线上线下结合的模式,已发展成为中国最大的家居装修生活消费品导购网站,在全国近60座城市建立了分支机构,注册会员超过500万,供应商4万余个,为近900万业主提供了装修解决方案。

二是大平台——平台广度深度不断拓展,推动大众创业、万众创新。据统计,上海市"平台经济"通过线上完成的平台交易总额当中,非自营交易额占比为83.1%,远超过自营交易额。比如得到认定的"卡行天下",专为小微专线物流公司提供信息化、标准化服务,组织中小物流企业建设覆盖全国的公路集约化运输网络,成为"大众创业、万众创新"的有力催化剂。

三是大产业——平台产业多元化发展。家装、旅游、餐饮、影视娱乐等垂直细分领域的"上海声音"越来越大,有效引领并拉动内需。如携程通过整合旅游信息,打造了覆盖旅游全过程的服务价值链,已经成为中国领先的综合性旅游服务公司。

2. 发力供给侧改革

供大于求、行业信用体系不完善,信息不对称、资源浪费、效率低下……为应对钢铁行业发展"痛点",宝钢集团去年设立欧冶云商股份公司,在信息服务、加工服务、技术服务、物流服务等各个方面,全方位满足终端客户需求。

"从以产定销到以销定产,再到智慧制造,实现社会资源的更有效利用,这就是欧冶云商一年来快速发展的秘诀"欧冶云商有关负责人介绍说。截至目前,欧冶云商已有钢材产品、大宗原燃料、资材配件、化工产品等多个交易平台,还有1 000家线下仓库、每天4万吨的运输量,2016年上半年,仅欧冶第三方交易的钢材结算量就达近800万吨。

首批获得认证贸易型总部企业的还有上海纺织集团这样有150年历史的"老字号"。近年来,国内纺织品综合成本不断上升,纺织服装出口竞争力下降,利润空间受挤占。面对困境,上海纺织集团主动变革,积极推动传统纺织制造业向设计、研发和品牌服务等高端提升,加快向生产性服务业和现代服务业延伸的战略转型。如今,它已经发展成为一家以科技为先导,进出口贸易为重要支撑,拥有完整产业链的纺织服装企业集团,在最新公布的《2015年中国纺织品服装出口企业百强榜》中,以近28亿美元的出口额荣膺第一,在中国对外贸易500强中位列第44位。

3. "上海价格"走向全球

中国(上海)自由贸易试验区成立以来,截至目前,上海市已在自贸区内建成涵盖有色金属、矿产、棉花等领域的4家大宗商品国际交易中心,第三方仓单公示平台和第三方资金清算平台也同步建立。作为由传统贸易商转型而来的上海有色金属交易中心,目前在全国百强商品交易市场排名第一。2015年,作为全国最大的有色金属贸易集散地,它已形成包括银行、仓储、物流在内的完整贸易服务链,能够提供现货交易以及支付、融资、物流等全过程服务。

上海华信国际集团(以下简称"上海华信")是中国华信能源有限公司的一级集团子公司,上海华信引进专业化团队,着力打造新加坡、中国香港等重要海外贸易平台,还与世界知名贸易商签订了合作协议。2015年,上海华信国际集团(含所属公司)营业收入达到了2 040亿元,总利润达59.8亿元,位列上海民营企业100强第1名、上海民营服务业企业50强第1名、上海企业100强第7名。

由这些贸易型总部企业编制的"上海价格"也越来越被世界认可。上海钢联编制的"我的钢铁价格指数""我的钢铁中国铁矿石价格指数"已经获得了国际主要商品交易所的认可。国际铁矿石交易中已经开始采用"我的钢铁价格指数"作为结算依据,新加坡globalORE和北京铁矿石交易中心也开始采用"我的钢铁价格指数"进行定价。

"十三五"期间,上海市将鼓励具有国际国内资源配置能力的企业在沪设立贸易型总部,并做好投资贸易类国际组织和机构的引进工作,力争到2020年全市贸易型总部企业达到200家。

上海荣获全国现代服务业综合试点绩效评价优秀等级

据商务部流通发展司《关于对2016年度现代服务业综合试点绩效评价结果复核的情况通报》:为推动现代服务业综合试点工作取得实效,强化支出责任,提高财政资金使用效益,根据财政部、商务部等5部门制定的《现代服务业综合试点绩效评价管理办法》，财政部经济建设司、商务部流通发展司委托第三方机构，开展了现代服务业综合试点绩效评价结果复核工作。经过专家组认真、客观的评分，结合各试点地区季报总结及试点地区实地抽查调研情况，形成各试点地区的绩效评价结果，按得分高低排序为上海、重庆、厦门、长沙、北京、苏州、天津、深圳、辽宁、金华。其中上海市属优秀等级。（市商务委市场体系建设处）

市商务委与东方网签署战略合作协议

2016年6月8日，市商务委与东方网股份有限公司共同签署战略合作备忘录，并为新成立的上海服务到家合作联盟、社区电子商务示范点及社区服务到家示范点进行揭牌。市商务委党组书记、主任尚玉英，市商务委副主任吴星宝、巡视员顾嘉禾与东方网党委书记、董事长何继良、总裁徐世平等出席签约仪式。

签约仪式上，市商务委与东方网领导为首批5家社区电子商务示范点和5家社区服务到家示范点揭牌，并为上海新成立的服务到家合作联盟揭牌。

市商务委与东方网的本次合作是以加快推进上海国际贸易中心和全球电子商务中心城市的建设为宗旨，以市场主导、政府推动为导向，以促创新、助转型、补短板、惠民生为目标，遵循“优势互补、长期合作、互惠互利”的原则，加快促进线上线下互动，营造良好商务舆论氛围，积极推动合作项目，拓宽合作领域，共同推进社区电子商务与服务到家联盟建设，培育发展新动力，打造发展新引擎，促进经济提质增效。上海服务到家合作联盟成立后将紧紧围绕《生活性服务业提质工程实施方案》，实施“互联网＋生活服务”行动计划，增加社区服务网点布局，促进服务消费结构升级。

尚玉英表示，东方网作为上海最具影响力、权威性和公信度的网络媒体，一直以来都给予了市商务委大力支持，未来双方将借助战略合作机制，共同推进线上电商与线下社区、服务网点与社区资源、网络宣传与舆情监督、商务资源与媒体优势的进一步融合；同时助推东方网利用市场手段促进商务各领域的转型升级，进一步激发“互联网＋”商贸以及电子商务的创新活力。何继良表示，东方网将在市商务委的指导下，以互联网为驱动，推动民生服务与互联网＋模式的最终落地。

根据协议，市商务委与东方网将在以下七方面加强合作：一是发展社区电子商务应用，二是推进电商快递末端配送服务，三是打造社区电商服务体系，四是构建服务到家合作联盟，五是推进新闻媒体宣传合作，六是推动国际经贸合作，七是推动商务领域便民数据共享。（市商务委办公室）

2016年全市电子商务联席会议召开

3月23日下午，2016年全市电子商务联席会议在市政府召开。副市长周波出席会议并讲话，市政府副秘书长金兴明主持会议，市商务委党组书记、主任，市电子商务联席会议办公室主任尚玉英作全市电子商务工作报告。

周波充分肯定2015年上海电子商务工作取得的成绩，指出联席会议各成员单位主动适应电子商务发展形势，紧紧围绕全市中心工作，积极转变观念、创新工作举措、营造良好环境，推动电子商务实现了持续快速健康发展，上海电子商务从规模、质量、环境等各方面始终在全国名列前茅。对于2016年全市电子商务工作，周波提出两点意见：一是要充分认识电子商务发展的态势，发挥电子商务促进经济社会转型发展的作用，不断满足广大人民群众的需求；二是继续做好政府服务工作，创新政府治理模式和方法，分类、精细化管理，充分发挥全社会的力量，加大宣传，努力为电子商务发展营造更好的环境。

尚玉英在工作报告中指出，2015年，上海认真贯彻落实国家关于促进电子商务发展的一系列政策措施，紧紧围绕"四个中心"和全球科创中心建设，加速推动与经济社会各领域的融合发展，电子商务日益成为经济发展的新亮点和转型升级的新动力。交易规模稳步扩大。2015年电子商务交易总额实现1.64万亿元，约占全国电子商务交易总额的10%左右，比上年增长21.4%。B2B交易平稳增长。全年B2B交易额实现1.23万亿元，增长15.7%，钢铁B2B电子商务交易规模始终在全国保持领先，全年交易额达到4 077亿元，增长18.1%。网络购物拉动消费明显。全年网络购物交易额4 140亿元，增长42.6%，高于全国网上零售增长率(2015年全国网上零售额38 773亿元，比上年增长33.3%)。服务类电子商务发展迅速。网络购物交易中，服务类网络购物交易额1 889亿元，增速达到51.2%，大幅超过商品类15.2个百分点，全市住宿旅游类和餐饮服务类电子商务交易增长分别增长21.6%和123.8%。

市电子商务联席会议办公室提出，2016年上海市电子商务工作将继续坚持问题导向，重创新、促应用、补短板、强优势，进一步发挥电子商务在推进供给侧结构性改革中的独特作用，进一步促进电子商务与经济社会各领域更广泛更深度的融合，进一步营造电子商务发展的良好环境，为建设全球电子商务中心城市打基础。2016年电子商务交易总额争取突破2万亿元，增长20%以上；推动6个区县开展各具特色的"互联网+"商务创新实践区建设；推动建设10个电子商务重点园区、15个智慧商圈；建成500个电商快递配送综合服务点、50个农村电商服务站；培育形成50家电子商务重点上市企业，10家有影响力的外贸和跨境电商综合服务提供商。

会议讨论通过了2016年上海市电子商务工作任务分工表及第一批《2016年上海市电子商务发展问题清单》，并明确五方面重点工作。

一是推动跨界融合创新，激发电子商务发展新动力。加大新技术应用和创新发展，推动平台经济创新发展，大力发展共享经济，积极推动电子商务创新创业。

二是推进线上线下协调发展，促进经济转型升级。加快推动"互联网+"产业发展，积极开展"互联网+"商务创新实践，推进农业农村电子商务发展，推动社区服务电子商务发展，依托电子商务扩大行业有效供给。

三是发挥开放型经济优势，提升电子商务开放水平。加快推进跨境电子商务发展，深化电子商务引进来走出去，扩大电子商务国际国内交流。

四是不断优化发展环境，完善电子商务服务体系。进一步加强和完善金融服务，推动电子商务与物流快递协同发展，进一步推动行业自治和自律，加强电子商务支撑服务。

五是创新政府服务模式，促进电子商务规范发展。积极探索政策制度创新，深化电子商务示范工程建设，加强电子商务信用体系建设，加强电子商务信息安全，积极维护网络市场秩序。

(市商务委电子商务处)

浦东新区积极推进互联网＋农产品批零精准对接新型流通模式

为推进浦东新区标准化菜市场运用移动互联模式，探索农产品批零环节精准对接的新型流通方式，保持大宗农产品价格基本稳定。2016年7月，浦东新区商务委组织浦东新区39家标准化菜市场负责人召开了上海农产品中心批发市场（以下简称：上农批）开发的“上农鲜品”APP与标准化菜市场对接专题动员会，浦东新区商务委、上海农产品中心批发市场等单位负责同志出席会议。

浦东新区商务委强调标准化菜市场运用移动互联模式，开展批零精准对接的重要意义，充分肯定上海农产品中心批发市场向互联网上转型作出的努力。上农批具体介绍“上农鲜品”移动APP平台的运营模式，以及大家共同关心的有关问题，特别是对大家最关心的蔬菜品质保障做出了承诺。

作为上海市农产品批零精准对接的示范试点模式，上海农产品中心批发市场“上农鲜品”APP平台与标准化菜市场实现供销精准对接，主要特点有：一是有利于上海市标准化菜市场运用“互联网＋菜篮子”转型升级，提高信息对称率；二、发挥农产品批发市场统一采购、统一配送等功能，降低运行成本，保持价格基本稳定；三是实现网上订购，减少运转环节，保证追溯运行，保障食品安全；四是延伸金融服务功能，为标准化菜市场商户提供金融担保等综合性服务。（浦东新区商务委）

“互联网＋”为百姓带来看得见的实惠

上海市长宁区联合上海市信息中心发布《上海市“互联网＋生活性服务业”创新试验区半年度评估报告》。

报告指出，作为上海首个聚焦“互联网＋生活性服务业”的创新试验区，自2016年6月正式创建以来，试验区的品牌影响力在半年内已开始显现，正逐步成为上海“互联网＋生活性服务业”企业聚集地、互联网新兴行业制度创新策源地、风险投资遴选项目高地和成熟互联网企业与TMT（数字新媒体）产业进入上海的首选注册地或办公地，对上海经济创新的辐射与引领作用逐渐凸显。

记者从报告中发现，“摸不到”的试验区里却有许多老百姓看得见、摸得着的实惠，而这些惠及民生的创新都来自互联网与传统生活服务业融合后的变化。

1. 行业影响力企业不断聚集

事实证明，试验区开放与创新的探索成效正逐渐显现。报告显示，截至2016年11月，长宁共有“互联网＋生活性服务业”企业3 322户，其中6月至11月半年间新设企业452户，同比增长39.5%，新增注册资本26.4亿元。

根据长宁区税务局数据，截至2016年11月，全区101户重点企业税收总额为19.9亿元，较上年同期增长26.8%，税收增长明显。其中，“互联网＋生活性服务业”纳税前10大企业共缴税18.1亿元，占全区所有重点企业缴税总额的91%，增长34%，快于全部重点企业26.8%的平均增幅。

在聚集大众点评、携程、阿基米德等一批具有影响力的企业基础上，新的“互联网＋生活性服务业”代表企业不断涌现，既有易果供应链管理有限公司、东方航空产业投资有限公司等重点企业，又有“运满满”这样年交易总规模超过4 000亿元的新型“互联网＋物流”企业，以及成功挂牌新三板的生命科学大数据云平台承蓝科技等。

同样在新三板上市的“互联网＋洗衣”龙头企业泰笛科技，借试验区的契机发展鲜花绿植配送新业务，不仅增加洗涤业务的消费频次，还分摊自建物流的成本，已经累计拥有350万付费家庭用户，成为中国最大的在线洗涤品牌。

2. 制度创新实现标准大突破

试验区成立后仅1个月，2016年7月，长宁区启动“一照多址”登记注册试点，允许试验区企业在一张经营执照上登记本区内的多个经营场所。同时，通过实行“单一窗口”受理模式，试验区企业可以享受营业执照、外商投资企业批准证书、印铸刻字准许证和法人一证通的一口受理、一口发证，办理时间由两周缩短至4个工作日，大大提高企业办事效率。

2016年12月，长宁获国家批准创建我国首个“网络市场监管与服务示范区”。作为其中一项探索，长宁区与大众点评签订食品安全合作协议。在事前监管方面，完善入网餐饮单位实名登记和许可证检查，终止未提供两证资质的商户的外卖服务。在事中事后监管方面，将政府信息纳入网上评价体系，第一时间公布违法餐饮单位“黑名单”，实现网上亮证亮照，消费者在手机端就能查看原本仅能在政府平台查看的商户资质。

试验区企业标准化建设的主动性也进一步增强。如“互联网＋生鲜”的领跑企业菜管家，在泰兴路上新建的600平方米旗舰店中推出多项线上线下融合服务，包括实物销售、周边配送、网订店取、代客加工、自助提货、家庭厨房等。在社区门店管理中，菜管家引入模块化管理，梳理会员服务、便民服务，以及门店商品管理、财务管理、库存管理等多项业务，建立严格的品控标准体系、质量安全诚信体系，使得企业管理更加标准化和规范化。

与此同时，长宁正探索在政企合作中制定行业标准。如东信息服务(上海)有限公司的“航空无线专网建设应用与运维”项目和上海易果电子商务有限公司的“农产品电子商务”项目均获上海市标准化试点，企业标准未来将向全市推广。“互联网＋旅游”界的“老大哥”携程也积极与行业内小型公司合作，共同制定行业标准，规范行业发展。

3. 成熟企业引领全行业关注民生

民生类互联网企业集聚，是长宁互联网产业结构最鲜明的一大特色。因此，长宁也毫无疑问，走在政企合作探索O2O(线上到线下)托底民生服务的前沿。

“互联网＋社区服务”平台新长宁慧生活脱胎于长宁老牌的物业公司仙霞物业。当物业公司衍生出智慧民生服务后，长宁区政府就向这一平台购买水电检测、应急维修、家政服务等便捷物业服务，居民线上下单付款，线下服务人员会迅速就位。新长宁集团下属的10家物业公司和200多个管理小区都已在使用该平台的服务。

当然，“智慧城市”远不止于线上。在长宁的一些小区，售卖新鲜蔬菜的“自动售货机”为早出晚归的白领解决“买菜难”的烦恼。居民们通过手机APP、微信或是网站，线上订购生鲜食材，包括蔬菜水果、鲜肉蛋禽、水产海鲜、粮油副食乃至厨房用品等十大类，足不出社区就能在智能冷藏柜自动取货。扫一扫包装上的二维码，还能第一时间知道食材的生产养殖厂家和检测报告。

试验区内已有27家这样的“智慧微菜场”，“互联网＋生鲜”行业也随着微菜场的诞生走入线上线下融合发展的新阶段。

除此之外，主打“互联网＋家政服务”的“家政中国”，通过家政服务担保交易模式，成为家政服务的“支付宝＋大众点评”，解决不少家庭找不到称心阿姨、担心黑中介的烦恼；代表“互联网＋养老”的“千家万护”，让80岁以上老人体验到每次45分钟至60分钟的养老护理，实现住院护理到住家护理的无缝衔接；“互联网＋医疗”企业“艾牙健康”，通过自主研发的APP，实现牙齿微距拍摄并提供有偿的专业牙医解读，帮助用户及时掌握口腔健康状况。（解放日报）

2016年普陀区电子商务发展情况

对区内大宗商品交易平台、传统商贸企业O2O、技术支持服务、第三方消费服务平台、线上零售电商等5类电商企业进行抽样统计、跟踪监测显示：2016年，普陀区共实现电子商务交易额1 413.43亿元，比上年增长69.5%（上海市20 049.3亿元，21.9%），其中，实现网络购物交易额365.59亿元，增长1.9倍（上海市5 603.7亿元，35.4%）（表1）。

表1 普陀区2016年抽样企业电子商务交易额统计表

类别	交易额（2016年）（亿元）	交易额（2015年）（亿元）	2016年比2015年（%）
合 计	1 413.43	833.77	69.5
大宗商品交易平台	465.03	313.81	48.2
传统商贸企业O2O	0.92	1.18	−21.7
技术支持服务	582.81	394.00	47.9
第三方消费服务平台	337.29	107.79	212.9
线上零售电商	27.38	17.00	61.1

一、大宗商品交易平台保持稳步发展

上海有色金属交易中心等大宗商品交易平台与互联网深度融合，通过增强大宗商品市场供给侧贴合度，改造提升传统功能，激活线上线下市场活力，缩减流通环节，提高交易效率，交易规模持续稳步增长，行业影响力和市场辐射力不断增强。

上海有色金属交易中心2016年被认定为上海市首批贸易型总部，正在积极推进商城3.0系统功能升级，全年线上交易额112.26亿元。上半年中山化工市场为进一步深度融合“互联网＋”，引入化工塑料交易平台“化塑汇”，平台打通化塑全产业链信息流、物流、资金流的各个环节，全年成交金额近400亿元，比上年增长51.5%。

二、传统商业加快O2O全渠道融合

为进一步贯彻落实“互联网＋”战略，普陀区传统商贸企业积极探索商业转型升级的发展新思路、新途径和新模式，加快O2O全渠道融合的步伐。

麦德龙以便利店模式为切入口，为打通线上线下、构造O2O闭环提供有效的战略支撑，上线便利店品牌“合麦家”，并通过在天猫国际和自营网上商城开展线上业务，实现多渠道的资源融合与共享。下半年，麦德龙被认定为上海市电子商务示范企业，麦德龙网上商城销售总额全年近600万元，比上年增长2.1倍。百联全球购O2O体验店于12月在世纪联华中环店内正式运营，消费者可通过线下扫码购买，轻松购得跨境保税商品。红星美凯龙、月星家居等传统家居企业也纷纷通过线上平台、智慧体验等形式，促进品牌营销，吸引消费者。

三、电商技术激发市场潜力

随着电商技术手段的广泛应用，支付宝、微信、Apple Pay等主流移动支付手段已在普陀区各大商业网点全面覆盖。麦德龙2016年移动支付订单超过5万笔，支付金额近1 500万，呈现逐月增长趋势；沃尔玛桃浦店全年移动支付订单近22万笔，支付金额已超过总销售额的18%；农工商超市、好德、可的便利均成为 Apple Pay 业务在中国上线以来的首批使用商家,受到众多消费者的关注。

电商技术的运用也帮助企业拓展业绩,天擎信息技术有限公司专注于互联网营销领域,自2006年成立以来,服务客户6万多家,在Google、Yahoo、新浪微博等平台开展广告投放,业绩喜人,2016年官网的日均访问量已超过3 000,全年总交易额超过17亿元,比上年增长1.2倍。汇潮支付有限公司是专注于网上支付服务的第三方支付平台,为国内外接受网银、信用卡支付的商家提供网上收单、支付服务,全年交易总额超过550万元,增长46.5%。

四、垂直电商服务平台做强做专

垂直电商服务平台通过深化对市场的细分,做强专业领域、加速模式创新。"饿了么"在国内餐饮外卖市场竞争格局中继续占据全面领先的地位,2016年创新举措不断:与阿里巴巴、蚂蚁金服、钉钉达成战略合作协议;签约科比借助明星效应推出"准时达"业务;扶持"阿大葱油饼"重新选址开业,推动弄堂美食合法合规延续发展。交易额比上年增长2.1倍,日订单量已突破500万,成为国内单体业务订单量第三大互联网交易平台,用户量超过7 000万。

2016年,上海日砾科技发展有限公司链接品牌零售商与消费者,通过提供品牌与渠道策略、媒介投放与推广、系统对接等服务,打造全渠道品牌服务平台,规模迅速壮大,与惠氏、光明等多家知名品牌均有合作,并助力惠氏成为各电商平台类目领军品牌,交易总额已超过11亿元,比上年增长5.2倍。汇通供应链技术与运营有限公司旗下"运东西物流电商平台",充分运用移动互联技术、电子商务技术,交易总额超过6 000万元,增长8.7倍。知名诞生礼企业爱哆哆实业有限公司专注品牌建设与文化创意相结合,加速线上线下全渠道发展,实现销售总额增长约25%。盈溪电子商务有限公司与国内外知名企业合作,成为众多家居和食品知名品牌的线上总经销商,增长50.9%。(普陀区商务委)

普陀区推进"'互联网+'商务创新实践区"建设

2016年,在上海市商务委、普陀区政府合作建设"互联网+"商务创新实践区工作中,坚持"以互联网为引擎、以委区合作为基础、以机制创新为引领,以项目推进为导向"的工作思路,围绕"互联网+"基地、服务、平台、社区、跨境五大板块,打造"安全高效、统一开放、竞争有序"的商贸产业升级版。

一、强化规划引领,形成联动合力

"'互联网+'商务创新实践区"建设是上海市2016年电子商务重点工作之一,在全市推广。围绕普陀区"一轴两翼"功能布局,完善《普陀区商贸业发展"十三五"规划》,举全区之力培育打造"互联网+商务"优势产业,推进"互联网+商务创新实践区"建设。

二、夯实工作基础,增强发展后劲

在排摸全区"互联网+"企业的基础上,与市电商促进中心共同建立普陀区电商企业统计监测网络,每季度编制电子商务运行情况分析,召开工作例会。加强开展政策宣传、人才培训,委区合作举办"2016年上海电商直通车海尚公益课堂阿里巴巴专场""上海市电子商务标准宣贯暨普陀区电商监测会议"等活动。

三、推进项目建设，强化服务保障

坚持项目化推进，梳理近50个重点项目，按照市、区、企业三个层面推进、落实，进行动态跟踪与反馈汇总，定期编发工作简报。创新政府服务，委区联合开展对接走访，协同解决企业面临的困难和问题。推行定制服务，根据企业特点和需求，制定不同服务方案，帮助企业健康发展。中环商贸区国家电子商务示范基地参与创始“国家电子商务示范基地创新发展联盟”，落户中国跨境电商应用联盟；西北物流保税中心被批准设立上海市跨境电子商务示范园区；串联金沙江路沿线文创产业园区、大学园区和商贸综合体的互联网影视产业集聚带正在兴起。电商企业加快集聚，吸引上汽集团旗下车享科技、滴滴出行旗下奇心（上海）信息技术有限公司、爱屋吉屋旗下火球（上海）信息技术有限公司等来普陀发展；龙头企业培育成效显现，饿了么、麦德龙、天擎、九州通4家重点企业被评为2016—2017上海市电子商务示范企业。

四、共建同心家园，服务民生发展

紧密围绕共建“同心家园”，着眼于关注民生、服务百姓，让更多的市民亲身体验到“互联网＋”的便利。深化建设智慧商圈、智慧社区，中环商贸区智慧商圈开展公共平台建设并在近铁城市广场开展试点，曹杨及长征智慧社区建设取得良好反响，环球港开展申报市第二批智慧商圈。推进“互联网＋”菜篮子，线上线下打造诚信2.0版智慧菜场、推出微市场，推进菜价通对接微信微博，进一步提高用户体验度和参与度。麦德龙等传统零售企业与电商形成战略合作，加快转型升级。

五、加强宣传推广，彰显示范效应

委区支持的“2016中国（上海）国际网络购物交易会暨中国（上海）全球电商互联网大会”于11月30日—12月2日举行，现场设置普陀区“互联网＋”商务创新工作的成果展示区。进一步加大宣传力度，通过新闻通气会，向各级媒体宣传推广“互联网＋”商务创新实践区建设成果。协调上海“‘互联网＋’商务创新实践区”建设现场推进会在普陀区召开，普陀经验在全市推广，吸引多个外省市考察团、上海市兄弟区县来普陀区考察学习。

2017年，普陀区将围绕科创中心建设，继续推进“互联网＋”商务创新实践区建设，积极探索“互联网＋”背景下传统商贸产业发展的新思路、新途径和新方法：

一是深化合作机制。会同市商务委相关处室、区相关部门、街镇、重点地区，培育一批重点项目，加强项目跟踪服务，定期报送工作简报。

二是推进电商基地建设。会同中环推进办，促进中环商贸区国家级电子商务示范基地发展，建设展示馆，发挥中环商贸区电商专家委员会智囊作用，深化与国内外电商机构的合作，推进电商基地的能级提升。

三是推进智慧商圈建设。会同中环推进办，共同推进中环智慧商圈建设，扩大试点，推进公共平台建设应用。推进环球港等后续批次智慧商圈申报建设。

四是加强企业培育。联手合作开展政策宣传、人才培训、展会论坛，培育优秀企业。促进“互联网＋”产业发展，推进月星家居、麦德龙等传统企业建设智慧商城、加快电商布局，实现传统商贸业的转型升级。

五是加强统计分析。完善电子商务统计监测网络，加强统计监测队伍建设，深化对电商发展的分析研究，做好季度、半年、全年运行分析。

六是促进“互联网＋”商务创新与其他工作的结合。在购物节、商业营销等工作中，植入“互联网＋”元素，创新形式与内容。（普陀区商务委）

光明战略携手盒马鲜生 共同打造O2O互联网平台

2016年4月18日，光明食品集团与翌恒网络科技(盒马鲜生)签署战略合作协议，携手创新互联网商业合作模式。

据了解，盒马鲜生通过线上线下融合的互联网体验店，加上低成本运作及快速送达，实现线上线下融合的核聚变。线上做流量增长，线下做订单增长及优质服务，保证产品新鲜度、降低流通成本的这种全新的商业模式，得到消费者的认可。而光明食品有着丰富优质的现代农业、食品制造业、渠道终端、全球集成及国内市场分销平台等资源，市场化、专业化、国际化明显，具有完整的食品全产业链、庞大的生鲜加工及充分的增值营销后台。

光明食品集团新闻发言人表示，光明食品集团与盒马鲜生达成战略合作，意味着光明食品集团在零售终端业态转型、商业模式创新，产业链与消费端互补的一次实践。未来盒马鲜生也将与光明食品开展更大范围的合作，包括产业链金融、O2O互联网人才、协助光明食品集团零售业态转型等。盒马鲜生也将借助于光明食品集团的批发市场及加工能力，来进一步提升盒马鲜生的经营效率和加工能力，使得鲜度更鲜，成本更低，共同打造一个光鲜的O2O互联网平台。

据了解，目前，光明食品集团的部分生鲜产品，比如乳制品、肉制品等已经与盒马鲜生开展合作，接下来光明有机米、海狮油、农场蔬菜水果、意大利橄榄油、英国维多麦等光明的国际国内品牌食品也将逐步进入盒马鲜生体验店及互联网销售平台，让更多消费者通过体验和互联网购买到光明食品。

香颂资本执行董事沈萌表示，O2O是目前消费品渠道下沉的毛细血管，光明食品集团旗下数家主业子公司都有电商平台，而光明食品集团也提出将电商平台建设作为重要发展战略方向之一，是新时期的重大举措，结合光明食品集团的流通业务板块，此次引入O2O合作伙伴后，可以进一步整合相关资源、打通产业链流通，实现电商与实体门店的无缝衔接。(光明食品集团)

苏宁物流标准化全面升级

每年的“双十一”都是一次物流行业的“大考”。苏宁云商集团上海地区管理中心办公室总经办副总经理徐成航在接受本报记者采访时表示，预计2016年“双十一”苏宁云仓上海运营中心仓库的发货量达到100多万件，并持续4天维持每日80万件的物流量。自动化分拣设备24小时工作缩短工作人员的活动半径，实现拣选能力、包装能力、分拣出货三个环节相互协作，以应对“双十一”物流高峰的压力。

徐成航表示，“双十一”期间电子数码商品密集上市，超市类产品、服饰类产品也将热销，上海运营中心仓库备件品类齐、数量大，为“双十一”做好了充分的备件准备。

苏宁物流中心已提前招聘大量临时工，上海运营中心仓库现有工作人员4 000人左右，包括苏宁自营业务员近2 000人以及合作方菜鸟物流员工近2 000人。徐成航表示，苏宁物流通过提高物流设备、增加工作人员等方式，努力保证“双十一”

期间的拣选、包装、发货等各个环节的速度，努力做到为消费者提供优质的物流运输服务。

苏宁方面认为，未来电商竞争的本质是供应链与物流服务的竞争。而物流标准化是有效提升物流效率、降低物流成本的重要方式，因此推进托盘循环共用体系的建设，在推进策略上，从托盘的标准化投入、场地改造、车辆调整到发展供应链伙伴共建联盟，将最大限度地降低物流运营的社会经济成本，提高整体物流运营效率，从而获得整体的竞争优势。

作为全国性商贸物流企业，苏宁优先围绕其市场业务拓展日用、百货品类需要，在快消物流仓储中心建设改造及托盘购置、租赁方面，全面推广标准化托盘的采购和租赁工作。结合 B2B 电商模式下多仓调拨及零售配送业务需要，大力推广"库内标准化托盘装卸转运＋供应商带拖运输装卸＋区域内带拖/箱/笼车调拨"多形态的带拖作业及循环共用模式。有别于上游供应商批量来货、带拖装运的简单标准化托盘应用推广模式，围绕商贸零售领域存在的拆零、组合包装现象，苏宁创新提出零售拆零模式下"标准化联运单元"概念，即通过"托盘＋料箱"模式实现针对下游标准化运输载具的应用推广和循环共用工作。

据统计，苏宁物流公司共投入标准化货架及标拖仓位 25 000 个，配套投入电动托盘车、夹包车、RF 仓储信息系统，使托盘一贯化运作得以实施。仓储使用 1.2 m×1.0 m 标准化托盘达 90%，存放 20 万 SKU 产品数，800 万件商品数，有效提升货仓位 20%以上。标准托盘租赁占比达 92.4%，年托盘采购成本一次性降低 250 万元，年物流人力成本降低超过 200 万元。

促进消费

上海市促进新消费发展发挥新消费引领作用的行动计划(2016—2018年)

为贯彻落实《国务院关于积极发挥新消费引领作用加快培育形成新供给新动力的指导意见》(国发〔2015〕66号)、《国务院办公厅关于开展消费品工业“三品”专项行动营造良好市场环境的若干意见》(国办发〔2016〕40号)精神,加快推进上海供给侧结构性改革,更好发挥新消费引领作用,加快培育形成经济发展新供给新动力,制订本行动计划。

一、总体思路

围绕“十三五”期间上海建设国际消费城市的目标,主动顺应消费升级大趋势,坚持从供给侧和需求侧两端发力,以新消费引领消费结构升级,创造新供给、释放新需求,进一步拓展丰富消费内涵,打造特色消费载体,培育新兴热点消费,优化消费综合环境,为经济提质增效和国际消费城市建设提供更持久、更强劲的动力,力争市场消费总额增长显著快于同期经济增速,最终消费对经济增长的贡献率持续提升。

二、重点任务

加快推动消费提质升级,促进新兴消费蓬勃兴起,进一步释放消费潜力。顺应生活消费方式向发展型、现代型、服务型转变的趋势,大力促进新消费领域发展,培育形成更多新技术、新产业、新业态、新模式,增强新消费对全产业链的引领和带动作用。

打造面向全球的消费市场,增强对全球资源的集聚和辐射能力。传承发扬“最快、最新、最全、最优”的上海商业底蕴和“开放创新、精益求精”的商业文化内核,丰富市场层次,汇聚全球品牌,提高上海商业的集聚度、繁荣度、便利度和消费市场的竞争力、吸引力和辐射力,实现买全国、买全球。

优化消费市场综合环境,增强上海消费活力和创新创业动力。坚持市场主导,维护市场秩序,完善市场监管,保护消费者合法权益,实现消费者自由选择、自主消费、安全消费,企业诚信守法、自主经营、公平竞争,最大限度地激发消费者的消费活力和市场主体的创新创业动力。

完善新消费发展的制度供给,以体制创新培植持久动力。着力加强供给侧结构性改革,以更加完善的体制机制和政策体系引导和规范市场主体行为,努力构建新消费引领新投资、形成新供给新动力的良好环境和长效机制。

三、具体措施

1. 推动提质升级,培育拓展新兴消费热点

品质消费。鼓励倡导品质消费,增加更安全实用、更舒适美观、更有品味格调的产品供给,集聚全球优质品牌,加速培育本土品牌。发挥上海口岸功能优势,促进跨境电子商务体制创新,发展保税展示交易和进口商品直销，增加高质量、高性价比的绿色食品、日用品等进口消费品市场供给。以复兴国货精品为重点，实施消费品工业增品种、提品质、创品牌“三品”战略。为老字号、新字号、民字号搭建品牌创新合作平台，促进标准化生产和纯手工制作品牌协同发展，引入第三方评价机制，推动“上海品质”自愿性认证制度的建议和试点，到2018年底，挖掘20个以上上海优质品牌。推动成立各类品牌创新联盟，支持开展细分领域产品创新，培育发扬精益求精、以人为本的工匠精神。放大上海购物节对品质消费的引领作用，构筑以传播品牌文化、创新品牌营销、促进品牌消费为一体的促消费平台。（责任单位：市商务委、市经信委、市质监局、市旅游局、市文广影视局等）

时尚消费。把握年轻群体、中等收入群体对时尚产品、新兴产品、概念产品的消费需求，提升上海对全国乃至全球最新产品的集聚功能。引导商业企业建立买手培训制度，拓展全球采购业务能力。积极引进全球时尚品牌，鼓励品牌企业在上海开设全球旗舰店，通过新品首发，引领消费潮流。鼓励新晋设计师创立品牌，促进品牌战略服务机构发展，为本土品牌提供金融服务、促进品牌估值交易。发挥上海时装周对时尚消费的引领作用，强化上海时装周与国际知名时装周的合作机制，集聚全球顶尖时尚设计学院、国内外知名设计师及品牌创新资源，切实推动原创设计发展，构筑设计、发布、展示、销售、贸易为一体的时尚消费创新培育平台，使其跻身国际性一流时装周行列。加快推进上海虹桥时尚创意产业集聚区建设，发挥上海时尚之都促进中心等社会组织作用，促进时尚设计院校产学研成果转化。鼓励一批商业企业开设未来商店概念店，通过创新孵化、新品众筹等形式为各类时尚、概念产品提供展示销售平台。实施上海设计走出去计划，加强与伦敦设计节、爱丁堡艺术节等项目联动，深化中意设计交流中心等项目建设。（责任单位：市商务委、市经信委、市文广影视局、长宁区政府等）

信息消费。依托移动互联网快速普及的趋势，以“互联网＋”专项行动和智慧城市建设为导向，培育消费热点、变革消费模式、重塑消费流程。打造国家信息消费示范城市，办好上海国际信息消费节，搭建互联网企业和产品展销平台，推进信息消费试点项目建设，宣传推广信息消费示范应用，形成上海信息消费品牌效应。推动移动网络、宽带提速降费，加快公共WIFI热点布局，加强4A以上景区、星级酒店、热门商圈、商业街区WLAN基础设施建设，为信息消费提供高速可靠的基础网络支撑。加快互联网与传统行业跨界融合的标准规范制定，制定各行业领域针对互联网融合创新业务的规范。（责任单位：市经信委、市商务委等）

服务消费。顺应居民对生活性服务业“更个性、更优质、更便利”的新需求，实施美丽时尚、幸福婚庆、绿色餐饮、贴心家政等生活性服务业提质计划。支持举办上海国际美发美容节、时尚文化节，拓展中韩、中日交流合作，推动现代服务业集聚区建设。鼓励上海展览中心等一批非酒店类场所利用闲置资源发展特色婚礼会馆。支持举办中国（上海）现代婚博会、全国婚礼时尚周等活动。打造国际美食之都，培育“成街、成市、成节”的美食文化，到2018年底，创建3 000家“食品安全、低碳环保、诚信经营”的绿色餐厅。支持平台型家政服务机构发展，促进家政服务业规范发展。推动“互联网＋生活性服务业”创新试验区建设，加快形成可复制、可推广的创新模式。（责任单位：市商务委、市发改委、市食药监局、市质监局、长宁区政府等）

文化消费。围绕上海建设国际文化大都市的战略目标，不断满足居民追求文化生活品质的需求。按照文化部财政局部署，做好引导城乡居民扩大文化消费试点工作，作为全国首批试点城市之一，进一步推动上海市文化消费总体规模持续增长。加强环人民广场剧场群、静安戏剧谷、外滩源剧场群等项目建设，形成大型文化演艺集聚区。依托商业地标交通便利、配套齐全的优势，鼓励一批展览、演出、节庆等文化项目与商圈、商街、商场联手，到2018年底，形成10个品牌化文商联动项目。培养居民文化艺术消费习惯，促进艺术类教育培训机构发展。促进市场竞争，规范演出票务市场。协同发展公益性、经营性演出市场，增加高性价比的演唱会、音乐会、话剧、舞蹈、歌剧等文化消费品市场供给。提高中国上海国际艺术节、上海国际电影节等重大文化活动办节水平，办好上海设计之都活动周等重大文创展览展示活动。激发产业活力，加快发展文化贸易，到2018年底，培育形成5家以上国际竞争力强的对外文化贸易骨干企业。（责任单位：市文广影视局、市商务委、市发改委、市经信委、市教委等）

体育消费。围绕上海建设全球著名体育城市、国际体育赛事之都的战略目标，传播体育文化、促进全民健身、提升体育消费能级。利用社区、沿江、公园、厂房、仓库、商业设施闲置资源，建设一批健身步道、自行车健身绿道、中小型健身场馆等设施，形成15分钟体育生活圈。培育体育消费习惯，鼓励体育类健身培训机构发展，加快发展足球运动和冰雪运动，大力发展路跑、网球、自行车、游泳、帆船、跆拳道、武术、击剑、马术、房车露营、电子竞技、智力运动、拳击等时尚前沿、消费引领的运动项目，每年举办140场左右高品质、高效益体育赛事活动。加快引进全球顶级赛事，发挥F1中国大奖赛、上海ATP 1 000网球大师赛、上海国际马拉松赛、上海环球马术冠军赛等品牌赛事带动作用。加强赛事期间商业配套，鼓励各类市场主体举办主题式节庆活动，打造城市体育嘉年华，提升体育赛事对上海居民以及全国、全球观众的吸引力。（责任单位：市体育局、市发改委、市规土局、市经信委、市商务委、市教委等）

2. 促进创新转型，打造面向全球的消费市场

打造全球知名的消费地标。围绕上海建设国际消费城市目标，打造面向全球的国际消费市场，实现“买全国、买全球”。推动传统商圈提档升级，深化智慧商圈建设，扩大商圈对街区的辐射效应，打造适合不同消费人群的时尚消费地标。加快黄浦区时尚产业示范区建设，瞄准年轻时尚人群，加快本土设计品牌、全球快时尚品牌、轻奢品牌集聚，到2018年底，打造本土时尚设计品牌集中、新产品、新体验丰富、集购物休闲为一体的时尚潮流集聚地。加快静安区国际消费城市示范区建设，瞄准中高端商务群体，加快全球品牌集聚，促进高端商场、酒店融合发展，提升商圈、商场、酒店的要客服务水准，普及购物免提等“管家式”服务，打造精致、精细、精品的高端中心商圈。瞄准亲子消费群体，加强母婴休息设施建设，推动长宁区打造以母婴儿童、家庭餐饮、亲子活动为中心的品牌化家庭型商圈。（责任单位：市商务委、市发改委、市经信委、黄浦区政府、静安区政府、长宁区政府等）

打造个性独特的特色街区。以上海市特色商业街区为基础，推动建立上海特色商业街区发展联盟，发展商旅文融合、个性突出的街区文化。促进新天地、豫园、吴江路、大学路等一批成熟型街区提质升级，与国外特色街区开展交流合作，到2018年底，打造10个有特色、有品质、有品牌的街区市集、街区节庆。提升迪士尼小镇、奕欧来上海购物村等街区的文化休闲、餐饮住宿能级，加强对上海国际旅游度假区的配套服务功能。促进朱家角等一批古镇街区建设与文化历史底蕴有机融合，升级交通、住宿等配套设施，到2018年底，打造3条集聚和展示上海工匠精神、融合非物质文化遗产、凸显前店后厂、引领体验消费、展现一流度假品质的特色商业街区。提升老外街等一批街区管理能级，加强交通配套，培育“有特色、有品牌、有秩序”的夜市特色街区。继续培育一批新兴特色商业街区，形成商旅文融合发展的上海特色街区体系。（责任单位：市商务委、市旅游局、市文广影视局、市交通委、相关区县政府等）

打造舒适、便利、智能的社区商业。积极鼓励连锁社区便利店加快布局，丰富商品和服务品类，针对社区人群特点，推出个性化、亲民化、精细化商业服务。支持一批社区型商业街区发展，到2018年底，培育3条具有示范引领作用的高品质社区商业街区。推动“互联网+”社区发展，鼓励企业发挥线上线下联动优势，开展“社区商业改造工程”“大居社区商业提升计划”，促进社区 O2O 商业发展，释放社区居民消费潜力。整合社区服务网点资源，围绕解决“最后一公里”服务难题，实施“服务到家”计划，布局一批集微菜场、购物、休闲、文化、健身、养老、家政、洗衣、餐饮、维修、理发、寄存等为一体的社区便民生活服务示范区，打造大都市 15 分钟社区便民生活圈。(责任单位：市商务委、市发改委、市住建委等)

形成资源集聚的内外贸融合发展格局。加快流通领域对外开放，提升内贸流通的国际竞争力以及在全球经济价值链中的地位。加快市场主体集聚。培育一批具有市场引导、行业示范能力的跨境电商外贸综合服务企业。推动跨境电商公共服务平台与海关和检验检疫等监管部门的信息联网，实时传输。积极培育上海市跨境电子商务示范园区，引导跨境电子商务产业向规模化、标准化、集群化、规范化方向发展。在自贸试验区、松江出口加工区、普陀西北物流园区、嘉定出口加工区、青浦出口加工区等海关特殊监管区实施跨境电子商务保税进口。积极发展保税展示交易和进口商品直销。推动服务贸易发展，适度扩大文化、旅游、教育、体育等领域进口服务的消费以及先进技术的引进。(责任单位：市商务委、上海海关、上海商检局、市税务局等)

形成开放友好的旅游消费格局。聚焦上海国际化大都市建设，提升上海对全球旅游者的吸引力和服务水平。提升离境退税政策实施效果，到 2018 年底，布局 500 个离境退税商店，培育一批离境退税示范商店，进一步优化完善离境退税办理流程，有效提升境外旅客购物退税便利化水平。实施上海优礼行动计划，引入第三方评价机制，开展“上海优选伴手礼”公共标识评定，到 2018 年底，挖掘一批“有优良品质、有创新设计、能传承文化”的上海优选伴手礼产品。鼓励各类企业通过快闪店、买手店、集成店等形式在商圈、商街、机场、酒店、景点等场所布局一批“品牌集成、形式多样”的上海优礼商店，实现价格透明、价格公平。加强市场化运作，发挥“魔都消费卡”对外来消费群体的服务功能，推出多语种导航，到 2018 年底，与 10 家重点百货、购物中心等不同业态商业企业的会员卡打通，使外来消费者享受上海商业会员礼遇。大力发展都市旅游和乡村旅游，建设一批具有历史、地域、产业特色的景观旅游镇村，打造休闲农业和乡村旅游集聚区。(责任单位：市旅游局、市商务委、市发改委、市财政局、市税务局、市物价局、市农委等)

形成跨界融合的会商旅文体联动格局。促进商品消费与文化活动、艺术欣赏、旅游休闲、体育健身、生态农业等不同领域消费的融合联动，鼓励倡导层次丰富的体验式消费发展。深化全市会商旅文体联动机制，依托全市型、区域型会商旅文体联动示范项目培育机制，打破行业界限、促进跨界融合，加强会展、商业、旅游、文化、体育项目互联互动，支持一批商业综合体引进剧场剧院、小型竞赛场馆、艺术展示空间、手艺人街区等创新项目，形成 10 家会商旅文体深入联动的示范性商业综合体。继续深化中国华东商品进出口交易会、中国上海国际艺术节等示范项目联动效应，到 2018 年底，形成 50 个联动示范项目，加强项目期间综合配套服务，打造主题式城市嘉年华。加快全市会商旅文体联动试点区域建设，推动重点区域内的会商旅文体设施与交通枢纽的开放与联通，为体验式消费提供孵化环境。(责任单位：市商务委、市旅游局、市文广影视局、市体育局、相关区县政府等)

3. 突出重点领域，着力优化消费综合环境

改善优化市场信用环境。探索以商务信用为核心的现代流通治理模式，形成以商务信用数据交互共享为基础，政府与市场主体间多维度互动、网格化协同的新型应用机制；形成市场主体自治、行业自律、社会监督、政府监管的社会共治格局。支持全国企业信用信息公示系统建设。依托上海市公共信用信息服务平台，以各类市场信用信息子平台为支撑，搭建上海商务诚信公众服务平台，通过研制一批标准规范，建立商务信用征信、评信和用信机制，形成涵盖政府部门、市场化平台和第三方专业机构的信用信息、覆盖线上线下企业的综合性信用评价体系。加快形成“事前告知承诺、事中评估分类、事后联动奖惩”的全过程信用管理模式。加快培育信用经济，发展与信用有关的新型服务业。扩大商业保理试点范围,鼓励有条件的大型零售企业开展直接面向消费者的信用消费。实施消费环境改善计划,完善商业服务标准化体系,提升商业服务人员的质量意识、业务素质和服务技能。(责任单位:市商务委、市工商局、市经信委等)

健全消费者权益保护机制。强化消费者权益司法保护,扩大适用举证责任倒置的商品和服务范围。全面推行明码标价、明码实价,依法严惩价格欺诈、质价不符等价格失信行为。完善和强化消费领域惩罚性赔偿制度,加大对侵权行为的惩处力度。严厉打击制售假冒伪劣商品、虚假宣传、侵害消费者个人信息安全等违法行为。探索建立跨境消费消费者权益保护机制,推动跨境消费争议解决,促进信息互通互享。在旅游、文化娱乐等重点消费维权领域进一步加强部门联动,提升跨行业维权效能。充分发挥上海市消费者权益保护委员会及其他社会组织处理消费争议灵活性强、操作空间大的优势,不断提升消费争议处理水平。发挥上海市 12345 市民服务热线作用,进一步提升 12345 热线全方位、多渠道接受消费者咨询、投诉、举报的效率。(责任单位:市工商局、市物价局、市旅游局、市文广影视局等)

4. 深化制度创新,健全消费政策保障

加大财政金融支持新消费力度。加强中央财政服务业发展专项资金等对新消费领域的支持,更好发挥财政资金导向作用。加大财政资金对商贸服务业发展中的薄弱环节、关键领域、重点区域和新兴行业的支持力度,对现代商贸、电子商务等服务业中发挥引领作用的重点项目给予扶持。积极引导在沪金融机构开展包括消费金融、健康金融、医疗金融、教育金融等金融服务新模式。利用自贸试验区创新金融扶持政策,支持优质商贸企业通过战略性并购延伸产业链,利用境内外并购贷款、银团贷款、跨国公司外汇资金池、跨境人民币结算等金融服务,提升上海市商业企业品牌影响、打造具有核心竞争力的商业集团。为商贸企业引进来和走出去提供包括供应链金融服务、集团现金管理、跨境汇兑便利等全流程金融服务支持,帮助商贸企业降低运营及融资成本,提升商业运作效率。(责任单位:市商务委、市财政局、市金融办等)

建立反映市场消费总规模的指标体系。顺应消费市场进入由商品性消费主导向服务性消费主导转变的趋势,充分挖掘和应用商业大数据,探索建立全面反映市场消费总规模的指标体系,科学反映居民综合消费的规模和结构,加强新消费研判。建立指标体系的数据发布机制,客观及时反映消费运行的特点和趋势。(责任单位:市统计局、市商务委等)

优化商业网点布局体系。以把握商业用地出让总量和总体节奏为主要调控方向,建立完善商业地产市场运行监测体系,提高分析预测水平,引导市场主体的投资行为。加强部门联动,科学设置商业地产开发企业物业自持比例和持有年限要求,遏制短期行为,吸引有实力有经验的商业地产开发企业投资上海商业地产市场,提升商业地产项目的运营品质和上海商业的整体水平。适度扩大区域性商业中心和重要人口导入地区商业网点设施规模。从严控制缺少消费人口支持和已严重过剩地区的新增商业用地投放和商业设施建设。(责任单位:市规土局、市商务委、市统计局、市发改委等)

强化基础设施支撑。适应消费结构、消费模式和消费形态变化,系统构建和完善基础设施体系。加快新一代信息基础设施网络建设,加快网络提速降费。大力发展面向长三角城市群的共同配送,建设以"重点物流园区分拨中心、公共及专业配送中心、城市末端配送网点"为架构的城市配送物流三级服务网络,推广"网订店(点)取"等服务模式及新能源城市配送车辆应用,整合存量配送资源,建设城市末端配送节点网络。加快旅游咨询中心和集散中心、自驾车房车营地、旅游厕所、停车场等旅游基础设施建设,大力发展智能交通,推动机场、车展、客运码头到主要景区交通方便换乘、高效衔接,开辟跨区域旅游新路线。加快电动汽车充电设施、城市停车场的布局和建设。推进通用机场规划研究工作,合理规划、适时启动邮轮游艇码头等设施建设。(责任单位:市交通委、市旅游局、市发改委、市

经信委等)

加强组织领导。建立由市商务委牵头,市发改委、市经信委、市财政局、市金融办、市旅游局、市文广影视管理局、市体育局等部门共同参与的促进新消费联动工作机制,全面推动上海市消费促进工作。促进各领域政策措施形成合力,加快推进新消费促进领域重点项目,综合运用第三方咨询、评估机制,提升新消费促进工作实效,加快培育形成新供给新动力各项任务措施落到实处。(责任单位:市商务委、市发改委、市经信委、市财政局、市金融办、市旅游局、市文广影视管理局、市体育局等)

上海市促进新消费发展发挥新消费引领作用的行动计划(2016—2018年)解读

为贯彻落实《国务院关于积极发挥新消费引领作用加快培育形成新供给新动力的指导意见》(国发〔2015〕66号)、《国务院办公厅关于开展消费品工业"三品"专项行动营造良好市场环境的若干意见》(国办发〔2016〕40号)精神,加快推进上海供给侧结构性改革,更好发挥新消费引领作用,加快培育形成经济发展新供给新动力,制订《上海市促进新消费发展发挥新消费引领作用的行动计划(2016—2018年)》(以下简称《行动计划》),主要内容解读如下。

一、背景情况

近年来,我国消费结构正在发生深刻变化,以消费新热点、消费新模式为主要内容的消费升级,将引领相关产业、基础设施和公共服务投资迅速成长,拓展未来发展新空间。为更好发挥新消费引领作用,加快培育形成经济发展新供给新动力,国务院印发了《关于积极发挥新消费引领作用加快培育形成新供给新动力的指导意见》(国发〔2015〕66号)。为贯彻落实国务院和上海市政府工作要求,市商务委围绕上海"十三五"期间建设国际消费城市的战略目标,会同相关部门在深入开展调查研究、全面梳理政策需求、充分征求各方意见的基础上,研究制定了《行动计划》。

二、总体思路

围绕"十三五"期间上海建设国际消费城市的战略目标,《行动计划》以"主动顺应消费升级大趋势,坚持从供给侧和需求侧两端发力,以新消费引领消费结构升级,创造新供给、释放新需求"为总体思路,并提出"力争市场消费总额增长显著快于同期经济增速,最终消费对经济增长的贡献率持续提升"的工作目标。

在总体思路和目标基础上,《行动计划》确定了四个重点:一是加快推动消费提质升级,促进新兴消费蓬勃兴起,进一步释放消费潜力。二是打造面向全球的消费市场,增强对全球资源的集聚和辐射能力。三是优化消费市场综合环境,增强上海消费活力和创新创业动力。四是完善新消费发展的制度供给,以体制创新培植持久动力。

三、《行动计划》的主要内容

结合上海市实际,《行动计划》提出了19条具体措施,主要内容涉及四个方面。

(1) 推动提质升级,培育拓展新兴消费热点。大力促进新消费领域发展,重点培育品质消费、时尚消费、信息消费、服务消费、文化消费、体育消费等新消费热点,发挥新消费引领作用,培育形成更多新技术、新产业、新业态、新模式,增强新消费对全产业链的引领和带动作用。

(2) 促进创新转型,打造面向全球的消费市场。重点打造全球知名的消费地标、打造个性独特的特色街区、打造舒适、便利、智能的社区商业,形成资源集聚的内外贸融合发展格局、形成开放友好的旅游消费格局、形成跨界融合的会商旅文体联动格局。

(3) 突出重点领域,着力优化消费综合环境。重点改善优化市场信用环境、健全消费者权益保护机制。坚持市场主导,维护市场秩序,完善市场监管,保护消费者合法权益,实现消费者自由选择、自主消费、安全消费,企业诚信守法、自主经营、公平竞争,最大限度地激发消费者的消费活力和市场主体的创新创业动力。

(4) 深化制度创新,健全消费政策保障。加大财政金融支持新消费力度,加强中央财政服务业发展专项资金等专项资金对新消费领域的支持。建立反映市场消费总规模的指标体系,探索建立全面反映市场消费总规模的指标体系。优化商业网点布局体系,建立完善商业地产市场运行监测体系。强化基础设施支撑,适应消费结构、消费模式和消费形态变化,系统构建和完善基础设施体系。

组织保障方面,建立由市商务委牵头,市发改委、市经信委、市财政局、市金融办、市旅游局、市文广影视管理局、市体育局等部门共同参与的促进新消费联动工作机制,促进各领域政策措施形成合力。

开展单用途商业预付卡专项治理行动

根据《上海市人民政府办公厅关于转发市商务委制订的〈上海市单用途商业预付卡专项治理行动工作方案〉的通知》(沪府办〔2016〕61号,以下简称《工作方案》)要求,市商务委牵头在全市范围内开展"啄木鸟"专项治理行动,市工商局、市政府法制办、市政府新闻办等部门密切配合,各区积极响应,扎实推进单用途商业预付卡专项治理行动,取得了阶段性的成效。

一、排摸情况

1. 基本情况

(1) 门店总量。截至2016年10月,各区对美容美发、沐浴(含足浴)行业排摸的市场主体(门店)累计17 375家。其中,属于企业法人的3 788家,占21.8%;属于个体工商户的13 587家,占78.2%。从行业分布来看,以美容美发行业为市场主体的12 294家,占70.8%;以沐浴(含足浴)行业为市场主体的4 161家,占23.9%;兼营美容美发和沐浴行业的920家,占5.3%。

(2) 发卡门店。经初步分析,两大行业确认发行单用途商业预付卡的市场主体(门店)共7 004家,占行业门店总量的40.3%。发卡的门店中,属于企业法人的2 417家,占24.5%;属于个体工商户的4 587家,占65.5%。属于企业法人的门店中,隶属于集团发卡企业的56家,隶属于品牌发卡企业的662家,隶属于规模发卡企业796家,即纳入《单用途商业预付卡管理办法(试行)》管理范围的企业法人门店合计1 514家,占全部发卡市场主体的21.6%。上述应履行备案手续的企业法人中,已经备案企业36家,其所属门店数698家。

2. 主要特点及存在的问题

(1) 区域分布不平衡,商业环境影响发卡。从两大行业市场主体总体分布来看,浦东新区最多,达到5147家,黄浦、闵行等区也较为突出;而奉贤、虹口、杨浦、徐汇等区相对较少,均不足500家。其中,城乡接合部如闵行、青浦、松江等区两大行业市场主体数量也相对较为突出。从市场主体的发卡情况来看，发卡比例最高的是宝山区，达到 80.2%，其次是静安、徐汇、奉贤、浦东等区，均在 60%～70%；比例最低的是金山区，仅 10.2%。总体来看，中心城区以及城乡接合部，两大行业市场主体发卡比例较高，郊区发卡比例相对较低，说明商业环境是发卡的重要影响因素。

(2) 发卡企业比例较高，应备案比例低。综上分析，两大行业市场主体发卡比例超过 40%，而应备案的企业法人所属门店比例仅占发卡市场主体的 21.6%，具体到应备案的企业法人则比例更低。据不完全统计，闵行区实际应备案的企业法人仅有 5 家(其中 1 家已备案)，而该区以其他发卡企业(除集团发卡企业、品牌发卡企业及规模发卡企业以外的发卡企业)和个体工商户为主，共 382 家，占比 83%，均不符合备案要求。而这类未纳入管理范围的发卡主体正是消费矛盾纠纷的主要源头。

(3) 发卡额度参差不齐，风险隐患突出。根据排摸数据显示，2015 年发行金额最大的商户上千万元，最小的几万元；单张发卡金额较大，几万至十几万，有的上不封顶，如美丽田园美容连锁店，其门店发卡最高限额可达 18 万，上海爱雅美容美发有限公司的私人订制美容疗程卡为 28 万，且上不封顶。同时，由于市场环境客观因素，美容美发、沐浴每年的轮换率超过 20%，这其中不乏大量的发卡主体，由此形成关门跑路而影响持卡人继续消费，矛盾纠纷应运而生。

(4) 品牌连锁商户发卡普遍，加盟主体风险大。品牌连锁商户发卡普遍，金额较大。从地域上来看，消费能力较强的商业中心区的美容、美发、纤体等发卡企业分布较密集，发卡比例和金额都较高。在社区内相对低端的美发、足浴店发预付卡比例小，金额低。品牌商户通过自营和加盟的方式扩大经营规模，店面数量多，而且跨区分布，管理难度大，特别是加盟商户风险较大。

(5) 新型售卡渠道涌现，尚未有效监管。实体店作为传统的预付卡销售渠道，在销售推广中占有重要地位。本次排摸中，94.5%为实体店销售；12.4%有代销渠道；9.1%实施网络销售。信息技术应用也推动了发卡商户开发 APP，引入微信、支付宝等移动端支付方式，这也带动了预付卡通过移动端销售。而且部分专业的第三方公司开始介入单用途预付卡产业链，为发卡商户提供销售服务。这些新型销售渠道呈现高速增长态势，应引起重视，提前制定针对性的监管措施。

(6) 咨询投诉显著增加，市民关注度提高。专项治理期间，市单用途卡协会累计处理 12345 市民服务热线以及协会自身咨询投诉热线有关单用途预付卡咨询投诉事项累计 456 件。其中，投诉电话 175 件，同比增加 38.2%，环比增加 32.5%；咨询电话 281 件，同比增加 56.8%，环比增加 49.7%。由此说明专项治理工作引发市民对单用途预付卡的关注度提升。咨询电话中较为关注发卡企业是否有发卡资质、如何查询余额、发卡企业存管资金能否先行赔付等方面，说明专项治理期间的宣传效果较为明显，市民的风险防范意识显著提升。

综上所述，通过实地排摸数据分析，充分说明了当前单用途商业预付卡领域管理制度不健全，突出表现在管理措施强制力缺失和行政执法威慑力不足，下一步工作要着重在这两方面补齐短板，重点研究准入门槛(包括禁止部分行业、个体工商户禁止发卡)、预收资金监管、发卡信息透明等措施的可行性和必要性。

二、主要工作

1. 市区联动、部门协同，共同推进治理行动

(1) 健全工作机制，加强专项治理行动的保障。各区根据《工作方案》要求，建立专项治理行动领导小组(或联席会议)，全面统筹推进专项治理行动，制定专项治理行动实施方案，明确各部门职责分工，落实排摸人员和专项工作经费；积极加强与区市场监管局、卫监所、网格办及有关街镇的沟通协调，通过加强部门协作形成工作合力。闵行、浦东等区市场监管局在治理行动中发挥了积极作用，为专项治理行动的顺利开展提供了队伍保障，对不配合专项治理行动的市场主体形成了较强的威慑。

(2) 建立工作制度,加强工作指导和督促。市商务委主动对接市卫计委所属卫监所,全面梳理由市卫监所核发公共场所卫生许可证的全市美容美发和沐浴(含足浴)行业企业法人和个体工商户清单下发各区,为各区排摸工作提供信息支撑。同时,市商务委建立三项工作制度:一是微信群信息沟通制度。建立由各区商务部门分管领导和相关科室负责人参与的微信工作群,加强实时信息交流沟通。二是工作例会制度。由委领导定期召开工作例会,通报工作进展情况,总结好的经验做法,指导协调解决相关问题和困难。三是信息"周周报"制度。要求各区每周报送工作简报,从领导机制、部门协作、宣传引导等8个方面进行汇总对比,督促工作进度,并通过微信工作群予以公示。

(3) 加强部门协同,推进执法移交。市商务委加强与市编办、市政府法制办和市工商局的协调沟通,推进单用途商业预付卡执法移交。市编办专门下发《关于调整上海市单用途商业预付卡行政处罚职责的通知》(沪编〔2016〕390号),进一步明确上海市单用途商业预付卡行政处罚职责由市工商局和各区市场监管局承担。陈寅副市长召开专题协调会进一步明确职责分工,会后市商务委拟定了关于上海市单用途商业预付卡执法移交的相关文件,征求各相关部门意见后,拟报请市政府正式发布。

2. 创新思路、摸清底数,全面开展实地排摸

各区结合实际情况,创新工作思路,积极开展实地排摸工作。一是加强工作培训,黄浦、静安、浦东等区专门建立调查队伍,并对调查队伍进行针对性排摸培训,发放调查工作证,要求所有调查人员持证上岗,保证排摸工作的统一、合规。二是加强工作指引,黄浦、浦东等区制定排摸工作指导手册,确保排摸工作顺利、有序进行;徐汇、闵行、金山等区制作排摸事项告知书,提前告知市场主体专项治理行动信息,提高市场主体配合度。三是借助第三方力量,宝山区发挥区商业联合会预付卡工作委员会作用,通过财政购买服务,深入开展排摸;普陀区委托工程技术大学进行地毯式走访,并邀请法律顾问共同参与本次治理行动,确保行动的合法性。四是梳理重点治理对象。各区在专项治理行动中建立疑似黑名单制度,将不配合调查甚至故意隐瞒信息以及涉嫌违规的市场主体列入"黑名单",作为后续整治的重点对象。

3. 把握重点、加强宣传,营造良好舆论氛围

重点围绕引导发卡企业诚信经营和加强消费警示,加强宣传组织策划,营造良好舆论氛围。一是召开新闻通气会。在市委宣传部和市政府新闻办的大力支持下,市商务委会同市政府新闻办联合召开单用途商业预付卡专项治理行动新闻通气会,上海卫视、解放日报、文汇报等上海市30余家主流新闻媒体出席。经详细介绍专项治理行动的背景、目标、措施以及当前单用途商业预付卡领域存在的问题,正面引导新闻媒体报道专项治理行动的积极意义。会后,相关媒体以及有关新媒体详细报道、转载了专项治理工作的相关内容,通过舆论宣传提升专项治理行动影响力。二是策划制作宣传资料。充分发挥上海市单用途预付卡协会作用,委托协会制作了单用途商业预付卡备案指导手册,全面介绍单用途商业预付卡备案管理的政策要求、相关标准,并引导发卡企业加入单用途预付卡协会,加强企业自律。制作单用途商业预付卡公益广告宣传片、宣传海报和市民消费手册,提示消费者购卡时要重点关注企业的备案信息、合规信息等,公布查询方式,引导消费者理性消费,防范消费风险。三是拓宽渠道广泛宣传。各区积极深挖本区宣传资源,拓宽宣传渠道。各区已在街镇、社区菜场、大型商业广场和商圈等人流密集处张贴宣传海报3 600余份,分发消费手册35 000余份。各区积极利用电视台、报纸、政务微信公众号、户外LED大屏幕等新老媒体开展公益宣传,闵行区在区电视台播出系列报道。徐汇、普陀、静安、长宁、杨浦、金山等区通过港汇广场、环球港、大悦城、龙之梦、五角场商圈、万达商业广场等200余块室外电子显示屏上滚动播放"预付消费有风险,卡住信用是关键"公益广告宣传片,大力营造保护消费者权益良好氛围。

三、下一步工作

1. 集中治理违法发卡企业

各区将根据前期实地排摸情况，对梳理出的“黑名单”开展现场检查，对应备案未备案发卡企业责令限期整改，对逾期仍不整改的发卡企业，由各区市场监管部门实施行政处罚，提升专项治理行动影响力。

2. 尽快落实执法移交

充分总结专项治理行动中行业管理和监督执法有效衔接、部门协同合作的成功经验，加强与市政府法制办、市编办和市工商局的协调沟通，近期报请市政府办公厅下发将单用途商业预付卡执法移交工商（市场监管）部门的通知，固化单用途商业预付卡部门协同监管机制。

3. 加快研究上海市管理办法

市人大高度重视，召开专题座谈会督办推进单用途商业预付卡立法，并调研推进将商务信用纳入上海市社会信用立法。市商务委将根据专项治理行动排摸情况，坚持问题导向、坚持分类施策，会同市政府法制办、市工商局等部门加快研究以地方规章形式出台上海市单用途商业预付卡管理办法，年内完成制订工作。同时，积极争取市人大支持出台地方性法规，在准入门槛、强制保险等方面实施强制管理措施。

4. 加强协同监管平台建设

在前期单用途商业预付卡协同监管信息管理平台获得信息化项目建设立项的基础上，深入开展调研，推进平台建设，通过信息化手段充分融合备案管理、信息公示、行政执法、信用约束等管理手段，实现部门协同监管和社会共治。同时，密切跟踪宝山单用途商业预付卡引入商业保险管理模式，深入研究美容美发等重点行业小微企业及个体工商户发卡行为的管理模式。

5. 切实加强宣传和引导

加强与市委宣传部和市政府新闻办的协调，通过上海卫视和东方明珠移动电视播放单用途商业预付卡公益宣传片，旨在引导广大消费者购卡时应注意查询企业备案情况、发卡情况、信用情况等信息，提高风险防范和自我保护意识。同时，广泛通过中国上海、市商务委网站以及有关微信、微博平台，加强对发卡企业的信息公开，形成常态化宣传机制。（市商务委市场秩序管理处）

上海购物节十年：新科技、新时尚、新模式引领新消费

自2007年第一届购物节以来，上海购物节已成功举办10年。10年来，上海购物节在组织形式和活动安排上不断突破，围绕着建设世界级消费城市的目标，在引领新消费、聚焦新商业、突出新模式、打造新平台上创意迭出；10年来消费能级不断提升、消费结构不断优化、消费模式不断创新，进一步推动上海城市的繁荣繁华、便民利民、开放创新；进一步提高上海消费市场的竞争力、吸引力和辐射力，在建设富有全球竞争力和城市魅力的道路上迈出了更为坚实的步伐。

据上海市商务发展研究中心（上海市商业信息中心）对重点商业企业的销售监测数据，2016年上海购物节销售同比增长10.2%，呈现出更多的亮点、更多的新意。

一、消费能级创出新高度

1. 消费规模更大

自2007年上海购物节举办以来，上海购物节的销售增速均超过两位数，销售规模不断稳步增长，增幅连续10年超过全市同期社会消费品零售总额。

2. 消费结构更优

随着上海商业服务性消费供给的不断加强

和深化,购物节餐饮及文化娱乐服务业的销售比重也呈现出逐年递增的趋势。2016 年购物节,餐饮业的营业额销售同比增长 11.7%,文化娱乐服务业同比增长 10.5%,均高于同期的零售业增幅。购物节期间,各类服务业营业额占总额比重达到 32.4%,比 5 年前的比重增加 7.5 个百分点。

3. 消费人气更旺

购物节多项丰富多彩商旅文活动的举办、全城营造的欢乐消费气氛大大拉动消费人气。2016 年购物节重点监测的商业企业日均客流量为 4.84 万人次,同比增长 6.0%,与 5 年前的日均客流量水平相比,增幅更是达到 34.8%。

4. 消费水平更高

对品质消费的追求、对品牌文化的认同等消费趋势都使得上海的消费水平不断提升。监测数据显示,2016 年上海购物节期间,零售客单价达到 529 元/单,呈现出逐年小幅提升的走势。

二、供给侧改革引导新消费

上海购物节着力于创造新供给、释放新需求,从供给侧着手引导新消费。本届购物节首次推出"国别商品周""上海商业品牌之旅""零售自有品牌消费节"等特别活动。期间,佛罗伦萨小镇以意大利文化为基础的"欧陆美食嘉年华"活动、沃尔玛美国商品周活动展示展销特色产品,明显提升商场人气,销售同比分别增长 35.9% 和 21.9%;高岛屋百货"Fun Shanghai 乐趣上海"三周年庆活动展示老上海风韵,促进销售增长 14.4%。这些活动大大满足消费者对品质生活、品质消费的进一步需求,吸引国内"国际消费"回流、引导国外"国际消费"内流。另外,购物节期间举办的各类展览展销更是大大引领新消费的潮流,在"第九届上海市汽车销售服务节"展销活动中,依维柯房车、比亚迪唐和秦、荣威 E550 等新能源车前人头攒动,房车、新能源车等新消费成为了展会的一大亮点。

三、新商圈谱写新格局

购物节期间,各式营销活动在全市各大商圈铺开,全市商街商场购物、娱乐消费氛围浓厚,申城商圈也呈现出新格局和新特点。2016 年购物节期间,上海奥特莱斯商圈合计销售额同比增幅达到 15.2%,一东一西奥特莱斯商圈表现抢眼,东有新形成的佛罗伦萨小镇、奕欧来上海购物村商圈,西有青浦奥特莱斯、米格天地商圈。对国际著名品牌、优质商品的认同和追求都使得这一类的商圈受到上海消费者的追捧,也对上海商业的布局形成了有利的支撑。与此同时,购物节期间中心商业区商圈也同样吸引力十足,淮海中路、南京西路商圈销售额同比增幅达到 15.6%、12.9%。"黄浦激情购物夜""游走静安 寻宝找'福'"等缤纷活动在中心商圈中陆续展开,如淮海 755 的 MUJI 旗舰店特惠活动、K11 的 Art City 展览活动等都为商场带来明显的销售增量。老牌商圈的地位巩固为中心商业区的商业布局夯实基础。购物节期间,新兴商圈的突起更是为申城的商业布局形成有利的补充,苏河湾商圈、张江商圈、新虹桥一天山等新兴商圈购物节期间销售增幅均超过 20%。大悦城"中粮 9.10 大悦疯抢节,8 城联动全民疯抢"活动当日连续营业 15 个小时,客流量增长 1.12 倍,推动销售增长 9.9 倍的业绩在沪上的营销史上也是可圈可点。商业的均衡布局、商圈的各放异彩形成上海的商业新格局。

四、新营销创造新体验

上海购物节通过体验互动融合、虚拟实体结合等新营销方式,将逛商场打造为一种生活方式、一段文化体验,从而进一步激发大众的购买欲,提升消费能级。数据监测显示,2016 年购物节期间,商家"文化艺术、互动体验类营销活动"的平均次数达到 4.4 次,同比增长 10.0%。多家商场推出最新的 VR、AR 技术体验活动,环球港 VR-AR 技术情景剧《欢剧之迷迷不见了》、近铁城市广场的《王牌对王牌》AR 互动体验、高岛屋的《未来幻想》"VR+多媒体娱乐体验馆"都吸引大量消费者。同时，K11、大悦城等商场举办的肖全摄影展、LINE FRIENDS 夏日派对等文艺展览类活动也为商场聚集大量客流。

五、“她经济”引领消费新时尚

“女人的上海”贯穿着着整个2016购物节，为带动“她”经济，定位在“女人的钱包”上的购物节融入众多时尚和新鲜元素。从购物节开幕起，黄浦区“2016淮海天地时尚月”逐步启动，通过“购物嘉年华”“潮流最集市”“食尚周”等品牌活动，为淮海路、新天地商圈融入更多的时尚购物理念；静安区久光、恒隆、芮欧、嘉里等高端购物中心以及设计师概念店同期开展新品发布，推出时尚、艺术、购物融合的系列活动。购物节期间，黄金珠宝、女装、化妆品等都是各大商场的最热销商品，监测数据显示：女装、化妆品销售额同比分别增长12.3%和10.2%。随着市民生活水平提高，消费理念转变，绿色健康的消费观逐渐深入人心，成为一种新时尚。2016年购物节期间，环保类家居建材、健身类体育用品销售业绩突出，数据显示，家居建材、体育用品销售额同比分别增长53.6%和19.1%。另外iphone7也成为本次购物节期间一大热销商品，由于货源有限，各大商场配额销售，均被抢购一空。

六、新科技催化新模式

2016上海购物节运用新科技，改变办节模式，创建“消费总动员”微官网平台，推出“扫一扫、摇一摇，玩转购物地”活动，以“扫码签到，赢千万好礼”的形式，入口链接上海1万多个购物终端，吸引无数市民和商旅客前往购物地扫码，增加了消费者与商业的互动。不少实体商业企业也紧跟趋势，加强线上线下互动，渗透数字化消费，实现商业模式的拓展升级。本届购物节期间，推出微信、微博、官网等线上活动的商家占商家总数的69%，比重较上年同期提高21个百分点，平均活动次数为2.6次，较上年同期高出1.5次。从支付方式上看，近两年移动支付快速普及，使用移动支付的商家和消费者明显增多。2016年购物节期间，抽样监测的实体企业总销售额中通过支付宝、微信、Apple Pay等移动支付的金额同比增幅达到1.1倍，虽然现金、刷卡的传统支付方式仍占据主导地位，但移动支付的占比比上年同期增加3.4个百分点，增幅逾1倍。

2016年上海购物节在高能级、优结构、旺人气的消费环境中完美收官。十年购物节，促进上海的商业向新平台、新模式、新消费的转变，见证上海的繁荣向新区域、新商圈、新地标的延伸，更推动上海的发展向世界级消费城市目标的跨进。

（上海购物节组委办公室）

上海商业景观：网店、便利店、购物中心“一个都不能少”

在传统商业面对网络购物越来越严峻挑战的今天，上海市商业统计显示，在上海居民消费中，网店、便利店和购物中心“一个都不能少”，三者各有各的精彩活法，且都成为引领上海商业增长的主力。

2016年，上海实现商品销售总额突破10万亿元，比上年增长7.9%；实现社会消费品零售总额1.09万亿元，增长8%；在投资、出口、消费“三驾马车”中，消费对上海经济增长的贡献率接近65%。

其中，网上商店销售额1 250亿元，比上年增长15.8%，占社会消费品零售总额的11.4%，占比较上年提升0.5个百分点，并没有延续“咄咄逼人”的高速增长。相较而言，便利店销售额增长 10.5%,购物中心销售额增长7.5%,状态也不错。

相关统计显示,2016 年底,上海共拥有以购物中心为主要功能的城市商业综合体 189 个,总建筑面积 1 903 万平方米,分别比上年增长 26.8%和 18%。而在 2012 年,上海仅仅拥有 96 个城市商业综合体,建筑面积 865.5 万平方米,5 年间增速惊人。

在连锁超市和便利店领域,2016 年底,上海此类商业设施的数量增至 9 319 个,平均约2 590 人就有一家,可谓出门即见。便利店通过贴近性找到自身发展空间,上海居民日常生活的便利性不言自明。

上海市商务委员会商贸行业管理处相关负责人认为,新兴的网店与传统的便利店和购物中心在上海消费中"一个都不能少",三者各有各的精彩活法,实际上是互联网浪潮与百姓生活需求"交互影响"的反映,表明上海的商业业态的迭代更新正在加速。他认为,上海新商业模式的发展方向是:线上与线下相结合、商品与服务相结合、零售与体验相结合。

以上海城市商业综合体为例,其中不仅有购物中心,还顺应市民消费需求,开设众多的餐饮、文化、艺术、教育、娱乐、亲子、健身等项目,从各方面吸引人气,成为功能多样的"区域性生活中心"。据统计,上海城市商业综合体的营业面积中,四分之一为餐饮业,近两成为服务业,零售业占比已降至 55%左右。(新华网)

上海商业裂变凸显"国际范"

在魔都的爱情地标——大悦城的摩天轮下,新兴一族的消费者以爱的名义,尽情进行着"爱的消费";在上海的艺术购物中心 K11 内,一场场的具有世界水准的展览,让国内外的粉丝纷至沓来;佛罗伦萨小镇,正成为游客离沪前的最后一个血拼站,为游客的上海之旅画上完美句号……

在消费需求变化的推动下,上海的商业格局,在转型和升级中,围绕着新业态、新模式、新产品、新服务,正在发生一场裂变。

上海在其转型升级中,尽显着"国际范"。2016 年,上海社会消费品零售总额有望达到 1.1 万亿元左右,增速达 8%左右,位居全国主要城市前列,已超过我国香港以及新加坡等地。世邦魏理仕的最新报告表明显示,在全球城市国际零售商出现率的排名表上,上海紧随伦敦和迪拜之后,已位居第三,成为世界上拥有超多国际零售商的城市。南京路、淮海路、外滩等商业街区与巴黎、伦敦等世界知名商业街区建立合作关系,成立世界名街联盟,加强交流合作。依托中英高级别人文交流机制,引导时尚产业转型,打造具有全球影响力的上海时装周。

上海市商务委主任尚玉英介绍说,上海的消费升级正在加快,融合式发展正成为新特点:服务式营销、线上线下联动发展、体验式营销和混搭营销等,正打造着上海商业的新格局和发展方向。

1. 摩天轮里的"爱的消费"

关键词:场景模式

独树一帜的"爱情主题"定位与标志性建筑——摩天轮 SKY RING 使大悦城成为上海的爱情地标之一。而 Line Friends、Juice 等超级 IP 的引入还使大悦城实现线上线下的流量变现与商业跨界。上海大悦城创新应用差异化、场景化、智慧化的新商业模式,通过打"情感体验"牌与消费者建立联接,以"魔都爱情地标"的理念创新商业体验,打造极致体验的商业标杆。K11 购物艺术中心把艺术·人文·自然三大核心元素与商业有机融合,糅合多维的艺术欣赏与体验经济,实现文化与商业的跨界融合,艺术引领消费的全新商业艺术体模式。淮海755通过富有创造力和创新性的商品内容组合，着力于打造中产消费者生活形态标杆的领衔主力店，营造精致小型购物中心的格局，塑造具有美感与愉悦感的商业新地标。

据市商业信息中心对全市148个购物中心的监测，2016年购物中心餐饮和服务业的销售额占比首次超过30%，经营面积占比已接近50%。通过不断优化全方位消费环境，打造声光色独特的建筑形态、商场环境、商品陈列和服务体验，为顾客营造舒适愉悦的场景模式。

2. 足不出沪全球购物

关键词：线上线下深度融合

佛罗伦萨小镇甄选的全球160家知名奢侈及时尚品牌的高性价比产品，将奥特莱斯功能从单一的商品提供转向由电子商务革命和数字技术革命所支持的体验式消费。洋码头通过整合优化国际物流资源和全球零售供应链，促进在线零售的全球化，改造传统代理制跨国零售模式，让中国消费者足不出户，轻松、便捷地享受一站式全球购物。苏宁云商向集成电商、店商的零售服务平台转型，成功运用互联网技术围绕“互联网+渠道”“互联网+商品”“互联网+服务”打造出“一体、两翼、三云、四端”的O2O互联网商业零售模式。

传统商业与网络零售相得益彰，相互渗透，线下网点渠道资源、商品品牌和服务优势与互联网、大数据等电商新技术新应用相结合，全渠道融合发展新零售。自贸区溢出效应明显，上海已成为全球品牌和商品的主要目的地。

3. 世界时尚的集散之城

关键词：时尚产业崛起

新天地时尚购物中心通过与上海时装周长期的战略合作，为设计师作品发布与买手采购订单提供全方位服务，协力促进“产销结合”的时尚产业一体化进程，推动原创时尚设计的商业落地。钻石小鸟秉承工匠精神，细细雕琢产品和服务，为消费者提供一对一专属珠宝顾问式服务，携手国内外知名设计师共同演绎绝美奢华，也成为众多明星偶像青睐的钻饰佩戴品牌。

上海依托国际时尚之都建设，着力打造全球时尚品牌的集散之城、高端时尚创意的策源之城和时尚消费潮流的引领之城。商业企业加大自主经营力度，发展自有品牌、直接采购、自营购销等经营方式，加强商品设计开发能力，发展订单制造和个性化经营。

4. 城市让生活更便捷

关键词：社区商业

厨易时代通过网上订购，集约化配送小区居民和饭店餐饮两大目标客户。居民通过网上订购和现场购买相结合的方式，到设置在小区内的“全智能无人售菜与网订提货一体机——厨易站”，提取由厨易时代定点定时配送的，小至一日三餐大到聚餐宴请所需的食品食材。悦管家作为互联网垂直上门生活服务平台，有效解决市民家政服务的安全、放心、省心生活痛点，较好地解决家政服务员（悦姐）订单不稳定、缺乏工作技能提升渠道、没有尊重感和保障的痛点。

上海大力实施“服务到家”计划，打造15分钟社区便民生活圈，形成线上线下互动融合的社区服务消费新模式、新业态。据悉，上海社区商业零售规模已占全市商业零售50%以上。

5. 上海国际消费城市如何打造？

知名品牌云集上海，新零售与IP商业被推上风口浪尖，商业新业态层出不穷，上海国际消费城市，将如何打造？

“上海将从5个纬度，来构建起商业新格局，”上海市商务委主任尚玉英介绍说，“品牌聚集度不断提高，使得上海正成为一座名副其实的国际城市；上海时装周、外滩高定周等，让上海正成为全国甚至是世界的时尚之都；要提高外来旅游者的消费贡献度，上海外来人口的消费贡献度为20%，而纽约和伦敦达到了40%；快闪店、生鲜店等新业态，正在引领上海的消费创新度；消费便利度，让在上海生活很美好。”

同时，上海也将重点打造“五市”：商市、夜市、菜市、服市和展市。（新闻晨报）

会商旅文体联动促进魔都消费卡项目

会商旅文体联动是上海市促进会展、商业、旅游、文化、体育事业共同发展的重要工作。

2015 年是会商旅文体联动的“启动年”，8 月，市商务委、市旅游局、市文广影视局、市体育局共同签署《会商旅文体联动发展合作框架协议》，并推选出华交会、上海旅游节、上海购物节、中国上海国际艺术节、ATP 1 000 网球大师赛等首批 22 个联动项目，各部门共同构建“三共三互”（项目共推、客流共享、标准共建、平台互联、主体互动、宣传互通）的联动机制。12 月，推出魔都消费卡这一重要的联动载体，以政府引导、市场运作为主要模式，为来沪参加各类活动的人士提供会商旅文体消费信息、优惠及服务。魔都消费卡启动仪式在国家会展中心举行，与 2015 法兰克福上海汽配展进行了联动，12 家展览企业和商业企业作为首批合作伙伴代表举行了签字仪式。

2016 年是会商旅文体联动的“深化年”，华交会与魔都消费卡的深度合作就是一个很好的案例，进一步推进会商旅文体联动发展，深化联动效应。

一是推进项目建设，以会商旅文体联动项目为基础，根据各领域和各项目的特点，形成有效的联动模式。重点做了两项工作，一方面指导各区县、各类主体完善联动工作机制和内容，另一方面有针对性地组织和促进各类资源的开放和对接。以华交会这一大型展会为契机，加强“展-商联动”，搭建展商采购商与商业企业互动的平台，让企业更好地了解并满足展商的需求。2016 年，深化实施更多的联动项目，以项目为载体，促进行业间的开放合作。

二是加快资源集聚，以魔都消费卡为平台、纽带、桥梁，有步骤地集聚用户（即来沪人员）和服务（即商家、旅游、文化、体育等消费资源）。上海每年举办的大型活动吸引大量国内国外的客人，例如本届华交会就吸引 6 万名展商和采购商，其中境外人士 2 万人，而每年在上海举办的展会项目就达 800 余个。目前，已对接 20 多家重点展览主办单位，逐个确定合作方式。还与各区县重点商圈、特色商业街、重点商业集团、离境退税商店进行对接，商业企业抓紧推出服务和优惠项目。同时，上海还有各类国际化的旅游节庆、文化演出、体育赛事等活动吸引大量来沪人士。逐步集聚一批具有代表性、信誉良好的购物、餐饮、景点、酒店、艺术馆、剧院、运动场馆等资源，激发市场活力、畅通交流渠道，为每年到上海来的外来消费群体提供更优质、更便利、更个性化的服务，真正让来沪人士感到“宾至如归”。

三是优化联动载体，借助第三方团队的技术力量进一步强化魔都消费卡的各类功能，使它成为一个开放共享互动的平台，逐步实现需求与供给的有效对接。同时，以“微改善”的态度来不断完善每个细节，例如多语言信息问题、信息数量问题、优惠吸引力问题、服务精准化问题等等，需要不断优化。

四是加强数据分析，要深化数据分析，一方面联合展会等大型活动的主办方做好各类来沪人士的需求分析，知道外来的消费者需要什么。另一方面，加强各联动项目的综合成效分析，了解会商旅文体联动项目和联动方式对商业、旅游、文化、体育等各领域的促进带动作用。（上海购物节组委办公室）

上海优礼、魔都消费卡展示体验区闪亮登场

为加强会商旅文体联动发展，2016 年 4 月 21 日－23 日第四届中国（上海）国际技术进出口交易会（简称“上交会”）期间，上海市商务委员会积极服务上交会展商及观众，以“上海优礼”为亮点，以“魔都消费卡”为载体，深入联动、积极引流，为远道而来的中外展商和观众提供优质的服务体验。

亮点一：展示上海优礼，服务展商观众。首次在展馆公共服务区域设置“上海优礼展示体验区”，让展商观众带走上海优礼，留下美好回忆。此次展示汇集 23 个伴手礼品牌的 46 种产品，不仅有第一食品、冠生园、英雄等一批承载上海记忆的老字号，也有来伊份等来自民企的新字号。有杏花楼旗下沈大成的“网红”肉松青团、上海咖啡厂小巧包装的“调一调”麦乳精、百雀羚携插画师设计的新款护手霜、雷允上刚上市的环保包装手工香囊等产品，吃用赏玩品种多样。为加强互动体验，展商观众可通过支付宝、微信等移动支付方式选购伴手礼。

亮点二：深入联动展会，优化参展体验。一是首次在上交会观众证件上印制“魔都消费卡”二维码，实现展会期间“魔都消费卡伴你左右”，扫码即可了解上交会场馆导览图和论坛活动排片表、展会周边世博源、月亮船等百余条特色商圈、星级景点、观光休闲线路以及近期文化体育活动等实用资讯。二是首次开通“魔都消费卡联动通勤车”，在展会中午、闭馆后等展商空闲时段，免费带领展商观众前往世博源、中华艺术宫、三钢里等展会周边场所，在优化参展体验的同时，为周边商旅文体资源引入更多人流。三是在展会主、承办方支持下，开展前期通过邮件等方式向展商介绍魔都消费卡功能，展会期间通过大屏幕、展架、会刊、展商手册、官方微信等方式提供魔都消费卡二维码领取渠道，并在观众登记处安排专人指导扫码。

亮点三：丰富互动活动，提供多重福利。为让展商观众获得更多福利，魔都消费卡集聚展会周边多重会商旅文体资源，并在上交会公共服务区设置梦幻魔都互动体验区，吸引展商观众参与。展商观众可在魔都消费卡梦幻留影区拍摄个人专属封面照，通过朋友圈分享，一旦集满 20 个赞，可获得上海特色伴手礼一份。在展会现场进入魔都消费卡热点页后参与“摇一摇”活动，即有机会获得世博展览馆周边世博源餐饮优惠券、购物袋、月亮船参观门票等奖品，让远道而来的展商观众体验更多上海魅力。（上海购物节组委办公室）

“双十一”对上海经济社会发展的影响力日渐加深

自 2009 年“‘双十一’网络购物节”概念被提出以来，上海就依托本地众多的电子商务企业，庞大的买方、买方群体，以及便利的物流、金融优势，为“双十一”注入独特的“海派”基因。根据中国快递行业协会及菜鸟网络等业内咨询服务机构统计，2016 年“双十一”期间，进出上海市的快递、邮包数量预计突破 10 亿件次，上海有望成为“购物节”期间全国最大的包裹物流集散中心。另据上海市商务委员会、上海电子商务促进中心等部门的摸底，2016 年“双十一”期间，在上海注

册经营的电子商务相关经济主体中,制定有专门促销方案的超过70%。

1. 融入文创、体验经济元素,倒逼实体商业转型

“可以说‘双十一’目前已从一个由少数电商巨头引领的营销活动,逐渐成长为一个把供应商、传统商业、各类平台型经济主体,以及广大消费者紧紧串联在一起的‘现象级’社会活动,对上海经济社会发展的影响力日渐加深。”市商务委电子商务处有关负责人士对记者表示说。

“双十一”走过七年,如今它已由电商平台之间单一针对价格需求弹性较大商品的低价竞争,逐步上升为质量、服务、渠道间综合实力的角逐。市商务委电子商务处调研结果显示,各大主流电商平台即将加入“双十一”促销的品牌预计将超过十万个,品牌化率、新品化率均较往年有明显提升。另外,这些平台在“双十一”促销的宣传阶段已经更多地与文创元素、体验经济相结合,依托年内兴起的“直播”模式与“网红经济”现象,国美、宝尊、绿盒子等均有意在“双十一”期间试验“直播”营销方式,苏宁云商在上海打造线上平台与线下实体商铺整合互动的“边玩边买”模式,1号店则于近日上线“全景购物”,提出的口号是“让消费者以‘讲究的购物方式’搭配‘讲究的大牌货品’和‘讲究的促销力度’”。

“双十一”走过七年,倒逼沪上实体商业加快转型升级步伐。在经历最初的“+互联网”“互联网+”的纠结之后,实体商业的转型之路已经没有回头。2016年,以百联集团“全渠道”营销战略——“i百联”为代表,传统零售行业企业自营的电商平台逐渐发力;上海苏宁云店体验店深度整合品牌,与线上同质同价的同时,充分应用体验式购物;新世界城借助“双十一”大潮,提前开展会员内购会活动;上海国美也在“双十一”期间提出线上资源导流线下的“场景体验”,开设烘焙课堂、智创空间、电竞赛事等活动,为消费者打造充满互动的,与网购方式相区别的消费体验,力争线上、线下资源在整合中体现各自不可替代的商业价值。

2. 带动仓储物流、消费金融等现代服务业发展

“双十一”走过七年,带动了上海市商贸流通业的发展,2015年上海本地企业“双十一”当天,营业收入同比增长41%,2016年1—9月,上海市实现电子商务交易额12 864.5亿元,同比增长20.1%,其中商品类网购交易额2 089.1亿元,同比增长33.3%,也带动了上海市仓储物流、消费金融等现代服务业的发展。以京东旗下上海圆迈贸易有限公司负责运营的华东地区“亚洲一号”仓库等为代表,各大电商巨头在上海域内均设有规模较大的集散、分拨中心,而“无人仓”“机器人仓”“战略储备仓”等新概念、新技术在2016年内的陆续引进,在保证了“双十一”期间包裹递送能力的同时,也为上海经济技术发展提供了新思路。

2016年,针对跨境电子商务行业的通关及税收新政出台,并进入过渡期,上海电商企业及从事跨境业务的平台型经济主体,为适应新政策带来的影响,纷纷密集布局“海外仓”,进而优化和规范商品“海淘”模式。同时,依托上海自贸区的监管及通关便利,营建或升级境内“保税仓”,通过供应链分类管理实现跨境业务的依法、依规、有序进行。有了这些充分准备,2016年“双十一”期间,在原有“跨境购”的基础上,上海市电商企业纷纷提出“全球购”概念,利用商品直邮、保税备货、直接进口等跨境业务开展模式间的充分整合,力图为消费者打造高效、实惠、安全的“全球扫货”“无时差狂欢”新体验。

另外,2016年“双十一”到来之际,电商企业在消费金融方面纷纷落子布局,注册在浦东的蚂蚁金服,以“花呗”“刷呗”等信用贷款产品为依托,推出超过百亿的临时提额活动。“目前,我国信用消费比例只有10%左右。而美国信用消费占总消费额的三分之二左右,日本信用消费占总消费额的三分之一以上。上海如果能迈过这道坎,商贸流通业必将呈现出乘数级的倍增效应。‘双十一’有着很高的社会关注度,导入消费金融理念,正逢其时。”市商务委有关人士表示说。

(吴卫群)

2016年上海春节消费市场供应充足 购销两旺

2016年春节黄金周期间，上海市消费市场总体供应充足，价格稳定，购销两旺。

一、春节市场销售平稳增长

据17个区县商务主管部门和重点商业企业联合抽样调查，355家大中型商业企业，春节期间(1月31日—2月13日)共实现营业额90.0亿元，同比增长8.2%。

从区县情况看，中心城区中，长宁、闸北、杨浦样本企业销售额增速达到两位数，其中，长宁区以20.2%的增速占据中心城区增速首位；郊区县中，闵行、宝山、金山、奉贤样本企业销售额增速达到两位数。

从主要业态情况看，百货、购物中心、标准超市、大卖场、便利店、菜场、专业专卖7个主要业态，除百货、标准超市业态销售额略有下降外，其余5个主要业态营业额均实现同比增长，其中，购物中心、便利店和专业专卖营业额实现两位数增长。

二、春节市场亮点纷呈

1. 实体商业焕新颜

2015年以来，实体商业在经历了艰难的阵痛期后，焕发了新的生机，上海市实体商业转型调整激发了新的消费活力。春节期间，南京东路、南京西路、中山公园、五角场等重点商圈，销售额均实现同比增长。

2. 大众餐饮聚人气

家庭聚餐、同学朋友聚会是春节餐饮市场的重要主题，大众化、个性化是2016年申城百姓春节餐饮消费的主要特点。各餐饮企业通过套餐优惠、网络订餐等多种途径进行特色营销，大众餐饮消费人气爆棚。从部分区县的抽样摸底情况来看，1 500～2 500元的套餐最受居民欢迎。17个区县105家样本餐饮企业的除夕堂吃年夜饭实现营业额2 499万元，同比增长14.5%。

3. 休闲娱乐城会玩

春节期间，抽样调查的娱乐健身等服务业企业共实现营业收入526万元，同比增长19.6%，增速高于平均的8.2%。《三打白骨精》《美人鱼》《澳门风云3》等多部吸金电影引爆申城节日票房；居民节假日境内外旅游从过去的走过、路过、看过，逐步转变为体验性、享受型出游。

4. 市场保供安民心

主副食品货源充足、品种丰富。节日期间，百联、光明、蔬菜等集团公司和各区县商务主管部门积极做好主副食品市场供应工作，货源准备充足。春节期间主副食品总体呈现供应数量充足，供应价格平稳的态势。蔬菜集团节日期间批发成交蔬菜1.66万吨，比上年同期下降1 305吨；青菜、大白菜、番茄等12类重点蔬菜品类平均价格3.29元/公斤，比上年同期的2.91元/公斤，微增0.38元/公斤。节日市场安全有序。节前，市区两级商务主管部门均制定了节日安全预案，确保节日市场安全、繁荣、有序。节日期间，上海市消费市场平稳繁荣，各类商业营销活动组织有序，居民和游客消费安全得到切实保障。（郝杰）

特色商业魅力显现“五一”节日市场平稳运行

2016年“五一”小长假期间,上海市特色商业聚集人气,彰显活力,会商旅文体联动效应凸显,精品伴手礼等优质国货畅销,境外来沪消费快速增长,消费市场总体平稳运行。

一、节日市场销售平稳增长

据各区县商务主管部门和重点商业企业联合抽样调查,335家大中型商业企业,节日期间共实现营业额25.6亿元,同比增长8.2%。

从区县集团情况看,中心城区中,长宁、杨浦、虹口销售额增速达到两位数,其中,长宁区以23%的增速占据中心城区增速首位;郊区县中,金山、宝山、奉贤销售额增速达到两位数;浦东新区销售额同比增长19.6%。

从主要业态情况看,百货、购物中心、标准超市、大卖场、便利店、菜场、专业专卖7个主要业态,除标准超市、大卖场业态销售额略有下降外,其余5个主要业态营业额均实现同比增长。其中购物中心营业额实现两位数增长。

二、节日市场亮点纷呈

1. 商业会展精彩联动

“五一”小长假,魔都各大商场的展览让人应接不暇。不管你是小资范儿的文艺咖,或是享受亲子时光的居家族,还是沉迷于二次元世界的宅男控和美萝莉,总有一款展览能满足你。环球港推出首届“喵星人侵占地球——萌猫零距离互动创意嘉年华”活动,200只萌猫、世界名猫空降现场;魔法美术馆、世嘉JOYPOLIS乐园、移动谜城、爱心游园会、新锐油画互动品鉴会等活动吸引一众文艺达人。节日三天,环球港共接待客流近41万人次,销售额超过4 000万元。虹桥南丰城以近期热映的迪士尼电影《疯狂动物城》为主题,推出宠物星天地、宠物冲冲冲、宠物美妆大赛等系列活动,成为家庭亲子活动的好去处。南丰城节日期间销售额同比增长超过1倍。大悦城的“魔兽”全球主题展,以真人比例模型,免费VR体验,高保真还原电影魔兽世界的场景,人气满满。大悦城三天销售额同比增长超过90%。

2. 国货精品销售旺盛

为创造新供给、释放新需求,培育精益求精的工匠精神,打造经典传承的民族品牌,市商务委着力推出了“上海优选伴手礼”(简称“上海优礼”)计划。4月21日—23日,以“增品种、提品质、创品牌”为宗旨的“上海优礼”正式亮相第四届中国(上海)国际技术进出口交易会。展会期间,“上海优礼展示体验区”汇集包括百雀羚、沈大成、冠生园等在内的23个伴手礼品牌的46种国货精品。节日期间,“上海优礼”品牌销售旺盛。百雀羚商品销售额同比增长超过40%,沈大成、冠生园等伴手礼品牌销售额也同比大幅提升。

3. 离境退税表现抢眼

目前,上海市离境退税商店已达182家,主要布局在中心商业街区、旅游购物景区、涉外居住商业社区等。离境退税政策的稳步推进为上海市吸引外来消费、提升国际形象做出积极的贡献。2016年以来,离境退税销售额呈快速增长态势。一季度,上海市离境退税销售额月环比平均增速约为30%;离境退税人次月环比平均增速约为40%。节日期间,上海市实现离境退税销售额103.6万元,离境退税人次达到117人次;开单数为127张,单均价超过8 100元;箱包类产品最为畅销。

4. 市场保供充足有序,主副食品货源充足、品种丰富

节日期间,百联、光明、蔬菜等集团公司和各区县商务主管部门积极做好主副食品市场供应

工作,货源准备充足。春节期间主副食品总体呈现供应数量充足,供应价格平稳的态势。蔬菜集团节日期间批发成交蔬菜 2.44 万吨,比上年同期下降 805 吨;青菜、大白菜、番茄等 12 类重点蔬菜品类平均价格 3.60 元/公斤,比上年同期的 3.30 元/公斤,微增 0.30 元/公斤。节日市场安全有序。节前,市区两级商务主管部门均制定了节日安全预案,确保节日市场安全、繁荣、有序。节日期间,上海市消费市场平稳繁荣,各类商业营销活动组织有序,居民和游客消费安全得到切实保障。(郝杰)

岁末迎新商业主题营销活动高潮迭起

2016 年岁末迎新商业主题营销活动,自 12 月 10 日拉开帷幕以来,吸引上海各大商圈、商街、商场积极参与,活动精彩、形式多样,品牌集聚、高潮迭起,提振了市场消费热情,实现购销两旺。

1. 首波“12.12”夺人眼球

12 月 10 日,在上海市商务委的支持下,支付宝口碑打响了“2016 年岁末迎新商业主题营销活动”第一弹!12 月 10 日福利大放送:吃饭 5 折,逛超市 5 折,看电影、剪头发、唱歌、加油都有优惠。5 万商家、15 大生活场景全优惠。据支付宝口碑统计,12 月 10 日—12 日三天,上海地区参与“双十二”狂欢的用户累计达 750 万人,参与商家数量居全国榜首。

上海市各大商圈、商街、重点商业企业非常重视“12.12”,推出一系列争夺市场份额的活动。“乐活虹口 共赴酒约”2016 第十二届上海酒节吸引各知名酒商酒企参展,设置罗马尼亚、宁夏产区、茅台海马等 9 个小型特装馆以及 40 个花车展位,展品以葡萄酒为主,辅以进口食品、饮料等。上海长江口商城股份有限公司黄金广场推出“1212 要爱要爱”主题营销活动,活动期间商场大类商品 5 折起,微信关注有好礼。银联卡回馈持卡人消费季,“双十二”4 折劲爆来袭,劲爆优惠覆盖全国 34 家大型连锁商超品牌,31 个地区近 15 000 家门店。七宝万科面向家庭,制订全民疯抢计划。推出跟着主播逛万科等活动,实现场上场下互动狂欢,线上线下力赠优惠。百联南桥购物中心推出“玩购双十二”,活动内容分为线上线下两大块:线上活动为“玩够双十二”,线下活动为“满额立减+跨年狂欢礼”。

2. 体验式消费成为主角

在举办精彩活动同时,注重会商旅文体联动和活动形式的多样性,让消费者在多种体验中享受消费的乐趣,是此次岁末迎新主题活动的重点。虹桥友谊商城举办“中外酒品节——酒品跨年特惠”,ASC 拉菲品牌大使与消费者面对面,让顾客更深入了解拉菲品牌并试饮明星产品。“闪亮嘉年华·奇幻艺旅行”,黄浦区以艺术为主线,畅享购物优惠,体验美食乐趣,打造一场闪亮的嘉年华。苏宁生活广场的儿童剧演出以及充满魔幻色彩的魔术表演等,为消费者营造欢快的购物氛围。虹桥天地今年再次联手世界三大灯光节之一的“法国里昂灯光节”推出“光影上海”灯光艺术节。新世界大丸百货在商场一楼中庭打造“轻松小熊玩具箱乐园”,森林、温泉、下午茶等 16 个甜萌主题场景,生动再现轻松小熊甜蜜乐园。

3. 商业美陈赛事增强互动

12 月 16 日晚,淮海路灯火灿烂,在炫酷的亮灯仪式中,由黄浦区淮海路经济发展促进会、上海九海百盛广场有限公司共同主办的“淮海路跨年季”拉开帷幕,活动不仅为消费者带来长达 23 天的购物狂欢,还将举办“淮海路最美圣诞迎新场景”评选:消费者拍摄上传淮海路具有圣诞装饰特征的场景,即有机会获奖。“魅力浦东炫亮新年”,是2016年浦东新区商务委举办的浦东商圈美陈赛事活动。“美陈星探”亲临各参赛商场,拍摄“美陈实景”。通过该赛事,展示风格各异、特色鲜明的商圈氛围与个性。

由上海购物节组委会办公室举办的2016上海商业圣诞元旦美陈微信互动活动,带你走近上海多个区域的“商业美陈”,用发现美的眼,发掘商业的趣味密码。活动期间,在上海消费总动员微信平台陆续推出一系列图文并茂的专题报道。精选沪上若干家圣诞元旦美陈别具特色的商场图片,请消费者在线玩游戏,看图猜地点。(上海购物节组委会办公室)

市商务委和苏宁云商加强合作发挥新消费引领作用

为贯彻落实国务院关于发挥新消费引领作用的决策部署,围绕上海“十三五”基本建成国际消费城市的目标,市商务委“牵手”苏宁云商集团股份有限公司,共同开展发挥新消费引领作用的战略合作,市商务委主任尚玉英、副主任吴星宝、苏宁云商集团股份有限公司副董事长孙为民、副总裁范志军出席签约活动。

此次合作围绕“促创新、助转型、补短板、惠民生”目标,主要从推进新建大型居住社区O2O商业发展、释放农村消费潜力、引领新消费模式、创新扩大有效供给、助力传统业态转型升级、发展智能绿色物流、发挥电商集聚效应等八个方面开展合作。

尚玉英表示,上海是座因商而兴的城市,上海的零售业以规模大、网点多、门类全、业态新长期引领了全国商业的发展。市商务委“牵手”苏宁云商开展合作是一件共享、双赢的事情,希望双方围绕上海建设国际消费城市的战略目标真抓实干、积极突破,催生更多新技术、新产业、新业态、新模式,在引领消费升级方面结出累累硕果。

孙为民表示,苏宁将积极发挥线上线下平台优势,整合苏宁五大产业资源,积极创新模式,带动新消费升级,助力上海国际消费城市建设。

美国百老汇品牌商业综合体项目落户大虹桥

大虹桥商务区再迎新发展。集商务办公、商业、酒店餐饮于一体的美国百老汇品牌商业综合体项目将落户大虹桥。中港合资联汇置业有限公司完成设立备案程序。该公司投资总额为9.3亿美元(约60亿人民币),注册资本为3.1亿美元。

2016年9月12日,联美集团有限公司与中国百老汇(控股)有限公司联合体以20.79亿元竞得青浦区徐泾镇徐民东路北侧35-01、36-03、37-02、38-01地块、37-01地下空间及地块之间连通道。

出让公告显示,该地块总范围东至诸光路,南至徐民东路,西至东向阳河,北至蟠中东路,土地面积103 868.9平方米,规划用途为商办。

从位置上看,正位于国家会展中心诸光路西侧。百老汇可能带来的巨大人流,信息流及高端人士的居住需求，将对西虹桥区域的经济、文化等带来积极影响。

在前期取得土地的基础上，注册在香港的中国百老汇(控股)有限公司作为项目运营管理机构，负责百老汇剧目的编排、演出，并承担上下游相关产业的引导和运营，同时进行项目投资开发建设。主要理念是引入纽约百老汇及时代广场的街区概念，以一个标志性的百老汇大剧院及五个小剧院为文化引擎，带动区域性商业发展，引入演艺相关产业筑巢深耕。

据悉，中国百老汇娱乐控股集团是以 Live Entertainment(现场娱乐演出)为核心价值，与纽约百老汇及伦敦西区同步，涵盖各种形式的现场演出、华语原创剧目开发、海外剧目投资、剧院经营、人才培育与引进、版权交易管理、文化地产规划等业务。未来，百老汇的经典剧目将在魔都上海倾情上演。

百老汇的进驻，对大虹桥乃至整个上海的文化、商业发展都是巨大的利好消息。大虹桥商务区定位上海商务经济战略支撑中心，2009 年大虹桥规划一出，即时成为开发商抢地的重点区域。经过 2010 年及其后疯狂出让商业地块，至今 6 年来，大虹桥商务区已成功打造 31 个商业项目，总建筑面积达 780 万方。瑞安虹桥天地、龙湖虹桥天街等商业体已顺利开业，未来协信、万科等项目也将陆续开业。同时，大虹桥商务区着力引进总部产业项目，已引进中核建、库克医疗等优秀总部项目，入驻商务区实地型企业 122 家，注册型企业 411 家。百老汇的加入无疑为大虹桥区域发展锦上添花。

诚信建设

上海表彰“商务诚信建设重点推进行动计划”示范单位

11月29日,上海市召开2016年“诚信兴商”暨“创先争优”总结宣传推广会议。会议由上海市商务委员会支持,上海市商业联合会主办。市商务委副主任刘敏、市商业联合会会长任文燕出席会议并致辞,市商业联合会常务副会长蔡鸿生主持会议。市、区两级商务主管部门、有关行业协会、区商联会、企业集团、平台型企业、商务诚信市场子平台企业、“诚信兴商”和“创先争优”获奖单位和个人共计300多人参加会议。

刘敏表示,根据《商务部关于加快推进商务诚信建设工作的实施意见》,商务部、中央宣传部等18部门《关于开展2016年“诚信兴商宣传月”活动的通知》要求,全市2016年继续举办“诚信兴商”系列活动、“商务诚信建设重点推进行动”、“创先争优”系列活动,声势大、影响广、效果好。本次会议既是对2016年上海市“诚信兴商”暨“创先争优”活动的总结,又是上海市商务诚信建设的宣传推广。刘敏全面介绍了目前建设中的商务诚信公众服务平台,对上海市商务系统开展商务诚信建设提出了要求。

任文燕表示,在市商务委支持指导下,上海市商务系统的协会、企业,高举“诚信兴商”的大旗,通过多种平台、多种形式、多种手段参与到现代社会治理体系建设中。市商联会积极配合市商务委开展打击侵犯知识产权和制售假冒伪劣商品工作绩效考核工作;配合市质监局编制了《上海商业质量分析报告》;会同各行业协会每年举办3·15国际消费者权益日活动,为消费者提供“鉴别、咨询、宣传、服务”;会同上海企业竞争力研究中心等举办“上海市场诚信经营宣传推进活动”。眼镜、服装鞋帽等行业协会参与市行业质量工作促进会工作,共建质量诚信体系和协同应对突发事件。医药商业协会开展“电子商务客户服务(专项能力)”专项培训,提升企业员工的电商客服工作专项能力和职业操守。食品协会、虹口区推进质量诚信进社区,通过“内场讲课,外场体验”向广大市民宣传质量诚信和食品安全信息追溯知识。糖烟酒茶协会发动会员单位开展一系列诚信活动,如第一食品的“诚信经营在商场”、长春食品商店的“顾客满意我满意”、儿童食品店的“好服务、好质量、好环境”、全市烟酒专卖店的“诚信、共赢、负责任”等活动。单用途预付卡协会联合上海美发美容协会、上海沐浴协会开展2016美发美容、沐浴行业“预付卡放心消费”创建示范活动,营造“预付卡放心消费”的良好环境。

2016年上海市“诚信兴商”“创先争优”系列活动涌现了一批先进单位和个人。会议授予1号店、红星美凯龙、预付卡协会、车享网、找钢网等10家单位2016上海市“商务诚信建设重点推进行动计划”示范单位称号;授予一批企业和个人2016“创先争优”“先进单位”“杰出人物”等称号。获奖单位代表清美公司、红星美凯龙作了交流发言。编辑出版了《2016人物品牌能手》

《2016商务诚信示范单位风采》等宣传资料，集中展示宣传上海商业企业和员工诚实守信、不断提高商业服务水平的正面形象。（市商务委市场秩序管理处）

2016上海市“商务诚信建设重点推进行动计划”示范单位表彰名单

（1）纽海电子商务（上海）有限公司（1号店）

（2）红星美凯龙家居集团股份有限公司

（3）携程计算机技术（上海）有限公司（携程网

（4）上海赛可电子商务有限公司（车享网）

（5）上海市单用途预付卡协会

（6）上海钢富电子商务有限公司（找钢网）

（7）上海市食品协会

（8）上海易贸投资集团有限公司（易贸网）

（9）上海糖烟酒茶商业行业协会

（10）上海新跃物流企业管理有限公司（物流汇）（市商务委市场秩序管理处）

上海初步建成商务诚信公众服务平台

1. 平台建设背景

国家商务部2016年5月下发的《商务部办公厅关于进一步做好商务诚信建设试点工作的通知》中要求，建设商务诚信公共服务平台要全面落实《通知》精神，实现整合共享行政管理产生的信用信息、市场化信用评价信息以及专业化信用评价信息的目标，丰富完善平台针对不同主体的各项服务功能，做到信息共享及时有效，分类查询方便全面，统计分析快速准确。

上海根据财政部、商务部和国家质检总局《关于2015年商务诚信体系建设工作的通知》有关要求，结合上海市国内贸易流通体制改革与发展综合试点以及社会信用体系建设实际，积极推进上海市商务诚信公众服务平台建设，将其作为构建新型流通治理模式的关键载体，实现企业自治、行业自律、社会监督、政府监管的社会共治格局。

2. 平台建设实践与成效

上海在商务诚信试点工作中注重资源整合，依托上海市公共信用信息服务平台，以各类市场信用信息子平台为支撑，搭建上海市商务诚信公众服务平台，建立公共信用信息与市场信用信息交互共享机制。通过建立信用征信、评信和用信机制，逐步形成涵盖政府部门、市场化平台和第三方专业机构的信用信息、覆盖线上线下企业的综合性信用评价体系。

上海市商务诚信公众服务平台于2015年10月启动建设，2016年10月初步建成。平台开发全国第一套商务诚信在线公众服务系统，推出第一份在线查询的企业商务诚信查询报告、第一张商务信用电子地图，第一批商务诚信标准、第一个商务诚信指数、第一套上海市内贸流通领域行业准入后行政管理目录，真正实现政府信用信息与市场信用信息的共享共用。平台整合共享的信息增强了政府事中事后监管的针对性、协同性和有效性,建立运用行政力量和市场力量对失信行为进行联合惩戒的机制,提升社会治理水平。下一步还会加大对平台的宣传推广力度,鼓励引导各类市场经营主体、中介机构和消费者充分利用平台信息,辅助经营管理或消费决策,防范潜在交易风险。

3. 平台应用案例

在政府监管方面,以酒类流通管理为例:面对庞大的酒类市场,传统的执法检查方式已无法适应酒类市场的快速发展。市酒类专卖局将酒类流通纳入上海市商务诚信公众服务平台,建立信用监管“三清单”(数据清单、行为清单、应用清单),通过“酒业诚信通 APP”对酒类经营户进行信用分类监管,实现酒类流通全过程“信用+追溯”监管,监管模式成效初显。

在企业自治方面,以家具流通业为例:目前的家居行业,消费者对很多品牌缺乏了解,难于选择。红星美凯龙作为家具行业的领导者,构建了一套完善的商户信用分级管理体系,除了为消费者解决痛点之外,也对商场和商户的规范经营提供助力。红星美凯龙作为第一批子平台企业,将积累的商户信用数据与市商务诚信公众服务平台实现了共享互通,一方面助力市商务委对商户实现了“政府部门+行业平台+消费者”的三重有效监管;另一方面,在获得入驻商铺(企业)的授权基础上,可以通过市商务诚信公众服务平台获得更为深入的信用数据挖掘分析功能,加强对客户资信状况的管理。此外,市商务诚信公众服务平台还在单用途商业预付卡、网络零售、家居流通、进出口贸易、大宗商品交易等领域率先试点培育了包括 1 号店、找钢网等一批 10 个市场子平台。

为了更好地将转变政府职能与创新管理方式结合起来,把行业自律与市场监管统筹起来,构建政府权责清晰、依法行政的管理体制,率先探索在上海市内贸流通领域梳理政府权力,围绕事中事后监管,编制指引类行业准入后行政管理目录。针对企业准入后经营过程中涉及的相关资质、范围、行为等限制性和禁止性规定开展梳理,共涉及 62 个行业小类、357 项行政管理事项,探索将行业准入后行政管理有关规定汇编成目录,通过上海市商务诚信公众服务平台向社会发布,为流通领域企业守法经营提供行为指南。

4. 平台建设展望

上海市商务诚信公众服务平台的建成,打通政府和市场数据的壁垒,实现多样化数据的融合,为打造政府监管、行业自律、企业自治、社会监督的社会共治网,成功地迈出第一步。在下一步实践中,秉承成熟一个行业,发展一个行业的理念,逐步实现流通领域全覆盖,形成“守信激励、失信惩戒”的机制,营造国际化、法治化、便利化的营商环境。(市商务委市场秩序管理处)

上海商务诚信公众服务平台工作推进机制正式建立

为深入推进上海市商务诚信公众服务平台建设试点工作,着力构建以商务信用为核心的现代流通治理新模式,2016 年 2 月 23 日上午,市商务委牵头建立的上海市商务诚信公众服务平台工作推进机制第一次会议正式召开,市商务委副主任刘敏出席会议并讲话。市发改委、市经信委、市财政局、市质量技监局、市工商局、市信息中心、市质标院以及政采中心等部门和单位的相关部门负责人参加会议。

会上,相关部门和单位就上海市商务诚信公众服务平台建设工作推进机制的部门职责分工、工作架构、工作制度以及时间安排等内容进行深入的讨论。工作推进机制建立领导组和工作组两个层面的工作架构，其中，领导组负责平台建设总体协调和推进工作及重大事项的决议审定，由市商务委主任尚玉英担任组长，副主任刘敏担任常务副组长；工作组负责平台建设的日常事务和协调推进，下设四个工作小组，分别负责推进平台建设、子平台培育、标准制定和应用推广四大板块工作。工作机制还建立了定期例会制度、考核评估制度、联合工作制度、文档管理制度和微信群组沟通制度等5项工作制度。会上还就市商务委制定的《上海市商务诚信公众服务平台建设试点工作任务清单（2016年）》四大板块工作26项工作任务进行研究和讨论。

刘敏对上海市商务诚信公众服务平台工作推进机制的建立表示高度肯定。她强调，随着互联网技术的广泛应用，新业态、新模式的不断涌现，不同领域和行业的跨界融合是大势所趋，商务诚信工作成为经济转型发展的重要保障，其基础性作用日益凸显。相关部门和单位要在推进机制的框架下，认真落实任务清单的各项工作，全面推进上海市商务诚信公众服务平台建设，为内贸流通体制改革发展综合试点做出应有的贡献。（市商务委市场秩序管理处）

上海加强商务信用体系建设支持内贸流通转型升级

全国内贸流通体制改革试点一年来，上海市试点依托城市综合优势，发挥自贸试验区改革溢出效应，聚焦创新发展、市场规则、市场治理三大领域，以扩大开放、创新发展倒逼体制机制改革，为全国推动国内贸易发展方式转变探索新路径和新经验。试点中，上海市创建以商务信用为核心的流通治理模式、打通线上线下带动传统商贸业转型升级、多措并举支持企业打造体验式消费新业态等创新理念值得其他城市借鉴。

一、创建以商务信用为核心的流通治理模式

市场经济是信用经济，社会信用体系是现代市场经济体制中的重要制度安排，完善现代市场体系发展要以建立社会信用制度为着力点。针对目前市场信用信息“碎片化”“孤岛化”的现状，上海市创新体制机制，将公共信用信息与市场信用信息融合发展，构建以商务信用为核心的流通治理模式，推动内贸流通健康发展。

针对市场跨区域、跨行业融合发展趋势下综合监管体系亟待健全等问题，上海市出台《上海市公共信用信息归集和使用管理办法》，制定数据清单、行为清单和应用清单（简称“三清单”）地方标准，实现政府部门基于“三清单”的公共信用信息共享。搭建上海商务诚信公众服务平台，建立起公共信用信息与市场信用信息交互共享机制。制订《上海市商务诚信公众服务平台管理办法》和《上海市商务诚信公众服务平台信息归集与使用管理办法》。此外，还整合利用共享信用信息，增强事中事后监管的针对性、协同性和有效性，建立跨部门联合惩戒机制。

上海市商务委副主任刘敏表示，“数据清单”，意在推动各级政府部门打破信息孤岛和数据封闭，尽可能充分公开数据；“行为清单”试图为判定不同失信行为的严重程度设下统一标准，从而收窄相应主管部门的自由裁量权；“应用清单”则详尽列举了哪些行政事项必须查信用、用信用，相当于一份阳光行政承诺书。

以上海商务诚信公众服务平台为基础，上海以各领域的“商务诚信评价导则”为抓手，信用建设在家具流通、网络零售、物流等多个领域的市场平台正在培育完善。年底前，将现有的8个市

场子平台扩展到包括在线旅游在内的 20 个子平台。

以上海市试点企业红星美凯龙为例，该企业围绕质量、价格、服务、送货、履约行为、顾客喜爱度等顾客最关注的 6 个方面，对平台上 5 万多个经营商户进行信息征集和评价，开展信用分类管理，根据评价结果由好至差，分为五星到一星 5 个等级。对于“四、五星级商户”，红星美凯龙会给予其政策性的鼓励和支持；而对于存在诚信违规行为的商户，则给予相应的限制和整改要求；严重违规的商户，会要求其停业整顿甚至解约处理。通过诚信体系的建立，企业在消费者中间的美誉度不断提高，企业保持销售收入年复合增长率 17%以上。

红星美凯龙副总裁张贤表示，作为上海商务诚信公众服务平台的第一批子平台企业，红星美凯龙依靠信用体系，将积累的商户信用数据与上海市商务诚信平台实现共享互通，帮助市商委对商户实现了“政府部门＋行业平台＋消费者”的三重有效监管，建立起“市场决定、政府有为、社会协同”的三位一体现代流通治理模式。他介绍说，未来通过依托正品防伪追溯和物流供应链体系，红星美凯龙还会将信用体系从商户，延展到工厂、设计师等上下游，实现全程监管。

上海市酒类专卖管理局探索开展行政监管与社会信用体系联动，在酒类流通领域率先建立“信用＋追溯”的创新监管机制，积极建设酒类法治化营商环境，创建以酒类信用为核心的现代酒类流通治理模式。宝山区酒类专卖管理局开展“信用综合应用”，通过建立酒类经营“放心示范店”，引进第三方信用评估机制，在零售终端运用信用管理，为小微企业的融资贷款、代理渠道和商超入驻等方面提供参考，扶持酒类诚信经营，并致力于推动“酒业诚信通 APP”(已开通微信版)的使用来协同和推进区内的网格化管理。

二、打通线上线下带动传统商贸业转型升级

近年来，受经营成本不断上涨、消费需求结构调整、网络零售快速发展等诸多因素影响，传统实体商业模式面临前所未有的挑战。上海市推出多项政策措施，支持企业打通线上线下资源，以电商应用推动传统商业零售创新转型，取得积极进展。

百联集团是上海老牌传统商业零售企业，旗下的上海市第一百货商店是建国后的第一家国有百货零售企业。百联目前在全国 20 个省份拥有百货店、购物中心、奥特莱斯、专卖店、大卖场、超市、便利店七大零售业态、各类网点约 5 000 家。但在当前经济新常态、消费转型升级的大背景下，百联零售业务的业态结构、商品结构、经营模式总体都比较传统，难以适应当前消费偏好“个性化”、消费场景“移动化”、消费时间“碎片化”的需求，尤其面临跨国零售巨头、跨渠道电商企业、跨界新兴资本等日趋激烈的市场竞争，企业发展亟待变革、创新转型迫在眉睫。

2016 年 5 月 19 日，经过近两年的系统开发、资源整合、迭代建设，“i 百联”全渠道平台正式上线。全渠道平台充分利用百联现有 5 000 家实体门店资源，10 余万从业人员，每年超过 10 亿人次客流，充分运用互联网技术，聚焦商品、体验、供应链三大核心要素。百联集团副总裁浦静波介绍说，该平台打通百联集团“线上、移动、线下”三大渠道，打造百联“全渠道、全业态、全客群、全品类、全时段”的“互联网＋流通”商业新模式。

为帮助以百联为代表的传统商贸企业互联网转型，解决“互联网＋”形势下商品市场与要素、服务市场有机融合带来的体制机制问题，上海市发布《关于上海加快推动平台经济发展的指导意见》，出台扶持平台经济发展政策措施，支持纳入高新技术企业认定，目前已培育形成一批“互联网＋流通”新型市场主体。此外还发布《上海平台统计报表制度》，实现线上与线下、国内与国际、商品与服务全口径统计。

为提高以百联为代表的国有大型商业企业转型升级的积极性，上海市还专门出台《关于鼓励和支持上海市国有企业科技创新的若干措施》，转变国企激励机制，建立以创新为导向的考

核评价体系，对商业企业研发投入、创新转型等研发费用视同于考核利润。

上海市商务委副主任吴星宝介绍说，2016年1至8月，上海市服务类网上交易额达到1 631.6亿元，餐饮、旅游、文化、教育等领域涌现了一大批国内O2O龙头企业。全市网上实物商品零售额1 826.9亿元，增长33.3%。消费品进口约占全国的30%，上海成为我国消费品进口最大的省市。

三、多措并举支持企业打造体验式消费新业态

上海市支持传统实体零售企业丰富体验业态，由传统销售场所向社交体验、家庭消费、时尚消费、文化消费中心等转变。以服务消费、体验式消费为增长动力的新商业模式已初现雏形。

上海市大悦城在购物中心的楼顶设立悬臂式摩天轮SKY RING，制高点达98米，构成独特的体验消费场景。40%的租户参与摩天轮深度营销，直接拉动租户销售额提升。摩天轮已与国际知名品牌联手，举办超过20场跨界活动。

此外，上海大悦城还打造轻艺术街区、手作人街、霓虹街、未央街等主题街道，以体验带动消费，充分满足消费者多样化的消费需求。上海大悦城总经理危建平表示，体验式消费已占到企业21%的比重，而传统零售业态只占4%。

吴星宝介绍说，上海市专门出台《关于加快上海商业转型升级提高商业综合竞争力的若干意见》，提出要重点发展智慧商圈、体验式购物中心、进口商品直销、市内免税店等新型商业形态。大悦城、百盛优客等新型购物中心大力发展体验式消费，已经成为融文化艺术、餐饮、娱乐、社交、生活服务等于一体的上海市商业新地标。（市商务委市场秩序管理处）

协同创建以商务信用为核心的新型流通治理模式

2015年6月，财政部、商务部、国家质检总局下发《关于2015年商务诚信体系建设工作的通知》，支持上海等四个地区探索建立商务诚信公众服务平台。结合国内贸易流通体制改革发展综合试点，上海市积极探索构建以商务信用为核心的新型流通治理模式。

一、问题分析

近年来，上海市社会信用体系建设取得积极进展，上海市公共信用信息服务平台的建成，为政府公共信用信息的公开和应用奠定坚实基础。同时，上海流通业经过长期发展积淀大量的市场信用资产，特别是一大批平台型企业积累相关市场主体品牌资产信息、市场履约信息、社会综合评价信息、平台自身管理信息等大数据资源。但是，目前市场信用信息还比较“碎片化”“孤岛化”，基本还处于睡眠状态；公共信用信息与市场信用信息基本割裂。同时，信用的应用机制还不健全是当前最为突出的问题。

二、主要做法

针对市场跨区域、跨行业融合发展趋势下，综合监管体系亟待健全等问题，充分发挥信用机制在市场治理中的关键作用。一是出台《上海市公共信用信息归集和使用管理办法》，制定数据清单、行为清单和应用清单（简称“三清单”）地方标准，实现政府部门基于“三清单”的公共信用信息共享；二是搭建上海商务诚信公众服务平台，建立公共信用信息与市场信用信息交互共享机制。制订《上海市商务诚信公众服务平台管理办法》和《上海市商务诚信公众服务平台信息归集与使用管理办法》。《商务诚信公众服务平台标

准体系》,从基础层、通用层、专用层和应用层进行系统规划。同时,指导试点市场信用子平台建立商务信用评价企业标准,确保信息征集、评价与应用的制度化、规范化,打破公共信用与市场信用的壁垒,推动两者的有机融合;三是有效利用整合共享的信息,服务政府管理,增强事中事后监管的针对性、协同性和有效性,建立跨部门联合惩戒机制;服务行业发展,提升市场主体特别是平台型企业运用商务信用自我治理能级和发展商务信用经济的创新能级,促进行业公平竞争和创新发展;服务市场交易与消费,提高市场配置信用信息资源效率,引导建立运用市场力量对失信行为联合惩戒机制,辅助经营管理或消费决策,降低交易成本,防范潜在风险。

三、初步成效

通过打破政府公共与市场信用数据的壁垒,建立新型流通治理模式的关键载体,初步构建市场主体自治、行业自律、政府监管、社会监督的社会共治格局。一是搭建一个系统平台。完成上海市商务诚信公众服务平台硬件搭建和系统开发,并与上海市公共信用信息平台、各类已立项市场信用子平台对接,实现公共信用信息与市场信用信息的交互共享。二是形成一套政府应用模式。在酒类流通领域,市酒专局积极探索应用商务信用信息改造酒类流通管理业务流程,在许可证审批、事中事后监管等工作中增加诚信承诺、诚信核查、信用奖惩等措施,实施全过程信用管理模式,有效提升行政管理效率,特别在事中事后监管中走出一条“信用治理”之路。三是培育一批试点单位。在单用途商业预付卡、网络零售、家居流通、进出口贸易、大宗商品交易等领域率先试点培育10个市场子平台,10家试点单位的商务信用评价企业标准已正式发布。1号店对其平台经营模式中的有关合作企业,从顾客评价、金融属性、违规情况等6大维度270多个指标,建立信息征集、评价和信用奖惩机制,净化电商环境,强化社会责任。红星美凯龙对平台上5万多个经营商户从商品质量、服务等关键指标进行信息征集和评价,开展信用分类管理,企业保持销售收入年复合增长率17%以上。市单用途卡协会从预收资金管理、信息报送、消费者评价与投诉等8个维度对已备案企业开展动态信用评价和发布,对高风险的发卡企业进行公示预警,加强消费引导,探索建立失信联动惩戒机制。目前,还有数十家平台型企业正在对接中。四是开发一批公众查询产品。成功建设“上海商务诚信网”,从企业商务信用查询、行业信用指数、黑名单公示、企业信用导航等老百姓比较关心的内容,成功推出一批公众查询产品。同时还配套推出相应的APP应用软件和微信公众服务号。

(市商务委市场秩序管理处)

流通发展

探索农产品批零联盟从供给侧打造流通发展新模式

2016 年，上海抓住国内贸易流通体制改革发展综合试点契机，立足于构建全市现代农产品市场体系，积极推进全市农产品流通建设工作，取得新进展。

一、基本情况

1. 农产品流通市场体系日趋完善

上海市现有 3 000 万消费人口（其中 2 400 万常住人口，600 万流动人口），每天消费农产品约 7 万吨。除绿叶菜外，约 70%以上的货源由外省市提供。2013 年，上海市发布《上海市食用农产品批发和零售市场发展规划（2013 年—2020 年）》，确立上海农产品市场规划建设框架，形成以消费为引导、企业为主体，政府有效监管和市场适度调节的良性发展机制，构建广覆盖、低成本、高效率的中心批发市场、区域批发市场、专业批发市场等食用农产品批发市场体系，发展标准化菜市场、生鲜超市、社区菜店、网上菜市场、智慧微菜场等多样化的零售市场体系，较为完善的农产品流通和安全保障体系。

2. 在保障稳定供给、安全和价格基本稳定方面发挥重要作用

2015 年，上海市 35 家主要农产品批发市场，总交易面积 141.2 万平方米。年交易量 1 201万吨，交易额约 1 004 亿元。经销商约 18 305个，从业人员 32 107 人，在提供就业、平衡农业生产和城市供给等方面发挥积极作用。国有企业发挥骨干公益性作用。蔬菜集团主要管理西郊国际等 9 个农产品批发市场，年交易量 453.58 万吨，占全市 37.8%，交易额约 316.26 亿元，占全市 31.5%，为丰富市民的菜篮子、保证市场均衡供应、安全和价格基本稳定做出应有的贡献。

二、取得的成效

1. 探索农产品“批零联盟”试点

按照规划布局和要求，依托“一主一副”两个中心批发市场与市外基地建立紧密型合作关系，根据零售终端订单直接集散、配送到菜市场、菜店，从而挤掉原先二道、三道贩子的加价部分（初步测算，蔬菜的零售价格有望降低 10%左右）。试点建立发挥中心批发市场枢纽作用，缩短流通环节，引导从基地直供零售网络的农产品“批零联盟”流通新模式。发挥两大平台作用，一是西郊国际平台主要服务浦西地区，形成“菜市场下订单、西郊国际集散、区域批发市场配送、外延基地直供”的“批零联动”配送体系。菜市场每天以电子邮件、电话、传真等方式向西郊国际中央平台下订单，中央平台负责调配全市农产品批发市场商品储备，不足部分向外延基地提出采购订单，安排物流配送到每个菜市场。二是上海农产品批发市场平台针对浦东地区松散管理的单个菜市场，发挥品牌和管理输出作用，实现“线下加盟、会员注册、线上下单、批零直供”的供应体系。加盟的菜市场经营户通过“批零联盟”APP 网上订购批发市场内的农产品，按照需求网上订购批

发市场内农产品,实现移动支付功能,解决蔬菜个体经营户因采购量少导致采购价格高的问题,降低采购成本。实行质量承诺,确保农产品食品安全可追溯。上海农产品批发市场搭建的“上农鲜品”APP平台新区与6个街镇18个菜市场实现对接,近期将达到30家,下一步将继续扩大覆盖面。通过“批零联盟”,批发市场与直供基地签约,直接集散、配送到菜市场,减少流通成本,实现批零优势互补,市民便捷实惠。

2. 依靠科技互联网应用,促进社区智慧微菜场发展

为满足市民不同消费需求,使市民购买便利、放心安全和价格公道的生鲜农产品,市区政府及商务部门积极推进智慧微菜场建设和发展,以自助售菜机、网订店取、订制体验等为主的农产品流通新模式,集中体现农产品大规模基地直采和集约化的冷链配送,不仅可以做到以销定采,缩短流通环节、降低流通过程中的损耗,从而解决“适销不对路、采销环节不对称”的难题。而且缩短流通环节、减少流通损耗而产生的效益能够让利于民,让生鲜农产品回归合理价位。全市已在15个区建设1 000家社区智慧微菜场,强丰、食行生鲜、厨易时代、易小鲜等著名品牌社区智慧微菜场已遍及社区、机关、学校和商务楼宇,宝山区政府将100家社区智慧微菜场列为2016年区政府实事项目。优质农产品、亲民的价格、舒适的消费体验受到社会和市民广泛好评。

3. 依托市政府实事项目,大力推进传统菜市场转型升级

按照《上海食用农产品批发和零售市场发展规划(2013—2020年)》1 500个标准化菜市场的建设目标,已规划建成约1 000个,但将来仍存有缺口。2016年,市区政府及商务部门以实施市政府实事项目“新建改建100家标准化菜市场”项目为契机,促进菜市场建设和管理再上一个台阶。黄浦区积极引进“上蔬永辉”流通模式,静安区列为区政府实事项目,松江区大力建设大居标准化菜市场示范。全市已圆满完成市政府实事项目新建改建标准化菜市场任务。在市财政部门的大力支持下,共同制定全市2016—2018年持续推进标准化菜市场建设的扶持政策措施。在强化硬件设施建设的同时,努力提质增效,集中加强菜市场功能转型升级。推进自营、连锁经营、基地直采、集中配送、价格可控的供应链管理模式,努力实现全程可追溯,建立集约化、信息化、包装化、冷链化配送系统。全市农产品流通新模式方兴未艾,已建成上蔬永辉14家、康品汇8家等新模式菜市场。新的菜市场模式满足了周边居民的消费需求,经营环境得到较大改善,受到社会和市民普遍欢迎。

4. 积极实施外延基地建设,确保资源基础稳固

2016年初出现的全国性、长时间、大面积重大寒流极端天气,对上海市农产品资源基础提出严峻考验,按照市政府的部署和要求,我们会同有关部门共同研究,并积极实施外延基地建设,2016年已经在山东、江苏、云南、海南等4个省先行试点建设10个规模化外延蔬菜基地,并考虑实施市级财政生产经营补贴试点,2017年逐步扩大试点省份范围和基地数量。主要工作措施:一是实施外延基地蔬菜生产经营补贴。上海市蔬菜等食用农产品以输入型为主,通过开展外延基地蔬菜生产经营补贴试点,加强上海市与蔬菜基地、经营企业合作,增强其关系的黏合度,满足全年市民日常消费,提升上海市蔬菜保供调控能力。二是实施精准对接,直采直供上海市市场。当遇到极端天气,通过建立稳定的生产基地和经销企业,发挥大市场、大流通调节蔬菜供应作用,采用精准对接、直采直供等方式,做到平价实惠、让利于民,有效保障蔬菜价格基本稳定。三是在生产源头实现供沪农产品标准化、包装化、可追溯。蔬菜质量安全源头在生产环节,通过对外延基地提出生产过程标准化、产品达到相关标准要求,发挥质量安全“关口前移”作用,并建立蔬菜生产流通信息追溯系统,实现与上海市食品安全信息追溯管理平台对接,有效保障供沪蔬菜质量安全。四是实现与“批零联盟”紧密对接。上海市新型农产品市场体系建设离不开生产源头有效控制,特别是外延基地实现标准化生产,经营环节实现包装化流通、信息化追溯,对于上海市批发市场建立新型的配送体系具有示范作用,从而推动整个菜市场经营方式的改变。

5. 发挥公益示范作用,落实“保供稳价”责任

2016年初的“倒春寒”和夏季极端高温天气下,蔬菜生产受到较大影响,市区政府及有关部门一方面积极采取蔬菜应急预案,组织上海市批发市场加强市场监测、及时发布供求信息、减免进场交易费等手段,多渠道调剂商品资源,确保投放市场货源充足。同时,以召开交流会、座谈会等形式开展工作交流,建立菜篮子工作微信群,形成市区联手合力的良好工作氛围,依靠各区商务部门在菜市场等零售终端创新工作方式,通过增设平价菜摊位、设立自助售菜机等方式平抑零售菜价。在发挥政府调控的同时,发挥具有社会责任感企业的示范引领作用,在行业内树立典范,引领建立完善企业的应急调控方案,落实企业责任,确保投放市场货源充足、商品丰富。上蔬永辉通过与京东到家合作完善线上销售及配送模式,控制采购规模,与长期合作供应商推进直采直供,减少中间环节,有效降低流通环节成本,避免农产品价格上涨给周边市民生活造成影响。及时掌握蔬菜生产和价格信息产销动态,结合上年同期蔬菜生产情况和当年度市场需求,均衡经营,确保农产品充足供应。静安区亚细亚公司对区内标准化菜市场实行统一经营管理,形成一定规模效益,特别是“撤二建一”后,为原闸北区标准化菜市场管理提供统一的服务。面临今夏高温极端天气时,通过增设平价菜摊位,以低于市场价15%～20%的价格销售,对摊位进行补贴,确保菜价基本平稳。此外静安区实行统一进货、直接定价,蔬菜摊位实现薄利多销,保障了区域内菜市场基本供应。普陀永昌与上海强丰果蔬种植业专业合作社合作,在18家标准化菜市场内设立绿叶菜“无人销售”平价菜专柜,为市民提供平价的绿叶菜。对专柜减免50%以上租金的优惠措施。在节庆假日开展多种形式的“保供应、稳菜价”蔬菜优惠供应活动。(陶文卿)

市商务委和苏宁云商共推上海国际消费城市建设

为贯彻落实国务院关于发挥新消费引领作用的决策部署,围绕上海“十三五”基本建成国际消费城市的目标,2016年3月31日上午,市商务委员会“牵手”苏宁云商集团股份有限公司,共同开展发挥新消费引领作用的战略合作,市商务委主任尚玉英、副主任吴星宝、苏宁云商集团股份有限公司副董事长孙为民、副总裁范志军出席签约活动。此次合作围绕“促创新、助转型、补短板、惠民生”,促进电商平台与实体店优势互补,发挥新消费引领作用,培育形成经济发展新供给新动力,大力促进消费升级,双方将从多方面加强合作。

1. 以“补短板、惠民生”为重点推进新建大型居住社区O2O商业发展

以“补短板、惠民生”为目标,针对大型居住社区位置偏远、商业配置少的“短板”问题,加强上海市新建大型居住社区必备性商业业态配置,发挥电商平台及实体门店线上线下联动优势,更大程度满足大型居住社区居民日常生活消费需求。

2. 以“释放农村消费潜力”为核心提升农村商业现代化水平

把握农村居民收入较快增长、农村消费梯度式追赶的趋势,营造农村商业发展良好氛围。针对农村商业网点少、消费观念滞后的薄弱环节,提升农村商业能级,释放农村消费潜力。打造2.0版“万村千乡市场工程”农家店,推动“农产品进城、工业品下乡”,促进特色农产品主产区依托电商平台开设地方特色馆,拓宽农产品销售渠道。

3. 以“引领新消费模式”为亮点打造“未来商业概念店”

以打造“未来商业概念店”为契机,加强消费领域市场运行监测、强化消费趋势分析,鼓励企业围绕年轻人个性化、多样化消费需求,发展信息消费、时尚消费。发挥新技术优势,打破场景限制,引领智慧购物结算新模式,着力强化消费大数据分析。

4. 以“会商旅文体联动发展”为契机积极服务外来消费群体

围绕上海建设国际消费城市目标,发挥电商平台资源集聚、送货便利、传播广泛的优势。加强商业与会展、旅游、文化、体育事业联动发展,促进资源共享、宣传互通、主体互动。与会商旅文体联动载体“魔都消费卡”深度合作,为来沪参加展会、活动的外来人士提供优质、便利、个性化的消费体验,提升服务外来消费者水平。

5. 以“创新扩大有效供给”为目标积极孵化创新产品

加强宣传引导,鼓励“大众创新、万众创业”,提供创新孵化服务,助推新工艺、新设计功能性产品走向市场,引领、创造和拓展新消费领域。进一步发展“一头连接产品设计者、一头连接生产制造商、下游连接消费者、同时引入投资者”的创新产品孵化体系。

6. 以“创新型金融服务”为手段助力传统业态转型升级

推动商业转型升级、促进服务业发展,为传统业态升级提供金融、创新、技术等支持服务,发挥金融创新对技术创新、业态创新的助推作用,助力传统商业、服务业企业利用“互联网+”手段积极转型升级。

7. 以“发展智能绿色物流”为基础进一步提升商品配送效率

加快内贸流通体系建设,加快物流行业发展,鼓励企业提高“最后一公里”的物流配送效率,在城市社区和村镇布局建设共同配送末端网点。加快跨境电商物流发展,形成“海外仓库—国内口岸或保税库—国内配送”的高效便捷跨境模式,实现国内、国际段海运、空运、陆运等多种配送模式。

8. 以“发挥电商集聚效应”为依托积极创建电商示范企业

鼓励电商行业发展,鼓励企业做大做强,为上海经济发展培育新的增长点。积极推动电子商务示范园区和示范企业创建,结合各区县特色开展电子商务实务培训,加快物联网、互联网金融信贷消费与传统营销相融合,助力区域电商产业发展。

苏宁云商以上海作为优先投资和发展区域,在资金、技术、人才和资源支持方面加大投入。双方积极推进各项合作内容,发挥合作项目促消费、助发展作用。(市商务委市场运行和调控处)

实施“三共三互”工程取得初步成效

区域市场一体化总目标是:监管体制统一,要素自由流动,资源配置高效,市场竞争有序。在合作机制建立初始,我们确定“三共三互”工程作为工作重点。围绕推动区域规则体系共建、创新模式共推、市场监管共治、流通设施互联、市场信息互通、信用体系互认,共同研究排出年度工作专题,明确每个专题牵头省市,建立微信群,抓好合作实施。通过2年建机制、打基础,取得初步可喜的成效。

一是共推物流标准化创新，实现流通环节降本增效。以10城市国家物流标准化试点为契机，共同推进以标准化托盘社会化循环共用为重点的物流标准化建设，共建物流标准和区域联盟，推动物流技术、服务和应用创新，搭建跨省市的公共信息服务平台。

二是加强农产品产销对接互联，提升供应链效率和安全性。签订农产品流通战略合作协议，举办长三角农超对接会等重点展会，开展公益性农产品示范市场建设，支持企业跨省市合作，推进农产品流通检测和安全追溯系统建设。

三是共推商品市场转型升级，提高市场资源配置能力。相关省市出台平台经济、商品市场、大宗商品交易等指导意见。开展转型升级示范市场认定和政策扶持。开展市场采购贸易方式试点，支持走出去拓展发展空间。召开长三角专题研讨会，分享商品交易市场转型升级发展模式和经验。

四是开展打击侵权假冒联动，构建跨区域跨部门社会共治格局。制定长三角打击侵权假冒行政处罚信息公开工作方案和打击侵权假冒专项行动联动机制。推进公共信用信息服务平台建设。聚焦重点领域专项整治。联合开展2016年长三角打击互联网领域侵权假冒行为专项行动。

五是围绕发挥商务职能作用互动，拓展新的合作领域。深化区域通关一体化改革，举办长三角口岸城市群大通关对接活动，实现省域间联网和数据共享，推动《加强长三角地区口岸物流联动发展研究》通过长三角合作与发展共同基金项目评审。建立长江三角洲城市市场信息协作网络，制订突发事件应急保供预案，建立分品种分响应层级的企业队伍，拟定市场应急合作保供工作方案。（朱冰心）

系统构建标准化城市物流服务体系 促进流通业降本增效

标准化是现代物流业信息化、集约化和智能化的基础。大力推进物流标准化工作，对降低物流成本，提高流通效率，推动物流业健康发展具有重要意义。为贯彻落实《财政部办公厅、商务部办公厅、国家标准委办公室关于开展物流标准化试点有关问题的通知》（财办建〔2014〕64号）精神，在商务部、财政部、国家标准委的大力支持下，上海被列为国家首批物流标准化试点城市。上海牢牢抓住国家政策机遇，并按照上海市政府提出的“深入实施标准化发展战略”总体要求，将物流标准化工作列为国内贸易流通体制改革发展综合试点的重点改革项目，立足对标国际，政、企、学、协联动，有序有力推进物流标准化试点工作全面基本完成。

一、凝心聚力，创新开展物流标准化试点

为加强组织领导，上海成立由商务、质量技监、财政等部门组成的物流标准化试点工作领导小组，统筹协调试点过程中的重大问题。办公室设在市商务委，负责组织落实相关工作。依托领导小组，全面扎实推进试点各项工作。

1. 围绕“四个一”，系统推进物流标准化试点

在前期广泛调研、深入研究的基础上，制定《上海市物流标准化试点方案》，明确加快物流技术、服务模式创新，推进物流业与快消品、农产品、医药、化工等产业融合互动，着力提升产业链上下游协同能力，提高物流效率，着力降低社会

物流成本。抓住“一块板”，推进以托盘社会化循环共用为重点的托盘标准化，支持企业带托运输，提高一贯化物流作业效率；依托“一辆车”，开展以新能源车辆为载体的城市末端配送服务标准化，解决最后一公里难题和城市配送车辆通行难题；围绕“一个筐”，实施农产品物流包装标准化，解决农产品流通领域货损率高等问题；面向长三角，建设服务于物流标准化的公共信息服务平台，加大物流标准实施和应用力度，带动平台中小微物流企业整体标准化服务水平提升。

2. 实施科学管理，严把项目和资金审核关

为规范资金使用和管理，制订《上海市物流标准化试点专项资金使用和管理办法》和《上海市物流标准化试点项目验收管理办法》。委托第三方评审机构对项目进行申报预审、评审、资金拨付评审及验收。重点在托盘标准化循环共用、公共信息服务平台及城市配送公共基础设施及物流设备等领域，遴选实力强、辐射力强、带动力强的托盘运营服务商、生产商、第三方物流企业、大型商贸企业和电商企业、物流平台型企业作为试点主体。

3. 坚持委办协同，强化项目跟踪问效

针对每个试点项目，与试点企业共同制定《物流标准化试点项目责任承诺书》，对设备设施采购、效率提升、贯标且(或)参与标准制定、推广示范、社会效益等方面情况，实施责任承诺。建立项目投资进度监测机制，开发在线项目管理库，建立在线项目投资进度台账，对项目进展所反馈的数据进行及时更新，开展绩效评估。定期赴试点企业现场调研，及时指导项目推进。多次召开试点推进会，通报试点整体进展情况，试点企业交流试点经验。

4. 突出软硬结合，构建上海城市物流服务标准体系

建立物流标准专题库，搭建物流标准化信息公共服务平台，完善企业标准自我声明公开制度，探索经营场所制定、公开服务标准。支持26家试点企业建立企业标准体系，包括标准体系框架、标准明细表和标准文本，涵盖消费品、农产品、医药、化工等领域。推进清美、招商路凯、上药、国药等试点企业联合供应链上下游，制定《医药物流标准作业工时测定和统计标准》《豆制品冷链运输过程中周转筐的管理使用规范》《托盘标准转移模式商业规则》三项商贸领域团体标准。推荐招商路凯、现代物流、金山石化三家企业开展市级服务业标准化试点。

5. 聚焦行业带动，建立创新联盟和微信公众号

会同上海商学院、上海市标准化研究院等高校、研究机构及市物流行业协会、市物流企业家协会，政、企、学、协联动，成立上海市物流标准化创新联盟，协调推进项目，并开展标准研制、实施应用、推广培训等工作。联合发布《2015上海市物流标准化发展报告》及《长三角物流标准化建设指引》。建立“物流标准化创新联盟”微信公众号，已累计推送微信近518条，发布企业案例34个。

6. 立足辐射区域，建立物流标准多层次合作推广机制

通过加强与欧洲托盘协会(EPAL)交流与合作，引进先进的管理经验和运营模式，对标国际标准，促进托盘循环共用的专业化和国际化发展。会同长三角省市，共同发起成立长江经济带标准化托盘循环共用联盟，依托区域合作机制，招商路凯、集保、新通联等企业建设了面向全国、链接国际的托盘循环共用服务网络。依托内贸改革9试点城市标准化创新联盟，拟定了食品冷链物流、农产品周转筐、智能储物柜等领域4项标准，推进跨区域标准共享互认。

二、求真务实，物流标准化试点取得阶段性成效

试点以来，全市新增标准化托盘351万个，较试点前翻番，在长三角9城市建立一批标准化托盘公共营运中心；试点企业实施带托运输，供应链效率提升35%，装卸效率提升2～3倍，人工成本降低15%，商品破损率降低50%。

1. 标准化托盘循环共用体系基本形成

招商路凯进一步提升上海营运中心的服务能力，带动沃尔玛、华润万家、一号店、永辉、宝

洁、益海嘉里、雀巢等 1 500 家知名企业推行带板运输模式。创新业务流程，将门店订单处理流程前置，省去在区域配送中心进行拆板、分拣的环节，避免二次倒板、组板，大幅降低货差和货损。实行区域集货配送，集合订单实现整车带板运输，降低运输成本，提升车辆的装载率、利用率和周转率。集保中国积极带动京东、苏宁、可口可乐、雀巢水、光明乳业、利丰供应链等知名企业开展带托运输，合计新开展的托盘化运输线路超过 40 条。租赁托盘模式较之企业分别自购托盘，节省 13%的托盘使用量，零售商卸车效率提高约 83.3%（3 小时×5 人 vs. 30 分钟×2 人），供应商和零售商道口处理能力分别为原先的 2 倍和 6 倍，货损风险降低为 0。新通联标准化托盘循环共用平台充分利用“一体化包装服务”优势，以特定行业供应链为整体考虑对象，以标准托盘为基础，对供应链各环节物流包装方式进行整合设计，使包装物适合标准托盘载运，促进标准托盘在供应链中重复使用。供应链综合成本降低约 17%，托盘损耗率减少 40%。积极向托盘综合服务商转型升级，将业务沿长江经济带拓展，位于上海、湖北、安徽以及重庆等省市的 6 个区域托盘服务中心已开始运营。苏宁物流转型为现代化第三方物流企业，着力打造“三级物流枢纽＋终端配送”的四层物流网络。创新提出“标准化联运单元”概念，即通过“托盘＋料箱”模式实现针对下游标准化运输载具的应用推广和循环共用。发挥在供应链中的主导作用，在供应商采购入库方面，推出了优先预约、优先装卸、互信免检、费用统盘等一系列政策，鼓励供应商积极参与托盘循环共用体系建设。

2. 农产品全流程物流包装标准化体系雏形初现

城市超市打造从田头到餐桌，跨越生产、加工、运输、销售的完整食品产业链，形成“上控资源、中控物流、下控网络”的竞争优势。建立依托共有周转箱的农产品“三次不倒框”运输模式，即从田头到清洗包装车间不需要倒框、从清洗包装车间到装车不需要倒框、运输至门店后不需要倒框。在蔬菜菜筐和库笼上增加 RFID 芯片，提高交接效率，提升追溯效能。同时升级改造了冷链配送中心，促进上下游设备的衔接，形成相互配套、有机结合、互为支撑的标准化体系。清美豆制品依托上海市场 5 成以上占有率及长三角区域 7 000 多家超市专柜和专卖店的配送网络，创新制定从生产到销售的完整的标准化体系，并配套开展设备设施的标准化改造。探索基于标准周转筐的豆制品供应链物流模式，豆制品在形成成品和半成品（豆干胚）放入周转筐内进入杀菌或下道工序，直到成品出来后进入冷库，通过托盘将装满产品的周转筐送入冷库、冷藏车、门店，该模式在全国豆制品行业起到了示范作用。制定了《豆制品塑料周转筐》团体（联盟）标准，为行业内推广标准化冷链物流服务提供依据。

3. 城市配送物流服务体系逐步完善

上药作为首家通过国家医药物流服务标准化试点的企业，全面贯彻标准化操作，首次采用 RFID 技术对每块标准托盘进行赋码，并设立托盘管理信息平台，制定《RFID 托盘管理标准操作规程》，并在企业内部进行了贯标，正进一步推广至承运商、客户、供应商等相关方，增加托盘使用寿命和周转率，增强托盘的追溯性。顺衡物流打造顺丰全网第一座 B2C 冷库，启用“一站式全程标准化冷链”模式进行生鲜商品宅配，通过标准化设施的使用，简化操作流程，降低企业的营业成本，提高物流供应链的效率，同时满足各类客户的需求，真正意义上实现现代化冷藏与仓储。厨易时代建设城市生鲜食品配送网，包括从田间、工厂等基地配送直达社区居民，和从基地配送直达餐饮企业，配备 20 辆新能源配送车辆，做到全程冷链不断链。依托追溯技术，实行智能化分拣、集约化物流，采用带板装卸，减少生鲜商品的二次翻动。设立标准化的社区生鲜服务智能终端“厨易站”，配送直达，省去中间环节，保证了食品安全，更为企业降低了 10%以上的成本。

4. 公共信息服务平台标准化构建

新跃物流“物流汇”平台服务于 6 000 多家中小物流企业，起草供应链管理相关标准，平台初步开发完成智能官网、订单跟踪、在线支付、物流商圈等主要模块，支持的供应链管理核心功能已实现,并进入试运行。陆交中心“56135”平台拥有全国范围15万家物流及上下游中小企业会员,致力于打造中国领先的“智慧供应链管理平台”和“流通领域资源交易平台”。研发出针对物流、电商、贸易和生产、配送领域有独立知识产权的e管通软件,通过管理的标准化带来服务的标准化,提升中小企业的管理和服务水平,同时打通了流通领域生产、贸易、电商和物流供应链之间的信息孤岛,实现行业间信息互联互通,从而降低企业资源交易成本。(朱冰心)

完善汽车全生命周期管理　激发行业发展活力

建立新车零售统计抽样统计制度,发布《汽车销售管理服务规范》。发布《上海市二手车便利交易实施方案》,根据国务院“证照分离”改革试点要求,编制《关于上海市取消二手车鉴定评估机构核准后行业事中事后监管方案》。会同市公安局、市工商局、市税务局等部门共同编制《上海市二手车行业“十三五”规划》。支持行业协会发布《上海市二手车交易市场管理规范》《上海市二手车交易规范》。开展上海市报废机动车行业改革工作,构建“回拆合一”的报废车流通体系,建成“上海市报废机动车回收拆解服务监管平台”,实施全过程即时监控。上海市年内共淘汰高污染机动车5万辆(含强制注销车辆),超额完成国家下达的全年淘汰4万辆年度工作目标。积极开展上海市老旧汽车、黄标车报废淘汰拆解补贴受理工作。编制完成《上海市报废机动车回收拆解行业“十三五”规划》。总体运行情况如下:

1. 新车销售情况

2016年,上海市汽车销售10 637.1亿元,比上年增长11.7%,占全市商品销售总额10.6%;汽车零售1 829.6亿元,增长13.2%,占全市社会消费品零售额18.5%。从主机厂销售情况看,上汽集团销售汽车645.6万辆,增长10.5%。从车辆上牌数据看,上海市上牌车辆共53.2万辆,增长27.9%。

2. 二手车交易情况

上海市通过二手车交易市场、经营、经纪等主体开展二手车交易,现有二手车交易市场12家,分布在上海市10个区,驻场二手车经销公司300余家,场外二手车经销公司400余家,二手车从业人员5万人左右。2016年,上海市二手车交易量为44.9万辆,比上年增长14.3%;交易金额为388.4亿元,增长17.5%。

3. 报废机动车回收拆解情况

上海市共有各类回收拆解企业7家,2016年,共回收拆解报废机动车42 032辆,比上年增长1.3倍;回收吨位87 060吨,增长95%。由于上海市对环保要求的日益提高,针对老旧车辆限行政策纷纷出台,报废车数量规模不断增长。同时,随着人民生活水平的提高,私家用车逐渐普及,机动车已从原有生产资料向生活消费品转变,上海市报废机动车车型结构也发生了巨大的变化,轿车报废比重由1.9%提高至19.3%;报废机动车主也由企业客户为主逐步转为私人客户为主,占比近三成。(钱文杰)

第三编 服 务 业

专 文

大力推进生活性服务业重点行业提质发展

2016年,市商务委服务业发展处认真履行职能职责,圆满完成年初确定的各项目标任务,重点做好以下几方面工作。

一、建立促进生活性服务业发展的沟通协调工作机制

制定出台《生活性服务业提质工程实施方案(2016—2018年)》,聚焦重点行业、重点区域、重点项目,提出工作目标和具体措施。做好全市生活性服务业的牵头、协调、服务工作,会同相关部门建立促进生活性服务业发展的沟通协调机制和工作推进机制。

二、大力推进生活性服务业重点行业提质发展

1. 积极推进全市家政服务管理体系建设

制定发布《关于上海市加强家政服务业管理体系建设的实施意见》。在全国首创实施家政行业从业人员持证上门服务,共计50家家政服务机构参加持证上门服务试点,13 576名家政从业人员经培训获得家政上门服务证。形成上海家政服务业立法调研报告、规章草案和起草说明。推动制定上海家政服务业标准和规范,制定上海家政服务行业服务全过程溯源标准、上海家政服务业(服务机构、从业人员)从业标准、家政服务业从业人员行为规范、家政服务业服务机构(员工制、中介制、服务交易平台)经营管理规范、家政服务业行业自律规范、母婴护理、养老护理、育婴师、催乳师、家政服务员等专业服务规范。积极做好元旦、春节等重大节日期间家政市场供应工作,确保节日期间家政服务市场稳定有序。持续推进家政从业人员灵活就业登记,为符合条件的家政人员提供"家政行业证明"服务。

2. 大力推进餐饮服务业发展

会同市食药监局、市餐饮行业协会推进开展"绿色餐厅"创建活动,在全市创建"绿色餐厅"1 400多家。会同早餐工程产业联盟推广"早餐工程+支付宝"应用。根据全市占道亭棚治理工作安排,梳理早餐工程爱心帮帮车、移动早餐车基本情况并研究制定治理工作方案。指导和支持餐饮行业协会举办2016年海派风味美食大联展。推进自贸区咖啡交易中心建设,打造万国咖啡基地。2016年8月,上海自贸区咖啡交易中心旗下万国咖啡体验中心正式开馆启动。

3. 规范家电维修市场,推进家电维修持证上门服务

组织实施2016年家电维修人员持证上门服务培训,新增培训人员4 094人次,复审培训5 258人次,上海市持证上门的家电维修人员达到14 000名,占比达87%。围绕打击整治家电维修"李鬼"信息,建立各部门分工协作、齐抓共管的长效机制,形成整治"李鬼"的具体措施。多种渠道加大对行业正规军的宣传力度,畅通正规

服务信息查询渠道,发布431家2016年上海信得过家电维修服务企业推荐名单。

4. 发展美丽时尚和幸福婚庆服务业

推进美博佳汇市场、东方美谷等美容美发市场和产业基地建设,加强美容美发行业诚信建设、行业培训和交流,指导和支持美容美发行业协会筹备第十五届上海国际美发美容节。支持婚庆行业协会筹备举办春、夏、秋三季现代婚博会。

三、推进2016年市政府实事项目早餐工程建设

在早餐网点薄弱社区和大型居住社区建成31家早餐示范门店,提前超额完成2016年市政府实事项目建设任务,投资总额3 955万元。重点扶持品牌知名度高、连锁规模大的龙头企业,完善规模化生产、统一加工配送和连锁化经营的早餐供应链,释放早餐加工配送中心向早餐网点的配送能力。

四、全国首创设立"互联网+生活性服务业"创新试验区

报经市政府批准,在长宁区设立"互联网+生活性服务业"创新试验区。会同长宁区建立试验区建设推进工作机制,明确五个方面24项工作任务。会同长宁区与市工商局对接,制定出台支持长宁区加快推进上海市"互联网+生活性服务业"创新试验区建设的若干意见。启动"一照多址"试点,上海市首批实行"一照多址"的三家企业在长宁区产生,扩大"一址多照"适用范围。经过半年多时间建设取得阶段性成果,"互联网+生活性服务业"企业活力得到增强,集聚效应开始显现,长宁区"互联网+生活性服务业"企业已近3 100家。

五、稳步推进实施"服务到家"计划

指导成立上海"服务到家"合作联盟,推进实施"服务到家"计划。推进东方网上线智橙生活暨上海服务到家网络平台,瑞金二路街道等8家街镇成为首批入驻平台的街镇。推动在杨浦、徐汇等区建设首批社区便民服务示范点。指导召开上海"服务到家"拓展研讨会。

六、推进融资租赁行业创新、健康发展

一是制定发布《关于加快上海市融资租赁业发展的实施意见》。二是联合市国税局开展上海自贸试验区内资租赁企业从事融资租赁业务试点确认工作,已新批鼎策租赁作为内资融资租赁试点企业。三是组织上海市内资融资租赁试点企业按时在全国融资租赁企业管理信息系统填报季度和年度经营数据。认真做好内资融资租赁企业重大事项申报备案制度。四是开展行业非法集资风险专项排查,完成风险排查报告。五是会同市金融办、市高法院和人民银行上海总部等部门进行专项研究,研究制定《关于做好上海市融资租赁登记、查询和审理融资租赁物权属争议案件工作的通知(征求意见稿)》。六是编制完善融资租赁行业发展环境课题研究报告。七是与人行上海总部密切合作,推动符合条件的融资租赁公司接入人民银行征信系统。八是与市食药监局加强联系,明确细化放宽融资租赁公司申报医疗器械经营许可或备案的条件。九是会同上海联合产权交易所加快推进建设上海融资租赁交易平台。

七、结合"证照分离"改革,加快典当、拍卖行业发展

1. 支持自贸区建设,做好典当、拍卖管理权限委托下放新区工作

着重做好拍卖业务的许可、设立典当行及分支机构审批两项事项委托下放自贸区(浦东新区)的工作。全面梳理申请条件、办事流程、企业名单、监管要求,制定《上海市商务委员会、浦东新区商务委关于典当、拍卖审批权限下放后续事宜的备忘录》。浦东新区商务委已经能够受理该区域内的审批业务。

2. 以“证照分离”为契机,做好典当、拍卖行业事中事后监管

通过完善申办条件、优化办事流程等对拍卖业务许可开展了提高透明度和可预期性的改革,通过强化规划布局、严把新设企业审核关等措施对设立典当行及其分支机构开展强化准入监管的改革。

进一步完善典当、拍卖的业务手册和办事指南,以及典当行设立申请审批操作办法等制度文件,开展新增典当行指定第三方鉴定机构征选工作。完成新增典当行审批工作,今年,受理拍卖行业行政审批45件,典当行业行政审批68件。

重点在“证照分离”改革试点中开展加强事中事后监管有效方式和措施,探索创新“五位一体”事中事后监管的有效方式和措施。在2016年的拍卖业年审中,取消一批不符合要求的拍卖企业资质。结合典当行业年审和风险排查,查处并纠正一些典当企业的违规经营行为。(市商务委服务业发展处)

生活性服务业提质专项行动计划

一、工作目标

围绕人民群众对美好生活的期待和对服务质量满意的向往,着力解决供需两侧存在的突出矛盾和问题,聚焦重点行业、区域和项目,重在提升质量、提高人民群众获得感,推进产业规范提升、结构优化,促进服务消费结构升级,加快生活性服务业向便利化、精细化、品质化提升发展。到“十三五”末,生活性服务业的服务业态更加便捷、服务模式更加精准、服务质量和品质得到提高、服务环境得到保障、扩大服务消费取得明显成效,形成20家左右具有国际竞争力的大型服务企业,100家左右行业龙头企业。

二、重点任务

(一) 聚焦重点行业

实施家政服务业、餐饮服务业、美丽时尚服务业、幸福婚庆服务业、家电维修服务业五大生活性服务业行业提质计划,全面提升服务能级和行业规范化水平,行业诚信得到改善。

(二) 聚焦重点区域

推进“互联网+生活性服务业”建设,在有条件的区域和领域开展“互联网+生活性服务业”创新试验区试点。

(三) 聚焦重点项目

围绕解决“最后一公里”服务难题,实施“服务到家”计划。

三、具体措施

(一) 聚焦重点行业,实施五大生活性服务业行业提质计划

重点推进家政服务业、餐饮服务业、美丽时尚服务业、幸福婚庆服务业、家电维修服务业五大生活性服务业行业的规范提升,打造“诚信家政服务、绿色餐饮标准、跨界美丽时尚、海派婚庆文化、品牌家电维修”新形象,以五大生活性服务业行业的规范提升引领生活性服务业整体提质发展。

1. 构建覆盖面广、诚信度高、便捷安全、服务规范的家政服务业管理体系

到“十三五”末,重点围绕从业人员登记管理、服务机构规范管理、政府强化行业监管的三个环节,加强行业标准、服务规范、职业技能培训、行业信息监测等方面建设,提升从业人员职业化、服务机构规范化、政府服务信息化、行业发展产业化水平。推广家政行业从业人员持证上门服务,覆盖率力争达到80%以上,做到家政服务人员从业信息能查询、可追溯。制订家政服务业地方标准,建立覆盖从业标准和专业服务规范的家政服务体系,加大宣传家政服务业标准规范。推进上海市家政服务业立法进程。继续推进家政灵活就业登记工作。推进家政服务机构建设,重点培育30家左右家政品牌企业,支持平台型家政服务机构发展。推进家政行业诚信体系建设,支持有条件的平台型家政服务机构对接上海市商务诚信平台。

2. 打造国际美食之都,培育"成街、成市、成节"的美食文化,大力倡导绿色餐厅

到"十三五"末,餐饮业全年营收达到1 200亿左右。大力发展以大众化市场为主体、满足多层次、多样化消费需求的餐饮业,推进其标准化、规模化、产业化。推进特色餐饮街、区、市的建设,提高上海餐饮业文化内涵和附加值。开展以食品安全、低碳环保、诚信经营为重点的"绿色餐厅"创建活动,实现3 000家"绿色餐厅"的创建目标。创建活动由活动推进型向行业规范型转变,实现常态化和标准化,提高餐饮服务业的绿色安全保障水平。推进"互联网+餐饮业"建设,促进营销模式和服务方式创新。以早餐工程项目建设为抓手,在大居和配套薄弱社区建设一批早餐示范门店。促进餐饮企业由只做终端服务向养殖种植业延伸,联合打造产供链平台。推进建设万国咖啡基地,促进自贸区咖啡交易中心建设。推进建设能够体现国际大都市美食文化水准、展示城市民俗风情、满足多元消费需求的地标性夜市。扩大行业国际国内交流合作,支持餐饮企业"走出去"、引进来,与国外餐饮企业合作,拓展国际国内两个市场。

3. 推动美丽时尚服务业跨界融合,提高产业附加值,引导美丽时尚消费

探索发展覆盖全产业链的一体化综合服务模式,打造集美容美发、美体美甲、养生保健、整体形象设计、培训教学功能为一体的美丽时尚服务产业工程,到2018年,形成千亿级消费市场规模。推进奉贤东方美谷等美丽时尚产业集聚区建设以及外滩二十二号高级定制中心、淮海中路国际时尚现代服务业集聚区建设。加强行业诚信建设、行业培训和行业交流,拓展中韩、中日交流合作。支持举办上海国际美发美容节、上海时装周、上海美业时尚之春等活动。

4. 整合上下游产业资源,拓展婚庆服务产业链,推广海派婚庆文化

发挥婚庆服务对旅游、摄影、餐饮、美容美发、租赁、服装定制、装饰装潢等各类服务消费的带动作用。到2018年,形成千亿级消费市场规模。推进上海幸福婚庆示范区建设。鼓励婚庆服务行业从提供传统服务向推广海派婚庆文化、注重专业婚礼策划的方向转型,发展多层次、主题化、系列化的婚庆服务。促进传统婚庆服务酒店向婚礼会馆、婚礼中心等新型婚礼服务机构转型。以互联网为手段,引领婚庆网络消费。建立婚礼策划、婚礼咨询等专业婚礼人才培训服务平台,试点开展专业服务人才的等级评定工作以及行业诚信建设。支持举办上海国际婚礼时尚周、中国(上海)现代婚博会、中韩、中日婚礼文化研讨会等活动。

5. 规范家电维修服务市场,杜绝"李鬼"现象,树立家电维修正规军品牌

持续推进家电维修人员持证上门服务工作,继续开展家电维修人员持证上门服务培训,以培训家电维修新技术和上门服务规范为主,从源头上净化家电维修市场,加强诚信建设。到"十三五"末,持证上门服务覆盖率达到80%以上。发展"互联网+家电维修"的一站式社区居家维修服务新模式,支持新模式企业的发展。加大宣传力度,编辑发放家电维修消费指南,投放公益宣传广告,宣传家电维修供需主渠道和行业正规军,通过多种渠道进行市场预警和消费提示。

(二) 聚焦重点区域,开展"互联网+生活性服务业"创新试验区试点

推进在长宁区先行先试设立"互联网+生活性服务业"创新试验区,以放宽准入、创新监管为中心加快政府职能转变,以外资开放、登记改革为重点深化投资管理开放,以税费改革、政策扶持为核心落实税制和政策保障,以信息基础、示范工程为抓手探索技术和业态创新,有效破除"互联网+生活性服务业"发展面临的管制税制和体制机制障碍，形成一批可复制可推广的创新成果，并逐步将试点成果复制推广到全市，提升"互联网＋"背景下上海市生活性服务业的产业化发展水平。到"十三五"末，培育10家左右有影响力的龙头企业，创新试验区建设成为长三角乃至全国现代服务业产业发展高地、制度创新高地和人才集聚高地。

(三) 聚焦重点项目，实施"服务到家"计划，解决"最后一公里"服务难题

推进东方网等重点企业开展智慧社区服务到家项目建设，指导成立上海"服务到家"合作联盟，凝聚生活性服务业品牌企业，以"互联网＋"为手段，形成线上线下互动融合的社区服务消费新模式、新业态，紧密围绕居民日常生活实际需求，整合社区服务网点资源，布局一批左右集养老、家政、洗衣、餐饮、维修、理发、生鲜、寄存、快递、再生资源回收等为一体的社区便民生活服务示范区，建立居民家门口的综合性服务网点，解决"最后一公里"服务难题。

上海积极推进再生资源回收与生活垃圾清运体系"两网协同"工作

2016年，为贯彻落实商务部等五部门印发的《再生资源回收体系建设中长期规划(2015—2020年)》，结合上海市生态文明体制改革、第六轮环保三年行动计划，以及市生活垃圾分类减量联办会议精神等要求，市商务委、市绿化市容局深入推进再生资源回收与生活垃圾清运体系"两网协同"试点，在各区政府的大力支持下，试点成效显著。

一、召开全市大会启动试点工作

2016年4月，市商务委、市绿化市容局联合召开深入推进再生资源回收与生活垃圾清运体系"两网协同"试点全市动员大会，贯彻市垃圾减量联办会议精神，部署2016年全市各区"两网协同"试点工作。围绕统筹规划网络布局、统筹共享设施设备、统筹协作回收服务、统筹叠加激励机制、统筹策划宣传活动五个方面，提出2016年深入推进试点工作的重点任务。交流浦东新区、长宁区、松江区先期试点做法，鼓励各区发挥各方积极性，探索模式创新及体制机制改革。力求试点工作做到"多谋民生之利、多解民生之忧"，让人民群众有更多获得感。

二、各区全面推进试点初显成效

经过市委改革督察、中央环保巡查、年终试点考核，总体来看，全市各区均结合自身实际，制订了试点方案及推进计划，有重点地推进"两网协同"工作。先期试点的三个区继续深入推进试点，长宁区由首批的3个试点小区扩展到41个，试点覆盖面进一步扩大。松江区通过深入试点，经分流分类后每日可回收垃圾达到244吨，低价值废品回收对全区垃圾减量起到切实有力有效的推动作用。浦东新区继续探索针对低价值可回收物在收运环节的补贴政策。2016年启动试点的各区也形成各具特色的"两网协同"模式。在设施设备共享上，黄浦区在小压站(50 m^2)旁边搭建出可回收物品堆放点(20 m^2)，按照六类回收物品专门制作不锈钢回收柜，在试点小区实现生活垃圾处置量减量5%的目标；在垃圾箱房改造上，杨浦区在2016年完成望春花园的垃圾厢房改造(50 m^2)，使其成为再生资源回收中转站；在支持政策上，普陀区政府对低价值可回收物给予221元/吨的政策补贴。嘉定区制定《嘉定区垃圾减量资源化利用项目资金使用管理办法》，明确对开展居住区废旧物资托底回收体系建设的街镇进行资金奖励。还有个别郊区“两网协同”试点工作由于地理位置原因，抓得不够有力，成效不明显。

三、圆满完成改革督察任务

2016年，“两网协同”试点被列为市委改革督察重点任务之一。市商务委、市绿化市容局牵头，会同相关部门联合成立市委督查工作领导小组。督察工作组通过实地走访，对浦东新区、长宁区、松江区开展重点督察。全市各区根据督查内容，对试点组织情况及试点推进情况进行全面自查。通过改革督察，总结各区“两网协同”试点在共建点站网络布局、共用存储设施设备、共推收拣服务集成、共享补贴支持政策、共赢两卡积分奖励方面的初步成效，分析试点在网点布局规划、收运转运车辆及低价值回收补贴上存在的问题，提出规划布局、标准制定及政策研究的下一步努力方向。

四、研究制定“两网协同”团体标准

通过总结借鉴各区的试点模式，市商务委会同市质监局、市再生资源回收行业协会，召开3次专题座谈会，并通过多次企业论证，拟定形成“两网协同”团体标准，包含“两网协同”垃圾回收站点、回收人员、收运车辆管理三个标准。标准的制定有利于“两网协同”垃圾箱房网点改造、回收人员、回收运输车辆的统一规范管理，为“两网协同”工作稳步推进奠定基础。

五、研究制定低价值可回收物补贴政策

市商务委积极会同市发改委、市财政局、市绿化市容局，召开座谈会，研究讨论低价值可回收物补贴政策方案，总结评估松江区在设施设备购置、收购与销售差价、收运处置及街镇废品回收体系建设方面的补贴模式。市绿化市容局还委托同济大学循环经济研究院杜欢政教授开展“两网协同”试点的课题研究，为全市出台低价值可回收物政策提供决策参考。

总体来看，经过2016年试点，各区均已完成在1～2个街道进行“两网协同”试点的目标任务，全市16个区48个街道开展试点，阶段性成效突显。上视新闻媒体报道，“两网协同”试点小区内的居民反映良好，表示“很需要、很欢迎”，“希望此类服务覆盖到更多区域，让更多老百姓享受到该服务的便利”。“两网协同”试点主体企业之一睦邦环保也反映，市区两级政府联合攻坚破难，大力扶持帮助回收企业进街镇、进社区，目前睦邦试点模式已从浦东复制推广到杨浦、虹口、宝山、静安4个区。(顾士勇)

创新建设卓有成效 突破发展未来可期

——专访长宁区区长顾洪辉

上海正处于深度转型的关键时期，面对资源约束趋紧、产业结构升级等问题和挑战，长宁区委区政府提出要全面实施产业发展和城市更新“两大战略”，为长宁经济实现转型升级、提质增效提供有力支撑。从产业发展战略来说，就是要积极融入国家和上海发展大局，在原有优势产业的基础上，重点聚焦航空服务业、互联网＋生活性服务业、时尚创意产业等三大产业，加快培育经济发展新动能，为区域发展厚植优势。产业发展战略已取得初步成效，2个国家级示范区(上海虹桥临空经济示范区、全国首个网络市场监管与服务示范区)及3个市级试验区和集聚区(虹

桥航空服务业创新试验区、“互联网＋生活性服务业”创新试验区、上海虹桥时尚创意产业集聚区）等均已先后落地长宁，重点企业加快集聚，产业环境不断优化，产业转型成效明显，2016 年现代服务业税收占全区税收比重超过 76%。

2016 年 6 月，本刊就上海市“互联网＋生活性服务业”创新试验区相关情况，对长宁区顾洪辉区长作了专访。顾区长对此作了全面阐述。

一、长宁区提出创建“互联网＋生活性服务业”创新试验区的主要考虑是什么

按照推进供给侧结构性改革的要求，为了积极落实“互联网＋”国家战略，加快发展生活性服务业促进消费结构升级，长宁立足实际、大胆创新、积极争取，经市政府批准，全市首个“互联网＋生活性服务业”创新试验区设在长宁，旨在以互联网为驱动，推动生活性服务业产业创新，促进产业跨界融合，释放消费潜力，惠及社会民生，不断提高生活性服务业的供给能力和服务水平。

1. “互联网＋生活性服务业”创新试验区的总体思路

拟用 3 年左右时间，以放宽准入、创新监管为中心加快政府职能转变，以外资开放、登记改革为重点深化投资管理开放，以税费改革、政策扶持为核心落实税制和政策保障，以信息基础、示范工程为抓手探索技术和业态创新，有效破除“互联网＋生活性服务业”发展面临的管制税制和体制机制障碍，实现“互联网＋生活性服务业”若干重点领域的深度融合发展，释放消费潜力，激发行业活力，增加就业机会，确立上海“互联网＋生活性服务业”在全国发展的优势地位，更好发挥示范引领和服务全国的积极作用。

2. 长宁建设创新试验区有基础、有条件、有潜力

具体体现为四大优势：一是区位优势，长宁是上海连接国内外的重要节点，创新示范效应能够很好地向全市乃至向长三角和长江流域辐射。二是产业优势，长宁服务业税收占全区税收比重高达 98%左右，其中现代服务业约占 76%，尤其是信息服务业产值超过 700 亿元，位居全市前列，区内还有国家级电子商务示范园区等产业园区。三是企业优势，在“互联网＋生活性服务业”方面已集聚上百家相关企业，并集聚携程、大众点评、格瓦拉等一批在国内具有较高行业地位和影响力的龙头企业，以及苏河汇、财富天地等一批创新创业孵化基地。四是互联网技术运用优势，长宁从推进“数字长宁”到“智慧高地”建设，近年积累一批科技创新资源，逐渐打造品牌特色和比较优势，基于云计算、大数据等“互联网＋”等信息技术已广泛运用于居民衣食住行等生活性服务业领域，形成良好的产业生态环境。

二、创新试验区设立以来，长宁区“互联网＋生活性服务业”发展情况如何

自 2016 年 6 月市政府批复同意在长宁区设立上海市“互联网＋生活性服务业”创新试验区以来，总体来看，试验区发展品牌影响力开始显现，正在成为互联网＋生活性服务业企业集聚地、互联网新兴行业的制度创新策源地、风险投资遴选项目的高地、成熟互联网＋企业和 TMT（科技、媒体、通信融合）媒体进入上海的目标选择地，对全市创新经济和新兴行业的引领辐射作用正逐步凸显。在产业发展、制度创新、创业环境、改善民生四方面成效显著。

1. 产业发展方面

企业加快集聚拓展。自上海“互联网＋生活性服务业”创新试验区设立至 2017 年 1 月底，“互联网＋生活性”服务业新设企业 501 户，同比增长 21.2%，新增注册资本 34.32 亿元，产业集聚度进一步提升。重点企业不断集聚扩展，区域内“互联网＋生活性服务业”重点企业，从试验区新设时的 60 家扩展到 102 家，2016 年 102 户重点企业税收总额为 20.64 亿元，比上年增长 26.1%，经济贡献进一步提高。

跨界融合助推新业态蓬勃发展。行业细分领域骨干企业崛起增多，在互联网＋本地生活、互联网＋旅游、互联网＋商贸、互联网＋文化等行业崛起一批行业骨干企业的基础上（大众点

评、携程、易果生鲜、阿基米德等),互联网+家庭服务、互联网+医疗、互联网+教育等一批行业也正在涌现骨干企业。如,参与国家"脑计划"的"承蓝科技",着力打造生命科学大数据云平台,已成功挂牌"新三板"。业务跨界渗透态势明显,如,"泰笛科技"从"互联网+"洗涤业务,拓展至鲜花绿植配送业务后,产生上门收送衣物同时送花的业务协同效应,不仅增加洗涤业务的消费频次,也分摊自建物流的上门成本。线上线下融合效果突出,如"菜管家"开设泰兴路和钦州北路两家门店,集自助买菜、试吃体验、物流配送中转于一体,兼营社区自助贩售设备。模式和技术相互渗透加强,企业通过大数据、云计算、物联网等技术更新,带动了传统服务业的转型升级。

2. 制度创新方面

聚焦企业诉求,推动行业发展。已于2016年7月份启动"一照多址"登记注册试点,允许试验区企业在一张营业执照上登记本区内多个经营场所,有效简化登记注册程序,降低企业网点扩张成本,已有三家试点企业(易果子公司安鲜达、新长宁慧生活与南瓜车)受益。深化"单一窗口"模式改革,办理时间由原来的2周缩短到4个工作日,显著提高企业设立登记的办事效率。

加强政企合作,创新监管方式。通过探索网络监管方式,深化事中事后监管,推动市场竞争更加有序。全力以赴推进国家级"网络市场监管与服务示范区"建设,与在"互联网+餐饮"领域领先的美团点评集团签订食品安全合作协议,启动食品安全社会共治示范项目,依托网络食品第三方交易平台创新监管方式,政企合作取得了初步进展。

3. 创业环境方面

要素支撑环境更完善,企业发展有资本、有人才。试验区活跃着一批创业投资机构和私募股权投资机构,专业服务行业也较为发达,为企业提供良好的金融及服务支撑。比如"方糖小镇"近期获A轮投资近2亿元人民币,也成为国内联合办公领域第二家估值超过10亿元的公司等。著名外企、国企、互联网企业人才的创业裂变效应明显,比如移动"互联网+"实时视频企业"亦非云"创始人兼CEO黄思钧为原百视通新媒体副总裁、上海市千人计划企业领军人物,试验区呈现创新创业人才集聚的显著特点

外部服务环境更友好,业务支持有政府、有市场。区相关部门开展各种形式政策服务指导,为企业创新创业提供帮助,比如临空园区帮助"云舞科技"申请VR国家工程实验室等;同时根据企业需求,适时牵线搭桥、对接发展资源;比如"尚戴健康"经区政府牵线,与"易果生鲜"开展合作,选用高品质食材,为孕妇等特殊群体提供更加优质健康的餐饮选择等,牵线合作初显成效。

4. 改善民生方面

填补社区配套盲点,增强便捷服务体验。开展政企互信合作,通过政府向社区服务平台"新长宁慧生活"购买服务,实现O2O民生托底服务落地。破解"最后一公里",依托品牌企业,解决买菜难问题。目前,试验区内已设立27家"智慧微菜场"。

扫除企业入户障碍,增强放心服务体验。通过网络公开增强家政企业与家政从业人员的信息透明度,推进优质诚信服务入户。通过职业发展体系,提供更高端的专业服务。

三、在推动创新试验区"互联网+生活性服务业"发展方面,未来有什么进一步的考虑

长宁区将继续争取与市级部门加强联动,聚焦制度创新、技术创新和业态创新,推进既定方案及工作计划中的各项任务内容,继续深化探索,积极尝试,力求突破。

1. 加快政府职能转变

进一步放宽市场准入,加强信用建设,提升行政效能,创新监管模式,继续落实简政放权,探索在放宽事前准入的基础上,完善适应行业特点的事中事后监管,尝试利用多领域信用数据和大数据分析等信息化手段联手进行风险和信用监管,营造衔接有序、协调运作的政府服务环境。

2. 深化投资管理开放

进一步扩大外资开放,鼓励外商投资"互联

网＋生活性服务业"领域，深化登记改革，推进行业标准的制定，促进产业融合，加强消费维权，强化知识产权，探索企业登记住所、企业名称、经营范围登记等改革，扩大"一照多址"试点范围，健全完善"一址多照"，为投资"互联网＋生活性服务业"营造更公平、开放的投资环境。

3. 完善税制和政策服务

进一步开展税费改革，推进生活性服务业"营改增"工作，探索适合"互联网＋生活性服务业"企业的成本抵扣方式，为企业减轻负担，对接科创政策，落实专项扶持，出台产业政策，开展宣讲执行，拓宽融资渠道，提升人才服务，加强基础设施建设，营造更有利于转型升级的发展环境。

4. 推进行业组织建设和企业创新发展

成立行业联盟，协调企业沟通诉求，做强电子商务，引导企业技术创新、模式创新、业态创新，加强行业研究，举办座谈培训，开展持续宣传，营造有利于产业持续发展的生态环境。

5. 加强基础设施建设

进一步深化无线城市建设，与中国电信等行业龙头企业开展战略合作，提升包括4G/5G、光网、互联网国际出口、物联网、云计算、大数据在内的信息基础设施能力，构建软件化、集约化、开放化的云网融合网络架构，同时推进区域"互联网＋"政务，不断提升基础设施网络服务能力。

四、结合长宁区的地域优势和产业优势，"'互联网＋生活性服务业'创新试验区"的建设有哪些特色的、重点的工程

重点聚焦4个示范性工程，即商圈改造、社区商业、电子商务、模式创新领域的示范工程建设。

1. 商圈改造

推动中山公园和新虹桥两大市级商圈转型升级，通过移动支付与消费者联系互动实现消费闭环，推广智能导航、精准服务、移动支付等智慧商圈服务。支持大型商贸、餐饮、健康、养老、旅游、家政等生活性服务业企业开展网订店取、预约上门服务等业务，为消费者提供全过程全方位的智能化"一站式消费体验"。

2. 社区商业

将"互联网＋生活性服务业"的创新实践惠及民生，让社区居民亲身体验"互联网＋"对生活的改变，鼓励探索社区商业发展新模式，探索社区智慧屋、智能提货柜、自动生鲜售货终端等社区服务发展。紧密结合社区、物业等公共服务存量资源，开展快递配送综合服务试点，为社区居民提供更加安全、舒适、便利的现代化智慧化生活环境，支持"互联网＋"服务应用的品质社区建设。

3. 电子商务

推进国家电子商务示范园区建设，积极发挥临空国家级园区的转型示范效应，建设一批有利于"互联网＋生活性服务业"创新发展的电子商务园区及孵化基地。推动产学研互动，聚焦生活性打造电商研究高地。加快汽车、医药、教育、文体等行业电子商务在生活性服务领域的应用。推进跨境电子商务综合服务体系建设，推进各类跨境电子商务模式创新发展，提高贸易便利化水平，支持跨境电子商务企业走出去建立海外营销渠道和仓储设施。

4. 模式创新

充分利用科技企业孵化器、文创园区、科技园区等资源，构建一批众创空间服务平台，鼓励跨界交流，支持举办国际性、品牌化的"互联网＋生活性服务业"展会和论坛。提供自由开放协作环境，促进创意的实现以至产品化。集聚一批"四新"经济新物种、新苗子，努力成为"四新"经济策源地。积极打造体现国际时尚之都的设计街区。

五、"互联网＋生活性服务业"企业发展有两个关键要素，是企业形成市场核心竞争力的关键，一是人才，二是金融，在这两方面，试验区会有哪些突破性的举措

1. 人才方面

构建适应互联网特点的、与传统行业人员

不同的人才认定标准,修订完善并纳入《上海市重点领域人才开发目录》。积极落实科创中心人才政策,推动"互联网+生活性服务业"领域的重点企业享受落户政策,争取更多优秀人才落户。调整与互联网企业新型劳动关系不相适应的管理方式,在人才公寓、团队激励、人才流动等方面优先支持"互联网+生活性服务业"企业。

2. 金融方面

鼓励处于不同成长阶段的"互联网+生活性服务业"企业积极参与多层次资上海市场上市,加强对特殊股权架构企业拆除 VIE 结构回归国内上市的支持。鼓励行业龙头企业开展兼并重组。发挥政府产业引导基金作用,吸引各类资本共同参与形成"互联网+生活性服务业"投资基金或并购基金。

六、对于企业来说,落户在试验区有哪些特有的利好?在政府职能转变上有哪些突破

一是对于企业落户来说,试验区将探索企业登记住所、企业名称、经营范围登记等改革,放宽市场主体住所(经营场所)登记条件,推进试点一照多址、健全完善"一址多照"等住所登记制度改革。二是支持"互联网+生活性服务业"企业在名称行业表述和经营范围中使用符合国际惯例的行业标准用语,允许企业自主选择和申报经营范围,例如,率先试点放宽企业名称、经营范围等方面的准入标准,"南瓜车""蜘蛛网"等企业名称突破了传统的管理模式,更加符合互联网企业的特性。三是将继续落实简政放权,推进一批"互联网+生活性服务业"领域的行政审批事项改为备案。同时,通过更贴近企业需求的人才政策和融资服务,为企业发展助力。

上海设立"互联网+生活性服务业"创新试验区

为贯彻落实"互联网+"的国家战略,加快推进上海市生活性服务业提质发展,显著提高生活性服务业的供给能力和水平,2016 年 4 月,经市政府批复,在长宁区设立上海市"互联网+生活性服务业"创新试验区(以下简称试验区)。6 月 1 日,市政府召开新闻发布会,标志着创新试验区的各项工作正式启动。作为全市生活性服务业的牵头部门,市商务委加强指导、积极协调,会同长宁区共同推进试验区在制度、模式、业态上的创新,各项工作进展顺利。

1. 建立工作机制,明确工作任务

成立由长宁区区长、分管副区长任组长、副组长,区政府办、商委、发改、科委、市场监管局、税务、新闻办等相关职能部门组成的试验区工作领导小组。制订《2016—2017 年上海市"互联网+生活性服务业"创新试验区建设工作计划》,提出 2016—2017 年试验区建设的工作任务,包括推进政府职能转变,完善税制、政策和服务,推进行业组织建设和企业创新发展等五个方面 24 项,并明确任务分工。

2. 协调相关部门,出台工作意见

会同长宁区与市工商局主动对接,制定并出台《上海市工商行政管理局关于支持长宁区加快推进上海市"互联网+生活性服务业"创新试验区、上海虹桥航空服务业创新试验区、上海虹桥时尚创意产业集聚区建设的若干意见》,主要从住所登记、消费者权益保护、信用信息公示、大数据分析等方面予以支持。支持长宁区人民政府与中国商业联合会签订战略合作框架协议,在数据分析与研究、行业标准制定以及企业服务等方面开展更多合作,共同推动"互联网+生活性服务业"创新发展。

3. 梳理问题瓶颈,服务区内企业

结合 2016 年现代服务业引导资金评审,帮

助长宁区将“互联网＋生活性服务业”重点企业扩充到100余家。通过长宁区召开企业专题座谈会、实地走访调研等形式，以问题为导向，了解企业在发展过程中的需求、瓶颈、问题和困难，为研究制定支持“互联网＋生活性服务业”发展的产业扶持政策打下基础。同时，举办“互联网＋生活性服务业”创新试验区建设青年论坛、“法律服务＋互联网生活”论坛、“互联网＋生活性服务业”营改增税收政策专题辅导会，为区内企业提升法律、税务等专业服务。

4. 创新突破，启动“一照多址”试点

“一照多址”即指在一张营业执照上登记多个经营场所，无需重新办理分支机构营业执照，企业只需申请在原有的营业执照上再增加新的经营地址就可。在市工商局的支持下，上海市首批实行“一照多址”的企业已在长宁区诞生，“易果生鲜”全资子公司上海安鲜达物流科技有限公司和新长宁集团下属上海新长宁慧生活科技有限公司作为第一批试点企业获颁“一照多址”营业执照。以后，只要在长宁区从事不扰民、不影响周边环境和公共安全的“互联网＋生活性服务业”的内资企业，即可办理。“一照多址”制度的实施，有利于企业注册登记便利化，有利于为创新创业创造宽松的市场准入环境，通过政府放权让利的“减法”，来调动社会创新创业热情的“乘法”。

下一步，长宁区将全面推进《2016—2017年上海市“互联网＋生活性服务业”创新试验区建设工作计划》实施。继续跟踪梳理企业的诉求和建议，及时向市商务委对接反馈。并希望市商务委继续沟通、协调市相关部门，在相关的政策方面探索突破，共同支持上海市“互联网＋生活性服务业”创新试验区建设。（长宁区商务委）

行业报告

2016年上海市住宿业发展报告

2016年是上海"十三五"国民经济和社会发展规划的开局之年。上海市住宿业积极参与"一带一路""长江经济带"、长三角区域经济一体化发展建设等国家战略,依托上海在国家和区域旅游大市场、大产业中的枢纽联动、集聚辐射作用,拓展发展空间,服务旅游消费,增强发展动力。依托互联网信息化优势,加大营销力度,创新住宿产品,加快产业融合,助力世界著名旅游城市和国际消费城市建设,进一步提升住宿业对经济发展和社会发展的贡献度。

一、2016年上海住宿业发展概况

1. 住宿业进入新一轮发展时期

上海住宿业在满足2010年世博会期间大客流住宿消费的背景下达到行业发展高峰,之后在客流减少情况下,网点进行调整、转型、关闭。随着上海"四个中心"建设、世界经济缓慢复苏,住宿业在竞争、调整中转型发展。主要表现为:

(1) 高星级酒店数量增加。至2016年末,上海旅游饭店经星级评定及复核,全市星级饭店数量为238家,比上年下降3.6%。其中:五星级酒店70家,比上年增长2.9%;四星级酒店66家,比上年增长4.5%;三星级以下宾馆99家,比上年下降12.4%。四、五星级饭店占全市星级饭店总数的58.4%,比上年的占比(54.3%)提升4.1个百分点。全市拥有客房6.12万间、床位9.23万张。住宿业结构进一步优化,品质不断提升,发展更加健康有序(表1)。

表1 上海星级宾馆结构变化情况

星级宾馆	2015年末(家)	2016年末(家)	比上年增长(%)	2016年占比(%)
五星级	68	70	2.9	29.4
四星级	66	69	4.5	29.0
三星级	82	71	-13.4	29.8
二星级	30	27	-10	11.4
一星级	1	1		0.4
合计	247	238	-3.6	100.0

资料来源:上海市旅游局、统计局

(2) 高端消费需求拉动增长。2015年以来,上海国际旅游入境人数连续两年突破800万人次,2016年达到854.37万人次,比上年增长6.8%,超过2010年上海世博会时的851.12万人次,比2010年增长0.4%,人次规模和增速均创下2010年以来的历史新高。其中:外国人、台湾同胞、港澳同胞入境人数分别为659.83万人次、124万人次、70.54万人次,比上年增长7.4%、5.1%、4.4%;入境过夜人数达到690.43万人次,比上年增长5.6%;停留天数达到3.5天。全年中高档宾馆酒店营业收入超过200亿元,全市国际旅游外汇收入达到65.30亿美元,分别比上年增长7%、9.6%。

(3) 国内旅游推动住宿业发展。2016年,

上海国内旅游人数增势喜人，2016 年达到 2.96 亿人次，比上年增长 7.4%，超过 2010 年上海世博会时的 2.24 亿人次，比 2010 年增长 32.1%，人次规模和增速均创下 2010 年以来的历史新高。其中：外地来沪旅游人数、市民在沪旅游人数分别为 1.47 亿人次、1.49 亿人次，比上年增长 5.4%、9.6%；国内旅游者人均住宿消费支出为 172 元，比上年增长 13.2%。全年上海国内旅游收入达到3 443.93 亿元，比上年增长 14.6%（表 2）。

表 2　上海主要旅游指标比较情况

指标	单位	2010 年	2015 年	2016 年			
				实绩	比 2015 年增长(%)	比 2010 年增长(%)	占比(%)
国际旅游入境人数	万人次	851.12	800.16	854.37	6.8	0.4	100.0
外国人	万人次	665.63	614.64	659.83	7.4	−0.9	77.2
台湾同胞	万人次	108.02	117.99	124.00	5.1	14.8	14.5
港澳同胞	万人次	77.47	67.53	70.54	4.4	−8.9	8.3
入境过夜旅游人数	万人次	733.72	653.82	690.43	5.6	−5.9	80.8
国际旅游外汇收入	亿美元	64.05	59.60	65.30	9.6	2.0	
国内旅游人数	万人次	22 432	27 569	29 621	7.4	32.0	100.0
外省市来沪旅游人数	万人次	11255	13 924	14 680	5.4	30.4	49.6
市民本地旅游人数	万人次	11 177	13 645	14 941	9.5	33.7	50.5
国内旅游收入	亿元	2 522.94	3 005.17	3 443.93	14.6	36.5	

资料来源：上海市旅游局、统计局

2. 住宿业增加值规模扩大

2016 年，上海旅游住宿业增加值实现20 550 亿元，比上年可比增长 4.1%，占旅游产业增加值的 12.2%，占全市国内生产总值的 0.7%，比上年净增 8.09 亿元，对全市旅游产业增加值增长的贡献率为 7.4%。上海旅游住宿业增加值规模高于第一产业（109.47 亿元）、信息产品销售业（163.81 亿元），增加值增速高于第一、二产业（−6.6%、1.2%）（表 3）。

表 3　2016 年上海旅游产业增加值增长情况　　单位：亿元

指　标	2016 年	净增额	比上年增长(%)	贡献率(%)	占比(%)
旅游产业增加值	1 689.70	109.06	6.9	100.0	100.0
＃旅游住宿	205.50	8.09	4.1	7.4	12.2
旅客运输	215.17	10.44	5.1	9.6	12.7
旅游商业	539.74	31.51	6.2	28.9	31.9
景区游览	175.70	16.83	10.6	15.4	10.4

资料来源：上海市统计局

3. 住宿业经营稳中有升

随着旅游消费的升温，旅游业综合拉动效益有效显现，推动旅游饭店业经营情况稳中有升。位于虹桥枢纽商务区的国家会展中心开业后，给上海住宿业带来可观的会展客源；2016 年 6 月上海迪士尼乐园开业，也给住宿业带来大量的家庭游客人。

(1) 星级饭店平均客房出租率上升。2016年,上海星级饭店平均客房出租率为68.1%,比上年提升2.6个百分点。

具体来看,星级饭店的平均出租率、平均房价均好于其他旅馆。2016年,上海五星级、四星级、三星级、二星级的饭店出租率均高于60%,其中:高星级酒店经营质量稳步提升,五星级酒店出租率平均在70.3%,比上年的65.4%提升4.9个百分点;2016年有近10家五星级酒店出租率超过80%(图1~图3)。

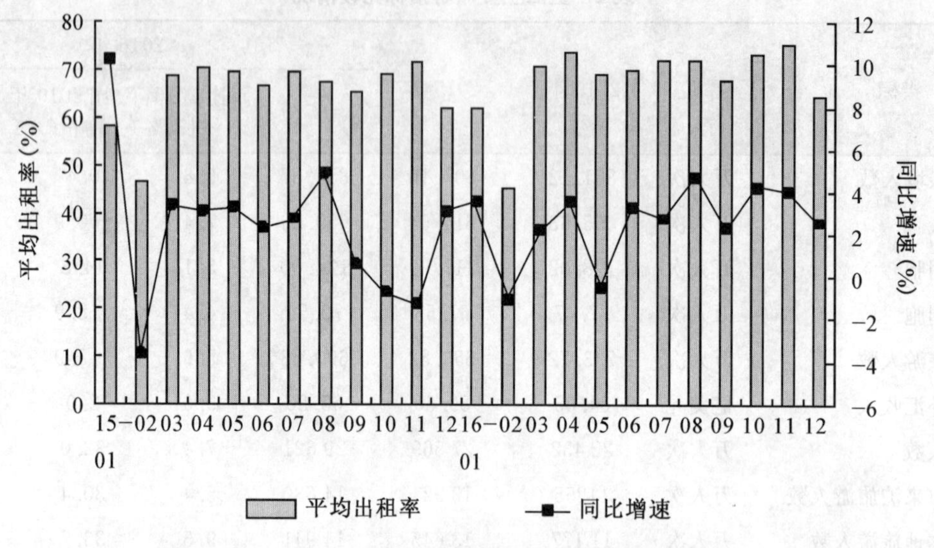

图1 2015—2016年上海星级饭店平均出租率情况

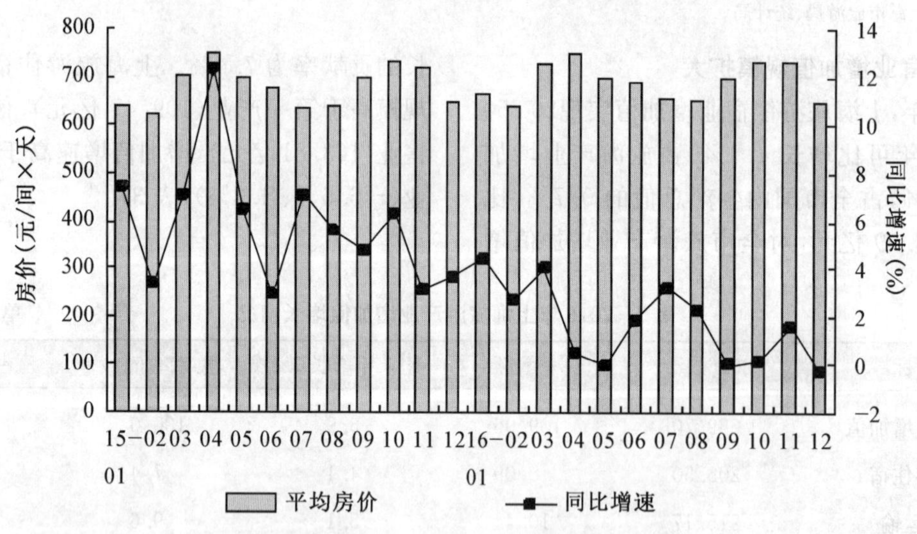

图2 2015—2016年上海星级饭店平均房价情况

(2) 星级饭店平均房价上升。2016年,上海星级饭店平均房价为692元/间×天,比上年增长0.8%,比2010年的683元增长1.3%。其中:五星级酒店平均房价为935元,比上年下降3.6%。从RevPAR指标(每间可供租出客房产生的平均实际营业收入)来看,2011年以来。上海星级饭店业的经营情况始终处于稳定增长态势,2016年的RevPAR指标为471,已经超过2010世博年的449,为近十多年来的最高值,表明上海住宿业的整体业绩良好(图4、图5)。

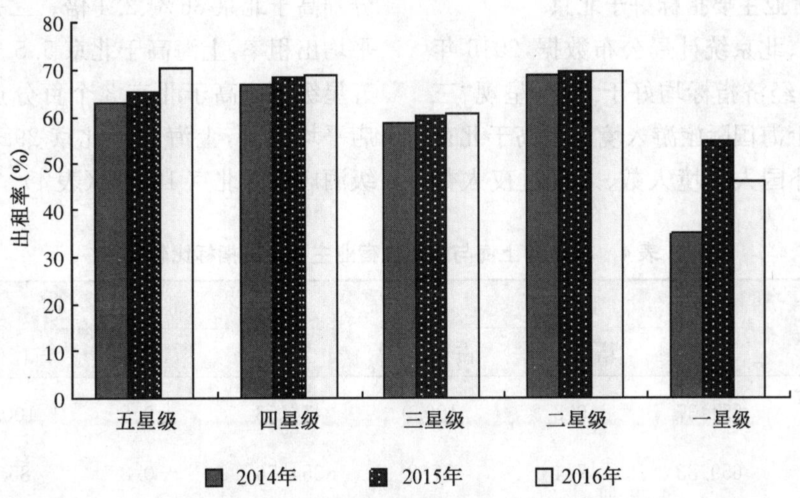

图 3 2014—2016 年上海各星级饭店平均出租率情况

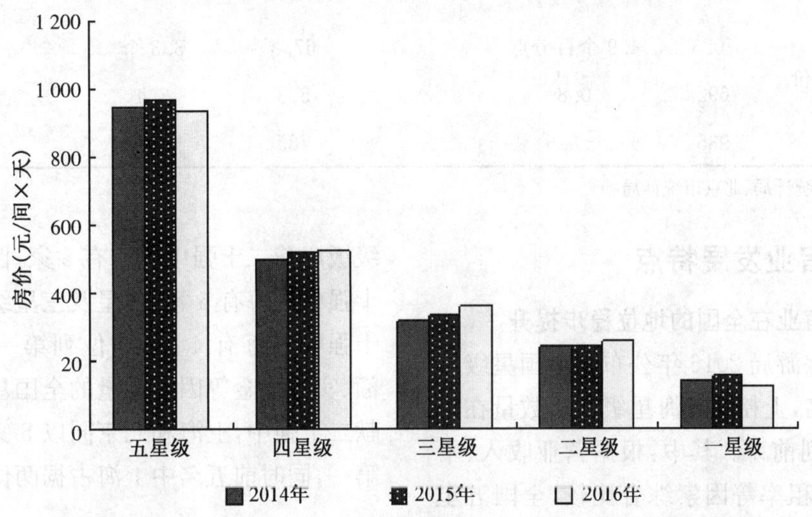

图 4 2014—2016 年上海各星级饭店平均房价情况

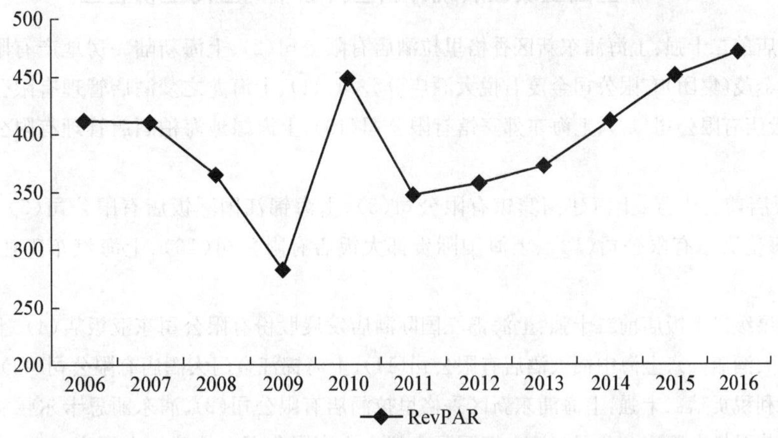

图 5 2006—2016 年上海星级饭店 RevPAR 指标

4. 上海住宿业主要指标好于北京

根据上海市、北京统计局公布数据,2016 年上海住宿业主要经济指标均好于北京,呈现“三个超过”。一是上海国际旅游入境人数高于北京 1.1 倍。其中:外国人入境人数、入境过夜人数分别高于北京 86%、2.4 倍。二是星级饭店客房平均出租率,上海高于北京 5.5 个百分点,其中:五星级酒店高于北京 3 个百分点。三是星级饭店平均房价,上海高于北京 29.8%,其中:五星级酒店高于北京 19.1%(表 4)。

表 4 2016 年上海与北京住宿业主要经济指标比较

指标	上海市			北京市			上海占北京(%)
	实绩	增长(%)	占比(%)	实绩	增长(%)	占比(%)	
国际旅游入境人数(万人次)	854.37	6.8	100.0	416.53	−0.8	100.0	205.1
#外国人	659.83	7.4	77.2	354.76	−0.8	85.2	186.0
#入境过夜人数	690.43	5.6	80.8	201.71	0.4	48.4	342.3
星级饭店客房出租率(%)	68.1	2.6 个百分点		62.6	2 个		+5.5 个百分点
#五星级	70.3	4.9 个百分点		67.3	3.3 个		+3 个百分点
星级饭店平均房价(元)	692	0.8		533	2.4		129.8
#五星级	935	−3.6		785	−4.5		119.1

资料来源:上海市统计局、北京市统计局

二、上海住宿业发展特点

1. 上海住宿业在全国的地位稳步提升

根据国家旅游局 2016 年公布的全国星级饭店统计调查排名,上榜的上海星级饭店数量在全国排行榜中名列前茅。其中:根据营业收入、平均房价、平均出租率等因素综合比较,全国五星级饭店前二十强中上海有 8 家,四星级饭店前二十强中上海有 6 家,三星及三星级以下饭店前二十强中上海有 4 家,均位列第一。根据利润总额、实缴税金等因素衡量的全国星级饭店利税贡献二十强中,上海和北京同以 5 家企业上榜并列第一,同时前五名中上海占据两位。

2016 年全国星级饭店统计调查排名中的上海上榜企业

全国五星级饭店前二十强:上海浦东新区香格里拉酒店有限公司(2)、上海新陆一房地产有限公司浦东丽思卡尔顿酒店(5)、中国金茂(集团)有限公司金茂君悦大酒店分公司(11)、上海龙之梦酒店管理有限公司龙之梦万丽酒店(14)、上海和平饭店有限公司(16)、上海东郊宾馆有限公司(19)、上海绿地海柏酒店管理有限公司绿地万豪酒店(20)

全国四星级饭店前二十强:上海建国宾馆有限公司(3)、上海锦江国际饭店有限公司(5)、上海虹桥宾馆有限公司(7)、上海海伦宾馆有限公司(13)、上海国际贵都大饭店有限公司(16)、上海汽车工业活动中心有限公司(17)

全国三星及三星级以下饭店前二十强:上海锦江国际酒店发展股份有限公司东亚饭店(4)、上海君亭酒店管理有限公司中星君亭大酒店(5)、上海中福大酒店有限公司(11)、上海锦江金门大酒店有限公司(14)

全国星级饭店利税贡献二十强:上海浦东新区香格里拉酒店有限公司(2)、浦东丽思卡尔顿酒店(3)、中国金茂(集团)有限公司金茂君悦大酒店分公司(4)、上海国际会议中心有限公司东方滨江大酒店(16)、上海锦江国际饭店有限公司(17)

2. 民宿业发展，丰富上海住宿业态

(1) 实行政策指导、区域试点。2016 年，《浦东新区关于促进特色民宿业发展的意见(试行)》和《浦东新区特色民宿标准》正式出炉，为民宿业的发展奠定了法制基础，迪士尼乐园周边、古镇老街和大团镇桃园被确定为上海首批三大重点试点区域。

(2) 加强舆论宣传、典型引路。其他近郊各区也紧跟这一潮流，崇明区组织召开民宿发展座谈会，青浦区在青西地区开展民宿选址工作，金山区开展"金枕头度假游"渔家特色民宿评选活动。此外，华东师范大学举办首届长三角民宿文化投资论坛和上海乡村民宿发展高峰论坛，年底上海又举行 2016 上海国际民宿文化产业博览会。

(3) 丰富住宿业态，推动万众创新。民宿业以燎原之势迅猛发展，与传统住宿业共同形成一个结构更加完整、业态更加丰富的上海住宿产业。作为旅游业态创新，民宿业不仅补充和丰富了住宿产品，同时也引领一种全新的生活方式，引导更加时尚的消费潮流，开创了全新的消费领域，大大提升游客的消费体验。同时，民宿业还是大众创业、万众创新的具体实践，具有鲜明的互联网特征，共享经济、粉丝经济也在民宿等业态中得到淋漓尽致的体现。

3. 住宿业在市场竞争中调整发展

(1) 加快调整转型。星级饭店、经济型饭店与社会上酒店式公寓、高档会所、度假村等房地产商业设施的竞争，使得一部分星级酒店出于业务和市场需要，开始退出住宿业市场，调整转型为商务写字楼。

(2) 推动资源共享。政府部门推动网络订房平台企业与住宿企业客户资源的合作，实现内资住宿企业与外资、港澳台资企业资源共享。

(3) 项目投资建设。住宿业星级酒店大项目依然加快建设步伐。2016 年，上海住宿业固定资产投资为 19.21 亿元，比上年下降 26.9%，但是住宿业投资额超过零售业(14.93 亿元)、餐饮业(1.42 亿元)；住宿业施工项目 13 个，项目数量超过批发业(12 个)、餐饮业(2 个)，其中：新开工项目 2 个；施工面积达到 6.65 万平方米，超过餐饮业(1.92 万平方米)。

4. 住宿业国际化、现代化发展加快

(1) 组织化程度提升。住宿业法人企业除了部分私营企业和个体户外，星级酒店和经济型旅店已基本实现连锁化经营，在全市各个商业业态中，企业连锁化、标准化经营和国际化程度领先于其他业态。

(2) 信息化程度提升。住宿业法人企业通过电子商务实现营收额比上年增长 28%，占住宿业法人企业营业收入的 13%。其中：大型企业电子商务营收额比上年增长 20.1%，中型企业电子商务营收额比上年下降 2.2%，小微型企业电子商务营收额比上年增长 72.4%，大型、中型、小微型企业电子商务营收额分别占全市住宿业电子商务营收额的 49.8%、18.2%、31.9%。

(3) 便利化程度提升。一是网点密集、服务便捷。二是各种支付手段方便游客消费。三是住宿消费的客单价下降。由于国际入境游客结构性减少和公款消费大幅下降等影响，全年上海市宾馆住宿消费的游客单价为人均 1 025 元，比上年下降 2.8%。

三、推动上海住宿业发展的主要因素

1. 规划引领，"大旅游"格局初具规模

"十三五"规划纲要谋划蓝图。2016 年，上海坚持问题导向、需求导向、目标导向，落实"开门办规划"要求，组织开展《上海市旅游业改革发展"十三五"规划》《上海市城市总体规划旅游专项规划》两项规划的编制工作，其相关核心内容均已纳入《上海市国民经济和社会发展第十三个五年规划纲要》和《上海市城市总体规划(2015—2040)纲要》之中。《上海市旅游业改革发展"十三五"规划》指出，到 2020 年上海将打造具有全球吸引力的旅游产品体系、具有全球竞争力的旅游产业体系、具有全球配置力的旅游市场体系，建成具有全球影响力的世界著名旅游城市。和"十二五"相比，"十三五"旅游规划的一个最大不同，是在上海城市总体规划的基础和发展格局中寻求旅游业的发展空间和作用,倡导产城融合发展,跳出了之前"小旅游"的框架,把旅游业放在一个更大的框架下规划和重塑,也和国家旅游局提出的"全域旅游"概念相互呼应。

旅游与相关产业融合有新发展。农旅合作推进顺利,将"2016长三角休闲农业与乡村旅游博览会"纳入上海旅游节范畴,积极构建长三角休闲农业和乡村旅游宣传平台;通过"乐游上海"微信、微博、报纸期刊、网络、户外电视等全面宣传乡村旅游,并在"四季上海"旅游消费信息发布中重点突出相关旅游产品及时令节庆等内容。体旅合作进一步深入,借助世界一级方程式锦标赛中国大奖赛以及崇明国际自行车赛和"四季上海·嘉定主题园""2016(第六届)中国上海崇明岛自行车嘉年华"等活动,有机整合旅游资源和赛事资源,不断丰富旅游产品。红色旅游如火如荼,在2016上海大学生旅游节期间推出红色旅游线路设计大赛和红色旅游自拍比赛,引导青年学生关注红色旅游,把"红色魅力"与"青春时尚"有机结合在一起;借建党95周年、红军长征胜利80周年之际,聘任国家一级演员刘小锋为"上海红色旅游宣传大使",策划拍摄《发现新上海——红色之旅》宣传片,组织开展第二届全国"红色旅游故事会"大赛上海分赛区活动。水上旅游有序推进,配合黄浦江旅游整治,印制上海水上旅游宣传资料在相关渠道进行发放,进一步推广上海水上旅游资源;在中国国际旅交会期间,特别安排了上海水上旅游特色展台,向业内人士及公众推介上海水上旅游项目。

全域旅游示范区建设有序推进。2016年,黄浦、青浦、崇明、松江积极推进全域旅游示范区建设。黄浦区建立全域旅游发展综合协调机构,加快以打造文化旅游产品为核心的产业融合发展,完善都市旅游公共服务体系;青浦区加快淀山湖国家级旅游度假区、青西郊野公园建设,不断完善旅游配套服务设施建设,探索建立全域旅游综合执法机制;崇明区深入挖掘生态旅游特色,合理开发生态旅游资源,以全域旅游发展为抓手,促进本地居民脱贫致富、改善生活质量;松江区以保护历史文化遗产为原则,围绕古上海寻根这一主题,形成观光游览、民俗体验、文化研学、节庆赛事等人文旅游产品。

2. 盘活资源,重点区域建设进展顺利

国际旅游度假区建设取得阶段性成果。经过多年建设筹备,各方通力合作,大胆创新,将迪士尼标准和本地最佳实践紧密结合,精心融入中国元素,将一座充分展现"经典迪士尼、精彩中国风"的乐园呈现在世界面前。2016年6月16日,上海迪士尼乐园盛大开园,国家主席习近平发来贺信,国务院副总理汪洋宣读习近平主席的贺信并致辞,上海市委书记韩正出席开园仪式。通过全面做好开园前、试运营期间以及开园后的各项运营和管理工作,截至2016年底乐园共计接待游客约600万人次,是中国迄今规模最大的现代服务业中外合作项目之一。

佘山国家旅游度假区建设加快推进。2016年,《佘山国家旅游度假区"十三五"旅游发展规划》正式发布。同时,针对佘山新一轮发展实际,发布《关于推进上海佘山国家旅游度假区建设发展若干意见》,进一步加快度假区建设步伐。广富林遗址文化公园等功能性项目建设加快推动,旅游项目招商和市场开拓力度不断加大,度假区旅游产品内涵有所丰富和深化,佘山国家旅游度假区旅游市场呈多元化发展态势。

邮轮旅游发展实验区稳步发展。2016年,上海聚焦培育邮轮旅游产业链,推动邮轮旅游基础与配套设施建设,吸引更多邮轮企业和机构集聚上海,提供邮船物资供应、船舶维修保养等服务,推动观光、娱乐、购物等邮轮相关产业发展。加强邮轮旅游行业规范建设,制定并发布《上海市邮轮旅游经营规范》。不断优化相关服务和便利化措施,上海国际邮轮旅游服务中心投入运营,自10月1日起在上海实行外国旅游团乘坐邮轮入境15天免签政策。

浦江旅游持续推进。编制《黄浦江游览空间布局规划》,开展浦江游览水陆联动方案编制工作,明确"水陆资源互通、水岸线路互动、设施服务共享"的发展理念,深化浦江游览内涵、激发市场主体活力、创新优化产品供给。重点聚焦"徐浦大桥-复兴岛"核心区段,进一步挖掘浦江两岸旅游资源、加强水陆联动、丰富游览线路、提升服务品质、加强品牌推广,全面提高浦江游览吸引力和影响力。

3. 惠民利民,旅游消费持续旺盛

节庆活动精彩纷呈。2016年春节、国庆等假期中,上海市各级旅游部门和旅游企业共推出“民俗迎新”、“都市观光”、“亲近自然”和“农家拾趣”等几大类数十项精彩纷呈、极具特色的旅游产品和活动,方便市民游客体验民俗风情,共享都市欢乐。上海旅游节期间,举办了花车巡游暨评比大奖赛、上海购物节、美食节、玫瑰婚典等56多项丰富多彩的活动,吸引了1 150万市民游客参加。同时,各区县在2016年也推出一系列都市旅游创新节庆活动,徐汇区的龙华撞钟结合迎新第一游,浦东新区的上海桃花节新增两处千亩桃园试开放,奉贤的上海菜花节引进了来自夏威夷的快闪项目,宝山的上海樱花节全面开放公园二期的悦林湖、樱花品种园、郁金香花阶等新景观、新品种,静安的国际茶文化节首次结合微旅行的概念。这些节庆活动都是经过多年举办,已形成一定的品牌效应,取得不俗的市场反响。

假日消费持续旺盛。2016年,上海依托重大节日和节庆活动推动商旅联动,节假日消费旺盛、节日效应明显。以购物节为例,据上海市商务发展研究中心对重点商业企业的销售监测数据显示,2016年上海购物节销售同比增长10.2%,消费能级创出新高度。其中,餐饮业的营业额同比增长11.7%,文化娱乐服务业同比增长10.5%,均高于同期的零售业增幅。据中国银联上海公司统计,9月10日至10月4日期间,全市共实现银行卡跨行交易1.09亿笔,交易金额4 318.75亿元,同比增长17.5%和132.7%。其中POS消费金额1 402亿元,同比增长8.3%。

惠民利民力度不断增强。2016年,上海立足民生,推出了一系列惠民活动。“2016中国旅游日-上海市主题宣传活动”为市民提供丰富旅游咨询和实惠旅游产品,让更多人体验上海、感受上海,同时呼吁“爱旅游,爱生活,文明出行”。活动当天,全市58家景点以半价门票迎客。“乐享金秋上海,畅想多重优惠”连续第四年在旅游节期间推出,全市有60家景区点参与门票半价惠民活动,受到广大市民游客一致好评。

4. 多元推广,都市形象不断提升

深入推进品牌营销。为了进一步强化产品定位和宣传功能,2016年的春夏秋冬四季上海旅游消费信息和《四季上海旅游消费导刊》全年共发行12期,与去年相比每期增印1.5万份左右。同时,四季旅游宣传片在腾讯、爱奇艺、土豆、搜狐、乐视、优酷等视频网站和旅游时报微信等平台播出,放大了传播效应。2016年,“微游上海”迎来新的升级,推出“爱·黄金时代”(虹口)、“走·健行美好”(徐汇)、“寻·艺术之美”(黄浦)、“品·咖啡之意”(静安)和“食·隐于小巷”(长宁)五大主题,强调从体验者的感官和体验出发,品读城市里微小的风情以及风景里那些小而美的情趣。

创新旅游营销推广模式。2016年,上海聘任优秀演员胡歌为旅游形象大使,借助其在海内外拥有的知名度和影响力,为上海旅游宣传放大效应。一年来,形象大使胡歌陆续参加了2016“魅力上海”城市形象英国伦敦推广、上海旅游节开幕大巡游、“长三角之夜”沪苏浙皖区域旅游联合推介、上海迪士尼正式开园揭幕等多个活动,并参演上海城市旅游形象宣传MV《我们的上海》,在喜马拉雅电台开设了“胡歌旅游代言人”频道,制作并发布《跟着胡歌游上海》旅游指南。为了让上海旅游宣传更具有时代性,市旅游局还联合上海广播电视台采用最先进的影像技术,制作了4K城市旅游宣传片和国内首部VR城市旅游宣传片,引起极大关注,获得良好的城市推广和旅游宣传效应。

深入推进旅游文化创建活动。2016年,上海继续开展“旅游文化进社区”系列活动,以“四季上海、天天精彩”为主题,以“和谐社区、文明旅游”为目标,旨在全面构建信息化、生活化、主题化的社区旅游宣传服务网络,全面提升社区旅游文化延展功能,通过各类群众喜闻乐见的活动形式实现旅游宣传进社区、旅游文化进社区、品质旅游进社区。为推广文明旅游、安全出游,2016

年举办了首届市民旅游知识大赛,将文明旅游、诚信旅游、品质旅游、安全旅游的理念和知识传递到区县、街镇和大学校园。

5. 完善主体,公共服务体系不断完善

完善旅游公共服务供给主体结构。2016年,上海积极落实供给侧结构性改革,建立和完善"旅游部门—体制内单位—社会企业"三级旅游公共服务供给主体结构,从全社会的尺度增强上海旅游公共服务的有效供给。一方面,上调市区共建旅游公共服务站点运行经费的标准,增强了旅游局直属公共服务单位的实力;另一方面,继续深化与东方网的战略合作,拓展与上海发布、上海交通广播/应急广播等体制内单位的合作。此外,积极试水PPP模式,鼓励社会企业提供旅游公共服务,支持万达信息建设开通"旅游云"服务平台,指导世范软件升级iTravels移动应用,发挥不同主体的优势和积极性。

升级改造旅游公共信息发布系统。联合市气象局,成立市旅游气象中心,在已有的景区实时人流量、舒适度信息发布工作的基础上,实时发布上海市远郊和重点旅游景区的精细化旅游气象信息,丰富上海市旅游公共信息发布内容。进一步增强旅游公共服务站点的信息化服务功能,新建开通上海国际旅游度假区、上港邮轮城两地三个旅游公共服务站点,改扩建虹桥机场T2航站楼、新国际博览中心两个服务站点。同时,整合旅游信息咨询、智慧旅游VR体验、旅游纪念品销售等功能探索打造服务站点"升级版",推动服务站点开发自有的周边区域旅游服务信息化应用,为旅游者提供移动延伸服务。继续发挥旅游景区(点)道路交通标志的指引作用,启动交通标志更新工作,编写2016版上海市旅游景区(点)道路交通指引标志规范设置手册,用信息化手段规划管理全市旅游景区(点)道路交通标志、停车场引导标志。持续完善市政府实事项目——地铁站点旅游导览系统,新增覆盖第三批137个地铁站,更新55个,按时完成3年覆盖337个地铁站的原定目标。持续推进旅游进社区,完成全市188家社区旅游公共服务点的布点,打造旅游公共服务"便利店"。在全市范围内推动旅游企业开展公益旅游进社区活动。

6. 示范带动,标准化工作成果显著

旅游地方标准接连出台。2016年,上海接连发布《旅游节庆活动服务质量要求》、《房车旅游线路服务规范》、《营地型房车服务功能与设计导则》、《城市旅游休闲区规划与管理导引》、《邮轮旅游服务规范第1部分:旅行社》和《文化旅游空间服务质量要求第2部分:文化创意产业园区》6项地方标准,掀起上海旅游地方标准制定工作的又一个高潮,创下一年制定出台标准的历史纪录。此外,还对上海21项旅游地方标准中,3项已经过时的标准予以了废止,11项标准开展了修订,使其更加符合时代特征。

标准化工作机构日益壮大。由上海市质量技术监督局于2011年成立的上海市旅游标准化技术委员会是推进上海旅游标准化建设的重要技术机构,经过6年的建设发展,已经成为联系政府与行业、企业、科研机构、院校的重要平台。在2012年成立会展及奖励旅游专业委员会,2013年成立自驾车(房车)专业委员会和邮轮旅游专业委员会。伴随着相关业态板块的成熟,标准化工作数量和质量的不断提升,2016年又设立了体育旅游专业委员会、农业旅游专业委员会、工业创意旅游专业委员会,成为在各自领域推进旅游标准化建设工作不可或缺的重要力量。

7. 共建共享,对外合作扎实推进

长三角旅游合作全方位展开。2016年,四地以更加积极主动的态度,联手、联动、联促,开展了多层次对接、全方位合作。1月,中国(长三角)高铁旅游联盟成立,这是第一家高铁与旅游部门联手成立的联盟,通过"高铁+旅游""旅客+游客""快旅+慢游",推进长三角旅游一体化的实质性发展;5月,上海联合湖北、重庆赴厦门开展"2016长江旅游带联合促销活动";7月,三省市又赴西安开展了以"长江·丝路"为主题的大型旅游联合推广活动,采取宣传片播放、幻灯片演示、特色演出等多种形式的宣传推介,打造"长江旅游"国际品牌;11月,借2016中国国际旅游交易会契机举办"长三角之夜——沪苏浙皖区域旅游推介会",联合宣传长三角区域旅游城市形象，加快推进双向客源一体化发展；12 月，长三角旅游合作第六次联席会议在杭州召开，四地共同签署《2016 长三角区域旅游一体化发展杭州方案》，从共谋长三角区域旅游一体化、共建长三角旅游目的地、共享 G20 峰会溢出效应、共拓长三角入境旅游市场等四个方面进一步深化区域旅游合作，提高区域旅游发展水平。

海外旅游拓展不断加强。2016 年，上海积极配合国家战略，做好重点国家和区域的宣传促销工作，全年共组织 14 次海外出访，包括开展"美丽中国-陆上丝绸之路"欧洲、美洲、港澳旅游推广活动、参加 2016 印度"中国旅游年"开幕式等。围绕"中美旅游年"，针对美国这一上海最重要的远程客源市场，开展系列相关工作，包括接待 5 批"中美旅游年"美国旅行商来华踩线团共计约 160 余人、访问纽约市旅游局以及举行上海旅游推介会等；上海市旅游局与纽约旅游会展局签署了《旅游伙伴城市合作备忘录》，两地将开展户外媒体资源互换、两地旅游推广最佳范例分享等多方合作。做好 2017 年"中澳旅游年"预热，在澳大利亚悉尼举办上海旅游推广周系列活动，受到澳洲社会各界及广大公众的喜爱和欢迎，提升上海城市旅游形象的知名度和美誉度。巩固日韩市场，组团赴日本大阪和香川以及韩国首尔，分别成功举行上海旅游宣传推介会、业界交流活动、"上海周"推广活动等，为将来市场复苏做好准备。（陈宇先）

2016 年上海市餐饮行业发展报告

上海因服务业发达而拥有全国最大的城市餐饮规模，因海纳百川的大都市文化底蕴而汇聚全国和世界的菜肴风味。不仅中国几乎所有的菜系（京菜、川菜、粤菜、湘菜、扬州菜、潮州菜、安徽菜、素食菜等）都汇聚在这里，而且世界各地的佳肴（意大利菜、俄罗斯菜、法国菜、越南菜、韩国料理、日本料理等）也都能在上海觅到踪迹。

2016 年，上海餐饮行业已拥有十万家以上餐厅，餐厅数量和密度位居全国城市第一；在拥有全国最多的购物中心里，餐饮面积占商用总面积已达 25%，为全国最高。在上海，平均每平方公里拥有 15 家餐馆，其中小吃、快餐超过 5 家。上海的餐饮企业 90%以上是民营企业，其余为中外合资、股份制和国营企业。100 多万名员工，是吸收就业最多的行业之一。同时，上海餐饮业及餐饮企业走向规模化、集约化均在全国名列前茅。

一、发展概况

综观上海市餐饮市场 2016 年发展（表 1、表 2）趋势向好，业态变化；需求旺盛，总量低估；效应提升，贡献增大；税收减压，经营平稳。

表 1　协会抽样 76 家餐饮企业经营情况

单位：亿元

指标	2016 年	2015 年	比上年增长（%）
年营业收入	132.26	126.48	4.6
按构成分			
电子商务收入	5.94	4.48	32.7
人工费	29.97	28.45	5.4
人工费率（%）	22.7	22.5	
上缴税收	3.06	5.13	−40.5
利润	8.75	7.9	10.2
利润率（%）	6.6	6.3	
按业态分			
团餐（7 户）	18.33	15.97	14.7
点心（12 户）	30.38	29.54	2.8
正餐（57 户）	83.55	80.97	3.2

表 2 上海统计局规模以上餐饮(住宿)经营收入情况

单位:亿元

指标	2015 年	2016 年
经营收入	1 007.96	1 072.42
比上年增长(%)	7.3	4.7

表 3 上海购物中心(商业综合体)餐饮相关数据比较

指标	2013 年	2014 年	2015 年	2016 年
购物中心数(个)	116	129	148	189
面积(万平方米)		超 1 500	1 612	1 903
销售收入比上年(%)	23.5	16.4	10.9	7.1
餐饮销售占比(%)		27.7	28	超 30
餐饮面积占比(%)	20.2	22.2	超 30	近 50
餐饮贡献率(%)	26	27.7	28	超 30
餐饮坪效(元/天/平方米)	45.4	46.4	43.33~63.33(中位数 53.33)	
按餐饮坪效和其贡献率测算餐饮全年营收(亿元)		703.69	878.69	1 111.28

表 3 数据来源:购物中心协会,及网上披露

1. 趋势向好,业态变化

2015 年上海规模餐饮(年营收 1 000 亿元以上)突破千亿元,为 1 007.96 亿元,比上年增长 7.3%;2016 年上海规模餐饮营收为1 072.42 亿元,比上年增长 4.7%(表 2)。

协会抽样 76 家知名餐饮企业(各业态),2015 年和 2016 年的营业收入分别为 126.48 亿元和 132.26 亿元,比上年增长 4.6%。并且,从两年的成本和利润来看,经营还算平稳(表 1)。

上海购物中心 2014—2016 年餐饮动态数据显示:3 年经营收入同比分别增长 16.4%、10.9%、7.1%,表明购物中心餐饮增长高于全市平均增长水平(表 3)。

大众点评数据显示上海餐饮 2016 年业态变化:小吃、快餐、西餐等业态呈增加趋势;中式正餐,尤其是本帮、江浙、川菜等菜系减少幅度显见。

2. 需求旺盛,形势趋好

上海现有 2 400 万常住人口、700 万外来人员、300 万流动人口、30 万外国人,已形成多元化的餐饮生活方式。同时,随着生活水平提高,举家会餐、外出就餐、叫餐上门的越来越多。有数据披露,上海人 2015 年外出就餐(含宴聚)费用人均就达 3 000 余元,并且以每餐人均 95 元,居于全国第四(前三位是港澳京)。"360 搜索"2016 年初公布全国《酒店餐饮业消费搜索趋势研究报告》,上海的人均餐饮消费水平为 123.1 元,居于全国第三(前二位是中国香港、三亚)。由于上海"世界卓越城市"定位,无论是城市建设、人口流动,还是商业布局、餐饮发展,趋好趋高的规律必然,"吃货第一"的申城餐饮消费均价上升显然。所有这些,皆成为上海市餐饮总量增长的内在需求。

3. 效应提升,贡献增大

通过表 1、表 2、表 3 揭示:经营收入同比增长,尤其是购物中心餐饮数据表明:2014 年比上年增幅为 16.4%,2015 年为 10.9%,2016 年为 7.1%,近 3 年来增幅呈下降态势,但餐饮贡献率却由 2014 年的 27.7% 提高到 2016 年的超 30%,呈上升趋势。这表明购物中心餐饮店铺越开越多,占比趋高(数量和面积),平均达 25%,高的达 50%,"购物中心是吃出来的"这句商界经典之语已经逐渐被验证。在商区、街区、社区,餐饮是不可缺少的"主角",体现"民以食为天"的社会效应和需求贡献在现代市场"不可少、趋向大"的作用和效应。

4. 税收减压,经营平稳

从 2016 年 5 月 1 日起,餐饮业开始全面实行"营改增",为整个行业带来极大的减负利好,对引导餐饮业实施供给侧结构性改革、促进可持续发展起到积极作用。从表 1 数据可以显见"营改增"给餐饮企业带来的减压作用,76 家餐饮企业在人工费上升,租金不可能下降的前提下,2016 年税收下降 40.5%,金额达 2.07 亿元,直接导致利润上升 10.7%,利润率上升 0.3 个百分

点。并且，餐饮企业越是规范、规模大的，越能在“营改增”凭证抵扣中获得利益。如，得益于“营改增”，自2016年5月1日到10月31日，海仑宾馆进项税抵扣达到200万元，比原营业税计算税负降低142万元。同时，“营改增”也倒逼餐饮企业经营趋向规范，倒逼餐饮供应链企业的管理运作升级。

表1数据显示，被抽样76家餐饮企业在2016年的平均利润率为6.6%，表明餐饮经营在整体上呈平稳态势。

5. 此起彼伏，痛点可见

然而，从表2、表3可以看出，上海餐饮市场存在“总量增长，增幅减缓；面积增加，增长滞后；业态变化，有增有减”的情况。同时，来自于餐饮大数据专家“零点餐e通”的统计，2015年，北上广深四个一线城市关店达到16万家，其中上海关店6万多家，意味着以上海为例，平均每天关店数量达到350家。而同时，北上广深四个一线城市的餐厅开业数据达到20多万家，其中上海开店12万多家。开关相抵，上海餐饮企业增加近6万家。而2016年上海餐厅数骤减2.11万家，比上年跌幅为6.7%。综合这些数据的变化结果，揭示上海餐厅，开的多，关的也多，2016年“关”比“开”多。上海餐饮市场“此起彼伏，痛点可见”的形势显然。

二、餐饮业业态发展变化

1. 餐饮业态多元，“小而专”展示活力

上海拥有“海纳百川，有容乃大”的文化精神，餐饮市场汇集聚合从全国乃至世界的美食风味，菜系帮别应有尽有，形成国际大都市多元化餐饮业态全国“最多”(业态最多，门店最多，品类最多)。这样的餐饮市场，用过去餐饮“八大菜系，十六帮别”盖不住，用一直沿用的“正餐、快餐、简餐、中餐、西餐、港菜、台湾菜、东南亚菜”等也盖不住。加上上海从骨子里的“汇集中西、融合创新”传统，餐饮市场的时尚、流行，上海领先，餐饮新业态、新概念层出不尽，如：“互联网＋餐饮”联合发展，微博微信、电商网站平台、APP、各种工具手段全面利用；推广营销、外卖外送、促销团购、网上订餐、半成品订制、厨师上门等各项服务线上线下双管齐下等。

然而，近年来的上海餐厅，大的越来越少，小的越来越多，“小而专”的餐饮在市场展现活力。究其原因：一是国家规定，公款消费餐饮受到禁止、遏制、限制，大中型的公务宴请也越来越少。二是上海是消费前沿城市，餐饮消费需求的多样化、多层次需求在全国领先，引发餐饮市场的细分化、餐饮产品及服务的专业和特色的趋向，由此小而精、小而特、小而美、小而闲等“小而专”的餐饮，也就竞相面世。三是上海作为国际大都市，商用面积的租金原本就很高，加上近年来城区、商区、街区的租金一直看涨，自然逼迫餐饮经营者在餐厅面积求小不求大。四是上海的餐饮企业(集团、公司)发展走在全国前列，集约化程度比较高，厨房中央化、生产工厂化、营运物流化、操作标准化，为门店经营的连锁化奠定基础，小厨房餐厅、无厨房餐厅应运而生，成为小餐厅、多网点、连锁化的内在动力。五是互联网发展为餐饮业发展打造管理、营销等平台创造条件，数据信息的越来越透明公开、传递越来越迅速便捷，使餐饮经营者深感到，餐饮市场的细分，需要分工协作，唯有“小而专”的发展，才能走向兴盛。

2. 大众市场旺盛，“轻餐饮”备受欢迎

轻餐饮概念源于国外，是相对重餐饮(正餐、宴席等)而言，其用餐消费，在时间上超越主餐限制，在空间上更具有选择单一或灵活的特点。可以说，快餐、简餐、茶点、甜品、咖啡等，都属于轻餐饮范畴。

从市场需求决定餐饮经营方式的规律而言，一线城市、国际都市的餐饮需求的多样化，决定了最显见多元特征“轻餐饮”的市场活力和发展动因。是大众餐饮需求的旺盛及对消费者对多元餐饮的选择性、偏好性、诱惑性，让千姿百态的“轻餐饮”在市场备受欢迎。2015年，网络公认的数据已经表明：在上海的商业综合体中，“轻餐饮”占到整个餐饮区30%的面积，而这30%的面积能够容纳整个商场大概50%的餐饮品牌。

2016年的相关数据表明,"轻餐饮"市场有进一步的发展。

同时,"轻餐饮"在市场的活跃,揭示着2016年餐饮业态细分以及业态组合趋势的调整,主要归纳为"三减少,三增加":即高端餐饮比重减少,休闲餐饮比重增加;高楼层餐饮比重减少,各楼层穿插的餐饮比重增加;大店面餐饮比重减少,小店面餐饮比重增加。"轻餐饮"的特质使餐饮经营者感到,"营业面积小了,出品种类少了,员工配备少了"的甜头,可以相对小的投资,在相对少的期限内获利。

3. 市场调整频繁,"销品茂"餐饮变局

餐饮进入市场门槛相对较低,因"民以食为天"而潜力无尽,由此引发的同质化,是竞争进程中"优胜劣汰"、调整频繁的根本原因,具有必然性。在前两年已经形成的餐饮品牌向购物中心集聚的态势下,2016年的上海都市餐饮在购物中心的"变局",更具有规律性和突发性。

一方面是餐饮在购物中心的占比继续上升,超30%(表3),且据购物中心协会发布的数据,在其抽样的购物中心,全年营收同比增幅至少在20%以上,大大高于商业零售增幅,表明餐饮业态成为购物中心的主打。

另一方面,2016年,在上海新开大量商业地产项目(可以理解为购物中心为主),引入餐厅数千家的情况下,但上海餐厅数骤减2.11万家,比上年跌幅为6.7%,可见其竞争惨烈程度丝毫不亚于其他传统零售。这就不难理解,为何不少购物中心虽然费劲心机按照不同菜系网罗各类餐厅,但依然门可罗雀,被视为法宝的餐饮不仅未能有效拉动零售业态,连餐饮业态也陷入不断调整反复招商的尴尬境地。

4. 跨界融合流行,"餐饮 +"等成为亮点

《2016年中国餐饮业年度报告》指出:"在餐饮各个业态成本中,人力成本、房租、原材料成本仍然是持续增加的态势,如何在有限资源下扩大营业额、增加利润是行业的重要课题。有餐饮人士分析,大量复合餐厅的出现,不仅是餐饮业态增加营业额的方法之一"。上海餐饮市场当然不例外,更多的联网推进,更多的资本渗透餐饮,更多餐饮借助资本融入,推助更多的跨界融和,更多的餐饮业态和餐饮模式产生。

2016年,在协会会员餐饮企业中,"宝燕"搞起超市,卖起海鲜,玩起娱乐;"丰收日"搞起大浴场;"沈家花园"合作推出"熊本熊";"小南国集团"与浙江"向阳渔港集团"联合搭建"众美联"平台等。"餐饮 +"的跨界融合案例还有百胜集团与苏宁集团合作,将在苏宁遍布全国的商业物业内开设150家,包括肯德基、必胜客、必胜宅急送、东方既白和小肥羊等品牌餐厅,打造出全新的"购物—餐饮生活圈"商业模式,为消费者提供购物、餐饮、休闲一站式服务消费购物体验。

同时,在网络技术的推进下,围绕餐饮的跨界融合模式,在线上线下都表现活跃。阿里巴巴的"盒马鲜生"搞起"生鲜+餐厅+外卖O2O集市";中国首家定位于纯互联网食品品牌的"三只松鼠"搞起"零食+轻食+水吧集合模式";进入国家500强的"永辉超市"搞起"超市+餐饮的超级物种",并对"超级物种"这种业态诠释为餐厅能够增加顾客到超市消费的频次和滞留时间,餐饮业的高毛利则可直接提升营业额,甚至改善线下店的盈利结构。

总之,无论是"餐饮+",还是"+餐饮 ",跨界融合模式的典型特征就是凸显经营需求的合作性和消费需求的体验性。由此结论:消费者需求的多样化,以及消费者对体验品质的大大提升等因素,促使企业不得不谋求多元化合作发展。

5. 模式重构加快,"主题化"吸引消费

所谓主题餐厅,就是基于成熟的市场环境和个性消费需求而产生,并通过文化嫁接的方式,以创造一个或多个文化主题为标志,从而围绕主题来营造餐厅的环境氛围,提供特色饮食服务的场所。

一是上海特大型开放城市对餐饮的巨大的内在需求;二是在城市建设和商业地产开发等推进下对餐饮发展的巨大的内在推动;三是市场惯性形成的餐饮同质化竞争等倒逼餐饮各业态思考,不仅是产品品类品质的提升。而且是营运模式重构的提升,由此,主题餐饮在近年来就成了市场热门的选择。

2016年，麦当劳联手网易漫画在上海推出四家“二次元”主题餐厅，邀请年轻人参与“二次元”狂欢派对。在上海麦当劳雅居乐餐厅、仙乐斯餐厅、打浦桥餐厅及星空广场餐厅分别以网易漫画旗下的四大漫画形象：清新古风的《仙世录》、甜美少女风的《漫画家与大明星》、机械热血风的《嗜谎之神》和鬼马恐怖风的《中国怪谈》登陆。麦当劳的自助点餐机更首次搭档美萌动漫人物“艾木娘”，和顾客一同开启“二次元”不思议之旅。肯德基在上海国展开设的肯德基概念店Originnal＋则是满满的江南园林 Feel。必胜客美罗餐厅，是一个以“王者荣耀”为主题的餐厅，远远的就能看见“魔法小厨娘”安琪拉端着比萨笑脸相迎；落座抬头一看，嘿，不小心就撞上了法师貂蝉含情脉脉的眼；更有骁勇的射手刘备，被白描在黑色的墙纸上仿佛随时都会破墙而出……餐厅里满满都是“王者荣耀”游戏主题元素，消费者置身其中，可以欣赏到各种“王者荣耀”中的裸眼3D的视觉美感，感受到浓浓的游戏氛围。

显然，以上这些案例意味着“洋快餐”基于市场竞争态势的营运模式重构。

当然，主题餐厅在上海自然是多元的。由于主题餐厅不受品类限制，各餐饮业态都可以打造主题餐厅，儿童、女性、老人、音乐、体育、阅读、动漫、影视、智能、休闲、娱乐、汽车、田野、农舍、丛林、雨林、露台、服饰、便器，以及寻古怀旧等，可以说一切具有精神需求和体验需求的，都可以被组合或融合到主题餐厅，用创意无限，奇特无穷来描述上海大都市主题餐厅的现状和未来。魔都的美食街、美食城、购物中心、文化中心（文化街）、商业中心（商业街）、科技中心（开发区），主题餐厅无所不在。从市场需求角度来说，主题餐厅的出现和发展，是民众餐饮消费追求提升的结果。

同时，2016年餐饮市场的主题餐厅，在争夺消费对象上的选择“以儿童为重点”，具有共性和趋势性。

儿童市场在购物中心占比上升（包括面积、业态、主题餐厅、餐饮消费），尤其是2016年的上升趋势更快。儿童主题餐厅已成为一线城市购物中心的标配。其根本原因是随着国家二胎政策的放开及“85后”“90后”们又一波生育高峰到来，再加上儿童消费在家庭消费的整体占比逐年走高，行业人士大胆判断，优质的儿童主题餐饮品牌，在未来3～5年将迎来创业成长的风口。

6. 节令需求强劲，“老字号”凸显生机

用节假需求和时令需求涵盖节令市场，一年有太多时间属于节令消费。餐饮市场与餐饮生活方式社会化同在，与餐饮消费提升并存。尤其是市民的餐饮消费，从一定意义上来说，就是节假消费和时令消费，家聚、友聚、小聚，婚宴、寿宴、生日宴，以及春节、清明、中秋等习俗餐饮消费，都具有“节令”的特征。近年来，上海节令餐饮需求强劲，协会依据抽样数据分析，2014—2016年的节令餐饮消费同比增长至少在一成以上。

同时，近年来的上海节令餐饮市场，老字号餐饮是亮点，老饭店、老人和、老大昌、老正兴、老半斋、杏花楼、沈大成、梅龙镇、绿杨村、王家沙等，上海的餐饮老字号就有近40家，几乎家家生意红火。

举两家弘扬老字号推陈出新的光明邨、王家沙为例。光明邨、王家沙等老字号始终牢牢把握着上海中老年客群的就餐需求，每日大排长龙，传统节日更是供不应求，经久不衰，两家品牌2016年的总店效益，营收分别是9 700万和8 500万元。并且，面积不算大，光明邨是1 000平方米，王家沙1 800平方米。两家坪效中光明邨每天为265.75元/平方米；王家沙每天为129.38元/平方米。分别是上海购物中心2014年平均坪效46.4元的5.7倍和2.8倍。

以上案例表明：老上海人们的怀旧情结，对老字号餐饮品牌的青睐，因老字号的传承创新而愈加亮点闪烁。

三、效益解析及环境条件

解析全市2016年餐饮市场的效益态势，可以把时间推前至2013年，由于2012年底的中央

“八项规定”等宏观政策因素,对整个餐饮业既是挑战,又是机遇,也就是从那时起,重新开启以大众化餐饮消费为主导的多元化需求齐飞共舞的新局面。在一定程度,对许多餐饮企业而言,是结构调整、资源整合、模式转变乃至整个机制转型的“阵痛”。

综观上海市餐饮市场2013年以来的发展态势:一是大众需求旺盛,总量增长必然;二是市场竞争激烈,此起彼伏常态;三是集聚购物中心,占比上升显见;四是寻求发展突破,践行转型创新(表3、表4、表5、)。这一结论,到2016年,趋势向好,最突出的表现一是餐饮企业利润率的上升(表4数据显示,由2013年的3.8%到2016年的5.8%);二是依据有关数据综合解析,购物中心餐饮经营的平均坪效变化不大。

表4　2013—2016年协会抽样企业经营数据比较　　单位:%

年份	抽样企业数(家)	营业收入比上年增长	纳税额比上年增长	利润比上年增长	利润率	就业人数比上年
2013年	64	−0.8	4.5	−31	3.8	−7.7
2014年	340	2.7	−7.7	3.5	3.4	−6.4
2015年	70	5.5	−6.3	4.5	3.4	−4.6
2016年	40	6.8	−31	6.6	5.8	−2.7

表5　2013—2016年上海统计局规模以上住宿餐饮业经营收入数据比较　　单位:亿元

指标	2013年	2014年	2015年	2016年
经营收入	484	837.2	1 007.96	1 072.42
比上年增长(%)	1.0	5.7	7.3	4.7

显然,自2013年以来的上海餐饮市场效益,总体处于比较平稳的态势,其因素分析可以如下概述:

1. 由于大众需求旺盛,总量增长必然

上海现有2 400万常住人口、700万外来人员、300万流动人口、30万外国人,已形成多元化的餐饮生活方式。随着生活水平提高,餐饮生活的社会化和多样化选择的人群越来越多,举家会餐、外出就餐、叫餐上门的越来越多,成为上海市餐饮总量增长的内在需求。协会多年来抽样调查,大众化餐饮消费依旧占据主流,总量达85%。在餐饮总需求驱动下,餐饮企业、餐厅、餐饮业态及品牌都在增加,购物中心餐饮效应不断提升等,皆体现了餐饮市场总量增长的必然趋势。

2. 市场竞争激烈,此起彼伏常态

据协会掌握的市场动态,参考近年来市工商、市食药监,以及大众点评有关餐饮大数据,上海市餐饮市场主体,开得多,关的也多,开多于关已成趋势。餐饮经营不易,增长低,利润低,成本高,劳力紧。依据协会对70家餐饮企业(集团、公司)的抽样数据,2015年营业收入完成148.22亿元,比上年增长5.5%,其中正餐仅增长2.0%,表明传统餐饮受到挑战的形势依然严峻。

正餐中,中式正餐越来越难做,成了上海餐饮市场非常突出的“痛点”。在越来越细分的餐饮市场,中式正餐业态因菜品多、面积大、用工多、经营服务程序复杂,在原料涨、工资涨、房租涨等逼迫下,成本压力重负。2016年,上海本帮江浙菜,1月初在餐饮业态中的占比是9.3%,12月底就降为7.7%,下降1.6个百分点,是正餐业态中下降做多的;其他的粤菜、新疆菜、云南菜等正餐比重下降，幅度在1个百分点以内。

3. “四种力量”推动餐饮市场的效益

经过对近年来餐饮市场的相关数据分析，再联系上海餐饮市场的业态结构变化，从整个市场和消费需求的角度看餐饮效益，不能不看到由于“四种力量”的推动。

吃货的力量。吃货(群)的形成是互联网时代一个重要的特点，吃货们的信息非常多，他们可以随时随地比较。吃货是互联网时代最有影响力的人群，那些看起来具有美食概念的吃货群，是有多元丰富的互联网化的消费者，影响新一代餐饮的机会，带给餐饮业新的挑战。2016年，根据口碑平台的餐饮消费大数据，上海吃货排名全国第一。

工具的力量。餐厅智能化不仅意味着餐饮经营管理效益的提升，而且展示着餐饮消费服务功能的时尚和便利快捷。随着互联网技术和工具的不断升级，线上点餐、等位和支付，以及线下快捷配送给消费者的就餐带来了更多的便捷性。对消费者来说，足不出户即可享受到送货上门的服务，满足新生代消费者“懒人”的心理需求。同时，众多互联网第三方服务平台的强强联合以及大量投资的流入，很大程度上提高这些平台的服务水平，优化消费者对就餐便捷性的体验。当然，在叙述工具力量的时候，不能不提新媒体对推进餐饮消费需求的视觉冲击力量。新一代的餐饮消费者，不仅需要触动“味蕾”，而且需要触动“眼球”，“就怕吃货有文化”反映现代餐饮消费者注重“体验”的特点。发生在上海餐饮市场的“网红”“熊本熊”等现象，其中新媒体的推波助澜是重要原因。

资本的力量。近年来，餐饮与资本表现出从未有过的亲密，行业不断传出新兴餐饮业态融资的消息。与其他餐饮业态相比，餐饮单品品牌最受资本青睐。因为单品品牌在标准化、模式化方面拥有较大的竞争力。并且单品经营模式易于统一采购、易于统一制作、易于统一工艺、易于复制。味千拉面在2016年“行业回顾”中也提到，2016年不断有新的资本和跨界竞争者进入餐饮市场。从麦当劳和百胜中国战略投资招标，到弘毅资本收购和合谷，再到海底捞、狗不理曲线上市，餐饮巨头和品牌餐饮成为资本游戏亮点。业内专家预测，随着餐饮业竞争加剧，行业整合势在必行，资本并购迎来机遇，而在资本助力下餐饮业也将迎来新一轮上升期。

品牌的力量。餐饮品牌就是餐饮消费者对其的认知度和忠诚度，无论是出货，还是粉丝，都是在对餐饮品牌的追逐中形成。而餐饮品牌的竞争优势，最终取决于“谁拥有消费者，谁就拥有市场”。比如，以业内认可的餐饮“品牌三甲”为例，做火锅的很多，但是做毛肚火锅的并不多，能在毛肚中做的最好的更不多，人们只记住了第一名巴奴毛肚火锅；做披萨很多，但只有乐凯撒从披萨中分化出榴莲披萨，并成了榴莲披萨中的第一名；做茶饮的太多，喜茶，如果只是普通的茶饮，恐怕也不会有年轻人心甘情愿的排几个小时长队就为了喝一杯茶，它占领了芝士奶茶品类的制高点。至于品牌的力量不仅体现在品牌经营上，而且体现在可以作为资本运作的“经营品牌”上，小南国集团对“满记甜品”的资本运作，从数百万元购进此品牌，到数亿元售出，是上海餐饮业品牌资本运作的成功案例。

这“四种力量”的推动，影响着餐饮市场的效益，同时也改变餐饮市场产生效益的环境。

4. 餐饮市场环境趋好，保障其可持续发展

2016年，上海餐饮市场环境趋好是肯定的。在中央“供给侧结构性改革方针”“大众创业，万众创新”等一系列政策指导下，尤其是“营改增”在餐饮业的实施，使餐饮企业得利显见，并且是越规范经营的企业越得利，越规模发展的企业得利也越多。

同时，“营改增”使餐饮业经营管理趋于规范，促进行业内公平竞争，推进餐饮企业上市等，其产生的影响不可低估。

对推进上海餐饮企业可持续发展有利的政策，还有财政部、国家税务总局发出的完善股权激励和技术入股有关所得税政策；由国家发改委、中国人民银行发布的有关银行刷卡费的调整，使得餐饮等行业商户贷记卡、借记卡交易的发卡行服务费、网络服务费费率合计可分别降低

53%~63%等。

四、对政府指导支持餐饮业的建议

1. 政府要抓导向

一抓培训，提高餐饮人员素质。

二抓小企业，建议政府以点带面，推广《小餐厅规范管理条例》。

三抓供应链，既要抓源头追溯，还要帮助餐饮业搭建采购平台，建议政府鼓励和支持从源头到餐桌的"阳光采购工程"。

四抓上海餐饮"老字号"的传承发展。上海餐饮"老字号"是上海餐饮文化历史和市场发展的缩影和印象，是上海城市文化的名片。要贯彻落实习近平总书记关于弘扬中华"老字号"的思想，打造有利于餐饮"老字号"传承发展的市场环境和舆论环境。要用政策支撑、资金支撑的行动，讲好上海餐饮"老字号"的"中国故事"。

五抓魔都夜市，应在"政府主导、协会协助，规划立项、市场运作"和"政府搭台、企业唱戏，条块结合、齐抓共管"的基本运作思路下，打造与上海建设"卓越的全球城市"相适应的魔都夜市，落实《上海促进新消费行动计划》提出的打造国际美食之都，培育"成街、成市、成节"的美食文化；培育"有特色、有品牌、有秩序"的夜市特色街区。

2. 政府要给政策

以上的导向项目，政府要给予政策支持，比如"购买服务"，以及有关的"项目资金补贴"等。应继续在减税、免费、民生餐饮、绿色餐饮、品牌餐饮等项目上提供资金扶持等。(赵伟石)

2016年上海市典当行业发展报告

一、业务数据统计

1. 经营网点统计及分布情况

2016年12月底，全市典当企业为253家，比上年减少3家，其中，新设1家，被商务主管部门取消经营资质4家；分支机构65家，比上年减少4家；共计318家经营网点。占全国9 212家经营网点的3.5%(表1)。

表1　经营网点按上海市行政区县划分情况　　单位：家

区县	法人	分支	网点	比重(%)	区县	法人	分支	网点	比重(%)
总计	253	65	318	100	闵行区	22	2	24	7.5
黄浦区	20	6	26	8.2	青浦区	5	2	7	2.2
静安区	34	6	40	12.6	松江区	9	2	11	3.5
徐汇区	18	8	26	8.2	宝山区	10	3	13	4.1
虹口区	18	3	21	6.6	奉贤区	10	0	10	3.1
普陀区	17	8	25	7.9	嘉定区	12	2	14	4.4
杨浦区	19	2	21	6.6	金山区	2	1	3	0.9
长宁区	17	4	21	6.6	崇明县	1	1	2	0.6
浦东新区	39	15	54	17.0					

因新设典当企业数很少，且有个别典当企业和分支机构注销，故全市典当企业数比上年相应减少。浦东新区经营网点最多达 54 家，其次是静安区，崇明县经营网点最少为 2 家。中心城区经营网点依旧饱和，周边各区经营网点多半集中在区中心商业地段。有近 15％的经营网点设在大楼内部(图 1)。

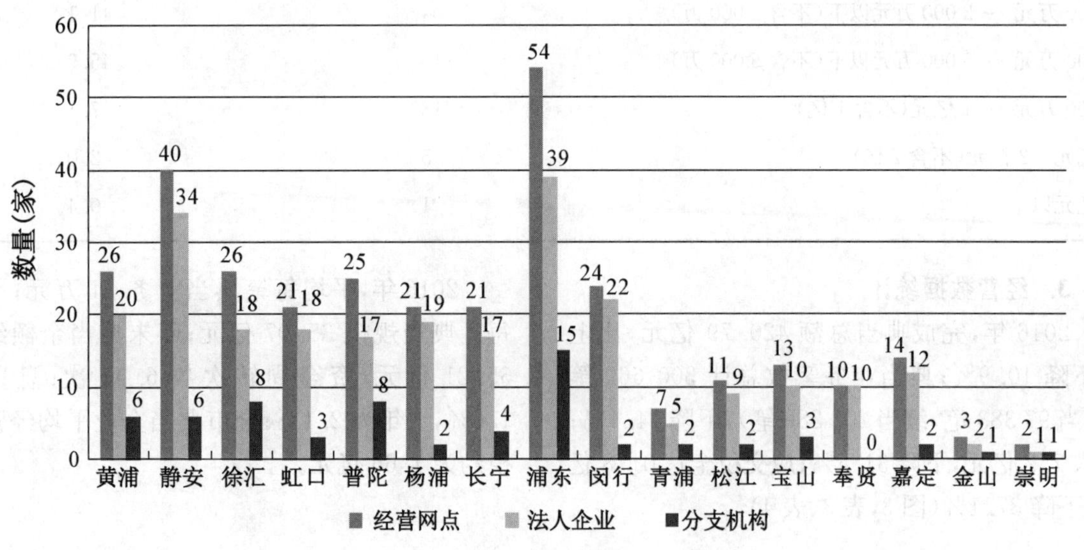

图 1　各区县典当经营网点对比表

2. 注册资本金统计

全市注册资金(按 253 家企业计算)为 632 528.5 万元，比上年 637 096 万元，下降 0.7％，占全国注册资本金的 3.8％。因申办典当企业的减少，个别典当企业的减资或注销，注册资本金有所减少。有 87.3％的企业其注册资本金在 1 000 万元至 5 000 万元以下区间，有 6 家企业注册资本金达亿元，1 家注册资本金超 2 亿元，达 2.45 亿元(表 2，图 2)。

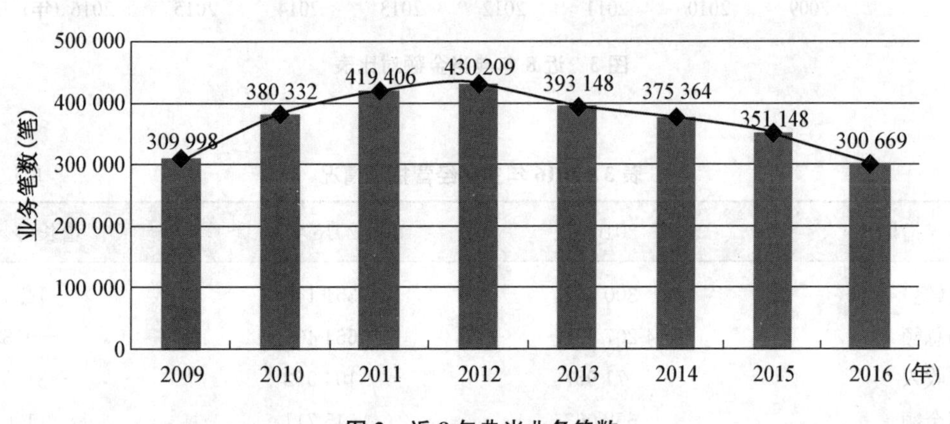

图 2　近 8 年典当业务笔数

表 2　企业分布结构情况

分类	企业数(家)	比重(%)
总计	253	100
1 000 万元以下(不含 1 000 万)	9	3.6
1 000 万元 ～ 2 000 万元以下(不含 2 000 万)	104	41.1
2 000 万元 ～ 5 000 万元以下(不含 5 000 万)	116	45.9
5 000 万元 ～ 1 亿元(不含 1 亿)	18	7.1
1 亿元～2 亿元(不含 2 亿)	5	2.0
2 亿元以上	1	0.4

3. 经营数据统计

2016 年,完成典当总额 420.79 亿元,比上年下降 10.9%;典当业务笔数总计 300 669 笔(新当 97 383 笔,续当 203 286 笔),下降 14.4%;收入 7.2 亿元,下降 31.5%;应交税金达 0.78 亿元,下降 37.1%(图 3,表 3、表 4)。

2016 年,平均每笔典当业务 14 万元;平均每月典当规模 35.07 亿元;年末典当余额约为 65.21 亿元;资金周转次数 6.45 次;息费率 1.6%,上年为 2.1%;全市典当企业平均经营规模约为 1.66 亿元。

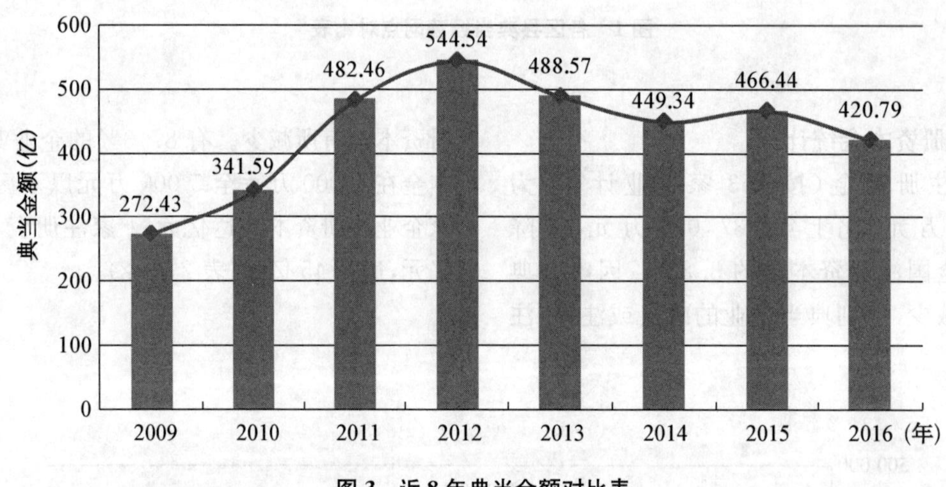

图 3　近 8 年典当金额对比表

表 3　2016 年主要经营指标情况　　单位:万元

指标	2016 年	2015 年	增长(%)
典当笔数(笔)	300 669	351 148	－14.4
典当总额	4 207 934	4 664 405	－9.8
总费收入	71 967	104 992	－31.5
典当余额	652 063	645 711	1.0
应交税金	7 787	12 380	－37.1

表 4 2016 年主要业务经营情况 单位:万元

指标	2016 年	2015 年	增长(%)
典当总额	4 207 934	4 664 405	－9.8
其中:房地产	2 550 683	2 717 902	－6.2
财产权利	484 043	485 371	－0.3
动产	1 173 208	1 462 070	－19.8

二、行业经营情况分析

经过上年止跌反弹后,2016 年经营情况再次出现明显下滑,业务笔数、典当总额、收入、应交税金均有不同幅度的下降,尤其是收入和税金下降幅度较为突出,典当规模增长的企业数与上年相比减少 31 家,为 74 家,其中同比增长幅度超过 10%的为 58 家;而业绩下滑企业则增至 174 家,其中有 143 家企业下降幅度超 10%。企业两极分化情况进一步突显,规模排名前三十的典当企业占经营规模比重的近 6 成。

近年来,行业整体资本实力一直保持稳步增长水平,在全国范围内名列前茅,但投入后所获得收益却与资本实力不成正比。这成本与收入所形成的突出矛盾,直接体现在业务笔数减少、单笔数额增大、息费率的降低、企业收入的减少等方面,导致企业业务结构单一,业务风险的加大,资金周转速度减缓,员工收入减少产生的人才流失等情况出现,也使得行业的经营特点从原来短期、小额向不适宜的长期、大额转变,逐渐与银行等金融机构同质化,让行业丧失原本差异化竞争优势。不少企业从原本发展盈利的经营方向转变成为生存而努力。另外典当企业为中小微企业服务的同时不能忽视的是其自身这也小微企业。由于各项监管的限制,融资渠道单一且成本较高,如与银行等金融机构同质化经营,那典当行业只有逐渐边缘弱化直至消亡(表 5～表 8)。

表 5 2016 年动产业务经营情况 单位:万元

指标	2016 年	2015 年	增长(%)
动产	1 173 208	1 462 070	－19.8
其中:生产资料	153 166	262 667	－41.7
机动车	77 457	93 712	－17.4
民品	942 586	1 105 691	－14.8

表 6 2016 年民品业务经营情况 单位:万元

指标	2016 年	2015 年	增长(%)
民品	942 586	1 105 691	－14.8
其中:金银珠宝类	603 124	711 592	－15.2
艺 术 品	147 284	153 130	－3.8
生活资料类	57 995	73 603	－21.2
其 他 类	134 183	167 366	－19.8

表7　近8年业务所占比重　　单位:%

年份	房地产	机动车	生产资料	财产权利	民品
2016年	60.6	1.9	3.6	11.5	22.4
2015年	58.3	2	5.6	10.4	23.7
2014年	57.7	2.1	6.9	12.4	20.9
2013年	59.3	1.9	11.4	11.5	15.9
2012年	54.1	1.4	22.1	10.6	11.8
2011年	54.2	1.3	25.5	12.9	6.1
2010年	53	1.2	24.1	12.9	8.8
2009年	56.7	1.3	20.7	12.3	9

表8　全市从事各业务企业数情况

分类	2016年(按253家计算)		2015年(按256家计算)	
	企业数(家)	比重(%)	企业数(家)	比重(%)
房地产	186	73.5	209	81.6
生产资料	20	7.9	26	10.2
财产权利	68	26.9	78	30.5
机动车	55	21.7	74	28.9
民品	191	75.5	192	75

各项数据下降原因主要如下:

一是外部整体经济环境欠佳,典当行业面临比较严峻的生存压力,部分企业主动收缩业务规模或者暂停经营,以避免不佳经济环境带来的风险。有10%的企业业务停滞,亏损企业占38.9%,且有进一步扩大趋势。

二是2016年企业诉讼案件增多,逾期贷款数额较大,占用大量流动资金,导致注销退出企业数增加。依据走访座谈调查结果看,从事房地产业务的典当企业几乎每家都遇到诉讼案件,且典当企业胜诉率在9成以上,但执行到位率不足3成,严重拖累典当企业正常发展。

三是有近80家企业有地址、法人变更及股权转让乃至整体转让情况,占企业数的31.6%,有个别企业列年来转让数次,这直接影响企业经营连续性。

四是目前民间借贷有法可依,发展迅速,日趋便捷,弱化了典当行业一直引以为傲的短、小、灵、快优势,外加如小贷、担保、融资租赁等与典当有着不少同质化经营竞争行业挤压,让典当行业生存空间减小。

五是政策扶持较少,《典当管理条例》出台无望,《典当管理办法》的修改和相关指导意见还未跟上,现有法律法规束缚行业发展。

但从2016年的数据统计及协会的走访调查中也发现不少亮点如下:

一是财产权利业务跌幅趋稳,这也是该业务连续多年快速下跌后出现的首次起稳信号。

二是个别企业与汽车4S店合作并涉足拍卖垫资业务,令业务额大幅增长,使企业员工待遇和积极性得到提升,企业步入良性循环之中。

三是2016年已有部分企业增资扩股,也有要求开设分支机构,证明对行业发展存有信心。

四是大型企业华丽回归,优质资本的融入,使业绩大幅提升,给行业注入新的活力。

五是不少企业在逆境中创新业务,如利用

"互联网+典当"创新优化融资放贷流程，与第三方公司合作搭建远程评估、绝当处置、专业培训的互动合作平台，建立艺术品质押融资平台等。这些创新业务为行业的转型发展提供思路。

具体业务中，各项业务均有不同幅度下滑，房地产业务依旧是支柱业务，占比超6成，民品业务首次出现下滑，生产资料业务继续大幅度萎缩，财产权利业务下滑趋稳，机动车业务也出现两位数下降(图4)。

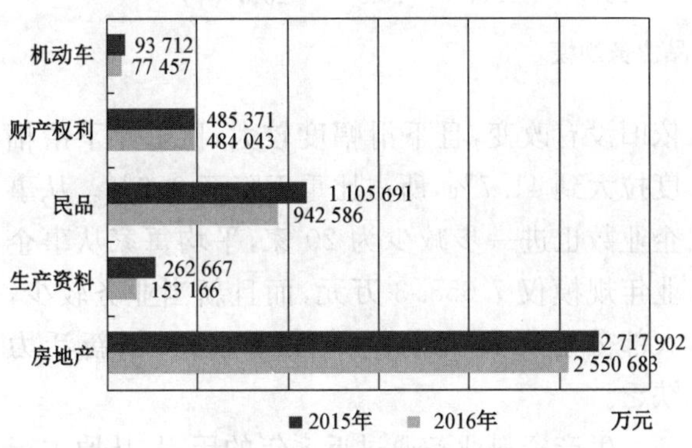

图4 业务对比表

1. 房地产业务比重增加，支柱业务地位难以撼动

2016年，房地产业务比上年虽然下滑6.2%，但所占业务比重超过6成，发展趋势还属稳定，说明房地产业务的行业支柱地位难以撼动。由于上海楼市价格常年处于高位，且还在连续上涨中，包括2016年初的楼市疯涨后，间接助力典当业房地产抵押业务发展，不少典当公司原本长期逾期的房地产业务借助此次上涨纷纷回本收息。

房地产业务还需注意以下要点：

一是要吸取过往教训，业务流程还需进一步完善，如典当企业自身能力有限，可聘请专业律师团队进行打理，避免操作过程中的瑕疵给典当企业带来不必要的麻烦。

二是不要片面追求高收益，事前客户筛选审核必不可少，尤其要对客户借款目的、还款能力、抵押物评估等进行了解。如遇到公司客户，还需对该公司的整体经营情况进行深入了解。同时实现制定多套预案，以便发生绝当情况时有条理操作。

三是应定期与客户联系，了解客户近况，对当期超过6个月以上的客户要重点关注还款能力，而对逾期客户更是要加紧催讨，对客户还款无望的业务要及时处置，切不可拖延懈怠。

从政策面来分析，国家坚决定调，房子要回归"住"的本质，所以严格的限购限贷政策预计还会持续较长一段时间，短期爆发式上涨的可能性不大。但决定房价涨跌的核心因素还是供需，上海本地土地供需依旧紧张，从近期购买地块的情况看，购地投资成本继续上升，同时2016年下半年的限购和暂缓预售证，也让很多前期高价地开发的楼盘并未入市，而在新的一年里，这些高价盘必然会逐渐入市，多种因素叠加，估计楼市价格会保持平缓增长。

而对典当行业来说，在上海楼市处于高位且国家调控的较稳定时期，上海典当业房地产业务会继续保持规模大、高比重、高收益的发展状态。各企业可根据自身情况合理介入，借助房地产回暖的契机令业务有所增长，虽说2016年解套企业不少，但风险把控不可忘，要避免再一次的套牢。

2. 民品业务出现下滑，发展思路不断开拓

作为仅次于房地产业务的传统业务，2016年，民品业务比上年出现两位数幅度的下滑，下降达14.8%，是连续多年上涨后首次下跌(图5)。业务额下降的主要原因：

一是原本占行业民品业务额较高比重的个别典当企业因公司股权调整，民品业务暂停，影响行业整体业务额度。

二是前几年提到的单笔业务金额过大所带来的风险在2016年有突出体现。部分典当企业由于单笔业务额较大，所当物品流通周转性原本就一般，加之外部整体经济环境不佳，民品市场不景气，致使逾期情况、绝当难处置情况增多，过去流通性较好的物品，如高档手表、翡翠玉石等，近年来出现滞销情况，影响业务发展。

三是由于整体民品市场不佳，部分典当企业主动收缩业务，对一些流通性差当物品种严格把关，提高收当门槛。

四是人才流失情况加剧，行业呈现结构性人

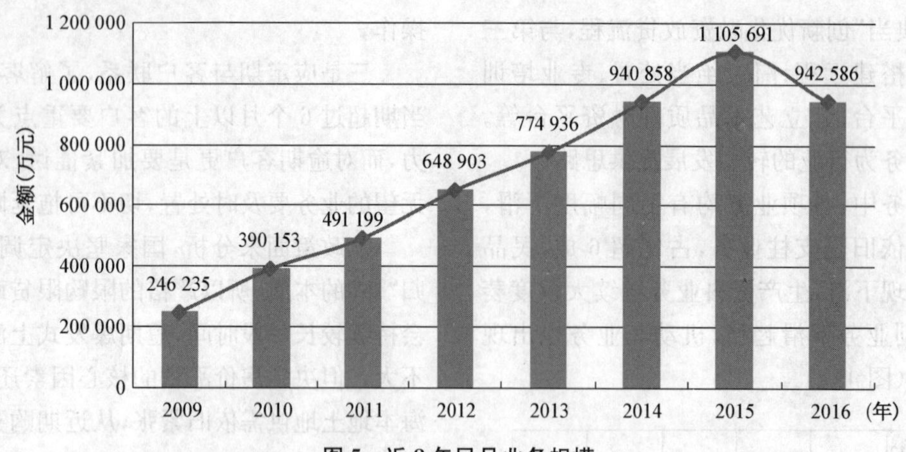

图5　近8年民品业务规模

才缺失,熟练鉴定技术人员缺少,后备培养技术人员跟不上,部分典当企业难以开展民品业务。

下降幅度虽大,但各典当企业重视和业务思路开拓,业务发展势头和信心未变。如2015年民品业务额剔除上述提到的个别股权调整企业业务额158 461.4万元,为947 229.6万元,而2016年民品额与之同比仅仅下降0.5%,几乎持平。民品业务并未出现实质性的转势下降,个别企业的数据下降不会影响行业民品整体发展。

行业中,有典当企业利用企业品牌效应,创新搭建艺术品质押融资平台,2016年顺利通过验收。平台通过整合资源,构建从融资到收藏、从推荐到跨界、从交易到流通的一体化平台,并通过各项管理及衍生服务体现价值,建立创新的艺术品质押融资模式,从而形成一套有效的艺术品评估鉴定体系,弥补国内市场在艺术品质押融资体系上的空白,以质押融资方式体现艺术品的投资价值,从而推动艺术品产业稳健发展。

还有不少企业寻求与第三方鉴定机构合作,搭建远程评估、绝当处置、专业培训的互动合作平台,借助外来优质、便捷资源典当企业可以实现过去难做、不敢做的奢侈品业务,同时为绝当品的处置提供新渠道和一定的托底保障,逐步形成民品的合作鉴定新模式之一。相信今后随着沟通的加深或平台的完善,这种合作关系会进一步得到扩大和深化。

3. 生产资料业务下滑态势不变,逐渐成为行业边缘业务

2016年,生产资料业务呈现连年下滑态势依旧没有改变,且下滑幅度较大,比上年下滑幅度拉大到41.7%,所占比重下降至3.6%。从事企业数也进一步减少为20家,平均每家从事企业年规模仅7 658.3万元,而且新当业务较少,大部分业务额为前期的续当业务,创新活力缺乏。

生产资料业务通过近8年的历程,从原本行业业绩发动机,新兴增长点地位逐步转化至有益补充的位置,边缘化趋势突显。由于钢贸业务的一时兴起,吸引业内企业扎堆式从事,而对风险的预见、控制手段的缺乏,令事后遇险手足无措,"一女多嫁"情况频出。这其中的经验教训需要我们深思。这个演变过程也是一种回归业务本质的过程,原本该业务就处于行业有益补充的地位,有相应渠道背景和监管手段的企业从事较为适宜。

4. 财产权利业务下滑趋缓,创新思路有待拓宽

2016年,财产权利业务比上年下跌仅0.3%,基本持平,下滑幅度趋于缓和,所占比重回升至11.5%。无论是从事企业数还是业务品种上看均更趋集中,排名前10的企业占比重的67.3%,业务品种也集中在企业法人股或仓单提单上,新的创新业务品种较少。

财产权业务的发展潜力很大,其涵盖范围很广,包括汇票、支票、本票、债券、存款单、仓单、货单等的票据质押典当;法人股质押典当;专利权、著作权的典当;收益权的典当等。相关的法律法规也可依据《担保法》等上位法,业内做的业务只占很少的一部分，创新思路上还有待拓宽，遇到的主要困难集中在：一是业务拓展创新能力不够，新业务切入点难觅；二是专业从事该业务的人才稀缺；三是外部环境不佳导致的整体业务收缩。

5. 机动车业务有较大幅下跌，寻觅新的发展方向

2016 年，机动车业务规模下滑幅度较大，达 17.4%，基本与 2012 年水平相当，从事企业数减少到 55 家，所占比重 1.9%（图 6）。

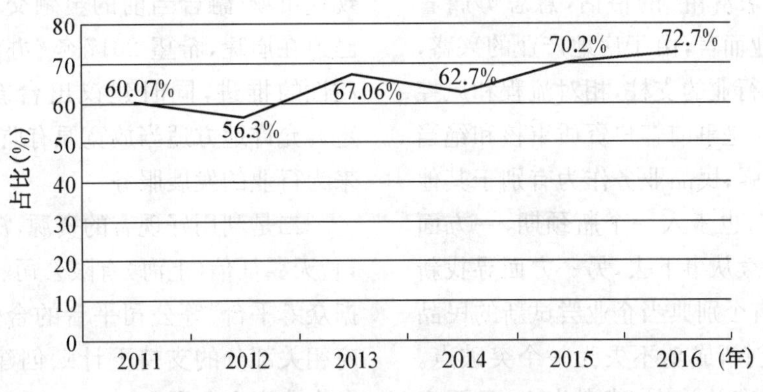

图 6 机动车业务排名前十企业所占比重

近年来，上海市机动车典当业务一直呈现一家独大，高度集中的情况。2016 年，机动车业务排名前十的典当企业占该业务比重的 72.7%。

机动车业务发展遇到的瓶颈和困难汇总后主要有以下几点：

一是政策的不断变化，尤其是车牌质押处置的政策变化，即处置车辆时车牌与车辆需要分开处置，转变过去车牌一并处置的惯例，令业务额有较大影响。

二是车辆的存放、保养等问题一直限制业务的发展。

三是民间借贷等外部冲击行业逐年兴盛，弱化原本典当行快速、便捷放贷的优势。

机动车业务发展需要寻觅新的方向，应该从提高服务质量和客户良好体验上多加功夫，寻找新的优势点，与外部冲击行业形成差异化竞争。

三、行业的发展方向与期望

1. 行业的发展方向

可以说坚持走稳健的转型传新发展道路是目前典当业求突破的必由之路，但向哪转？如何转？是摆在行业面前的一道难题，不过经过多年的摸索，大致我们可以从以下几个方面去思考：

一是提升行业服务软实力，形成行业新优势。全市各典当企业应该转变原先旧的经营思路，尤其是在目前困难的形势下，提升行业的服务水平，给予客户更好的融资体验至关重要，如在实际操作中可以更加的人性化操作，在必要的风控环节不少的基础上，尽量压缩放款时间，同时可适当提供优惠或其他增值服务。

二是利用好各种社会资源，提倡“互联网＋典当”的创新模式，实现资源信息共享，提高经营效率。上海已有个别典当企业利用“互联网＋典当”的手段来开展典当业务，打破原有空间、时间的局限，实现较为便捷对称的信息互通，如原本无法鉴定的民品，通过互联网远程鉴定，可以初步给予客户报价；缺乏鉴定资源的典当企业通过远程鉴定手段，获得同行或者社会第三方鉴定机构的帮助，从而开展民品典当业务；今后可通过互联网平台建立远程教学培训机制，帮助新进和有需要典当企业更好地开展业务；还可开发目前行业数据库，通过互联网平台，实现信息共享，尤其是提供客户逾期信息和诚信记录查询，立足于自己，帮助典当企业解决征信难问题。

三是发挥企业自身优势和经营特点，有针对性的开展业务。各典当企业应该发挥自身优势，尤其是股东方的背景优势，结合企业的实际情况，找准企业服务对象来开展业务。典当企业并

不一定需要面面俱到，所有业务均开展涉及，可选择找准一个突破点，专为某个行业或群体提供服务，深挖探究后可能产出的效益是很不错的。

四是传统优势业务开展需要坚持不懈，立足根本才是生存关键。行业内一直流传“民品做好过小康，房产业务来富裕”的俗话，意思毋庸置疑，就上海市典当业而言，由于房地产业的兴盛，房地产业务一直是行业的支柱，相对流程和风控也较为成熟，主要还是事前客户资质审核和绝当处置的力度需要加强；民品业务作为有别于其他行业的差异化业务，也步入一个瓶颈期，一方面需要坚持不懈的继续从事下去，另一方面寻找新的突破是关键，已有个别典当企业尝试新的民品经营模式，如果能创新成功不失为一个突破点。至于其他业务只是有益补充，能者为之，只要房地产业务和民品业务不倒，那行业的希望不倒。

五是加强处置绝当业务的能力，适当收缩业务等待形势转变。由于行业目前面临的困难局面，有能力的典当企业在创新中求得发展，但这部分企业只占行业的少部分，大多数企业还是存在绝当物难以处置、诉讼缠身、逾期业务偏多等问题。这些企业想要脱困，首先逾期难以收回的业务应及时进入绝当流程，同时加强绝当物处置力度和手段，如自身能力有限可寻求行业内部资源帮助。其次严把风控关，在不影响企业正常经营的前提下适当收缩业务规模，尽量避免新的坏账呆账的产生，多学习业内先进经营理念，等待外部局势的变化。

2. 行业的诉求期望

一是《典当管理办法》已经不能适应当前典当业的发展现状以及未来行业发展趋势的要求，部分规定严重束缚、阻碍典当的发展，为了适应现代市场，融合当前的金融交易，《办法》的修改已迫在眉睫，希望2017年《办法》修改稿能有实质性的推进，同时建议出台新的《典当监管规定》，允许地方适当放宽原有监管束缚，先行先试来为行业的发展服务。

二是利用好现有的资源，深化与上海征信公司、天翼征信(上海)有限公司、“上海新金融大数据众筹平台”等公司平台的合作机制，同时在政府相关部分的支持下计划创建行业内部征信平台为典当企业服务。

三是计划建立行业内部绝当品交易、远程鉴定、“互联网+典当”平台，团结行业力量，整合行业内部资源，逐步形成行业合力，共同度过目前难关。

四、与全国各省市的对比

2016年，据上报数据的省市汇总，全国典当业完成放贷规模3 176.2亿元，上海典当业完成420.79亿元，居全国第四位，占13.2%；全国典当余额为957.3亿元，上海典当业余额为65.2亿元，排名第四位，占6.8%(表9)。

表9 2016年与全国业务数据比较 单位：亿元

单位	全国	比上年增长(%)	上海市	比重(%)	全国排名
典当笔数(笔)	2 186 628	−6.0	300 669	13.8	1
典当总额	3 176.2	−13.5	420.79	13.2	4
息费收入	86.7	−27.9	6.7	7.7	3
典当余额	957.3	−6.6	65.2	6.8	4
应交税金	8.9	−46.6	0.78	8.8	4
房地产	1 592.5	−18.1	255.07	16	2
财产权利	453.3	−25.1	48.4	10.7	3
动产	1 130.2	0.8	117.32	10.4	2
息费率(%)	2.7		1.6		34

(上海市典当行业协会)

2016年上海市会展行业发展报告

一、展览会举办总体情况

1. 规模

2016年，上海共举办展览会项目816个，总展出面积1 604.8万平方米，比上年分别增长9.0%和6.1%。其中，国际展307个，展出面积1 211.2万平方米；国内展509个，展出面积393.6万平方米。

2. 特点

大型展览会增长明显，20万平方米以上项目规模占比达1/4。2016年举办的816个展览会中，20万平方米以上项目的数量和规模比上年双双翻倍，数量达到16个，展出面积合计401万平方米，占总规模的25.0%；10万～20万平方米的为24个，展出面积合计315万平方米，规模占比为19.6%；5万～10万平方米的为32个，展出面积合计211万平方米，规模占比为13.1%。上述72个5万平方米以上的展览会项目，展出面积达927万平方米，占总规模的57.7%。

国际化进一步提升，国际展规模占比达3/4。816个项目中，国际展307个，展出面积1 211.2万平方米，比上年分别增长18.5%和13.2%。

表1 2015年、2016年分规模展览会

规模	项目数量(个)			项目规模(万平方米)		
	2016年	2015年	增长(%)	2016年	2015年	增长(%)
合计	816	749	9.0	1 604.8	1 513.2	6.1
20万以上(含)	16	8	100.0	401	204.4	96.2
10万以上(含)～20万	24	24	平	314.9	316.54	−0.5
5万(含)～10万	32	37	−13.5	210.6	250.76	−16.0
3万(含)～5万	36	34	5.9	138.4	125.15	10.6
3万以下	708	646	9.6	539.9	616.35	−12.4

表2 2015年、2016年分国际国内展览会

分类	数量(个)			规模(万平方米)		
	2016年	2015年	增长(%)	2016年	2015年	增长(%)
合计	816	749	9.0	1 604.8	1513.2	6.1
其中：国际	307	259	18.5	1 211.2	1 069.6	13.2
国内	509	490	3.9	393.6	443.6	−11.3

国际展览会展出面积占比达75.5%，比上年提高5个百分点。

大型场馆承接展会稳定增长，部分中小场馆开始转型。2016年，上海主要的展览场馆中，展出面积排名前三的分别为新国际博览中心(649万平方米)、国家会展中心(426万平方米)、世博展览馆(184万平方米)，合计1 259万平方米，比上年增长13.7%，占比78.5%，提高5.3个百分点。

部分中小型场馆开始转型。国际展览中心和东亚展览馆已分别于年初和年末停止承接展览会；光大会展中心部分展览场地已改建为餐饮

表 3　2015 年、2016 年各场馆举办展览会

场馆	2016 年		2015 年		面积增长（%）
	数量(个)	面积(万平方米)	数量(个)	面积(万平方米)	
合计	816	1 604.8	749	1 513.3	6.1
大中型场馆	624	1 476.5	543	1 335.3	10.6
新国际博览中心	129	649.4	124	570.5	13.8
国家会展中心	43	426	38	388.8	9.6
世博展览馆	91	183.8	62	148.1	24.1
光大会展中心	128	69.6	85	71.8	－3.1
展览中心	58	42.1	61	47.1	－10.6
世贸商城	62	32.6	47	31.5	3.5
汽车会展中心	13	11.5	8	8.4	36.9
跨国采购会展中心	45	41.2	23	19.7	109.1
农业展览馆	13	7.5	12	7	7.1
东亚展览馆	42	12.7	45	14.3	－11.2
国际展览中心	0	0	38	28.2	－100.0
小型场馆	192	128.3	206	178	－27.9

和购物中心。会议和活动成为中小型场馆重要的增长点。

二、会展业发展的宏观政策环境

2015 年，国务院颁发关于展览业发展的最高层级的规范性文件——国发〔2015〕15 号《关于进一步促进展览业改革发展的若干意见》。根据文件精神，商务部建立促进展览业改革发展部际联席会议制度，这是我国会展业发展首次进入宏观经济顶层设计。2016 年会展业发展的宏观政策环境继续呈现良好态势。

一是商务部第一次部级联席会议提出加强展览业标准化工作。2016 年 7 月，商务部召开促进展览业改革发展部际联席会议第一次会议，会议通过国家标准委办公室、商务部办公厅联合印发的《关于加强展览业标准化工作的指导意见》。这个意见强调标准化对展览业发展的重要作用，对我国展览业标准化工作做出系统部署。意见聚焦展览业现实需求，明确未来展览业标准化工作的总体要求、主要任务和保障措施，提出“互联网＋展览业”、产业链融合发展、资源配置及运行、品牌与诚信体系建设、行业管理支撑等五大重点领域标准化工作，提出标准化试点示范、标准实施效果评价等重要实施举措。《意见》的出台，对于完善展览业标准制定、发布、实施、评估，推动行业转型升级具有深远意义。

二是上海市出台落实国发 15 号文的实施意见。为贯彻落实国发〔2015〕15 号文件精神，加快国际会展之都建设，2016 年 5 月，市政府颁发沪府发〔2016〕34 号《上海市人民政府印发〈关于促进上海市展览业改革发展的实施意见〉的通知》。通知指出，展览业是引导和促进投资贸易发展的重要载体，是提升国际贸易中心集聚辐射能力和资源配置功能的重要平台。通知明确，建立由市商务委牵头，相关部门和单位共同参与的市级联席会议制度，上海市会展行业协会是市级联席会议成员单位之一。通知提出 18 条具体意见，其中有 15 条的责任部门与会展协会有关。这说明，在促进上海市展览业改革发展，推进上海国际会展之都建设的过程中，上海市会展行业协会承担重要的责任。（上海市会展行业协会）

2016年上海市再生资源回收行业发展报告

2016年，上海市再生资源回收行业在行业主管部门的关心指导下，在广大回收企业的共同努力和配合下，积极应对行业发展环境日益严峻的影响，根据上海市重构再生资源回收体系及促进生活垃圾分类减量工作的要求，积极推进垃圾分类回收与再生资源回收"两网协同"工作，为上海市循环经济的发展和环境保护作出了贡献。

一、行业发展基本状况

1. 行业规模分析

2016年底，上海市依法向商务主管部门办理备案登记的再生资源回收企业1 529家，比上年增加15家；从业人员1.44万人，增加0.23万人。其中符合上海市生产性废旧金属回收网点布局要求的回收企业808家，占备案企业总数的52.8%。

本会现有会员单位961家，比上年减少41家，占4.1%(表1)。

表1 上海市再生资源回收企业区域分布情况 单位:家

行政区域	备案企业	会员单位	生产性废旧金属回收企业	行政区域	备案企业	会员单位	生产性废旧金属回收企业
浦东	306	191	158	闵行	103	77	74
黄浦	18	9	6	宝山	192	145	135
徐汇	36	9	7	嘉定	206	127	95
长宁	18	10	7	奉贤	101	79	66
普陀	58	19	13	松江	115	77	69
静安	40	22	14	金山	112	64	60
虹口	40	20	12	青浦	56	32	25
杨浦	69	30	27	崇明	59	50	40

2. 行业结构分析

经营业态。随着再生资源回收行业的快速发展，上海市再生资源回收企业着力创新回收模式，逐步由传统向电子商务、连锁经营、"互联网+回收"等新的多元化方向发展。

企业性质结构。以供销社系统为主的再生资源回收行业格局已被打破，上海市供销系统现有回收企业150家，仅占9.8%；民(私)营回收企业发展快速，已成为上海市再生资源回收行业的主力军。

经济类型。对已备案的回收企业经济类型进行分析：国有65家，占4.3%；集体225家，占14.7%；民(私)营1 229家，占80.4%；中外合资10家，占0.7%(图1)。

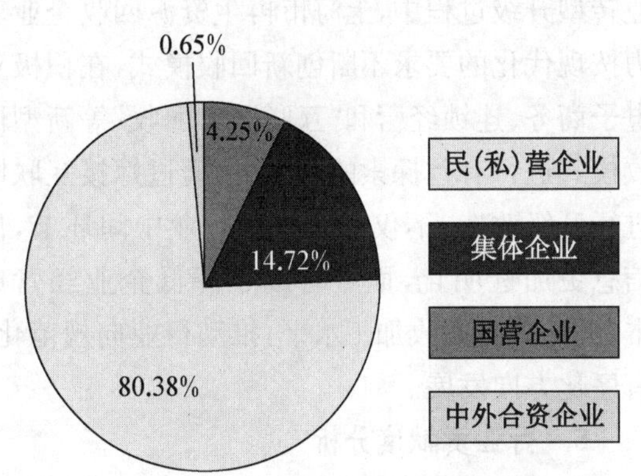

图1 再生资源回收企业经济类型占比情况

分布结构。随着上海市市政动迁、旧区改造及拆除违章建筑力度的加大，上海市中心城区再生资源回收企业明显减少。据统计，本会会员中心城区(黄浦、徐汇、长宁、普陀、静安、虹口、杨浦)119家，占12.4%；市区外围区域(浦东新区、闵行、宝山)413家，占43.0%；郊区429家，占44.6%(图2)。

行业集中度。上海市一批龙头企业通过产业转型升级改造，不断提高回收加工水平。如

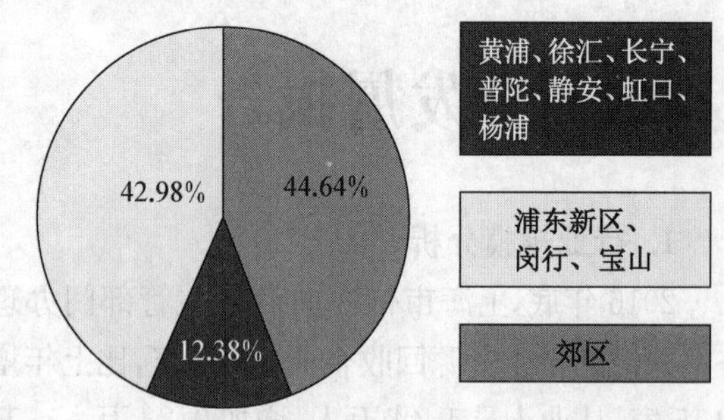

图2　再生资源回收企业区域分布情况

上海燕龙基再生资源利用有限公司、上海新金桥环保有限公司等随着兼并重组加剧,行业集中度进一步提高,使上海市再生资源回收行业集中度较低的现象有所改观。

3. 行业效益分析

2016年,上海市再生资源回收行业共回收各类再生资源711.47万吨,比上年增长6.3%(表2)。

表2　上海市主要再生资源回收情况　　单位:万吨

年份	废钢铁	废有色金属	废纸	废塑料	废橡胶	废玻璃	电子废弃物	报废汽车(辆)
2016	411.41	54.50	95.11	21.73	1.91	65.23	5.11	42 032
2015	410.86	55.66	96.28	24.64	2.74	45	4.72	40 713
增长(%)	0.1	−2.1	−1.2	−11.8	−30.3	45.0	8.3	3.2

由于受到国内外市场环境影响,生产企业减少再生资源消耗,再生资源主要品种价格持续下跌,再加上原材料、劳动力成本上涨较快,再生资源回收企业经济效益明显下滑,再生资源回收加工量减少,致使不少企业处于亏损或亏损边缘。

4. 行业现代化程度

在加强再生资源回收体系建设,积极推进行业转型升级过程中,上海市再生资源回收企业着力按现代化的要求不断创新回收模式,在积极对电子商务、连锁经营和"互联网+回收"等新型回收模式进行有益探索的基础上,通过嫁接互联网进行升级改造,不仅有效减少行业中间环节,使信息更加透明化,而且有助于降低企业经营成本,不断提高回收加工水平,推动行业向规范化、有序化方向发展。

5. 行业贡献度分析

再生资源回收行业的发展对社会经济发展的贡献是十分明显的,主要表现为:一是资源效益明显。对再生资源的回收,使之成为有用的资源,为实现资源再利用提供物质基础,使生产企业减少对原生资源的使用,从而降低企业生产成本,增加经济效益。二是减轻环境污染。再生资源回收利用,不仅有效节约自然资源、能源资源,而且减少废气、废水等有害物质的排放,减少固体废弃物的处置量,从而,对保护环境起到积极作用。三是增加国家税收。自2011年起,国家取消对再生资源回收行业的税收优惠政策,再生资源回收行业的税收成了国家新的税源,为增加国家的财政收入作出一定的贡献。四是为社会创造了大量的就业岗位。再生资源回收行业是劳动密集型行业,行业的发展为社会安置相当数量的农村富余劳动力,为维护社会稳定和推进农村城镇化建设发挥积极作用。总之,再生资源回收行业是一个集经济效益、环境效益、社会效益相统一的具有社会公益性的行业。

二、存在的问题及原因

1. 再生资源回收企业盈利情况不断恶化

产生这个问题的主要原因是再生资源回收行业由于受国内外经济环境和再生资源市场价格持续低迷的影响,回收企业经营成本不断增加,利润空间越来越小。

2. 回收企业数量不断萎缩

随着市政动迁、旧区改造、拆除违章建筑、创建文明城区及环保督查力度的不断加大,上海市大量的回收企业被拆除关闭,而另行重设困难重重,特别是个别区域行政领导不支持在自己的辖区内设置回收企业,对现有的回收企业也往往以各种理由使其关门，导致上海市回收企业数量逐步减少。

3. 不公平竞争现象依然存在

自2011年起取消再生资源回收行业增值税免税政策，回收企业从社会上回收的再生资源无法取得可抵扣的增值税进项发票，只能按销售额纳税，难以承受。且各省份的增值税地方留成返还比例不一致，甚至有地区对企业实行包税制，导致各地企业的实际税负不一样，企业不能在同一起跑线上竞争。

4. 行业整体水平较低

由于行业内规模化企业数量少，行业的“小、散、差”明显，对政策的依赖度高，抵御市场、政策、价格变化带来的风险能力差，缺乏现代化管理制度和经营模式。大多数回收企业设备简陋、技术落后、科技含量低，对提高分拣加工技术水平投入甚少，导致大量可用资源无人问津，从而造成资源的严重浪费和环境污染。

5. 政策环境不完善

近年来，国家和地方政策相继出台一系列促进循环经济发展的政策措施，但由于缺乏统筹性和系统性设计，政策没有形成合力，缺乏对回收环节的政策激励机制，回收行业多次提出财税政策支持弱、企业用地难、回收车辆通行难等问题，一直没有妥善解决。

6. 法律体系不健全

2012年10月，上海市人民政府颁布的《上海市再生资源回收管理办法》实施4年多以来，由于法律效力低、规范力度小，执行力不强，没有形成有效的执法体制和机制，对违规者难以予以制约和处罚，损害法规的严肃性和威慑力，回收经营不规范的现象屡屡发生。

三、促进行业发展的主要对策及政策建议

1. 对策措施

根据存在的问题、趋势及调控要求，提出促进行业发展的对策措施如下：

一是以“创新、协调、绿色、开放、共享”五大发展理念引领行业顺应发展趋势，以创新为主线，积极应付行业面临的新常态和各种挑战，推进行业的转型升级。

二是推广以“互联网＋回收”为主要持证的新的回收模式，运用现代信息技术手段，建立多功能的服务交易平台，实现线上交易线下服务的有机结合。

三是积极推进行业资产重组，促进回收产业集聚和整合，培育龙头企业，对社区无证照的回收人员开展有序整编，进一步提高行业的规模化、组织化、集约化程度。

四是全面落实再生资源回收体系建设五年规划中所确定的各项任务，在完善回收站点布局的同时，应积极创造条件，着力建立管理规范、功能齐全的专业分拣中心，加快形成以回收网点为基础，分拣中心为核心的回收体系。

五是抓住“两网协同”的有利契机，有效摸索两个不同领域网络体系衔接的体制和机制，协调处理好政府、企业、社区、社会等各方面的利益关系，为“两网协同”工作的顺利开展提供保障。

2. 相关政策建议

一是制定和完善涉及回收各个环节的运作标准和规范体系，不断提高再生资源回收行业的规范水平。

二是对《上海市再生资源回收管理办法》实施情况进行评估和完善，提高行业管理法规的法律效力和权威性。

三是加大对再生资源回收行业的扶持力度，鼓励和支持回收企业开拓创新，不断提高回收经营者对行业发展的积极性和创造性。

四是编制上海市再生资源回收行业发展规划和回收网点布局规划，使行业发展的目标和任务更加明确，促进行业健康发展。（上海市再生资源回收行业协会）

2016年上海市仓储行业发展报告

2016年是我国“十三五”规划开局之年，面对经济发展的新形势和行业发展的新要求，面对仓储业已经成为国民经济中占据重要地位的服务产业，上海仓储企业积极融入现代仓储物流业的发展之中，坚持改革创新，积极调整应对，克服不利因素，加快转型升级。

一、上海仓储行业发展基本情况

1. 典型仓储企业发展现状

根据上海市商务委抽象调查的40多家典型仓储企业所收集到的信息和数据分析归纳如下：

(1) 行业从业人员情况。2016年底，仓储企业从业人数为9 630人，比上年底下降6.8%，从规模看，大型企业下降0.9%；中型企业下降2.9%；小型企业下降38.9%。

本科及本科以上学历人数下降15.3%，其中，大型企业下降3.6%，中型企业增长5.4%，小型企业下降63.3%。

(2) 行业经营效益情况。2016年，仓储企业主营业务收入为53.35亿元，比上年下降16.3%。利润总额为4.92亿元，比上年下降20.9%(图1、图2)。

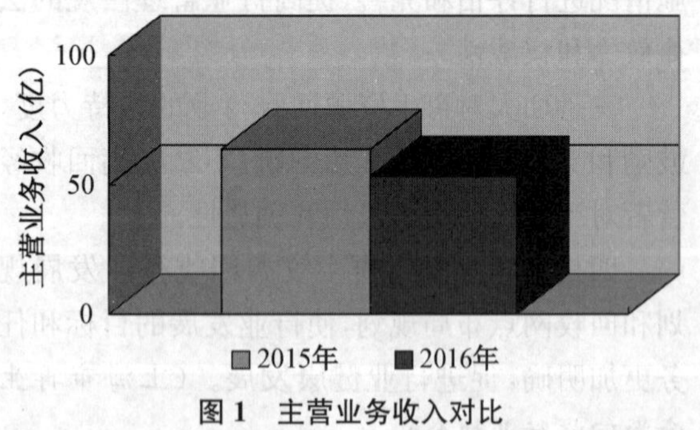

图1 主营业务收入对比

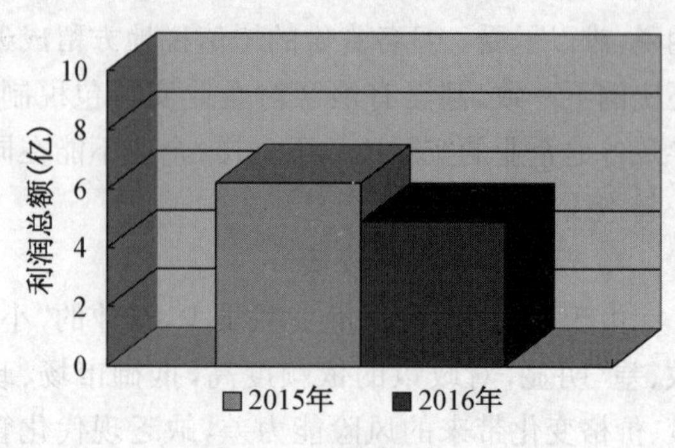

图2 利润总额对比

虽然主营业务收入和利润总额都有所下降，但是，其中主营业务收入同比增加的企业有18家，利润总额同比增加的企业有19家，反映仓储行业经营状况发展是不平衡的。

(3) 行业发展状况分析。根据以上典型仓储企业统计资料分析，仓储企业发展出现不平衡的现象，2016年，主营业务收入同比减少的企业有21家，利润总额同比减少的企业有20家，分别约占50%。

2. 外经贸仓储企业基本情况

2016年，上海市外经贸仓储企业紧紧围绕“平稳、提升、创新、服务”和“转型发展”的工作思路，坚持以优质服务为抓手，以市场经济为导向，积极调整方向，较好地实行“安全生产稳定，经济效益稳定，员工收入稳定”的目标。通过对部分外经贸仓储企业调查，所收集到的信息和数据分析归纳如下：

表1 主要经营指标完成情况

指标	2016年	2015年	增速(%)
吞吐量(吨)	5 478 766	5 749 855	－4.7
储存量(吨)	559 655	589 256	－5.1
营业收入(万元)	61 588	62 857	－2.2
利润(万元)	3 387	3 665	－7.6

表1数据反映外经贸仓储企业经营指标都有所下降，主要原因是上海外贸仓储江湾储运公司整体转型，仓储业务不再是该企业的主要业

务，2016 年仓储收入同比约下降 80%。剔除该因素看，整体发展水平还是处于良好状态，经营状况平稳，对上海进出口贸易中心发展起到一定作用。

2016 年外经贸仓储企业运作特色主要做好“三个管理”：

(1) 经营管理。外经贸仓储企业在经营管理上，积极探索企业发展的新思路，围绕企业发展的工作目标，克服困难，提高效益。

中外运杨行公司积极应对业务量下滑趋势，加大承揽货源的力度，在确保包仓业务稳定收入的前提下，根据木材进出存趋势，气候状况等客观原因，发挥自身功能优势，积极做好挖掘潜力扩大业务范围，一是针对部分客户的退租，公司重点寻找有实力，周转快，附加值高的租库客户；二是利用闲置库房有针对性地寻找商机，大力拓展其他货源作为支撑弥补木材业务的不足；三是结合公司现有场地情况，加快场地周转率，寻找适合场地操作的装拆箱(如卷铜、设备等)，充分发挥场地利用率。

上海新贸海国际集装箱储运有限公司充分发挥企业自身优势，一方面加大对“快检通”快捷、便利优势的宣传推广，积极与集团内部的其他有进口业务的公司对接，业务量呈逐月上升趋势；另一方面苦练控制成本内功，精打细算留住客户，对新引进的客户可以享受报关、报检一体化服务的便捷体验，赢得客户的认同。

(2) 质量管理。2016 年，上海市外经贸仓储企业在贯彻 ISO9001 质量体系的基础上，继续推进“最佳储运企业”创建活动，确保各项指标的顺利完成。

上海外运张华浜公司对业务部门结构进行整合，将各自为政的操作区域划分转变为业务线条板块，形成铁运、仓储各类资源的集中管理，提高服务质量，操作逐步趋于专业化。

新贸海国际集装箱储运有限公司完成进口分拨 WiFi 覆盖工作，配合检疫前置，按检验检疫局要求进度完成电子查验的各项准备工作，配合海关完成预约查验平台的开发工作，实现大数据的采集、分享和分析，提高业务效益，降低运行成本。

(3) 安全管理。2016 年上海市外经贸仓储企业重视安全生产工作，始终坚持把确保“人身、商品和设备”三安全作为日常管理工作中的重中之重来抓。

上海家纺进出口储运公司针对经营中的实际情况，紧紧抓住“四个坚持”，提高仓库的安全度，有效地遏制可能出现的安全隐患。一是坚持加强现场安全管理，及时发现问题消除隐患，坚决制止各种违章行为；二是坚持加强员工的安全教育，提高员工安全意识；三是坚持每月一次的安全专项检查；四是坚持日常巡查工作，规范定期不定期的抽查跟踪。

上海外运张华浜公司根据华东公司和集团安全要求，认真落实隐患排查和整改落实，2016 年初投资专用资金用于整改，顺利通过上海市安全生产标准化验收，4 月份获得标准化二级资质证书。

二、上海仓储业发展主要特点

1. 仓库租金及服务费上升

2016 年抽象调查的 40 多家典型仓储企业，主营业务收入虽然是下降的，但是所包含的仓库租金及服务费略有增加。比上年增长 3.3%，占主营业务收入 37.2%，反映仓储物流企业的经营收入还是以专业仓储业务收入为主打。如上海畅联国际物流有限公司仓库租金及服务费增长 16%，主要是通过提高仓库的出租率来提高企业经济效益，上年有 20% 的仓库空置率，2016 年仓库空置率为零。

2. 商品存储单价上涨

2016 年抽象调查的 40 多家典型仓储企业，每天每平方米存储单价是上涨的。其中，立体库比上年上涨 2.6%，楼房库上涨了约 2.8%，平房库上涨 4.0%。如北芳储运集团有限公司楼房库和平房库的租金都比上年有所上涨。

3. 通用仓库面积扩大

2016 年抽象调查的 40 多家典型仓储企业，通用仓库面积比上年增长 19.1%。其中，立体库增长26.2%,楼房库增长12.2%,平房库增长20.0%。如上海发网供应链管理有限公司2016年常温仓库面积增幅较为明显。

4. 上海电商物流扩展

电子商务是信息时代和现代服务业的重要产物,市场规模持续扩大,仓储物流业作为电子商务发展的关键因素之一,是信息流、资金流、商流的载体和基础。根据市商务委公布的数据,2016年,上海电子商务保持平稳增长,实现电子商务交易额20 049.3亿元,比上年增长21.9%。其中,B2B交易额14 445.6亿元,增长17.3%;网络购物(B2C/C2C)交易额5 603.7亿元,增长35.4%(其中,商品类网络购物交易额2 991.9亿元,增长32.9%;服务类网络购物交易额2 611.8亿元,增长38.4%)。

5. 上海仓储业加快转型升级

仓储企业转型升级。仓储企业面对经济发展的新形势和行业发展的新要求,积极探索企业转型升级发展的新思路,提高企业经济效益。如中外运张华浜公司2016年以储运业务结构调整为主导,各项业务、各项板块齐头并进,新兴业务,传统业务互相补充,"强身健体"效果逐步显现。具体体现在:一是期货交割库业务全面启动,作为储运业务结构调整的"重头戏"——上海期交所橡胶期货指定交割库业务,进行库房调整等工作,完成新兴业务结构调整目标;二是集装箱业务顺利转型;三是仓储业务调整,在重点推进橡胶期货业务的同时,对占用资源多、单价低、人工成本高的部分客户进行调整;四是铁运业务新增烟草装车、上港物流集装箱装卸等项目,呈现上升趋势。

上海市政府开展"五违"综合治理。2016年,上海市政府开展"五违"综合治理,对部分仓储企业的经营带来一定的影响,同时也提供转型发展的机遇。如上海市工艺品进出口公司浦东储运公司借助整治契机,积极开展业务转型升级,当仓库在2016年2月被要求全部关停后,预计将影响全年经营收入150万元,公司抓住这次整治契机,与承租方协商沟通,探索在经营规模模式和经营项目上的转型,将原来人车混杂,隐患重重的物流园区转型升级为互联网+家装新型材料创意园,并于9月正式开张。转型升级后的创意园在全面提升安全的基础上带来更多的经济效益,全年经营收入同比有所增长。

三、上海仓储业"中国星级仓库""服务金牌企业"逐步发展

自2008年仓储业国家标准《通用仓库等级》《服务金牌企业》实施以来,受到业内各方面的广泛关注,并得到较好的贯彻和落实,该两项国家标准对于仓储企业的改善仓库硬件条件、提高服务质量,具有积极的推动作用。

1. 上海仓储业"中国星级仓库"

国家标准《通用仓库等级》,一方面为货主企业选择不同等级的仓库提供依据,节省考察与交易成本;另一方面为仓储物流企业提高仓库的技术条件与管理水平提供目标,有利于仓储服务的优质优价,对于提高仓储业发展的整体水平起到一定作用。

《通用仓库等级》从仓库设施条件、从业人员素质、管理水平和信息化水平等多方面提出要求,按5个级别进行评价认证,五星级仓库为最高级别仓库,四星级仓库为国内领先的仓库,不同星级的仓库,体现企业的形象和追求。

2. 上海仓储业"服务金牌企业"

国家标准《金牌服务企业》的制定和实施,为货主企业、中介组织评介考核公共仓储业、第三方物流企业的服务水平,提供统一的依据,对于提高我国公共仓储业的整体服务水平,有着重要的促进作用。

《金牌服务企业》从基本原则、运作管理、安全管理和运作环境四个方面提出定性要求。

四、上海仓储业存在的问题

2016年,上海仓储业在市政府有关部门的指导和关心下,在仓储企业的共同努力下,整体发展水平从表面看还是比较平稳的。但是通过对抽象调查的40多家典型仓储企业所收集的数据分析,仓储企业经营状况、发展水平、发展速度

不平衡，而且仓储行业的总体发展水平与我国现阶段经济发展水平和规模相比，仍然存在一定差距和问题。主要体现在以下几个方面：

1. 仓储企业经营规模缩小

2016年，在抽象调查的40多家典型仓储企业中，企业从业人数和主营业务收入分别比上年下降6.8%和16.3%。特别是100人以下的小型企业下降较为明显，企业从业人数和主营业务收入分别下降38.9%和75.2%。

2. 本科及本科以上学历从业人员下降

在抽象调查的40多家典型仓储企业中，本科及本科以上学历人数比上年下降15.3%，其中，大型企业下降3.6%，中型企业增长5.4%，小型企业下降63.3%。

3. 仓储企业固定资产下降

在抽象调查的40多家典型仓储企业中，总资产比上年下降7.6%，其中固定资产下降14.8%（大型企业下降11.0%，中型企业增长13.7%，小型企业下降34.4%）。

4. 仓储企业数据收集困难

仓储企业的经营业务具有一定的特殊性，一方面客户需求动态变化大，数据收集难度高；另一方面抽象调查对象不够重视，企业人员变化大，影响数据正确性。如典型仓储企业调查对象上年上报数据有70多家，2016年只有40多家，减少近一半企业数，而且收集到的数据不够完整。

五、促进上海仓储业发展的建议和希望

仓储业是一个古老的行业，是商品流通体系的主要基础，随着社会经济的不断发展，仓储业已成为社会经济发展的重要组成部分，在国民经济体系中占有重要的地位。面对“十三五”物流业发展规划及仓储业发展中存在的问题，提出以下“六点建议”和“四点希望”：

1. 建议

一是提供增值服务，提高企业效益。仓储企业应根据市场需求和企业自身条件，除了提供传统意义上的仓储业务服务项目之外，应选准自己的市场定位，选择适合自己的发展模式，加大企业在经营方式、技术装备的现代化建设力度，扩大增值服务功能，创新经营模式，提高企业竞争力，努力向客户提供配送、包装、加工、信息与咨询服务等各种符合客户需求的增值服务项目，以提升仓储企业的内在价值、保持竞争能力，赢得更多客户，增强仓储企业的市场竞争力，提高企业经济效益。

二是注重人才培养，适应市场需求。随着“互联网+”时代的到来，要求仓储企业充分应用信息网络技术，自动化、数字化、网络化、信息化等高科技技术，实现从传统仓储向智能仓储的转变。既需要掌握一定专业技术的人才，也需要操作型人才，更需要仓储管理型人才，仓储行业的发展需要这三种类型的复合型人才。所以人是企业发展的关键，仓储企业应注重对人才的培养工作，将培养管理型、技能型及复合型人才落到实处，企业也应根据现状，想办法吸引人才，满足企业人才多样化的需求。

三是实施行业标准，提高管理水平。仓储标准是保证物流系统的统一性、一致性，以及物流系统内部各环节有机联系的重要手段之一，积极推进仓储行业标准化建设，有统一标准规范的系统才能实现高效率的管理。仓储企业应认真贯彻实施与行业相关的各类标准，进一步提高企业经济效益，统一现代化仓储理念、促进仓储设施与技术进步、提升仓储管理与服务水平。

四是满足客户需求，提升服务能力。现代仓储物流业在物联网+作用下，物流服务的范围内容已从单一的仓储扩大延伸到物流供应链的每个环节。个性化、定制化的物流服务已成为各界共同关心的话题。因此仓储企业要适应市场，充分了解客户需求；要主动争取积极措施，努力降低客户物流服务成本；要正确看待客户服务高要求，通过强化管理机制来不断加强和提升物流服务水平，从换位思考角度来理解客户的高要求，让挑剔客户成为忠实客户，使业务合作达到双赢、共赢的目的。

五是发展智能物流,提升信息系统。新一轮对外开放和"一带一路"战略的深入推进,为物流业发展提供重大的历史机遇;国民经济的全面转型升级,基础设施的进一步完善,互联网、物联网等先进技术的发展应用,也为物流化转型升级提供新动力。因此应适时加快以下三方面建设:一要加快建设智能化立体仓库和深度感知的仓储管理系统,提升仓储、运输、分拣、包装等作业效率;二要加快建设面向不同层次和不同对象的智能化物流公共信息平台,如对仓储系统,整合现有仓储资源和仓储信息,推动仓储资源在线开放和实时交易,提高仓储利用率;三要进一步加快推进各类信息平台之间的互联互通和信息共享,引导行业协会,公共服务和高校科研机构采集和分析物流运行数据,支持公共服务机构,相关企业针对社会物流需求提供物联网、云计算、大数据等各类应用服务。

六是加快建设步伐,推进绿色仓储。积极发展绿色仓储物流,是实施可持续发展战略,增强国家经济实力和现代化程度的战略选择。发展绿色仓储物流,实现仓储物流绿色化,是大势所趋,是摆在仓储物流行业发展中的一个急迫而重大的任务。应可抓好以下几项工作:一要做好现代物流标准托盘公用体系建设,做到"托盘标准化""标准托盘社会化推广""标准托盘在供应链体系内的循环使用";二要开展共同配送,统一集货、统一送货,提高货物运输效率,减少空载率,提高配送服务水平;三要树立企业绿色形象,实行绿色营销;四要在仓库基础建设中,积极采用太阳能光电技术;五要加强培训和教育,壮大绿色物流人才队伍。

2. 希望

一是积极推进仓储物流业标准化建设。"制标"和"贯标"应同等重视,同步推进。为改进"贯标"落后"制标"的状况,希望政府、行业协会、相关媒体应加大"贯标"宣传力度;相关协会的评鉴机构可对要求实施标准的中小物流企业给予评审费适当优惠;相关地方政府也可以给予必要的补助政策。三管齐下,推动上海仓储物流业国标工作的有序开展。同时,希望市政府有关部门对上海仓储行业所评定的"星级仓库"和"金牌企业"给予一次性不同比例的奖励。

二是全面提高物流信息化水平。鉴于上海中小仓储企业信息技术水平还不高的状况,从建设"国际航运中心",发展大物流、大市场的实际出发,希望上海市现代物流推进领导小组出面,上海国际航运中心承担,建立上海仓储物流公共信息服务平台,由第三方信息服务企业管理,以便实现企业物流信息与公共信息平台的有效对接,实现物流信息资源向社会开放和互联共享。

三是重视建立完善的仓储统计制度。希望政府除继续采用购买服务的方式做好典型仓储企业报表统计工作,还应进一步通过行政方法,支持相关仓储物流行业协会,制定行业规则,规范统计范围、方法,确立行业统计制度,同时明确协会应确保统计资料安全性,严禁泄密,确保企业经营安全,以确保行业统计工作的顺利进行,以确保行业统计更全面、更规范、更科学,以利决策行业的发展,以利指导企业的经营。

四是减轻仓储企业负担。由于A2公路、东海大桥货车通行证仍收取过路过桥费,直接增加物流企业运作成本,对此希望政府从大局着眼,整体出发,为减轻外高桥趋于饱和状况,为确实减轻物流企业的负担,减少仓储物流企业经营成本费用,使洋山、临港的物流资源功能尽快全面利用起来,加快上海航运中心的建设,应尽早实施免征所有车辆在A2公路、东海大桥的过路过桥费。(上海仓储行业协会)

2016年上海市美发美容行业发展报告

一、上海美发美容行业发展基本情况

美发美容行业是以美容、美发、美甲、形象设计、美体塑身、养生保健、化妆品、专业器材、教育培训、专业媒体、专业会展和市场营销等领域为主体的综合服务流通产业。美发美容行业在改革开放后取得长足的发展，已成为继房地产、汽车、电子通信、旅游之后的居民“第五大消费热点”。

根据商务部2016年美容美发典型调查企业数据统计，以及上海美发美容行业协会（以下简称协会）推算，2016年，上海市美容美发行业保持经济平稳发展的态势。参与统计企业的主要经济指标分析如下：

1. 行业规模分析

行业规模总体情况。2016年，面对复杂严峻的国内外经济形势和各种不利因素影响，美容美发行业仍然平稳增长。上海市美发美容门店总数约2.5万家，比上年增长6.1%。从业人员约达到30多万，增长2.2%，形成一支服务民生、拉动就业、促进消费，推动经济增长的重要产业大军。其中，美发从业人员占从业总人数的11%，美容从业人员占89%。

企业规模结构。据上海市商务委会同工商局等部门的实地排摸，2016年7月底，全市美发美容企业12 294家，兼容美发美容和沐浴门店920家，另有数量众多的美甲美睫等相关企业。

2. 行业结构分析

行业专业结构。按典型企业统计方式划分，行业经营业态方式分为两类：专业美容类和专业美发类。参与统计的企业中，20%为美发企业，80%为美容企业。随着人们对时尚的追求，新的消费热点不断产生，美甲美睫、保健养生、美体塑身的发展规模不断增长，综合性经营企业越来越多，现有统计方式难以准确反映行业经营业态。

行业经营方式。按典型企业统计方式划分，行业经营方式主要分两类：连锁企业经营方式和非连锁企业经营方式。

参与统计的企业中，连锁企业占企业总数35%，非连锁企业占企业总数65%。2016年，行业发展平稳，连锁企业转变经营理念，盲目扩张网点的状况明显减少。永琪是上海市一家大型连锁企业，近年来投入大量资金转型升级，经营环境明显改观、服务品质显著上升，永琪徐汇店已被中国美发美容协会评为全国美发五星级企业。

3. 行业效益分析

（1）行业利润状况。利润率是衡量行业效益的重要指标。2016年是上海市时尚消费持续增长的一年，拉动行业经济的增长。参与统计企业的总利润率为2.3%，比上年增加1.1个百分点，其中，美容企业利润率2.4%，比上年减少0.3个百分点；美发企业利润率－2.2%，提高0.3个百分点（表1）。

表1 2015、2016年美发美容企业利润率

指标	2015年			2016年		
	合计	美容	美发	合计	美容	美发
利润率(%)	1.2	2.7	－2.5	2.3	2.4	－2.2

（2）企业经营状况。企业利润总额的统计数据显示，2016年，盈利企业占企业总数的70%，比上年增加5个百分点；亏损企业占30%，减少5个百分点。

（3）行业三项费用、税金、工资总额指标。影响企业经营效益的直接因素是三项费用、应交税金和员工工资等。

三项费用：三项费用指营业、管理和财务费用合计。2016年，三项费用增长的企业占企业

总数65%;减少的企业占企业总数35%,三项费用增长企业比减少企业多30个百分点。

应交税金:2016年,应交税金增长的企业占企业总数40%;减少的企业占企业总数的60%,应交税金增长企业比减少企业的少20个百分点。

工资总额:2016年,工资总额增长的企业与减少的企业数量基本持平,各占50%。

(4)行业人均经济指标。2016年的统计数据显示:人均营业收入22.7万元,比上年增长10.7%;人均交纳税金0.8万元,比上年下降11.1%;人均工资5.3万元,比上年增长15.2%(表2)。

表2 2015、2016年美发美容企业人均经济指标

单位:万元

年度	人均营业收入	人均交纳税金	人均工资
2015年	20.5	0.9	4.6
2016年	22.7	0.8	5.3

行业资产和负债状况。2016年的统计数据显示:资产增长的企业与减少的企业数相同,各占50%;负债增长的企业与减少的企业数相同,各占50%。

4. 行业现代化程度

行业现代化程度呈现的特点是:

(1)企业连锁化经营,提升企业市场竞争力。连锁企业具有强大的综合实力和创新能力,有规范化、标准化管理企业的能力,有打造企业名牌效应的能力。经过多年来的发展,上海市创建一批有影响力的连锁企业,例如永琪、文峰、京世、美丽田园、紫苏、舒雨、组合等,成为行业的标杆企业,在行业诚信建设、星级评审、技术培训和打造企业文化中起到示范作用。

(2)企业信息化管理,创新企业营销模式。随着互联网时代的到来,大批企业依托信息化技术,运用"互联网+"的模式转型升级,推动企业的创新发展。

紫苏养生连锁机构通过线上营销和线下体验,向消费者展示企业形象,推行消费者点评,成为大众点评网名列前茅的美容企业;美丽田园投入大量资金,推进企业大数据管理,使企业经营管理水平上了一个新的台阶,被中国美发美容协会评为全国五星级美容企业。

5. 行业贡献度分析

美发美容是服务民生的劳动密集型产业,为调整经济结构、促进就业创业、维护社会稳定、推动经济发展作出重要贡献。

职业技能人才是推动经济发展和社会进步的重要力量。上海高度重视培养素质优良、技艺精湛的技能人才,成功举办了2016年中国技能大赛——第44届世界技能大赛上海市选拔赛。协会和华安美容美发有限公司等单位积极参与赛事,获得优秀组织奖等多项荣誉称号。受国家委托,上海又积极申办第46届世界技能大赛,美发、美容列为比赛项目。上海美发美容行业具备培养职业技能人才的优势,协会每年举办技能竞赛,2016年有1 300多名选手参赛,选手人数创历年最高水平;全年组织600多人参加中、高级职业技能晋级培训和考核。

二、行业存在的问题及原因

1. 企业缺乏系统培养技能人才条件,传统技艺出现断层现象

上海市美发美容企业的员工大多数是来自外省市的农村人口,文化程度普遍较低,一线职工80%以上是高中以下学历,就业前没有接受过系统的技术培训,综合素质较差,在激烈的市场竞争环境影响下,员工跳槽现象严重,企业自身条件无法培养高技能人才。

上海是美发美容海派技术发源地,由于市场大环境影响,传统技艺后继乏人,出现人才断层现象。

2. 行业缺乏规范管理,行业自律作用不强

上海市有关部门调查的全市1.3万余家美发美容企业中,有42.3%的企业发放单用途预付卡,其中在商务委备案的企业不到40家。发卡企业中,有75%的个体工商户无法纳入单用途预付卡管理范畴。因发卡行为不规范,关门跑路现象频发,社会影响恶劣,消费者投诉集中。成为政府监管的重点领域。

三、行业发展趋势

1. 健康产业成为行业发展趋势

人们追求健康的生活方式是社会进步的标志,健康产业不仅包括医疗用品、保健用品、营养食品,还包括休闲健身、健康管理、健康咨询等领域,是辐射面广,吸引就业人数多,拉动消费作用大的复合型产业。

上海紫苏养生连锁机构顺应发展潮流,积极创新服务项目,努力传承中华养生文化,以精湛的专业技术,为消费者提供健康养生、健康咨询,成为行业转型创新发展的标杆企业。

2. 新技术的广泛运用成为行业发展趋势

人们越来越重视高品质的生活方式,这对行业来说是机遇也是挑战,只有用先进的技术才能为消费者提供优质的服务。登陆上海的台湾曼都发型用高精尖的技术维系企业品牌,为解决顾客脱发、头屑、过敏等问题,成功引进专业设备为顾客做头皮诊断,制定护理方案,使顾客头皮健康状况有明显好转。上海诚美化妆品公司以安心、有效的专业美容理念,引进国外先进技术,开发健康、环保和品质有保障的无化学添加剂的产品,成功运用在全国 2 000 多家专业美容院。

四、行业发展的主要对策及政策建议

为促进美发美容行业的健康、有序发展,提出以下对策和建议:

1. 加强职业技能培训,努力传承传统技艺

在上海市人力资源和社会保障局的指导下,协会积极筹建美发美容“上海高技能人才培养基地”,面向行业从业人员承担技能提升任务,培养高级工、技师、高级技师,还承担技能研修、课程开发、技能竞赛、技能成果交流展示等任务。

行业协会正在组织专家队伍,全面整理、汇集资料,以视频、图片等多种形式,展示具有海派文化特色的技艺项目,通过培训新人,使传统技艺后继有人,发扬光大。

2. 加强行业自律作用,积极参与市场监管

为加强市场监管,上海市正在实施商事制度改革,形成政府监管、行业自律和社会监督的协同监管机制,推行以信用为基础的监管新模式。为加强各部门的信息沟通,应建立信用信息平台,实时传递工商登记信息、企业年报信息、行业管理和技能考核信息、企业信用信息和消费者投诉信息,建立企业信用信息定期发布制度,为市民生活提供信息服务,引导市民理性消费。

3. 加强行业服务质量提升,认真制定服务质量标准

近年来,行业迅速发展,新技术、新产品、新服务项目大量进入消费市场,行业存在服务质量标准不健全的问题。根据市商务委制定的《上海市生活服务业质量提升三年行动计划》,应组织专家队伍,结合实际情况,制定行业服务质量标准,推动行业服务质量的提升。(上海市美发美容行业协会)

2016 年上海市沐浴行业发展报告

一、上海沐浴行业的基本现状

1. 行业规模

2016 年,上海沐浴行业总体情况是综合性大中型浴场和大众便民浴室规模基本维持原状且呈减少趋势。大型浴场比上年新增 5 家,关掉 7 家,现有 36 家;大众便民浴室 1 500 家,减少 100 家;足浴行业有开有关,连锁规模有所扩大,发展持续稳定,无证照不正规的足浴店被整顿;SPA 会所基本维持在原来的水平上,保健养生功能逐步体现。

2. 行业结构

上海的沐浴业企业中,除崇明有一家为集体所有制企业,其余为民营或股份制模式。在全市5 000余家企业中,沐浴企业1 500家左右,占30%;足浴企业3 300家左右,占66%;SPA会所180家左右,占4%。

从业人员约28万人左右,呈递减趋势。从业人员主要是外来进城务工者,占总数的95%以上。上海沐浴行业总体上属劳动密集型企业,从业人员文化水平偏低。在管理者中,大专以上文化程度不到20%;在一般员工中,绝大多数只有初中文化水平,还有不少实际上只有小学文化程度。按摩技师的专业技能水平有所提高,一些品牌的足道企业,还涌现出一批有较高中医推拿理疗、艾灸拔罐类的专业技师。

员工的收入:一般的服务员月工资都超过3 500元,技师的月收入基本都超过6 000元,不少人都达8 000~10 000元,少数能达到18 000~20 000元,店长的月工资大多超过1万元。

3. 行业效益

据不完全统计,2016年,上海沐浴业的营业收入基本维持在200亿元的水平上,其中,浴场(室)为65亿元左右,占营业收入总额的33%;足浴为80亿元,占40%;SPA会所为55亿元,占27%。

上海沐浴业的消费人次为3亿左右,其中,浴场(室)为1.1亿人次,占消费人次的37%;足浴为1.5亿人次,占50%;SPA会所为5 000万人次,占13%。

洗浴业的赢利水平进一步降低,不少大浴场已连年亏损,整个行业已进入微利时期,平均利润率在3%左右;足浴保健业的利润率有所上升,约为12%;SPA会所的利润率有所减少,在13%左右。

4. 行业现代化程度

上海沐浴行业属于劳动密集型服务行业,大型综合性浴场和连锁型的足浴企业及SPA会所的管理尚属规范,已基本实现计算机管理并参与电子商务模式;但多数小型大众浴室仍处于家族式较为落后的管理状态,要提升档次,需要下大力气。

5. 行业贡献度

2016年,就单个企业来说,税收额不是很大,但整个行业税收总额超过12亿元,并解决外来劳力务工28万余人。

二、存在问题及原因

1. 上海沐浴业存在的主要问题

一是投资者把握市场信息存有盲目性,跟风现象比较突出。近两年日式温泉和韩式汗蒸的经营模式在上海逐步显现且有一定的发展空间,因此上海不少大中型浴场都在朝这方面调整,有的还投入较大资本改造发展日式温泉和韩式汗蒸。这种情景如同当年上海综合型大浴场异军突起情况而出现跟风现象。存在的隐忧是投资者目前跟风搞日韩模式抓短期效益、盲目乐观较多,而对可能出现的风险估计不足。一旦市场饱和,顾客减少、效益下降,存在着潜在的市场风险。

二是企业管理水平未有明显提高。近年来,部分综合性大中浴场、SPA会所和品牌足浴连锁企业已较为重视企业管理和职业经理人团队的训练,但大多数浴场和足浴店的投资者文化水平偏低,缺乏市场把握能力,停留于家族式管理模式,缺少懂行的职业经理人。有些职业经理人虽然懂行,但如何与投资者默契合作,明确责、权、利的范围,得以充分发挥潜能、创造效益,仍存在较大的差距。大多数企业的发展没有远景规划,只图眼前利益,对市场发展缺乏研究,缺乏前瞻性,没有风险意识,不懂现代化管理手段和方法。许多企业因此关门倒闭,其中管理不善是一个重要原因。

三是从业人员总体素质偏低。上海沐浴行业中,不少服务员是临时招聘的,真正受过系统培训的很少;即使有过培训的服务员,流动性也很大。这在很大程度上影响企业的服务水平。上海现在有各类推拿按摩师和足部按摩师10万人左右，但真正经过培训，有技能证书的不超过30%；具有高级技能水平的更少。即使在技能水平相对比较高的足浴企业中，有一定职业技能的，经过正规培训的足部按摩师主要集中在一些连锁和品牌企业中，大多数小的足浴店按摩师都没有经过培训，对消费者难以达到健康养生的效果。

2. 原因分析

(1) 消费意愿减弱。当前社会经济进入创新转型期，市民收入、消费理念、消费意愿都会受到一定的影响，给企业的经营带来压力。而企业的用工成本、房租等开支逐年递增，行业很难通过涨价来调节减缓经济压力

(2) 单一洗浴功能的场所已不能满足市场需求。随着市民住房条件的改善，浴场的客流减少，洗澡功能逐步减弱。现有的浴场和浴室在某些区域供过于求，沐浴的客人日益倾向于带有更多休闲娱乐、餐饮上网、保健养身美容等功能多样化的沐浴场所。企业如何适应市场需求，得以生存和发展，这也是经营投资者迫在眉睫需要关注和改进的地方。

(3) 保健养生功能没有充分体现。随着人们生活水平的不断提高，消费需求日益多样化、理性化，追求生活质量，改善亚健康的愿望日益迫切，一些中医养生的机构应运而生。而传统的大浴场和大众浴室则缺乏或者较少有这方面的功能，流失不少顾客。

(4) 从业人员资质要求不高。上海沐浴行业对服务技师持证上岗有规定但不落实，缺乏监管办法，致使不少企业不太重视员工的职业培训，对从业人员的上岗资质要求不高，入职门槛低。事实上也直接影响行业的发展。

三、行业趋势预测

1. 大浴场小浴室顺应消费需求进行改造势在必行

综合性浴场因为业态陈旧、市场饱和等原因，数量还会进一步减少，所以上海不少综合性浴场都在取他人之长，对原来的设施设备进行必要改造，增韩式汗蒸及日式温泉的经营项目。大众便民浴室也充分利用现有资源条件，努力改进浴室环境，增添服务项目。由于各种原因，市中心的浴室数量会逐年减少，郊区会基本维持在目前的水平略有增加。

2. 足浴企业和SPA会所稳步发展

足浴店具有保健功能，好的扦脚技师还能治疗脚病，投资不大，风险较低，因此，足浴保健企业在数量上会有所增加，连锁规模也会有所发展。SPA会所会稳步发展。SPA会所是在综合性浴场的基础上转型发展的产物。SPA会所有沐浴功能，也有餐饮服务，但同综合性浴场相比，它更注重休闲和保健养生功能，环境更舒适、更幽静，私密性更强，服务技师一般都经过严格培训，综合素质较高。因此，原先不少在综合性浴场消费的白领和金领群体逐步转向SPA会所，成为他们进行家庭朋友和商务聚会的理想场所。上海的SPA会所虽然没有采取会员制，但大多数还是买卡消费，消费者可以根据买卡的金额享受不同的折扣。让顾客舒心、满意是SPA会所最重要的经营宗旨，也是SPA会所能生存发展的最重要的基石。由于消费群体的特性，SPA会所一般都比较低调，不作大肆宣扬，客户群体以朋友介绍或营销员上门促销为主。每日、每个时段的消费人数也控制在一定数量范围内，没有大浴场那种喧闹。上海的SPA会所的规模一般都在1 000～3 000平方米之间。近几年发展较快的有小南国SPA会所、纽斯SPA会所、浅深SPA会所等。上海像这样一类比较高端的SPA会所有50家左右。从目前情况看，高端的SPA会所会有所发展，而一些挂着SPA牌子而实际上根本达不到SPA会所的企业会逐渐被市场所淘汰。

四、促进上海沐浴业发展的政策建议

1. 继续争取政府部门对行业的政策扶持，促进行业持续发展

沐浴业是为市民生活提供便利的不可或缺的服务性行业，也是上海吸纳外来务工人员就业的行业。随着国民经济的快速发展，竞争激烈，生意难做，成本太高，企业压力大是不

争的事实。有些企业长期处于微利或亏损状况势必关门倒闭。行业的持续发展能保障市民生活需求,维护社会稳定,促进经济发展。建议政府职能部门应为行业争取政策支持,在降低税收、用工及水电煤燃气等各类审核办证,核定标准方面予以一定的倾斜,减轻企业负担,推进企业发展动力。

2. 认清沐浴发展的大趋势,围绕健康养生做文章

随着人民群众的生活水平的逐步提高,人民群众对自己的健康问题也越来越重视,因此,从沐浴行业来说,应把工作的重心放到休闲娱乐兼顾健康养生,做到“两手都要抓”。无论是沐浴、足浴还是温泉SPA,都应该把健康养生放在突出位置。不少综合性大浴场在调整经营结构,推行韩式的汗蒸模式,在宽松休闲的环境中突出健康养生的理念。从足道企业来说,这些年之所以得到稳步发展且有相当大的市场需求,关键是以中医养生理论为基础贯穿足道业。许多足浴企业的店招就挂“养生堂”“养生馆”,把足道的经营项目同人民群众日常的健康养生紧密结合起来,确实让普通百姓健康得益。温泉和SPA在发展过程中,也越来越把健康养生作为发展重点,推出的许多新项目都同健康养生有关。沐浴业要转型发展,应牢牢把握“健康”这个中心,围绕“健康”来做文章。

3. 牢固树立“品牌”意识,重视企业管理

沐浴企业在市场上站稳脚跟,要能有所发展,应重视品牌效应。从这些年全国沐浴企业发展状况看,有些企业之所以能经久不衰长足发展,服务越来越好,实力越来越强,与这些企业的树品牌意识有很大关系。而有的企业开始名声很大,后来却逐渐衰弱,直到最后销声匿迹,其中重要原因是品牌意识的问题。老百姓要消费,首先选择的是品牌。品牌的核心是诚信服务、技术质量和物有所值。只有牢固树立品牌意识,沐浴业发展才会有前途。与此同时,科学制定制度抓化企业管理是做强做大企业的重要一环。只有分工明确,各司其职,奖惩分明,照章办事才能让企业得以良性运作。近年来,不少企业的倒闭,究其原因在管理上出问题,如果只是想在营销上玩花样,而不在管理上下功夫,企业是难以长久的。

4. 加强理论研究,探索“转型创新”

客观地说,全国沐浴界在理论研究上还存在着很多短板,缺乏系统的有深度的高质量的沐浴理论体系。从最近几届东亚沐浴联盟大会情况来看,韩国、日本在理论研究上每年都有新成果,新加坡在SPA研究上也有新进展。随着我国经济形势的发展,沐浴业如何顺应形势,转型创新求发展,是一个很重要的课题。经营者应研究市场的变化,适应和引领市场的需求,其中很重要的就是在传承的基础上不断地“创新”。谁的创新意识强,谁的发展就比较快。一是经营理念的创新。沐浴行业应适应信息化时代的变革。其中一个重要标志就是“互联网+”。一些沐浴足浴企业已经在试行“互联网+”这个模式,目前规模还不算大,但应该是一种发展趋势,值得引起人们的重视。二是经营模式的创新。超市的连锁经营,有大型超市、大卖场、中型超市,又到各种便利店。一些沐浴足道企业的发展也在研究连锁发展的模式,从大中型的向小型社区店发展。上海的“大桶大”足浴连锁已经推出“小桶小”的品牌,专门服务于街道社区,面积在几十平方到100～200平方米,相当于现在超市中的便利店,经济效益和社会效益都取得不错的成绩。三是经营内容上的创新。以韩式汗蒸为例,它迎合现代青年人喜欢休闲、随意及健康养生的消费心理和生活习惯,很快席卷全国,又如现在各地兴起的一站式服务,把沐浴、足摩、SPA、瘦身、美容、养生保健及儿童的娱乐等项目有机结合起来,朋友聚会或和亲人同来,既能保健养生又能休闲聊天,儿童又有玩的地方。这是在以前综合性大浴场的基础上又前进一大步,成为沐浴业创新发展的一个新起点。(上海市沐浴行业协会)

2016年上海市家电维修服务业行业发展报告

2016年是上海家电维修服务市场全面走向规范化、标准化，取得良好业绩的一年。在上海市商务委的指导下，上海家电维修服务行业持续推进两件足以推动行业持续发展的事件：一是行业家电安装维修上门服务的地方标准全面实施；二是全行业实施统一上门服务证并提供实时查询。通过这两个举措，行业各企业积极实施创新战略，以调整市场格局为抓手，走出一条适合上海实际情况的行业发展之路。

同时，由于家电市场的复苏，行业整体经营规模有所上升，行业内主要企业的经营规模和效益普遍都有了提高，行业从追求规模转向追求效益。行业的三大业务板块：维修、安装、销售均有不同程度的上升，企业效益和工人收入均有改观。但由于企业转型过程中产生的后遗症，员工流失和流动较为严重的情况仍未得到改变，这也为行业进一步稳定发展带来较多的不确定因素。

一、行业发展基本状况

1. 行业规模分析

2016年，上海家电维修服务业第三方服务实现营收24.6亿元，比上年增长7.2%，其中，传统维修业务预估实现营收4.9亿，增长6.5%；安装业务实现营收6.1亿元，增长8.9%；销售业务(含配件销售、新机销售及附加品种销售)实现营收13.6亿元，增长13.2%。如果加上生产厂商各分公司家电服务产值，2016年预估为52亿元左右，增长6.1%。再次回升到50亿元以上，市场转势明显。

2016年，上海家电维修服务业各类服务企业约2 120家，比上年减少30家，行业退出率为1.4%左右。其中有资质服务企业为790家左右，增长1.2%。行业人员总数略有下降，为16 700名左右。

2016年，上海家电维修服务业仍处于“小、散、乱”状态，但行业整合度比上年略有提高，没有出现有影响力的企业并购重组事宜。小规模经营企业仍是行业的经营主体，年营收规模超过1 000万元的企业仍只有30多户，占比不到2%；而年营收规模低于100万元的则高达1 800余家，占比高达83.7%。

2. 行业结构分析

上海家电维修服务业结构分析(图1～图3)：

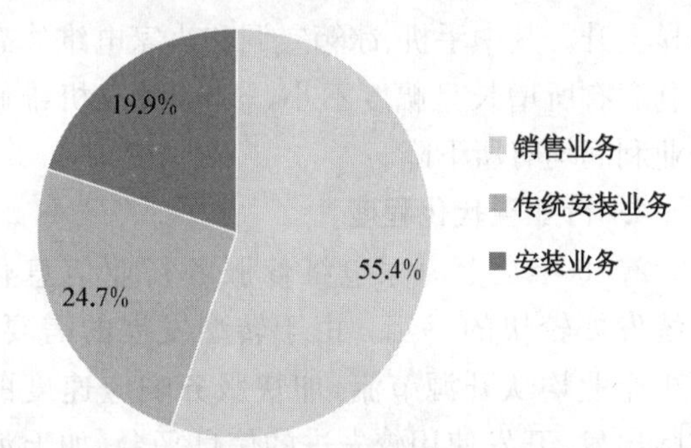

图1 上海家电维修服务业营收构成

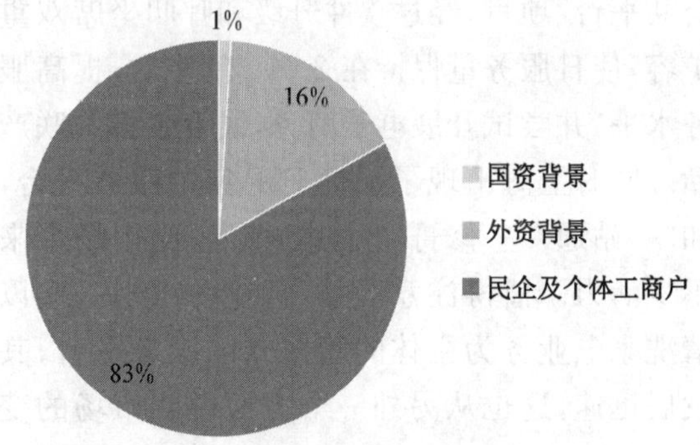

图2 上海家电维修服务业企业性质结构

3. 行业效益分析

2016年，上海家电维修服务业继续处于转型发展阶段。虽然行业效益整体上升，但行业内企业经济效益分化较大，领先转型企业效益稳定，个别企业得益于销售业务和工程业务的大幅度发展，甚至有翻倍的增长；但更多小微企业包括一些大型企业基于资金业务渠道和人力所限

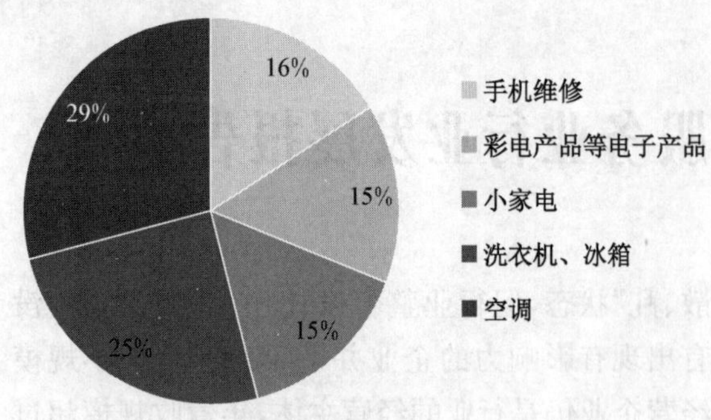

图3　上海家电维修服务业专业性结构

及转型不及时，营收和效益均处于大幅度滑坡的状况。

2016年，上海家电维修服务业实现利润为3.15亿，利润率为12.8%，与上年全行业2.95亿利润相比，增加0.2亿或6.3%，利润率比上年明显上升。其中手机、冰箱空调和小家电维修企业利润有所增长且幅度不小，彩电、洗衣机维修企业利润均有所下降。

4. 行业现代化程度

2016年是上海家电维修服务行业信息化系统发展较快的一年。由于转型发展的需要，不少企业均从开源节流，加快服务响应速度的实际出发，开发使用较先进的信息平台，如上海百电通生活服务有限公司推出"家电管家维修公共平台"项目，经过软件升级和呼叫坐席双重扩容，使日服务量保持在2 000单左右，提高服务水平，并尝试开展电子商务，线上销售关联产品。同时上海出现了一批P2P家电服务平台，如"一站通""一修哥""小邻通"等，给市场带来不少活力。值得注意的是，行业内出现一些以清洗家电业务为主体的管家式的服务平台，其发展迅速，这也从另外一个方面说明市场的变化和发展方向。

5. 行业贡献度分析

家电维修服务业是一项基本生活服务项目，尽管其营收规模与全市商业服务业总规模相比，占比不到1%，但由于其服务内容和范围涉及到千家万户，所以其社会效益远大于经济效益。由于传统业务量和利润双下降的缘故，再加上技术进步和服务要求的提高，原本是吸收非正规就业的骨干行业的家电维修业，不再是吸引就业的较好通路，就业人员下降明显，对上海税收贡献度也在下降之中。

二、存在的问题及原因

1. 存在的问题

员工职业技能培训体系缺乏。正规维修门店内员工技能资质率不足30%；而一些企业资质不齐、以个体经营户为主的维修网点甚至更低，有的还不足1%。这个问题的严重性在于有很多国家明确规定的强制性的技能培训，如高空作业证培训都严重缺位，全市也没有建立起统一技能培训评定的制度，再加上国家对职业资格评定工作的取消，规范市场存在较大漏洞。

维修队伍老龄化程度日趋严重。招工难也是维修服务行业的一个主要问题。经统计，2016年，上海家电服务行业人员流动率在25%左右，经营企业的退出率在1.4%左右。其中，60后到70后的服务人员占总人数的65%，80后的占25%，90后的仅占10%，而且这部分90后服务人员大都集中在手机维修等智能化程度较高的企业，从业人员倾向于兴趣而非热爱，稳定性不高。

统一上门服务证成果还需要进一步强化普及。社会普遍对家电服务业的评价不高。这是由于一些不法人员和企业打着"正规"的旗号非法经营。据协会初步统计，2016年，被媒体披露的黑网点害民的事件还时有发生，还有更多的是消费者投诉无门吃哑巴亏的现状。尽管由市商务委牵头组织的家电维修服务市场规范工作取得一定的效果，但由于统一上门服务证在社区维修服务人员中还没有得到普及，问题仍未彻底解决，对社会的稳定和谐带来一定的负面影响。

从业企业资质不一，服务信息难以监管。企业数量多，但规模普遍较小是造成管理信息混乱的主要原因。有资质的服务企业平均从业人员11人，大多数企业的经营面积小于100平方米，平均年经营额不足100万。这种状况便造成行业管理信息无法正确获得和控制，也是消费者无法知晓哪些经营企业能够为他们提供服务的关键所在。

再加上厂商对于自己授权服务企业每年进行考核替换，又不及时公布每年新的授权企业名单，致使一些无授权企业有机可乘。

边远地区维修服务滞后依旧。上海郊区是中心城区的几倍，常住人口近700万，占上海总人数的40%。但维修门店却分布较散，品牌集成度低，且规模、资质不一，多数情况下消费者都得不到应有的服务。

上海市民家电存量高达5 500万台左右，其中郊区份额仍很大，居民家庭存量约2 180万台，潜在维修需求大。可摆在眼前的问题却是这些地区缺少配套的维修服务场所和设施，技术水平和服务质量也远达不到城区的水平。与家电下乡相比，服务下乡更是保障民生、保障消费的迫切需要。

2. 原因分析

服务商经营面临上游资源困局。生产厂商在挑选服务商时，往往会对门店的规模、资质和人员构成做出严格审核。但由于过度看重服务形象或是管理成本的变相控制，有些生产厂商会把服务标准制定的异常苛刻，或是不切实际地提出各种服务承诺。如遇到投诉时，厂商会不分青红皂白地直接把责任归咎到服务商，或是扣除相应的服务费，或是在考评上记上一笔，严重影响售后服务的公平性和真实性，也大大打击服务商的积极性。

维修服务缺乏吸引力，外来务工人员难有归属感。据上海电子产品维修服务行业协会对其会员企业的统计调查，上海家电服务业队伍基本依靠外来人员。企业中本地户籍和外来人员的比例约为2∶8，如果考虑到很多本地人员都担任着管理或者呼叫中心职责，一线维修工人的比例已经高达1∶9。而这些维修服务人员又没有得到应有的重视，工资平平、地位不稳、缺乏监管、无固定编制。试想，到了节假日，缺乏加班工资吸引的外地务工人员自然会选择大批量的返乡，形成季节性市场空白点。

郊区设点风险巨大，经营成本升高成必然趋势。郊区居民的家电购买力上升，刚性需求得以稳固。但维修门店却很难在郊区存活，一是家电产品的故障存在潜伏期和爆发性，修理淡季往往会很长；二是郊区的广阔空间以及交通不便，也带来物流成本的提升，同时门店也需要购置各类设备仪器，聘请专业的专家技师及合格的维修人员。这些都是不确定的成本，而家电服务业又是一个微利行业，在城区设立维修门店的服务商都有可能无法获利，如果贸然在郊区开设门店，会带来经营上的高额风险。

监管缺乏有力手段。无须工商登记，注册资金缺乏硬性规定的行业进入，就给黑网点提供一个理想的滋生环境。在这方面相关监管却缺乏有力的措施，尽管国家和上海市都颁布管理办法，但执法环节中的难度却很大。

三、趋势预测

据预判，2017年，上海家电维修服务业将保持总营收规模的稳定，并有2%左右的增长，但业务结构将出现更大的分化，传统维修业务和安装维修业务基本稳定在2016年水平，但销售业务和工程业务随着房产市场的复苏，将有发展的机会。小型服务企业退出行业的现象会加剧，大型企业将有更大的市场机会。

2017年上海家电维修服务业市场发展存在着较大的转型发展的可能性的依据是：

1. 家电市场的刚性需求持续释放

家电市场正处于平稳略有上升阶段，各种政策刺激的退出和房地产市场的调控，使前几年火爆的家电市场趋于平静，同比下降较大，但刚性需求的释放，为行业转型提供必要的市场土壤。

2. 家电市场的政策刺激和完善

推动内需的政策出台并卓有成效，是影响家电维修服务业的又一重要因素。如果国家能够如期出台相关政策，老百姓敢于消费，对于服务市场也将是一种强心剂。反之，将制约服务市场的发展。

3. 家电市场的服务保障体系将进一步完善

新《消费者权益保护法》的正式实施、服务保障体系的完善，使消费者权益得到有效保护，尤其是针对家电维修黑网点的整治力度，直接关系到正规维修企业的生存环境。如果这个问题不解决，“劣币驱逐良币”现象一定会在家电维修服务业中重演。

4. 家电市场的产品质量提高预期

产品质量的进一步稳定，服务企业开拓新业务的进程也将是影响行业发展的又一重要因素。

四、促进行业为发展对策及政策建议

1. 促进行业对策

从行业自律发展来看，家电维修服务行业必须采取壮士断扼的气概和措施，实行行业自救，在大企业的表率作用下，在上游企业的支持下，采取如下发展策略：

及时调整服务模式。应从原来单一服务模式转变成以修带卖、以卖促修的综合性经营，形成服务集成商的经营格局，促进一些大维修企业从单一的家电维修商向居家服务提供商转变，为消费者居家生活提供全方位、立体式的服务。

尽快实施服务产业化。以市场的力量，使上游的生产企业和下游的服务企业形成一种合力，以市场需求来调节生产和销售、服务之间的利益分配，打造产业资本和服务资本一体化的服务产业。这其中更多地依靠产业资本重新诠释服务理念和服务规则，有助于促进服务商成为服务产业化中的主力军之一。

建立行业资源调配机制。在行业协会的推动下，建立属于行业自己内部资源共享的零配件调剂平台、服务项目、合作平台、异业合作联盟等多种类型的内联外合的资源调配机制，使各个单个企业在这种合作平台上共享资源，从而起到节约资金和人力成本，扩大盈利空间的作用。

2. 政策建议

积极发挥行业协会的作用。政府可以通过购买服务方式，让行业协会来承担起更多的规范行业发展的责任，对大量社会维修部进行资质评定和有效自律管理，尽可能把这些社会维修部也纳入到行业规范的行列中来。

继续开展统一上门服务证的持证培训和发放管理工作。2014—2016 年已有 14 000 多名上门服务人员经培训后统一持证上门服务，但对于 16 800 余从业人员的全行业来说仅占 83%，离普及还有一定距离；剩余近 3 000 多名从业人员和的持证培训和统一持证上门工作在 2017 年内仍应进行，在这方面市级财政也应积极支持，通过商务主管部门落实专项项目。

加大宣传力度。商务主管部门和宣传部门应加大宣传力度，通过各种传播手段，让全体市民知晓家电维修人员上门须持有统一上门服务证并可查询，确保这一举措真正起到为民服务的作用。因此建议在各媒体积极支持的基础上，也可以下拨一定的财政资金定向购买媒体广告投放，推动此项工作深入民心。

继续扶持家电服务龙头企业建设。针对目前家电服务业普遍较“小、散、乱”，协会建议政府部门出面，支持龙头企业加快网络企业的发展。比如利用“上海著名商标”和“上海名牌”——华联家维的市场影响力，以现有的华联家维品牌加盟店为基础，由行业协会推荐其会员企业中的特级和一级服务企业，来参加该品牌的加盟。在吸收品牌加盟店时，充分考虑服务品牌和内容，分布区域和独立门店，最终形成系统性、联网性的大众服务体系。

加强家电服务市场监督检查，查处违规行为。国家管理办法是不是执行到位，关键是对市场进行常态化的监督检查。政府主管部门作为执法主体，理应在监督检查工作中起主导作用。行业协会作为家电服务行业的企业自律组织，也应该承担起市场信息搜集，违规情况分析，为政府执法提供必要的专业帮助。而 962512 上海家电服务热线作为政府主导的服务性平台，也可以承担起接受市民投诉，汇集问题信息，发布消费警示等为公众服务的信息，形成一个“政府主管部门—行业协会—服务平台”的市场监督网络体系。

同时，家电服务业作为一个民生性的服务行业，保障市民生活服务有一个常态化有序的环境，制定行业中长期发展规划是必要的，应该尽快启动制定。（黄建平）

2016年上海市人像摄影行业发展报告

人像摄影行业主要分为婚纱摄影、儿童摄影、综合摄影三大类。2016年,上海人像摄影行业稳步发展,营业规模持续扩大,水平不断提升。旅拍、基地、"互联网+"、婚庆、文化、定制、风格等服务方式和业态发展迅猛,正在成为行业发展新亮点。行业规模效益和特色化、多元化局面开始呈现。满足消费者对个性化、专业化、差异化产品和服务的需求,行业组织形式的精品化、特色化、小型化、网络化、快速反应将成为主流。

一、行业发展基本情况

1. 行业总体情况

根据商务部商贸流通行业统计数据上海市部分测算分析,2016年,上海人像摄影行业法人单位共562家,法人企业从业人数4 613人,营业收入92 465万元。企业数量和从业人数保持稳定,营业收入有所增加。

2. 行业结构分析

2016年,人像摄影行业法人单位中,规模以上法人单位11家,占法人单位总数的2%;规模以下554家,占98%,即大部分人像摄影企业为小微企业。

上海市的人像摄影企业经营项目以婚纱摄影和家庭亲子摄影为绝对主力。两者兼营的综合类人像摄影企业492家,占法人单位总数的87%;专门从事婚纱摄影企业43家,占8%;儿童摄影企业30家,占5%。三类企业的规模以上企业分别为9家、1家、1家,规模以下企业分别为483家、42家、29家。

3. 行业效益分析

2016年,法人企业营业收入92 465万元,比上年的92 109万元增加356万元,微增0.4%。其中,综合类企业营业收入80 395万元,占总营业收入的87%,比上年的80 134万元增加261万元,增长0.3%;婚纱摄影类企业营业收入7 300万元,占8%,比上年的7 368万元减少68万元,下降0.9%;儿童摄影营业收入4 770万元,占5%,比上年的4 605万元增加165万元,增长2.1%。资产总计105 613万元,比上年的108 176万元减少2 563万元,下降2.4%。负债45 552万元,比上年的46 896减少1 344万元,下降2.9%。

4. 行业现代化程度分析

在商业模式方面,2016年,上海市人像摄影行业已全面步入互联网+时代,在信息化新技术的作用下,从整合、营销、传播、支付、消费者体验各个环节重新定义行业的运营和发展模式,加速以"互联网+"为代表的行业现代化进程,全面提升品牌价值和专业能力。

在摄影技术与器材方面,一批新型的摄影器材和冲印技术投入使用,如激光照排技术、电子分色技术、电脑设计和印刷技术又有新突破。千万像素相机全面普及,光学防抖成为标配,高感光度下画质显著提高,数码单反成为焦点,主流相机市场被日系企业高度垄断。

二、存在的问题及原因

总体来看,上海市人像摄影业快速发展,已从单一的影像记录功能发展成为综合性艺术门类,呈现出规模化、连锁化、多样化发展趋势。但也存在一些亟需解决的问题,主要表现为传统商业模式受到冲击、影楼行业陷入困境、行业整体诚信水平有待提高等。

1. 存在的问题

传统商业模式受到冲击。一是影楼的运营成本越来越高,利润却越来越低。人工的成本在逐渐增加,店面租金等成本也在不断上升,更大的成本增加来自影楼的获客成本。二是传统的线下摄影机构存在混乱的经营现象。一些商家为了盈利不惜一切手段,大量虚假宣传、捆绑销售、隐性消费等行为给消费者带来诸多不良体验。三是对于很多影楼来说,主营业务大多来自婚纱摄影。而国内的大部分家庭都是独生子女,每年结婚新人的增长十分缓慢。这也在一定程度上影响影楼的生意。四是残酷的同质化竞争,让影楼不得不大打价格战。

工作室模式在经历短暂的新鲜与繁荣后,也突显出自身的短板。虽然一对一服务和透明消费理念更符合个性化需求,但大部分工作室因规模和实力有限而始终徘徊在主流之外,硬件设施和服务流程是其最大的缺陷。同时在品牌营销、经营管理等方面存在诸多障碍。

不符合互联网精神的消费体验和资源调配,使影楼行业陷入困境。影楼行业淡旺季市场需求波动极大,有峰值有低谷,服务链条又特别长,导致流量成本一直居高不下。同时,当前一个城市每年的结婚人数,新生儿人数都相对稳定,再加上同质化的激烈竞争,疲于应付的个性化需求,导致大量成本和社会资源被闲置浪费,传统的影楼模式已经成为一种效率低下的商业模式。

因为没有口碑沉淀,消费者只能根据一些非关键因素来做消费选择。销售岗位只管过度承诺,事后又无法履行。而不愿做过度承诺的商家,又会在竞争上处于劣势。

行业整体诚信水平有待提高。长线投资者少,投机者居多。后进入行业的投资者往往没有从业经验,以为人像摄影行业入门门槛比较低,投资稳定收益快,加盟后大多采取委托管理方式,往往没有按流程执行总部的企业管理制度、运营流程和营销策划方案,一年内就会因资金链断裂而被拖入泥潭,直至倒闭关门。由于没有专门人像摄影行业的法规,行业标准也不够健全,宣传贯彻不够,市场规范比较困难。存在不良竞争、违规经营、损害消费者权益等问题。

2. 原因分析

消费意愿疲弱。经济发展进入换挡转型期,市民收入、消费意愿、消费观念均会受到一定的影响,从而给企业的经营造成压力。同时,由于摄影摄像设备的大范围普及和性能的不断提升,专门摄影摄像的替代性非常高,因而行业很难通过涨价向外传递压力,造成成本增加、效益下降。

行业成本越来越高。房租、人工成本越来越贵,《劳动法》越来越严,推广费用越来越高。一方面是婚纱摄影近十年单价几乎没有变化,另一方面却是大量的利润被房租人工、过度竞价和婚博会“三座大山”吞噬。在行业特有的低税务成本、几乎没有健全的员工保障及无休止的高强度工作量下,行业发展依然压力巨大。人像摄影行业普遍抱怨称“只忙活挣不到钱,感觉只为社会解决了就业”。

人像摄影行业缺乏对消费者需求的深入研究。流水线式拍摄,类似的一套构图方法,换来换去的几个景点,随大流的几个修图模板,穿着廉价的服装,到同样的地方,同样的场景,摆着差不多的造型。场景是假的,衣服是假的,动作表情是假的,等等。拍摄者与拍摄对象无法深入沟通,作品中没有融入感情,也谈不上满意度。畸形的样片模式也是一颗行业“毒瘤”。影楼将买来或下载的样片作为原创作品向消费者介绍或推销,涉嫌虚假宣传和欺诈。而且随着纪实风格的兴起和个性化需求,样片越来越难以发挥作用。

从业人员素质参差不齐。人像摄影业中发展滞后、转型迟缓的根本原因在于从业人员整体素质偏低且行业缺乏系统的教育培训体系,基本还是沿用老旧的师徒制来传递技能和经验,本科学历以上的从业人员比例很低,而且几乎都没有受到过专业系统的技能培训。文化素质决定了他们的理解力、审美力和自我学习能力都非常有限,在繁重和单一的工作状态下几乎成为缺乏审美和思考,只会被动复制的“摄影民工”。而这恰恰是与一个跟艺术和美有关的行业所背离的。

行业规范管理比较困难。一是进入人像摄影行业门槛较低,技术设备不足,难以保障产品质量。二是从业人员素质有待提高,法制观念,经营诚信观念欠缺。三是法规、标准不健全。四是行业主管部门缺少执法职权。

三、行业趋势预测

随着中国经济发展由高速进入"中高速、优结构、新动力、新挑战"的新常态,人像摄影事业发展也同步进入新常态。从业人员个体化、品牌个人化、资源平台化,流程开放化已经在很多服务领域出现,而影像服务业的特性尤其适合这一模式。

1. 居民对人像摄影消费领域的投入有望持续增加

随着人们对生活质量的要求不断提升,对精神文化产品的需求也不断增长。小康和富裕群体将会大幅度增加在人像摄影消费领域的投入。

2. 生活方式的改变将会加大对人像摄影的需求

近年来人像摄影已出现新的业态,外拍(户外)、旅拍(旅游)和全球拍(国外)已成为新增的人像摄影领域,提升人像摄影需求空间。

3. 手机摄影和个性化需求将带动人像摄影发展

越来越多的人会发现,手机在满足日常拍摄需求的同时,即使像素再高,也达不到影棚拍摄的效果。这也将催生更多的人群前往影棚拍摄艺术性更佳的高质量人像照片。此外,随着人们思想观念的不断转化,个性摄影百花齐放,艺术照、私密照等让更多的人群回归影棚,给人像摄影开创更大的提升空间。

4. 儿童摄影成为继婚纱摄影后的又一巨大市场

越来越多的家庭都会选择在影棚记录孩子的成长过程,为各个年龄段的孩子留下宝贵的影像资料。特别是随着二胎政策效果的日益显现,儿童人像摄影市场将会呈现井喷式增长。

5. 新技术催生人像摄影范围更广

现在无人机、VR 等新技术已开始逐渐进入人们的日常生活。这些技术也开始在人像摄影中得以运用。人像摄影和"互联网+"的融合给人像摄影提供更加广阔的空间。将来婚礼上进行图片和视频的拍摄和直播等,将成为一种"标配"服务。

四、促进行业健康发展的主要对策和政策建议

1. 主要对策

合理规划布局,优化行业结构。贯彻落实国内贸易"十三五"规划,根据上海市服务人口规模、市场需求和区域经济特点,抓紧制定完善人像摄影业发展规划,并统一纳入生活服务业发展总体规划之中,明确重点,优化布局。通过实施规划,引导企业转变发展方式,拓展服务领域,调整行业结构,满足不同层次的服务需求。

培育优秀品牌,引领行业发展。强化品牌意识,引导优势企业争创摄影品牌企业,积极争创著名商标、驰名商标,振兴中华老字号摄影企业。培育一批具有市场竞争力的摄影品牌企业,扩大品牌企业的影响力和号召力。加强企业的交流与合作,整合摄影业有效资源,引导资本、技术等要素向优势企业和优势品牌聚集,依托优势企业引进国内外知名品牌,支持组建大型摄影企业集团和符合条件的摄影企业成为上市公司,提高产业集中度和企业核心竞争力。

加快服务创新,满足多样化需求。引导人像摄影企业积极运用现代摄影技术手段,丰富和拓展文化创意,不断创新服务项目,细化服务工种。应在发展婚纱、广告等高端人像摄影业务的同时,更加注重满足老人、儿童等特定群体及普通证件类拍摄需求,为顾客提供高质量和便利化、差别化的摄影服务。鼓励人像摄影企业创新服务方式,大力开展电话预约、网络传输、上门服务、网上支付结算等新型营销方式,提高摄影行业服务水平。

整合行业资源,促进产业化发展。通过市场机制和政策引导,鼓励企业强强联合、优势互补,整合国内外资源,实现规模化、集约化发展。大力加强人像摄影教育、科研、创意、生产制作等综合性基地建设,推进人像摄影业与影视、旅游、体育、广告、美术、婚庆等相关产业的融合,拓展业

务领域，延伸产业链条，加快人像摄影业系列化、产业化发展步伐。

坚持科技创新，不断推进多业态发展。引导企业加大投入，推动摄影技术创新，大力推进摄影"数码革命"，引进先进技术和设备，提高现代科技成果应用能力，促进摄影技术升级，提升摄影技术装备水平和摄影企业现代化水平。引进环保技术和工艺，倡导绿色摄影。积极推进业态创新，大力发展特色摄影，引导企业实行错位经营，促进摄影业态协调发展和多样化。

2. 政策建议

健全法规标准，规范经营行为。建立健国家、行业、地方、企业标准相互衔接的人像摄影业标准体系。贯彻落实《摄影业开业的专业条件和技术要求》《摄影业服务规范》等行业标准，加快制定《人像摄影业服务质量标准》《人像摄影业技师技术要求规范》等标准，进一步提高人像摄影业规范化水平。制定人像摄影业的地方性管理法规，建立人像摄影业质量检测评估体系，引导企业明码标价、合理收费、诚信经营，积极协调有关部门加强行业监督检查，切实维护消费者和企业合法权益。

加大政策扶持，促进行业发展。促进社区和农村摄影服务网点发展；在鼓励企业采用环保技术和节能设备，淘汰落后冲洗扩印设备等方面，抓紧研究完善相关政策措施；清理人像摄影业各种不合理收费，切实减轻企业负担，改善企业经营环境。

发挥行业组织作用，强化行业自律。加强行业组织建设，发挥摄影行业组织在沟通政府与企业、规范行业行为、反映企业诉求、推动行业自律等方面的积极作用，支持其开展标准制定、资质认定、质量鉴定、培训教育、展示交流、信息统计、技能竞赛等工作，引导行业规范发展。

健全促进体系，夯实发展基础。建立人像摄影业统计制度，健全行业统计、评价指标体系；建立人像摄影业重点企业联系制度，加强对重点企业运行情况和服务质量的跟踪监测，及时发布行业发展报告和相关信息；积极探索开展人像摄影职业教育和从业人员培训的有效途径，加强职业技能培训，提高从业人员素质；大力推进人像摄影行业诚信体系建设，健全企业信用管理档案，完善信用评估体系和公示制度，促进行业服务水平不断提升。(仲国栋)

2016年上海市拍卖行业发展报告

2016年，上海拍卖人攻坚克难，开拓进取，砥砺奋进，克服经济转型和政策变化等重重困难，踏下一个个坚实的脚印。

一、经济总量与上年基本持平

2016年，全市拍卖企业举行各类拍卖会2 722场；全市拍卖成交额累计466.2亿元，比上年的465亿元增加1.2亿元，增幅为0.2个百分点。经济总量与上年基本持平。2016年，全国拍卖成交额5 024亿元，上海拍卖业总成交额占全国总量的9.3%，在全国各省市中名列前茅。

二、企业规模有序增长

2016年底，上海市共有拍卖企业251家，比2015年底的239家增长5%，其中本年度新增企业12家。全市现有拍卖企业等级评估A级以上资质企业57家，其中，AAA级14家，AA级企业22家，A级企业11家。根据国家文物局截至2016年底的汇总，上海现有文物拍卖资质企业57家。根据市商务委和市财政局审核，上海市具有公物罚没物资拍卖资质的企业有45家，比上年增加13家。另外，承担司法委托拍卖的企业有32家。上海市拍卖企业共有从业人员3 400人，拍卖师420人，比上年略有增加。(上海市拍卖行业协会)

展　会

上海市第三届家庭服务博览会

2016年10月15日，上海市第三届家庭服务博览会在长宁区古北黄金城道开幕。上海市妇联主席徐枫致辞，上海市现代服务业联合会会长周禹鹏宣布家博会开幕，上海市商务委副主任吴星宝启动“上海家政服务品牌培育计划”。

上海市家庭服务业行业协会会长谢玲丽介绍第三届家博会情况。第三届家庭服务博览会由上海市妇联、商务委、人社局主办，上海市行业协会、女性社会组织发展中心、妇女儿童服务指导中心承办，凸显了上海市家政服务业由政府部门、家政机构、社会组织、相关产业共同参与、多元力量共同服务家庭的现状。家庭服务博览会作为上海市家政服务行业的盛会，展示上海市家政服务业的行业水平和形象。本届家博会推出三个地方性标准、八个行业规范，及六十多项《家政服务机构管理规范》和《家政服务操作规范》，听取广大从业者和市民的意见建议；家政上门服务证在家博会上展示、推广，主动接受市民咨询；上千名金牌、放心、诚信家政员现场待聘；“上海家政员技能大赛”中母婴护理、老年护理、烹饪厨艺和居家保洁等专业的优胜选手亮相，“申城最美月嫂”推出，供广大市民选择，等等。

吴星宝指出，在家政行业率先启动家政服务品牌培育计划，主要是推动行业发展的需要和回应社会各方的关切。下一步，上海市商务委将会同相关部门，通过开展家政的标准化体系、服务质量管理体系、诚信体系建设以及服务品牌创建评选和激励保护等工作，培育一批家政服务品牌，促进上海市家政服务业的发展。（市商务委服务业发展处）

第十四届上海软件贸易发展论坛

由商务部支持、上海市人民政府主办的第十四届上海软件贸易发展论坛于2016年10月20日在上海喜来登由由大酒店开幕，上海市人大常委会副主任郑惠强出席开幕论坛，并为“2016上海市软件和信息服务出口年度人物”颁奖。上海市商务委副主任申卫华主持开幕论坛，就上海软件贸易发展状况作了主旨演讲，并与市经信委副主任傅新华为“2016上海市软件和信息服务出口重点企业、优秀团队、特色园区”颁发了证书。

围绕本届“把握科技浪潮 共享智能机遇”的会议主题，开幕论坛的“专家演讲”环节，由获得“2016上海市软件和信息服务出口年度人物”奖的易保网络技术(上海)有限公司创始人兼总裁莫元武与格灵深瞳联合创始人 CTO、原谷歌眼镜核心研发者赵勇，IBM(中国)投资有限公司业务拓展总经理周振 3 位业内专家分别发表题为"中国创新，全球推广：用科技让保险更容易""让计算机看懂世界""走向认知的世界"的演讲；"圆桌对话"环节中，知名主持人、掌握传媒联合创始人总经理简昉与复旦大学特聘教授、博导王晓阳院长，同济大学杨恺教授，海隆软件公司李海婴副总经理，博彦科技公司许萍副总裁，原上海信息化培训学会副理事长、洛阳移动产业园总经理宋小军围绕"软件人才的供给侧改革"的议题进行"头脑风暴"，探讨当下人才培养急需解决的问题，现场气氛热烈。

来自美国、日本、俄罗斯、爱尔兰、英国、马来西亚、西班牙、巴基斯坦、乌克兰等国家的机构和企业代表；上海、北京、浙江、江苏、安徽、内蒙古、山西等省市的企业、高校和园区代表及相关政府部门代表 300 余人参加了开幕论坛。

软件产业作为国家的基础性、战略性产业，在促进国民经济和社会发展中具有重要的地位和作用。软件贸易作为服务贸易的重要组成部分，对我国对外贸易升级转型、提质增效也作出了巨大贡献。由市政府主办的上海软件贸易发展论坛已成为行业内领先的专业性活动，具有较高知名度。

论坛的生命力来自于上海软件产业与贸易的快速发展。2016 年 1—8 月，上海市软件出口达到 19.2 亿美元，比上年同期增长 16.7%，预计全年将会达到 30 亿美元，增长约 18%；上海市信息服务业 2016 年前三季度经营收入约人民币 5 100亿元，预计全年将会达到人民币 6 800 亿元，增长约 15%。

上海市软件贸易近年来呈现出以下特点：一是市场主体不断成长。2016 年 1—8 月，上海市软件出口企业达到 367 家，比上年同期增长 10.9%，出口执行金额超过 500 万美元的企业 77 家，增长 14.1%；软件贸易企业队伍不断扩充，经营规模不断扩大。二是贸易附加值不断增加。软件出口从单纯的销售产品将销售服务转变，信息技术服务已成为软件出口的主要形式，占整体比重超过 90%。近年来，我们将软件贸易与技术贸易紧密结合，广泛开展"技术进出口沙龙""企业家校园行"等活动，充分利用技术贸易政策扶持软件贸易转型升级。三是新兴市场不断拓展。2016 年 1—8 月，上海市企业向 51 个国家或地区出口了软件，出口目的地个数增长 10.9%，其中近一半是"一带一路"国家。2016 年 5 月，上海市商务委联合相关机构组织软件企业前往印度、希腊开展经贸活动。在印期间，韩正书记在"中印合作对话论坛"上发表主旨演讲，指出中印两国在信息技术领域加强合作的重要性，并见证了上海软件贸易企业及促进机构与印方的 3 个合作项目签约。

解放日报、文汇报、上视 SMG、新民晚报、第一财经日报、新闻晨报、澎湃、人民日报、经济日报、新华社、中国新闻社、青年报、劳动报、东方网、上海商报、上海日报、第一财经电视上海广播电台、外语频道、上海金融报等 20 多家媒体参加开幕论坛。

为期两天的论坛还举办"'一带一路'ICT 合作交流会""中日企业项目洽谈会""投融资专场"和"企业 HR 与高校人才对接专场(IT 信息类面试会)"等 4 个专场(分会场)。

"'一带一路'ICT 合作交流专场"由上海市信息服务外包发展中心主办，上海市经信委相关负责人到会致辞，中心主任介绍了上海"一带一路"ICT 发展情况及平台的作用。巴基斯坦驻上海总领馆总领事 Naeem Khan、乌克兰驻上海总领事馆总领事 Dymtro Ponomarenko 分别介绍了本国的 ICT 产业发展情况，美国 FIC 总裁 Andrew Forrester 和法国 JUMO 公司、印度企业代表分别介绍了 ICT 合作项目。国内企业代表共 60 余人参加了业务交流，多位企业代表就项目内容与外方进行了详细的方案探讨。

"中日企业项目对接洽谈专场"已连续举办 8 年。2016 年有来自日本的 5 家企业与上海软件对外贸易联盟组织的 12 家中方企业围绕无土载培养料自动传输设备、人脸识别、信息系统第三方运维、虚拟桌面、服装云仓储物流等业务开展了洽谈。此次洽谈的亮点是由以往日方企业向中方推广技术产品的单向模式，转变为双方企业双向推荐自主开发技术产品。洽谈还增加了技术现场演示环节，如针对人脸识别技术，中日双方同台竞技，分别演示了各自产品。

“软件项目投融资专场”由上海软件对外贸易联盟、上海互联网产业促进中心和上海市互联网产业投资联盟共同主办。来自艾云慧信、晨晖创投、复兴国际、云赛创投、汇付创投等投资机构的20余位投资人到场。进行路演的项目中既有像“乐听头条”这样2015年刚成立的天使轮项目，也有像“上海秀派”、“新致医疗云”和“IT大牛”这样经营十几年的成熟企业。项目方与投资人在会场进行了深入交流。

“企业HR与高校人才对接专场”由上海临港漕河泾人才有限公司承办，在漕河泾开发区人才市场举行。思科、中国电信、海隆软件等34家优质企业携277个岗位设摊招聘，800余名应届毕业生前来应聘。对接活动共收到简历1 911份，面试1 904人次，达成录用意向1 024人次。

（市商务委国际服务贸易处）

服务民生

2016年市政府早餐工程实事项目正式启动

2016年3月15日,2016年市政府实事项目早餐工程动员会召开。上海市商务委副主任吴星宝出席会议并作动员讲话。上海市住建委、财政局、食药监局等相关部门、各区县商务主管部门及部分早餐品牌企业负责人与会。

会上,浦东新区商务委、老盛昌、中饮、清美等4家区县和企业代表作交流发言,总结了早餐工程实事项目实施5年来的建设成效及存在差距,并就2016年早餐工程建设工作作了布置。

2016年,上海市政府将早餐工程继续列入实事项目,重点支持企业在大居和配套薄弱社区新建30家早餐示范门店,充分利用5年来已建成的24家早餐加工配送中心(中央厨房),进一步释放其向早餐网点配送能力,起到引领行业标杆作用,逐步实现早餐市场"布局更合理、经营更集约、配送更快捷、食品更安全、品种更丰富、价格更亲民"。

2016年以来,市商务委会同相关部门、早餐工程产业联盟,在深入区县、企业广泛调研基础上,拟定印发《2016年早餐工程实事项目建设实施方案》并已在早餐工程网站(zc. scofcom. gov. cn)上公告社会。要求早餐示范门店参建企业的遴选,将秉持公开、公正、公平的原则,由企业自愿申报,所在地区县商务主管部门推荐、初审,经相关部门组织专家评审并审核等程序,择优确定参建门店。

最后,吴星宝就2016年早餐工程建设提出要求:一是进一步完善规划布局,抓住大居配套缺乏和薄弱社区,加紧网点布局,补足物理空间,同时做好春节、节假保障供应工作。二是做好"存量"、扩大"增量"。"存量"就是要对现有24个早餐加工配送中心进一步在管理、品牌、冷链、配送等方面提升服务功能,寻找薄弱环节,加强供给侧结构调整,形成生产、加工配送、零售服务的全产业链。"增量"就是要进一步满足多元需求,向早餐、白领午餐、夜宵等服务延伸。三是按照"实施方案"要求完成实事项目的各项任务。(市商务委服务业发展处)

市商务委积极推进上海市农产品产销对接工作

为推进上海市"菜篮子"工作,吸引外省市优质农产品进沪销售,保障上海市农产品均衡供应、安全和价格基本稳定,2016年2月,市商务委副主任吴星宝带队组织蔬菜集团,江桥、江杨、上农批等批发市场以及上蔬永辉、农工商、大润发、食行生鲜、厨易时代、强丰等企业负责同志,赴江苏省徐州市铜山区考察农产品生产情况，推进徐州铜山特色农产品进沪销售，研究讨论建立常态化产销合作机制。代表团考察徐州铜山规模化蔬菜、牛肉、金针菇以及面粉、大豆等粮食加工生产基地，参观徐州市铜山农业特色农产品展销中心。徐州市铜山区区委书记毕于瑞、副书记杨勇陪同考察。

代表团与徐州铜山区商定，共同推进以下四方面工作：一是加强农产品产销对接合作。按照“政府搭台、市场运作、企业主体”的原则，鼓励两地企业建立紧密型合作，在农产品基地规模、品种结构、栽培技术、标准化管理、品牌合作、营销模式等方面建立产销合作，聚焦铜山农产品特色品种，不断扩大种植规模。二是加快铜山农产品“标准化、规格化、冷链化、品牌化”建设。支持铜山规模农产品生产企业在上海市批发市场、超市搭建销售专区、专柜，提高农产品组织化销售模式，培育铜山农产品品牌，统一标准、统一包装、统一标示，推动铜山龙头农业生产企业与上海市流通渠道直接对接。三是探索铜山农产品与智慧微菜场等新业态的合作。推动铜山优质农产品跨过批发环节，直接与上海市智慧微菜场企业配送对接，主打精品小包装农产品，提高农产品附加值。四是帮助培育铜山专业经纪人队伍。2016 年将开展“农产品出口培训”专题项目，发挥上海市农产品流通方面的技术经验优势，推进徐州铜山专业人才队伍的建设。

未来两地将加强在农产品信息、标准、品牌、检测等方面的合作交流，共同建立上海-铜山农产品生产示范基地。（市商务委市场运行和调控处）

市商务委积极推进上海市重要产品追溯体系建设工作

2016 年，市商务委积极推进上海市重要产品追溯体系建设，以食用农产品、食品等重要产品为抓手，以二维码等新技术运用为主攻方向，取得了一定成效。

一是加快推进二维码新技术应用。制定《2016 年二维码食品流通安全信息追溯应用建设工作方案》，结合《上海市食品安全信息追溯管理办法》实施，继续推进肉类、蔬菜、水果、豆芽、豆制品、食用油、乳制品等预包装食用农产品和食品二维码追溯等新技术应用，取得一定实效。

二是不断完善肉菜流通追溯体系建设。根据实际情况，不断完善商务部肉菜流通追溯运行考核有关“短板”问题，采取相应措施予以解决。2016 年一季度在商务部肉菜流通追溯运行考核继续保持全国前列，其中有 6 家批发市场考核得分进入全国前 10 名，有 39 家菜市场考核得分进入全国前 50 名。

三是深入开展追溯宣传培训。2016 年 2 月、6 月，分别举办食品流通安全信息追溯进社区、进超市、进批发市场等“三进”主题活动，开展二维码追溯应用实物展示，深受消费者欢迎。组织召开 4 次有关运维公司、批发市场、超市、配送、标准化菜市场等多环节追溯专题培训会，提高企业追溯主体意识。

四是成功申报商务部重要产品追溯体系建设示范项目。在财政部、商务部等部门牵头组织的重要产品追溯体系建设示范项目竞争性评审工作中，上海市成功入选 3 省 1 市重要产品追溯体系建设示范项目名单，并获得相关中央财政专项补助资金。此次全国仅选择上海、山东、宁夏、厦门 4 个地区，对肉类、蔬菜、中药材和乳制品等重要产品开展追溯体系建设示范工作。

下一步，市商务委将积极推进重要产品追溯体系建设示范项目，重点做好以下几个方面工作：一是建立全市统一的重要产品追溯管理平台。二是支持第三方追溯平台建设和培育追溯认证体系。三是提升肉菜流通追溯体系建设。四是推进二维码、RFID 等追溯新技术在食用农产品、食品、药品、农业生产资料、特种设备、危险化学品、宝玉石等重要产品中的应用。五是开展酒类、豆制品等特色产品追溯体系建设。六是建立乳制品全过程信息追溯体系。七是开展电子商务追溯体系建设。八是打造重要产品追溯示范区。

按照部署和要求,市商务委将抓紧制定《上海市开展重要产品追溯体系建设示范项目实施方案》,不断推进上海市重要产品追溯体系建设,形成可复制、可推广的经验。(市商务委市场运行和调控处)

上海审议服务业发展“十三五”规划

2016年6月13日,上海市市长杨雄主持召开市政府常务会议,审议《上海市服务业发展“十三五”规划》(以下简称:《规划》)等事项。

“十二五”期间,上海按照“高端化、集约化、服务化,三二一产业融合发展”的方针,推动服务业快速增长,以服务经济为主的产业结构基本形成。服务业增长快于全市经济,成为上海发展的主要动力,服务业年均增速达到9.7%,服务业增加值占全市生产总值的比重提高到67.8%,服务业从业人员占全社会从业人员比重超过60%。金融、商贸等服务业重点领域平稳增长,新兴领域加速增长;“四个中心”加快建设,城市综合服务功能不断提升;服务业布局不断优化,集聚发展格局逐步完善;改革开放力度进一步加大,发展环境持续改善。

根据《规划》,“十三五”时期,上海将以新发展理念为引领,把加快发展现代服务业作为落实“创新驱动发展、经济转型升级”总体要求的重要举措,着力深化服务业供给侧结构性改革,坚持提升传统服务业和培育新兴服务业并举,坚持满足需求和引导消费并重,推动生产性服务业向专业化和高端化拓展、生活性服务业向精细化和高品质提升,努力构建结构优化、服务优质、布局合理、融合共享的现代服务业体系,提升“上海服务”品牌影响力,进一步发挥服务业在上海经济转型升级中的主导作用。《规划》围绕服务业发展,还提出了主要目标、重点发展领域、主要发展路径和保障措施。

会议原则通过《规划》并指出,在以服务经济为主的产业结构基本形成的条件下,上海要以更开放的国际视野,牢牢立足国家战略和自身长远定位,进一步深入谋划“十三五”服务业发展蓝图。要更全面地学习借鉴国内外先进经验,更准确地把握服务业发展规律和趋势,更深入地剖析上海服务业发展存在的突出问题和瓶颈,着眼于建立和完善与现代服务业相适应的体制机制,分门别类提出更具针对性的政策措施,大力推动服务业更快更好地发展。要加大对服务业发展的前瞻性、综合性研究,加强整体性、系统性谋划,特别要注重与金融、贸易、航运等相关专业规划的有效衔接,统筹协调好各项制度安排和政策措施。(市商务委服务业发展处)

创新推动打造高品质个性化便利化的社区生活服务圈

一、总体情况

为加快发展上海市生活性服务业,2016年,上海市商务委制定发布《生活性服务业提质工程实施方案(2016—2018年)》,聚焦重点行业、重点区域、重点项目,加快生活性服务业向便利化、精细化、品质化提升发展。在社区便民生活服务方面，主要围绕解决“最后一公里”服务难题，实施服务到家计划，以“互联网＋”助推传统生活性服务业转型升级，形成线上线下互动融合的服务消费新模式、新业态，启动社区服务网点布局，开展社区便民生活服务示范点建设试点。通过线上集成服务平台和线下社区服务网点，积极拓展社区O2O服务，为广大社区居民提供养老、家政、洗衣、餐饮、购物、快递、维修、健康、旅游、金融、教育、文化等多元化服务，努力解决社区服务最后一公里问题。通过线上信息发布平台、移动手机APP终端，使居民可以足不出户，在家享受全方位的便捷生活。

二、“服务到家”案例

东方网成立于2000年，2012年3月完成转企改制，是上海市大型互联网国有控股企业。2015年，东方网在社区业务方面完成服务到家O2O业务战略布局，启动建设社区O2O服务到家综合平台。目前，东方网已经初步建立线上线下闭环，在线上拥有智橙生活社区综合服务平台，助医网挂号平台，便民服务、多媒体互动展示屏等各项职能终端；线下则延伸到社区进行全市性的布点，建立东方网智慧屋，引进健康医疗、阅读、家政、养老、洗衣、餐饮、维修、理发、寄存、快递、收取、购物、金融等领域的服务性项目，打造多位一体的社区便民生活综合服务示范点。并通过线上信息发布平台，移动手机APP终端及线下便民服务网点，使居民可以足不出户，在家即享受全方位的便捷生活。

线上着力打造社区便民综合服务平台，建立社区基础信息数据库、综合信息管理发布平台、网格化街道办公流程系统和集服务、社交、媒体功能于一体的生活信息发布终端，涵盖智慧社区管理、智慧家居、智慧健康、智慧商业、智慧金融、智慧旅游、智慧政务等应用板块

线下从社区居民需求出发，打造一批社区便民生活综合服务示范区，开展包括金融、健康、旅游、商业、家政、教育等应用服务内容在内的各项线下便民社区服务，提供街道生活服务、数字民政、互联网＋医食住行体验、智能自助服务、物联驿站等几十项服务，打造社区电子商务示范点、服务到家示范点、社区旅游服务点、邮政物流服务点、社区健康服务点和社区家政服务点等。

（市商务委服务业发展处）

上海市将建设100家标准化菜场和500家社区智慧微菜场

2016年，上海市通过推动西郊国际农产品中心批发市场建设，积极搭建农产品国际交流平台，让“马大嫂”们足不出沪实现“买全国、买全球”。上海市全年将在农产品流通供应和消费两端发力，完善农产品流通“从田头到餐桌”的供应链，再建100家标准化菜场和500家社区智慧微菜场。

1. 通过海外并购获优质资源

在农产品流通供应端，2016年，上海市将大力推动占地面积11.05万平方米、总建筑面积45万平方米，辐射上海及长三角地区的现代化、综合性农产品中央批发市场——西郊国际农产品中心批发市场建设；加快培育全国农产品产销基地，建立和完善农产品标准化体系建设，吸引市外优质农产品进沪销售；建设100家标准化菜市场，营造商场化购物环境；鼓励支持批零直配供应链建设，积极发展现代化、集约化、规模化的现代农产品配送体系；鼓励上海市企业通过海外并

购,掌握全球优质农产品资源;积极搭建跨境电商等新型农产品国际交流平台,根据市场特点合理有效利用国际市场;加强鲜活农产品仓储物流设施建设,加快发展农产品冷链物流。

2. 线上线下融合菜场将诞生

在农产品供应链消费端,“互联网+菜篮子”是上海市农产品流通供应链体系建设的重点。为打通广大市民买菜的“最后一公里”,上海市将大力发展以自助售菜和网订店取为代表的社区智慧微菜场和社区 O2O 生鲜店。2016 年全市建社区智慧微菜场 500 家;传统标准化菜市场也将与互联网创新融合,运用线下资源优势,拓展线上市场,2016 年全市诞生一批线上线下融合的标准化菜市场;此外,传统农产品批发市场将积极开展互联网条件下的转型升级,通过与生鲜电商紧密合作,打造线上线下互动平台,2016 年全市再建若干生鲜电商孵化基地。

此外,事关市民食品安全大事的农产品安全信息追溯体系项目将进一步深化。上海市商务委已出台 2016 年“二维码食品流通安全信息追溯应用建设方案”,探索二维码等物联网新技术在预包装食品和食用农产品流通领域的追溯应用。

2016 年上海新改建 102 家标准化菜市场 2.0 版

每天上午 9 时后,家住华山花苑的袁艾平都会走出家门,步行 5 分钟后来到美天华山菜市场。拿上一个购物篮,看一看今天优惠的“黄牌菜”有哪些,再挑家里人爱吃的几个品种拿去称重。这时候口袋里的手机已经自动连接上了 WiFi,没带钱包也不要紧,收银台可以“扫一扫”支付宝和微信。

看上去,袁艾平每天都光顾的小菜场和传统菜场大不相同。这就是 2016 年上海市政府实事项目“新建改建 100 家标准化菜市场”中的“特别版”——超市化管理模式和商场化购物环境的 2.0 版新模式。

从 2005 年起,上海用 10 年时间告别脏乱差的小菜场,完成标准化菜市场 1.0 版的硬件改造;而从 2016 年开始,引进信息化管理系统的 2.0 版走入百姓生活,通过品牌化、标准化的集约型管理模式,为市民提供更现代的购物环境,更安全的农副产品,更亲民的小菜价钿。

1. 标准化菜场——看似超市但还姓“菜”

上午 9 时,记者走到华山路 1623 号的门口,往里一张望,却以为找错了地方。收银台、货架、冰柜,还有统一着装的工作人员,这里真的是小菜场?抬头看看招牌,没错,正是 2016 年国庆节正式开业的美天华山菜市场。

一走进小菜场,左手边是放着一溜儿鱼缸的水产区,右手边是摆放着 60 多个品种的蔬菜区,贴着墙摆放的冰柜里,是各式水果和乳制品,再往下则是丸子、猪肉、羊肉、冰鲜家禽的摊位,还有一个品牌熟食店。中间也没空着,豆制品区、面点区、粮油区设立在此。在寸金寸土的华山路,这是一个“麻雀虽小、五脏俱全”的标准化菜市场,甚至还有免费使用的 WiFi。

“8 年前华山路上曾经有一个菜场,但因为种种原因关闭了。”上海美天副食品有限公司副总经理顾志君告诉记者,长宁区的居民因此只能到徐汇区的天平路菜市场买菜。2016 年国庆节,新菜场开出来了,却和传统菜场大有不同。“我们改变了经营模式,从原来单纯出租场地、收摊位费的房东式经营模式,变成了与经营户相互合作的电子结算模式,也就是和经营户联营扣点,风险共担。”

而在嘉善路上的上蔬永辉,生鲜超市化的“外表”更加鲜丽。上午 11 时,这里的 4 个收银台全开,每个收银台前都有顾客排队结账。一楼几乎都是生鲜农副产品，水产区除了家常鱼类，冰柜里还有三文鱼、北极贝，肉禽区、粮油区、干货区等一应俱全。如何结账？除了现金和刷卡，支付宝、微信等移动支付方式都可以使用。

“定位社区，食品的经营比例在90%以上，生鲜的比例在50%以上，就可以称为菜场。”标准化菜市场看上去越来越像超市，但它还是姓“菜”，市商务委市场运行调控处的徐剑锋说，超市化的“品相”和管理模式，正是2.0版的发展重点。

2. 有统一采购——保质保量还要保价

硬件上去了，菜价会不会水涨船高？这是不少市民的担忧。但记者采访发现，2.0版的小菜场利用经营管理上的创新，通过摊位自营、连锁经营、基地直采、集中配送等供应链管理方式，更能做到价格可控、质量可控和供应保障。

“今年春节前，上海遭遇异常低温，蔬菜价格大涨，但上蔬永辉的菜价只有微调。”上蔬永辉负责人纪昌盛给记者举了一个例子。“当时，普通菜场的价格上涨50%～60%，一般超市涨了30%，但我们的平均涨幅只有8%。为什么？因为我们50%的蔬菜来自自建基地，50%从母公司江桥批发市场采购，不但有统一采购的优势，还有仓储中心，可以及时调配补货，起到调节价格的杠杆作用。”

而在美天华山菜市场里，所有的蔬菜都来自“美天优选直供”，这是其与崇明蔬菜基地的对接。每天都有市场价七折的“黄牌菜”10个，其中5个是绿叶菜。记者昨天看到，青菜1.3元/斤，冬笋8.5元/斤，这是“黄牌菜”。油麦菜3.8元/斤、芹菜3.5元/斤，塔菜3.8元/斤，这是不高于周边市场价的花色品种。统一的基地直采不仅在于蔬菜，水产品、豆制品、肉禽等品类也都是品牌化经营。爱森、膳博士、旺园家禽、中洋生态鱼类……老百姓能买到的所有农副产品都出自大公司，安全系数大大提高，100%做到可追溯。

好处是显而易见。“原来都是摊主自己去批发市场进货，他的议价能力低，拿到小菜场销售，价格由他说了算。遇到极端天气，菜价高涨，他也随行就市。无论是供应、价格还是质量安全，菜场管理方都缺乏掌控力。而统一经营后，这些关键环节的掌控权都收回来了。”市商务委的徐剑锋坦言，遇到极端天气，一声令下，这些菜市场就是稳价保供的最快响应者。

市商务委市场运行调控处副处长郭笑捷表示，标准化菜市场2.0版，建立了“统一标识、统一管理、统一结算、统一服务、统一品牌”的五统一管理模式，标志着上海市的标准化菜市场从环境改造为主体逐步过渡到经营管理创新阶段。上海市标准化菜市场2.0版新模式，已经建成上蔬永辉15家、康品汇8家、品上生活5家、新美天3家。

3. 人性化服务——松江社区“最美菜场”

除了在中心城区改造、新建2.0版的小菜场，2016年市商务委还将大型居住社区的买菜难列入重点工作，102家新建改建标准化菜市场中，有10家在大型居住社区旁边。

拆掉四个自然村，造起现代化的小区，松江区泗泾镇上的大区规划人口10万，如今已住进了5.5万人。但直到2016年年初，最近的菜市场还要步行40分钟。在周边居民的强烈呼声之下，区政府引进专业的菜场管理公司“木灵农贸市场管理有限公司”，在社区的中心地带开出新菜场。松江区商务委市场管理科科长张明山告诉记者，新家园菜场开业伊始，就被称为松江“最美菜场”。

灯光明亮，地面整洁，实木柜台泛着淡淡的油光，即使是在肉类区，也闻不到一点儿腥臭味。但这里最美的还是各种人性化的服务。

从市区搬过来的动迁户，买了经适房的中低收入人群，租房在此的小白领，这是泗泾大型居住社区人口的主要构成。针对这些人群的特点，新家园菜场做了不少调整。“我们的营业时间很长，从早上5时半到晚上9时半，白天是老年顾客来光顾，晚上是坐地铁下班的白领匆忙买菜。”新家园菜市场的总经理唐静告诉记者，市区搬过来的居民和本地人需求不同，现做的爆鱼、现磨的芝麻核桃粉，都是应居民要求而生。周边老年居民多，菜场还提供送货上门服务，只要一个电话,摊主就会按照要求送菜上门,不但不收配送费,就连起送标准都没有。“就算你只买一斤青菜,我们也送。”菜场还特别建了有100个车位的停车场,装上了新能源车的充电桩。

唐静坦言,从市区搬来的居民“难服侍”,他们精打细算,对价格和质量都很敏感。怎么办?市场因此拿出一个蔬菜摊位,不收任何摊位费,培养它成为一条“鲶鱼”,倒逼其他摊位合理定价,同时帮助摊主对接基地,还让自产自销的农户免费入场销售。

4. 零售端变革——倒逼农产品供应链

零售端,推动标准化菜市场2.0版和社区智慧微菜场的发展;批发端,探索农产品“批零联盟”的试点;生产端,大力推进外延基地建设,确保资源基础稳定。2016年以来,上海市积极布局农副产品的全产业链,确保市民的“菜篮子”拎得放心又轻松。

“上海市民要吃到质量有保障,价格更亲民的小菜,不能全靠本地种,而要从全国大采购。”上海市商务委相关人士坦言,这就需要零售端成为产业链的“链主”,引导链条前端的变革,让原本小散乱的农业变成“订单农业”,种什么菜、施什么肥、用什么农药、卖什么价格、供应多少量,都有规章可提前制定。

上海市商务委表示,2017年上海市将大力推进30家示范型标准化菜市场升级改造工作,推动标准化菜市场向集团化、连锁化、公司化转型升级,支持新型农产品流通模式。同时要重点支持一批品牌化超市管理的标准化菜场新模式,形成一批2.0版新模式的标准化菜市场。(新民晚报)

上海市建成1000家社区智慧微菜场

按照上海市委、市政府的部署和要求,作为重点目标管理工作,上海市商务委会同市政府有关部门及各区政府积极推进社区智慧微菜场建设,共同制定发展规划目标,研究制定落实支持政策的措施,积极协调争取区、街道、镇政府支持网点落地,以及在市政、财政等部门大力支持下,已建设完成1064家社区智慧微菜场,全社会形成食行生鲜、厨易时代、强丰等著名社区智慧微菜场品牌。根据《市商务委关于印发〈2016年标准化菜市场和社区智慧微菜场建设工作方案〉的通知》(沪商运行〔2016〕46号)和《市商务委关于申报上海市示范社区智慧微菜场建设项目的通知》(沪商运行〔2016〕296号)等有关工作要求,上海市积极推进社区智慧微菜场示范建设工作,各区商务部门集中力量,全力以赴地推进建设。市商务委组织召开上海市示范社区智慧微菜场建设项目专家评审会,评审组听取上海随易网络有限公司(食行生鲜)、上海厨易配菜有限公司(厨易时代)和上海强丰实业有限公司(强丰)3家社区智慧微菜场企业汇报,审阅各区商务委提交的申报材料。经评审,确定上述3家企业为上海市示范社区智慧微菜场建设项目支持单位,并予以公示。

上海市社区智慧微菜场是以自动售菜机、网订店取等模式为代表,将菜市场浓缩成自动售菜点,设置恒温无人售菜终端进行全智能自动售菜;通过官网、手机APP、微信等多种途径为社区居民提供生鲜订购服务,采取全程冷链配送,提升社区精准营销水平,实现互联网技术与现代农产品流通的有机结合,方便消费者需求。据统计,食行生鲜、厨易时代、强丰等3家企业在上海市社区智慧微菜场建设投入经费约5千万元,2015年全年销售额近5千万元,2016年1—10月销售额近1.5亿元,增幅明显。上述3家企业所设社区智慧微菜场网点覆盖上海市除崇明以外的15个区。

2017年,上海市将继续推动社区智慧微菜场建设,优先在大居等副食品供应薄弱区域进行布点,作为菜市场的有力补充,满足多元化消费需求,保障市场供应。(市商务委市场运行和调控处)

千余智慧微菜场布点申城楼宇社区

签约10个"上海市外延蔬菜基地"、新建或改建102家标准化菜场、还有1 064个智慧微菜场深入社区……2016年以来上海市加快推进"产销紧密型对接""批零联盟""互联网+菜篮子"等流通新模式,想方设法打通产销之间、供需之间的"断头路",把"菜篮子"打造得密实而时尚。

1. 批零联盟:两大中心批发市场均可APP下单

"上海菜、全国来"。2016年年初的三波寒流,导致蔬菜供应形势吃紧,人情敌不过真金白银,产地自然谁出价高就卖给谁。参照东北虎林粮源基地做法,将上海的"菜篮子"与全国的"菜园子"紧密对接,在兄弟省市建立上海市外延蔬菜生产基地,从而形成相对稳定的产销紧密型合作关系的想法孕育而生。整个计划为2016年在山东、江苏、云南、海南4省先行试点建设10个规模化外延蔬菜基地,上海市批发市场和外延生产基地合作社共同把控生产、销售各个环节。2016年10月,首批6家上海外延蔬菜生产基地已在山东临沂和江苏徐州两地挂牌。

批零联盟、直接对接,压缩中间环节的赢利空间,是商务部门稳价保供的第二招棋。西郊国际交易中心和上海农产品中心批发市场是上海市"一主一副"两大中心批发市场,西郊国际交易中心服务浦西地区,采用"全国基地+农批市场+终端市场"的产销直接对接模式,西郊国际、蔬菜集团联合第一食品商店打造"光明·纬度生鲜"APP。专卖店通过APP向西郊国际下订单,平台负责调配批发市场商品储备,不足部分向基地下达采购订单,并安排物流配送到专卖店;上海农产品中心批发市场针对目前浦东地区松散管理的单个菜市场,开辟"上农鲜品APP",建立"线下加盟、会员注册、线上下单、批零直供"的供应体系。加盟菜市场的经营户通过APP订购批发市场内的农产品,解决单打独斗、采购量少导致价格高的问题。"上农鲜品"APP已与浦东新区6个街镇18家菜市场实现对接,近期有望达到30家。初步测算,这些菜市场的蔬菜零售价格有望在原有基础上降低10%左右。

2. 供需对接:智慧菜场让生鲜回归合理价位

而在末端,尽管上海市连续多年将标准化菜市场列入市府实事项目,但由于菜市场建设步伐赶不上城市扩容步伐,市民特别是城郊大居居民仍有"买菜难"的呼声。与此同时,标准化菜市场也面临着从"供得上"到"供得好"的升级。积极推进智慧微菜场,引进生鲜流通领域的"新零售"概念,则是补上上海市菜篮子供应短板的第三招棋。2016年,全市各区在超进度完成新建改建标准化菜市场100家实事项目要求的基础上,鼓励标准化菜市场从传统市场经营模式向自营、连锁经营、基地直采、集中配送、价格可控的供应链管理模式转型,全过程实现可追溯,集约化、信息化、包装化和冷链化——徐汇双峰、长宁美天等传统菜市场管理公司率先改变以出租摊位、收取管理费为主的经营模式,100%实现自营和联营联销;上蔬永辉通过与京东到家合作,与长期合作供应商推进直采直供,减少中间环节;静安区亚细亚公司对区内标准化菜市场实行统一经营管理,"撤二建一"后,又为原闸北区标准化菜市场管理提供了统一的服务;普陀永昌与上海强丰果蔬种植业专业合作社合作，在18家标准化菜市场内设立绿叶菜无人销售的平价菜专柜，对专柜提供减免50%以上租金……此外，上海市民还欣喜地发现，2016年以“自助售菜机”“网订柜取”“订制体验”等为主的农产品流通新模式——智慧微菜场越来越多。它们是标准化菜市场的延伸，以销定采、缩短环节、降低损耗，让生鲜农产品回归合理价位。全市共有1 064家社区智慧微菜场，遍布除崇明以外的15个区的社区、机关、学校和商务楼宇，2016年全年实现销售额在1.5亿元左右。

值得一提的是，与探索菜篮子流通新模式这条明线相平行的暗线——不断提高食品流通追溯系统运行质量和水平今年也取得突破。最近从北京传来消息，2016年前三季度，上海肉菜流通追溯运行考核得分均位于全国前列，分别有6家、4家、7家批发市场得分进入全国前10名，分别有39家、26家、39家标准化菜市场得分进入全国前50名。这条追溯链又延伸到上海市各大蔬菜外延基地，这些基地均采用二维码技术、视频监控技术，建立蔬菜生产流通信息追溯系统，并与上海市食用农产品流通追溯管理平台对接，明确供沪蔬菜实施包装化，从源头保障蔬菜质量安全。（市商务委市场运行和调控处）

上海首批6个外延蔬菜生产基地挂牌

2016年年初出现的全国性、长时间、大面积重大寒流极端天气，对上海市农产品资源基础提出严峻考验。按照上海市政府的部署和要求，大力推进外延蔬菜生产基地建设，推进销地与产地紧密对接，建立稳定的生产基地和经销企业的合作关系。2016年10月21日，位于山东省临沂市的兰陵县、费县、河东区共计4个外延蔬菜生产基地与地处江苏省徐州市铜山区的2个外延蔬菜生产基地正式挂牌。上海市商务委主任尚玉英、副主任吴星宝、总经济师张国华与山东省、江苏省相关领导为外延基地挂牌。吴星宝代表上海市商务委与相关县、区人民政府签约。上海西郊国际、蔬菜集团、上海农产品中心批发市场等上海市蔬菜批发主渠道分别与相关外延基地签约。2016年年底，上海市外延蔬菜生产基地的数量扩大到10个，区域扩大到海南与云南。

尚玉英指出，此次挂牌仪式，拥有天时、地利、人和——天时，金秋时节，硕果累累，预示着我们合作的美好前景；地利，临沂市、徐州市具有较好的蔬菜生产基础，是上海主要的蔬菜供应基地；人和，临沂市、徐州市两地的父老乡亲们，勤劳淳朴，在田间洒下辛勤的汗水，在此，向他们为上海蔬菜保障供应所作出的贡献表示衷心的感谢。同时，尚玉英期望，无论是两地政府主管部门，还是相关的企业与基地，在此次签约揭牌的基础上加强优势互补，进一步拓展合作的广度；加强规范管理，进一步提升合作的深度；立足真抓实干，进一步扩大合作的成果。

吴星宝表示，此次上海外延蔬菜生产基地的挂牌，将改变现有的松散型供销产业链，让价平、质优、安全的蔬菜源源不断地进入上海市场，切实保障上海的菜篮子供应。与此同时，为起到“保障供给”与“安全放心”的双重职能，首批挂牌的6个外延蔬菜生产基地，均采用了先进的二维码技术、视频监控技术，建立起蔬菜生产流通信息追溯系统，并与上海食用农产品流通追溯管理平台对接，以有效保障供沪蔬菜质量安全。

此次挂牌的外延蔬菜基地中，兰陵县是全国蔬菜十强县，有着“全国大蒜之乡”和“全国牛蒡之乡”的美誉，兰陵县有15万名蔬菜经纪人和经营户活跃在上海，来自兰陵的各种蔬菜全年供应量达到50多万吨，是上海市民不可或缺的“菜园子”之一；江苏铜山的两大外延蔬菜生产基地，原先面向上海市场的年供应量为6 000～8 000吨，挂牌以后,将扩大满足上海市民需求的绿叶菜品种的生产,1～2 年之后总销量将扩大到年 1.5 万～2 万吨,2～3 年之后达到 3 万～5 万吨。(市商务委市场运行和调控处)

积极推进上海市餐饮业“绿色餐厅”创建活动

2016 年 4 月 14 日,市商务委、市食药监局、市餐饮烹饪行业协会联合召开全面推进上海市餐饮业“绿色餐厅”创建活动动员大会。市商务委副主任吴星宝出席大会并讲话。各区县商务主管部门、市场监管部门、餐饮烹饪协会、市食品安全工作联合会的负责同志,以及上海市餐饮知名品牌企业负责人逾 300 人参加动员大会。

大会宣读由市商务委、市食药监局联合发布的《上海市餐饮行业创建“绿色餐厅”活动实施方案》。“十三五”期间,上海市将实现 5 000 家“绿色餐厅”的创建目标,按照“食品安全、低碳环保、诚信经营”的标准,使“绿色餐厅”成为上海市餐饮业的标杆和示范。市餐饮烹饪协会会长沈思明就全面推进上海市餐饮业“绿色餐厅”创建活动作动员报告;市食药监局围绕突出食品安全监管重点、着力解决餐饮突出问题作主题讲话。黄浦区商务委、杨浦区商业联合会、味千(中国)控股有限公司分别作交流发言。

吴星宝强调,一是要从建设国际级消费城市出发,认识到开展绿色餐厅创建活动的重要意义。二是要发挥餐饮烹饪行业协会的重要作用。三是希望各区县商务部门大力支持绿色餐厅创建活动。要积极参与创建绿色餐厅各项重要活动。切实落实相关部门与市餐饮烹饪行业协会的对接,针对区县实际情况提出建议和措施,推进创建绿色餐厅各项工作的顺利开展。要大力支持市餐饮烹饪行业协会扩大绿色餐厅覆盖面,推荐优秀餐饮企业参与创建活动,使上海的绿色餐厅遍布全市各个区县,为提升餐饮业的整体素质发挥示范作用。(市商务委服务业发展处)

市商务委、杨浦区商务委、东方网联手推进“服务到家”

2016 年 11 月 28 日,上海“服务到家”研讨会正式举办。本次研讨会以“创建社区惠民服务新模式”为主题,由东方网、杨浦区商务委联合主办。市商务委主任尚玉英、杨浦区委书记李跃旗、杨浦区区长谢坚钢、市商务委副主任吴星宝、杨浦区副区长谈兵、东方网董事长何继良、东方网总裁徐世平等出席启动仪式。上海服务到家合作联盟理事单位代表、相关专家学者等参加研讨会。

会上,尚玉英、李跃旗、徐世平共同启动触摸球,东方网智橙生活社区便民生活服务平台 2.0 版本正式上线。上海财经大学电子商务研究中心主任劳帼龄作“网罗生活服务、落地社区惠民”主题演讲。在圆桌讨论环节,东方网、上海航空、上海邮政、悦管家、美囤妈妈等企业负责人与专家教授共聚一堂,围绕如何实现“服务到家”、“互联网+”生活性服务业企业既满足民生又实现企业自身盈利、如何在推进“服务到家”中实现政府公共管理完善和企业自我发展之间的平衡等议题畅所欲言、热烈讨论。

2016 年以来,市商务委全力推进生活性服务业提质工程建设,聚焦重点行业、重点区域和重点项目,推进生活性服务业向便利化、精细化、品质化提升发展;在实施“服务到家”计划,解决

“最后一公里”服务难题上,重点推进东方网开展社区服务到家项目建设,指导成立上海“服务到家”合作联盟,凝聚生活性服务业品牌企业,以互联网为手段,形成线上线下互动融合的社区服务消费新模式、新业态;紧密围绕居民日常生活实际需求,整合社区服务网点资源,布局一批集养老、家政、餐饮、维修、理发、生鲜、寄存、快递、再生资源回收等为一体的社区便民生活服务示范点,建立居民家门口的综合服务网点。杨浦、徐汇等区已建成首批社区便民服务示范点。“服务到家”合作联盟已集聚30多家生活性服务业品牌企业,涵盖了社区电商、餐饮、家政、家居、养老、快递、旅游、教育、金融等行业。(市商务委服务业发展处)

市商务委积极推进家政服务业管理体系建设

2016年3月30日,市商务委副主任吴星宝主持召开上海市家政服务业管理体系建设推进会。市人社局、市质监局、市妇联、市家庭行业协会、各区县商务主管部门、上海财经大学法学院、上海家政网络中心及近百家上海市知名家政服务机构参会。

会议部署2016年家政服务管理体系建设,主要做好以下工作:一是推广家政持证上门服务试点。家政上门服务证,是一种能够快捷、高效、方便识别从业人员身份基本信息、从业基本信息,具有可查询、可追溯功能的一种标识证(卡)。其有三项功能:一是备案可查。采取一人一证一码,信息须录入家政上门服务证信息系统,实现可查询;二是背书可溯。落实“谁推荐报名谁负责”的原则,实现可追溯;三是方便实用。可通过“网站、电话、APP、微信”等多种方式,查询方便。二是完成标准规范制定。为从源头上规范行业建设,制定上海地方的“家政服务业标准规范”。三是开展行业立法调研。研究并起草《上海市家政服务业管理办法》,明确从业人员持证上岗、健康体检、登记管理等行业要求,明确从业人员、服务机构、雇主的权利义务,保障消费者和从业人员的合法权益。四是积极推进注册登记和灵活就业登记工作。2016年将注册登记家政人员5万名。同时,继续做好家政灵活就业登记工作。五是推进家政服务机构建设。重点培育一批家政龙头企业,支持平台型家政服务机构的发展。

会上,巾帼园、云家政、悦管家、好帮手等上海市知名家政服务机构,分别从家政服务业管理体系的标准化、规范化、职业化、信息化、诚信建设、持证上门服务等角度作为切入点,介绍了经验做法和下一步打算。同时,会议也对春节家政市场保障工作进行小结,并表彰保障春节家政市场作出贡献的春雨、千户、升华、康乐家、大拇指、无尘珠、顺航等48家家政服务机构。

吴星宝指出,2016年是市政府大力推进家政服务管理体系建设的一年,要按照构建覆盖面广、诚信度高、便捷安全、服务规范、与国际化大都市发展相适应的家政服务管理体系目标,全面推进标准规范制定、行业立法研究、持证上门服务、诚信体系建设等各项工作,不断提升从业人员职业化、服务机构规范化、政府服务信息化、行业发展产业化水平。他要求,一是充分认识家政服务业的重要性,满足国际性大都市“四个中心”发展要求;二是要坚持以标准规范为引领,不断提升行业水平;三是要由点及面逐步推广持证上门服务,打造“诚信、安全”的上海家政服务业。四是要继续做好行业宣传工作。(市商务委服务业发展处)

上海市家政服务业试点推行持证上门服务

2016年5月20日，市商务委会同市人力资源保障局、市工商局、市质监局等部门，开展“上海颁发首批家政上门服务证暨查询系统开通仪式活动”。活动主题为推广家政上门服务证，推进家政持证上门服务试点工作，建立可追溯机制，探索一条方便老百姓找诚信、安全家政员的新路子。市商务委副主任吴星宝出席活动并讲话。市家庭服务业协会、上海家政服务网络中心、广大家政企业、部分家政人员代表100多人参加。

为贯彻《关于上海市加强家政服务业管理体系建设的实施意见》，上海市家政服务业开展持证上门服务试点工作。按照服务民生、满足民需为宗旨，坚持问题导向，推广家政持证(家政上门服务证)上门服务，探索可追溯机制，打造诚信、安全的家政服务管理体系。

持证上门服务，是指持“家政上门服务证”，这是一种能够快捷有效识别从业人员身份信息、从业信息，具有可查询、可追溯功能的一种标识证(卡)。通过首批19家家政服务机构先行试点，总结可复制推广的模式经验，拟计划用3～5年时间，立项推进家政持证上门服务工作，力争实现上海市家政服务业的全覆盖。

家政上门服务证有4种查询方法：一是网络查询。登录www.962512.com网站查询；二是电话查询。拨打962512上海家政服务热线查询；三是二维码查询。扫描证上的二维码查询；四是微信查询。关注上海家政服务网络中心微信公众号查询。为防止上门服务证的造假行为，证(卡)的设计理念为外表简洁，内涵丰富。证(卡)上只有名称、编码、发证单位、二维码等基本要素，当进入查询系统网页时，信息却是应有尽有。有持证人员的基本信息，包括姓名、身份证信息、居住证信息、联系方式、现住地址等；有从业信息，包括工种及特长、学历和培训情况、健康体检、保险信息、诚信记录等；有发证家政企业基本信息。

吴星宝指出，试点推广家政上门服务证有积极的现实意义。面对形形色色的“毒保姆”，寻找安全、诚信的家政员成为市民的迫切愿望。广东“毒保姆”事件，引起全社会的高度关注。家政服务一直以来被社会理解为“很乱、很难管”，但千家万户都离不开，尤其是上海现在进入老龄化社会之后，家政服务市场的规范有序，更是成为社会稳定的基础条件之一。家政上门服务证的可查询、可追溯，就是解决这一问题的一次有益探索。虽然此“证”不能包打天下，更不能一“证”解百忧，却为老百姓提供了解家政员的基本信息、从业信息、诚信情况的一个渠道，多了一份安全；有了发证企业的信息监督、背书，有了家政网络中心对持证人员、发证企业的信息管理，多了一份保障。

推广家政持证上门服务，从工作设计上讲，可以达到多方共赢。对老百姓而言，使用持“证”的家政员，人员信息可追溯，多了一份安全保障；对试点企业来说，本来就是全市遴选的优秀企业，加上参与政府试点工作，能够提升社会美誉度，订单会更多，生意会更好。对家政员来讲，持证上门服务，雇主会更加青睐，收入会更高。(市商务委服务业发展处)

上海市再生资源回收与生活垃圾清运体系“两网协同”工作取得初步成效

为加强资源循环利用和环境保护，上海市第六轮环保三年行动计划(2015—2017)中提出了再生资源回收与生活垃圾清运体系“两网协同”，作为全面深化改革、创新社会管理的有效措施。根据“两网协同”试点实施方案，围绕实现“五个统筹”，即统筹规划网络布局、统筹共享设施设备、统筹协作回收服务、统筹叠加激励机制、统筹策划宣传活动等，着重解决城市垃圾减量与资源增量中共同面临的瓶颈问题。浦东新区、长宁区、松江区通过一年的试点，在“五个统筹”方面，形成了初步试点成效。

一、共建点站网络布局

为建设规范有序的分类回收体系，松江区制定《关于建立松江区废品分类回收物流体系的试行方案》(沪松府〔2014〕63 号)，探索建立废品分类回收“政府引导、社区监督、社会组织、自主经营”的市场化运作管理模式。依托街镇统筹设置回收交投及中转储存站点，原则上在每个街镇至少设置 1 个交投站，全区规划建设适量的再生资源回收利用中转仓储分拣场，并设立专项资金予以支持。目前，全区已建成废品回收站 6 座。其中，三新路物流中心、小昆山西部中转站 2 座回收站为环卫设施共享。此外，各街镇根据实际，在小区利用垃圾房、压缩站等设施资源共享，纳入废品分拣回收功能，为推进此项工作提供保障，也得到居民热烈欢迎。如岳阳街道的 2 处废品交投站每天人头攒动，日回收量达 5 吨，居民们对交投站公开、公正、优质的服务很满意，表示真正得到方便与实惠。据不完全统计，2015 年回收各类物资达到 3 万多吨，为全区垃圾减量起到了有效的推动作用。

二、共用储存设施设备

随着城市建设的加快，回收网点设施不断减少，新建回收站点难以落地。为突破该瓶颈，长宁区在全区遴选有条件的小区，利用垃圾箱房可用空间，推进生活垃圾分拣与再生资源回收设施点位合一，设立面积约 5～10 平方米的具有统一标识的再生资源回收站点，制定“两网协同”社区示范点标准，包括回收站点招牌、“两网协同”标识牌、价目表、分类标识牌、再生资源周转箱及规章制度守则。目前，已在新泾镇、北新泾及仙霞街道完成 3 个“两网协同”示范点设置工作，天山河畔、海富公寓、爱建小区等 5 个点位即将建设完成，2016 年扩大试点小区至 41 个。三个试点回收站现每月平均回收废纸、废塑料、废金属等低价值废品约 5 吨左右，占总生活垃圾的 10%～15%。

三、共推收拣服务集成

为提高市民对规范标准的回收服务的感受度，长宁区依托回收企业新锦华商业有限公司，在试点小区内整合垃圾箱房保洁、分拣岗位，搭建“一岗双职”制度，通过登记、挂牌等措施，运用 IC 卡方式对再生资源回收人员、生活垃圾分拣人员、社区保洁人员统一管理，做好区域内垃圾分类、资源回收、台账记录、分类统计等日常管理工作。松江区依据城乡不同特点，采用培育主体收编流动回收人员、扶持乡镇集体企业回收、建立村级分拣场所等不同方式，加强回收规范管理，提出了“五个统一”“五个公开”的回收服务标准，即回收队伍做到统一标识、统一车辆、统一衡器、统一服装、统一服务规范；行业服务做到回收人员信息公开、回收价格公开、物品种类公开、便民热线公开、投诉电话公开。同时，由区绿化市容局委托区净达环卫服务公司组建低价值回收队伍，至今已推广至城区 110 个小区，日均收运低价值可回收物 8 吨。

四、共享补贴支持政策

为促进资源应收尽收，松江区率先开展政策试点，一是实施低价值回收工作补贴。采取先期补贴购置收运车辆、整理打包设备，推进期以低价值废品收购与销售的差价补贴等政策。2016 年，将低价值回收补贴列入分类回收物流体系补贴内容，补贴收运处置费，确保回收企业正常运作。二是将废品回收站点建设纳入垃圾分类奖励内容。通过区级奖励，鼓励街镇、居住区设置废品回收转运站、交投站。三是推进分类中转及处置设施标准化建设。以生活垃圾“大分流”设施标准化建设为抓手，规范装潢垃圾、绿化垃圾、可回收物等“大分流”垃圾的堆放和处置，推进“两网协同”、设施共享。

五、共赢两卡积分奖励

为叠加激励效应，浦东新区推动实现“阿拉环保卡”和“绿色账户卡”两卡合一，鼓励市民源头分类，推行“干净垃圾单独放”。鉴于两卡积分性质不同，在卡面合一的同时保留两个账户，市民交投时可凭一卡分别获取回收物品与干湿分类奖励积分。在此基础上，于 2015 年 10 月在金桥镇试点了交投可回收物品按价值获取奖励积分。同时，还支持回收企业研发智能回收秤、回收 APP 等新技术，为分析居民参与度、资源回收利用及分类等信息搭建数据平台。截止 2015 年底，已累计办卡 3.8 万余户，覆盖居民 8.6 万户，办卡居民活跃度达到 80%以上。上视新闻、《新闻晨报》近期对“两网协同”作了专题报道，其中，浦东新区睦邦便民回收服务站通过回收积分兑换现金、日用品、家电清洗和维修等便民服务，带动更多用户参与垃圾分类与资源回收，广受居民好评。

下一步，市商务委将结合贯彻落实商务部等 6 部门《关于推进再生资源回收行业转型升级的意见》、上海市生态文明体制改革、第六轮环保三年行动计划以及生活垃圾分类减量等工作要求，在全市范围深入推进试点工作，促进上海市资源增量与垃圾减量。（市商务委市场体系建设处）

“两网协同”促进资源增量与垃圾减量

2016 年，上海市商务委继续会同市绿化市容局全面推进上海市再生资源回收和生活垃圾清运体系“两网协同”试点。经过试点，各区均结合自身实际，制订试点方案及推进计划，有重点地推进“两网协同”工作。

先期试点的三个区继续深入推进试点，长宁区由首批的 3 个试点小区扩展到 41 个，试点覆盖面进一步扩大。松江区通过深入试点，经分流分类后每日可回收垃圾达到 244 吨，低价值废品回收对全区垃圾减量起到切实有力有效的推动作用。浦东新区继续探索针对低价值可回收物在收运环节的补贴政策。

2016 年启动试点的各区也形成各具特色的“两网协同”模式。在设施设备共享上，黄浦区在小压站（50 平方米）旁边搭建出可回收物品堆放点（20 平方米），按照六类回收物品专门制作不锈钢回收柜，在试点小区实现生活垃圾处置量减量 5%的目标；在垃圾箱房改造上，杨浦区在 2016 年完成望春花园的垃圾厢房改造（50 平方米），使其成为再生资源回收中转站；在支持政策上，普陀区政府对低价值可回收物给予 221 元/吨的政策补贴。嘉定区制定《嘉定区垃圾减量资源化利用项目资金使用管理办法》,明确对开展居住区废旧物资托底回收体系建设的街镇进行资金奖励。

总体来看,经过2016年试点,各区均已完成在1～2个街道进行“两网协同”试点的目标任务,全市16个区48个街道开展试点,阶段性成效突显。“两网协同”试点小区内的居民反映良好,表示“很需要、很欢迎”,“希望此类服务覆盖到更多区域,让更多老百姓享受到该服务的便利”。“两网协同”试点主体企业之一睦邦环保也反映,市区两级政府联合攻坚破难,大力扶持帮助回收企业进街镇、进社区,目前睦邦试点模式已从浦东复制推广到杨浦、虹口、宝山、静安4个区。(市商务委市场体系建设处)

西郊国际农产品交易中心肉类交易区正式开业

2016年4月,上海西郊国际农产品交易中心肉类交易区正式开业,中心通过现代化的电子信息系统,打造上海市猪肉集散中心、信息中心、安全管控中心,保障全市日均50%～60%的肉类供应,为市民提供新鲜、安全、可追溯的放心肉。

西郊国际地处青浦区华新镇,毗邻大虹桥商务区。中心规划占地面积10.19万平方米,已建成部分约占一半,交易及配套设施一应俱全。这里还设置了多处交易结算点和人性化服务设施,提供第三方物流短驳、专业配送物流等服务,努力打造与国际化大都市相适应的现代化大型批发市场。

西郊国际将承担起政府监管食品安全的重任。市场设置多重检测,严把准入关、检测关、不合格商品处置关、追溯关,实行进场查证验货、凭证入场。根据国家规定,每批次进行抽样检测,检测合格方可进行交易。

这里的肉类,均有自己的“身份证”,买家可通过追溯卡查询来源地信息,信息系统与市商务委的肉类蔬菜追溯系统进行联网,保证产品的新鲜安全可追溯。同时,市场积极筛选优质客商,上控资源、中控平台、下控渠道,从外省市、上海市的屠宰场和企业中引进有资质、有规模的大型企业,包括五丰上食、双汇、雨润、超越工贸等,确保肉类产品的品质和安全可靠。

据悉,西郊国际肉类交易区分为白条肉交易区和分割肉交易区,大力创新交易模式,通过先进的电子信息系统,从进场检测开始,实行全场电子交易结算,买卖双方刷卡交易,所有的交易信息和追溯信息可刷卡查询。

白条肉交易区可容纳日均一万头的交易量,采用法国引进的滑轨电子交易系统,配有最新的PDA(无线手持机终端设备),客户可通过手持机刷卡选取来自各大屠宰场的新鲜肉,读取肉类商品的信息,并通过买方会员卡扫码刷卡交易,操作迅速,又能保证资金的安全。

分割肉交易区在全国首创电子交易结算模式,改变了传统的现金交易,通过交易一体机,同时录入肉类交易信息和追溯信息,采购商可轻松完成多种产品的购买。同时,市场内配有多个圈存圈提、交易卡查询一体机,交易卡直接与银行卡绑定,买卖双方通过实名会员制办理交易卡,实现肉类来源流向追溯、交易资金安全支付等流程管理。(市商务委市场运行和调控处)

徐汇区积极拓展服务民生 传统菜场实现三大突破

2016年3月1日，徐汇区古美菜市场经过二次改造，重新开张营业，其作为互联网＋菜篮子的2.0版标准化菜市场，实现了三个方面的功能突破。一是硬件提升。通过改造使菜市场环境超市化，其购物环境在光线、空气、陈列和店面管理等多方面明显优于传统菜市场，改善了传统菜市场周边环境脏、乱、差的现象，增进了消费者的购物体验。二是模式新颖。通过菜市场＋互联网，古美菜场经营点作为客户体验中心，实现线上线下联动销售，消费者足不出户，可以在京东网上选购下单，经营点配货送货，以电商技术实现便捷的线上下单及送菜到家服务，使更多没有时间买菜的市民享受到送菜上门的便利。三是支付多样。通过携手建行实现无现金交易，全面支持建行IC借记卡、龙卡云闪付、APPLE PAY，并实现100%的覆盖，让传统的农贸市场融入互联网元素。通过实现电子秤具与金融支付机具的合二为一，为买卖双方提供交易消费查询追溯，解决找零和食品安全问题，大大提高了食品安全保障能力，让老百姓买得放心，付得快捷。

民生工作历来是市、区政府工作的重中之重，一直以来，徐汇区商务委都把民生工作摆在优先位置，坚持不懈地拓展民生工作的内涵与外延，通过政策引导、资金扶持等手段鼓励并大力支持区内各菜市场管理公司对传统菜市场进行转型升级，为市民提供更舒适、更多样化的买菜环境。现在徐汇区已经有上蔬永辉(嘉善店)中心菜市场、康品汇生鲜(月河店)等为代表的2.0版本菜市场，随着古美菜市场等更多传统菜市场向信息化、标准化、集约化、公司化、现代化的市场转变，2.0版标准化菜市场在保障市场供应、满足多元化消费需求、提升农产品流通发展水平、实现经济增长方式转变方面将发挥更加重要的作用。(徐汇区商务委)

长宁区“互联网＋生活性服务业”创新试验区建设初见成效

2016年11月30日，市商务委副主任吴星宝赴长宁区调研“互联网＋生活服务业”创新示范区建设进展情况。长宁区副区长刘平出席调研活动，长宁区相关部门参加座谈。

吴星宝指出，试验区创建已取得阶段性成果，产业集聚效应呈现，企业活力得到增强。他对下一阶段工作提出要求，一要继续推进《2016—2017年上海市“互联网＋生活性服务业”创新试验区建设工作计划》的实施，积极协调相关部门，加快推进试验区建设；二要认真研究新情况、解决新问题，通过具体实践、在政策方面着力探索突破，形成一批可复制可推广的经验举措；三要加强总结、评估和宣传，争取在12月中旬完成对试验区建设成效的评估，并加强宣传，形成可以在全国引领发展和推广的创新举措；四要推进互联网＋生活性服务业结合提升居民生活服务品质，在医疗、养老、家政、教育等惠及民生的重点领域积极探索模式创新和政策支持措施。

自6月1日上海市政府批准长宁区设立上海市“互联网＋生活性服务业”创新试验区以来，上海市商务委加强指导、积极协调，会同长宁区共同推进试验区在制度、模式和业态上的创新，目前各项工作进展顺利,建设成效开始显现。一是制订工作计划,明确分工任务。长宁区成立了由区长、分管副区长分别任组长、副组长,区相关职能部门组成的试验区工作领导小组。制定了《2016—2017 年上海市"互联网+生活性服务业"创新试验区建设工作计划》,提出 24 项具体任务。二是协调相关部门,出台工作意见。与上海市工商局对接,出台了《关于支持长宁区加快推进上海市"互联网+生活性服务业"创新试验区、上海虹桥航空服务业创新试验区、上海虹桥时尚创意产业集聚区建设的若干意见》。三是启动改革创新,在全市率先启动"一照多址"试点。"易果生鲜"全资子公司上海安鲜达物流科技有限公司和新长宁集团下属上海新长宁慧生活科技有限公司作为第一批试点企业获颁"一照多址"营业执照。同时以试验区建设为契机,进一步深化"单一窗口模式"、推进事中事后综合监管平台建设,积极创建国内唯一的"网络市场监管与服务创新示范区"。四是加强宣传与服务,激发企业活力。针对企业需求,通过成立行业联盟、举办沙龙、培训和论坛等方式加大宣传力度,组织税务、法律等专家进行对接服务,得到了企业广泛好评。截至 9 月底,长宁区"互联网+生活性服务业"相关企业已达 3 079 家,三季度新设立 599 家。(长宁区商务委)

杨浦区立足创新发展　推升新型菜市场建设

2016 年 5 月,杨浦区易农超三门农副产品市场经过改造装修,开张试营业,易农超三门农副产品市场是在上海打造的新型标准化农副产品市场,创新特点显著。一是推进现代连锁业态发展。易农超三门农副产品市场与传统菜市场截然不同,市场结合了传统农贸市场与现代超市的特点,既有农贸市场的价格优势,新鲜、品类齐全的农副产品产品,又带来了现代超市舒适的购物环境和一站式购物体验。二是采用流通信息化智慧系统。实现全场电子标签明码标价,环境设施视觉开阔,业态分布归行划市;结算推行多元化,开展超市化会员卡消费方式,同时结合现金购买,开创双模式结算。

杨浦菜市场的转型升级历来是区委、区政府高度重视和关心的民生实事项目。杨浦区商务委根据本区打造科创中心重要承载区的要求,通过引入竞争机制,鼓励并大力支持区内各菜市场管理公司对传统菜市场进行转型升级,为市民提供更便捷、更优质、更多样的舒适环境。随着传统菜市场向信息化、标准化、公司化、品牌化、现代化的市场转变,转型升级的菜市场在保障市场供应、满足多层次消费需求、提升广大市民在民生方面的获得感、实现经济增长方式转变等方面将发挥更加重要的作用。(杨浦区商务委)

日上免税行推出全球首个网上立体购物空间

日上免税行推出"升级版"实境商城——"O世界",消费者点击鼠标后,便置身于一个构思宏大的"未来城市",不仅可以挑选商品,感知品牌魅力,与线上导购沟通交流,还能约上几个小伙伴儿一起上网购物。

上海自由贸易试验区内的浦东机场保税区

正在积极拓展保税功能，打造一个集仓储物流、境内外交易、小包裹出运的线上线下综合交易平台。日上自2014年开始，便自主研发了第一个版本的“实境商城”，借助自贸区制度创新的优势，成为这一平台的践行者。

区别于免税实体店铺，此次推出的升级版“O世界”将实现销售商品国际和国内、线上和线下同步，商品品类更广，品牌线更全。集中了展示、预定、销售、服务等全面的商品运营功能，商品价格也将保持一定优势。

据日上免税行相关负责人介绍，“O世界”平台的推出，将一定程度上促进境外购物行为的回流，也将有助于引导奢侈品消费回归理性。值得一提的是，日上集团已实质启动位于上海自贸区内的国际商品运营中心的建设，两年后，这个超过20万平方米的综合体运营中心将成为自贸区内一道靓丽的风景，届时“O世界”也将在线上与之融合，为消费者提供更全面、便捷的商品体验。

随着80后、90后成为国内主力消费群体，传统的购物方式很难满足社会及家庭需要。“O世界”不同于常见的图片+文字说明的在线商品销售平台，而是以实体商品展示和销售环境为蓝本，在虚拟世界中融入了大量的艺术和科技元素，消费者登入“O世界”，就仿佛打开了虚拟与实境交织的大门，只需要轻轻调整鼠标便可获得真实产品的立体呈现，了解产品说明、品牌历史、授权保障等。消费者还有机会通过VR设备，以“触手可及”的方式，感受品牌商品的魅力。

负责“O世界”概念策划的设计师表示，在“O世界”，消费者犹如行走在博物馆的艺术世界中，可身临其境体验购物感受，选择感兴趣的商品、与商品互动，也能与朋友在线讨论，甚至可以相约到虚拟世界在线试穿衣物类的商品。商品不再是条框生硬的货柜陈列，而是通过艺术空间的立体展示来完成品牌商品的呈现，即便没有实体店里的触摸，也能在虚拟世界中感受到同样的商品魅力。通过数百个精细的“O世界”情境造型设计，艺术家让消费者超越现实，达成艺术沉浸式的消费体验。现实与虚拟、艺术与商品、线上与线下的融合，会唤醒消费者的情感认知，在浏览、订购商品的同时，获得愉悦和享受。（浦东新区商务委）

“上农鲜品”APP上线　打造鲜活农产品生态圈

2016年8月18日，上农鲜品APP移动交易平台上线发布会在上海农产品中心批发市场召开。上海市商务委副主任吴星宝参加发布会并致辞。

上农鲜品APP是一款依托实体大型农批市场，集农产品交易、农产品物流、农业金融、移动支付于一体的互联网+农产品B2B综合业务系统。通过网上会员注册、订单采购、移动支付、组织配送等方式，实现线上批零采购订单模式，有效降低采购成本。

上海农产品中心批发市场充分发挥批发市场“上控资源、中控平台、下控渠道”作用，探索“批零加盟”会员模式。首先在硬件上打造蔬菜“一级批发+配送”的全新交易格局，对蔬菜业务结构进行大范围调整。通过科学合理的品种引进策略，形成货源齐全、结构合理的蔬菜一级批发交易区。其次在上农鲜品中开辟蔬菜专区，优先支持产地直供的商户引入平台，将所有商品上架。在浦东新区上钢菜场开展先行试点，在交易流程、配送体系、交易习惯逐步成熟后会向下一个菜场推进。下一步市场还将统一定制带追溯功能的周转筐，提供给上农鲜品物流配送使用，实现货物的追溯体系建设。通过“上农鲜品”APP平台实现批零对接的现代农产品流通新模式。（浦东新区商务委）

第四编　对外贸易

专 文

抓落实 抓推进 全力实现上海外贸回稳向好

2016年,上海货物贸易工作围绕市委、市政府和商务委党组工作部署,以建设上海国际贸易中心为主线,紧紧围绕年初确定的目标任务,全力抓落实、抓推进。全市货物贸易进出口总额2.87万亿元人民币,比上年增长2.7%,好于全国3.6个百分点,在全国占比进一步提升至11.8%。外贸整体运行缓中趋稳,同时在结构方面出现了积极变化,主要表现"四个好于",即一般贸易好于加工贸易,民营企业好于外资和国有企业,自主品牌产品好于贴牌和代工产品,自贸区好于全市平均水平。

一、全力以赴,积极落实回稳向好各项措施

一是制定出台上海市外贸稳增长配套政策措施。先后以市政府名义印发了《关于上海市促进加工贸易创新发展的实施方案》(沪府办发〔2016〕21号)、《中国(上海)跨境电子商务综合试验区实施方案》(沪府办发〔2016〕23号)和《上海关于贯彻落实"国务院促进外贸回稳若干意见"的实施意见》(沪府办发〔2016〕43号)。作为牵头处室,根据全市推进"一带一路"建设工作领导小组要求,制定了《2016年我委推进"一带一路"倡议经贸合作实施方案》。

二是加大外贸资金扶持力度。在委领导努力协调下,市财政在2016年度预算中一次性安排3亿元人民币专项外贸资金,并在上半年拨付到1 082家企业,相当于过去8年市级外贸发展专项资金总和,有力支持外贸出口工作。

三是加强对重点外贸企业服务。建立"上海外贸进出口重点企业联系制度",对占全市出口40%的500家重点企业设立首问联络员,对重点外贸企业提供"一对一"服务。协调海关、检验检疫、国税、外管绿色通道,给予通关便利。进一步加强与各区重点外贸企业对接,分批进行调研,深入了解企业当前经营过程中的困难,梳理问题,形成外贸稳增长服务企业任务清单。在此基础上,联合中央在沪监管部门,对照任务清单,一项一项推进解决,一批影响和制约企业发展的瓶颈获得突破。

四是认真做好海外市场开拓工作。为上海市企业开拓国际市场搭建各类平台,确定93个境外展览项目作为2016年海外市场开拓的主要平台。据不完全统计,境外实际成交超过5 133万美元,意向成交超2亿美元。同时,重点做好广交会、华交会等重点政府项目。其中,广交会共有748家企业参展,两届广交会意向成交16亿美元;华交会3 153家企业参展,意向成交23.1亿美元。

二、创新转型,外贸竞争新优势逐步显现

一是鼓励外贸企业转型发展。提升出口产品质量,出口自主品牌产品,认真梳理上海重点

出口品牌超过200个。2016年7月,汪洋副总理在视察上海外贸转型发展成果展示时表示“你们让我看到了转型的力量、增强了外贸转型发展的信心”;杨雄市长表示“不忘初心,继续前进”。

二是推进跨境电商加快发展。2016年1月6日成功获批国家跨境电子商务综合试验区,以此为契机,先后认定上海自贸区、青浦出口加工区、徐泾西虹桥商务区、五角世贸商城等条件较好、发展潜力较大的区域为上海市跨境电商示范园区。1—10月,上海市跨境电商试点模式进口订单740万票,比上年同期增长7倍。同时除试点模式外,上海市通过邮件、快件方式进出境的存量模式亦实现较快增长,前三季度上海市进出口邮包4 734万件,比上年同期增长18%;快件4 203万件,增长7%。

三是加快培育上海外贸综合服务企业发展。积极争取海关、税务等部门支持,引进国内最大的外贸综合服务企业“一达通”项目落户上海。根据商务部外贸综合服务企业认定标准,修订上海市认定标准,在已经认定4家外贸综合服务试点企业的基础上,开展第二批上海市外贸综合服务企业认定工作。

四是积极推进平行进口汽车试点。会同上海海关、上海检验检疫局等8部门印发《中国(上海)自贸试验区平行进口汽车试点工作的实施意见》,扎实推进平行进口汽车CCC认证、落地征税、辅助性整改等政策落地,6月21日平行进口汽车CCC首证落地上海。

五是深化贸易平台载体功能建设。加大资金扶持力度,进一步发挥外高桥国际机床展示交易中心、国际酒类展示贸易中心、国际医疗器械展示交易中心等8大专业国际贸易专业平台建设,提高上海市贸易服务和辐射能力。

六是加强“一带一路”沿线国家经贸合作,积极推动国家战略落实。根据全市推进“一带一路”建设工作领导小组的要求,制定《2016年我委推进“一带一路”倡议经贸合作实施方案》。全年共支持在“一带一路”沿线国家举办的经贸展会53个,其中自办展项目14个。支持上海外高桥保税区(国家进口示范基地)建立中东欧16国国家馆,首期面积2 000平方米,保加利亚和马其顿馆已正式开馆。推动上海绿地集团进口商品直销店建立“一带一路”进口商品直销专区。推进“一带一路”经贸合作信息服务平台中英文网站正式上线,为国内外企业提供相关政策和咨询服务,推动上海进出口商会牵头的“一带一路贸易商联盟”与马来西亚中国总商会、印尼国际事务委员会、波中经贸投资商会等签署合作协议,并在2016年华交会期间举办了“各国(地区)商协会贸易合作论坛”。

七是进一步推进再制造产业发展。上海临港作为国家级的再制造园区已引进卡特彼勒、奔驰、通用电气等具有全球影响力的再制造企业和大陆激光、四惠、天物高盛、凌业、亚有、临仕激光等国内再制造企业。2016年完善了“临港开展进口高端装备再制造试点实施方案”。

八是做好内外贸联动工作。配合做好“内贸流通体制改革”中涉及跨境电商、直销中心、平行汽车进口的可复制推广及试点成果的总结;推荐国际贸易总部企业,最终有27家企业获得授牌。

九是促进加工贸易转型升级。根据《国务院关于促进加工贸易创新发展的若干意见》(国发〔2016〕4号),制定《上海市关于促进加工贸易创新发展的实施方案》。在浦东新区试行加工贸易合同审批改备案。加工贸易合同审批取消后,组织全市加工贸易业务培训,介绍在全国范围内取消加工贸易审批后,新的“生产能力证明”系统的运行及操作流程。全力推进加工贸易转型升级,扩大全球保税维修业务,推动加工贸易与服务贸易深度融合发展,支持捷普科技、昌硕科技等企业开展手机、医疗器械等高附加值产品的维修业务,研究在特殊监管区外试行开展全球保税维修业务,配合市发改委做好出口加工区整改及向综合保税区的转型升级。

十是持续推进外贸企业转型升级。发挥船舶、汽车及零配件、生物医药、服装纺织等8家国家级和市级出口示范基地作用,推动基地企业向设计和研发、海外营销等环节延伸。推进加工贸易转型升级,支持有条件的加工贸易企业开展全球保税维修业务,增强企业贸易和售后服务功能，延长上海市加工贸易产业链条。

三、努力推进贸易便利化工作

一是制定2016年贸易便利化问题清单。印发《2015年贸易便利化总结和2016年工作计划》，分解推进企业反映较为集中的30项具体任务。

二是协同推进进出口环节收费清理整顿工作。配合口岸部门深化落实“免除查验没有问题外贸企业吊装移位仓储费用”，初步统计前三季度共免除相关企业费用1.6亿元人民币，进一步降低企业的进出口成本。

三是主动对接国际贸易“单一窗口”建设。推动市商务委与商务部许可证事务局、上海市口岸办三部门以合作协议的方式，明确自动进口许可证系统（非机电类）对接方案，上海亿通和中国国际电子商务中心已着手对接具体工作。

四是有序做好外贸经营者备案登记事权下放工作，将“对外贸易经营者备案登记”职能扩增至浦东新区和自贸试验区。

五是积极推动退税便利化。在税贸合作框架下，按季度召开专题协调会，通报反馈退税遇到的具体情况和问题。配合上海国税局扎实开展退税资质分类评定和动态管理。上海市已有退（免）税一类企业和二类企业退税额已经占全市退（免）税额的84.5%，实际退税率同比提高2个百分点。

四、问题导向，深化推进“三服务”工作

坚持把“两学一做”与深化推进“三服务”结合起来，带动处室干部在服务企业、破解难题中锻炼能力素质，转变工作作风。2016年，在外贸形势严峻，各项工作任务头绪多、压力大，以及外贸发展处人员缺编三分之一的情况下，始终保持积极上进的精神状态，全身心投入外贸回稳向好各项工作，一系列困难问题和瓶颈得到有效解决。

一是做好进出口许可证签发工作。审核并上报20多种工业品和农产品进出口资质，1—11月，核发自动进口许可证、进口许可证、出口许可证、农产品关税配额许可证共8.13万份，进出口金额567亿美元。

二是认真做好机电产品国际招标工作。1—11月，机电产品国际招标项目共计2 159项，委托金额23.98亿美元。

三是做好“三证合一”改革后对外贸易经营者备案登记工作。1—11月，共发放对外贸易经营者资质证书18 000份。

四是配合商务部做好进出口管制工作。1—11月共办理《敏感物项和技术出口许可证》4 272份，《易制毒进出口许可证》3 249份；初审并转报《最终用户和最终用途说明》申请663份。

五是做好商务部进口贴息申报、初审和追踪问效工作。全市97家企业、12.87亿美元进口设备和技术贴息申报转报商务部。

六是推进解决外贸企业在进出口工作中遇到的困难。全力推进解决外高桥综保区危险化学品进口受限问题，目前已经以市政府名义发文商海关总署。帮助陶氏化学有限公司、默克光电（上海）有限公司、东浩新贸易等一批企业，协调各监管部门在尽可能合规合法前提下，企业原分类分级的资质保级问题。帮助东航物流解决浦东机场跨境电商监管场所直邮进口功能叠加，已通过海关验收。帮助青浦出口加工区跨境电商示范园区开展招商，促成洋码头落地。帮助捷普科技（上海）有限公司承接诺基亚通信（上海）有限公司保税维修试点资格。帮助东浩新贸易公司协调出口退税分类管理登记保级相关事宜。帮助上海东富龙科技股份有限公司解决敏感物项出口许可证邮寄过程中遗失后重新办理许可证等事项。落实商务部、海关总署关于对朝鲜禁运部分矿产品清单的公告要求，积极联系商务部，协调处理苏艾科（上海）贸易有限公司经朝鲜转运进口俄罗斯煤炭受阻的问题，保障企业进口渠道畅通。协调关检处理宝山邮轮供船物品查验流程模式化问题。协调海关处理解决中芯国际经上海外港进口砷烷报关受阻问题。协助处理上海申和热磁电子有限公司申报远期付汇备案受阻问题。会同国检局新受理一批进口CCC产品诚信示范企业申请，审查申请企业的诚信经

营情况。针对人民银行上海总部2016年度上海市出口货物贸易人民币结算企业重点监管名单，选出重点出口企业，主动联系并告知企业已纳入到监管名单范围内并询问是否有异议，帮助有申诉意愿的企业及时向人民银行反馈有关信息。外贸发展处还加强课题研究，2016年完成“提升‘十三五’期间上海货物贸易竞争优势研究”和“上海跨境电子商务发展优势、瓶颈及促进机制研究”等课题以及“贸易便利化提速工程实施方案”及“货物贸易优进优出实施方案”等专项研究，并针对2016年人民银行完善贸易外汇真实性审核的要求，跟踪对企业的影响，形成专题报告。同时，认真做好4月和10月两次国务院外贸专题工作会议筹备工作，并形成专报。做好大量市领导、商务部外贸司进口处、促进处、机电促进处等相关调研活动安排。通过对这些企业诉求和困难问题的协调解决及一系列课题、专题研究及调研活动，一方面，带动一些长期影响和制约外贸发展的瓶颈突破，促进上海市营商环境更加优化；另一方面，锻炼处室人员调查分析、工作谋划，协调沟通等能力素质，强化迎难而上、攻坚克难的信心，形成独当一面的良好工作格局。(尤永生)

上海服务贸易继续快速增长

在全球贸易形势持续低迷的背景下，上海口岸贸易近年来占全球和全国的比重稳步上升。深入推进国家服务贸易创新发展试点，服务进出口由2011年的1 293亿美元扩大到2016年的2 019亿美元，分别占全国的25%、全球的2%以上。根据外管局上海市分局国际收支统计初步数据，2016年，上海服务进出口总额2 018.8亿美元，比上年增长2.6%。其中，服务出口499.1亿美元，下降5%；服务进口1 519.7亿美元，增长5.4%。服务贸易在对外贸易中的比重突破30%，达31.8%，比全国高13.8%，并已显著超过国际平均水平。

一、服务贸易发展特点

1. 服务贸易增速回升，占外贸比重进一步提升

2016年，上海市服务贸易进出口增速比前三季度略有提高，但仍低于上年同期和全国平均水平，主要原因是受到中国公民出境旅游增速放缓、我国跨境电子商务迅猛发展和出境刷卡消费增速放缓等因素影响，占上海市服务进出口比重57.2%的旅行进出口比上年少增11个百分点，拖累整体服务进出口少增近7个百分点，此外，运输服务下降10.2%，也拖累服务贸易总额下降1个百分点。2016年，上海市服务贸易占对外贸易的比重约为32%，比上年提升1个百分点。

2. 出口结构有所改善，高附加值服务出口增长快

2016年，运输、旅游等传统服务类别出口占比较上年进一步下降，而专业管理和咨询服务(包括法律、会计、咨询、广告、展会等)出口180.2亿美元，占服务出口总额的比重提升至36.1%。此外，电信计算机和信息服务、广告服务、加工维修等高附加值服务增长较快，分别比上年增长12.3%、11.3%和29.3%。上海离岸服务外包合同金额92.03亿美元，增长17.2%；离岸执行金额67.25亿美元，增长12.4%。其中，业务流程外包(BPO)快速增长，合同金额和执行金额分别增长1.1倍和67.9%，信息技术外包(ITO)平稳增长，执行金额增长4.6%。全年上海文化产品实现出口160.26亿元，增长30.1%。

3. 服务进口稳中有进，贸易逆差进一步扩大

2016年，上海市服务进口1 519.7亿美元，比上年增长5.4%。其中，旅行进口1 137.4亿美元，占全市服务进口的比重74.8%，继续成为第一大进口类别，而1 120.1亿美元的贸易逆差也是上海市服务贸易逆差的主要来源。全年技术引进合同1 668份，合同金额42.79亿美元，增长14.2%；其他类别进口增长较快的有保险和养老金服务69.1%、金融服务64.4%、文化和娱乐服务22.5%。

4. 内资企业继续成为服务贸易主力

2016年，内资企业占上海市服务贸易进出口总额的比重达到65.2%位居第一；其次为外资企业24.5%、港澳台投资企业10.1%。就出口而言，外国投资企业占比超过50%，其次为港澳台地区投资企业26.8%和内资企业19.4%；在进口方面，占比从高到低依次为内资80.2%、外资15.1%、港澳台地区4.7%。

5. 亚洲继续成为主要贸易市场。

2016年，亚洲地区继续成为上海市服务贸易进出口主要伙伴地区，占服务贸易总额的比重为63.0%；其次分别为欧洲、美洲和大洋洲地区。从国别/地区情况看，我国香港地区继续成为上海市服务贸易的最大伙伴，双方服务贸易额604.2亿美元，占总额的比重为29.9%；其次为美国和我国澳门地区。从出口数据看，美国、我国香港地区、日本、新加坡、德国和英国分列上海市服务出口市场前六名，上述市场合计出口占比为71.2%。从进口数据看，我国香港、我国澳门、美国、日本、韩国和我国台湾分列上海市进口市场前六名，上述市场合计进口占比为70.0%。

二、服务贸易主要工作

1. 探索顶层设计，创新服务贸易管理体制

一是研究制定《服务贸易发展专项资金的使用和管理办法》。根据上海市服务贸易发展的新特点、新趋势，修订并印发《上海市服务贸易发展专项资金的使用和管理办法》(沪府办〔2016〕75号)。支持领域由原来的服务外包、国际物流、信息技术、文化、专业服务、中医药扩大到旅游、会展、体育等服务贸易领域。新增鼓励总部型服务贸易企业在上海发展、鼓励上海市服务贸易企业以海外设点、海外投资、项目合作等方式拓展海外市场、鼓励培训机构从事服务贸易人才培训等内容。

二是修订出台《上海市服务贸易示范基地和示范项目认定管理办法》，共认定5家示范基地和15个示范项目，充分发挥服务贸易资源集聚效应，加快建设服务出口重点区域，加强对服务贸易区域重聚的促进和支持。

三是发布年度《上海市促进服务贸易发展指导目录》，加快对重点领域的分类指导。

2. 完善服务功能，营造服务贸易发展环境

一是进一步优化上海服务外包交易促进中心的功能，积极探索服务外包发展新模式、管理新机制和宏观新政策，助力企业开拓国际市场。进一步提升交易撮合、资源配置、信用评价、政策宣传等平台功能，加强与美国、印度、捷克等国家的合作并建立交流机制。持续推进服务贸易便利化工作，探索研发样本通关降低查验比例，低风险进口产品缩短审批时限、减少许可批件。

二是提升上海文化贸易语言服务基地服务能级，指导基地参与《海派文化丛书》《卢浮宫》等作品的翻译项目，为第三届世界互联网大会等提供语言服务。支持文化贸易企业赴中东、非洲、欧洲等地举办或参加国际知名文化贸易展会活动近60场。表彰“2015—2016年度国家文化出口重点企业和重点项目”，认定36家企业和15个项目为“2016—2017年度上海市文化出口重点企业和重点项目”。

三是倡议成立上海服务外包知识产权保护联盟，加强服务贸易知识产权保护。举办知识产权研讨和宣传活动。促进服务贸易企业融资便利，鼓励金融机构研发符合服务贸易特点的融资保险产品，加强融资政策推介。

3. 围绕国家战略，加快推进服务贸易重点领域

在专业服务方面，围绕上海自贸试验区建设，加快发展专业服务、国际物流等重点领域。加大力度培育上海服务贸易专业服务重点单位和国际物流(货代)行业重点企业，研究推进专业服务在上海自贸试验区内进一步扩大开放,加强国际物流人才的培养力度。

在文化贸易方面,首次发布《上海市对外文化贸易年度报告》,认定上海市文化贸易重点企业和重点项目,支持企业赴海外举办或参加国际知名文化贸易展会活动近50余场,举办上海自贸试验区境外新版图书展、文化授权交易会等活动,有力推动了文化贸易的发展。

在中医药服务方面,加快培育"中医药服务贸易试点单位",探索建立中医药海外营销网络;支持上海纽约大学等跨国教育合作项目。

在高新技术方面,创新技术贸易管理模式,加快简政放权力度,将技术进出口合同备案管理权限下放至上海自贸试验区,加强企业和基层的联动。开展"未来人才培养计划——10位创新企业家校园行"系列活动,举办第十四届"上海软件贸易发展论坛",搭建软件信息技术企业交流洽谈的高端平台。

在服务外包方面,优化服务外包促进模式,挖掘一批创新性强、带动面宽、服务效果好的服务外包公共服务平台。完善服务外包人才培训体系,在商务部指导下,发挥"服务外包人才培训中心(上海)"功能,认定一批服务外包培训基地和实训基地,提升服务外包的整体培训水平和有效性。

4. 开拓"一带一路"市场,加快打造"上海服务"品牌

支持服务贸易企业开拓"一带一路"市场,组织企业赴比利时、印度、希腊、阿联酋等国家参加经贸交流活动。其中,在印度主办主题为"加强中印合作伙伴关系:聚焦科技、创新、金融和IT服务"的论坛,中共中央政治局委员、市委书记韩正同志出席会议并作主旨演讲,同印方共同见证上海服务外包交易促进中心、易保网络技术(上海)有限公司等3个项目签约;在比利时积极推动文化贸易发展,举办"自贸区与文化贸易发展"媒体交流会和"新瓷——中国当代艺术陶瓷特展";在阿联酋推进中医药服务贸易发展,上海中医药国际服务贸易促进中心和迪拜哈姆丹智能大学签署战略合作备忘录;在希腊举办2场"中希企业洽谈会"。

组织近百家服务贸易企业参加第四届"京交会",通过精心策划上海服务贸易展区、举办"上海主题日"、制作上海服务贸易宣传短片等,集中展示上海服务贸易创新试点工作进展和取得成绩。全国首家外商独资米其林级别厨艺学校在主题日活动上正式签约落户上海临港软件园。上海服务外包交易促进中心发布"中国服务外包交易指数2015"。

5. 探索精准扶持,优化服务贸易支持政策

探索优化服务贸易资金扶持政策,围绕宏观引导和企业需求两个重点,出台服务外包、技术贸易以及服务贸易公共平台资金申报细则,修订完成上海市服务贸易专项资金管理办法,对企业自主创新研发、高端人才培养、企业境外合作并购、设立境外商业存在、开拓海外市场等进行精准扶持。创新服务贸易支持方式,研究设立服务贸易创新发展引导基金,引导社会资金进入服务贸易发展领域,支持服务贸易企业做大做强。

6. 加大调研力度,健全服务贸易统计体系

深入专业服务、文化贸易、服务外包、中医药服务以及教育服务企业开展调研,切实了解服务贸易各领域的发展情况、瓶颈问题和实际需求;分批次召开技术贸易外商独资企业、合资企业、内资企业座谈会,就如何完善技术贸易政策和企业进行交流;并完成服务贸易创新发展试点的相关课题研究。在统计方面,率先开展外国附属机构统计试点工作,完善由国际收支统计和外国附属机构统计两部分组成的服务贸易统计指标体系,每季度进行服务贸易数据汇总和宏观分析;率先委托第三方专业组织开展企业数据直报工作,并在抓取直报数据的基础上做好服务贸易案例分析;率先创新服务贸易统计方法,探索建立服务贸易各领域和区域的综合统计。发布2016年《上海服务贸易发展报告》。(市商务委国际服务贸易处)

上海会展业实现“十三五”良好开局

2016年是“十三五”规划的开局起步之年，也是上海市提出打造“国际会展之都”目标的第一年。市商务委以推进国际化进程、加强制度保障、落实行政审批制度改革要求、加强“三服务”工作等项目为抓手，拓展合作渠道，凝聚各方力量，较好地完成了全年工作任务，形成了会展业“十三五”的良好开局，为加快建设“国际会展之都”奠定基础。

一、出台上海市贯彻落实国发15号文件的实施意见

2016年3月28日，市政府常务会议听取并原则同意《关于促进上海市展览业改革发展的实施意见》，5月市政府正式印发。上海是全国主要会展省市中(包括北京、广州、深圳、江苏等地)第一个出台贯彻落实国务院《关于促进展览业改革发展的若干意见》(国发〔2016〕15号文)的省市。

此后，市商务委抓紧开展落实工作：一是及时在市政府网站上发布了文件解读，《解放日报》《上海观察》等上海市媒体纷纷转载。二是形成上海市促进展览业改革发展联席会议的组织框架和工作制度，并已在工作层面就会展服务便利化等有关专题开展了协调。三是推动有关区、企业贯彻落实文件精神。推动青浦区在徐泾镇建设会展产业园，在国家会展中心周边形成产业聚集。指导市贸促会出台贯彻落实的实施计划。

二、进一步提高上海市展览业国际化水平

1. 办好第83届UFI大会

协调市旅游局、市政府新闻办、青浦区等单位，指导市会展行业协会，落实经费、周到安排，成功举办国际展览业协会(UFI)第83届会员大会。这是UFI历史上最大规模的年会，来自全球展览界的600多位代表参加大会，UFI高层和与会代表对上海会展业发展予以高度评价。市政府副市长周波、市政协副主席徐逸波出席有关活动。会议期间，市商务委推出《解放日报》和《中国日报》的会展业专版，对上海市会展业发展进行深度宣传。

2. 吸引UFI在沪设立常设机构

市商务委推动浦东新区制定优惠政策，提供办公场地，吸引UFI常驻机构落户。在第83届UFI会员大会上，UFI主席与委领导签署了关于在沪设立常设机构的合作备忘录。根据备忘录规定，该机构将服务于UFI的中国会员，成为连接中国和国际会展界的枢纽。这是UFI在单个国家设立的第一个办事机构，引起国际展览业界的广泛关注

3. 引进国际大展名展落户

协调国家会展中心等场馆，引进并成功举办中国国际电梯展、大虹桥美博会等大型知名国际展会。全年，上海有11个展会入选《进出口经理人》杂志公布的2016世界百强商展名单，与德国杜塞尔多夫并列为入选展会最多的城市。上海已有UFI认证展会26个，认证会员23个，分别居全国第1和第2位。

三、进一步提升公共服务水平

1. 落实取消部分展会行政审批后的有关工作

2016年2月，国务院取消地方对外经济技术展览会的行政审批，但商务部、海关总署、质检总局等部委尚未对有关监管衔接工作出台后续方案。市商务委与上海海关、上海国检等单位进行多次协商，提出保留并完善“上海会展业公共

信息服务平台”有关功能，实施“网上自愿备案＋政府间信息共享”的衔接方案。自实施以来，已与相关部门共享20余批次、近300条展会信息，有效地解决在沪举办的部分国际展会的通关、监管问题。另外，全年向商务部转报部级审批展会142项，处理涉台展会批件112项。

2. 结合“三服务”和“12315”热线处理，解决会展企业运行中的实际问题

全年解决“三服务”工作梳理问题6个，处理“12315”热线反映问题33个，均得到“满意”的反馈。在“三服务”工作中，仅用一天时间帮助上交会参展企业——匈牙利摩根斯达集团解决无人机转运境外参展的海关监管问题，得到有关企业的高度评价。在处理“12315”热线反映的问题过程中，帮助问题比较集中的国家会展中心完善协调沟通机制，为提高服务水平奠定了基础。

3. 做好党政机关办展的协调管理工作

落实中办34号文件精神，会同市文广局出台《建立和完善市清理和规范庆典研讨会论坛活动工作领导小组工作机制》，对上海市党政机关办展作了进一步的细化和规范。协助有关部门做好向商务部报批工博会、上交会等国家级政府展会的工作，协调做好向市政府报批科博会等3个上海市政府办展的工作。

四、推进立法工作

一是成立双组长牵头的调研组。组建由市人大副主任洪浩和市政府副市长周波牵头，市商务委、市人大财经委、市政府法制办、市立法研究所等部门组成的专题调研组。根据市领导指示精神，协调调研和起草工作。二是认真组织起草工作。会同课题组相关单位，召开多场专题调研会，听取展览业界、法律界、学术界等专家，以及30多家单位的意见建议，修改完善《上海市会展业条例》(草案)，形成调研报告。三是向市领导进行专题汇报。2016年11月22日，洪浩副主任和周波副市长听取课题组汇报，对课题成果予以肯定，明确支持立法工作。另外，课题组也向市人大法工委做了专题汇报。据了解，会展业立法项目有望列入2017年市人大的立法预备项目，为正式立法奠定基础。

五、做好国家会展中心运营保障工作

1. 组织召开国家会展项目领导小组第十五次会议

根据部市领导要求，组织召开国家会展项目领导小组第十五次工作会议。商务部副部长钟山、上海市副市长周波到会做了重要讲话。会议为国家会展中心提高运营能力，做好2016年工作明确了总体方向。

2. 为国家会展中心协调解决运营中遇到的问题

积极协调市发改委、市财政局、市住建委、市规土局、大众燃气集团、国电上海公司等单位，为国家会展中心协调解决概算调整、享受财税优惠政策、土地证“合二为一”以及三年内执行一部制电价等一系列政策诉求，为其降低运营成本，提高运营效率创造条件。积极推进解决地下人行通道建设、治安派出所用房改造等问题，提请市领导召开专题会议研究协调。

3. 组织好市级保障展会的运营保障工作

组织有关单位对在国家会展中心举办的医药系列展、纺织服装面料展等5场市级保障展会开展现场保障。其中，在2015年引发“一个展搞瘫一座城”的医药系列展，在与上年观众人数持平的情况下，2016年，由于市商务委牵头的运营保障协调领导小组采取周密的保障措施，现场秩序良好、周边交通顺畅，保证展会顺利举办和城市运营安全。

六、组织上海市企业参加部分国际展会

1. 成功举办上交会海外展

在成功举办第四届上交会的基础上，促成上海贸促会与国际技术进出口促进中心合作，首创上交会“引进来”和“走出去”相结合的办展模式。2016年10月3日—7日，首次上交会海外展在捷克布尔诺举行。近20家上海企业成功展示上

海自主创新的最新成果，捷克总统、总理等政要均莅临参观。此次展会成为“上海制造”在中东欧发展的新起点。由于本届上交会上海展团在中国贸促会组织的中国馆展示活动中表现突出，中国贸促会给上海市政府专门写来感谢信。

2. 组织上海企业参加亚欧、东盟博览会

完成制定参展方案、组织承办单位招标、落实支持资金、企业招展、展会管理等工作，组织上海企业参加商务部重点展会——第五届亚欧博览会和第十三届东盟博览会。上海企业的参展面积、参会企业数和成交量，均比上届有明显增长。上海交易团获得本届亚欧博览会的最佳组织奖。（市商务委会展业处）

创新推进经济新常态下的贸促工作

2016年，中国国际贸易促进委员会上海市分会(简称:上海市贸促会)迎来成立60周年的重要日子。围绕认真落实上海市委、市政府关于对外经贸发展的重要部署，围绕继续发扬忠诚、奋进、创新、担当的精神传承，在国家贸促会的指导下，上海市贸促会按照“服务开放型经济新体制建设，服务四个中心、科创中心建设和提升全球城市功能，突出国际贸易促进主线”的工作要求，积极推进上海贸促事业的创新转型，圆满完成一系列重要任务，各项工作取得新的发展。

一、积极开展国际经贸领域合作交流，发挥好“窗口、平台”作用

2016年，接待外国来访团组共计76批次1 400多人次，其中，国宾团组4个、省部级团组9个、省市级团组7个，包括接待巴西总统、卢森堡大公储、泰国副总理、拉脱维亚副总理、金砖国家新发展银行行长、英属维尔京群岛总理、美国内布拉斯加州州长、美国爱达荷州州长、新西兰达尼丁市长、捷克农业部长、秘鲁外贸旅游部长、希腊旅游投资部长等团组。举办“中国-巴西高级商务研讨会”、“拉脱维亚-上海企业家圆桌座谈会”、“卢森堡经贸论坛”、“泰国:迈向可持续增长的未来”研讨会、“中国-印度经贸论坛”、“捷克食品贸易合作研讨会”、“ 秘鲁-中国企业家晚宴”、“希腊旅游投资部长访沪经贸论坛及对口洽谈会”、“美国内布拉斯加州推介会”等17场经贸论坛活动，参会人数近2 800人次。还积极参与承接上海市参与2017年哈萨克斯坦阿斯塔纳世博会的各项协调服务工作。通过在这些“围绕中心、服务大局”的工作中，进一步有效发挥市贸促会的优势和作用。

二、主动应对经济下行挑战，展览板块业务迎难而上

上海市贸促会积极发挥在上海经贸类会展业内的主导作用，通过开展经贸类会展活动，主动承担起对外贸易、引进外资、引进国外先进技术和设备等任务。我会下属企业作为上海会展业发展的中坚力量，紧紧抓住发展机遇，重点展会办展质量稳步提升。

2016年，共举办国内自办展项目20个，展出面积共计88.3万平方米，展会观众总数达74万人。其中，汽配展、婚纱摄影展、染料展、模具展等都在原有基础上，把握市场机遇、迎难而上再创佳绩；春季婚纱摄影展成功移师上海新国际博览中心，展出面积比2014年增长15%；首届上海国际新能源汽车展应运而生；染料展同期举办数码印花展；模具展作为双年大展项目，恰逢DMC中国国际模具展第30个年头，精细化服务助展商赢得先机；2016年首次成功举办的上海国际车联网与智慧交通展览会上，展出的胶囊高铁、会飞的汽车、全太阳能车等项目，都引起不小的轰动效应；第二届亚洲消费电子展(CES

Asia),展览面积达到4万平方米,比上年接近翻倍,来自23个国家和地区的425家知名科技企业参展;养老展契合保民生政策,社会各界高度关注和重视;轨道和隧道展为中国高铁走出去搭建平台,同期举办的“一带一路轨道交通对接会”引起巨大反响;乐器灯光音响展规模突破15万平方米,成为世界上此主题规模最大的展会。

同时,在境外展览方面,在继续做好传统服务中小企业“走出去”的出国境参展任务同时,积极围绕上海市外经贸和全市展览工作核心和大局开展工作。2016年共立项出国展览项目75个,覆盖全球29个国家和地区,其中围绕国家“一带一路”倡仪设立项目29个,占比39%。完成境内外参展面积10 314平方米,完成展位数1 486个,全年组织参展企业1 007家,全年参展人数2129人次。2016年10月,配合市商务委做好中国(上海)技术进出口交易会海外展首秀落地捷克的具体实施工作,上交会海外展(捷克)与由中国贸促会牵头的捷克布尔诺国际工业博览会中国合作伙伴国机制的协同联动工作,并取得圆满成功。6月的南非中国商品展、9月的新疆亚欧博览会等品牌展览项目,参展企业反响积极。包括新培育近三年的孕婴童行业出展项目,2016年取得较大收获,增幅显著、势头良好。

此外,在展览展示设计方面,上海市贸促会下属上海贸促展示设计工程有限公司承接多个国家级重点项目的展览展示服务工作。2016年11月,在乌镇举办的“第三届世界互联网大会”上,上海贸促展示公司连续链接承接“互联网之光”博览会的主场布展服务工作,在短短3个月紧锣密鼓的筹备工作中,顺利完成推进本届博览会的主场工作,受到来自国际互联网信息办公室和浙江信息服务推进中心的充分认可。在展馆运作方面,上海国际展览中心有限公司最早引进国外展馆经营管理模式,致力于将上海先进的展馆管理和经营理念推广至国内其他城市,首创与郑州、宁波等地的展馆输出管理与合作,推动引领全国会展产业发展。在展览运输方面:上海市贸促会与中外运合资组建的上海国际展览运输有限公司展品货运总量长期排名上海同类企业第一。2016年,出色完成以“中国国际数控机床展”(CCMT)、“亚洲国际纺织机械展”(ITMA)为代表的“三大战役”,并成功承接线材展、全印展、汽车装备展等一批新项目,聚焦中西部地区,成功竞标成为2017重庆机床展主场运输服务商,进一步带动企业跨区域发展。

三、努力提升商事争议解决法律服务水平,打造贸促法律服务知名品牌

上海市贸促会围绕“在亚太地区有影响力、在国际上有知名度的仲裁机构”的定位和目标,推进上海国仲机构品牌建设,完善内部机制、加强业务管理。上海国仲与国际律师协会(IBA)于2016年3月初成功举办了“国际仲裁日”大会。上海国仲同时荣获《环球仲裁评论》(GAR)“年度最受关注仲裁机构”和“年度仲裁创新大奖提名奖”两项殊荣,是第一家获得此类奖项的中国内地仲裁机构。上海国仲在国际仲裁专业领域产生广泛而积极的影响。在国务院对上海提出“加快打造面向全球的亚太仲裁中心”的背景下,上海国仲与多家国际知名仲裁机构合作举办专业性国际研讨会,接待境内外机构的来访交流,积极推进上海国际航空仲裁院、金砖国家争议解决上海中心、中非联合仲裁上海中心、产权交易争议解决中心以及自贸区仲裁院等平台建设。在仲裁业务方面,基本实现稳中求进的发展目标。

作为会内法律服务功能,法律部为会内各部门提供各类法律服务。法律部与贸促总会合作建立“上海市经贸摩擦预警中心”,并建立“上海中小企业经贸摩擦服务平台”。积极参与2016年上海市打击侵权假冒工作,主要负责“开展中国制造海外形象维护‘清风’行动”,重点针对拉美和“一带一路”沿线国家和地区,配合有关部门执法协作,打击跨境制售侵权假冒商品等违法犯罪行为。调解中心继续做好与法院的“诉调对接”工作,大力推进调解中心与二中院和浦东法院的商事纠纷联合调解工作。

四、着力提升代言工商的实效，扎实做好服务企业的各项工作

上海市贸促会积极研究市场，准确研判形势，紧跟企业发展密切相关的热点话题，面向上海国际商会会员及其他相关企业举办“2016 营改增最新解读与行业应变之策”专题培训、“中澳自贸协定解读宣讲会”、“中韩自贸协定解读宣讲会”、“企业‘走出去’系列培训之投资欧盟国家培训班暨双向投资说明会”、“2016 年 IFCBA 上海国际会议—暨海关与商界互联互通，促进国际贸易便利化”论坛、“中国信保欧洲、拉美出口风险论坛”、“共促互利共赢暨‘一带一路’经济行业发展论坛”等会员沙龙活动，为企业“走出去”提供各类信息资讯和商务活动服务。2016 年，还对《上海贸促网》和《上海国际商会网》两个门户网站进行全面改版，推广上海市贸促会服务功能，为广大会员企业搭建交流平台，积极树立国际性经贸组织的品牌形象。

为进一步履行好服务企业职能，上海市贸促会坚持把出证认证业务作为基础性工作抓实抓好。2016 年，共签发原产地证书 142 053 份，其中一般原产地证书 118 573 份，优惠原产地证书 23 480 份；出具国际商事证明书 28 042 份；代办出口贸易文件使、领馆认证 21 666 份；出具 ATA 单证册 2 809 份；录入进口 ATA 单证册 14 391 806 份，新增申办原产地证注册单位 852 家；举办出证认证业务培训班 12 期，684 家企业 796 位业务人员参加培训。（中国国际贸易促进委员会上海市分会）

2016 年上海钻石交易所取得五大成果

一、上海钻石交易所交易数据全面回升

(1) 规模扩大，增速提升。2016 年，上海钻石交易所规模实现稳中有升的目标，全年完成钻石进出口及交易总额达 44.55 亿美元，比上年增长 7.5%。其中，一般贸易成品钻进口 183.32 万克拉，增长 26%，进口金额 20.37 亿美元，增长 16.5%，全年有 6 个单月进口额保持在 1.9 亿美元以上。

(2) 税收增长，会员增加。海关代征进口环节增值税 5.4 亿元人民币，增长 25.8%。截至 2016 年 12 月 31 日，上海钻石交易所会员总数 395 家，其中外资会员 240 家，来自境外 20 多个地区和国家。全年新增会员备案 20 家。

(3) 联合查验，服务企业。海关驻钻交所办事处和检验检疫驻钻交所办事处在钻交所继续全面落实国家有关海关与检验检疫“三个一”的工作要求，双方对一般贸易项下进境(口)毛坯钻石实施了联合查验，实现“查验场地共享、查验信息互通，一个办事大厅受理、一次性共同查验、一次性现场放行”。截至年底，钻交所公共平台上线会员共 82 家，有 20 家会员企业直接通过海关 VPN 专线办理相关业务。

(4) 专项申报，企业欢迎。自进一步规范工业用钻石粉末出口申报以来，从钻交所海关申报的非会员单位数量不断增加。2016 年 1—12 月，通过钻交所海关报关的一般贸易工业用钻石粉末出口 3.05 亿克拉，较上年下降 4.6%，货值 2 274.18 万美元，较上年增长 7.3%

二、合成钻进入公共视野

2016 年 9 月 12 日在深圳举办的“2016 中国国际钻石产业高峰论坛”上，中国黄金报社和国家珠宝玉石质量监督检验中心对外发布了《合成钻石发展现状及前景研究报告》，将一个过去未

被充分披露的行业新动态显示在公众视野内,吸引了媒体广泛报道,在钻石业界引起较大的震动。该《研究报告》回顾了国内外合成钻石半个多世纪以来的发展历史,认为中国目前已经拥有一大批合成钻石生产企业,六面顶压机总计超过7 000台,是世界上合成钻石技术最成熟、设备最先进、产业工人熟练、人力成本较低的国家,产量占全球合成钻石总量的90%以上。特别在高温高压(HPHT)合成钻石技术领域,我国已有多家企业和研究机构处于世界领先地位,如黄河旋风、中南金刚石、华晶金刚石、中乌新材料、厚德金刚石、吉林大学等,已经能够大规模生产小颗粒无色合成钻石和彩色合成钻石,产品正在从打磨材料应用向首饰材料应用和电子芯片应用发展。

三、上海钻交所与安特卫普钻石博物馆及宝库文化签署合作协议

2016年正值安特卫普与上海结为友好城市的32周年,安特卫普市市长、比利时第一大党新佛拉芒盟党党魁的巴尔特·德韦弗先生(Bart De Wever)率代表团一行40余人访问上海,与上海市展开新一轮的经贸、文化合作。

12月15日中午,巴尔特·德韦弗先生首先代表安特卫普市政府,与陈寅副市长在上海市人民政府签署了《上海市和安特卫普友好合作交流备忘录(2017—2019)》。随后,巴尔特·德韦弗先生又代表安特卫普钻石博物馆,与上海钻石交易所林强总裁,及宝库文化发展股份有限公司柳费国总裁,共同签署了三方的合作备忘录,旨在推动中比两国在钻石、珠宝、贵金属工艺品、传统及现代工艺保存、珠宝首饰文化等方面的深入合作。

上海钻石交易所是国内唯一的钻石进出口交易平台,是东西方钻石贸易往来的桥梁;安特卫普钻石博物馆是安特卫普唯一的官方钻石及贵金属博物馆,有着丰富的珠宝器件藏品和深厚的比利时佛拉芒文化底蕴;由宝库文化公司运作的观复博物馆则是坐落于上海地标性建筑上海中心的私人博物馆,为各类文化珍宝的展出提供平台。

备忘录签署后,三方将很快展开全方位的合作,包括定期举行会谈,举办年度交流项目及专题展览等。

四、宝玉石交易中心起步良好

截至2016年12月,上海宝玉石交易中心完成线上线下总交易额共计4.038亿元,拥有周大福、老庙黄金、粤豪珠宝、东华美钻等企业会员107家,注册个人会员超过20万名。宝玉石商品来自香港、泰国、斯里兰卡、印度、加拿大、澳大利亚、意大利等国家和地区,以及国内广东、江苏、河南、云南、新疆等省份。位于兰生大厦B1层的公共型保税仓库已建成,面积达1 700平方米;8月,上海海关现场业务一处入驻兰生大厦7层开始现场办公受理业务。国家珠宝玉石质量监督检验中心(NGTC)和华东地区唯一的宝玉石资产评估公司也已先后入驻兰生大厦。上海宝玉石交易中心平台已被列入上海国际贸易中心"十三五"规划建设任务,现正积极申请建设国家级宝玉石交易平台,进一步提升上海在珠宝首饰产业中的影响力和辐射力。

五、珠宝首饰追溯系统试运行

钻石追溯系统作为珠宝首饰追溯体系的组成部分,由钻石办指导,钻交所和宝交中心合力打造的,旨在通过这个完备可信的第三方钻石追溯平台,建设钻石诚信体系,巩固并提升上海钻交所的地位和影响,具有典型的行业示范效应。该系统已于2016年9月在上海钻交所投入试运行,反响良好。国家珠宝玉石质量监督检验中心(NGTC)、国家金银制品质量监督检验中心(NGGC)对上海宝玉石交易中心送检的宝玉石也加入了相关标识服务,为后续的交易、竞拍以及其他服务的追溯档案建立了身份标识源信息。珠宝首饰追溯体系的建立标志着上海在全国率先实施珠宝首饰追溯,通过采取政府引导、企业主体、消费认同、共同促进的方式加以推广实施,有利于进一步建设珠宝首饰消费诚信体系,切实

维护消费者权益，提振市场消费信心，从而推动我国珠宝首饰产业健康和升级发展。

六、上海亚太示范电子口岸网络运营中心正式成立

亚太示范电子口岸网络（APMEN）是根据2014年北京APEC领导人会议批准的贸易便利化倡议而建立，旨在推进亚太地区贸易口岸互联互通，提升跨境贸易的便利化水平。领导人会议宣言《北京纲领：构建融合、创新、互联的亚太》中明确该网络的运营中心设立在上海。2016年8月9日，上海亚太示范电子口岸网络运营中心（AOC）正式注册成立。在商务部、上海市政府和市商务委的指导下开展了公私对话会、能力建设培训等活动，进行亚太地区电子口岸信息化法律政策和最佳实践案例研究，拟推动开展原产地证无纸化、海运可视化、空运可视化等双边及多边合作项目，加强贸易数据互联合作，为电子口岸模式的发展创造有利环境。已有亚太地区10个经济体的14个口岸（含电子口岸）成员加入APMEN。（徐佳珩）

上海制造业产业国际竞争力现状及提升战略

一、全球制造业产业国际竞争力现状

制造业是城市发展的基础，拥有高度发达的制造业和先进的制造业技术，是衡量一个国家或地区是否具有国际竞争力的重要标志。全球国际大都市在从制造中心向服务中心演进过程中，都先后经历制造业回落过程，并带来较为严重的经济后果。为此，各地区均制定“制造业回归”计划，制造业回归成为区域新一轮经济发展的普遍趋势。

1. 制造业产业国际竞争力内涵发生重大变化

发达地区城市实现“制造业回归”的前期经验表明，国际大都市的“制造业回归”实质是要发展以高新技术推进的高端、先进制造业，实现制造业的升级，从制造业的现代化、高级化和清洁化中寻找增长点，以此奠定未来经济长期繁荣和可持续发展的基础。危机以来，欧美纷纷制订制造业回归计划，加强产业国际竞争力的顶层设计，如“美国制造”“法国制造”“意大利制造”的具体措施，涉及战略规划、资金补贴、政策倾斜等措施，重点发展中小制造企业、出口制造行业和高科技制造业，同时扶持钢铁、汽车等传统制造业。中心城市与整个国家在产业发展战略方向形成高度一致，借助国家系统性“再工业化”政策与项目的规划，国际大都市的“制造业回归”也获得国家层面更大推动力。

2. 建立产学研相结合的技术创新体制

由政府牵头、联合企业与高校结成合作伙伴，推动技术创新。2011年美国奥巴马总统提出，国家应汇集行业、大学与联邦政府一起努力，投资新兴技术——信息技术、生物技术、纳米技术，创造良好的就业机会，帮助美国制造商降低成本，提高产品质量，加快产品开发，增强全球竞争力。政府将投资500万美元来推动这方面的努力，投资领域主要在关键性的国家安全工业及提升国内制造能力上。政府希望国内具有领先地位的大学和公司与政府一起，在尖端技术的发明、开发和扩展上作出贡献。

3. 引导本国企业实施全球制造业战略，扩大出口和贸易保护

金融危机后，欧美部分跨国公司为降低经营风险，调整企业发展战略和产业海外区域布局，重估生产环节外包战略，减弱对外投资力度，考虑制定回流计划，本土化经营趋势抬头。如通用电气公司将原包给中国的节能热水炉生产迁回

肯塔基州、福特汽车将原在海外生产的部分零部件转包给美国供应商、德国 Steff 公司从中国撤回长毛绒玩具厂等。2010 年至今,美国通过反倾销、反补贴、337 调查等手段来阻止国外不公平竞争行为,保护国内市场,通过谈判打开国外市场,促进美国商品和服务的出口,同时严格执行贸易协定,防止外国产品在美国市场的不公平竞争。

二、上海制造业产业国际竞争力现状

上海制造业国际竞争力水平,对于上海经济的持续发展具有重要意义。强大的制造业不仅是上海建设国际经济、金融、贸易和航运中心的基础支撑和全球科创中心建设的有力载体,也是区域扩大就业的重要保证。上海制造业国际竞争力提升,还承载了国家产业结构优化升级的使命。上海正处在新老产业交替、新旧动能转换的关键时期,前期上海创新驱动发展的方向较为明确,成绩有目共睹;在新旧动能转换过程中,也先期暴露出一些问题,如制造业下降过快,战略性新兴产业成长较慢等。如何在新经济引领下,实现经济发展方式转变和经济结构调整,发展质量和效益持续提高,产业结构全面优化升级以及实现核心制度和基础制度创新取得重大突破,形成开放型经济新体制,配置全球市场资源和要素的能力整体提升,将对国家新经济转型提供宝贵经验。

1. 上海制造业产业国际竞争力现状

从上海制造业经济内部结构看,上海制造业转型正处于“真空期”,原重点行业对区域经济的支撑日显乏力,新的战略性新兴产业受到外部“双重积压”,上海制造业主体结构有待完善,工业化时期规模生产的惯性依然严重,市场配置资源的能力不强。从上海制造业全球生产格局看,上海制造业全球战略定位还处于“转型期”,整体上的行业国际竞争力战略还不够清晰,制造业全球竞争地位不高,贸易产品大多处于全球价值链低端,重点产业嵌入全球价值链深度不够,提升全球价值链缺乏核心动力。

2. 上海提升制造业产业国际竞争力的“双引擎战略”

提升重点产业——以上海化工产业为例。精细化工是世界各国抢占产业链制高点的必争之地,是上海区域产业的总要组成部分。2015 年,上海六个重点工业行业的工业总产值 20 769.44 亿元,比上年下降 0.2%。其中,石油化工及精细化工制造业增长 7.1%,是第二位生物医药制造业增长率的 3 倍,对区域经济起到了重要的支撑作用。“十三五”时期,中国 5 大战略性新兴产业是新一代信息技术产业、生物产业、绿色低碳、高端装备与材料、数字创意等。上海“十三五”规划纲要提出将聚焦的“生命、材料、环境、能源、物质等基础科学领域”,以及“新一代信息技术、生物等产业”,几乎都需要精细化工来优化和配套。但近年来上海化工产业战略定位不清晰,产业链不完整,企业体系不完善,从而引发国际竞争力下降的结果。

上海作为非精细化工强省,在未来的产业发展规划中,更要对标国际新趋势,找准前沿产品和技术领域,将其作为实现弯道超车和跨越式发展的关键突破口。上海化工领域产业转型升级的经验,也为振兴上海各个重点领域发展提供思路借鉴。一是对标三个战略。对标制造战略,在种类繁多的精细化工细分领域寻找发展重点;对标能源战略,把握油田专用化工品,开拓广阔的市场先机;对标消费战略,抓好 2020 年以前消费类产品和药品产量将保持年均增速可达 3.5% 良好增长势头。二是实现三个对接。实现与国家战略对接,借力国家级石化产业基地与“一带一路”契机为上海解决原料供应的困境;实现与市场主体对接。打造适于成为跨国公司的研发与加工外包市场,成为全球新药创新链上的关键一环;利用好上海 7 个与精细化工领域有关的国家重点实验室,7 个国家级工程研究中心,以及一大批化工研究院所,实现产学研对接。三是聚焦重点方向。以科创中心建设和新兴制造业提供配套产品服务为导向,优先发展化工新材料产业;加快发展生物精细化工产业,在新兴现代生物化工领域形成核心竞争力;大力发展节能环保产业,形成未来城市经济发展的增长点;着眼前沿技术研发，重点在过程节能技术、未来能源技术、生命科学和纳米技术等领域提升技术创新储备能力，做好可持续发展技术储备。四是完善中介服务体系。推进国内实验室的 GLP 认证，做好与国际检测数据互认工作，争取得到欧盟的承认；帮助上海企业应熟悉 REACH 法令的内容，尤其是技术指南文件的内容，充分了解 REACH 法令对本行业的冲击和影响；鼓励企业遵循国际先进标准进行生产。帮助企业树立起绿色生产、绿色营销的观念，使生产更精细化，产品更绿色化。

提升战略性产业——以上海高端装备产业为例。改革开放以来，尤其"十二五"期间，上海高端装备制造业取得一系列显著成果。2014 年，高端装备行业增速总产值达到 2 472.26 亿元，明显高于全市装备产业和战略性新兴产业平均水平，主营业务收入达到 2 520.04 亿元，利润总额持续保持增长。同时，在航空、智能制造等领域，技术取得新突破。在保持传统优势基础上，现阶段上海高端装备制造业发展瞄准高端能源装备、先进交通装备、智能制造装备、重大成套装备四大领域，涌现一批先进企业。然而，上海市战略性新兴产业制造业在 2015 年总产值出现下降，比上年下降 1.1%。其中，上海高端装备制造业下滑趋势明显，高技术产业增加值率和产业利润堪忧，品牌发展总体乏力，同时上海高端装备制造业整体仍处于全球价值链低端。

如何提升上海战略性新兴产业参与全球价值链的广度和深度，在研发、生产制造和品牌营销的全球价值链中打通"创新链—产业链—价值链"，需要在评价标准、企业结构和公共服务平台上加强建设。一是以价值链为核心，弃"大(量)"求"精(质)"。在战略性新兴产业发展中，要改变以往的制造业发展观，放弃全产业和全产业链发展、生产规模追求的思维，焦聚重点领域、重点环节，以"小、精、尖"优化结构、提升效率。"小"，不以量产规模、全产业和全产业链发展为追求目标，致力于附加值高的企业；"精"，焦聚产业链重点节环，集聚优势资源，形成核心竞争力，拥有核心掌控力和资源配置能力；"尖"，掌控产业价值链的高端，提升重点行业、重大装备、关键领的自主创新能力，形成自主品牌，增强对外、对市场的影响力。二是全力打造隐形冠军，抢占全球价值链高端。强力打造隐形冠军，小企业创新。高度重视科技型中小企业的发展。在当今科技发展的背景下，草根创新是最重要的创新源头。草根创新和开放型创新可以找到结合点。三是提供共性技术服务平台和解决方案。打造上海科研院所创新联盟计划，联盟定位于从事应用型研究的"研研"平台，通过向产业界提供技术服务，实现科技成果的转移和转化。按照"价值观引领、章程式管理、机构式资助、第三方评估"的基本思路，以跨界交流、要素集聚、学科交叉、协同创新为目的，围绕产业链构建创新链，组织重大科技专项和产业化协同攻关，形成重大任务牵引、集中分散结合、若干团队协同的研发模式，打通科学研究、技术开发和产业发展的通道。（市商务委公平贸易处 丁秀峰）

融入"一带一路"建设 提升上海对外开放的规模和能级

为贯彻落实市委、市府关于积极参与国家"一带一路"建设工作的指示精神，上海市商务委紧紧围绕《上海市参与建设丝绸之路经济带和21世纪海上丝绸之路的实施方案》，以"政府指导，市场为主"为原则，积极主动融入"一带一路"建设。2016 年，上海与"一带一路"沿线国家累计进出口 5 535.1 亿元人民币，比上年增长 2.6%，占全市比重近 1/5。其中，出口 2 649.7 亿元人民币，增长 2.9%，高于全市平均水平。沿线国家在沪合同外资达到 21.8 亿美元，占全市比重4.3%;实到外资金额为16.6亿美元,占全市比重9.0%。在沿线国家的非金融类直接投资企业的总额达到36.8亿美元;沿线国家新签工程承包项目合同额达到89.2亿美元,增长66.5%,占全市比重75.3%,完成营业额40亿美元。主要开展以下几项工作:

1. 加强组织机制,统筹推进工作

根据全市推进"一带一路"建设工作领导小组的要求,市商务委推进"一带一路"工作领导小组办公室制定《2016年我委推进"一带一路"倡议经贸合作实施方案》,相关责任处室和商协会根据职能分工积极做好各项工作的推进和落实。

2. 多渠道建立经贸合作伙伴关系,拓展投资贸易网络

制定2016年度"一带一路"经贸合作关系备忘录推进计划,先后与加拿大阿尔伯塔省政府、马恩岛经济发展部和印度工业联合会、罗马尼亚工商会、中国银行匈牙利分行、葡萄牙经贸投资促进局等签署《经贸合作备忘录》。

上海市外国投资促进中心与上海企业合作,在捷克等"一带一路"沿线国家增设上海市外国投资(对外投资)促进中心驻这些国家的办事处,作为我委在"一带一路"沿线国家逐步布局的开启。

此外,由上海进出口商会牵头的"一带一路贸易商联盟"与马来西亚中国总商会、印尼国际事务委员会、波中经贸投资商会等签署合作协议,并在2016年华交会期间举办"各国(地区)商协会贸易合作论坛",约40个国家商协会代表与会。上海中医药国际服务贸易促进中心在阿联酋举办了与迪拜哈姆丹智能大学战略合作备忘录签署仪式。

3. 以展会、论坛、高层互访为载体,进一步深化国际交流合作

2016年共支持在"一带一路"沿线国家举办的经贸展会53个,其中自办展项目14个。如印尼上海技术设备商品展、波兰和土耳其中国贸易博览会等。展会期间,通过举办以"一带一路"市场开拓为主题的专业论坛、VIP买家见面会和现场贸易配对等活动,为上海企业拓展"一带一路"市场提供了机遇。

为推动与签约伙伴之间的经贸合作取得实质性效果,上海市商务委与之加强经贸交流与高层互访。2016年共有17批次团组出访"一带一路"沿线14个国家。其中,上海市委书记韩正率领的中国共产党团组出访印度、泰国、越南三国和市委统战部部长沙海林率领的"一带一路"出访团组访问尼泊尔、柬埔寨、缅甸三国的访问活动都取得丰硕成果。全年接待包括罗马尼亚副总理、波黑部长会议副主席兼外经贸部长(副总理级)、马来西亚工业和贸易部第二部长、土耳其交通部副部长等在内的"一带一路"沿线国家政要团组近20批次。

4. 积极推动企业参与"一带一路"建设,国际产能合作、装备制造走出去、境外园区建设取得积极成果

围绕重点方向、重点国家、重点项目,以基础设施互联互通为先导,以国际产能合作为核心,以境外经贸合作区建设为载体,以公共服务体系建设为支撑,以多方联动合作为纽带,以境外安全风险防范为保障,推动上海企业参与"一带一路"建设取得新的更大的成效。制定了《关于推动上海市企业参与"一带一路"建设工作方案》和《关于推动装备走出去提速工程工作方案》,与国开行上海分行签署紧密合作协议,梳理重点推动的"一带一路"沿线投资合作项目27个,与政策性金融机构进行全面对接,与进出口银行共同召开总行行长与上海企业工商"一带一路"项目对话会,累计投资合作金额达190亿美元。国际产能合作和装备制造"走出去"重点项目取得成果,上海华谊集团投资泰国的橡胶轮胎制造项目、上汽集团投资泰国整车制造新工厂等项目顺利签约或正式启动。境外经贸合作区建设项目取得阶段性成果,如缅甸马乌宾经济技术开发区项目启动建设,印尼青山产业园被认定为国家级境外经贸合作区。

5. 加快推进"一带一路"进口商品直销网点建设

支持上海外高桥保税区(国家进口示范基地)建立中东欧16国国家馆,首期面积2 000平方米。保加利亚和马其顿馆已正式开馆。推动上海绿地集团在进口商品直销店中启动建立“一带一路”进口商品直销专区。绿地集团在上海共有7家绿地全球商品直销中心，商品覆盖土耳其、匈牙利、泰国等“一带一路”沿线国家。

6. 多措并举，为企业走向沿线国家提供专业性服务和财政支持

在信息服务、金融服务、投资促进、人才培训、风险防范等方面为上海企业拓展“一带一路”沿线市场提供各种便利。上海推进“一带一路”经贸合作信息服务平台中英文网站正式上线，为国内外企业提供相关政策和咨询服务。积极发挥出口信用保险作用，加大对“一带一路”沿线国家出口信用保险政策的支持力度。（市商务委外贸发展处）

发展跨境电子商务 促进外贸转型升级

上海是我国最大的口岸和商贸城市，口岸条件优越，商品销售总额居全国各城市首位。近年来，上海深入推进“四个中心”建设，金融、贸易、航运等服务功能及贸易便利化水平不断提高，万商云集的市场局面初步形成，发展跨境电子商务的基础条件良好。2016年1月，国务院决定在上海设立中国跨境电商综试区。发展跨境电子商务对于扩大国际市场份额、拓展外贸营销网络、转变外贸发展方式具有重要而深远的意义。上海市充分认识发展跨境电商对上海市外贸转型升级的重大意义，高度重视上海市跨境电商的发展。

上海市紧紧围绕国际贸易中心建设，搭建各类跨境电子商务功能性平台，利用电子商务开拓国际市场。2016年，上海市以跨境电子商务公共服务平台为通路的试点模式实际成交近25亿元人民币，比上年增长6倍；通过邮件快件传统模式进出口383亿元，增长40%。

一、基本情况

自2012年8月国家在上海、重庆、杭州、宁波、郑州等城市开展跨境电子商务试点以来，上海市会同海关、检验检疫、外汇管理等监管单位，开展了通关服务、外汇支付、零售出口等试点，推动直邮进口、保税进口和直邮出口3种业务模式落地，努力提升上海市跨境电子商务发展水平，逐步打造了一个市场主体集聚、产业优势突出、平台有序布局、综合配套基础扎实、管理服务不断创新的格局。

1. 高能级市场主体集聚

2016年，上海已经集聚一批资源配置能力较强、产业带动效应明显、行业地位突出、市场竞争力和社会影响力较大的企业。一是平台类企业，有eBay中国、wish、跨境通、洋码头、京东、天猫国际、1号店、小红书、美国亚马逊等。二是物流企业，UPS、FedEx、DHL、TNT国际四大快递巨头，东航物流等大型央企，以及申通、圆通、韵达、中通、中诚等一批民营物流企业总部均在上海，为上海市跨境电商提供国际和国内物流的支撑和服务。三是支付类企业，国家外汇管理总局批复的首批17家构跨境外汇支付业务试点中，上海有包括汇付天下、通联、银联电子支付、东方电子支付、快钱、盛付通、环迅支付、富友支付等8家企业。2015年，阿里巴巴集团下属支付宝（中国）网络技术有限公司迁移至上海。

2. 业务模式不断创新

比如小红书通过“社区+电商模式”，通过运营网络虚拟社区论坛，培育客户群体，利用大数据技术，发掘社区讨论的热点商品，精准锁定进口商品品种；洋码头通过“扫货神器”APP，帮助海外买手将商品快速展现在国内用户面前，客户转化率和回头率远高于PC端；基于移动互联端的wish平台，通过特殊算法，根据消费者的消费习惯，进行商品智能定向推荐，在北美市场占据较高份额；金蚂蚁商城打造的网上国别中心和线下实体体验店，通过线下体验和线上消费结合，聚集强大的消费能力。

3. 外贸企业业务转型

一是国有企业跨界经营。比如东航物流公司经营的“东航产地直达”，开辟生鲜产品从产地到餐桌的捷径；银联国际的“银联海购”，为银联卡的持卡人提供更为全面、便捷的跨境网购服务。二是传统外贸企业转型电商平台。东方国际集团收购“爱奢汇”，主营跨境电商奢侈品进口业务。三是制造业企业开展 M2C(生产企业对个人)出口。上海市多家轻工业品生产企业，已开始通过跨境电商平台，融入海外营销渠道，比如生产塑胶产品的上海吉龙塑胶有限公司、生产箱包的上海海琛国际贸易有限公司、生产不锈钢制品的上海思乐得不锈钢制品有限公司等都已经尝试通过美国亚马逊网站，开展出口业务。

4. 开展综试区建设

2016 年 1 月获批跨境电商综试区后，上海高度重视，为加大协调力度，上海市成立以分管副市长任组长、分管副秘书长任副组长的上海市跨境电商工作领导小组，定期研究上海市跨境电商发展的重大问题，协调推进各项工作。6 月，发布《中国(上海)跨境电子商务综合试验区实施方案》，提出将贯彻落实“创新、协调、绿色、开放、共享”发展理念，按照“大胆闯、大胆试、自主改”要求，努力建设全球跨境电子商务运营中心、物流中心、金融中心和创新中心。

二、主要工作推进情况

自开展跨境电商试点以来，上海市着力发挥市场调节作用，通过营造市场环境，努力提升上海市跨境电子商务发展水平，主要开展了以下 4 方面工作。

1. 建设上海跨境电商公共服务平台

为提高口岸监管便利化程度，在上海电子口岸的基础上，上海市建设连接跨境接电子商务和电子政务的核心枢纽——上海跨境电商公共服务平台，承担企业与政府间的数据交互功能。成立功能性的国有企业——上海跨境电子商务公共服务有限公司，负责运营上海跨境电子商务公共服务平台，初期平台运营资金由财政支持，保证平台公益性，为各类企业提供统一明确的标准化数据接口和接入流程。

2. 推进跨境电商示范园区建设

根据功能不同，以示范园区为重点，建设特殊监管区和产业功能区两类园区，促进线下线上协同发展。出口方面，突破浦东机场口岸功能，建设跨境电子商务海关运抵监管场所，兼具进出口通关功能，园区紧邻跑道，功能完善，可一次性完成通关和飞行安全检查，服务范围辐射长三角。进口方面，以自贸试验区为改革高地，提升保税区域业务水平，区域内已集聚跨境通、京东等知名企业，成为全市跨境电商业务业务量最大的区域。

3. 推动成立上海跨境电子商务行业协会

这是国内首家跨境电子商务行业协会，已有会员 150 余家，会员企业经营业务涵盖整个跨境电子商务产业链。全国知名跨境电商企业 eBay、洋码头、大龙网、京东、1 号店，知名物流企业东航物流、上海 EMS、FEDEX、UPS，金融服务企业中国银联、快钱、中国银行等均加入了行业协会。协会已经成为全国跨境电商行业最有影响力的组织之一。

4. 协调龙头企业问题带动全市发展

为推进小红书、洋码头、见见面、1 号店等企业在上海开展跨境电商业务，创新工作模式，各有关部门，组成专项工作小组，并通过微信群，随时讨论分析问题，突破各种制度瓶颈。同时，以解决龙头企业的业务诉求为契机，以点带面，带动和促进类似的创新型企业加快发展。

三、下一步工作重点

上海市将深入贯彻党的十八大精神，主动适应和引领经济发展新常态，营造有利于跨境电子商务发展的环境，激发大众创业、万众创新的活力，创建具有上海特点的跨境电子商务综合试验区，助推上海外贸转型升级和“四个中心”建设。

一是完善公共平台，提升服务能级。完善上海跨境电子商务公共服务平台监管与服务功能，提高服务能力，保障监管部门间数据互通和共享。优化上海电子口岸资源，实现跨境电子商务公共服务平台和上海国际贸易“单一窗口”系统与功能对接，为上海市跨境电子商务发展提供支撑。充分运用公共服务平台的集成数据，健全统计监测体系，完善风险防范机制，建立跨境电子商务企业信用数据库。

二是推进监管创新，走通多种模式。探索适应跨境电子商务的监管服务制度，促进发展和风险防范相结合，在发展中规范、规范中发展，在发展中破解难题，提升跨境电子商务监管便利化水平。全面打通一般进出口、跨境保税进出口、跨境零售进出口、邮路进出口 4 个核心业务通道，引导培育跨境出口业务，有序规范跨境进口业务。

三是营造贸易环境，培育完整产业链。继续推进跨境电商园区建设，突出示范园区的引领带动作用，充分发挥园区集聚效用，集聚市场主体，完善配套服务，形成线上线下联动发展。健全跨境电商综合服务、法律服务环境，培育和聚焦跨境电子商务、跨境金融、跨境物流及其他相关服务企业，形成具有国际竞争力的跨境电子商务产业集群。（市商务委外贸发展处）

有序推进上海市贸易便利化工作

2016 年，面对国内外复杂多变的外部环境，上海市贸易便利化联席会议各成员单位认真落实中央和市委市政府的决策部署，紧紧围绕创新驱动发展、经济转型升级，主动适应经济发展新常态，聚焦关键环节，推动全市贸易便利化工作取得明显成效，实现“十三五”良好开局。

高标准便利化监管制度在自贸试验区确立。“一线放开、二线安全高效管住”，国际贸易“单一窗口”，货物状态分类监管等一批符合高标准贸易便利化规则的监管制度在自贸区试点实施。世界贸易组织《贸易便利化协定》的 40 项条款中，38 项已在上海自贸试验区实施和推进。据评估，“先进后报”等制度创新已对标国际高水平，被企业评为收益最大的改革举措。

深化海关通关制度改革取得重要进展。通关作业“前推后移”，70％以上的报关单快速放行。推进税收征管方式改革，试点章节商品进口量和税收实现稳定增长，分别增长 2.6％和 8％。启动全国通关一体化改革，试点范围覆盖上海关区所有海运、空运进口业务现场，并扩大到长江经济带 12 个海关。上海口岸进口、出口平均通关时间分别降至 29.46 小时和 2.03 小时，较上年缩短 4.43 小时和 1.29 小时。

全面推进“十检十放”改革获得重大突破。对 25.1 万批进口货物实施“即检即放”秒通关；“快检快放”通关时长平均缩短 65％；“边检边放”施检流程平均缩短 75％；“通检通放”涵盖业务占比达 82％，企业物流成本下降 1.92 亿元；试行“空检海放”，检测时间缩短 10 天；“外检内放”，放行时间缩短 10 天；“他检我放”为企业直接节约检验成本 1.5 亿人民币。

推进汇税业务创新取得较好反响。全年为 2.3 万户企业办理出口退（免）税 900.58 亿元，在浦东新区开展无纸化管理，审核时间缩短 4～5 个工作日，提速 30％。2016 年 2 月 10 日，应勇市长批示市税务部门“在提升贸易便利化等方面取得了较好的成效，有力地促进了外贸回稳向好”。外汇管理上海分局支持 138 家公司参与跨国公司外汇资金集中运营管理试点，15 家企业参与外债比例自律业务试点，积极争取总局同意 15 家企业继续开展国际贸易结算中心试点业务。

落实重点任务解决具体问题补短板。聚焦2016年贸易便利化重点工作,推动各项任务;落实问题清单解决机制,下达专项督查任务,明确责任部门,定期跟踪问题解决进展,补好短板问题。上海海关优化保税维修等新型贸易业态监管方式,上海国检牵头出台支持邮轮产业发展的若干意见,各单位共同推进解决2016年问题清单中14项。其余7个问题,如简化一线报关、邮轮转运货物通关等,涉及体制机制改革,将在2017年进一步深化推进。

2016年贸易便利化工作凝聚了联席会议各成员单位的心血。各单位勇于突破、攻坚克难,主要做了以下工作:

一、狠抓便利化政策落实,营造贸易环境

积极应对经济下行压力,确保国家出台的贸易便利化政策件件有措施,上海方案条条有落实。一是强化上海市外贸稳增长配套的贸易便利化政策。印发《上海关于贯彻落实"国务院促进外贸回稳若干意见"的实施意见》和《关于上海市促进加工贸易创新发展的实施方案》。二是建立健全区县便利化工作机制。细化部门责任分工,明确落实标准和时限,形成市区联动的便利化推动机制。三是确保国家扶持政策落实到位。试点实施查验相关服务费由财政承担,全年免除企业相关费用1.98亿元人民币,受惠企业近6万家。优化完善《上海市对外贸易发展专项资金使用管理办法》,加大稳定进出口增长和外贸转型升级支持力度。

二、推进自贸试验区贸易便利化制度创新,深入推进重点领域改革

通过自贸试验区等重点领域试点试验,推动体制机制创新,增强发展的动力和后劲。一是以便利化为核心的贸易监管制度在自贸试验区确立。市口岸办牵头,建成国际贸易"单一窗口",实现口岸货物95%、船舶申报99%通过单一窗口办理。上海海关和上海国检探索实施"一线放开、二线管住、区内自由"监管制度,形成一批可复制推广、具有国际竞争力的创新制度和模式。二是支持上海科创中心建设。海关、国检联合入驻张江跨境科创监管服务中心,上海出入境管理局发布上海科技创新《职业清单》及管理办法,便利各种人才办理出入境证件,争取适应国际化人才流动需要的10项出入境政策措施落地,集聚海外人才。三是复制推广自贸试验区成熟监管经验制度。上海海关在上海市复制推广创新制度21项,上海国检复制推广24项,外汇管理局复制推广12项。先入区报关、境内外维修、批进出集中申报、第三方检验结果采信、融资租赁出口退税等改革措施已在全市有序推广。四是服务重点区域、重要产业、重大项目和大型企业。推动开展质量安全示范区建设、创建国家公共检验检测认证服务平台示范区,支持集成电路、生物医药、邮轮等产业发展。

三、贯彻国家战略,构建区域贸易便利化格局

把握国家战略布局,积极扩大对内对外开放,将贸易便利化向区域纵深推进。一是服务长江经济带建设。在海关总署和国家质检总局部署下,推进全国通关和报检一体化改革,启动隶属部门的功能化改造,优化机构和人力配置。二是启动构建开放型经济新体制综合试点工作。探索在浦东新区建立质量效益导向型外贸发展促进新体系,围绕加快形成开放型经济新体制,制定试点方案,加强贸易监管制度和管理模式制度创新。三是推进亚太示范电子口岸网络建设。举办亚太示范电子口岸网络(APMEN)第二次公私对话会,与IHS海运贸易公司签署合作备忘录,启动示范试点项目,促进亚太地区各经济体供应链互联互通。

四、服务新型贸易方式,建立新型监管制度

营造创新发展环境,集成新的竞争优势,增强外贸发展的内生动力,推动贸易结构全面升

级。一是推进中国(上海)跨境电商综试区建设。印发《中国(上海)跨境电子商务综合试验区实施方案》,完善公共服务平台功能,推进示范园区建设,开展通关服务、外汇支付、零售出口等业务试点。2016年全市跨境电商试点模式业务规模近25亿元人民币,比上年增长6倍。二是支持外贸综合服务企业发展。修订上海市外贸综合服务企业认定标准,开展第二批上海市外贸综合服务企业认定工作,商务、海关、税务等单位积极协调,引进一达通项目落沪。三是促进平行进口汽车发展。发布《中国(上海)自贸试验区平行进口汽车试点工作的实施意见》,扎实推进平行进口汽车CCC认证、落地征税、辅助性整改等政策落地。四是开展国际中转集拼、保税维修、保税展示交易、保税融资租赁等模式试点。搭建完成2.0版中转集拼业务监管系统并走通,支持加工贸易企业开展国内外检测维修业务,保税展示交易全年展示货物货值6.75亿元人民币、销售货物1.27亿元人民币,办理飞机进口融资租赁手续35架。

五、真抓实干转作风,切实解决发展中的具体问题

密切与企业的联系,回应企业诉求,以实干推动发展,提升企业获得感。一是贯彻落实部门合作机制。共同开展多次调研,解决华谦商贸公司出口返修苹果手机,跨境电商新政策过渡,外汇结算重点监管企业名单等多个企业反映较为突出的问题。二是为百强进出口企业推出便利化措施。根据不同企业的诚信状况、基于不同业务的风险等级,努力实现关检汇税监管服务便利化。例如上海国检帮助宜家集团利用自贸区"补发原产地证"规则,使企业减少缴纳进口国关税250万美元。三是建立多种渠道,密切联系企业。通过实地走访、企业座谈会、网络微信群、企业联络员等多种方式,直接听取企业意见建议,加大政策宣传力度,解决实际问题。

过去一年的成绩取得不易,离不开贸易便利化联席会议各单位的大力支持和密切配合。在肯定去年成绩的同时,我们也清醒地看到,对照加快建设"四个中心",特别是国际贸易中心的目标和要求,上海市贸易便利化工作在改革举措系统集成、各部门间信息共享、提升竞争力等方面尚有努力空间,需要在今后的工作中进一步形成合力,力争突破。(市商务委外贸发展处)

上海对外文化贸易亮点纷呈

为贯彻落实国务院《关于加快发展对外文化贸易的意见》、中央深改组《关于进一步加强和改进中华文化走出去工作的指导意见》,市商务委紧紧围绕文化走出去国家战略,在推进上海国际贸易中心和国际文化大都市建设过程中,不断提升上海城市文化软实力,努力打造上海文化出口竞争新优势,加快推动上海对外文化贸易加快发展。据初步统计,2016年,上海实现文化产品进出口361.9亿元,比上年增长9.3%,实现文化服务进出口39.9亿美元,增长6.4%,文化产品和服务贸易增速均高于同期货物贸易和服务贸易增速,对外文化贸易已经逐渐成为上海市经济结构调整和外贸转型升级的新亮点。

一、围绕服务国家战略,持续推进对外文化贸易开拓创新

1. 深化自贸试验区文化贸易改革试点

为促使自贸试验区对外文化贸易政策落地,上海加快"证照分离"改革试点,在出版、影视、演艺、拍卖、广告及旅游等32个文化贸易领域推进改革试

点取得初步成效;联合国家博物馆、故宫博物院等文博机构,启动"文创中国"中国大区运营中心等重点项目,为文创产品内容开发拓展新路;加快自贸试验区政策的复制推广,把允许外资设立独资演出经纪机构和娱乐场所等开放政策扩展到上海自贸试验区扩展区域和其他自贸试验区。

2. "一带一路"海外市场拓展初显成效

为不断拓展"一带一路"海外文化市场,上海电影节在爱沙尼亚、埃及等国电影节上首设"一带一路"影展单元和市场专区,中华艺术宫与蒙古国家美术馆等11个沿线国家美术馆开展合作;为配合"丝路书香"出版工程,"美丽中国"巡展在印度尼西亚的23家书店举办,"魅力上海"活动在泰国、乌兹别克斯坦等国开展;还在泰国举办"上海广播周",每晚在曼谷 Like 103FM 调频台用泰语播出上海声音故事,覆盖泰国1 500万人口。

3. 以科创助推文化装备产业融入全球市场

为推进文化装备产业从"中国使用"向"中国制造""中国创造"发展,上海在美国、墨西哥、瑞士等广播电视展上展示了最新虚拟现实(VR)/增强现实(AR)产品和成果;通过"展会+峰会+实训"形式,举办跨媒体技术装备创新博览会,吸引来自16个国家和地区的145个专业展商来沪洽谈贸易;举办中国影视制作及后期制作者实训大会,为文化装备产业走出去的提供人才支持。

二、聚焦加强重点领域,努力培育对外文化贸易竞争新优势

1. 电影产业全球布局日趋成熟

为提升电影产业全球布局能力,上海加快影视产业境外投资步伐,支持熙颐影业、华人文化控股集团等通过投资、收购、入股等方式参与《血战钢锯岭》《第一夫人》等影片的国内外制作和发行;加快国际电影产业在沪集聚,环上大国际影视产业园吸引马尔科姆、岩井俊二等著名国际电影人和导演入驻;推动影视国际合作模式创新,由中影股份等3家中国企业参与《功夫熊猫3》全球票务分账,开创了中外合作发行电影市场营销新模式。

2. 艺术品贸易产业链不断延伸

为提升上海艺术品贸易领域的国际影响力,上海加快艺术品贸易重点项目建设,将自贸试验区国际艺术品交易中心打造成集艺术品仓储、展示、拍卖、评估、金融5大功能于一体的国际艺术品交易平台;创新艺术品交易新模式,推行艺术品经纪会员、服务会员制度,启动艺术品现货托管交易;打造艺术品贸易品牌展会,上海艺博会吸引了来自美国、德国、日本等17个国家140家画廊参加,实现成交额近1.5亿元。

3. 游戏动漫海外出口突出原创

为继续巩固上海动漫游戏贸易在全国的领先地位,上海提升原创精品的国际市场份额,《女神联盟2》《少年三国志》《疾风勇者传》等一批原创作品在欧洲、韩国、东南亚及北美地区有不俗表现;推进动漫产业跨国合作,设立100亿日元的中日动漫基金,借力日漫产业优势打造独创新颖的"中式动漫";聚焦国际知名展会活动,集中组织企业组织原创作品参加东京电玩展、科隆游戏展、安纳西动漫展、里昂漫画节、游戏开发者大会等20余个展会活动。

三、加快整合政府资源,营造对外文化贸易良好制度环境

1. 政策保障措施全面优化

为从制度层面推进对外文化贸易发展,上海加快产业政策和贸易政策的融合,发布《上海市文化创意产业发展三年行动计划(2016—2018年)》,提出推进文化市场扩大开放,鼓励中华文化和原创文化创意类产品走出去;树立对外文化贸易先进典型,集中表彰了"2015—2016年度国家文化出口重点企业和重点项目",并首次认定36家企业和15个项目为市级重点企业和重点项目;制订重点领域专项政策,在"促进上海电影发展专项资金"中提出重点支持上海电影后期制作技术项目和国内外制作主体来上海拍摄取景。

2. 财政扶持资金亮点频现

为切实减轻文化贸易企业成本,上海积极争取国家层面政策支持,2016年,上海文化企业共

取得中央文化产业发展专项资金(出口奖励)920万元,比上年增长近3倍;创新对外文化贸易支持方向,修订上海市《服务贸易发展专项资金管理办法》,制订上海市《服务贸易公共服务平台资金管理办法》,创新支持海外投资、海外合作、公共平台等方向;积极撬动社会资本投入,推荐市级文创资金支持对外合作交流项目15个,撬动社会资金投入2.6亿元。

3. 公共服务水平不断提高

为提升政府公共服务水平和服务能级,上海加快国家对外文化贸易基地(上海)建设,基地累计入驻企业420家,累计注册资本超过100亿元;提升上海文化贸易语言服务基地服务水平,指导基地积极完成《海派文化丛书》《卢浮宫》等作品翻译,并为第三届世界互联网大会等重大活动提供语言服务;启动集中登记注册服务,通过在自贸试验区设立文化贸易企业集中登记点,101家企业可直接享受一站式商务综合配套服务。(市商务委国际服务贸易处)

上海服务外包工作成效显著

2016年,上海认真贯彻《国务院关于同意开展服务贸易创新发展试点的批复》(国函〔2016〕40号)、《国务院关于加快发展服务贸易的若干意见》(国发〔2015〕8号),围绕贯彻落实《国务院关于促进服务外包产业加快发展的意见》(国发〔2014〕67号,以下简称67号文),围绕上海加快建设具有全球影响力的科创中心的工作,以服务贸易创新工作带动服务外包转型升级,加快发展高技术、高附加值服务外包产业,推动从主要依靠低成本竞争向更多以智力投入取胜转变,加快推进结构调整,扩大离岸服务外包规模,推进相关企业"走出去",提高服务外包企业便利化水平,取得积极成效。

一、2016年业务发展情况

据初步统计,2016年,上海离岸服务外包合同和执行金额分别达92.03亿美元和67.25亿美元,比上年分别增长17.2%和12.4%。其中业务流程外包BPO合同和执行金额分别达28.56亿美元和18.18亿美元,分别增长1.2倍和67.9%,占比提升至27.0%,表明上海服务外包正逐步从依靠低成本竞争向更多以智力投入取胜转变,附加值和服务增值不断提高,业务结构逐步提升。

上海服务外包发展主要呈现以下几个特点:

一是点面结合、覆盖全市。现有的5个服务外包示范区(浦东新区、长宁区、静安区、黄浦区和漕河泾新兴技术开发区)和12个服务外包专业园区(张江金融信息、张江生物医药、南汇生物医药、卢湾人力资源、陆家嘴信息技术、浦东软件园信息技术、长宁数字媒体、天地信息技术、张江信息技术、金桥研发设计、嘉定汽车研发设计以及财经大学金融服务外包专业园区),这些列入服务外包企业重点发展目录的企业分布在全市大部分区县。

二是专业集聚、联动发展。上海5个服务外包示范区集中全市79.2%的服务外包执行金额。有272家"技术先进型"服务企业,还有2个市服务贸易(服务外包相关)示范基地6个市服务贸易(服务外包相关)示范项目以及一批"市软件和信息技术服务出口重点企业",形成专业集聚、联动发展的格局。同时,通过发展离岸服务外包,产业升级效应已经显现,并为长三角乃至中西部地区承接在岸服务外包创造条件。

三是业务流程外包增长较快、转型升级效应明显。2016年,BPO离岸合同金额和执行金额分别为28.56亿美元和18.18亿美元,分别比上年增长1.2倍和67.9%,占比提升至27%。服务外包产业在人力成本攀升和自身业务能力提升的双重驱动下，开始逐步从低端业务向高端业务转型升级。ITO行业中云计算、大数据以及移动互联网和人工智能的相关技术服务成为热点。BPO行业中，大数据的应用开始在市场营销等方面展开应用。KPO行业中，医药研发服务已覆盖全产业链，从“一单式”服务经过一般合同研发服务，向拥有自主知识产权和市场份额的合作研发转型，并向“一体式”全方位合作发展；KPO行业的领头羊企业药明康德新药开发有限公司已经具备依托“医药研发技术和平台”向“一带一路”对外输出研发技术的能力。

四是企业数量持续扩大。2016年底，全市共有服务外包企业1 876家，比上年新增169家。埃森哲、汇丰和花旗等世界500强企业纷纷在沪设立亚太或全球数据处理中心，跨国企业也将财务、人事等业务流程共享中心设在上海，国内知名外包企业也以上海作为重要战略部署地。

五是从业人员迅速增加。2016年底，全市服务外包企业已经吸纳就业人员39.42万人，其中87.5%为大专以上学历人员，比上年底新增3.57万人。

六是业务来源地广泛。2016年，居服务外包发包地前五位的国家和地区为美国、中国香港、新加坡、德国和日本，业务占比分别为33.0%、13.1%、9.5%、8.8%以及8.0%。其中“一带一路”沿线国家和地区对上海的发包执行金额为8.60亿美元，比上年增长15.3%。

二、出台支持政策措施及执行情况

1. 宏观政策

出台上海市人民政府关于印发《上海市服务贸易创新发展试点实施方案》的通知（沪府发〔2016〕82号），并出台市商务委关于印发《上海服务外包产业重点发展领域指导目录（2016年版）》的通知（沪商服贸〔2016〕236号），从宏观层面支持服务外包产业发展。

2. 财政支持政策

出台上海市商务委员会 上海市财政局关于印发《2016年度国家外经贸发展专项资金（服务贸易）实施细则》的通知（沪商服贸〔2016〕292号），发布《2016年度国家服务外包资金申报指南》；出台上海市人民政府办公厅关于转发市商务委等三部门制订的《上海市服务贸易发展专项资金使用和管理办法》的通知（沪府办〔2016〕75号），修改制定并发布《2016年度服务贸易公共服务平台建设资金申报有关情况的说明》，以上述文件为依据，严格规范使用国家资金支持服务外包企业业务发展，并加大对企业的地方资金支持力度，支持包括服务外包公共平台在内的平台发展。

3. 其他政策措施

联合出台关于印发《关于加快上海知识产权服务业发展的意见》的通知（沪知局〔2016〕133号），引导和鼓励服务外包企业推进知识产权的创造、运用、保护和管理。并出台鼓励政府部门购买专业服务政策、扶持服务外包企业投融资政策、扶持服务外包企业融资担保补助政策、鼓励和引导企业研发创新政策以及鼓励高校毕业生创业政策等一系列相关政策。

三、2016年工作情况

一是强化政策环境营造。鼓励促进服务外包向产业价值链高端延伸发展：继续发布《上海服务外包产业重点发展领域指导目录（2016年版）》，率先拓展服务外包行业领域，加快发展金融服务、数据分析等领域服务外包，纳入潜力发展领域，发掘在线教育课件服务外包企业的潜力。进一步规范国家服务外包专项资金支持范围：根据国家审计署和财政部的审计结果，敦促有关企业退回不符合要求的国家服务外包支持资金；严格区分派遣员工和第三方缴纳社保员工，对前者坚决不予支持。扩大市级资金支持范围：将中高级人才培训、企业为提高服务外包国际竞争力聘请境外专家以及设立开拓国际市场网络营销平台等内容纳入新的支持范围。加强服务贸易知识产权保护，倡议成立以自贸区企业为骨干的上海服务外包知识产权保护联盟，举办知识产权研讨和宣传活动。

二是强化重点区域发展。继续做好服务外包示范城市综合评价工作;促进新静安区服务外包示范区和重点领域发展,研究转认定新静安区为市服务外包示范区事宜。充分发挥自贸试验区的作用,持续推进服务贸易便利化,探索研发样本通关降低查验比例,低风险进口产品缩短审批时限,减少许可批件。聚焦自贸试验区,加快建设浦东服务贸易公共服务平台,重点支持上海服务外包交易促进中心等平台,助力企业开拓国际市场。推进服务贸易创新发展试点,将具备条件的自贸区服务外包专业园区认定为服务贸易示范基地,加大支持力度。

三是强化重点企业培育支持。支持企业深化与"一带一路"沿线国家和地区的业务合作,在印度主办主题为"加强中印合作伙伴关系:聚焦科技、创新、金融和IT服务"的论坛,中共中央政治局委员、市委书记韩正出席会议并作主旨演讲,同印方共同见证上海服务外包交易促进中心、易保网络技术(上海)有限公司等3个项目签约;支持服务外包交易中心等平台项目进一步发挥现有实力,加大辐射服务范围,该中心发布"中国服务外包交易指数2015"。举办第十四届"上海软件贸易发展论坛",搭建信息技术服务外包企业交流洽谈的高端平台。鼓励服务外包企业加强业务模式、商业模式和管理模式创新,加大对新模式企业支持力度。

四是强化服务外包人才培训支持。继续做好对服务外包新员工的培训支持,并增加支持服务外包重点企业的中高级人才培训。举办人才培养"千百十"行动,即千人招聘会、百家企业推介和10位创新企业家进校园,缓解服务外包企业人才短缺和大学生就业难之间的矛盾。完善服务外包人才培训体系,在商务部指导下,发挥"服务外包人才培训中心(上海)"等功能,研究促进服务外包培训机构加大人才培训服务的路径和实施标准,提升服务外包的整体培训水平和有效性。

四、上海服务外包发展面临的瓶颈问题

一是离岸在岸协调发展的问题。从目前发展的趋势看,企业的离岸业务额占服务外包企业业务总额的比重在下降。在岸市场的发展要远远快于离岸市场。但是目前的政策主要是鼓励离岸业务的发展,使得在岸的业务很难纳入统计体系中。一方面无法用政策工具来支持在岸服务外包业务发展;另一方面在岸业务的统计数据并不完善,无法有效地制定政策和加强引导。

二是服务外包转型升级的问题。目前,上海包括劳动力成本和租金等在内的商务成本大幅上升,加上外汇波动较大,对服务外包企业的业务造成冲击,如上海与印度的软件工程师平均成本从原来的1∶0.6～0.7上升为0.6～0.7∶1,企业的利润率有较大幅度的下降。为应对外来冲击,服务外包企业的转型升级意愿强烈。如海隆软件收购二三四五向互联网业务转型,将对日软件外包的低端部分再转到江苏和中西部地区;博彦科技收购数家专业服务企业提升大数据和云计算服务能力,药明康德和尚华医药等企业打造一体化新药研发平台等。服务外包企业的转型升级会出现新的业态和模式。这些业态和模式是否可以纳入服务外包统计体系,政策是否符合其发展的需求,都是服务外包下一步发展面临的重要问题。

三是服务外包人才结构的问题。服务外包产业对人才的需求日趋多样化,从早期的计算机和软件人才、医药和化学人才等转向对复合型人才的需求,比如大数据和市场营销人才、金融和数学人才、战略和流程设计人才、软件和创意设计人才等。复合型人才能够提升服务外包产业的知识密集度和附加值。但是这类人才十分匮乏。在人才引进方面,资质互认、人员出入境以及居留方面还存在一定的障碍。在人才培养方面,校企培养体系不同,特别高校面临知识结构老化、课程设置不合理、培养资源有限等诸多问题,很难培养出工业界需求的复合型人才,使得企业在培训员工方面投入大,时间长,不利于产业的不断革新和发展。

(市商务委国际服务贸易处)

2016年上海软件出口发展报告

近年来,在加快建设具有全球影响力的科技创新中心和经济社会逐渐向开放、协作、分享趋势发展的双重因素影响下,上海的软件和信息技术服务贸易呈现出良好的发展趋势。作为"中国软件名城",上海始终是我国软件贸易领域活力和创新力最强的城市之一。在软件和信息技术服务贸易的带动下,各类创新活动和新兴业态模式持续涌现,新兴经济增长点频现,软件和信息服务业正在成为推动上海经济创新发展的重要引擎。

一、上海软件出口发展现状及特点

2016年,上海软件出口合同登记4 124份,协议金额45.8亿美元,比上年增长8.5%。执行金额36.9亿美元,增长3.8%,其中信息技术外包(ITO)出口执行金额达36.32亿美元,增长4.6%,占软件出口总额的98.4%。具体包括软件研发外包24.59亿美元,增长10.6%;信息技术服务外包8.3亿美元,下降15%;运营和维护服务2.97亿美元,增长11.1%。高附加值的软件服务执行金额比重不断上升,软件研发及开发服务、电子商务平台服务、IT解决方案合同执行金额分别增长20.5%、1.6倍和6.3倍。

美国、日本、德国仍是上海主要软件出口目的国。合同协议金额分别是美国16.8亿美元,比上年增长0.04%;日本4.79亿美元,增长9.7%;德国4.28亿美元,增长15.6倍。实际执行金额分别是美国13.1亿美元,占比为35.5%,比上年下降18.8%;德国4.6亿美元,占比为12.5%,增长4.3倍;日本4.3亿美元,占比为11.7%,增长17.4%。

1. 软件和信息服务业产业规模稳步提升

上海软件和信息服务业产业规模稳步提升。2016年经营收入达到6 904.35亿元,增加值1 963.79亿元,占全市生产总值的7.1%,占第三产业增加值的10.1%。其中,软件产业实现经营收入4 040.16亿元。

2. 外商投资企业出口占主导,内资企业出口活力不断增强

上海软件出口合同登记的企业数为439家,比上年增长4.8%,其中外商投资企业出口合同协议金额41.5亿美元,下降68.5%,占比90.6%。位居第二的港澳台投资企业出口协议金额6.2亿美元,下降73.1%,占比13.6%。位居第三的内资企业软件出口协议金额4.15亿美元,增长20.8%,执行金额2.94亿美元,占比9.1%。在外商投资企业、港澳台投资企业软件出口协议金额双下降的形势下,内资企业担当起稳定软件出口规模的重任。

3. 各类产业基地集聚效应显现。上海规模以上软件和信息服务产业基地超过50个,其中经认定的市级信息服务产业基地累计达到36个,集聚全市软件和信息服务业60%的经营收入和70%的企业。构筑起以漕河泾开发区、紫竹高新区、浦东软件园、天地软件园为代表的综合基地,与以云计算、数字内容、数据服务、移动互联网、互联网金融为代表的专业基地共同发展的格局。

二、上海推动软件出口发展的主要政策措施

1. 稳步推进服务贸易创新发展试点

2016年,上海市成功获批国家服务贸易创新发展试点,编制出台《上海市服务贸易创新发展试点实施方案》(沪府发〔2016〕82号),鼓励依托云计算、大数据、移动互联网等新技术的服务贸易商业模式创新,积极发展数字贸易和离岸贸易。打造一批具有较强国际竞争力的大型跨国服务业企业和服务品牌,引导中

小服务企业融入全球价值链，加大服务贸易发展力度。围绕上海科创中心建设，以服务贸易创新工作带动服务外包转型升级，加快推进结构调整，扩大离岸服务外包规模，推进相关企业"走出去"。

2. 加快推进软件贸易发展

发布《上海市促进服务贸易发展指导目录》和《上海市促进服务外包产业重点发展领域指导目录》，着力激发各类市场主体发展新活力，打造一批具有跨国经营能力、较强国际影响力和竞争力的"上海服务"品牌企业。易保网络技术（上海）有限公司累计获得中国版权局颁发的软件著作权近 90 项，自主研发的保险软件产品出口亚、非、欧、美洲近 40 个国家及地区，有 150 多个上线项目。2016 年，易保还完成蚂蚁金服的战略投资，阿里云也将借助易保在全球保险业的行业地位及国际影响力，与易保强强联手，合力拓展海外业务，实现共赢。上海海隆软件有限公司在日本和美国，拥有 1 800 余人的软件研发队伍，软件开发领域涉及银行、保险、证券、手机通信、物流、交通控制、互联网系统及业务应用系统等，并与大部分客户建立长期合作关系，在内资企业出口排名中位居榜首。

3. 开拓"一带一路"新兴市场

支持软件企业积极拓展"一带一路"沿线的新兴市场。2016 年 5 月，市商务委组织软件企业赴印度、希腊、阿联酋等国家参加经贸交流活动。在印度孟买举办的以"加强中印合作伙伴关系：聚焦科技、创新、金融和 IT 服务"为主题的论坛上，中共中央政治局委员、上海市委书记韩正同志出席会议并见证上海服务外包交易促进中心、易保网络技术（上海）有限公司、博彦科技股份有限公司等 3 个软件合作项目的签约；在希腊雅典举办两场以信息技术为主的中希经贸洽谈会。2016 年 7 月，与希腊驻上海领事馆合作举办"希腊－中国经贸论坛"。2016 年 10 月，与巴基斯坦、乌克兰等领事馆合作举办"'一带一路'ICT 合作交流"专场等，促进与"一带一路"沿线国家的企业在信息、通信和技术领域的合作。

4. 打造软件和服务外包人才高地

开展"服贸大智汇"培训项目，邀请学界专家、企业高管、政府官员就服务贸易的发展趋势、领域知识、能力培养及政策体系等对服务贸易从业人员开展培训。启动第二季"创新企业家校园行"等系列活动，传播优秀企业的理念和文化；提高信息技术外包企业的美誉度和影响力，增进企业吸纳人才，增强大学生对行业的认知；拓展大学生求职视野，2016 年 10 月，在"第十四届上海软件贸易发展论坛"上举办"企业 HR 与高校人才对接专场"，推动人才更好满足市场需求、市场发掘更适合的人才。

三、发展思路

上海将按照创新驱动发展、经济转型升级的总体要求，对接"中国制造 2025"、"互联网＋"等国家战略，抓住上海建设具有全球影响力的科技创新中心、建设中国（上海）自由贸易试验区的契机，以深化改革、科技创新为主线，做好软件出口工作。

一是发挥外经贸发展、服务业引导等专项资金作用，修订完善上海本地的专项资金管理办法，完善财税支持政策，并引导社会资本进入服务贸易重点领域，增强服务贸易竞争力，落实有关跨境应税服务适用增值税零税率和免税政策。落实扩大技术先进型服务企业认定范围。

二是修订服务贸易及服务外包两部促进指导目录，继续认定信息技术类的服务贸易示范基地和示范项目，推动软件企业及信息技术服务外包企业的发展。

三是支持相关协会和机构开展形式多样的促进活动。培育"上海软件贸易发展论坛"等软件贸易交流合作平台，发挥上海软件对外贸易联盟和上海服务外包交易促进中心的作用和功能，提升专业服务水平。

四是建立专业人才培养机制。探索在高校开设服务贸易相关专业，支持有关高校研究设立与服务贸易相关重点领域的博士和硕士研究生专业。继续办好"创新企业家校园行"等系列活动,搭建校企合作桥梁;完善人才培养机制,支持各类院校、科研院所和有条件的企业合作建立人才培养和实训基地,培育适应市场需求的实用型人才。(市商务委国际服务贸易处)

国务院批复同意上海等开展服务贸易创新发展试点

经李克强总理签批,2016年2月22日,国务院印发《关于同意开展服务贸易创新发展试点的批复》(以下简称《批复》),同意在天津、上海、海南、深圳、杭州、武汉、广州、成都、苏州、威海和哈尔滨新区、江北新区、两江新区、贵安新区、西咸新区等省市(区域)开展服务贸易创新发展试点,试点期为2年,自国务院批复之日起算。

《批复》要求,试点建设要充分发挥地方在发展服务贸易中的积极性和创造性,推进服务贸易领域供给侧结构性改革,健全服务贸易促进体系,探索适应服务贸易创新发展的体制机制和政策措施,着力构建法治化、国际化、便利化营商环境,打造服务贸易制度创新高地。

服务贸易创新发展试点方案提出,要在完善服务贸易管理体制、扩大服务业双向开放力度、培育服务贸易市场主体、创新服务贸易发展模式、提升服务贸易便利化水平、优化服务贸易支持政策、健全服务贸易统计体系、创新事中事后监管举措8个方面进行探索试点。

试点方案强调,要对试点地区加大政策保障力度:一是加大中央财政支持力度,对试点地区进口国内急需的研发设计、节能环保和环境服务等给予贴息支持。二是完善税收优惠政策。在试点地区扩大技术先进型服务企业认定范围,由服务外包扩大到其他高技术、高附加值的服务行业。经认定的技术先进性服务企业,减按15%税率缴纳企业所得税;职工教育经费不超过工资薪金总额8%部分据实税前扣除,超过部分,准予在以后纳税年度结转扣除。三是落实创新金融服务举措。鼓励金融机构大力发展供应链融资、海外并购融资、应收账款质押贷款和融资租赁等业务。鼓励政策性金融机构在现有业务范围内加大对服务贸易企业开拓国际市场、开展国际并购的支持力度。四是设立服务贸易创新发展引导基金,为试点地区有出口潜力、符合产业导向的中小服务企业提供融资支持服务。五是对试点地区经认定的技术先进型服务企业,全面实施服务外包保税监管模式。(市商务委国际服务贸易处)

上海服务贸易亮相京交会 主题日活动顺利举办

第四届中国(北京)国际服务贸易交易会(以下简称"京交会")于2016年5月28—6月1日在北京国家会议中心举办,市商务委副主任申卫华率上海代表团近70人参加。本届京交会上海服务贸易展区以"海纳百川、集聚高端"为主题,重点推介临港软件园、浦东软件园、漕河泾开发区、张江生物医药基地、创智天地等上海服务贸易示范基地,以及上海服务外包交易促进中心、上海外服国际人才培训中心等示范项目。

京交会上海主题日活动于5月29日举行。申卫华副主任主持主题日活动,商务部服务贸易和商贸服务业司副司长许波出席活动并致辞。

上海主题日在“海纳百川，集聚高端”的介绍短片播放中拉开活动序幕，气势恢弘的短片把上海服务贸易概况全面直观地展现给现场观众。

申卫华副主任介绍上海通过完善工作机制、出台促进意见、科学编制规划、设立发展资金等政策措施，有力推动服务贸易快速增长。上海服务贸易进出口总额从2000年的79.2亿美元增至2015年1 966.7亿美元，16年间扩大24.8倍，年均增速达22.2%。为贯彻落实国务院关于促进服务贸易的相关文件精神，上海于近期出台《上海市加快促进服务贸易发展行动计划(2016—2018)》，将继续加大政策力度，创新发展模式。

主题日活动上推介由“上海国际服务贸易总部示范基地”——港城集团引进、落户临港软件园的全国首家外商独资米其林级别厨艺学校，并由临港软件园、铭尔集团和法国Ducasse学院签订“米其林级别厨艺学校战略落户备忘录”。

同时，作为上海服务贸易示范项目之一的上海服务外包交易促进中心发布“中国服务外包交易指数2015”，为企业战略规划、服务外包产业研究、政府政策制定提供支持。上海服务外包交易促进中心还与加绩(印度)集团签订战略合作备忘录。

在主题日活动上，两位分别来自上海外服国际人才培训中心和上海联合金融投资有限公司的服务贸易专家还从人力资源和金融两方面助推服务贸易发展作了专题演讲。此外，上海市国际服务贸易行业协会发布“服务贸易，经济发展新动力”系列丛书。(市商务委国际服务贸易处)

2016年上海推进服务贸易十大专项工作

1. 研究编制《上海市服务贸易创新发展试点实施方案》

为全面落实《国务院关于同意开展服务贸易创新发展试点的批复》(国函〔2016〕40号)的要求，市商务委快速启动《上海市服务贸易创新发展试点实施方案》的编制工作，经联席会议成员单位、企业、协会和专家多方研讨，并结合服务贸易重点企业和区域的实地调研，最终形成由8项创新任务、10大重点专项、4个保障机制组成的《实施方案》，经市政府同意后，以沪府发〔2016〕82号文的形式正式发布，是上海市开展服务贸易创新发展试点工作的指导性文件。

2. 修订完成《上海市服务贸易发展专项资金的使用和管理办法》

根据上海市服务贸易发展的新特点、新趋势，结合企业需求，同时根据发展改革委和财政局的建议，市商务委在2012年版“管理办法”(有效期至2015年年底)的基础上，合并《上海市促进服务外包产业发展专项资金使用和管理办法》(已到期)，修订完成《上海市服务贸易发展专项资金的使用和管理办法》，并由市政府办公厅转发。

3. 加快实施上海市服务外包转型升级工程

围绕国家服务贸易创新发展试点工作，积极探索服务外包发展新模式、管理新机制和宏观新政策，全面实施服务外包转型升级工程。一是打造一体化的公共服务平台。重点建设上海服务外包交易促进中心，在进一步提升交易撮合、资源配置、信用评价、政策宣传等平台功能外，加强与海内外相关机构的合作，陆续与印度、捷克、美国(关岛)等国家(地区)建立合作交流机制。二是打造一体化的宏观引导政策。发布2016年度《上海服务外包产业重点发展领域指导目录》，明确重点领域、潜力领域和培育标准，以量化标准作为财政资金支持和产业政策导向的决策基础，扶持一批具备较强国际竞争力的服务外包品牌企业。三是打造一体化的人才培养体系。加快探索政府部门、高校、企业多方合作的一体化人才培养体系。重点开展服务外包人才培养行动，打造人才培养优质品牌。

4. 加快推进对外文化贸易发展

树立行业标杆,发布《2015年上海对外文化贸易发展报告》,表彰"2015—2016年度国家文化出口重点企业和重点项目",联合认定36家企业和15个项目为"2016—2017年度上海市文化出口重点企业和重点项目"。加快海外市场拓展,在比利时联合举办题为"自贸区建设与中国新一轮开放型经济构建——自贸区与文化贸易发展"的媒体交流会和"新瓷——中国当代艺术陶瓷特展",支持企业赴中东、非洲、欧洲等举办或参加国际知名文化贸易展会活动近60场。

5. 推动技术贸易与软件贸易发展,助力科创中心建设

将技术进出口合同登记业务下放自贸区,并研究进一步下放。举办4期"技术进出口沙龙",宣讲相关政策;组织"技术出口企业座谈会"外资企业专场、民营国有企业专场,跟踪扶持政策绩效。联合市教委开展第二季"未来人才培养——创新企业家校园行",搭建企业与高校的沟通桥梁。联合市经信委承办由上海市人民政府主办的"第十四届上海软件贸易论坛",积极推动上海市软件贸易发展。

6. 大力推进中医药服务贸易发展,扩大"海上中医"品牌海外影响力

联合市卫生计划委初步制定中医药服务贸易统计方案;加强中医药文化的海外宣传,提升"海上中医"等中医品牌在国际市场的影响力;鼓励上海中医药国际服务贸易促进中心(以下简称"中心")拓展海外市场。"中心"利用自身优势,汇聚行业资源,融合中西医精髓,开发一批符合国际市场的服务产品,吸引国内外合作伙伴。"中心"已与德国、阿联酋等国家达成合作协议,建立海外服务中心。此外,"中心"还与意大利、瑞士、日本、俄罗斯等境外的中医中心建设达成商业协议。

7. 开展对外交流合作,推动服贸企业走出去

市商务委联合相关机构组织软件企业前往印度、希腊开展经贸活动。韩正书记在"中印合作对话论坛"上发表主旨演讲,并见证上海软件贸易企业及促进机构与印方的3个合作项目签约。此外,由市商务委领导带队出访比利时、阿联酋、印度,出席以自贸区与文化贸易为主题的媒体交流会,深入推进"一带一路"文化贸易海外促进项目和"海上中医迪拜中心"项目,并开展上海市服务外包政策宣传和业务洽谈活动,有力地推动上海在"一带一路"沿线市场的服务贸易市场拓展。

8. 精心组织服务贸易促进活动

组织服务贸易企业参加第四届中国(北京)国际服务贸易交易会。通过"3个一",即"一墙"(创新试点展示墙)、"一展"(省市展区)、"一会"(上海主题日),重点展示上海服务贸易创新试点工作进展、推介上海市服务贸易示范基地和项目、开展服务贸易项目签约、上海服务外包交易指数发布等活动。

9. 不断完善服务贸易统计研究工作

加强服务贸易重点领域的运行分析和形势研判,跟踪服务贸易国际国内市场动态。编制《2015上海服务贸易外国附属机构(FATS)统计报告》,开展以大数据为依托的上海服务贸易综合统计、浦东新区重点服务贸易领域创新统计等方案设计。加强重点领域企业动态监控,召开"2016上海市服务贸易统计工作总结交流暨培训会",集中表彰服务贸易先进集体和先进个人。编撰出版《2016上海服务贸易发展报告》。

10. 发挥党建引领作用,激发服贸创新发展活力

根据市商务委"两学一做"学习教育和"三服务"工作的要求,服贸处党支部把党建工作和业务工作相结合,开展丰富的学习调研和党建联建活动。党员们通过学习党章、参观中共二大会址、毛泽东旧居等,逐步加强了思想觉悟、坚定理想信念;在与东浩兰生集团党支部和浦东新区商务委外经贸处党支部开展党建联建交流活动中得到更多的启示和感悟;在调研自贸区国际艺术品交易中心和上海哈罗国际学校的活动中激发探索服务贸易发展的新模式、新业态和新领域的动力。在一次次活动中,支部的凝聚力和创造力进一步提升,支部的战斗堡垒作用进一步显现。

(市商务委国际服务贸易处)

展会

第四届中国(上海)国际技术进出口交易会

由商务部、科技部、国家知识产权局和上海市人民政府共同主办,联合国工业发展组织(UNIDO)、联合国开发计划署(UNDP)、世界知识产权组织(WIPO)提供支持,上海市国际技术进出口促进中心、中国机电产品进出口商会、上海东浩兰生集团共同承办的第四届中国(上海)国际技术进出口交易会(以下简称"上交会")已于2016年4月21日—23日在上海世博览馆成功举行。本届上交会以"创新驱动发展、保护知识产权、促进技术贸易"为主题,全方位展现了我国技术贸易的特点以及国际技术贸易发展的趋势,凸现了中国知识产权保护的新形象,已经成为中国与世界各国在技术贸易领域加强合作共谋发展的重要舞台。

一、展会成效

本届上交会展览面积3.5万平方米,设置主宾国、专业技术、科技创新、万众创新和交易服务5大展区,921家科技企业和交易服务机构参展,分别来自22个国家和地区以及境内28个省市自治区和4个计划单列市。观众达到5.04万人次,比上一届的4.48万人次增长12%,其中专业观众比例81.2%。据不完全统计,截至2016年4月23日,技术进出口促进交易平台累计发布项目信息4177条,其中供方信息3258条,需方信息919条,并同步发布到"技术交易汇"手机客户端。

1. 链接全球创新资源,展示境内外领先技术

中国铁路总公司的京沪高铁项目、上海优爱宝的浮球矩阵、芬兰雅威科技有限公司AAVI Leaf系列的空气净化技术等获得"第四届上交会十大人气项目奖"。其中,匈牙利摩根斯达集团的私人飞行器更以最高票当选本届上交会"镇馆之宝";中国科学技术大学展出的"佳佳"美女机器人展台观众挤得水泄不通,流连忘返。众多展品受到与会嘉宾和观众的高度赞赏。

2. 荟萃国内外知名嘉宾,传播引领创新思想

意大利教育、大学和科研部部长贾尼尼女士,国家外经贸部原首席谈判代表、副部长龙永图等嘉宾在"链接全球资源,引领创新发展"开幕论坛作主旨演讲。意大利主题日、联合国工发组织主题日和知识产权主题日3大主题日反响热烈,有近2000名各领域专业人士积极参与。聚焦科技创新、商业模式创新与互联网治理及知识产权保护的中美"互联网+商务"创新发展高峰论坛、TEDx把握当下等论坛,广泛传播了创新思想和创新理念,其中动点科技作为国内新兴的科技新媒体,以其主办的China Bang Awards年度评选为抓手,推出了"发现中国创新力量之30位明星创始人",引发社会高度关注和热烈反响。

3. 推动中外技术合作,促进技术贸易发展

在18所参展高校中,有39个项目吸引近50

家单位的关注,有17项完成签约;芬兰雅威科技的空气净化器在上交会现场收获13个订单;深圳市越日兴实业有限公司与上海绪慧国际贸易有限公司签订人民币86万的技术交易合同。此外,技术与资本的有效对接成为本届上交会亮点,创新型企业获得风险投资机构的高度关注。

二、展会特点

本届上交会积极服务经贸科技外交、国家创新驱动发展等战略,着力聚焦重点、突出亮点,着重展会的特色和成效,着力于办展机制的创新、探索和突破。

1. “引进来+走出去”,拓展主宾国新机制

从上届首创主宾国机制以来,上交会服务经贸外交和科技外交,连续两年成功邀请“一带一路”沿线国家捷克和意大利担任主宾国。特别是本届上交会邀请“一带一路”交汇地所在国、当今科技强国之一的意大利担任主宾国。意大利教育、大学和科研部部长率领了包括72个参展企业代表的100余人的大型科技经贸代表团参加上交会,设立意大利主题馆,开展主题日系列活动。展会期间,全国政协副主席、科技部部长万钢,上海市市长杨雄分别与意大利部长会晤,深入交流,借助主宾国机制创造了部(市)交流的新形式。2016年10月,上交会首届海外展将在上届主宾国捷克举办,2017年将计划在主宾国意大利继续举办海外展,探索拓展“走出去”和“引进来”紧密结合的主宾国新模式。

2. “展示+发布”,聚焦科创新成果

上交会坚持“科创中心建设”开放合作的理念,全方位地融入全球创新的网络,凝聚海内外技术,促进创新资源的双向开放、流动。一方面,境外参展企业和机构由去年的139家增加到172家,分别来自意大利、日本、匈牙利、芬兰、比利时等22个国家和地区。展示项目聚焦裸眼3D技术、无人机、虚拟现实、智能服务机器人等领域,包括意大利最大的航空航天集团芬梅卡尼卡集团,世界上第一家生产处理并冷藏清洁饮用水设备的企业S. I. D. E. A. 公司,世界排名第一的CNH工业的农用拖拉机和联合收割机等。其中,匈牙利摩根斯达集团在本届上交会上全球首发的私人飞行器,是世界最先进的私人飞行器之一。另一方面,一批体现中国自主创新水平的企业在本届上交会亮相,如“万米级载人深潜器模型”、全球LED技术领军企业晶能光电、中石化国际领先的高效环保芳烃技术和全球一次建成里程最长的京沪高铁等。

自从2015年5月27日中共上海市委、上海市人民政府《关于加快建设具有全球影响力的科技创新中心的意见》颁发以来,上交会执行办着手梳理上海科创资源,发布全国首张系统反映城市科创生态圈的“上海市科创地图”,实现产业链、创新链和价值链的深度融合。此外,上交会坚持围绕“技术贸易促进创新型国家建设”战略,连续两年发布《技术贸易发展报告》,为技术贸易发展提供理论参考和实践指导。

3. “互动+体验”,搭建双创新平台

“大众创业、万众创新”是国务院领导提出的,充分激发亿万群众智慧和创造力的重大改革举措,是实现国家强盛、人民富裕的重要途径。本届上交会除了专设“双创展区”之外,还十分注重提升观众的互动体验,以丰富的知识型、信息型活动演绎双创精神。其中包括上海交通大学的投篮机器人,国际化创新媒体企业“动点科技”展示其评选出的创意技术产品及项目,全球创新人才现场传播创新、科技、文化、艺术等领域先进思想,飞马旅以“科技+生活”体验馆形式演绎“未来的一天”和以“想·创未来”为主题的全球青年创新论坛等。这些活动有效地推动了全球青年创新人才共同创建创业生态圈。

4. “科技+资本”,加速贸易新发展

技术贸易作为创新和市场的纽带,是实现创新驱动的重要途径,是创新成果转化的重要方式,同时技术贸易也十分需要金融资本的大力支持。一方面,为提高技术贸易效率,开展各种类型的境内外技术项目对接活动。本届上交会中意科技项目对接会、“外经论道——中外科技创新合作论坛”、“第四届上交会——海外技术项目对接专场”和东方汇富“寻找中国好项目”投融资评选等活动，得到了来自意大利、美国、日本、俄罗斯、芬兰、匈牙利等科技企业及投资公司和国内众多企业和机构的热烈响应。另一方面，本届上交会加大引进金融的支持力度。中联投已和华信计划共同组建基金为参加上交会的意大利72个参展企业寻求投资的项目进行金融投资与服务，已先期开展对无人机项目的合作推进。

5. “政府＋市场”，创新办展新机制

坚持政府指导，积极探索市场化办展机制，加强与专业协会、中介组织、服务机构和展览公司的合作，逐步形成以承办单位为主导、与院校协作、成果分享为补充的共创机制，在扩大社会参与程度方面寻求新的突破。在原有的组织架构下，本届上交会成功邀请华信集团、中联投作为主宾国活动全程合作伙伴，并充分发挥企业的国际业务优势，在意大利的企业团接待、交流会安排、中意之夜等活动方面发挥了重要作用。此外展会还引入飞马旅、TEDx和上海市创投行业协会等专业机构，参与组织品牌活动和特色论坛，赢得参与者的广泛好评，大大提升上交会展览和会议的国际化、专业化和市场化水平。（上海市国际技术进出口促进中心）

第26届中国华东进出口商品交易会

第26届华交会在国家商务部的关心和指导下，在上海市、江苏省、浙江省、安徽省、福建省、江西省、山东省、南京市、宁波市9个主办省市及其他兄弟省市共同努力下，积极应对外需不振和全球贸易增长乏力，悉心筹备，群策群力，使本届展会于2016年3月1日至3月5日在上海新国际博览中心顺利举办。

本届华交会在上届华交会成功举办的经验基础上，作了较大的改进和创新，如将以往的分类展区升格为不同的主题展，首次设立“跨境电商”展区，首次举办“跨境电商”论坛、“贸易合作”论坛，首次启用手机官网、微信订阅号和公众号等，力求实现华交会办展水平有较大提升。

一、第26届华交会基本情况

自第22届华交会展会面积达到11.5万平方米以来，华交会不再简单地以展览面积、展位数量作为衡量标准，而是更多地以与会采购商的数量及参展企业的质量作为标准。顺应这一趋势，华交会不再一味追求展览面积的扩大，转而追求与展商、客商的紧密互动，吸引尽可能多的采购商和优质展商到会。纵观本届华交会，在与上届相当的展会规模基础上采购商数量有所增加，举行现场各类活动，拉近展商与客商的距离。与上届华交会相比较，本届华交会从“量”上看总体保持了稳定，从“质”上看实现了提升。

1. 展会规模保持稳定

本届华交会下设5个专业主题展，总展览面积11.5万平方米。14个交易团(9个主办省市交易团、3个组团城市交易团、1个联合交易团、1个境外交易团)共组织3 153家企业参展。其中，境外参展企业、跨境电商等353家。展位总数5 480个，华交会品牌下设立5个专业展的展位数量分别为：服装服饰展1 722个，占31.50%；纺织面料展994个，占18.19%；家庭用品展1 656个，占30.30%；装饰礼品展578个，占10.57%；现代生活方式主题展516个，占9.44%。

2. 采购商与会人数稳中有升

第26届华交会到会境外客商21 454人，来自114个国家和地区，客商总数比上届略增1.2%。亚洲客商占80.4%，比上届增长1.6%，其中，日本客商累计到会9 063人，占42.2%，比上届增加2.8%，仍是到会客商最多的国别地区；欧美客商占16.9%，比上届增长2.8%；拉丁美洲客商占0.8%，比上届下降20.4%；大洋洲客商占1.6%，比上届下降2.0%。与会客商排名前10位的国家和地区依次为：日本、中国香港、韩国、中国台湾、美国、加拿大、英国、俄罗斯、德国、法国。

3. 出口成交有所下降

本届华交会出口成交有所下降，累计成交23.1亿美元，比上届下降10.0%。其中，对亚洲成交13.86亿美元，增长6.6%；对欧美成交7.97亿美元，下降16.1%；对拉丁美洲成交0.51亿美元，下降64.6%；对大洋洲成交0.41亿美元，下降42.2%；对非洲成交0.36亿美元，下降64.7%。日、美、韩仍居成交前三位，对日本成交7.97亿美元，增长22.2%；对美国成交3.5亿美元，增长1.5%；对韩国成交2.15亿美元，下降3.0%。其余成交额居前的国家和地区依次为：德国、法国、香港、英国、印度、加拿大和马来西亚等。

4. 与展商、客商互动更为紧密

本届华交会对数据库进行梳理，展前，在“盘活存量”后共发送超过14万封邮件。针对重点国家和地区的信息推送数量为：一是日本地区。发放40.5万份宣传资料；EDM30万/次×4次、电话呼叫600个/次×1次；在东京礼品展(秋)上召开买家专场说明会，发送10万份宣传资料；二是北美、英国及我香港地区。利用B2B媒体数据库、行业数据库、LINKEDIN群、境外展会数据库，共计发送超过121万条数据；在美国ASD展聘请当地人员收集名片500余张，然后进行联络；通过印度Trade India向指定行业用户发送邮件2万封、并在其拥有100多万读者的《每周新闻》中刊登华交会新闻、而且通过其Facebook账户及8类网站刊登广告；三是韩国地区。在Weekly Trade报纸刊登广告。

此外，本届华交会启动微信订阅号及公众号的运营，从2015年12月开始运营，3个月内已发布华交会或与华东外贸相关文章200余篇，关注人群数量超过6 000人。微信订阅号和公众号将常年运营，致力于打造“永不落幕”的华交会。

二、华交会组展工作主要运行情况

第25届华交会结束后，根据两次华交会理事会会议精神，理事会办公室进行相关工作部署，积极推进招展、招商工作，办展理念进行转变，办展模式、运作手段作了创新，提升展会品质。纵观本届华交会，在以下方面取得了成效：

1. 引入专业化办展理念，形成“华交会＋专业展”的办展格局

为提升专业化水平，本届华交会打破原有展览格局，以华交会为品牌，将往届的专业展区升格为服装服饰展、纺织面料展、家庭用品展、装饰礼品展、现代生活方式主题展5个专业主题展，并且在主题展的框架下细分展区，形成以展品类别为导向的展位划分方式，方便买家洽谈和采购。

2. 拓展外贸新渠道，创设“跨境电商展区”，举办“跨境电商”论坛

展会上首次设立“跨境电商展区”，根据华交会“进口”与“出口”的功能及“B2B”的定位，“跨境电商”展区分为进口与出口两大板块。展览面积3 000平方米，邀请跨境电商平台、物流、支付、第三方服务等企业参展，为展商业务发展开拓商机。

本届华交会还从观念和理念上帮助企业理解“跨境电商”，特别开办以“传统外贸的互联网进化”为主题的系列论坛。根据跨境电子商务的特点，为期两天的论坛分为“渠道专场”、“第三方服务专场”、“营销运营专场”及“大咖分享”四个版块，每个版块安排4～6场专题演讲，邀请亚马逊、ebay、四海商舟等企业专人演讲，吸引众多企业参与。

3. 提升能级、整合资源，搭建“三位一体”信息化营销平台

“三位一体”的信息化整合营销平台把华交会与“发送对象”、“发送平台”及“发送内容”三者有效结合，利用网络和移动互联网这两种信息化工具，向展商、客商传递其关心的外贸资讯，收集展商、客商的各类需求信息，增强华交会与展客商的“黏合度”，扩大华交会品牌影响力，实现华交会与参展商、采购商之间全方位、全时段的互动与沟通。

4. 契合展商需求，举办“一对一”买卖对接会

本届华交会现场延续第25届华交会“一对一”买卖对接会，把采购商从境外邀请到华交会，让展商与采购商面对面，提高出口对接效率。本届华交会上开办了2场采购对接会，第一场是日本专场，吸引23家日本采购商，共计85家参展商进行110场配对活动。第二场是纺织服装专场，来自印度、马来西亚、尼泊尔、巴基斯坦等国家和地区的40家企业现场发布订单，有116家展商参加，累计进行335场配对活动。

5. 内外联动促进经贸合作，举办“2016各国(地区)商协会贸易合作论坛”

本届华交会首次与上海进出口商会共同举办“各国(地区)商协会贸易合作论坛”，近40个境内外商协会，300多家进口商、批发商、电商、超市、物流商、外贸等企业参加论坛，就各地投资贸易环境，重点合作领域，积极促进各国(地区)进出口贸易等话题展开广泛深入的讨论。

6. 鼓励创新，评选“创新奖”及“人气展商TOP10”

自第22届华交会开始，为鼓励企业加大开发新产品力度，每届华交会都设置“创新奖”。本届“创新奖”评选结果已于3月4日在现场公布，28家企业获此殊荣。本届华交会首次推出“人气展商TOP10”评选活动，共有三千多人参与投票，该活动由华交会参展商通过微信服务号报名成为候选企业，以自发投票数排名取前10位，该项评选活动与“创新奖”同期揭晓。

7. 加强安全保卫，确保展会顺利举办

本届华交会从筹备到招展、布展、开展和撤展，开展一系列的工作，一是按照改革后的大会运行框架，修订并实施“华交会安全保卫管理办法”“华交会布撤展安全管理办法”“华交会证件使用管理办法”，研究制订“第26届华交会安保工作预案”；二是加强布展搭建单位管理，建立布展搭建单位信息备案制度，对布展搭建单位的资质要求、押金管理、布展安全等相关责任进行明确，努力杜绝展会安全隐患；三是主动与公安、消防部门沟通协调，加强安保力量，加大安检力度，做好防火、防爆、防盗等工作；四是在展会期间，对大会秩序及管理情况进行不间断的巡视和抽查督促。

8. 强化组织管理，提升展会运行效率

本届华交会理事会对展会的各项配套服务做了优化和落实：一是落实后勤保障工作。设立展览现场一站式服务，完善展馆无线上网，搭建临时餐饮场地，设置客商休息、饮水供应、现场医疗、法律咨询、银行、出口信用保险、跨境人民币业务金融服务政策咨询等服务点。设置出租车候车点、开通地铁与展馆间免费往返巴士以及展馆内循环电瓶车等，解决展客商交通问题。二是由业务指导办公室会同上海市知识产权局、市工商局花木所组成华交会现场知识产权小组，对展会现场发生的各类知识产权侵权问题及时进行处理。三是建立华交会评估体系，由主办省市代表、业内专家、展商、专业观众及第三方机构组成测评小组，对展会效果等进行评估，为提高华交会办展水平，实现华交会可持续发展提供依据。四是通过适当调整布、撤展期间的作业时间，使本届华交会布、撤展天数从往年的5天缩短为3天，压缩展馆租期，节约办展成本，提升展会效率。

9. 扎实开展宣传推广工作，营造良好展会氛围

宣传工作是华交会对外的窗口和旗帜，对华交会的成功举办发挥着重要作用。本届华交会理事会做了一系列的工作，主要包括：一是召开华交会新闻通气会，向近30家上海和中央驻沪新闻单位发布华交会3月1日开幕的信息，并对本届展会的基本情况和特点作了阐述；二是由上海市政府新闻办公室牵头下发“重大会展活动宣传指导意见”，要求媒体全面、准确、生动地宣传报道华交会；三是落实中央驻沪、上海本地、国(境)外记者参会报道的报名工作；四是制定并实施《华交会通讯》报道计划，有效地实现展会信息的传递、政策信息的传播和企业产品的推广。(市商务委外贸发展处)

2016 中国(上海)国际跨国采购大会

由商务部、上海市人民政府主办,全国各省市自治区及新疆生产建设兵团商务主管部门协办,上海跨国采购中心有限公司承办的 2016 中国(上海)国际跨国采购大会(以下简称“跨采会”)已于 9 月 27 日—29 日在上海跨国采购会展中心圆满落幕。本届跨采会在坚持扩大国际工业品采购商专区的基础上,尝试打造混合型展会模式,为今后发展跨采大会品牌下的专业自办展打好基础。

一、总体情况

1. 2016 中国(上海)国际跨国采购论坛

2016 年 9 月 27 日下午,中国(上海)国际跨国采购论坛在上海跨国采购会展中心隆重开幕,本届论坛规模超过 250 人。作为跨采大会的开场大戏,2016 跨国采购论坛顺应跨采大会的发展趋势,以“智能制造趋势下的全球供应链变革与发展”为主题,讨论在未来智能制造的趋势下,智能制造对供应链管理所提出的新要求。来自德国先进工业科技研究院(IAIT)的理事会主席 Thomas Nolting,3D Systems 的首席营收官 Michele Marchesan,以及美国 IBM 全球采购中心的总经理周子明等中外嘉宾,以不同的平台视角,结合自身发展战略,从采购与供应链的各个环节,审视并探讨全球制造业竞争格局正在发生的转变。智能制造已成为制造型企业在互联网十及工业 4.0 革命浪潮中转型升级的新机遇和新方向。

此外,在大会期间,德国先进工业科技研究院(IAIT),3D Systems 和联合国采购机构在现场组织开展了多场分论坛和供应商见面会,与参会的采购商和供应商进行互动,探讨传统企业如何创新发展,如何适应国际跨国采购的新趋势,为制造型企业在智能制造趋势下转型升级建言献策。

2. 2016 中国(上海)国际跨国采购大会

2016 跨采会于 9 月 27 日—29 日在上海跨国采购会展中心举办。本届大会面积 13 000 平方米,共设 5 个展区,包括国际工业零部件采购商展区、联合国机构采购展区、金属加工及工业制造展区、智能制造展区和供应链服务商展区。吸引通用电气、ABB、采埃孚等知名跨国采购商和联合国开发计划署、世界卫生组织等国际政府采购组织设展。设展企业共计 235 家,其中采购商 107 家,供应商 128 家.专业观众 6 000 余人次。

二、亮点与成效

1. 联系知名采购商,落实真实有效采购清单

近年来,中国外贸出口面临较大压力,世界经济复苏力度仍然较弱。跨采大会始终为国际采购商和中国供应商搭建贸易平台。2016 年特别邀请通用电气、ABB、采埃孚等 500 强企业设展,并且带来大量的真实有效的采购清单和采购金额,很多企业的采购清单特别附明产品图片、规格尺寸和年采购量,真实寻找中国供应商进行合作,增加中国企业与国际中大型采购商接触机会,也为中国出口企业增加信心。

2. 大会增值服务帮助中小企业接轨跨国采购商

每年跨采大会都会邀请知名的跨国采购商来参展,但是参加跨采大会的供应商大多以中小企业为主,这些企业里真正能符合这些跨国公司对供应商的要求,进入到他们采购体系中的很少。为此,跨采中心充分利用平台多年积累的经验和资源,为中小企业提供一系列的增值服务,帮助企业有效地打开“跨国采购”之门。服务从展会开始,为企业提供与对口采购商零距离沟通的机会,帮助企业了解买家的需求,从而审视自身的问题;再通过跨采论坛,增进与采购商的深

入交流，了解跨国采购的趋势和战略转变，从而为企业今后发展进行布局；最后，通过跨采中心的采购商和专家团队，为企业提供更针对性的培训，帮助企业改善和提升各方面的能力，更好地接轨跨国采购商。

3. 论坛主题聚焦"智能制造"

中国(上海)国际跨国采购论坛是一个汇聚跨国采购产业链相关企业精英进行信息交换、思想交流、经验分享的重要平台。新一轮科技革命和产业变革与我国加快转变经济发展方式形成历史性交汇，国际产业分工格局正在重塑。伴随着互联网＋及工业 4.0 革命浪潮的到来，全球制造业竞争格局正发生着深刻的改变。智能制造已然成为制造型企业转型升级，寻求新机遇的发展方向。在未来智能制造的趋势下，智能制造会对供应链管理提出新要求，供应链管理也将由此变革和发展，从而跟上新一代工业革命的步伐。(上海跨国采购中心有限公司)

2016 中国(上海)国际网络购物交易会

2016 年 12 月 1 日，2016 中国(上海)国际网络购物交易会暨中国(上海)全球电商互联网大会在上海跨国采购会展中心召开。本次大会由上海市网购商会主办，市商务委巡视员顾嘉禾出席会议并致辞。大会举办包括企业家年会在内的 16 场国际论坛、峰会、研讨会，众多专家学者、行业高管参会。

顾嘉禾指出，近年来上海市积极构建完整电子商务产业生态体系，深入实施电子商务示范工程，推动线上线下加速融合，商业转型步伐进一步加快，消费服务功能进一步拓展，生活供给进一步增强，不断推动城市综合服务能力的提升，电子商务已经成为上海市经济转型的新动力和服务民生的新平台。在电子商务创新发展、传统商业触网力度全面加强、实体商业电商化进程不断提速过程中，促进网络流通的专业服务不断完善，涌现出一大批创新能力强、市场拓展快、服务全面的网络流通与服务示范企业。

顾嘉禾表示，希望通过本次大会，进一步推动电子商务与经济社会各领域的加速融合，推进线上线下协调发展，促进经济转型升级；围绕产业集群和交通物流特色，进一步发挥上海在规范、规模、服务、业态、人才等方面的综合优势；会同全市各部门不断优化上海电子商务服务体系，优化发展环境，积极利用好上海自贸易试验区这一改革创新的前沿阵地，创新政府服务模式，促进电子商务规范健康发展，努力打造成为全球电子商务中心城市。

本届大会的主题是"产业电商，行业互联"。会议从电子商务、"互联网＋"两个维度，以全球化视角、全产业发展，聚焦全球零售电商、移动电商、汽车电商、跨境电商、电商创新创业等热点问题进行深入探讨和互动交流，为电子商务企业进一步创新融合和转型升级提供了更多的发展思路和经典案例。大会为期 2 天，来自岗岭集团、齐家网、欧冶云商、我的钢铁、西域机电、百联电商、中国汽车流通协会、飞马资本、上汽车享、新浪汽车、商务部电子商务研究院、上海连锁经营研究所的业内专家作了演讲和互动交流。(上海市网购商会)

第五编　利用外资

专 文

上海利用外资已步入高平台、高基数的成熟稳定期

一、2016 年上海利用外资情况

1. 实到外资再创历史新高

2016 年,上海新设外资项目 5 153 个,合同利用外资再次突破 500 亿美元,达到 509.78 亿美元。实到外资 185.14 亿美元,比上年微增 0.3%,连续 17 年实现增长,实到外资约占全国的 14.7%。至年底,累计引进外资项目 8.75 万个,合同外资 3 840.31 亿美元,实际利用外资 2 061.32 亿美元。上海利用外资步入高平台、高基数的成熟稳定期。

2. 服务业引资结构加快优化升级

2016 年,服务业实到外资达到 163.35 亿美元,比上年增长 2.5%,占全市实到外资的 88.2%。以总部项目为主的租赁和商务服务业跃升为上海市利用外资第一大领域,实到外资 47.5 亿美元,比上年增加近 20 亿美元,增长 68.6%。金融服务、信息服务、科技研发、医疗卫生领域利用外资实现快速增长,实到外资分别为 26.98 亿美元、15.31 亿美元、6.6 亿美元、1.36 亿美元,分别增长 27.8%、95.7%、93.1%、3.3 倍。主要下降领域在房地产业,实到外资 37.81 亿美元,下降 32.6%。

表 1　2011—2016 年上海利用外资年度对比情况

年度	合同外资（亿美元）	比上年增长（%）	实到外资（亿美元）	比上年增长（%）	全国实到外资比上年增长(%)
2011 年	201.03	31.3	126.01	13.3	9.7
2012 年	223.38	11.1	151.85	20.5	−3.7
2013 年	249.36	11.6	167.80	10.5	5.3
2014 年	316.09	26.8	181.66	8.3	1.7
2015 年	589.43	86.5	184.59	1.6	6.4
2016 年	509.78	−13.5	185.14	0.3	4.1

表 2　2016 年上海服务业实到外资分产业情况

行业	实际利用外资(亿美元)	比上年增长(%)	占比(%)
服务业	163.35	2.5	88.2
其中:			
租赁和商务服务业	47.50	68.6	25.7
金融服务业	26.98	27.8	14.6
信息服务业	15.31	95.7	8.3
科研和技术服务业	6.60	93.1	3.6
房地产业	37.81	−32.6	20.4
商贸业	20.34	−23.5	11.0

3. 高技术产业利用外资大幅增长

2016 年,制造业实到外资 21.43 亿美元,比上年下降 14%,占全市实到外资的 11.6%;合同外资 35.12 亿美元,增长 85.4%,主要得益于原有项目的增资,增资金额占比超过 80%,投资领域以电子设备、化工、汽车零部件、电气机械、成套设备制造为主。高技术产业利用外资大幅增长,实到外资达到 12.59 亿美元,增长 60.9%;合同外资 18.07 亿美元,增长 67.3%。新型电子设备、新能源、新材料领域的投资在增多,澜起科技、西门子风力叶片、希悦尔(包装新材料)等项目均有大额资金到位。

4. 来沪投资的国家和地区日益增多

截至 2016 年底,在上海投资的国家和地区增至 168 个。投资上海前 10 位国家和地区(以实到外资计)分别为我国香港、新加坡、开曼群岛、英属维尔京群岛、美国、日本、卢森堡、毛里求斯、法国、韩国,合计实到外资 165.2 亿美元,占全市实到外资的 89.2%。受法国、英国、卢森堡、比利时、瑞典、瑞士等国家投资大幅增长推动,欧洲对沪投资比上年增长 42.4%,实到外资为 18.64 亿美元。日本对沪投资呈恢复态势,实到外资 4.85 亿美元,微跌 0.9%,预计 2017 年有望出现增长。我国香港、新加坡、美国等地对沪投资呈下降态势。受新加坡投资下降影响,"一带一路"沿线国家合计对沪投资实到外资 16.62 亿美元,下降 25.4%。

表 3　2016 年上海外商直接投资前 10 位资金来源地

排名	国家和地区	实到外资(亿美元)	比上年增长(%)	占全市实到外资的比重(%)
1	中国香港	107.35	−5.0	58.0
2	新加坡	15.18	−30.1	8.2
3	开曼群岛	14.28	448.5	7.7
4	英属维尔京群岛	6.21	−17.0	3.4
5	美国	5.13	−48.8	2.8
6	日本	4.85	−0.9	2.6
7	卢森堡	4.26	731.8	2.3
8	毛里求斯	3.52	191.8	1.9
9	法国	2.36	87.6	1.3
10	韩国	2.07	31.0	1.1

5. 外商投资企业运营情况回稳向好

根据纳入可比口径的 1.52 万家外商投资企业运营情况监测结果,2016 年外商投资企业营业收入比上年增长 5.5%,纳税增长 4.8%,利润增长 12.3%,就业人数下降 2.7%。主要服务业行业营业收入均实现增长,房地产业、信息软件业、交运仓储业、租赁和商务服务业营业收入增幅居前，分别增长19.9%、13.1%、10.8%和10.6%；制造业营业收入继续实现增长，增幅上升至1.9%。2016年上海工业、第三产业税收100强企业中，外商投资企业分别占到71家和39家。实现税收总额1 240.54亿元，占百强企业税收总额的35.1%，占比比上年提高2.7个百分点。

二、2016年外资工作开展情况

1. 推进自贸试验区投资制度创新取得实效

坚持对标高标准的国际投资贸易规则，不断完善自贸试验区准入前国民待遇加负面清单的外商投资管理模式，并在全国复制推广。持续推进自贸试验区扩大开放，通过海内外投资促进机构；以及在境内外多个城市举行专题推介会等加大扩大开放措施的宣传，推动有意向项目尽快落地，二批扩大开放措施共有超过1 800个项目落户。2016年，上海自贸试验区共新增外资项目2 454个，实到外资56.5亿美元，分别占全市的47.6%和30.5%。教育培训等领域的外商投资实现突破，普华永道在上海自贸试验区注册成立"普华永道商务技能培训(上海)有限公司"，成为全国首家外商独资非学制类职业培训机构。认真总结自贸试验区三年建设经验，完成自贸试验区投资领域三年总结分报告、外商投资备案风险防范报告和第三方评估报告。

2. 推动全市外商投资管理制度改革顺利实施

2016年10月，在自贸试验区试点经验基础上，按照商务部统一部署，在全市范围内实施外商投资企业设立和变更备案管理。通过专场培训、媒体发布等形式广泛宣传外商投资管理制度改革相关政策；指导区县、开发区等外资部门严把政策规定，提高备案质量；加强与工商、外汇等部门配合，外资审批改备案工作顺利实施。10月—12月，全市共完成外商投资企业备案事项6 530件，其中，新设备案1 517件，变更备案5 013件。95%的新设外资项目通过备案设立，平均办理时间从8个工作日缩减至3个工作日，大大提高投资便利化程度。以外资融资租赁行业为重点加强事中事后监管。加强融资租赁公司信息报送管理，建立企业报送信息异常名录和黑名单制度；按照商务部统一部署，开展融资租赁行业年度风险排查工作，形成风险排查报告；加强与上海银监局、市工商局、统计局等部门的联动，建立部门间工作沟通协调机制，加强信息共享与监管协作，共同规范融资租赁行业发展。

3. 推进地区总部集聚发展和能级提升

在延续和优化原有跨国公司地区总部政策的基础上，坚持问题导向和开放发展原则，完成《上海市鼓励跨国公司设立地区总部的规定》修订工作，进一步优化总部经济发展环境，鼓励和支持跨国公司地区总部及功能性机构在沪集聚，不断提升能级，拓展功能。组织完成年度跨国公司地区总部资助和奖励资金评审工作。2016年，跨国公司地区总部数量稳定增长，全年新设跨国公司地区总部45家，其中富世华、卡摩速、李尔等15家跨国公司设立亚太区总部，新增投资性公司18家。截至2016年底，累计落户上海的跨国公司地区总部达580家，其中亚太区总部56家；投资性公司330家，上海作为中国内地跨国公司地区总部最集中的城市地位继续巩固。

4. 推动外资企业参与上海科创中心建设

加大《上海市鼓励外资研发中心发展的若干意见》的宣传力度，会同相关部门举办面向外资研发中心的科创中心建设政策宣讲会、"2016上海外资研发中心论坛"；推动将外资研发中心名单列入上海科技创新职业清单；支持微软设立云计算创新中心和微软创投加速器项目，支持强生设立(亚太)创新中心。2016年，新增舍弗勒、天合汽车科技等外资研发中心15家，累计达到411家，其中全球研发中心40余家，成为吸引和培育全球高端创新要素的重要载体。

5. 推动面向全球的投资促进网络及平台更加完善

一是推动与"一带一路"重点国家和节点城市建立经贸合作伙伴关系。2016年，市商务委与加拿大阿尔伯塔省政府、马恩岛经济发展部与外国投资局、印度工业联合会、罗马尼亚工商会、阿布扎比经济发展局、葡萄牙经贸投资促进局、日本大阪府商工劳动部、大阪市经济战略局8个国家和地区签署经贸合作备忘录，拓展全球投资贸易合作网络。与签约机构通过项目对接、代表团互访、组织双向投资论坛等不断深化合作内容。二是注重引进投资贸易类国际组织和机构。梳理形成国际组织和争议解决机构设立代表处的办理流程，顺利推动国际展览业协会(UFI)、韩国仲裁中心落户世博片区。三是拓展海外办事处。2016年，市商务委与中国华信、上海电气、华谊集团、隧道股份4家企业签署海外办事处合作共建框架协议，发挥政企合作优势，共同促进双向投资和贸易拓展。四是积极参与中美省州经贸合作机制。上海在先后加入中国省(市)对加州、华盛顿州、芝加哥市贸易投资联合工作组的基础上，2016年继续成为“中国省与美国纽约州贸易投资合作联合工作组”成员单位之一，进一步加强上海与美国的双向投资和经贸合作。五是推进国家级经开区与“长江经济带”沿线开发区开展合作。2016年，市商务委先后与湖南、江苏、重庆、四川等省市商务主管部门签署“关于加强国家级经开区务实合作的协议”，推进“长江经济带”沿线国家级经开区跨区域联动发展。

6. 推动投资促进工作力度不断加强

一是启动“智能制造招商引资计划”，与金山、松江、青浦、奉贤、普陀区和临港、张江、金桥、闵虹等10个区和开发区签署合作招商备忘录；编制《先进制造业招商手册》，研究制定《制造业招商引资三年行动计划(2017—2019)》，推动上海市外资制造业向高端制造和智能制造发展。二是举办境内外各类投资促进活动。借助市领导、委领导出访，在印度、加拿大、日本、美国、罗马尼亚、捷克、香港、澳门等国家和地区举办经贸论坛及上海投资环境推介会；积极参加“九八”厦门投洽会、“香港中小企博览会”等有影响力展会，宣传上海投资环境；与驻沪经贸机构在上海举办多场投资推介会和专场企业对接会。三是多渠道加强上海投资环境宣传。编制更新《2016上海外商投资指南》《2016上海外商投资环境白皮书》；用好网络和微信平台，推动“投资上海”微信公众号的英文版上线，及时向外国投资者传递外资领域相关政策和信息。四是做好对台、对港澳经贸工作。落实CEPA服务贸易协议和第三次沪港经贸合作协议有关精神，重点推动沪港两地在专业服务领域的合作；促成市台协部分台资企业会员与上海“微菜场”对接，成为“社会智慧微菜场”供应商。

7. 创新服务方式，不断优化外资营商环境

一是实行“重点企业首问联络员”制度。确定了近200家重点外资企业，指派专人提供电话咨询、窗口接待、现场调研等针对性服务。二是形成外资企业问题清单。通过纳入市委重点监督、发函商请相关部门解决、召开跨部门协调会等方式研究予以解决。三是开展服务企业系列活动。组织部分白玉兰奖获得者座谈会、“总部高管沙龙”、“外资服务直通车线下活动”等。四是推进联合年报无纸化申报工作。(市商务委外商投资促进处)

围绕“搭平台、建网络、促发展” 不断提升服务水平

2016年是国家“十三五”的开局之年，是推动产业转型，形成健康经济新常态的关键之年，也是政府部门转变自身职能，创新服务模式的重要时期。上海市外国投资促进中心(以下简称“中心”)在上海整体发展布局的基础上，在2016年积极发挥自身特色及品牌优势，在全市“创新驱动发展，经济转型升级”的要求下，围绕“搭平台，建网络，促发展”的主要任务，不断融合创新

意识，提高服务水平，在双向投资促进工作中取得了良好的成绩。

1. 聚焦优势产业，注重项目推进

跟踪双向投资项目信息，切实推进项目落地一直是中心工作的重点之一。2016 年，中心在市商务委外资促进十大计划的指导下，更注重引入外资的产业结构和核心技术，共促成 27 个外商投资项目成功落地，合同外资 4.463 亿美元，其中中心本部项目 16 个，合同外资 4.282 亿美元，海外办事处项目 12 个，合同外资 0.181 亿美元；促成对外投资项目 7 个，投资总额 3 520 万美元。

2016 年，中心通过与各驻沪投资促进机构、相关机构和中介服务企业的密切交流，获得多方位的项目信息，并聚焦具有核心技术的先进制造业企业，成功推动多个优质项目在上海落户。其中，蔚来汽车项目是中心成功促成落地的重要项目，该项目合同外资 3 亿美元，已落户嘉定并备案报市工商局批准。法国高频和高低频混装连接器等设备制造商雷迪埃集团也在中心的服务下顺利完成搬迁，投资 2 500 万美元成功在嘉定外冈增设生产厂房。除已经落地的项目外，中心也积极跟踪多个与上海产业发展方向相吻合的优质项目，如知名造船企业达门集团、放射领域的龙头企业美国联合医疗集团、日本マナック株式会社投资"阻燃剂"、"无机化学品"和"有机化学品"项目等。

对外投资促进也是中心的重要职能之一，如 2016 年推动中曼石油 EPC 海外项目，投资总额达 2 900 万美元。该项目最初由中曼石油天然气集团公司向中心提供项目信息，在中心的牵线搭桥和协调努力下最终中标俄罗斯石油公司 20 口油井建设 EPC 项目，价值 2 亿人民币。

作为中心的前哨，5 个海外办事处在当地积极发挥项目推动力，推动境外有成长力的中小型企业落户上海。如伦敦办事处推动 Long Shining Group INC 收购项目、戈得艾（上海）信息科技有限公司项目等落地，并结合英国当地的产业优势，成功为上海移宇科技有限公司英国研发公司等 3 个信息科技公司在英投资。法兰克福办事处则推动申铄科技（上海）有限公司等小型项目落户上海，为上海的科技市场提供助力。洛杉矶办事处则积极跟踪美国威廉·欧莱奈尔金融服务项目、美国蛋白药分析检测项目等高新技术企业投资进程。大阪办事处也引入从事船用引擎中的密封件，销售及售后服务的凯美尔商贸公司项目等细分领域企业。哥德堡办事处获得瑞典地热发电厂项目、北欧新配方无糖食品中方合作项目等 10 多个项目意向，并为当地哥德堡物流港区项目、芬兰生物制燃油工厂项目等对接合适的中方伙伴。

2. 巩固拓展投资促进双向网络，强化网点建设

为了进一步完善机构网络建设，2016 年，中心通过拓展、梳理、增加合作领域等方式，形成最新合作机构阵容，让整个网络间的沟通方式更高效、更顺畅。中心先后与加拿大阿尔伯塔省卡尔加里市经发局、印度世界贸易中心、博茨瓦纳投资署、迪拜投资署签订 MOU，就共同举办专题性投资促进活动、交流项目信息、组织团组互访等内容进行更深入的合作。同时，中心还与 Invest Liverpool 续签第三期 MOU。为了更好地发挥中心牵头发起的上海投资促进机构联席会议（SIPP）的作用，中心对 SIPP 会员进行全方位梳理和扩容，新增 5 家新成员单位，目前 SIPP 成员单位总数为 91 家。

除了对外的投资促进机构网络外，为了切实掌握各区动态，中心以各种形式与各区进行沟通和交流，及时更新各方投资信息。如 2016 年中心每个季度举办一次"投资促进政策与实务研修班"，共有 300 多人次参加。中心还与特色区域，如金山区经委、朱泾镇人民政府、枫泾镇人民政府等签订合作协议，为其举办生命健康产业研讨会暨对日招商会，为推动金山朱泾打造生命健康产业提供有效的推动力。此外，中心还与杨浦中船园区、外高桥、紫竹园区、青浦航空产业园、金山二工区、徐汇滨江、桃浦等产业园等特色园区进行多次业务交流，深入探讨区域合作方向。

为更好地打通投资促进网络，2016 年，中心人员主动走访各领馆、机构、区商务委、开发区管委会及各区投资促进机构近300次，进行工作对接、项目协调、区域对接及产业考察等工作，在维护老客户的同时发展潜在合作伙伴，并重点开拓日常关系较为松散的葡萄牙、意大利、西班牙等国家和地区。

3. 以各类活动为契机，形成更专业的投资促进平台

为巩固SIPP平台功能，加强平台集聚效应，2016年，中心通过组织成员大会，召开专题座谈会，协助SIPP成员单位举办投资促进活动，举办专题政策培训会，出版SIPP杂志等形式，为成员单位提供多方位、多层次的服务。同时，中心组织SIPP成员分别就上海智能制造招商计划及世博地区国际组织机构引进计划进行解读，让投资促进机构负责人在了解上海最新产业和外资发展动向的同时，对彼此近期的投资计划及活动安排进行充分的交流。在10月份外商投资审批政策新出台后，中心及时邀请市商务委外国投资管理处领导为SIPP成员单位进行政策实务培训，获得众多成员单位的好评。此外，中心还协助汉堡商会、维也纳投资局、蒙特利尔投促局、日本贸易振兴机构上海事务所等SIPP成员单位召开等投资促进活动10余场。同时，根据SIPP成员单位的关注点和最新投资热点出版会员杂志《投资促进》两期，为其提供更深入的投资见解、政策分析和投资资讯。

为加强中心的日常投资促进平台建设，2016年，中心根据最新投资促进热点、企业投资促进需求、区域产业特色等多个方面举办56场投资促进活动。如，结合利物浦市市长来访召开商务对接会，与大韩贸易振兴公社共同举办韩国投资论坛，举办葡萄牙—上海经贸论坛，联合举办智慧城市与智慧移动等中法对接会，协助举办阿联酋迪拜周活动，主办加州企业清洁能源会议等，都取得良好的成效。在活动后，多个项目逐步有了在上海投资的意向。

中心也注重创新职能，协助区与企业做好投资项目对接和投资引导工作，优化平台功能。如协助金山与瑞士合作，设立中国-瑞士(上海)低碳城市项目；协助奉贤积极推动美谷项目宣传，并组织多次企业和机构的考察洽谈；协助普陀与马恩岛进行金融物流产业对接合作，并进行高层互访；协助松江、杨浦两区的商务部门与波兰罗兹工业园区建立合作对接；与自贸区多次合作，向来沪外商加强推广宣传自贸区，协助安排国际医学园区等各区境外访欧招商活动等，为中外合作的通畅和项目推动的顺利奠定了良好的基础。

中小企业作为目前经济发展的重要推动力量之一，一直是中心投资服务和项目推动的重要对象。2016年，中心以多种形式为中小企业的双向投资提供平台和服务。如举办2场“极致互联”中小企业专题沙龙活动，分别以“企业家精神与中小企业国际化战略”及“中加企业连接之旅”为主题，为中小企业提供投资信息、分享投资经验、创造企业对接平台。另外，中心还联合《商业评论》和UPS推出主题论坛“全球竞争力论坛·零售专场——巨人崛起:制胜全球市场”，获得企业的认可与响应。同时，中心还为中小企业举办2场“微课堂”，从各个方面解读上海“十三五”规划，以及介绍中小企业在融资过程中普遍关心的融资谈判、谈判准则等一系列问题。

为了进一步做好中小企业的服务工作，中心还与市科创中心合作，梳理上海全市重点孵化器平台，推出18家“创业首站基地”，5家“创业首站合作机构”，6家各区重点科技企业孵化器，制作《上海中小企业创业创新国际合作孵化基地》手册。

除了本地的孵化器平台，中心也注重海外企业孵化器的建设和利用，为万科星商汇和美国博图企业牵线搭桥，在加州帕萨迪纳、加州理工学院旁设立万科第一个海外高科技企业孵化器。此外，中心还与澳洲Landing pad、美国硅谷plug&play，Idealab，Xnode等知名孵化器运营商开展了一系列多层次的业务交流与协作。

4. 找准客商投资需求，逐步细化投资服务

2016年，中心不断深入投资项目流程，深度参与各个环节，为多个大型集团安排与上海企业间的项目专场谈判会、市场考察、开发区考察等。如安排法国Alten公司与上海3家企业洽谈；为法国poult集团进入中国市场安排上海3家龙头集团对接;协助波兰、意大利、俄罗斯等多场项目对接会议,并在化妆品、物流领域结合企业特色积极推进项目等。

中心注重日常的信息梳理和积累,以加强服务品质。2016 年,中心业务部门尝试有效利用接待及合作方信息,统一规范项目信息登录形式。就外资中最常咨询的税收政策、地区总部、投资性公司、研发中心政策,中心着手进行重新整理,并在业务员工中进行宣传培训。此外,中心随时收集和更新各区县及开发区的政策,并及时分享,以求项目选址时能提供最优质的投资建议和方案。

为了给企业提供更高效的服务,全面提高投资服务质量,2016 年,中心在与现有合作伙伴沟通联系的基础上,注重开发引进有益的第三方战略合作伙伴。例如,引进香港 R & T 咨询公司协助 William O'Neil 办理工商注册手续,提升投资服务效率;和多家知名风投、PE 乃至行业学会建立常态化的交流合作机制。同时,中心与德国最大的 CMS、罗德律师事务所、挪威最大的 SCHJODT 律所、多个境外商会、行业协会建立起联系;与同济、中欧等专业学术机构和创新园区建立合作关系,大幅度扩充服务平台的覆盖面和深度。

2016 年,中心参与各类活动超过 150 场,以此为基础获得更多合作伙伴和项目信息,并精心挑选合作方,借外力为有意向来华投资的优势企业来沪举办多个主题论坛和企业对接活动。

5. 营销城市投资环境,打造中心品牌效应

2016 年,中心继续做好线下宣传方案,向外商传达良好的城市投资形象,通过编制各类宣传品,完善 PPT 讲稿等多种形式,为外商塑造最新最全面的上海投资印象。在宣传资料方面,中心先后制作中、英、日文版《外商投资服务指南》、中(简体、繁体)、英、日文版《外商投资服务流程指南》,以最直接的语言为企业阐述上海投资环境、投资手续和所需时间,赢得企业的好评。根据各区制造业"一区一业"工作的逐步展开,中心收集十几个重点开发区的产业资料,制作《上海先进制造业招商指南》,帮助外商在上海选择投资区域时更有针对性,更能找准产业链,形成规模效应。此外,为了打造中心自身品牌,中心先后制作中心简介《投资上海》以及《2015 年工作年报》等宣传资料,让外商更容易了解中心的职能。同时,为了在面对面宣传推介时形成更系统更全面的信息体系和介绍框架,中心还更新《上海投资环境介绍》PPT,以便于向境外客商及团组传递最新的投资情报。

在积极拓展线下宣传领域的同时,中心愈加重视线上宣传体系的建设。在微信公众平台方面,中心坚持周一至周六每天发布投资信息,平均每天 3 条,为微信公众平台争取到 2.3 万关注用户,年阅读量近百万,其中不乏投资促进领域的专业人士,形成较好的品牌效应。同时,中心根据客商及各方意见,对中心网站进行及时更新和信息补充,确保网站信息与微信公众平台的信息同步,为境外客商查找上海投资信息提供更多的便捷。另外,中心还建立起企业信息数据库,并通过数据库平台发布活动邀请、培训通知等,为数据库信息的实时更新和扩容提供便利。目前数据库已有客商信息 1.3 万条。

通过展会平台接触更多企业和相关机构,更高效地宣传机构职能以及上海投资环境也是中心历年的重要工作之一。2016 年,中心继续参与第十九届中国国际投资贸易洽谈会(98 投洽会)、第十八届中国国际工业博览会(工博会)、第四届中国(上海)国际技术进出口交易会(上交会)、华东进出口商品交易会(华交会)等多个展会,并设立自己的展台。其中,98 投洽会由上海市商务委员会副巡视员桑琦担任团长,上海市商务委、上海各区及开发区相关职能部门、跨国及本地企业等约百人赴厦门参会。展会期间,中心协助杨浦区商务委及松江区投资促进服务中心在投洽会平台上展开专题投资推广,并成功举办"科技创新与上海机遇"主题推介会,中外客商踊跃参与。同时,在上交会、工博会以及华交会上,中心积极接待来访客商,并主动与参会企业、机构进行交流。

6. 深化海外投资促进网络功能,发挥当地优势

中心5个海外代表处在当地发挥前哨作用,推动多个有意向在沪投资及合办活动的企业及政府、机构团组来访上海考察投资环境。如,伦敦办事处推动利物浦副市长访问上海探讨利物浦商务节活动事宜;推动英属马恩岛经济部长访问上海并与市商委签订合作备忘录以及在上海举办推广活动,协助Silk Venture组织英国企业前往上海进行投资对接活动。哥德堡办事处协调丹麦农业理事会到访中国,协调安排哥德堡外办及投促署到访上海,就绿色能源、养老等领域与上海有关机构开展合作等。洛杉矶办事处介绍美中企业家商会代表团赴上海,与中心本部联动协调松江区进行了项目对接活动。

除了访沪团组外,中心2016年共组团组出访6个,分别前往美国、加拿大、意大利、英国、澳大利亚、新西兰、日本、印度、泰国、我国香港等国家和地区洽谈投资项目、举办境外招商活动。

中心还利用5个海外办事处及团组出访的功能,积极推动境外活动的举办。据统计,2016年,中心及各海外办事处在境外举办活动超过20场,主要参会单位为当地政府相关部门、领馆、当地及上海随访企业,以各类商务机构、专业服务公司等。这些活动都取得较好的成果。

此外,海外办事处亦参加各类境外商务活动超过70场,并在部分活动中代表上海发布投资演讲,为宣传上海城市形象和投资环境取得良好的成效。

通过主动走访和日常接待维护和拓展中心的境外工作网络是中心及海外办事处的重点工作之一。2016年海外办事处拜访当地政府部门、企业、机构超过150次,保持与当地政府机构经常的交流沟通,信息共享,并为当地企业提供咨询。其中包括美国商务部、纽约州长办公室、日中经济协会、瑞典中小企业部、瑞典科技企业媒体、丹麦农业基金会、投资丹麦,芬兰中小企业部、苏格兰爱丁堡市长办公室、利物浦Liverpool Vision等,为中心全球网络的建设提供支持。

(市外国投资促进中心)

推进外资总部经济提质增效

1. 上海总部经济发展总体情况

2016年,全市新增跨国公司地区总部及总部型机构45家,其中有15家企业被认定为亚太区总部(富世华、卡摩速、李尔等知名跨国公司都将亚太区总部放在上海);新增投资性公司18家;研发中心15家。截至2016年底,外商在上海累计设立跨国公司地区总部580家,投资性公司330家,研发中心411家。跨国公司地区总部为上海经济发展作出重要贡献,在产业带动、人才集聚、技术创新和要素辐射方面发挥重要作用。据外商投资企业2016年联合年报数据,参报地区总部共517家,投资总额累计达457亿美元,户均超过8 800万美元;营业收入达5 926亿元人民币,户均超过11亿元人民币;纳税总额达417亿元人民币,户均超过8 000万元人民币;吸纳就业达17.73万人,户均达343人。跨国公司地区总部数量占全市外商投资企业仅1.3%,营业收入占比达到9.4%,净利润总额占比达到17.4%,从业人数占比达到5.8%,纳税总额占比达到10.6%。

2. 上海总部经济发展特点

一是从投资国别和地区看,以美、欧、日企业为主。2016年,欧洲企业设立地区总部16家,占35.6%;日本企业8家,占17.8%;美国企业12家,占26.7%;其他亚洲企业8家,占17.8%,其中新加坡企业2家,中国香港企业3家,中国台湾企业1家。从落户上海的跨国公司地区总部整体看，美国企业设立地区总部164家，占28.3%；欧洲企业163家，占28.1%；日本企业127家，占21.9%。

二是从行业分布看，以制造业企业为主。2016年，制造业跨国公司设立地区总部30家，占66.7%；服务业企业15家，占33.3%。从落户上海的跨国公司地区总部整体看，制造业企业设立地区总部428家，占73.8%，服务业企业152家，占26.2%。

三是从落户区域看，浦东新区是吸引跨国公司地区总部的主要区域。2016年，新落户浦东新区的跨国公司地区总部19家，占42.2%，其中18家落户自贸试验区；其他区域分布为静安5家，长宁、杨浦各4家，黄浦、闵行、徐汇、普陀各3家，奉贤1家。从落户上海的跨国公司地区总部整体看，落户浦东新区的地区总部260家，占45%，其中落户在自贸试验区的地区总部209家。

四是能级不断提升。2016年，升级或新认定富世华、日立产机、康士伯等15家公司为亚太区总部，思爱普、科慕化学、永恒力等国际行业巨头在上海设立地区总部。总体来看，落户上海的跨国公司地区总部的功能不断拓展，在沪地区总部成为集多种营运职能为一身的“综合性总部”。外商投资企业2016年联合年报数据显示，95%以上的在沪跨国公司地区总部具有2种以上的功能，80%的地区总部具有投资决策功能，60%的地区总部具有资金管理功能，50%的地区总部具有研发功能，35%的地区总部具有采购销售功能。

3. 重点工作推进情况

开展地区总部政策修订工作。按照《上海市行政规范性文件制定和备案规定》，聘请安永对2011年以来陆续在上海市实施的跨国公司地区总部政策及其实施情况进行第三方评估，评估结果是总部政策为促进地区总部持续健康发展提供源源不断的动力，应予延续并进行修订。2016年，市商务委会同市相关部门组织修订跨国公司地区总部政策，在延续现行政策的基础上，更加注重与国际通行规则接轨，更加注重环境营造。一是坚持问题导向原则，围绕跨国公司发展的新趋势和新变化，适当拓宽跨国公司地区总部的公司形式和经营范围，调整认定条件，吸引更多的跨国公司地区总部、功能性机构集聚上海，积极参与上海“四个中心”、自贸试验区和科创中心建设；二是坚持开放发展原则，对标国际，充分借鉴自贸试验区和科创中心制度创新成果，着力营造更加法治化、国际化、便利化的投资贸易环境，引导在沪跨国公司地区总部和功能性机构提升能级、拓展功能，推动上海深度融入全球产业链、价值链、创新链。市商务委多次召开座谈会，听取区商务委、美国和欧盟等外国商会、跨国公司地区总部及第三方中介机构的意见和建议。在评估及听取意见的基础上，牵头制定《上海市鼓励跨国公司设立地区总部的规定》（修订稿），2016年12月26日经市政府常务会议审议通过。

加大服务地区总部力度。通过多种形式和渠道宣传、推介地区总部政策，鼓励和支持在沪跨国公司地区总部丰富和拓展总部功能。建立“重点企业首问联络员”“问题清单”等制度，加大为总部企业提供一对一服务的力度。创新开展部分白玉兰奖获得者座谈会、“总部高管沙龙”、“外资服务直通车线下活动”等系列活动，以进一步贴近总部企业，倾听总部企业声音，为总部企业服务。会同市新闻办指导举办“创新与发展：跨国企业在上海”最佳创新实践案例评选活动，评选出40个创新案例和12个最佳案例，积极宣传在沪跨国公司参与上海科创中心建设。

推动外资企业参与科创中心建设。加大《上海市鼓励外资研发中心发展的若干意见》的宣传力度，会同市相关部门做好鼓励外资研发中心发展的相关工作。将外资研发中心名单列入上海科技创新职业清单，帮助生物医药领域的研发中心向国家卫计委、国检局反映研发样本入境困难问题。与市科委共同举办面向外资研发中心的科创中心建设政策宣讲会，会同外资企业协会举办“2016上海外资研发中心论坛”，推动外资研发机构在上海进一步发展。支持微软设立云计算创新中心和微软创投加速器项目，支持强生设立（亚太）创新中心。2016年，新认定15家外资研发中心，累计落户上海的外资研发中心达411

家。推进在沪外资研发中心不断提升能级,研发活动从本地化向全球化发展,如诺华公司张江研发园区于今年6月投入使用,投资总额超过10亿美元,是诺华全球第三大研发中心。(丛颖)

推进外商投资管理体制改革

2016年10月以来,市商务委会同市有关部门,认真贯彻《全国人民代表大会常务委员会关于修改〈中华人民共和国外资企业法〉等四部法律的决定》、商务部《外商投资企业设立及变更备案管理暂行办法》以及国家发展改革委、商务部2016年22号公告,扎实稳妥地推进外商投资企业设立及变更备案工作。

1. 加强业务培训,深入宣传发动

为做好全市外商投资备案管理工作,市商务委开展多层次、多场次的专题培训。一是举办全市外商投资备案管理业务培训。各行政区、开发区分管外资工作的领导和外资管理、服务及窗口人员125人参加培训。二是组织3次专场培训。分别面向外商投资企业协会核心会员单位,外国商会、学会等投资促进机构,以及律所、会计师事务所等专业机构。三是应邀派人赴部分区和外资集团公司开展"一对一"培训。市商务委制作的培训资料及课件通过微信、微博、公众邮箱等新媒体广泛转载,对外商投资企业审批改备案工作起到"广而告之"作用。

2. 把握政策规定,提高备案质量

为方便企业办事,便于属地监管,市商务委印发《关于做好上海市外商投资企业设立及变更备案工作的通知》,明确不涉及国家规定实施准入特别管理措施的外商投资企业的设立及变更备案事项由全市16个区商务部门和其他9个外资授权管理部门办理。2016年10月9日各区、开发区商务部门开始网上受理投资者及企业备案。各级商务部门严格按照特别管理措施的范围和要求,认真甄别外商投资行业和经营范围,把好国家安审关,对特别管理措施内行业的企业实行审批管理,对于措施之外行业的实行备案管理。

3. 加强部门配合,形成合力推进

市商务委及时向相关部门印发《关于上海市外商投资管理改革若干执行事宜说明的函》,将外商投资备案的性质、范围、备案机关、备案回执、监督管理等向相关部门进行通报;积极加强与市工商局、外汇管理局上海市分局等部门的沟通协调和工作协作,确保形成合力推进改革。市工商局在企业承诺书中明确外商投资企业备案制度,将定期提供外资备案企业的登记信息纳入工商部门行政协助事项;外汇管理部门积极指导银行开展外资备案企业的外汇业务;银行在办理企业收付汇、贷款等事中事后环节检查外资企业备案情况。

实施外商投资企业备案管理取得积极成效。一是提升投资便利化程度。外商投资企业新设的材料由书面提供十几份减少至在线提供4～6份,办理时间由20个工作日缩减至3个工作日,受到投资者和外商投资企业的欢迎。二是外商投资数量明显增多。2016年10月至12月,上海市共受理外商投资企业备案事项7 405件,已完成备案6 530件(新设备案1 517件、变更备案5 013件),完成备案率达88%,完成备案数比去年同期审批数增加81.4%。其中上海自贸试验区共受理外商投资企业备案事项2 022件,已完成备案1 632件(新设备案460件、变更备案1 172件)。(市商务委外国投资管理处)

2016年上海国家级经济技术开发区发展情况

一、经济发展实力不断提高

2016年,6家国家级经开区共完成地区生产总值3 141.12亿元,工业总产值4 974.89亿元,上缴税收768.84亿元,实现进出口总额2 048.21亿元,实际利用外资16.97亿美元,国家级经开区以占全市2%的土地面积,贡献全市11.4%的地区生产总值、15%的工业总产值、6.4%的税收总额、7.1%的进出口额和9.2%的实到外资,继续成为上海经济发展的重要引擎。

二、产业结构加快优化升级

国家级经开区依据自身产业基础和发展特点,在进一步强化电子信息、汽车制造、装备制造、化工制造等优势产业的基础上,推动生物医药、新材料、新能源、智能装备等战略性新兴产业加速发展,总部经济、研发设计、移动互联、新兴金融、商贸会展等高附加值服务业项目持续增加。2016年,国家级经开区第三产业GDP占比达47.4%,规模以上高技术制造业产值1 306.04亿元,占工业总产值的26.3%,主营业务收入大于30亿元的制造业企业33家,世界500强企业投资地区总部及研发中心42家,国家级经开区成为本市重要的先进制造业基地和新兴的服务业集聚区。

三、科技创新能力快速提升

国家级经开区加快推进创新平台建设,加大创新投入,集聚创新要素,不断提升创新能力。截至2016年,共引进高新技术企业678家,省级以上研发机构135家。2016年,国家级经开区高新技术企业主营业务收入占比达到22.8%;高新技术产品出口额占开发区出口额的34.8%;规模以上工业企业研发支出占主营业务收入的比重为1.8%;年度发明专利授权量3 508件,占全市的17.5%;年度PCT专利申请量417件,占全市的26.7%,每万人口发明专利拥有量133件,国家级经开区是上海科技创新的重要源泉。

四、集约发展取得明显成效

国家级经开区集约节约水平不断提高,2016年,单位土地生产总值(已供应土地计算)32.1亿元/平方公里。国家级经开区坚持走绿色低碳循环发展道路,金桥、漕河泾、上海化工区、闵行等4家开发区通过国家生态工业示范园区建设验收;上海化工区、金桥2家开发区进入第一批国家低碳工业园区试点园区。与此同时,国家级经开区大力引进绿色产业,针对传统产业进行生态化改造,2016年单位生产总值能耗较上年下降23%、水耗下降24.9%,主要污染物排放指标不断下降。

五、辐射带动效应持续增强

国家级经开区注重改善区内投资软环境,加强开发区品牌建设,6家国家级经开区都已成为上海市品牌园区,在品牌建设方面走在全国前列。同时,国家级经开区发挥品牌影响力和辐射带动力,积极探索和实践品牌输出、联动发展新机制、新模式和新途径,大力推进与市内外产业园区的合作共建,截至2016年,国家级经开区已与19个上海市外园区签订合作共建协议,漕河泾开发区在上海和江浙黔形成“一园六区三分区”的发展格局。国家级经开区积极落实国家战略,与新疆喀什、西藏拉萨等地13个开发区开展对口援建,积极参与长三角园区共建联盟和长江经济带开发区的对口合作。(市商务委外商投资促进处)

全球180余家跨境零售企业入驻上海

据统计,2016年底,全球340家跨境零售企业中,已有180余家入驻上海,数量仅次于伦敦和迪拜,列全球城市第三。上海已成为全球商业开放程度最高的城市之一。

上海大街小巷星罗棋布的各类超市和连锁零售商店已超过1.5万家,全市2 420万常住人口,平均近1 613人就有一家,零售连锁业态发育程度全国领先。上海还拥有15个市级商业中心、30多个地区级商业中心及67个特色商业街区,全市标准化菜市场达960多个,社区微菜场超过1 000家。

在全球跨境零售企业争相入驻的背后,是上海持续增长的庞大的消费市场。2015年,上海继北京之后成为全国第二个社会消费品零售总额超过万亿元人民币的城市。2016年,上海社会消费品零售总额达1.09万亿元人民币,比上年增长8%。

数据显示,上海商业的开放与聚焦魅力不仅辐射全国,对国际商旅游客的吸引力也在攀升,并有效引导部分境外消费回流。上海正在超越香港、新加坡等老牌"购物天堂",已成为受人瞩目的新的"国际消费城市"。

2016年,上海共接待海外商旅游客854.37万人次,创下历史新高,比上年增长6.8%,占全国接待总量6.2%,国际旅游外汇收入65.30亿美元,占全国总量1 200亿美元的5.4%。前11个月,全市235家退税商店共开具退税单1.66万单,退税商品销售额达2.36亿元,业务量居全国16个退税省市之首。(市商务委外贸发展处)

阿克苏诺贝尔中国最大技术中心落户松江

2016年5月26日,荷兰化工巨头阿克苏诺贝尔在上海松江举行了新技术中心落成启用仪式。全新的上海技术中心是阿克苏诺贝尔中国最大的技术研发基地,将为其产品创新及新一代油漆、涂料和专业化学品的研发提供有力支持。

阿克苏诺贝尔上海技术中心配备一系列全球顶尖的材料分析和涂料性能测试设备。目前该中心约有150名技术人员,预计到2020年将增至200人。新上海技术中心主要为水性漆及粉末涂料产品提供研发和技术支持,以助力实现阿克苏诺贝尔开发更多环保特优解决方案的目标。

新启用的技术中心是阿克苏诺贝尔原上海技术中心的扩建项目。在此次启动仪式上,阿克苏诺贝尔中国区相关负责人表示,每年阿克苏诺贝尔将全球创新研发投资额的10%到15%投放到中国。随着亚洲,尤其是中国的制造业升级,具有突出可持续发展特性的创新解决方案将是赢得未来市场的关键。因此新上海技术中心将在支持制造业,以及太阳能和风能等未来极具潜力的业务领域发挥重要作用。

目前,阿克苏诺贝尔在中国拥有超过7 500名员工,其中从事创新研发的员工有500人。2015年,阿克苏诺贝尔中国区销售额达18亿欧元。在阿克苏诺贝尔中国的30多家生产基地中,有26家都配备本地创新及研发团队为客户提供支持。(市商务委外贸投资促进处)

罗氏创新中心背后的“上海战略”再升级

2016年11月初，第28次上海市市长国际企业家咨询会议(IBLAC)举办之际，全球最大的生物技术公司罗氏集团首席执行官施万博士(Dr. SeverinSchwan)专程来沪。施万博士带来了一个振奋人心的消息：罗氏将把上海打造成继巴塞尔、旧金山之后的第三个全球战略中心。

罗氏集团对上海战略地位的全新定位，伴随着实际行动。2016年11月4日，罗氏制药在上海张江高科技园区隆重举行罗氏创新中心上海动工奠基仪式，以实际举措践行罗氏在中国不遗余力推动医药行业创新发展的长期承诺。

1. 创新药物，中国研发

瑞士巴塞尔是罗氏的总部，也是欧洲化学和医药研发之都；美国旧金山同样聚集了实力最为强劲的生物医药研究领域的企业与研究机构。相比之下，上海的生物医药行业规模尚小。但近年来，全球知名生物医药企业聚集上海，基于中国市场推动研发创新，上海生物医药产业的创新影响力和对实体经济的贡献能力与日俱增，上海也逐渐成为中国生物医药行业发展速度极快、成长性极好的行业中心。

在上海生物医药行业发展壮大的过程中，1994年就落户张江的上海罗氏制药公司是最主要的创新推动者。今天，张江高科技园区已是上海科创中心的“全球名片”，而在当年，罗氏是入驻张江的第一家外资企业。22年来，罗氏在上海的投入是巨大的：从最开始的荒芜之地，到如今成为张江药谷“巨无霸”，拥有包括药品研究、开发、生产和市场营销在内的完整的医药价值链。

早在2004年，罗氏就出资建立了上海第一家位于中国本土的研发中心，培养了一批优秀的跨领域研发人员，早期开发极具潜力的新药产品线。2016年11月4日宣布动工的罗氏创新中心上海项目于2015年正式启动，投资额达8.63亿人民币，预计将于2018年竣工。创新中心建成后，面积将达到14 000平方米，具备220处模块化工作区域，将聚焦于研究与早期开发免疫、炎症及抗感染疾病领域的创新型药物，以期持续不断满足中国乃至全世界患者的未尽需求。

近年来，罗氏上海研发中心在开发可治愈乙型肝炎的新药项目上取得了突破性进展。新药将结合两种机制来共同对抗乙肝病毒，既直接针对病毒进行靶向治疗，也激活人体免疫系统对乙肝病毒的杀伤力。罗氏创新中心上海负责人徐小星博士对此也充满信心：“我们的科学家在全新乙肝药物的早期研发过程中取得振奋人心的成果，这是罗氏创新中心上海以及中国本土打造先进创新实力的最好验证。投资建设全新创新中心还将进一步推动上海和中国的科创实力进入世界先进行列。”

上海罗氏制药有限公司总经理周虹女士指出：“秉持‘先患者之需而行’的理念，罗氏一如既往地引进世界制药的先进技术，并继续提升自主创新的国际竞争力。罗氏创新中心上海建成后将有效促进罗氏与本地科研机构的合作，同时吸引国际高端的科技人才植根中国。我们深信，新的创新中心必将加快推动本土研发的创新药物走向世界，惠及更多的患者。”

2. “龙之舞”，耀张江

“中国的市场环境瞬息万变，但罗氏对中国的长期承诺从未改变，我们致力于将更多的创新产品引入中国，使更多的中国患者受益，同时我们也相信未来罗氏能够实现长期增长目标。”施万博士表示，罗氏对中国市场的发展充满信心，在中国的投资也会继续增加。

施万博士认为，中国市场正在经历从生产型行业向消费和服务型行业的转变，医疗等高附加值行业被视为经济增长的新支柱。与此同时，加强中国的创业和创新能力是政府重点关注的一个方面。在这样的判断下，罗氏在上海研发创新战略的再升级,来得水到渠成。

本次在上海张江高科技园区动工的罗氏创新中心,在设计理念上借鉴了国际先进研发实验室的成功经验,并结合中国本土科学家的实际需求。经过一年多的前期规划与精心设计,创新中心未来的蓝图已绘就成型。

在奠基仪式的现场,罗氏首次对外公布了创新中心建筑的效果图。该中心内部布局开创了“龙之舞”的设计理念,采用了更多优美的曲线和灵动的几何图形,平面设计图上看似两条翩翩起舞的游龙,强调了整体的律动性、互动性和机动性三个要素。首先,实验室的空间格局打破了传统方格矩阵式排列,引入了流线型的律动,使科学家的活动空间更加符合人体工程学原理;其次,每层均设置多功能“中庭集市”作为区块交流与互动的枢纽,为科学家提供了一个高度协作、紧密联系的环境。

罗氏创新中心上海的设施配置,也体现了如今创新方式的革命。大楼内的220处模块化工作区域不但可以根据研究项目的需要进行有机组合,还可快速转换实验室的功能。如果项目需求发生了变化,只需短短几天,化学实验室就能切换成生物实验室。

罗氏药物研究与早期开发中心免疫、炎症及抗感染疾病研究与转化医学领域全球负责人David Marvin Lee博士表示:“创新中心将配备世界一流的研发基础设施和设备,全新的实验室大楼将会提供大量灵活机动的模块化工作区域,同时在设计上打破固有科研实验与合作交流的空间区隔,旨在加强不同项目及多功能研究团队的沟通与合作。我们十分期待在不久的将来,上海创新中心能够取得更多的突破性研究成果。”

全新的罗氏创新中心将为上海带来巨大的创新研发“溢出效应”。施万博士表示,在过去的几十年中,罗氏在中国已经培养了一批出色的跨学科研究员,通过与中国企业和学术机构的合作,取得了非常可喜的成果。而创新中心将进一步推动罗氏和当地研究机构之间的合作,同时吸引世界高端的研究人才来到中国。

3. 个体化医疗,助力上海

出席本次罗氏创新中心上海奠基仪式的罗氏集团全球首席执行官施万博士此次来华的另一个重要的目的,是出席第28次上海市市长国际企业家咨询会议,为上海的可持续发展建言献策。这已是自施万博士出任罗氏集团首席执行官以来,连续第七次参加该会议,足以体现罗氏对上海乃至中国的重视程度。罗氏一直致力于把上海打造成为继巴塞尔和旧金山之后的罗氏全球第三大战略中心,并以国际标准提升全产业价值链,促进整个中国医药行业的研发创新。

本届上海市市长国际企业家咨询会议上,施万博士将着重阐述罗氏在个体化医疗领域的独特优势以及所取得的国际成功经验。在“互联网+”时代,互联网平台与健康大数据的发展为上海成为个体化医疗的先锋与智慧医疗的全球领导者提供了新途径。罗氏愿意通过自身在个体化医疗领域的优势和经验助力上海打造成为拥有智慧医疗的智慧城市。展望未来,施万博士表示:“我们高度认可中国在医疗领域取得的突破性进展。中国市场一直以来都是罗氏集团全球战略的重要组成部分。罗氏今日的成就离不开高速发展的中国经济环境及政府部门的大力支持。罗氏将继续积极践行‘立足中国,服务中国’的理念,推动中国科研创新的发展,为上海乃至中国的经济发展贡献力量。”

据悉,个体化医疗是指针对特定患者群体使用能够对其产生最佳疗效的药物。与传统医疗相比,个体化医疗为患者量身定制治疗方案,更充分考虑到了患者个人分子遗传特征对其疾病的影响。凭借生物制药和诊断两大部门在分子生物学领域所具备的专业经验和系统性合作,罗氏在推动个体化医疗创新领域确立了独一无二的优势。早在2006年,罗氏就把个体化医疗纳入集团的核心战略,并成为了该领域的领导者。

2015年罗氏收购了美国领先的基因数据公司Foundation Medicine,利用其创新基因测序方法,检测肿瘤患者的致癌驱动基因突变,有效地帮助临床肿瘤专家为癌症患者寻求更多治疗的可能性。2016年1月,罗氏宣布与Flatiron

Health进行合作，协力整合数量庞大的“真实世界数据”，并利用对这些数据的分析为患者提供更精准的诊疗方案。无论是与Foundation Medicine在肿瘤基因方面的数据合作，还是与Flatiron Health在真实世界患者数据方面的联盟，都是罗氏未来数十年打造个体化医疗战略的有力举措。目前，罗氏已携手Foundation Medicine在欧洲、亚太等市场推出了基因测序产品，罗氏也希望更紧密结合中国市场已有的互联网平台与大数据优势，为广大的中国患者服务。（市商务委外贸投资促进处）

外资企业百强排行

2015年度上海市外商投资“百强企业”名单

2016年10月28日，上海市商务委员会和上海市外商投资协会联合召开2015年度上海市外商投资“百强企业”发布会。会议发布了2015年度百强企业(营业收入、进出口总额、纳税总额、吸收就业人数)名单和外资企业社会责任(中国)报告发布单位名单。

据统计，外资企业创造全市2/3的工业总产值、2/3的货物进出口、1/3的纳税总额，以及1/4左右的就业。进入百强榜单的企业仅占全市外资企业0.24%的数量，但是却实现全市外资企业56%的进出口额，37%的营业收入，将近40%纳税总额，以及25%的从业人员。虽然上海的外资企业有些正在调整转型，但是总体发展比较稳定，在进出口、工业总产值、纳税、吸收就业等方面都为上海的经济发展作出很大贡献。

(1) 从经济指标总量来看：2015年度上海外资百强企业营业收入总额为2.34万亿元，比上一年增加272亿元；百强企业就业人数总额为77.3万，比上一年增加3.6万人；百强企业纳税总额为1 512亿元，进出口总额为1 645亿美元，分别比上年下降约10%和5%。

(2) 百强企业的行业分布：主要分布于代表新兴产业的通信设备、计算机、其他电子设备、通用设备、交通运输设备、电气机械及器材、医药、化学原料等先进制造业，这些外商投资企业已经成为全市制造业发展的重要支柱。在服务业中，百强外企主要分布于金融、商贸、咨询、计算机服务等现代服务业。

(3) 从投资来源地来看：百强企业有超过四分之三的投资来源于欧洲、美洲、亚洲等20多个发达国家和地区，包括中国香港地区、日本、美国、新加坡、德国、瑞士、英国、法国、荷兰、意大利等，投资结构更趋于多元化。

(4) 从外资企业进出口额来看：进出口继续保持优势。外资企业中进出口总额超过1 000万美元同时创利税额超过1 000万元人民币的“双优”企业共有1 002家，占全市外企数的2.5%；进出口总额合计1778亿美元，占全市外企进出口总额的60.7%；利润总额合计1 333亿元，占全市外企利润总额的33.7%。

上海外资营业收入百强企业

1. 苹果电脑贸易(上海)有限公司
2. 上汽大众汽车有限公司
3. 上汽通用汽车有限公司
4. 昌硕科技(上海)有限公司
5. 达功(上海)电脑有限公司
6. 江铜国际贸易有限公司

7. 上海物资贸易股份有限公司
8. 中国东方航空股份有限公司
9. 益海嘉里食品营销有限公司
10. 捷豹路虎汽车贸易(上海)有限公司
11. 保时捷(中国)汽车销售有限公司
12. 托克投资(中国)有限公司
13. 康成投资(中国)有限公司
14. 宝洁(中国)营销有限公司
15. 上海银行股份有限公司
16. 联想(上海)电子科技有限公司
17. 上海电气集团股份有限公司
18. 上海赛科石油化工有限责任公司
19. 工银安盛人寿保险有限公司
20. 上海振华重工(集团)股份有限公司
21. 锦江麦德龙现购自运有限公司
22. 达丰(上海)电脑有限公司
23. 上海慧与有限公司
24. 天安财产保险股份有限公司
25. 益海嘉里(上海)国际贸易有限公司
26. 上海三菱电梯有限公司
27. 上海电力股份有限公司
28. 联合汽车电子有限公司
29. 松下电器机电(中国)有限公司
30. 欧莱雅(中国)有限公司
31. 飞利浦(中国)投资有限公司
32. 上海浦东国际机场航空油料有限责任公司
33. 科思创聚合物(中国)有限公司
34. 嘉能可有限公司
35. 中海集装箱运输股份有限公司
36. 福特汽车(中国)有限公司
37. 上海贝尔股份有限公司
38. 百丽鞋业(上海)有限公司
39. 群邑(上海)广告有限公司
40. 欧尚(中国)投资有限公司
41. 佳电(上海)管理有限公司
42. 华硕电脑(上海)有限公司
43. 联强国际贸易(中国)有限公司
44. 路易达孚(上海)金属有限公司
45. 上海雀巢产品服务有限公司
46. 敦豪全球货运(中国)有限公司
47. 巴斯夫(中国)有限公司
48. 康德乐(上海)医药有限公司
49. 村田电子贸易(上海)有限公司
50. 迅销(中国)商贸有限公司
51. 纽海信息技术(上海)有限公司
52. 舍弗勒贸易(上海)有限公司
53. 迅达(中国)电梯有限公司
54. 上海大众动力总成有限公司
55. 上海电气电站设备有限公司
56. 强生(上海)医疗器材有限公司
57. 国际商业机器(中国)有限公司
58. 德尔福派克电气系统有限公司
59. 英业达科技有限公司
60. 宝钢新日铁汽车板有限公司
61. 三菱商事(上海)有限公司
62. 金纸源贸易(上海)有限公司
63. 佳通轮胎(中国)投资有限公司
64. 瑞表企业管理(上海)有限公司
65. 上海罗氏制药有限公司
66. 环旭电子股份有限公司
67. 丰田通商(上海)有限公司
68. 宜家(中国)投资有限公司
69. 通用电气医疗系统贸易发展(上海)有限公司
70. 英迈电子商贸(上海)有限公司
71. 展讯通信(上海)有限公司
72. 上海益海商贸有限公司
73. 埃克森美孚化工商务(上海)有限公司
74. 上海李奥贝纳广告有限公司
75. 联华超市股份有限公司
76. 乐金显示贸易(上海)有限公司
77. 罗氏诊断产品(上海)有限公司
78. 百度(中国)有限公司
79. 上海小糸车灯有限公司
80. 佳杰科技(上海)有限公司
81. 明朗国际贸易(上海)有限公司
82. 凯帝珂广告(上海)有限公司
83. 上海托克能源贸易有限公司
84. 雅培贸易(上海)有限公司

85. 远东国际租赁有限公司
86. 天合光能(上海)有限公司
87. 三井物产(上海)贸易有限公司
88. 大金空调(上海)有限公司
89. 上海 ABB 工程有限公司
90. 沙伯基础(上海)商贸有限公司
91. 英华达(上海)科技有限公司
92. 可口可乐饮料(上海)有限公司
93. 上海海亮铜业有限公司
94. 全球国际货运代理(中国)有限公司
95. 上海纳铁福传动系统有限公司
96. 夏普商贸(中国)有限公司
97. 亿滋食品企业管理(上海)有限公司
98. 中芯国际集成电路制造(上海)有限公司
99. 国基电子(上海)有限公司
100. 上海索广映像有限公司

上海外资进出口总额百强企业

1. 昌硕科技(上海)有限公司
2. 达功(上海)电脑有限公司
3. 英运物流(上海)有限公司
4. 英特尔贸易(上海)有限公司
5. 晟碟半导体(上海)有限公司
6. 达丰(上海)电脑有限公司
7. 上海洋山保税港区世天威物流有限公司
8. 安靠封装测试(上海)有限公司
9. 保时捷(中国)汽车销售有限公司
10. 捷豹路虎汽车贸易(上海)有限公司
11. 世天威物流(上海外高桥保税物流园区)有限公司
12. 星科金朋(上海)有限公司
13. 上海振华重工(集团)股份有限公司
14. 环旭电子股份有限公司
15. 金士顿科技(上海)有限公司
16. 近铁国际物流(中国)有限公司
17. 上海近铁国际物流有限公司
18. 英业达科技有限公司
19. 英华达(上海)科技有限公司
20. 全球物流(上海)有限公司
21. 国基电子(上海)有限公司
22. 上海大众汽车有限公司
23. 上海通用汽车有限公司
24. 永裕(上海)医药物流营运有限公司
25. 展讯通信(上海)有限公司
26. 日月光封装测试(上海)有限公司
27. 东芝物流(上海)有限公司
28. 中芯国际集成电路制造(上海)有限公司
29. 福特汽车(中国)有限公司
30. 通用电气药业(上海)有限公司
31. 上海浦东国际机场航空油料有限责任公司
32. 东芝电子(上海)有限公司
33. 拜耳材料科技(中国)有限公司
34. 上海罗氏制药有限公司
35. 嘉吉投资(中国)有限公司
36. 上海贝尔股份有限公司
37. 台积电(中国)有限公司
38. 罗氏诊断产品(上海)有限公司
39. 叶水福洋山物流(上海)有限公司
40. 瑞表企业管理(上海)有限公司
41. 联合汽车电子有限公司
42. 达伟(上海)物流仓储有限公司
43. 强生(上海)医疗器材有限公司
44. 友达光电(上海)有限公司
45. 上海索广映像有限公司
46. 华硕电脑(上海)有限公司
47. 上汽通用汽车销售有限公司
48. 英源达科技有限公司
49. 统宝光电显示系统(上海)有限公司
50. 富士通将军(上海)有限公司
51. 沃尔沃汽车销售(上海)有限公司

52. 日通国际物流(上海)有限公司
53. 联想(上海)电子科技有限公司
54. 上海理光数码设备有限公司
55. 上海晶澳太阳能科技有限公司
56. 雅培贸易(上海)有限公司
57. 上海索广电子有限公司
58. 明尼苏达矿业制造(上海)国际贸易有限公司
59. 宜家采购(上海)有限公司
60. 上海夏普电器有限公司
61. 宜家分拨(上海)有限公司
62. 天合汽车零部件(上海)有限公司
63. 上海丹沙货运代理有限公司
64. 上海海亮铜业有限公司
65. 埃克森美孚化工商务(上海)有限公司
66. 达人(上海)电脑有限公司
67. 益海嘉里(上海)国际贸易有限公司
68. 美敦力(上海)管理有限公司
69. 明广(上海)科技有限公司
70. 上海松下半导体有限公司
71. 上海日东光学有限公司
72. 村田电子贸易(上海)有限公司
73. 上海中油能源控股有限公司
74. 英顺达科技有限公司
75. 泰科电子(上海)有限公司
76. 三菱汽车销售(中国)有限公司
77. 达研(上海)光电有限公司
78. 上海华虹宏力半导体制造有限公司
79. 惠氏(上海)贸易有限公司
80. 捷普科技(上海)有限公司
81. 磐亚班拿物流(上海)有限公司
82. 上海富士施乐有限公司
83. 路威酩轩时装(上海)贸易有限公司
84. 上海 ABB 工程有限公司
85. 瞻航物流(上海)有限公司
86. 上海美蓓亚精密机电有限公司
87. 远纺工业(上海)有限公司
88. 大昌洋行(上海)有限公司
89. 邦吉(上海)管理有限公司
90. 藤仓电子(上海)有限公司
91. 尼康映像仪器销售(中国)有限公司
92. 上海惠普有限公司
93. 雅马哈发动机商贸(上海)有限公司
94. 巴斯夫(中国)有限公司
95. 安捷伦科技贸易(上海)有限公司
96. 上海诺华贸易有限公司
97. 诺得卡(上海)微电子有限公司
98. 天虹(中国)投资有限公司
99. 历峰商业有限公司
100. 讯达(中国)电梯有限公司

上海外资纳税百强企业

1. 上汽大众汽车有限公司
2. 上汽通用汽车有限公司
3. 苹果电脑贸易(上海)有限公司
4. 上海银行股份有限公司
5. 上海赛科石油化工有限责任公司
6. 瑞表企业管理(上海)有限公司
7. 玛莎拉蒂(中国)汽车贸易有限公司
8. 华硕电脑(上海)有限公司
9. 飞利浦(中国)投资有限公司
10. 上海罗氏制药有限公司
11. 上海电力股份有限公司
12. 宝洁(中国)营销有限公司
13. 欧莱雅(中国)有限公司
14. 联合汽车电子有限公司
15. 远东国际租赁有限公司
16. 百度(中国)有限公司
17. 沃尔沃汽车销售(上海)有限公司
18. 可口可乐饮料(上海)有限公司
19. 福特汽车(中国)有限公司
20. 埃克森美孚化工商务(上海)有限公司
21. 海恩斯莫里斯(上海)商业有限公司
22. 泰科电子(上海)有限公司
23. 强生(上海)医疗器材有限公司
24. 中国东方航空股份有限公司

25. 中银国际证券有限责任公司
26. 雅诗兰黛(上海)商贸有限公司
27. 迅销(中国)商贸有限公司
28. 德尔福派克电气系统有限公司
29. 大金空调(上海)有限公司
30. 上海大众动力总成有限公司
31. 上海三菱电梯有限公司
32. 工银安盛人寿保险有限公司
33. 历峰商业有限公司
34. 香奈儿(中国)贸易有限公司
35. 康宝莱(上海)管理有限公司
36. 大陆泰密克汽车系统(上海)有限公司
37. 尤妮佳生活用品(中国)有限公司
38. 雅培贸易(上海)有限公司
39. 如新(中国)日用保健品有限公司
40. 亿滋食品企业管理(上海)有限公司
41. 天安财产保险股份有限公司
42. 上海贝尔股份有限公司
43. 路威酩轩时装(上海)贸易有限公司
44. 新百伦贸易(中国)有限公司
45. 上海电气电站设备有限公司
46. 杜邦贸易(上海)有限公司
47. 衣念(上海)时装贸易有限公司
48. 保时捷(中国)汽车销售有限公司
49. 上汽通用汽车金融有限责任公司
50. 腾讯科技(上海)有限公司
51. 上海电气集团股份有限公司
52. 苹果采购运营管理(上海)有限公司
53. 爱马仕(上海)商贸有限公司
54. 罗氏诊断产品(上海)有限公司
55. 锦江麦德龙现购自运有限公司
56. 上海银汇房地产发展有限公司
57. 爱茉莉太平洋贸易有限公司
58 捷豹路虎汽车贸易(上海)有限公司
59. 中美上海施贵宝制药有限公司
60. 国际商业机器(中国)有限公司
61. 康成投资(中国)有限公司
62. 保乐力加(中国)贸易有限公司
63. 辉瑞投资有限公司
64. 百胜咨询(上海)有限公司
65. 上海酩悦轩尼诗国际贸易有限公司
66. 百丽鞋业(上海)有限公司
67. 迅达(中国)电梯有限公司
68. 上海鹏利置业发展有限公司
69. 惠氏(上海)贸易有限公司
70. 巴斯夫(中国)有限公司
71. 上海纳铁福传动系统有限公司
72. 嘉实基金管理有限公司
73. 汉高(中国)投资有限公司
74. 费列罗贸易(上海)有限公司
75. 爱特思亚太企业管理有限公司
76. 上海新鸿基威万房地产有限公司
77. 法拉利汽车国际贸易(上海)有限公司
78. 埃森哲(中国)有限公司
79. 斯凯孚(中国)销售有限公司
80. 百事食品(中国)有限公司
81. 天虹(中国)投资有限公司
823. 中国有限公司
83. 上海陆家嘴金融贸易区开发股份有限公司
84. 贝克曼库尔特商贸(中国)有限公司
85. 上海 ABB 工程有限公司
86. 松下电器机电(中国)有限公司
87. 平安国际融资租赁有限公司
88. 科勒(中国)投资有限公司
89. 三菱电机自动化(中国)有限公司
90. 博柏利(上海)贸易有限公司
91. 仲利国际租赁有限公司
92. 高田(上海)汽配制造有限公司
93. 科思创聚合物(中国)有限公司
94. 默沙东(中国)投资有限公司
95. 华润(上海)房地产开发有限公司
96. 上海统一星巴克咖啡有限公司
97. 上海太太乐食品有限公司
98. 埃克森美孚(中国)投资有限公司
99. 上海新富港房地产发展有限公司
100. 上海菱重增压器有限公司

上海外资吸引就业人数百强企业

1. 中国东方航空股份有限公司
2. 昌硕科技(上海)有限公司
3. 达功(上海)电脑有限公司
4. 德尔福派克电气系统有限公司
5. 天安财产保险股份有限公司
6. 上汽大众汽车有限公司
7. 上海肯德基有限公司
8. 迅销(中国)商贸有限公司
9. 上海统一星巴克咖啡有限公司
10. 欧艾斯设施管理服务(上海)有限公司
11. 上海中原物业顾问有限公司
12. 上海银行股份有限公司
13. 锦江麦德龙现购自运有限公司
14. 日沛电脑配件(上海)有限公司
15. 百家好(上海)时装有限公司
16. 上海必胜客有限公司
17. 上海海立(集团)股份有限公司
18. 联华超市股份有限公司
19. 百丽鞋业(上海)有限公司
20. 大众交通(集团)股份有限公司
21. 上海麦当劳食品有限公司
22. 爱茉莉太平洋贸易有限公司
23. 英华达(上海)科技有限公司
24. 上海联家超市有限公司
25. 迅达(中国)电梯有限公司
26. 索迪斯(上海)管理服务有限公司
27. 中芯国际集成电路制造(上海)有限公司
28. 日铭电脑配件(上海)有限公司
29. 亿滋食品企业管理(上海)有限公司
30. 辉瑞投资有限公司
31. 国际商业机器(中国)有限公司
32. 上汽通用汽车有限公司
33. 前锦网络信息技术(上海)有限公司
34. 新派(上海)餐饮管理有限公司
35. 联合汽车电子有限公司
36. 上海美蓓亚精密机电有限公司
37. 上海电力股份有限公司
38. 王品(中国)餐饮有限公司
39. 国基电子(上海)有限公司
40. 上海电气电站设备有限公司
41. 拉扎斯网络科技(上海)有限公司
42. 赫比(上海)金属工业有限公司
43. 安莉芳(上海)有限公司
44. 上海贝尔股份有限公司
45. 达丰(上海)电脑有限公司
46. 上海慧与有限公司
47. 上海信而富企业管理有限公司
48. 海恩斯莫里斯(上海)商业有限公司
49. 飞利浦(中国)投资有限公司
50. 安靠封装测试(上海)有限公司
51. 英业达科技有限公司
52. 沃尔玛华东百货有限公司
53. 耐克商业(中国)有限公司
54. 环旭电子股份有限公司
55. 通用磨坊贸易(上海)有限公司
56. 上海比亚迪有限公司
57. 上海罗氏制药有限公司
58. 奥特斯(中国)有限公司
59. 众大亚洲人才资源开发(上海)有限公司
60. 上好佳(中国)有限公司
61. 雅诗兰黛(上海)商贸有限公司
62. 默沙东(中国)投资有限公司
63. 百度(中国)有限公司
64. 上海安费诺永亿通讯电子有限公司
65. 百时美施贵宝(中国)投资有限公司
66. 上海克莉丝汀食品有限公司
67. 埃森哲(中国)有限公司
68. 上海纳铁福传动系统有限公司
69. 工银安盛人寿保险有限公司
70. 日腾电脑配件(上海)有限公司
71. 印孚瑟斯技术(中国)有限公司
72. 上海华虹宏力半导体制造有限公司
73. 永大电梯设备(中国)有限公司
74. 飒拉商业(上海)有限公司

75. 星科金朋(上海)有限公司
76. 上海药明康德新药开发有限公司
77. 新大洲本田摩托有限公司
78. 百胜咨询(上海)有限公司
79. 强生(上海)医疗器材有限公司
80. 上海至诚环境服务有限公司
81. 快乐蜂(中国)餐饮管理有限公司
82. 花旗金融信息服务(中国)有限公司
83. 通用电气医疗系统贸易发展(上海)有限公司
84. 路威酩轩香水化妆品(上海)有限公司
85. 英域成语言培训(上海)有限公司
86. 安永(中国)企业咨询有限公司
87. 上海英模特制衣有限公司
88. 上海振华重工(集团)股份有限公司
89. 上海群志光电有限公司
90. 益海嘉里食品营销有限公司
91. 思爱普(中国)有限公司
92. 捷普科技(上海)有限公司
93. 上海伟略餐饮管理有限公司
94. 上海国际机场地面服务有限公司
95. 上海日立电器有限公司
96. 富士通将军(上海)有限公司
97. 敦豪全球货运(中国)有限公司
98. 雅培贸易(上海)有限公司
99. 上海太太乐食品有限公司
100. 资生堂(中国)投资有限公司

中国（上海）自由贸易试验区建设

上海自贸试验区平行进口汽车试点实现新突破

2014年10月29日，商务部复函支持上海自贸试验区开展平行进口汽车试点。2015年1月7日，上海市商务委、上海自贸试验区管委会、上海海关、上海检验检疫、上海市工商行政管理局等部门联合发布《关于在中国(上海)自由贸易试验区开展平行进口汽车试点的通知》，试点工作正式启动。在商务部等国家各部委的大力支持和指导下，2016年上海自贸试验区平行进口汽车试点工作取得一定的进展，平行进口汽车实际进口数超过1500辆。

一、试点基本情况

试点工作开展以来，上海按照"统筹协调、稳步推进，强化事中、事后监管"的原则，主要推进了以下工作：

1. 明确试点企业及责任主体，完善服务功能

在严格设置试点企业准入条件，提高确保试点企业质量的基础上，明确将试点企业作为平行进口汽车产品质量追溯的责任主体，履行产品召回、质量保障、售后服务、"三包"等义务。2015年2月10日，筛选公布17家首批试点企业，并在外高桥保税区整合政府职能部门相关配套功能，建立配套服务"一门式"窗口，包括自动许可证申请、机动车额度审核、车辆注册登记、车辆购置税缴纳、公益性第三方行业协会等服务功能，为试点企业提供贸易便利。

2. 建立平行进口汽车综合信息管理系统，加强全过程监管

开发建设平行进口汽车综合信息管理系统，对平行进口汽车产品全使用周期的信息进行追溯管理，加强平行进口汽车产品"三包""召回""质量索赔"等后续问题监管。该信息管理系统已通过上海市8个职能部门的联合验收并上线启用。同时，根据国家质检总局的管理要求，相关信息将要纳入质检总局"进口机动车智能监管平台"，实现对平行进口汽车检验监管进行全过程管理，并将纳入上海检验检疫局"进出口工业产品质量安全溯源管理平台"，实现相关职能部门与公共服务平台、试点企业之间的信息共享。

3. 试单平行进口汽车业务操作，为开展业务积累经验

2015年3月底，首批3台平行进口汽车到达上海洋山港。在上海海关、上海检验检疫局的支持下，5月初该批车辆相关进口手续办理完毕，并向国内市场进行销售，完成全流程的测试。在此次试单基础上，上海检验检疫局制定出台《中国(上海)自由贸易试验区平行进口汽车检验监管工作规定(试行)》，从车辆的报备、报检、验证、检验、不符合整改和后续监管等入手，全面规范上海自贸试验区平行进口汽车的入境检验验证监管流程。

4. 建立服务规范和标准,完善售后服务体系建设

平台企业在上海自贸试验区建设近万平方米的展示交易中心和首家综合维修样板店,并在全国布局设立服务网点,建设集整车销售、售后服务和零部件供应为一体的区域性服务中心,由平台输出品牌和管理,建立统一的服务规范和标准,并提供零部件、维修技术、培训服务,打造上海自贸区平行进口汽车“FTZCAR”的全国统一服务品牌。网点建设正积极推进中,首批3家区域服务中心(合肥、深圳、苏州)已经开业,其余近10家区域服务中心也将陆续开业;下一步,争取在所有省会城市及发达地区建立1~2家综合售后服务中心。

5. 建立联席会议制度,加快推进相关政策落地

为贯彻落实《商务部等8部门关于促进汽车平行进口试点的若干意见》(商建发〔2016〕50号)的精神,并推进相关政策在上海的落地,上海建立了平行进口汽车推进工作联席会议制度,联席会议成员包括上海市商务委、上海自贸区管委会、上海海关、上海检验检疫局、上海市经信委、上海市公安局、上海市交通委、上海市环保局等部门。在联席会议协调机制下,各部门与试点企业结合《意见》的要求,根据平行进口汽车试点工作以来遇到的困难和问题,多次召开专题会议,并完善制定《中国(上海)自贸试验区平行进口汽车试点工作的实施意见》,确保平行进口汽车试点工作稳步推进、有序开展。《实施意见》已于2016年6月15日正式发布,在保税仓储、汽车产品强制性认证等方面给予了政策保障。

6. 推动试点企业获颁首张平行进口CCC证书,促进试点工作规范发展

平行进口汽车试点作为上海自贸试验区培育新型贸易业态和功能的重要内容,始终得到国家各部委的支持。2015年底,国家认监委发布《关于自贸区平行进口汽车CCC认证改革试点措施的公告》后,市商务委联合自贸区管委会、上海检验检疫局等部门,积极推动试点企业参与CCC认证试点。2016年6月21日,上海外高桥汽车交易市场有限公司获得全国首张平行进口汽车CCC认证证书,这标志着平行进口汽车试点工作全面落地运作,也标志着上海自贸试验区贸易便利化水平又上了一个新台阶。

二、下一步工作设想

1. 强化平行进口汽车试点工作联席会议的日常联络协调机制

由上海市商务委和自贸试验区管委会共同牵头,在统一框架下,与市经信委、市公安局、市环保局、市交通委、上海海关、上海检验检疫局等相关部门按照各自职责,稳步推进工作。同时,对口联系国家各部委,积极寻求政策引导和技术支持,确保各项政策措施早日落地上海自贸试验区。

2. 构建平行进口汽车试点企业监管体系

一是实现各职能部门监管信息共享,加大事中、事后联合监管力度,定期收集消费者体验反馈,确保试点企业依法履行产品召回、质量保障、售后服务、汽车“三包”、平均燃料消耗量核算等义务;二是督促试点企业建立逐步完善的汽车销售和服务体系,保证相应的配件供应,通过自建、资源共享、多渠道合作等多种方式,形成覆盖销售区域的售后服务(含维修)网络,使消费者能够享有方便、快捷、有效的售后服务,切实保障消费者合法权益。

3. 优化平行进口汽车公共服务平台功能

由自贸试验区管委会等地方政府部门主导建立自贸区第三方公共服务平台,整合政府职能部门相关配套功能,有效聚集汽车维修、服务、零部件供应等社会化服务,承担平行进口汽车质量保障的托底责任;开发完善综合信息系统,提供给试点企业和相关监管部门使用,包括平行进口汽车经销商信息化管理和产品质量追溯体系两大板块,实现对车辆全流程信息共享和可追溯。

(市商务委外贸发展处)

自贸区的先发优势不断释放 上海口岸实现进口出口双增长

2016年,在国际贸易总体低迷的形势下,上海口岸货物贸易保持平稳态势,进口和出口实现双增长,出入境旅客和邮轮业务大幅攀升。

2016年,上海口岸进出口货物总值6.9万亿元人民币,比上年增长1.5%,占全国进出口总值的28.3%。其中,出口4.1万亿元,增长0.3%;进口2.8万亿元,增长3.3%。

2016年,上海港外贸货物吞吐量3.83亿吨,集装箱外贸吞吐量3188.8万标箱,比上年均增长0.6%;航空外贸货邮吞吐量303.5万吨,增长4.6%。

2016年,上海口岸出入境旅客3845.3万人次,比上年增长12.7%,其中邮轮出入境旅客287.5万人次,大幅增长75.6%。当年上海口岸出入境(港)国际邮轮1027艘次,增长49.3%。

2016年,上海口岸实现进口出口双增长,一个重要因素是口岸进出口环境进一步优化,中国(上海)自由贸易试验区的先发优势不断释放。

经过3年建设,上海国际贸易单一窗口建设全面实施2.0版。上海口岸95%的货物申报、全部的船舶申报都通过单一窗口办理,平台用户近5000家,服务企业数17万家。与3年前相比,上海自贸区一线进境货物入区通关时间平均缩短2~3天,成本平均降低10%。上海自贸区还积极扩大货物状态分类监管试点,物流业务类型的试点范围覆盖自贸区所有海关特殊监管区,试点企业扩大到35家,贸易企业也已开展试点,赋予企业一般纳税人资格。

2017年,上海口岸将推进三方面重点工作:一是全面实施上海国际贸易单一窗口3.0版,按照建设具有国际先进水平的国际贸易单一窗口的要求,研究制定2017—2020年全面深化建设方案;二是进一步深化上海自贸区分线分类监管,探索“区港一体”自由贸易港区建设,推动特殊监管区保税作业和口岸作业高效顺畅衔接,扩大货物状态分类监管的业务类型和规模,完善跨境电子商务的监管和通关流程;三是深化“信息互换、监管互认、执法互助”大通关建设,探索推行上海口岸“守信联合激励、失信联合惩戒”的信用体系建设。(新华社)

上海:“四张牌”确保自贸区先发优势

作为改革开放一大窗口,作为自贸区战略最先落地的城市,2016年,上海在这个“十三五”开局之年怎么走?

2016年1月24日,上海十四届人大四次会议开幕,上海市市长杨雄作政府工作报告。杨雄提出上海全市生产总值增长6.5%~7%。与长三角其他省份相比,上海的预期增速仍不算高。

在这一增速之下,上海将继续推动自贸区、科创中心等国家改革战略的落地。

1. 上海自贸区:打好“四张牌”

在杨雄所作的政府工作报告中,推进以自贸区建设为重点的改革开放仍是上海2016年的第一项工作任务。

根据此前公布的消息,正在制定的覆盖内外

资的大负面清单,将会在上海自贸区率先出台。

2016年9月,上海自贸区挂牌运行将满3周年。面对第三批自贸区申请热潮,上海自贸区将面临更大的竞争压力,如何能够在自贸区试验中保证先发优势?

浦东新区副区长简大年认为,上海自贸区要打造最优自贸区,应该打好"四张牌"。

第一张牌就是以保税区为先导。在国际业务、国际市场、跨境业务、离岸业务上,上海是不是国际领先。另外,在贸易便利化上对标新加坡、迪拜等世界先进的自由贸易试验区,上海是否有自己的特点。

第二张牌就是金融创新。简大年认为,上海在金融创新的问题上,最关键的还是落地、落实。利用自贸区前两年自由贸易帐户、资金池、对外投资备案等政策工具,在投资产品、监管流程、一体化服务的机制上,形成了上海的优势。

上海政府工作报告中提出,2016年在推动人民币资本项目可兑换先行先试、拓展自由贸易账户功能以外,还将适时启动合格境内个人投资者境外投资试点。简大年认为,资本项下的可兑换如果能在上海率先实现,也将是上海的优势所在。

第三张牌是"双自联动"。简大年表示,把自贸区的监管创新、金融创新、开放创新与科技创新很好地联动起来,使得资本、技术、人才在跨境流动上实现"双自"的特点。

第四张牌是浦东新区一级地区政府的政府职能转变,关键词是"系统性"。简大年认为,上海在过程监管的总结上,能够有一套比较完整的,建立在信息平台和信用体系基础上的,政府过程监管的体制机制系统框架,这样和其他自贸区比较起来会更加完整、系统、立体。

2. 一号课题:"补短板"

除了对各项改革和重大战略进行推进外,上海今年还希望在"补短板"方面有所进展。目前,在上海"四个中心"建设、经济增长和产业结构调整中,"补短板"已经和"去产能、去库存、去杠杆、降成本"并列,成为重点要抓好的领域之一。

"补短板",被列为上海市2016年重点调研的一号课题。在上海市委书记韩正看来,十三五的开局之年,短板绕不过去,越拖越难解决,制约了整个城市整体效益提升,已经到了非抓不可的时候。

从结构调整而言,上海的一大短板无疑是制造业的占比。在上海服务业发展高歌猛进,占GDP比重不断提升的同时,制造业占比却已经低于30%。而制造业保持相当的比重能够对四个中心的建设和科创中心建设起支撑作用,也能够避免产业"空心化"的风险。

杨雄表示,当前上海经济下行压力较大,制造业发展面临不少困难,战略性新兴产业增加值占全市生产总值比重达到20%左右,制造业增加值占全市生产总值比重力争保持在25%左右。

上海市政协委员江世亮认为,在科创中心建设方面,企业作用的发挥,尤其是掌握大量资源具有创新能力的国有企业作用的发挥,是必须补上的短板。

而在公共服务方面,同时引起韩正和中共浦东新区委员会书记沈晓明关注的儿童医疗问题,也成为此次上海两会期间最受关注的短板。由于出生周期的变化,以及儿科病房的减少,上海目前儿科医疗出现人满为患的现象。对此,韩正在浦东小组审议现场就当场表示,这一问题在"十三五"期间必须解决。

此外,在城市安全和交通、基础设施建设、环境保护和教育等方面,上海仍然存在短板。杨雄表示,上海将直面问题,努力在破除瓶颈、补齐短板上取得明显进展。

值得注意的是,上海还将这一思路用在了政府自身的改革上。上海市副市长屠光绍则指出,如果政府的职能转变基础不实,政府作风不实,可能政府本身就会成为制约下一波经济社会发展的短板,政府职能转变是非常艰巨的工作,但不能走回头路。(21世纪经济报道)

发挥自贸试验区改革溢出效应
上海着力构建公开透明的内贸流通市场规则体系

在推动内贸流通体制改革发展综合试点的过程中，上海为适应流通新业态、新模式的发展，发挥自贸试验区改革溢出效应，以标准和法规建设为重点，推动建立适应内贸流通创新发展、覆盖流通全过程的市场规则体系。

一是改革市场准入制度和退出机制。探索建立国内贸易负面清单管理模式。贯彻落实国务院《关于实行市场准入负面清单制度的意见》，围绕“批发和零售业”、“住宿和餐饮业”、“居民服务、修理和其它服务业”，以及与商品流通关系密切的专业服务等行业，梳理相关法规规章，初步形成涉及19个行业小类的内贸流通领域市场准入负面清单。围绕事中事后监管，汇编形成涉及58个行业小类的上海内贸流通领域与企业经营相关的行政管理目录。开展行政事项清理并发布行政权力和责任清单。针对100余项内贸流通领域行政权力事项，依照行使程序和实体性规范，逐项明确不履行或者不正确履行法定职责的具体行为、责任形式、追究情形、追究幅度等，并对外发布行政审批、行政处罚、行政检查、行政确认、其他权力共5大类的行政权力清单和行政责任清单。深化商事制度改革。全面实行营业执照、组织机构代码证和税务登记证“三证合一、一照一码”登记制度。推进“先照后证”试点，制定全市“先照后证”审批事项目录，并在浦东新区推进“证照分离”改革试点。在浦东新区、自贸试验区试点市场主体简易注销程序，以“便捷高效、公开透明、控制风险”为基本原则，进一步完善市场退出机制，目前已受理企业公示简易注销96户。

二是加强商贸流通标准化建设。牵头成立全国城市标准化创新联盟。会同其他8个试点城市成立全国城市标准化创新联盟，搭建城市间标准化合作交流平台。与江苏、浙江联合举办“长三角标准化研讨会”，在地方标准共享互认、团体标准合作共赢等方面形成新的合作亮点。率先试点“政府倡导、市场引导、行业主导、专业指导”的团体标准地方培育发展新模式，先后推出了电子商务、数字化营销等两批20余项团体标准，研究制定地方关于促进团体标准发展指导意见。积极推动国家物流标准化试点。聚焦快消品、农产品两大领域，以“一块板、一辆车、一个筐、一个平台”为载体，推进以托盘社会化循环共用为重点的物流标准化体系。目前，标准化托盘循环共用体系基本形成，上海标准托盘池新增标准托盘250多万个，快消品领域试点企业联合供应链上下游供应商实施带板运输、托盘共用，供应链效率提升35%，装卸效率提升2～3倍，人工成本降低15%，商品破损率降低50%。农产品全流程物流包装标准化体系初现雏形，通过周转箱和标准化托盘的应用，形成了豆制品和生鲜农产品从生产到销售配送的全过程冷链化。上海国家级医药物流服务业标准化试点项目和司法鉴定技术与服务标准，通过国家评估验收。率先推行企业标准自我公开声明制度。制定出台《上海市企业产品标准自我声明公开和监督管理试行办法》。完善企业产品标准自我声明公开公共服务平台，截至2015年底，共有2 052家企业8 387个企业产品和服务标准通过平台完成自我声明公开。开通“企标掌上查”公众微信系统，为建立完善上海企业标准公开制度、引导消费和畅通社会监督渠道奠定了基础。

三是健全流通关键领域法规规章。做好食品流通追溯顶层设计。出台《上海市食品安全信息追溯管理办法》，公布2015年版上海市食品安全信息追溯管理品种目录，明确政府各相关部门职责，落实了食品和食用农产品生产经营者信息追溯的主体责任，强调了执法监督和消费者的知情权保护。健全大宗商品现货交易市场管理制度。发布《中国(上海)自由贸易试验区大宗商品现货市场交易管理规定》和《中国(上海)自由贸易试验区大宗商品现货市场交易管理规则(试行)》。研究起草上海市大宗商品现货交易市场管理规定,引入第三方仓单公示和资金清算平台,实现交易、托管、清算、仓储"四分开",强化市场监管,防范交易风险。启动展览业地方立法工作。先行研究制定关于《国务院关于进一步促进展览业改革发展的若干意见》的贯彻落实意见。制定流通业发展财税问题政策建议报告。全面梳理大宗商品交易税收政策、二手车交易税收政策、大型连锁商业企业总分支机构汇总纳税和财力分配办法的执行情况,并提出有关建议。深入推进电子发票试点。贯彻落实《国家税务总局关于全面推行增值税发票系统升级版工作有关问题的通知》,开具升级版增值税发票和首份保险电子发票。(市商务委市场体系建设处)

上海自贸试验区启动跨境电子商务示范园区建设

2016年3月15日,中国(上海)自由贸易试验区保税区域——"上海市跨境电子商务示范园区"启动仪式在外高桥保税区举行。市政府副秘书长、浦东新区区长、自贸试验区管委会常务副主任孙继伟出席仪式。市商务委、上海海关、上海国检、市邮政管理局、保税区管理局、市电子口岸办等有关领导参加活动。

此次跨境电商示范园区挂牌主体分别为外高桥国际贸易营运中心公司、外高桥物流中心公司、浦东现代产业公司、东航物流公司、自贸联发公司和深水港物流公司。这些建设运营主体均具有相对完善的配套基础设施,具有明确的服务定位,并与上海市跨境电商公共服务平台形成良好的"线上线下"对接机制,能为入驻园区企业提供涵盖商品企业备案、物流通关、对接监管信息等"一站式"的综合配套服务。

2016年年2月,市商务委、市发展改革委正式批复同意在中国(上海)自由贸易试验区设立上海市跨境电子商务示范园区,范围包括外高桥保税区、外高桥保税物流园区、洋山保税港区和浦东机场综合保税区4个海关特殊监管区域。作为2016年1月12日国务院批复同意在上海等12个城市设立国家跨境电子商务综合试验区之后上海市设立的第一批示范园区,标志着上海市跨境电子商务综合改革试点进入一个新阶段,也是自贸试验区先行先试、深化改革的又一重大举措。

上海海关、上海国检等口岸监管部门积极推进跨境电商监管制度创新,在保税区域率先推出"直购进口提前申报""低风险商品自动备案""检验检疫负面清单管理"等一系列便利化改革举措,建立了跨境电商进口和出口集中监管流程,形成了"一般进口、保税进口、一般出口"等业务运作模式。经过两年多的探索发展,自贸试验区保税区域积极引进跨境电商试点项目,其中"跨境通"平台已吸引入驻商家400余家,日订单达到1万单以上,上线商品近2万种。在此基础上积极探索建立"产地直达""前店后库""保税出口""进口直销"等业务模式,区域内已形成多元化的跨境电商发展新格局。

自贸试验区管委会和保税区管理局将进一步优化跨境电商监管流程,提高企业通关效率降低成本。推进保税集货、线上线下互动等模式多元化运作,吸引境外消费回流。构建保税区域"外贸+互联网"全产业链,吸引集聚市场采购、展会交易、信用担保、分销体系、供应链管理+互联网应用的各种类型电子商务企业。建立线上线下公共服务平台对接合作机制,为电商主体入驻运作提供便捷服务。培育金融、物流、培训、商务咨询等外贸综合服务商。建立自贸试验区保税区域跨境电商示范园区工作推进机制，充分发挥好自贸区专项发展资金作用，支持推动区域跨境电子商务产业做大做强。（市商务委外贸发展处）

发挥自贸区制度创新优势 创建符合国际惯例的市场规则和治理体系

在区外市场发展经验基础上，上海市充分发挥自贸试验区制度创新优势，聚焦金属、能源、化工、矿石、农产品等领域，探索建立期现联动、内外连接的大宗市场交易平台，创建符合国际惯例的市场规则和治理体系。

1. 制定行业规范，明确大宗商品现货市场面向国际的发展定位

发布自贸试验区大宗商品现货市场交易管理规定与规则，在交易标的、交易参与方以及交易价格方面凸显出鲜明的国际化定位：交易标的为保税实物以及仓单、提单等货权凭证，交易品种为进出口规模大的保税大宗商品，突出自贸区内市场与区外市场的区别，交易参与方既包括国内交易商，也包括国际交易商，交易价格采用国际通行的不含关税和增值税的“净价”作为定价方式，使用人民币计价结算。截至2016年年底，自贸区内已开展业务的大宗商品现货市场共实现各类大宗商品交易规模超过420亿元，其中线上交易金额1.43亿元。

2. 创新准入退出方式，遴选优秀试点主体

经由相关政府部门代表和行业专家共同组成的大宗商品现货市场评审委员会评审，对发起人的法人主体地位、交易规则及专项管理办法、第三方合作、交易系统软硬件支持等情况进行综合评估，保证评审的专业性、公开性和透明性。自2015年1月，自贸区大宗商品现货市场建设正式启动以来，经评审委员会专家的集中评议，10家发起人提交的市场建设方案通过专家评审，其中，7家市场已通过验收，6家已正式上线，3家引导退出。

3. 创新市场监管模式，构建多方共治的大宗商品管理体系

建立与国际接轨的大宗商品市场专业化监管模式，通过引入“第三方清算”与“第三方仓单公示”模式，形成监管闭环，防范大宗商品现货市场资金和货权风险，并为“期现联动”奠定基础。该模式已成功应用于自贸试验区内大宗商品市场。截至2016年底，第三方仓单公示平台累计登记仓单66笔，挂牌仓单332笔，转让仓单207笔，第三方清算平台对接31家FT账户市场交易商以及6家商业银行FT系统。

4. 创新监管配套政策，形成大宗商品市场规则突破

探索出台信用证与跨境电票结算、订单与提单交易等相关政策，初步形成面向国际的大宗商品交易政策和服务支撑体系。大宗商品电子仓单已获得国内外金融机构的认可。

5. 形成“期现联动”试点工作路径，鼓励企业开展有益尝试

上海清算所制定“期现联动”“三步走”计划，已联合有色网、易贸集团先后推出自贸试验区铜溢价掉期、人民币电解铜掉期、苯乙烯和乙二醇掉期等现货衍生品业务，上海期货交易所计划建设上期大宗商品交易平台，对与期货相关的现货与衍生品业务进行统一管理。与宝武集团以及自贸区内相关现货平台商讨合作事宜，以现货、期货交易报价为基础，推出即期、远期、价差、掉期、期权等场外衍生品交易。上海国际棉花交易中心与新疆喀什地区产棉大户签订战略合作协议，创新推出“现货交易＋保价服务”模式，形成

以现货交易为基础,保障买卖双方履约行为的价格创新业务。(市商务委市场体系建设处)

借力自贸扩区 浦东新区经济增长实现“动力切换”

随着航空销售、企业技能培训等产业领域新增又一批开放项目,上海自贸试验区54项扩大开放措施累计落地项目超过1 800个;跨境电商、大宗商品交易等一批贸易平台建设不断提速;国家开发银行上海业务总部、上海保险交易所、中远海运集团等功能性机构和要素市场频频落地……

这张源自制度创新的浦东经济“半年成绩单”,透露出上海自贸试验区各大片区正上演着一场“动力切换”转型大戏:内需已成为经济发展的主要动力,技术创新从引进向自主创新转化,新兴产业和创新经济正成为支撑经济增长的新亮点。

1. 深耕改革“苗圃”,新经济全面发力

2015年4月27日,上海自贸试验区正式扩区,在原来28.78平方公里海关特殊监管区的基础上,扩展到了陆家嘴、金桥、张江3个片区,上海自贸试验区全面开启“2.0时代”。

深耕自贸区这块制度创新的“苗圃”,让浦东迎来了全新的发展机遇。前不久,总投资额高达1 700亿元的20个重大项目,全部宣布落户在上海自贸试验区扩区范围,主要涉及金融、航运、高科技、先进制造业、高端新兴服务业及服务国家“一带一路”建设等领域。

作为2010年上海世博会举办地,世博地区近10平方公里被划入了自贸区范围。这里吸引包括中国商飞在内的一大批央企总部和高端文化演艺项目相继落户。2016年年底,世博央企总部集聚区以及前滩、耀华区域的商务楼宇竣工,更多央企、民企总部和国际机构(组织),包括金砖国家新开发银行、亚太示范电子口岸网络运营中心等也将入驻。预计到2020年,世博地区建筑面积达到800万平方米,逐步迈向世界级水准的中央公共活动区,亮出一张主打总部经济、金融投资、文化传媒等新兴产业的全新名片。

2. 加速转型升级,形成高能级产业体系

浦东新区制造业正处于转型升级的关键阶段,服务化、高端化和智能化发展初现端倪,附加值和产出效率持续提升。在业内专家看来,浦东的金桥、祝桥、外高桥、临港、张江,功能定位不同、产业门类有别,却各有所长、相得益彰,是规划中“浦东制造”必将依仗的“五大基地”。“五点”自北向南成“一线”,更像是“浦东制造”的一道坚实“大堤”,浦东制造当以提升国际竞争力为目标,在“一带一路”倡议中体现作为、在“走出去”战略中打造品牌。

展望未来,依托张江、金桥等重要产业区域,浦东将在新一代信息技术、高端装备制造、汽车行业、生物医药、机器人产业等领域巩固竞争优势,支撑经济持续发展。翁祖亮说:“我们要进一步推进高端制造业和现代服务业对外开放,坚持高端化发展方向,结合片区功能定位和产业特点,在更多领域降低准入门槛,不断提高市场开发度和国际化水平,加快形成高能级产业体系。”

3. 对标全球创新中心,升级创新创业环境

以张江科学城为重点,浦东正全力建设具有全球影响力的科创中心核心功能区。对标全球知名开放式网型创新中心,更多国际化高端科研机构、大学将集聚于此,搭建起顶级公共研发中心,营造出更国际化的创新创业环境,吸引科技型企业。

眼下,浦东正在有意识地完善“苗圃”、孵化器、加速器、创新创业基地等整个孵化链条上的布局和创新创业主体的培育。全国首个由跨国企业联合成立的创新孵化器今年在张江落地,由张江管委会牵头搭建联合孵化平台,通用电气(GE)、亿贝(eBay)、联合利华、博世等6家张江园区内的知名跨国企业提供自己的全球资源,从技术、管理、资金等方面为创新企业提供帮助。

(浦东新区商务委)

徐汇区加强与上海自贸区产业经济联动发展的研究

2013年9月29日,中国(上海)自由贸易试验区(以下简称上海自贸区)正式挂牌成立。建设上海自贸区,是党中央、国务院顺应全球经贸发展新趋势,实行更加积极主动开放战略的一项重大举措,将有利于培育我国面向全球的竞争新优势,构建与各国合作发展的新平台,拓展经济增长的新空间,打造中国经济"升级版"。上海自贸区的建设,将有力地促进上海建设国际贸易中心的进程。徐汇区作为上海中心城区之一,"要主动承接上海自贸区溢出效应,加快政府职能转变;要统筹区域整体发展,稳步推进城市更新;要立足自身定位特点,推进产业转型升级;要结合中心城区实际,加强和创新社会治理"(摘自上海市委副书记、市长杨雄讲话)。

一、上海自贸区建设总体方案核心内容

在国务院发布的中国(上海)自由贸易试验区总体方案中,明确上海自贸区建设使命"试验区肩负着我国在新时期加快政府职能转变、积极探索管理模式创新、促进贸易和投资便利化,为全面深化改革和扩大开放探索新途径、积累新经验的重要使命,是国家战略需要"。

列出上海自贸区的5项主要任务,即加快政府职能转变、扩大投资领域的开放、推进贸易发展方式转变、深化金融领域的开放创新,以及完善法制领域的制度保障。

1. 进一步推动投资领域开放

总方案指出,选择金融、航运、商贸、专业服务、文化服务与社会服务等领域扩大开放,暂停或取消对投资者的资质要求、股比限制、经营范围限制等准入限制措施,营造有利于各类投资者平等准入的市场环境。在上述领域中,金融服务的开放备受关注。中国银监会也明确了区内银行监管的相关细节,包括优化调整自贸区内金融机构存贷比的监管标准、支持银行业金融机构发展跨境融资业务和跨境投资金融服务、鼓励外资银行入区经营、缩短外资金融机构在代表处升格为分行以及开办人民币业务所需时间等。

2. 探索建立负面清单管理模式

负面清单是指,凡是针对外资的与国民待遇、最惠国待遇不符的管理措施、业绩要求、高管要求等方面的措施,均以清单方式列明。迄今为止,中国政府对外商直接投资的管理一直使用《外商投资产业指导目录》,列出中国鼓励、限制与禁止外商进入的行业。所有的外商直接投资只能在规定范围内活动,也即"法无规定不可为"。而负面清单是给不开放的行业和受限制的商业活动列一个清单,只要未列入负面清单的就是"法无禁止皆可为"。总方案指出,在自贸区内,借鉴国际通行规则,对外商投资试行准入前国民待遇和负面清单管理模式。对负面清单之外的领域,按照内外资一致的原则,将外商投资项目由核准制改为备案制。这事实上是试图弱化政府权利、划清政府与市场的界限,从而更好地发挥市场在配置资源方面的基础作用。

3. 加快金融改革

近期,中国金融领域的改革进程明显提速,上海自贸区将进一步推动金融改革方面扮演重要角色。总方案指出,在风险可控的前提下,可在试验区内对人民币资本项目可兑换、金融市场利率市场化、人民币跨境使用等方面创造条件进行先行先试,在试验区内对金融机构资产方价格实行市场化定价。如果上海自贸区内的金融改革能够取得成功,并经历试点铺开,这将对未来中国经济增长模式的结构转型发挥至关重要的推动作用。

4. 推动对外贸易的转型升级

随着国际经济新秩序的逐渐形成,以及中国传统制造业比较优势的逐渐丧失,中国必须积极培育贸易新型业态和功能,形成以技术、品牌、质量、服务为核心的国际贸易竞争新优势,加快提升自身在全球贸易价值链中的地位。总方案指出,自贸区将发挥外高桥港、洋山深水港、浦东空港的联动作用,发展航运金融、国际船舶运输、国际船舶管理、国际航运经济等产业,将上海建成国际航运中心。此外,上海自贸区将会积极探索在试验区内设立国际大宗商品交易和资源配置平台,开展能源产品、基本工业原料和大宗农产品的国际贸易,扩大完善期货保税交割试点,拓展仓单质押融资等功能。

5. 简政放权,完善法律保障

中国政府将在自贸区内深化行政管理体制改革,推动政府管理由注重事先审批转为注重事中、事后监管。总方案指出,要努力实施"一线放开,二线安全高效管住,区内货物自由流动"的创新监管服务模式。质检、工商等所有的市场行政管理职能都会汇总到一个机构,从而践行"小政府"和服务性政府的新理念。

二、有效推进徐汇区与上海自贸区新政联动

1. 以商事制度改革为突破,助推政府职能全面转变

加强部门联动、强化职责体系,内外资审批流程明显简化。"5+X"模式内外资全覆盖、企业设立审批时间4天左右。徐汇区通过流程优化和再造,全面提升服务企业机制。2016年以来,在新办企业审批中试行的"5+X"模式,整合区工商、税务、技监、商务、发展改革委5个部门的项目审批内容,并根据申请项目增加"X",即环保、食药监、卫生、文化等审批内容,"一对一"为企业入驻商询和相关申请事项提供服务,实行"一口受理、统一办结"。外商投资审批实施"告知承诺+形式审批",部分变更事项现场办结,包括企业名称变更、注册地址变更、投资方名称变更、合同章程一般条款修改等。简化后,企业的申报材料从11项减少为5项,审批效率和企业满意度大幅提高。

以区行政服务中心建设为契机,简政放权,全面推动政府职能转变。徐汇区将行政服务中心建设作为推进政府职能转变1号工程,2016年以来,以社会需求为导向、以规范便捷为目标,形成"服务超市",总面积4万平方米内的中心内将在年底汇集24个部门40多个服务项目科室、336个行政审批和公共服务事项,其中包括177项市目录入驻审批事项、73项本区新增入驻审批事项、86项行政服务事项。让服务对象在"超市"内既可以"一口式"享受服务也可以个性化地"选购"服务。同时还将以行政服务中心为核心,以13个街镇社区事务受理中心为支撑,配以深入到小区的延伸服务点,形成"13+1+X"的便民行政服务体系。为实现监管随时联动,提高处置效率,区网格中心和12345热线电话也将纳入区行政服务中心,切实改变"重审批、轻监管"现象。同时,徐汇区还全面实行注册资本认缴登记制,试验推行年度报告公示制。

2. 以对接海关、检验检疫、金融政策为突破,实现上海自贸区与徐汇联动

延伸自贸区海关、检验检疫政策到徐汇。徐汇区政府先后与上海海关、上海检验检疫浦江局签订"合作备忘录",旨在快速、有效复制自贸区政策、措施,为推进徐汇区域经济发展服务。

徐汇区被列入上海自贸区海关政策四个复制推广示范区之一。徐汇与上海海关共同启动17项制度的分类复制推广,大力增加企业参与数量,扩大业务量,使区内重点企业最大限度地享受到新政红利。在徐汇区建设枫林生命科学园区、漕河泾开发区、徐家汇地区对接海关新一轮复制政策,惠及企业经营发展。"企业协调员制度"建立海关与企业联系平台,一点进入,多部门联动,限时解决企业通关问题;"先进区,后报关""批次进出、集中申报""简化或取消报关单随附单证"等政策缩短通关时间降低企业成本。"仓储企业联网监督""一次备案、多次使用"更新海关监管模式。"融资报税租赁"等功能拓展新

政将直接惠及跨国公司研发中心建设与发展。

在徐汇滨江地区建立西岸艺术品保税仓库，成为自“外高桥艺术品保税仓库”落户自贸区之后，首个建在自贸区区外的艺术品保税仓库，并引进新加坡自由港管理团队开展运营。同时，徐汇区与上海海关充分沟通，达成共识，在西岸艺术品保税仓库复制推广艺术品关外出库展示、保税艺术品“直通关”和“分送集报”等自贸试验区贸易监管便利化举措，极大推动龙美术馆(西岸馆)、德美术馆等运营水平。此外，西岸文化走廊、西岸美术馆、油罐演艺中心、西岸音乐节、百老汇“极限震撼”秀等一张张滨江文化品牌将在自贸区政策助推下，全面推动区域经济转型发展。

延伸自贸区“银行柜台”到徐汇。徐汇区与中国银行上海分行签署自贸区业务战略合作协议，积极主动对接自贸区金融服务创新举措。一是发布首批对接自贸试验区金融创新服务清单，主要包括通过延伸柜台的方式开设自由贸易账户(FTN账户)，外汇资金集中运营、跨境人民币双向资金池等10项金融服务。二是建立自贸区金融服务创新对接平台，为徐汇区内大量“总部经济”、境外上市创新型科技公司、第三方支付企业等打通境外资金渠道，形成具有徐汇特色的金融创新服务体系。三是加大金融创新服务实体经济发展力度，为徐汇的工商企业及社会团体就近提供自贸区金融创新业务及其他传统业务；成立一对一专属服务小组，协调解决相关业务需求；优先审批和安排徐汇区推荐的工商企业的融资及业务开办申请，并给予优惠的贷款利率和费率。

3. 坚持以生物医药高端企业集聚，推动枫林生命科学园区产业集群发展

徐汇区依托自贸区进口研发设备、研发耗材免税政策，积极发展创新型研发中心和技术服务中心。以协同创新的方式组织枫林生物医药联盟核心单位牵头开展技术创新和产学研合作，美国强生、默沙东、美国昆泰、海正辉瑞等全球知名生物医药企业已相继落户。强生亚太研发中心正式入驻枫林联盟成员单位-中科院有机所，设立其全球第四大创新中心与枫林联盟核心成员共同打造超级创新中心。有效推动技术转移，有30余项发明技术正在进行技术转移，4项已进入许可费用洽谈阶段。同时，积极推进临床服务特色项目，徐汇区政府与市科委共建上海医药临床研究中心，推进国际化临床研究管理和技术服务支撑体系建设；与中科院上海分院、中科院上海生命科学研究院共建中国科学院上海临床研究中心，已建立8个专业研究中心和2个研究平台。“国家中医临床研究基地”建设通过中期评估。

三、加强徐汇区与自贸区产业经济联动发展的对策建议

1. 进一步完善产业规划和基础设施布局

应从徐汇区与上海自贸区联动的角度，对徐汇区域内重点规划进行研究梳理，围绕完善和加强与自贸区新政对接及体现徐汇经济发展特点的重点项目布局。一是结合徐汇区现有的几大产业功能板块的优势，规划建设产业集聚区，如漕河泾开发区、枫林生命医药科学园区等，在土地、金融、税收等政策上适当运用上海自贸区的政策，吸引上海自贸区内外企业入驻。二是进一步打造以国际交流、商务会展、旅游休闲、高端消费为主要内容的现代服务业集聚区。重点聚焦滨江地区。三是推进徐家汇地区建设及能级提升，加快南站周边商业商务项目建设。

2. 进一步优化政府管理体制，大力推进综合体制改革

徐汇区要配合自贸区内的改革举措，大力转变政府职能和管理方式，以转变职能、创新体制机制、强化公共管理和服务等为抓手，建设开放自由的营商环境。一是进一步推进政府管理体制改革，优化政府内设机构，推进机关编制和审批事权下沉，实现区级机关“瘦身”、街道(镇)“强身”。二是按照国际惯例，加大政策透明度，主动公布有关规定、政策、标准、程序等，方便社会了解和监督。三是充分发挥行业协会等社会组织力量，大力开展社会诚信体系建设。四是主动协调海关、进出口检验检疫、外汇等部门，进一步提高通关效率，提升贸易便利化程度。五是利用政府公共资源或平台为企业(特别是中小企业)在

国际国内建立完善销售网、信息网、服务网提供帮助,降低企业运营成本。六是加大知识产权保护和执法力度。强化消费保障、营造放心消费环境。七是加大贸易纠纷调处化解力度,降低企业的商务纠纷调处成本。

3. 按照"上海建设国际贸易中心"工作要求,推进服务贸易等重点领域发展

提升高附加值、知识密集型的流程设计和研发外包比例;提升会计服务业、法律服务和咨询服务水平,加快本土服务业与国际接轨的进程;支持创意设计、动漫网游等新兴文化贸易领域发展;继续扩大软件信息技术出口规模,鼓励企业开发自主知识产权的软件技术和产品,开拓新领域、新市场,提高企业核心竞争力。

大力促进与贸易相关的信息服务业发展。信息是贸易的重要支撑,政府要加大信息服务领域的基础设施投入;加大对信息服务领域公共产品的开发和提供力度,为社会提供开放式的公共信息服务平台,主动、及时、透明地为社会提供有价值的商务信息,方便企业用最短时间、最方便的渠道获得最多的信息。同时要加大鼓励和扶持信息科技领域的创新技术运用于商贸服务业的力度,保持和拓展商贸信息服务领域的领先优势。

4. 以"新鸿基项目"为契机,进一步提升徐家汇商圈能级,打造国际商业地标

以伦敦最大的零售中心——西区为例,到达西区的地铁线多达6条,穿过西区的公共汽车线路约有40条,伦敦最繁华的牛津街、摄政街和庞德街附近也有5条地铁线。作为国际购物天堂,从昂贵的奢侈品到经济实惠的大众化商品无所不有。同在国际化大都市西南面,徐家汇也具有交通方面得天独厚的优势。随着"新鸿基项目"的落成,以再造一个徐家汇的体量推进徐家汇现有商业格局的重大变化。上海自贸区将使徐家汇在这一转变中以更低的成本集聚国内外的优质消费品,要充分利用这一条件,打造国际高端购物消费的天堂。

5. 以漕河泾开发区、滨江、徐家汇等地区为重点,聚焦重点楼宇,大力引进跨国企业和贸易企业总部

从国际贸易发展的趋势来看,大型跨国公司所占的贸易比例逐年提高,全球贸易中大约四到五成的份额是跨国公司内部及相互间的贸易。新加坡既非制造业基地也非主要的消费市场,但正是因为成功地吸引众多全球知名的跨国公司总部,从而成为全球重要的贸易中心之一。自贸区设立后,由于具备人民币自由兑换、允许企业设立跨境帐户、设立资金池、外汇管制宽松等政策便利,跨国公司可以在区内开展全球资金调拨、全球资金结算等业务。这将有利于跨国公司的驻沪机构升格为地区总部、亚太总部或全球总部。徐汇区要抓住机遇、通过政策复制,加大政策支持力度等方式吸引这些总部落户。

6. 吸引各类机构落户并加大人才引进和储备为徐汇区建设带来长久动力

徐汇区还应大力集聚国内外与贸易相关的研究机构、高校、第三方认证机构、中介服务机构、行业协会等机构,把徐汇建成国际贸易的地区培训中心、研究中心、标准中心、信息中心、交流中心。为此,要大力引进、培养、集聚满足各类需求的专才和复合型人才。同时,还要加大各部门领导干部和工作人员中国际金融、贸易、法律等专业人才的培养使用力度。

7. 以对接自贸试验区相关业务为突破口,积极推动徐汇的金融改革创新,服务全区经济社会发展

一是在首批自贸试验区金融服务对接清单发布后,根据服务清单的内容,开展专题服务项目,建立服务信息对接机制,在金融创新服务与区内各类机构与居民之间搭建起桥梁纽带,加快推进自贸试验区金融创新举措在我区的落地实施。二是完善自贸试验区金融创新服务对接平台。定期更新自贸试验区金融服务对接清单,完善金融创新服务实施机制。三是扩大自贸试验区战略合作的覆盖面和影响力。以徐汇区与中国银行上海市分行的战略合作为基础,积极调动其他金融机构、企业和市级相关部门与徐汇区在自贸试验区业务方面的战略合作,加快打造有徐汇特色的金融创新和改革模式。(徐汇区商务委)

上海自贸试验区与爱尔兰香农自由区开展战略合作

2016年4月13日，中国（上海）自由贸易试验区、爱尔兰香农自由区在浦东新区签署战略合作备忘录，双方将在飞机融资租赁、航空产业链、跨境投资、融资租赁配套产业、跨境电子商务等重点领域探索开展长期合作。

爱尔兰香农自由区是全世界第一个自由贸易区，拥有国际先进的基础设施和便利的交通条件，在飞机租赁、国际物流服务等领域吸引了众多国际一流的企业。通过此次战略合作备忘录的签署，将有利于推进上海自贸试验区与香农自由区在经济领域的合作，强化重点领域的管理经验交流和重点项目建设中的相互支持。

据介绍，双方将在五大领域重点探索合作：一是飞机融资租赁合作，将协调推进香农自由区飞机融资租赁业务的国际市场资源与上海自贸试验区发展环境优势的深入融合，支持企业在运用多样化的融资渠道开展飞机租赁业方面长期合作，深入交流业务经验；二是航空产业链合作，将支持、鼓励各自的企业围绕航空产业，打造多样化、定制化的航空延伸服务产业基地，推动形成航空检测维修、航空飞行培训、航材贸易等功能，从而推动航空产业链的全面发展；三是促进跨境投资，发挥自由贸易区跨境投资平台作用，相互推荐成为本国企业境外投资注册地；四是融资租赁配套行业，例如会计、税务、法律咨询、资产评估、认证机构以及中介服务等服务业领域推动企业开展交流，助推租赁市场配套产业的发展成熟；五是促进跨境电子商务，探讨制定特别海关措施的可能性。（浦东新区商务委）

自贸区将建万国咖啡体验馆　首批国家馆5月正式入驻

上海自贸区将兴建全国第一个大型咖啡体验中心——万国咖啡展示体验馆，计划今年3月筹建装修，2016年5月第一批国家馆将正式入驻。万国咖啡体验馆还是“沪滇合作”落地项目之一，力争将云南提升为中国咖啡向世界展示的窗口。

中国咖啡市场虽然目前基数小，但以每年25%以上的爆发式增长率，成为全球最具潜力的咖啡市场。预计到2020年，中国咖啡市场消费预计达万亿元，10年内中国将超越美国，成为全球最大的咖啡消费市场。2015年7月，上海自贸区咖啡交易中心揭牌成立，交易中心集线上电子交易平台和电子商城，线下体验服务、专属金融服务、创客基地于一体，目标是打造成为亚洲最具影响力的咖啡交易市场。

万国咖啡展示体验馆作为上海自贸区咖啡交易中心的线下体验中心，定位于为交易中心会员提供O2O模式的批发贸易、品牌宣传及自贸区政策咨询等增值服务。在空间布局上，以中国馆为核心，囊括了包括美洲馆、欧洲馆等咖啡豆及设备的主要产区，同时引进包括咖啡博物馆、咖啡培训、创咖基地等新型业态。创咖基地初步规划共5个板块：“中咖网”交易平台、B2B咖啡在线商城、创客咖啡实体基地、国际咖啡师咖啡市场文化展示培训，以及咖啡创新金融。其中，“中咖网”交易平台，战略定位是中国唯一现货咖啡交易平台，目标成为亚洲最大咖啡现货交易中心。（浦东新区商务委）

第六编　对外经济合作

专 文

寓监管于服务 上海境外投资稳步前行

2016年,紧紧围绕国家“走出去”战略,积极适应境外投资发展新态势,以服务上海“走出去”企业为核心,着力推进对外投资便利化,着力创新公共服务机制,着力维护安全稳定走出去局面,努力构筑良性互动的“走出去”生态圈,推动上海企业“走出去”稳步增长,质量提升。

2016年,上海市对外直接投资备案1 425项,备案中方对外投资总额366.5亿美元,实际对外投资额251亿美元,比上年增长51.7%,位居全国第一。对外承包工程新签合同额118.45亿美元,增长6.7%。对外劳务合作派出人数21 787人次,期末在外人数34 526人。执行对外援助培训任务32项,培训涉及101个发展中国家的学员共计879人次。

一、以提升价值链、产业链、创新链、供应链水平为动力,通过海外并购投资,形成对外投资新格局

一批上海企业和私募资本,抓住境外优质资产并购整合的机会,在信息技术、生物医药、互联网、文化娱乐等领域实施一批重大并购项目,实际对外投资额超过1亿美元的境外并购项目达到21个,2016年共实施境外并购项目161个,实际对外投资额达126.12亿美元,占比达到54.8%。科学研究和技术服务业实际对外投资额14.8美元,比上年增长40.9%;信息传输、软件和信息技术服务业实际对外投资额42.9亿美元,增长63%;制造业实际对外投资8亿美元,增长59%。例如,蚂蚁金服旗下的上海云钜投资管理有限公司以4.5亿美元入股印度在线支付领军企业ONE97通信有限公司;上海闪胜集成电路有限公司出资4.2亿美元入股全球领先的存储技术企业美国芯成半导体股份有限公司;上海傲源投资管理有限公司出资2.8亿美元入股美国傲锐基因技术有限公司,该公司是基因科技领军企业,拥有全世界最大的人类全长cDNA克隆库;上海飞乐投资有限公司出资1.5亿美元并购有百年历史的世界领先的荷兰照明企业喜万年;上海硅产业投资有限公司出资2亿美元并购全球第八大硅晶圆制造公司芬兰Okmetic;上海电气集团股份有限公司出资2.24亿美元并购德国TEC4AERO GmbH公司,这是一家全球领先的飞机制造设备和解决方案供应商,主要产品包括全球范围内排名第一的自动钻铆紧固设备、排名前三位的自动化装配生产线和工装夹具,以及自动传输设备、复合材料部件加工设备等,业务覆盖飞机结构制造全价值链;复星医药出资12.6亿美元并购印度格兰德医药公司,这是一家获得美国FDA批准的注射剂药品生产制造商。

二、积极推动企业参与“一带一路”建设,国际产能合作、装备制造走出去、境外园区建设取得积极成果

一是推动上海企业参与“一带一路”建设取

得新的更大的成效。围绕重点方向、重点国家、重点项目,以基础设施互联互通为先导,以国际产能合作为核心,以境外经贸合作区建设为载体,以公共服务体系建设为支撑,以多方联动合作为纽带,以境外安全风险防范为保障,制定了《关于推动上海市企业参与"一带一路"建设工作方案》和《关于推动装备走出去提速工程工作方案》,对"一带一路"沿线投资保持较快增长,2016年前10个月,上海企业对"一带一路"沿线20个国家地区实际投资20亿美元,占总量的8%,新增投资目的国家8个。其中对印度实际投资4.96亿美元,对新加坡实际投资4.71亿美元。上海企业在"一带一路"新签对外承包工程合同额89.1亿美元,比上年同期增长66.5%,占全市总额的75.2%;完成营业额39.9亿美元,占全市总额的60%。主要以埃及、印度尼西亚、菲律宾等国的亚洲地区为主。

2016年,援外培训项目涉及"一带一路"国家的双边班4个,加上多边班中涵盖的"一带一路"国家共计28个,培训学员239位。通过"2016年非洲法语国家城市规划与建设研修班",会同达之路国际控股集团和上海天华建筑设计公司与全体学员进行交流座谈,加强了非洲国家政府官员对上海企业的了解和交流,为上海"走出去"企业在非洲法语国家的经贸往来和项目合作建立沟通的渠道。

二是国际产能合作和装备制造"走出去"重点项目取得成果。在韩正书记访问泰国期间,上海华谊集团投资泰国的橡胶轮胎制造项目顺利签约,投资达3亿美元;上汽集团投资泰国的整车制造二期项目启动;上海纺织控股集团在孟加拉国的纺织产业合作项目持续推进。2016年全国最大的对外承包工程项目,即上海电气集团的埃及燃煤电站项目顺利签约,新签合同额达到26.4亿美元,推动我国大型装备"走出去"。

三是境外经贸合作区建设项目取得阶段性成果。上海鼎信投资集团建设的印尼青山产业园成功纳入国家级境外经贸合作区,年产200万吨不锈钢的制造基地一期项目顺利投产,带动当地就业超过20 000人。由上海10家民营龙头纺织服装企业联合成立的上海央东投资公司在缅甸投资建设的马乌宾经济技术开发区启动建设。

四是互联互通和基础设施建设项目积极推进。中建港务参与建设的21世纪海上丝绸之路重要节点项目吉布提港口顺利推进,斯里兰卡外环高速公路项目、东帝汶一号公路项目、蒙古巴彦洪格尔巴依扎格公路项目等互联互通项目成功签约。上海电气投资建设的巴基斯坦塔尔电站项目作为"中巴经济走廊"早期收获项目实质性启动。印度尼西亚班元信坑口电站项目、哈萨克斯坦100万吨水泥生产线项目等基础设施建设成功签约。先后与英国、新加坡等国的专业服务机构合作,召开沪英和沪新在"一带一路"背景下合作机会的研讨对接活动,充分用好国际资源,推动与有能力的第三国机构合作,携手开拓"一带一路"国家市场。

三、加强"走出去"公共服务体系建设,信息服务、融资服务、投资促进、人才培训和风险防范服务受到企业欢迎

着力构建国际化、专业化、市场化的"走出去"公共服务体系,打造以服务企业为核心的"走出去"生态圈,为企业提供信息服务、融资服务、投资促进、人才培训、风险防范等服务,支持企业稳妥高效的"走出去"。

在信息服务方面,持续运营"走出去"信息服务平台,"走出去"服务港微信公众号,用户已超过26 000名,阅读数超过220万人次。为企业提供国际国内专业服务机构编制的30个国别和11个行业领域对外投资指南。编制境外安全风险防范指南和跨国经营行为指引等。

在融资服务方面,根据企业需要提供个性化融资需求对接服务,与国家开发银行上海市分行、进出口银行上海市分行、中国出口信用保险上海市分公司等协力推进政、银、企融资对接服务,支持重点项目对接丝路基金等。

在投资促进方面,支持各国政府和国际性专业服务机构在沪举办投资促进活动,支持上海市

公共外交协会举办“中国企业走进非洲研讨会”等大型活动。根据企业需要和国际投行的资源，提供对外投资项目对接服务。

在人才培训方面，通过政府购买服务的方式，2016 年提供 5 000 人次的培训机会，涵盖商务谈判、国际税务、国际融资、跨境并购等分领域、分层次、分国别的实用型跨国经营人才培训。

在风险防范方面，提供境外安全风险防范实务型培训 4 个班次，提供企业社会责任培训 2 次，编制发放境外安全风险防范指南，支持企业通过市场化保险等方式防范和化解中资企业境外风险。

四、加强支部建设，团队正能量显现

外经处党支部在机关党委的指导下，开展“创新型、服务型、学习型”党支部建设，积极推进“三服务”工作精神，主动服务企业的正能量不断增强。

一是紧密围绕中心工作，积极打造创新型党支部。外经处支部鼓励大家学会用创新思维和发展眼光推动“走出去”事业发展。在境外投资需求旺盛，经济发展复杂多变的新形势下，共同克服人手少任务重的压力，学习新知识、跟上新趋势、新理念、保持开拓创新，勇立潮头，提高服务企业的能力和水平，积极推进对外投资新发展。

二是发挥“三服务”精神，不断拓展服务深度，积极构建服务型党支部。积极协调劳务工人反映上海宝冶集团越南台塑河静钢厂项目的分包商江苏陇海建工集团欠薪事宜；指导上海建工集团妥善处理其境外工程上 1 名中方技术人员交通事故遇难的善后事宜，并形成报告报商务部合作司；协调中信保，解决上海发电设备成套研究院巴基斯坦项目的保函开具问题，使企业最终成功获得项目融资贷款；协调我驻外使领馆经商处，帮助上海电气输配电工程公司获得境外项目的投议标许可，为企业最终中标该项目得到关键的支持。聚焦中小企业服务，积极呼应中小企业和民营企业“走出去”步伐加快的诉求，会同市工商联和市中小企业办等举办海外投资合作政策解读沙龙等活动。

三是以“两学一做”为抓手，夯实事业发展基础，积极建设廉正党支部。认真组织支部成员深入学习贯彻习近平总书记系列重要讲话和党的十八届六中全会精神。按照全委“两学一做”的学习和走基层安排，支部与浦东新区商务委员会外贸处支部签署结对共建协议书，共同推进市区对外投资工作。通过重温党章，参观龙华烈士陵园等活动，加强制度建设，特别是党风廉政建设，使党员、干部心中有准绳，行为有规范。（市商务委对外经济合作处）

加快形成国际产能合作新机制的举措和成效

2016 年，按照国务院关于推进国际产能合作和装备制造走出去的实质要求，以“一带一路”前景规划为重点，以服务上海企业为核心，以走出去战略联盟为平台，以公共服务体系建设为手段。着力推进对外投资便利化，着力强化风险防范机制，努力构筑良性互动的走出去生态圈，推动上海企业国际产能合作积极稳妥增长。

一、国际产能合作概况

2016 年，上海境外投资备案 1 425 个，备案中方金额 366.5 亿美元，实际境外投资 251 亿美元，比上年增长 51.7%，位居全国第一。其中主要涉及信息传输、计算机服务和软件、交通运输仓储业、制造业、建筑业、房地产业、科学研究、技术服务和地质勘探业等行业，国际产能合作项目备案351个,占比30%。

二、积极推动企业参与国际产能合作取得实效

在韩正书记访问泰国期间,上海华谊集团投资泰国的橡胶轮胎制造项目顺利签约,投资额达3亿美元;上汽集团投资泰国的整车制造二期项目启动;上海纺织控股集团孟加拉国纺织产业合作项目持续推进;上海电气集团在埃及承揽的燃煤电站项目顺利签约,新签合同额达26.4亿美元,推动我制造产业国际产能合作"走出去"。

三、境外经贸合作区带动国际产能合作作用明显

上海鼎信投资集团建设的印尼青山产业园以金属冶炼和制造为核心,2016年被纳入国家级境外经贸合作区,年产200万吨不锈钢的制造基地一期项目顺利投产,带动当地就业超过20 000余人。由上海10家民营龙头纺织服装企业联合成立的上海央东投资公司在缅甸投资建设的马乌宾经济技术开发区启动建设。

四、互联互通基础设施建设推进产能合作凸显

中建港务参与建设的21世纪海上丝绸之路重要节点项目吉布提港口顺利推进,斯里兰卡外环高速公路项目、东帝汶一号公路项目、蒙古彦洪格尔巴依扎格公路项目等互联互通项目成功签约。上海电气投资建设的巴基斯坦塔尔电站项目作为"中巴经济走廊"早期收获项目实质性启动。印度尼西亚班元信坑口电站项目、哈萨克斯坦100万吨水泥生产线项目等基础设施建设成功签约。

五、对外投资促进活动推动上海企业信息对接

市商务委和下属上海国际经济技术交流中心与多家跨国咨询机构接洽,先后与英国、新加坡等国家和地区的专业服务机构合作,召开沪英和沪新在"一带一路"背景下国际产能合作机会的研究对接活动;与香港贸发局签订战略合作协议,双方就更快推进"一带一路"和国际产能合作发挥香港平台作用达成意向;邀请外国驻沪领馆和知名跨国企业负责人分享相关产业和领域国际产能合作的投资经验和心得。充分利用国际资源,推动与第三方国际机构携手开拓国际产能合作国际市场。

六、公共服务体系建设支撑企业参与国际产能合作

着力构建国际化、专业化、市场化的走出去公共服务体系支持上海企业参与国际产能合作,打造以服务企业为核心的走出去生态圈,为企业提供国别信息、产业信息、业态信息、融资渠道、投资促进、人才培训、风险防范等方面的服务,支持企业稳妥高效参与国际产能合作。(市商务委对外经济合作处)

2016年度对外投资合作公共服务采购情况综述

为贯彻落实十八届三中全会精神和市委市政府年度重点工作要求,营造我市良好对外投资合作服务环境,提高对外投资合作质量和水平,在市财政局的支持下,2014年,市商务委会同市财政局修改地方"走出去"财政专项资金使用管理办法,改革调整我市走出去财政专项资金使用

方向，重点加强对外投资合作服务体系建设，支持和鼓励社会服务机构为促进上海对外投资合作发展提供相关服务。公共服务体系的建立和项目执行以来，大幅改善对外投资合作公共服务水平和环境，营造良好的服务氛围，得到上海走出去企业的广泛好评。在此基础上，为进一步强化政府公共服务职能，提升企业“走出去”能级和质量。2016 年，市商务委在政府向社会购买服务的形式上做了进一步的研究、探索和实践。

一、采购内容聚焦企业需求，定位高端决策

为突出企业需求，确立采购方向，市商务委在 2 年采购经验的基础上，开展以线上线下相结合的形式深入企业的专题调研和走访，了解企业的困惑和碰到的瓶颈问题，总结以往公共服务项目中的不足和短板，摸清企业的真实反馈和需求，以虚实结合的方法归纳总结采购目的和采购方向。在此基础上，确定 4 类采购项目：一是对外投资合作实务培训班（16 个班）；二是编制国际通行规则指引（人力资源等 4 个指引）；三是编写上海对外投资合作发展报告；四是提供境外法律、产业和安全动态信息。以上 4 类采购项目中特别注重对外投资后期整合和海外强化风险防范。

二、招标流程注重依法合规，依据专家决策

在委财务处的大力支持和配合下，经与市财政局政府采购管理处和企业处的沟通，实施政府以公开招标形式向社会采购公共服务的规范流程和程序。

1. 公开招标程序

委托上海国际招标有限公司规范实施招标程序。市商务委编制“2016 年公共服务采购说明”，召集 40 余家相关跨国专业服务机构、国际战略咨询机构、外国驻沪机构、投资促进机构、商协会、高等院校等，举办公共服务说明会，全面阐述拟定的 4 类项目、24 个包件的具体采购情况，鼓励和支持社会服务机构参与投标。与会机构纷纷响应，积极参与投标。经过近 2 个月的努力，以上海市政府采购网为标准实施平台，共计 25 家单位参与投标并上传投标文件。

组织多层次、跨领域的各类专家实施评标过程。市商务委本着“用户至上”的基本原则，严格按照政府公共采购服务的评标流程，组织了 13 位“走出去”专家和经济类专家参与采购项目评审，同时充分考虑专家的代表性，既有国有企业，也有民营企业；既有服务业，也有制造业；既有对外投资企业，也有对外承包工程企业；既有传统行业，也有高新技术行业。评标过程和结果完全依据专家自主决策，企业专家在政府公共采购服务评标过程中起到了决定性的作用。

2. 公开招标的结果

经过 2016 年 11 月 14、15、18 日为期 3 天的评标，市商务委顺利完成拟定 4 类项目、24 个包件的采购项目执行情况，4 类项目（对外投资合作实务培训班；编制国际通行规则指引；编写上海对外投资合作发展报告；提供境外法律、产业和安全动态信息）全部符合招标要求，24 个包件全部中标。

共计 12 家单位中标，它们是：中怡保险经济有限责任公司、安永（中国）企业咨询有限公司、普华永道中天会计师事务所、德勤华永会计师事务所、毕马威企业咨询（中国）有限公司、威科集团—北京威科亚太信息技术有限公司、泽扬天下（北京）管理顾问有限公司、二十一世纪晨哨数据（上海）有限公司、上海交通大学、北京安杰（上海）律师事务所、上海协君投资咨询有限公司、北京安库风险信息技术有限公司。

中标结果按规定于 2016 年 11 月 25 日公示结束后，市商务委于 12 月 1 日与各中标单位召开第一次碰头会，落实项目执行和合同要求，对项目执行的内容、范围、权限、保密、时间节点等环节作出明确要求，除动态信息推送服务涵盖 2017 年全年外，其余项目均将于 2017 年 4 月 30 日进行绩效考核，公布具体成果。（市商务委对外经济合作处）

上海商务领域境外安全风险防范工作进展良好

按照中央《关于加强"一带一路"建设境外安全保障工作的意见》的精神和要求,上海建立健全参与"一带一路"建设境外安全保障工作的实施方案,紧紧围绕国家走出去战略,积极适应境外投资合作发展新态势,以服务"走出去"企业为核心,以安全风险防范为前提,着力推进对外投资便利化,着力创新公共服务机制,着力维护安全稳定走出去局面。

一、创新公共服务体系,树立风险防范意识

1. 构筑对外投资合作服务新机制

2016年,着力构筑包括信息服务、金融服务、投资促进、人才培训、风险防范等"五位一体"的对外投资合作公共服务新机制。在信息服务方面,运营"走出去"服务港微信公众号,累计阅读数超过170万人次;编制发放16个重点国别和4个重点领域投资指南等。在金融服务方面,主动为多个大型对外投资合作项目与各金融机构对接提供支持,特别是积极对接丝路基金、亚投行等。在投资促进方面,通过重点项目跟踪服务机制,协调推动重点对外投资合作项目落地,其中协调14个项目纳入国家领导人出访日程、见证签约和市委市府主要领导出访;聚焦重点开展各种沙龙、经验分享会、投资推广等活动,支持举办各类投资促进活动超过108场,包括由市商务委牵头开展的"外经论道之农业和食品行业专场",联合中国公共外交协会组织"合作共赢·共创未来——中国企业走进拉美"活动。在人才培训方面,累计提供走出去相关人才培训4 700人次。在风险防范方面,编制发放境外安全指南,编制发放上海企业跨国经营行为指引,举办境外安全风险防范培训等。

2. 组建系列微信群,实现即时互动服务

开设对外投资企业、对外承包工程企业、对外劳务合作企业、对外投资促进机构、走出去专业服务机构等多个微信群,微信网络已经成为我处为企业服务的重要平台。特别是建立以"走出去"企业为核心,各国驻沪投资促进机构、各类国际化专业服务机构、专家学者和国际智库以及政府各部门等共同参与互动的500人"对外投资精英汇"超级微信群,着力打造即时服务、即时互动、自主学习、自主发展的生态型组织,打造"走出去"大生态圈。"精英汇"在年末根据需求,继续扩容,吸引更多社会力量,形成良好互动。

二、维护境外安全稳定,应急能力得以提高

1. 布控境外安全新防线,积极稳妥处置境外突发事件

积极发挥上海对外经济合作跨部门工作机制的作用,做好尼泊尔地震、马里、巴黎等突发事件的应急处置工作。境外发生重大自然灾害、恐怖袭击等事件后第一时间,外经处连夜组织全面排摸,梳理上海市在当地的投资和工程等项目,了解并确保在外企业和人员的安全。

2. 加强规范引导,编制发放跨国经营行为指引

主动适应国际投资新规则和新变化,针对美国主导的TPP和TTIP等新一轮投资规则高标准和新要求,汇聚国际专业机构研究力量,在充分研究国际通行规则和上海企业"走出去"实践经验和教训的基础上,编制发放《上海企业跨国经营行为指引》,重点在人权与社会责任、就业和劳资关系、反腐败、风险及内部控制管理、税收合规、环境保护、信息公开和公平竞争8个方面,提

出跨国经营基本原则和建议，提出最佳实践及案例等，为企业提供实用可操作的指导。与此同时，编制发放境外安全指南，举办境外安全风险防范培训，聘请国内著名的境外安全专家来沪专门为企业授课。

3. 做好对外承包工程和对外劳务合作专项检查工作

按照商务部有关要求，进一步对现有的具有对外劳务经营资质的企业在上次检查的基础上，进行不定期抽查；对接到举报非法从事外派境外劳务的企业，会同工商、公安进行查处。按照商务部要求，完成承包工程企业外派人员规范管理的检查工作。

4. 加强事先预防，及时搜集发布预警信息

按照预防优先的原则，通过政府购买服务的方式，向国际机构采购全球相关法律动态、产业政策动态、境外安全动态等信息，通过上海“走出去”信息服务平台、境外安全广角和海外投资瞭望台等微博平台、“走出去”服务港微信公号平台和对外投资精英汇微信群等第一时间发布动态信息，提出应对建议和意见，力争防患于未然。

三、加强引导和服务，提升事中事后监管

1. 加强境外投资数据申报，维护境外投资信息安全

国家商务部、国家统计局和国家外汇管理局关于境外投资企业有申报相关数据的要求，根据国家《统计法》和《对外直接投资统计制度》，境外投资企业须按时履行年报、月报的申报工作。2014 年，国家商务部针对逐年增长的境外投资流存量，优化《对外直接投资统计制度》。上海按照国家相关部委的要求，积极履行境外投资企业关于申报境内外企业经营状况的相关年报工作，同时，敦促企业积极参加对外直接投资统计月报工作，加强对境外投资企业的监管和风险防范工作建设。

2. 加强外汇存量登记申报，维护外汇市场供求秩序

2015 年，国家外汇管理局进一步简化和改进直接投资外汇管理的相关政策，取消境外投资项下外汇登记核准的行政审批事项，下放外汇登记业务至银行端，简化部分境外投资外汇业务办理手续，同时将原与商务主管部门的外汇联合年检改为对外直接投资存量权益登记，既方便境外投资企业办事，又将直投业务存量权益数据纳入监管范畴。上海以国家外汇管理局简政放权为契机，与国家外汇管理局上海分局就境外投资事宜磋商，利用资本项目信息系统等信息化手段，结合走出去专项扶持政策，形成有效的外汇数据监管和服务。

3. 加强境外投资税收服务，规范企业境外投资行为

2015 年，国家税务总局发布《国家税务总局关于居民企业报告境外投资和所得信息有关问题的公告》，以促进税收遵从和加强税收风险管理为导向，兼顾减轻纳税人负担，对不同税收风险设置不同信息需求，采取不同信息收集手段，为纳税人报告信息提供便利，及时受理并依法保密，减少纳税人履行报告的后顾之忧。下一步，市商务委将继续积极配合税务部门对境外投资企业所得信息报告主动申报的要求，并按照国家税务总局的进一步要求，完善税收服务和相关管理工作。

4. 加强风险防范培训工作，提高企业社会责任意识

常态化举办境外安全风险防范培训班和企业社会责任培训班，聘请国内著名的境外安全专家来沪专门为企业授课。力争在上年的基础上完成 1 200 人次的培训。同时，主动适应国际投资新规则和新变化，针对美国主导的 TPP、TTIP 和“税基侵蚀和利润转移”行动计划等新一轮投资税务规则，汇聚国际专业机构研究力量，在充分研究国际通行规则和上海企业“走出去”实践经验和教训的基础上，编制发放《上海企业跨国经营行为指引》和境外安全指南等。（市商务委对外经济合作处）

在“走出去”领域上海与长江经济带互动情况综述

一、发挥上海在“走出去”领域的引领作用

按照党中央、国务院的统一部署，上海市委、市政府立足上海、服务全国、放眼全球，认真贯彻落实长江经济带发展战略，以政府职能转变、境外投资管理模式改革、公共服务体系创新为抓手，营造国际化、市场化、法治化的营商环境，支持鼓励上海和长江经济带企业参与国际竞争与合作。上海和长江经济带省市企业积极从上海自贸区“走出去”开展跨国投资并购，推动境外投资成倍增长。上海自贸试验区逐步成为行政效率最高、专业服务能力最高的中国企业出海门户。

1. 转变政府职能，改革管理制度，建立投资直通车

通过设立网上政务办事大厅和现场政务办事大厅，开通线上线下无缝对接的“投资办事直通车”，实现“一表填报、一口受理、一口发证”，改革以往商务部门和发展改革部门分别核准的做法，除特定国家地区和特定行业外，企业境外投资实行以备案制为主的管理模式。同时，注重系统集成式创新，在政务办事大厅内全面优化企业注册登记、对外贸易经营者备案、报关单位注册登记、自理报检企业备案登记、印铸刻字准许证、法人一证通、银行账户开设、境外投资备案和资金汇兑等办事流程，开创了8个工作日内办完所有手续的最快纪录，一般可在10～15个工作日内办结从企业设立到完成境外投资的全部手续，提升企业参与境外并购项目的竞争力。

2. 建立服务平台、组织服务联盟、构筑服务体系

为了缓解企业国际化需求旺盛而相关能力不足的矛盾，上海自贸区开设境外投资服务平台，同时组建上海市对外投资合作专业服务联盟，集聚法律、会计、评估、税务、融资、管理咨询、保险、经纪等多种国际化专业服务资源，提供资源对接服务。通过政府购买公共服务的方式，为企业提供信息服务、融资对接、投资促进、人才培训和风险防范等公共服务，构筑良性互动的“走出去”生态圈。

根据商务部统计，2015年，上海企业境外投资额166亿美元，比上年增长3.8倍，占全国同期境外投资总额比重达14.1%。2016年一季度，上海企业境外投资额79.9亿美元，比上年同期增长3.4倍，占全国同期境外投资总额比重进一步提高至19.9%，继续居全国各省市区排名第一位。

2015年，共计有来自长江经济带的浙江、江苏、湖北、湖南、安徽、江西等地的96家企业通过上海自贸试验区开展境外投资并购，备案中方对外投资额达55.1亿美元，占上海同期备案对外投资额的13.8%。2016年一季度，来自长江经济带的江苏、浙江、湖北、安徽、湖南等地的20家企业通过上海自贸试验区开展境外投资并购，备案中方对外投资额10.1亿美元。

二、发挥上海在“走出去”领域的带动作用

在对外投资合作领域，上海在信息服务、中介服务、投资促进、市场开拓等领域积极为长江经济带相关省市提供支持和服务，带动长江经济带企业加快“走出去”步伐。

在信息服务领域，上海通过新媒体等方式，每天提供境外投资合作相关法律法规、产业政策、安全动态等信息。由上海市商务委运营的“走出去”服务港微信公众号已为长江经济带区

域的 9 257 名来自政府、企业和服务机构用户提供服务，占该微信公号用户总数的比重达 42.7%。另外，上海市商务委还为四川省对外经济合作商会等自媒体提供了信息素材服务。

在中介服务领域，依托上海国际化专业服务机构集聚的优势，积极为长江经济带省市政府和企业提供国际化的专业中介服务。例如，上海市商务委为“江西走出去企业战略合作联盟”推荐 20 多家专业服务机构作为其创始成员，为江西企业“走出去”提供支持和服务。

在投资促进领域，发挥上海专业机构集聚优势，加大服务促进力度，比如，支持澳大利亚驻沪投资促进机构赴南京、杭州、合肥、武汉、长沙、重庆、成都、昆明等地宣讲中澳自贸协定，讲解对外投资便利化政策等。支持英中贸易委员会赴武汉、长沙、南京、程度、合肥等地举办对外投资研讨活动。发挥上海金融资源集聚优势，鼓励专业投资基金携手相关省市企业共同开展境外投资并购，例如，上海赛领资本携手南京三胞集团收购美国新奇特电子产品连锁店 Brookstone 等。

在市场开拓领域，上海市商务委与四川省泸州市政府签署合作协议，鼓励泸州市的对外承包工程等走出去企业搭船出海。支持和鼓励米奥兰特商务会展公司发挥其搭建的经贸综合促进平台，带动浙江、安徽、江西、江苏省市企业开拓波兰、土耳其、埃及、南非、约旦、巴西、哈萨克斯坦、印度和阿联酋等“一带一路”沿线国家市场。（市商务委对外经济合作处）

2016 年上海市对外承包工程保持平稳增长

2016 年，上海新签对外承包工程合同额 118.45 亿美元，比上年增长 6.7%。主要特点如下：

一是从市场分布看，主要集中在亚洲和非洲等发展中国家。主要以埃及、印度尼西亚、菲律宾等国为主。亚洲地区合同额为 63.91 亿美元，占总额的 54%；非洲地区合同额为 31.21 亿美元，占 26.4%；拉丁美洲地区合同额为 13.94 亿美元，占 11.8%。

二是从行业分布看，主要集中在电力工程建设、房屋建筑业和交通运输业。新签合同额按行业分布分别为电力工程建设 40.28 亿美元，占总额的 34%；房屋建筑项目 18.71 亿美元，占 15.8%；交通运输建设 15.56 亿美元，占 13.1%；制造加工设施建设 13.72 亿美元，占 11.6%。

三是从项目规模看，大中型项目占比超过七成。新签合同额超 5000 万美元的大中型项目 33 个，合同总额为 93.27 亿美元，占全市合同总额的 78.7%。

四是上海企业在一带一路国家承接项目大幅增长。2016 年，上海企业在一带一路国家新签对外承包工程合同额 89.15 亿美元，比上年增长 66.5%，占全市总额的 75.3%。（市商务委对外经济合作处）

上海企业实际对外投资额再增五成

2016 年，上海以提升价值链、产业链、创新链、供应链水平为动力，通过海外并购投资，形成对外投资的新格局。

2016 年，上海企业“走出去”的步伐加快，境外投资继续领跑全国。记者从市商务委获悉，2016 年，上海市对外直接投资备案 1 425 项，备案中方对外投资总额 366.5 亿美元，实际对外投资额 251.29 亿美元，比上年增长 51.7%，占全国(1 701.1 亿美元)的 14.7%，位居全国第一；第二位为广东，实际对外投资额 206 亿美元；第三位为北京，实际对外投资额 155 亿美元。

2016 年，上海企业对外承包工程新签合同额 118.45 亿美元，比上年增长 6.7%。完成营业额 66.56 亿美元。

2016 年，上海以提升价值链、产业链、创新链、供应链水平为动力，通过海外并购投资，形成对外投资的新格局。一是海外并购多，大项目多。一批上海企业和私募资本，抓住境外优质资产并购整合的机会，在信息技术、生物医药、互联网、文化娱乐等领域实施一批重大并购项目，实际对外投资额超过 1 亿美元的境外并购项目达到 21 个。2016 年共实施境外并购项目 161 个，实际对外投资额达 126.12 亿美元，占比达到 54.8%。二是企业境外投资"成色"闪亮，科学研究和技术服务业实际对外投资额 14.8 亿美元，比上年增长 40.9%；信息传输、软件和信息技术服务业实际对外投资额 42.9 亿美元，增长 63%；制造业实际对外投资额 28 亿美元，增长 59%。

过去的一年里，上海企业投身国家战略，积极参与"一带一路"建设也取得新成效。2016 年，上海企业对"一带一路"沿线 20 个国家和地区实际投资 20 亿美元，占全年实际对外投资总量的 8%，新增投资目的国家 8 个。其中，对印度实际投资 4.96 亿美元，对新加坡实际投资 4.71 亿美元。上海企业在"一带一路"新签对外承包工程合同额 89.1 亿美元，比上年增长 66.5%，占全市对外承包工程新签合同总额的 75.2%；完成营业额 39.9 亿美元，占全市总额的 60%。主要以埃及、印度尼西亚、菲律宾等为主。

市商务委有关人士还告诉记者，2016 年，面对世界经济形势的复杂多变和不确定性，政府在支持企业大步"走出去"的同时，也通过加强"走出去"公共服务体系建设，帮助企业提高风险意识和防范风险的能力，"走出去"走得更稳。2016 年，市商务委共提供 5 000 人次的培训机会，涵盖商务谈判、国际税务、国际融资、跨境并购等分领域、分层次、分国别的实用型跨国经营人才培训。提供境外安全风险防范实务型培训 4 个班次，提供企业社会责任培训 2 次，共有超过 450 人接受培训。编制发放境外安全风险防范指南，支持企业通过市场化保险等方式防范和化解中资企业境外风险。(吴卫群)

从"四个 70%"看上海对外投资新版图

商务部 20 日公布的数据显示，2016 年 1—8 月上海对外投资增速超过 70%。这份亮眼的成绩单背后，是民营企业占比 70%、并购类投资占比 70%、自贸区占比 70% 的上海对外投资新格局。

一、增速 70%："挡不住的诱惑"

商务部提供的数据显示，2016 年以来，我国对外投资额超过外资利用额，成为资本净输出国的趋势明显。其中，1—8 月上海市对外投资 176.2 亿美元，比上年同期增长 70.3%，上海上半年首次出现资本"出"大于"进"的资本净输出。

在上海商务委主任尚玉英看来，上海近年来的对外投资呈现"井喷"的增长趋势，"对企业来说，'走出去'已经是一种挡不住的诱惑"。

尚玉英说，得益于"三个 70%"结构的优化，2016 年以来，上海双向投资首次进入了实际对外投资规模大于实际利用外资规模的"顺差时代"。目前，上海的对外投资已经形成以产业链、创新链、价值链为扩张动力的合作新格局，涉及超过全球170多个国家和地区。

中民投总裁李怀珍认为，当前国内民间资本量巨大而且活跃，让国内的优势产能“走出去”是供给侧调节一个很好的选择。“当前民间资本投资模式正在逐渐转型升级，一是民间资本的流动由分散向规模化转变，由自发向规范化转变；二是由产业资本为主转向金融资本为主；三是将国内资本和国际资本的流动结合在一起。”

二、民企占比70%：“不出海等于损失”

从曾经占比30%一路发展到占比70%，上海的民间资本活跃度进一步提高，作为对外投资中坚力量的民企，在“走出去”这一点上显示出了惊人的雄心。

“未来十年中国企业跨境投资加速增长的趋势不会改变。”中民国际首席执行官廖锋说，“对有雄心的企业来说，不去占领国外的市场就等于是一个损失。必须到国际市场，到一个更大的海洋里面去奋斗，跟更强的高手学习、比拼，让企业变得更强大，这对企业的成长是一个巨大的推动力。”

2016年早些时候，中国民生投资股份有限公司(中民投)旗下中民国际顺利完成全球性再保险集团思诺保险的收购，交易总金额超过25亿美元。

三、并购类占比70%：“出海”寻找“蓝海”

并购是一个技术含量很高的投资种类，从曾经的“达到30%都很不容易”到2015年以来并购类的投资一路增长，上海的企业正在“出海”寻找“蓝海”，沿着创新链获取国外先进技术、知名品牌、高端人才等要素。

一些企业出海寻找新技术。从2011年到2015年，上海企业在境外研发类投资259项，投资额近75亿美元。比如，上海电气出资4亿欧元收购意大利安萨尔多能源公司40%的股权，掌握重型燃气轮机制造核心技术；复星医药于2014年出资2.4亿美元控股收购以色列阿尔玛激光公司95.6%的股权。

还有的企业通过投资进入了一些曾经对中国企业来说遥不可及的高端服务业，将“走出去”的“触角”延伸到金融领域。中国华信近年来通过投资欧洲银行，进而参股或控股“一带一路”沿线的捷克、斯洛伐克等多个国家的银行。2016年3月30日，在中捷两国元首见证签约下，中国华信收购捷克J&T金融集团50%的股权，并购买俄罗斯J&T Zao银行股权，双方将设立控股实体，旗下至少有两家欧洲知名零售银行。

四、自贸区占比70%：出海投资桥头堡

在中国对外开放的桥头堡——上海自贸区，2013年备案中方对外投资额3.29亿美元；2014年42.19亿美元，增长11.8倍；2015年229.18亿美元，增长5.4倍；2016年前5个月又同比增长1倍多。

上海自贸区政策研究局副局长郑海鳌说：“这块仅有120平方公里的区域已成为我国境外投资高度密集区。”尚玉英说：“自贸区正在成为中国走出去、对外投资的集聚地，在上海的对外投资中发挥了桥头堡的作用。”

蚂蚁金服就是自贸区出海的受益者。过去的几年里，企业通过在上海自贸区内设立平台，完成近10笔境外投资备案，投资领域包括境外支付企业、拥有领先安全能力和新技术的公司等。

“我们的策略是在各个市场寻找当地伙伴，输出经验、共同发展。如此前投资的印度Paytm公司，利用蚂蚁金服和支付宝的标准和技术，在印度当地已有1.22亿用户，并已经成为全球第四大电子钱包，获得印度央行发放的筹建支付银行的牌照。在韩国，蚂蚁金服通过与移动通信运营商韩国电信的合作，获得了韩国政府预筹建互联网银行的批准。”蚂蚁金服副总裁韩歆毅说。

(新华社)

从"企业走出去"到"全球化企业"

两个月前的一天，锦江酒店管理公司CEO、法国卢浮酒店集团CEO、铂涛酒店集团联席董事长、维也纳酒店集团创始人，在锦江国际集团董事长、总裁俞敏亮召集下，悄然齐聚上海，开了一个小范围会议。

会议的内容外界无任何报道，但对锦江而言，其意义却相当深远。正在这次会议上，锦江宣布成立全球酒店管理委员会。作为成员，国资、外资、民资的老总们欣然坐在一起，共同探讨锦江酒店业的未来。

围绕加快全球发展的主题，几位CEO一一发言，谈目标、谈路径、谈措施。当所有的发言结束，俞敏亮讲的第一段话是："各位CEO都形成了共识。未来三年，我们从6 800家酒店向10 000家酒店进军，进入全球前三。实践证明，锦江围绕'全球布局、跨国经营'战略，实施购并、加快发展是完全正确的。"

过去两年，锦江连续并购了欧洲第二大酒店集团法国卢浮酒店集团，接着又连续战略投资铂涛酒店集团、维也纳酒店集团，使集团酒店数量迅速增至6 800多家，客房数量近70万间，分布全球60多个国家和地区，全球酒店排名跻身前五。

但锦江认为，"并购模式"决不只是酒店数量的变化。更核心的问题在于，并购后如何将国际资源与自有优势嫁接，真正能将国内国际两个市场、国内国际两种资源沟通联动，真正实现在全球范围内将资源效益最大化，同时吸收各种背景资源的商业模式，从而使锦江的酒店产业真正符合全球化经营的需要，进而构建一种前所未有的商业模式，这是一盘前所未有的大棋。

以国际化带动国资国企改革，从"走出去"升级为全球化企业，以"全球布局、跨国经营"为战略的锦江国际集团，正在如何全球化配置资源这项大课题探索中，向纵深发展。

一、资产全球化配置

在靠近上海外滩的福建南路上，10月中旬一家新酒店开业。这里原本是始建于上世纪20年代的大方饭店，后又改建成为第一家升级版锦江之星。如今，整座酒店的大堂都由落地玻璃窗装饰起来，隔着玻璃，能看到酒店大堂别致的法式设计，淡绿色的标识——康铂(Campanile)异常醒目。这家酒店，正是法国卢浮酒店集团在中国开出的第一家康铂品牌酒店。

将卢浮酒店集团的正宗法式品牌引入中国，这只是锦江在收购后的动作之一。记者到店探访，法国团队的市场、运营、厨师团队早已在此工作了两个多月。新酒店将康铂品牌最核心的理念原样复制过来，每一个细节都力求原汁原味。

法国的原味是什么？走进法国巴黎市中心的一家康铂酒店，简洁而富现代感的装饰，令人耳目一新，看似普通的门锁、门外显示房间状态的灯，都经设计师之手，显得别致；在法国中部里昂的一家康铂酒店，巨大的吧台成为酒店大堂的主角，宽敞的餐厅成了附近白领、居民的聚会场所；而在法国南部马赛的郊外，康铂则又变成浓浓的法式乡村风格……

法国卢浮酒店集团市场总监罗兰·弗朗索瓦谈起康铂的理念，如今已发展到4.0版本，"更好的餐饮服务、更大的吧台、更开放的空间，康铂希望给客人呈现的，是'不止是一家酒店，而要给你更多'这一宗旨，让酒店真正成为客人短暂生活社交的场所。"弗朗索瓦说，"在上海，我们就将呈现康铂的最新样貌"。

2016年10月，上海的第一家康铂酒店已正式营业，为了稍稍改变中国文化惯有的羞涩，呈现法国进店就有的那一声热情的法式招呼，法国团队将全体员工带到附近的延中绿地去，向每一个路过的客人说一句纯正的"您好，我们是康铂"。"有时候，一句最简单的问候，一个直视你的眼神，都会唤起顾客完全不同的感受。”康铂店长李煊说。

康铂进入中国的背后，是锦江运作方向的新思路。要成为真正意义上“全球经营、跨国布局”的全球化企业，锦江不仅仅需要简单向外，更要思考如何让资产流动起来，在全球调动优势资源，去往效益最大化的地方。

而论及国际化发展经营的经验，已经实现全球化布局的卢浮集团就是“借船出海”的最好选择。在法国卢浮总部，让记者印象最为深刻的，是一位市场分析师在短短20分钟内，向记者详解了英国、法国、德国、西班牙、波兰等各个国家的国民度假特点、经济形势与酒店业状况，相互之间的差异之大令人惊讶。这位分析师告诉记者，卢浮投资部旗下有20多名分析师，跟踪全球各国经济与酒店业的最新发展，预判未来趋势，寻找新的投资机会。

借助母公司的实力，卢浮酒店集团“长袖善舞”，很快将德国北欧（Nordic）酒店公司收入囊中。北欧公司地区负责人带领记者参观柏林当地酒店，令人讶异的是，竞争对手无不笑脸相迎。该负责人告诉记者，在柏林每周各大酒店的经理们都会聚会分享心得，还会在客满时主动将客人介绍至临近的同星级酒店。

“全球布局、跨国经营”的内涵中，能够迅速发现全球最新的机遇，并以最佳的方式加入，是一种非常重要的能力。郭丽娟总裁说：“民族的要成为世界的，世界的也要立足本土，在全球范围内让资产去往效益最大化的地方，实现收益的最大化，这正是全球化企业的要义。”

二、资本全球化流动

随着锦江资本在全球酒店业市场迅速崛起，锦江娴熟的资本运作，也成为国际酒店业关注的焦点。

单说收购法国卢浮酒店集团，在交易架构上，锦江国际集团巧妙避开了与其他6家潜在收购方的同台竞标，与原股东单独直接进入实质性股权转让合同谈判。为避免投资风险，锦江一改传统资产尽职调查方式，设立相关法律技术条件保证，设计保证性托底条款和高额违约金。先期谈判完成后，锦江国际集团发函给旗下两家经营酒店的上市公司锦江酒店和锦江股份。最终，锦江股份方面确认收购。这一交易模式的优点符合国际化公众公司对外战略投资的逻辑，将国际并购和上市公司资产重组相结合，相当简单高效，若单纯直接以上市公司名义谈判，则整个过程相当复杂。

在融资收购上，锦江更充分发挥了资本与财务杠杆的力量。收购的100亿元资金，一部分来自锦江出售锦沧文华大酒店和银河宾馆的收益，另一部分来自锦江股份定向增发引进弘毅资本的资金。之后，锦江股份通过自筹的50亿元内存资金作为担保，以内存外贷的形式在境外担保贷款相当于100亿元人民币的欧元。借助国内外的利息差，锦江仅仅用了一半现金，便获得了卢浮集团100%股权，且这一半现金还是放在银行里，享受着国内外的利息差。如此一举，既盘活了资产存量，也使资本的效用发挥到了最大。

完成收购后，经过一系列整合，卢浮集团迅速成为锦江版图中不可缺少的一分子。在锦江的筹措下，卢浮集团获得了中国工商银行25亿欧元授信贷款，使卢浮集团没有耗费母公司一点资本，就可以将海外扩张的计划启动实施。与此同时，锦江借助二级市场悄然购买欧洲第一大酒店集团雅高的股份，跃居单一第一大股东的资本操作，更是引来国际酒店业几乎所有巨头的震动。

“纵观全球十大酒店集团发展历程，没有一家仅仅自然成长壮大，企业到了一定规模，借助资本力量，运用融资并购等方式，是顶级酒店集团必须具备的素质”，这也成为锦江高层的共识。全球酒店行业真正拥有决定性影响力的圈子并不大，而借助一系列资本运作的锦江，已成功成为这个核心圈的一部分，如今全球所有酒店业的动向都会被第一时间掌握，并有国际投资人第一时间与锦江联系。

三、资源全球化塑造

全球酒店排名跻身前五,正在从“走出去”升级为全球化企业的锦江,接下来会向何处去?

全球酒店管理委员会就是一个重要的信号。在未来架构设计中,这一全新的委员会将统筹锦江全球酒店的发展与资产的运作。

全球化企业需要来自各方的智慧,亦需要更好的架构将智慧汇聚变现。在酒店投资之余,锦江近来的另一笔投资同样值得关注,全球众创空间鼻祖 wework 近日宣布,2016 年 wework 将会以上海作为进入亚洲的首站,并会将亚太区总部设在上海。其背后,少有人知的是,锦江早已悄然投资 wework 1 亿美元。

锦江正在尝试打造一种全球酒店共享平台——wehotel,将产业、互联网、金融资本联动。而平台最重要的动作之一,便是将锦江、卢浮、铂涛、维也纳旗下所有酒店的会员信息整合,逐渐构建起一个上亿会员的庞大网络。

当前酒店行业过分依赖于第三方渠道,丧失定价权的现状,曾使不止一家酒店高层感慨,酒店在为在线旅游社(OTA)打工。而当一家企业拥有上亿会员,并建立起畅达的网络之后,这一局面将逐渐改变。这一点,正是锦江在一次次酒店行业内并购后,不仅仅成为一家全球性酒店集团,更成为行业掌控者的“雄心”。

这一切,需要资本,需要策略,更需要胆魄与眼光,这些,锦江似乎都已心领神会。

第七编　区域经济和企业

区县商务

2016年浦东新区商务

2016年，浦东商务系统围绕“四个中心”和科创中心核心功能区建设，深化自贸试验区改革创新，加快优化产业结构，着力保障社会民生，推进各项商务工作稳步前进，保障全区商务经济平稳健康发展。

一、促进商务领域平稳健康发展

招商引资在全市地位凸显。2016年，实到外资70.4亿美元，比上年增长9%；合同外资350.65亿美元，占全市总量近七成；全年内资注册资本8 648亿元。2016年，新区企业境外投资备案256.8亿美元，增长7%，占全市70%。全年新认定跨国公司地区总部19家，占全市(45家)42%，累计已达265家，占全市(580家)46%；认定区域性总部和国内大企业总部10家。上海首批认定的94家贸易型总部中有40家是浦东企业。此外，还集中签订2批30个内资重大项目战略合作和落户协议，形成集聚效应。

内外贸运行好于预期。在国际市场需求不振、国内经济下行的大背景下，区商务委着力通过完善贸易环境实现稳增长目标，全年货物贸易进出口额17 595亿元，占全市贸易额的比重为61.4%，比上年增长4.9%，好于全市和全国；全年浦东港口集装箱吞吐量达3 389.5万标准箱，增长1%，占上海港口总量的91.3%，其中洋山港国际中转和水水中转占比分别达到10.7%和51.5%；浦东国际机场货邮吞吐量342.53万吨，旅客吞吐量6 598万人次；全年新区累计实现社会消费品零售总额2 038亿元、商品销售总额32 375亿元，分别增长8.2%和8.5%，均高于全市增速。

新兴服务业蓬勃发展。2016年，新区技术进出口合同金额32.2亿美元，占全市33%；服务外包合同金额86.2亿美元，比上年增长52.1%。浦东新区电子商务交易额3 430亿元，增长9%，其中，B2B交易额2 444亿元，B2C交易额为986亿元。第三方支付交易额为76 676亿元，增长6%。会展业专注专业化、国际化、品牌化发展，全面恢复至历史最高水平，总规模达792万平方米，举办国际性展览265次，UFI国际会展协会分支机构落户浦东，全球健康促进大会等在浦东成功举办；旅游业快速发展，全年实现直接收入170亿元，接待游客4 400万人次，分别增长19%和21%。

二、深入推进自贸试验区建设

深化投资管理制度改革，积极落实准入前国民待遇+负面清单的外商投资管理制度，全面实施境外投资备案管理，自贸试验区内企业受理时间从4个工作日减少到1个工作日，材料从原来的十几项减少到3项。自贸试验区内的新设外资企业，95%以上是通过备案方式设立。

抓好服务业扩大开放项目落地，截至2016年12月，自贸试验区开放措施已有30项、1 900

多个企业落地(不含2016年2月份后外高桥保税区数据)。在保险经纪、专业健康保险、独资医院等12个服务业有试点突破。

积极推进贸易便利化,协调配合海关、商检及市口岸办等职能部门,推进国际贸易“单一窗口”2.0版运行,3.0版也于年底上线,已纳入22个口岸和贸易监管部门。拓展货物状态分类监管试点范围,所有符合条件的物流企业已全面开展试点,贸易型企业试点顺利启动,实现保税、非保税货物同仓存储。此外,与上海国检局协作,建立“特殊物品生物安全风险管理体系”平台,促进生物医药产业发展。

大力推动政府职能转变,区商务委原有的9项审批事项中,已有4项改为备案,4项实行告知承诺+形式审批;市级机关新下放的11项审批事项中,已有2项取消审批,1项改为备案,7项实行告知承诺+形式审批;对需要实行证照分离的8个事项,建立证照分离相关管理制度,优化和提高审批备案效率。制定融资租赁、商业单用途预付卡管理等20个审批事项的监管方案,积极探索商务秘书企业制度。

三、积极推动贸易、航运中心服务功能提升

推进功能性项目落地和运营。协调迪士尼小镇、奕欧来购物村、佛罗伦萨小镇、百联世纪购物中心等开业运营,新增商业面积20余万平方米;盒马鲜生、i百联等生活性O2O项目顺利落地,发展势头良好,第二批34家离境退税定点商店正式运行。在大宗商品市场建设方面,累计批复10家国际板市场筹建,7家平台通过验收,5家已上线运行。

推动航运服务平台建设。在部、市的支持下,扩大外资船舶管理企业经营业务范围,搭建外资船舶管理产业服务平台。与交通运输部职业资格中心、英国皇家特许船舶经纪学会共同签署中英高端航运人才培养战略合作协议,并在自贸试验区正式启动航运人才“双认证”试点项目,完成两期31名双认证学员培训。举办国际化、专业化航运会议,强化业内交流。积极参与国际航运规则制定,搭建浦东与国际航运界交流平台,提升话语权和影响力。

四、大力推动旅游产业发展

构建旅游发展新格局。建立全区的旅游统筹协调机制,成立浦东新区旅游工作联席会议,加快与工、农、商、体、文、教、卫等相关产业融合发展。制定和实施《浦东新区促进特色民宿业发展的意见(试行)》,在全市率先开展特色民宿试点,拓展美丽乡村度假新功能。上海中心观光层、极地海洋馆、上海天文馆、滴水湖国际会议中心等新建设项目不断,旅游会展带动溢出效应进一步放大。

构建旅游服务体系。推进全区21家A级景区信息实时发布工作,落实大客流应急处理制度,提升旅游会展网站服务质量,加大对旅游企业检查频次和力度,及时向执法部门抄告涉嫌违法违规企业,加强旅游投诉处理,进一步提升游客舒适度、满意度。

做好迪士尼开园配套服务工作。配合迪士尼开园,开展浦东旅游企业专题培训和市民文明旅游培训,做好迪士尼周边商业布点和管理保障,提升商业旅游行业服务水平和应对大客流的能力。

五、切实做好民生保障工作

推进实事工程建设,商务委编制完成《浦东新区“十三五”农产品流通体系建设的实施意见》,完成20家标准化菜市场、2家中心菜场、5家生鲜菜店、6家限时菜场等区政府实事项目,探索批零直销新模式,鼓励“互联网+菜篮子”新模式发展,牵头为流通企业与本地生产企业搭桥,实现保供稳价。

优化便民服务布局,拟定大型居住区配套(街坊)商业管理办法,明确大居街坊商业处置及管理要求。制定《浦东新区早餐工程网点管理实施细则》,推动连锁企业在大居开设早餐门店,已遍及新区80%街镇,每天为约13万人次提供早

餐。推进再生资源回收与生活垃圾清运体系“两网协同”,在7个街镇、14个社区开展新型回收试点。

守住粮食安全底线,制定粮食收购工作方案,开展订单式收购探索。完成小麦5 130吨、稻谷74 000吨、成品米3 200吨的轮换任务。出台粮食异地储存管理实施细则,保障异地储粮质量和安全。圆满完成2016年度粮食安全省长责任制考核。(浦东新区商务委)

附 件

2016年浦东新区商业经济运行分析

2016年,新区商务主管部门和广大商业企业积极应对复杂多变的国内外经济形势,积极围绕建设国际贸易中心目标推进各项工作,基本保持稳中求进的发展态势,实现新区批发贸易、零售市场、商业投资达到规模扩大、缓中有升的总体目标。

一、浦东商贸业经济运行情况及特点

1. 商业对经济增长贡献突出,居各区规模第一

商业增加值突破1 400亿元,规模、增速实现各区“双领先”。2016年,浦东批发零售业实现增加值1 375.58亿元,比上年可比增长7.3%,分别占全区和第三产业增加值的15.8%、21%,对全区和第三产业经济增长的贡献率为14.1%、15.1%;浦东批发零售业增加值占全市批发零售业增加值比重为34.1%,比上年提高0.8个百分点;浦东批发零售业增加值增速高于全市批发零售业增加值增速(4.6%)2.7个百分点。

商业税收突破300亿元,税收规模保持各区第一。全年浦东新区完成商业税收总额(包括批发零售业、住宿餐饮业,不包括海关代征税、印花税)303.15亿元,税收规模为各区第一,但增速同比减少3.8%,商业税收对全区和第三产业税收的占比分别达到46%和49%。高于全市商业税收占比(上海商业实现税收2 387.44亿元,占全市和第三产业税收比重为16.3%、25.7%)其中:浦东批发零售业全年完成税收302.97亿元,税收规模在全区所有行业中保持第一,住宿餐饮业税收同比增长4.8%。

自贸试验区引领带动作用明显。2016年,自贸区内的外贸进出口总额、外商投资实际到位金额和商品销售总额分别实现7 020.10亿元、59.77亿美元和3.06万亿元,比上年增长4.2%、39.5%和6.8%,占全市相应指标的24.5%、32.3%和30.4%。

批零业外商投资实际到位金额增势良好。2016年,浦东批发零售业外商直接投资实际到位金额为8.58亿美元,比上年增长30.2%。分别占全区和第三产业外商投资实际到位金额的12.2%、12.6%,占全市批发零售业外商直接投资实际到位金额的比重为42.2%;浦东增速高于全市批发零售业外商直接投资实际到位金额的增速(−23.5%)53.7个百分点。

2. 流通规模扩大、增速加快,总量保持各区第一

浦东商品流通增速高于全市,规模领先各区。2016年,浦东商贸业受金属材料、汽车、石油等主力商品销售回暖支撑,流通规模进一步扩大,增速稳步提高,全年实现商品销售总额32 360.64亿元,比上年增长8.5%,增速比上年回升0.5个百分点。浦东新区商品销售总额占全市的32.1%,增速高于全市(7.9%)0.6个百分点。

电子商务交易规模快速扩大,结构逐步优化。2016年,上海市电子商务交易额突破2万亿元,比上年增长21.9%;其中:B2B交易额和网络购物交易额分别增长17.3%和35.4%;电子商务交易额是2012年7 815亿元的2.6倍。其中:浦东新区电子商务交易额实现3 402.60亿元,比上年增长8.3%,浦东新区电子商务交易额占全市的17%。

商品销售呈现“四快”。从商品大类看,全年增速最快行业为木材及制品类,受今年房地产市场火爆拉动,全年浦东新区木材及制品类实现商品销售额37.60亿元,比上年增长41.6%;浦东新区商品销售规模最大行业为金属材料类商品,全年商品销售额突破万亿大关,占浦东新区商品销售总额的34.8%,比上年增长8.3%;同时,金

属类商品还是对浦东新区商品销售额增长拉动贡献最高的行业,增长贡献度达34%;全年回暖最快行业为汽车类商品,受上汽通用、保时捷、捷豹路虎三大汽车龙头企业回暖拉动,汽车类商品全年实现商品销售额5 392.74亿元,比上年增长9.3%,增幅同比回升10个百分点。

汽车、油品、金属材料增长领先。从重点批发贸易企业看,浦东新区前10家规模最大贸易企业销售额达7 081.20亿元,占浦东新区商品销售总额的21.9%,比上年增长14.6%。

一是通用汽车受购置税减半政策红利拉动、密集的新品攻势带动和营销层面的策略调整,全年业绩有所回暖,实现商品销售额比上年增长8.3%,保时捷2016年最畅销品牌车型MACAN和全新跑车718在中国市场销售表现抢眼,2016年商品销售额比上年增长17.6%,捷豹、路虎呈现积极的增长势头,受益捷豹品牌各类车型的热卖,全年业绩由负转正,商品销售额比上年增长7.8%。二是益海嘉里受益于油类产品销售额增量,全年实现商品销售比上年增长26.1%。三是受供给侧改革、有色金属价格上涨、人民币贬值等多种因素推动金属类商品企业2016年业绩大幅上涨,中铜矿业、铜陵有色、江铜国贸全年商品销售额分别比上年增长32.8%、20.6%、7.4%。

3. 商品、服务消费实现"双增长",规模保持各区首位

上海迈入万亿级消费城市行列。上海市社会消费品零售总额从2015年起(10 132亿元)即进入全国的万亿级消费城市行列。2016年社会消费品零售总额再次超过1万亿元,比上年增长8%,其中:网上商店实现零售额1 249.80亿元,比上年增长15.8%,占比为11.4%,高于全国城市平均水平。其中:浦东新区实现社会消费品零售总额2 037.33亿元,比上年增长8.2%,增幅同比回落0.1个百分点。浦东占全市社会消费品零售总额的18.6%,增速高于全市0.2个百分点。

全市服务消费规模、增速超过商品消费。2016年,上海规模以上社会服务业的营业收入实现1.43万亿元,比上年增长8.4%,服务消费的规模和增速分别超过商品消费(社会消费品零售总额)3 308亿元、0.4个百分点。其中:1—11月份,浦东新区实现规模以上社会服务业的营业收入3 698.70亿元,比上年增长7.4%,浦东占全市规模以上社会服务业的营业收入(12 411亿元,比上年增长9%)29.8%,增速低于全市1.6个百分点。

4. 零售业态加快创新转型步伐

传统实体零售业绩小幅下滑,回暖趋势显现。受经济环境低迷、新兴消费市场分流冲击、业态同质化、设施陈旧等因素影响,实体商业在2016年仍未走出低谷,但筑底回暖的趋势已有所显现。

从百货业看,浦东百货业龙头第一八佰伴,在经历大半年的闭店装修调整后,于12月正式重新开业,并在跨年营销活动中连续营业19小时,实现零售额6.2亿元,客流达12万人次。巴黎春天百货凭借连续三周的不打烊送苹果手机活动,拉动业绩回暖,全年零售额同比微跌1.1%。

从大卖场超市行业看,2016年实现零售额134.90亿元,比上年下降2%,其中:易初莲花、乐购、家乐福全年零售额分别比上年下降10.8%、10.2%、2.9%。在各大卖场超市中,仅沃尔玛实现全年零售额两位数增长,1~12月实现零售额超28亿元,同比增长14.5%,其中:山姆会员店全年零售额突破8亿元,比上年增长14.6%。

从购物中心看,浦东新区商业信息中心监测的22家购物中心(不含国金中心)全年实现零售额154.56亿元,比上年增长9.5%,其中:传统购物中心文峰广场、正大广场全年零售额分别比上年下降6.9%、1.3%,而新开业购物中心成为支撑增长主力,汇智国际、长泰广场全年实现零售额同比增速均超过50%。

新兴零售业态增长快、贡献大。浦东百亿网络零售龙头1号店。自营部分全年实现零售额近130亿元,比上年增长10.2%,连续4年保持两位数快速增长,对浦东新区零售额增长的贡献

率为7.8%。

新能源汽车龙头特速乐(特斯拉)。2016年因为产能受限,导致中国订单积压的问题已得到解决,下半年大量的订单现车的交付结算,以及6月起特斯拉新款SUV新能源汽车MODEL X上市拉动,全年通过网络实现零售额超20亿元,比上年增长158.4%。

苹果(中国)公司。虽然2016年业绩较2015年下滑4.8%,但其市场份额依旧保持行业领先,全年零售额超70亿元,已跃居浦东零售企业规模第二,仅次于1号店。

日上免税行。凭借价格优势、出境游日趋火爆等因素拉动,日上免税行现已成为国人出境游免税商品消费的首选之地,全年零售超60亿元,排名浦东新区零售企业规模第三,业绩比上年增长17.7%。

国金中心。高端奢侈品商业综合体国金中心全年零售额突破60亿元,比上年增长10.5%,其中:专业专卖服饰店成为拉动国金中心增长主力,全年实现零售额近42亿元,比上年增长20.2%。

佛罗伦萨小镇。浦东第一家奥特莱斯店佛罗伦萨小镇营业两年来业绩表现突出,商场接近满租,客流火爆。2016年零售额突破12亿元,比上年大增55.7%。

迪斯尼旗舰店。全球最大的迪斯尼旗舰店2016年实现零售额超1亿元,比上年增长75.8%,总体销售情况良好。

运动消费成为消费市场新亮点。伴随着2016年全民体育、全民健身热潮的出现,参与体育、健身的人群出现爆发式增长,运动消费成为一种时尚潮流,同时也推动了“体育+商业”的消费升级,2016年浦东新区体育、娱乐用品类商品实现零售额13.23亿元,比上年大增51%。从企业情况看,运动服装和体育用品专卖店迪卡侬全年实现零售额超25亿元,比上年增长83.3%。

汽车类商品销售稳中趋暖。全年浦东新区汽车类商品实现零售额547.45亿元,比上年增长9%,其中:12月实现零售额60.72,亿元,同比增长15.5%。

在进口车方面,经过上半年的去库存调整后,随着汽车4s店“金九银十”销量冲刺的拉动,进口车市场业绩表现出色,东昌凯帝(凯迪拉克)、东昌凌志(雷克萨斯)、永达东沃(沃尔沃)、汇之星(奔驰)全年实现销售分别比上年增长45.2%、44.5%、22.6%、19.2%。

在新能源车方面,比亚迪品牌弘仁宝升受上海市2016年新能源车政策限制门槛的提高和补贴金额的下降等因素影响,导致其全年销售同比大幅下滑48.1%,但从12月其业绩开始爆发式反弹,当月实现销售比上年大增178.5%;而另一新能源车品牌荣威受益于不受上海市2016年新能源车政策补贴限制门槛影响,永达威荣全年销售比上年大增69.4%。

二手车市场方面,受2016年国务院《关于促进二手车便利交易的若干意见》政策利好的拉动,浦东二手车交易市场全年实现交易额133.55亿元,比上年大增50.2%。

家居建材业快速增长。受2016年又一轮火爆楼市特别是二手房交易量大涨的拉动,家居建材装潢行业得以大幅回暖,全年浦东新区家居建材业实现零售额45.41亿元,比上年大增22.9%。从具体企业看,红星美凯龙、宜家、百安居业绩均实现大幅增长,全年零售额分别比上年增长48.1%、18.7%、15.1%。

住宿餐饮业稳中趋缓。浦东新区全年实现住宿餐饮业营业收入202.81亿元,比上年增长8.7%,增速同比下滑1.1个百分点。

从餐饮类别看,大众化连锁正餐仍保持较为火爆的人气和较高的消费增速,望湘园、避风塘、大富贵全年实现营业收入分别比上年增长25.7%、20.3%、11.6%;而连锁快餐业绩表现低迷,麦当劳、必胜客全年营业收入分别比上年下降7.2%、6%,肯德基全年营业收入比上年增长3.2%。

从住宿餐饮业在网络零售方面表现看,宾馆企业锦江汤臣、金茂、证大丽笙全年通过互联网实现营业额比上年增长62.5%、61.9%、41.8%;餐饮企业炉边盛谈、柚子全年通过互联网实现营业额同比增长300.5%、

221.7%。

二、2017年浦东商贸业发展形势判断

2017年中国经济将会是稳中求进，提高增长含金量的一年，商贸业将呈现消费平稳、投资稳中略升的趋势，预计浦东新区商贸业2017年一季度实现社会消费品零售总额516亿元，比上年增长8%，商品销售总额8 160亿元，比上年增长8%。

1. 批发贸易方面

金属、汽车、石油三大主力商品销售仍将成为浦东新区批发贸易增长的主要因素，从商品类别看：

金属类商品稳中缓升。2017年铜、铅、锌等有色金属价格将继续上涨、人民币汇率将合理贬值等因素将拉动金属类商品稳中缓升的趋势。

石油类商品销售上升。随着全球原油需求量上涨，国际油价涨幅将进一步扩大，拉动石油类商品销售持续上涨。

汽车类商品平稳增长。受三大汽车企业业绩回暖以及市场需求量的持续增加，预计2017年汽车类商品销售额将保持平稳增长。

2. 零售市场方面

传统零售实体店将回暖。经过一轮转型调整和设施改造后，预计明年购物中百货、大卖场超市、家居建材等实体企业销售将呈现稳中有升的态势。

新兴零售业态(网络零售、免税店、奥特莱斯、奢侈品、运动消费市场)和增量企业仍将是支撑零售额增长的主力。2017年预计1号店、日上免税行、佛罗伦萨小镇、国金中心、迪卡侬等新兴零售业态仍将保持两位数增长。从增量情况看，迪士尼乐园将纳入统计指标，期待其对新区社零增长有进一步的贡献。

汽车消费持续回暖推动销售增长。2017年小排量汽车购置税减半政策有望延续，国务院对促进二手车便利交易的覆盖面将进一步扩大，新能源车仍将得到进一步推广，预计2017年浦东汽车类商品零售将保持稳定增长趋势。

住宿餐饮业方面。线上线下融合发展将成为住宿餐饮业今后的主要经营方向，特别是日趋成熟的外卖平台将在2017年出现爆发式增长，预计2017年浦东新区住宿餐饮业消费市场将保持平稳较快增长，增速将好于零售消费市场。

三、2017年浦东商业发展相关举措

1. 积极探索商贸行业新亮点

探索浦东新区消费指数体系建设。继续探索和完善浦东新区商业消费指数体系建设，在牢固对商业零售市场监测分析的基础上，加强对服务业进行拓展研究分析。

加强业态拓展。争取将浦东范围内的重点服务业企业纳入监测会员单位，更加全面熟悉、掌握、了解行业发展情况。

加强对商贸行业的探索。通过对企业的调研，全面了解批发贸易行业发展情况。

2. 协调推进增量商业建设，重点对接新开工商业项目

即将开业的增量商业项目。做好世纪汇广场、上海中心、尚悦湾、浦东金融城(SN1)等即将开业的增量商业项目的建设、配套、协调等工作。

做好开业后的企业对接。对新开业的盒马鲜生、丁香国际商业广场、绿地缤纷商业广场、百联川沙购物中心做好开业后的企业对接、信息追踪、数据统计等相关工作。

3. 推进落实相关扶持政策

积极推广小微企业补贴扶持政策，探索研究商贸业创新，扶持稳增长、保贡献等相关措施和政策的出台。支持传统商业转型升级，积极推进智慧商圈建设。完善和延续系列传统节庆营销活动，努力开拓创新。(叶晓飞)

2016年黄浦区商务

2016年，黄浦区围绕高端服务业发展、商业结构转型升级、民生保障、服务企业创新等四大领域，以目标、问题、项目为导向，凝心聚力抓落实，尽心竭力破难题。2016年，黄浦区实现社会消费品零售额799.18亿元，比上年增长1.0%；实现商品销售额5 739.44亿元，增长1.6%。全年新批准的外商投资企业共188个，下降6%；总投资额246 008.3万美元，增长71%；合同外资金额145 164.8万美元，增长0.1%，完成全年目标的103.7%。全年完成进出口总额651.6亿元，增长8%。其中，出口总额212.3亿元，下降1.4%；进口总额439.2亿元，增长13.3%。

一、大力推动高端服务业发展

一是联手编制区高端服务业“1＋3＋X”政策体系。围绕黄浦“6＋5＋X”产业体系建设，深化梳理完善高端服务业发展实施细则相关政策体系，制定《黄浦区关于进一步整合优化企业发展服务平台的实施办法》，进一步完善制定有关商业结构调整、服务贸易、品牌、文创等10项实施细则政策文件。二是完善“十三五”专项规划。编制完成商贸、自主创新、文创等“十三五”专项规划和区品牌建设三年行动计划。三是深入研究五大创新领域。提出重点发展新金融、新消费、创意2.0、大健康、互联网＋等五大领域的创新理念，明确五大重点领域的统计口径，会同研究机构撰写并初步完成五大领域发展研究报告。四是积极推进总部经济发展。加大招商安商力度，推动重点产业发展，成功引进维多利亚秘密、NBA主题乐园等一批总部型、创新型企业，11家企业被认定名为上海市贸易型总部，总部数量列全市第二。

图1 2016年10月11日下午，周波副市长会见法国必维国际检验集团董事长和全球执行总裁

二、积极创建“上海国际消费城市示范区”

区商务委贯彻二届区委一次全会关于“建成上海国际消费城市示范区”的精神及区“十三五”规划总体要求，结合商业结构及消费情况特点，编制黄浦区创建“上海国际消费城市示范区”的实施方案,并召开新闻发布会,提出未来五年以商业业态、街区形态、文化神态、消费生态“四态并举”,以南京路、淮海路、豫园商城等三大市级商圈为重点,聚焦商业项目、品牌服务、公共空间、数字应用、文化体验等具体任务。一是聚焦重点项目,统筹推进商业结构调整。二是以“两街”为重点,聚焦商品品质保障和服务水平提升。三是深化智慧商圈建设。四是强化商旅文联动。努力建成“上海国际消费城市示范区”。

三、不断深化时尚之都示范区建设

紧紧围绕打造具有国际影响力的“上海国际时尚之都示范区”总体要求,加快整合黄浦区优势资源,带动多产业融合联动,全面落实黄浦区时尚产业创新发展规划。深化产业政策,进一步细化和完善专项资金管理办法,鼓励更多带有示范效应的时尚活动、平台等资源在黄浦集聚。已有上海时装周、新天地等进行申报。编制黄浦时尚蓝皮书,印制发布。推进上海时装周一年两次作品发布,进一步集聚时尚项目、活动,同期推出 MODE 上海服装服饰展、LABELHOOD 时装演示先锋平台、2016 上海高级定制周等系列活动。

图 2　10 月 12 日—20 日,上海时装周 2017 春夏发布亮相新天地太平湖公园

四、大力发展品牌经济

一是强化调查研究。完成全区 96 家老字号企业的调研和基础数据摸底,制定《黄浦区品牌建设三年行动计划(2016—2018)》,修改完善品牌政策,进一步发挥政策引领作用。二是完善服务功能。积极推动中国品牌经济(上海)论坛、上海品牌之都促进中心、上海品牌发展基金、上海品牌交易所落户黄浦。三是加大宣传力度。召开黄浦区品牌发展战略推进大会,发布行动计划,努力将黄浦打造成为上海品牌之都的核心功能区、优质品牌的集聚区和品牌消费的示范区。四是落实政策扶持。落实 2015 年度黄浦区品牌创新发展专项资金 1 641.5 万元,80 家企单位,

171个项目获得奖励和扶持。五是做强优势品牌。扎实推进全区自主老字号品牌工作。推进老字号产品向上海伴手礼的转型升级。

五、全力打造商旅文体联动平台

把握2016年金秋消费旺季，抓住上海迪士尼开园契机，加强对长三角地区消费者的主动吸引，联动上海购物节、上海旅游节，区商务委、区旅游局、新闻办共同打造商旅文体联动的新消费融合平台。一是长三角推介突破常规，邀请购物达人俞菱共同在南通、宁波两地交通广播电台录制专题节目，把“两节”黄浦区系列活动通过电波在长三角地区传播。二是充分利用新媒体平台时效性、针对性、传播性等特点，在“今日头条”平台上于8—10月间共12次定向投放20万江浙沪目标受众。在区商务委的组织下，各商业企业踊跃参与，并提供各类奖品用于抽奖以实现线下引流。三是介绍“两街”特色体验项目、文化故事、精彩活动的《黄浦最上海》季刊(9—11月)以及南京路、淮海路纪念册通过“两街”商业企业、酒店、旅游咨询中心进行发放，向市民和游客展现精彩纷呈的“两节”活动。四是强化商旅文联动。针对“两街”体验性商业项目、特色品牌-文化故事、精彩营销活动等“三张清单”，制作宣传册，利用“网上淮海路南京路”微信，介绍“两街”商业企业营销活动。结合新年倒计时、上海购物节、上海旅游节开幕大巡游、上海时装周、“艺蕴黄浦”等重要节庆和重点项目，做好“两街”商旅文整体营销活动。

图3 2016年11月3日在香港广场启动“上海艺术商圈——艺蕴黄浦”项目

六、有序推进菜市场建设等民生实事项目

一是抓项目。竭尽全力完成实事项目。推进豫园、宁波路、徽宁路菜市场改造，新增10个供应菜店(点)。二是抓方案。研究制定菜市场回归公益性的机制方案设计，进一步明确买菜便利、环境整洁、食品安全、菜价实惠等工作目标四要素。三是抓主体。根据区领导关于菜市场回归公益性的要求，深入细致地开展思想工作，对相关菜场经营主体进行劝退。四是抓转型。积极探索菜市场转型社区邻里生活服务中心新模式，使菜市场在有效履行副食品供应传统功能的

同时,提供品牌早餐、理发、修补、小家电维修、公厕等服务。

七、创新提升服务环境

一是积极落实外商投资企业审批管理体制改革。建立企业注册备案信息通报制度,努力做好安商留商工作及区内融资租赁业风险排查及风险防范培训工作。二是全面优化企业发展服务平台。打造完成服务平台2.0升级版,已于6月1日正式上线运行,平台内新建科技中介和知识产权专业服务平台,完成平台微信公众号以及企业移动服务APP安卓、苹果系统双版本建设工作。进一步完善政策公共服务平台、金融专业服务平台及人才专业服务平台功能。三是有效落实项目全过程管理。通过推进数据建设,统一项目评审,强化项目监管,实施申报受理、评审确认、过程监察、事后评估等全流程实施科学管理,确保项目准入可控、过程可控、质量可控。

2016年徐汇区商务

2016年是推进结构性改革的攻坚之年,也是"十三五"开局之年。徐汇区紧紧围绕稳中求进的工作总基调,坚持创新驱动,加快转型升级,以科技创新中心承载区建设为契机,聚焦重点领域,深化招商体制改革,创造良好营商环境。全面推进区域产业经济发展、商业业态调整、民生与市场保障、低碳节能建设,为实现区域经济持续健康发展而不懈努力。

2016年,全区商业实现社会消费品零售总额634.86亿元,比上年增长5.5%。引进外商直接投资合同金额11.31亿美元,增长6.0%;实际利用外资7.44亿美元,增长1.0%。完成外贸进出口总额721.07亿元,增长12.7%。

一、商业经济

2016年,全年完成商品销售总额4 473.80亿元,比上年增长5.5%;实现社会消费品零售总额634.86亿元,比上年增长5.8%;实现税收80.43亿元,增长9.5%,占全区税收总额15.79%。

1. 深入推动徐家汇商圈能级提升

2016年,徐家汇商圈8家主要商业零售企业实现销售85.63亿元,比上年下降8.2%(东方商厦9—12月停业装修)。商圈转型升级重点项目取得阶段性成果。太平洋数码二期完成主体建筑地上部分拆除工程;百脑汇中金店完成改造,改造后IT业态占比下降到34%,加入30%的智能科技体验型业态占比,形成以人、科技、智能生活为核心的"科技智能广场"。商圈6个主要商场调整和引进品牌594个。调整业态和提升品质。美罗城完成BC区一楼和二楼的改造和业态重定位,二楼以"东来坊"的"街区"面貌重新开业;东方商厦于9—12月之间完成开业以来首次闭店改造;汇联商厦以联廊建设为契机,完成四楼的整体改造并调整引入大众特色餐饮业态,为白领提供服务;太平洋百货继续开展功能调整,3F、5F、B1引进特色餐饮,提升消费体验多样性;百脑汇开辟全国第一家电竞元素的专属体验区域,拥有上百台最先进的电竞设备,为电竞爱好者提供一流体验。

太平洋数码二期重建项目、T20项目、东方商厦、美罗城等重点项目取得阶段性成果;数码商品市场业态占比进一步缩小;深化商圈互联网+创新项目建设,推动互联网企业、实体商业以上海购物节等市级商业节庆及元旦、五一、十一等重大节假日为平台,开展创新营销活动。

图 1　T20 项目

2. 组织策划主题营销活动

开展节日营销及商业文化活动。五一、夏季和十一期间，分别开展“徐家汇‘艺型’记”五一劳动节活动、“从徐家汇出发”夏季及十一国庆暨上海购物节等主题营销系列活动等。五一期间，区商联会、区商务委、徐家汇商城集团联合主办的“徐家汇‘艺型’记”活动，通过艺术互动装置增强休闲体验和塑造多元化商业文化品牌形象。据统计，区商务委抽样的 17 家商业零售、餐饮休闲等企业五一 3 天(4 月 30 日至 5 月 2 日)累计实现销售(营业)额 1.29 亿元，同比增长 9.8%。上海购物节期间，通过一系列线上线下互动活动，包括音乐激光秀、“从徐家汇出发”假期嘉年华系列活动、支付宝满额立减等，打造徐家汇假期攻略，塑造徐家汇度假、休闲的目的地形象。活动期间各商场组织 20 个形式多样的营销活动。据统计，区商务委抽样的 19 家百货零售、专业卖场、餐饮等企业国庆 7 天累计实现销售(营业)额 28 342 万元，同比增长 12.4%。

3. 推动智慧商圈建设

申报徐家汇商圈成为上海首批智慧商圈试点区域之一。推动互联网+商业应用项目落地。移动支付项目试点成功，腾讯微信支付及支付宝开展商圈推广。美罗城、太平洋百货、汇金百货完成商场移动支付覆盖。并成功开展“微信支付日”“口碑徐汇美食节”等两大移动支付营销活动，累计吸引互联网企业投入营销资金 600 万元。

4. 加大社区商业建设投入

2016 年，徐汇区高度重视社区、园区商业的提升发展，积极推进衡复地区社区商业业态调整，支持区国资企业下属品牌建设。加强社区商业载体建设。积极跟进区域内商业载体招商及经营情况，明确各层级商业布局特色。12 月，位于东安路的绿地缤纷城项目开业，较好地满足周边社区居民购物需求。完成园区白领就餐配套建设。继续支持漕河泾开发区等园区在适当的

图2 商圈活动

位置增设一批对外营业食堂及商业配套,优化网点布局结构,完善午餐功能,保证白领基本用餐需求,以特色单位为补充,丰富白领多样化选择。进一步提升衡复地区业态品质。明晰衡复地区主要道路沿街商业的业态业种导向性建议。以"满足民生、提升品质"为业态调整目标,研究制定"徐汇区衡复历史文化风貌区沿街配套商业业态发展导则"。完成太原路生鲜超市布点工作,并通过引进沈大成品牌进入延庆菜店和太原路生鲜超市,积极满足周边民生需求。对永康路酒吧一条街内擅自居改非及无证无照经营开展集中整治。积极支持区国资企业下属品牌建设。新路达集团下属第二食品商店增开中南新店,完成东安路店升级改造装修,下属乔家栅品牌完成大木桥路店升级改造装修。

二、吸引外资

2016 年,徐汇区对外经济工作聚焦总部经济,着力引大引强,不断扩展总部经济的功能。全年新批准外商投资企业 191 家,批准外商投资企业增资 131 家。全年引进外商直接投资合同金额 11.31 亿美元,比上年增长 6.0%;实际利用外资 7.44 亿美元,增长 1.0%。2016 年新增跨国公司地区总部 2 家,投资性公司 3 家。

1. 投资行业

2016 内,徐汇区批准外商投资企业 191 家,引进合同外资 3.95 亿美元,比上年增长 1.0 倍。其中合同外资在 1 000 万美元及以上项目 5 个。批准外商投资企业增资 131 家,增加合同外资 7.36 亿美元,比上年下降 15.6%。其中合同外资增资 1 000 万美元及以上项目 14 个。

表 1 2016 年徐汇区外商直接投资情况

指标	项目(个)	增速(%)	合同金额(亿美元)	增速(%)
合计	191	1.1	11.31	6.1
按投资方式分				
中外合资	18	20.0	0.82	15倍
中外合作	0		0.10	
外商独资	173	−0.6	10.40	−2.1
按产业分				
第二产业	0	0	0.12	
第三产业	191	1.1	11.19	4.9
#现代服务业	117	34.5	8.75	−1.9

表 2　2016 年度徐汇区引进外资(含增资)分行业情况表

单位:万美元

行业	合计	比重(%)	新设合同外资	增资合同外资
合计	113 141	100	39 523	73 618
制造业	1 245	1.1	—	1 245
现代服务业	87 549	77.4	30 227	57 322
其中:咨询	6 505	5.8	2 028	4 477
软件	28 619	25.3	21 582	7 037
总部经济	47 580	42.1	6 500	41 080
其他	4 845	4.3	117	4 728
商贸	22 265	19.7	7 753	14 512
其他	996	0.9	996	0

2. 投资来源地

2016 年,中国香港、中国台湾、美国是徐汇区引进外资项目的主要来源地。其中,中国香港项目个数和合同外资均占首位,新批和增资项目数 130 个,占项目总数的 40.4%;共引资 5.82 亿美元(含增资),占全年引资的 51.4%。中国台湾批准项目数 26 个,占项目总数的 8.1%;共引资 0.14 亿美元(含增资),占全年引资的 1.2%。美国批准项目数 21 个,占项目总数的 6.5%;共引资 9.01 亿美元(含增资),占全年引资的 8.0%。

表 3　2016 年徐汇区外商投资(含增资)主要国家(地区)情况

单位:万美元

国家和地区	项目数(个)	投资总额	注册资本	合同外资
合计	322	101 748	113 405	113 141
中国香港	130	74 590	58 233	58 204
毛里求斯	2	0	12 200	12 200
新加坡	16	1893	11 673	11 673
美国	21	1 597	9 029	9 010
德国	12	397	5 119	5 111
比利时	3	1 207	3 410	3 410
韩国	14	6 412	2 901	2 766
英属维尔京	6	1 932	1 922	1 922
中国台湾	26	1 974	1 399	1 389
百慕大	1	0	1 245	1 245
投资性公司投资	5	2 623	1 222	1 222
日本	16	2 741	1 048	1 032
加拿大	6	2 091	869	875
英国	9	704	562	562
萨摩亚	10	654	493	493
中国台湾	2	381	413	413
荷兰	2	642	324	324
塞舌尔	5	290	232	232
印度	3	222	216	216
爱尔兰	1	515	200	200
其他	32	883	695	642

3. 大项目投资

在 191 家新设立企业中,合同外资在 1 000 万美元及以上项目 5 个,分别是上海宅米贸易有限公司、旭新投资(上海)有限公司、英杰维特投资有限公司、互怡信息技术(上海)有限公司、希杰富乐味永辉(上海)贸易有限公司。共吸引合同外资 3.12 亿美元,占全年新批准的企业合同外资总量的 78.9%。在 131 家增资企业中,合同外资增资 1 000 万美元及以上项目 14 个,分别是上海卓军投资咨询有限公司、嘉吉投资(中国)有限公司、上海拉夏贝尔服饰股份有限公司、常胜投资公司、上海灏裕信息科技有限公司、捷普投资(中国)有限公司、上海伽玛医院有限公司、麦当劳(中国)有限公司、瓦克化学(中国)有限公司、泰科(中国)投资有限公司、帝客服饰商贸(上海)有限公司、美亚(中国)贸易有限公司、上海嘉会国际医院有限公司、上海新进半导体制造有限公司。共增加合同外资 5.70 亿美元,占全年增资总量的 77.5%。

4. 总部经济发展势头良好

2016 年,徐汇区新增跨国公司地区总部 2 家,投资性公司 3 家。2 家跨国公司地区总部分别为卡摩速企业管理(中国)有限公司、唯美(上海)管理有限公司。3家投资性公司分别为旭新投资(上海)有限公司、力博特(上海)投资有限公司、英杰维特投资有限公司

5. 现代服务业集聚效应凸显

2016年,现代服务业企业新批项目117个,新批和增资合同金额达8.75亿美元,比上年下降1.9%,占吸引外资总额的77.4%。在新批准和增资合同外资1 000万美元及以上的19家企业中,有13家为现代服务业企业,合同外资达7.56亿美元,占全年现代服务业新批和增资总量的86.4%,占全年吸引合同外资总额的66.8%。其中仅互怡信息技术(上海)有限公司一家企业新设注资就达到20 000万美元。

三、对外贸易

2016年,徐汇区完成外贸进出口总额721.07亿人民币,比上年增长12.7%。其中进口总额465.46亿人民币,增长20.1%;出口总额255.61亿人民币,增长1.3%。

1. 对外经济贸易

2016年,徐汇区完成外贸进出口总额721.07亿人民币。其中,一般贸易出口额199.76亿人民币,比上年增长2.7%;加工贸易出口额50.26亿人民币,下降3.6%。出口产品主要为机电和音像制品、纺织原料及纺织制品以及化学工业产品。主要出口到美国、日本等国家。出口超600万人民币企业有351家。

2. 推进自贸区政策复制,优化区内贸易结构

徐汇区着力推进自贸区政策对接复制,与上海海关、上海出入境检验检疫局建立长期、深入的合作机制,完善对接平台,积极探索管理模式创新,促进重点区域、重点行业、重点企业贸易升级与发展。一是重点推进自贸区政策在徐汇区内复制落地。捷普科技(上海)有限公司获批“保税维修电子账册”资质,标志着成为中国(上海)自由贸易实验区海关创新制度保税维修监管模式自贸区以外的首批企业,也是迄今获此资质的自贸区以外的2家企业之一。捷普科技“工单式”核销相关系统设置及内控管理运作方式已通过海关验收,“保税维修”业务专用电子帐册已设立完毕,已具备正式运行的各项条件。二是不断增强区内总部经济集聚力。埃克森美孚(中国)投资有限公司、携程计算机技术(上海)有限公司、国能商业集团有限公司等8家属地统计企业被认定为第一批上海市贸易型总部企业。三是不断创新服务贸易发展模式。徐汇区内上海交通大学出版社等7家企业荣获上海市“2016—2017年度市文化出口重点企业”,肢体剧“白蛇传”等3个项目荣获上海市“2016—2017年度市文化出口重点项目”,涉及新闻出版、动漫游戏、影视演艺等多个领域。

2016年长宁区商务

2016年是全面实施“十三五”规划的开局之年,在市商务委、区委区政府的领导下,区商务委牢牢把握稳中求进的工作总基调,紧紧围绕“改革创新”,推动区域经济持续健康发展,各项经济指标和重点工作得到较好地完成。2016年,全区实现消费品零售总额295.35亿元,比上年增长7.9%;引进外资企业169家,增长2.4%。

一、商业经济

2016年,长宁区商业消费市场表现良好,累计实现商业税收18.4亿元,比上年下降3.8%。

全区实现消费品零售总额295.35亿元，增长7.9%，其中，吃的商品零售额78.88亿元，占26.7%；穿的商品零售额87.0亿元，占29.5%；用的商品零售额124.14亿元，占42.0%；烧的商品零售额5.33亿元，占1.8%。

长宁区2016年发展商业经济的主要做法如下：

1. 推动重点商业企业优化升级

2016年，区商务委对接上海高岛屋百货、虹桥南丰城、百盛优客城市广场、龙之梦购物中心等区内主要商业企业，推动调整优化升级的工作，着力推进重点项目进展。百盛优客城市广场自1月份正式开业以来，销售业绩比调整前持续提升，受到商务部和市商务委的充分肯定。百盛优客城市广场已实施新一轮品牌优化，取得很好的效果。引导上海高岛屋百货的日本馆二期成功开业，并在此基础上继续进行品牌调整。龙之梦购物中心也对原B1、B2永乐生活电器区域进行调整，B2的GU(极优)、MUJI(无印良品)全新开业，无印良品引入旗下大陆第一家面包烘焙店，B1的永乐生活电器中山公园店经过重新改造也于9月23日重新开业。根据市商务委要求，对区域内涉及商业领域新技术、新业态、新模式的创新和应用商业主体进行申报，包括新虹桥-天山商业中心、古北社区商业、百盛优客城市广场、虹桥南丰城和美天副食品。

图1　离境退税

2. 策划、开展节日商业营销活动

围绕元旦、春节、劳动节和国庆节，策划、开展“虹桥冬之韵 炫彩迎新年”、“虹桥春之韵 欢乐迎新春”、消费促进月“新消费 新共计 新动力”和上海购物节长宁活动“创享生活 魅力虹桥”等系列活动，引导高岛屋百货、虹桥南丰城、金虹桥商场、虹桥友谊商城、尚嘉中心和百联西郊购物中心等推出主题营销活动。2016年购物节长宁活动共推出“智慧商业·新平台”、“会

图2　节日商业

商旅文·新联动”、“品质生活·新体验”、“社区惠民·新发展”和“时尚风情·新感觉”五大板块，共计四十多项特色主题活动。通过《新闻晨报》、《地铁快线》、《上海消费总动员》和上海长宁微信公众号等对区内主要商业企业的活动进行宣传。

3. 探索、启动新虹桥智慧商圈试点

举行新虹桥商业中心智慧商圈试点方案比选，推荐新虹桥商业中心参与上海市智慧商圈创建试点申报。经过专家评审和现场考察，市经信委、市商务委已联合发文，正式公布新虹桥商业中心列入上海市首批智慧商圈创建试点名单之中。新虹桥智慧商圈一期已启动试运营，初步实现“全城逛街”手机APP新虹桥智慧商圈专区和微信公众号开通，汇聚商圈购、行、吃、乐、游、住等各方面的主要信息。

4. 成功申报上海市“互联网＋生活性服务业”创新试验区

年内，区商务委起草《关于设立上海市“互联网＋生活性服务业”创新试验区的请示》、《上海市“互联网＋生活性服务业”创新试验区总体方案》、《2016—2017年上海市“互联网＋生活性服务业”创新试验区建设工作计划》和《长宁区互联网＋生活性服务业重点企业汇总表》。市政府已同意在长宁区设立上海市“互联网＋生活性服务业”创新试验区。试验区申报成功后，对接完成长宁区人民政府与中国商业联合会签订战略合作框架协议，共同推动“互联网＋生活性服务业”创新发展。对接上海市信息中心，开展“互联网＋生活性服务业”相关政策的研究，并启动“互联网＋生活性服务业”企业联合行业组织的筹备。

5. 推进重点商业项目定位优化

年内，区商务委围绕临空园区商业发展目标和核心四街坊商业功能定位，重点推进临空SOHO、临空建滔商业项目功能优化和布局完善，协助临空办、项目企业进一步开展市场调研分析，组织专家咨询评审，形成《临空SOHO：凌空个性休闲新体验》及《上海建滔商业广场商业定位与发展策略》商业策划报告。

6. 协助做好上海市文明进步指数测评

年内，区商务委指导、督促企业做好2016年上海市文明进步指数测评第一阶段工作。配合区文明办督促相关商业企业加强地铁与商场接壤处的环境整洁度和设施完整度。不定期巡视及时发现问题，督促企业做好整改。

7. 继续推进白领午餐工作

年内，区商务委完成2016年新申报9家“白领午餐”定点挂牌餐饮企业(食堂)的资质预审、实地初评、整改和复评，确定6家新申报点作为新挂牌点报联动小组审核。同时组织区内12家优秀挂牌点进行购物节风采展示。持续委托质协中心对全部挂牌点开展第三方满意度测评，并将测评结果作为21家申报星级评定的挂牌点的评定依据。

图3 白领食堂

8. 做好商业单用途预付卡和家电维修工作

长宁区已备案企业29家，其中区内规模企业21家。2016年新备案1家，注销备案1家。耐心处理消费者投诉、退卡诉求，共答复处理上级批转、12345信访及消费者来电共24件。与各部门协作合力完成全区重点领域发卡商户排摸工作。此次行动共计排摸796家，发现发卡主体207家，发放宣传海报、消费手册、指导手册约250份。

9. 落实家政企业灵活就业窗口建设和家政服务业灵活就业证明工作

完成家政企业备案1家，在系统中共导入家政从业人员76人，开具灵活就业证明76张。耐心处理消费者投诉，共答复处理上级批转、12345信访及消费者来电10件。

10. 开展金山农副产品直供对接

对接百联西郊购物中心等商业企业，分别于1月和5月举办"金山草莓节"和"金山西甜瓜节"开幕式和销售活动。

二、吸引外资

2016年吸引外资的主要特点：一是从进出口国别分析，主要以美国、日本、越南市场为主；从进出口商品分析，商品主要以纺织原料及纺织制品、机电、音像设备及其零件，化学工业及其相关工业进出口为主。二是区商务委引进外商直接投资企业169家，其中，合资企业15家，独资企业154家；外商投资主要来源地：日本22家，欧洲国家25家，韩国11家，美国9家，新加坡3家，离岸群岛8家，中国香港63家，中国台湾18家，其他国家和地区10家。

表1 2016年吸引外资情况

吸引外资方式	批准外资企业			合同利用	
	企业数（个）	总投资额（万美元）	比上年增长（%）	外资金额（万美元）	比上年增长（%）
外方直接投资	169	63 288.32	21.6	33 889.02	—1.3
其中：合资企业	15	4 221.74	305.7	1 311.73	160.7
独资企业	154	59 066.58	15.8	32 577.29	—3.7
增　资	—	69 644.82	13.3	40 605.8	7.2
合　计	169	132 933.14	17.1	74 494.82	3.2

表2 2016年外商投资主要来源地情况

国家（地区）	项目数	投资总额（万美元）	合同外资（万美元）	国别（地区）	项目数	投资总额（万美元）	合同外资（万美元）
总计	169	63 288.32	33 889.02	萨摩亚	4	434	307
中国香港	63	48 998.92	23 930.08	英国	4	1 880.5	880
日本	22	2 601.2	1 629.62	瑞士	3	1023	623
中国台湾	18	1 972.64	1 773.89	新加坡	3	128.6	47.1
韩国	11	713.74	528.93	阿拉伯联合酋长国	2	515	515
美国	9	1 997.65	1 488	澳大利亚	2	23.57	22.5
德国	5	277.8	200.9	加拿大	2	55.5	39
法国	5	582	433	塞舌尔	2	30.5	24
意大利	5	444	318	其他	9	1 609.7	1 129

三、对外贸易

2016年,长宁区累计进出口总额680.8亿人民币,比上年增长7.7%,其中,累计进口总额454.65亿人民币,增长10.1%,累计出口总额为226.16亿人民币,增长3.1%。

从企业来看,2016年累计进出口超过10亿人民币的进出口企业共有10家。

从贸易方式来看,长宁还是以一般贸易为主。

表3 2016年贸易方式情况

贸易方式	进出口(万人民币)	增速(%)
一般贸易	5 891 813.63	18.3
加工贸易	191 554.75	-30.3
其他贸易	724 660.16	-32.1

从进出口国别来看,主要以美国、日本、德国等市场为主。

表4 2016年主要进出口国家情况

主要进出口国家	进出口(万人民币)	增速(%)
美国	2 264 619.42	18.3
日本	898 646.38	35.5
德国	680 807.50	0.8
越南	293 377.42	10.7
马来西亚	273 232.26	173.2

从进出口商品来看,商品主要以车辆、航空器、船舶、纺织原料及纺织制品、机电、音像设备及其零件、塑料及其制品、橡胶及其制品、化学工业及其相关工业进出口为主。

表5 2016年主要进出口商品情况

主要进出口商品	进出口总额(万美元)	增速(%)
车辆、航空器、船舶	2 035 984.74	-9.3
纺织原料及纺织制品	1 233 407.21	8.5
机电、音像设备及其零件	1 067 708.18	14.4
塑料及其制品、橡胶及其制品	474 758.47	25.4
化学工业及其相关工业	461 569.95	11.9

从贸易方式来看,一般贸易呈现上升趋势;而区内加工贸易、其他贸易呈现下降趋势。

2016年,在进口方面,东方航空进出口有限公司进口飞机量基本与上年持平,进口额比上年增长0.7%;在出口方面,东方航空进出口有限公司飞机出口架数下降较多,出口额下降47.9%。上海电器集团在马来西亚的对外投资工程处于设备集中交付期,出口额增长1.3倍,达到19.05亿元,我区的对外承包方式金额大幅增长。

2016年静安区商务

2016年是“撤二建一”后静安发展的开局之年,也是实施“十三五”规划的起步之年。区商务委以“国际静安、圆梦福地”的发展目标和“一轴三带”发展战略为指引,全面推进经济发展、产业转型、服务民生等方面的工作。

一、主要经济目标完成情况

社会消费品零售总额:全年全区累计实现社会消费品零售总额623.16亿元,比上年增长7.1%。

外商直接投资:全年外商直接投资总额累计完成12.04亿美元。全区新引进外资企业127家,包括玛格琳尼、Wework、WPP、QVC等10余家世界知名企业、品牌,以及星巴克全球最大规模星巴克烘焙工场体验店、zara、苹果、Hard Rock等国际知名品牌旗舰店。

涉外总部:全年先后引进6家地区总部,全区跨国公司地区总部数累计达到64家。

海关进出口：外贸进出口全年累计完成366.7亿元，其中，进口239.4亿元，出口127.4亿元。

二、主要举措和工作推进情况

1. 着力规划引领落地，谋求经济发展新格局

紧密围绕区第一次党代会提出的发展目标，对标国内外先进城区发展新标准，开展《静安区产业发展"十三五"规划》重点课题研究，着力抓规划落地。提出"进一步巩固发展高端商贸服务业、提升发展金融服务业、大力发展专业服务业、融合发展文化创意服务业、培育发展信息服务业，在产业融合、协调发展过程中打造新的经济增长点，推动产业向国际化、高端化跃升"。产业集聚发展"重点建设南京西路两侧高端商务商业集聚带、苏州河两岸人文休闲创业集聚带和中环两翼产城融合发展集聚带，形成产业梯次分布、联动发展的局面"。

商业建设方面，编制完成《静安区商业发展"十三五"规划》，着力构建"一核四级、两化多元"的商业发展格局，构建以南京西路国际级商业街为核心，以苏河湾、大宁重点区域为支撑，以曹家渡、市北中环等地区商业为连接，以社区商业为基底组成的覆盖全区的多点式网络化的金字塔结构体系。推进商圈智慧化和商圈生态化建设；推进体验型、智慧型、商旅文体联动等多元素复合型发展，推进"智慧商圈"、"生态商圈"、"活力商圈"、"便捷商圈"、"创新商圈"和"诚信商圈"建设，提升静安的商业竞争力。

同时还编制《静安区涉外经济发展"十三五"规划》和重点区域《南京西路地区"十三五"规划》《江宁路文化与产业融合专项规划》《陕西北路历史文化名街商业建设规划》等规划，以及包括《静安区商业发展三年(2016—2018)行动计划》在内的一系列方案。通过一系列规划的制定明确"十三五"时期全区产业经济发展的总体思路、发展目标、主要任务、工作措施等，成为引领区域产业经济发展的行动纲领。

2. 着力产业创新提升，推动产业集聚发展

抓总部引进和培育。推进新增总部项目平稳落地。先后引进思爱普(中国)有限公司、德司达(上海)管理有限公司、亚美亚(上海)企业管理有限公司、肯纳亚洲(中国)管理有限公司、安道拓(中国)管理有限公司和帝亚吉欧洋酒贸易(上海)有限公司6家地区总部。全区跨国公司地区总部累计达到64家，总部经济贡献度日益显著。2016年，区内总部机构及下属企业累计总税比上年增长11.7%，继续保持中心城区优势地位。

抓招商支撑。立足产业定位，不断加大"招大引强选优"力度，以三个产业集聚带重大项目为抓手，关注新建载体和重点项目，引导重点产业在产业带的集聚发展，形成产业梯次分布、联动发展格局。南京西路两侧高端商务商业集聚带作为全区产业核心区，体现高端引领，发挥产业高集聚、强辐射的作用，凸显"国际性、高端化、辐射型"特征，成为上海产业新高地。具体举措是跟踪大中里、协和城、国泰君安大楼项目等在建载体的产业集聚和导入。2016年实现税收比上年增长30.2%。苏州河两岸人文休闲创业集聚带作为全区产业拓展区，体现融合提升，南联南京西路，充分承接高端产业的梯度转移；北接中环两翼，积极接纳新兴产业向南融合发展，成为上海产业新标杆。具体举措是跟踪做好金融街项目、华侨城项目和洲际中心三期等新载体的产业定位、产业导入和重点产业集聚。2016年实现税收比上年增长13.4%。中环两翼产城融合发展集聚带作为产业创新区，体现创新驱动，为高端、国际化产业体系构建提供技术支持和创意支撑，成为上海中环服务业集聚带的新亮点。具体举措是关注协信广场、大宁中心广场等新载体的功能定位和产业导入工作，引导区域产业合理布局。2016年实现税收比上年增长23.1%。

同时，以大润发为试点，探索围绕总部、产业链上下游、产业生态群落招商的新思路，以龙头带配套，延伸做强产业链，促进上下游关联企业集聚发展。大润发关联企业银河系品牌管理公司、地奇网络公司、鸿轩农业和中智农、海尔集团合作的"互联网+鸡"项目已经落户。

图 1　大悦城

抓环境营造。一是围绕“双试联动”，打造更加成熟、接轨国际的投资营商环境。完善市区联动机制，推进区政府与上海海关和上海出入境检验检疫局分别签署合作备忘录，并按项目化逐一推动合作事项落实到位；推动委区合作事宜，完成市商务委与区政府合作推进静安区国家服务业综合改革试点建设的框架协议拟定；推进行政审批改革，积极对接自贸区，推进外商投资企业格式化审批工作，审批时限缩短了三分之二。二是通过营造商旅文融合发展的优良环境，不断提升静安魅力和国际影响力。举办首届全球品牌电子商务高峰论坛、2016 年金秋静安国际嘉年华、中欧顶级品牌论坛、上海时装周、上海设计之都活动周等一系列形式多样、精彩纷呈的商旅文活动。

图 2　2016 年 9 月静安国际嘉年华开幕

3. 着力商业繁荣繁华和便民利民齐头并进

全年累计实现社会消费品零售总额623.16亿元，比上年增长7.1%。着力推进商圈繁荣繁华，通过营造商旅文融合发展的优良环境，不断提升静安魅力和国际影响力。组织“新静安、新起点——静安商圈跨年从‘新’出发”为主题的2016新静安跨年迎新商业活动，举办首届全球品牌电子商务高峰论坛、2016年金秋静安国际嘉年华、中欧顶级品牌论坛、上海时装周、上海设计之都活动周等一系列形式多样、精彩纷呈的商旅文活动。着力推进商圈智慧化和商圈生态化建设。推进体验型、智慧型、商旅文体联动等多元素复合型发展，推进“智慧商圈”、“生态商圈”、“活力商圈”、“便捷商圈”、“创新商圈”和“诚信商圈”建设，提升静安的商业竞争力。着力推进社区商业便民利民，推进老字号进社区和白领午餐实事项目向北覆盖。组织推进老字号企业进社区服务，把服务和便利惠及静安全区百姓。2016年区商务委先后在静安北部组织近10场老字号进社区惠民服务活动，受到热烈欢迎。此项活动已经“集结”静安区内及社会老字号品牌30余个，平均每场活动惠及市民近7 000人次，所售商品一般低于市场价20%左右。2016年全年继续发挥静安白领午餐特色优势，梳理相关政策，与相关餐饮企业进行对接，鼓励企业向北静安发展。二是推动区域菜市场提升发展。积极推动菜市场实事项目落地。年内新增厨易、强丰、食行等市商务委认定的社区智慧微菜场26个，区内智慧微菜场累计60个。三是积极实施全区保供稳价工作。制定全区统一的保供稳价工作方案，保障重要时间节点的市场供应稳定；加大产销对接工作力度，让菜价低于市场均价30%～50%。

图3　老字号进社区惠民服务活动

4. 着力园区转型发展，培育经济增长新动力

围绕“做强一批、做优一批、培育一批、调整一批”工作思路，积极探索园区体制机制创新，持续推进产业园区转型升级、内涵升级。结合静安产业定位，创新发展理念，推动800秀、源创大宁德必易园等重点园区形成主题特色，促进相关企业集聚。鼓励不夜城、鑫协等园区升级改造，科学规划产业定位，寻求转型突破。

引导园区企业通过技术创新、转型升级实现发展，指导帮助区域内企业积极争取上级扶持资金支持企业开展科技研发，2016年各类创新项目申报10个，共计获得市级财政资金支持1 260万元。督促企业在区级技术中心的基础上不断创新，提升企业整体技术创新能力，争取市级企业技术中心称号。全区共有国家级企业技术中心3家，市级企业技术中心21家，区级企业技术中心35家。

三、趋势预测与对策建议

2017年度主要经济指标预测：社会消费品总额增速为6.5%～7%(2016年7%,“十三五”规划目标是年均6.65%)；新引进外资总部3家以上；吸收外商直接投资10亿美元；涉外经济税收比重占全区税收比重达到50%以上；海关进出口总额基本持平。

静安区将重点推进以下四个方面的工作：

1. 着力加大招商引资力度，增强经济发展后劲

一是关注总部项目引进和培育。坚持发展总部经济与培育优势产业相结合，坚持引进优质总部和培育潜在总部相结合，坚持吸引优质增量与提升存量能级相结合，重点关注有业务整合和税收收纳潜力的总部，全力以赴做好政策配套、高管沟通等各项工作，推进项目落地，确保新引进外资总部3家以上。二是关注重点产业、重点项目向重点区域、重点楼宇集聚。利用外商投资协会、专业律所、会计师事务所、外国领事馆、外国商会等第三方渠道资源，主动对接，积极推介，将“招大引强选优”作为提高外资招商质量的抓手，打造利用外资新亮点。三是关注围绕产业链上下游招商。继续聚焦存量企业，探索围绕总部、产业链上下游、产业生态群落招商的工作机制和工作方法。四是关注企业根植力。不断延伸服务企业的广度和深度，让更多的企业享受到优质专业的服务，增强服务的针对性和有效性，提升企业根植力。

2. 着力提升产业发展水平，打造行业集聚高地

一是注重调研排摸。关注重点产业、重点区域的发展，开展调查研究，为下一步企业的集聚引导、扶持培育工作打下基础。二是加强政策引导。进一步修改完善商贸服务业、专业服务业、文化创意服务业等相关产业引导和扶持政策，以及产业园区转型升级专项扶持政策，并逐步予以落实。三是继续推进“双试联动”。在简政放权、投资贸易便利化、事中事后监管等方面进行进一步的探索，启动新一轮国家服务业综合改革试点申报，积极抓好与海关、国检合作备忘录签约内容的落实工作，推进落实外资审批制度备案管理工作。

3. 着力提升商业能级，放大国际静安影响力

一是密切关注新建在建重点商业载体的品牌引进。重点跟进南京西路、苏河湾、大宁、市北等重点区域内大型综合性商业商务项目的规划设计、功能定位和品牌引进。二是积极促进新业态、新模式的发展。继续跟进主要商圈大型商业载体的业态调整与品牌引进，积极发展跨境电商、保税展示销售、进口商品直销、市内免税店等新型商业模式、业态，大力发展后街经济、体验式经济，完善商圈的商业生态结构。三是深入推进“国际消费城市示范区”建设。全面深入推进静安区“国际消费城市示范区”建设，争取获得市授牌，并以此为契机聚焦区内重点商圈，积极引导有条件的商业服务业企业创建一批具有示范引领作用的服务品牌，提升商业服务水平，树立上海商业新标杆。四是继续举办丰富多彩的商旅文体会活动。除了传统优势项目以外，探索推进更多有特色、有亮点、有实效、有影响力的商旅文体会活动，打造美丽静安、时尚静安、幸福静安。

4. 着力加强民生保障，提供精细多元服务

一是推进白领午餐和社区商业“两个全覆盖”。发挥静安白领午餐特色优势，争取在有条件的楼宇、园区实现全覆盖；抓好菜市场实事项目落地，构建菜场、菜店、社区直供点、智慧微菜场的完善社区商业体系，争取在全区有条件区域做到惠民服务全覆盖。二是继续做好保供稳价工作。从保障供应、强化流通、加强监管等方面入手全面实施“三节两淡”保供稳价工作，保证全区菜价低位运行。三是引导老字号企业向北拓展。进一步搭建南部老字号企业与北部信息服务业合作渠道，引导老字号企业向北拓展业务，既服务民生，又拓展企业发展新空间。

2016 年普陀区商务

2016 年，普陀区商务委全面贯彻落实区委九届九次、十次及区委第十次党代会精神，以“稳增长、促转型、优结构”为目标，坚持稳中求进，积极融入和主动服务“一带一路”建设和长江经济带等国家战略，着力推进经济转型，较好地完成市场关闭、产业结构调整、外向型经济发展等方面的目标任务，实现“十三五”良好开局。

一、指标完成情况

1. 商贸业指标

2016 年，商贸业区级税收 15.69 亿元，比上年增长 23.8%，完成全年指标 113.6%。

商品销售总额 9 928.52 亿元，比上年增长 3.1%，完成全年指标 98.2%。

社会消费品零售总额 585.23 亿元，比上年增长 3.3%。

2. 外资指标

2016 年，批准合同外资 17.05 亿美元，比上年增长 11.2%，完成全年指标 101.1%。

实到外资 8.24 亿美元，比上年增长 16.2%，完成全年指标 107.6%。

新增外资总部项目 3 家，完成全年指标 100%。

图 1　中环商务区夜景

二、重点工作推进情况

1. 加强产业发展引导，推动产业结构优化

加强产业规划研究。一是牵头成立课题组，依托普陀区商务成本、发展空间、功能复合、科研院所、交通区位等产业基础优势，聚焦“服务＋智造”的产业发展思考，建议大力发展以智能制造为核心的先进制造业与智慧服务为关键的生产性服务业。

二是立足普陀区智能机器人产业和智慧照明产业发展基础，撰写《普陀区智能制造和机器人产业现状分析》《普陀区智慧照明产业现状分析》等调研文章。参与完成区城市规划、区科创中心建设等工作中产业规划部分相关研究。

图 2 智能制造及机器人产业园区

三是开展区经济运行情况分析。对普陀区园区发展、商贸业发展、外资利用、工业运行、外贸情况、民生保障、行业监管等工作，按时间节点开展月度、季度、年度运行情况分析，并编撰成册。

搭建平台，推动产业集聚。一是推进智能制造与机器人产业发展。牵头推进 2016 年区重点建设项目——上海电科集团“国家机器人检测与评定中心”新建项目，每月定期跟踪项目进展。联手国评中心、长征镇共建上海智能制造及机器人产业园，支持园区获评 2016 年市“四新”基地——“上海机器人产业创新基地”称号。协调招商项目落地，牵头引进长江流域智能制造及机器人产业联盟，签署战略合作协议。联合举办 2016 年上海合作交流服务企业科技创新系列展示、路演活动，牵头组织国内外知名机器人企业考察普陀并座谈。加强对优尼斯、罗普伺达、优傲等智能制造及机器人存量企业的服务，做好安商稳商工作。

二是推进智慧照明产业发展。依托普罗娜智慧照明广场等载体，建设市“四新”基地——“上海智慧城市－智慧照明产业创新基地”。推动虹元股份、中电科公共设施运营等智慧照明企业落地，形成智慧照明产业集聚。积极推进智慧照明产品的推广示范，与宏泉集团、长征镇沟通，形成梅川路步行街智慧照明改造初步方案，虹元股份6根智慧路灯已在普罗娜商务广场投入使用，进一步形成智慧照明实际应用的示范效应。

三是推动新兴科技园区发展。推动同济大学桃浦创新创业园建设，积极促进区校合作，协调成立平台运营公司，搭建园区管理机制，形成合作框架。围绕生命健康、智慧交通以及规划、建筑设计和工业设计等生产性服务业，着力打造产业、人才高地。

2. 加快商业转型升级，提高商业综合竞争力

合力推进上海"'互联网＋'商务创新实践区"建设。一是推进重点项目建设。推进中环商贸区建设国家级电子商务示范基地，参与创建"国家电子商务示范基地创新发展联盟"。推进中环商贸区智慧商圈建设，组织上海环球港申报第二批智慧商圈。指导拉扎斯(饿了么)、麦德龙、九州通、天擎等一批优秀企业获评2016—2017年度上海市电商示范企业。推动爱屋吉屋、滴滴出行等一些知名"互联网＋"企业落户。

二是推动传统商贸转型发展。积极贯彻落实《上海市大力发展电子商务加快培育经济新动力实施方案》，推动普陀区传统领军商贸企业如麦德龙、上海环球港、月星家居等，开发建设网上商城、智慧商城和VR商场，积极探索商业转型升级的发展新思路、新途径和新模式，加快O2O全渠道融合的步伐。

三是加强宣传示范。自2015年推动"互联网＋"项目建设以来，该项工作已成为上海市2016年电子商务21项重点工作之一。协调上海"'互联网＋'商务创新实践区"建设现场推进会在普陀区召开。普陀经验在全市推广，吸引多个外省市考察团、上海市兄弟区来普陀区考察学习。协助市商务委和普陀区政府举办"2016中国(上海)国际网络购物交易会暨中国(上海)全球电商互联网大会"，在现场设立普陀区展示馆。

提升商贸业发展能级。一是提升商业企业发展质量。培育贸易型总部，推动麦德龙、月星集团、有色金属交易中心和陆上货运交易中心等获评上海市首批贸易型总部。促进商业跨界融合联动，依托市、区文创专项资金和商旅文会体联动示范项目，支持商业领域业态、模式、技术、产品的创新发展，增强普陀商业影响力、辐射力和吸引力。

二是提升商业消费供给品质。积极组织元旦、春节、中秋节和国庆等节假日营销活动。组织开展2016年上海购物节普陀区系列活动，推出三大系列近20个主题活动，其中5个列入市重点活动。中环商圈整体营销获评上海购物节十周年十大主题活动之一。全年中环市级商圈商业销售额增幅17.6%，位列全市市级商圈首位。

三是规范商业市场行为。获准开展商业保理试点工作，牵头制定相关工作方案，建立部门联合监管机制。引导大宗商品交易平台规范发展，提升平台发展能级。

3. 优化产业发展空间，推动产业能级提升

牵头完成铜川路水产市场关闭工作。区商务委牵头协调市场关闭工作，自2016年4月正式启动，经过三个阶段的攻坚战，10月31日晚24时起，市场全面正式关闭。

一是周密部署，规划方案。制定《铜川路水产市场关闭工作总体方案》和《铜川路水产市场关闭工作目标任务分解表》，明确相关事项。

二是规范流程，规避风险。聘请法律顾问全程参与市场关闭各项事宜，明确依法关闭依据，维护合同的严肃性，保持政策的一致性，确保措施的周全性，并制定风险评估报告和突发状况应急预案，杜绝群体性矛盾和人员冲突，确保关闭过程平稳有序。

三是加强疏导，对接分流。主动与市商务委、市水产协会协调，召开6大市场与铜川水产市场招商对接会；会同长征镇、整治办、真如实业等单位实地考察6大市场，组织各重点水产市场现场设立招商办公室。

四是完成任务，总结经验。截至12月底，共关闭摊位数2 400多个，涉及占地面积137 333平方米，建筑面积163 800平方米，间接减少外来人口2.5万人。牵头编写《普陀区市场关闭工作手册》，对铜川路水产市场关闭工作进行总结，为后续其他市场关闭提供经验。

图3 铜川路水产市场关闭动员会

推动桃浦地区专项产业结构调整。一是加速推进桃浦专项二期企业的调整,协调桃浦专项一期验收时间的调整,并完成桃浦专项三期的资金申报工作,2016年共调整企业37家。

二是明确资金使用配套政策,成立普陀区产业结构调整专项资金使用管理领导小组,共同制定《普陀区产业结构调整专项资金使用管理办法》。

三是建立已完成调整企业档案,做到一企一档。

4. 提升外资利用水平,推动开放型经济创新发展

完善联系机制,营造良好投资贸易环境。一是促进企业增资。联合重点地区投资促进中心共同做好企业服务工作,推动外资企业增资。2016年,引进外资中,增资占比达60.8%,其中"饿了么"外资融资平台拉扎斯不到两年实现7次增资,总额达13.6亿美元。

二是推动总部经济快速发展。对重点目标企业进行经常性宣传,促成多家申报意愿,并坚持全程跟踪、全程协调、全程指导。2016年,指导欧拓汽车管理、锦江麦德龙和丝云软件3家企业获得外资总部项目认定。普陀区外资总部项目截至2016年底累计达12家。

三是提升服务能力。加强与市级投资促进部门等机构沟通,推动欧洲商业联合会EBPC等机构赴并购金融集聚区、同济大学桃浦创新创业园、上海环球港等地进行考察,积极引进高端制造、研发、设计等领域的外资项目,促成意大利乔治·亚罗工业设计中心项目达成初步合作意向。

发挥优势形成合力,促进外贸转型发展。一是服务西北保税中心跨境电商发展。推动西北保税物流中心跨境监管点通过上海海关和国检的联合验收,跨境电商业务现已试单。推动西北保税物流中心与上海海关签订战略合作框架协议。指导西北保税物流中心获批为上海市跨境电商示范园区。跟踪完成"三个一"查验平台建设工作。

二是加快保税展示+交易功能建设。推动麦德龙与阿里巴巴战略合作,实现跨境进口全品类全球直采。推动月星集团开展进口家具保税展示业务。

三是对外贸易稳中有升。全年外贸进出口额达239.47亿人民币,比上年增长8.6%,增幅在全市各区排名第2位。全年累计贸易顺差达2.55亿人民币。

5. 强化政府服务职能,促进企业转型升级

一是加强政府质量工作建设。受区质量工作领导小组委托,带队组成考核组,通过听取汇报、查看资料、走访现场等方式,完成对相关单位2016年度质量工作的考核。聘请第三方专业机构,在委内推动开展质量管理体系建设,促进依法行政、规范服务,提高机关行政效能。

二是指导企业申报各类专项资金。落实国家、市、区各类专项政策。修订并发布《普陀区企业技术中心管理办法》,进一步规范企业技术中心管理,2016年,新增区级企业技术中心10家;组织23家企业申报市产业转型升级发展专项和市中小专项项目,其中5家企业的项目获立项;指导20家企业申报市"专精特新"中小企业,其中9家企业获认定;组织5家企业申报市中小企业服务机构资质认定。全年为31家企业落实相关专项资金2 210万元,其中,市级618万元,区级1 592万元。

三是推动专项项目显现经济社会效应。企业技术中心发展能力得到加强,完成验收的12家区级企业技术中心(2015年认定)共完成创新项目49个,专利数和软著数有一定程度的增加,其中主营业务收入达到1亿元以上的有5家,占比42%,纳税额比上年增长54%,其中波克城市纳税超2亿元。高新技术产业化等7个项目,拉动投资比例达1∶11。推动在电机系统节能、轨道交通站台电动安全栏杆控制系统等方面取得技术突破,并得到了推广使用。

四是推动企业节能技改工作。全面完成普陀区2015—2016年度节能技改项目工作,2016年度参与技改项目企业和机构13家,其中市级项目1家,项目投资额达5 583万元,年节约标煤2 318吨。组织开展普陀区节能宣传周暨全国低碳日活动,联合区相关部门、街镇及代表性能源企业共同参与。组织工业、商业、生产性服务业、办公楼宇等相关企业开展多场节能系列培训。

6. 搭建对外交流平台,助推企业集聚成长

一是强化企业"走出去"工作力度。召开普陀区35家重点外贸企业工作会议,搭建对外合作沟通桥梁。联合区合作交流办等有关部门组织企业参展兰洽会、工博会等投资贸易洽谈会,推动企业积极参与国家"一带一路"建设,加强地区之间的经贸合作与交流。

二是拓展对外宣传渠道。借助区对外交流合作平台,对欧洲、澳大利亚、中国台湾等的重点企业总部、优秀创意园区、农场等进行商务考察与学习。借助市商务委与港澳合作平台,积极参与2016年赴港、澳投资贸易洽谈对接会。多措并举,着力宣传普陀区投资环境和产业发展情况,加强国内外、境内外企业交流合作。

三是进一步提升服务企业水平。打造"随身商务万事通"服务企业微信平台。集聚各部门力量,整合社会资源,积极推动微信平台的设计开发,年内按时完成与相关部门的数据库对接及验收准备工作。通过打造分类准确、快速相应的政府服务企业平台,提高了政府服务企业黏度。

7. 提升标准化菜市场服务,做好民生保障

一是提升菜市场标准化建设。全年完成7家标准化菜市场二次改造及验收工作。累计完成改造30家,占普陀区所有标准化菜市场75%左右。在标准化菜市场开展"同心家园"主题活动,多层次、多渠道、全方位地提升菜市场的服务质量。

二是推进"互联网+"菜篮子。落实市商务委重点项目,打造智慧微菜场,引导企业在全区设置47台无人售菜机。推进"菜价通"对接上海普陀微信公众号,推出"每日菜价"功能,进一步提高用户体验度和参与度。

三是确保粮油平稳安全供应。完善粮油零售、监测、应急零售和帮困供应网点等粮油监管体系建设,全年累计发放副食品补贴资金739.85万元,惠及82 972名百姓;全年累计回笼粮油帮困资金366.53万元。

8. 加强行业监管力度,营造良好行业环境

一是规范酒类市场经营秩序。全年发放零售许可219家,累计酒类零售企业1 799家。全年累计执法检查741人次,查处违法违规经营行为27余起,处理投诉90起。

二是加强动物卫生监管。全年累计对13家宠物诊所、9个冷库、5家活禽交易点开展执法检查377人次;签发6 649.14吨动物产品《动物检疫合格证明》74 829张;处罚冷库违规1起。

三是积极开展专项整治活动。牵头开展“双打”工作。开展单用途商业预付卡备案登记及常态管理;根据市商务委要求,联合开展“啄木鸟”专项整治行动,梳理发卡企业103家,编写《普陀区单用途商业预付卡市场排摸分析报告》,整理出含176家企业、商户的整治黑名单,对于拒不接受调查的企业,加大约谈执法力度。

四是积极受理市民热线。全年累计受理12345热线208件,比上年增长26%,答复率100%。

9. 加强机关作风建设,提升干部队伍素质

一是完善党风廉洁责任制建设。形成党组织主要领导负总责,分管领导直接抓,班子其他成员结合分工协助抓,业务科室配合、办公室落实,一级抓一级、层层抓落实的工作格局。

二是抓好干部队伍建设。进一步完善干部选拔任用制度,坚持“德才兼备,任人唯能”的原则,大力培养年轻干部担任中层骨干。派出1名正科级干部赴西藏亚东援建,1名主任科员赴美国任驻外投促中心代表。推荐3名同志到市商务委、区委办、区纪委学习锻炼。

三是抓好作风建设。把改进工作作风作为班子建设的重中之重,尤其是开展“两学一做”专题教育活动以来,主要领导不断加强基层调研,带头抓调查研究,抓业务工作指导,加强企业帮扶和服务工作,建立班子成员定点联系制度,树立勤政、务实、廉洁、高效的机关工作形象。

2016年虹口区商务

2016年,虹口区商务委员会在上海市商务委员会的大力支持和指导下,在区委、区政府的坚强领导下,围绕年度工作目标,有序、有力地落实产业经济、招商引资、民生保障和市场监管各项工作,为上海“四个中心”建设和虹口经济社会发展做出了新的贡献。

一、商业经济运行情况

2016年,虹口区主动适应经济发展新常态、创新商业模式,通过发展综合消费、体验消费等新兴业态,完善社区商业配套,保持全区现代商贸业稳定的发展势头。现代商贸业共实现三级税收40.31亿元,比上年增长10.1%。社会消费品零售总额实现296.67亿元,增长3.2%。其中,吃的商品117.77亿元,穿的商品39.28亿元,用的商品130.26亿元,烧的商品9.48亿元。

1. 商业消费市场稳步上升

虹口区依托各传统节庆假日,借岁末迎新、消费促进月、上海购物节等契机,以市场为主体、企业为主角,陆续举办“2016上海购物节虹口系列活动”“2016第十二届上海酒节”等品牌节庆活动及儿童节、圣诞节等商业营销活动,与“上海旅游节·四川北路欢乐节”联动,整合商业、旅游、文化、体育资源,提升市民消费热情。对区内定点商家的抽样统计显示,元旦、春节、五一和国庆四大节日销售收入分别同比增长10.1%、8.7%、11.1%和8.3%。

2. 新增商业载体丰富消费选择

12月16日,以“生活·音乐·家”为品牌内涵,以音乐为载体的瑞虹天地月亮湾投入试运营。包括法式红酒餐吧布迪格尔、薄底披萨店Pizza Marzano、云南菜热门店云海肴等沪上热门餐饮,以及绿地全球商品直销中心G-super、快时尚门店H&M等零售品牌在内的几十家商户对外营业,涵盖购物、餐饮、休闲、娱乐、健身生活等各业态。“光影上海”灯光艺术节、上海酒节、圣诞音乐节等各类活动陆续举办，使月亮湾成为又一个能全面满足消费者休闲娱乐购物需求的“新”天地。

3. 民生保障工作稳步提升

虹口区坚持建立长效管理机制，在副食品供应、再生资源回收、副食品补贴发放等方面坚决保障居民合法权益并尽可能地提供便利化服务。严厉打击酒类流通、动物诊疗市场中的各类违法行为，为居民生命财产安全保驾护航。同时，积极推动“互联网＋菜场”模式，鼓励食行生鲜、厨艺时代等企业设立智慧菜场，促进传统菜场转型升级。

二、吸引外资

2016年，虹口区吸引合同外资金额11.68亿美元，比上年增长4.2%；实到外资7.97亿美元，增长17.8%。其中非房地产实到外资6.02亿美元，增长17.5%。全区涉外三级税收累计51.73亿人民币，增长5.5%。非房地产开发经营业涉外三级税收37.16亿元，增长14.0%。

1. 规模扩大，结构优化，重点项目稳步推进

现代商贸业规模进一步扩大。凡尚服饰（上海）有限公司、滔搏企业发展（上海）有限公司落户虹口，注册资本分别为2亿元、1亿人民币，主要从事品牌服饰的进出口业务。国耀圣康（上海）医药营销有限公司注册成立，注册资本1亿元，主要从事医疗器械、药品的流通和再投资业务。“松下电器”项目顺利引进，关联企业松下广告（上海）有限公司、松下电器（中国）财务有限公司等7家入驻虹口SOHO。专业服务业同比增长30.9%。途家网（香港）有限公司在虹口成立上海途逸公寓管理有限公司，注册资本5 000万美元，主要从事途家网旗下酒店、公寓品牌的特许经营。航运服务业再添优质企业。中远集装箱运输有限公司旗下优质企业上海仁川国际轮渡有限公司成功引进虹口，公司注册资本200万美元，主要从事上海至韩国的班轮集装箱运输。

2. 简政提速，多方宣传，备案制改革有序推广

10月8日，商务部《外商投资企业设立及变更备案管理暂行办法》正式公布并实施，简化外商投资企业设立及变更办理程序，提高行政效率。虹口区根据商务部、市商务委有关要求积极做好相关政策组织、宣传、筹备工作，并加强对企业事中事后监管。组织全区各招商服务中心业务骨干进行培训，将相关备案要求细化讲解，通过网站公告、专题讲座等多种渠道进行宣传推广，明确备案范围、备案方式、备案流程、备案材料等内容。

表1　2016年虹口区按生产性质分吸引外资　　单位：万美元

行业	项目数		投资总额		合同外资		实到外资	
	个数	比重(%)	金额	比重(%)	金额	比重(%)	金额	比重(%)
合计	88	100	160 417.9	100	116 752.24	100	79 703.1	100
生产型项目								
服务型项目	88	100	160 417.9	100	116 752.24	100	79 703.1	100

表2　2016年虹口区按吸引外资方式分吸引外资　　单位：万美元

吸引外资方式	批准外资企业			合同外资		实到外资	
	项目数(个)	投资总额	增速(%)	外资金额	增速(%)	金额	增速(%)
合计	88	160 417.90	77.7	116 752.24	4.2	79 703.10	17.8
外方直接投资	88	121 802.73	120.4	83 064.73	88.2		

(续表)

吸引外资方式	批准外资企业			合同外资		实到外资	
	项目数(个)	投资总额	增速(%)	外资金额	增速(%)	金额	比上年(%)
合资企业	15	2 839.51	−69.8	1 074.08	−86.0		
独资企业	73	118 963.22	159.4	81 990.65	124.7		
外方其他投资		38 615.18	10.3	33 687.51	−50.4		

表3　2016 年虹口区按国家(地区)分吸引外资　　单位:万美元

国家(地区)	项目数(个)	投资总额	合同外资
澳大利亚	1	3	3
比利时	1	20	14
德国	1	23.24	16.6
法国	1	21.28	15.2
芬兰	1	30	21
韩国	5	339.4	122.4
加拿大	1	350	350
美国	11	594.14	315.66
日本	5	226.79	158.06
瑞士	1	457.63	224.24
萨摩亚	1	85	60
塞舌尔	1	15.28	15.28
中国台湾	5	243.55	203.92
西班牙	2	256.29	180
中国香港	41	117 873.34	79 840.39
新加坡	4	130.44	1 124.19
英国	4	353.38	270.85
创业投资企业	1	673.02	54.94
投资性公司	1	106.95	75

截至 2016 年底,虹口区已批准设立的“三资”企业共计 1 927 家。其中,中外合资企业 440 家,中外合作企业 88 家,外商独资企业 1 399 家。

三、进出口贸易

2016 年,虹口区进出口总额累计 240.52 亿元,比上年下降 22.0%。其中,出口总额 100.89 亿元,下降 13.5%;进口总额 139.63 亿元,下降 27.2%。

从虹口出口贸易企业性质来看,私营企业、国有企业、外商独资企业、中外合资企业、集体企业、中外合作企业出口总额分别是 57.96 亿元、31.84 亿元、5.81 亿元、3.35 亿元、0.61 亿元、0.30 亿元;从贸易方式来看,一般贸易出口总额 80.34 亿元,占比 79.6%;加工贸易出口总额 6.01 亿元,占比 6.0%。

全年出口额在 1 亿元以上的企业有上海中

燃船舶燃料有限公司(保)、上海亚东盛进出口有限公司、上海瑞能国际贸易有限公司、上海外轮供应有限公司、上海兰生股份有限公司、上海凤凰进出口有限公司、上海欧姆龙控制电器有限公司、上海新沪五矿贸易有限公司、上海馨华国际贸易有限公司、上海尼赛拉传感器有限公司、上海朗源化工有限公司、上海美本机电有限公司、万邑通(上海)信息科技有限公司、上海市食品进出口公司、立山贸易(上海)有限公司。

2016 年,虹口区出口商品结构与上年比较,按出口额排列的前四大类商品类别和排列的位置变化较大。机电产品居首位,矿产品跌出十大主要出口商品,贱金属超化工品列第三位,动物产品首进十大主要出口商品。出口额居前四位的主要商品中,机电产品占 14.7%,纺织制品占 12.5%,贱金属占 7.0%,化学品占 6.6%。

表 4　2016 年主要出口商品结构情况

出口商品	出口额(万元)	占出口总额(%)	增速(%)
机电产品	148 706	14.7	3.7
纺织制品	126 039	12.5	−2.4
贱金属	70 151	7.0	3.0
化学品	67 005	6.6	−15.4
车辆船舶	51 175	5.1	−23.1
杂项制品	45 064	4.5	−7.5
塑料制品	39 059	3.9	−3.0
毛革制品	34 598	3.4	−27.8
光学仪器	22 074	2.2	6.4
动物产品	11 311	1.1	3.6

表 5　2016 年出口商品主要输往地情况

国家(地区)	出口额(万元)	占出口总额(%)	增速(%)
亚洲	514 121	51.0	−9.3
美洲	232 136	23.0	−24.0
欧洲	172 310	17.1	3.1
东盟	157 888	15.7	−4.8
日本	96 664	9.6	−4.2
中国香港	78 573	7.8	−10.5
非洲	53 779	5.3	−37.6

2016 年杨浦区商务

2016 年,在区委、区政府的坚强领导下,在市级相关部门的指导帮助下,杨浦区商务委紧紧围绕建设科创中心重要承载区和国家"双创"示范基地的大局,坚持创新驱动发展,努力推动稳增长、促改革、调结构、惠民生,切实转变作风,促进商务经济旅游工作平稳健康发展。

全年实现社会消费品零售总额 439.54 亿元,比上年增长 7.0%;完成"三高一低"关停并转迁项目 5 个;为 20 家菜市场设置喷雾降温系统,新建、改建菜市场 2 家;合同利用外资 6.98 亿美元,增长 33.0%,引进培育具有总部功能的外资企业 1 家,研发机构 2 家;外贸进出口总额为 119.31 亿元,增长 0.9%;纳入统计范围的旅游饭店和旅行社营业收入实现 443 亿元,增长 91.0%;培育"专精特新"中小企业,市级 130 家、区级 100 家。

一、聚焦商业创新转型,促进商旅融合发展

1. 电子商务创新实践

坚持委区战略合作,与市商务委积极对接,

编制“杨浦区‘互联网＋’科技服务创新实践区”实施方案，梳理京东到家、阿里体育、腾讯众创空间等20个重点项目，推进实践区建设。支持举办2016年杨浦区“创新创业跨境电子商务论坛”，向来自国内外的400多位与会代表宣传推广杨浦政策，促进电商落户。鼓励引导区内“互联网＋”为主的“四新”经济类重点企业申报贸易型总部、信息化发展专项资金(智慧城市建设)等项目，众美联等5家企业经市商务委认定为“贸易型总部企业”，东方购物等3家企业获“市电子商务示范企业”。指导大学路休闲街开展第二批智慧商圈创建，通过采集客户数据、建立智能导览地标和商户导览系统，优化用户体验。

2. 商业载体完善布局

引导五角场商圈骨干商家不断创新，腾笼换鸟，吸引优质品牌入驻，形成经营特色，提升商圈整体能级。指导帮助五角场商圈各骨干商家共调整、引进品牌单店(柜)超过400个。协调推进五角场商圈内重点载体建设，“合生汇”开业，五角场广场改造项目竣工，淞沪路地下空间“太平洋森活天地”项目开展招商和店铺装修，大西洋百货扩建项目方案报批。继续跟踪指导君欣时代广场、上海国际时尚中心四期等项目建设和招商，推动本区商业载体建设，“旭辉控江 mall”开业。百联又一城、上海国际时尚中心获评“上海商业地标”称号。

3. 商业旅游深入融合

通过政府主导，高校、社区、企业参与，整合商旅资源举办2016上海旅游节、上海购物节杨浦区活动、上海大学生旅游节开幕式暨2016上海旅游节花车杨浦大巡游。依托市级媒体资源，举办上海大学生红色自拍节等2项商旅活动，提升影响力。会同相关部门推进以“‘绿’动森林，热力狂欢”为主题的第十六届都市森林狂欢节，吸引游客达10万人次。集合区内“吃、住、行、游、购、娱”六大方面资源，引导游客对杨浦进行多元化的主题体验，编制《杨浦旅游完全手册》。加强合作交流，组织区内旅行社200余人次参加绍兴、桂林等地近20场推介会；赴江浙、福建、广西、山西等地推广杨浦旅游资源，开展旅游互动。

结合重要节日，组织各类主题营销活动，引导组织五角场“智慧商圈”及区内新型业态商业、商旅特色专业企业、社区商业中心等，推动全区商旅规模集聚的整体联动营销。以微信联动叠加奖扩大消费，全区商业消费呈现良好态势，据抽样统计显示，元旦、春节、五一、十一期间全区重点商业企业实现销售额1.99亿元、8.52亿元、2.24亿元、10.2亿元，同比增长8.4%、12.4%、14.6%、15.6%。

4. 市场秩序加强整规

调整充实杨浦区商务委安全生产领导小组，部署全年安全生产工作，逐级签订安全生产责任书，聘请第三方专业机构对本区40家重点商业、旅游企业和文创园区进行安全生产专项检查，开展培训和应急演练，落实企业主体责任，对全区28家加油站运行情况进行检查，强化加油站的安全管理。进一步完善“党政同责、一岗双责、齐抓共管”责任体系，抓指导、抓督促、抓检查，确保重点商贸行业安全生产风险受控，保障杨浦城区运行和生产安全。

开展单用途商业预付卡专项治理行动，组织街道开展地毯式排查，走访美容美发、沐浴足浴企业469家，收集企业信息，开展社区宣传，引导理性消费，针对问题短板，制定监管措施。牵头相关部门，完善杨浦区2016年“双打”方案，落实工作机制，推进“两法衔接”，加大打击力度。会同相关部门对31家大型超市、商场、烟酒专卖店等进行酒类商品执法检查，通过开展酒类执法抽检、依法执行许可审批、严格落实《随附单》制度等措施，加强酒类流通市场监管，处理投诉案件37件。加强动物卫生监督管理工作，出具检疫证12万张，查处违法案件4起。

推进旅游标准化工作，完成龙舟途逸国际旅行社4A级评定推荐及金旅国际旅行社、锦顺国际旅行社、中易国际旅行社3A级评定和验收。完成4家三星级、2家二星级酒店区级星级旅游饭店复核。开展旅游饭店等行业一线员工业务工作和服务技能培训，强化相关行业服务质量管控。

牵头落实杨浦区粮食质量安全责任制考核

的自评总结和抽查迎检工作，加强粮食市场监管，制定《上海市杨浦区粮食市场监测管理暂行办法》等文件，通过排摸粮油供应网络、每月的粮食流通统计和市场监测，及时了解区内粮食市场情况，保证市场秩序良好。做好民生保障，强化副食品补贴和帮困资金的管理和发放，对街道发放窗口开展业务指导。

5. 全力创建文明城区

一是加强行业规范化检查指导。对照测评标准，针对查找出的薄弱环节，加强对企业的督促指导。结合夏季高温慰问和安全检查工作，对区内80余家主要商业企业、菜市场、旅游饭店、A级景区对照测评要求开展指导检查，积极整改，及时回应区创全办各类检查反馈，妥善处置。二是加强文明旅游宣传。引导杨浦区100家旅游企业认真学习贯彻新颁布的相关规范，以健全和完善企业标准为抓手，将文明旅游纳入到出境旅游的管理制度和流程操作中。开展1次大型旅游宣传活动和8次旅游知识进社区活动，提高社区居民文明出游意识。在共青森林公园、上海国际时尚中心和黄兴公园创建文明旅游志愿者服务基地，通过开展文明旅游志愿服务活动，改善A级旅游景区公共环境、提升游客文明素养，提高行业管理水平。在主要景区发放文明旅游宣传环保袋、折页和纸扇，为时尚中心、黄兴公园及森林公园制作固定宣传栏、提示牌、道旗，进一步加强文明旅游引导和宣传。

二、聚焦重点产业和平台建设，推动产业能级提升

1. 助推重点项目平台

积极推进科创中心重要承载区建设，“中国电信-创翼杨浦”众创空间于7月29日开业，入驻率达85%，引进流利说、镜趣网络、和旻信息、襄翼软件等优质项目，成功举办7场创业辅导类相关活动。推动NGB-W项目建设，积极推进物联网产业联盟集聚和上下游企业入驻，帮助东方明珠数字电视有限公司完成迁入，开展一期工程室分及宏站的布点，共完成39个双向站点、3个试点台站、55个室内分布系统建设，覆盖街镇、医院、学校、商圈。目前试点工程已通过第三方电信科学技术第一研究所的验收。

完善中国工业设计研究院平台功能，举办第二届上海开放数据创新应用大赛（SODA），吸引参赛人才团队入驻工研院，吸引大数据企业向杨浦落地集聚。支持举办2016年工博会工业设计创新展和论坛；完成全系统数字化实验室的建设工作，完善实验室综合管理平台、协同设计平台、方案验证平台的建设，探索共建共享的业务运营模式。推动中兵北斗创新中心建设，帮助企业做好市级贷款贴息申报工作，协调区级贷款贴息落实。

2. 推动产业转型升级

组织开展区文化创意产业园区年度考核工作，强化考核结果运用，提升园区能级。长阳谷、同和创意园、上海国际时尚中心正式获批为上海市文化创意产业园区。22个项目通过2016年度上海市促进文化创意产业发展财政扶持资金评审，获市级扶持金额2 565万元。开展2016年区级企业技术中心认定，组织企业申报2016年市引进技术吸收创新项目等市级专项资金3 175万元。启动2016年度市级“专精特新”推荐申报工作，认定2015年度杨浦区“专精特新”中小企业100家。

3. 推进生态文明建设

继续加快淘汰落后产能，做好上海隆泰铜业有限公司、上海西原（克）姆锻造厂、商务印书馆上海印刷股份有限公司、上海广汇混凝土搅拌有限公司、上海印刷十厂关停搬迁工作，完成年度5家“三高一低”企业结构调整目标。开展2015年节能技改评审和补贴，完成财大豪生大酒店、小南国酒店、又一城购物中心、中原城市广场、双辽菜市场等节能技改项目。小南国花园酒店被评定绿色旅游饭店。

三、聚焦项目引进和渠道拓展，提升外向型经济开放度

1. 紧抓总部引进

进一步做好总部企业引进、培育和提升，梳

理总部目标企业7家，重点引进AECOM、达疆网络科技，加强对李尔、大陆、耐克、NCS、英联马利等区内重点企业的培育，李尔已完成投资性公司的变更及地区总部的认定。积极推动区内5家企业开展研发中心建设，儒竞艾默生、科视数码内设研发中心经市商务委认定批复，指导欧尚(中国)投资有限公司、易保网络科技(上海)有限公司和李尔投资(中国)有限公司准备研发中心认定相关材料。

2. 紧抓推介渠道

联动德勤、普华永道等会计师事务所和仲量联行、世邦魏理仕等房地产咨询机构参与外资促进工作。与美国金加州公司达成合作备忘录，在推动美国企业引进来、区内企业走出去等多个领域开展合作。参加厦门投洽会，联动区职能部门共同作杨浦投资环境专题推介，联合国工发组织、美国商会、匈牙利驻上海总领馆、波兰罗兹特别经济区、斯德哥尔摩投资促进局等100多位国际组织、使领馆、商会和企业代表参加。积极对接加中贸易理事会上海代表处、欧洲商业联合促进中心和新加坡国际企业发展局上海代表处等平台机构，建立联系沟通机制。

3. 紧抓内外贸联动

协调、指导国际报关协会同盟(IFCBA)上海年会成功在我区召开，超过20个国家的近400名代表和有关国际组织的负责人参加，组织7家投促分中心在年会上开展一对一对接，有效地宣传、推介杨浦。组织参观第四届中国(上海)国际技术进出口交易会；组织企业申报市重点外贸企业专项资金等，共9家外贸企业共获得奖励资金263万元。

四、聚焦民生环境优化，办好惠民实事工程

1. 落实惠民实事

完成三门农副产品市场(政府路菜市场)和双辽菜市场标准化建设。三门农副产品市场安装空调、电子显示屏和统一结算系统，引领行业经营模式创新。完成20家菜市场喷雾系统安装，改善菜市场购物环境，增强夏令蔬菜保鲜效果。举办菜市场管理人才和标准化菜市场追溯系统操作系列培训班，追溯体系考核名列全市前茅。组织国有菜市场公司赴长宁、徐汇学习菜市场转型升级，完成调研报告、案例分析5篇。阳普菜市场下属菜市场全部安装远程视频监控系统，提升管理水平。

2. 加强保障供应

继续推进产销对接、稳定菜价工作。增设1家菜市场平价专柜，设置产销对接专柜菜市场22家、平价专柜菜市场29家。组织实施春节、五一、国庆、寒潮和高温期间平价菜的供应活动，有效稳定本区菜价。据市商务委菜价监测，杨浦菜价位于全市中等偏下，全年菜价平稳有序。

3. 探索“两网协同”

积极推进本区再生资源回收体系和生活垃圾清运体系协同试点工作，会同绿化市容局选取延吉、控江为试点单位，引进睦邦环保科技公司营运。试点方案充分利用垃圾厢房、垃圾中转站资源设施，公司化运营，采用线上线下结合的模式，在居民区实行上门收废服务，实现垃圾分类与资源回收同步完成，进一步实现“垃圾减量、资源增量”。

五、聚焦引导服务能力提升，加强政府职能转变

1. 强化引导作用

新增18项经济统计指标，进一步增强商业、工业、外资外贸、旅游、文创园区等领域运行分析的科学性和有效性；完成《五角场地区发展质量指数2015年度测评报告》编制，为该区域的发展和综合管理工作提供参考和建议；加强资源梳理和整合，聚焦深度挖潜、加强水陆联动、统筹协调，实地调研兄弟区县滨江开发成功经验，推进杨浦滨江旅游的规划建设。

2. 优化企业服务

做好AECOM相关公司迁入杨浦，欧尚便利店选址及投资消费金融公司等重点企业协调服务工作。为杨浦新一届人大、政协代表推荐人

选。深化“1＋12＋7＋X”中小企业服务网络内涵，推出更贴近需求、易懂易操作的企业服务政策包。8个项目获批“2016年第一批上海市中小企业发展专项资金”，获得市级扶持金额588万元；3家企业获批2016年度“双推”服务平台企业。

3. 提升行政效能

加大法制宣传，获评上海市依法行政示范单位。推进政府效能建设，加强事中事后监管，完成我委关于加强事中事后监管的实施意见和四个事中事后监管工作方案。对接市商务委，完成行政权力清单和行政责任清单确认。围绕区委区政府工作要求，梳理出本委重点推进的工作26项，还围绕建设双创示范基地工作排摸4个方面8条建议内容，明确牵头领导、责任科室和完成时限，每月跟踪进展情况，形成以月保季，以季保年的工作态势。开发了工作督查督办的BPM流程管理系统，实现重点工作的分级管理、智能督办和移动办公，办理区委、区府各类定期督查件106件、不定期督查件643件；按时答复、办结“两会”书面意见和政协提案21件、来信来访5件。

4. 加强组织建设

以落实党建责任制为抓手，抓好党员培养、教育和管理，加强对直属事业单位、机关党总支工作指导，做好商务委机关支部和离退休党支部的换届选举，认真落实“三会一课”制度。根据中央组织部和市委、区委组织部关于集中推进非公有制企业和社会组织“两个覆盖”专题会议部署安排，结合我委的实际，集中进行排模，对未建立党组织的协会进行走访动员。根据中央办公厅和市行业协会商会与行政机关脱钩第一批试点总方案精神，做好商务系统行业协会商会脱钩工作。根据区委的部署和要求，严格按照组织程序和时间节点，完成区第十次党代会、区十六届大代表、区政协十四届候选人推荐、酝酿和考察工作。

5. 加强队伍建设

认真贯彻落实十八届六中全会、区第十次党代会精神，进一步发挥中心组学习的示范带头作用，扎实开展“两学一做”学习教育和诚信建设主题活动，通过专题教育学习、调研党建服务、组织参观展览等方式，提高干部队伍的协作和担当意识。积极配合巡察组开展工作，修改完善相关制度，制定巡察的整改方案并积极落实整改措施。扎实推进党建责任制和党风廉政责任制建设，与机关、事业单位层层签订党风廉政建设责任书和承诺书各69份，科室（单位）和个人分别制定廉政风险识别、防控措施共74份；组织机关干部和党员群众观看警示教育片。优化干部队伍结构，重点加大青年干部的培养和选拔力度，组织动员1名副处级干部赴黔援助，推选2名科级干部参加中青年干部培训，2名科级干部到基层单位挂职锻炼，1名干部到区巡察工作小组挂职，1名干部到区委政研室锻炼，1名干部担任市外资促进中心英国伦敦办事处区（县）驻外代表，推荐2名科级干部参加G20贸易部长会议担任联络官，通过多种渠道，为干部的能力提升创造条件。

2016年闵行区商务

2016年是实施“十三五”规划的开局之年，区经委围绕统筹区域经济发展的工作总基调，以“创新驱动发展、经济转型升级、产业融合提升”为工作主线，主动转变职能，加强区域经济统筹，加快产业结构调整，促进产业能级提升，全区经济持续平稳发展。全年完成第三产业GDP 1 068.43亿元，比上年增长12.5％，占全区GDP的比重达50.8％。全区实现商品销售总额3 156.95亿元，增长3％；实现社会消费品零售总额达892.41亿元，增长8.3％。

全年全区吸收合同外资20.08亿美元,实到外资9.51亿美元。全年实现内资新增注册资金250亿元。全年新增跨国公司地区总部7家,新增国内企业总部26家,新增先进制造业项目29个,新引进年纳税100万以上企业平均产税率25.5%。

加强楼宇经济体系建设,实现19幢亿元楼目标,重点楼宇总税收及单位面积税收产出增长均超10%。虹桥商务区26个开工项目均有序推进,352栋楼宇中有338栋实现结构封顶,唯品会、科施博格、梅塞尔、永恒力等区域性总部和地区性总部入驻。15个文化创意产业项目获得1 560万元市文创资金扶持;上海云部落TMT产业园和黎安展示产业园被认定为第三批上海市文化创意产业园区,有5家市级文创产业园区。

一、商业经济

全区市场消费增长平稳。2016年,实现商品销售收入3 156.95亿元,比上年增长3%;实现社会消费品零售总额892.41亿元,增长8.3%。一是加强商旅文联动。以“新发现、新体验,白相到闵行”为主题,开展2016年度闵行旅游购物节活动;以九星市场转型升级、车配龙汽车同质配件集仓项目为载体积极开展国内贸易流通体制改革试点;推进闵行区开展商业保理试点并获得资格;积极落实市政府实事项目,完成17个标准化菜市场建设和改造;有效推进全区14个非标准化市场专项整治工作,9家市场已完成整改;结合“全国文明城区”创建工作,推进公益宣传品进商业单位,规范市场建设;开展人员密集商业场所安全生产、消防安全标准化管理工作。二是旅游业健康发展。开展旅游宣传工作,编制闵行旅游生活地图,深入推进文明旅游进社区工作;加强行业管理;建立服务旅游企业工作制度。三是粮食工作有序推进。开展粮食安全省长责任制考核准备,强化区级储备粮管理,深入推进粮食流通监督检查工作,加强粮油零售市场监测、粮食流通统计,做好副补、帮困等工作。四是加大酒类监管力度。加强日常监管、执法,重视元旦、春节酒类市场专项检查,查处假冒伪劣酒1 487瓶,罚没款126 254.9元;积极开展执法交流,以及酒类法律知识和质量安全宣传;做好酒类零售许可证办换证工作。五是做好整规打假工作。圆满完成国家打假办对我区“双打”工作的年度绩效考核,取得了“两法衔接”工作先进区县的荣誉称号;做好成员单位执法信息汇总与报送;配合做好“拆违与环境综合整治”联动执法;完善信息公开平台建设,开展宣传培训等工作。

二、现代服务业

2016年,全区第三产业实现增加值1 068.43亿元,比上年增长12.5%,占地区生产总值的比重达到50.8%。服务业比重比上年提高2.5个百分点,首次超过生产总值的一半。第三产业对全区经济增长的贡献率达87.0%,仍为推动全区经济增长的主导力量。

(一)楼宇经济

2016年,全区129幢重点楼宇实现税收49.8亿元,比上年增长13.58%;单位面积税收产出增长13.9%。解放报业大厦、利丰大厦等19幢楼宇实现亿元楼建设目标。

1. 明确楼宇考核指标,按进度完成考核任务

一是调整纳入监测的楼宇情况。根据对全区各街镇、莘庄工业区及虹桥商务区在建楼宇及建成楼宇的排摸梳理,去除纯酒店及纯卖场,确定建筑面积在1万平方米及以上的纳入监测的楼宇共189幢,其中129幢列为税收重点监测楼宇。在税收重点监测楼宇中,七宝21幢、虹桥56幢、梅陇13幢、莘庄17幢、浦江5幢纳入到镇考核指标内。在确定2016年楼宇考核指标的基础上,形成楼宇考核实施细则。

二是调整亿元楼建设目标。根据建成楼宇的总体情况,确定2016年亿元楼指标为18幢。其中,七宝2幢、莘庄5幢、虹桥5幢、梅陇4幢、浦江1幢、虹桥商务区1幢。根据最新的重点楼宇及企业名单,分析相关楼宇税收信息,健全楼宇信息跟踪机制,完善楼宇信息库,加大对亿元

楼完成情况的跟踪。

2. 加强楼宇及企业信息排摸，加大服务力度

实地调研走访新建成的楼宇，加强对存量楼宇的指导。按月更新并分析相关楼宇税收信息，按季度调整企业名单。三季度，梳理七宝镇、梅陇镇、莘庄镇、虹桥镇、浦江镇、虹桥商务区等重点街镇、商务区考核楼宇情况，重点排摸楼宇租金、税收落地率等情况。根据区政府督察室要求，对丽婴房企业提出想了解楼宇周边规划的诉求，及时沟通七宝镇及企业，就七宝镇的基本情况、丽婴房大楼周边产业发展情况及未来发展趋势等方面进行回复。

3. 加快智能化楼宇建设

根据楼宇智能化推进工作目标要求，结合各街镇的楼宇的发展需求，2016 年共确定 15 幢智能化楼宇建设目标。为了更好地推动智能化楼宇的建设，区住委与区科委、铁塔公司、莘闵电信、闵行移动、闵行联通和各相关街镇成立推进工作小组，每月召开小组例会，及时沟通项目进展情况，研究推进工作中遇到的问题。推进工作小组对列入 2016 年推进计划的 15 幢楼宇逐一进行实地调研，对现状进行摸底，掌握各楼宇宽带接入、无线局域网接入、通信移动信号及信息化项目应用等现状，制定可行的改造实施方案，有针对性地开展推进工作。四季度初全部完成，年底开展验收总结工作。

4. 完成楼宇评价体系

对全区各街镇园区 1 万平方米及以上的重点商务楼宇(地块)进行梳理，并确定评价监测范围。本次排摸的楼宇隶属街镇园区有:虹桥商务区、莘庄镇、虹桥镇、七宝镇、梅陇镇、颛桥镇、华漕镇、浦江镇、马桥镇、吴泾镇、莘庄工业区、古美路街道和浦锦街道，涵盖土地性质包括了 6 类经营性质用地、商务楼、城市商业体等。截至 2016 年 3 月 16 日报送数据，闵行区共有 1 万平方米以上的商务楼宇(地块)212 幢(个)，总建筑面积达 1 400 万平方米，其中 80%为现房。此次被纳入闵行区楼宇运行评价监测范围的重点楼宇为 188 幢，总建筑面积 1 276 万平方米。

5. 完善经营性用地全生命周期管理

根据市商务委相关要求，做好闵行区 2016 年商业、办公用地供应计划。不同于以往到土地出让前再做产业征询，而是在年头就对所有要出让的地块做好规划，使区内整体的产业布局更加合理化。在土地出让阶段，由区经委牵头区发改委、区规土局、区科委、区招商中心、项目所在镇(莘庄工业区)、重点商务区(园区)等部门召开工作例会，根据区域规划及功能定位，明确出让商业、办公项目的投资强度、产出强度、税收强度等要求，同时将引入项目的功能定位、产业类型、商业业态、运营要求、自持比例、自持年限(自规划竣工验收之日起算)、最小分割面积、信息基础设施服务能力等建设要求，纳入土地出让建设条件和土地出让合同管理。

(二) 商务区建设

2016 年，虹桥商务区核心区面积 37 万平方米(不含会展中心)，开发规模地上建筑面积 500 万平方米，地下建筑面积 260 万平方米。虹桥商务区 26 个开工项目均有序推进，352 栋楼宇中有 338 栋实现结构封顶，唯品会、科施博格、梅塞尔、永恒力等区域性总部和地区性总部入驻。

2016 年，南方商务区占地面积 81 公顷，建筑面积 93 万平方米，城开中心项目建筑面积 51 万平方米。城开中心完成股权交割，中庚集团总部入驻。项目沿街商铺、商务楼、酒店均已结构封顶;商铺、商务楼已完成内外装修，酒店外立面装修阶段。商务楼已开始对外销售。

2016 年，莘庄商务区规划总用地面积 123.73 公顷，总建筑面积 186 万平方米。西子联合项目地上面积 7 万平方米，完成销售和出租。西子联合项目已基本完成销售和出租;丰树项目一期至三期均完成结构封顶;粤世宏项目已完成内装修，办公楼已竣工销售中，酒店结构封顶。

2016 年，七宝生态商务区规划占地面积 4.1 万平方米，建筑面积 82.48 万平方米。宝龙城市广场工程全部完工，集团总部办公入驻，宝龙城商业、艾美酒店全面开业;世纪出版园项目年底完成装修，报业项目年底开工，剩余地块招商项目顺利推进。

2016 年,剑川路商务区完成一期土地出让。

(三) 文化创意产业

1. 加强宣传,发挥好市级文创政策的带动作用

区文创办加强宣传,在全区范围内广泛发动,对重点商务区和文创园区进行重点宣传;邀请市级专家指导,针对文创申报和复审答辩进行了两场培训;加深对文创申报项目的了解,组织相关成员单位前期调研部分项目。2016 年,闵行区共有 115 个项目向市文创办提交申请材料,94 个项目通过市级预审,47 个项目通过区级初审,"上海青少年运动能力信息服务平台"等 15 个区县配套项目获得 2016 年上海市促进文化创意产业发展财政扶持资金,合计获得市级扶持资金 1 560 万元。

2. 依托载体,发挥好市级文创园区的集聚效应

召开 2016 年上海市文化创意产业推进工作电视电话会议,区文创领导小组副组长沈军为第三批市级文化创意产业园区授牌仪式。上海云部落 TMT 产业园、黎安展示产业园等 2 家园区获得"上海市文化创意产业园区"称号。TMT 产业园主要引进以 TMT 产业为主的文化创意及科技类企业;黎安产业园以上海复旦上科多媒体有限公司和上海励丰创意展示有限公司为"龙头",吸引一批与多媒体和展览展示相关的优秀企业。

3. 对外交流,学习国内外各地区先进发展经验

由区委宣传部牵头,与区文创办相关成员单位共同参加深圳文博会并参观了深圳华侨城创意园,积极协调文化、新闻出版、旅游等部门进行对接,与相关文创企业加强沟通交流。

组织区文化创意产业推进领导小组各成员单位、各街镇,考察学习上海市级文化创意产业园区。参观虹口区运动 Loft 创意办公基地、杨浦区上海国际时尚中心、静安区 800 秀。

4. 文化惠民,盘活优秀的文创园区资源

在 2015 年文创市民展厅工作的基础上,2016 年 4 家优秀文创企业市民体验展示厅继续对市民免费开放,累计发放 10 000 套参观券。

在全区范围内,特别是优秀的楼宇和文创园区内,排摸一批特色的活动基地,为中小学生提供免费教育实践和户外拓展的基地。会同教育局前往利程坊和黎安创意展示园实地考察,与相关企业进行沟通协调。

(四) 生产性服务业

1. 做好区内功能区的有序建设

加快推进莘庄工业区西区生产性服务业功能区发展,会同区发改委、区规土局、区环保局等单位对莘庄工业区西区申报认定生产性服务业功能区的材料进行核实和初审,积极配合市相关部门做好申报认定功能区的调研工作。8 月 10 日,市经信委为上半年获得批复的生产性服务业功能区进行授牌,功能区及相关区经委交流发言。我区的"上海莘庄工业区智慧科创生产性服务业功能区"被认定为上海市生产性服务业功能区。

2. 加强生产性服务业样本统计

与各街镇生产性服务业统计员及时沟通,解决各街镇在统计上报工作中的问题;根据市级反馈,与相关街镇沟通有关企业在申报过程中数据填写有误等情况;更新闵行区样本企业名单,对于不配合统计或者迁移外区的企业,及时与市有关部门进行协调予以删除。

3. 启动市级专项资金的申报工作

开展 2016 年上海市产业转型升级发展专项资金项目(生产性服务业发展)的申报工作,向重点功能区和重点企业进行政策宣传,"中电投电力工程有限公司"等 3 家企业申报专项资金项目,闵行区对三个项目进行初审并汇总上报市生产性服务业处。"中电投电力工程有限公司"等 3 家企业都通过市级评审,合计获得市级扶持资金 1 100 万元。

4. 建立生产性服务业项目库

梳理区域内的工业用地,与符合生产性服务业功能区的园区进一步沟通,积极与市级部门进行对接,对于符合条件的园区加强指导。下一步将跟踪园区内的生产性服务业项目,并将重点项目纳入生产性服务业项目库,及时跟进项目的进展。

三、利用外资

2016年，闵行区吸收合同外资20.08亿美元，比上年下降7.5%；实到外资9.41亿美元，下降34.6%。其中，新设外商投资企业550家，吸收合同外资8.1亿美元；存量企业增资193家，吸收合同外资12亿美元。

2016年，全区新设外资企业550家，其中，合资企业43家，独资企业507家；第二产业11家，第三产业539家。全区合资企业共吸收合同外资2.1亿美元；独资企业共吸收合同外资17.9亿美元。全区投资总额1 000万美元以上的大项目共43家，总投资37.1亿美元，合同外资15.4亿美元。

表1　2016年闵行区吸引外资情况

吸引外资方式	新设外资企业		合同外资		实到外资	
	企业数（个）	比上年增长（%）	外资金额（万美元）	比上年增长（%）	外资金额（万美元）	比上年增长（%）
合计	550	−5.8	200 768	−7.5	94 098	−34.6
外商直接投资						
其中：合资	43	16.2	21 487	6.4		
合作	0		0			
独资	507	−7.3	178 724	1.7		

2016年，闵行区新设外资项目550个，其中，生产性项目11个，包括先进制造业项目1个；非生产性项目539个，包括投资性公司2个，研发中心0个，房地产业5个，其他服务业532个（其中融资租赁企业2家）。全年投资总额1 000万美元以上的大项目43家，总投资37.1亿美元，合同外资15.4亿美元。

2016年，闵行区外商直接投资主要来自48个国家和地区，位于前5位的分别是：中国香港、英属维尔京群岛、德国、韩国、中国台湾。

表2　2016年外商投资行业（或产业）分布情况

行业（或产业）	项目数		合同外资	
	个数	比重（%）	金额（万美元）	比重（%）
合计	550	100	200 768	100
生产性项目	11	2	43 426	21.6
非生产性项目	539	98	157 342	78.4

表3　2016年闵行区外商投资企业国家（地区）分类情况

国家（地区）	项目数（个）	投资总额（万美元）	注册资本（万美元）	合同外资（万美元）	国家（地区）	项目数（个）	投资总额（万美元）	注册资本（万美元）	合同外资（万美元）
合计	550	435 540	250 554	200 768	投资性公司	2	15 008	5 008	4 708
中国香港	102	189 708	112 602	71 679	爱尔兰	0	12 900	4 300	4 300
维尔京	5	109 187	55 457	56 234	新加坡	12	5 536	3 395	3 273
德国	13	33 846	25 397	21 416	澳大利亚	7	3 038	1 358	1 375
韩国	157	15 150	10 768	9 754	瑞士	5	3 268	1 368	1 368
中国台湾	108	6 747	6 422	6 199	塞舌尔	8	657	654	654
萨摩亚	15	13 538	7 209	5 689	文莱	0	1 275	633	630
日本	25	8 930	5 735	5 245	巴基斯坦	3	511	508	508
美国	25	12 380	6 683	4 842	荷兰	2	407	377	377

(续表)

国家(地区)	项目数(个)	投资总额(万美元)	注册资本(万美元)	合同外资(万美元)	国家(地区)	项目数(个)	投资总额(万美元)	注册资本(万美元)	合同外资(万美元)
法国	7	431	322	322	俄罗斯	3	68	48	48
英国	5	510	392	312	西班牙	2	38	32	32
开曼群岛	2	565	265	265	土耳其	0	30	30	30
加拿大	7	175	173	173	墨西哥	2	26	23	23
印度	5	162	149	149	以色列	2	25	22	22
马来西亚	4	128	120	120	哥伦比亚	2	22	20	20
奥地利	3	161	113	113	伯利兹	1	21	15	15
安圭拉	2	114	110	110	斯洛文尼亚	1	15	15	15
委内瑞拉	2	106	105	105	乌兹别克斯坦	1	10	10	10
多米尼克	0	100	100	100	乌克兰	1	10	7	7
多米尼亚	0	100	100	100	新西兰	1	7	7	7
尼日利亚	3	118	98	98	挪威	0	0	0	4
意大利	1	130	91	91	叙利亚	1	4	4	4
卢森堡	0	129	90	90	巴巴多斯	1	2	2	2
芬兰	0	100	70	70	哥斯达黎加	1	2	2	2
瑞典	1	145	145	58					

四、对外贸易

2016年闵行区外贸进出口总额为1 814.21亿元，比上年增长3.6%。其中，外贸进口845.34亿元，增长4.5%；外贸出口968.87亿元，增长2.8%。

按照企业性质来分，国有企业外贸出口15.29亿元，比上年增长2.5%，进口为36.41亿元，下降0.3%；外商投资企业出口为781.53亿元，增长2.3%，进口为694.01亿元，增长3.4%；民营企业出口161.39亿元，下降1.2%，进口103.48亿元，增长2.0%；其他企业出口10.65亿元，增长71.9倍，进口11.44亿元，增433倍。

按贸易方式分类，闵行区一般贸易出口410.57亿元，比上年增长2.0%，进口435.35亿元，下降0.4%。加工贸易出口541.82亿元，增长2.3%，进口374.43亿元，增长12.6%。其中，来料加工出口10.78亿元，下降34.2%，进口2.22亿元，下降58.8%；进料加工出口531.05亿元，增长3.5%，进口372.21亿元，增长13.8%。其他贸易出口16.47亿元，增长56.5%，进口31.92亿元，下降14.6%。

按主要市场分类，闵行区对欧盟出口为155.34亿元，比上年下降1.0%，进口161.84亿元，下降0.1%；对美国市场出口232.68亿元，增长9.5%，进口59.06亿元，增长6.6%；对日上海市场出口104.39亿元，下降0.2%，进口271.74亿元，增长23.3%；对中国香港市场出口74.25亿元，下降6.3%；进口0.79亿元，下降39.4%；对东盟市场出口123.59亿元，增长12.6%，进口88.07亿元，增长10.2%；对非洲市场出口18.35亿元，增长20.1%，进口5.47亿元，下降2.8%。

2016年宝山区商务

2016年，宝山区商务委围绕年初确定的目标任务，狠抓落实，突出重点，全区商务运行呈现良性发展的总体态势。完成商品销售总额3 643.63亿元，比上年增长10.3%；社会消费品零售总额642.54亿元，增长8.1%；吸收合同外资4.31亿美元，增长59%。外贸进出口总额523.47亿元，其中，出口额220.74亿元，进口额302.73亿元。

一、工作成果

1. 商业主要项目情况

宝乐汇：2016年4月28日正式开业，建筑面积10万平方米，由宝钢发展有限公司投资6亿倾力打造的集零售、餐饮、娱乐、服务、休闲于一体的大型综合体验型购物中心。绿地进口商品直销中心、星巴克、西贝餐饮、TOM熊电玩城、星美国际影城等国际知名品牌纷纷入驻。

图1　宝乐汇

亿博大厦：2016年10月开业，建筑面积6.8万平方米，由上海韦博置业有限公司投资4.3亿建设而成，是一座集商务、购物、休闲、休憩等多重功能为一体的商业商务综合大楼。憨豆咖啡、VRAN班跑、鑫源超市等知名品牌已入驻其中。

翼生活：2016年11月正式开业，建筑面积2.8万平方米，由北翼集团投资1.2亿打造的集商业、办公于一体，定位为宝山杨行地区的社区型商业综合体。比宜德超市、巴黎贝甜、音维爱时尚量贩式ktv、一兆韦德健身、世茂国际影院等知名品牌入驻其中。

睦邻小镇：2016年8月开业，建筑面积5 600平方米，由北翼集团借鉴新加坡“邻里中心”模式，打造的集社区服务、商业购物、文化体验等于一体的社区商业中心。迪亚天天、克莉丝汀饼屋，老裕兴汤包馆、唐德影业等接地气的品牌先后入驻小镇。

2. 商业经济运行特点

批零业增长好于住餐行业。2016年,批发零售业实现零售额597.89亿元,比上年增长8.1%,占全区社零额的93.1%;住宿餐饮业实现零售额44.66亿元,增长7.7%,占6.9%。

汽车消费增速稍有放缓。汽车行业实现零售额146.06亿元,占全区社零额的24.6%,比上年增长7.4%,增幅较上年回落3.7个百分点。其中,宝和丰田、瑞孚等汽车销售增长超过一倍;闸捷、锦腾等汽车销售增长超过五成。

节庆营销促进消费增长。组织区内商业企业开展节庆主题营销活动,营造欢乐消费、繁荣和谐的节日氛围,促进消费增长,据对区内重点商业企业元旦、春节、五一、十一等重大节日的销售情况统计,四大节日销售分别同比增长4.8%、10.2%、18.43%和10.0%。

3. 服务业

2016年,宝山区服务业完成增加值725.11亿元,比上年增长8%。服务业占经济总量的比重为69.1%。全区服务业完成固定资产投资323.14亿元,占全区固定资产投资总额的94.59%;实现税收205.78亿元,增长17.1%,其中区级税收93.64亿元,增长7.5%。

提升服务业载体"两率"。协调各区投资促进中心、园区所属乡镇、各开发区、园区运营方,形成合力,努力提升载体"两率"(企业入驻率和税收属地率)。至四季度,全区服务业载体整体"两率"达74.2%以上,其中,中成智谷、上海移动互联网创新园达90%以上;智力产业园二期、高境复旦软件园、长江软件园、北外环信息产业园达85%以上。

创新创业环境建设。一是成功引进万科"星商汇"商务品牌。该品牌是万科集团跟随城市进化的步伐,在产业地产领域的服务品牌,旨在打造全生态企业成长服务平台,专注企业在"初创、成长、发展、稳定、扩张"的全发展周期中全方位、不同层次的需求。通过与该品牌开始深度合作,2016年在宝山区成功举

图2 中成智谷

行6次产业圈层系列论坛活动。二是整体启动"创新、创业、创意"三线产业带建设。坚持"市场主导、企业主体、政府支持、融合发展"原则,以"低成本、小集聚、分布式、嵌入型、专业化"发展模式,充分利用轨道一、三、七号线周边载体优势,推动创新要素集聚,激发社会创新活力、促进创新企业发展,打造宝山落实国家双创战略及上海科技创新中心建设的重要功能区。同时,自2016年以来,智慧湾、吴淞科技园二期、智力产业园二期、卓越时代、尚知科技园等一批以工业存量用地改造为主要模式的服务业载体正式对外运营,为区域新兴产业集聚提供了增量物理空间。

4. 吸引外资

2016年,宝山区批准外商投资项目180个(其中新批150个,增资30个),比上年增长5.3%;吸收合同外资43 121万美元,增长59.0%;实到外资23 355万美元,增长12.6%。

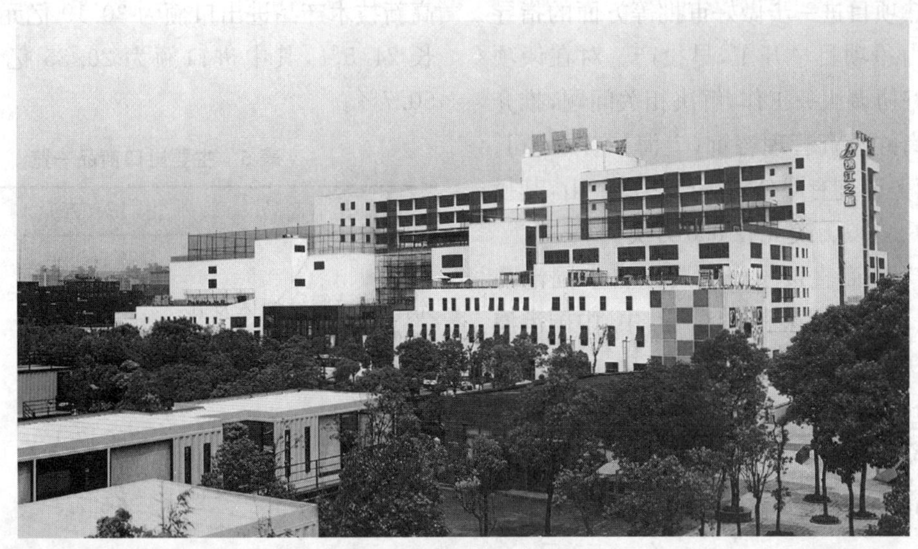

图3　智慧湾

表1　2016年吸引外资情况

吸收外资方式	合同外资		实到外资	
	外资金额（万美元）	增速（%）	外资金额（万美元）	增速（%）
合计	43 121	59.0	23 355	12.6
其中：合资	8 320	1.1倍	93	−96.0
合作	0		0	
独资	34 801	50.2	23 262	26.2

2016年吸引外资主要领域、方式及特点：2016年，外商投资生产型项目19个，合同外资8 944万美元，占合同外资总量的20.7%，项目主要涉及食品制造业、专用设备制造业、通信设备、计算机及其他电子设备制造业；非生产型项目161个，合同外资34 177万美元，占合同外资总量的79.3%。项目主要涉及软件业、批发业、房地产业。

表2　2016年宝山外商投资行业(或产业)分布情况

单位：万美元

行业（或产业）	项目数		合同外资		实到外资	
	个数	比重（%）	金额	比重（%）	金额	比重（%）
合计	180	100	43 121	100	23 355	100
生产型项目	19	10.6	8 944	20.7	4 362	18.7
非生产型项目	161	89.4	34 177	79.3	18 993	81.3

特点：一是行业结构进一步优化。外商投资服务业项目成为宝山区利用外资的主力军，占全部项目数的89.4%，投资领域涉及批发零售、专业服务、软件信息、餐饮管理、现代物流等。二是积极协调企业增资扩股。通过实地走访、电话沟通等方式，积极协调推进重点企业增资扩股，及时跟踪解决企业发展过程中的困难和问题，2016年增资规模较大的企业有：颐海（上海）食品有限公司增资4 671万美元，上海恺诚房地产开发有限公司增资4 882万美元，上海衣脉信息科技有限公司增资9 500万美元，雅玛多（中国）运输有限公司增资5 347万美元，华域皮尔博格泵技术有限公司增资458万美元，上海申和热磁电子有限公司增资11亿日元。三是提升外商投资质量，推进总部经济发展。大力推进总部经济的发展，吸引具有营运管理功能的总部型企业和机构集聚发展，提升能级。引进邮轮、游艇、游船“三游”服务业、科技服务业、软件信息服务业等专业服务和商贸服务业领域的高端主体，支持在宝山的跨国公司提升全球营运管理能力。2016年，蒂森克房伯工业工程中国总部项目获得市商务委批准，歌诗达邮轮集团环宇领先邮轮管理（上海）有限公司、上海长江力索船务代理有限公司等已落户宝山。四是进一步强化服务力度，推进项目进程。根据项目实际情况做好跟踪和服务

工作,对成熟项目进一步做好审批等方面的指导服务工作,力争项目早开工,早投产。对在谈项目,积极做好协调服务工作,解决相关问题,推介项目进程,尚虹投资管理咨询(上海)有限公司、上海罗莉商务咨询有限公司等已落户宝山,其投资额分别为2 500万美元、2 000万美元。

2016年,外商直接投资主要来自中国港澳地区、欧洲、日韩等国家和地区。其中,中国港澳地区项目49个,合同外资26 790万美元;欧洲项目27个,合同外资4 879万美元;日韩项目23个,合同外资3 369万美元。

表3　2016年宝山区外商投资主要来源地情况

单位:万美元

国家(地区)	项目数(个)		合同外资
	新批	增资	
中国港澳地区	41	8	26 790
中国台湾	21		338
日韩	15	8	3 369
东盟	15	3	758
欧洲	22	5	4 879
美国	8	2	181
其他	28	4	6 805

5. 出口贸易

2016年宝山区企业实现进出口总额523.47亿元,比上年下降6.8%,其中出口总额220.74亿元,下降11.8%。

私营企业实现增长。2016年,在国有企业和外资企业对外贸易均出现下滑的情况下,宝山区私营企业进出口额实现124.84亿元,比上年小幅增长3.7%。

表4　出口企业类型一览

企业类型	出口额(万元)	增速(%)
国有企业	973 644.26	−19.2
私营企业	538 692.15	−1.2
外资企业	644 339.13	−10.9

外贸结构逐步优化。2016年,宝山区主要出口钢铁相关产品如钢材、钢结构件和集装箱。高新技术产品进出口额为30.19亿元,比上年增长24.5%,其中进口额为20.35亿元,增幅达50.7%。

表5　主要出口商品一览

出口商品	出口额(万元)	增速(%)
钢材	779 760.99	−18.5
钢铁或铝制结构体及其部件	107 198.77	−28.9
集装箱	70 784.79	−57.5
冷冻机和制冷设备	489 17.1	5.
机械提升搬运装卸设备及零件	36 522.5	−13.5
纺织纱线、织物及制品	35 646.74	3.7
家具及其零件	32 936.89	6.3
服装及衣着附件	32 466.36	−8.6
通断保护电路装置及零件	30 246.01	−23.9
灯具、照明装置及类似品	30 018.76	2.4

开拓一带一路市场。2016年,在对美日韩等传统市场出口低迷的背景下,宝山区企业响应国家战略,拓展"一带一路"沿线市场成效显著,进出口额为109.66亿元,比上年增长6.3%,其中出口增幅为1.1%。

表6　主要出口国家(地区)一览

国家(地区)	出口额(万元)	增速(%)
东盟	399 104.65	−14.4
美国	329 271.01	−15.6
欧盟	237 418.01	2.4
韩国	187 236.99	−31.5
日本	145 300.2	−7.0
印度	144 619.77	27.9
土耳其	87 516.39	13
沙特阿拉伯	65 595.77	312.6
中国香港	56 055.44	−40.3
加拿大	52 019.18	−38.5

6. 对外经济合作

2016年，宝山区企业经核准赴境外新设立企业12家，并购4家，增资项目10个，投资总额9.43亿美元。

投资主体主要为民营企业，投资国家和地区主要为美国、澳大利亚和中国香港等。

2016年，宝山区对外投资呈现能级不断提升的态势，医疗、文化等服务业企业不断增多，如复古基因股份有限公司从事诊断技术、医疗技术领域内的开发、咨询、服务；香蕉计划集团公司从事演艺经纪、会展等服务。

二、趋势预测与对策建议

2017年是全力推进"十三五"规划，实现跨越式发展的关键年。宝山区商务委将继续聚集项目、提升能级，开拓商务工作新局面。

1. 既重量又重质，提升商务载体能级

一是探索租税联动机制，提升载体产出率，努力提高已建成服务业载体整体入驻率，力争达到80%以上。二是积极支持临港、金桥、万科、荣广、科房、复地、德必等先进产业园区运营商进入宝山发展。三是会同有关部门推动新业坊、中设集团上海中心、上海芳草地、双庆路综合体、龙湖顾村城市综合体等一批在建项目早日竣工；会同有关部门推进上海国际能源创新中心、中远·集创厢、中铝·创业梦工厂、北外环信息产业园三期等项目完善设计、建设方案，力争早日开工建设；配合相关街镇园区共同推进葵花保温瓶厂、交运钢材市场、百联配送地块、市政公司地块等一批拟建项目方案落地。

2. 以发展平台经济为重点，引进和培育优质的现代服务业企业

一是围绕"互联网+"平台，大力推进以上海钢联、欧冶云商为代表的大宗商品平台经济发展，使宝山区成为上海平台经济产业发展新高地。二是全面提升平台经济能级，建设高能级的大宗商品交易以及大数据、云计算和移动互联网服务平台。重点建设慧聪B2B平台、上海木材交易中心。三是推进好屋中国、微盟、爱回收、唯一视觉、猎上网、优蓝网等一批具有核心竞争力的企业不断拓展规模。

3. 适应消费变化新趋势，推动商业转型升级

一是推进食行生鲜、上蔬永辉等运作主体加快发展，提升菜场水平，方便居民消费。二是在市商务委的指导下，市区联动，开展创建幸福婚庆产业示范园工作。发挥婚庆行业协会作用，开展上海婚礼时尚周、婚博会等活动，推进淳情百年、唯一视觉等龙头企业加快发展。三是协调推进双庆路宝龙城市综合体、杨行招商花园城、顾村龙湖北城天街、经纬汇商业广场、菊泉文化街等重点商业商务综合体建设进度。四是指导和协调金富门、夏园等项目转型。五是继续做好单用途预付卡履约保证保险试点工作，引导发卡商户进入履约保证保险平台。六是推进内贸体制改革的示范项目之一"上海酒业诚信通"——酒类网格化移动巡查系统项目建设，开展"酒类创新市场监管标准化示范点"工作，继续协办德国啤酒节。

4. 落实"区港联动"，发展邮轮延伸产业

一是推进邮轮船舶供应服务便利化，建设邮轮母港物资配送中心，促进邮轮船供业集聚发展，推动成立上海邮轮供应协会。二是推进邮轮服务贸易示范项目申报及示范基地建设。配合宝山海关推进邮轮船供业务属地管理工作，探索专供邮轮货柜海关监管创新机制。三是深化进出口平台建设，加快上海—东盟商品直销中心及平台建设运营。四是探索设立海关特殊监管区，深入开展走访调研，实地调研拟选地址的基本情况，协调区有关部门、镇、园区和企业，征询规划选址意见，汇总分析宝山申报海关特殊监管区的选择地址。五是加强全区外贸运行监测和调研分析，开展重点企业走访调研，做好宝山区进出口统计月报和季度分析、每月系统样本企业监测，联合海关、国检等部门，加快海关、检验检疫监管服务制度创新，提升贸易便利化水平，联合海关起草完成《促进宝山区外贸稳定增长课题》。

5. 拓展外资领域,提高项目质量

对接市外商投资促进中心、香港贸促会、欧盟商会、涉外律师事务所等机构,积极引进高端服务业、先进制造业项目和研发中心。围绕移动互联网、机器人、智能制造、设计研发、新材料等新兴产业,加大外资项目的招商引资力度,积极引进高端服务业项目和先进制造业项目,引导外资企业设立研发中心和研发机构。

6. 聚焦邮轮旅游,促进旅游产业有序发展

一是深化邮轮旅游创新发展。深化邮轮旅游标准体系的建立健全,提升行业服务和管理水平;深化邮轮旅游系列课题研究成果转化运用,延伸拓展邮轮产业链;发挥宝山旅游协会作用,推进岸上旅游产品供给,带动区内旅游及相关行业消费增长。二是聚焦特色小镇打造品质。聚焦罗店"文化旅游小镇"、罗泾"生态旅游小镇"特色资源的挖掘开发,加强"旅游+"的聚合效益。三是深挖旅游市场加强营销。推进商旅文深度融合,精心组织上海樱花节、上海邮轮旅游节、上海木文化节等节庆活动,增强线上线下互动的体验营销和"请进来、走出去"的宣传推广,树立宝山以邮轮为主题的旅游品牌形象,推动我区旅游市场营销与迪斯尼乐园的互动衔接。四是提高旅游管理服务水平。巩固、提升旅游标准化示范区建设成果,建立旅游企业"提档升级"的长效管理机制和推动机制,加强旅行社、饭店、景区、旅游餐馆等业态标准化建设,继续开展旅游厕所标准化建设,完善旅游基础设施,提升服务质量,提高游客的满意度和舒适度。

2016年嘉定区商务

一、利用外资发展情况

2016年,嘉定区合同利用外资11.9亿美元,完成年度计划的198.5%;实际利用外资4.99亿美元,完成年度计划的124.9%。其中批准新设外商直接投资企业149家,比上年增长6.4%,合同利用外资5.23亿美元,占总额的44.0%。新引进外资项目数比上年小幅上升,引资额下滑3.1%,基本保持稳定。

1. 2016年全区利用外资基本情况

外商独资仍是嘉定区外商直接投资的主要方式。2016年,全区引资依然以外商独资形式为主。全年外商独资项目(含增资)共引进合同外资10.94亿美元,占合同外资总额的91.9%,其中新设外商独资项目103个,占全区新引进项目总数的69.1%,合同外资3.67亿美元;中外合资项目(含增资)引进外资0.92亿美元,占7.7%,其中新设中外合资项目46个,合同外资1.56亿美元;累计股份制项目引资0.04万美元,占0.3%。

2016年,外资并购交易活跃,全年以并购方式设立外商投资企业共11家,占新批准项目总数的7.4%,引进合同外资0.28亿美元。从总体情况看,外商投资的方式日趋创新,但并购项目总体规模依然偏小。

以服务业为主的引资结构继续巩固。2016年,全区新引进第三产业外资项目140个,占新批总数的94.0%,合同外资10.40亿美元;新引进第二产业外资项目9个,占新批总数的6.0%,合同外资1.51亿美元。以服务业为主导的引资结构日趋稳固,产业结构持续优化。

第三产业引进外资10.39亿美元,占合同外资总额的87.3%;第二产业引进外资1.51亿美元,占12.7%。外商投资主要集中于金融租赁、汽车产业技术研发、商业服务等产业领域,而外资先进制造业全年发展趋缓,引资贫乏,产业发展能级亟待进一步提升。

表1　2012—2016年嘉定区分产业引进外资情况

产业	2012年	2013年	2014年	2015年	2016年
第二产业					
项目数(个)	26	19	14	6	9
占新批总数比(%)	13.8	11.4	8.5	4.3	6
合同外资(万美元)	3 770	12 292	3 739	4 155	15 135
第三产业					
项目数(个)	163	148	150	134	140
占新批总数(%)	83.6	88.6	91.5	94	94
合同外资(万美元)	22 791	40 134	67 373	49 842	103 979

增资规模日趋扩大。2016年,全区批准增资项目94个,引进合同外资9.21亿美元,占合同外资总额的77.4%。增资后,合同外资净增1 000万美元及以上的项目21个,共引进8.02亿美元。其中,上海蔚来汽车有限公司增资4.16亿美元,上海人人融资租赁有限公司增资0.52亿美元,北辰汽车(上海)有限公司增资0.39亿美元。企业增资猛烈、规模持续扩大,实现经济发展稳步向前。

中国香港稳居外商投资来源地首位。2016年,外商投资来源国总体保持稳定,其中亚洲国家来嘉定区投资引进合同外资8.52亿美元,占总额的71.6%;欧洲投资引进0.89亿美元,占比7.5%。

中国香港依然为主要外资引资地区,引进合同外资7.17亿美元,占合同外资总额的60.3%。其次分别为投资性公司、日本、新加坡投资,分别引进外资0.39亿美元、0.32亿美元、0.28亿美元。

外商投资行业领域优化提升。全年嘉定区外商引资行业前5位依次为:商务服务业、投资性公司、研究与试验发展行业、交通运输设备制造业、融资租赁业。其中,商业服务业在上年迅猛发展的基础上,再次引新、增资突破,如新设优信互联香港有限公司引进外资5 000万美元、新设上海火亚电子商务有限公司引进合同外资1 600万美元等。

外资大项目引资拉动明显。全年嘉定区引进投资总额1 000万美元及以上(含增资)项目46个,合同外资12.39亿美元,占全年合同外资总额的104%(因5月上海易鑫融资租赁有限公司股权转让后合同外资减少2.25亿美元,实际数字超过100%),基本保持稳定。其中,新批项目25个,引进外资4.36亿美元;增资项目21个,引进外资额8.02亿美元。

从二、三产业情况看,第二产业投资总额1 000万美元及以上(含增资)项目共12个,引进1.35亿美元;第三产业投资总额300万美元及以上(含增资)项目共54个,引进9.15亿美元。

2. 2016年全区外商投资产业特征

汽车产业优势持续提升。2016年,嘉定区外资汽车产业在汽车制造、设计研发、销售贸易领域继续保持稳定提升。新引进特百科汽车工业(上海)有限公司,从事汽车零部件产品技术开发、技术转让、技术咨询、技术服务(合同外资1 000万美元);新引进优信(上海)拍卖有限公司,主要从事各类商品拍卖、二手车经纪等服务,共引资5 000万美元。

新能源汽车发展态势良好。围绕推动汽车智能化产业集群,2016年,新能源汽车继续保持快速增长态势。"蔚来汽车"先后两次增资,分别增资1.17亿美元和2.99亿美元,进一步推动新能源汽车产业集群,全区在完善汽车产业链智能化、互联网化再上一个台阶,有效推动汽车产业转型升级。

科技创新引资提质增效。2016年,嘉定区科技创新项目吸引外资保持高速增长,提质增效,加速推进经济产业结构的优化提升。例如在高性能医疗设备研发领域，新引进上海紫汉医药科技有限公司，从事生物技术、医疗器械技术领域内的技术开发、技术咨询、技术服务、技术转让，引进合同外资1亿美元。同时，软件开发、网络科技研发、新材料新科技领域的发展逐步推新，不断激发科技发展新活力。

郊区引资排名持续走高。

从全年引资情况看，嘉定区引进合同外资列全市各郊区县第二，仅次于闵行，遥遥领先第三位奉贤。

境外投资拉动区域经济发展。2016年，嘉定区企业加速“走出去”步伐。嘉定区境外投资项目数为76个(含变更)，比上年增长1.5倍；境外投资总额10.29亿美元，增长3.1倍，其中中方实际投资额5.21亿美元，增长2.1倍。截至2016年底，嘉定区企业已累计设立海外企业212家，中方实际投资11.2亿美元。嘉定区将继续做好相关境外企业的服务工作及统计工作，利用“走出去信息服务平台”，为企业境外投资提供支持。鼓励区内企业加快实施走出去战略，推进科技型、创新型中小企业开拓国际市场。

关停转内淘汰劣势企业。2016年，嘉定区批准提前终止的外资企业56家。企业提前解散的原因主要集中于连年亏损、动迁等因素。关停企业主要为传统制造、小型商贸、咨询类企业。此外，批准外资转内资企业35家。

二、对区外经济发展情况

1. 外贸进出口呈现回稳向好态势

据海关统计，2016年，嘉定区进出口总值1223.13亿元人民币，比上年增长4.6%，高出全市1.9个百分点。进出口总量位列浦东新区、松江、闵行之后，全市排名第四；进出口增幅在总量全市前五的区中排第二。其中，出口600.84亿元人民币，增长2.5%，领先全市2.8个百分点，出口增速在总量前五的区中排第三；进口622.28亿元人民币，增长6.8%，高出全市1.7个百分点，进口增速郊区排第一。

2. 一般贸易进出口比重继续提升

嘉定区贸易方式结构不断优化，一般贸易发展好于整体，进出口增长明显，比重继续提高。2016年，一般贸易进出口906.38亿元人民币，比上年增长6.7%，占进出口总值的74.1%，比重比上年提升1.4个百分点。其中，出口增长5.9%，快于总体出口增速3.4个百分点；进口增长7.3%，略高于总体进口增速0.5个百分点。加工贸易延续下降态势，全年进出口270.33亿元人民币，下降2%，占进出口总额22.1%，比重比上年下降1.5个百分点。

表2 2016年嘉定区与全国、上海进出口情况比较 单位:亿元人民币

区域	进出口		出口		进口	
	金额	增速(%)	金额	增速(%)	金额	增速(%)
全国	243 344.21	－0.9	138 408.67	－2.0	104 935.55	0.6
上海	28 654.27	2.7	12 118.21	－0.4	16 536.06	5.0
嘉定	1 223.13	4.6	600.84	2.5	622.28	6.8

3. 外资企业仍为出口的主力军

贸易主体格局方面，外资企业进出口规模仍居于首位，2016年，进出口916.17亿元人民币，比上年增长4.9%，占外贸进出口总额74.9%，比重比上年微涨0.2个百分点。其中，出口444.65亿元人民币，增长2.7%，占全区出口总值的74.0%。私营企业进出口271.25亿元人民币，增长7.9%，占全区进出

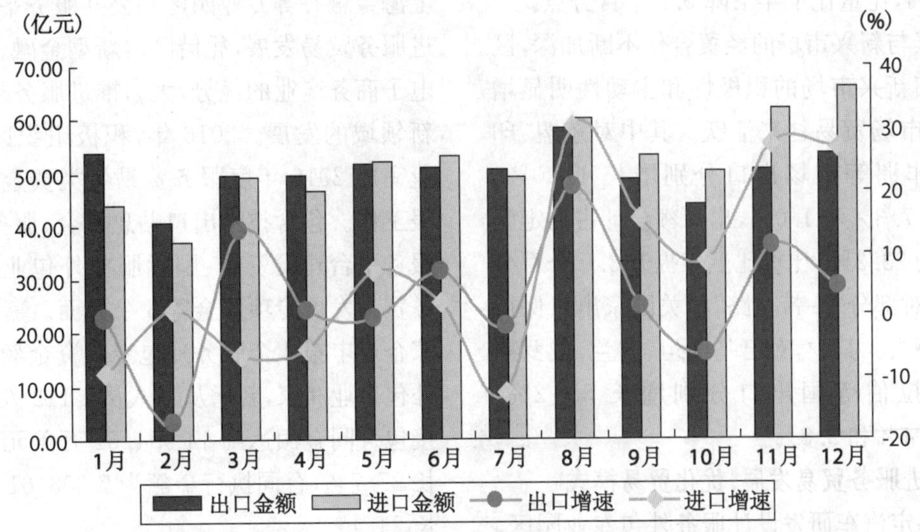

图 1　2016 年 1—12 月全区进出口情况

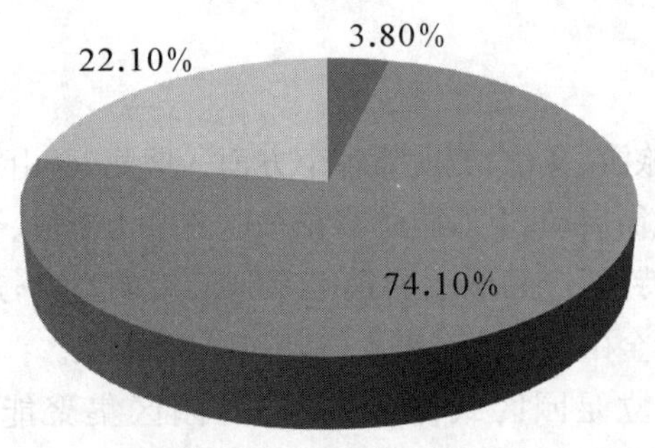

图 2　一般贸易与加工贸易占进出口比重情况

口总值 22.2%，比重比上年提升 0.7 个百分点，表明嘉定区民营企业的外贸自主发展能力正在逐步增强。国有企业进出口总额 7.78 亿元人民币，下降 61.2%。

表 3　2016 年嘉定区各类企业进出口情况

单位:亿元人民币

企业类型	进出口总额	增速(%)	占全区进出口总额比重(%)
外资企业	916.17	4.9	74.9
私营企业	271.25	7.9	22.2
集体企业	27.88	12.8	2.3
国有企业	7.78	−61.2	0.6

4. 机电产品仍为出口主力

机电产品是嘉定区主要出口产品，出口总额增长势头有所回升，2016 年，出口总额 395.85 亿元人民币，比上年增长 1.1%，出口总额占比从上年的 66.8%降至 65.9%；汽车及零部件产品作为嘉定区特强产业，出口总额增长态势回升明显，共出口 134.99 亿元人民币，增长 4.7%，高于全区出口增速 2.3 个百分点，出口总额占比相较于上年微升 0.5 个百分点。100 家重点出口企业累计出口 383.89 亿元人民币，增长 4.6%，占全区出口总值 63.9%，比重比提升 1.3 个百分点。

表 4　2016 年汽车零部件产品、机电产品等出口情况

单位:亿元人民币

分类	出口	增速(%)	占全区出口比重(%)	占比增加百分点
机电产品	395.85	1.1	65.9	−0.9
百家重点企业	383.89	4.6	63.9	1.3
汽车零部件产品	134.99	4.7	22.5	0.5

5. 国际市场布局更趋多元化

2016 年，嘉定区对欧盟、美国、日本三大传统市场的双边贸易分别为 328.48 亿元人民币、170.68 亿元人民币和 232.44 亿元人民币，分别比上年增长 3.5%、1.5%和 9.4%。对三大市场合计出口 321.04 亿元人民币，占嘉定区出口

总额53.4%,比重比上年下降0.2个百分点。

嘉定区与新兴市场的经贸合作不断加深,区内企业开拓新兴市场的积极性和主动性明显增强,与新兴市场贸易往来活跃。其中对东盟、印度、拉美、非洲等市场出口分别增长11.0%、14.1%、-7.3%和1.0%,出口额合计占嘉定区出口总额的23.2%,比重比上年提升3.0个百分点。此外,对部分"一带一路"相关国家出口保持良好增长势头。其中,对巴基斯坦、波兰、俄罗斯和沙特阿拉伯等国出口分别增长58.2%、12.8%、9.4%和2.3%。

6. 促进服务贸易发展,优化贸易模式

推进嘉定汽车研发设计服务外包专业园区、上海金融谷等专业园区和公共服务平台建设,促进服务贸易发展,凭借区内新型金融、文化创意、电子商务产业的优势,大力推进服务外包业务在新领域的发展。2016年,积极组织区内相关企业完成2016年度服务贸易各类资金、项目的申报工作。包含技术出口贴息资金、服务贸易公共服务平台建设资金、国际服务外包业务资金、服务贸易发展专项资金等6个方面。嘉定区共有4家企业申报4个服务外包专项资金额,新增服务外包企业9家,新增从业人员1 112人,服务外包接包合同金额达到14 584.51万美元,比上年增长27.7%,合同执行金额为7 608.61万美元,增长24.4%。

2016年金山区商务

2016年,面对外部复杂环境的挑战和自身转型发展的考验,金山区主动适应经济发展新常态,坚持稳中求进、重在求进工作总基调,经济运行总体平稳、稳中有进的发展态势,消费市场稳步增长,利用外资同比有所下降,外贸进出口总值比上年增长6.0%。

一、2016年金山区商务经济运行情况

1. 商业经济

商品销售稳中有升,市场运行平稳有序。2016年,金山区商品销售总额和社会消费品零售总额不断增长。全年累计完成商品销售总额1 311.9亿元,比上年增长9.3%;完成社零额414.0亿元,增长11.3%。第三产业增加值279.5亿元,增长11.4%,占比42.5%,比上年提升1.5百分比。春节、五一、十一等节日市场销售监测中,抽样商业企业整体实现不同增长。

节庆活动精彩纷呈,商旅联动焕发活力。2016金山购物节、旅游节双节合并,以"畅想金周末 欢乐购物游"为主题,分为开幕启动、欢乐购物和休闲旅游三个篇章,共十二项重点活动,涵盖商业、旅游、文化、美食等各个方面。期间,金山智慧商业街启动、上海旅游节花车巡游金山专场、金山"名特优"产品展示展销等系列活动的举办,进一步给金山的商业带来人气,提升品牌形象。

立足园区载体建设,提升园区集聚能级。2016年,全区141家规上生产性服务业企业实现营业收入392.8亿元,比上年增长47.1%。其中信息服务、商务服务、生产性支持服务等新兴生产性服务业保持较快增长态势,分别增长84.4%、6.1%和9.4%。围绕园区对产业的集群效应,金山区生产性服务体系逐步形成"面向产业、服务产业"、"二、三融合、互动循环"的良性发展格局。如杭州湾北岸电子商务产业园围绕"互联网+"概念,加大力度培育上海网化化工科技、猎商网、造价师平台等项目;枫泾现代服务业集聚区科创小镇举办活动240多次,其中长三角农创项目路演取得良好效果;上海首个海峡两岸青年创业基地金山科创园与云服务商、天使投资等合作打造创业生态圈,项目领域覆盖文化创意、生命健康、物联网、互联网+等方向。

图1 2016金山旅游节·购物节开幕式

2. 利用外资

2016年,新设外资项目120个,增资项目24个。投资总额(含增资)完成56 559.16万美元,比上年增长12.1%;合同外资(含增资)完成33 955.83万美元,下降9.0%。合同外资中,二产项目9 108.1万美元(含增资),占26.8%;三产项目24 847.8万美元(含增资),占73.2%。新批服务业项目吸引外资突破2.33亿美元,占新批金额总量的91.4%,呈现出服务业比重逐步增大的趋势。

表1 2016年外资利用情况

指标	单位	2016年	2015年	增速(%)
批准三资企业数	个	120	85	41.2
三资企业投资总额	万美元	56 559.16	50 460.33	12.1
合同外资额	万美元	33 955.83	37 305.30	−9.0
销售(经营)收入	万元	3 673 128	3 728 723	−1.5
利润总额	万元	243 897	245 421	−0.6
出口商品总额	万元	1 673 501	1 605 700	4.2
外方资金到位	万美元	22 636.1	26 013.3	−13.0
税金	万元	505 614	381 698	32.5

3. 对外贸易

2016年,金山区外贸进出口总值535.77亿元,比上年增长6.0%,其中,出口288.21亿元,增长8.3%;进口247.56亿元,增长3.4%;贸易顺差40.65亿元。在8个郊区中,金山区外贸进出口总额相比上年增长5.3%,位列第一。

一般贸易稳居主导地位。2016年,金山区一般贸易进出口388.57亿元,比上年增长8.7%,占同期金山区进出口总值的72.5%,一般贸易项下的顺差为0.45亿元。

表2 2016年全区进出口按主要贸易方式分类情况

单位:亿元

分类	出口金额	增速(%)	进口金额	增速(%)	进出口金额	增速(%)
金山区	288.21	8.3	247.56	3.4	535.77	6.0
一般贸易	194.51	12.9	194.06	4.8	388.57	8.7
加工贸易	91.85	−1.5	38.62	−2.4	130.47	−1.8
其他贸易	1.84	288.1	14.89	2.3	16.73	11.4

主要贸易伙伴保持稳定。与日本、美国等传统市场的双边贸易发展保持稳定增长。在出口目的地方面,日本位列首位,占同期全区外贸出口总额的16.5%。

表 3　2016 年全区进出口主要国家(地区)情况

单位:亿元

国家(地区)	出口金额	增速(%)	进口金额	增速(%)	进出口金额	增速(%)
日本	47.40	−9.4	42.58	−11.2	89.99	−10.3
美国	34.83	2.2	37.44	29.6	72.27	14.8
中国香港	21.72	47.3	0.37	12.2	22.09	46.5
韩国	16.66	5.8	24.15	0.1	40.81	2.3

主要出口商品保持不变。化学制品和纺织服装出口额分别为 52.12 亿元、46.91 亿元,两者占全区出口总额的 34.4%。

表 4　2016 年全区进出口贸易按主要商品分类情况

单位:亿元

商品	出口金额	增速(%)	进口金额	增速(%)	进出口金额	增速(%)
化学制品	52.12	27.9	94.17	10.3	146.29	16.0
纺织服装	46.91	−1.8	5.06	−22.6	51.97	−4.3
塑料橡胶	35.14	−10.0	34.51	−2.7	69.65	−6.5
机电设备	28.58	−2.4	23.06	3.8	51.64	0.3

二、转型升级重点工作推进情况

1. 开展试点商业保理,推进建设智慧商圈

金山区积极开展商业保理试点评审和企业指导工作。上海新跃商业保理有限公司成为首家设立的商业保理公司,可为更多的中小企业提供贸易融资、客户资信调查与评估、应收账款管理与催收等业务,助力物流企业快速发展。积极推动金山嘴渔村老街智慧商圈建设。通过信息网络建设以及大数据、电子导游、民宿预定、商圈人流量监控等系统和平台的搭建,促使金山嘴渔村老街进一步强化商圈信息化管理和服务水平,提升传统商业能级,探索经营模式创新。

2. 大力推进市场建设,推动市场转型提升

金山区围绕标准化菜市场社区微菜场建设目标,2016 年,共完成区内 7 家菜市场新建改造工程,包含康品汇和正育等转型升级的 2.0 版菜市场项目,进一步丰富金山新城 2.0 版新标准化菜市场的业态。智慧微菜场建设中,"强丰实业"累计完成全市 76 台微菜场设备布点,涉及金山、普陀、静安、杨浦、浦东等 9 个区。以建行"闪付"为契机,通过布设与追溯电子秤相连接的 pos 机终端设备,实现手机支付(Apple Pay)、IC 借记卡、龙卡云闪付 HCE 等支付方式,进一步提高资金交易的安全性和便捷性,提升市民购菜消费体验。

三、商务发展趋势和热点分析

1. "十三五"规划制定引领发展

在总量增长方面,"十三五"期间,全区服务业增加值年均增长 12%,生产性服务业增加值年均增速高于服务业增加值年均增速。社会消费品零售总额年均保持两位数增长速度。到 2020 年,服务业增加值占地区生产总值比重可提高到 51%。

在服务功能方面,逐步提升服务能级、优化服务功能、丰富服务品牌和载体。"十三五"期间,建设提升 10 个左右能级较高的开放式创新服务平台,打造长三角地区生产性服务业高地。到 2020 年,形成一批在服务业领域具有创新性、引领性作用的龙头企业和服务品牌。

在总体布局方面,不断优化、融合互补,形成"两轴两心"的空间布局。到 2020 年,着力创建 10 个左右产业集聚的现代服务业创新发展示范园区。推进金山新城和枫泾特色镇两个地区级商业中心建设,打造朱泾、亭林、张堰等具有特色与区域人口规模匹配的新市镇商圈。

2. 商业业态注重调整提升布局

金山区大型商业项目已陆续完成建设并投入使用,未来商业将进一步注重业态的布局和提升,重点聚焦金山新城区域的商业提升。主要对商业业态、城市风貌以及经营状况等方面的重点整治改造区域,有针对性地进行优化和提升;对各类专业市场根据业态定位、布局形式和社会服务配套供给等方面进行优化和引导;对社区邻里商业根据现有实际情况,查漏补缺,引导功能业态落地,构建邻里中心服务体系,不断落实优化举措。

图2 2016金山海鲜文化节开幕式

3. 服务业支撑作用逐步显现

以拓展服务功能、提升服务质量、培育服务品牌为导向，充分融合“互联网＋”概念，关注平台经济、移动互联网等发展模式，促进新兴技术与现代服务业结合，实现现代服务业高端化、特色化发展，促进产城融合，打造“金山服务”品牌，进一步发挥服务业在全区经济转型中的重要支撑作用。

4. 服务业吸引外资速度进一步加快

服务业特别是现代服务业作为金山区重点聚焦的外资引资领域，利用外资规模将持续扩大，金额占比将进一步超过制造业。未来将继续加强对服务业吸引外资的工作支持，助推注册型企业等绿色经济发展，引导优质服务业企业落户。同时，新批外商投资中，中国香港、中国台湾等地区，以及韩国、日本、欧洲等国家将成为主要投资来源地。

2016年松江区商务

2016年，松江区在区委、区政府的坚强领导下，深入贯彻习近平总书记系列重要讲话精神和治国理政新理念新思想新战略，主动适应经济发展新常态，坚持稳中求进工作总基调，紧紧围绕创新驱动发展、经济转型升级，全力推进经济社会平稳健康发展，继续保持经济持续、健康、稳定增长，商业经济、利用外资、对外贸易等各方面保持平稳发展势头。

全年社会商品销售总额达1 635.37亿元，比上年增长9.3%；社会消费品零售总额达538.47亿元，增长8.5%，分别较上年提升1.0个百分点和微跌0.1个百分点，均顺利实现年度目标。全年实现商业增加值171.46亿元，现价增长8.7%，商业增加值占第三产业增加值比重稳定在34.9%，占全区GDP(1 040.45亿元，可比增长5.0%)的比重16.5%，其中，批发和零售业实现增加值159.38亿元，可比增长8.6%；住宿餐饮业实现增加值12.08亿元，可比下降2.4%。值得一提的是，第三产业增加值在2016年一季度占比达到48.1%，达到历史新高点，显示出松江区经济结构逐步优化，商业在促进产业结构调整、推动区域经济发展中的基础性作用持续增强。

一、主要工作措施

1. 制定规划与政策促发展

制定《关于促进松江区商贸服务业发展的若干意见》,加快推动松江区商贸服务业健康稳定发展,优化提升商业发展模式,扶持商贸企业做大做强,推动商贸业转型升级。制定《关于完善松江区商业和办公用地供应计划编制的有关意见》,进一步优化松江区商业和办公用地供应结构,完善商办用地供应流程,形成健康有序的市场环境。按照《关于推动创新创业促进松江经济转型升级的若干意见》及其实施细则的有关要求,出台松江区总部经济、商贸服务业等专项的相关申报指南,积极扶持和鼓励重点商业企业、大型商业综合体、连锁经营企业发展。

2. 推进商品交易市场整治

在全区上下共同推进环境综合整治的大环境下,按照《松江区商品交易市场调整改造提升行动计划(2015—2017 年)》要求,稳步推进市场整治工作,共拆除违章违法建筑约 32 万平方米,关闭洞泾丽苑建材、九亭花卉市场、泗泾松鲲汽配城等"变相市场"11 家,清退经营户 1 180 户,整治"三合一"328 户。关闭沪淮、九亭西郊、松沪市场农副产品批发市场;绿邹建材市场所有经营户已完成签约,也即将关闭。

3. 大力推进重点商贸项目

2016 年,松江区大力推进商贸项目建设,重点商旅项目推进有力。生态商务区板块:万达百货已完成业态调整,销售业绩喜人;"嘉利成·澳洲天地"澳式生活体验中心于 4 月 30 日开业,形成特色消费;富悦大酒店于 5 月 21 日开业,商务接待火爆;月星家居于 9 月 10 日开业,是一家家居主题购物中心。麦德龙松江商场于 9 月 29 日正式开业,开业一周销售 400 余万,位列麦德龙中国区域开业销售业绩前列。九亭板块:九亭 U 天地于年内建成并已基本完成招商,于 2017 年初开业。积极推进九亭北部商务区建设,宝龙商业广场正在建设中。新桥板块:亚繁亚乐城项目于 5 月 28 日正式开业。松江新城板块:东鼎购物中心于 6 月开业试运营,上蔬永辉松江区首家门店也在其内入驻,开业半年来吸引众多消费者。

4. 商旅文体联动促进消费

成功举办上海松江第八届青岛啤酒节,通过打造松江节日文化品牌,推动夏日消费,共有9.2 万市民的参与,销售啤酒 62 吨。开展各类主题商业营销活动。2016 上海松江购物节活动共有 19 项主题活动,活动涵盖购物、美食、休闲、娱乐等各个方面,参与商业企业、行业协会 80 余家,门店上千家,提高居民消费意愿。举办岁末营销活动、消费促进月等活动,并积极组织商业企业与龙舟赛、元旦登高等文体赛事对接,促进商旅文体联动。

图 1　上海松江第八届青岛啤酒节

5. 服务民生措施有力

积极推广放心早餐工程，着力打造以大型餐饮龙头企业为主体，以现代主食加工配送中心为支撑，以连锁早餐销售网点为载体的现代化早餐供应服务体系，其中中饮餐饮和康琛餐饮在全市24家早餐加工配送中心项目企业之列，在全区早餐网点布点超过100个。中饮餐饮正在建设全国最大透明化工厂。引进食行生鲜项目，在中山街道、方松街道、永丰街道、九亭镇等社区内建设智慧微菜场，已完成68家的建设。强化食品流通追溯体系建设，进一步强化肉类蔬菜流通追溯日常运行管理加快推进标准化菜市场改造，基本满足市民多元化主副食品消费需求。

二、商业经济运行分析

1. 商品交易市场止跌回暖

在全区范围深入开展的环境综合整治以及对农贸市场的智慧改造等措施的影响下，商品交易市场的成交额出现好转，增速自年初开始逐步止跌转增，并一直保持在一定的稳定水平。2016年全区商品交易市场成交额222.75亿元，比上年小幅增长1.3%。其中，专业市场成交额204.06亿元，增长1.2%；集贸市场成交额18.67亿元，增长1.8%。

重点监测商业企业总体小幅增长，全年重点监测的商业企业实现销售额142.11亿元，比上年增长4.7%，其中百货、购物中心业态在万达广场、开元地中海及鹿都商业广场的带动下实现销售额34.53亿元，增长12.9%。但是连锁超市业态仍然处于下降，一方面是受到电商冲击，另一方面受区内连锁超市企业日益增多，但总体的消费体量没有增长的影响，纳入监测的15家连锁超市企业共实现销售额21.90亿元，小幅下降1.5%，但降幅较上年缩小2.0个百分点。这15家企业中，仅家乐福和联华两家处于增长水平，其余均处于下降态势。专业专卖业态中，受监测的企业实现销售额27.91亿元，增长3.2%，其中来伊份松江店实现销售额20.13亿元，增长4.9%，占专业专卖业态总销售额的72.1%。餐饮企业经过几年的适应，已经基本摸清新形势下的需求点，虽然区内餐饮企业日益增多，市场竞争更加激烈，但在农家乐、小田园这些受到普通消费者欢迎的企业带领下，餐饮业态实现销售额1.85亿元，增长7.2%。随着居民生活水平的不断提高，汽车市场始终保持增长，汽车4S全年共实现54.71亿元，增长3.7%。

2. 对外贸易形势不佳

2016年，政治经济领域的“黑天鹅”事件对世界主要发达经济体及新兴经济体的经济复苏都产生一定程度的影响，逆全球化主义抬头、美联储加息等因素导致全球贸易持续低迷，松江区众多以外向型经济为主的外资外贸企业仍然需要面对严峻的经济形势。

2016年，全区实现进出口2 691亿元，比上年下降8.1%。除外需低迷因素以外，再加上产能和订单转移影响，出口形势严峻，全年累计出口1 899亿元，下降11.8%；累计进口792亿元，增长2.4%。

从主要贸易伙伴来看，2016年，分别实现对美国、欧盟、日本出口826亿元、344亿元、182亿元，比上年下降6.6%、17.4%、2.1%，美国仍是最大的贸易伙伴。前5位出口国均处于下降趋势，东盟、欧盟、中国香港三个国家和地区同比下降幅度均在两位数。前5位出口商品也是全线下跌，占全部出口额83.1%的机电产品下降13.6%，是降速最大的产品类别。

从2016年全年的相关外贸数据来看，上海要素成本持续上升，土地、商务、用工等成本挤压企业利润空间，劳动密集型加工贸易竞争力不断削弱，出口加工区以制造、外资、出口为主的发展模式越来越难以适应当前形势，企业和园区的转型步伐都需加快。

2016年青浦区商务

2016年，面对错综复杂的国内外经济环境，在区委区政府的坚强领导下，青浦区紧紧围绕年度目标，主动适应经济发展新常态，加快推进供给侧结构性改革，着力推动稳增长促改革调结构各项工作。全年实现生产总值939.7亿元，比上年增长7%。其中第三产业增加值482.1亿元，增长13.1%。三次产业比为0.9∶47.8∶51.3，第三产业比重比上年上升3.1个百分点。全区实现公共财政收入完成423.9亿元，比上年增长16.1%。其中区级公共财政收入160.2亿元，增长27.8%。

图1 2016年2月26日，青浦区促进民营经济发展、招商引资与服务企业工作推进会召开

一、商业经济运行情况

1. 主要指标

2016年，全区实现商品销售总额1 282.9亿元，比上年增长10.1%。其中实现限额以上商品销售总额271.8亿元，增长5.3%。全区实现社会消费品零售总额538.7亿元，增长10%。其中实现限额以上社会消费品零售总额193.3亿元，增长6.1%。

2016年，全区实现商业增加值163.2亿元，比上年增长7%，占全区生产总值和第三产业增加值比重分别为17.4%和33.8%，对地区生产总值和第三产业增加值增长的贡献率分别为17.3%和19%，其中，批发和零售业继续保持第三产业行业增加值规模第一，实现增加值142.6亿元，增长7.6%；住宿和餐饮业增加值完成20.6亿元，增长2.6%。

2016年，全区商业税收总额完成75亿元，比上年增长1.5%。商业税收占全区和第三产业税收收入比重分别为19.4%和28.4%，对全区和第三产业税收增长的贡献率分别为2.3%和2%。

2. 主要项目及招商引资情况

项目推进情况。加强产业项目跟踪、服务与管理,截至2016年底,全区处于在批、在建、竣工状态的产业项目共计217个,总投资994亿元,总用地8 303.4亩。其中,服务业项目41个,投资718.9亿元,用地面积约4 964.1亩:新供地项目40个,改扩建项目1个;在办基建手续项目6个,在建项目26个,竣工项目9个。

招商引资工作。一是组织招商推介活动。开展轨交17号线沿线产业综合体专题招商工作,全面发动沿线各镇、区管企业和开发商主体,三方联动做好招商工作。策划实施上海各地商会、各地在沪企业联合会、浙江商会、重点企业等"看青浦"活动。围绕产业平台招商,利用第十八届中国国际工业博览会举办契机,举办青浦区新材料展,利用UFI第83届年会开展宣传活动,借助企业重大活动平台宣传青浦。推进建设"投资青浦"微信平台,已于2016年11月上线运行,及时发布招商动态、政策资讯,完成投资青浦2016的改版工作。

二是加强土地源头招商。全年推出工业用地4幅、86.7亩,推出六类经营性用地20幅、889.1亩。推进一批重大实体项目建设,包括中核建取得"上海核建科创园发展有限公司"营业执照,中铁十五局集团二公司总部落户朱家角,威马汽车技术公司总部签约落户国家会展中心,云轮大数据项目签约落户青浦工业园区,哈工大机器人集团签约落户张江高新区青浦园,绿地、洋码头跨境电商项目落户出口加工区等。

三是严格产业项目准入。严格执行《青浦区产业项目评审准入办法》,构建产业项目准入网络,形成职责分工规定,全年召开产业项目评审会议35次。其中,通过评审项目265个,结转项目6个,合计271个项目,涉及投资总额170亿元、注册资本22.9亿元,预计建成达产新增工业产值393.44亿元,新增税收27亿元;商业评估协调项目11个,涉及投资155.6亿元(含部分房地产投资)。其中3个投资超过20亿的多幅地块商业综合体项目,分别是苏宁环球·珊瑚岛(原科学公园地块)项目、绿地会展中心3号地块项目、西虹桥宝龙城项目。

四是培育发展楼宇经济。推进楼宇资源信息化管理长效机制建设,"青浦区楼宇资源管理平台"上半年正式运行,纳入管理平台楼宇133幢、建筑面积约1 120万 m^2,开展首批"青浦区特色产业楼宇"的创建申报工作,涌现第一幢亿元楼宇"麦迪睿医械e港",全年产税3.83亿元。推动产业楼宇与经济小区、特色产业园区联动发展,全年共认定1家、创建3家区级特色产业园。

五是加强招商队伍建设。调整青浦区促进民营经济发展领导小组,组织开展2015年度招商引资工作先进集体及招商标兵评选与表彰,包括10家先进集体、15名招商标兵,16家入围集体和22名入围个人。

3. 产业发展及特点

会展产业。2016年,举办各类展会和活动54个,展览总面积427万平方米,接待人次约331万人。与上年展出面积相比基本持平。2016年,上海全市主要展馆共举办各类展会880个,展览总面积突破1 600万平方米,达1 607.08万平方米。青浦区展览面积已经占全市展览面积的四分之一。其中,10万平方米以上的大型展会青浦区承办17个,接近全市数量的一半。值得一提的是,4月份的医药展在吸取上年经验后,做了充分应急预案,在单日人流量超过17万人次的情况下,国展周边道路交通基本顺畅。

国家会展中心拥有40万平方米的室内展厅和10万平方米的室外展场,配套有15万平方米的商业中心,18万平方米的办公设施和7万平方米的五星酒店。2016年,商业中心完成15万平方米面积的招商,完成量约85%;办公区完成8万平方米面积的招商,完成量约45%。

跨境电商。青浦出口加工区和徐泾西虹桥商务区成功获批"上海市跨境电子商务示范园区"。绿地全球供应链青浦基地开仓运行,跨境韩国购O2O线下体验中心开业运营,全年跨境电商企业备案16家,电商商品备案量已突破3 000,出货量从最初的几十单增长到最高日单量2 000单以上。全年青浦出口加工区一线进区商品75批次,货值290万美元;二线出区6万多单，货值超过千万元。

主题营销。策划各类主题鲜明、形式新颖、惠及民生的营销活动，精心组织2016消费促进月、2016年上海淀山湖旅游购物节、岁末迎新营销活动等购物节庆活动，丰富多彩的购物节庆活动活跃市场，促进消费，受到百姓欢迎，其中购物节活动融合互联网+思维，在引领新消费、聚焦新载体、创新新模式、打造新平台上创意迭出，充分展现青浦质造品牌特色，实现青浦区“会商旅文体”深度融合。区内上百家商业企业、千余个商业网点广泛参与，共实现销售额7.7亿元，销售规模创历史新高，客流总量达1千多万人次。从主要商圈看，赵巷商业商务集聚区实现销售60.5亿元，比上年增长12.7%；西虹桥商业商务区实现销售4.7亿元，增长3.2%；青浦新城商业商务区实现零售25.4亿元，下降1.6%。从商品类别看，汽车类商品销售加速明显，青浦区26家限额以上汽车销售有限公司共实现零售38.3亿元，增长16.9%。

图2　2016年9月17日，2016年上海淀山湖旅游购物节开幕

商业转型。面对新的消费理念和需求，区内各大商业企业积极探索调整转型，通过整合营销资源、产品资源、服务资源，挖掘新的经营手段，精准营销、高效转化，不断形成更有特色的商业定位和新的经济增长点，为消费者提供更便捷、更个性化的购物体验。北大街、尚都里、赵巷商业商务区等特色商业街区各具特色，奥特莱斯以“名品+折扣”特色吸引消费，尚都里“古镇与时尚”相结合，举行周末创意集市、海派旗袍大赛，元祖启蒙乐园亲子活动等成为广大游客和市民喜欢的休闲之地，在集聚人气的同时也进一步带动商区内消费。此外，赵巷商业商务区积极加快商圈转型升级步伐，成功入选上海市第二批智慧商圈创建活动试点区域。离境退税销售也成为吸引境外旅客消费新亮点，上海青浦宝大祥青少年儿童购物有限公司成为区内继奥特莱斯、米格天地之后第三家离境退税试点商店。3家企业全年离境退税开单数2 376单，离境退税销售额达1 162万元。其中奥特莱斯离境退税销售额在全市170家离境退税试点商店中位列第六。

二、吸引外资

1. 合同外资

2016年，全区完成合同外资6.6亿美元，完成全年考核目标的110%，其中合同外资在1 000万美元以上大项目有14个，合计4.8亿美元，占比为73.7%。按照产业分类，服务业完成合同外资4.6亿美元，占比为70.6%(表1、表2)。

2. 实到外资

2016年，全区完成实到外资4.2亿美元，完成确保目标的104.3%，其中到位资金1 000万美元以上大项目有8个，到位资金为2.9亿美元，占比68.7%。按照产业分类，服务业企业出资28次，到位资金2.7亿美元，占比为65.1%(表3)。

表1 2015年、2016年按照项目类型划分合同外资项目

项目	项目数(个)		合同外资(万美元)	
	2016年	2015年	2016年	2015年
合计	122	124	65 658.5	63 539.9
新批企业	73	66	18 211.6	24 099.5
迁入企业	12	11	1 340.5	518.5
增资企业	37	47	46 106.4	38 921.9

表2 2016年按照产业划分合同外资项目 单位:万美元

产业	项目数(个)	合同外资	同比(%)	项目类型					
				新批项目数(个)	合同外资	同比(%)	增资项目数(个)	合同外资	同比(%)
合计	122	65 658.5	3.3	85	19 552.2	−20.6	37	46 106.3	18.5
制造业	37	19 276.2	3.3	14	1 985.1	−52.5	23	17 291.1	19.5
服务业	85	46 382.3	3.3	71	17 567.1	−14.0	14	28 815.2	17.9

表3 2016年外资到位1 000万美元以上大项目一览

所属区域	企业名称	到位资金(万美元)
合计		28 624.8
西虹桥	上海千钟粟投资管理有限公司	2 900.0
青园区	安田物流(上海)有限公司公司	1 961.0
练塘镇	上海现代电梯制造有限公司	3 000.0
西虹桥	完美金鹰置业有限公司	3 280.0
张江青浦园	上海科泰电源股份有限公司	2 691.8
徐泾镇	上海安能聚创供应链管理有限公司	2 000.0
张江青浦园	安能(上海)储运有限公司	1 262.0
徐泾镇	上海安能聚创供应链管理有限公司	9 130.0
出口加工区	希悦尔(中国)有限公司	2 400.0

三、对外贸易

1. 总体情况

受到整体外贸环境疲软及龙头企业外迁影响，2016年，青浦区全年进出口总额716.21亿元，比上年下降9.7%，其中，出口额为407.73亿元，下降13.5%；进口额为308.47亿元，下降4.3%。

2. 进出口贸易方式

2016年，全区贸易结构持续优化，呈现出一般贸易进出口占比上升，加工贸易进出口占比下降的态势。从事一般贸易企业2 146家，比上年增加288家，进出口总额453.77亿元，比上年增长8.3%,占比较上年增加10.6个百分点,为63.4%。从事加工贸易企业215家,减少18家,进出口总额242.76亿元,下降32.5%,占比减少11.4个百分点,为33.9%(表4)。

表4 2016年青浦区进出口情况 单位:亿元

分类	进出口			出口		进口	
	金额	增速(%)	占比(%)	金额	增速(%)	金额	增速(%)
所有贸易方式	716.21	−9.7	100	407.73	−13.5	308.47	−4.3
一般贸易	453.77	8.3	63.4	253.44	1.8	200.34	17.9
加工贸易	242.76	−32.5	33.9	147.19	−32.2	95.56	−32.9
其他贸易	19.68	32.6	2.7	7.10	40.6	12.57	28.4

3. 进出口国家(地区)

青浦区进出口涉及182个国家和地区,其中,出口市场涉及174个国家和地区,进口市场涉及123个国家和地区。美国、日本、欧盟、东盟是青浦区传统贸易市场,进出口总额位列前四,比上年下降5.1%,但仍高于全区外贸增幅,占全区外贸市场比重超过60%。相较传统市场,青浦区对新兴市场贸易发展迅速,其中,对菲律宾进出口额为11.60亿元,增长6.4%;对印度尼西亚进出口额为8.06亿美元,增长2.4%;对土耳其进出口额为5.66亿美元,增长13.6%(表5)。

4. 重点出口企业情况

全年出口额1亿元以上的企业69家,比上年增加3家,规模企业数量增加;出口额268.87亿元,比上年下降18.2%,占比65.9%,拉低全区出口增速12.7个百分点(表6)。

表5 2016年青浦区进出口总额位列前四国家(地区)进出口情况 单位:亿元

国家(地区)	进出口			出口		进口	
	金额	增速(%)	比全区(%)	金额	增速(%)	金额	增速(%)
合计	463.58	−5.1	64.6	252.03	−13.8	211.54	7.7
美国	123.62	1.5	17.2	82.13	2.1	41.49	0.4
日本	109.42	6.3	15.2	52.23	−4.9	57.19	19.1
欧盟	138.37	1.4	19.3	62.65	−5.9	75.72	8.3
东盟	92.17	−27.7	12.8	55.02	−39.11	37.14	0.2

表6 2016年青浦区重点企业出口情况表

分类	出口金额(亿元)	增速(%)	占比(%)	分类	出口金额(亿元)	增速(%)	占比(%)
总计	407.73	−13.5	100	中昊	15.88	−2.2	3.9
10亿元以上企业(3家)	71.93	−46.7	17.6	5亿元以上企业(14家)	150.32	−27.8	36.9
星科金朋	38.32	−62.1	9.4	1亿元以上企业(69家)	268.87	−18.2	65.9
美蓓亚	17.73	0.5	4.3				

四、对外经济合作

1. 全面实施外商投资机制改革

为进一步转变政府职能，提高行政效率，推动外商投资管理由重“事前审批”向重“事中事后监管”转变，营造更加国际化、法制化的投资环境，青浦区充分学习借鉴中国(上海)自由贸易试验区负面清单管理模式，自10月8日起全面推广“告知承诺＋格式审批”外商投资审批管理模式改革。青浦区第一个实行备案的企业——上海骏博房地产开发有限公司已于10月11日完成备案程序并领取外商投资企业设立备案回执。

2. 出证认证工作有序推进

2016年，青浦区共签发原产地证明书7 200份，比上年增长1%，涉及出口金额3.53亿美元。其中，一般原产地证书为6 100份，优惠原产地证书1 100份。完成代办国际商事证明书540份，代办使领馆认证168份。其中签证量最大的上海永冠众诚新材料科技(集团)股份有限公司和上海现代电梯制造有限公司，全年原产地证明书签证量均超过600份。

2016年奉贤区商务

2016年是“十三五”的开局之年，全区上下在区委、区政府的坚强领导下，牢牢把握稳中求进的工作总基调，紧紧围绕创新驱动、转型发展的总方针，着力稳增长、调结构、促改革、惠民生，想方设法稳外需，千方百计扩内需，全区商务工作总体进展顺利，外贸进出口、利用外资等工作平稳发展，顺利完成全年目标任务。全区将进一步聚焦服务业重点领域，重点打造“现代商贸”、“电子商务与平台经济”、“金融服务”、“专业服务”和“文创休闲”等五大服务业。

2016年全区实现增加值729.3亿元，按可比口径计算，比上年增长5.5%；实现商品销售额1 506.4亿元，比上年增长10.1%；实现社会消费品零售总额490.3亿元，增长10%；实现第三产业税收142.3亿元，增长33%；外贸进出口总额644.18亿元，下降3.1%；吸引合同外资6.82亿美元，增长11.5%；实际利用外资2.63亿美元，下降17.4%。

一、商业经济运行情况

2016年，全区大力优化商业发展结构，加快社区商业建设步伐，快速提高商业发展水平，继续保持全区商业快速增长势头。全年实现商业销售额1 506.4亿元，比上年增长10.1%；实现社会消费品零售总额490.3亿元，增长10%。除烧类商品外，吃、穿、用各类商品消费零售额均快速增长，其中，吃类商品零售额107.3亿元，增长11%；穿类商品零售额60.9亿元，增长10.4%；用类商品零售额207.7亿元，增长12.5%；烧类商品零售额64.3亿元，增长2.1%。城乡集市贸易成交额50.1亿元，增长8.3%。

现代服务业总体呈加速增长的态势，第三产业在全区经济结构中的比重创出新高，现代服务业引领全区经济转型发展和能级提升的作用正在逐步体现。全年共完成第三产业增加值316.4亿元，按可比口径计算，比上年增长8.2%，占全区比重43.4%，比上年提高2.2个百分点。其中，批发零售业实现增加值82.8亿元，增长9.3%；住宿餐饮业实现增加值11亿元，下降10.8%；信息、计算机服务和软件业实现增加值34.1亿元，增长8%；金融保险业实现增加值40.6亿元，增长9.8%；房地产业实现增加值43.5亿元，增长18.6%。实现第三产业税收142.3亿元，增长33%。

2016年，值上海购物节十周年之际，奉贤区以"新消费、新体验、新联动"为主题，发动全区商业资源积极参与引爆消费热潮，先后开展南桥商圈嘉年华、奉贤第二届婚博会、宝龙城市广场闽南文化展、苏宁生活广场佳节大狂欢、艺术进商圈等九项活动贯穿"特色奉贤"、"购想佳节文化"和"商旅文体互动"三大版块。参与主题活动的24家零售商家销售额达到6.42亿元，比上年同期增长12.2%，消费市场反响热烈。

图1 百联购物节

图2 闽南文化展

二、吸引外资

2016年,全区新设外资企业344家,增资外资企业71家。吸收外资总额15亿美元,比上年增长28.7%。共计合同外资6.82亿美元,增长11.5%。实际利用外资2.63亿美元,下降17.4%。

从项目数量分析,2016年,新项目数量344个,比上年增长19.4%。其中,新设第三产业项目329个,制造业项目仅15个。

从产业分析来看,2016年,新设制造业项目15个,增资制造业项目22个,共计合同外资1.69亿美元,占合同外资的25%;新设三产服务业项目329个,增资项目49个,共计合同外资5.13亿美元,占同期合同外资的75%。三产项目数量继续较快增长,亮点项目上海泽翔房地产开发有限公司投资总额5.6亿美元,港方出资1.4亿美元,成为奉贤区第二家港资房地产企业;似鸟(中国)投资有限公司注册资本3 000万美元,由日本似鸟股份有限公司全额投资,成为奉贤区第8家跨国公司地区总部。

从增资分析来看,2016年,奉贤区增资外资企业71家,共计新增合同外资1.68亿美元,比上年下降47.1%,占同期合同外资的25%。增资占比下降原因:一是因为新设1.4亿美元的泽翔房地产拉低合同外资中增资占比;二是比较老的外资企业经过多年的增资挖潜,近几年引进的制造业项目又极少,导致增资潜力日渐枯竭。

从投资来源地来看,投资前五位的国家和地区合同利用外资总额2.43亿美元,占合同外资总额的82.8%。分别是中国香港、美国、日本、中国台湾、萨摩亚。其中,中国香港合同利用外资2.97亿美元,占比达到57.9%,依旧是来奉投资的第一来源地;美国合同利用外资0.53亿美元,排名第二(表1～表3)。

表1 2016年奉贤区利用外资情况

利用外资方式	批准外资企业			合同利用	
	企业数(个)	总投资额(万美元)	比上年增长(%)	外资金额(万美元)	比上年增长(%)
合计	344	149 970.81	28.7	68 175.59	11.5
外方直接投资合计	344	110 798.95	108.7	51 328.99	75.3
合资企业	32	91 422.02	633.0	25 255.52	747.8
独资企业	312	19 376.93	−52.3	26 073.47	−0.9
增资企业	71(不计入合计)	39 171.86	−38.2	16 846.60	−47.1

表2 2016年新设外商投资产业分布情况

类别	项目数		投资总额		合同外资	
	个数	比重(%)	金额(万美元)	比重(%)	金额(万美元)	比重(%)
新批项目合计	344	100	110 798.95	100	51 328.99	100
第二产业	15	4.4	27 126.71	24.5	9 501.42	18.5
第三产业	329	95.6	83 672.24	75.5	41 827.57	81.5
增资项目合计	71	100	39 171.86	100	16 846.60	100
第二产业	22	31	11 371.64	29	7 394.93	43.9
第三产业	49	69	27 800.22	71	9 451.67	56.1

表 3　2016 年外商投资主要来源地情况

国家(地区)	项目数	投资总额(万美元)	合同外资(万美元)	国家(地区)	项目数	投资总额(万美元)	合同外资(万美元)
新项目合计数	344	110 798.95	51 328.99	伯利兹	1	619.08	309.54
韩国	64	1 588.41	1 423.05	荷兰	1	10.00	10.00
中国台湾	63	10 051.56	3 876.65	立陶宛	1	10.00	10.00
中国香港	56	77 069.40	29 723.88	比利时	1	14.95	7.47
新加坡	19	3 309.17	983.54	丹麦	1	46.45	46.45
美国	17	7 838.59	5 348.69	爱尔兰	1	10.00	10.00
日本	16	2 004.83	3 929.94	乌克兰	1	91.67	91.67
英国	9	72.73	72.11	奥地利	1	10.00	10.00
意大利	8	2 320.37	664.95	伊朗	1	14.52	14.52
加拿大	7	120.19	120.19	葡萄牙	1	17.00	17.00
澳大利亚	6	774.18	265.20	津巴布韦	1	3.00	3.00
萨摩亚	6	3 460.51	1 805.94	朝鲜	1	75.40	22.62
德国	6	445.83	349.52	肯尼亚	1	7.83	7.83
塞舌尔	5	103.20	80.60	中国澳门	1	1.29	1.29
法国	4	172.00	128.00	委内瑞拉	1	4.48	4.48
也门共和国	4	101.24	101.24	菲律宾	1	7.54	7.54
马来西亚	3	282.16	282.16	秘鲁	1	21.40	15.00
加纳	3	40.46	37.47	塞浦路斯	1	15.08	15.08
阿拉伯联合酋长国	2	215.04	215.04	增资项目合计数	71	39 171.86	16 846.60
巴基斯坦	2	39.71	39.71	中国香港	24	9 197.36	6 728.44
土耳其	2	13.00	13.00	韩国	9	10 838.00	3 994.70
尼日利亚	2	57.60	57.60	新加坡	6	3 740.86	967.85
南非	2	25.28	25.28	日本	5	1 309.88	693.50
墨西哥	2	36.35	30.04	美国	5	830.70	292.27
英属维尔京群岛	2	45.28	36.28	德国	5	650.46	545.51
哥伦比亚	2	25.48	14.64	中国台湾	3	122.36	98.68
毛里求斯	2	11.68	8.78	意大利	3	193.67	166.49
喀麦隆	2	17.00	17.00	萨摩亚	2	1 790.00	800.00
印度	2	25.08	25.08	荷兰	2	4 789.00	1 048.00
以色列	2	12.84	12.84	英国	2	97.92	99.75
瑞典	2	27.94	24.95	马来西亚	2	817.00	717.84
西班牙	2	12.18	12.18	澳大利亚	2	497.07	194.38
开曼群岛	1	1 000.00	1 000.00	瑞士	1	4 297.58	499.19
格鲁吉亚	1	500.00	500.00				

三、出口贸易

全年区外贸进出口总额 644.18 亿元人民币，比上年下降 3.1%。其中，进口 245.14 亿元人民币，下降 2.9%；出口 399.04 亿元人民币，下降 3.1%。2016 年底，全区共有进出口企业 2 460 家。其中，外商投资企业 545 家，全年出口 251.17 亿元人民币，增长 2.14%；内资企业 1 915 家，出口额为 147.87 亿元人民币。出口额 10 亿元人民币以上的有 6 家企业，2 亿元人民币以上的有 25 家，1 亿元人民币以上的有 53 家。区主要出口产品为机电产品、机械产品、塑料制品等产品。出口产品主要销往美国、日本等 100 个多个国家和地区。

2016 年，实现一般贸易出口 237.95 亿元人民币，增长 5.5%；加工贸易出口 141.88 亿元人民币，下降 15.6%(表 4)。

表 4 2016 年奉贤区主要进出口商品情况

商品分类	出口		进口	
	出口额（万元）	比上年增长（%）	进口额（万元）	比上年增长（%）
活动物，动物产品	8 747.94	−6.7	19 140.14	−12.2
植物产品	24 433.02	−30.1	59 136.99	−2.7
动、植物油、脂、蜡；精制油脂	7.34	−72.9	3 410.75	10.3
食品；饮料、酒及醋；烟草及烟草代用品的制品	28 489.93	−14.6	81 978.23	70.9
矿产品	1 677.41	−31.2	83 075.74	34.8
化学工业及其相关工业的产品	283 887.76	0.52	307 517.73	−0.9
塑料及其制品；橡胶及其制品	302 025.81	−22.5	371 101.49	−23.7
革、毛皮及制品；箱包；动物肠线制品	72 033.52	−0.3	43 249.54	−13.0
木及制品；木炭；软木；编织品	18 812.32	−32.5	48 029.88	−5.5
木浆等；废纸；纸、纸板	36 445.36	−21.9	55 828.12	−6.5
纺织原料及纺织制品	342 118.54	−15.8	85 017.68	1.9
鞋帽伞等；羽毛品；人造制品	37 353.02	−16.2	818.54	−34.8
矿物材料制品；陶瓷品，玻璃及其制品	101 354.33	−1.0	51 091.7	8.2
珠宝、贵金属及制品；仿首饰，硬币	5 986.67	−36.0	1 813.24	−22.8
贱金属及其制品	368 590.7	−5.1	265 953.48	−24.9
机电、音像设备及其零件	1 610 785.51	4.9	649 585.77	7.9
车辆、航空器、船舶及运输设备	158 684.19	−7.5	87 186.36	11.9
光学、医疗等仪器；钟表，乐器	139 717.7	26.9	127 570.1	22.4
杂项制品	418 332.31	−6.2	104 839.35	5.4
艺术品、收藏品及古物	13.69	−93.8	26.9	299.2
特殊交易及未分类商品	0.4	−66.9	3.86	

2016年崇明县商务

2016年,崇明商务工作根据县委、县政府和市商务委的部署要求,紧紧围绕推进生态岛建设这一总目标,一手抓促进消费扩大销售,一手抓行业规范保障供应,较好地完成年度目标任务。实现商业增加值25.5亿元,比上年增长9.9%。商业税收14.0亿元,增长12.7%。商品销售总额450.6亿元,增长11.4%。社会消费品零售总额107.2亿元,增长10.3%。2016年底,有私营个体商业32 982户,增长20.1%,从业人员81 489人,增长25.2%。

一、商业经济运行情况

1. 商业市场销售两旺繁荣有序

2016年,全县吃、穿、用、烧商品销售保持稳健增长,分别实现零售额43.9亿元、12.5亿元、44.3亿元和6.6亿元,分别比上年增长10.4%、10.1%、10.2%和10.2%。吃、用类商品对零售总额贡献率分别达到40.9%和41.3%。其中集市贸易成交额27.7亿元,增长11.2%。

2016年,全县零售业实现零售额92.3亿元,比上年增长10.2%,占零售总额的86.1%;批发、住宿、餐饮行业分别实现零售额4.8亿元、4.0亿元和6.1亿元,分别增长10.6%、10.2%和10.7%。

节日期间,各大商家积极开展各类营销活动,满足广大居民和来崇游客的消费需求。据对14家主要商业企业抽样统计,元旦实现营业额1 681万元,同比增长3%;春节实现营业额3 709万元,同比增长2%;五一实现营业额1 818万元,同比增长3.0%;国庆实现营业额2 043万元,同比持平。

2. 开展集贸市场专项整治

全县53家集贸市场,完成改建47家,正在实施6家,基本达到3年目标责任书承诺的整治要求。市区政府实事项目7家标准化菜市场完成改建任务。开展集贸市场双月督查5轮,并及时通报整改,整治效果和管理水平大幅提升。拨付集贸市场专项整治补贴资金1 000万元左右。制定下发关于加强集贸市场周边秩序管理和临时设摊集中疏导点两个指导意见,全县集贸市场安全防控情况良好。

3. 提升窗口行业服务水平

制定窗口行业2016年工作安排和重点项目,并督促各成员单位按照时间节点推进。窗口联络员QQ平台交流沟通发挥作用。乡镇及窗口行业培训窗口从业人员1.5多万人。向88家商业零售企业发放宣传品650份。开展县领导带队督查和“啄木鸟”专项督查,督查全县窗口网点432个,下发整改告知单39份,整改反馈率100%。评选2016年度“崇明县优质服务示范窗口”99个。

4. 加强商业市场管理

指导商业企业开展节日期间营销活动,2家企业参与2016上海购物节,新崇南路餐饮一条街被市商务委评为特色商业街,确定5年创建“绿色餐厅”超180家。制定本县推进再生资源回收与生活垃圾清运“两网协同”试点的工作方案,并拟定操作办法。开展单用途商业预付卡专项整治行动,排摸门店713家,其中发卡主体83家。打击侵犯知识产权和制售假冒伪劣商品工作有序推进。全县回收交解电子废弃物6 747件。办理来沪家政从业人员灵活就业证明40份。初审横沙渔港申报上海现代服务业综合试点项目。

5. 规范处置废弃农药包装物

2016年,全县共回收废弃农药包装物132吨,商定每吨处置费用7 500元。调整完善镇村二级工作网络,落实有回收任务村247个,专兼职回收员365名。会同县供销社,对全县16家废弃农药包装物回收点进行监督检查。

二、吸引外资

1. 外资企业概况

至2016年底，全县外商投资企业共有426家，总投资额13.9亿美元，合同外资7.2亿美元。其中，合资企业82家，总投资额5.3亿美元，合同外资1.4亿美元；合作企业8家，总投资3 528万美元，合同外资3 234万美元；独资企业335家，总投资5.7亿美元，合同外资3.9亿美元；股份制企业1家，总投资757万美元，合同外资192万美元。

2. 吸引外资情况

2016年，全县外商投资企业实际到位外资2 700.9万美元，比上年增加31.7%。全年审核批准外资项目136个，其中，新设立53个，投资总额9 808.6万美元，注册资本9 579.3万美元，合同利用外资7 901.8万美元；增资8个，投资总额8 032.9万美元，注册资本3 085.5万美元，合同利用外资3 085.5万美元；变更、减资、终止、迁入项目75个(表1)。

3. 外商投资行业(产业)的分布与来源地

2016年，外商直接投资非生产型项目53个，占行业总数的100%；总投资额9 808.4万美元，占行业总投入数的100%；合同外资额7 901.8万美元，占行业总投入数的100%(表2)。

表1 2016年吸引外资情况

类别	批准外资企业			合同外资		实到外资	
	企业数(个)	总投资额(万美元)	比上年增长(%)	外资金额(万美元)	比上年增长(%)	外资金额(万美元)	比上年增长(%)
合计	53	9 808.4	−29	7 901.8	8.4	2 700.9	31.7
外商直接投资	53	9 808.4	−29	7 907.8	8.4	2 700.9	31.7
其中:合资	7	167	944	60	275		
合作	0	0	0	0	0		
独资	46	9 641.4	−30.5	9 429.3	29.6		

表2 2016年外商投资行业(产业)分布情况 单位:万美元

类别	项目		投资总额		合同外资		实到外资	
	个数(个)	占比(%)	金额(万美元)	占比(%)	金额(万美元)	占比(%)	金额(万美元)	占比(%)
合计	53	100	9 808.4	100	7 901.7	200	2 700.9	100
生产性项目								
非生产性项目	53	100	9 808.4	100	7 901.7	200	2 700.9	100

2016年，在崇明县投资的国家和地区共有11个，以日本、中国香港地区、中国台湾地区等国家(地区)的投资者居多，共有40个项目，占新批项目总数的75%(表3)。

表3 2016年外商投资主要来源地情况

国家(地区)	项目数(个)	投资总额(万美元)	合同金额(万美元)
中国香港	31	8 196.4	7 997.8
新加坡	5	312	248
中国台湾	4	248	246

三、出口贸易

1. 对外贸易概况

2016年，据海关数据，本县共有215家外贸企业开展对外贸易活动，实现进出口总额36.7亿元，比上年下降9.0%。其中，出口额25.5亿元，增长13.9%；进口额11.2亿元，下降37%。

2. 对外贸易主体

2016年，按外贸出口企业性质分，外资企业出口额15.2亿元,比上年增长34.3%,占出口总额的59.6%;民营企业出口额9.3亿元,下降12.9%,占36.5%。全年有4家企业出口额达亿元以上,其中,上海华润大东船务工程有限公司出口额9.3亿元,增长208.6%,占全县出口总额的36.5%,出口额居全县首位;上海冠华不锈钢制品有限公司出口额2.8亿元,增长8.3%,占全县出口总额的10.8%,名列全县第二。

2016年,按外贸进口企业性质分,国有企业进口额1.3亿元,比上年下降84.6%,占进口总额的11.9%;外资企业进口额1.9亿元,增长10.7%,占17.2%;民营企业进口额7.6亿元,增长70.4%,占67.7%。上海招海国际贸易有限公司进口额1.7亿元,下降46.6%,占全县进口总额的15.4%,进口额居全县首位。

3. 出口商品结构

2016年,在全县出口商品中,贱金属及其制品出口额9.5亿元,占比由上年的46.6%下降到34%;车辆、航空器、船舶及其零部件出口额8.2亿美元,占比由10.8%上升到32%;纺织原料及纺织制品出口额2.6亿元,占比由10.5%下降到10%;机电、音像设备及其零部件出口额2.3亿元,占比14.7%下降到9%。

4. 出口商品销往地

2016年出口商品销往地情况见表4。

表4 2016年出口商品主要输往地情况

国家(地区)	出口额(亿元)	占出口总额(%)
总值	25.5	100
欧盟	6.6	25.9
美国	3.9	15.3
日本	1.9	7.5

四、对外经济合作

2016年,全县共有14家企业申请对外投资项目,比上年增加2家;投资总额1.1亿美元,下降67.2%。境外投资主要投向地是中国香港(9家)、日本(2家)、乌干达(1家)、英国(1家)和美国(1家)。

商务聚集区

上海市特色商业街区抱团发展组建联盟

2016年11月29日下午，由上海市商务委员会指导和推动的“上海特色商业街区发展大会暨上海特色商业街区发展联盟揭牌仪式”在静安区召开。上海市商务委主任尚玉英、中国步行商业街工作委员会主任韩健徽等为“上海特色商业街区发展联盟”揭牌。会上，上海市特色商业街区发展联盟与杭州市商业特色街联合会进行战略合作签约仪式。

特色商业街区是传播城市商业文化、体现商业个性、承载商业内涵的重要载体和窗口，市商务委积极推动上海市特色商业街区的发展。一是加强政策供给，编制《上海市商业网点布局规划(2014—2020年)》，制定《关于加快商业转型升级提高商业综合竞争力的若干意见》，发挥规划和政策的引导作用，明确特色商业街区创新发展方向。二是做好项目培育。推选67个特色商业街区，涉及全市16个区县，指导各区县将特色商业街区发展与城市更新、社区管理、环境治理相结合，形成协同发展合力。三是促进创新发展。制订《上海市促进新消费发展发挥新消费引领作用的行动计划(2016—2018年)》，鼓励商业街区个性化、差异化发展，积极提升文化、休闲等新消费体验。四是激发市场活力。推动一批特色商业街区管理主体建立发展联盟，促进资源共享、行业自律、抱团发展。

未来上海将进一步发挥特色商业街区的作用和功能。市政府出台的《“十三五”时期上海国际贸易中心建设规划》，提出要加快上海建设国际消费城市的目标，其中一项重要举措就是提升和形成一批具有全球知名度的消费地标，打造一批国内外知名的特色商业街区。下一步，上海将进一步形成市区联动、企业参与的发展合力，共同解决制约街区发展的瓶颈问题，为特色商业街区发展营造有序、健康、和谐的环境。促进街区提质升级，与国外特色街区开展交流合作，打造一批有特色、有品质、有品牌的街区市集、街区节庆。加强街区的管理水平，培育一批“有特色、有品牌、有秩序”的夜市特色街区。提升街区的文化休闲、餐饮住宿能级，培育一批集聚和展示上海工匠精神、凸显前店后厂、展现一流度假品质的特色商业街区。

上海市特色商业街区发展联盟这一第三方组织的成立，将成为各级政府与特色街区管理企业之间的桥梁和纽带，为上海市特色商业街区搭建合作交流平台，加强相关标准和规范制定，促进行业自律，打造出“历史有根、文化有脉、商业有魂、经营有道、品牌有名”的上海特色商业街区群体。(市商务委商贸行业管理处)

公共服务平台建设助力上海浦东软件园发展

一、基本情况

上海浦东软件园股份有限公以下简称浦东软件园)1992 年 7 月成立,1998 年改制成立有限责任公司,2000 年 3 月开园,是国内成立最早的软件园区。浦东软件园被国家相关部委认定为国家信息安全成果产业化基地(2000 年 9 月)、国家软件产业基地(2001 年 7 月)、国家软件出口基地(2004 年 1 月)和国家新型工业化产业示范基地(2013 年 1 月)。

近年来,浦东软件园先后获得了"全国青年创新创业示范园区""亚洲最佳孵化器""上海市五一劳动奖状""上海市文明单位""上海品牌园区""上海名牌""上海市著名商标""上海产业园区品牌开发建设运营机构称号"等各类荣誉 30 余项,园区品牌的知名度和影响力持续提升。

二、发展现状

一批国际知名、业界领先企业纷纷落户浦东软件园,构筑国内集成电路、服务外包和移动互联网产业高地,浦东软件园尊重创造、注重开放、敢冒风险、宽容失败的创新创业文化已经形成。借国家改革创新的"东风",浦东软件园已掀起"大众创业""草根创业"的新浪潮,形成了"万众创新""人人创新"的新态势。

浦东软件园在芯片设计、移动互联网、电子商务、文化创意、行业应用及服务外包六大产业领域,均形成较强的产业集群,各个产业领域合作创新、跨界交融,构成鲜明的产业链生态圈,体现上下游之间较强的竞合发展态势,在互联网和新经济背景下,以六大优势领域为基础,催生出互联网金融、互联网教育、移动电商、平台经济、人工智能等以应用为导向的创新领域和市场,内生增长能力不断增强,产业集聚发展效应显著。浦东软件园已拥有企业数量 1 594 家,其中入驻企业超过 500 家,2016 年总产值超过 660 亿元。2016 年,浦软孵化器新引进 78 个优质创业项目,其中 32 家在孵化企业获得股权融资 9.35 亿元,融资企业数、融资额创历史新高。

三、发展特点

软件园集聚以高通、达梦、七牛、沪江科技、河马动画等为代表的高新技术企业 1 000 多家,在互联网和新经济背景下,以芯片设计、移动互联、行业应用、服务外包、文化创意、电子商务等六大优势领域为基础,四新经济要素不断涌现,催生出互联网金融、互联网教育、移动电商、平台经济、3D 打印、机器人等以应用为导向的创新领域和市场。园区企业技术与行业关联度高,产业生态完整,企业内生增长能力不断增强,产业集聚发展效应显著。

1. 龙头企业持续发挥引领作用

围绕大数据技术研究、产品研发与模式创新,人工智能、芯片设计、电商平台等领域,龙头企业如银联数据、大智慧、高通公司、德州仪器、快钱、火速、智位机器人,火星时代、河马动画等企业成为推动产业跨界发展,持续发挥引领作用的主力。花旗软件、群硕软件、华钦等服务外包及软件出口企业,为客户提供 ITO、BPO 和 KPO 业务的全方位服务。龙头企业在各自的领域内带动上下游企业向园区进一步集聚并形成合理的结构,形成良性发展,凸显集群效应。2016 年数据显示,入园企业规模变大,领域结构更加合理。

2. "四新"企业发挥示范作用

作为浦东新区首批创意产业园区,园区互联网企业创新速度加快,产品覆盖产业链各个环节，初步形成核心竞争力。二三四五、思华科技、棠棣科技等互联网企业在基于互联网领域的软件开发与商业模式创新处于国内领先水平，已经成长为行业龙头企业；沪江网全新打造的全网首款移动直播学习工具——沪江 CCTalk，为学习爱好者打造最纯正的在线互动学习平台。

3. 园区两化融合催生新的增长空间

一方面软件和互联网企业自身融入产业，成为产业链的一个节点，产品向平台化、生态化发展；另一方面，传统产业不断接纳互联网，加快产业创新转型升级，实现企业自身更大发展，两化融合已成为推动园区软件和信息服务业转型升级的重要动力。“银联商务”、“火速”、“智位机器人”等企业成为两化融合的中坚力量。

4. 科技创新主体集聚，要素融合

近年来，园区集聚张江创投、浦软创投、晨晖创投、青骓投资、迪埃孚投资等风投机构，为技术、产业和企业的创新和创业起到推波助澜的作用，助推一批以迦美信芯、天天果园、七牛等为代表的创新型企业。

5. 园区服务外包能力不断攀升

上海服务外包交易促进中心作为部市共建和浦东新区综合配套改革框架下的创新性平台项目，也是全国服务贸易便利化的试点平台，中心任务是服务对接长三角及全国的服务外包，自2013年成立以来，中心注册会员累计近 4 000 家，企业数据库累计 4 万家，项目数据库累计发布项目 10 万多个，线上及线下累计对接项目金额约 25 亿元人民币。

四、发展效应

园区软件和信息服务业的人才集聚：作为软件和信息服务企业的集聚地，吸引一大批高素质人才来浦东软件园发展，特别是软件出口等大型企业，吸引大批海归、博士和硕士，促进上海城市人才高地的形成。技术集聚：外资企业、软件出口企业、海归人才的集聚，带来国际上最新、最前沿的软件和信息技术，使浦东软件园在软件和信息服务领域具有强大竞争力的技术优势。产业链集聚：人工智能等前沿领域企业的集聚，有力地引领和促进整个产业链的发展和进步，提高城市软件信息服务业面上的竞争力和发展后劲，扩大城市的产业规模，提高城市的产业及企业品质，为将来的发展奠定技术、人才、产业链等基础，为将来软件和信息服务业的发展创造条件。园区外包服务能力的增强：有力地带动软件服务外包产业的发展，同时通过在岗培训，培养大批合格的 IT 技术和服务人才，并向内地辐射，带动长三角及周边地区软件和信息服务业的发展。

培育和引进具有引领作用的前沿企业，促进其产业链的形成和集聚：如人工智能企业依托互联网平台提供的人工智能创新服务、人工智能核心技术的开发，一大批与人工智能相关的新消费需求因为得到技术支撑而得以实现、被有效激发；同时，人工智能产业的发展有利于催生新兴业务和鼓励创新。人工智能技术在语音识别、图像识别等领域已经有了广泛应用，未来还将在人机交互、大数据等领域发挥重大作用，给传统产业带来大量新的机遇，孕育出海量的新兴业务。更为重要的是，这意味着未来 10 年甚至更长时间，将创造出更多新的就业机会和绿色的可持续经济增长点。

五、发展经验

1. 招商引资

探索建立招商项目预评估机制，在企业引进方面更加关注企业的创新要素以及所在行业领域的发展趋势，招商选商，引进够快网络、老 A 电商等国内优质项目，新签合同面积达 4 万平方米。同时做好园区重要企业的安商稳商工作，续签面积达到 14.5 万平方米。

2. 公共技术平台建设与创新服务支撑体系构建

一是不断加强和完善公共技术平台建设。浦东软件平台是国内最早的软件技术增值服务平台，拥有十多年的行业软件测试的实战经验，已为数千家客户提供 50 000 余次服务，客户涵盖医疗医药、金融保险、电子商务、电子政务、智慧城市、云计算、交通运输、物流仓储、教育培训,以及信息服务和软件等数十个行业领域,获得政府、行业及数千家企业客户的一致好评。二是持续推进上海服务外包交易促进中心平台的建设。会员库注册会员 4 000 余家,入库企业 27 200 余家。积极挖掘项目需求,促进项目对接,全年累计对接项目金额超过 12 亿元人民币,国际项目超过 1 000 万元美金。

此外,2016 年技术支持与网络通讯平台提供各类服务 4 560 项次,被评为"2016 年度上海市科技创新券优秀服务机构";人才培养与人才交流平台提供服务 44 727 人次,成功举办上海市、区级职业技能竞赛;营运咨询与商务推广平台为企业提供各类服务 227 项次。

3. 投融资平台建设对中小企业快速发展的促进

加强浦软孵化器和浦软创投基金的建设管理,提升运营效率和服务质量,完善"创业苗圃+企业孵化器+创业加速器+投融资支持"的"阶梯式孵化投资体系"。浦软孵化器空间规模已达 3 万多平方米,累计孵化企业 173 家,吸引并培养出包括二三四五、沪江网、天天果园、七牛科技、智位机器人、乐蛙科技、洋码头、喜马拉雅等一大批以"互联网+"为特色,具有自主知识产权,行业影响力大的创新企业。

浦软孵化器被国家科技部火炬中心认定为国家级孵化器,多次被评为"上海市优秀科技创业孵化器"。浦软创投一期基金投资任务已完成,累计投资总额约 4 500 万元,投资项目 12 个;总规模为 2 亿元人民币的浦软创投二期基金已发起成立,投资项目 10 个,投资总金额 3 388 万元。2016 年,浦软孵化器新引进 78 个优质创业项目,包括孵化项目 29 个,爱酷空间项目 47 个(其中 41 个项目育成公司),加速器项目 2 个。3 家孵化企业成功挂牌新三板,32 家在孵化企业获得股权融资 9.35 亿元,融资企业数、融资额创历史新高。

4. 增值服务平台搭建

园区搭建增值服务和交流平台,如浦东软件园职业技能培训中心、国家服务外包交易中心、浦东软件技术增值服务平台、爱酷空间科技沙龙等,为企业提供享受政策的辅导和受理、公益培训、国内外企业对接、高规格技能竞赛等活动,增强企业交流,为园区企业拓展国内外市场提供帮助。

智慧园区项目的建设和陆续投入运行,结合物联网、大数据、移动互联网、云计算等技术,使园区的客户管理、资产管理、创新创业在线孵化、中小企业云平台、园区运营监控指挥、园区业务协同、园区一卡通等多项应用实现智能化,纳入到统一的内部运营管理平台和公共服务平台之上,提高园区的管理和服务水平。智慧园区的成功经验已在其他地区的高技术园区得到推广应用并获得了"2016 年度中国智慧园区行业最佳解决方案奖"。(市商务委国际服务贸易处)

打破内部创新单一路径 张江试水跨国企业"联合孵化"

2016 年 5 月 23 日,在张江高科技园区召开的 2016 相约张江国际合作大会暨跨界创新论坛上,全国首个由跨国企业联合成立的创新孵化器正式签约。整合资源打破"孤岛创新"困局,张江又迈出新的一步。

大会由张江高科技园区携手 Plug & Play、美国硅谷联合举办,搭建国际间科技合作交流平台,加强张江、硅谷两地科技创新创业领域人才、资本、技术联动,推动上海全球科创中心建设。来自 Google 总部所在地山景城、Facebook 总部所在地门洛帕克等十地市长就硅谷在科技创新环境营造,以及全球创新趋势发展进行了总结和展望。

此次签约的跨国企业联合孵化器由张江管委会牵头,采用“1+N”孵化模式,“1”为联合孵化平台,“N”为 GE、ebay、联合利华、博世、六三六创新公社等六家张江园区内的知名跨国企业。在这一平台上,张江的创新企业可以对接六大跨国公司的全球资源,从技术、管理、资金等方面寻求帮助。

张江管委会相关负责人表示,这种联合孵化模式意味着创业公司能够站在巨人的肩膀上创新,起点更高,资源更多,管理更规范。跨国公司拥有强大的技术平台,市场网络也更发达,中小企业能够借助这样的平台,迅速实现创新产品的产业化,占据细分市场。

对于跨国公司来说,这样的联合孵化模式能够打破内部创新的单一路径,形成开放式创新的新局面。跨国公司内部有一套自给自足的创新体系。久而久之,这种创新会因为没有外部的参与,而形成“孤岛现象”,影响创新活力。所以,有远见的跨国企业越来越重视开放式创新,通过建立联合孵化器,发现有潜力的中小企业,从而为自己造血。(浦东新区商务委)

上海市生物医药服务外包专业园区已成为国内 CRO 产业的标杆基地

一、园区发展概况

生物医药产业作为国家认定的“十二五”、“十三五”战略性新兴产业之一,也是张江高科技园区自 1992 年成立以来始终扶持的主要产业,历经 20 余年的培育,园区已集聚以科研院校为主的基础研究载体、以中小企业为主的创新创业载体、以跨国制药巨头为主的工业化载体、以公共技术平台为主的产业服务载体,形成完善的产业链和成熟的产业生态,并借此吸引大批投资机构、律所、咨询机构参与产业发展并保持密切互动,先后获得国家生物产业基地、国家医药出口创新基地、上海市生物医药研发外包基地、上海市生物医药服务外包专业园区、上海市服务贸易示范基地等多项殊荣。

生物医药研发外包(以下简称 CRO)是以合同形式向制药企业提供新药研发服务,是新药研发国际化的一种创新模式,是生物医药研发服务产业化的重要实现途径。作为首批认定的上海市服务外包专业园区之一,张江生物医药基地内已经集聚一批国内外知名的 CRO 企业,如:睿智化学、美迪西、桑迪亚、辉源、科文斯、维亚生物等,可提供的服务包括:药物产品开发(化合物筛选、化学合成、药代动力学研究等)、临床前试验(毒理试验、药理试验、小试生产、动物实验等)、临床试验(试验规划、检测分析、试验报告等)、药物注册申请与信息咨询等,几乎涵盖药物研发的整个过程,尤其在药物筛选、化学合成、工艺开发、临床前研究方面具有较强实力;产品服务面涉及肿瘤药物、代谢病药物、炎症和免疫系统疾病药物、心血管疾病药物、中枢神经系统药物、抗感染药物等多个重点研究领域,已然成为国内 CRO 企业群体最早出现、发展最成熟、最活跃、业务覆盖最完整的区域之一,成为国内 CRO 产业的标杆基地,是中国生物医药产业参与国际竞争的知名品牌。

二、多维度着力,促进园区产业发展

上海张江生物医药基地开发有限公司作为专业化平台管理公司,承担着张江高科技园区生物医药产业和产业基地区域的规划、开发建设、招商引资、客户服务、资源整合、功能完善等提升园区和产业发展的相关职能,围绕打造“世界知名、亚洲一流、中国第一”的张江生物医药产业发展目标与核心定位,从提高供给质量出发,以生物医药作为唯一性的产业作为招商方向,推进园区产业结构调整及要素配置,以“跨前一步”的产业服务态度,不断优化园区产业环境和投融资环境,以产业需求为导向扩大有效供给,促进园区产业持续健康发展。依托产业一流的研发结构和完善的创新体系,园区已在创新能力水平和创新设施建设方面处于全国领先;聚集一大批国内外领军企业,技术装备和工艺技术水平一流。依托浦东开发和聚焦张江的优势,凭借园区在公共平台体系建设、信息化建设和人才开发等方面均走在了全国前列,紧密围绕“推进供给侧结构性改革,提升外包价值”。

1. 全局性的招商引资思路,快速集聚产业生态圈,实现产业发展的轮换和高效利用

园区从成立之初,就明确以生物医药产业作为唯一性的产业招商方向,快速布局生物医药产业链上下游,并在良性的产业框架基础上,通过有效的战略分析重点引进以贡献创新活力创业的企业、贡献经济税收和中国本土创新的国内大药企以及贡献品牌和人才的跨国药企的三个核心战略,进一步优化张江生物医药产业结构和产业生态体系,并通过对产业结构、产业生态体系进行适当剪裁,进行腾笼换鸟、定向招商,以此实现产业发展空间的轮换和高效利用,为产业良性发展夯实基础。据统计,2016 全球制药 50 强中,有 10 家(辉瑞、诺华、罗氏、葛兰素史克、阿斯利康、安进、礼来、勃林格殷格翰、第一三共、大冢)在张江设立区域总部或研发中心;2015 年度中国医药工业百强中,有 12 家(杨子江药业、上药集团、复星医药、江苏恒瑞、江苏豪森、罗欣医药、瑞阳制药、青峰医药、华海药业、创诺医药、三生制药、浙江京新)在张江设立研发中心和运营中心(不含外资、合资企业)。除此之外,园区以“金字塔尖科学家+原跨国药企高管团队+全球化技术研发团队+顶级风投”豪华阵容溢出创业,包括 Arch、Venrock、Atlas Venture、礼来亚洲基金、红杉资本等一线资本大举进入,全球性产品不断涌现,独角兽级企业应运而生。在张江,通过全局性的产业招商战略,良性的生物医药产业生态体系已经形成,并开始进行自发性生长,完善的产业集群发展优势和领军企业优势为 CRO 企业带来国际化知识型高端业务需求,完善的产业结构和产业生态圈为 CRO 企业带来上下游产业链的紧密衔接,高端人才创新创业和生物医药专业人才的集聚为 CRO 企业输送大批量复合型人才,使得 CRO 产业成为园区的优势产业,也为 CRO 产业的转型升级优化发展环境,为增强其国际竞争力提供进一步的可能。

2. 先试先行政策突破,构建公共服务平台体系,为提升外包价值保驾护航

近年来,公司依托张江在生物医药领域显著的研发创新优势,新技术、新模式快速诞生,抓住“双自联动”和建设全球科创中心的机遇,针对 CRO 企业共同呼吁的政策瓶颈进行探索,并在海关和检验检疫的便捷通关、知识产权绿色通道等一系列先行先试推进工作方面取得突破性进展,为园区 CRO 企业在研发创新领域能够快速突破制度瓶颈和接轨国际做出成功的探索。

3. 国际接轨的研发通关试点,为 CRO 企业提高通关效率,节省交易成本

经过张江与海关的多年研究和推进,国家海关总署在张江率先开展“研发外包企业便捷通关”“张江生物医药企业便捷通关扩大试点”,实施“提前报关、货到放行”“归类审价备案制”“担保放行”“24 小时预约通关”“海关对口联络人”等便捷通关措施。国家质检总局在张江率先开展“研发企业进境生物材料检验检疫快速通关”、“浦东新区进境生物材料研发示范企业”,结合企业信用等级实施分类管理,优化事后监管,实施审批负面清单管理等创新查验、审批措施。同时,张江管委会牵头,联合浦东海关、浦东国检局等部门在张江设立“张江跨境科创监管服务中心”,打造关检联合查验的“一站式”通关平台和产业公共服务平台。随着生物医药国际创新合作的快速深入推进,张江在各部门关心支持下,正加快研究推进跨境研发便利化的进一步突破。

4. 知识产权保护及品牌培育试点，为IP密集型的CRO企业提供保护

国家知识产权局在张江率先设立“绿色通道”，认定张江为国家知识产权试点园区，在张江建设国家知识产权局专利局上海张江专利审查员实践基地。国家质检总局授牌张江为“全国信息技术和生物医药产业知名品牌创建示范区”。上海质监局根据《上海名牌管理办法》，在张江园区探索制定符合生物医药创新企业发展特点的“上海名牌”评审标准，赋予张江园区特别推荐权。国家知识产权局确定上海张江高科技园区等8个国家技高科技园区为首批国家专利导航产业发展实验区。

5. 公共服务平台资源的有效整合，实现园区研发服务资源的优化配置

在公共服务平台建设方面，张江生物医药基地已形成产业共性技术开发合作、检验检测服务、市场推广开拓等各类专业技术服务平台体系，是张江生物医药产业的亮点，也是张江生物医药产业快速发展的重要支撑。张江已建成各类技术服务平台，如药物制剂技术服务平台、上海药物代谢研究技术平台、中药制药研发孵化技术服务平台、生物工程制药中试服务平台等技术开发平台、上海新药安全评价服务平台、基于蛋白质晶体学的药物发现与筛选平台、新药筛选技术服务平台、抗体药物质量检测技术平台等专业检验检测平台等80余家。同时，引进上海同步辐射光源、上海国家蛋白质科学中心、上海超级计算中心、上海质子重离子医院等重大科学设施。一方面从新药研发的实际需求出发，提供企业大型仪器设备共享、检测、咨询等系列服务，另一方面从实现研发优势资源配置出发，逐步推进CRO产业联盟化、可持续发展的趋势。

三、园区将进一步支持产业转型发展

张江生物医药基地依托上海和浦东新区生物医药产业发展的布局，特别是在上海自由贸易试验区、国家自主创新示范区机遇下，以及主动融入上海创建具有国际影响力的全球科技创新中心重要工作的要求下，园区将充分考虑到CRO产业作为高端人才密集、知识产权保护、技术平台先进、研发资源集聚、服务附加值高的发展特点，深入研究园区的优势与不足，对下阶段如何进一步加强产业集聚、研发创新和区域联动发展，优化产业发展的区域布局进行进一步的调研和研究，重点在研发用材料进出口便捷通关扩大、保税研发机制、审评审批改革以及人才吸引等方面进行挖掘探索，着力于破解束缚CRO产业创新发展的瓶颈问题，从真正意义上实现劳动力、土地、资本、制度创造、创新等要素的优化配置，加快将基地突出的创新优势转化成为产业化优势，有序推进张江生物医药产业的资源整合和快速发展，迅速做大做强张江生物医药产业实力，努力为促进经济发展方式转变和产业结构调整做出更多贡献。（市商务委国际服务贸易处）

黄浦坚持“四态并举” 打造“不老商圈”

2016年11月17日，黄浦区商务委主任陈湧向媒体发布新时期黄浦商业发展规划思路。2016年的“双十一”创下1 207亿元的销售纪录，对实体商业带来巨大冲击。作为上海商业大区的黄浦区深有感受。如何规划黄浦商业发展、及时应对电商巨大冲击？作为上海的商业大区，黄浦区在推动实体商业发展方面既不因电商冲击而失去信心，也不因既有优势而固守不变，而是以创建“上海国际消费城市示范区”为抓手，积极探索，创新转型。黄浦商业的规划思路是：在未来两到三年，黄浦区将引导南京路、淮海路、豫园商城等三大市级商圈的21个商业项目转型升级,调整面积达78万平方米,项目直接投资超过100亿元,并从商业业态、街区形态、文化神态、消费生态上推动黄浦商业的整体转型。在转型过程中,黄浦始终对标世界一流商圈,以打造上海高端服务业标杆的精神,主动找差距,积极谋发展,从建设优秀品牌集聚区、品质消费示范区、"最上海"商旅文体验区和智慧商圈实践区入手,力争在未来五年将黄浦打造成为上海国际消费城市示范区。坚持商业业态、街区形态、文化神态、消费生态"四态并举",努力打造一个上海人愿来常来、外来消费者必来必买的舒适的消费环境。一是坚持打品牌战,在品牌引进方面,黄浦倡导的是首入店、旗舰店、体验店、概念店,说到底,就是"人家没有的,我要有;人家有的,我要新;人家新的,我要优、要大"。二是努力打造特色商圈。黄浦区从有条件的区域入手,通过将传统条状的商业街改造成块状的消费街区,努力打造引得来、留得住消费者,能让消费者的脚步慢下来、身心放松下来的购物环境。三是深入挖掘文化内涵。牢牢把握上海建设"中央活动区"和"全域旅游"的契机,在文化层面上的推进黄浦区商业转型,从商场硬件的改造到历史资源的挖掘、人文关怀的注入,建设"最上海"商旅文体验区。四是致力于服务品质软环境的提升。提倡最放心的商品,最优质的服务,要接续原来商业系统的优良传统,培育服务新星,把他们的照片挂上南京路、淮海路,重塑服务精神。(黄浦区商务委)

"上海艺术商圈——艺蕴黄浦"系列活动顺利启动

2016年11月3日,由市商务委、市文广局共同指导,黄浦区委宣传部、区商务委、区文化局联合主办的"上海艺术商圈——艺蕴黄浦"系列活动于香港广场正式启动,市商务委副主任吴星宝出席启动仪式并致辞。

"十三五"时期是上海建设国际消费城市的重要阶段,也是上海基本建成国际文化大都市的冲刺阶段。"上海艺术商圈"是市商务委与市文广局牵手合作,共同推动商业与文化联动发展的重要载体,也是顺应居民消费结构升级、满足年轻群体体验式、时尚化消费新需求,积极引领新消费发展的重要措施。上海市国有、民营各文艺院团、文化艺术单位、优质品牌项目主体等10余家单位的20余个音乐欣赏、展览展示、艺术赏析、手工体验类优质活动将在年底前陆续落户香港广场、K11、新天地、大丸百货等商业设施,用文化魅力点亮商圈的活力。

1. "商业+文化"将创造"新供给"

"十三五"期间,围绕上海建设"国际文化大都市""国际消费城市"的战略目标,上海不仅要继续完善城市商业布局、加快商业转型升级,更要关注居民生活品质提升、消费结构升级、消费需求多元化的新趋势,将商品消费与文化、艺术、时尚、创意等产业有机融合,从"供给侧"层面发力,通过跨界合作碰撞出创意灵感,孵化并创造更多引领潮流的新产品、新服务,进一步体现上海建设国际文化大都市、国际消费城市的内涵。

2. "商业+文化"将实现"新联动"

随着上海积极推进"会商旅文体联动"发展,促进行业交流、打破行业界限,商业与文化优势互补、共同提升将成为新的发展趋势。"上海艺术商圈——艺蕴黄浦"活动依托黄浦区各类商业设施交通便利、配套齐全的优势,推动一批国有、民营文艺院团、文化艺术单位的展览、演出、节庆活动与香港广场、K11、新天地、大丸百货等一批优质商业设施联手,增强体验、集聚人气,让更多市民和海内外游客感受到上海的文化魅力和商业活力,使文化自然地融入大家的生活,也使商圈成为市民的"会客室"、"生活区"和"艺术厅",让人们在忙碌的节奏中感受到生活中的艺术。

3. “商业+文化”将引领“新消费”

本次“上海艺术商圈——艺蕴黄浦”活动搭建了“文商联动”的活跃平台，文化项目和商业企业都表现出积极、开放、包容的态度，目前已有包括上海京剧院的“大圣来也——郑派传人严庆谷公开课”，上海油画雕塑院的雕塑展览《明天的寓言》、刘海粟美术馆的手工艺术亲子工作坊、上海国际艺术节的优秀剧目、世界音乐季的世界根源音乐、余德耀的3D打印工作坊等一批优质项目落户。所有活动将通过免费或预约制的形式，向公众开放。文化与商业携手合作，将为公众提供许多免费的文化盛宴和舒适的观赏环境。同时，许多消费者，特别是年轻消费者也热情高涨，商业与文化跨界合作，将会培育、创造更多文化消费、艺术消费等新的消费热点，让消费成为一种新的体验，引领一种新的生活方式。（黄浦区商务委）

2016上海购物节黄浦区系列活动

2016上海购物节将于9月9日—10月9日举行。黄浦区以“欢购乐游黄浦行”为主题，隆重推出2016上海购物达人赛、2016淮海天地时尚月、上海时装周2017春夏发布会等6项商旅文活动、30余项商业营销活动，南京路步行街、淮海路—新天地、豫园、外滩和打浦桥五大区域将联手，共同庆祝上海购物节十周年。

1. 2016上海购物达人赛热力启动

2016上海购物达人赛由黄浦与浦东共同携手，自8月活动启动以来已成为申城热议的话题，时尚购物达人们热情参与，来福士、悦荟、新世界城、大丸百货、东方商厦南东店、新天地、K11、香港广场、淮海755、百盛、巴黎春天淮海店11家黄浦区商业企业通过线下活动选出代表企业的购物达人参赛。本次活动将通过达人招募、入围筛选、20进10三个阶段评选出十强选手，最终的十强争霸将于10月6日在华狮广场评选出总冠军。

此次活动特别邀请时尚购物达人俞菱、上海时装周、康泰纳仕时尚设计培训中心、《VOGUE》等时尚专家、机构共同参与，参与选手不仅有机会获得丰厚奖金，更能与时尚购物达人俞菱一起逛街，参观上海时装周2017春夏发布会，参加康泰纳仕时尚设计培训中心的时尚课程。同时，Bilibili直播平台以及看看新闻网将对比赛进行现场直播。

2. 黄浦激情购物夜唱响金秋购物季

南京路上的新世界城、第一百货、东方商厦南东店、时装商店、永安百货、置地广场、大丸百货，淮海路上的巴黎春天、百盛、淮海755等商业企业将营业时间延长至晚上11点，同时带来精彩纷呈的营销活动，奏响上海购物节黄浦区域活动的第一乐章，为金秋的南京路、淮海路的夜晚带来激情和绚彩。

3. 2016淮海天地时尚月闪耀淮海路

作为商圈时尚活动，2016淮海天地时尚月充分将艺术融入商业，通过各类活动让消费者在更多体验中找到新活力，感受逛街购物的新乐趣。9月8日在思南公馆联合三宅一生带来开幕仪式，“潮流最集市”集合淮海路商圈有特色的潮流小店，将于9月26日—9月30日展出原创设计产品，并与顾客互动；“食尚月”中，淮海路—新天地商圈多家餐饮企业将为来淮海路购物的消费者特别定制优惠活动，享受世界美食；10月7日将在淮海755举办“鲨鱼宝贝东方男篮啦啦队选拔赛决赛”；“文化沙龙”将为文艺青年带来“一人食”“白领午间课堂茶文化”等多场精彩的主题沙龙。

4. 田子坊文创品牌评选探寻文创精神

在上海文化艺术新地标田子坊，从手工艺品、画廊到茶馆、露天餐厅，以及众多沪上知名的创意工作室,到处都是生活的新鲜视角,让南来北往的人们领略隐藏在市井之间的文化味道。2016田子坊文创品牌评选将通过宣传和线上投票的形式,让从文创空间起步,曾是都市知识分子接受文化艺术熏陶的田子坊重新回归文化创意之魂,让更多的市民和游客了解田子坊新奇的文创店铺与艺术品,以优秀品牌的文化、技艺、设计激发消费者的新奇感和趣味感。

5. 2016中华老字号博览会感受新活力

2016年9月23—26日在上海展览中心举办的2016中华老字号博览会上,老凤祥、恒源祥等众多黄浦区的老字号企业将精彩亮相。不仅展示老字号的经典,更通过博览会这一平台进行创新展示,让观众对这些耳熟能详的老字号企业有更深入的了解。

6. 豫园中国日(节)豫园商城非遗项目暨经典品牌文化展

2016年9月7日—10月9日在豫园商场中心广场举行豫园中国日(节)豫园商城非遗项目暨经典品牌文化展,豫园商城的13个非遗项目将充分展现豫园商城非物质文化遗产的民俗价值、艺术价值以及文化价值,让广大游客们领略到其所带来的无限魅力。

7. 上海时装周2017春夏发布会带来时尚旋风

上海时装周2017春夏发布会将紧随2016上海购物节的脚步于2016年10月12日—20日在新天地太平湖公园举行,太平湖上的"双子秀场"再度成为时尚人士关注的焦点。本季作品发布有更多充满创意激情的新锐设计师,通过时装周走入公众视野,而羽翼渐丰的中国本土设计师和时尚品牌也将展现其日臻成熟的设计功力,来自世界各地的海外品牌在这一季作品发布中同样占有相当比重。同期还举行MODE上海服装服饰展、LABELHOOD时尚时装先锋发布平台等配套活动。(黄浦区商务委)

黄浦区打造上海国际消费城市示范区

黄浦区占据上海商业体量50%以上。从黄浦区获悉,未来两到三年,黄浦区将引导南京路、淮海路、豫园商城三大市级商圈的21个商业项目转型升级,调整面积达78万平方米,项目直接投资超过100亿元,力争在未来五年将黄浦打造成为上海国际消费城市示范区。

"消费人群结构、消费需求、消费方式等如今都发生了深刻变化。"黄浦商务委主任陈湧说,"黄浦区常住人口现在只有67.5万,而'早上来、晚上走'的白领每天有200万,还有大量游客,商业如何围绕这些人口做文章,是黄浦一直在思考的问题。作为商业大区,黄浦要顺应变化、主动转型"。

1. 老店名店调整时间排定

这场转型不是"小打小闹",未来两到三年,黄浦三大市级商圈会有21个商业体进行调整。"南京路、淮海路、豫园等商圈可能关店频繁,这并非商业没落,相反重开后会呈现给消费者全新的商业体验。"陈湧道。

一连串老店、名店的调整时间表已经排定:南京路上,市百一店和东方商厦(南东店)将被整合为"一百商业中心"。"市百一店会致力于打造品质生活的共享空间,东方商厦会打造为新意迭出的时尚空间,市百一店与东方商厦之间的六合路,将作为南京路步行街支马路开发,成为消费者休闲的新场所。"百联集团股份有限公司副总经理王晓琰说。

不远处,同属百联集团的永安百货将启动改造,外立面会被"修旧如旧",内部改造经过国际设计师重新规划动线及布局,为永安百货即将在2018年迎来的百岁生日"献礼"。金华路作为永安百货旁的支马路也将进行升级,增添更多历史文化特色元素。此外,南京路上的华联商厦、百联世贸、新世界等将迎来关店调整。

淮海路上,太平洋百货(淮海店)在2016年年底谢幕后，物业持有方瑞安集团会对原址进行商业更新。这里将变身体验式购物中心，会引入符合白领、时尚人士消费需求的品类与品牌，预计在2018年底面世。

此前人气相对低迷的淮海东路中段，将以国购中心和市百一店（淮海店）的改造拉开转型帷幕。空置已久的国购中心和市百一店（淮海店）占据淮海东路中段商业体量五成以上，未来打通后将形成新的商业项目。已有6家企业参与竞标。中段另一端的妇女用品商店，未来将更加注重专业化、内涵式发展，打造成"小而精"的女性时尚主题百货。

2. 商业转型方案正在编制中

南京路、淮海路、豫园商圈等承载着很多老上海人的回忆。对这些"老宝贝"，黄浦将深度挖掘文化底蕴与特点，营造时尚潮流与怀旧复古元素融合的消费氛围。发挥豫园鲜明的民俗文化特色，彰显上海老城厢风情；放大南京路步行街"中华商业第一街"的品牌效应，凸显繁荣繁华；激发南京路外滩作为上海近现代商业、金融业起点的活力，展现海派文化气质；淮海中路东段联动新天地区域，体现国际时尚；淮海中路西段联动思南公馆风貌保护街区，呈现高雅经典，打造"最上海"的慢生活文化商业街区。据透露，目前，黄浦正与国内外知名咨询公司积极合作，编制商业转型升级总体规划方案设计。

优质服务是上海商业的老传统，当年南京路、淮海路涌现过一批扬名全国的服务明星。老传统要传承，也要适应现代消费需求赋予新内涵。黄浦区还将建立完善服务提质机制，培育、评选、表彰和宣传一批服务明星；试点探索代为打包托运、商品和服务信息查询系统、消费当场退税等服务便利新举措；建立完善先行赔付机制，构建以区消保委、南京路和淮海路商业联合会为运行主体，商业企业为第一责任主体，合作律师事务所为支撑的先行赔付售后服务体系。

（黄浦区商务委）

南京路步行街东西两头玩转体验

2016年4月底，南京路步行街东首的大丸百货开展日本著名特摄剧"奥特曼系列"在中国规模最大的官方展会，在1 000平方米的奥特曼系列50周年展上，除了有一组5米模型还原拍摄场景外，还将展出300多件珍贵的海外展品。国内众多"奥粉"可以在此与儿时的正义偶像奥特曼进行零距离接触。而在步行街西首的新世界城，也推出了"五一新世界 欢乐一家亲"的主题活动，在促销、会员和体验等诸多细节方面，打造全新的购物体验。

上海新世界麾下两大主力百货——定位大众高端的新世界城和高端大众的新世界大丸百货，正东西联动，匠心营造独特的体验消费。

1. 和"奥特曼"偶遇

本次奥特曼系列50周年展将持续至6月5日，连续37天为市民带来精彩纷呈的奥特曼冒险体验。整个展区将被分为大众展区、特别展区两个部分。其中大众展区为免票区域，任何前往新世界大丸百货的客人均可零距离与他们的童年英雄合影，并有5米高巨型场景还原；若要深入探索奥特曼的世界，特别展区内300余件囊括了奥特曼服饰、武器、模型、手稿等直接从日本运抵的珍贵展品。如果周末前往观展，更有幸能在新世界大丸百货的展览现场以及各个店铺中，与巡游表演的奥特曼和小怪兽偶遇。

2. "颜值高"还得"黏度高"

皇家宫廷式的外墙、亚洲第一的腾龙旋转电梯、高大宽广的中庭空间、琳琅满目的世界级奢侈品牌构建了它的外在之美，大丸百货从2015年亮相后，就被消费者称为"上海颜值最高的百货店"。大丸百货相关负责人表示，大丸不仅要有外在的"颜值高"，还需有内秀的"黏度高"，其为人称道的日式礼貌服务、特别利惠的会员福利、便捷的平板支付服务,以及不间断的各类活动,则构成了它美的内核。自开业至今的一年多时间里,新世界大丸百货一直在进行不同的尝试:从球星到访到明星偶像签售,从多肉植物展到会员福袋抢购,不同风格的活动,让这座看似古典的商场始终保持着一颗充满活力的心,和顾客的黏度也大大增加。

3. 和电商玩“错位竞争”

新世界城继续与电商形成差异化经营。加大核心品牌引进力度,并结合功能、布局、大类调整带动品牌档次新一轮提升。同时,新世界城进一步发挥商旅文联动的功能特色,匠心突出独特体验。进一步扩大餐饮、文化娱乐项目的比例,重点引进人气时尚美食,9楼餐饮各类餐饮小吃力争突破100家。电影院力争扩大调整,增加放映厅和座位数。同时,在调整过程中将引进一批新的功能项目,如美容美发、糕点烘焙、科创天地等,进一步增强功能性、体验性、互动性。(上海购物节组委会办公室)

北外滩:做中国最有活力的国际航运商务区

经过近二十年的磨砺发展,航运服务业已成为虹口区的一张名片。虹口区在上海国际航运中心建设中的重要地位已获广泛认可,北外滩在全国航运界也树立一定的影响力。航运服务业对区域社会经济发展的贡献令人瞩目。2016年上半年,虹口区航运服务类企业已达到4 199户,航运服务业实现的财力占全区区级财力的比重超过三分之一,支柱产业地位明显。

进入“十三五”,虹口区主动融入“一带一路”国家战略,全面对接中国(上海)自由贸易试验区建设,依托虹口南部地区城市功能的发展,创造与国际接轨的航运服务业发展环境。坚持传承与创新并举,坚持总部与高端引领。做强传统航运服务业,拓展内涵、集聚总部,创新发展航运电商平台等新业态,不断提升基础航运服务产业能级;做实高端航运服务业,在航运金融、航运信息咨询领域实现重点突破;做精邮轮、游艇、游船三游产业和船员服务,打造北外滩特色航运品牌。到“十三五”末,虹口北外滩区域将打造成为具有国际影响力的航运品牌,成为中国大陆区域最有活力、最有特色的国际航运商务区。

1. 布局:一线两圈四中心

“十三五”期间,虹口区航运服务业将重点形成“一线两圈四中心”功能布局。“一线”为北外滩临江沿线;“两圈”为霍山路圈和密云路圈;“四中心”为国际航运交流服务中心、国际航运人才服务中心、国际航运金融服务中心和国际航运创新企业服务中心。

北外滩临江沿线为航运服务总部基地核心区域,以邮轮、游艇、游船元素为特色,与金融、文化、商旅、体育等充分融合,展现中央活动区的繁荣繁华。

霍山路圈将依托周边历史文化资源、重点航运机构及标志性载体,打造国内外航运界的交流沟通平台和航运信息数据中心。

密云路圈以国家级船员评估示范中心项目为核心,大力发展船员权益保障、人才服务外包等功能,并在周边配套商务、办公设施,形成船员服务一站式功能区。

国际航运交流服务中心,将依托上海北外滩航运中心项目,进一步汇集航运相关的功能性机构、商务交流、信息数据、讲座论坛等。

国际航运人才服务中心,充分发挥虹口区航运产业链条完整、航运企业总部集聚、功能性机构众多、对外交流频繁的优势,汇集航运各个领域、各个层次的人才,配套完善各项人才服务,打造上海航运人才成长、交流、发展的舞台。

国际航运金融服务中心,将形成以船东互

保、航运衍生品交易、航运产业基金、船舶融资租赁等为特色的航运金融产业中心。

国际航运创新企业服务中心，将打造上海航运科技创新基地，配套专项政策，引导并培育一批具有行业龙头地位的航运电商、科技创新企业，在航运科创领域形成示范及引领效应。

2. 一线：从航运总部到产业链集聚

北外滩临江沿线为航运服务总部基地核心区域，以邮轮、游艇、游船元素为特色，与金融、文化、商旅、体育等充分融合，展现中央活动区的繁荣繁华。

依托170多年的航运历史积淀，北外滩地区聚集了国内外众多航运企业及机构的总部。2012年，国家交通运输部授予北外滩“航运服务总部基地”称号。2016年2月18日，中国远洋与中国海运正式宣布合并成立中国远洋海运集团有限公司，总部落户上海，目前在北外滩办公。核心运营板块，包括集装箱运输、能源运输以及大陆的码头运输板块总部均落户北外滩区域，集团旗下两大上市公司——中国远洋以及中海发展都在北外滩经营，旗下国内最大的内贸集装箱运输公司也在北外滩经营发展。

另外，北外滩除上海港务集团、瑞宁航运、民生轮船、国电海运等内资总部型港航企业之外，也聚集了地中海航运、太平船务、赫伯罗特、罗宾逊物流、皇家加勒比邮轮等著名外资航运类企业的中国区总部。

2016年5月，资产管理规模全球第一的互保机构——中国船东互保协会在北外滩设立国内首家国际保赔管理公司，填补上海国际航运中心在保赔领域的空白，航运界又一个“全国第一”在北外滩实现。协会已在北外滩置业，为协会近阶段从北京整体迁移至上海做好准备。

作为“中国现代邮轮产业的发源地”，北外滩一直是中国邮轮先锋者，推动、见证中国邮轮发展史上的绝大部分重要时刻。经过十多年的积累与发展，北外滩邮轮已从单纯的码头靠泊转为产业链发展。邮轮与商旅文体产业的融合发展成为现阶段的发展重点。国客中心已转型成为上港邮轮城，邮轮城内邮轮体验中心也已对公众开放。近年来，北外滩的岸线资源也得到了多元化的开发，游艇经济初显端倪，游艇展示、交易等业务已在北外滩陆续开展。此外，长江游船也成为北外滩一大特色。

3. 两圈：从航运智库到人才高地

霍山路圈将依托周边历史文化资源、重点航运机构及标志性载体，打造国内外航运界的交流沟通平台和航运信息数据中心。

北外滩已集聚30家航运功能性机构，是全国航运功能要素最为集聚的区域之一，大部分都是在霍山路圈范畴。中国航运五十人论坛、全球贸易与集装箱运输大会、亚洲航运财富论坛、中国物流大数据研讨会、中小航运企业发展国际高峰论坛、上海航运交易论坛等具有影响力的航运论坛、活动都在此定期举办；《中国邮轮产业报告》《中国航运发展报告》、中国航运景气指数、新华—波罗的海国际航运中心发展指数、中国新造船价格指数等行业数据也是在此定期发布。2016年7月11日，全国首个航海主题邮局在霍山路圈揭牌运营。

霍山路圈的标志性项目——上海北外滩航运中心正在抓紧修缮建设，并将于2017年上半年投入使用。它位于北外滩提篮桥历史风貌保护区核心区域，邻近下海庙、上海航运交易所和远洋宾馆，周边航运文化和产业氛围十分浓厚。2016年，虹口区政府出资近3 000万元用于霍山路150原有旧楼的修缮，项目面积10 200平方米，总高10层。

大楼修缮完成后，将集聚重点航运功能性机构，打造航运界信息交流平台，弘扬航运历史文化，成为上海国际航运中心的“智库”与“名片”。除了办公区域，大楼1～2楼层设立公共会议区域，吸引中小型航运专题研讨会、信息发布会、展示会等各类会议活动在此举办；楼内还将开设航运主题的咖啡馆和航海邮局专柜，宣传和展示航海历史与文化。

密云路圈则以国家级船员评估中心项目为核心，大力发展船员权益保障、人才服务外包等功能，并在周边配套商务、办公设施，形成船员服务一站式功能区。虹口区正在推进船员的技能评估、权益保障、行业协会、考试培训、劳务派遣、职业介绍等功能在此集聚,努力打造上海船员服务高地。

上海船员评估示范中心,在虹口区南湖职业学校第二分校原址(密云路 481 号)基础上改建,基地用地面积为 10 176 平方米,新建大楼建筑面积 26 342 平方米,高 65 米。这是我国第一个具有示范效应的国家级船员评估中心,将致力于打造高素质海员培养的良性发展的管理和服务模式,培育我国海员的核心竞争力,实现从海员大国向海员强国转变的目标。该项目是我国履行国际海事公约的重要举措,也是交通运输部与上海市政府共同推进上海国际航运中心建设的核心项目。

该项目由交通运输部落实设备,上海市提供办公场所,为上海市各类船员提供技能实训和职业资格评估等公益性服务,面向全国开展船员评估、师资培训等公益性服务工作。同时,这里也是"上海航海人才公共实训基地"。

4. 未来:从产业聚集区到核心商务区

北外滩地区航运历史文化底蕴深厚,航运产业基础雄厚,具备主动开展科技创新以谋求企业新发展、形成市场新活力的实力与动力;同时近年来虹口区科创氛围浓厚,政策配套完善,在提高科技创新能力方面积攒了不少成功经验。今后,结合"一线两圈四中心"中国际航运创新企业服务中心建设,虹口区将以信息化、智慧化、节能环保为重点,在北外滩区域打造上海航运科技创新基地,在航运科创领域形成示范及引领效应。

根据规划,到"十三五"末,新增航运高端服务企业将达到 100 家,航运总部型企业达到 20 家。

在这里,航运服务业市场需求也将与金融业相结合。北外滩将积极发展航运企业总部结算、船舶贷款、船东互保以及航运产业基金等业务;并结合全球新趋势,积极创新航运金融,探索发展航运网上第三方支付,航运运价衍生品等,促进航运和金融深度融合。

未来的北外滩,将会呈现这样的面貌:从单一的产业集聚区向功能综合的城市核心商务区转型,发挥空间区位、滨水岸线、产业基础等综合优势,进一步展现财富与文化价值,坚持航运、金融的产业特色,坚持凸显历史文化的深厚底蕴。

北外滩也会对接中国(上海)自由贸易试验区,与陆家嘴、外滩联动打造国际一流的现代金融服务区,继续加快北外滩航运和金融服务集聚区建设,推动虹口南部地区成为上海国际金融中心和国际航运中心的重要功能区,成为虹口实力的体现。

到 2020 年,北外滩将新增商务商业面积 190 万平方米,高端金融、航运发展取得进一步突破,公共服务环境更加完善,绿色生态人文的滨水特色更加凸显。

可以预见,未来的北外滩不仅将面临产业转型创新发展的重大机遇,聚集起更多高端要素,实现地区转型升级。同时,随着 2017 年北外滩滨江区域全线贯通并对外开放,它将以一种更加亲民的姿态出现在我们面前。(解放日报)

虹口北外滩转型城市核心商务区

据悉,"十三五"期间,虹口北外滩的产业集聚将更加多样,并建成复合立体慢行交通系统,以及有特色的滨水空间和绿化景观。预计到 2020 年,北外滩地区将新增商务商业面积 190 万平方米,高端金融、航运发展将取得进一步突破,公共服务环境更加完善。

位于虹口区的北外滩,与外滩、陆家嘴共同构成了上海中央商务区核心区的"黄金三角"。北外滩聚焦金融、航运"双核",已集聚4 000多家航运企业,1 000 多家金融企业,是上海建设国际航运中心、国际金融中心的重要功能承载区。

按照规划,未来 5 年,北外滩将对接中国(上海）自贸试验区，积极争取创新试点、政策突破和先行先试，进一步提升北外滩航运、金融服务能级，力争成为上海国际航运中心高端航运服务业集聚的核心区；依托上海对冲基金园区、风险投资中心，打造上海财富管理和金融服务创新的新高地，结合北外滩空间区位、滨水岸线、产业基础等综合优势，实现从单一的产业集聚区向功能综合的城市核心商务区转型。

北外滩的交通将更加便捷，更适合步行和观光休闲。通过打造立体步行公共空间，建设空中、地面、地下三层步行系统，构建串联重要商务商业地块的空中绿街，以及覆盖全域的慢行交通系统。围绕区域内现有轨交 4 号、12 号线的 5 个车站、规划 19 号线，以及海门路 55 号地块公交枢纽等基础交通设施，形成围绕轨交站点的慢行体系和公共开放空间体系，使人们能够使用多种方式进入北外滩的核心商务区块及滨江区域。同时，推进滨水景观步道三期（东大名路—汉阳路）建设，构建虹口港、滨江带、公平路—提篮桥—海门路、东长治路东段等生态绿带，建成提篮桥绿地。

此外，“十三五”期间，虹口将基本完成南部地区二级旧里以下居住房屋征收工作。北外滩地区将要建成上海国际航运和金融服务中心、金光中心、星港国际中心、上海星荟中心、苏宁宝丽嘉酒店大厦等一批标志性项目，并启动提篮桥监狱和扬子江码头搬迁工作，建设一批高品质的文化体育休闲场所。（虹口区商务委）

虹口商旅双节点燃黄金周消费市场

在 2016 上海购物节虹口系列活动、上海旅游节·四川北路欢乐节“商旅双节”的带动下，一系列形式新颖、内容丰富的商业、旅游、文化主题活动为虹口区消费市场营造了浓郁的节日氛围。据区商务委、区旅游局统计，2016 年“十一”黄金周期间，区内 21 家定点企业共实现销售 1.04 亿元，同比增长 8.3%；各景点景区接待游客近 35 万人次。

从弄堂的跳格子到异国风情建筑，凯德龙之梦虹口购物中心将“梦回上海滩”和“非常新加坡”两个活动完美衔接；瑞虹天地内，卡通人物“加菲猫”一改以往懒懒的形象，和小朋友一起打篮球、踢足球、玩射箭；四川北路巴黎春天虹口店、凯鸿广场等商场推出多元素主题活动，带动商业人气。国庆期间，虹口区 20 余项购物节、旅游节活动特色各异、精彩纷呈，涵盖购物、游玩、美食等多种元素，长假 7 天区内购物中心、百货样本企业销售额同比增长 8.76%。

国庆假期，亲朋好友团聚，各类特色餐饮、茶歇小食深受消费者的追捧。据对区内 6 家样本餐饮企业数据统计，假日 7 天销售额同比增长 11.4%。国庆假日也是传统婚庆旺季。据统计，区内样本企业假日期间共举办婚宴 1219 桌，同比增长 11.2%。外滩茂悦、三至喜来登等一批沪上知名酒店、餐饮企业凭借优雅的用餐环境、精致的菜肴样式和高端的服务品质，成为新人们举办婚宴的首选；“互联网＋”助力，新消费增势不减。国庆期间，苏宁云商各平台同步开启“八天八夜，国庆提前抢”“苏宁易购嘉年华”等主题活动，吃穿住行用多行多类商品全面覆盖，提升了消费者的购买热情，实现了销售业绩和市场影响力“双赢”。

旅游市场安全有序，各景点景区游客人数持续上升。据区旅游局统计，“十一”黄金周期间，区内鲁迅纪念馆、四大纪念馆、左联、李白故居等红色景点共接待游客 1.9 万人次；和平公园接待游客约 10.9 万人次；鲁迅公园接待游客约 21.2 万人次；上海犹太难民纪念馆接待游客约 0.24 万人次；上海音乐谷接待游客约 0.57 万人次。

此外，“上海花市”、BigGame 上港邮轮城嘉年华、朱屺瞻艺术馆“戏说人生——虞村作品展”等一批精彩活动、展览，为今年本区国庆旅游、商业市场增色不少，区内各大旅行社推出的特色旅

行线路也深受市民欢迎。(虹口区商务委)

虹桥定调“世界一流水准商务区”

促进高端商务、会展和交通功能融合发展,着力提升交通配套服务水平,提高虹桥机场服务辐射能力,高起点规划建设虹桥航空服务创新实验区,将虹桥商务区打造成为服务长三角、面向全国和全球的一流商务区——新鲜出炉的上海“十三五”规划纲要为上海虹桥商务区未来五年的发展“定调”。据悉,“十三五”开局之年,虹桥商务区将紧紧围绕“世界一流水准商务区”目标,加快形成“最低碳”“特智慧”“大交通”“优贸易”“全配套”“崇人文”的发展特色,使核心区建设形成新突破、主功能区建设形成新格局、拓展区建设打造新态势。

1. 新建项目必须绿色达标

在核心区和主功能区的社会投资和政府配套项目推进方面,虹桥商务区今年将积极推进352栋楼宇年底前实现95%结构封顶,推进物流片区1、2号地块开工,推进迎宾三路隧道东延伸、会展通道西段工程、5号停车场、申昆路商务片区道路等工程,启动主功能区文澜路、虹昆路、石池一路、石池二路、石池三路等5条道路的建设。同时,继续推进“国家绿色示范城区”建设,新建项目要求必须为绿色建筑,其中50%以上为二星以上绿色建筑。

在拓展区开发建设方面,虹桥商务区将积极推进6条快速路建设、5条跨区道路建设,落实一批教育、卫生、文化、体育和生活配套项目,落实人才公寓等配套建设,深入推进城中村改造,物流园区、国际医学中心功能建设;牵头推进吴淞江两岸景观灯光设计方案研究。

2. 商旅文观览路线即将推出

另外,虹桥商务区有望在2016年5月推出核心区“商旅文观览路线及示范区”计划,将来市民和游客沿着商旅文观览路线,可以看到区域内已投入运营的虹桥天地、虹桥绿谷、虹桥万科中心、冠捷项目,即将基本建成的虹桥丽宝广场、虹桥万通中心、虹桥正荣广场等楼宇的靓丽形象;总面积达20.49公顷,拥有月季园、竹凉亭、矩形树阵广场、水花园、华翔绿地的野趣风景,以及目前世界面积最大的建筑单体——国家会展中心的雄伟身姿。

同时,虹桥商务区核心区的公共标识系统也正在加快建设,其中,道路静态交通标志引导已开工。近期,虹桥商务区内地面引导标识也将逐步安装,便于市民快速找到楼宇位置。

虹桥商务区管委会负责人表示,即将到来的春运高峰,虹桥枢纽将24小时通宵运营。另外,根据市春运办的统一安排,虹桥商务区已做好春运期间市内交通各项保障预案,虹桥枢纽地区还将增设8条公交春运专线。(虹桥商务区管委会)

虹桥商务区确立“大交通”“大会展”“大商务”三大核心功能

虹桥商务区发展“十三五”规划日前经市政府常务会议审议通过,规划明确虹桥商务区“大交通”“大会展”“大商务”三大核心功能,一批新项目正在加速推进。

大虹桥是面向长三角、辐射全国的交通枢纽,规划将进一步强化虹桥枢纽的综合交通优势，将虹桥商务区建设成为上海西部地区的交通疏解中心，形成集商务旅行、市内通勤、过往转乘等功能于一体的“大交通”功能，以减少该地区对中心城区的公共配套依赖和交通通行压力。根据规划，核心区内的地下通道、空中连廊、公园绿地等21个政府配套建设项目总体上有序推进，总投资60.1亿元，一批已开工项目部分建成，部分正按计划施工。据虹桥商务区管委会介绍，2015年底建成并投入运营的重要商业配套项目“虹桥天地”与铁路上海虹桥站的地下通道已建成，乘客从地铁2号线、10号线虹桥火车站站出站后，不用上到地面，就可直抵虹桥天地。2016年12月建成开业的虹桥天街将新增25万平方米的两座商业广场，另外还有10万平方米的商务写字楼。虹桥天街与虹桥天地之间的空中连廊已在建设中，地下通道的接口也已预留，虹桥天街两座购物中心与西侧写字楼之间也有内部连廊，连廊全部贯通后，从虹桥天街往西、往东前往国家会展中心和虹桥枢纽均只有500米左右的步行距离。规划还显示，虹桥商务区在已建成的“一纵三横”基础上，将完成北横通道和诸光路地道工程建设，加快推进迎宾三路地道东延伸等项目建设，形成“四纵四横”对外骨干路网。此外还要推进轨道交通17号线建设，加快13号线西延伸、嘉闵线等规划项目前期工作，加强商务区与长宁临空、古北、闵行七宝、青浦赵巷、松江九亭等周边地区的交通联系，降低闵、嘉、青、松等地区往返中心城区的通勤和就业强度，基本形成15分钟体育健身、医疗卫生、休闲娱乐、文化活动服务圈。2016年上半年，五条跨区道路中已有四条开工建设、一条正在抓紧准备开工。

同时，大虹桥还将强化特色金融服务功能，虹桥商务区管委会与市金融办签订战略合作备忘录，市金融办将在政策、项目、平台等方面对虹桥商务区给予倾斜，形成与服务长三角、面向全国和全球一流商务区发展定位相适应的金融服务功能。（虹桥商务区管委会）

虹桥商务区迎来企业集中签约

2016年3月4日，虹桥商务区迎来28家名企业集中签约，注册总资本超过117亿元，包括13家总部企业、9家金融企业和休闲娱乐、医疗、众创平台、会展类企业等。高质量企业的抢滩落户，为这里带来企业入驻高峰期。

整个虹桥商务区核心区352栋楼宇总建筑面积585万平方米，已有288栋实现结构封顶，2015年年底开业的大型商业综合体——虹桥天地，集办公、购物、餐饮、娱乐、展示为一体，可以为上海以及长三角“一小时生活圈”的7 500万人口提供商务和休闲服务。

一批具有品牌优势、产业带动能力、集聚带动效应的企业争相入驻。已落户的有世界500强和行业领先企业梅塞尔、罗氏、壳牌、安博物流、格兰富等，以及区域性总部和地区总部科施博格、台达、阿里巴巴等，长江商学院、伊顿国际教育集团、国内最大民营医药企业鱼跃公司和电商唯品会等也已签约。注册在核心区的企业已超过600多家，平均每个月有五六十家完成注册。

2016年，虹桥商务区管委会积极推进落实一批区区对接道路和一批重点工程项目，进一步完善功能配比，包括打通闵行与嘉定越江跨区道路，打通闵行与青浦3条通道，启动主功能区5条道路等。（虹桥商务区管委会）

上海67个特色商业街区全名单公布

想不出去哪里荡荡马路？来看市商务委公布的上海67个特色商业街区，文艺的、市井的、小清新的、传统的、国际范的……无论是在市中心漫步旧时光，还是在古镇品味小吃，一街一品，各有性格，来看看有没有你家附近的？

浦东

昌里路休闲街、张家浜休闲街、陆家嘴96广场、亚太盛汇广场老上海裁缝街、上海金桥国际茶城、上海湾时尚休闲街、滨江大道休闲餐饮街、佛罗伦萨小镇、上海迪士尼小镇、奕欧来上海购物村

黄浦

新天地休闲娱乐街区、老码头滨江特色餐饮酒吧街区、豫园时尚街、云南路老字号美食街、雁荡路休闲文化街、茂名南路定制服装街、北京东路生产资料街、福州路文化用品街、豫园老街、绍兴路文化街、田子坊、思南公馆

静安

吴江路休闲街、陕西北路服饰街、阳曲路餐饮特色街、青云路眼镜街

徐汇

天钥桥路休闲餐饮街、宜山路建材街、衡山坊、衡山路东段特色餐饮街区(桃江路、东平路、岳阳路、汾阳路区域)、新乐路时尚街区、武康路安福路慢生活街区、田林路社区商业特色街

长宁

虹桥南丰城丰尚街、仙霞路美食特色街、ART愚园生活美学街区

虹口

多伦路文化名人街、瑞虹天地星星堂、1933老场坊、星乐汇商业街

杨浦

大学路创智生活休闲街、金储休闲广场

普陀

梅川路休闲商业街

闵行

虹梅路休闲街——上海老外街、七宝老街、十尚坊休闲餐饮街、虹泉路韩国街

宝山

牡丹江路北翼服饰街、诺亚新天地商业广场

嘉定

州桥老街特色商业街区、新源路餐饮特色街、曹安路专业市场特色街、南翔老街、疁城新天地、江桥老街·生活大院

奉贤

奉浦餐饮娱乐休闲街、人民南路服饰街、南桥镇人民中路黄金钻石珠宝商业街、南方国际广场美人鱼休闲街

松江

松江松东路饮食文化街、泰晤士小镇文创休闲街区

青浦

朱家角镇北大街、尚都里、赵巷商业商务街区

金山

金山嘴老街、枫泾古镇生产街

崇明

新崇南路餐饮街

(市商务委)

企业集团

东方国际(集团)有限公司

2016 年,在复杂困难的环境中,集团坚持“稳增长、调结构、促转型、补短板”的经营思路,坚持问题导向、底线思维,一步一个脚印地推进业务发展和改革转型等各方面工作。尤其是经过集团上下的顽强拼搏,集团主要经济指标均超额完成预算,营业收入、净利润再创历史新高。

集团通过进一步稳固传统主业、推进转型业务,确保了收入规模继续扩大。全年实现营业收入 227 亿元,比上年增加 10.3 亿元,增幅为 4.8%;共实现利润总额 10.3 亿元,增长 72%;实现归属于母公司净利润 8 亿元,增长 1.2 倍。

一、主要举措

1. 深化综合贸易转型

加强工贸结合、海内外联动,柬埔寨工厂开始进入良性循环,孟加拉内衣厂呈现出“订单满、任务足、管理佳”的良好发展态势,孟加拉毛衫厂经营情况趋好。推进物贸、金贸联动,“易融达”业务发展从小到大,产品逐步多元化,业务逐步向优质客户集中。优化经营方式,加强风险防范,大宗商品业务实现新的增长。坚持代理自营两条腿走路的方针,在稳定自营出口业务的同时,充分利用出口信保的风险控制能力,扩大代理出口业务。不断提升服务档次和仓储管理水平,为客户提供菜单式服务,发展内贸分拨业务。主动出击,采用跨境直采、一般贸易进口和国内采购三种贸易模式并行发展的方式,推进“爱奢汇”进口电商平台发展,提高用户黏度。积极推进内贸品牌战略,KOOL 品牌加快实体店布局,网点走出江浙沪迈向全国;衣架、Sunflower 和朗绅 L'anticher 等品牌联动发展。

2. 深耕细作现代物流

为更好的发展现代物流,集团将原有的大物流板块细分为物流与航运两大块,在各自领域深耕开拓。整合空运板块成效显著;整合仓储资源,升级改造曹路仓库,增设电商及研发产品库并设立配送服务中心;整合海关第三监管区、检验检疫等方面优势,精心打造专业、高效、精良的“快检通”服务平台操作流程,逐步形成法检、货代、报关、报检备案、仓储、配送一体化服务功能;完善散货船代理业务配置,推进船代系统二期平台升级。

3. 建设投资发展平台

集团投资公司正式运营,作为集团下属专门从事金融和产业投资业务的投资性平台公司,承担着盘活集团所持金融资产、对外投资,以及在新兴产业领域拓展和转型的重要使命。投资公司已完成东方翌睿健康产业基金的设立,并开展若干项目增资、并购,投资业务正式扬帆起航。

4. 建设资产管理平台

集团超额完成企业改制及清理工作,存量资产结构得到进一步优化,初步形成“开发储备一批、转型提升一批、处置盘活一批”的格局,资产管理平台初见成效。

5. 纵深推进改革发展

2016年,集团对物流和国服进行改革重组,打出"组合拳",不断将改革发展向纵深推进。集团启动家纺公司和商业公司改革转型工作,为进一步推进两家公司的转型发展奠定了扎实基础。

6. 持续加强风险防控

根据外部环境和贸易方式的变化,集团提出加强对业务流程和操作规范的合规要求,各子公司加大对业务环节风险防控的力度,进一步健全风险管理监控机制,将风险管控和规范运作落到实处,努力将各项经营风险降到最低。集团还进一步加强财务预警管理、深化财务内控管理、落实境外企业财务监管,同时通过内部审计加强对集团内控管理制度建设及执行情况的检查,更好地为集团的转型发展提供保障和支撑。

二、国际货物贸易

2016年,全球贸易延续放缓态势,集团出口业务受全球经济大环境影响略有下降,总体保持平稳,进口业务实现增长,集团进出口同比略好于全国水平。集团全年进出口总额194.98亿元人民币(下同),比上年的196.59亿元下降0.8%。其中,出口134.71亿元,下降1.9%;进口60.27亿元,增长1.6%。

集团三大支柱产品出口中,纺织服装共出口865 008万元,比上年下降4.8%;轻工产品出口229 238万元,增长0.8%;机电产品出口181 585万元,下降1.0%。集团对12个主要出口地区的出口中,对日本、非洲、东盟、韩国、加拿大等实现增长。

集团综合贸易收入为195.8亿元,比上年增加11.4亿元,增幅6.2%,其中内贸业务实现较快增长,内贸业务额为431.191万元,增长35.2%。

三、国际服务贸易

集团服务贸易中,2016年,物流海运进出口437 692 TEU,比上年增长6.8%;空运进出口176 720吨,增长9.3%;代理进出口集装箱153 209 TEU。

会展、人力资源服务业务实现增长。2016年,执行国外展36个,营业额为1.27亿元,比上年增长26.8%;人力资源业务的雇员累积人数为15 331人,增长2.2%;旅游营业额为2.25亿元,接待国内游客为24 140人天数,接待国外游客为25 333人天数。

图1 集团与上海国检局签署合作要点备忘录助推重点项目发展

四、2017年发展趋向

2017年是集团三年行动规划收官的关键之年，国际国内形势依然错综复杂，不确定性大。世界经济仍处于国际金融危机后的深度调整期，政治、经济、地缘等各种因素相互交织并影响加深，全球经济复苏依然脆弱，国际贸易增长乏力，国际贸易摩擦加剧。美国特朗普入主白宫后对中国的经济贸易政策变化、英国脱欧、人民币汇率等种种不确定因素需要特别加以关注。国内经济进入新常态，供给侧结构化改革是当前我国经济发展的主旋律、大背景，全面深化改革进入深水区、攻坚期。

基于国际国内的大背景形势，结合集团实际，集团2017年行政工作思路是“十六字方针”：稳中求进，提质增效，创新驱动，转型发展。

集团2017年主要工作任务和措施为持续推进综合贸易转型，加强集团自主品牌体系、综合集成服务体系、现代服务贸易体系、产业链体系、电子商务运营体系等五个体系建设；持续推进物流和航运业务加快发展，物流业务集聚资源、转型提升，航运业务调结构、增效益；持续推进大健康产业发展布局，深入研究项目投资；持续推进资产管理平台建设，着眼盘活资产实施重点项目；持续推进投资平台建设，推动投资并购工作取得突破；持续推进专业外贸公司改革重组和转型发展；持续优化集团总部管理工作，加强集团管控能力和执行力建设，加强安全生产工作，加强人力资源管理、财务管理、资产管理、投资管理、法律和审计工作，优化综合业务协调指导工作，提高服务保障水平。（东方国际〔集团〕有限公司办公室）

上海东浩兰生国际服务贸易(集团)有限公司

2016年，集团积极应对外部严峻复杂的环境挑战，主动适应经济发展新常态，围绕年初工作会议提出的“稳增长、调结构、促改革、补短板”十二字方针，经济运行总体平稳，转型升级持续推进，实现了“十三五”发展的良好开局。

一、总体经营情况

2016年，集团营业收入比上年增长8.9%。外服集团发展态势良好，规模及效益指标继续保持同口径两位数增长，资源整合、区域拓展、营改增等各项工作成绩显著。在2016年上海第三产业纳税百强榜单中排名第36位。国贸集团克服国际贸易持续低迷的不利因素，通过固本求新，实现了营收规模较大增长。会展集团展会影响力持续提升，场馆使用效率再创历史新高。世博展览馆销售面积位列全国第六，比上年提升3位。上马系列赛事凸显品牌效应。置业集团通过精细化管理盘活存量，提升物业品质和使用效率，有效提高传统楼宇盈利水平。

二、重点工作

1. 成立产业集团，推动专业化、集约化、精细化发展

成立外服集团、国贸集团、会展集团和置业集团四大产业集团，筹建金融产业集团，明确产业集团是日常经营管理的责任主体，以“资源集约化、业务专业化、管理精细化”为目标，承担市场开拓、资源配置、客户关系管理、提出投资收购建议等产业发展任务，为推进实施集团发展规划提供重要组织保证。四大产业集团领导班子已经成立，经营管理关系初步建立，各产业集团分别研究制订改革发展方案和平台转型方案，以提高质量和效益为中心，突出培育核心能力、专业能力，日常经营管理主体功能初步显现。

2. 聚焦核心产业,聚力提质增效、转型升级

外服集团。一是确立"一个主体",整合上海外服和东浩人力,组建成立上海外服(集团)有限公司,确立"人事管理、薪酬福利、业务外包、招聘及灵活用工"四个主业,优化总部架构,建立共享中心,实施品牌再造。二是继续深化"外服中国"战略,新设或合资成立河南、陕西、黑龙江、沈阳四家区域公司,自有分支机构数量领先中国同行业。三是加速发展O2O服务体系,依托"外服云平台",初步实现服务产品的移动端全覆盖,提升移动化、信息化、自助化的客户服务体验。

国贸集团。一是围绕五大核心产品,确定国贸集团"1+7"核心企业,明确各企业的主业特色和重点商品。二是推动专业化经营,拟定资产重组一揽子方案,理清业务条线,加快资源整合。三是探索互联网+外贸发展新路,投资设立上海宝玉石交易中心有限公司。正式启动东浩兰生网络科技公司的运营,努力创建"互联网+外贸"的外贸综合服务平台商业模式。开展以互联网为载体的内外贸开发项目,借力有市场、有口碑、有特色的电商渠道端拓宽内外销途径,现已有产品成功进入小红书、亚马逊销售。

会展集团。一是政府展亮点纷呈,取得佳绩。第十八届中国工博会引领智能制造发展,展览面积逾27万平方米、展商数量2 308家、专业观众数15.6万人次,皆创历史新高。第四届上交会共吸引921家科技企业和交易服务机构参展,专业观众比例达81.2%,并首次参加捷克海外展。第二十六届华交会通过设置专业主题展、引入境内专业买家等多项"首次"尝试,实践多项创新。二是自办展拓展系列展,扩大影响力。广印展举办亚洲广告联合会首届会员大会,筹办"四城六展"。宠博会实现全面升级,展示范围扩展至整个宠物行业。信博会、绿色建博会立足专业展会,进一步提升品质。三是推动兼并收购与国际合作。完成北京华展公司收购项目,持续推进与汉诺威展览公司等国际知名会展集团的业务合作,积极参与国际并购项目。四是赛事活动持续呈现品牌效应。2016上马赛共有来自86个国家和地区的38 000人参赛,全年先后举办7场上马系列赛,共计69 600人次参跑。

置业集团。一是推进所属各公司管理关系调整,对不动产进行了分类管理。二是以建设新型产业园区作为重点,开展虹桥别墅、柏树大厦、长江路仓库等项目的前期策划工作。三是以"上海国际黄金珠宝商贸功能区"为契机,建成东浩兰生公共型保税仓库,完成海关验收。

3. 做好重点项目配套建设,拓展国家会展中心场馆功能

国家会展中心洲际酒店于2016年6月竣工,仅用8个月就完成装修、装饰任务,并按时通过规划、环保、卫生等验收。成立国展置业公司筹建虹桥综合交通枢纽项目,初步形成概念性方案,开展智慧停车系统、充电桩配置等12项课题研究。(东浩兰生集团)

专 题

上海国际马拉松赛

一、背景

上海国际马拉松赛(以下简称"上马")起始于1996年,此前由中国田径协会、上海市体育总会主办。随着上海市体育改革不断推进,办赛体制从政府为主逐步向企业为主转型。2014年4月,上海东浩兰生国际服务贸易(集团)有限公司(以下简称"东浩兰生集团")成立上海东浩兰生赛事管理有限公司(以下简称"东浩兰生赛事公司")接棒"上马",着力优化配置赛事资源,探索提升赛事的专业属性、社会效益和经济效益,逐步形成了可持续的赛事品牌发展之路,"上马"成为上海一张亮丽的城市名片。

二、内容

1. 项目概况

东浩兰生赛事公司坚持以品牌为核心,从专业化、市场化、品牌化三个维度运营"上马",初步构建了以"上马"品牌为核心的产业链,形成可持续的赛事品牌管理和发展模式。

2. 项目特点

坚持专业运营,以工匠精神承办赛事。细节决定成败。东浩兰生赛事公司以"工匠精神"承办好每一次赛事,通过专业的赛事组织,精细化、人性化的赛事服务，在上海乃至全国范围内，使“专业”成为“上马”赛事的代名词。2016年上海国际马拉松共招募3 369名志愿者、350名裁判员，为86个国家和地区38 000名跑者提供全方位服务；设立22个医疗救助点和4个起终点医疗站，沿途有20辆救护车及两辆东方医院国家紧急医疗救援队的特种救护车；从全程7公里起，有骑行保障队为运动员们保障安全，同时不断优化体能补给、应急保障等各项服务，将每位跑者的体验放到极致。

推进市场运作，挖掘可持续发展潜力。马拉松赛事运营投入规模大，赞助收入是赛事经费的主要来源。东浩兰生赛事公司依托“上马系列赛”这一延展性的赛事平台，不仅培养目标受众，培育路跑赛事市场，而且与社会相关方开展个性化、定制性合作，探索形成中国路跑产业可持续发展之路。目前，“上马”共有耐克、宝马、兴业银行、中国平安等17家赞助商，其中与耐克、兴业银行等的合作长达5年。2016年，“上马”收入和利润增长快速，提前实现赛事盈利目标。

强化品牌引领，拓展赛事辐射效应。东浩兰生赛事公司坚持“度大势，冷思考，夯基石，谋发展”的发展思路，从2015年开始全力打造8公里迎新跑、浦东半程马拉松赛、四季跑和上海国际马拉松赛等“上马”系列赛平台，形成赛绩激励的互动机制，培养“上马”的忠实跑友。在上马20周年纪念的系列活动中，全力打造马拉松赛展示会，并将其升级融入到上海国际体育赛事文化及用品博览会。2016年推出“马拉松周末”概念，首次展开马拉松嘉年华活动。从上马到上马系列赛，从一天的赛事到整年的系列赛事，从时间和空间上有效拓宽了上马的辐射效应。

3. 项目效果

2014年以来，“上马”已连续四年被国际田联评为金标赛事、中国田径协会的“金牌赛事”，已成为国内外跑友热衷的马拉松赛事，成为上海“全民健身”活动的重要载体之一。

三、点赞

随着体育产业的快速发展，马拉松作为大众体育赛事的精品，受到越来越多人的关注。作为申城体育创新转型的一个重要缩影，“上马”的成功举办不仅有利于赛事本身的发展，对于申城赛事改革乃至整体创新转型有着里程碑式的重要意义。东浩兰生赛事公司通过品牌化运作，突破单纯的赛事组织，提升赛事的综合效应：以引领市民健康向上的生活方式，提高赛事普及力，以打造时尚潮流的路跑文化，提高赛事影响力，以形成创新活力的产业链，提高赛事带动力。“上马”从单纯的赛事到成功赛事品牌、成功体育产业的转变，也走出了一条国有企业履行社会责任，服务城市功能转型、增添“海派文化”人文魅力的新路。

上海百联(集团)有限公司

2003年4月，市属大型国有商贸流通产业集团——百联集团有限公司挂牌成立。集团由原上海一百集团、华联集团、友谊集团、物资集团合并重组而成，是市委、市政府站在建设国际经济、金融、贸易、航运中心和现代化国际大都市国家战略的高度，应对我国全面开放零售业市场和服务贸易领域带来的严峻挑战，增强大型国有企业的活力、影响力和带动力，打造上海现代服务业新高地的重大举措。

集团注册资本10亿元，总资产862亿元。拥有综合百货、购物中心、奥特莱斯、大型卖场、标准超市、连锁便利、专业专卖等零售业态，涵盖全渠道电商、大宗商品、仓储物流、商业地产、类金融等经营业务，形成以上海为中心，辐射长三角，连接全国25个省、市、自治区近5 000家门店的市场布局。集团控股百联股份(A、B股)、联华超市(H股)、上海物贸(A、B股)、第一医药(A股)、复旦微电子(H股)、华岭股份等6家境内外上市公司。

集团旗下汇聚了第一百货商店、第一八佰伴、东方商厦(连锁)、永安百货、虹桥友谊商城、时装公司、华联商厦、妇女用品商店、南方购物中心、西郊购物中心、中环购物中心、又一城购物中心、东郊购物中心、金山购物中心、世博源购物中心、重庆购物中心、沈阳购物中心,奥特莱斯,联华超市、华联超市、世纪联华、华联吉买盛、快客便利,旧机动车交易市场、有色金属交易中心,第一医药商店、亨得利亨达利钟表、茂昌吴良材眼镜、上海拍卖行、上海国际商品拍卖行、百联E城、百联物流、百联物业、百联电器、上海外供等一大批享誉沪上、闻名全国的企业品牌。

2016年,集团紧紧围绕"十三五"规划以及全年目标,全力推进重大项目和重点工作。主要零售业态虽受宏观经济下行影响,但集团上下坚定信心,围绕全年预算目标抓落实、抓执行,积极举措,实现稳步提升。集团实现经营规模1766亿元,营业收入859亿元,利润总额19亿元,上缴税金34亿元。集团现有在编员工5.5万人,从业人员规模约14.9万人。

一、新型业务迅速成长

经过两年多的倾力打造,2016年5月19日,集团i百联全渠道平台顺利实现整体上线。在集团及各业态公司全力支持下,平台总体运营平稳,业绩增长稳定。i百联平台经历上线、购物节、双十一和双十二四次大促对平台系统、业态协同、物流配送等全方位考验,销售业绩迅速攀升,其中10月25日当天实现销售1 500万,首次突破千万大关。5·19上线大促完成11万笔订单,达成销售金额近2 500万;9月购物节大促订单量与销售额增长翻番,达到近5 000万;双十一大促期间继续保持100%的增长,实现销售近1亿。

二、既存业务稳步提升

集团综合百货业务采取积极措施,促销售保增长:奥特莱斯业态通过提升品牌级数、优化经营布局、完善配套设施,继续保持行业领先水平。全年实现营业收入53亿元,逆势实现同比增长15%;购物中心业态加快拓展步伐,新开百联嘉定购物中心和百联世纪购物中心,新增营业面积超过21万平方,以增量带来销售贡献约1.7亿元;百货业态开展全渠道精准营销,有效促进销售,年初大拜年和化妆品节活动销售同比增长7%;二季度的家居节、女神节、儿童节及年中庆营销活动取得良好效果,其中年中庆期间日均销售同比增长32.7%;下半年组织购物节、双十一、双十二等营销活动,其中双十一活动实现销售同比两位数增长。

三、转型业务显著提升

集团大力推动大卖场和标超门店转型,根据商圈和客群精准定位,一店一策制订实施转型方案,全年完成16家大卖场改造。其中第一家转型卖场颛桥店全年销售比上年增长20%,生鲜销售增长约30%,招商收入增长33.4%,坪效更是增长94.4%。其他卖场的生鲜销售和卖场坪效都有所提升。标超转型重点是提升生鲜经营能力,全年完成50家门店改造升级,比上年增长16.3%;生鲜销售增长22.4%。

专 题

i百联全渠道电商平台

2016年5月19日,百联集团i百联全渠道电商平台正式上线。作为以实体零售为立足点,拓展全渠道、全业态、全客群、全品类、全时段的上海区域垂直电商平台,i百联平台将围绕"云享生活"的核心理念,为沪上消费者带来触手可及的新时代海派品质生活。i百联平台的上线也标志传统国企转型与零售消费领域创新的新方向。副市长周波出席发布活动,并调研新落成的百联集团创新体验中心,市商务委主任尚玉英等陪同。

当前,消费人群、消费结构与消费需求正随着互联网时代的发展发生深刻的变化,而i百联正是这样一个由百联集团倾心打造的线上线下互通、互融、互动的全新区域垂直商务电子化平台。其整合百联集团旗下原百联E城、联华易购及百联股份网上商城3家网站，依托网站、手机APP、微信公众号矩阵为线上平台，以百联集团旗下全业态企业为线下支撑，以商品、体验、供应链为核心，将门店、社区、商圈与统一会员体系串联，形成全渠道商业生态圈。

据了解，在i百联平台现阶段的78个应用产品里，主要包含五大特色服务场景：百联通享、百联财礼、百联店取、百联到家、奥莱代购；以及五大特色购物场景：精品闪购、全球购、生鲜随心订、精选篮筐、百联云店。

i百联全渠道电商平台的正式上线，是百联“互联网+”战略转型的重要一步。百联将充分利用已有的4 800家线下实体资源，发挥近10万零售从业人员的优势，把握每年超过10亿的线下客流，运用互联网技术和平台，更加便捷消费者、满足消费者，服务消费者，实现实体商业核心能力的重构。

百联集团表示，在新的起点上，将以全渠道商业零售为核心，重构现有产业板块，积极构筑以“互联网+”为基础，围绕消费者衣、食、住、行、康、财等六方面需求的全新产业布局，实现脱胎换骨的战略转型。通过不断的场景创新，商品丰富度拓展、体验满意度提升、供应链顺畅度的捋顺，进一步提升消费者在品牌、产品、服务上的全方位体验，让i百联平台成为城市消费者在身边、也在指尖的新生活方式。（百联〔集团〕有限公司办公室）

光明食品(集团)有限公司

光明食品(集团)有限公司(简称光明食品集团)是集现代农业、食品加工制造、食品分销为一体，具有完整食品产业链的综合食品产业集团。光明食品集团坚持以食品产业为主体，地产和金融为两翼的“一体两翼”产业结构；实施融合战略、品牌战略、渠道战略和平台战略四大战略；推进以“产业先进、环境优美、生活优越”为标志的殷实农场建设，全面参与崇明世界级生态岛建设，打造光明田缘，致力于成为上海特大城市主副食品供应的底板、安全优质健康食品的标杆、世界有影响力的跨国食品产业集团。2016年光明食品集团营业收入达1 528亿元。经营举措如下：

1. 积极保障城市供应

集团依托良友集团、西郊国际(蔬菜集团)、五四有限公司、光明乳业、上海农场等子公司，持续发挥保障城市主副食品供给、保证食品安全、平抑主要农副产品价格方面的主力军作用。2016年，集团销售粮食占全市粮食保有量的33%，光明系列小包装大米上海市场占有率60%以上；蔬菜销量占全市消费量近70%；实现生猪地产上市量占全市生猪最低保有量的45.6%；水产养殖区域面积占上海市水产养殖面积的33%。此外，集团成员企业还提供50%的上海新鲜牛奶市场份额、25%的食糖销售市场份额、20%的上海食用油市场份额和50%的上海水果成交市场份额。

2. 狠抓食品安全责任

集团将每年4月定为食品安全警示月，通过规划和制度的引领，健全食品安全管理长效机制；坚持全覆盖全过程管理，完善食品安全管理体系与能力；鼓励所属食品生产企业制定并执行严于国家标准或地方标准的企业标准，以“光明标准”培育和打造优质名牌产品；坚持管理创新升级，推进溯源管理技术的应用，提升品牌建设能级和美誉度。

3. 着力建设殷实农场

集团确立以“产业先进、环境优美、生活优

越”为主要特征的殷实农场建设的总体要求，明确未来5年殷实农场建设的主要内容。各相关农场也制定相应的发展规划并推进实施。集团重点推进完成长江农场的总体规划，在重点项目进总规、区域规划调整等方面取得突破性进展，其中光明田缘、风情前哨等7个项目已列入崇明世界级生态岛3年行动计划重点项目。

4. 努力构筑“爱与尊重”光明文化

集团坚持改革为了职工、改革依靠职工，把改革发展成果与职工共享，集团上下广泛开展“串职工门，知职工情，凝职工心”主题活动，广大党员干部深入员工，做职工的知情人、贴心人和暖心人，以实际有效的方式将关爱传递给员工；农场、社区通过做好旧住房改造等惠民工程，不断改善环境，提高农场职工幸福指数，让广大员工有更多的获得感和满足感。

5. 推动海外业务协同

集团在海内外企业协同融合战略上，积极推动海外企业在华业务发展，米盖尔与良友海狮葵花籽原油采购项目、金海狮橄榄油西班牙OEM等项目正式落地。在殷实农场建设、良友海狮和米盖尔业务协同、东方先导和光明乳业原料糖协同、西郊国际与相关子公司进出口业务协同等方面不断取得新突破。

6. 加强优秀人才储备

集团完成对子公司和集团总部的人才摸底调研工作，形成百人后备人才库，为后续发展提供新生力量和智力支持；在信息化和风险管控方面，进一步推进人力资源信息化建设，建立干部信息查询系统；建立企业与资产数据采集系统，形成资产数据库，完善相关审批流程的电子化和移动化；全面梳理集团子公司外汇合约、电商业务等，全力以赴做好风险化解工作。

7. 积极拓展市场

集团成功举办中国国际食品博览会暨光明食品节，共吸引来自19个国家和地区近531家食品企业的参展，现场成交额达4 800万元。集团还先后组织相关企业参加中国农交会、中华老字号博览会、中国国际食品饮料展等国内外大型展示展销活动，提升集团公司整体形象、行业竞争力和国际影响力。

2017年，光明食品集团将以“创新、协调、绿色、开放、共享”新发展理念为引领，践行集团使命、坚守战略定位、保持发展定力，围绕“五年再造新光明，十年打造实力光明”的总体目标，扎实推进殷实农场建设，扎实推进集团总部改革和效能建设，扎实推进党建主题实践活动，不断完善“一体两翼”产业布局，加快推进集团商业模式创新转型，全面做好集团改革发展稳定党建各项工作，保持集团经济平稳、健康发展态势，以优异成绩迎接党的十九大胜利召开。

专　题

振兴老字号　观念要创新

老字号遇上网络商业模式——众筹，将碰撞出怎样的“火花”？全国人大代表、光明食品集团副总裁葛俊杰表示，一个国家的真正崛起是文化和品牌的崛起，中国有不少国货老字号，但开掘老字号的文化竞争力需要新理念、新模式；拥有众多老字号的上海可率先建立老字号交易平台，打破传统，用众筹模式吸引年轻人一起来参与创新，让国货走向世界。

一、老字号承载记忆和追求

“大白兔奶糖、冠生园奶油话梅、光明牌冰砖，这些老字号让人想起‘小时候的味道。”葛俊杰说，“上海的老字号远不止于食品，红灯牌收音机、蝴蝶牌缝纫机、张小泉剪刀、永久牌自行车……这些上海品牌不但承载着一代人的记忆和追求，也是上海轻工业曾经领先的标志”。

“每一个地方都有自己的文化传承和精神——说起可口可乐、苹果手机，就想到美国，宝马、奔驰是严谨的德国机械制造的象征。上海货的精致也曾深入人心”葛俊杰说，“一台永久牌重型28英寸自行车骑上20年后上油保养一下，照样能够平地如飞——上海老字号曾经是‘品质’的代名词，广受各地消费者喜爱”。

然而，现在国内消费者对外国商品的热情和信任显然高于国货，葛俊杰感受最深刻的还是在

"吃"的方面。"老字号食品消失的不在少数——光明的大白兔奶糖,算是坚持下来的代表之一,但依然艰难;反观日本的'白色恋人'巧克力,却是游客必买的伴手礼。"还有越来越多的日用小商品成为了国内消费者海外"扫货"的新目标——从保温杯到指甲钳,都成了境外购物清单的"常客"。

二、一个老字号要靠几代人沉淀

"到一些年轻朋友家里吃饭,看他们一边用着德国'双立人,刀具切菜,一边说德国刀怎么好,国内做不出来,我心里就不舒服。"葛俊杰说,"'张小泉'曾经就是上海的骄傲,但现在却成了专卖店柜台里的摆设,还有多少年轻人知道?"

"一个老字号要靠几代人的沉淀才能成就,不能急功近利,要耐心坚守。但时下大家都忙着赚快钱,能静下心来做产品的企业不多。"葛俊杰说,"一种对自家产品精雕细琢、精益求精的精神,正是现在热衷于打价格战的国内企业所缺少的。品牌战略喊了很多年,但现实中,如果投资一亿元建厂房、购设备、出新品,多数人没异议,但拿来搞品牌、搞文化、搞质量,有人就觉得不靠谱。此外,多数老字号品牌被集中控制在少数企业手中,随着成本上升,企业毛利不断下降,一些产品竞争力不足、附加值较低的老字号产品往往就被企业投闲置散,这是极大的浪费和不负责任"。

"不是老字号产品不行了,关键是产品更新、品牌形象不能满足消费者的需求。"在葛俊杰看来,这需要对产品技术和商业模式做一系列改进。

三、振兴老字号要创新观念

"要赋予老字号新理念、新模式和适应未来消费需求的新概念。"葛俊杰说,光明乳业通过创新,三年内让莫斯里安这个单一品牌突破70亿元销售额,"这就是一个老企业通过产品创新、品牌创新获得成功的很好案例。"现在,光明准备为旗下老字号引进更多新鲜"血液",让传统和科技碰撞出新的"火花"。2016年全国两会,葛俊杰提交《关于着眼健康中国大力扶持蝉花虫草产业的建议》,呼吁为传统食品引入生物养生保健概念,让旗下老字号品牌食品开发出符合时下需求的新产品。

"要振兴老字号,不仅产品要创新,体制、观念更要创新,不妨打破一些传统。"葛俊杰建议研究搭建全国性品牌交易平台,鼓励企业、个人通过平台,开展"中华老字号"品牌、国内知名品牌的资产交易与业务合作,"我们现在缺的不是资金和资源,而是新的观念、流行的设计理念和营销方式。有了老字号交易平台,我们完全可以用时下最流行的众筹模式进行运作。"葛俊杰认为,让更多年轻人、老字号传承人、专业人士一起参与到老字号运营当中来,可以让一批历史悠久但长期闲置、远离市场、投入不足的品牌重新焕发活力,使中华老字号得到传承、弘扬与推广。

上海水产(集团)总公司

一、概况

上海水产集团有限公司(以下简称"上水集团或集团")是由上海市国资委全资控股,开发利用国际渔业资源,以远洋渔业生产及水产品精深加工为主营业务的国有跨国经营集团公司,下属有30多家全资、控股和参股企业,总资产50亿元,拥有80余艘北起北欧法罗群岛、格陵兰,南抵南极冰缘海域,东至太平洋智利和秘鲁外海,西达非洲西部毛里塔尼亚、摩洛哥专署经济区海域生产的大型远洋拖网加工船、金枪鱼围网船、金枪鱼延绳钓船、大型鱿钓船和过洋作业渔轮,年综合销售额80亿元。上水集团是中国渔业走向国际的先行者之一，在西非、南美、大洋洲、东亚等11个国家或地区投资建立合资合作企业或代表处，形成外向型经济格局，海外投资和经营规模居国内远洋渔业企业前列，获得上海市政府颁发的“走出去”贡献奖和“走出去”企业领头羊光荣称号，是上海市跨国经营20强企业之一。2005年通过ISO 9001:2 000质量管理体系认证。

二、经营管理

2016年是上水集团“十三五”规划的开局之年，也是推进改革发展的攻坚之年。在市委、市政府和市国资委的关心支持下，上水集团广大干部职工努力克服复杂严峻的经营环境的冲击与挑战，紧紧围绕“稳增长、调结构、压成本”的工作方针，积极推进远洋渔业持续发展和产业链建设，加快以定向增发为核心的发展项目实施，加强企业运营管理与风险管控，经济运行保持了总体平稳的发展态势。

远洋捕捞稳中有进。2016年，上水集团实现捕捞产量12.42万吨，其中，围网船队首次租用船载直升机参与辅助捕捞作业取得良好效果，船队单月产量突破9 000吨，“金汇18”轮年产突破1万吨，创造了月产量和单船年产量的历史新高；摩洛哥、毛塔、斐济项目以及红虾和雪花鲳生产均超额完成年度产量指标。

发展项目持续推进。海外项目实施取得重大突破，继成功收购阿根廷阿特玛渔业公司、摩洛哥希斯内罗海产有限公司及阿根廷正一渔业有限公司等国际渔业及加工企业后，2016年又成功收购西班牙ALBO公司100%股权，进一步提高跨国经营比例，为远洋捕捞增产、主营业务增收、资源份额增长，注入新的能量。

回国产品进一步丰富。2016年，集团共实现各类产品回运6.58万吨，占渔捞生产总量的53.9%。产品结构也在不断优化，除鳕鱼、红虾、墨鱼全部实现回国外，还通过自捕鱼结合一般贸易的方式，补充回运10多个品种。

市场份额和影响力不断扩大。积极推进回国产品的市场对接，相继开发出净墨鱼、墨鱼片、条、卷、头等产品，阿根廷红虾、雪花鲳等成功进入终端市场，携手庞氏和百胜集团进行产品终端开发。启动基里巴斯KFL项目下金枪鱼购销贸易经营，进入日上海市场，取得较好销售效益。上水集团先后组织参加2016年上海新春农副产品大联展、第17届上海中食展、第21届青岛国际渔业博览会等水产相关专业展会，以及召开媒体通气会，通过产品展示、视频宣传、现场推介和论坛演讲等形式，积极推广集团产品、品牌、营销理念与“走出去”三十年的发展成果。2016年，上水集团旗下东方国际水产品交易市场实现市场年交易量34.10万吨，交易额88.17亿元，进一步发挥专业水产品批发市场的主渠道作用。“上海水产”标识，申报获准知识产权保护，集团“龙门”商标再次被认定为上海市著名商标，在中国水产品品牌大会上，“龙门”牌荣获“2016最具影响力水产企业品牌”。

经营管理与风险管控支撑逐步增强。各单位坚持加强以“压成本”为核心的预算管理和风险防控进行要素成本消化，特别是抓好人工成本、采购成本、大修成本、保障成本以及日常开支等费用的管控与压缩，确保在生产、经营各个链条挖潜降本增效，为主业发展提供坚实支撑。一年来，集团总裁班子强化大局意识，鼓励思维创新，通过总裁办公会、专题会、现场办公和经济工作任务分解的跟踪检查，对各企业主要经济指标完成进度进行动态分析，及时总结经济运行中的经验教训，有针对性地提出工作要求和现场协调解决问题，促进集团经济工作的健康运行。

三、发展趋向

2017年，上水集团经济工作的总体要求是：全面贯彻落实党的十八大和十八届三中、四中、五中、六中全会、中央经济工作会议以及习近平同志系列重要讲话精神，坚持以稳增长、促发展、调结构、防风险为主线，坚持以提升集团远洋渔业综合实力和国际竞争力为目标，坚持以优化经营布局、加强能力建设、完善产业体系、提高管理水平为重点，着力推进产业外扩和产品回国发展

图1　水产捕捞

战略，为把水产集团逐步打造为国内领先、国际知名的海洋资源食品集团不断做出新的贡献。

要实现上述目标任务，上水集团着重“五个能力建设”。

深化改革，推进发展，全面提升集团核心竞争能力。认真学习和贯彻落实习近平总书记在中央经济工作会议上提出的深化国企国资改革精神，在市委、市政府和市国资委的统一部署下，加强顶层设计，积极思考集团和各单位的未来发展定位与发展方向，架梁立柱，谋划改革创新举措。扎实推进水产供给侧结构性改革，着力在缩减无效、低端产能，有效降低人力等成本，补齐产业短板延伸产业链条上大胆实践。积极探索在集团下属企业或者海外项目上进行混改的实现形式，努力形成集团创新转型发展中的新增长点和重要着力点，不断增强集团创新能力和经营管理水平，提升核心竞争力。

优化捕捞布局，调优增收，巩固和扩大渔业资源占有能力。稳定并提高捕捞产量，这是集团做强主业，扩大话语权与竞争力的必然要求。各远洋渔业公司要进一步增强新渔场资源的开发能力，主动加大和各资源国的深度互动，积极采取有力措施，促进捕捞产量的稳定与提高。集团相关职能部门，要多谋务实之策，多行落实之举，主动研究和分析国家与政府的有关政策导向，及时了解和获得更多有利于集团发展的优惠政策支持与落地。积极关注国内外同行的生产动态与信息收集，加强对捕捞生产计划的指导，主动与生产一线沟通、协调，研判问题，提出对策，抓好落实。

加快终端拓展，提质增效，促进供给需求有效对接能力。水产品市场营销作为集团调结构、转方式提升整体经营效益的一个重要实施手段，是未来工作的重中之重。集团和相关单位要加强顶层设计，深入市场调研，重点在产品落实、渠道建设、营业毛利率、利润率，以及人员配置等要素指标方面，强化行业对标，积极创新落实手段和实现途径，要加大产品结构调整和精深加工研发力度，加快水产品品牌化程度建设，创新优化营销模式和激励机制，进一步巩固与扩大优势市场，深挖潜力市场。

着力产业链建设，加速项目落地产出，增强远洋渔业持续发展能力。世界远洋渔业的竞争不再单单是捕捞环节的技术领先型竞争，而是整合远洋渔业产业链各个环节资源的竞争。因此，各单位要从集团发展大局出发，通力协作，积极形成合力，在走出去中提升竞争力，要加强和完善海外基地建设，坚持“科技兴渔”，促进远洋捕捞、加工、物流业的相互融合与一体化发展，构建和补齐远洋渔业全产业链与价值链短板，实现集团产业延伸和效益增长的协同效应。

加强管理创新，强化效能提优，提升生产经营、风险防控和决策支持能力。要持续加强内控制度建设的贯彻与落实，进一步提高工作主动性、责任心和执行力；深化投资基础管理，加快处置低效无效资产；强化预算执行情况管理，确保资金的有效利用和统筹调配；加强信息化和法务建设，扩大信息技术在集团生产经营中的应用和服务，强化涉诉风险的防范与化解；创新优化保障服务形式，严格保障费用预算与支出；坚守安全红线，完善突发事件的预警与应急处置；建立调处联动机制，加强主要节点和有关敏感节点的防控与维稳；创新人力资源管理，加快推进用工方式转变和富余人员减冗增效，加大人力成本管控与考核力度，将厉行节约内化到企业运行的各个环节。（上海水产〔集团〕总公司办公室）

上海市供销合作总社

一、2016 年发展概况

上海市供销合作总社（以下简称市社）成立于 1950 年，1978 年经市委、市府批准恢复重建，是为“三农”和区域经济服务的合作经济组织。全系统由市社、区县社和基层社三级组成。其中，市社本级出资企业 13 个，区县供销社 17 个，基层社 42 个。2016 年底，全系统在编人员约 1.1 万人，离退休人员约 4.4 万人。

2016 年，全系统实现营业收入 197 亿元，比上年增长 10%；利润总额 8.5 亿元，增长 16%。年末资产总额 247 亿元，增长 21%；所有者权益 116 亿元，增长 17%。全年净资产收益率 5.81%，比上年增加 0.34 个百分点。全系统经济运行稳中有进、进中提质，综合实力和服务能力持续增强，为加快推进全市供销社新一轮的改革发展打下基础。

图 1　上海市供销合作社投资建设的上海供销大厦

二、2016年主要工作

2016年是“十三五”开局之年，也是市供销社系统综合改革的开局之年。一年来，市社系统全面贯彻党的十八大和十八届三中、四中、五中、六中全会精神，深入学习贯彻习近平总书记系列重要讲话精神，认真贯彻落实中发〔2015〕11号和沪府发〔2016〕16号文件精神，依托特大型城市区位优势和供销社自身资源优势，全面推进综合改革，加快创新转型发展，着力提升发展质量和经济效益。经过全系统各成员社各级管理层和全体员工的共同努力，综合改革成效初显，经济效益平稳较快增长，转型发展取得进展，各项工作取得积极成效，实现“十三五”良好开局，为推进上海城乡一体化发展和都市现代农业建设发挥积极作用。

1. 认真学习贯彻中央领导同志对供销社综合改革的重要指示精神，积极推进沪府发〔2016〕16号文件贯彻落实

2016年是全面贯彻落实中发〔2015〕11号文件和沪府发〔2016〕16号文件的一年。4月25日，习近平总书记在安徽小岗村主持召开农村改革座谈会并发表重要讲话，把供销社综合改革作为当前农村改革的六大重点任务之一，要求将供销社打造成为同农民利益联结更紧密、为农服务功能更完备、市场运作更有效的合作经营组织，为全面深化供销社综合改革提供了根本遵循。5月6日，汪洋副总理主持召开国务院专题会议，听取供销社综合改革进展情况汇报，研究供销社历史遗留问题，部署供销社综合改革重点工作，为全面深化综合改革营造了良好氛围。

市委、市政府对供销社综合改革工作高度重视，3月，市政府正式印发《上海市供销合作社系统综合改革试点方案》(沪府发〔2016〕16号)，从加快推进上海城乡一体化和都市现代农业发展的全局出发，对全市供销社综合改革进行全面部署。9月，市政府正式建立上海市供销合作社系统综合改革联席会议制度，由市委常委、常务副市长周波同志担任召集人，市政府副秘书长、市国资委主要领导金兴明同志担任副召集人，市国资委副主任担任联席会议办公室主任。联席会议由市国资委等10家单位组成，对全市供销社综合改革的重大工作进行商议决策。市社积极配合市国资委做好上海市供销合作社系统综合改革的各项工作。

一年来，全系统认真学习贯彻中央领导同志对供销社综合改革的重要指示精神，全面贯彻落实中发〔2015〕11号文件和沪府发〔2016〕16号文件精神，按照中央和市委、市政府的决策部署，全力推进供销社系统综合改革的各项工作。市社领导班子对全市11家区级供销社开展了走访调研，加强与市政府职能部门和区政府的沟通协调，全力推进沪府发〔2016〕16号文件的贯彻落实。

2. 全力推进供销社综合改革，试点先行，循序渐进，综合改革试点取得积极成效

一年来，市社系统三家综合改革试点单位全面贯彻落实中发〔2015〕11号和沪府发〔2016〕16号文件精神，紧密结合上海城乡一体化发展和都市现代农业建设的需求，试点先行，循序渐进，探索出各具特色的经验和做法，综合改革试点取得积极成效。

宝山区社根据“政府主导、企业运作、互利互惠、共同发展”原则，积极探索“社镇合作”轻资产经营新模式，拓展城乡社区商业综合服务功能。积极推进农民专业合作社联合社建设，成立宝山区也是全市供销社第一家农民专业合作社联合社，提升供销社综合服务能力，密切与农民的联系。金山区社加快推进农业社会化服务，提升为农服务能级，着力打造为农服务综合平台。积极探索混合所有制改革，老字号丁义兴公司在“新三板”实现上市。南汇供销社积极探索地产农产品流通新模式，发挥系统优势，创新发展基层社，成立区域性产销合作企业，提升地产优质农产品流通质量和效率。

非试点区社不等不靠、主动作为，结合各自实际，聚焦重点领域和关键环节改革，积极稳妥推进综合改革工作并取得成效。奉贤、青浦等区出台本地区供销社综合改革实施方案。2016年底,市社按照全国总社的部署要求,完成上海市供销合作社系统深化综合改革试点工作阶段性自评报告,综合改革成效初显。这充分说明,供销社通过全面深化综合改革,完全能够成为党和政府做好“三农”工作的重要载体,完全能够成为服务城乡居民生产生活的生力军和综合平台。

3. 坚持为农服务的根本宗旨,注重经营性服务和公益性服务并举,全市供销社为农服务综合能力不断增强

一年来,全系统坚持为农服务的根本宗旨,积极参与农村现代物流体系、农业社会化服务体系和地产优质农产品流通体系建设,全市供销社为农服务综合能力不断增强。

参与农村现代物流体系建设取得积极进展。嘉定区社加快发展新农村商业网点建设,在全区形成集生鲜超市、便利店和配送中心于一体的日用消费品连锁经营网络。积极打造服务农民和居民“最后一公里”,建成201家惠民超市,实现全区“一村一店”的全覆盖。青浦区社运用“互联网+”思维发展为农综合服务平台和物流配送中心,加快推进为农综合服务站的连锁化、规模化、品牌化经营服务。

图2 上海市果品公司改建的全国名特优农产品电子商务园区

参与农业社会化服务体系建设取得积极进展。浦东区社下属登丰农资公司承担的“国家农资供应社会化服务体系建设标准示范区”2016年完成验收考核,成为上海首个国家级农资供应标准化示范区。金山区社加快构建供销粮油融合发展平台,初步形成集供种、管理、收购、加工、销售为一体的金山区粮食产业经营服务体系。崇明等区供销社2016年共流转土地约1 000亩,着力打造“粮食种植示范基地”。

参与地产农产品流通体系建设取得积极进展。普陀区社大力发展标化菜市场品牌建设,累计投资5 000万改建18家标化菜市场。成功研发运用智慧菜场云管理系统,通过大数据全力打造优质农产品终端流通平台。南汇供销社积极推进地产水果进市区公园活动,初步建立产销衔接、运行顺畅、质量安全的地产农产品直采直销体系,促进地产优质农产品流通。

4. 服务上海城乡一体化和区域经济社会发展目标,不断提升全市供销社的综合实力和发展活力

一年来,全系统聚焦服务上海城乡一体化和区域经济社会发展目标,依托特大型城市区位优势和供销社自身资源优势，加快推进社有企业创新转型发展，加快推进资产经营和重点项目建设，全市供销社的综合实力和发展活力不断增强。

增强社区商业服务能力。宝山区社主动承接社区商业配套、文化产业园等服务项目，成功开发运营水产路北翼生活广场、顾村大居、罗店睦邻小镇等社区商业项目。2016 年，资产运营面积达到 53 万平方米，实现商业资产经营收入 2.6 亿元。奉贤区社积极探索轻资产的商业模式，成功打造青年人才公寓，经营服务的建筑面积达 5.68 万平方米，实现当年入住，当年盈利。

提升资产经营质量效益。崇明区社加快重点项目的开发建设，中津桥路“玉麟名邸”房产项目全部实现销售，崇明清怡养护院和“1952 老玖坊文化创意园”等项目加快推进。市社本级南外滩金融大厦、昊元生活广场梅陇店、北郊名特优农产品电子商务园区三个重点项目顺利推进，将新增 15 万平方米左右的商业办公建筑面积。

加快社有企业创新转型。松江区社所属松江商城通过调整品牌布局、线上线下联动，实现销售业绩持续增长。百年老店余天成医药结合、服务经营结合，企业实现持续发展。长宁区社加强回收网络体系和产业链建设，在探索“互联网＋回收”新模式的基础上，成功开发运用收废 APP“再生源”。黄浦区社所属邵万生公司提升经营特色、发展食品加工和社区连锁，推进创新转型发展。

专　题

上海市社着力打造服务城乡居民生产生活综合平台

——宝山、金山、南汇供销社综合改革试点成效初显

一、围绕城乡一体化发展 服务城乡居民生产生活

宝山区供销社聚焦区域经济社会发展目标，依托特大型城市区位优势和供销社资源优势，大力发展现代服务业，提升供销社综合服务能力和核心竞争力。2016 年运营的社区商业面积达到 53 万平方米，实现商业资产经营收入 2.59 亿元。全年实现主营业务收入 13.37 亿元，利润总额 1.28 亿元，缴纳税金 5 706 万元，净资产收益率 4.86％。

打造城乡社区商业综合服务集成商。一是拓展城乡社区商业综合服务功能。根据“政府主导、企业运作、互利互惠、共同发展”的原则，积极探索“社镇合作”轻资产的商业模式。策划运营的顾村大居配套商业项目，以社区商业和休闲服务为定位，满足入住居民的日常生活需要。“刘行新街”项目，体现“便民街、形象街、文化街”的特色，总面积 4.3 万余平方米，已取得较好的社会和经济效益。罗泾睦邻小镇项目，引进新加坡“邻里中心”社区商业的理念，将社区事务服务、商业购物、文化体验等融为一体，给居民生活提供便利。二是提升存量房地资源的质量效益。加快存量资产的转型改造，服务区域经济社会发展。倾力打造翼生活商业广场，项目总建筑面积 2.8 万平方米，通过“走出去、引进来、多沟通”招商方式，成功与一批知名品牌合作签约，提升整个项目质量层次。

打造都市现代农业服务运营商。一是积极推进农民专业合作社联合社建设。2015 年，成立宝山区也是全市供销社系统第一家农民专业合作社联合社(简称农合联)，提升供销社综合服务能力，密切与农民的联系。农合联现有土地 2 520 亩(占全区耕地面积 10％)，大棚面积 510 亩，农用耕作机械、灌溉系统等设施设备齐全。在保证发挥各合作社生产、经营自主权的基础上，体现农合联协同运作的联合优势，实现产品统一生产、统一管理、统一品牌、统一价格、统一销售，增强市场竞争力，提高规模经营效益，实现利益共享。二是积极培育发展标准化菜市场，发挥供销社的主渠道优势，推进“农标对接”建设，以农产品“菜场＋基地”的供应链接模式，努力搭建标准化菜市场与农民专业合作社农产品的流通平台，通过引进平价直销蔬菜、加强农产品农药残留检测和价格监测，确保绿色蔬菜安全可靠。目前，宝山区供销社发展标准化菜市场 3 家，在保障供应、服务民生、稳定市场和平抑物价等方面发挥了积极作用。

图3 宝山区供销社运营的刘行商业街

二、坚持为农服务根本宗旨 构建农业社会化服务体系

金山区供销社聚焦上海都市现代农业发展，坚持为农服务的根本宗旨，积极推进供销粮油融合发展，积极拓展生产性服务业，加快构建综合性、规模化、可持续的为农服务体系。2016 年实现主营业务收入 1.29 亿元，利润总额 2 194 万元。

拓展农业社会化服务领域。一是拓展粮食烘干服务，助力都市现代农业发展。2011 年，金山区供销社依托原有土地资源，建成第一个粮食日烘干 240 吨的吕巷粮食烘干基地，当年即完成了烘干稻谷 1 万吨。此后，陆续在金山亭林、兴塔地区建立日烘干能力分别为 240 吨、300 吨的粮食烘干基地，采用自动化控制、流水线操作，改变了农民以往自然晾晒粮食的传统，切实帮助农民解决晒粮难题。加快粮食烘干速度，避免了因连续阴雨而造成粮食霉变，对金山地区粮食生产储备发挥重大作用。二是加快粮食仓储设施建设，促进农民增产增收。通过多渠道筹措资金，投资 8 900 万元建成上海郊区首个 8 万吨级国家粮食储备中心。8 万吨级粮库采用先进的粮食储备技术，不仅改善了金山地区粮食仓储能力，确保粮食储备和粮食安全，而且通过供销与粮油的融合发展，能更好发挥供销粮油在粮油收购、储备、销售的主渠道作用，更好地服务上海现代农业发展，提升供销社为农服务的综合能力。

完善农村现代经营服务网络。一是大力发展连锁经营方式，在全区构建起综合超市、便民店、配送中心的农村现代经营服务网络。截止 2016 年底，金山区供销社发展农资放心店 30 家、农资超市 30 家及农资配送中心 1 家，对金山区 30 亩以上的农户农药配送率达到 100%。发展建成便民服务店 338 家，在遍及金山区各乡村的基础上，正在向城镇社区延伸。二是创新发展农村经营服务网络。成立上海金供农产品配送中心，与 30 家农民专业合作社签订长期购销合同，经营品种增加至 500 多种。引进上海良友集团在石化和朱泾地区开设了 3 家粮油平价店。同时，与珠丰、蟠桃、圣泉等一批知名专业合作社建立了合作发展关系，引领和带动作用明显增强。

三、密切与农民利益联结 提升农产品流通服务水平

南汇供销社按照综合改革“改造自我，服务农民”的总体要求，发挥系统优势，创新发展基层社，整合网络资源，成立区域性产销合作企业，提升地产优质农产品流通质量与效益。2016 年实

现主营业务收入6.1亿元,利润总额2 514万元。

创新发展基层合作社组织。一是坚持开放办社原则,积极参办、领办农民专业合作社。积极推进基层合作社与农民专业合作社融合发展,帮助农民实现销售,助推农民增收增效。南汇供销社共领办、参办农民专业合作社23家,2016年实现销售额19 660万元,助农销售13 125万元,助农增收847万元,种养殖面积达3 483余亩。二是坚持市场化发展方向,积极探索混合所有制改革。2015年5月,由南汇供销社牵头,联合基层合作社、农民专业合作社和市果品公司以及四位农民致富带头人共同出资成立上海团乡农产品有限公司(以下简称团乡公司),充分利用南汇供销社及其基层社扎根农村、群众信任,专业合作社与农民关系密切的优势,为全面促进浦东南片地区的农产品流通开辟了新途径。2016年实现果品销售500余吨,销售额450余万元。

创新发展地产农产品流通方式。一是组织开展地产水果进市区公园活动。在市农委、市林业局、市园林管理局等政府部门大力支持下,组织40多家专业合作社进市区公园销售,当年实现销售额1 000余万元,使地产农产品与市民需求直接对接。二是利用市果品公司的销售渠道,实现"农超对接"。团乡公司通过田头上门收购,直接将农产品送往市果品配送中心,再由市果品配送中心分送到各个超市和批发行销售,有效减少了流通环节,让市民和农民都得到了实惠。三是利用与上海某高校农副产品配送合作,为该高校16 000余名学生和教职工提供地产优质农产品。团乡公司将积极推进由水果销售向蔬菜销售拓展,更好服务上海浦东地区居民生产生活。

(上海市供销合作总社办公室)

红星美凯龙

提起"装修",很多消费者头就大了起来。这条为期半年的闯关路,不良商家设置了无数的陷阱,一不小心就会上当受骗。如何才能买到绿色、环保、优质的正品?是每个消费者的肺腑之问,也是国家有关部门和行业典范一直努力的破题方向。

但是更大的问题来了:一方面,家居行业具有非标性,很难实现统一监管;另一方面,家居消费具有重体验和重服务的特性,售卖的不仅仅是产品。怎么办?

2015年7月,为期一年的全国内贸流通体制改革试点拉开大幕,上海则是首批试点城市。

在上海市商务委的指导下,对于如何解决家居行业的消费痛点和监管痛点,家居流通业龙头红星美凯龙不仅给出答案,还提供出可供复制和推广的模式,成为上海市内贸试点的样本企业。在2016年4月,国家商务部副部长房爱卿调研红星美凯龙之后,大力称赞,并提到:"制度很重要,一个好的制度,才能更好地引领企业经营与发展。"

那么,红星美凯龙究竟是如何做到的?

一、信用分级体系:好品牌"晒"出来

不同于其他行业,对于消费者来说,买家居最烦恼的,不是选择太少,而是选择太多。

目前的家居行业,整体的品牌形象塑造还远不够成熟,消费者对很多品牌缺乏了解,来回比较分不出高下,这就给了很多不良商户浑水摸鱼的机会。

为此,红星美凯龙构建了一套完善的商户信用分级管理体系,围绕质量、价格、服务、送货、履约行为、顾客喜爱度等顾客最关注的6个方面,对每个进驻商户进行信用评定,并根据评价结果由好至差,分为五星到一星5个等级。

最终,红星美凯龙会将评选结果做成铭牌,放在每个商户的入门位置供消费者参考。此外,

根据消费者在商场内的动线,红星美凯龙把信用体系进行多处展示。从入门口的大屏幕,到服务台的自助查询系统,到导览手册,进驻品牌的信用信息,消费者可以一览无余。

对于红星美凯龙来说,一头连着消费者,一头连着品牌商家。信用体系的构建,除了为消费者解决痛点之外,也对商场和商户的规范经营提供助力。对于"四、五星级商户",红星美凯龙会给予其政策性的鼓励和支持;而对于存在诚信违规行为的商户,则给予相应的限制和整改要求;严重违规的商户,会要求其停业整顿甚至解约处理。

实际上,在上海市的内贸流通试点工作中,信用体系的构建也被当作重中之重。为此,上海市商务委依托市公共信用信息服务平台,搭建全市统一的商务诚信公众服务平台。

在上海市商务委的指导下,2015 年,红星美凯龙成为了该平台的第一批子平台企业,并依靠信用体系,将积累的商户信用数据与上海市商务诚信平台实现了共享互通,助力市商委对商户实现了"政府部门+行业平台+消费者"的三重有效监管,建立起"市场决定、政府有为、社会协同"的三位一体的现代流通治理模式。

而在未来,依托正品防伪追溯和物流供应链体系,红星美凯龙还会将信用体系从商户延展到工厂、设计师等上下游,实现全程监管。

二、正品查询平台:让"李鬼"无所遁形

家居业有句老话:"样品不等于产品,产品不等于商品,商品不等于用品"。从工厂到消费者家中,家居消费链条中间存在着冗长的流通环节,从生产、分发、展示、销售到配送,每一环节都有可能出现问题。拆分环节进行监督,耗时耗力,但又无法治本。

如何保证消费者购买的商品是原厂正品?红星美凯龙选择了最艰难但又最能治本的一条路。

过往,家居市场缺乏对商品的统一规范描述。光红星美凯龙商场内经营的商品就超过1 400万,每件商品又包含品牌、风格、材质、型号、规格等不同信息。为此,红星美凯龙借助ERP系统,编撰并实践了家居行业唯一一套单品编码体系,建立千万级信息库,保证同一商品在不同商场内准确描述,让每件商品有了独一无二的标识。

借助单品编码体系,2015 年 12 月 11 日,红星美凯龙正式发布"中国家居正品查询平台"。该平台为每一件家居产品生成独一无二的"身份证号"。这个号码详细记录产品的生产,物流,仓储,销售等信息,让流通渠道变得全程透明。最终,消费者收到产品后可以通过手机轻松查询产品信息,并验证真伪。

打击"李鬼",光靠红星美凯龙的力量远远不够。2016 年 5 月,红星美凯龙联合中国质量认证中心和 200 余家国内外家居品牌,共同发布"中国家居正品战略"。根据规划,3 年内,红星美凯龙将推动 2 000 家主流家居品牌上线中国家居正品查询平台。与此同时,红星美凯龙联合各品牌发布假货"零容忍"的承诺,消费者在红星美凯龙买到假货,红星美凯龙将"退一赔三",并清除售假商户。

据了解,目前,红星美凯龙一方面正在积极搭建物流供应链体系,另一方面在研发以条形码、二维码和 RFID 技术作为载体的统一流通编码。未来,正品查询平台将与供应链物流系统全面打通,实现家居流通各阶段信息数据的实时采集与验证。消费者可以全程在线跟踪和验证真伪,真正做到商品来源可查、去向可追、责任可究。

三、线上线下一体化:引领家居流通4.0时代

2016 年是红星美凯龙成立 30 周年。在过去 30 年的发展历程中,红星美凯龙一路见证了国人居家生活品味的提升,并引领着家居行业的变革。在红星美凯龙看来,从最初的集市贸易型,到专业批发市场型,再到连锁经营型的三个发展阶段,以标准化、信息化、集约化和消费体验升级为核心的家居流通 4.0 时代即将到来。而这背后蕴藏着深刻的时代洞察。

数字技术和互联网的广泛应用，正快速改变着社会的方方面面；中国日益庞大的中产阶级，在引领着新一轮的消费升级；国家层面推行的供给侧改革，抛给了每个企业机遇与挑战并存的命题。

在2016年6月18日的30周年盛典上，红星美凯龙董事长车建新正式发布1001战略，一方面要将线下商场开到1 000家，一方面搭建1个互联网平台进行业务的跨界拓展。“我们将用实体店的品质＋互联网的效率，推动家居业的供给侧改革，引领泛家居消费的结构性升级。”车建新总结道。

在1001战略的指引下，红星美凯龙的“家居流通4.0”体系构建，除了家居市场信用体系和家居流通发展体系之外，还将重点打造以顾客消费体验升级为中心的线上线下一体化服务体系。

首先，红星美凯龙要将商品扩展到家居装饰品，包括窗帘、花瓶、桌布、家电、家具辅件等商品，以提高用户消费频次；其次，红星美凯龙还会以家为核心，进行包括房产、家装、服务、金融等业务的跨界拓展；最终，红星美凯龙将通过线上线下一体化相互赋能，打造无缝衔接的服务闭环。

“最终我们是以实体门店为核心服务用户，让体验更有温度，让服务更专业、更人性化；同时通过互联网平台和技术工具，让用户的选择更丰富，参与更便捷。真正迎接品质消费时代的到来。”红星美凯龙总裁李斌解读道。

据了解，目前红星美凯龙的互联网平台已经悄然上线。该款APP产品将以共享为理念，倚靠专业＋品质的两大核心点，为用户提供以家为核心的、包含产品和服务在内的消费升级需求。这也意味着，这个三十而立的企业，在“家居流通4.0”的路上迈出了坚实的一步。

第八编　要闻大事

商务工作大事记

1月

1月4日 副主任吴星宝赴悦管家、顺航家政等家政服务机构调研春节家政服务市场保障工作，并与相关家政服务机构负责人研究推进家政行业持证上门服务和诚信体系建设等相关工作。

1月11日 市商务委、市公安局交警总队、市环保局召开上海市报废机动车回收拆解行业改革工作会议，正式启动报废机动车回收拆解行业改革第二阶段试运行工作，推动上海市机动车回收拆解行业向品牌化、标准化、规范化、信息化发展。

1月12日 副主任吴星宝赴康乐家、好帮手、无尘珠等家政服务机构调研春节家政服务市场保障工作，并与相关家政服务机构负责人研究推进家政行业持证上门服务和诚信体系建设等相关工作。

1月18日—22日 全国打击侵权假冒工作领导小组第13现场考核组一行6人，由中央网信办网络综合协调管理和执法督查局副局长尤雪云带队，对上海市2015年度侵权假冒工作进行现场考核。上海市副市长周波、副秘书长徐逸波出席工作汇报会议和情况反馈会，市商务委主任尚玉英向考核组汇报上海市打击侵权假冒工作。

1月19日 市家庭服务业行业协会举办以“百名金牌家政员欢欢喜喜过大年”为主题的2016年迎春茶话会。上海现代服务业联合会会长周禹鹏、市妇联主席徐枫、市商务委副主任吴星宝出席活动并致辞。

1月20日 市商务委启动2016“智能制造招商计划”，上海市金山、松江、青浦、奉贤、普陀、嘉定等区和临港、张江、金桥、闵行等开发区与上海市外国投资促进中心签署合作招商备忘录，共同落实“一区一业”招商计划。市商务委主任尚玉英、副主任顾军、上海投资促进机构联席会议成员机构相关负责人和各区县、开发区相关负责人共200余人出席活动。

同日 商务部流通业发展司副司长王选庆一行来沪调研上海市内贸流通体制改革发展综合试点工作，组织召开有关部门、企业座谈会，并走访了企业。市商务委副主任刘敏出席座谈会，汇报上海市内贸流通体制改革发展综合试点工作进展情况。

同日 上海跨境电子商务行业协会召开一届四次理事会暨协会。副主任申卫华出席会议。

1月21日 副主任吴星宝赴云家政调研，研究家政行业持证上门服务和诚信体系建设工作。

同日 副主任吴星宝带队慰问坚守在一线工作岗位的家政从业人员并赴富通家政公司调研，指导企业采取措施保障市场需求和满足客户要求。

1月26日 副主任吴星宝召开家电维修行业座谈会，研究借鉴家电维修行业管理经验加强家政行业管理。

1月29日 副主任申卫华视察市商务委办证大厅相关业务窗口，并召开工作人员座谈会。贸发处和商务行政事务中心相关负责人陪同视察并出席会议。

2月

2月2日 商务部部长助理张骥主持召开

上海、天津两地平行进口汽车工作座谈会。市商务委副主任申卫华出席会议并向商务部汇报上海自贸试验区开展平行进口汽车试点工作的进展情况，分析目前试点工作中存在的问题和困难，并提出突破相关政策的建议。

2月3日　市商务委召开驻外干部座谈会，副主任顾军出席会议并讲话，外商投资促进处、外国投资管理处、对外经济合作处、外事处和干部人事处以及市外国投资促进中心相关负责人参加会议。会上，潘燕、杨兵、刘刚、余敏、沈莺5位市外国投资促进中心驻海外办事处首席代表和市商务委派驻香港贸易发展局担任中国商务顾问的施春分别汇报交流了工作情况和思路。

2月4日　副市长周波主持召开市政府专题会议，听取关于上海市平台经济发展工作的汇报。市商务委副主任刘敏出席会议并就平台经济发展作工作汇报。市发改委、市经信委、市科委、市人社局、市财政局、市交通委、市地税局、市工商局、市统计局、市金融办、上海海关、上海银监局、浦东新区、长宁区、普陀区、虹口区、宝山区、嘉定区以及市高院出席会议。

同日　市商务委主任尚玉英带队赴欧莱雅集团总部进行调研。详细了解企业在经营中遇到的困难以及需要协调解决的问题。尚主任强调，上海将继续以深化自贸试验区建设为契机，全面提升开放型经济发展水平，为外资企业在沪发展营造更好的环境。

同日　主任尚玉英赴外高桥保税区海关查验点现场调研货物进出口情况。临近春节，主任尚玉英对海关查验点现场查验关员表示亲切慰问，并对上海海关为全市进出口工作做出的贡献表示感谢。

同日　副主任吴星宝赴佳旺家政调研春节家政服务市场保障工作，并与相关家政服务机构相关负责人研究推进家政行业持证上门服务和诚信体系建设等相关工作。

2月19日　第26届华交会职能部门动员会召开。商务部上海特办处长江渊、市商务委副主任申卫华出席会议。

2月23日　市商务委接待福建省政府办公厅来沪调研家政行业管理相关工作。

同日　召开上海市商务诚信公众服务平台工作推进机制第一次会议。市发改委、市经信委、市商务委、市财政局、市质量技监局、市工商局、市信息中心、市质标院以及政采中心等部门和单位的相关部门负责人参会。

2月24日　市商务委主任尚玉英赴诺华(中国)生物医学研究中心，参观新落成的诺华上海园区。尚玉英表示，诺华已经充分融入上海的经济社会发展，为上海科技创新中心建设做出积极的贡献，新园区的落成，对诺华自身、对上海科技创新中心建设，都具有里程碑意义。

同日至25日　城市标准化创新联盟(以下简称联盟)第一次工作会议在上海召开。来自国家标准委服务业部，上海、南京、郑州、广州、成都、厦门、青岛、黄石和义乌9个联盟成员城市的质监局、商务局(委)和标准化研究院等相关代表参加会议。

2月25日　第26届华交会新闻通气会在娄山关路新虹桥大厦召开。承办单位负责人、贸发处副处长尤永生参加会议。副主任申卫华参加会议并讲话。

同日至26日　商务部综合司副司长李继刚带队对我市外贸开展调研。本次调研主要了解企业在产品、技术、管理、品牌、营销网络等方面有哪些经验和做法，同时听取企业对2016年外贸形势的预判和企业面临的困难和问题，以及企业对外贸稳增长、调结构方面的政策建议。

2月26日　副主任申卫华主持召开区县外贸工作专题会议，各区县商务部门分管领导、外贸科长，进出口商会相关人员，以及贸发处、服贸处领导和相关人员参加会议。

2月29日　第26届华交会工作委员会第一次会议在新国际博览中心召开。各主办省市、组团城市商务主管部门各级分管领导；商务部驻沪办领导及相关职能单位负责人参加会议。副主任申卫华出席会议并讲话。

同日　副主任吴星宝赴上海市美容美发行业协会调研，听取美容美发行业发展情况和协会工作情况，指导协会以“高品质、新业态、便利化、精准化”目标开展2016年工作。

3月

3月1日 市商务委副巡视员桑琦与外经处同志赴京拜访“丝路基金”董事长金琦。桑琦向金琦介绍上海“一带一路”重大项目的进展情况和主要需求，希望能进一步拓宽上海企业“走出去”的投融资渠道。金琦表示将进一步和上海市商务委保持密切沟通，双方从上海的大项目合作先行，更好地服务于上海的“一带一路”方面的推进工作。

同日 市商务委和跨境通、上海纺控集团、上海东浩新贸易等7家上海外贸企业召开座谈会。市商务委副主任申卫华介绍上海外贸发展的总体情况。

同日至2日 商务部部长助理王炳南带队来沪开展内贸流通“十三五”规划调研工作，召开内贸流通规划座谈会，听取上海、江苏、浙江对全国内贸流通“十三五”规划编制的意见和建议，以及地方内贸流通规划编制进展情况。市商务委主任尚玉英出席会议，副主任吴星宝、刘敏参加相关座谈会。

3月2日 市政协经济委员会主任张新生在市商务委副主任申卫华的陪同下视察华交会。张新生先后视察进口馆、家居用品、服装等展区，走访Lily、东方国际等展台。

3月3日 各国(地区)商协会贸易合作论坛在新国际博览中心举行，市商务委主任尚玉英出席并致词。

3月4日 第26届华交会创新奖暨人气展商TOP10颁奖仪式在上海新国际博览中心南入口大厅举行。市商务委党组书记、主任尚玉英，商务部驻上海特派办特派员向欣、驻福州特派办特派员王镇钢，以及各交易团负责人出席颁奖仪式并为获奖企业颁奖，市商务委副巡视员桑琦主持颁奖仪式。

3月5日 第26届华交会工作委员会第二次会议在新国际博览中心召开。各主办省市、组团城市商务主管部门各级分管领导、商务部驻沪、宁、杭、榕、青特办代表、华交会理事会办公室、承办单位及相关职能部门负责人参加会议。会议由贸发处副处长尤永生主持，市商务委副巡视员桑琦出席会议并汇报第26届华交会总结。

3月8日 上海市常务副市长屠光绍、副市长周波主持召开推进上海国内贸易流通体制改革发展综合试点专题会。各试点领导小组成员单位分管领导、各区县政府分管领导参加会议。市商务委主任尚玉英、副主任刘敏出席。

同日 宁波市口岸打私办副主任、巡视员杨峰带领宁波市口岸打私办、财政局、国税局、宁波海关和宁波出入境检验检疫局等部门考察上海市货物贸易和跨境电商相关情况。市商务委副巡视员桑琦介绍上海跨境电商的总体情况，贸发处就上海货物贸易发展情况和跨境电商推进机制、上海跨境电商试点工作及上海市跨境电商业务数据统计分析作交流发言。

3月9日 主任尚玉英、副主任吴星宝赴长宁区调研“互联网+生活性服务业”工作情况，听取长宁区政府关于率先开展“互联网+生活性服务业”创新试验区(筹)的准备情况。长宁区区长顾洪辉、副区长王海云陪同。

同日 副主任申卫华主持会议，专题讨论实施方案，上海海关、上海检验检疫局、外汇局上海分局、市发改委、市国税局、市工商局、市邮政局和贸发处及电子商务处相关负责同志出席会议。

同日 副主任刘敏主持召开商务诚信平台建设推进会，各区(县)商务主管部门分管领导及本委相关人员参会。

同日 市商务委与市国税局召开外贸企业座谈会。会上，九家企业和上海进出口商会分别作交流发言，介绍企业的出口情况以及遇到的问题、困难和政策建议，特别是出口退税环节的问题和建议。

3月10日 主任尚玉英主持召开上海电气核电设备有限公司申请核出口资质专题讨论会。尚玉英与市经信委副主任吴磊详细了解上核公司出口蒸汽发生器的项目情况，并就该公司向国家国防科工局和商务部申请核出口资质进行细致讨论。市商务委外贸发展处和市经信委军工配套处、装备产业处参加会议。

3月10日 市商务委组织举办上海外资企业领军人才暨青年拔尖人才颁证仪式，副主任顾军出席仪式，为入选2015年上海领军人才计划和上海青年拔尖人才计划的4名外资企业人才颁发证书，委干部人事处主持仪式，外国投资管理处、外商投资促进处、外事处、市外资企业协会等相关部门代表及委系统干部参加仪式。这4名外资企业人才是2015年由市商务委选拔推荐，并最终在全市综合比选中胜出，实现了外资企业人才在两大计划上零的突破。

同日至11日 商务部委托第三方评估机构组建专家组来沪开展试点中期评估，并于11日上午由市商务委副主任刘敏主持召开座谈会，听取并评估上海内贸流通体制改革取得的成效。

3月11日 副主任申卫华主持召开座谈会，听取意见企业和专家。中欧跨境电商研究院、跨境电商协会、洋码头、小红书、EMS、中国银行、东浩新贸易、东航物流等单位代表出席会议。

3月15日 在外高桥保税区正式启动。市政府副秘书长，浦东新区区长孙继伟出席启动仪式，上海海关、上海检验检疫局、上海邮政管理局、中国(上海)自由贸易试验区管委会、上海电子口岸办负责人出席会议，市商务委副主任申卫华出席并致辞。

同日 市商务委召开2016年市政府实事项目早餐工作动员会。市商务委、市住建委、市财政局、市食药监局等相关委办局职能部门、各区县商务主管部门及部分早餐品牌企业相关负责人与会。市商务委副主任吴星宝出席会议并作动员讲话。会议总结早餐工程实事项目实施5年来的建设成效，并布置2016年早餐工程建设工作。

同日 上海内贸流通体制改革试点召开中期评估专家咨询会。市商务委副主任刘敏参加，市政府发展研究中心主任肖林主持。上海经济学会会长、教授周振华，复旦大学教授袁志刚，上海财经大学教授陈信康，上海市流通经济研究所所长汪亮、上海市信息中心副主任王鼐等专家出席会议。

同日 由市商务委指导的，上海医药商业协会主办的上海首批国家AAA级药店发布会暨3.15健康消费日活动在华氏余天成大药房顺利举办。上海第一医药股份有限公司第一医药商店、上海余天成堂国药号等沪上10家知名药店上榜首批国家AAA级药店。

3月17日 在市政府召开全国打击侵权假冒工作电视电话会议，副总理汪洋出席并发表重要讲话。市打击侵权假冒工作成员单位、区县打击侵权假冒工作小组领导和相关负责人参会。

同日 副巡视员桑琦与外经处同志一起走访调研中国建材国际工程公司，了解该企业国际产能和装备走出去项目的情况、碰到的困难和问题、今后的发展方向等。

同日 市商务委召开上海市家电维修持证服务工作总结会议。市质监局、12345市民热线、市消保委等部门相关负责人、行业协会、相关企业负责人逾百人参加会议。会议对上海市家电维修持证服务工作开展两年来的情况进行了总结，并部署2016年工作任务。

3月18日 副主任申卫华带队赴奉贤调研该区跨境电子商务发展情况，奉贤区副区长姚卫华，以及奉贤区经委、奉贤海关、奉贤检验检疫局相关负责同志陪同调研。

同日 上海市第一期平台企业家沙龙活动在M50创意园举办。市商务委副主任刘敏、市统计局及上海市25家平台型企业相关负责人参加活动。

3月22日 副主任申卫华主持召开加强平行进口试点工作座谈会，上海海关、上海检验检疫局、自贸区管委会，以及十多家试点企业和贸发处相关负责人出席会议。

同日 副主任申卫华带队赴临港再制造产业示范基地调研，贸发处相关同志陪同。

3月24日 市商务委主任尚玉英、加拿大阿尔伯塔省经济发展及贸易部部长毕德龙分别代表双方签署《经济与贸易合作谅解备忘录》。市商务委副主任顾军及相关处室相关负责人、阿尔伯塔省经济发展及贸易部以及阿尔伯塔省企业家代表30余人参加交流和签约仪式。

同日　副主任刘敏带队参加在北京召开的全国商务综合行政执法体制改革试点工作会议，浦东新区商务委派员参会。会议旨在推进落实《商务部、中央编办关于商务综合行政执法体制改革试点工作的指导意见》，北京、江苏等7个商务综合行政执法体制改革试点省市作经验交流。

3月25日　副主任申卫华赴上海邮政物流速递调研，中国邮政物流股份有限公司上海市分公司总经理王爱平陪同。

同日　为推动亚太示范电子口岸网络（APMEN）1.0版项目建设相关工作，副主任申卫华主持召开项目工作推进会。

3月28日　上海国际棉花交易中心举行开业仪式，标志交易中心正式上线运营。新疆生产建设兵团副司令员孔星隆、中国纺织工业联合会副会长徐文英、上海市人民政府副秘书长、市国资委主任金兴明、市商务委主任尚玉英等领导参加。

同日　市商务委召开行政审批改革工作推进会，副主任申卫华出席会议，委机关各处室分管副处长以及审改工作联络员参加了会议。会上，干部人事处对市商务委进一步规范市级行政权力和行政责任工作做布置。申卫华指出，各处室要对区县的行政权力和行政责任进行全面审核清理，确保科学规范、上下一致，干部人事处和公平贸易处要做好相关指导工作。

3月30日　市商务委召开上海市家政服务业管理体系建设推进会，副主任吴星宝出席会议并讲话。市人社局、市质监局、市妇联、区县商务部门、行业协会及近百家上海市知名家政服务机构参会。会议部署2016年家政服务管理体系建设工作并表彰为保障春节家政市场做出贡献的家政服务机构。

3月31日　副主任吴星宝赴东方网调研，听取东方网推进“互联网＋生活性服务业”工作情况和“服务到家”计划推进情况。

4月

4月1日　上海数据交易中心成立仪式暨2016上海静安国际大数据论坛举行。市政府副秘书长、市国资委主任金兴明，市经济信息化委主任陈鸣波，静安区委书记安路生，静安区区长陆晓栋，市经济信息化委副主任邵志清，市发展改革委副主任乔国新，市商务委副主任刘敏等领导出席成立仪式。

同日　副主任申卫华在上海自贸试验区管委会会议室主持召开平行进口试点工作专题会议。上海自贸试验区管委会副主任李兆杰出席会议。市经信委、市公安局、市环保局、市交通委、上海海关、上海检验检疫局、自贸区管委会保税区管理局和贸发处相关负责人参加会议。

4月5日　市商务委召开第十四届上海软件贸易发展论坛顾问会议，副主任申卫华出席会议，向中科院何积丰院士等12位上海市软件界资深专家颁发会议顾问聘书，并听取顾问们对本届软件论坛主题议题及专题论坛的建议。市经信委、上海软件对外贸易联盟及市商务委服贸处相关人员参加会议。

同日　副巡视员徐文杰带队赴杭州参加长三角地区打击侵权假冒区域协作座谈会，研讨区域间案件线索推送、鉴定互认、执法联动等工作。会议决定下半年在长三角地区开展打击互联网领域侵权假冒“云剑”行动。

4月7日　市商务委主任尚玉英、马恩岛经济发展部部长劳伦斯·斯凯利分别代表双方签署《经贸合作备忘录》。市商务委副主任顾军、自贸区及市商务委相关处室负责人、马恩岛经济发展部以及马恩岛企业家代表30余人参加交流和签约仪式。

4月8日　副巡视员桑琦参加绿地集团加拿大采购中心揭牌暨合作签约仪式。该项目是绿地集团和加拿大多伦多共同打造的商品直采中心，采购加拿大当地优质商品直供绿地国内精品超市，是继美国、英国、澳洲、韩国四大国际直采中心后又一重要成果。

4月9日　市商务委主任尚玉英出席“2016海尚国际论坛”，并在论坛举行前会见意大利国家时尚协会名誉主席马里奥·博赛利、意大利国际时尚协会主席卡罗卡·帕萨、法国高级时装公会首席执行官帕斯卡·莫朗、意大利DSC咨询公司总经理多梅尼科·斯帕贾利以及意大利买手协会主席马里奥·戴尔奥格利奥一行。

4月11日 上海市港澳工作会议在市政府第一会议室召开。市府副秘书长俞北华主持会议,相关委办局、市委统战部、市政协港澳台侨委员会、自贸区管委会、各区县、上海主要高校、国际问题研究所、社科院、东亚研究所、市总工会、团市委、市妇联、工商联、市科协、贸促会、机场集团、建工集团、上实集团、申迪集团等30多家涉港澳的单位负责人出席会议。市商务委桑琦副巡视员围绕"沪港澳在商务领域的合作"做交流发言。

同日至12日 针对近期一段时间上海市蔬菜价格较高,为增加菜源平抑菜价,提高农产品产销对接有效性,市商务委副主任吴星宝组团带队,蔬菜集团、浦东新区商务委、徐汇区商务委、静安区商务委、西郊国际农产品交易中心、江桥批发市场、三角地菜市场管理公司、上蔬永辉、食行生鲜、厨易时代等20个部门和单位负责同志赴山东费县、兰陵县开展农产品产销对接暨参加第四届中国兰陵(苍山)国际蔬菜产业博览会等活动,通过开展有针对性的县级蔬菜主产区与流通企业的对接,在上海市原来蔬菜销量基础上做增量、补缺口,保障上海市蔬菜等农产品供应和价格基本稳定。

4月18日 市商务委、市食药监局、市餐饮烹饪行业协会联合召开全面推进上海市餐饮业"绿色餐厅"创建活动动员大会。市区两级商务部门、市场监管部门、餐饮烹饪协会、市食品安全工作联合会的相关负责人,以及上海市餐饮知名品牌企业相关负责人逾300人参加动员大会。副主任吴星宝出席大会并讲话。

同日 长沙市委顾问谢树林(原长沙市委副书记)带领长沙市相关委办局等一行13人来沪考察交流家禽市场建设,并召开工作座谈会。副主任吴星宝参加会见座谈,重点介绍上海市活禽交易管理办法起草情况、活禽市场交易相关标准、消毒和追溯等管理制度、冷鲜禽品牌建设,以及上海市农产品市场体系建设有关工作情况,并充分肯定通过"湘品入沪","湖南湘佳"冷鲜鸡品牌在上海市民心中建立良好口碑。

4月19日 副主任吴星宝召开全市菜市场建设管理工作会议。市规土局、市财政局、市工商局、市食品药品监管局、市城管执法局等市政府有关部门,区商务主管部门、市蔬菜集团、上农批、部分菜市场管理公司及市副食品行业协会相关负责人参加会议。会议要求落实措施,贯彻《商务部等12部门关于加强公益性农产品市场体系建设的指导意见》(商建函〔2016〕146号)有关规定和要求,加强上海市标准化菜市场建设管理总体目标将围绕规划指导,统筹市场建设;完善设施功能,构建市场体系;创新实现机制,确保公益功能发挥;强化管理机制,实施投资运营监管;加强协调配合,营造良好政策环境。

4月20日 商务部副部长房爱卿、服贸司司长邱丽新一行来沪调研服务贸易创新工作,先后赴二三四五网络控股有限公司、上海东浩兰生国际服务贸易(集团)有限公司和中国服务外包研究中心调研。市商务委副主任刘敏和服贸处相关负责人陪同。

4月21日 全国外贸工作电视电话会议召开,国务院副总理汪洋出席会议并作重要讲话。副市长周波、副秘书长金兴明,商务部驻上海特办、市政府相关委办局、中央直属在沪单位领导,区县政府及商务部门分管外贸工作领导,进出口银行上海分行、中信保上海分公司、上海贸促会、上海进出口商会负责人等在上海分会场参加会议,市商务委主任尚玉英、副主任申卫华及相关处室人员参加会议。

同日 商务部副部长房爱卿调研上海市商务诚信建设工作,调研上海红星美凯龙家居集团股份有限公司信用分类管理、信用评价、家居正品查询平台建设等工作;22日下午听取上海市信息中心、市酒专局等单位商务信用管理工作汇报。

同日 晋中市108廊带产业项目推介对接会在上海国际贵都酒店召开。晋中市政府、各区县相关领导,山西、上海、江浙地区企业负责人共130余人参加会议。市商务委副主任吴星宝参加会议并致辞。“108廊带”建设是山西省推进城乡统筹发展的重大举措,通过“108廊带”的先行先试,为山西省转型综改试验区建设提供示范和样板。

同日 山西省引进技术(上海)专场推介对接会在上海虹桥宾馆召开。山西省商务厅、各有关城市领导,上海、山西两地企业负责人共120余人参加会议。上海市商务委副巡视员徐文杰出席会议并致辞。山西省引进技术(上海)专场推介对接会的召开是山西省全面贯彻落实习近平总书记在民建、工商联界联组会上重要讲话精神的具体举措,也是山西高度重视民营经济发展,全面深化与全国民营企业合作,加快推进结构性改革,促进转型创新发展的一项务实举措。山西省商业文化底蕴深厚,推介对接会的召开,为上海和山西两省市共商合作、共谋发展搭建良好平台,同时也为加强两省市民营企业交流合作,加快推进民营经济发展提供一个极好的机会。

4月22日 商务部服贸司司长邱丽新率服贸司相关处室负责人来沪调研,并召开服务贸易创新试点工作会议。市服务贸易联席会议成员单位市财政局、市住建委、市交通委、市旅游局、市文广局、市卫计委、人民银行上海总部以及浦东新区商务委、黄浦区商务委和中国服务外包研究中心的相关负责人出席会议。市商务委副主任申卫华主持会议。

同日 商务部在沪召开国内贸易流通体制改革发展综合试点座谈会,对试点启动半年以来的工作进行总结,对下一阶段工作进行安排部署。商务部副部长房爱卿出席会议,商务部相关司局领导及上海、南京、郑州、广州、成都、厦门、青岛、黄石、义乌等9城市领导参加会议。

4月25日—27日 市委副书记、市长杨雄率上海市代表团赴新疆喀什学习考察,市商务委主任尚玉英作为考察团成员参加考察。代表团深入叶城、泽普、莎车三县企业、学校、工地和农业园区,察看上海援疆项目推进落实情况,慰问上海援疆干部人才,并与新疆基层干部群众深入交流。考察期间,上海市政府与新疆维吾尔自治区政府共同召开上海·喀什产业援疆促进就业工作汇报会,并举行产业合作项目签约会,市商务委积极落实上海·喀什商务人才培训平台、农产品电子商务平台、农产品产加销一体化平台、上海国际棉花交易中心设立喀什分部4个签约项目,产业援疆促就业工作取得良好开端。

4月27日 副主任吴星宝带队赴“小灵通”新型社区居家服务商调研,上海家电服务热线、上海电子产品维修服务行业协会及处室相关人员陪同。

同日 副主任刘敏带队对上海出入境检验检疫局邮办开展工作调研,共商在邮件、快件领域打击侵权假冒违法犯罪行为,进一步推动上海市打击侵权假冒成员单位之间的执法协作,深入开展上海市中国制造海外形象维护“清风”行动。

4月28日 国务院召开完善国家级经济技术开发区考核制度促进创新驱动发展电视电话会议。国务院副总理汪洋出席会议并作重要讲话,中央和国家有关部委负责人参加会议。会议在上海设立分会场,上海市副市长周波出席并部署上海贯彻落实工作,市商务委主任尚玉英、副主任顾军参加会议。

同日 由徐州高新区管委会、上海市外商投资协会、上海市外国投资促进中心和产业转移促进中心(商务部上海基地)联合举办的“2016徐州高新区(上海)投资推介会”,副巡视员桑琦到会并致辞。厄瓜多尔驻上海领事馆、英国贸易投资总署等商协会代表,诺基亚通信(上海)有限公司、上海新进半导体制造有限公司等外资企业代表,张江高科技园区及徐工集团、江苏云意电气股份有限公司代表100多人参加会议。

同日 市商务委、市绿化市容局联合召开深入推进再生资源回收与生活垃圾清运体系“两网协同”试点工作暨改革督察动员部署会议,市商务委副主任刘敏、市绿化市容局唐家富总工程师,以及各区县商务、绿化市容部门分管领导和业务负责人出席了会议。同时,会议还邀请市委督促检查室、政协委员、有关媒体等督察工作组成员参加。

4月29日 市商务委召开关于恢复活禽交

易专题会。市工商行政管理局、市农业委员会、市城市管理行政执法局、各区(县)商务主管部门等部门相关处室负责人及上海农产品中心批发市场、上海沪淮农副产品批发市场、良元、圣华、旺园、六和、湘佳等活禽批发市场、冷鲜禽供应企业参加会议。会议要求高度重视活禽交易恢复工作,严格做好各项管控措施。一是认真开展活禽经营场所自查和检查工作;二是严格执行活禽交易管理办法及规定的准入标准;三是严格执行消毒、休市及追溯制度;四是继续加强冷鲜禽布点和消费引导;五是积极配合相关部门严格取缔非法交易。

5月

5月2日 广交会副主任、商务部副部长钱克明在广交会展馆主持召开贯彻落实外贸回稳向好政策措施座谈会,传达国务院第130次常务会议精神,宣讲促进外贸回稳向好政策措施有关情况,并听取参会代表关于落实有关政策的工作考虑、意见建议。副主任申卫华出席会议。钱克明要求,各地方要从加强组织领导、狠抓政策落地并出台配套措施、着力优化环境、鼓励创新发展、推广典型经验五个方面着手,上下同心,共同努力,以时不我待的精神和抓铁有痕的作风,全力打好外贸回稳向好的攻坚战,实现全年外贸回稳向好的工作目标。

同日 市商务委副主任、广交会上海交易团团长申卫华主持召开上海交易团团部工作例会,听取团部和各分团工作情况汇报,并巡视上海市参展企业。申卫华先后来到上海晨光文具股份有限公司、安硕文教用品(上海)股份有限公司、上海乐美文具有限公司、上海吉龙经济发展有限公司、上海荣威塑胶工业有限公司、上海海外进出口有限公司、上海海琛国际贸易有限公司等多家上海参展企业展位,仔细查看企业展出的新产品和特色产品,详细了解企业在产品创新、技术升级、品牌打造以及海外市场开拓等方面的情况,鼓励企业大力发展自主品牌,提高产品的附加值和市场占有率,充分抓住广交会契机,积极拓展客户,进一步扩大出口。

5月4日 遵义市委常委、副市长黄庆伟和副市长李莲娜一行16人来上海市考察学习,就帮扶项目实施、对外开放平台、招商引资、人才培养等方面工作与市商务委进行交流。副主任吴星宝会见考察组,并召开上海一遵义两地商务工作座谈会。保税区管理局有管领导及市商务委人事处、电商处、外资处、贸发处、运行处相关负责人参加座谈。双方就遵义如何借助上海开放平台扩大对外开放、推动“遵货出山”、支持遵义外向型人才培养进行深入交流。考察组赴自贸区平行进口汽车展示厅、文化艺术展示中心和自贸区综合服务大厅进行参观。

5月5日 为响应国务院总理李克强关于出口企业要在统一体系下,按照同一标准、同一工艺、同一原料组织生产内销产品,让国内消费者也能享受到与国际市场同质的产品的要求,上海市出口食品企业内外销产品“同线同标同质”论坛在新国际博览中心举行,中国国家认证委、中国质量认证中心、中国国际贸易学会、上海出入境检验检疫局等单位相关领导,上海水产集团,梅林正广和股份有限公司、麦德龙中国、荣成皇朝马汉外贸综合服务平台等企业负责人,北京、天津、广东、江苏、浙江等16个省市相关部门代表,中央电视台、新华社、上海电视台、解放日报、劳动报、澎湃新闻等多家媒体记者参加,商务委副主任申卫华出席论坛并作主旨演讲。

同日 市商务委组织召开汽车流通行业工作会议。副主任刘敏出席会议并讲话,市工商局、市税务局、市公安局交警总队车管所、各相关行业协会及龙头企业参加会议。

同日 由山西省投资促进局局长焦育峰、山西省阳泉市委常委、副市长李利生、山西省商务厅、太原海关、阳泉市投促局、阳泉市商务委、阳泉市开发区管委会组成的承接加工贸易产业转移调研组一行专程来市商务委调研。阳泉市投资促进局和阳泉经济技术开发区管委会与产业转移促进中心(商务部上海基地)达成《产业园区资源转移共享平台合作共建协议》的签署意向。副巡视员桑琦参加调研。

5月6日 以沿长江经济带标准化托盘循环共用为主题的物流发展推进大会在上海市召开。商务部、苏浙沪物流主管部门、物流行业协会,长江经济带部分省市驻沪办事处和物流行业协会、物流企业近300人参加。

5月9日 由市商务委员会、市金融服务办公室、印度工业联合会(CII)联合主办,市外国投资促进中心承办"加强中印合作伙伴关系:聚焦科技,创新,金融和IT服务"中印经贸论坛在印度孟买成功举办。中共中央政治局委员、市委书记韩正,市委秘书长尹泓,副市长周波等出席会议,韩正作主旨演讲。印度马哈拉施特拉邦首席部长Devendra Fadnavis和金砖国家新开发银行行长K. V. Kamath等领导出席会议并分别致辞。市商务委主任尚玉英、副主任顾军参加论坛。

5月10日 上海市商业保理同业公会成立大会召开,全市逾百家商业保理企业及法律、会计、信用、教育等服务机构的相关负责人参加成立大会。副主任刘敏代表市商务委到会讲话,对同业公会的成立表示热烈的祝贺并对今后的工作进行了指导。

5月11日 为准确分析判断当前上海市外贸进出口形势,了解掌握重点外贸企业经营现状,总结梳理企业好的经验做法,跟踪做好服务企业工作,副主任申卫华带相关处室人员赴上海中昊针织有限公司开展外贸调研工作。

同日 市政协经济委员会主任张新生一行9人对大润发超市康桥店、上海农产品中心批发市场、上蔬永辉嘉善店、徐汇区古美莱市场等4家单位开展调研工作,并在上海农产品中心批发市场与上海农产品中心批发市场主要负责人就蔬菜、肉类、水果、水产等食用农产品的市场供应、价格、来源等相关情况进行互动,双方对今后大型批发市场在农产品流通体系建设中的作用进行深度交流。

5月13日 市商务委组织召开药品流通行业"十三五"规划座谈会。副主任刘敏出席并讲话,市食药监局、市卫生计生委、市医保办、上海医药商业行业协会、上海中药行业协会、国药控股、上药控股等相关负责人参加座谈。

5月17日 市商务委、市绿化市容局联合召开再生资源回收与生活垃圾清运体系"两网协同"试点工作推进会议,市商务委市场处、市绿化市容局环卫处、市委督促检查室以及各区县商务、绿化市容业务部门有关负责人出席会议。

5月18日 市商务委召开"两学一做"学习教育推进会,委党组书记、主任尚玉英对市商务委"两学一做"学习教育前期工作情况进行分析总结,并就进一步推进"两学一做"学习教育提出明确要求。

5月20日 市商务委会同市人力资源保障局、市工商局、市质监局等委办局,开展"上海颁发首批家政上门服务证暨查询系统开通仪式活动"。活动主题为推广家政上门服务证,推进家政持证上门服务试点工作,建立可追溯机制,探索一条方便老百姓找诚信、安全家政员的新路子。市商务委副主任吴星宝出席活动并讲话。市家庭服务业协会、上海家政服务网络中心、广大家政企业、部分家政人员代表100多人参加。

5月24日 市商务委组织召开专题座谈会,深入推进超市环节二维码食品安全信息追溯工作,欧尚、家乐福、华润万家等20余家超市企业参加座谈讨论。会议通报商务部会同有关部门推进重要产品追溯体系建设的相关情况,介绍上海市二维码食品流通追溯试点推进情况,二维码追溯在品牌宣传、食品安全、互联网营销等方面发挥的重要作用。

5月26日—6月17日 市商务委分别组织召开试点区县、国有企业集团验收工作推进会议。市财政局、市国资委、各区县商务主管部门、上海投资咨询公司、百联集团、上汽集团、宝钢集团、国药集团、上药集团、港务集团等试点企业集团负责人参加会议。

5月28日—6月1日 由国家商务部和北京市人民政府共同主办的第四届中国(北京)国际服务贸易交易会在北京国家会议中心举办,市商务委副主任申卫华率上海代表团近70人参加。本届京交会上,上海市以"上海服务贸易

——海纳百川,集聚高端"为主题,通过"3个一",即"一墙"(创新试点展示墙)、"一展"(省市展区)、"一会"(上海主题日),重点展示上海服务贸易创新试点工作进展、推介上海市服务贸易示范基地和项目、开展服务贸易项目签约、上海服务外包交易指数发布等活动。

5月31日 上海市外国投资促进中心、浦东新区商务委员会、中国(上海)自贸试验区管理委员会世博管理局联合举办"上海自贸试验区世博片区投资环境说明会",重点吸引国际组织(机构)和行业协会入驻。市商务委副主任顾军、中国(上海)自贸试验区管委会副主任、浦东新区副区长简大年、浦东新区商务委、自贸试验区世博管理局等相关单位负责人,以及部分国际组织机构代表、上海投资促进机构联席会议(SIPP)会员代表、驻沪领事馆、专业服务机构等100余人参加说明会。

6月

6月1日 由联合国工业发展组织(UNIDO)、国际商会(ICC)、世界银行(World Bank)及国际贸易中心(ITC)共同主办的"2016年度全球贸易便利化联盟论坛"在上海市外国投资促进中心举行,联合国欧洲经济委员会经济合作与贸易司司长Virginia Cram-Martos女士、世界海关组织、世界银行、国际商会等机构代表,贸易、报关、物流、运输等70家全球贸易便利化联盟会员企业代表参加,副主任申卫华出席论坛并作主旨演讲。

6月2日 上海市委书记韩正前往浦东张江高科技园区,调研外资企业研发中心在沪发展情况,并主持召开外资企业座谈会,听取外资企业对于上海进一步扩大开放、营造更好发展环境的意见建议。韩正说,开放成就了上海,开放是上海的最大优势,我们将坚定不移实施开放战略。4万家外资企业为上海经济社会发展作出了重要贡献,我们将努力营造更加良好的发展环境,让各类企业在沪获得更好更大的发展。市商务委主任尚玉英陪同调研并参加座谈会。

同日至3日 副主任刘敏、市人大财经委副主任委员马新生陪同商务部秩序司副司长穆小红调研上海红星美凯龙家居集团商务诚信体系建设工作,肯定加强源头把控、坚持诚信经营、落实企业责任的商务诚信体系建设工作成效。

6月3日 由上海国检局和上海市商务委共同主办,自贸试验区管委会保税区管理局和上海市跨境电商公共服务平台协办的"认证——跨境电商的信任符号"主题活动顺利举行。国家认监委副主任王大宁、上海国检局局长俞太尉、上海国检局副局长董超、市商务委副主任申卫华、自贸试验区副主任王辛翎、上海跨境电商公共服务公司董事长黄卫军出席活动。

6月6日 委党组召开中心组学习交流(扩大)会,结合"两学一做"学习教育,专题学习讨论《党委会的工作方法》。委党组书记、主任尚玉英主持会议并就当前形势下学好、用实《党委会的工作方法》提出具体意见。

同日 主任尚玉英在市政府常务会议上汇报《"十三五"时期上海国际贸易中心建设规划》。市政府常务会议原则同意《规划》,并指出面对国际贸易领域的新形势、新挑战,上海要以五大发展理念为引领,着力提能级、强功能、补短板,加快深化上海国际贸易中心建设。

6月7日 由市拍卖行业协会、市慈善基金会、四川省人民政府驻上海办事处主办的"为雅安加油"专项慈善义拍开槌。本次慈善义拍收入将全部定向用于雅安灾后重建,所有拍品均来自上海近百家拍卖企业和社会各界爱心人士的捐赠。

6月14日 副主任顾军主持召开区县、开发区利用外资工作会议。会议通报近日市委书记韩正在外资企业座谈会上的讲话精神,并部署下半年外资工作。上海市各区县商务部门、自贸区以及部分开发区的负责人参加会议。浦东、静安、普陀、虹口、嘉定、金山、青浦等区县商务部门负责人就上半年外资工作情况以及面临的问题做重点交流发言。

6月15日 市商务委副主任顾军主持召开上海市外资工作领导小组办公室工作会议。市发改委、市经信委、市建委、市科委、市教委、市金融办、市工商局等34家成员单位的联络员参加会议。会议明确贯彻落实市委书记韩正在外资企业座谈会上的讲话精神，进一步强调关注制造业项目和欧美日投资项目，并部署下一阶段的工作。

同日 根据“两学一做”学习教育活动的总体安排，副巡视员桑琦与所在支部促进处支部党员，结合实际工作，走出办公室，到上海外商独资企业中党建工作获得表彰的安利（中国）日用品有限公司上海分公司现场学习。

同日 副巡视员桑琦以普通党员身份参加促进处支部的组织生活会。走出办公室，到上海外商独资企业中党建工作获得表彰的安利（中国）日用品有限公司上海分公司现场学习。通过“两学一做”活动与服务外资企业的有机结合，切实帮助企业解决实际问题和困难。

6月16日 主任尚玉英赴张江调研外贸工作，听取企业关于促进外贸回稳向好的意见和建议。

同日 市商务委副主任刘敏主持召开“大宗商品期现联动课题研讨会”，商务部驻沪办、商务部国际贸易经济合作研究院的领导和专家出席会议，听取各业内企业大宗商品相关业务的开展情况、取得的成效和存在的问题，以及对大宗商品相关管理制度创新、生态体系建设方面的意见和建议。

6月17日 市商务委“两学一做”学习教育领导小组办公室组织党员赴中共二大会址参观学习，瞻仰回顾党的峥嵘岁月，集体重温入党誓词。委党组书记、主任尚玉英带队并领誓。委领导班子、党支部书记、机关和委属事业单位近三年新发展党员、入党积极分子等参加学习。

同日 根据委党组“两学一做”学习教育部署要求，巡视员顾嘉禾以普通党员身份参加电子商务处党支部“两学一做”专题组织生活并讲专题党课，电子商务处党支部全体党员参加。

6月18日 全国食品安全宣传周商务部主题日“批发环节看追溯”系列宣传体验活动在安徽省合肥市周谷堆批发市场举办，商务部市场秩序司副巡视员赵传义出席活动，国家有关部委、各省市商务主管部门及部分企业相关负责人共二百余人参加。活动围绕“加入追溯体系，服务放心消费”主题，针对追溯体系建设中批发这一重要环节，组织现场观摩，开展一系列宣传体验活动，上海、宁波、威海等5个城市的肉菜追溯建设经验成效被商务部展示推广。

同日 市商务委2016年食品安全宣传周主题日活动在虹口区凉城新村街道汶二社区、闵行区宝燕超市同步举行。市酒类专卖局、虹口区商务委、市食品协会、虹口区商联会、中信信息、质溯信息、光明乳业、菜博士、清美、明珠湖、嘉里食品、强丰、六和勤强、良友食品、上实农业、宝燕超市等相关单位参加此次活动。本次活动以“尚德守法共治共享食品安全”为主题，以“食品安全追溯进社区、进超市”为主线，现场通过专家讲解、追溯演示以及近万份宣传品的发放，加深周边居民对食品追溯的认识，受到广泛欢迎。

6月21日 上海自贸试验区落实《商务部等8部门关于促进汽车平行进口试点的若干意见》暨CCC首证颁发仪式在外高桥保税区举行。市商务委副主任申卫华主持仪式。国家认监委副主任刘卫军出席仪式并讲话，中国质量认证中心副主任宋向东向区内试点企业颁发国内首张平行进口汽车CCC认证证书。上海检验检疫局局长俞太尉，上海自贸试验区管委会保税区管理局、市经信委、市公安局、市交通委、市环保局、上海海关等部门有关领导，17家试点企业和相关媒体参加仪式。

6月22日 市商务委、市重大办、市政府办公厅在闵行区召开2016年市政府实事项目新建改建标准化菜市场现场推进会。闵行区商务主管部门、区规土局、区市场监督局、食行生鲜等相关部门参会。与会人员实地考察闵行区大型居住社区新建永杰路标准化菜市场和食行生鲜浦江颐城3期社区智慧微菜场建设工作，并召开座谈会。会上，闵行区商务委汇报闵行区大居市政配套标准化菜市场建设、社区智慧微菜场建设等相关工作。闵行区规土局、市场监督局、食行生鲜分别介绍菜市场规划编制、监督管理、区重大实事项目和区社区智慧微菜场布点建设有关工作。市商务委通报2016年上半年市政府实事项目建设情况,市商务行政事务中心等部门积极开展2016年市政府实事项目新建改建标准化菜市场日常管理工作,设计制作2016年上海市政府实事项目新建改建100家标准化菜市场进度图,加大宣传力度和提高社会知晓度。

6月25日 第十二届中国新疆喀什—中亚南亚商品交易会在新疆喀什开幕。本届喀交会以"相聚喀什,开启丝绸之路经济带新篇章"为主题,举办中巴经济走廊·喀什论坛和山东、上海、广东、深圳四个援疆省市开展的分论坛,交流通过内外联动、双向开放,共建丝绸之路经济带核心区区域中心城市。上海市市委常委、统战部部长沙海林由市商务委副主任吴星宝陪同参观市商务委组织的上海中心农产品批发市场、上海自贸区咖啡交易中心、上海国际棉花交易中心以及有关区县参展单位在第十二届中国新疆喀什—中亚南亚商品交易会的展台。

同日至26日 山西省商务厅孙跃进厅长一行38人,在市商务委纪检组长胡文君的陪同下,实地考察上海市早餐工程。双方就如何推进早餐工程建设进行座谈交流,分享早餐工程建设经验。

6月26日 服务业发展处组织"早餐工程中央厨房媒体开放日"活动,选择部分参与早餐工程建设的企业对媒体开放,见证放心早餐生产,检验建设成效。文汇报、解放日报、新民晚报、新闻晨报、中新社、上海青年报、上海广播电台、人民网、东方网等17家媒体,及市食药监局、市财政局等相关委办局一行30余人,分两条路线,先实地品尝美味早餐,后参观上海早陆晚玖餐饮管理有限公司等4家企业的中央厨房。新闻媒体对早餐工程纷纷进行报道。

6月27日 根据中央和市委开展"两学一做"专题学习教育的精神和市商务委"两学一做"学习教育方案的安排,副主任刘敏按照党员领导干部双重组织生活制度的要求,以普通党员身份参加市场处党支部专题组织生活。

6月28日 副主任刘敏主持召开专项治理行动专题部署会,各区(县)商务主管部门主要负责人参加会议,主任尚玉英出席会议并讲话。会议落实杨雄市长相关指示精神,讨论通过在全市开展单用途商业预付卡专项治理行动的《工作方案》。

6月30日 市商务委党组书记、主任尚玉英参加她所在的干部人事处党支部"两学一做"组织生活会,与支部党员交流学习和实践的体会感悟。

同日 市商务委副主任吴星宝赴中电投融和融资租赁(以下简称"融和租赁")进行调研,了解国家电投金融产业集团及下属融和租赁在沪发展情况。

7月

7月1日 上海市商务委主任尚玉英、徐州市铜山区委书记毕于瑞出席上海与铜山农产品产销对接签约仪式,上海市商务委副主任吴星宝、徐州市铜山区委副书记杨勇分别代表双方签署《农产品产销对接战略合作协议》。根据合作协议,上海市商务委、徐州市铜山区人民政府将着力加强五方面合作:一是加强农产品供求信息合作。二是加强农产品生产基地合作。三是加强农产品市场营销合作。四是加强新技术推广等领域合作。五是加强两地间的培训交流合作。

同日 上海现代服务业综合试点第二阶段项目验收评审现场踏勘工作启动,上海投资咨询公司组织专家参与评审工作。市商务委副主任刘敏参加此次踏勘调研,市商务委市场处、市财政局企业处、宝山区商务委、静安区商务委相关负责人陪同。

7月7日 为进一步增强党课感染力和吸引力,增强"两学一做"学习教育的针对性和实效性,委党组组织召开"两学一做"党课学习交流会。委党组书记、主任尚玉英主持会议并讲话,2名委领导和3名党支部书记讲党课并交流体会。委领导班子成员、委机关党支部书记、委属事业单位主要负责人等参加学习。

7月8日 中财办"供应链国家战略研究"

课题组在上海召开座谈会，调研上海市供应链创新与应用情况，并听取各方政策诉求。调研组由中财办、商务部、工业和信息化部、财政部和有关协会、研究机构、高校组成。市商务委副主任吴星宝、刘敏出席座谈会。

同日　为了更好地贯彻落实《上海市食品安全信息追溯管理办法》，切实做好商务部肉类蔬菜流通安全信息追溯体系的运行考核工作，市商务委组织召开2016年上海市肉菜流通追溯运行考核第三期专题培训会，上海市相关配送企业、超市大卖场、运维公司等负责人近80人参加培训。培训会重点解读《上海市食品安全信息追溯管理办法》，强调配送企业和超市大卖场的信息上传和信息传递义务，明确相应的处罚条款，并对不同食品和食用农产品的信息追溯模式提出要求。

7月9日　中共中央政治局委员、国务院副总理汪洋在国务院副秘书长江泽林、财政部副部长胡静林、商务部国际贸易谈判代表兼副部长、党组副书记钟山和上海市市长杨雄、副市长周波、市政府秘书长肖贵玉、市商务委主任尚玉英和副主任申卫华等陪同下，考察上海外贸转型升级工作。

7月11日　上海市首批贸易型总部企业颁证仪式在上海市人民政府隆重举行，副市长周波为首批贸易型总部代表企业颁发证书，市商务委尚玉英主任在仪式上致辞，副主任刘敏出席。

同日　市商务委副主任吴星宝赴江桥批发市场检查市场供应情况，落实防汛防台期间市场保供稳价工作。蔬菜集团有关负责人陪同。吴星宝着重强调"四点措施"：一是按照全市防汛防台工作的部署，要继续完善相关应急预案；二是进一步加强与外省市重点基地和非灾区基地的产销对接，增加蔬菜供应量；三是发挥大数据作用，做到精准供应；四是加强信息发布，引导合理消费。

7月12日　市商务委组织召开上海市外延蔬菜生产基地（上农批—铜山）专题筹备会，促进上海—江苏（铜山）两地蔬菜产销对接。浦东新区商务委、徐州市铜山区农委、上海农产品中心批发市场、徐州市铜山区明诗蔬菜专业合作社、有关标准化菜市场、配送公司等单位相关负责人参会。

7月14日　市商务委副主任申卫华应邀出席APEC示范电子口岸网络能力建设开班仪式并致辞。此次能力建设培训班共14天，来自APEC发展中经济体海关、贸易促进部门、口岸运营管理及技术支持等部门和机构代表27位学员参加此次培训，同时邀请有成熟案例的APEC成员以及APEC之外的专家前来传授经验。外贸发展处、对外经济合作处、外事处有关人员陪同参加活动。

同日　副主任吴星宝带队赴市质监局对接服务品牌建设与质量提升工作。双方就建立服务品牌与质量提升工作推进小组、形成保障措施、发挥政府引导作用、建立社会化推进机制等方面达成一致意见，下一步将联手研究制定《上海服务业品牌建设和质量提升的三年行动计划》。

7月21日　副主任申卫华召开"一带一路"建设专题工作会议。贸发处、外经处、促进处、服贸处、外事处、财务处、上海进出口商会、上海电子商务促进中心等负责人出席会议，副巡视员桑琦主持会议。

7月25日—26日　市商务委副主任顾军参加商务部在北京召开的"2016年部分省市对美经贸工作会议"，介绍上海与美国的经贸往来情况、上海与美国州市经贸合作情况以及加强双边合作建议等。

7月26日　商务部召开商务系统防汛抗洪保障市场供应暨安全生产视频会议。商务部部长高虎城出席会议并讲话。上海市商务委副主任刘敏、相关处室负责人、各区县商务委分管领导，以及防汛承储企业人员参加上海分会场会议。

同日　副主任申卫华在沪主持召开APEC示范电子口岸网络（APMEN）第三次联合运营委员会全体会议，中国、澳大利亚、加拿大、中国香港、马来西亚、墨西哥、中华台北、秘鲁、越南等APMEN成员单位代表，日本、巴布亚新几内亚、俄罗斯等观察员国、APMEN运营中心主任黄峰及上海WTO中心副总裁姚为群教授出席会议。

7月28日 市商务委主任尚玉英会见香港中国商会主席陈经纬率领的香港中国商会代表团一行35人,副主任顾军陪同,促进处、综合处、外经处相关负责人出席。

7月29日 市商务委副主任吴星宝带队调研上海英格尔检测认证集团、上海质尊溯源电子科技有限公司、上海中信信息发展股份有限公司,推进上海市重要产品追溯体系建设示范项目工作。吴星宝指出,重要产品追溯体系建设需各方协作,发挥第三方认证机构作用,依托信息服务机构建设追溯管理信息平台,推进二维码追溯技术应用,建立完善追溯数据统一共享交换机制。市商务委主要从食用农产品、食品、药品、农业生产资料、特种设备、危险化学品、钻石、宝玉石等方面推进追溯体系建设,抓紧制定重要产品追溯体系建设示范项目实施方案,着力推进重要产品追溯工作的实施。

8月

8月1日 为深化推进国内贸易流通体制改革发展综合试点工作,副主任刘敏、副巡视员徐文杰主持召开内贸改革试点工作推进会。

8月2日—9日 为推进实施在自贸区探索设立面向国际的大宗商品现货交易市场,构建内外贸一体化的商品流通体系,应芝加哥商品交易所、纽约商品交易所、三井物产、双日株式会社的邀请,由副主任刘敏带队,委市场体系建设处、市金融办和浦东新区商务委组团赴美国、日本访问考察。

8月3日 市商务委副主任吴星宝出席在上海农产品中心批发市场召开的浦东新区农产品流通新模式示范推进工作会议。浦东新区商务委、上海农产品中心批发市场、食行生鲜、强丰、厨易时代等单位负责人参会。

同日 作为滇沪商务合作中的一个重点项目,上海自贸区咖啡交易中心通过市商务委、市金融办、自贸区管委会等单位验收,将从线下走向线上面向全球进行交易和展示。

8月10日 市商务委副主任顾军召集各相关处室召开上半年市商务领域重点项目推进工作专题会议,听取重点项目在推进过程中的进展情况。

8月11日 市商务委副主任顾军主持召开由市财政、税务、统计及各区商务部门负责人工作会议,部署2016年外资联合年报和存量外资调查工作。

8月12日 市商务委在静安区召开"夏淡"蔬菜保供稳价专题现场会,总结推广静安区先进,相关区商务主管部门、菜市场管理公司、企业,有关媒体出席会议。

8月15日 为进一步贯彻落实《国务院办公厅关于加快融资租赁业发展的指导意见》(国办发〔2015〕68号)和《国务院办公厅关于促进金融租赁行业健康发展的指导意见》(国办发〔2015〕69号)精神,加快上海市融资租赁行业发展,市商务委会同相关部门制定形成《上海市人民政府办公厅关于加快上海市融资租赁业发展的实施意见》,已由市政府印发实施。

同日 市商务委副主任顾军带队赴通用电气(中国)有限公司张江园区调研,与公司负责人深入探讨公司在沪发展情况及参与科创中心建设情况,并希望通用电气继续为上海科创中心建设做出贡献。

8月16日 市场处党支部联合上海国际棉花交易中心开展"两学一做"联学联建活动。两个支部参观上海纺织博物馆,共同回顾上海纺织工业发展转型历史,并开展座谈交流。市商务委副主任刘敏、上海纺织集团副总裁刘平参加活动。

8月17日 副主任吴星宝出席湖南省人民政府在沪举办的2016年湖南名优特新商品(上海)展示交易周活动"启动仪式,并为上海湘沪名优商品服务中心揭牌。湖南省商务厅、上海市商务委相关人员及沪湘两地企业共200余人参加活动。

8月18日 市商务委副主任顾军出席由湖南省商务厅与中国开发区协会共同举办的"湖南—长三角园区合作共建对接会",并代表市商务委与湖南商务厅签署"推动经开区合作共建战略合作备忘录”。

同日 “上农鲜品”APP移动交易平台上线发布会在上海农产品中心批发市场召开。市商务委副主任吴星宝参加发布会并致辞。

8月19日 市商务委副主任吴星宝带队来到位于苏州的食行生鲜总部调研。食行生鲜作为市政府目标管理上海市“社区智慧微菜场”民生工程建设的骨干企业,在上海市目前的近1 000家“社区智慧微菜场”中占比80%以上。

8月24日 上海水产行业协会、浙江省水产流通与加工协会、江苏省渔业协会和安徽省渔业协会在上海凌海国际农产品贸易中心联合举办“2016长三角水产发展论坛”,探索推动长三角区域水产业供给侧结构性改革、聚焦水产流通和消费升级。市商务委相关处负责人受邀出席论坛活动。

8月26日 东方网“智橙生活”暨服务到家网络平台正式上线,杨浦区区委书记李跃旗、区委副书记唐海东、市商务委副巡视员徐文杰、东方网股份有限公司董事长何继良等出席平台上线启动仪式。“智橙生活”平台依托东方网和上海服务到家合作联盟的优势,聚焦服务社区居民的实际需求,集社区信息、便民服务、新闻资讯和垂直应用服务为一体,提供家门口的一站式便民服务。

同日 沪滇商务合作项目(上海自贸区万国咖啡体验中心)正式启动。上海自贸区咖啡交易中心进入上线交易和实际运营阶段。云南省副省长张祖林、自贸区管委会副主任李兆杰、市商务委副巡视员徐文杰等领导出席开馆仪式。

8月30日 陕西省人民政府在上海举办的“航空航天、智能制造产业合作与交流会”,见证陕沪两地重点合作项目的签约仪式。周波副市长出席会议并致辞,市商务委副主任刘敏出席。

9月

9月1日 市商务委副主任顾军出席由上海市商务委、商务部投资促进事务局、漕河泾开发区发展总公司共同举办,产业转移促进中心(商务部上海基地)承办的“2016中西部产业转移对接交流会”。

同日 市商务委在上海蔬菜集团召开专题座谈会,推进农产品“批零直配”工作。浦东新区商务委、西郊国际、蔬菜集团、上农批、江桥、三林等批发市场、浦东新区部分标准化菜市场负责人参加会议,市商务委副主任吴星宝出席会议并讲话。

同日至2日 为总结评估国内贸易流通体制改革发展综合试点工作成效,总结可复制推广经验,商务部商务部委托第三方评估机构组建专家组来沪开展试点终期评估,先后召开四场座谈会,听取并评估上海内贸流通体制改革取得的成效。市商务委副主任刘敏、副巡视员徐文杰出席座谈会。

9月2日 市商务委在徐汇区召开2016年市政府实事项目标准化菜市场暨社区智慧微菜场建设现场推进会。市政府办公厅综合处、市重大办等市政府相关部门、各区商务主管部门、相关行业协会、企业及有关媒体出席会议。市商务委副主任吴星宝出席并讲话。

9月3日 全国人大审议通过《关于修改〈中华人民共和国外资企业法〉等四部法律的决定》,将不涉及国家规定实施准入特别管理措施的外商投资企业设立及变更,由审批改为备案管理。

9月8日—11日 由商务部主办的第十九届中国国际投资贸易洽谈会在厦门举办。市商务委副巡视员桑琦担任上海代表团团长,部分区、开发区和企业代表近百人参加本届投洽会。上海代表团在展台上围绕“建设具有国际影响力科创中心”的城市布局,展示上海的最新成果及近期规划,超过800位客商在上海展台参观咨询。投洽会期间,上海代表团以“科技创新与上海机遇”为主题举办投资推介会,桑琦副巡视员致辞。

9月9日 为推进上海市国际贸易单一窗口建设和电子许可证试点工作,商务部配额许可证事务局副局长李世光带队来沪调研,并召开相关部门和企业座谈会。副主任申卫华出席会议，上海特办、市口岸办、上海海关、上海电子口岸及雅马哈发动机国际贸易公司、上海益海商贸公司、上海上实国际贸易公司、新大洲本田摩托车公司、多美兹婴幼儿食品有限公司、上海睿创国际贸易公司、纽迪西亚生命早期营养管理(上海)公司、上海常固国际贸易公司等单位代表参加座谈会。

9月12日 市商务委召开党组中心组学习交流(扩大)会，学习《上海国际贸易单一窗口建设》，邀请企业负责人作专题辅导报告。尚玉英同志就推进国际贸易单一窗口建设提出指导意见，顾军、申卫华同志结合工作实际进行交流互动。市商务委领导班子成员出席会议，委机关处室负责人、委属事业单位主要负责人列席会议。

同日 “第二届遵义生态农特产品上海行”活动开幕式在农工商118广场举行。市商务委副主任吴星宝出席开幕式并致辞。遵义市委常委、市政府副市长李忠兴、副市长李莲娜及上海市人民政府合作交流办公室、贵州省政府驻上海办事处、上海市普陀区政府有关领导出席开幕式及开馆仪式活动，同时，上海市贵州商会代表、上海市农工商超市(集团)有限公司以及上海市、遵义市100多家农特产品采购企业代表(电商企业)等应邀出席开幕式及推介洽谈会，会上两地参展企业就农特产品产销合作进行交流互动、商谈合作等事宜。

同日至13日 商务部流通发展司副巡视员张祥带队来沪调研平台经济发展情况。调研组实地考察携程旅行网、众美联和上汽车享网平台，并召开座谈会。市商务委副主任刘敏出席座谈会。

9月13日 市商务委组织召开上海市主副食品价格信息监测工作会议，总结上海市主副食品价格监测工作开展情况，进一步完善和提升上海市商务流通领域农产品行业主副食品价格监测的数据采集、分析和行情判断工作。上海市中心城区商务委、集团公司、屠宰场、批发市场、配送中心、超市卖场、菜市场、行业协会代表共50余人参加会议。

同日 为进一步推进传统生鲜食品行业与互联网的深度结合、线上线下的互动融合，满足机关干部消费需求，扩大社区智慧微菜场的知晓度，在市机关事务管理局大力支持下，市商务委在人民大道200号、大沽路100号、世博村路300号市政府机关内设置社区智慧微菜场自动售菜机并投入试运营。

9月14日 2016(第七届)中国国际石油化工大会(CPCIC)在上海举行。上海市副市长周波出席14日全体大会并致辞，市商务委主任尚玉英、副主任申卫华参加会议。

9月20日 为全力推进上海国际贸易中心建设，上海市国际贸易中心建设工作推进小组召开第三次会议，会议由市政府副秘书长金兴明主持，副市长周波到会并讲话。市商务委等26家单位相关人士参加会议。市商务委主任尚玉英就主要进展情况和任务安排作工作报告。

同日 市商务委在在虹口区凉城新村街道汶二社区、闵行区宝燕超市、上海农产品中心批发市场同时举行以“提升供给质量 建设质量强国”为主题的质量月主题日活动。市酒类专卖局、虹口区商务委、虹口区市场监管局、上海市食品协会、虹口区消保委、虹口区商联会、上农批、中信信息、质溯信息、凉城街道汶二居委、清美食品、益海嘉里、良友海狮、金山强丰、六合勤强、明珠湖、菜博士、印刷物资公司等相关单位参加此次活动。

9月21日 上海“走出去企业战略合作联盟”工作例会暨海外办事处合作共建框架协议签约仪式举行。活动由市商务委副主任钟晓敏主持，副主任顾军代表市商务委分别与中国华信、上海电气、华谊集团和隧道股份等4家企业签署海外办事处合作共建框架协议并讲话，主任尚玉英分别与中国华信总裁陈秋途、华谊集团董事长刘训峰、城建国际董事长蒲朝晖见证。

9月23日 上海市商务委和山西省商务厅共同召开上海山西两地老字号工作交流对接座谈会，山西省商务厅厅长孙跃进就上海山西两地老字号发展合作交流听取意见，并总结发言。市商务委主任尚玉英主持会议，副巡视员徐文杰出席。

同日至26日 第十届老字号博览会在上海展览中心举办，23日山西省商务厅厅长孙跃进带队莅临参观，与参展商户交流分享老字号发展经验。24日市商务委副主任刘敏参观调研博览会，并与志愿者亲切交流。

9月27日 由上海市商务委、罗马尼亚工商会(CCIR)联合主办，罗马尼亚驻沪总领馆和上海市外国投资促进中心协办的“上海-罗马尼亚经贸说明会”在罗马尼亚首都布加勒斯特举行。主任尚玉英作主旨演讲，并代表市商务委与罗马尼亚工商会副主席奥若廉·高谷雷斯库签署经贸合作伙伴关系备忘录。

同日 第120届广交会将在广州举办。为进一步做好组织参展工作，广交会上海交易团召开第120届广交会企业动员会，上海交易团团长、副主任申卫华、副团长、副巡视员桑琦出席会议，上海交易团各分团及各参展企业负责人参加会议。

同日 第十五届中国(上海)国际跨国采购大会在上海跨国采购会展中心开幕。本届跨采大会会场面积13 000平方米，规划600个展位，设立国际工业零部件采购商展区以及首次设立的智能制造展区等共5个展区，邀请国内外350家展商设展。

9月29日 副主任吴星宝带队赴闵行“悦客家”、“千户家政”、浦东“金文家政”了解国庆家政市场情况，市家政服务网络中心、服务业发展处相关人员陪同。总体研判，上海市国庆家政市场平稳、正常。

10月

10月8日 市商务委会同上海果品商业行业协会，积极推进“信息公司＋行业协会＋会员单位”三方流通追溯新模式，提高行业协会信息化管理水平，推进行业内互联互通。协会16家会员作为首批试点单位，会员单位将追溯信息对接入平台，保障果品质量安全。

10月9日—11日 全国农商互联启动会暨农产品流通工作会议在山东省潍坊市举行。市商务委副巡视员徐文杰出席会议，并在全国农产品流通工作会议上作《积极探索农产品批零联盟，从供给侧打造流通发展新模式》的主题发言。商务部、国家标准委、农业部、发展和改革委等国家有关部委的领导和各省区市商务主管部门负责人，平安银行、京东集团、阿里巴巴集团等知名企业，中央及部分省市有关媒体记者等参加大会。商务部党组成员、部长助理王炳南出席会议并讲话。

10月10日 主任尚玉英出席在半岛酒店举办的“葡萄牙投资论坛”并发表致辞，来沪访问的葡萄牙总理安东尼奥·科斯塔出席论坛并发表主旨演讲，市工商联主席王志雄出席论坛并发表致辞。出席的还有市商务委副主任钟晓敏、市外办副主任傅继红等。在科斯塔总理的见证下，尚主任代表市商务委与葡萄牙经贸投资促进局签署经贸合作备忘录。外国投资促进处、外事处、外经处相关负责人陪同出席会议。

10月12日 主任尚玉英在市商务委14楼贵宾室会见印度工业联合会大中华区首席代表马德武(Madhav Sharma)先生一行2人。外国投资促进处、外事处相关负责人陪同会见。

同日 副主任申卫华出席由宝山区政府和上海工程技术大学联合主办的上海中国邮轮旅游发展实验区论坛并发表主旨演讲。宝山区有关领导、上海海关、上海国检、口岸办等政府部门领导，国际邮轮协会等行业组织及部分邮轮企业代表出席论坛，共同围绕中国邮轮旅游实验区建设开展研讨。

同日 市商务委副主任刘敏出席“中国(上海)自贸试验区大宗商品电子仓单跨境融资与跨境贸易结算战略合作签约仪式”，见证自贸大宗(上海)信息服务有限公司与万事达卡亚太区有限公司、惠付金融信息服务(上海)有限公司、马来西亚联昌银行、新加坡星展银行以及上海银行达成战略合作，签署合作协议。

10月13日 市商务委主任尚玉英、副主任申卫华出席由市商务委员会与市社科院联合发起的“新经济与产业国际竞争力研究中心”成立仪式。该中心成立标志着双方系统性的研究合作机制正式建立，同期，上海产业国际竞争力发展论坛也成功举行。尚玉英与市社科院院长王战、人民日报社上海分社副社长李泓冰等出席研究中心揭牌仪式并致辞。副主任申卫华代表市商务委与市社科院签署合作备忘录，与会领导还为首批研究中心合作研究专家颁发聘书。委公平贸易处负责人组织并全程参与成立仪式和论坛。来自各研究机构、上海重点行业协会企业代表100余人参加成立仪式和论坛。

同日 副主任吴星宝参加“上海家政持证上门服务试点工作总结会议暨授牌仪式”，总结家政持证上门服务试点工作经验，在上海市家政行业大力推进“家政上门服务证”，打造诚信、安全的家政服务管理体系，促进上海市家政服务业的健康发展。

同日 市商务委召开“三服务”工作会暨中小商贸流通企业公共服务平台工作推进会。会议回顾总结中小商贸流通企业公共服务平台的主要功能及运行情况，明确下阶段“三服务”工作的重点和要求。

10月14日 副主任钟晓敏会见英中贸易协会中国区总裁鼎杰夫(Jeff Astle)先生一行。外事处、外经处、技促中心相关负责人陪同会见。

同日 《关于上海市加快推进重要产品追溯体系建设的实施意见》(沪府办发〔2016〕44号)正式发布，标志着上海市重要产品追溯地方标准法规认证体系基本完善。全市统一的重要产品信息追溯管理平台基本建成，形成一批追溯企业品牌，公众对追溯产品的认知度和接受度显著增强。

同日 市场秩序处受全国双打办委托出席在沪召开的美国大使知识产权圆桌会议

10月15日 副主任吴星宝参加“上海市第三届家庭服务博览会”并亲自启动“上海家政服务品牌培育计划”。

10月17日 副市长周波在市商务委主任尚玉英、副主任申卫华的陪同下来到广交会展馆，巡视参加第120届中国进出口商品交易会的部分上海参展企业。

同日 副主任钟晓敏会见立陶宛驻华大使伊娜·玛邱罗尼塔(Ina Marciuilionyte)一行。外事处、外经处相关负责人陪同会见。

10月18日 主任尚玉英在香淳湾酒店宴请阿布扎比经济管理局副局长哈里发·曼苏尔(H. E. Khaleefa Al Mansoori)阁下一行。席间双方就如何帮助阿布扎比企业来上海投资兴业、上海市经贸投资环境等议题进行深入的交流。促进处、外事处、促进处相关负责人陪同出席。

同日 主任尚玉英在衡山宾馆综合楼2楼贵宾室会见意大利GFG工业设计公司主席乔治·亚罗(Giorgetto Giugiaro)先生一行5人。促进处、外事处、外资处相关负责人陪同会见。

同日 聊城市农产品品牌(上海)发布会暨聊城安全农产品上海行活动在上海农产品批发市场开幕。市商务委副主任吴星宝等有关部门领导，运行处负责人、上海市聊城商会及百余家农产品经销商出席会议。通过发挥批发市场枢纽作用，引进优质安全、价廉物美的农产品，丰富上海市民的“菜篮子”。

同日 副巡视员桑琦会见德国美乐家集团全球联席CEO沃克尔·西图麦尔(Volker Stuhmeier)先生一行。外资处相关负责人陪同会见。

10月19日 市商务委与阿布扎比经济发展局“关于建立经贸合作关系备忘录”的签字仪式在市政府贵宾厅举行。市政府副秘书长金兴明出席签约仪式，市外办、市经信委、市金融办、市旅游局、市文广局等相关负责人参加。市商务委主任尚玉英与阿布扎比经济发展局副局长哈里发·曼苏尔共同签署合作备忘录，副主任钟晓敏主持签约仪式。

同日 主任尚玉英、副主任钟晓敏在大富贵酒楼宴请匈牙利摩根斯达集团董事长郭国雄先生一行8人。席间双方就摩根斯达总部落户上海、如何帮助摩根斯达旗下高科技企业来沪开展业务等议题进行深入的交流。办公室、促进处、外事处、技交中心相关负责人陪同出席。

同日 主任尚玉英会见德国蒂森克虏伯公

司大中华区首席执行官高岩先生一行。外资处、外事处、促进处相关负责人陪同会见。

10月19日 副主任吴星宝主持召开全市生活性服务业工作座谈会。旨在贯彻落实《上海市人民政府关于促进上海市生活性服务业发展的若干意见》。市发改委、市卫计委、市人社局、市民政局等十余家单位相关负责人与会。

10月20日—21日 商务部在沪开展商务诚信建设试点调研。

10月21日 副巡视员徐文杰会见阿根廷驻沪总领事马丁·里博尔塔(Martin Rivolta)及阿根廷企业代表团一行。

10月24日 "2017春夏上海时装周风尚夜"在新天地朗廷酒店举行,标志着2017春夏上海时装周圆满落幕。活动当晚对本季上海时装周进行全面的回顾和总结,并评选出本季时装周九大奖项。市商务委副巡视员徐文杰出席活动,并为设计师颁发"原创设计奖"。

10月25日 主任尚玉英调研上海商务诚信公众服务平台建设情况。

同日 主任尚玉英出席在静安嘉里大酒店五楼宴会厅举办的英国太古年会,并发表主题演讲。太古集团董事会主席施纳贝(Barnaby Swire)先生,太古集团行政总裁施铭伦(Merlin Swire)先生出席会议,并发表主旨演讲。外事处、促进处相关负责人陪同出席活动。

同日 总经济师张国华会见巴基斯坦国家管理学院代表团团长穆罕默德·科里什(Muhammad Qureshi)一行。外资处相关负责人陪同会见。

10月26日 副主任吴星宝参加"第十五届上海国际美发美容节"并出席"美丽绽放·欢庆启动"仪式。

同日 副主任钟晓敏会见德国北莱茵一威斯特法伦州经济、能源、工业、中小企业与手工业部部长加雷德·杜因(Garrelt Duin)代表团一行。外资处、外事处、贸发处、外经处相关负责人陪同会见。

10月27日 副主任刘敏出席在新天地朗庭酒店举办的上海迪拜周开幕式,发表致辞并见证上海市外国投资促进中心和迪拜外商投资促进局的合作备忘录签约仪式。本次活动由迪拜猎鹰集团主办,近两百名上海和迪拜政、商界代表出席活动。外事处、促进处相关负责人陪同出席活动。

同日 副主任吴星宝出席上海市重要产品追溯体系建设工作动员部署会,会议提出要贯彻落实市政府办公厅《关于上海市加快推进重要产品追溯体系建设的实施意见》(沪府办发[2016]44号)有关精神,加快推进上海市重要产品追溯体系建设。市质监局、市食药监局等市政府有关部门,区商委主管部门及相关行业协会、光明集团、百联集团等三十余家单位相关负责人出席会议。各单位交流各自领域有关重要产品追溯体系建设情况和做法,并就做好2017年开展重要产品追溯体系建设示范项目提出意见和建议。

同日 副巡视徐文杰会见了履新的泰国驻沪总领馆投资领事、泰国投资促进委员会上海办事处主任吴奕怡(AreeNgamsiripattanagul)一行。外经处、促进处相关负责人陪同会见。

10月28日 主任尚玉英出席在扬子江万丽大酒店举办的2015年度上海市外商投资"百强企业"发布会暨"责任-创新-共享"外企社会责任论坛并发表致辞。市外商投资协会会长刘锦屏、各区商务主管部门代表以及外资企业代表约250人参加会议。外事处、促进处、外资处相关负责人陪同出席。

同日 主任尚玉英、副主任钟晓敏出席在新天地朗廷酒店举办的外经论道暨中阿企业协同发展论坛并发表致辞。尚玉英和阿联酋经济部副部长阿卜杜拉·阿勒萨利赫共同为迪拜中国企业联合馆项目揭牌。出席的还有国务院国资委新闻中心主任助理闫永,山西省运城市市长陈振亮,阿联酋驻上海总领事易卜拉欣·曼苏尔,迪拜投资促进署首席执行官法哈德·阿勒卡尔卡维。

同日 市商务诚信公众服务平台举行开通仪式。

10月31日 副主任吴星宝会见印尼东爪哇省泗水市议会议长阿穆吉(Armuji)先生一行。

商贸处、外经处相关负责人陪同会见。

同日 副巡视员桑琦会见日本九州经济联合会会长麻生泰一行。服贸处、外事处、外经处、运行处相关负责人、民政局老龄工作处主任科员柯盈陪同会见。

11月

11月1日 副巡视员桑琦会见波兰信息与外国投资局副局长沃伊切赫·费德卡(Wojciech Fedko)一行。外经处、外资处相关负责人陪同会见。

11月2日 副主任钟晓敏出席"中国制造、智造上海——上海先进制造业投资推介会"。促进处、外资处相关负责人陪同出席。

同日 副主任吴星宝赴静安曹家渡地区上海中服出国人员服务中心免税店调研。

11月3日 主任尚玉英出席在文华东方酒店举办的"中国境外投资大会"并围绕上海市对外投资情况及有关政策发表了演讲。本次论坛由英中贸易协会主办,共200多家英中贸易协会会员企业代表参加了会议。英中贸易协会主席沙逊勋爵和全国工商联副主席安七一出席会议并分别发表致辞。外事处、促进处相关负责人陪同出席会议。

同日 为贯彻落实习近平总书记致广交会贺信、李克强总理批示和汪洋副总理讲话精神,推进跨境电子商务发展,解决"双十一"期间企业开展业务的有关问题,主任尚玉英召开跨境电商专题会议,听取有关情况汇报。商务部上海特派员向欣、市商务委副主任申卫华,上海海关、上海检验检疫局、外汇局上海分局、市发改委、市国税局、市邮政管理局代表出席会议。参加会议还有上海跨境电商行业协会、上海跨境电商公共服务公司、洋码头、京东、跨境通、基森仓储、菜鸟、东航物流和上海EMS等协会和企业代表。

同日 副主任吴星宝主持召开"幼托"工作专题座谈会。吴星宝指出要从推进家政服务业产业化发展的角度推进"幼托"工作的开展,要求上海市早教龙头企业要学习借鉴国外先进经验、模式,结合上海实际,探索上海"幼托"发展模式,形成可复制、可推广的"幼托"发展标准体系,推进家政服务业的创新发展。

同日 副巡视员桑琦会见利物浦市长乔·安德森(Joe Anderson)并见证上海市外国投资促进中心与Invest Liverpool签约仪式。投促中心主任兼促进处处长罗志松、外事处、外经处、促进中心相关负责人陪同出席。

同日 市商务委积极推进社区智慧微菜场建设,会同市政府有关部门及各区政府有关部门共同制定发展规划目标,研究制定落实支持政策的措施,积极协调争取区、街道、镇政府支持网点落地,以及在市区市政、财政等部门大力支持下,已建设完成1 064家社区智慧微菜场,全社会形成食行生鲜、厨易时代、强丰等著名社区智慧微菜场品牌。

11月4日 主任尚玉英会见英国诺丁汉市行政长官柯睿恩(Ian Curryer)先生一行。双方就上海市商务委与诺丁汉市通过签署合作备忘录建立更紧密的经贸合作关系进行深入的交流。外事处、贸发处、服务业处、外经处、促进处相关负责人陪同会见。

同日 市商务委会同加州州长商务和经济办公室举办"上海与加州省州合作及经贸研讨会",副主任钟晓敏、副巡视员桑琦出席研讨会。这是中美两国商务部关于"中国省与美国加州贸易投资合作联合工作组"框架下的经贸合作内容之一,此次加州州长商务和经济发展办公室带队,率领加州清洁能源代表团20余人访问上海。研讨会后,上海和加州两地工作组还就在"中美省州经贸机制"框架下促进深入合作进行交流。

同日 副主任钟晓敏、副巡视员桑琦出席上海一加州省州合作机制及经贸合作研讨会。投促进中心主任罗志松主持研讨会。加州州长办公室商务和经济发展办公室主任潘诺里亚·艾维迪斯(Panorea Avids)和加州能源委员会主席罗伯特·维森米勒(Robert Weisenmiller)率加州政府相关部门代表和清洁能源等领域企业代表团出席。外事处相关负责人等陪同出席。

同日 副主任吴星宝出席第25届上海国际

连锁加盟展(SFE)开幕式并参加巡馆活动。

11月6日 副巡视员桑琦见证市外国投资促进中心与利物浦发展署续签《经贸合作备忘录》,这是两个机构第三次签订合作协议,双方将在企业投资合作、商务活动、团组互访等方面开展合作。

11月7日 副主任吴星宝参加"2016 China FHC上海国际食品饮料及餐饮设备展览会暨第四届上海国际进口酒类精品展览会 ProWine China"开幕式。

11月8日 副主任钟晓敏应邀出席上海隧道股份与英国Equitix公司银城隧道项目合作签约仪式并致辞。外经处负责人陪同出席。市发改委总经济师秦丽萍、隧道股份集团公司总裁周文波、英国驻华公使衔参赞魏林(Mark Wareing)、英国驻沪总领事吴侨文(John Edwards)出席签约仪式并致辞。中英双方主要嘉宾见证签约仪式。

同日 厦门市商务局来沪考察重要产品追溯体系建设,先后前往上蔬永辉、盒马鲜生、上农批、中山批发市场、美天华山菜市场等企业考察二维码追溯、电子结算追溯、电子标签追溯,并参加座谈会。2016年,上海市与厦门市均被商务部列为重要产品追溯体系建设示范城市,双方希望在商务部的领导与支持下,加快重要产品追溯体系示范建设,加强交流与合作。

11月10日 上海市常务副市长应勇、副市长周波主持召开上海国内贸易流通体制改革发展综合试点领导小组工作会议。各试点领导小组成员单位领导参加会议。市商务委副主任刘敏参会并全面汇报上海市开展内贸改革试点取得的主要成果、做法和体会及下一步工作设想。

同日 由马来西亚驻沪总领事馆商务投资处主办,市商务委支持的"2016马来西亚经贸论坛"在上海浦东嘉里大酒店举办。马来西亚驻华大使拿督再努丁叶海亚到会致辞,马来西亚国际贸易与工业部第二部长拿督斯里黄家泉作主题演讲。市商务委副巡视员桑琦出席活动并致辞,并与外方进行交流。对外经济合作处组织相关企业15参加活动。

11月11日 上海市商务委与宁夏回族自治区商务厅举行商务战略合作框架协议签约仪式。市政府副秘书长金兴明、市商务委主任尚玉英,宁夏回族自治区副主席王和山、政府副秘书长薛刚、商务厅厅长何正荣出席签约仪式。市商务委副主任吴星宝、宁夏回族自治区商务厅副厅长刘锦旗分别代表双方签署《商务战略合作框架协议》。根据合作协议,上海市商务委、宁夏回族自治区商务厅将在共同促进两地产业发展、共同开拓丰富两地市场、搭建特色产品产销合作平台、建立重要产品追溯体系合作关系、共享自贸区创造的政策优势环境、加强商务干部交流等方面建立长期稳定、互惠互利的合作机制。

同日 主任尚玉英在国展中心洲际酒店与出席国际展览业协会(UFI)第83届会员大会的UFI主席谢尔盖·阿列克谢耶夫先生(Sergey Alexeev)一行5人共进早餐。双方就上海与UFI如何在现有备忘录的基础上进一步深化合作,当前国际经济形势下会展行业的机遇与挑战以及美国大选对会展行业的影响等话题进行深入的交流。尚玉英在谢尔盖·阿列克谢耶夫主席的陪同下出席当日会议并听取专家关于全球会展业新形势的演讲。外事处、会展业处相关负责人陪同出席。

同日 副主任钟晓敏出席2016上海外资研发中心论坛,为论坛演讲嘉宾颁牌并致辞。市外商投资协会会长刘锦屏主持,外资处、促进处相关负责人等陪同出席。

同日 2016年上海外资研发论坛在扬子江万丽酒店成功举办。外资研发论坛是市商务委推进外资研发中心参与科创中心建设的重要平台。本届论坛主题为"万众合力,建设具有全球影响力的科创中心",市商务委副主任钟晓敏出席论坛并致辞,上海市近300位外资企业代表参加论坛,来自雅培诊断中国研发中心等10家外资研发中心的代表就全球最新技术的发展、外资企业服务科创中心建设等主题作精彩的演讲。

同日 副巡视员桑琦会见特立尼达和多巴哥(特多)经济发展委员会主席特伦斯·法雷尔(Terrence Farrel)一行。外经处相关负责人陪同会见。

11 月 11 日 上海市召开打击假冒伪劣涉案物品检验平台建设推进会。

11 月 14 日 副主任申卫华会见荷兰威科集团大中华区首席执行官徐重威一行。服贸处、外经处、外资处、促进处相关负责人陪同会见。

11 月 17 日 由商务部、上海市人民政府以及国家能源局支持,商务部外贸发展局主办的"第五届中国国际石油贸易大会"17 日在上海举行。市商务委主任尚玉英和商务部外贸司副司长支陆逊到会致辞,商务部驻上海特派员向欣、商务部外贸发展局局长孙成海、中国五矿化工进出口商会副会长钱景汾出席会议。参加大会的还有来自 15 个国家的大型跨国石油企业以及与油气贸易相关行业机构的近 300 名代表。

同日 副主任吴星宝带队赴光明乳业股份有限公司、上海国兴农现代农业发展股份有限公司调研,考察追溯体系建设相关工作。吴星宝肯定光明乳业在乳制品全产业链追溯体系建设上的积极作用,并对乳制品追溯体系建设提出要求,指出国兴农采用"五环联动"模式将智慧农业、溯源体系、信息技术进行深度融合,取得了积极成效,为全国提供了可复制可推广的经验。

同日 副主任吴星宝会见戴德梁行环球经纪部主席布鲁斯·莫斯勒(Bruce E. Mosler)一行。促进处、商贸处、外事处、外资处、外经处相关负责人陪同会见。

11 月 21 日 联合国工业发展组织在维也纳联合国城举行成立 50 周年庆祝大会,市商务委主任尚玉英率联合国工业发展组织上海投资促进中心以及上海企业代表团出席庆祝活动。

11 月 22 日 副主任吴星宝会见沃尔玛(中国)投资有限公司事务总监张涛一行。商贸处相关负责人陪同会见。双方就沃尔玛山姆会员商店在沪进一步投资发展深入交换意见。

同日 副主任吴星宝赴麦忒幼托早教中心临港社区示范店——麦宝乐园(Mhome)调研。吴星宝要求:麦忒要梳理相关软、硬件标准并进一步完善提升,对流程、制度等进行规范,形成完善的早教幼托中心管理模式,推广先进的企业标准和管理模式,为全行业提供示范,抓紧成立由不同类别家政企业参加的家政服务联盟,实现企业间资源共享、协同创新、合作共赢。

11 月 24 日 主任尚玉英在市府 1 号贵宾室会见荷兰亲王康斯坦丁·冯·奥兰治(Constantijn Van Oranje)先生一行。外事处、促进处、技促中心相关负责人陪同会见。双方就如何推动上海与荷兰之间的经贸合作,如何扶持中小企业并促进两地创新创业发展等话题进行深入的交流。

同日 副主任申卫华会见中国人民财产保险股份有限公司上海分公司相关负责人。贸发处、服贸处、财务处相关负责人参加会谈。

同日 市商务委和加拿大阿尔伯塔省政府共同主办、市外国投资促进中心承办"阿尔伯塔一上海贸易及投资峰会",市商务委副巡视员桑琦出席峰会并致辞。这是继 2016 年 3 月市商务委与阿尔伯塔省政府签署经贸合作备忘录后,阿尔伯塔省经济发展与贸易部毕德龙部长带队访问上海的一次重要活动,共有来自能源、环保、高科技、农林业、食品、旅游、教育等多个领域的 300 多位代表参加此次峰会。

同日 副巡视员桑琦出席阿尔伯塔-上海贸易及投资峰会,并与加拿大阿尔伯塔省经济发展及贸易部部长毕德龙(Deron Bilous)一行进行会谈。促进处、外事处、外经处相关负责人等陪同出席。

同日至 25 日 根据市质量安全工作领导小组部署,市商务委副巡视员徐文杰担任组长的市第三考核组,会同市工商局、市卫生计生委、市政府法制办等有关部门,考核组先后听取徐汇区、浦东新区政府关于 2015—2016 年度质量工作情况的专题汇报,审核补充提交的证实材料,检查、调研上海核工程研究设计院、可可空间、上海飞奥燃气设备有限公司和中认尚动(上海)检测技术有限公司等现场考核点,组织召开座谈会听取意见,并经综合评估形成考核意见。

11 月 25 日 由商务部、江西省人民政府主办的第九届中国绿色食品博览会在江西省南昌市开幕。市商务委组织有关区商务委及上农批、食行生鲜、强丰等有关企业参加采购会，取得预期成果。本届绿博会以“生态文明、绿色发展”为主题，规划展览面积5万平方米，国际标准展位2 500个，首次设置绿色农产品电子商务高峰论坛，紧紧围绕“互联网＋流通”“农村电子商务”等问题，组织有关行业专家、知名企业进行研讨。通过展览展示、农超对接、产品推介、高峰论坛等活动，提升绿色食品品牌形象，加强企业交流、促进产销对接、拉动绿色食品消费，积极适应绿色食品流通方式创新发展的需要。

11月28日 主任尚玉英、副主任吴星宝参加上海“服务到家”研讨会。本次研讨会以“创建社区惠民服务新模式”为主题，由东方网、杨浦区商务委联合主办。尚玉英与杨浦区区委书记李跃旗、东方网总裁徐世平共同启动触摸球，东方网智橙生活社区便民生活服务平台2.0版本正式上线。

11月29日 “上海特色商业街区发展大会暨上海特色商业街区发展联盟揭牌仪式”在静安区召开。市商务委主任尚玉英、中国步行商业街工作委员会主任韩健徽等为“上海特色商业街区发展联盟”揭牌，副主任吴星宝致辞。

同日 第十一届上海连锁(零售)业大会暨2016亚太零售创新峰会在锦江汤臣洲际酒店召开，国家商务部驻沪特派员办事处特派员向欣，市商务委副主任吴星宝出席会议并致辞，

同日 副主任申卫华出席上海市政协2016年情况通报会。

同日 “诚信兴商”助发展，“创先争优”展形象，上海市召开2016年“诚信兴商”暨“创先争优”总结宣传推广会议

11月30日 为进一步推进宝山区跨境电子商务发展，11月30日下午，副主任申卫华赴宝山调研，宝山区副区长吕鸣陪同调研。

同日 副主任吴星宝赴长宁区调研“互联网＋生活服务业”创新示范区建设进展情况。吴星宝指出，试验区创建已取得阶段性成果，产业集聚效应呈现，企业活力得到增强，同时也对下一阶段工作提出要求。

同日 由上海建工集团承建的萨摩亚法莱奥诺国际机场一、二期工程移交仪式隆重举行。中国驻萨摩亚大使王雪峰，上海市商务委副主任钟晓敏，萨摩亚总理图伊拉埃帕，萨摩亚工程部长出席仪式并剪彩。出席仪式的还有萨政府其他高官、各国使馆代表等。钟晓敏在与上海建工萨摩亚项目组成员会谈时高度赞扬上海建工建设者们的辛勤劳动，在远离祖国12 000公里的南太平洋小岛上，保质保量完成任务，取得不俗的社会效益，打造上海企业的良好形象。当地重要媒体对此次活动进行报道，充分肯定上海建工为中萨两国友谊做出的贡献，对上海市政府长期以来对上海企业“走出去”的支持表示感谢。

同日 副巡视员桑琦出席2016外交官与民营企业家交流活动。外经处相关负责人陪同出席。该活动由市工商联主办，旨在更好地引导、推动民营企业走出去，参与“一带一路”建设，深化民营企业家与驻沪领馆官员的对话交流，增进外国领馆对民营企业的认识和了解。

12月

12月1日 市商务委主任尚玉英会见匈牙利人力资源部副部长特茨·塔玛斯(Tirts Tamas)一行。服贸处、促进处、外事处、技促中心相关负责人陪同会见。双方就加强上海与匈牙利之间经贸投资往来，尤其是在中医药及文化领域的合作以及上交会平台下的项目落地等话题进行深入交流。

同日 为贯彻落实国家长江经济带战略，加强长江经济带沿线首尾省市国家级经开区的跨区域交流共建，在商务部外资司支持下，由商务部驻上海、南京、四川特办共同倡议，上海、江苏、重庆、四川4省市商务主管部门在成都举办“长江经济带东、西部国家级经开区交流合作活动”，市商务委副主任杨朝参加会议并代表上海市商务委与江苏、重庆、四川商务部门签署《关于加强国家级经开区务实合作的协议》。

同日至3日 “第十六届香港贸发局国际中小企业博览会”在香港举行，市商务委组织浦东新区、普陀区、虹口区和嘉定区商务委参展，并在

香港举办“上海营商环境暨政策说明会”,中央政府驻香港联络办、香港企业界商协会相关负责人和驻港投资促进机构近百位嘉宾出席说明会。

12月5日 副主任杨朝带队赴上海ABB工程有限公司、蒂森克虏伯普利斯坦汽车零部件(上海)有限公司调研,推进ABB公司在上海设立备件中心、开展离岸转手贸易,协调蒂森克虏伯普里斯坦汽车零部件工厂扩建、设立地区总部等计划和实施中遇到的问题。

12月6日 主任尚玉英代表市商务委与商务部国际经济贸易合作研究院签署合作备忘录。

同日 副主任杨朝主持召开区外资工作会议,通报2016年上海市外资工作情况,部署2017年外资工作,上海市各区商务部门、自贸区及部分开发区的相关负责人参加会议。

同日 副主任杨朝出席2016政府事务论坛并致辞。促进处相关负责人陪同出席。该论坛由上海美国商界与上海市外国投资促进中心共同主办,是一年一度的政府事务大会,旨在为上海市政府各职能部门与外资企业提供对话沟通的平台,帮助政府与企业增进互相了解,提升沟通的效率。

12月7日 第二十六批跨国公司地区总部颁证仪式在上海市人民政府第一会议室举行,市委常委、副市长周波出席仪式并为新认定的33家地区总部颁证,市政府副秘书长金兴明致辞,市商务委主任尚玉英主持颁证仪式。

同日 副主任杨朝会见澳大利亚西澳洲政府发展部农经拓展特使罗伯特·迪兰(Rob Delane)及西澳洲政府驻华代表处首席代表郝宁生(Nathan Backhouse)等一行。商贸处、促进处、外经处相关负责人陪同会见。双方就上海与西澳洲的双向投资情况、合作平台以及谅解备忘录签订等话题进行深入交流。

12月8日 副主任申卫华出席由中国邮政速递物流股份有限公司上海市分公司与上海市人民政府发展研究中心流通所共同主办的题为“立足上海,布局全球,同拓跨境电商大市场——上海出口跨境电商发展高峰论坛”并致辞。随后,申主任与静安区副区长周海鹰共同为上海出口跨境电商产业园揭牌,希望静安区政府与中国邮政速递物流公司上海分公司合作建设的跨境电商示范园区能为广大跨境电商企业创造新的发展机遇,积极探索开展跨境电商业务,先行先试相关政策措施。

同日 市商务委组织召开重要产品追溯体系建设示范项目申报工作推进会,重点解读《市商务委关于开展上海市重要产品追溯体系建设示范项目申报工作的通知》(沪商运行〔2016〕393号),明确申报主体要求,突出材料精准实施,加强区初审把关,强调时间节点安排。相关处室、各区商务主管部门以及相关行业协会、企业相关负责人出席本次推进会。

12月9日 副主任申卫华应邀出席由上海市人民政府发展研究中心主办的“2016上海国际智库峰会”。峰会是由上海市人民政府发展研究中心设立的以在沪国际智库为参与主体的开放式决策咨询研究公共平台之一。本届峰会以“提升上海投资贸易便利化水平”为主题,重点围绕世界投资贸易便利化趋势,全球其他国家投资贸易便利化实践,上海自贸区投资贸易便利化现状及未来发展方向等方面展开,共同探讨上海投资贸易便利化面临的挑战与解决思路。

同日 市商务委组织企业赴江苏徐州参加首届淮海经济区(徐州)名优农产品展销会,黄浦、嘉定等区商务委、上农批、食行生鲜、厨易时代、强丰、上蔬永辉、宝燕超市等近20家单位和企业参加农展会。代表团参观徐州市铜山区黄集镇芹菜基地、徐州市丰县果品及设施农业生产基地,并参加在丰县举行的上海—丰县农产品产销对接座谈会。通过实地考察和交流,食行生鲜现场下单6万只稻田麻鸭,预计年采购额250万元,厨易时代、强丰、上蔬永辉、宝燕超市等有关企业也与徐州有关农业合作社、生产基地相关负责人就合作事宜进行洽谈。

12月13日 副主任杨朝带队赴安永公司调研,与安永公司就双方合作项目及上海外商投资环境等话题进行座谈。市商务委与安永公司在地区总部运营报告、外商投资企业运营报告、外资研发中心运营报告、跨国公司地区总部政策评估、自贸试验区政策评估等方面加强合作。杨朝副主任希望安永能够继续发挥自身优势，当好政府外脑。

同日 市商务委会同松江区商务委，组织召开重要产品追溯体系建设推进会，80 多家企业出席会议。会议重点解读《市商务委关于开展上海市重要产品追溯体系建设示范项目申报工作的通知》（沪商运行〔2016〕393 号），并强调指出开展示范项目建设，加强项目建设方案顶层设计，把握进度精准实施，建立区县项目推进机制，把好“项目立项、初审、进度”关。

12 月 14 日 副主任杨朝赴利丰发展（中国）有限公司和强生中国总部调研。

同日 副主任吴星宝主持召开“2017 年春节家政市场保障座谈会”。吴星宝听取家政企业一线市场供需现状，对春节家政保障形势进行研判，共商春节家政市场保障。市家庭服务业行业协会、市家政服务网络中心及上海市近 30 家骨干家政企业参加。

同日 为积极响应国务院大力发展跨境电子商务，促进外贸转型升级，在市商务委、宝山区政府的支持下，上海进出口商会、东浩兰生集团主办的第二届“中国（上海）互联网＋外贸高峰论坛”成功举办。

12 月 15 日 主任尚玉英出席 2016 女性驻沪总领事交流活动。该活动旨在与各位女性驻沪总领事形成良性互动，不断加强与各驻沪总领馆的沟通交流，促进双边经贸及人文往来。

同日 2016 第十二届上海酒节展示交易活动于浦东新国际博览中心开幕，市商务委主任尚玉英出席活动并巡馆，副巡视员桑琦、虹口区副区长袁泉致开幕词。

同日 副主任申卫华出席第 21 届中美法律交流上海研讨会。本届研讨会由中国商务部、国务院法制办和美国商务部共同主办，上海交通大学凯原法学院承办，市商务委员会协办。中国商务部国际贸易谈判副代表张向晨、国务院法制办副主任甘藏春、上海交通大学党委书记、上海市人大常委会副主任姜斯宪、美国商务部总法律顾问柯立伟（Kelly R. Welsh）出席开幕式并致辞。市商务委公平贸易处相关负责人参会，来自中美两国的 180 余位专家学者及实务界代表参加会议。

同日 副主任杨朝会见英国莱坊中国区综合项目顾问及代理服务部主管洪淑慧一行。双方围绕未来莱坊公司如何进一步在沪发展壮大进行深入探讨。促进处、外资处相关负责人陪同会见。

同日 副主任杨朝应邀出席以“数字创新与循环经济”为主题的安特卫普（上海）投资推介会并致辞。促进处、促进中心相关负责人陪同出席。

12 月 16 日 副主任刘敏出席“上海场外大宗商品衍生品协会揭牌仪式”，中共上海市委常委、市政府副市长周波和上海场外大宗商品衍生品协会会长、上海浦东发展银行董事长吉晓辉共同为协会揭牌。

同日 副主任吴星宝出席云南省现代物流产业（2016 · 上海）招商推介会，并与云南省商务厅和良辉厅长一同见证云南巨力集团与上海天地汇供应链管理有限公司、云南公路开发投资公司与中集国际物流有限公司的项目签约。

同日至 17 日 全国政协常委、提案委员会副主任干以胜为组长一行 10 余人组成全国政协调研组就“提升中华老字号品牌质量”重点提案来沪专题调研考察并召开专题座谈会。市商务委副巡视员徐文杰介绍上海市老字号品牌工作发展情况。

12 月 19 日 副主任杨朝赴台湾贸易中心上海代表处和香港贸发局驻华东华中区办事处调研。

12 月 20 日 主任尚玉英会见英国捷豹路虎公司执行董事汉诺 · 柯纳（Hanno Kirner）一行。双方就捷豹路虎汽车金融公司、地区总部和售后配件亚太分拨中心项目等话题进行深入交流。促进处、外资处、外事处相关负责人陪同会见。

同日 副主任杨朝参加全市对台系统负责干部培训班，市委常委、统战部部长沙海林到会动员并就“做好台湾民心工作”授课。

12 月 21 日 副主任钟晓敏应邀出席由日

本经济产业省、上海市对外投资促进中心、日本贸易振兴机构等共同主办的上海企业对日投资发展论坛并致辞。促进处、外经处相关负责人陪同出席。

同日 副主任杨朝会见美国宝洁公司亚太和大中华区高级副总裁仇中强一行4人。双方围绕宝洁公司如何进一步在华发展、上海外资发展情况等进行深入交流。外资处、促进处相关负责人陪同会见。

同日 由日本贸易振兴机构(JETRO)、联合日本经济产业省、上海市外国投资促进中心、上海国际经济技术合作协会以及上海市各地在沪企业(商会)联合会共同主办的"上海企业对日投资发展论坛"举办,市商务委副主任钟晓敏出席论坛并致辞。

同日 上海市开启迎接全国打击侵权假冒绩效考核工作模式。

同日至23日 上海市迎接全国打击侵权假冒绩效考核工作圆满收官

12月22日 副主任申卫华出席上海跨境电商行业协会第一届理事会第五次会议并致辞。

同日 副主任杨朝带队赴临空经济园区调研,走访伊顿亚太区总部和联合利华北亚区总部,了解公司未来发展布局和企业发展中遇到的问题。杨朝指出,要积极助推跨国公司本土创新工作,不断营造更适合跨国公司发展的良好环境。

12月23日 副主任杨朝带队赴普陀区调研外资工作,考察上海普陀并购金融集聚区、桃浦智慧科技城展示馆、智能制造与机器人产业园,走访外资总部企业纳尔科(中国)环保技术服务有限公司,听取普陀区外资工作的相关情况,并与普陀区委常委、副区长顾军进行工作交流。

12月26日 主任尚玉英参加汪洋副总理组织召开的全国商务工作座谈会,汇报上海内贸流通体制改革有关情况。

同日 市政府常务会审议通过修订后的《上海市鼓励跨国公司设立地区总部的规定》。本次修订按照问题导向原则和开放发展原则,在资金管理、简化出入境手续、人才引进等方面对政策进行完善,优化总部发展的政策环境。

同日至27日 主任尚玉英参加全国商务工作会议,并接受中央媒体采访。

12月27日 副主任杨朝带队赴黄浦区调研,先后走访当纳利(中国)投资有限公司、上海宝玉石交易中心的保税金库和保税交易大厅,并与黄浦区商务委交流利用外资工作。杨朝希望黄浦区商务委要充分发挥核心区位优势,加强外资企业的事中事后监管,积极寻找一条外资工作创新发展的新路径。

同日 副主任吴星宝参加"应对严寒天气,保障市民平安"家电维修行业动员会议。吴星宝强调:家电维修服务行业是面向广大市民的民生服务行业,要保障严寒和酷暑季节的服务供应,充分体现家电维修服务企业的社会责任。

12月28日 副主任吴星宝出席"2016年市政府实事项目早餐工程工作总结交流会"。上海市早餐龙头企业、早餐工程产业联盟、市餐饮行业协会相关负责同志共聚一堂,现场参观巴比馒头新建中央厨房,并交流早餐工程建设经验、工作设想等。

同日 副主任杨朝会见大阪市经济战略局交流推进担当部长和田彩一行。促进处、外事处相关负责人陪同会见。

同日 副主任杨朝会见日本贸易振兴机构上海事务所所长小栗道明一行。促进处、外事处、外资处相关负责人陪同会见。

同日 广西特产(上海)体验展销中心正式启用,市商务委副巡视员徐文杰、广西商务厅副厅长谭秀洪出席启用仪式并揭幕。该中心作为打造广西名优特产在上海市集中展示、宣传、推广、洽谈和对接的窗口和平台,汇集广西当地1 000多种名优特产,丰富上海市元旦春节节日市场供应,将为市民采购丰盛年货带来更多便捷。

同日 上海中华老字号企业协会三届一次会员大会暨三届一次理事会召开。光明食品(集团)有限公司总裁董勤光荣当选第三届上海中华老字号企业协会会长。市商务委副局级巡视员徐文杰给新当选会长、副会长进行授牌并就上海市老字号品牌发展工作提出要求。

12月29日 市商务委召开专题会议，落实部署元旦春节期间蔬菜市场保供稳价、安全生产等相关工作。各区商务主管部门、批发市场相关负责人参加会议。会议强调，积极组织品种丰富、适销对路的农产品，保障市场供应；学习静安区优秀做法，切实稳定蔬菜价格；加强市场安全检查，完善应急预案；加强消防设施和人员的准备，严防发生安全事故。

12月30日 主任尚玉英赴上海市重要商业改造升级项目和新投用大型商业网点，视察上海市商业岁末迎新主题活动筹备情况和安全工作，副主任吴星宝、总经济师张国华等参加视察。

同日 副主任钟晓敏率外经处相关负责人赴上海申达股份有限公司调研境外投资相关事宜。上海申达股份有限公司的上级集团公司上海纺织(集团)有限公司总裁朱勇代表集团层面汇报集团及旗下子公司的海外投资战略和海外投资布局等情况，并将未来纺织集团在海外的投资规划做了介绍。钟晓敏肯定纺织集团海外投资工作的积极效应和所取得的成绩，并在境外投资管理层面做了政策解读和近阶段国家相关部委的一系列要求，表示市商务委将积极推动上海优势产业通过国际产能合作的方式走出去，支持有真实背景的产业投资。

同日 副主任吴星宝带队赴江桥、江杨、上农批等农产品批发市场，现场检查元旦节日市场供应和安全生产责任落实工作。吴星宝听取企业有关节日期间商品供应和安全生产工作情况汇报，了解批发市场蔬菜等主要商品货源组织、价格及销售动态，重点检查市场在保障供应、消防安全、食品安全三合一整治等方面责任落实情况。相关区商务委、消防、市场监管等部门相关负责人共同参加检查。

新闻发布会

2016年上海商务情况通报会

2016年3月2日,2016年上海商务情况通报会在浦东嘉里酒店上海厅成功举办。副市长周波出席会议并讲话,市政府副秘书长金兴明主持会议,市商务委主任尚玉英通报上海商务工作情况。来自50个国家的外国驻沪总领馆官员(包括20国总领事),外国驻沪经贸投资促进机构及代表处、外国非企业经济组织、跨国公司地区总部和知名外企代表以及中央和上海主要媒体记者等近500人出席通报会。

周波指出,上海在"十二五"期间率先于全国开展了很多先行先试的改革试点,比如自贸试验区建设、科技创新中心建设等,在知识产权保护方面做了很多努力。2016年是国民经济和社会发展第十三个五年规划的开局之年,上海仍将是投资中国的首选之地,并正加快跻身国际化大都市之列。

尚玉英指出,2015年上海商务克服内外部经济环境的诸多变化,主动适应经济发展新常态,积极推进稳增长、促改革、调结构、惠民生、防风险,全面完成上海国际贸易中心"十二五"规划的目标任务。2016年,上海将继续当好中国改革开放的排头兵和创新发展的先行者,对标高标准的国际贸易投资规则,加快落实商务领域各项改革措施,加快培育开放型经济新优势,加快营造更好的法治化、国际化、便利化营商环境,为"十三五"上海国际贸易中心建设打下坚实的基础。

印度尼西亚共和国驻上海总领事艾克茜女士、大韩贸易振兴公社上海代表处李民浩馆长分别就我国关于"一带一路"倡议和中韩自贸协定的实施作了呼应性发言。在互动交流环节中,埃及驻沪总领事和部分贸易投促机构、跨国公司地区总部及研发中心负代表现场提问,市政府各职能部门现场答疑解惑,双方积极互动,形式生动活泼。

本次通报会得到市发改委、市财政局、市国资委、市住建委、市教委、市科委、市民政局、市人社局、地税局、市环保局、市工商局、市知识产权局、市规土局、市政府新闻办、上海海关、出入境管理局、出入境检验检疫局、自贸区管委会、外商投资协会等委办以及各区县商务委等单位和有关商协会的大力支持。

上海商务情况通报会是市商务委传统的对外大型活动,已经连续举办了15届,是上海市商务领域沟通信息、增进了解、加强合作的重要知名平台。

第四届中国(上海)国际技术进出口交易会新闻发布会

2016年4月13日下午，第四届中国(上海)国际技术进出口交易会(简称“上交会”)新闻发布会在上海城市规划馆召开。市商务委、市科委、市知识产权局、东浩兰生集团及意大利驻沪总领事馆等单位负责人出席。会议由市政府新闻办主持。

市商务委代表上交会组委会执行办介绍第四届上交会的总体情况。第四届上交会将于2016年4月21—23日在上海世博展览馆举办，由商务部、科技部、国家知识产权局和上海市政府共同主办，由上海市国际技术进出口促进中心、中国机电产品进出口商会和上海东浩兰生国际服务贸易(集团)有限公司具体承办，并获得联合国工业发展组织(UNIDO)、联合国开发计划署(UNDP)和世界知识产权组织(WIPO)等国际机构的支持。

一、第四届上交会的基本情况

第四届上交会总展出面积3.5万平方米，在世博展览馆2号馆(一楼)、3号馆(三楼)举行。根据展期安排，4月21日至22日为专业观众日，23日为公众日。

本届上交会以“创新驱动发展，保护知识产权，促进技术贸易”为主题，按“技术展示”、“项目对接”、“交易服务”和“论坛活动”四大功能，设置五个展区，并组织开展相关论坛等活动。近千家企业将参展本届上交会，预计参观观众将达到5万人次。

一是主宾国展区。本届上交会邀请意大利担任主宾国，由教育、大学和科研部部长，环境部副部长等率领的大型科技经贸代表团将参加本届上交会，并以“智慧城市”为主题，集中展示城市特色、农业机械等亮点项目和先进科技。

二是专业技术展区。有608家企业参展，集中展示节能环保、高端装备、生物医药等领域的最新专业技术。其中成功并购世界超高频RFID的龙头企业美国意联科技的瑞章科技将展示传感器在智慧园区、隧道机等领域的采集应用。

三是科技创新展区。主要由国家科技部等组织展示科技领域的新产品、新成果。如全球领军企业晶能光电的LED材料与器件技术、中国石化的国际领先高效环保芳烃技术和全球一次建成里程最长的京沪高铁技术等。

四是万众创新展区。主要是以发布、展示、研讨、现场互动等方式全方位演绎万众创新成果。其中，星天地创客空间、蘑菇云创客空间、腾讯创业基地等机构参与。

五是交易服务展区。由市知识产权局、人社局、金融办等提供支持。主要为参展企业进行技术交易提供知识产权、人力资源、科技金融、交易投资促进等一站式服务。

六是论坛活动。本届上交会论坛活动推出“1＋3＋X”模式，即1个开幕论坛、3个主题日和50场左右的专题会议。开幕论坛将邀请意大利教育、大学和科研部部长贾尼尼女士，原国家外经贸部首席谈判代表、副部长龙永图等嘉宾作主旨演讲。联合国工业发展组织(UNIDO)、世界知识产权组织(WIPO)将支持举办两场特色主题日活动，全程合作伙伴中国华信将承办“中意之夜”主宾国交流活动，由英中贸易协会、国际公益组织TEDx、日本TechCap、意大利Ica等国际组织机构举办的国际专题论坛活动共15个，包括中英科技创新合作论坛、全球青年创新论坛等共50场活动。

二、第四届上交会的主要特点

与前三届相比，本届上交会进一步突显集技术展示和交易服务于一体的国家级、国际性、专

业性展会的优势,服务供给侧结构性改革,强化平台功能,特点更加鲜明:

一是着力打造促进技术贸易发展的平台。本届上交会以“创新、融合、务实”为宗旨,携手上海“走出去”企业战略合作联盟,创建“外经论道”交流平台,先后与澳大利亚和英国有关方面合作开展专场交流活动,为中外企业双方开展技术对接与交流提供常年平台。注重线下线上结合,线下设置了交易服务区,为参展者提供“一站式服务平台”,线上开通了“技术交易服务平台”和“技术交易汇 APP”,及时发布相关的政策法规、行业资讯、企业需求和市场动态等信息。

二是着力打造国内外领先技术展示的重要平台。境外参展企业由去年的139家增加到172家,分别来自日本、匈牙利、芬兰、比利时等22个国家和地区,美国达福创、加拿大 Puran、俄罗斯圣彼得堡彼得大帝理工大学、芬兰 Finpro 等企业和机构也将作为展商参展,匈牙利摩根斯达的世界最先进私人飞行器将在上交会首秀;芬兰雅威科技将展示颠覆性的空气净化技术,净化效率达到99%。许多代表国家级水平境内企业参展,科技部组织了两年获得国家重大科技项目的企业参展,展出面积1 900平方米;国家知识产权局推荐“国内知识产权优势企业”及“国家级知识产权示范和专利金奖企业”参展;上海大张江管委会组织昊翔电动载人飞机、上海超导的二代高温系列超导产品、深圳优必选 Alpha2 智能机器人等参展项目;全国31个省区市组织代表性的企业参展,其中,山西省将由分管副省长率大型代表团赴会交流洽谈,深圳市2016年组织20多家高新技术企业参展。

三是着力打造推动“大众创业、万众创新”的重要平台。将利用万众创新展区展示小微企业、境内外创客、青年学生提供的创新、创意成果。比如,国际化创新媒体企业“动点科技”将展示其评选出的创意技术产品及项目,飞马旅将以“科技+生活”体验展馆形式演绎“未来的一天”。

四是着力打造推动科技项目对接的重要平台。本届上交会将组织开展多场中外科技项目对接活动,举办中意科技项目对接会、境外技术项目对接专场;在上交会组委会执行办指导下,由上海市创业投资行业协会和中同资本共同主办的首届规模30亿的“寻找中国好项目”投融资评选大赛,吸引40多家风险投资机构参加;召开2016全国技术经纪人大会、科技创新成果及先进技术对接会等会议活动;组织媒体开展40多场“探营”访谈,提前加强对新技术、新成果、新产品的推介宣传。

五是着力打造为科创提供公共服务的重要平台。为服务“一带一路”经贸科技外交,上交会组委会通过“引进来”和“走出去”相结合,探索建立与上届主宾国深化合作的新机制。2016年10月,上交会首届海外展将在捷克举办,由市商务委和市贸促会共同承办,并计划于2017年在主宾国意大利继续举办海外展。上交会还将发布“上海市科创地图”和“2016技术贸易发展报告”,为合理配置科技创新资源、促进技术贸易等提供支撑。为树立上交会品牌形象,由专业设计团队为上交会进行形象策划,以“一技一世界”理念,打造上交会“技术,让生活更美好”的形象。

三、第四届上交会的亮点项目与活动

新闻发布上特别推介2016年上交会的一批亮点项目和特色的论坛活动。比较引人瞩目的项目,比如:摩根斯达集团的私人飞行器,世界最顶尖的私人飞行器之一,全球首次亮相;美国的 Oculus Rift,为你带来前所未有的体验。不论是进入你最爱的游戏、观看沉浸式 VR 电影、跳转到世界另一边,或只是在 VR 中与好友消磨时间,你都会有身临其境的感觉。荷兰的恩智浦大篷车,汇聚了包括智能家居、智能交通、健康医疗、可穿戴设备等超过150个物联网相关演示,展示从最小的微控制器到最复杂的网络基础设施等覆盖广泛的解决方案。大张江的昊翔电动飞机,达到一系列堪称世界第一的技术水平,在起飞重量、最高时速及充电时间等方面,产品性能大大优于世界同类产品。上海的彩虹鱼海洋科技,一艘集多学科、多功能、多技术手段为一体的现代化海洋科学综合考察船,是国内首艘科考设备和船舶全部由民营资本投资的远洋科考船。

2016年上交会的论坛活动非常丰富，比如，与非盈利性国际组织TEDx合作，打造以“把握当下”为主题的专业论坛，交流各类创新观点、理念与思想；携手飞马旅，举办“全球精英青年创新”高峰论坛，并开辟专区为创新创业企业进行新技术、新模式和新理念的集中展示；携手英国驻沪总领馆、英中贸易协会等，举办“上交会.外经论道—英中科创合作论坛暨投资项目对接会”论坛；与新华社共同组织“上交会十大人气项目评选”活动，评选出本届上交会的人气项目和“镇馆之宝”。

另外，还将有两个亮点发布：首次发布“上海市科创地图”，旨在共享创新创业资源、引导境内外投资者有效互动、促进各区县错位发展，服务于上海开放型经济的发展，并为科创统计和研究工作提供数据支撑；发布“2016技术贸易发展报告”，对全球技术贸易发展趋势进行探讨，介绍全国技术贸易发展现状及政策，突出中意技术贸易的案例分享，进一步增强技术贸易发展实力。

“‘互联网＋生活性服务业’创新试验区”新闻发布会

2016年6月1日，市政府新闻办举行新闻发布会，通报“互联网＋生活性服务业”创新试验区的有关情况，并回答记者提问。在发布会现场，市商务委主任尚玉英、长宁区区长顾洪辉分别介绍上海设立“互联网＋生活性服务业”创新试验区的有关情况。市商务委副主任吴星宝、长宁区副区长翁华建等出席发布会。

市政府已正式批复，同意设立上海市“互联网＋生活性服务业”创新试验区。创新试验区设在长宁区，将由市商务委和长宁区政府共同推进。

尚玉英表示，近年来，上海居民消费正从生存型实物消费向发展型、享受型服务消费升级，经济社会发展正更多地转向依靠消费拉动，生活性服务业在推动全市经济社会持续健康发展方面发挥了越来越重要的作用。上海市生活性服务业总体呈现五个特点：一是产业能级和比重不断提升，消费水平明显提高。上海市城市居民服务消费占消费支出的比重已达到60%左右，基本接近美英等发达国家的平均水平。二是重点领域加快发展，结构不断优化。上海市传统生活性服务业呈现良好发展态势，餐饮、家政、家电维修、美丽时尚、婚庆等服务业行业规范化、便利化、现代化水平不断提高；文化、旅游、体育、健康、养老、教育等新兴生活性服务业快速发展，个性化、多元化、创新性特色鲜明。各服务业门类在保持各自健康发展的同时，跨界融合特征明显，已整合形成有机产业链。三是各类业态布局加快，特色日益凸显。以商贸服务业为代表的传统生活性服务业发展迅速，各类商业设施、特色商业街建设初步形成差异化、特色化经营布局，中心城区居民生活服务配套设施如菜市场、超市、便利店、药店、大众餐饮店等基本功能完备。四是新技术新模式新业态不断涌现，活力得到增强。发端于“线下”的传统行业与互联网融合，实现资金流、信息流、物流“三流合一”，从产品形态、销售渠道、服务方式、盈利模式等多个方面打破原有业态，使得传统行业焕发新生。五是对外开放领域不断扩大，国际化水平稳步提升。随着上海经济社会快速发展和人民生活需求日益多元化、个性化，生活性服务业市场开放度不断提高，已经初步形成国资、民资、外资共同推进生活性服务业发展的新格局。

为深入贯彻国家“互联网＋”战略和国务院、市委市政府出台的有关于加快发展生活性服务业的一系列重要文件精神，市商务委研究制定《生活性服务业提质工程实施方案（2016—2018

年)》，着力解决供需两侧存在的突出矛盾和问题，聚焦重点行业、区域和项目，重在提升质量、提高人民群众获得感，推进产业规范提升、结构优化，促进服务消费结构升级，加快生活性服务业向便利化、精细化、品质化转型发展。预计到2018年，实现"生活性服务业的服务业态更加便捷、服务模式更加精准、服务质量和品质得到提高、服务环境得到保障、扩大服务消费取得明显成效，形成20家左右具有国际竞争力的大型服务企业，100家左右行业龙头企业"的发展目标。

尚玉英还介绍上海市"互联网＋生活性服务业"创新试验区的总体思路。计划用3年左右时间，以放宽准入、创新监管为中心加快政府职能转变，以外资开放、登记改革为重点深化投资管理开放，以税费改革、政策扶持为核心落实税制和政策保障，以信息基础、示范工程为抓手探索技术和业态创新，有效破除"互联网＋生活性服务业"发展面临的管制税制和体制机制障碍，实现"互联网＋生活性服务业"若干重点领域的深度融合发展，释放消费潜力，激发行业活力，增加就业机会，确立上海"互联网＋生活性服务业"在全国发展的优势地位，更好发挥示范引领和服务全国的积极作用。

下一步，市商务委将根据各区县不同的发展特点和产业优势，支持开展"互联网＋生活性服务业"创新试验区建设。长宁区集聚上百家相关企业，并涌现出携程、大众点评、格瓦拉等一批在国内具有较高行业地位和影响力的龙头企业，在"互联网＋生活性服务业"方面已具备良好的基础，可以作为首批先行先试。市商务委和长宁区政府将会同上海市有关部门，按照推进供给侧结构性改革的要求，聚焦制度创新、技术创新和业态创新，重点在政府职能转变、投资管理开放、税费改革和政策保障、新业态新模式发展、事中事后监管等方面形成一批可复制可推广的创新成果，推动上海生活性服务业发展迈上新台阶。

顾洪辉介绍长宁区生活性服务业先行先试的优势及"互联网＋生活性服务业"创新试验区建设的具体工作设想。

上海商务经济转型升级专题新闻发布会

2016年8月16日，上海市政府新闻办举行市政府新闻发布会，市商务委主任尚玉英介绍上海市商务经济转型升级有关情况。市商务委副主任吴星宝、申卫华共同出席发布会。

2016年以来，全市商务部门以创新、协调、绿色、开放、共享的发展理念为指引，坚持创新驱动发展、经济转型升级，积极推进商务领域供给侧结构性改革，着力推进自贸试验区制度创新，优化贸易制度环境体系，着力推进内贸流通体制改革试点，加快现代市场体系建设，构建法治化、国际化、便利化的营商环境，推动商务经济转型升级取得新突破。

一、着力推进消费领域供给侧改革，商业转型升级取得新成效

2016年以来，市商务委聚焦"十三五"上海建设国际消费城市的目标，把握消费需求升级的新趋势，扩大中高端消费有效供给，从需求侧和供给侧两端同时发力，着力推动商业转型升级。2016年上半年，上海市消费实现平稳增长，全市社会消费品零售总额5 247亿元，比上年同期增长7.6%，消费继续成为全市经济稳定增长的主要动力。

1. 从需求侧看，消费升级的趋势凸显，商品＋服务、线上＋线下、零售＋体验等融合发展势头迅猛

"互联网＋"，以及餐饮、旅游、文化等服务领

域 O2O 发展激发,新的消费需求。服务消费增长快于商品类商品消费,上半年,服务类网上交易额达到 1 132 亿元,比上年同期大幅增长 37.4%。上海市居民人均消费支出中,服务性消费占比已超过 50%,且增速明显快于商品性消费。品质消费增长快于一般日用品消费,特别是文化、健康、绿色等发展型、享受型消费增长较快,文化办公用品增长 19.7%,中西药品增长 23%,新能源汽车增长 36%,家用电器及音像器材增长 19.5%,均大幅领先社会消费品零售总额增速。体验式消费引领新潮流,比如上海大悦城通过应用差异化、场景化、智慧化的新商业模式,通过打"情感体验"牌打造消费者极致体验的商业标杆。百盛优客坚持人性化服务理念增加消费者购物过程的愉悦感,实现消费需求多样化、消费机会最大化。

2. 从供给侧看,商业载体、业态、环境转型成效明显,为推进消费结构升级奠定坚实基础

商业载体更新步伐加快,聚焦功能优化、业态调整和形态改造,2016 年上半年推进 32 项、共计投资额 457 亿元的商业重点项目,商圈商街商店等消费载体调整转型成效明显。8 个城区商圈零售额增长 12.6%,长风、御桥、北中环等新兴商圈增速均超过 30%;8 个郊区县社零平均增长 10.5%,金山新城、松江新城等郊区商圈增速分别达到 62.2%和 24.7%; 12 个市级商圈零售额微降 1.2%,但新虹桥一天山、中环真北等市级商圈增速达 10.9%和 15.9%;离境退税商店购物退税布点进一步加快,业务规模位列全国首位。商业业态创新加快,2016 年上半年,全市网上实物商品零售额 1 298 亿元,比上年同期增长 33.5%,相当于社会消费品零售总额的 24.7%,比上年同期提高 4.6 个百分点。如徐家汇等 7 家智慧商圈结合商圈 APP、网站、会员卡等实现近场推送、智能导览等服务,百联集团推出国内首个"全渠道、全业态、全客群、全品类、全时段"商业生态。会商旅文体联动效应继续增强,首次在上交会展示 26 个品牌 46 种伴手礼,成功推出魔都消费卡。商业环境优化加快,扎实推进上海市商务诚信公众服务平台建设试点,着力构建以商务信用为核心的现代流通治理新模式,加强上海市单用途商业预付卡规范管理和专项治理,弘扬诚信商业文化,营造良好消费环境。

二、着力推进外贸回稳向好,推动上海外贸培育形成竞争新优势

上半年,在全球贸易形势持续低迷的背景下,上海市货物贸易进出口 13 096 亿元,比上年同期下降 0.4%,降幅比全国小 2.9 个百分点,规模继续位居各省市第三,在全国的占比从上年同期的 11.5%提升至 11.8%,实现了在全国排名不后退,份额有提升。

1. 出口规模总体稳定,结构持续优化

2016 年上半年,货物出口 5 623 亿元,比上年同期下降 2%,降幅比全国小 0.1 个百分点,近年来首次好于全国。出口抗风险、抗波动能力增强,主要体现在"四个稳定":一是占全国份额基本稳定,上半年出口额占全国的 8.8%,比上年同期提高 0.1 个百分点,位居全国第四;二是百亿美元以上的四大类商品出口基本稳定,自动数据处理设备、集成电路、电话机及服装类等四大类商品均保持在百亿美元以上,占全市出口总额的 40%左右(其,集成电路出口连续三年保持两位数增长,上半年增长 24%);三是传统优势市场基本稳定,美、欧、日等传统市场出口占比仍然保持在 62%左右;四是高新技术产品、机电产品出口基本稳定,高新技术产品出口占四成以上,机电产品出口占比约为 70%。

从结构看,出现许多积极变化,质量效益明显提高,主要表现在"四个好于":一是一般贸易好于加工贸易,一般贸易出口下降 0.1%,占出口比重从上年同期的 43.6%提升至 45.4%;加工贸易下降 12.3%,占比从 42.7%下降至 38.5%;二是民营企业好于外资、国有企业,民营企业出口增长 0.6%,增速分别比外资企业和国有企业快 5.5 个百分点和 5.7 个百分点;三是自主品牌产品好于贴牌和代工产品,自主品牌商品出口近 1 000 亿元,占出口总额的比重提升至 17%左右;四是服务贸易好于货物贸易,特别是

电信、计算机和信息服务,保险和养老金服务等新兴服务出口继续保持两位数增长,离岸服务外包合同金额和执行金额分别增长 37.9%和 26.1%。

2. 进口逆势增长,集散功能持续增强

上半年,货物进口 7 471 亿元,比上年同期增长 0.9%,增速领先全国 5.6 个百分点,是全国少数几个进口实现正增长的省市之一。一是与居民消费升级密切相关的商品进口增势良好,化妆品、乳品、医药、钻石等进口量价齐升,分别增长 32.2%、26.2%、25.9%和 16.5%,巩固和提升了上海作为全国最大的进口消费品集散中心的地位和作用。二是外贸新业态、新模式成为增长新动能,特别是跨境电子商务高速增长,上半年上海市各大跨境电商公共服务平台累计处理订单 438 万单,交易额近 8 亿元,分别增长 13 倍和 9 倍。

三、着力加大招商引资力度,利用外资质量和效益再上新台阶

市商务委坚持把利用外资作为主动参与全球价值链的有效途径,联合区县加大招商引资力度。上半年,新增合同外资 344 亿美元,比上年同期增长 0.8%;实际使用外资 87 亿美元,增长 1.4%。利用外资规模稳步扩大的同时,质量和效益也进一步提高,进一步形成服务经济、总部经济、研发经济为主的引资新格局。

1. 服务业利用外资热点不断

金融、电子商务等领域的扩大开放激发了外商投资热情,上半年服务业实到外资占全市实到外资的比重提高至 94.3%,高于全国平均水平以及直辖市和沿海主要开放省市水平。其中,以融资租赁和商业保理为主的金融服务业、以互联网+为代表的信息服务业成为上海市利用外资增长最快的领域,实到外资分别增长 1.4 倍和0.9倍。

2. 总部经济能级持续提升

上半年,新认定跨国公司地区总部 23 家,其中亚太区总部 8 家,新设立投资性公司 8 家。截至 6 月底,外商在上海累计设立跨国公司地区总部 558 家,其中,亚太区总部 49 家,设立投资性公司 320 家。上海继续保持中国内地跨国公司地区总部最为集中的城市地位。

3. 外资研发力量加快集聚

全球科创中心建设的加快推进以及外资研发中心支持政策的完善落实,增强对外商来沪设立研发机构的吸引力。上半年新认定研发中心 6 家,累计已突破 400 家,达到 402 家。其中,世界 500 强企业在沪设立的研发中心占 1/3,全球研发中心达到 40 余家。值得一提的是,瑞士诺华集团的全球第三大研发中心于上半年在张江正式开业运营。

2016 年是“十三五”开局之年,上半年国内外经济都面临到较大的下行压力,上海商务领域的经济发展总体平稳。这一成绩来之不易。下一步,市商务委将以推进“十三五”时期上海国际贸易中心建设为契机,围绕“强功能、提能级、补短板”,重点推进实施商务领域的 8 个专项工程,进一步推动商务领域经济转型升级。在促消费方面,将继续推进落实供给侧结构性改革,全面实施新消费引领和生活性服务业提质两项专项工程,通过扩大有效供给和品质提升更好地满足和引领消费需求,培育新的消费增长点。同时,加快启动市场流通创新工程,加快建立适应大流通、大市场发展需要的新型流通管理体制,优化市场环境。在稳外贸方面,将落实好国家外贸回稳向好的政策措施,启动实施优进优出引领、服务贸易创新和贸易便利化提速三项专项工程,加快对接国际高标准的贸易规则体系,推动上海外贸从“大进大出”向“优进优出”转变。在双向投资方面,将坚持“引进来”与“走出去”并重,实施总部经济提质工程和装备走出去提速两项工程,推动投资带动贸易增长,进一步提升上海在全球价值链中的地位。

第九编　服务便览

政策法规

2016年国务院新颁布商务法律、法规、规章目录

法律、法规、规章名称	发布日期
《国务院办公厅关于促进农村电子商务加快发展的指导意见》	2016-01-08
《国务院办公厅关于加强互联网领域侵权假冒行为治理的意见》	2016-01-08
《国务院办公厅关于加快发展生活性服务业促进消费结构升级的指导意见》	2016-01-12
《国务院关于积极发挥新消费引领作用加快培育形成新供给新动力的指导意见》	2016-01-12
《国务院办公厅关于同意建立服务业发展部际联席会议制度的函》	2016-01-25
《国家工商总局关于〈流通领域商品质量监督管理办法(征求意见稿)〉公开征求意见的通知》	2016-01-27
《国务院关于加快实施自由贸易区战略的若干意见》	2016-01-27
《国务院关于同意开展服务贸易创新发展试点的批复解读:助外贸向"优进优出"》	2016-02-26
《国务院关于整合调整餐饮服务场所的公共场所卫生许可证和食品经营许可证的决定》	2016-02-29
《国务院办公厅关于印发国家标准化体系建设发展规划(2016—2020年)的通知》	2016-03-09
《国务院关于促进加工贸易创新发展的若干意见》	2016-03-11
《国务院办公厅关于促进二手车便利交易的若干意见》	2016-03-25
《国务院关于同意建立国务院贸易便利化工作部际联席会议制度的批复》	2016-04-06
《国务院关于印发上海系统推进全面创新改革试验加快建设具有全球影响力科技创新中心方案的通知》	2016-04-15
《国务院办公厅关于深入实施"互联网+流通"行动计划的意见》	2016-04-21
《国务院关于印发中医药发展战略规划纲要(2016—2030年)的通知》	2016-04-25
《国务院办公厅关于加快众创空间发展服务实体经济转型升级的指导意见》	2016-04-25
《国务院关于做好全面推开营改增试点工作通知》	2016-04-30
《国务院办公厅关于印发2016年全国打击侵犯知识产权和制售假冒伪劣商品工作要点的通知》	2016-05-04
《国务院关于印发盐业体制改革方案的通知》	2016-05-05
《国务院办公厅关于印发2016年食品安全重点工作安排的通知》	2016-05-11
《国务院办公厅关于开展消费品工业"三品"专项行动营造良好市场环境的若干意见》	2016-05-30
《国务院办公厅关于促进二手车便利交易的若干意见》	2016-05-31
《国务院关于建立完善守信联合激励和失信联合惩戒制度加快推进社会诚信建设的指导意见》	2016-06-12

(续表)

法律、法规、规章名称	发布日期
《国务院办公厅关于发挥品牌引领作用推动供需结构升级的意见》	2016-06-20
《国务院办公厅关于转发国家发展改革委营造良好市场环境推动交通物流融合发展实施方案的通知》	2016-06-21
《国务院办公厅关于加快推进"五证合一、一照一码"登记制度改革的通知》	2016-07-05
《国务院办公厅关于深入实施"互联网+流通"行动计划的意见》	2016-07-13
《国务院关于促进外贸回稳向好的若干意见》	2016-07-13
《国务院办公厅关于印发2016年全国打击侵犯知识产权和制售假冒伪劣商品工作要点的通知》	2016-07-13
《国务院关于在上海市浦东新区暂时调整有关行政法规和国务院文件规定的行政审批等事项的决定》	2016-07-14
《国务院办公厅关于同意建立消费者权益保护工作部际联席会议制度的函》	2016-08-17
《国务院关于印发降低实体经济企业成本工作方案的通知》	2016-08-22
《国务院关于在市场体系建设中建立公平竞争审查制度的意见》	2016-08-26
《国务院办公厅关于印发食品安全工作评议考核办法的通知》	2016-08-29
《国务院办公厅关于进一步做好民间投资有关工作的通知》	2016-09-08
《国家发展改革委关于印发2016年国家级新区体制机制创新工作要点的通知》	2016-09-08
《国务院办公厅关于印发消费品标准和质量提升规划(2016—2020年)的通知》	2016-09-12
《国务院关于在自由贸易试验区暂时调整有关行政法规、国务院文件和经国务院批准的部门规章规定的决定》	2016-09-21
《国务院办公厅关于加快发展健身休闲产业的指导意见》	2016-10-28
《中共中央国务院关于深化投融资体制改革的意见》	2016-11-01
《国务院关于做好自由贸易试验区新一批改革试点经验复制推广工作的通知》	2016-11-10
《国务院办公厅关于推动实体零售创新转型的意见》	2016-11-11
《国务院办公厅关于进一步扩大旅游文化体育健康养老教育培训等领域消费的意见》	2016-11-28
《国务院办公厅关于2017年部分节假日安排的通知》	2016-12-01
《国务院办公厅关于建立统一的绿色产品标准、认证、标识体系的意见》	2016-12-07
《国务院办公厅关于同意建立网络市场监管部际联席会议制度的函》	2016-12-19
《国务院关于印发"十三五"国家战略性新兴产业发展规划的通知》	2016-12-19
《国务院办公厅关于全面放开养老服务市场提升养老服务质量的若干意见》	2016-12-23
《国务院关于印发"十三五"旅游业发展规划的通知》	2016-12-26
《国务院关于印发"十三五"国家信息化规划的通知》	2016-12-27
《国务院办公厅关于加强个人诚信体系建设的指导意见》	2016-12-30
《国务院办公厅关于有序停止商业性加工销售象牙及制品活动的通知》	2016-12-30

2016年商务部新颁布商务法律、法规、规章目录

法律、法规、规章名称	发布日期
《商务部 中央编办联合印发商务综合行政执法体制改革试点工作的指导意见》	2016-01-04
《中华人民共和国商务部公告2015年第58号，公布23项国内贸易行业标准编号、名称及实施日期》	2016-01-12
《商务部关于加快居民生活服务业线上线下融合创新发展的实施意见》	2016-01-12
《商务部 北京市人民政府关于印发〈北京市服务业扩大开放综合试点实施方案〉的通知》	2016-01-13
《关于〈服务外包产业重点发展领域指导目录〉公示的通知》	2016-01-21
《商务部关于〈汽车销售管理办法(征求意见稿)〉公开征求意见的通知》	2016-01-28
《商务部办公厅关于进一步做好春节和“两会”期间商贸领域安全生产工作的通知》	2016-02-14
《商务部办公厅关于印发〈2016年规范市场秩序工作要点〉的通知》	2016-02-16
《商务部办公厅关于组织开展2016年“全国消费促进月”活动的通知》	2016-02-25
《商务部办公厅关于加快推进重要产品追溯体系建设有关工作的通知》	2016-03-01
《商务部办公厅关于开展实体商业转型升级专项调查的通知》	2016-03-09
《商务部关于推动餐饮业转型发展的指导意见》	2016-03-11
《商务部办公厅关于切实做好取消部分展览项目行政审批事项后续衔接工作和试运行展览业管理信息系统的通知(节选)》	2016-03-14
《商务部关于加快肉菜中药材追溯体系建设有关问题的通知》	2016-03-22
《商务部等六部门关于印发〈全国电子商务物流发展专项规划(2016—2020年)〉的通知》	2016-03-23
《商务部办公厅关于开展老字号专题调研的通知》	2016-03-25
《商务部 工商总局公告2016年第7号 关于直销产品范围的公告》	2016-03-25
《商务部办公厅关于做好2016年绿色流通有关工作的通知》	2016-03-28
《商务部办公厅关于建立百家百亿市场信息直报制度(试行)的通知》	2016-04-01
《商务部办公厅关于开展第一批电子商务进农村综合示范绩效评价工作的通知》	2016-04-01
《国家发展改革委 商务部关于印发市场准入负面清单草案(试点版)的通知》	2016-04-14
《商务部等12部门关于加强公益性农产品市场体系建设的指导意见》	2016-04-18
《中华人民共和国财政部 商务部 海关总署 国家税务总局 国家旅游局公告2016年第19号，关于口岸进境免税店政策的公告》	2016-04-25
《国家发展改革委 中宣部 科技部 财政部 环境保护部 住房城乡建设部 商务部 质检总局 旅游局 国管局印发关于促进绿色消费的指导意见的通知》	2016-04-25
《财政部 商务部 海关总署 国家税务总局 国家旅游局关于印发《口岸进境免税店管理暂行办法》的通知》	2016-04-25
《商务部 工业和信息化部 公安部 环境保护部 交通运输部 海关总署 国家质量监督检验检疫总局 国家认证认可监督管理委员会关于促进汽车平行进口试点的若干意见》	2016-04-27
《商务部办公厅关于做好“五一”节日期间和汛期商贸领域安全生产工作的通知》	2016-04-29
《商务部等6部门关于推进再生资源回收行业转型升级的意见》	2016-05-10

(续表)

法律、法规、规章名称	发布日期
《财政部 海关总署 国家税务总局关于跨境电子商务零售进口税收政策的通知》	2016-05-31
《商务部办公厅关于进一步做好商务诚信建设试点工作的通知》	2016-06-01
《国家标准委办公室 商务部办公厅关于进一步推进国内贸易流通体制改革发展标准化工作的通知》	2016-06-03
《商务部关于推动电子商务发展有关工作的通知》	2016-06-06
《商务部等11部门办公厅关于促进二手车便利交易加快活跃二手车市场的通知》	2016-06-08
《商务部办公厅关于做好商务综合行政执法业务管理系统和"12312商务执法"微信公众号使用推广工作的通知》	2016-07-01
《财政部 发展改革委 工业和信息化部 环境保护部 农业部 商务部 中国人民银行 海关总署 国家税务总局 质检总局 新闻出版广电总局 食品药品监管总局 濒管办公告2016年第47号,公布跨境电子商务零售进口商品清单(第二批)》	2016-07-07
《商务部办公厅关于流通标准化信息管理系统试运行的通知》	2016-07-08
《商务部办公厅关于印发〈农村电子商务服务规范〉(试行)和〈农村电子商务工作指引〉(试行)的通知》	2016-07-22
《商务部办公厅关于确定智慧物流配送示范单位的通知》	2016-07-26
《商务部关于开展2016年电子商务进农村综合示范工作的通知》	2016-07-27
《商务部 财政部 海关总署公告2016年第29号,公布〈服务外包产业重点发展领域指导目录〉》	2016-08-25
《商务部办公厅关于请推荐全国公益性农产品示范市场的函》	2016-09-05
《商务部 发展改革委 财政部公告2016年第47号,公布《鼓励进口服务目录》》	2016-09-07
《国家发展改革委办公厅 商务部办公厅 人民银行办公厅 海关总署办公厅 税务总局办公厅 工商总局办公厅 质检总局办公厅关于推动电子商务发展有关工作的通知》	2016-09-08
《商务部办公厅关于认真贯彻落实电视电话会议会议精神 做好中秋国庆市场保供工作的通知》	2016-09-14
《商务部 国土资源部 住房城乡建设部 交通运输部 银监会关于推进商品交易市场转型升级的指导意见》	2016-09-18
《商务部等18部门关于开展2016年"诚信兴商宣传月"活动的通知》	2016-09-19
《商务部办公厅关于开展"信用消费进万家"主题日活动的通知》	2016-09-19
《商务部公告2016年第50号 商务部批准〈托盘租赁企业服务规范〉等36项国内贸易行业标准的公告》	2016-09-23
《国家标准委办公室 商务部办公厅关于印发〈关于加强展览业标准化工作的指导意见〉的通知》	2016-09-27
《商务部办公厅关于切实做好国庆节日期间商贸领域安全生产工作的通知》	2016-09-29
《商务部扶贫办关于开展"邀您一起"网购扶贫的倡议书》	2016-10-13
《商务部办公厅关于举办2016年商业特许经营管理工作培训班的通知》	2016-10-17
《商务部办公厅 农业部办公厅关于开展"农商互联"工作的通知》	2016-10-17
《商务部 国家开发银行关于共同推进全国农产品流通骨干网建设的通知》	2016-10-17
《商务部关于促进农村生活服务业发展扩大农村服务消费的指导意见》	2016-10-17

（续表）

法律、法规、规章名称	发布日期
《商务部关于征求电子商务进农村综合示范绩效评价指标体系的函》	2016-10-26
《商务部 民政部 国土资源部 住房城乡建设部 质检总局关于推进电子商务进社区促进居民便利消费的意见》	2016-11-08
《商务部等13部门关于开展加快内贸流通创新推动供给侧结构性改革扩大消费专项行动的意见》	2016-11-14
《中华人民共和国商务部令2016年第2号，公布〈商务部关于废止和修改部分规章和规范性文件的决定〉》	2016-11-16
《商务部办公厅关于开展第二批电子商务进农村综合示范绩效评价工作的通知》	2016-11-22
《商务部办公厅关于下达2016年流通行业标准项目计划的通知》	2016-11-24
《中华人民共和国商务部令2016年第3号，公布〈外商投资企业设立及变更备案管理暂行办法〉》	2016-11-24
《中华人民共和国商务部 国家发展和改革委员会 财政部公告2016年第47号，公布〈鼓励进口服务目录〉》	2016-11-24
《商务部办公厅关于请推荐商贸物流标准化专项行动第三批重点推进企业(协会)示范单位的函》	2016-12-01
《商务部办公厅关于做好2016年冬季农产品网上购销对接会有关工作的通知》	2016-12-16
《商务部办公厅关于加强岁末年初商贸领域安全生产工作的通知》	2016-12-16
《商务部关于做好"十三五"时期消费促进工作的指导意见》	2016-12-23
《商务部 国家标准委关于印发〈国内贸易流通标准化建设"十三五"规划(2016—2020年)〉的通知》	2016-12-27
《商务部 中央网信办 发展改革委关于印发〈电子商务"十三五"发展规划〉的通知》	2016-12-29

2016年上海市商务委新颁布商务法律、法规、规章目录

法律、法规、规章名称	发布日期
《上海市人民政府办公厅关于转发市商务委制订的〈上海市单用途商业预付卡专项治理行动工作方案〉的通知》	2016-08-10
《上海市商务委员会关于发布上海市首批贸易型总部企业名单的通知》	2016-08-19
《市商务委关于印发〈市场流通创新工程实施方案(2016—2020年)〉的通知》	2016-08-19
《关于印发〈上海服务外包产业重点发展领域指导目录(2016年版)〉的通知》	2016-08-23
《上海市商务委员会关于印发〈上海市服务贸易示范基地和示范项目认定管理办法〉的通知》	2016-09-07
《市政府办公厅印发〈关于上海市促进外贸回稳向好的实施意见〉的通知》	2016-10-28
《市商务委关于印发〈上海市开展重要产品追溯体系建设示范项目实施方案〉的通知》	2016-11-01
《市商务委关于印发〈上海市跨境电子商务示范园区认定办法〉的通知》	2016-11-21
《市商务委关于发布2016－2017年度上海市电子商务示范企业名单的通知》	2016-11-29

上海市商务委机构简介

上海市商务委员主要职责

(1) 贯彻执行国内外贸易和国际经济合作的法律、法规、规章和方针、政策;会同有关部门研究起草上海市经济贸易和吸收商贸投资工作的地方性法规、规章草案和政策,并组织实施有关法规、规章和政策。

(2) 根据上海市国民经济和社会发展的总体规划,拟订上海市内外贸易、国际经济合作发展战略和实施规划,并组织实施。

(3) 牵头拟订并组织实施上海市现代市场体系建设的战略、规划和政策;牵头推进上海市平台经济发展;负责推进流通产业结构调整,指导流通企业改革和社区商业发展;负责商贸服务业行业管理,提出促进商贸中小企业发展的政策建议;推动流通标准化和连锁经营、商业特许经营等现代流通方式的发展;牵头上海市电子商务发展推广工作,组织拟订上海市电子商务发展规划、政策和标准并组织实施,开展统计监测和综合评价工作;推进上海市现代物流发展工作。

(4) 指导协调上海市商品交易市场规划,协调城乡商业网点布局,推进农村市场体系建设,组织实施农村现代流通网络工程。

(5) 牵头拟订整顿和规范上海市市场经济秩序的政策措施,组织商品市场监控,规范流通秩序;组织协调开展打击商务领域侵犯知识产权、商业欺诈等工作;负责上海市商贸运行管理,监测分析上海市商贸宏观运行状况,处理协调商贸流通中的突发事件及有关重大问题。

(6) 承担组织实施上海市重要消费品市场调控和重要生产资料流通管理的责任;负责建立健全生活必需品市场供应应急机制,按照分工负责重要商品储备管理和市场调控工作;负责食用农产品、肉类食品等重要商品的流通管理,培育和发展水产品市场;负责上海市食品流通安全追溯系统建设;负责酒类专卖管理。

(7) 负责推进上海市商贸服务业发展,拟订上海市商贸服务业发展战略、规划和政策,组织起草商贸服务业法规、标准和规范性文件并组织实施;组织、指导和推进商贸服务行业经营创新,发布商贸服务行业发展导向,会同市有关部门指导上海市商业流通企业国内合作交流;负责推进上海市商务领域品牌建设,组织、指导和推进上海时装周、上海国际服装文化节发展。

(8) 促进贸易发展方式转变,指导和协调上海市贸易促进体系的建立;指导全市进出口商品结构调整,负责推动技术出口、软件出口和自主知识产权的产品出口;负责推动企业开拓多元化国际市场,推动上海市优秀品牌进入国内外市场;负责重要工业品进口的计划管理,管理部分进出口商品许可证和除粮食、棉花、煤炭以外的出口商品配额;推进企业应用电子商务,开拓国际市场;研究建立对外经济贸易的统计体系并组织实施,负责对外经济贸易统计和运行情况的监测分析,提出政策建议。

(9) 协调、指导全市服务贸易工作;会同有关部门制定服务贸易的规划、政策并组织实施,促进服务外包发展;组织起草并实施会展业相关法规、标准和规范性文件，建立会展业经济指标统计体系和信用评价体系，优化会展行业环境；推进会展与相关产业间的融合发展；管理国际经贸展览会，指导和支持重点品牌展会发展。

(10) 组织拟订我国加入世界贸易组织后地方综合应对方案并会同有关部门组织实施；建立区域性进出口公平贸易预警机制，指导和协调上海市出口反倾销、反补贴工作，参与组织产业损害调查，组织实施有关反垄断法律法规，参与重大对外经贸争议案件的调处；负责上海市贸易政策合规审查；负责上海市有关对外贸易方面的知识产权工作。

(11) 指导上海市外商投资工作，组织拟订改善投资环境的措施；指导协调全市外商投资促进和外商投资企业审批工作，指导全市开发区外资引进和国家级经济技术开发区的有关工作；按照权限负责上海市外商投资企业设立、变更合同章程等事项的核准和申报工作；为外商投资企业提供政策咨询及其他协调性服务。

(12) 负责上海市对外经济合作工作，落实上海市有关对外经济合作事项，依法核准、推进上海市企业在境外开办企业(金融企业除外)，指导和推进对外工程承包、外派劳务合作和境外就业等，负责牵头上海市外派劳务和境外就业人员权益保护；负责上海市对外援助工作；在国家对外经济合作的总体战略规划框架下，承办和参与多双边经贸谈判，参与处理国别地区经贸关系。

(13) 指导上海市企事业单位执行经贸外事政策；负责审批本系统、本单位所属处级及以下人员临时因公出国(境)任务；办理邀请外商来沪手续，负责外国非企业经济组织常驻上海代表机构的审批和管理；安排重大经贸外事活动和其他经贸峰会。

(14) 牵头拟订并执行上海市对香港、澳门特别行政区和台湾地区经贸政策，负责香港、澳门特别行政区和台湾地区非企业经济组织常驻上海代表机构的审批和管理，负责上海市与香港、澳门特别行政区和台湾地区招商引资和经贸合作工作，处理上海市经贸领域涉台事务。

(15) 指导上海市社会商贸中介机构、外资中介机构以及商贸行业各社会团体工作；指导协调全市商务人才队伍建设工作。

(16) 负责有关行政复议受理和行政诉讼应诉工作。

(17) 承办市政府交办的其他事项。

上海市商务委领导

尚玉英	市商务委党组书记、主任	负责市商务委党政全面工作，分管干部人事处
盖国平	市商务委党组成员、副主任、直属机关党委书记，市粮食局党组书记、局长	负责机关和直属单位党建、机关工青妇、行业协会管理、老干部、教育培训等工作，负责市粮食局党政全面工作。分管直属机关党委、老干部处、市商务教育培训中心、市商务老干部活动中心
吴星宝	市商务委党组成员、副主任	负责服务业发展、商贸行业管理、市场运行调控、酒类专卖管理等工作。分管服务业发展处、商贸行业管理处、市场运行调控处(市副食品管理办公室)、市酒类专卖管理局。担任市商务委新闻发言人
钟晓敏	市商务委党组成员、副主任	负责商务外事、会展业管理、对外经济合作等工作。分管外事处、会展业处、对外经济合作处、市国际技术进出口促进中心、市海外救援服务中心(市对外经济技术交流中心)、市会展业促进中心。负责组织筹办中国(上海)国际技术进出口交易会

(续表)

申卫华	市商务委党组成员、副主任	负责公平贸易和商务法制、国际货物贸易、服务贸易和技术贸易、钻石珠宝业管理等工作。分管公平贸易处(法制处)、外贸发展处(市机电产品进出口办公室)、国际服务贸易处、钻石办。协助组织筹办中国(上海)国际技术进出口交易会
刘　敏	党组成员、副主任	负责现代市场体系建设、现代物流发展、再生资源回收、市场秩序管理、商业诚信体系建设等工作。分管市场体系建设处、市场秩序管理处。协助负责电子商务工作
姜方平	市纪委驻市商务委纪检组组长,市商务委党组成员	负责市纪委驻市商务委纪检组工作
杨　朝	市商务委党组成员、副主任	负责外国投资管理、外商投资促进、台港澳商务等工作。分管外国投资管理处、外商投资促进处(台港澳商务处)、市外国投资促进中心(市对外投资促进中心)
张国华	总经济师	负责办公行政事务、商务综合等工作。分管办公室、综合处(研究室)、市商务发展研究中心、市商务行政事务中心
顾嘉禾	党组成员、巡视员	负责财务、电子商务等工作。分管财务处、电子商务处、市电子商务促进中心(联合国贸易网络上海中心)
桑　琦	副巡视员	协助负责对外贸易、外国投资管理、外商投资促进、台港澳商务、对外经济合作等工作
徐文杰	副巡视员	协助负责现代市场体系建设、现代物流发展、再生资源回收、服务业发展、商贸行业管理、市场运行调控、市场秩序管理、商业诚信体系建设、酒类专卖管理等工作

上海市商务委处室及负责人

办公室

主任:徐士良

副主任:蒋静

电　话:23111111

传　真:62704708

电子商务处

负责人:陈晓明

电　话:23111111

综合处(研究室)

处长:盛弘彦

副处长:毛慧红

电　话:23111111

干部人事处(老干部处)

干部人事处处长、老干部处处长:周步松

干部人事处副处长:徐彦雯

老干部处副处长:周利霞、顾薇艳

电　话:23111111

财务处

处长:李泓

副处长:濮磊华

电　话:23111111

公平贸易处(法制处)

处长:卢正

电 话:23111111

外事处

处长:戴刚

副处长(正处级):陈江

电 话:23111111

市场体系建设处(电子商务处)

市场体系建设处处长:周岚

市场体系建设处副处长:王纪升

电子商务处处长:陈晓明

电子商务处副处长:陈海蓉

电 话:23111111

服务业发展处

处长:朱文群

副处长:赵玉春

电 话:23111111

市场运行调控处(市副食品管理办公室)

处长:李子顺

副处长:郭笑捷

电 话:23111111

商贸行业管理处

处长:孔福安

副处长:华忆、包闻杰

电 话:23111111

市场秩序管理处

副处长(正处级)(主持工作):刘炜

副处长:陈伟

电 话:23111111

外贸发展处(市机电产品进出口办公室)

处长:尤永生

副处长:施晨

电 话:23111111

传 真:62751917

国际服务贸易处

处长:孙嘉荣

副处长(正处级):阎蓓

电 话:23111111

传 真:62752129

外国投资管理处

处长:刘朝晖

副处长:陈昊、陆健

电 话:23111111

外商投资促进处(台港澳商务处)

处长:罗志松

副处长:于玲

电 话:23111111

会展业处

处长:李磊

副处长:周琳琳

电 话:23111111

对外经济合作处

副处长(主持工作):沈清

副处长:刘蓓敏

电 话:23111111

直属机关党委

市商务委“服务企业、服务民生、服务基层”办公室(简称“三服务”办公室)

专职副书记(主任):石小平

副书记(副主任):奚其龙

电 话:23111111

上海钻石交易联合管理办公室

副主任:倪华

综合事务处处长:汤超

管理协调处副处长:嵇光宇

电 话:50158000

传 真:50158088

办公地址:上海市世纪大道1701号中国钻石交易中心大厦A座13楼(邮编200122)

网站地址:www.dac.gov.cn

团委

书记:周琳琳

副书记:沈未来、钱文杰、戴晨力、薛浩凯

电 话:23111111

上海市商务委直属单位

一、上海市酒类专卖管理局

1. 简介

上海市酒类专卖管理局(shjljg. scofcom. gov. cn)在上海市商务委员会的领导下,具体负责《上海市酒类商品产销管理条例》(以下简称《条例》)的实施,依法对全市的酒类产销管理工作实施监督管理;受上海市商务委员会的委托,负责商务部《酒类流通管理办法》(以下简称《办法》)的酒类流通监督管理工作。

2. 主要职责

(1) 贯彻执行《条例》、《办法》和国家有关酒类商品流通管理的方针、政策,结合上海市实际,研究起草酒类商品流通管理的实施细则,依法组织实施。

(2) 组织、实施酒类商品批发、零售企业的经营许可工作,确认经营资格,核发经营许可证,对其经营活动进行监督管理。

(3) 依法保护酒类商品消费者合法权益,受理投诉、举报,组织查处侵犯消费者合法权益的案件。

(4) 依法定期进行市场抽检工作,组织查处酒类商品经营活动中的制造、销售假冒伪劣酒类商品的违法行为。

(5) 依法加强对各区、县酒类专卖管理局的工作指导。

(6) 按照《办法》规定,在全市酒类经营企业中实施随附单制度;并按《办法》对违反规定的行为予以警告、处罚。

(7) 按照《办法》规定,加强对散装酒经营的管理。

(8) 按照《办法》规定,抓好酒类经营者不得向未成年人销售酒类商品的工作。

(9) 负责有关酒类商品执法的行政复议受理及行政诉讼应诉工作。

联系方式:

办公地点:上海市长宁区延安西路691弄1号

邮编:200050

联系电话(总机):86-021-62259709

传真:86-021-52382408

网站:shjljg. scofcom. gov. cn

二、上海市外国投资促进中心(上海市对外投资促进中心、上海市海外营销促进中心、上海市国际技术进出口促进中心)

(一) 中心介绍

1. 简介

上海市外国投资促进中心于1999年12月27日经上海市人民政府批准设立,是上海市唯一一家市级投资促进机构,隶属于上海市商务委领导。2000年12月22日,中心增挂"上海市对外投资促进中心"的牌子,从此中心是"两块牌子,一个机构",肩负起上海市双向投资促进的重任。

2001年,上海市政府与联合国工业发展组织(UNIDO)联合设立上海投资促进中心(SIPC),中心作为承办方利用UNIDO全球数据库和网络促进上海市的双向投资促进工作,进一步加强国际经贸交流与合作。

2011年,中心增挂"上海市海外营销促进中心"的牌子,成为上海市执行双向投资促进和贸易促进职能的专业机构。

2. 主要职能

(1) 宣传上海投资环境,举办各类投资促进活动,推动项目落地;

(2) 培育海外投资主体,帮助上海企业开拓海外市场;

(3) 协助解决项目投资中遇到的问题,并及时反馈政策实施情况,为决策部门提供参考依据;

(4) 在项目落地后,提供跟踪服务,帮助解决项目在运行中的实际困难;

(5) 建立海外机构,收集国外的产业发展动向,为潜在的投资者提供个性化服务。

3. 服务优势

(1) 与境内外相关政府部门、机构及企业网络保持紧密联系;

(2) 有独特的信息通道,能为您提供所需的项目信息;

(3) 办事处遍布全球多个城市;

(4) 员工专业高效,能熟练使用多国语言;

(5) 将服务质量视作机构的灵魂。

4. 海外办事处

美国洛杉矶代表处
Tel:001-213-625-1890
Fax:001-213-625-1935
E-mail: kenneth_he@investsh. org. cn

日本大阪事务所
Tel:0081-6-6569-1520
Fax:0081-6-6569-1521
E-mail: wangyi@investsh. org. cn

英国伦敦办事处
Tel:0044-20-76268088
Fax:0044-20-78682002
E-mail: panyan@investsh. org. cn

德国法兰克福办事处
Tel:0049-69-30855017
Fax:0049-69-30855163
E-mail: b. yang@msn. com

瑞典哥德堡办事处
Tel:0046-31-158688
Fax:0046-31-158788
E-mail: shenying@investsh. org. cn

5. 全球联系网络

目前,中心共与17家境外驻沪投资促进机构签订MOU协议,以合作伙伴关系促进两地投资项目的实施,进一步深入发展上海与当地的经济和贸易关系。同时,中心还与超过100家的境外投资促进机构及上海多个区县、开发区保持良好的业务合作关系,(附:合作单位logo)

6. 上海投资促进机构联席会议(SIPP)

上海投资促进机构联席会议(SIPP)是由上海市外国投资促进中心牵头,联合15家在沪投资促进机构共同发起,并由100多家中外投资促进机构组成的全市性投资促进交流机制。SIPP成员单位中约有75%来自于世界30多个国家和地区。

SIPP是一个合作、交流、服务和共赢的平台,旨在加强在沪国内外投资促进机构的合作,以需求、问题和项目为导向,有效整合资源,努力做好城市推广、投资合作、信息交流和企业服务的工作,提升上海双向投资促进工作的能力和水平。

7. 上海市国际技术进出口促进中心

上海市国际技术进出口促进中心(以下简称"中心"),于2011年12月26日成立,是一家由商务部、科技部、国家知识产权局和上海市人民政府共同组建隶属于上海市商务委员会的国家事业单位。它通过贸易促进、成果展示、国际合作、人才培训等,为政府、企业、研究机构等提供公益性和市场化相结合的综合服务,推进我国技术贸易的发展。

中心下设促进部、外联部、平台部、宣传部、综合部,分别负责技术贸易促进、对外联络、交易平台、媒体推广、行政事务工作。

中心围绕"技术,让生活更精彩"的宗旨,根据信息集聚、资源整合、贸易规范、人才培训、国际合作和研究示范等优势,为企业提供各项服务。

(二) 服务内容

1. 贸易促进

建立技术贸易产业链的服务支持体系,包含知识产权保护、科技金融、技术评估、法律援助等服务,通过不定期地组织项目对接会、洽谈会、推介会,租金技术交易得以顺利开展。

2. 成果展示

凸显国家战略性新兴产业,汇聚节能环保、

新一代信息技术、生物医药、高端装备等众多领域的新技术,通过展、会、交易平台等进行展示和交流,吸引更多专业人士的关注。

3. 国际合作

开展与境内外技术转移、技术贸易促进机构,学术平台及专家学者的交流与合作,签订战略合作协议,畅通国际交流沟通渠道,促进对技术贸易的研究及技术项目的对接。

4. 人才培训

由高校、研究院所、政府部门及行业机构的资深专家组成教授队伍,通过课程教学、案例分析、国际考察等培训手段,为正在迅速发展的技术市场培养更多优秀的国际技术贸易人才。

三、上海市商务发展研究中心

上海市商务发展研究中心,是2011年底新一轮机构改革后,由上海市商业经济研究中心、上海市商业信息中心和上海国际经济贸易研究所合并组建。"中心"作为上海市政府决策咨询成员单位,是上海市从事商贸流通及服务经济应用理论研究、决策咨询研究、商贸产业发展规划、商贸信息统计分析、商贸产业和消费市场数据库建设的专业研究机构和信息机构,也是上海主要的国际经济贸易和国际资本的专业研究机构。

"中心"为政府部门提供咨询服务,积极参与上海商业改革与发展及外向型经济的一系列重大政策制订和决策咨询研究,接受上海市各区(县)和外省市政府部门、企业委托编制商贸业及外资外贸发展研究报告和产业规划、重大项目可行性研究,建设和营运多层次信息系统和信息网络,举办各类学术活动和行业交流活动,开展专业市场调研,提供信息刊物、咨询报告等。

"中心"是国内和上海主要的商业信息采集、统计分析及发布的权威信息机构。由"中心"负责运行和管理的上海商业网(www. commerce. sh. cn)于20世纪90年代中期正式开通运行,是中国最早的商业行业网站,也是上海市发布商业信息的门户网站。

"中心"承担商务部城乡市场信息服务体系和上海市相关商务信息系统的运行、管理和维护,开展上海消费市场信息快速反应系统的统计监测与分析,为政府商务主管部门宏观决策和市场调控提供依据,为企业和社会提供信息咨询服务。

"中心"受上海市商务委员会、上海市规划和国土资源管理局合作委托,建设上海市商业网点规划监测系统,监测并分析全市商业网点空间布局及其发展趋势,为制定商业规划、实施行业管理提供决策依据。

"中心"拥有80多名专业人员,集中一批国际经贸、商贸流通、服务经济、战略管理、营销策划、商业统计、信息技术等领域的知名专家和专业人才。"中心"拥有丰厚的理论研究积淀和和实践经验、全面而及时的消费市场和商贸业数据资源、先进的信息系统和分析软件,形成了一系列独到的研究方法、分析技术和研究成果。

"中心"内设10个部门:商务综合研究部、国际贸易研究部、国际经济研究部、商业流通研究部、服务经济研究部、市场信息监测部、市场合作开发部、办公室、财务部、技术部。

地址:上海市威海路48号23楼
电话:021-53857888
传真:021-53857978
邮编:200003
网址:www. commerce. sh. cn

四、上海市商务教育培训中心(上海市商业人才开发服务中心)

上海市商务教育培训中心是上海市商务委员会主管的唯一的外经贸行业教育培训机构。"中心"前身是成立于1980年的上海市对外贸易职工大学。1998年经上海市机构编制委员会批准更名为现名。"中心"是上海市十大紧缺人才培训中心之一。2001年"中心"被上海市成人教育委员会指定为"上海市现代企业教育培训中心建设试点单位",被上海市总工会命名为"上海职工素质工程教育培训基地"。

2000年经上海市教委和上海市电视大学批准成立上海市电视大学外经贸分校,2001年与上海商学院合作建立上海商学院高等职业技术学院国科路院区，恢复大专层次的学历教育。“中心”与兰生集团合作创办兰生外经贸进修学院。2007年被上海市人事局、上海市职业能力考试院批准为上海市外经贸人才认证中心。2010年被商务部授予商务部国际商务官员研修基地。自2010年下半年始，接受商务部援外培训任务，定期举办国际商务官员研修培训，开展多语种多边援外培训工作，积极为我国援外工做贡献力量。

“中心”是全国商务领域教育培训中心联席会议发起单位和长三角紧缺人才培训中心之一，是国际商务专业人员职业资格考试、国际货运代理从业人员岗位专业证书考试等国家级考试的考点，每年组织开展上万人次的培训和国家级考试等。

此外，“中心”还是全国成人教育协会培训教育机构工作委员会常务理事单位、上海市成人教育协会企业教育专业委员会副主任单位，长期致力于推进成人教育工作发展。

“中心”始终把提高教育质量作为一切工作的生命线和出发点，坚持依托行业、紧扣需要，教培结合、办出特色，服务上海、面向全国，着力培养既懂对外经济贸易实务、掌握外语，又有较强经营管理能力，能够参与国际竞争的国际商务专业人才，并积极致力于打造我国援外培训品牌。

地址：福州路89号　国权路75号

网址：http://www.shwmpx.com.cn/

五、上海市电子商务促进中心（联合国贸易网络上海中心）

1. 简介

上海市电子商务促进中心（联合国贸易网络上海中心）是为了配合上海市经济结构的战略性调整，努力发展新兴产业和加快上海市国际贸易中心的建设的需要，经上海市人民政府批准，在原上海对外经济贸易计算中心、联合国贸易网络上海中心基础上改制而成立的，为上海市人民政府商务委员会直属事业单位。

上海市电子商务促进中心（联合国贸易网络上海中心）秉承上海对外经济贸易计算中心、联合国贸易网络上海中心两单位的技术优势、人才优势、资源优势、信息优势，其职能将从以外经贸信息技术服务为主向以电子商务研究、规划、技术开发、信息数据整合、商务拓展为主的综合服务转变。

2. 主要职能

(1) 负责研究上海市电子商务发展趋势，编写电子商务发展报告；承担上海市电子商务的统计工作；协助拟定上海市电子商务发展有关标准；培养电子商务应用人才；促进上海市电子商务领域的国际、区域交流与合作；促进电子商务的广泛应用。

(2) 建设并运行世界贸易网点联盟（WTPF）门户网站，与全球各贸易网点进行信息交流与协作，促进各类贸易商及中小企业参与国际贸易；促进全球贸易网络的形成；推动全球贸易；编辑出版着重于电子商务、经济、贸易和国际市场动态研究的内部信息杂志和相关书籍。

(3) 负责商务部和上海市合作建设的“中国（上海）国际贸易中心平台”的总运营，不断提升平台为政府提供决策、为企业提供服务的职能。

(4) 协助上海市商务委员会制订委电子政务信息化建设总体规划、年度计划及实施方案；为上海市商务委员会电子政务项目提供支持；为推进和指导上海市企业在商务领域电子商务的应用与发展提供支持；承担和参与上海市商务委员会电子政务、电子商务重点科研课题的研究、推广和促进应用。

(5) 承办上海市商务委员会交办的其他事项。

上海市电子商务促进中心（联合国贸易网络上海中心）将围绕上海建设国际贸易中心的发展目标，结合上海市电子商务发展的热点领域，按照“立足上海、辐射周边、服务全国、影响世界”的战略定位，以电子商务为突破口，以模式创新、管理创新、科技创新和服务创新为核心，扶持各产业电子商务应用典型，促使电子商务在上海市整体经济中比重的迅速提高，积极促进上海电子商务发展，努力把上海建设成国家优秀的电子商务示范城市，并以电子商务加快推进上海国际贸易中心建设，推动上海与长三角周边区域在电子商务领域的协同发展，大力提升上海市的国际竞争力。

地址:上海市中山南路1088号南浦大厦四层(主、辅楼)

电话:63685000,63685787

传真:63685788

网址:www.tpsha.gov.cn

六、上海市海外救援服务中心(上海市对外经济技术交流中心)

1. 简介

中心是上海市财政全额拨款的事业单位,直属市商务委,其发展目标是:成为上海外经产业发展的推进器。

2. 主要职能

(1) 提供信息服务。对内,将来源于国外的相关信息进行搜集、整理和甄别,在行业内传递或转让真实的、有价值的信息;对外,配合行业协会,发布工程和劳务合作意向及行业动态等其他相关信息。

(2) 促进交流互访。联络国外同业行会和企业家来沪进行交流洽谈和实地考察,帮助中方企业进行对外推介,促进中外企业合作发展。

(3) 开展行业培训。结合形势变化和外经工作的需要,开展各类专题讲座,提高外经从业人员业务素质;组织国内外专家讲学,交流和探讨国际商业惯例和行业规范。

(4) 提供政策咨询。加强同业行会交流,了解不同国家关于工程承包和劳务输出的政策法规,为上海企业开拓国际市场和国外企业来沪开展业务以及中外企业加强国际合作创造条件。

(5) 发挥技术交流的中介作用,促进上海对外投资发展和与世界各国之间的技术和设备进出口。

中心还挂牌市外派劳务救援中心,为劳务人员在境外遇突发事件时及时提供救助,受理外派劳务人员投诉,组织协调、处理各类劳务纠纷,并向外派劳务人员提供法律援助和政策咨询服务等。同时开展国际劳务救护和援助,处理紧急突发事件,解决国际劳务纠纷。

联系方式:

地址:中山北路2020号中星经贸大厦18CD

邮编:200063

电话:0086-21-60900337、60900339

传真:0086-21-52911604

七、上海市商务行政事务中心(上海市会展业促进中心)

上海市商务行政事务中心的主要职责有:

(1) 承担市商务委行政许可事项"一门式办理"服务。

(2) 负责办理市商务委有关业务处室委托的具体业务。

(3) 负责市商务委办事大厅的日常管理。

(4) 对外提供业务咨询、会务、翻译及代理服务。

(5) 承担上海市会展业发展战略及政策研究工作。

(6) 负责对外宣传、推介上海市会展业发展环境。

(7) 承担市商务委对展览行业的管理和协调工作。

(8) 承担上海市商业网点发展规划编制和政策研究。

(9) 负责上海市商业网点布局规划信息平台的建设与管理。

(10) 负责上海市直管商业网点的管理。

(11) 承办政府主管部门交办的其他事项。

主任:罗志松

副主任:谢刚

主任助理:陈若清、方曛、施赣秋、濮磊华(挂职)、史晶(挂职)

办公地址:上海市浦东新区东方路3601号丰华园2号楼4楼

总机:021-68386988

传真:021-68385313

邮编:200125

中心网址:

上海市商务行政事务中心 www.scaac.sh.cn

上海市会展业促进中心 www.shcepc.com

八、上海市商务老干部活动中心

宗旨和业务范围：承担市商务委系统老干部服务工作和原上海市第二商业局机关离退休人员的管理服务工作。

注册地：肇嘉浜路268号15楼

电话：64336580

邮编：200031

联系地址：吴中东路513号10楼

电话：64278120

邮编：200235

商务部驻沪特派员办事处

一、工作职能

（1）加强商务部同各省、自治区、直辖市的联系，促进我国商务事业发展和所联系地区经济发展；负责所联系地区商务工作的协调和沟通，促进我部与地方的合作关系。

（2）贯彻执行商务发展政策规划和制度法规，协助做好商务政策的前期调研及后评估工作。

（3）推动、协助和监督各项商务重点工作在地方的开展和落实，协助推动和完善国内市场体系建设，参与组织承办部分商务部在地方主办或联合主办的会展活动。

（4）研究地方经济发展中的热点、难点问题，做好商务基础调研和信息报送工作。

（5）负责部分进出口商品许可证的发放和管理工作。

（6）促进区域经济合作发展；配合部机关和所联系地区商务主管部门做好国内外贸易和国际经济合作相关工作，促进国内企业与境外企业开展经贸合作。

（7）提供商务政策和业务咨询以及公共商务信息服务。

（8）代表商务部出席、参加所联系地区有关商务活动。

（9）协助办理全国人大代表建议和全国政协委员提案。

（10）承办商务部交办的其他事项。

二、内设机构

特派员：向欣

副特派员：李习臻

处室	主要工作	联系方式
办公室	行政、后勤、党务、综合等	电话：64317216　传真：64317212
贸管处	签发部分商品进出口许可证等	电话：64335030　传真：64318707
调研处	信息、调研、网站维护等	电话：64335197　传真：64371671

第十编　统计资料

国内贸易

主要年份商贸主要指标增长速度

单位:%

指标	2016年比下列各年增长			
	1990	2000	2010	2015
社会消费品零售总额	31.8倍	4.9倍	76.9	8.0
上海关区进出口总额	44.8倍	6.3倍	15.8	-2.9
进口额	35.3倍	5.6倍	19.7	-1.3
出口额	54.4倍	6.8倍	13.4	-3.9
上海市进出口总额	57.4倍	6.9倍	17.6	-3.4
进口额	117.6倍	7.5倍	33.1	-1.2
出口额	33.5倍	6.2倍	1.5	-6.4
外商直接投资				
合同项目	24.4倍	1.8倍	31.9	-14.2
合同金额	237.2倍	7.0倍	233	-13.5
实到金额	103.6倍	4.9倍	66.5	0.3

商贸主要指标平均发展速度

指标	平均每年增长		
	1991—2016	2001—2016	2011—2016
社会消费品零售总额	14.4	11.7	10.0
上海关区进出口总额	15.8	13.2	2.5
进口额	14.8	12.5	3.0
出口额	16.7	13.7	2.1
上海市进出口总额	16.9	13.8	2.7
进口额	20.2	14.3	4.9
出口额	14.6	13.2	0.2
外商直接投资			
合同项目	13.2	6.7	4.7
合同金额	20.8	13.9	22.2
实到金额	19.6	11.7	8.9

主要年份商贸主要发展指标结构

单位:%

指标	1990	2000	2010	2015	2016
社会消费品零售总额结构	100	100	100	100	100
吃	42.6	39.8	25.9	22.2	20.6
穿	15.7	13.4	13.6	15.1	14.3
用	41.1	46.0	51.9	56.9	59.6
烧	0.6	0.8	8.6	5.7	5.4
上海市出口总额结构		100	100	100	100
#一般贸易		40.1	35.0	42.6	43.5
加工贸易		58.3	55.5	42.8	40.0
外商直接投资实到金额投资方式结构	100	100	100	100	100
#合资企业	61.0	40.9	16.0	21.3	15.9
合作企业	37.9	9.5	1.5	2.9	0.2
独资企业	1.1	49.6	81.6	74.9	82.3

上海商贸主要指标占全国比重及增幅比较(2016)

指标	全国	增长(%)	上海	增长(%)	上海占全国比重(%)
社会消费品零售总额(亿元)	332 316.30	10.4	10 946.57	0.8	3.3
上海关区进出口总额(亿美元)	36 849.3	−0.9	7 926.0	−2.9	21.5
进口额	15 874.8	0.6	3 127.2	−1.3	19.7
出口额	20 974.4	−1.9	4 798.7	−3.9	22.9
外商直接投资实到金额(亿美元)	1 260.01		185.14	0.3	14.7
国际旅游入境人数(万人次)	13 844.38	3.5	854.37	6.8	6.2

批发零售业、餐饮业产业活动单位(1980—2016)

单位:万个

年份	产业活动单位数	批发零售业	批发业	零售业	餐饮业
1980	3.77	2.50	0.27	2.23	0.39
1981	4.27	2.63	0.27	2.36	0.51
1982	5.48	3.26	0.29	2.97	0.71
1983	6.26	3.75	0.30	3.45	0.76
1984	8.93	5.82	0.26	5.56	1.05
1985	10.85	7.26	0.23	7.03	1.31
1986	10.78	7.10	0.28	6.82	1.31
1987	11.87	7.96	0.29	7.67	1.46
1988	12.89	8.72	0.28	8.44	1.65
1989	13.14	8.78	0.28	8.50	1.86
1990	12.91	8.60	0.27	8.33	1.83
1991	13.50	8.99	0.26	8.73	1.99
1992	14.92	10.18	0.38	9.80	2.12
1993	13.59	11.31	0.78	10.53	2.28
1994	13.82	11.54	0.73	10.81	2.28
1995	16.34	13.69	0.84	12.85	2.65
1996	19.64	17.12	3.32	13.80	2.53
1997	20.29	17.64	3.48	14.16	2.65
1998	20.32	17.67	3.48	14.19	2.65
1999	22.56	19.69	3.66	16.03	2.87
2000	22.75	19.85	3.79	16.06	2.90
2001	24.34	21.31	4.23	17.08	3.03
2002	26.19	23.15	3.88	19.27	3.04
2003	26.09	23.00	3.25	19.75	3.09
2004	29.76	26.68	5.44	21.24	3.08
2005	33.56	30.42	7.79	22.63	3.14
2006	33.95	30.73	7.89	22.84	3.22
2007	33.53	30.29	7.98	22.31	3.24
2008	39.16	35.96	9.46	26.47	3.20
2009	42.65	39.33	9.37	29.96	3.32
2010	43.14	39.53	9.98	29.55	3.61
2011	50.57	45.90	11.33	34.57	4.67
2012	50.69	45.01	12.92	32.09	5.68
2013	54.79	47.72	14.63	33.09	7.07
2014	59.05	51.01	16.59	34.42	8.04
2015	60.70	52.57	17.09	35.48	8.13
2016	60.73	52.17	16.81	35.36	8.56

(1) 1980—1992年,产业活动单位数包括服务业,1993年以后不包括服务业

(2) 产业活动单位数含个体户数

批发零售业、住宿餐饮业从业人员(1980—2016)

单位:万人

年份	从业人员	批发零售业	批发业	零售业	餐饮业	住宿业
1980	45.78	33.94	7.91	26.03	5.66	
1981	48.47	35.31	8.41	26.90	6.25	
1982	50.24	36.70	9.05	27.65	6.51	
1983	51.30	37.64	8.86	28.78	6.51	
1984	55.24	40.57	8.81	31.76	6.86	
1985	62.64	45.41	8.99	36.42	7.66	
1986	63.76	44.98	8.96	36.02	7.97	
1987	66.13	45.98	8.85	37.13	8.18	
1988	72.80	50.89	9.42	41.47	8.67	
1989	77.31	52.20	9.67	42.53	9.35	
1990	74.75	50.48	8.19	42.29	9.33	
1991	75.41	52.47	8.53	43.94	10.71	
1992	87.27	63.71	13.74	49.97	10.98	
1993	109.98	98.44	29.68	68.76	11.54	
1994	88.51	77.49	27.58	49.91	11.02	
1995	111.24	94.78	34.31	60.47	16.46	
1996	145.67	122.21	50.79	71.42	23.46	
1997	149.97	125.64	53.68	71.96	24.33	
1998	150.96	126.56	53.67	72.89	24.40	
1999	153.90	128.18	53.93	74.25	25.72	
2000	154.32	128.41	53.79	74.62	25.91	
2001	165.68	138.73	56.33	82.40	26.95	
2002	179.34	152.19	65.40	86.79	27.15	
2003	174.93	147.91	59.31	88.60	27.02	
2004	181.25	156.21	74.77	81.44	25.04	
2005	195.92	169.60	84.71	84.89	26.32	
2006	203.51	174.49	86.32	88.17	29.02	
2007	204.46	175.50	86.23	89.27	28.96	
2008	202.84	172.72	87.98	84.74	30.12	
2009	205.49	175.32	90.36	84.96	30.17	
2010	207.94	176.69	91.58	85.21	31.25	
2011	184.61	184.61	96.96	87.65	30.96	
2012	194.28	194.28	104.33	89.95	32.42	
2013	230.26	194.91	106.98	87.93	35.35	
2014	286.99	235.52			51.47	
2015	290.22	238.31			51.91	
2016	291.28	239.06			52.22	

注:本表从业人员是指本行业的全部从业人,包含个体户及非正规就业等。2004 年起包含批零住餐业的从业人员

限额以上批发和零售业、住宿和餐饮业单位数和从业人员(2016)

单位:个

	法人单位	产业活动单位	从业人员(人)
总　计	8 090	26 492	1 111 442
按登记注册类型分			
内资	6 127	15 236	533 037
国有	155	208	13 934
集体	64	143	3 486
股份合作	18	100	604
联营	29	32	1 501
有限责任公司	1 817	7 080	229 096
股份有限公司	154	1 361	43 174
私营	3 873	6 273	239 446
其他	17	39	1 796
港澳台商投资	796	4 125	255 666
外商投资	1 167	7 131	322 739
按行业分			
批发业	3 814	6 999	440 975
零售业	1 874	12 361	364 421
住宿业	730	840	75 388
餐饮业	1 672	6 292	230 658

限额以上批发贸易业产业活动单位和从业人员(2016)

单位:个

指标	法人企业	产业活动单位数	从业人员(人)
总　计	3 814	6 999	440 975
按登记注册类型分			
内资	2 429	3 761	160 585
国有	42	54	2 410
集体	9	17	234
股份合作	2	2	52
联营	2	2	715
有限责任公司	780	1 433	69 580
股份有限公司	74	504	18 436
私　营	1 519	1 748	69 127
其　他	1	1	31
港澳台商投资	450	1 028	108 991
外商投资	935	2 210	171 399
按行业分			
农、林、牧产品批发	48	62	2 205
食品、饮料及烟草制品批发	300	1 130	54 683
#米、面制品及食用油批发	56	90	9 284
烟草制品批发	25	379	6 329
纺织、服装及日用品批发	550	1 382	139 048
#服装批发	182	550	51 928
文化、体育用品及器材批发	123	169	16 086
医药及医疗器材批发	189	358	50 824
矿产品、建材及化工产品批发	1 455	2 104	58 097
#煤炭及制品批发	50	53	1 501
石油及制品批发	142	496	10 186
金属及金属矿批发	617	703	16 037
建材批发	103	131	3 902
机械设备、五金交电及电子产品批发	902	1 444	105 210
#汽车批发	44	59	9 996
汽车零配件批发	105	142	11 052
电气设备批发	58	84	6 527
计算机、软件及辅助设备批发	75	97	8 240
贸易经纪与代理	107	134	4 589
其他批发	140	216	10 233

限额以上零售贸易业产业活动单位和从业人员(2016)

单位:个

指标	法人企业	产业活动单位数	从业人员(人)
总 计	1 874	12 361	364 421
按登记注册类型分			
内资	1 591	8 669	198 904
国有	48	82	2 255
集体	29	96	1 500
股份合作	11	60	217
联营	23	25	354
有限责任公司	652	4 991	108 302
股份有限公司	51	813	21 065
私营	774	2 577	65 142
其他	3	25	69
港澳台商投资	170	1 395	71 714
外商投资	113	2 297	93 803
按行业分			
综合零售	252	4 907	122 320
#百货零售	113	180	26 303
超级市场零售	109	1 306	74 825
食品、饮料及烟草制品专门零售	117	1 892	20 487
纺织、服装及日用品专门零售	283	2 394	117 888
#服装零售	171	1 611	95 322
文化、体育用品及器材专门零售	124	390	10 604
#体育用品及器材零售	9	23	1 944
图书、报刊零售	16	121	2 923
医药及医疗器材专门零售	114	1 141	13 353
#药品零售	98	1 107	12 700
汽车、摩托车、燃料及零配件专门零售	709	984	43 082
#汽车零售	490	521	35 583
家用电器及电子产品专门零售	89	343	13 353
#家用视听设备零售	8	38	1 984
日用家电设备零售	29	144	4 483
计算机、软件及辅助设备零售	29	69	3 309
通信设备零售	13	81	3 332
五金、家具及室内装修材料专门零售	85	120	6 349
货摊、无店铺及其他零售业	101	190	16 985
#互联网零售	56	65	13 730
邮购及电视、电话零售	5	5	1 105

批发零售贸易业商品购进、销售、库存总额(1990—2016)

单位:亿元

年份	商品购进总额	#从生产者购进商品总额	农副产品购进总额	工业品购进总额	#从批发零售贸易业购进商品总额	商品销售总额	商品零售总额	商品批发销售总额	年末库存总额
1990	1 129.49	597.66	67.18	520.97	113.79	1 305.41	265.67	1 039.74	230.97
1991	1 512.01	666.72	73.05	584.40	142.80	1 708.52	300.26	1 408.26	230.08
1992	1 624.96	666.27	48.35	605.89	154.20	1 802.53	362.03	1 440.50	197.80
1993	3 187.09	1 587.17	174.59	1 412.58	1 543.37	3 728.90	637.89	3 091.01	188.30
1994	3 619.66	1 657.83	164.13	1 493.70	1 911.50	4 001.16	789.02	3 212.14	176.91
1995	3 975.71	1 848.10	184.81	1 663.29	2 056.61	4 440.98	994.39	3 446.59	204.52
1996	4 407.48	2 027.44	210.85	1 816.59	2 311.33	4 946.15	1 174.93	3 771.22	233.48
1997	4 871.33	2 318.75	237.53	2 081.22	2 444.21	5 465.50	1 336.58	4 128.92	251.56
1998	5 404.59	2 590.65	227.98	2 362.67	2 713.55	6 077.67	1 490.34	4 587.33	251.40
1999	5 955.61	2 834.87	276.81	2 558.07	3 000.39	6 734.06	1 600.36	4 833.70	256.56
2000	6 615.75	3 498.32	362.71	3 135.61	3 067.15	7 474.81	1 723.31	5 751.50	262.50
2001	7 283.94	3 847.60	384.71	3 462.89	3 330.11	8 326.94	1 859.09	6 467.85	281.76
2002	7 997.77	4 078.86	402.87	3 675.99	3 802.77	9 142.98	2 001.05	7 141.93	300.65
2003	8 821.54	4 294.11	411.33	3 882.78	4 400.17	10 112.14	2 169.14	7 943.05	310.28
2004	9 730.16	4 433.51	435.29	3 998.22	4 167.12	11 254.81	2 367.17	8 887.64	351.38
2005	11 043.73	5 001.84	523.34	4 478.50	4 638.06	12 943.25	2 611.31	10 331.94	383.35
2006	13 044.42	6 142.47	735.07	5 407.40	5 646.35	15 504.05	2 896.29	12 607.76	419.76
2007	16 527.98	7 537.14	998.32	6 538.82	7 199.50	20 400.79	3 278.25	17 122.54	473.49
2008	21 668.79	9 929.57			9 625.09	26 798.44	3 853.14	22 945.30	1 182.84
2009						41 619.16	4 451.89	37 167.27	1 221.90
2010						48 659.55	5 090.26	43 569.29	1 913.49
2011						59 974.21	6 007.03	53 967.18	2 551.06
2012						70 021.87	6 953.82	63 068.05	2 805.57
2013						78 744.10	7 623.82	71 120.28	3 927.55
2014						87 829.31	8 305.94	79 523.37	5 071.99
2015						93 406.57	9 045.17	84 361.40	4 367.59
2016						101 028.45	9 803.02	91 225.43	4 972.64

限额以上批发贸易业商品购、销、存总额(2016)

单位:亿元

类别	商品购进总额	商品销售总额	商品库存总额
总　计	**62 459.91**	**68 924.15**	**3 710.81**
按登记注册类型分			
内资	37 189.04	38 965.52	1 543.25
国有	638.30	679.03	17.74
集体	9.83	11.38	1.35
股份合作	2.08	2.11	0.04
联营	17.54	17.34	4.56
有限责任公司	19 381.41	20 423.05	856.34
股份有限公司	1 615.29	1 749.41	123.30
私营	15 436.37	15 992.45	537.92
其他	88.22	90.75	2.00
港澳台商投资	6 296.54	7 636.02	726.70
外商投资	18 974.33	22 322.60	1 440.86
按行业分			
农、林、牧产品批发	441.81	473.59	35.46
食品、饮料及烟草制品批发	3 913.68	4 507.00	311.44
#米、面制品及食用油批发	1 472.60	1 615.23	89.95
烟草制品批发	552.19	663.18	25.43
纺织、服装及日用品批发	3 241.06	4 484.30	630.28
#服装批发	937.95	1 261.71	251.78
文化、体育用品及器材批发	1 158.27	1 288.62	170.43
医药及医疗器材批发	2 206.97	2 841.96	385.01
矿产品、建材及化工产品批发	34 382.55	35 420.63	1 044.16
#煤炭及制品批发	1 106.68	1 121.07	18.74
石油及制品批发	5 712.50	5 972.05	112.11
金属及金属矿批发	22 783.66	23 032.09	624.29
建材批发	577.83	661.42	35.94
化肥批发	54.09	57.35	1.25
机械设备、五金产品及电子产品批发	16 282.87	18 772.50	1 052.98
#汽车批发	6 257.40	7 362.73	365.36
汽车零配件批发	1 147.55	1 345.58	71.14
电气设备批发	245.69	334.27	23.78
计算机、软件及辅助设备批发	952.98	1 251.35	118.23
贸易经济与代理	294.13	352.28	22.26
其他批发业	538.57	783.27	58.79

限额以上零售贸易业商品购、销、存总额(2016)

单位:亿元

	商品购进总额	商品销售总额	商品库存总额
总　计	**5 760.97**	**7 108.39**	**955.96**
按登记注册类型分			
内资	3 940.03	4 584.14	423.71
国有	37.63	45.07	6.75
集体	8.00	10.84	3.00
股份合作	2.41	3.07	0.10
联营	13.36	15.32	0.39
有限责任公司	2 017.89	2 421.65	162.68
股份有限公司	471.46	505.21	70.40
私营	1 388.45	1 582.06	180.34
其他	0.83	0.92	0.05
港澳台商投资	843.58	1 212.94	371.87
外商投资	977.35	1 311.31	160.38
按行业分			
#综合零售业	1 232.20	1 535.75	152.93
食品、饮料及烟草制品专门零售	82.77	115.91	6.34
纺织、服装及日用品专门零售	712.41	1 300.05	241.38
文化、体育用品及器材专门零售	135.82	183.67	55.45
医药及医疗器材专门零售	228.96	263.30	23.22
汽车、摩托车、燃料及零配件专门零售	1 811.54	1 993.11	291.96
家用电器及电子产品专门零售	390.96	386.71	47.57
五金、家具及室内装饰材料专门零售	64.94	92.03	10.10

社会消费品零售总额(2011—2016)

单位:亿元

名称	2011 年	2012 年	2013 年	2014 年	2015 年	2016 年
总　计	**7 185.83**	**7 840.40**	**8 556.960**	**9 303.49**	**10 131.50**	**10 946.57**
按地区分						
#城镇	6 692.29	7 496.75	8 168.47	8 884.51	9 689.99	10 480.52
乡村	493.54	343.65	388.49	418.98	441.51	466.05
按登记注册类型分						
#国有	442.79	471.36	470.28	504.34	455.58	527.36
集体	35.51	45.85	38.82	37.24	32.92	34.21
私营	1 652.05	1 749.08	1 745.91	1 869.29	2 043.80	2 078.70
个体	1 008.69	1 100.57	1 201.15	1 305.94	1 359.03	1 524.85
股份有限公司	563.19	586.01	620.60	640.81	794.02	868.84
外商投资公司	1 121.20	1 279.93	1 394.62	1 493.70	1 611.50	1 773.55
港澳台商投资公司	834.00	901.92	1 002.80	1 179.73	1 324.05	1 450.64
按行业分						
#批发零售贸易业	6 446.61	7 039.16	7 714.96	8 414.81	9 116.93	9 874.15
#住宿餐饮业	739.22	801.24	842.00	888.68	1 014.57	1 072.42
按商品用途分						
#吃	1782.84	1844.96	1 962.39	2 065.56	2 170.16	2 256.20
穿	935.01	1 060.76	1 147.71	1 313.05	1 411.24	1 565.91
用	3 831.11	4 261.50	4 752.34	5 210.09	5 946.10	6 529.34
烧	636.87	673.18	694.52	714.79	604.00	595.12

注 1:2005 年起,社会消费品零售总额及分组依相应年份经普数据,按国家统计局规定进行了修订
注 2:从 2011 年开始社零总额按地区分改为按城镇和乡村分

主要年份社会消费品零售总额(按商品用途分)

单位:亿元

年份	社会消费品零售总额	按商品用途分			
		食品类	衣着类	日用品类	燃料类
1952	19.50	10.44	2.66	5.64	0.76
1956	24.63	12.68	3.96	7.11	0.88
1958	27.07	14.28	4.18	7.73	0.88
1963	25.82	15.21	2.95	6.79	0.87
1970	31.85	16.80	5.47	8.84	0.74
1975	47.71	23.56	9.37	14.02	0.76
1980	80.43	34.30	19.75	24.44	0.94
1985	173.39	64.08	35.51	72.70	1.10
1990	333.86	142.15	52.33	137.23	2.15
1991	382.06	162.82	52.91	163.30	3.03
1992	503.29	202.28	72.30	223.94	4.77
1993	675.92	259.93	101.30	309.26	5.43
1994	834.76	325.44	123.89	378.87	6.56
1995	1 050.96	407.44	153.74	481.96	7.82
1996	1 258.00	490.97	178.80	579.12	9.11
1997	1 432.38	564.62	200.62	659.61	7.53
1998	1 593.27	640.84	212.85	728.22	11.36
1999	1 722.33	694.03	228.18	787.62	12.50
2000	1 865.28	743.31	248.94	858.33	14.70
2001	2 016.37	802.53	266.31	931.02	16.51
2002	2 203.89	874.76	289.43	1 021.84	17.86
2003	2 404.45	939.29	309.70	1 135.27	20.19
2004	2 656.91	1 043.26	341.28	1 247.39	24.98
2005	2 979.50	1 026.70	335.30	1 563.15	54.35
2006	3 375.20	1 119.77	379.83	1 770.75	104.85
2007	3 873.30	1 204.70	435.88	2 032.07	200.65
2008	4 577.23	1 383.63	515.09	2 401.39	277.12
2009	5 213.11	1 408.84	715.94	2 689.51	398.82
2010	6 186.58	1 602.90	843.81	3 210.30	529.57
2011	7 185.83	1 782.84	935.01	3 831.11	636.87
2012	7 840.40	1 844.96	1 060.76	4 261.50	673.18
2013	8 556.96	1 962.39	1 147.71	4 752.34	694.52
2014	9 303.49	2 065.56	1 313.05	5 210.09	714.79
2015	10 131.50	2 170.16	1 411.24	5 946.10	604.00
2016	10 946.57	2 256.20	1 565.91	6 529.34	595.12

主要年份社会消费品零售总额(按行业分)

单位:亿元

年份	社会消费品零售总额	按行业分			
		批发零售贸易业	住宿餐饮业	制造业	其他行业
1952	19.50	18.39	1.00		0.11
1956	24.63	22.77	1.56		0.30
1958	27.07	25.08	1.57		0.42
1963	25.82	24.15	1.58		0.09
1970	31.85	30.15	1.47		0.23
1975	47.71	44.45	1.94		1.32
1980	80.43	70.28	3.41	4.24	2.50
1985	173.39	150.03	7.58	8.41	7.37
1990	333.86	265.67	17.08	15.15	35.96
1991	382.06	300.26	20.91	17.70	43.19
1992	464.82	362.03	25.92	20.25	56.62
1993	675.92	559.56	35.47	29.24	51.65
1994	834.76	684.81	42.74	32.75	74.46
1995	1 050.96	864.01	52.61	38.05	96.29
1996	1 258.00	1 032.78	78.50	39.84	106.88
1997	1 432.38	1 173.94	93.49	44.38	123.57
1998	1 593.27	1 298.40	96.58	45.41	152.88
1999	1 722.33	1 391.08	114.93	47.22	169.10
2000	1 865.28	1 493.13	134.12	49.16	188.87
2001	2 016.37	1 619.13	148.88	50.78	197.58
2002	2 203.89	1 756.77	193.68	52.66	200.78
2003	2 404.45	1 920.20	225.83	53.87	204.55
2004	2 656.91	2 108.59	279.44	56.29	212.59
2005	2 979.50	2 637.29	342.21		
2006	3 375.20	2 987.54	387.66		
2007	3 873.30	3 428.43	444.87		
2008	4 577.23	4 051.51	525.72		
2009	5 213.11	4 610.76	602.35		
2010	6 186.58	5 494.69	691.89		
2011	7 185.83	6 446.61	739.22		
2012	7 840.40	7 039.16	801.24		
2013	8 556.96	7 714.96	842.00		
2014	9 303.49	8 414.81	888.68		
2015	10 131.50	9 116.93	1 014.57		
2016	10 946.57	9 874.15	1 072.42		

主要年份社会消费品零售总额(按登记注册类型分)

单位:亿元

年份	社会消费品零售总额	按登记注册类型分				
		国有经济	集体经济	私营经济	个体	其他
1952	19.50	14.07	5.17			0.26
1956	24.63	18.04	6.51			0.08
1958	27.07	19.59	7.41			0.07
1963	25.82	18.91	6.74			0.17
1970	31.85	23.05	8.80			
1975	47.71	34.95	12.76			
1980	80.43	54.01	25.31		0.24	0.87
1985	173.39	102.59	59.49	0.18	6.42	4.71
1990	333.86	179.37	115.59	2.05	16.17	20.68
1991	382.06	200.25	135.30	2.72	18.70	25.09
1992	503.29	247.48	198.57	5.75	31.45	20.04
1993	675.92	250.96	202.05	0.51	41.45	180.95
1994	834.76	249.27	198.56	0.64	65.00	321.29
1995	1 050.96	247.10	193.02	0.86	76.44	533.54
1996	1 258.00	238.54	183.50	30.10	92.64	713.22
1997	1 432.38	225.35	173.85	21.83	114.88	899.47
1998	1 593.27	210.93	161.70	59.48	126.94	1 034.22
1999	1 722.33	180.33	141.83	62.77	141.16	1 196.24
2000	1 865.28	150.09	118.26	496.86	153.57	946.50
2001	2 016.37	135.69	105.90	596.21	172.66	1 005.91
2002	2 203.89	131.91	102.19	699.75	190.66	1 079.38
2003	2 404.45	133.36	102.68	803.74	208.45	1 156.22
2004	2 656.91	134.44	102.78	935.44	233.01	1 251.24
2005	2 979.50	157.98	51.63	814.31	443.31	1 512.28
2006	3 375.20	178.96	58.48	922.46	502.18	1 713.12
2007	3 873.30	205.37	67.11	1 058.59	576.29	1 965.93
2008	4 577.23	242.69	79.31	1 250.98	618.03	2 323.22
2009	5 213.11	389.15	28.97	1 267.85	731.77	2 795.37
2010	6 186.58	450.57	32.69	1 521.58	868.42	3 313.32
2011	7 185.83	442.79	35.51	1 652.05	1 008.69	4 046.79
2012	7 840.40	471.36	45.85	1 749.08	1 100.57	4 473.54
2013	8 556.96	470.28	38.82	1 745.91	1 201.15	5 100.80
2014	9 303.49	504.34	37.24	1 869.29	1 305.94	5 586.68
2015	10 131.50	455.58	32.92	2 043.80	1 359.03	6 240.17
2016	10 946.57	527.36	34.21	2 078.70	1 524.85	6 781.45

注:1997 年以前私营经济为合营

限额以上批发零售贸易业主要商品分类销售额(2016)

单位:亿元

类别	合计	批发额	零售额
粮油、食品类	3 440.41	2 765.96	674.45
#粮油类	1 777.28	1 588.73	188.55
肉禽蛋类	269.75	184.55	85.20
饮料类	259.48	201.24	58.24
烟酒类	1 152.28	930.54	221.74
服装、鞋帽、针纺织品类	3 438.06	2 145.66	1 292.40
#服装类	2 239.36	1 199.89	1 039.47
鞋帽类	590.03	384.97	205.06
针、纺织品类	608.67	560.80	47.87
化妆品类	828.24	558.68	269.56
金银珠宝类	705.90	500.40	205.50
日用品类	1 618.11	1 239.59	378.52
#儿童玩具类	61.50	27.10	34.40
五金、电料类	571.27	558.51	12.76
体育、娱乐用品类	160.40	130.99	29.41
书报杂志类	51.62	24.11	27.51
电子出版物及音像制品类	1.48	0.58	0.90
家用电器和音像器材类	912.00	403.30	508.70
中西药品类	1 664.21	1 261.71	402.50
#西药类	1 432.58	1 097.22	335.36
中草药及中成药类	151.81	92.53	59.28
文化办公用品类	2 074.00	1 799.89	274.11
家具类	147.80	76.51	71.29
通讯器材类	2 939.67	2 701.40	238.27
煤炭及制品类	986.88	986.72	0.16
木材及制品类	144.34	144.34	0.00
石油及制品类	6 933.04	6 521.52	411.52
化工材料及制品类	4 318.54	4 318.54	0.00
#化肥类	194.20	194.20	0.00
金属材料类	20 750.48	20 750.48	0.00
建筑及装潢材料类	453.38	386.81	66.57
机电产品及设备类	4 066.68	4 058.48	8.20
#农机类	36.19	36.19	0.00
汽车类	9 963.55	8 386.40	1 577.15
种子饲料类	152.94	152.94	0.00
棉麻类	39.88	39.87	0.01
其他类	3 770.12	3 688.08	82.04

限额以上批发贸易业主要财务指标(2016)

类别	流动资产	固定资产原价	资产总计	负债合计
批发贸易业合计	**18 650.80**	**952.43**	**23 761.74**	**16 879.56**
按登记注册类型分				
内资	9 254.38	467.22	12 703.82	9 173.78
国有	134.64	12.43	167.38	143.29
集体	7.02	0.27	9.04	6.01
股份合作	1.26	0.11	1.32	0.77
联营	15.74	0.09	15.77	14.18
有限责任公司	4 618.57	232.87	6 485.39	4 620.25
股份有限公司	590.29	73.63	1 003.60	496.51
私营	3 880.01	147.81	5 009.46	3 883.59
其他	6.85	0.01	11.85	9.18
港澳台商投资	2 926.89	154.80	3 486.35	2 280.97
外商投资	6 469.53	330.41	7 571.56	5 424.81
按行业分				
# 农、林、牧产品批发	206.22	29.40	386.93	196.95
食品、饮料及烟草制品批发	1 583.06	108.55	2 179.14	1 419.29
纺织、服装及家庭用品批发	2 034.90	195.63	2 586.96	1 671.99
文化、体育用品及器材批发	515.58	17.97	589.05	371.89
医药及医疗器材批发	1 194.74	170.37	1 454.46	981.25
矿产品、建材及化工产品批发	7 407.83	257.33	9 805.01	7 381.00
机械设备、五金交电及电子产品批发	5 190.17	144.02	6 158.87	4 426.39
贸易经纪与代理	158.08	8.38	182.14	118.15
其他批发	360.24	20.76	419.18	312.66

单位:亿元

所有者权益合计	实收资本	主营业务收入	主营业务成本	利润总额
6 882.17	**3 180.60**	**60 358.54**	**55 900.27**	**1 195.44**
3 530.04	1 948.50	34 056.96	33 065.60	357.89
24.09	23.08	590.99	563.68	19.09
3.04	1.32	10.21	9.73	−0.02
0.55	0.52	1.79	1.60	−0.09
1.59	1.02	17.23	15.37	0.13
1 865.14	1 057.02	17 794.56	17 269.19	216.45
507.09	212.28	1 487.74	1 370.30	59.99
1 125.88	651.26	14 076.90	13 759.97	61.57
2.67	2.00	77.53	75.76	0.77
1 205.38	433.49	6 616.87	5 629.26	248.62
2 146.75	798.61	19 684.71	17 205.41	588.93
189.98	76.52	435.16	428.77	8.32
759.86	264.87	3 989.56	3 477.36	107.01
914.97	344.21	3 955.87	2 866.81	189.06
217.15	119.70	1 145.41	990.19	36.98
473.21	175.50	2 519.19	2 079.11	96.78
2 424.01	1 526.75	30 866.26	30 224.04	223.77
1 732.48	600.61	16 428.82	14 928.47	499.53
63.98	23.49	319.91	287.73	10.01
106.52	48.95	698.37	617.78	23.97

限额以上零售贸易业主要财务指标(2016)

类别	流动资产	固定资产原价	资产总计	负债合计
零售贸易业合计	**2 379.63**	**718.35**	**3 362.37**	**2 421.41**
按登记注册类型分				
内资	1 484.06	392.67	2 096.93	1 463.29
国有	20.61	4.27	24.61	14.40
集体	5.76	2.38	9.06	5.62
股份合作	1.49	0.17	1.62	0.72
联营	2.43	0.73	2.79	0.69
有限责任公司	713.87	247.48	1 037.01	779.68
股份有限公司	242.36	87.63	373.05	165.07
私营	497.24	49.92	648.22	496.72
其他	0.31	0.09	0.57	0.39
港澳台商投资	443.42	135.21	609.39	462.34
外商投资	452.14	190.47	656.04	495.78
按行业分				
#综合零售	560.88	379.79	974.74	684.20
食品、饮料及烟草制品专门零售	30.68	14.42	44.59	33.65
纺织、服装及日用品专门零售	557.94	126.84	749.56	516.46
文化、体育用品及器材专门零售	101.49	28.85	131.71	88.23
医药及医疗器材专门零售	94.60	6.36	107.75	86.15
汽车、摩托车、燃料及零配件专门零售	530.53	88.33	680.45	485.12
家用电器及电子产品专门零售	124.63	8.01	214.23	88.41
五金、家具及室内装修材料专门零售	36.64	36.89	82.08	65.82
货摊、无店铺及其他零售业	342.24	28.87	377.26	373.37

单位:亿元

所有者权益合计	实收资本	主营业务收入	主营业务成本	利润总额
940.96	**715.57**	**6 209.99**	**5 102.26**	**93.71**
633.64	321.36	4 001.42	3 548.04	54.12
10.21	1.89	39.85	34.51	1.52
3.44	1.24	9.57	7.88	0.31
0.91	0.18	2.73	2.31	0.23
2.10	0.28	13.38	11.69	1.12
257.33	180.64	2 115.30	1 879.97	21.87
207.98	43.38	439.62	389.22	21.08
151.50	93.69	1 380.14	1 221.67	7.98
0.18	0.07	0.83	0.78	0.01
147.05	208.88	1 043.80	738.29	3.56
160.26	185.34	1 164.77	815.93	36.03
290.54	241.84	1 354.52	1 109.47	14.92
10.94	14.62	103.50	75.28	0.11
233.10	173.54	1 112.91	623.93	52.69
43.48	39.27	163.47	111.67	2.69
21.60	8.02	230.42	201.37	10.13
195.32	109.44	1 754.18	1 639.96	32.64
125.82	35.03	364.32	328.19	1.13
16.26	28.91	71.30	48.45	1.19
3.89	64.89	1 055.36	963.95	−21.79

限额以上批发零售贸易业主要经济指标
(2014—2016)

单位:亿元

指标	2014	2015	2016
流动资产	17 986.27	18 831.63	21 030.43
#存货	3 646.24	3 668.32	3 924.88
固定资产原价	1 537.57	1 595.54	1 670.78
累计折旧	655.29	700.05	773.97
#本年折旧	126.33	131.06	121.45
资产总计	22 501.49	23 843.32	27 124.11
负债合计	16 625.80	17 274.46	19 300.97
所有者权益合计	5 875.65	6 568.86	7 823.13
实收资本	3 933.80	4 098.66	3 896.17
#国家资本	559.34	516.03	584.20
港澳台资本	459.22	518.11	585.20
外商资本	728.81	798.17	903.05
主营业务收入	64 891.00	62 098.53	66 568.53
主营业务成本	60 043.19	57 228.76	61 002.53
营业费用	2 851.62	2 966.65	3 284.48
主营业务税金及附加	95.36	111.30	123.14
管理费用	1 083.47	1 131.59	1 206.78
财务费用	148.99	220.05	210.51
营业利润	997.20	876.70	1 164.25
利润总额	1 018.65	1 011.56	1 289.15
应付职工薪酬	864.93	1 001.40	1 077.92

限额以上住宿餐饮业主要财务指标(2016)

单位:亿元

类别	流动资产	固定资产原价	资产总计	负债合计	所有者权益合计	实收资本	主营业务收入	主营业务成本	利润总额
总　计	**533.34**	**702.03**	**1235.54**	**767.32**	**468.22**	**443.79**	**896.09**	**354.39**	**51.62**
按登记注册类型分									
住宿业	**300.37**	**572.73**	**825.63**	**459.60**	**366.03**	**319.48**	**273.96**	**86.15**	**24.03**
内资	176.62	344.91	504.33	281.22	223.11	196.30	197.67	59.40	14.86
国有	22.18	64.27	71.14	19.27	51.87	20.55	23.35	4.51	2.69
集体	0.95	4.39	3.42	1.49	1.93	0.44	1.77	0.80	—0.02
股份合作									
联营	0.70	2.03	12.95	12.50	0.45	2.99	0.63	0.14	—0.18
有限责任公司	89.92	215.34	294.38	153.37	141.02	132.80	102.15	32.65	9.31
股份有限公司	4.34	13.50	18.76	7.21	11.54	11.47	5.59	1.00	—0.29
私营	56.85	43.63	101.60	85.37	16.23	27.97	61.34	19.15	2.70
其他	1.68	1.75	2.07	2.00	0.07	0.08	2.85	1.16	0.64
港澳台商投资	86.55	151.01	219.02	121.60	97.42	62.00	51.22	19.39	8.92
外商投资	37.20	76.81	102.28	56.78	45.50	61.18	25.07	7.36	0.25
餐饮业	**232.97**	**129.30**	**409.91**	**307.72**	**102.19**	**124.30**	**622.14**	**268.24**	**27.59**
内资	141.83	69.98	224.48	181.51	42.97	50.90	281.97	141.43	8.03
国有	1.10	0.26	1.26	0.86	0.40	0.28	2.63	1.83	0.01
集体	1.41	1.22	2.43	1.03	1.39	0.17	2.66	1.28	0.20
股份合作	0.55	0.18	0.71	0.44	0.27	0.05	0.57	0.25	0.01
联营	0.01	0.22	0.22	0.08	0.14	0.15	0.05	0.03	0.00
有限责任公司	33.03	16.96	52.69	43.19	9.50	13.75	55.54	23.64	2.70
股份有限公司	11.67	0.95	21.84	12.98	8.86	2.29	6.81	3.64	0.86
私营	93.42	49.57	144.23	121.93	22.30	34.15	211.96	109.79	4.25
其他	0.65	0.62	1.10	0.99	0.11	0.06	1.74	0.98	0.01
港澳台商投资	47.06	29.95	85.93	56.28	29.65	27.10	134.22	48.84	6.42
外商投资	44.07	29.37	99.50	69.93	29.57	46.30	205.95	77.97	13.13

(续表)

类别	流动资产	固定资产原价	资产总计	负债合计	所有者权益合计	实收资本	主营业务收入	主营业务成本	利润总额
按行业分									
住宿业	**300.37**	**572.73**	**825.63**	**459.60**	**366.03**	**319.48**	**273.96**	**86.15**	**24.03**
旅游饭店	242.31	528.86	722.22	382.62	339.61	286.49	206.04	66.87	17.83
一般旅馆	52.44	37.25	91.10	71.14	19.96	28.31	61.72	16.97	5.46
其他住宿服务	5.62	6.62	12.31	5.84	6.47	4.69	6.19	2.31	0.74
餐饮业	**232.97**	**129.30**	**409.91**	**307.72**	**102.19**	**124.30**	**622.14**	**268.24**	**27.59**
正餐服务	165.52	87.79	284.36	220.82	63.54	78.78	402.92	176.96	11.85
快餐服务	28.91	22.33	54.68	36.67	18.01	28.07	101.29	45.19	6.12
饮料及冷饮服务	26.72	14.96	54.41	36.90	17.51	10.38	85.13	24.14	9.94
茶馆服务	0.22	0.06	0.29	0.22	0.07	0.13	0.44	0.22	0.00
咖啡馆服务	16.32	12.24	38.86	25.18	13.68	8.23	71.97	20.93	9.89
酒吧服务	0.11	0.02	0.17	0.28	—0.10	0.27	0.22	0.14	—0.11
其他饮料及冷饮服务	10.07	2.64	15.08	11.22	3.86	1.76	12.50	2.85	0.17
其他餐饮业	11.81	4.22	16.46	13.33	3.13	7.07	32.79	21.94	—0.32
小吃服务	2.41	1.03	3.40	2.89	0.50	2.91	8.13	3.54	0.14
餐饮配送服务	6.44	2.59	8.84	6.55	2.29	2.50	16.50	13.56	—0.39
其他未列明餐饮业	2.95	0.59	4.23	3.89	0.34	1.66	8.16	4.85	—0.07

限额以上住宿餐饮业主要经济指标(2014—2016)

单位:亿元

指标	2014	2015	2016
流动资产	515.08	534.95	533.34
#存货	29.19	29.65	25.95
固定资产原价	652.08	670.30	702.03
累计折旧	303.59	320.98	335.12
#本年折旧	32.35	29.78	28.93
资产总计	1 207.63	1 212.87	1 235.54
负债合计	808.61	773.75	767.32
所有者权益合计	399.00	439.12	468.22
实收资本	403.00	438.39	443.79
#国家资本	117.55	114.66	170.17
港澳台资本	74.44	84.03	52.62
外商资本	52.11	55.28	59.33
主营业务收入	836.60	872.97	896.09
主营业务成本	336.77	342.06	354.39
营业费用	283.26	307.83	324.06
主营业务税金及附加	46.67	46.61	19.78
管理费用	149.82	149.43	152.35
财务费用	17.70	17.80	12.78
营业利润	24.01	20.42	44.21
利润总额	31.31	25.80	51.62
应付职工薪酬	142.49	156.41	170.68

限额以上住宿和餐饮业经营情况(2016)

单位:亿元

类别	营业额	其中			
		客房收入	餐费收入	商品销售额	其他收入
总　计	**952.02**	**158.95**	**709.36**	**20.77**	**62.94**
住宿业	**287.27**	**152.95**	**74.16**	**6.02**	**54.14**
按登记注册类型分					
内资企业	385.82	220.38	95.58	6.93	62.92
国有企业	25.10	10.80	7.18	0.60	6.51
集体企业	1.88	0.57	1.07	0.00	0.23
联营企业	0.70	0.29	0.27	0.00	0.14
有限责任公司	107.57	53.44	28.56	1.52	24.05
股份有限公司	5.89	3.89	1.50	0.07	0.43
私营企业	66.72	47.97	13.57	1.61	3.56
其他企业	2.98	1.70	1.02	0.01	0.26
港、澳、台商投资企业	54.43	23.82	15.15	0.08	15.38
外商投资企业	22.01	10.45	5.84	2.13	3.59
按星级分组					
五星	119.59	54.38	40.19	1.68	23.35
四星	45.14	20.41	11.46	0.51	12.76
三星	17.51	7.72	3.66	0.17	5.96
二星	2.28	1.30	0.55	0.02	0.41
一星	0.16	0.16	0.00	0.00	0.00
其他	102.59	68.98	18.31	3.62	11.68
餐饮业	**664.75**	**6.00**	**635.20**	**14.75**	**8.80**
按登记注册类型分					
内资企业	576.91	11.04	544.35	10.20	11.32
国有企业	2.83	0.27	2.13	0.12	0.31
集体企业	2.82	0.08	2.63		0.12
股份合作企业	0.62	0.01	0.58	0.01	0.02
联营企业	0.05		0.05		
有限责任公司	58.55	1.56	54.56	1.04	1.40
股份有限公司	12.50		9.60	2.90	0.01
私营企业	219.59	3.75	209.32	2.52	4.00
其他企业	1.80	0.07	1.60	0.05	0.08
港、澳、台商投资企业	141.77	0.22	141.07	0.01	0.47
外商投资企业	224.21	0.05	213.66	8.09	2.40
按餐饮行业小类分组					
正餐服务	424.70	5.66	405.10	6.12	7.83
快餐服务	108.48	0.22	107.39	0.06	0.81
饮料及冷饮服务	96.90	96.90	96.90	96.90	96.90
茶馆服务	0.45	0.00	0.45	0.00	0.00
咖啡馆服务	82.39	0.00	74.50	7.88	0.01
酒吧服务	0.23	0.00	0.23	0.00	0.00
其他饮料及冷饮服务	13.84	0.00	13.84	0.00	0.00
其他餐饮业	34.67	0.13	33.70	0.68	0.15
小吃服务	8.60	0.00	8.55	0.02	0.03
餐饮配送服务	17.56	0.00	16.93	0.54	0.09
其他未列明餐饮业	8.51	0.13	8.22	0.12	0.04

限额以上服务业经营情况(2016)

单位:亿元

类别	单位数(户)	从业人员(万人)		营业收入		营业成本		投资收益		利润总额	
		2016年	增速(%)	2016年	增速(%)	2016年	增速(%)	2016年	增速(%)	2016年	增速(%)
总计	8 883	195.21	-0.4	20 963.02	7.7	16 114.61	10.2	1 567.32	6.7	2 844.18	4.2
按登记注册类型分											
内资	6 592	144.82	-1.3	14 396.84	7.8	11 626.08	10.4	1 181.84	-5.7	1 912.6	-6.6
#国有	195	8.45	-3.1	777.22	12.1	701.95	12.9	88.94	-9.5	131.76	39.1
集体	101	1.48	0.7	46.68	-3.8	28.07	-11.3	3.32	18.6	8.28	29.4
有限责任公司	2 033	48.08	-3.2	5 473.05	9.5	4 429.94	14.8	229.14	-28.4	562.81	-24.7
股份有限公司	328	20.92	1.6	2 196.69	1.5	1 660.52	1.7	297.96	0.4	446.67	-2.5
私营	3 524	50.17	-1	4 195.05	12.6	3 273.92	14.2	81.31	23	298.28	10.2
港澳台投资	914	20.99	3.9	3 043.85	6.6	2 052.78	7.3	140.06	43.8	488.85	37.1
外商投资	1 377	29.39	0.8	3 522.33	8.5	2 435.75	11.8	245.42	1	442.73	35.4
按企业规模分											
大型	2473	137.2	2	18 664.7	10.3	14 624.8	12.8	902.53	4.5	2 184.15	3.7
#特大型	301	49.75	-0.4	12 545.1	12.9	10 226.42	16.1	386.85	22.4	1 312.94	6.1
中型	6 410	58.01	-5.7	2 298.32	-9.6	1 489.81	-9.9	664.8	9.8	660.03	5.8
按行业类别分											
交通运输、仓储和邮政业	2 130	52.52	-4.4	6 217.41	4.3	5 421.22	6.2	156.21	22.2	476.09	-4.1
交通运输业	1 829	44.58	-3	5 384.27	2.4	4 715.48	4.4	148.12	25.8	400.65	-6.8
仓储业	261	3.18	-5.1	290.98	-2.3	236.41	-3.5	3.18	-26.4	23.85	-0.3
邮政业	40	4.76	-15.5	542.17	33.5	469.33	37.6	4.91	-14.8	51.59	20.7
信息传输、软件和信息技术服务业	1 296	30.95	1.8	3 652.59	11.2	2 236.23	16.1	87.28	19.3	554.67	12.5
电信、广播电视和卫星传输服务	68	3.72	-2.4	737.75	4.8	486.15	8.9	4.61	41.8	136.79	13
# 电信	50	3.09	-2.5	685.23	5	449.41	9.7	3.92	35.6	127.08	12
互联网和相关服务	85	1.91	9.1	232.39	-5.7	88.71	-1.3	11.23	30.3	79.41	-24.8
软件和信息技术服务业	1 143	25.32	1.9	2 682.45	14.9	1 661.38	19.6	71.44	16.5	338.47	27
租赁和商务服务业	3 029	65.64	-1.2	8 315.18	9.2	6 520.65	12.7	1 183.33	4	1 462.83	4.3
租赁业	118	2.29	-7.7	326.54	11.3	178.36	48.4	3.16	-58.3	57.18	7.1
商务服务业	2 911	63.34	-1	7 988.64	9.1	6 342.28	11.9	1 180.18	4.5	1 405.65	4.2
法律服务	73	0.7	6.1	64.19	24.8	25.14	26.9	0.14	1.3倍	31.85	26.3
咨询与调查	757	11.87	1.4	963.08	4.5	527.22	3.5	48.8	12.3	131.62	4.3
广告业	335	2.82	5.2	964.64	5	824.3	6.8	46.39	72.6	79.66	13.8
其他商务服务业	371	6.14	4.6	420.34	12.7	253.1	16.2	28.4	1.6倍	81.26	22.5
会议及展览服务	122	1.64	10.8	134.98	11.8	85.03	10.9	3.31	39.1	16.44	6.5
科学研究和技术服务业	1 243	21.72	2.6	1 681.53	3.7	1177.07	3.3	74.42	1.2倍	234.69	19.7
研究和试验发展	256	4.51	6.9	436.99	11.6	291.27	12	58.16	4.8倍	93.08	1.2倍
专业技术服务业	788	15.25	1.4	1 066.91	0.5	768.66	0.5	14.41	-29.4	122.08	-8
科技推广和应用服务业	199	1.97	3.7	177.63	5.7	117.14	2.1	1.85	-47.7	19.52	-5.8
水利、环境和公共设施管理业	252	6.72	2.8	294.32	6.8	247.29	6.4	4.51	48.8	22.8	82.5
居民服务、修理和其他服务业	424	8.15	1.1	240.45	8.9	156.82	9.1	7.61	4.7倍	31.98	64.7
文化、体育和娱乐业	254	4.5	16	360.07	21.4	253.83	24.5	52.96	-41.6	48.27	-51.2
新闻和出版业	51	0.9	-4.3	67.06	4.4	41.51	4.4	6.1	-10.3	9.97	-8
广播、电视、电影和影视录音制作业	91	1.05	-1.9	168.46	5.3	136.64	10.7	45.47	-44.8	50.3	-43.5

（续表）

类别	单位数（户）	营业利润		营业税金及附加		应交增值税		资产总计		固定资产原价		本年折旧	
		2016年	增速（%）	2016年	增速（%）	2016年	增速（%）	2016年	增速（%）	2016年	增速（%）	2016年	增速（%）
总 计	8 883	2 353.83	3.2	110.17	−23.4	464.39	44.7	68 866.05	12.8	13 005.3	7.5	718	2.5
按登记注册类型分													
内资	6 592	1 527.81	−9.9	80.76	−23.5	305.49	50.5	52 997.18	11.4	10 864.2	4.5	582	2.1
♯国有	195	70.52	−4.9	3.43	−13.2	9.42	1.4倍	3104.73	平	297.17	3.6	12.17	0.1
集体	101	4.38	23	1.11	−27.5	0.56	1.1倍	291.29	6.6	88.42	0.8	4.39	15.8
有限责任公司	2 033	446.26	−25	31.69	−22.3	153.77	47.9	17 664.88	8.4	4 638.23	2.7	247.2	4.3
股份有限公司	328	392.35	0.1	11.03	−26.1	45.87	39.1	10 745.43	13.5	3 518.78	7.4	186.9	5.8
私营	3 524	234.44	0.1	21.18	−34.2	79.98	52	5 215.1	19.6	695.86	11.6	51.17	7
港澳台投资	914	445.43	36.8	12.82	−26.1	74.1	39.9	8 298.89	22.6	928.42	9	68.2	3.6
外商投资	1 377	380.58	45.9	16.59	−20.6	84.8	30.4	7 569.99	13	1212.77	43.1	67.79	5.2
按企业规模分													
大型	2 473	1 821.87	3.4	84.99	−17.4	398.38	47.6	49 126.83	13.9	11 311.5	8.3	625.5	3.9
♯特大型	301	1 147.1	8.6	42.81	1.1	228.51	34.8	24 867.04	17.9	7 604.55	10.1	436.4	3.4
中型	6 410	531.95	2.3	25.18	−38.6	66.01	29.6	19 739.22	10.3	1 693.88	2.3	92.46	−5.9
按行业类别分													
交通运输、仓储和邮政业	2 130	309.28	4.4	14.1	−9.6	75.42	9	13 506.51	8.7	6 364.3	5.3	307.9	1.8
交通运输业	1 829	248.51	0.3	12.47	−9.2	64.4	8	12 609.34	8.5	6 074.07	5.6	293	2.6
仓储业	261	14.07	48.7	1.13	−10.3	5.95	9.8	500.79	1	218.67	−0.7	10.43	−16.7
邮政业	40	46.7	20.1	0.5	−18	5.07	23.4	396.38	26.1	71.56	3.4	4.46	−1.8
信息传输、软件和信息技术服务业	1 296	485.02	8.8	18.62	−21.9	138.95	30.7	6 858.23	20.9	2 176.2	6.3	174.7	2.7
电信、广播电视和卫星传输服务	68	136.47	15.7	3.53	−31.5	32.87	7.8	1 579.63	11.4	1 658.98	3.9	122.3	2.2
♯ 电信	50	129.28	13.9	3.24	−32.5	32.29	5.5	1 467.71	12.2	1 540.05	3.6	111.1	1.9
互联网和相关服务	85	76.09	−25.3	3.58	4.4	6.86	−8.7	753.84	25.5	86.34	32.5	6.91	−19.6
软件和信息技术服务业	1 143	272.46	20.6	11.5	−24.7	99.22	45.2	4 524.76	23.8	430.88	11.6	45.51	8.5
租赁和商务服务业	3 029	1 273.29	1.2	54.48	−25.1	167.1	78.7	41 853.69	13.3	2 633.82	2.6	122.8	5.7
租赁业	118	51.36	3.6	2.72	−16.6	27.6	9.9倍	3 848.38	25.9	237.16	11.3	17.04	7
商务服务业	2 911	1 221.93	1.1	51.76	−25.5	139.5	53.3	38 005.31	12.1	2 396.66	1.8	105.7	5.5
法律服务	73	31.44	27.1	0.5	31.6	3.61	31.3	34.09	22	1.14	平	0.11	−8.3
咨询与调查	757	109.88	5.1	6.05	−34.9	35.84	31.8	1 662.71	15.5	111.83	5.5	10.02	−9.2
广告业	335	73.48	33.5	6.37	5.1	12.64	22.2	822.52	5.7	54.99	1	4.03	−6.3
其他商务服务业	371	75.1	22.2	4.44	−40.4	12.51	72.6	1 966.54	21.5	345.62	6.4	18.44	27.3
会议及展览服务	122	14	6.9	1	−42.9	4.68	64.8	409.47	−0.1	230.89	6.2	11.25	20.2
科学研究和技术服务业	1 243	204.13	23.7	10.79	−27.4	56.08	38.4	3 116.91	9.2	684.14	13.4	41.07	0.7
研究和试验发展	256	82.37	1.6倍	2.18	6.9	8.21	14.8	994.37	8.4	297.05	9.2	18.52	13
专业技术服务业	788	106.98	−10	7.66	−32.7	40.56	43.8	1 758.32	10.3	322.87	19.1	17.47	−8.8
科技推广和应用服务业	199	14.79	−0.4	0.94	−34.3	7.32	41.9	364.22	6.5	64.22	6.7	5.08	−3.1
水利、环境和公共设施管理业	252	5.28	8.0倍	3.97	−24.2	8.79	3.7倍	1 152.44	14.3	450.29	0.6	12.7	−33.9
居民服务、修理和其他服务业	424	28.81	69.8	2.13	−45.4	6.09	56.6	335.72	29.6	69.51	4.4	4.89	19.9
文化、体育和娱乐业	254	36.13	−59.6	4.5	−7	9.2	75.6	1 720.52	9	518.03	1.4倍	47.28	17.4
新闻和出版业	51	6.21	−12.9	0.9	9.8	2.75	10.9	290.02	−9.2	36.13	−5.4	1.38	−6.1
广播、电视、电影和影视录音制作业	91	45.79	−46.8	2.33	76.5	3.48	62.6	913.05	9.6	94.39	2	33.56	0.1

主要年份限额以上连锁批发和零售业、住宿和餐饮业经营情况

指标	2005	2010	2015	2016
门店总数(个)	15 775	20 977	21 503	21 440
营业面积(万平方米)	809.16	938.35	1 178.87	1 176.26
从业人数(万人)	24.47	36.68	34.20	32.23
批发和零售业商品购进总额(亿元)	1 222.94	2 249.57	2 275.62	2 265.72
批发和零售业商品销售总额(亿元)	1 815.32	3 071.67	3 361.41	3 297.73
#零售额	1 201.03	2 241.97	2 581.26	2 529.04
住宿和餐饮业营业收入(亿元)	35.69	106.81	191.44	213.91

住宿餐饮业营业额(2016)

单位:亿元

类别	总计	其中	
		限额以上单位	限额以下单位
营业额	1 294.44	875.49	418.95
客房收入	197.53	151.46	46.07
餐费收入	1 015.83	661.62	354.21
商品销售额	13.23	9.48	3.75
其他收入	67.85	52.93	14.92

汽车交易情况(2013—2016)

单位:万辆

指标	2013	2014	2015	2016
国产小型客车(上海市上牌量)	25.60	24.79	32.57	42.66
#国产轿车	18.90	16.87	19.66	23.21
进口小型客车(含轿车)	4.26	4.87	5.29	6.59
二手车交易量	38.68	43.06	39.38	45.00
#轿车	23.62	26.54	26.09	30.37

商品交易市场成交情况(2016)

名称	年末出租摊位数(个)	成交额(亿元)
总　计	133 955	8 784.10
#粮油、食品、饮料、烟酒类	60 992	932.02
服装、鞋帽、针纺织品类	22 536	85.06
化妆品类	365	0.71
金银珠宝类	278	2.01
日用品类	3 695	227.13
五金、电科类	4 989	41.75
体育、娱乐用品类	474	5.19
书报杂志类	72	0.41
电子出版物及音像制品类	189	0.58
家用电器和音像制品类	751	3.48
中西药品类	219	3.85
文化办公用品类	1 105	7.36
家具类	3 303	21.19
通讯器材类	1 577	3.61
木材及制品类	1 216	67.23
石油及制品类	560	1 119.71
化工材料及制品类	644	205.87
金属材料类	2 550	5 564.11
建筑及装潢材料类	11 844	148.52
机电产品及设备类	755	11.26
汽车类	3 578	275.81

对外贸易

上海关区进出口商品总额(2010—2016)

单位:亿美元

指标	2010年	2011年	2012年	2013年	2014年	2015年	2016年
进出口总额	**6 846.45**	**8 123.14**	**8 013.10**	**8 121.37**	**8 634.55**	**8 187.86**	**7 925.99**
出口总额	**4 233.40**	**4 999.64**	**4 911.56**	**4 991.29**	**5 232.12**	**5 005.80**	**4798.74**
#一般贸易	2 183.98	2 691.93	2 722.62	2 857.73	3 112.37	3 016.20	2 978.08
来料加工装配贸易	178.52	151.78	137.52	130.46	126.18	133.26	132.05
进料加工贸易	1 639.70	1 846.59	1 718.06	1 642.18	1 601.78	1 497.66	1 307.63
对外承包工程货物	60.55	77.70	72.14	80.16	85.04	67.43	73.72
进口总额	**2 613.05**	**3 123.5**	**3 101.54**	**3 130.1**	**3 402.43**	**3 182.06**	**3 127.25**
#一般贸易	1 209.42	1 558.35	1 516.96	1 628.68	1 777.08	1 616.79	1 674.22
来料加工装配贸易	169.36	135.68	123.06	135.19	164.31	155.92	141.84
进料加工贸易	552.83	610.32	553.38	524.14	568.61	502.04	452.20
租赁贸易	18.56	13.69	10.79	23.68	40.52	23.12	2.87
外商投资企业进口设备	43.81	51.18	33.00	23.58	26.63	13.89	9.00

按国家(地区)分的上海关区进出口商品总额(2015—2016)

单位:亿美元

国家(地区)	进出口总额		出口总额		进口总额	
	2015 年	2016 年	2015 年	2016 年	2015 年	2016 年
总　计	**8 187.86**	**7 925.99**	**5 005.80**	**4 798.74**	**3 182.06**	**3 127.25**
亚洲	**3 744.22**	**3 619.08**	**2 145.10**	**2 080.64**	**1 599.12**	**1 538.44**
#中国香港	269.64	272.97	260.67	249.00	8.97	23.97
中国台湾	362.94	370.09	137.00	139.29	225.94	230.80
日本	868.35	841.73	474.49	435.14	393.87	406.59
韩国	558.33	499.22	212.30	203.74	346.03	295.48
新加坡	191.66	174.71	117.74	104.80	73.92	69.92
马来西亚	198.74	189.80	78.47	78.97	120.27	110.83
泰国	162.25	164.86	99.26	100.48	62.99	64.38
菲律宾	83.50	75.98	49.70	44.95	33.81	31.03
巴基斯坦	36.36	49.14	32.55	46.09	3.81	3.06
科威特	5.95	6.24	5.48	5.66	0.47	0.58
沙特阿拉伯	48.31	38.05	34.23	27.58	14.08	10.47
非洲	**205.10**	**179.15**	**168.00**	**144.26**	**37.10**	**34.89**
埃及	17.36	19.53	16.43	18.63	0.94	0.91
苏丹	3.28	2.44	3.20	2.41	0.08	0.03
南非	50.76	42.84	36.73	28.71	14.04	14.13
欧洲	**1 958.24**	**1 945.88**	**1 033.36**	**973.63**	**924.88**	**972.25**
德国	483.53	479.56	186.34	174.65	297.18	304.92
法国	155.57	147.67	75.35	71.91	80.22	75.76
意大利	155.52	153.70	84.83	79.83	70.69	73.87
荷兰	192.16	164.01	167.30	135.51	24.85	28.50
英国	212.45	186.37	142.14	125.96	70.31	60.41
瑞典	54.15	51.86	19.52	18.25	34.62	33.61
俄罗斯联邦	90.23	85.46	55.68	54.14	34.56	31.32
美洲	**2 020.31**	**1 947.79**	**1 510.83**	**1 457.21**	**509.48**	**490.57**
美国	1 471.83	1 442.18	1 127.24	1 114.53	344.59	327.65
加拿大	100.19	101.25	75.11	70.52	25.09	30.73
巴西	97.73	85.70	76.11	61.60	21.62	24.10
智利	83.34	80.82	25.89	26.17	57.45	54.65
大洋洲及太平洋岛屿	**259.24**	**233.50**	**148.52**	**143.00**	**110.72**	**90.50**
澳大利亚	214.34	189.41	118.27	115.08	96.07	74.34
新西兰	27.91	30.23	13.50	14.37	14.40	15.86
其他						

外贸进出口商品总额(2010—2016)

单位:亿美元

名称	2010年	2011年	2012年	2013年	2014年	2015年	2016年
进出口总额	**3 688.69**	**4 374.36**	**4 367.58**	**4 413.98**	**4 666.22**	**4 517.33**	**4 338.05**
出口总额	**1 807.84**	**2 097.89**	**2 068.07**	**2 042.44**	**2 102.77**	**1 969.69**	**1 834.67**
按企业性质分							
#国有企业	307.67	348.53	324.81	296.98	279.17	254.26	224.49
外商投资企业	1 259.74	1 424.43	1 387.67	1 367.75	1 415.62	1 320.55	1 236.16
按贸易方式分							
#一般贸易	632.74	771.55	789.29	817.25	879.73	838.98	797.25
加工贸易	1 003.14	1 090.56	1 015.29	943.80	919.88	842.59	734.31
按产业类别分							
#机电产品	1 311.14	1 484.14	1 454.37	1 433.95	1 456.08	1 380.30	1 289.16
高新技术产品	841.11	933.63	906.64	887.13	890.63	861.55	790.60
进口总额	**1 880.85**	**2 276.47**	**2 299.51**	**2 371.55**	**2 563.45**	**2 547.64**	**2 503.38**

外贸出口商品总额(2010—2016)

单位:亿美元

国家(地区)	2010年	2011年	2012年	2013年	2014年	2015年	2016年
总　计	**1 807.84**	**2 097.89**	**2 068.07**	**2 042.44**	**2 102.77**	**1 969.69**	**1 834.67**
亚洲	**725.93**	**876.75**	**882.26**	**882.97**	**934.53**	**911.33**	**858.55**
# 中国香港	134.09	161.46	159.69	167.70	184.65	193.43	181.40
中国台湾	56.54	61.90	57.01	57.91	66.82	61.23	64.41
日本	196.46	239.74	249.62	249.09	233.13	213.22	192.07
韩国	58.92	74.18	69.45	62.12	71.62	84.80	73.45
新加坡	59.01	67.50	68.63	70.45	78.64	70.17	66.25
马来西亚	42.52	40.86	36.47	41.94	44.27	35.78	35.48
泰国	24.14	32.19	36.06	31.55	33.24	34.93	35.99
巴基斯坦	3.08	3.97	5.24	5.09	5.53	6.91	7.78
科威特	1.53	1.92	1.04	1.30	1.81	1.86	1.64
沙特阿拉伯	5.72	7.89	11.07	9.42	9.94	8.60	8.08
阿联酋	20.67	23.42	25.89	22.02	21.31	18.16	18.42
非洲	**40.98**	**49.28**	**43.76**	**49.83**	**44.86**	**41.80**	**36.52**
# 埃及	3.28	3.26	3.40	3.97	4.52	4.10	3.99
苏丹	1.21	0.94	1.10	1.36	0.93	0.80	0.84
阿尔及利亚	1.29	1.30	1.48	1.58	1.65	2.42	2.25
摩洛哥	0.97	0.73	1.05	0.76	0.86	1.00	0.90
欧洲	**450.72**	**473.58**	**435.94**	**406.83**	**428.66**	**387.61**	**328.67**
# 德国	86.05	86.21	94.34	67.09	73.93	69.52	58.99
法国	60.97	46.44	28.55	26.44	27.81	24.64	21.77
意大利	36.99	36.88	29.47	28.70	29.87	27.40	24.21
荷兰	77.61	88.52	80.49	84.95	92.49	90.69	60.47
比利时	16.70	20.98	16.01	12.96	13.62	12.41	12.05
英国	43.11	47.82	50.01	52.12	51.81	56.45	43.69
俄罗斯联邦	21.15	25.52	32.63	29.90	30.17	17.08	16.47
美洲	**532.30**	**626.15**	**639.07**	**637.32**	**626.66**	**559.97**	**543.57**
# 美国	409.91	483.94	501.59	506.50	498.45	455.79	449.16
加拿大	27.80	28.14	30.71	29.73	28.23	20.99	20.00
巴西	26.95	29.40	27.82	29.07	25.59	18.98	15.91
古巴	0.90	0.66	0.79	1.22	0.62	0.97	1.07
大洋洲及太平洋岛屿	**57.91**	**72.13**	**67.04**	**65.48**	**68.07**	**68.99**	**67.37**
# 澳大利亚	45.59	56.63	57.98	58.22	58.27	50.18	49.01

上海市外贸进口商品总额(2010—2016)

单位:亿美元

国别(地区)	2010年	2011年	2012年	2013年	2014年	2015年	2016年
总　计	**1 880.85**	**2 276.47**	**2 299.51**	**2 371.55**	**2 563.45**	**2 547.64**	**2 503.38**
亚洲	**1 041.98**	**1 232.70**	**1 227.93**	**1 182.01**	**1 196.76**	**1 185.14**	**1 146.75**
#中国香港	12.61	10.47	8.54	7.24	7.90	21.26	40.86
日本	308.71	346.54	323.49	301.70	311.75	285.39	293.12
韩国	146.41	185.01	323.49	176.90	190.84	202.03	163.32
新加坡	39.42	48.08	175.08	50.64	49.21	57.95	58.82
马来西亚	107.75	149.47	47.89	137.67	111.93	111.38	102.24
泰国	53.09	59.48	158.70	47.43	46.23	44.71	45.37
菲律宾	33.44	38.31	51.24	30.83	32.68	28.14	23.74
巴基斯坦	1.25	1.30	1.31	1.83	1.94	1.75	1.23
科威特	0.94	0.62	1.73	1.42	0.92	0.43	1.01
沙特阿拉伯	7.23	11.28	10.81	11.11	11.19	6.98	5.30
阿联酋	2.11	4.90	5.50	5.28	9.21	9.44	8.55
非洲	**28.19**	**31.96**	**30.9**	**35.59**	**42.63**	**35.47**	**36.87**
欧洲	**400.75**	**543.13**	**582.86**	**671.17**	**766.61**	**755.13**	**779.99**
#德国	140.61	178.8	192.25	208.61	249.39	224.72	234.00
法国	42.54	55.87	69.2	69.45	74.94	69.21	62.94
意大利	36.46	47.23	45.56	52.21	60.35	55.14	57.33
荷兰	11.06	15.83	17	16.84	16.91	20.50	20.71
比利时	25.08	35.85	33.39	36.13	39.61	21.17	20.26
英国	23.43	43.12	57.46	69.57	94.57	64.38	58.04
瑞士	29.87	42.41	40.87	84.77	81.75	146.27	179.84
瑞典	15.77	19.34	18.69	19.2	18.9	18.81	18.11
俄罗斯联邦	17.04	23.12	20.05	15.91	19.46	28.13	20.85
美洲	**344.63**	**380.77**	**373.86**	**381.43**	**432.46**	**445.44**	**421.64**
#美国	202.75	212.60	200.19	227.34	265.53	285.31	271.24
加拿大	20.90	24.66	23.60	27.19	25.85	28.89	29.39
巴西	40.89	51.90	43.19	32.37	35.94	43.31	44.61
智利	42.61	48.45	54.61	39.67	48.41	41.56	35.52
大洋洲及太平洋岛屿	**65.13**	**87.55**	**83.67**	**100.98**	**124.17**	**125.91**	**117.75**
#澳大利亚	56.25	77.43	71.50	84.30	106.37	113.29	101.10
新西兰	7.48	9.29	11.53	16.31	17.27	11.81	15.31
其他	**0.17**	**0.36**	**0.29**	**0.36**	**0.82**	**0.55**	**0.38**

主要年份上海市进出口总额

年份	上海市进出口总额(亿美元)	上海市进口总额(亿美元)	上海市出口总额(亿美元)	进出口差额(亿美元)	进出口总额相当于生产总值的比例(%)	出口总额相当于生产总值的比例(%)
1990	74.31	21.10	53.21	32.11	47.0	33.6
1995	190.25	74.48	115.77	41.29	63.6	38.7
2000	547.10	293.56	253.54	−40.02	94.9	44.0
2001	608.98	332.70	276.28	−56.42	96.7	43.9
2002	726.64	406.09	320.55	−85.54	104.8	46.2
2003	1 123.97	639.15	484.82	−154.33	139.0	59.9
2004	1 600.26	865.06	735.20	−129.86	164.1	75.4
2005	1 863.65	956.23	907.42	−48.81	166.6	81.1
2006	2 274.89	1 139.16	1 135.73	−3.43	174.9	87.3
2007	2 829.73	1 390.45	1 439.28	48.83	179.3	91.2
2008	3 221.38	1 527.88	1 693.50	165.62	163.3	85.9
2009	2 777.31	1 358.17	1 419.14	60.97	127.3	65.1
2010	3 688.69	1 880.85	1 807.84	−73.01	148.0	72.5
2011	4 374.36	2 276.47	2 097.89	−178.58	147.2	70.6
2012	4 367.58	2 299.51	2 068.07	−231.44	136.6	64.7
2013	4 413.98	2 371.54	2 042.44	−329.10	126.6	58.6
2014	4 666.22	2 563.45	2 102.77	−460.68	121.6	54.8
2015	4 517.33	2 547.64	1 969.69	−577.95	111.7	48.7
2016	4 338.05	2 503.38	1 834.67	−668.71	101.1	42.9

注:1999年以前外贸进口、出口商品总额为外经贸委统计口径,1999年以后为海关统计的上海企业进口、出口总额(以下同)

主要年份上海市出口总额

单位:亿美元

指标	2000	2010	2015	2016
出口总额	**253.54**	**1 807.84**	**1 969.6903**	**1 834.67**
按企业性质分				
#国有企业	106.78	307.67	254.26	224.49
外商投资企业	142.61	1 259.74	1 320.55	1 236.16
按贸易方式分				
#一般贸易	101.72	632.74	838.98	797.25
加工贸易	147.83	1 003.74	842.59	734.31
按产品类别分				
#机电产品	121.43	1 311.14	1 380.30	1 289.16
#高新技术产品		841.11	861.55	790.60

利用外资

外商直接投资情况(2010—2016)

指标	单位	2010 年	2011 年	2012 年	2013 年	2014 年	2015 年	2016 年
合同项目	个	3 906	4 329	4 043	3 842	4 697	6 007	5 153
合同金额	亿美元	153.07	201.03	223.38	249.36	316.09	589.43	509.78
实到金额	亿美元	111.21	126.01	151.85	167.80	181.66	184.59	185.14

外商直接投资方式情况(2016)

指标	合同项目(个)		合同金额(亿美元)		实到金额(亿美元)	
	2016 年	2016 年底累计	2016 年	2016 年底累计	2016 年	2016 年底累计
直接吸收外资	**5 153**	**87 568**	**509.78**	**3 840.31**	**185.14**	**2 061.32**
# 合资企业	989	21 609	68.73	755.48	29.48	480.28
合作企业	6	5 136	3.41	171.81	0.28	120.07
独资企业	4 148	60 601	425.27	2 806.5	152.32	1 423.05

外商直接投资情况(2016)

类别	合同项目(个)		合同金额(亿美元)		实到金额(亿美元)	
	2016 年	2016 年底累计	2016 年	2016 年底累计	2016 年	2016 年底累计
总 计	**5 153**	**87 568**	**509.78**	**3 840.31**	**185.14**	**2 061.32**
#1 000 万美元以上项目	699		492.41			
#工业						
按投资方式分						
#合资企业	989	21 609	68.73	755.48	29.48	480.28
合作企业	6	5 136	3.41	171.81	0.28	120.07
独资企业	4 148	60 601	425.27	2 806.50	152.32	1 423.05
按产业分						
第一产业	0	318	—0.07	6.85	0.25	4.46
第二产业	95	26 565	36.13	973.30	21.54	587.88
#工业	66	25 583	35.31	948.95	21.44	580.38
第三产业	5 058	60 685	473.72	2 824.19	163.35	1 468.98
按主要国家(地区)分						
#中国香港	1 863	28 428	376.15	1 952.09	107.35	855.66
中国澳门	10	308	0.16	6.55	0.00	2.19
中国台湾	581	9 384	4.63	82.12	0.33	48.71
日本	193	10 279	11.72	264.15	4.85	200.74
韩国	382	3 709	8.08	46.79	2.07	23.04
新加坡	192	4378	17.33	213.77	15.18	134.69
泰国	22	296	0.50	4.86	0.01	2.82
德国	142	2 201	2.01	99.32	2.02	66.90
英国	142	1 574	5.81	41.96	1.96	26.98
法国	89	1 037	2.33	40.41	2.36	26.48
意大利	79	1 100	1.60	13.51	0.40	7.75
美国	348	8 506	15.77	210.21	5.13	137.19
加拿大	99	1 466	2.00	14.52	0.66	6.32
澳大利亚	101	1 552	0.89	16.06	0.10	6.99

对外经济合作

进出口商品检验情况(2010—2016)

指标	2010年	2011年	2012年	2013年	2014年	2015年	2016年
进口商品检验							
检验批数(批)	1 205 446	1 218 832	1 419 820	1 538 478	1 492 507	1 576 130	1 383 852
检验金额(万美元)	13 266 844	16 003 352	17 359 274	16 058 247	15 864 017	14 025 370	10 657 498
不合格批数(批)	5 562	12 035	21 141	33 817	43 495	81 641	171 273
占检验批数比重(%)	0.5	1.0	1.5	2.2	2.9	5.2	12.4
不合格金额(万美元)	97 513	158 360	480 752	610 108	532 097	520 501	1 032 538
占检验金额比重(%)	0.7	1.0	2.8	3.8	3.4	3.7	9.7
出口商品检验							
检验批数(批)	728 946	707 495	755 610	547 253	166 582	157 015	154 648
检验金额(万美元)	2 387 959	3 095 805	3 419 907	2 358 392	938 352	706 388	684 125
不合格批数(批)	202	200	214	188	360	1 558	3 680
不合格金额(万美元)	646	509	508	425	877	7 212	42 702

海外企业情况(2015—2016)

指标	2015年新增	至2015年底累计	2016年新增	至2016年底累计
项目(个)	**1 338**	**4 208**	**1 425**	**5 633**
投资额(万美元)	**5 732 462**	**8 750 470**	**5 354 645**	**14 105 115**

主要年份引进技术设备实际到货金额

单位:万美元

指标	2000	2010	2015	2016
总　计	**104 558**	**3 903 807**	**5 340 179**	**5 412 147. 269**
#中国香港	10 746	17 414	7246	7 458. 458 1
日本	10 069	886 132	792 788	810 803. 895 6
德国	16 314	814 006	1 227 568	1 223 676. 885
意大利	622	123 823	156 763	203 974. 763 3
美国	49 431	427 275	670 077	797 393. 173 7
瑞士	1 862	126 605	146 838	143 539. 180 8
英国	712	85 649	424 994	376 558. 895 2
瑞典	639	72 594	91 175	84 897. 454 2
奥地利	1 162	31 804	39 621	40 921. 291 2
法国	1 926	98 172	177 119	138 715. 849

对外承包工程和劳务合作(2012—2016)

指标	2012	2013	2014	2015	2016
对外承包工程					
签订合同金额(亿美元)	103. 11	108. 16	108. 9	111	118. 45
实际营业额(亿美元)	68. 12	80. 69	74	74. 55	66. 56
派出人员(人次)	3477	4337	8 532	5 866	6 497
对外劳务合作					
派出人员(人次)	17 767	13 695	18 163	14 369	15 290

旅游会展

国际旅游入境人数(2010—2016)

分类	2010 年	2011 年	2012 年	2013 年	2014 年	2015 年	2016 年
国际旅游入境人数(万人次)	**851.12**	**817.57**	**800.40**	**757.40**	**791.30**	**800.16**	**854.37**
外国人	665.63	648.31	633.03	597.59	611.14	614.64	659.83
# 日本	152.47	147.94	136.05	106.63	101.28	92.93	107.49
新加坡	23.50	22.79	21.19	20.26	21.72	19.85	22.59
德国	29.52	30.33	30.63	30.67	31.93	29.97	32.48
法国	24.86	21.21	21.46	22.17	21.81	20.42	22.45
英国	20.94	21.43	21.57	22.06	22.77	21.7	24.53
意大利	11.49	10.99	11.73	11.77	12.2	11.92	11.77
加拿大	20.97	18.69	19.52	17.43	17.19	18.9	22.55
美国	80.79	82.17	80.48	77.16	77.42	77.08	94.36
澳大利亚	21.33	21.52	21.47	20.86	20.59	19.05	23.06
港澳同胞	77.47	66.34	63.33	59.84	66.94	67.53	70.54
台湾同胞	108.02	102.92	104.04	99.97	113.22	117.98	124
平均每天来沪旅游人数(人次/天)	**23 382**	**22 399**	**21 929**	**20 751**	**21 679**	**21 922**	**23 343**
来沪旅游者平均逗留天数(天/人)	**3.51**	**3.42**	**3.34**	**3.29**	**3.24**	**3.3**	**3.21**
国际旅游(外汇)收入(亿美元)	**64.05**	**58.35**	**55.82**	**53.37**	**57.05**	**59.6**	**65.3**

注:国际旅游入境人数包括由上海入境的(剔除在上海空港中转的游客)外国人、港澳台旅客以及经外省市入境来沪的外国人、港澳台旅客两部分

国内旅游者来沪人数和人均消费支出(2013—2016)

分类	2013 年	2014 年	2015 年	2016 年
国内旅游者来沪人数(万人次)	**25 991**	**26 818**	**27 569**	**29 621**
外省市来沪旅游人数(万人次)	11 369	13 041	13 924	14 680
上海市市民在本地旅游人数(万人次)	14 622	13 777	13 645	14 941
国内旅游者人均消费支出(元)	**1 164**	**1 099**	**1 087**	**1 163**
# 长途交通费	122	132	143	154
住宿费	139	148	152	170
餐饮费	145	148	154	164
购物费	508	406	383	382
门票费	129	131	125	144
娱乐费	39	39	34	35
市内交通费	45	47	48	52
邮电通信费	9	7	6	5

注:本表为抽样调查资料

旅游星级饭店基本情况(2016)

指标	合计	五星级	四星级	三星级	二星级	一星级
饭店数(个)	**238**	70	69	71	27	1
客房数(万间)	**6.03**	2.85	1.94	0.98	0.26	0
床位数(万张)	**9.02**	3.98	2.99	1.61	0.43	0.01
客房平均出租率(%)	**68.1**	70.3	68.6	60.6	69.6	16.2
营业收入(亿元)	**202.61**	129.52	55.09	15.82	2.15	0.03
平均房价(元/间天)	**692**	935	524	362	257	125

主要年份旅行社接待经营情况

指标	2005	2010	2015	2016
接待境内外来沪				
旅游者(万人次)	750.89	1 239.28	816	807.62
境外旅游者	95.11	158.25	64.16	57.51
#外国人	90.01	147.79	56.15	52.37
中国香港	1.48	4.47	3.23	1.62
中国澳门	0.01	0.08	1.79	0.33
中国台湾	3.51	5.91	2.98	3.19
境内旅游者	655.88	1 081.03	751.85	750.1
出境旅游者(万人次)	51.71	116.86	393.34	565.62
经营和财务状况				
营业收入(亿元)	132.43	341.88	826.72	1 165.81
利润总额(亿元)	1.61	4.02	0.31	−4.93

国际会展(2013—2016)

指标	2013	2014	2015	2016
举办国际会展个数(个)	247	258	292	287
国际会展展出总面积(万平方米)	874.5	930.2	1 124.06	1 177.47

注:2015 年前,本表数据由上海市会展行业协会提供,2015 年起,本表数据由上海市商务委提供

中国(上海)自由贸易试验区主要经济指标(2016)

指标	单位	2016	指标	单位	2016
税收总额	亿元		商品销售总额	亿元	33 609.23
一般公共预算收入	亿元	559.38	服务业营业收入	亿元	4 167.59
外商直接投资合同项目	个	2 760	外贸进出口总额	亿元	7 836.8
外商直接投资合同金额	亿美元	350.56	#出口	亿元	2 315.85
外商直接投资实际到位金额	亿美元	61.79	经认定的企业研发机构	个	527
新增内资企业注册户数	个	10 298	发明专利授权数	个	4 578
新增内资企业注册资本	亿元	6 423.38	期末监管类金融机构	个	815
全社会固定资产投资总额	亿元	607.93	新兴金融机构	个	4651
工业总产值	亿元	4 312.84	跨境人民币结算总额	亿元	11 518.00
社会消费品零售额	亿元	1 396.76	跨境人民币境外借款金额	亿元	40.70

1. 自贸区按注册地口径统计,统计范围为120.72平方公里
2. 一般公共预算收入按开发区财力结算口径
3. 外贸进出口总额仅包括自贸区保税片区

外省市资料

中国主要省市外贸进出口总额(2015—2016)

单位:亿美元

地区	2015年		2016年		增长(%)	
	进口总额	出口总额	进口总额	出口总额	进口总额	出口总额
北京市	2 649.46	546.73	2 301.88	518.45	−13.1	−5.2
天津市	631.64	511.83	583.66	442.86	−7.5	−13.4
上海市	2 547.64	1 969.69	2 503.38	1 834.67	−1.2	−6.4
重庆市	192.87	551.90	220.80	406.90	14.5	−26.3
河北省	185.43	329.39	160.46	305.77	−13.6	−7.2
辽宁省	452.45	507.14	434.56	430.65	−3.9	−15.1
黑龙江省	129.55	80.31	114.94	50.44	−11.4	−37.2
江苏省	2 69.45	3 386.67	1 902.63	3 192.68	−8.0	−5.7
浙江省	707.48	2 765.95	686.36	2 678.64	−2.6	−3.1
安徽省	156.94	322.75	158.90	284.45	2.0	−11.9
福建省	563.44	1130.16	531.71	1 036.76	−5.3	−8.0
江西省	93.40	331.27	102.62	298.14	10.5	−10.0
山东省	976.88	1 440.60	970.54	1 371.56	0.4	−4.7
湖北省	163.85	292.14	133.25	260.25	−18.5	−10.9
广东省	3 793.59	6 435.12	3 566.49	59 88.62	−6.0	−6.9
广西壮族自治区	232.36	280.26	248.71	229.57	7.4	−17.8
海南省	102.17	37.42	92.05	21.23	−10.0	−43.3
云南省	79.01	166.19	84.08	114.83	6.8	−30.9
新疆维吾尔族自治区	21.72	175.06	20.51	156.07	−5.6	−10.8

中国主要省市外商直接投资情况(2015—2016)

单位:亿美元

地区	2015年		2016年		增长(%)	
	合同金额	实际金额	合同金额	实际金额	合同金额	实际金额
北京市	323.76	129.96	220.70	130.30	−31.8	0.3
天津市	313.57	211.34	308.26	101.00	−1.7	12.2
上海市	589.43	184.59	509.78	185.14	−13.5	0.3
重庆市	46.66	37.72	40.10	26.26	−14.1	−30.4
河北省	56.80	61.78	33.47	73.54	−41.1	19.0
辽宁省	68.40	51.90	92.20	29.99	34.7	−42.2
黑龙江省	56.88	54.49	77.00	58.20	35.3	6.8
江苏省	393.60	242.75	431.39	245.43	9.6	1.1
浙江省	278.21	169.60	280.81	175.77	0.9	3.6
安徽省	39.38	136.19	41.10	147.70	4.5	8.4
福建省	144.63	76.83	156.64	81.95	8.3	6.7
江西省	73.68	94.73	74.88	104.41	1.6	10.2
山东省	200.40	163.00	211.54	168.26	5.5	3.2
湖北省	41.61	89.48	33.41	101.29	−19.7	13.2
广东省	561.10	268.75	866.75	233.49	54.5	−13.1
广西壮族自治区	33.57	17.22	23.19	8.88	−30.9	−48.4
海南省	12.82	20.06	101.79	22.16	6.9倍	−10.1
云南省	22.58	29.92	26.54	8.67	17.5	10.0
新疆维吾尔自治区	8.57	4.53	4.97	4.01	−42.0	−11.4

华东地区对外经济主要指标(2015—2016)(一)

单位:亿美元

指标	上海		江苏		浙江	
	2015 年	2016 年	2015 年	2016 年	2015 年	2016 年
外商直接投资合同项目(个)	6 007	5 153	2 580	2 859	1 778	2 145
外商直接投资合同金额	589.43	509.78	393.60	431.39	278.21	280.81
外商直接投资实到金额	184.59	185.14	242.75	245.43	169.60	175.77
外贸进出口总额(海关数)	4 517.33		5 456.12	5 096.12	3 473.43	
#出口总数	1 969.69		3 386.67	3 193.44	2 765.95	

华东地区对外经济主要指标(2015—2016)(二)

单位:亿美元

指标	安徽		福建		江西		山东	
	2015 年	2016 年	2015 年	2016 年	2015 年	2016 年	2015 年	2016 年
外商直接投资合同项目(个)	289	267	1 689	2 355	640	568	1 059	1 477
外商直接投资合同金额	39.38	41.10	144.63	156.64	73.68	74.88	200.40	211.54
外商直接投资实到金额	136.19	147.70	76.83	81.95	94.73	104.41	163.00	168.26
外贸进出口总额(海关数)	479.69	443.35	1 693.60	1 568.47	424.67	400.76	2 417.48	2 342.10
#出口总数	322.75	284.45	1 130.16	1 036.76	331.27	298.14	1 440.60	1 371.56

集团企业统计表

上海市企业集团主要财务指标(2016)

单位:亿元

指标	单位数(个)	年末资产总计	年末资产总计同比(%)	固定资产净值	固定资产净值同比(%)	本年折旧	本年折旧同比(%)
总计	215	95 697.53	13.9	15 123.97	12.3	1 165.88	14.1
按控股情况分							
国有控股	99	83 218.69	12.4	13 983.86	11.8	998.59	13.6
集体控股	11	747.27	9.9	135.85	6.9	39.47	17.2
私人控股	96	9 175.43	33.3	883.05	23	81.90	21.1
港澳台商控股	6	2 232.67	7.5	95.96	10.8	40.32	12.6
外商控股	3	323.46	−7.5	25.25	−3.3	5.59	0.8
按主营行业分							
第二产业合计	78	29 078.18	15.6	4 881.77	29.3	499.65	33.2
第三产业合计	137	66 619.35	13.1	10 242.20	5.7	666.23	3
#批发和零售业	35	5 542.83	5.5	976.12	16.5	88.37	25
住宿和餐饮业	4	1 179.81	30	166.59	−6.2	15.52	12.1
其他合计	42	12 057.01	18.6	1243.11	4.4	100.00	−27.3
#租赁和商务服务业	28	8 909.43	26.9	779.53	8	75.16	8.9
居民服务、修理和其他服务业	2	241.71	20.7	44.54	8	4.88	21.5
按行政区划分							
浦东新区	51	34 133.18	19.1	4 543.90	30	384.21	41.8
黄浦区	25	13 787.08	15.8	745.19	3	89.97	−4.2
徐汇区	22	8 418.32	7.2	2 755.85	0.8	139.95	27.3
长宁区	15	5 852.57	12.2	2 019.17	13	154.77	13.2
静安区	25	13 522.63	8.4	1 260.56	11.8	148.40	−14.3
普陀区	9	2 185.01	17	39.11	41.8	2.92	14.2
虹口区	10	10 416.83	13.9	3 088.10	4.4	180.04	2.8
杨浦区	11	2 995.04	1.1	135.64	−7.6	19.64	−6.5
闵行区	8	2 533.71	13.2	426.05	12	34.20	21.6
宝山区	9	849.76	7.9	33.68	63	3.60	29.1
嘉定区	10	416.76	18.5	37.80	65.5	2.81	39
金山区							
松江区	6	221.35	−16	11.55	−10.8	3.56	−12.2
青浦区	7	208.49	10.4	8.73	13.4	0.79	12.7
奉贤区	6	118.39	7.7	11.49	−24.1	0.99	11.2
崇明区	1	38.42	16	7.16	37.7	0.02	−87.5

（续表）

指标	期末对外投资	期末对外投资同比（%）	其中：本年对外投资	其中：本年对外投资同比（%）	其中：本年对境外投资	其中：本年对境外投资同比（%）
总计	10 945.68	17.9	2 307.10	57.7	34.97	－33.2
按控股情况分						
国有控股	9 075.61	9.3	1 451.89	32.8	27.44	－45.6
集体控股	173.86	10.7	21.74	－42.6	0	0
私人控股	1 142.89	185.4	694.90	288.3	2.39	23.4
港澳台商控股	547.18	28.7	133.07	－11.9	0	0
外商控股	6.14	352.3	5.51	267.7	5.14	0
按主营行业分						
第二产业合计	2 759.66	－2.6	272.92	－29.9	22.26	61.9
第三产业合计	8 186.01	26.9	2 034.18	89.5	12.71	－67.1
＃批发和零售业	379.80	8.4	59.80	1.1	4.57	－22.5
住宿和餐饮业	100.48	－0.2	4.89	34.5	0	0
其他合计	1 895.61	68.8	862.30	281.5	4.34	862.9
＃租赁和商务服务业	1495.17	82.3	671.27	3 201.3	3.70	780.6
居民服务、修理和其他服务业	13.72	43.5	2.88	1.2	0	0
按行政区划分						
浦东新区	2 924.60	41	929.10	127	23.86	199.9
黄浦区	1 124.13	18.4	211.96	－25.9	0	0
徐汇区	432.16	13.7	73.76	－32	2.97	－45.3
长宁区	862.89	11.1	51.93	－221.5	3.70	248.6
静安区	3 657.64	－3.6	364.82	－24.9	0.66	－92.3
普陀区	113.92	38.3	57.85	80.8	0	0
虹口区	1 409.53	61.5	510.41	309	3.78	－87.1
杨浦区	140.56	4.7	36.76	－2.8	0	0
闵行区	182.83	29.1	50.14	289.2	0	0
宝山区	19.63	6.2	2.10	317.4	0	0
嘉定区	22.63	25.1	2.56	－4 577.6	0	0
金山区						
松江区	29.01	13.4	6.75	63.3	0	0
青浦区	14.95	32.6	0.74	475.9	0	0
奉贤区	10.19	48.6	7.25	86.7	0	0
崇明区	1.01	4 149.4	0.98	0	0	0

（续表）

指标	应收票据	应收票据同比（%）	应收账款	应收账款同比（%）	存货	存货同比（%）
总计	818.87	7.5	3 986.93	13.8	16 045.70	11.3
按控股情况分						
国有控股	781.24	6.8	3 334.16	14	1 4221.24	12.7
集体控股	0.53	19.7	17.25	9.7	97.56	8.5
私人控股	26.41	23.9	507.09	16.9	1 331.80	3.3
港澳台商控股	9.50	22.4	61.23	−15.5	351.87	−4.3
外商控股	1.18	34.6	67.21	13.4	43.23	−11.8
按主营行业分						
第二产业合计	703.18	4.5	2 081.09	10.9	4 396.05	14.7
第三产业合计	115.69	29.6	1 905.84	17	11 649.66	10.1
＃批发和零售业	20.63	18.9	329.74	4.3	822.12	−7.2
住宿和餐饮业	0.16	10 380	15.62	70.3	5.06	−32.4
其他合计	58.20	93.5	479.18	6.1	985.00	−2.4
＃租赁和商务服务业	15.73	75.4	286.19	15.3	646.48	11.6
居民服务、修理和其他服务业	0	0	7.70	123.7	43.26	−1.2
按行政区划分						
浦东新区	248.51	62.1	783.74	19.4	4 717.16	14.2
黄浦区	35.12	11.7	625.11	34	5 796.84	17.7
徐汇区	96.92	2.2	556.12	6.9	832.52	2.1
长宁区	4.81	−4.5	180.06	12.3	516.25	9.4
静安区	349.07	−15.3	635.83	9.1	1 360.85	−1.6
普陀区	36.93	147.3	162.14	4.6	186.66	−9.2
虹口区	27.90	−23.5	709.40	6.8	978.86	21.6
杨浦区	0.59	−68.7	82.93	57.4	564.69	−2.7
闵行区	2.61	48.3	64.62	1.9	359.29	−4
宝山区	13.20	86.6	92.48	10	371.67	9.7
嘉定区	0.63	−14.8	31.93	7.9	153.28	−2
金山区						
松江区	1.18	−14.4	21.27	−42	82.16	−23.5
青浦区	0.29	16	18.45	30.5	103.55	9.5
奉贤区	1.13	49.6	22.79	19.5	5.97	−3.3
崇明区	0	0	0.06	10 333.3	15.94	−32.8

（续表）

指标	流动资产合计	流动资产合计同比(%)	年末负债合计	年末负债合计同比(%)	流动负债合计	流动负债合计同比(%)
总计	41 755.63	14.3	60 891.91	16.3	33 377.41	15.3
按控股情况分						
国有控股	35 429.53	13.6	52 905.22	14.7	28 251.33	16
集体控股	350.40	26.8	351.13	19.5	268.42	40.1
私人控股	4 726.56	18.2	6 073.12	38.8	3 804.91	16.6
港澳台商控股	975.65	23.6	1 392.82	3.4	905.38	−5.3
外商控股	273.51	−4.1	169.62	−15.3	147.37	−17.5
按主营行业分						
第二产业合计	15 618.05	14.3	16 975.02	19.8	13 164.22	17.5
第三产业合计	26 137.58	14.3	43 916.90	15	20 213.20	13.9
＃批发和零售业	2 759.05	3.7	3 486.68	1	2 544.72	−0.2
住宿和餐饮业	365.69	20.1	773.14	48.2	428.69	42.1
其他合计	4 355.56	9.7	6 462.47	27.4	3 299.59	13.9
＃租赁和商务服务业	2 896.48	15.4	4 893.17	40.4	2 125.60	17.3
居民服务、修理和其他服务业	150.26	17.7	167.43	19.8	142.01	14.9
按行政区划分						
浦东新区	11 001.30	17.1	23 633.83	21.9	9 520.99	21.4
黄浦区	9 822.66	18.9	10 574.56	17.3	7 380.31	17.5
徐汇区	3 297.31	5.8	4 574.38	2.5	2 945.40	7.4
长宁区	1 992.75	9.1	3 521.81	8.8	2 031.13	7.7
静安区	6 291.45	12.9	7 119.04	8.3	4 960.68	8.8
普陀区	840.31	18.7	1241.19	17.7	761.89	8.3
虹口区	4 182.61	14.7	6 774.19	25.2	3 580.45	22.8
杨浦区	1 838.28	0.8	1 081.86	−2.2	471.03	−8.9
闵行区	1 014.32	28	1 223.18	21.5	772.37	27.4
宝山区	729.38	9.3	586.19	8.8	485.31	7.7
嘉定区	308.22	9.4	235.60	12.8	201.03	18.1
金山区						
松江区	147.23	−26.8	138.95	−20.4	127.75	−21.3
青浦区	179.55	15.5	113.57	11.2	68.61	9.5
奉贤区	79.98	12.2	66.82	15	63.73	22.5
崇明区	30.29	8.5	6.73	6.6	6.73	116.9

(续表)

指标	应付账款	应付账款同比(%)	年末股东(所有者)权益合计	年末股东(所有者)权益合计同比(%)	其中:年末少数股东权益	其中:年末少数股东权益同比(%)
总计	7 765.37	16.7	34 785.53	9.8	7 863.95	22.1
按控股情况分						
国有控股	7 006.66	19.4	30 313.47	8.5	6 886.01	19.9
集体控股	33.48	19.7	396.14	2.5	27.14	7.2
私人控股	546.35	−1.8	3 082.23	23.9	664.20	48.1
港澳台商控股	89.04	−18.2	839.85	15	284.53	27.3
外商控股	89.85	−7.1	153.84	2.9	2.08	15
按主营行业分						
第二产业合计	3 774.96	15.5	12 103.17	10.2	3 349.08	29.2
第三产业合计	3 990.41	17.8	22 682.36	9.6	4 514.87	17.3
＃批发和零售业	440.54	−7.8	2 055.27	14.2	545.58	24.4
住宿和餐饮业	30.24	81.5	406.67	5.4	135.59	33.6
其他合计	626.42	9.2	5 594.54	9.8	1 074.39	20.5
＃租赁和商务服务业	383.31	12.5	4 016.26	13.6	764.41	31.1
居民服务、修理和其他服务业	34.56	−4.8	74.28	22.8	5.90	5.6
按行政区划分						
浦东新区	2 059.30	21.5	10 498.46	13.4	2 221.62	53.1
黄浦区	1 689.32	28.8	3 212.52	11.2	1081.20	16.8
徐汇区	782.66	11.5	3 843.94	13.4	983.88	13.2
长宁区	324.90	14.3	2 311.56	18	485.99	25
静安区	1 513.37	5.9	6 403.59	8.4	1 722.96	17.3
普陀区	102.84	−37.9	943.82	16	54.42	2.5
虹口区	850.65	25.1	3 642.64	−2.4	837.99	0.1
杨浦区	80.34	−4.7	1 913.18	3.1	116.32	2.6
闵行区	102.76	13	1 310.54	6.4	280.44	8.7
宝山区	170.10	23.5	263.57	5.9	33.32	7
嘉定区	35.90	9.5	181.16	26.7	37.42	17.6
金山区						
松江区	20.69	−8.5	82.39	−7.1	3.26	−52.5
青浦区	17.98	89.1	94.92	9.4	3.69	−16.7
奉贤区	14.16	31.5	51.57	−0.4	1.45	50.9
崇明区	0.40	50.5	31.68	18.2	0	0

（续表）

指标	股本（实收资本）	股本（实收资本）同比（%）	营业收入	营业收入同比（%）	营业成本	营业成本同比（%）
总计	6 996.75	7.6	49 889.43	6.8	43 748.12	5.7
按控股情况分						
国有控股	6 108.48	7.5	36 257.24	8	31 029.27	6.8
集体控股	99.48	13.1	406.25	17.4	355.32	19.8
私人控股	636.54	9.8	12 626.08	6.2	11 943.14	5.5
港澳台商控股	76.20	0	430.50	−37.6	286.72	−46.7
外商控股	76.05	0	169.36	−18.7	133.67	−22.7
按主营行业分						
第二产业合计	1 934.66	2.4	20 785.14	10.3	17 557.43	9.3
第三产业合计	5 062.09	9.7	29 104.29	4.4	26 190.69	3.5
#批发和零售业	412.98	7.1	12 467.39	0.6	11 847.12	0.1
住宿和餐饮业	57.39	0	258.46	28.1	113.58	10.5
其他合计	814.11	2.2	4 804.18	10.3	4 079.05	7.1
#租赁和商务服务业	656.29	2.1	3 573.78	10.4	3 066.85	7.7
居民服务、修理和其他服务业	14.13	67.8	439.47	18.9	399.43	18.6
按行政区划分						
浦东新区	1 980.82	2.4	10 971.08	17	9 474.03	12.8
黄浦区	330.79	−1.7	6 236.20	1.5	5 472.20	−0.8
徐汇区	2 262.31	18.7	2 290.57	7	1 978.95	6.6
长宁区	491.64	0.9	2 330.14	6.8	1 985.41	8.2
静安区	613.81	1	11 828.58	9.3	10 426.79	7.6
普陀区	248.75	5.4	8 117.67	0.5	7 984.96	0.5
虹口区	673.52	8.2	4 772.28	1.6	4 375.05	2.1
杨浦区	98.92	−0.1	1 620.94	−1.3	588.18	6.9
闵行区	125.28	3.2	726.54	14.5	651.59	31.1
宝山区	58.95	17.3	507.31	4.8	403.15	6.8
嘉定区	32.85	13.4	191.40	9.7	152.25	9.9
金山						
松江区	28.02	−0.1	113.95	−26.9	97.90	−24.6
青浦区	22.63	1.7	100.84	14.1	88.52	23.1
奉贤区	22.96	5	66.39	−6.3	59.80	−6.2
崇明区	5.50	57.1	15.51	1.2	9.33	15.5

(续表)

指标	营业税金及附加	营业税金及附加同比(%)	销售费用	销售费用同比(%)	管理费用	管理费用同比(%)
总计	1 262.83	-3.7	1 558.41	17.7	2 451.77	14.6
按控股情况分						
国有控股	1 174.23	-3.1	1 352.74	17.9	2 183.14	15.2
集体控股	3.64	8.2	9.15	30	22.84	11.7
私人控股	68.44	-7	134.19	25.3	156.53	16
港澳台商控股	14.88	-31.4	50.24	0	59.89	0.5
外商控股	1.65	48.9	12.09	-5.1	29.37	0.7
按主营行业分						
第二产业合计	818.30	-8.1	764.45	24.4	1 166.67	23.5
第三产业合计	444.53	5.7	793.96	11.9	1 285.10	7.7
#批发和零售业	28.63	-12.2	299.14	8	158.03	7
住宿和餐饮业	4.89	-22.5	94.42	54.7	48.20	17.3
其他合计	47.55	-7.4	155.73	14.7	268.59	5.4
#租赁和商务服务业	29.29	-13.7	101.85	18	173.35	9.8
居民服务、修理和其他服务业	1.03	-40.2	19.57	28.2	11.73	37.5
按行政区划分						
浦东新区	177.22	13.3	161.48	17.6	912.38	28.3
黄浦区	166.01	-1.2	354.22	13.2	291.43	6.3
徐汇区	23.87	-23.9	91.18	13.3	218.37	2.4
长宁区	16.95	-42.9	93.39	-3	96.15	-1.2
静安区	114.55	6.9	711.23	24.8	473.64	9.6
普陀区	11.23	8.5	18.42	31.9	28.16	11
虹口区	32.52	-16.1	42.55	12.7	263.44	19.1
杨浦区	670.81	-7	26.95	6.7	78.86	-1.3
闵行区	19.90	12.3	18.74	19.4	44.84	10.8
宝山区	20.33	0.1	22.18	78.5	18.53	-3.8
嘉定区	4.98	-12.4	8.19	23.1	11.60	10.7
金山区						
松江区	1.66	8.5	5.89	-46.6	5.09	-11.7
青浦区	0.87	-19.5	2.66	0.5	4.52	8.6
奉贤区	0.87	-23.6	1.04	-17.9	4.58	10.8
崇明区	1.07	-20.5	0.29	-11.6	0.18	93.1

(续表)

指标	财务费用	财务费用同比(%)	其中:利息支出	其中:利息支出同比(%)	投资利益	投资利益同比(%)
总计	666.29	−8.1	730.94	−3.2	2 253.49	2.9
按控股情况分						
国有控股	551.90	−7.4	608.79	−1.4	1 976.80	1.4
集体控股	2.39	−15.2	5.43	39	15.18	−4.5
私人控股	90.70	−3.4	82.89	0.9	204.65	268.3
港澳台商控股	23.85	−25.2	32.35	−33.6	57.35	−66.5
外商控股	−2.55	−623.5	1.48	−49.7	−0.48	−51.5
按主营行业分						
第二产业合计	162.42	−1.7	211.98	7.1	612.80	−6.2
第三产业合计	503.87	−10	518.97	−6.9	1 640.69	6.8
#批发和零售业	54.15	−3.7	53.19	−6	106.08	177.3
住宿和餐饮业	10.69	25.6	16.08	36.7	15.88	−55.4
其他合计	71.46	−1.6	86.06	−4.3	243.63	10.9
#租赁和商务服务业	48.11	−1.9	57.36	1.2	199.81	29.2
居民服务、修理和其他服务业	4.76	5.1	4.79	7.3	0.70	255.4
按行政区划分						
浦东新区	256.55	−2.8	287.36	6.9	779.14	−18.5
黄浦区	85.95	−6.9	96.02	−19.9	196.12	−29.8
徐汇区	62.33	−36.2	77.90	−26.8	67.36	−32
长宁区	83.49	−13.5	47.32	16.4	42.06	−7.7
静安区	57.65	2	65.96	−6.2	577.82	16.9
普陀区	25.81	48.6	20.26	7	30.68	708.6
虹口区	92.64	3.4	109.47	9.2	473.33	99.9
杨浦区	−15.06	36.4	5.28	−11.7	20.61	4.1
闵行区	11.89	−6.3	12.09	3.5	53.47	17.6
宝山区	0.78	−72	4.00	−22.2	2.69	632.3
嘉定区	1.26	−41.8	2.19	−16.7	2.12	−7.1
金山区						
松江区	1.52	−46.1	1.54	−48	2.40	1.1
青浦区	0.58	−18.3	0.61	−16.9	0.68	33
奉贤区	1.07	17.1	1.10	16.8	5.02	0.1
崇明区	−0.16	−3 748.9	−0.17	−5 151.5	0	0

(续表)

指标	营业利润	营业利润同比(%)	利润总额	利润总额同比(%)	应交所得税	应交所得税同比(%)
总计	2 578.35	19	2 930.50	9.7	772.25	17.3
按控股情况分						
国有控股	2 067.02	18.6	2 395.42	9.3	675.83	23.4
集体控股	31.55	−4.9	34.22	−24	5.47	−35.4
私人控股	430.60	63.7	429.06	55.1	77.20	21.9
港澳台商控股	59.18	−57.1	65.34	−57.1	12.63	−65.8
外商控股	−10.02	−5.4	6.46	8.3	1.13	−30.3
按主营行业分						
第二产业合计	982.95	8.9	1 137.82	8.7	255.63	21.3
第三产业合计	1 595.40	26.2	1 792.68	10.3	516.62	15.5
#批发和零售业	164.63	249.7	192.49	123.6	51.06	31
住宿和餐饮业	19.41	−13.2	28.14	15.5	12.53	−0.8
其他合计	378.04	9.3	405.30	7.9	70.59	−6.4
#租赁和商务服务业	275.42	18.4	305.66	16.7	50.56	7.2
居民服务、修理和其他服务业	38.12	26.4	12.00	33.1	1.33	−70.9
按行政区划分						
浦东新区	505.50	28.7	594.11	20.7	199.15	20.1
黄浦区	334.11	6.3	362.69	0.6	106.36	−9.7
徐汇区	8.91	−35.3	94.64	−21.2	39.61	−15.1
长宁区	93.93	10.5	174.18	11.3	39.47	6
静安区	700.83	14.4	786.25	12.1	112.63	16.1
普陀区	82.25	14	84.87	14.2	7.24	40.7
虹口区	378.10	86.1	329.71	20.3	153.22	117.5
杨浦区	280.36	−5.4	295.70	−1.4	69.47	−6
闵行区	114.95	21.5	120.18	21	24.10	3.6
宝山区	51.01	5.2	52.83	4.9	13.62	0.5
嘉定区	14.27	12.5	17.13	2.6	3.95	−1.7
金山区						
松江区	4.46	−36.2	4.80	−38.9	1.21	−20.2
青浦区	6.11	−27.1	8.98	−30	0.37	−20.6
奉贤区	−1.24	−548.2	−0.56	−154.2	0.25	21.7
崇明区	4.81	−12.3	4.99	−10.3	1.60	60.3

（续表）

指标	应交增值税	应交增值税同比(%)	社会福利保险费	社会福利保险费同比(%)	出口销售总额	出口销售总额同比(%)	研究开发费用	研究开发费用同比(%)
总计	820.65	43.6	353.00	16.3	2 023.30	4.6	444.80	7.1
按控股情况分								
国有控股	752.41	41.4	290.26	28.1	1 840.80	4.8	394.12	6.6
集体控股	4.48	66	4.35	1.8	18.31	0.5	2.04	54.5
私人控股	62.49	67.1	13.23	−15.4	92.68	−7.3	14.47	40.2
港澳台商控股	3.85	130.9	44.27	−21.2	8.79	53.5	9.11	4.5
外商控股	−2.58	13.9	0.91	−10.1	62.72	16.5	25.06	−0.2
按主营行业分								
第二产业合计	454.89	30.5	175.77	41.3	1 319.25	10	384.16	6.9
第三产业合计	365.77	64	177.24	−1.1	704.05	−4.2	60.63	8.7
＃批发和零售业	56.64	18.8	30.28	0	188.12	−2.7	5.24	85
住宿和餐饮业	2.79	273.6	2.46	12.5	0	0	0.20	−22.5
其他合计	72.01	27.5	22.89	19.5	492.88	−4.8	34.98	12.2
＃租赁和商务服务业	47.44	39.5	18.59	18.7	446.23	−10.7	20.45	27.1
居民服务、修理和其他服务业	1.52	120.5	0	0	0	0	0	0
按行政区划分								
浦东新区	178.36	92.3	137.77	25.5	938.00	0.8	200.88	11
黄浦区	120.13	152.5	65.87	−15.2	23.26	3.7	15.49	−1
徐汇区	68.81	49.7	29.90	22.8	109.52	47.2	45.61	−11.4
长宁区	80.77	19.8	9.05	11.2	342.93	−4.6	4.45	4.8
静安区	113.63	42.1	75.08	94.7	415.05	14	104.01	7.8
普陀区	5.60	44.2	1.92	−55.1	48.56	152.1	6.82	25.4
虹口区	49.32	41.1	22.28	−26.3	96.59	−21.7	48.71	7.7
杨浦区	169.44	−4.1	4.63	1	32.32	85.9	6.42	20.4
闵行区	21.93	25.4	3.55	17.3	2.49	−70.7	4.39	6.6
宝山区	3.76	803.6	1.01	11.1	0.12	12.8	2.28	24.2
嘉定区	4.05	121	0.43	8	8.29	0.3	2.44	25.1
金山区								
松江区	1.23	34.2	0.78	−10.5	3.45	−23.2	0.48	−21.7
青浦区	1.64	12	0.43	−1.9	2.73	69.2	1.74	36.1
奉贤区	1.38	292.7	0.30	9.2	0	0	1.08	92
崇明区	0.61	0	0	0	0	0	0	0

上海市企业集团主要劳动工资指标(2016)

指标	从业人员年末人数(万人)	从业人员年末人数同比(%)	其中:研究开发人员年末人数(万人)	其中:研究开发人员年末人数同比(%)	从业人员劳动报酬(亿元)	从业人员劳动报酬同比(%)	其中:研究开发人员劳动报酬(亿元)	其中:研究开发人员劳动报酬同比(%)
总计	181.89	2.1	10.07	16	2 350.71	19.3	149.21	18.1
按控股情况分								
国有控股	149.59	2.1	8.66	14.1	2 070.65	19.6	122.63	17.9
集体控股	2.80	−4	0.07	3.2	15.56	25.5	1.03	1.6
私人控股	24.45	3.1	0.48	17.1	197.96	19.3	3.68	27.9
港澳台商控股	3.92	3.5	0.45	101.4	39.14	12.7	7.31	6.2
外商控股	1.13	−5.3	0.42	4.7	27.41	5	14.57	26.1
按主营行业分								
第二产业合计	71.43	3.8	8.00	16.4	868.63	15.3	120.37	20.5
第三产业合计	110.46	1.1	2.07	14.5	1 482.08	21.8	28.85	9
#批发和零售业	23.82	−8.3	0.50	98.3	156.75	3.1	2.58	36.7
住宿和餐饮业	7.87	34.1	0.01	20	67.84	39.6	0.19	26.1
其他合计	20.86	1.1	0.91	−3.9	378.16	58.4	13.21	13.6
#租赁和商务服务业	13.19	1.3	0.45	22.4	160.02	15.7	6.84	19.7
居民服务、修理和其他服务业	1.13	8	0	0	10.43	68.5	0	0
按行政区划分								
浦东新区	51.79	8.2	4.45	30.7	731.35	41.5	57.62	17.4
黄浦区	37.89	8.5	0.37	17.5	364.44	22.4	9.48	9.8
徐汇区	18.43	−4.1	1.13	6.9	216.35	11.1	16.89	8.7
长宁区	7.94	−2.9	0.14	−17.2	254.05	14.2	1.76	−0.9
静安区	32.65	−3.8	2.00	0.8	352.58	7	37.17	29.3
普陀区	3.30	11.5	0.13	0.2	36.02	18.5	1.61	0
虹口区	19.70	−3.2	1.20	19	275.86	15.5	16.66	21.9
杨浦区	2.02	−6.8	0.13	−2	42.43	12.7	1.84	6.5
闵行区	3.05	−2.4	0.11	9.3	33.27	7	1.92	12.5
宝山区	1.46	−18.8	0.19	12.3	19.68	−25.7	2.50	13.9
嘉定区	1.69	9.9	0.12	−0.4	13.16	23.5	1.09	9.1
金山区								
松江区	0.71	−4.2	0.03	1.6	4.41	6.2	0.18	−23.2
青浦区	0.58	−0.6	0.05	31	3.54	3.2	0.27	35.8
奉贤区	0.67	0.1	0.03	−10.7	3.47	6.6	0.22	7.6
崇明区	0.01	−20.6	0	0	0.09	0.1	0	0

上海市企业集团主要经济效益指标(2016)

指标	净资产收益率(%)	净资产收益率增加(百分点)	总资产报酬率(%)	总资产报酬率增加(百分点)	销售利润率(%)	销售利润率增加(百分点)
总计	6.2	−0.2	3.8	−0.3	5.9	0.2
按控股情况分						
国有控股	5.7	−0.2	3.6	−0.2	6.6	0.1
集体控股	7.3	−2.2	5.3	−1.9	8.4	−4.6
私人控股	11.4	2.8	5.6	0.4	3.4	1.1
港澳台商控股	6.3	−9.5	4.4	−5.3	15.2	−6.9
外商控股	3.5	0.6	2.5	0	3.8	0.9
按主营行业分						
第二产业合计	7.3	−0.3	4.6	−0.3	5.5	−0.1
第三产业合计	5.6	−0.1	3.5	−0.2	6.2	0.4
#批发和零售业	6.9	4.3	4.4	1.7	1.5	0.8
住宿和餐饮业	3.8	0.8	3.7	−0.3	10.9	−1.2
其他合计	6	0.1	4.1	−0.5	8.4	−0.2
#租赁和商务服务业	6.4	0.3	4.1	−0.4	8.6	0.5
居民服务、修理和其他服务业	14.4	7.1	6.9	0.2	2.7	0.3
按行政区划分						
浦东新区	3.8	0.3	2.6	−0.1	5.4	0.2
黄浦区	8	−0.4	3.3	−0.7	5.8	−0.1
徐汇区	1.4	−0.8	2	−0.9	4.1	−1.5
长宁区	5.8	−0.3	3.8	0	7.5	0.3
静安区	10.5	0.3	6.3	0.1	6.6	0.1
普陀区	8.2	−0.3	4.8	−0.2	1	0.1
虹口区	4.8	−0.7	4.2	0.1	6.9	1.1
杨浦区	11.8	−0.4	10	−0.3	18.2	0
闵行区	7.3	1.1	5.2	0.2	16.5	0.8
宝山区	14.9	0.1	6.7	−0.4	10.4	0
嘉定区	7.3	−1.6	4.6	−0.9	8.9	−0.7
金山区						
松江区	4.4	−2.8	2.9	−1.2	4.2	−0.8
青浦区	9.1	−5.2	4.6	−2.6	8.9	−5.6
奉贤区	−1.6	−3.2	0.5	−1.3	−0.8	−2.3
崇明区	10.7	−6.3	12.5	−4.3	32.2	−4.1

(续表)

指标	资本保值增值率(%)	劳动生产率(万元/人)	劳动生产率增加(万元)	成本费用利润率(%)	成本费用利润率增加(百分点)
总计	109.8	274.3	12	6.1	0.2
按控股情况分					
国有控股	108.5	242.4	13.2	6.8	0.1
集体控股	102.5	145.3	26.4	8.8	−5
私人控股	123.9	516.5	15.1	3.5	1.1
港澳台商控股	115	109.7	−72.3	15.5	−6.9
外商控股	102.9	149.5	−24.5	3.7	0.9
按主营行业分					
第二产业合计	110.2	291	17.3	5.8	−0.1
第三产业合计	109.6	263.5	8.4	6.2	0.3
#批发和零售业	114.2	523.4	45.9	1.6	0.9
住宿和餐饮业	105.4	32.8	−1.6	10.5	−0.9
其他合计	109.8	230.3	19.2	8.9	0.1
#租赁和商务服务业	113.6	271	22.2	9	0.7
居民服务、修理和其他服务业	122.8	387.5	35.6	2.8	0.3
按行政区划分					
浦东新区	113.4	211.8	15.9	5.5	0.3
黄浦区	111.2	164.6	−11.3	5.8	0
徐汇区	113.4	124.3	12.9	4	−1.3
长宁区	118	293.5	26.6	7.7	0.3
静安区	108.4	362.3	43.5	6.7	0.2
普陀区	116	2459.5	−270	1.1	0.2
虹口区	97.6	242.3	11.4	6.9	1
杨浦区	103.1	802.1	44	43.6	−2.9
闵行区	106.4	238.4	35.2	16.5	−1.1
宝山区	105.9	347.4	78.3	11.9	−0.3
嘉定区	126.7	113	−0.2	9.9	−0.7
金山区					
松江区	92.9	160.6	−49.8	4.4	−0.9
青浦区	109.4	174.4	22.4	9.3	−6.9
奉贤区	99.6	99	−6.8	−0.8	−2.3
崇明区	118.2	2872.7	619	51.7	−13.7

（续表）

指标	资产利税率(%)	资产利税率增加(百分点)	总资产使用率(%)	总资产使用率增加(百分点)	流动资产比率(%)	流动资产比率增加(百分点)
总计	5.2	−0.2	52.1	−3.5	43.6	0.1
按控股情况分						
国有控股	5.2	−0.1	43.6	−1.7	42.6	0.5
集体控股	5.7	−1.8	54.4	3.5	46.9	6.3
私人控股	6.1	0.5	137.6	−35.2	51.5	−6.6
港澳台商控股	3.8	−4.7	19.3	−13.9	43.7	5.7
外商控股	1.7	0.3	52.4	−7.1	84.6	3
按主营行业分						
第二产业合计	8.3	−0.8	71.5	−3.4	53.7	−0.6
第三产业合计	3.9	0	43.7	−3.6	39.2	0.4
＃批发和零售业	5	1.8	224.9	−11.2	49.8	−0.9
住宿和餐饮业	3	−0.5	21.9	−0.3	31	−2.6
其他合计	4.4	−0.4	39.8	−3	36.1	−3
＃租赁和商务服务业	4.3	−0.4	40.1	−6	32.5	−3.3
居民服务、修理和其他服务业	6	0.3	181.8	−2.7	62.2	−1.6
按行政区划分						
浦东新区	2.8	0.2	32.1	−0.6	32.2	−0.6
黄浦区	4.7	−0.1	45.2	−6.4	71.2	1.8
徐汇区	2.2	−0.3	27.2	−0.1	39.2	−0.5
长宁区	4.6	−0.3	39.8	−2	34	−1
静安区	7.5	0.4	87.5	0.8	46.5	1.9
普陀区	4.7	0	371.5	−60.9	38.5	0.6
虹口区	4	0.2	45.8	−5.6	40.2	0.3
杨浦区	37.9	−2.5	54.1	−1.4	61.4	−0.2
闵行区	6.4	0.4	28.7	0.4	40	4.6
宝山区	9.1	0.1	59.7	−1.7	85.8	1
嘉定区	6.3	−0.6	45.9	−3.7	74	−6.1
金山区						
松江区	3.5	−0.4	51.5	−7.7	66.5	−9.8
青浦区	5.5	−2.6	48.4	1.6	86.1	3.8
奉贤区	1.4	−0.9	56.1	−8.4	67.6	2.8
崇明区	17.3	−3.5	40.4	−5.9	78.9	−5.3

(续表)

指标	资金利润率(%)	资金利润率增加(百分点)	资产负债率(%)	资金负债率增加(百分点)	已获利息倍数(倍)	已获利息倍数增加(倍)
总计	5.2	−0.1	63.6	1.3	5	0.5
按控股情况分						
国有控股	4.8	−0.2	63.6	1.3	4.9	0.4
集体控股	7	−4.2	47	3.8	7.3	−5.2
私人控股	7.6	1.7	66.2	2.6	6.2	1.8
港澳台商控股	6.1	−11.3	62.4	−2.4	3	−1.1
外商控股	2.2	0.3	52.4	−4.8	5.4	2.4
按主营行业分						
第二产业合计	5.6	−0.4	58.4	2.1	6.4	0.1
第三产业合计	4.9	−0.1	65.9	1.1	4.5	0.6
#批发和零售业	5.2	2.7	62.9	−2.8	4.6	2.1
住宿和餐饮业	5.3	0.2	65.5	8	2.7	−0.4
其他合计	7.2	−0.1	53.6	3.7	5.7	0.5
#租赁和商务服务业	8.3	0.2	54.9	5.3	6.3	0.7
居民服务、修理和其他服务业	6.2	0.9	69.3	−0.5	3.5	0.5
按行政区划分						
浦东新区	3.8	0	69.2	1.5	3.1	0.3
黄浦区	3.4	−0.6	76.7	1	4.8	0.8
徐汇区	1.6	−0.5	54.3	−2.5	2.2	0.1
长宁区	4.3	0	60.2	−1.9	4.7	−0.2
静安区	10.4	−0.1	52.6	−0.1	12.9	1.9
普陀区	9.7	−0.4	56.8	0.3	5.2	0.3
虹口区	4.5	0.4	65	5.8	4	0.3
杨浦区	15	−0.2	36.1	−1.3	57	5.8
闵行区	8.3	−0.2	48.3	3.3	10.9	1.4
宝山区	6.9	−0.4	69	0.6	14.2	3.4
嘉定区	5	−0.5	56.5	−2.9	8.8	1.5
金山区						
松江区	3	−0.7	62.8	−3.5	4.1	0.4
青浦区	4.8	−3.1	54.5	0.4	15.7	−2.7
奉贤区	−0.6	−1.8	56.4	3.5	0.5	−1.6
崇明区	13.3	−3.5	17.5	−1.6	−28.9	−1 715

（续表）

指标	流动比率（%）	流动比率增加（百分点）	速动比率（%）	速动比率增加（百分点）	研究开发费用与营业收入比率（%）	研究开发费用与营业收入比率增加（百分点）
总计	125.1	−1.1	77	0.6	0.9	0
按控股情况分						
国有控股	125.4	−2.6	75.1	−1.1	1.1	0
集体控股	130.5	−13.8	94.2	−3.1	0.5	0.1
私人控股	124.2	1.6	89.2	6.1	0.1	0
港澳台商控股	107.8	25.2	68.9	24.8	2.1	0.8
外商控股	185.6	25.9	156.3	24	14.8	2.7
按主营行业分						
第二产业合计	118.6	−3.4	85.2	−2.5	1.8	−0.1
第三产业合计	129.3	0.4	71.7	2.4	0.2	0
#批发和零售业	108.4	4.1	76.1	6.5	0	0
住宿和餐饮业	85.3	−15.7	84.1	−14.4	0.1	0
其他合计	132	−5.1	102.2	−0.1	0.7	0
#租赁和商务服务业	136.3	−2.3	105.9	−0.7	0.6	0.1
居民服务、修理和其他服务业	105.8	2.5	75.3	7.4	0	0
按行政区划分						
浦东新区	115.5	−4.3	66	−1.1	1.8	−0.1
黄浦区	133.1	1.6	54.5	1.4	0.2	−0.1
徐汇区	111.9	−1.8	83.7	−0.2	2	−0.4
长宁区	98.1	1.2	72.7	0.8	0.2	0
静安区	126.8	4.6	99.4	7.5	0.9	0
普陀区	110.3	9.7	85.8	14.4	0.1	0
虹口区	116.8	−8.3	89.5	−7.9	1	0
杨浦区	390.3	37.6	270.4	30	0.4	0.1
闵行区	131.3	0.5	84.8	15.8	0.6	0
宝山区	150.3	2.1	73.7	0.7	0.4	0
嘉定区	153.3	−12.3	77.1	3.4	1.3	0.2
金山区						
松江区	115.2	−8.7	50.9	−6.8	0.4	0
青浦区	261.7	13.6	110.8	13.6	1.7	0.3
奉贤区	125.5	−11.5	116.1	−9	1.6	0.8
崇明区	449.9	−448.8	213.2	78.8	0	0